福建革命史

中共福建省委党校　编

蒋伯英　主编

上

海峡出版发行集团 THE STRAITS PUBLISHING & DISTRIBUTING GROUP | 福建人民出版社 FUJIAN PEOPLE'S PUBLISHING HOUSE

本书各部分执笔：

陈于勤：第一、二、三、四章

蒋伯英：前言，第五、六、七、八、十章，大事索引

欧阳小松：第九章

吴国安：第十一章

史习培：第十二章

曹敏华：第十三、十四、十五章

再版前言

本书1991年初版，迄今26年；若从1983年被列为福建省社会科学“六五”规划重点项目开始研究算起，已有34年。2016年7月，福建人民出版社与我们联系，认为本书出版以来颇受读者肯定，特别是在当前新的历史时期，更应该加强革命历史的学习教育，打算对本书修订再版。对此，我们编写组深表赞同和感谢。

本书从被列为福建省社会科学重点项目到出版发行，受到了中共福建省委、省委党校、省社科联、中共党史和革命史学术界的支持与肯定。1991年7月5日，本书首发式在省委党校举行，省委副书记袁启彤出席并讲话，高度肯定本书的出版发行是“献给建党70周年和福建人民的一份很有意义的礼物”，希望从事党史、革命史研究的同志，创造出更多更好的精神财富。[①] 10多位福建省革命老前辈出席，他们是伍洪祥、魏金水、王直、卢叨、温附山、张翼、许彧青、何若人、曾鸣、熊兆仁、张招娣、苏华、张次愚等，以及省出版局局长张黎洲、省委党校常务副校长李青藻、省委党史研究室主任陈科、副主任李智、福建师范大学教授李思等六七十人。他们对本书的出版都给以赞扬与肯定。这是我们写作组获得的最有影响的褒奖。

本书发行以后，得到了厦门大学、福建师范大学、福建社会科学院、省委党史研究室等同行学界和广大读者的肯定与欢迎。1993年福建省第二次社会科学优秀成果评奖，本书获得二等奖。第二次与第一次评奖相隔5年，由于时间跨度大，参评的优秀成果累累，且学界精英和高层前

① 《〈福建革命史〉在榕首发》，《福建日报》1991年7月8日第1版。

辈众多，我们编写组成员大多只是40岁上下的中青年学者，获此殊荣，倍感珍惜。学科复评组书写的学术评语，对本书作了充分肯定，认为本书是“第一部全面论述福建革命历史的学术专著。它的出版填补了福建近现代史和党史领域中的一大空白”。同时还指出，本书论述的福建100多年革命历史，时间长，跨度大，内容纷繁复杂，具有三个特点：“一是开创性。为研究福建的近现代史和地方党史开了先河，提供了大量可资借鉴的理论思想、经验教训和重要史料”；“二是系统性。全面论述了福建人民一百余年来饱受国内外敌人的侵略压迫及其不屈不挠的英勇斗争，不断夺取胜利的可歌可泣的历史进程”；“三是科学性。本书在广泛搜集、大量占有史料的基础上，运用马克思主义的立场、观点、方法，进行了科学的分析概括，使之上升到理论的高度，不仅正确地确立了福建革命运动在中国革命历史上的重要地位和作用，而且揭示了福建革命的客观规律”。评语还指出，“该书出版后，引起了学术界、新闻界的广泛重视和诸多好评，认为该书具有较高的学术价值，是福建近现代史的‘奠基工作’”①。学术界给予这样高的评价，使我们深受鼓舞。

每一本学术著作都不可能完美无缺。在我们看来，本书只是在改革开放初期，革命史研究尚未深化，史料挖掘与史学理论创新并不充分的背景下的一本探索之作，还存在诸多问题。确实，本书出版以后，我们陆续得到了不少建议，指出了许多错漏。有的是当面提出，有的是寄来书面意见。其中有两位老同志寄来的意见书特别令人难忘。一位是原福建省医学科学研究所所长陈耀民，他是抗战时期永安进步文化运动参与者、1945年永安羊枣（杨潮）案件被捕者之一、原城工部福州特别支部书记；另一位是霞浦县委党史研究室年逾七旬的余世英。他们先后寄来三份修改意见，提出了许多很好的修改建议。对于他们的真诚帮助，我们深为感动。此次修订再版时，我们认真吸取了他们的和其他许多同志的修改或补充意见。

① 福建省社会科学优秀成果评奖办公室编《福建省第二次社会科学优秀成果评奖获奖成果名录》，1995年，第108—109页。

从2016年下半年以来，我们编写组除陈于勤同志已经离世，其他各位执笔者花了大量时间对原版本重新作了审视和评估，研究存在的主要问题，商量修改方案，查找文献史料，对各自原先执笔部分认真修订补充；原来由陈于勤执笔的第一章至第四章由蒋伯英承担修订。经过近一年时间，完成了全书修订工作。但是可以肯定，尽管我们已作了诸多努力，也难免疏漏，诚请读者批评指正。

蒋伯英

2018年10月

前　言

福建革命史是鸦片战争以后百余年来中华民族反对帝国主义、封建主义和官僚资本主义伟大斗争历史的一个组成部分。从20世纪50年代开始，许多史学工作者对于这方面的史料就进行了收集和研究。1966年以后的10年间，由于众所周知的原因，这一工作被迫中断。1978年，中共福建省委党校建立专门机构，重新开始这方面的研究，并把编写《福建革命史》作为一个主要的工作任务。1983年，这项计划受到福建省哲学社会科学规划办公室及有关部门的重视，被列为省级重点科研项目，逐步开展研究。后来由于一部分研究人员的调动和离退休，至1986年才正式组成本书编写组，陆续配齐研究人员。编写组在省委党校校务委员会领导下经过3年多的努力，于1989年9月写成初稿；又经过半年时间的修改，于1990年2月定稿。

早在延安整风时期，毛泽东就批评那种脱离中国实际，不认真研究中国历史和现状的倾向；强调学习和研究中国历史，要求人们不但要懂得中国的今天，还要懂得中国的昨天和前天，“特别重要的中国共产党的历史和鸦片战争以来的中国近百年史”①。今天的中国是历史的中国的发展；同样，今天的福建，是历史的福建的发展。在当今人们致力于建设中国特色社会主义的重要历史阶段，学习和研究历史的中国以及历史的福建，深刻地了解国情与省情，就显得更加重要了。

本书的宗旨，在于向人们展示近代福建人民同全国人民一起，由自

① 《毛泽东选集》第3卷，人民出版社1991年版，第798页。

发的民众革命进而展开资产阶级领导的民主革命，特别是在中国共产党领导下反帝反封建的新民主主义革命的历史过程，从而揭示鸦片战争以后百余年间福建历史发展的规律，给后人以有益的启迪，使人们从历史的轨迹中更加深刻地认识到只有社会主义才能救中国这一已被实践所证明了的真理。同时，我们希望通过历史这面镜子，透析昨天与今天前后相承、息息相关的复杂关系，使人们从丰富的历史实践中获得成功的经验和失败的教训，汲取力量和智慧，从更深更高的层次上理解现实，展望未来，更好地为社会主义现代化建设事业服务。

从鸦片战争到中华人民共和国成立，历经109年的历史，就其性质来说，都属于反帝反封建的资产阶级民主革命。但是中间各个阶段的革命力量与策略各不相同，都有自己的特点。其中最重要的区别就在于中国共产党成立之前及其以后。以伟大的五四运动为标志，在此以前是旧式资产阶级民主主义革命，其后是无产阶级通过它的先锋队中国共产党领导的新民主主义革命。

本书最初的计划是写新民主主义革命部分，对于旧民主主义革命只写一个引子作为全书的背景。后来发现，这样难以深刻地阐释新民主主义革命在福建发生、发展的历史渊源以及阶级、社会、政治、经济诸方面演变的复杂因素，因此确定从鸦片战争外国帝国主义入侵福建写起，把旧民主主义革命时期独立出来，列为本书的第一编。当然，纵观福建民主主义革命的全过程，只有在五四运动以后，特别是中国共产党成立以后，无产阶级登上历史的政治舞台并成为革命的领导阶级，率领人民群众以暴力革命推翻国民党反动政权，建立人民民主新政权的历史，即新民主主义革命的历史，是最为壮丽的、从胜利走向胜利的篇章。因此，本书论述的主要内容是新民主主义革命时期的历史。

关于旧民主主义革命时期的论述，本书着重于两个方面。一个方面是鸦片战争以后福建半殖民地半封建化的过程，希望读者通过对这一段历史的了解，能够更加深刻地铭记帝国主义、封建主义的罪恶本质；另一方面是反映福建人民不畏强暴、波澜壮阔的反帝反封建斗争。这些斗争虽然遭到了一次又一次的镇压而失败，但福建人民犯难冒险，前仆后继，始终没有停息斗争。

史学界通常把旧民主主义革命划分为三个革命时期，即以太平天国革命运动为中心包括两次鸦片战争的第一个革命时期；以反洋教斗争、中法战争、中日战争、戊戌变法、义和团运动等为主要内容的第二个革命时期；以辛亥革命为中心的第三个革命时期（有些学者也有划为四个或其他分期的意见）。本书并没有完全按照这三个时期逐一介绍，而是从福建的特点出发，强调福建在三个革命时期中具有特色的方面。例如第一个革命时期着重介绍了福建的农民起义，以及天京陷落以后太平军余部入闽产生的一些影响。对于太平天国这一伟大农民革命运动尾声的悲壮斗争作了较为详细的介绍。第二个革命时期中颇具特色的义和团运动对福建的影响不大，但福建的反洋教斗争和中法马江战役却对全国革命运动有着不可低估的作用，因而本书对此作了较为详细的阐述。辛亥革命是被毛泽东称之为“比较更完全的意义上”的旧式资产阶级民主主义革命，福建的一部分革命党人曾经是这场革命的中坚，辛亥革命在福建也颇有声色，因此本书对于这一方面的叙述也花了较多的笔墨。至于对旧民主主义革命不是很具有代表性的内容，有的未予涉及，有的只稍作介绍。

新民主主义革命时期的历史是本书的主体。关于这一时期各阶段的历史分期，我们与国内史学界通行的分期一样。即分为五四运动和国民革命、土地革命战争、全民族抗日战争和解放战争时期，每一时期单位立为一编。毋庸讳言，由于新民主主义革命这一历史阶段距离现实较近，因而论述其中的某些历史问题往往会受到不同方面的局限。同样，我们在编写过程中遇到了不少难以处理但又不容回避的问题，例如福建与全国的关系、各革命根据地之间的关系及在书中所占篇幅的比重、历史人物的体现与评价、对于历史事件或者有争议问题的评价、如何阐述党组织或党的领导者在某一时期或某一问题上的失误、不同人物对同一问题的不同回忆或者回忆录与其他历史文献记载的矛盾等等。能否科学地、客观地处理好这些问题，将对本书的科学价值和历史真实性产生重要的影响。为此，我们在写作过程中对这类问题不断地进行审慎严谨的探讨，并且吸收了一些学者的研究成果，形成并遵循了如下一些构想：

一、我们认为，本书是一部论述鸦片战争以后福建革命历史的学术著作，福建人民反帝反封建的伟大斗争是本书的主线。因此，我们在注意反映中国革命史一般规律和国际国内历史大背景的同时，着重反映福建革命史的重要事件、重要人物和社会重大变化，妥善处理全国与福建、共性与特性的关系；强调地方特色，力求揭示福建在中国革命史上的地位、作用及其规律。

二、新民主主义革命时期，由于历史、地理和主客观条件等各方面的原因，福建各地区和各苏维埃区域在不同时期，有着独立的党政领导机关和各自的隶属关系，革命发展极不平衡。为了能够更加准确地反映福建革命史的主要线索和最本质的方面，我们以中共福建省委和各地区党政领导机关在执行中共中央方针政策以及制订实施本地区的具体方针为线索，以重大历史事件，特别是对全国、全省有影响的事件为中心阐释历史发展的轨迹。这样，本书对于各时期、各地区历史问题的取舍与评价自然也是不平衡的，往往在一个时期对某个地区写得比较翔实，在另一时期或许对于另外一些地区和事件详加评述，从而反映革命发展不平衡的规律。同时，我们也注意在一个历史阶段上全面反映全省各主要地区包括革命不太发展地区的情况，力求使整体与局部结合得更加紧密，也力求避免面面俱到、各方照顾以至零星琐碎的偏向。另外，对于历史上自然形成的各省边区如闽粤赣边区、闽浙赣边区、闽粤边区、闽赣边区、闽浙边区等，我们主要阐述属于福建部分的历史，对于邻省边区的情况除必须说明者以外，一般从略。

三、关于历史人物，我们采取以事带人的写法，按照历史事件的发展过程反映人物在历史中的作用与地位。历史人物在书中出现的顺序与多寡，根据历史叙述的需要来确定，与职务高低无关。因此除个别人物在页下作简要注释以外，正文仅限于述及人物在某一事件中的具体活动，对其一生不作全面评价。另外，由于历史发展的变化，本书常涉及各种组织机构及组成人员，除重要组织以外，一般只标出组织机构的主要负责人，对于各级组织的历史沿革及详细的组织名单未作一一介绍。

四、遵循马克思主义的史学观点，本书力求做到科学性与政治性的结合，按照历史发展的规律和原则精确选材，严密论证。为此，我们把详细地占有并科学地分析史料作为立论的先决条件，注重引述第一手历史文献资料，对历史问题的论述取谨慎态度，言必有据，论从史出。当然，本书对于一系列重大历史事件并不是单纯地罗列材料，而是通过对大量史料的科学分析提出自己的见解与评述。有些观点虽然至今还有一些异议，我们仍然抱着开放的态度提出来，以求讨论和批评。对于革命进程中的某些失误，主要是那些影响较大的问题，我们并不回避，按照实事求是的原则加以客观论述；对于一些没有积极意义的历史问题，则按照宜粗不宜细的精神不作详细罗列。

五、在史学研究中，对某些历史问题产生不同的评价，甚至进行针锋相对的学术争论，是完全正常的，对于繁荣历史科学有着积极的意义。对于那些在史学界尚有争议的问题，我们的态度是：对于已经具备可靠材料确认正确的观点必须坚持，例如龙岩后田暴动的时间、“左”倾错误对福建产生的严重危害等，我们将依据确凿的史料进行必要的论证；对于材料不甚充分把握不大的问题，采取二说并存或作表明自己观点的分析。

六、本书的写作体例采用编年体与纪事本末体相结合的形式。全书基本上按照历史发展的顺序编排和叙述，但是为使读者更清晰地从更多的侧面了解历史，我们对于某些阶段各个相对独立地区的活动和一些重大事件另成章节，独立成篇。研究和撰述方式基本上遵循马克思主义史学观和中国传统史学理论与方法，文字力求准确明晰、流畅生动，不片面追求流行的新观点、新名词或标新立异，但无论在篇章结构、论述方式及史料运用方面都力求在创新上下功夫，只是限于学识与研究的水平，在这一方面尚欠不足。

七、革命史作为一门比较新的学科，在内容、形式和理论体系上都应有别于党史或近现代史，目前国内史学界对于这一方面的研究仍在继续。有鉴于此，我们也只能一边学习，一边探索着进行研究和编写。在形式上，我们在前面已经做了说明；在内容方面，除了旧民主主义革命时期以外，本书新民主主义革命时期的历史着重反映在中国共产党领导或影响下福建人民各个方面的革命活动，同时也尽史料所及，尽量反映各阶级、各阶层民众自觉或不自觉的革命爱国斗争。例如五四运动以后资产阶级及广大民众反对北洋军阀的斗争，抗战时期各界民众自发的抗日救亡运动、永安进步文化活动、福建华侨对祖国抗战的贡献，解放战争时期广大人民的爱国民主运动，一部分民主党派地方组织的建立与活动；对于抗战时期国民党福建当局的若干抗日措施及抗战正面战场也作了客观的论述。但是，由于我们对思想文化、革命社团、少数民族等其他一些方面革命史料的收集研究很不够，因此本书在这方面的论述显然是不充分的。

八、任何一部历史著作都有一个利用史料的问题。我们认识到能否全面地占有史料并加以科学的分析、鉴别和论述，是衡量一部史学著作科学价值的主要标志之一。因此我们一开始着手编写本书，就十分重视按照史料学的基本原理对各类史料尽可能地进行科学的处理。一般地说，本书叙述和论证的首要依据是档案史料，对于其中有疑问甚或谬讹者，结合其他史料进行反复的鉴别考证，以求去伪存真，去粗取精。其次是报刊史料和口述历史回忆。这方面的材料有其重要的研究价值，但也存在着一定的局限性，对于互相矛盾的回忆材料，我们没有作简单的肯定或否定，尽可能利用各方面的史料作对照印证，选择运用。

本书的史料来源主要有以下几个方面。一是中央档案馆、福建省档案馆和其他档案、党史研究部门公开出版或内部印行的档案文献资料。二是福建省委党校的馆藏资料，这部分档案文献与口述资料是 20 世纪五六十年代初期全省各地党史部门和厦门大学、福建师范学院等高等院校历史系师生艰苦搜集的重要成果，另外还有 20 世纪 70 年代后期以来省委党校收集的各种史料，其中包括清代和民国时期的旧政权档案史料。以上两类史料是研究和撰写本书的主要基础材料。三是各种历史报刊如《红色中华》《斗争》《青年实话》《申报》《民国日报》等。四是福建省委党史资料征集委员会、福建人民出版社、各级政协文史资料研究委员会及各地党史部门陆续出版的《福建党史资料》《风展红旗》《福建文史资料》等一批口述历史回忆录。五是吸收了近年史学工作者的研究成果，这些成果主要刊登在福建省委党校出版的《党史研究与教学》（原名《党史研究参考资料》《党史资料与研究》）、福建省委党史研究室出版的《福建党史月刊》（原名《福建党史通讯》）以及各地市县党史征集部门编印的各种资料。据粗略估计，本书在研究写作过程中查阅和参考的各类史料 1 万件左右，约 3000 万字。对于上述各类史料的收集者、编辑出版者及作者，我们表示诚挚的敬意和感谢，并将所征引和参考的资料的主要篇目在书中注明其材料来源。

本书论述的时间跨度大，涉及面宽，全书述及的各种史实多达数千件（从中选出附于书后的重大事件索引 1100 多条），有姓名的人物也有 1800 余人，需要论证的史实并作出回答的理论问题十分广泛。撰写这样一本大部头的著作无疑是一项相当艰巨的工程，对于我们这个开展著述工作时平均年龄不过36岁左右的编写组来说，不啻是一个沉重的压力。作为史学工作者，尽管自己的学识与水平有限，我们已作了努力，尽了责任。我们在福建省委党校校委领导、支持，以及关心这一工作的同志们的鼓励与帮助下，完成了研究与写作任务。作为一部学术著作，本书只能体现福建百余年光辉历史于万一，而且必然还存在许多错漏和谬误。我们殷切期待历史当事者、史学界同仁和读者的批评匡正。

编　者

1990年3月

总 目 录

上 册

第一编 旧民主主义革命时期

（1840 年—1919 年）

第二编 五四运动与国民革命时期

(1919年—1927年7月)

下　册

第四编　全民族抗日战争时期

（1937 年 7 月—1945 年 8 月）

第五编　解放战争时期

（1945 年 8 月—1949 年 10 月）

上　　册

目　　录

第一编　旧民主主义革命时期
（1840 年—1919 年）

第二编　五四运动与国民革命时期

(1919年—1927年7月)

第三编　土地革命战争时期

(1927 年 8 月—1937 年 7 月)

第一编　旧民主主义革命时期
（1840 年—1919 年）

第一章　鸦片战争以后福建的政治经济

第一节　西方列强对福建的侵略与掠夺

一　鸦片战争与福建遭受全面侵略

清道光二十年到二十二年（1840—1842 年）发生的中英鸦片战争，以清王朝的屈辱求和而告结束。殖民主义列强的炮舰第一次撞开了中国的大门，维持了 2000 多年的封建主义泱泱大国，从此开始沦为半殖民地半封建社会。

鸦片战争的直接结果是，清政府被迫与列强签订了一系列不平等条约。继 1842 年中英《南京条约》之后，又相继签订了中英《五口通商条约》（1843 年 7 月）、中英《虎门条约》（1843 年 10 月）、中美《望厦条约》（1844 年 7 月）、中法《黄埔条约》（1844 年 10 月）等等。西方各国通过这些不平等条约，迫使清政府接受赔款割地、开辟通商口岸、给予列强以领事裁判权和片面的最惠国待遇等屈辱条件，进而企图瓜分中国。

地处东南沿海的福建省，是在这场战争中受害最早的几个省份之一。根据《南京条约》第二项规定，厦门于道光二十三年九月十一（1843 年 11 月 2 日），福州于道光二十四年五月十八（1844 年 7 月 3 日）相继开埠。英、美、法等国侵略者依仗不平等条约所赋予的特权，一方面向福建大量输入工业化商品和鸦片，一方面掠夺他们所需要的原料；同时，在政治、军事、文化上也大举入侵。从此以后，福建的社会经济、阶级结构和关系，人民的生活及思想意识，都受到了重大的影响，发生了历史上没有过的一系列变化。

鸦片战争以后至19世纪末的50多年间，西方列强对福建的侵略首先是经济的侵略，其主要形式是商品输出和掠夺原料。厦门开埠后仅数月之间，英国由此向福建输入商品约值银37.2万元；而福建由此向英国出口仅值5.82万元。此后，厦门口岸对英国进出口货值都逐年上升。到1852年，进口英货值银193.35万元；出口到英国货物却只有26.85万元。在这10年中，厦门口岸对英国的进出口贸易都处于入超状况。

工业化商品的输入，促进了商品经济的发展，严重打击了福建落后的手工业产品，促使封建社会的自然经济逐渐瓦解。厦门开埠不到两年，即1845年，因洋布价廉物美，闽浙之土布、土棉“遂因壅滞不能出口”[①]，更使原来畅销于台湾的泉州之白布、福州之绿布、宁波之紫花布被排挤到只能“销行于乡村”[②]。与此同时，福建沿海的航运业也受到致命的打击。鸦片战争前，福建船舶东渡台湾，南往广东，北上宁波、上海、天津、锦州、盖平；远洋船舶往返于吕宋、苏禄、实力（新加坡）、噶喇巴（雅加达）各地，海运很是发达。厦门、福州开埠后，大量外船入口，福建海船渐被淘汰，致使大批农民、手工业者和航运业者失业以至破产。

西方各国侵略者除了对福建输入商品外，还继续大量贩运鸦片。1843年前后，鸦片趸船在厦门、泉州、金门、福州等港口十分活跃，至1846年，福建鸦片进口空前发展。英国驻厦领事报告说：厦门每年鸦片贸易额约25万镑，远远超过合法贸易总额。至1849年，仅英国鸦片输入便达3200箱。[③] 福州的鸦片输入量更大，每年输入约2000至3000箱，

① 《道光二十五年三月十七日福建将军兼闽海关监督敬敫奏》，转引自彭泽益编《中国近代手工业史资料（1840—1949）》第1卷，生活·读书·新知三联书店1957年版，第494页。

② 连横：《台湾通史》卷二十三，生活·读书·新知三联书店2011年版，第449页。

③ 参见黄苇：《上海开埠初期对外贸易研究（1843—1863年）》，上海人民出版社1979年版，第174页。

估计货值达200万至250万元。

腐朽无能的清政府地方官吏对此束手无策，停泊在厦门、福州各地的鸦片趸船竟然都“很安全地放下桅杆，安逸地停泊在这里，并不畏惧中国官员的干涉”[①]。大量的鸦片输入，造成白银滚滚外流，也使鸦片烟毒在群众中泛滥开来。英国驻福州领事报告说：“福州城内有一百多家鸦片烟馆，另外还有为数更多的小店零售这种可咀（诅）咒的毒品”[②]。据估计，当时福州有一半居民吸食鸦片。这就造成银贵钱贱，人民健康受到摧残，社会危机日趋严重。

贪得无厌的侵略者除贩卖鸦片外，还肆无忌惮地偷税漏税，进行大规模的其他商品的走私活动。英国驻厦门领事雷顿在报告中估计：1846年厦门的走私货物占全年贸易额13%，1847年则达28%，1853年竟高达50%。在福州，走私逃税也随着贸易发展日益严重，英国驻福州领事在报告中估计，每年走私逃税货值占贸易额1/3以上。[③] 更为严重的是，不仅厦门、福州两口岸走私猖狂，而且非开埠的港口和城镇也都有英、美、法等国商人的武装走私，这就使原有的海关和关税制度近乎瓦解。

在贩毒、走私的同时，英、美、法等国的大批流氓、罪犯，也窜到东南沿海活动。他们配备有枪炮的武装轮船，在海上明火执仗地从事海盗事业。这些外国海盗一面打着“护航”旗号，强迫中国商船交纳名为“护航费”的买路钱，同时，还在海上洗劫商船，焚掠海岛村庄，从事海盗活动。英籍流氓奥斯汀从英国驻福州领事取得一纸临时执照，以一艘15吨的“Swanpoon”号及两只雇来的再加以武装的宁波船，专事“护航”与劫夺商船的勾当，并由此发迹，开设了一家行号。不久，因案发受审，被揭露而逃匿。[④] 上述种种，就是帝国主义入侵福建时所进行的

---

① 转引自戴一峰：《五口通商时期的福建对外贸易》，《福建论坛（文史哲版）》1988年第1期。

② 转引自戴一峰：《五口通商时期的福建对外贸易》，《福建论坛（文史哲版）》1988年第1期。

③ 参见英国国会档案保存的1847年和1848年中国各口岸贸易报告的相关内容。

④ 参见《北华捷报》1859年7月23日。

贩毒、走私、“护航”与抢劫的三位一体活动的真实记录。

此外，西方各国侵略者还在福建大规模地掠卖华工。厦门是当时全国掠卖华工最大的港口之一。英、美等国商人在厦门开设的德记、合记等洋行，都是专门从事掠卖华工勾当的卖人行。他们雇佣一批流氓、恶棍到闽南城乡各地，或甘言引诱，或设计诓骗，或暴力胁迫，或强行绑架，将被欺骗和捕掠的华工卖给洋行。洋行将掠买来的华工禁锢在“猪仔馆”中，强迫签订契约，美其名曰“契约华工”，然后装船运往美洲、澳洲、非洲及英属东南亚殖民地等地，卖给庄园主或资本家充当各种苦役。

这些被掠卖的华工遭到非人待遇，在途中被虐害致死者竟达 1/4 以上。[①] 即使如此，西方各国的人口贩子与载运苦力的船主都因而大发横财。据统计，运往古巴的“苦力贸易”利润率一直保持在 150%以上，运往旧金山的航运利润率竟高达 10 倍。从 1845 年法国率先从厦门将 180 名“契约华工”运往马达加斯加东岸的法属布尔邦岛后，由厦门运往古巴、秘鲁、美国、澳大利亚、非洲等地的华工不断增加。到 1852 年止，据不完全统计，由厦门运往世界各地的“契约华工”人数约 3 万人。[②]

1852 年 11 月，厦门人民掀起大规模反对掠卖华工的斗争，迫使西方各国的人口贩子不得不将掠卖华工的活动据点转移到广东南澳、汕头一带，继续诱骗华工前往东南亚作苦力劳工。这些被迫离乡背井、胼手胝足于异国、为开发西半球和东南亚等地作出贡献的华工，就是今天福建华侨和华裔的祖先。掠卖华工的实质就是奴隶贸易，然而，这些滔天罪行都是在西方各国政府的支持下进行的。他们派驻厦门的领事，有的就是掠卖华工的罪魁。如 1846 年身兼西班牙、葡萄牙、荷兰三国驻厦领事的英国人泰特，就是德记洋行老板；美国驻厦门代理领事，则是合记洋行的股东之一。

---

① 参见谭干初：《虐害华工》，《小方壶斋舆地丛钞》第十二帙。

② 参见戴一峰：《五口通商时期的福建对外贸易》，《福建论坛（文史哲版）》1988 年第 1 期。

总之，在五口通商时期，西方列强各国开始入侵福建，他们强行输入工业化商品，掠夺原料，贩毒走私，暴力抢劫，掠卖华工，处处上演了其所特有的殖民主义的海盗式“文明”，从而为西方各国资本主义发展积聚了资本，也促使福建由封闭式封建社会向半殖民地半封建社会演化。

二　第二次鸦片战争以后帝国主义对福建加紧经济掠夺

贪得无厌的西方列强对于在鸦片战争中攫取的利益尚不满足，英、美、法三国为了加强对清政府的控制，迫使中国开放更多商埠，从而进一步控制中国海关。在咸丰四年（1854 年）向清政府提出修订《南京条约》的无理要求，遭到拒绝。两年以后，即咸丰六年九月（1856 年 10 月），英国借口“亚罗号事件”[①]，法国借口广西“马神甫事件”[②] 联合挑起第二次鸦片战争。

第二次鸦片战争在清政府对内疯狂镇压太平天国农民起义，对外力求妥协了事、避免决裂的方针下，又以中国失败而告终。咸丰八年五月十六、十七（1858 年 6 月 26 日、27 日），清政府分别与英、法、美、俄四国签订《天津条约》；同年十一月初八和二十四（12 月 12 日和 28 日），在上海又分别与英、法订立《通商章程善后条约》；咸丰十年九月间（1860 年 10 月）在北京又与英、法签订《北京条约》。这些不平等条约给中国人民套上了更加沉重的枷锁，进一步促使中国向半殖民地半封建社会发展。不言而喻，第二次鸦片战争对福建向半殖民地半封建社会发展的影响是深刻的，主要表现为：

第一，减低关税，洋货输入激增。

《天津条约》签订以后，进口货物原则上虽然仍按“值百抽五”确定税则，但在议定税则时，结果所定税率实际上常不及 5%。从 1858 年确

---

① 亚罗号船原是中国人方亚明所有，曾在香港注册，有效期只到 1856 年 9 月 17 日。1856 年 10 月 8 日广东水师上船查捕海盗，捕走中国水手 12 人。但因船上悬挂英国国旗，英国政府借此挑起了战争。

② 1854 年法国天主教神甫马赖到广西西林县传教，因包庇作恶教徒，于 1856 年 2 月被西林县当局逮捕后死去。

定税则后，直到1894年甲午战争爆发时的36年间，进出口货价同趋下落，而进出口税的升降都出现反常趋势。如1875年进口税合从价为5.76%，1885年为5.75%，略有下降；而1875年出口税平均合从价为10.06%，1885年则涨到12.15%。①

这种情况，形成了“洋货”进口税极度低下，出口税高出进口税的畸形现象，致使西方各国的货物像潮水一样涌入福建。1882年，棉花与毛织品进口39.3万件，值95万关两，与20年前相比增加数倍；煤油在1864年时进口量为1510加仑，到1891年则增至39.4万加仑；面粉、火柴等其他工业品的进口量也迅速增长。与此相反，福建省最大宗的出口货物茶叶已呈下降趋势，1882年为649755担，1891年降至335651担。②

第二次鸦片战争以后，随着列强工业化商品的大规模输入，福建自然经济进一步解体。以福州茶叶出口贸易为例，1853年太平军攻占南京后，由于战争向华中、华南发展，福建武夷茶叶从广州、上海出口的通道受阻。这一年4月，福建巡抚王懿德奏请暂弛海禁，允准武夷茶叶由海道贩运出口。美国旗昌洋行首先派遣买办携巨款进入武夷茶区，收购1854年生产的茶叶出口，大获利润。随后，西方各国洋行纷至沓来：1855年福州洋行增至7家，1859年则达21家；国内茶商也云集福州，参与抢购竞争，从而刺激着福建茶叶生产的发展。福州茶叶出口量1853年为595万磅，只占全国茶叶出口总额的5.9%，到1860年福州茶叶出口数激增至4000万磅，占全国茶叶出口总额的33%。此后，福州茶叶出口总量超过广州、上海，红茶出口总额跃居全国首位。但20年以后，由于福州的茶叶被印度、锡兰的茶叶所排挤，加以茶叶市场被外国洋行所控制，价格浮动完全依外商而定，福州茶叶的出口由盛转衰，“开茶行破家败产者不知有几”。1881年以后，茶价甚低，开厂者每年亏本，无资

---

① 参见姚贤镐编《中国近代对外贸易史资料（1840—1895）》第2册，中华书局1962年版，第797页。

② 《闽海关十年报》，中国人民政治协商会议福建省委员会文史资料研究委员会编《福建文史资料》第10辑，1985年，第79、80页。

雇人垦山种茶，“故至十分荒有八分”[①]。

西方各国对福建侵略和掠夺的结果，一是使家庭手工业（主要是棉纺业）破产，农民被迫放弃家庭手工业，转而到市场上去购买这些原来由自己生产的东西；同时使农产品商品化，即农民被迫经营各种经济作物，或者出卖粮食。于是农民在生产和消费方面都不得不依赖市场，而卷入了由列强控制的商品经济中去。二是福建进出口贸易成了世界市场的组成部分，成了世界资本主义体系的附属物，使福建人民深受国际资本主义的剥削，并受其支配和打击。

第二，列强攫取闽海关、厦门海关的控制权，加紧对福建的侵略与掠夺。

厦门、福州开埠后，清政府相继成立厦门海关与闽海关，负责管辖省内所有海河货运，并征收对外贸易和国内贸易货物的关税。西方各国侵略者蔑视和践踏中国主权，只要不合其意愿，便对海关施加压力，以停止交纳关税等手段，胁迫福建当局屈从。1854 年，因英国商人购地建屋遭政府当局和人民的阻挠，英国驻福州领事金执尔便擅自指令英国商人向其领事馆而不向福州海关交税。1856 年，美国商人因开枪威吓在他房子外面鸣放鞭炮的群众，被愤怒的群众打死，美国领事以此为借口停止缴付美国船只所应缴的关税。英国也趁火打劫，几个月不缴纳关税。政府当局在上述事件的交涉过程中，屈服于美、英等国的压力，放弃主权，表现得十分软弱无力。

根据《天津条约》，清政府在 1859 年聘请英国人李泰国任中国海关总税务司（继任为赫德），海关大权便被英国侵略者所攫取。经清政府批准，闽海关（洋关）在 1861 年 7 月建立，李泰国派华德为第一任税务司，厦门海关（洋关）也在 1862 年 3 月建立。从此，海关有洋关与常关分庭并立。洋关负责对外贸易货运的监管，征收外国和本国轮船运输应

① 《光绪十三年十月二十九日，闽海关税务司汉南申呈总税务司，“访察茶叶情形文件”》，转引自彭泽益编《中国近代手工业史资料（1840—1949）》第 2 卷，生活·读书·新知三联书店 1957 年版，第 187 页。

税货物进出各口岸的关税。常关只监管从事国内贸易的民船货运，征收各种木制船只及航行于内河的小轮船的应税货物关税。从1861年到1949年88年的漫长岁月中，闽海关、厦门海关均掌握在英、美侵略者手中。

英、美侵略者控制闽海关、厦门海关后，除了收集全省各种情报，干预省政外，主要运用关税为西方各国侵略者输入商品与掠夺原料服务。中英《天津条约》规定了一项破坏中国内地税收主权的税制，名为“子口税”，即英商进口洋货或贩运土货出口，只需交纳进出口税的一半，或从价2.5%，即可免交其他内地税项予以通行。这项特权后来为其他国家所共享。如果华商要经营贸易，又不愿交纳较高的内地税，就只有向外商非法购买子口单。这既破坏了清政府和福建地方当局的财政收入，又便利了侵略者推销商品和掠夺原料。

由于子口税由海关报解中央，内地捐税归地方政府支销，因此直接影响了地方政府的财政收入。福建地方政府为了弥补财政收入的亏空，一方面降低内地税以与子口税竞争，把内地税降到子口税以下；另一方面加重土货厘金，以补偿短少的财政收入。这个办法直接破坏土货的流通与生产，削弱了土货对洋货的竞争力。① 在福州，1861年领有子口单运往内地的洋标布只有2800匹，到1871年就增至97324匹。② 在这个时期中，各种洋货运用子口单销往内地是几倍至十几倍的增长，使洋货深入到全省穷乡僻壤，严重打击了福建省的财政经济。

再从海关进出口贸易总额来看，厦门海关自开埠后，一直处于入超状态。1874年，进口商品净值为5692781关两，入超达1653887关两；至1900年，进口商品净值计10728286关两，入超激增至8530723关两。其间不到30年，进口商品净值增加近1倍，入超激增5倍多。③ 闽海关自1853年至19世纪末叶，还处于出超地位，1867年，进口商品总值为

---

① 参见罗玉东：《中国厘金史》上册，学海出版社1970年版，第134页。

② 《闽海关报告》(1871—1872年)，第154页。

③ 参见厦门市志编纂委员会、《厦门海关志》编委会：《近代厦门社会经济概况》，鹭江出版社1990年版，第146、315页。

3489063 元，出口总值则为 12903811 元，出超 2 倍多。[①] 但在甲午战争以后，这一情况发生了逆转。从此，福建全省进出口贸易变出超为入超，后来入超情况则越来越严重了。

总之，西方列强的商品大量输入福建，引起了社会经济的激烈变化。正如毛泽东指出的："外国资本主义对于中国的社会经济起了很大的分解作用，一方面，破坏了中国自给自足的自然经济的基础，破坏了城市的手工业和农民的家庭手工业；又一方面，则促进了中国城乡商品经济的发展。这些情形，不仅对中国封建经济的基础起了解体的作用，同时又给中国资本主义生产的发展造成了某些客观的条件和可能。因为自然经济的破坏，给资本主义造成了商品的市场，而大量农民和手工业者的破产，又给资本主义造成了劳动力的市场。"[②] 福建情况也是如此。在西方列强的侵略和掠夺下，资本主义缓慢发展并被扭曲，从而为半殖民地半封建社会奠下了基石。

从 19 世纪 70 年代到 20 世纪初，世界上主要资本主义国家都先后向帝国主义阶段过渡。在这一过渡阶段，资本主义各国之间争夺殖民地、分割世界领土的斗争日益尖锐。这时西方列强对中国的侵略，也开始从商品输出转为资本输出，进一步扩大对清政府的控制，全面地加紧对国民经济各部门的掠夺，进而妄图瓜分中国领土。

日本是后起的军事帝国主义国家，在英、美两国扶植下，于光绪二十年六月（1894 年 7 月）对中国发动了无耻的侵略战争——甲午战争。这次战争历时 8 个月，以中国惨败而结束。光绪二十一年三月二十三（1895 年 4 月 17 日），在美国的导演下，签订了中日《马关条约》。根据这一条约，日本不但占领了台湾岛及其附属各岛屿、澎湖列岛，而且可以直入各通商口岸，开办运输，设立工厂和领事馆。

从此，福建除了是国际商品倾销市场外，又成了国际资本的投资场

① 参见［美］威廉·乌克斯：《茶叶全书》上册，中国茶叶研究社社员集体翻译，中国茶叶研究社 1949 年版，第 58 页。

② 《毛泽东选集》第 2 卷，人民出版社 1991 年版，第 626—627 页。

所。尤其是日本占领了台湾以后，把福建划为其势力范围，与英、美等侵略势力在福建角逐，成了侵略、掠夺福建的主凶之一。从这以后，福建半殖民地半封建的地位更加深化，其主要表现是：

第一，列强在福建投资办厂，加紧掠夺福建资源。

从1858年开始，英、美、俄等国就已在福建各地建立工厂。腐败的福建地方官吏明知其违约，但却听之任之。到甲午战争前，西方列强在福建各地设立的工厂有：厦门船厂、福州船厂、厦门鸦片制造厂。此外俄国在福州、建宁府共建立9个茶砖厂；英、德在厦门建造铁锅厂各1个，以及福州机器制冰厂、厦门机器公司、厦门火油池等。[①] 但这些工厂规模较小，资本也不大，主要还是为它们商品输出和掠夺原料服务。《马关条约》签订以后，帝国主义国家取得了在中国投资设厂的特权，纷纷到福建办厂开矿。在福州，英国商人于1899年创办了耀明火柴厂。随后，法国商人设立了蛋品厂，日本商人设立了木柴厂、樟脑厂等。此外，法国还同福建地方统治者相勾结，于1902年建立大东公司，1903年建立安溪煤矿，等等。[②]

帝国主义各国向福建输入资本、开设工厂和挖掘矿藏的共同特点是，以独立的工业投资，利用福建廉价的原料和劳动力，制造成商品专门销售于福建市场。这就加重了对福建人民的剥削和对福建丰富资源的掠夺。例如，光绪二十八年（1902年），日本商人诱使福建官府与之合办福建樟脑局，从而控制福建樟脑采办权，大肆掠夺闽江上游的樟脑。英商不甘示弱，亦派遣买办深入闽北山区采办樟脑。在日、英商人争相采办樟脑的刺激下，“乡民砍伐樟树……不可胜数”[③]。经由福州海关出口的樟脑，遂从1902年的222担，猛增到1907年的19514担，5年间增长了83.3倍。这种掠夺性的经营，很快造成了樟树资源的枯竭和毁灭。由是，樟脑产品大幅度下降，

---

① 参见孙毓棠编《中国近代工业史资料》第1辑上册，中华书局1962年版，第234—241页。

② 参见汪敬虞编《中国近代工业史资料》第2辑上册，科学出版社1957年版，第234页。

③ 民国《建瓯县志》卷十八《外交》。

1927 年经福州海关出口的樟脑仅 13 担，从此该业便一蹶不振。与此同时，其他工业原料大量流失，阻碍和扼杀了福建民族工业的发展。

第二，外国银行资本侵入福建，控制了全省金融市场，操纵了福建的财政经济命脉。

外国银行在福建设立分支机构始于 1862 年，由英国汇隆银行率先在福州开展业务。[①] 1866 年，主宰中国金融市场长达 85 年之久的英国汇丰银行在香港注册成立，并在福州设立代理处（两年后改为分行）。[②] 同年，英国丽如银行也在福州设立分行。进入 19 世纪 70 年代，设在福州的外国银行增加到 7 家。在这个时期，外国银行也纷纷在厦门建立分行。[③] 继而，1900 年，日本也在福州、厦门设立台湾银行支行，还在厦门设立中华汇业银行、华南银行、新高银行。1919 年，法国在福州设立中法汇业银行，美国在福州、厦门设立美丰银行。1922 年，荷兰也在福州、厦门设立安达银行等等。[④] 至 20 世纪初，帝国主义各国在福建形成了银行势力网络。特别是英国汇丰、渣打（麦加利）、日本台湾银行，在福建形成鼎足而立的局面。

外国银行资本侵入福建后，首先着力于控制福州、厦门两地旧式金融机构钱庄，使钱庄逐渐买办化。1854 年，随着福州口岸茶叶贸易的开展，大量的鹰洋（银元）涌入福建，充塞流通领域。外国洋行在驻福州领事的支持下，会同买办化茶商倪泰华、郑宝书等，借福建金融风潮频起之机，迫使福建巡抚王懿德晓谕允准鹰洋通行，强令各钱庄不得“任意阻抑，私相贴水”[⑤]，从而确立了鹰洋在流通领域的优势地位。福州钱

---

① 参见汪敬虞：《十九世纪西方资本主义对中国的经济侵略》，人民出版社 1983 年版，第 116 页。

② 参见《福州商务报告》1866—1868 年，第 39 页。

③ 参见《闽海关十年报》（1882—1891 年），中国人民政治协商会议福建省委员会文史资料研究委员会编《福建文史资料》第 10 辑，1985 年，第 87 页。

④ 参见王孝泉：《二十四年福建金融界之回顾》，《福建文化月刊》第 2 卷第 5 期。

⑤ 《中美关系史料（嘉庆、道光、咸丰朝）》台湾“中央研究院”近代史研究所 1968 年编印，第 270—273 页。

庄便倚靠鹰洋发行“番票”，是为福州钱庄买办化之始。[1] 到了19世纪80年代末期，汇丰银行、渣打银行发行的纸币，以及后来日本台湾银行的纸币，在福州、厦门普遍流通，逐渐代替了历时已久的钱庄所发的钞票，完全控制了福建金融市场，钱庄随之趋于萎缩。

帝国主义各国在全力控制福建金融市场的同时，运用各种手段，由外国银行、洋行、钱庄组成了一张买办高利贷金融网，以此垄断福建的经济命脉。1885年，办理福建省军务的左宗棠，以防务紧要饷需支绌，奏准向英国汇丰银行贷银400万两，年息9厘，分10年以闽海、江海、浙海三关税款拨还。[2] 1905年，闽浙总督魏光焘拟购炮舰4艘、水雷艇数艘，奏请向法国银行借银300万两，以本省盐税为抵押。[3] 这种由清政府地方当局直接向外国银行高息贷款的事实表明，清政府国库空虚，在政治、经济以至于军事上不得不受制于帝国主义者开设的银行。

另外，外国银行以其雄厚的金融资本和政治上的特权，一方面大量吸收私人存款，特别是官僚、军阀、富商、地主的存款，一方面向私人商贩和民族工商业发放高利贷，从中获取高额利润。由此可见，外国银行在福建建立后，帝国主义的金融资本逐步地控制了福建地方政府的财政，垄断了全省金融市场，福建的半殖民地半封建地位更加深化了。

三　西方列强对福建的军事侵略

早在鸦片战争以前，英国侵华集团的资产阶级代表人物巴麦尊、义律等人就主张对中国实施军事侵略，“封锁珠江口，以及珠江到东北一线沿海，或者还要占领厦门，以便截断台湾米粮的供应”，以威胁清政府答应贸易条件。[4] 鸦片战争期间，英国侵略军为达到这一目的，曾3次进攻

① 陈乔枞：《礼堂遗集》卷一《变通钱法续议》。

② 参见陈衍、沈瑜庆等撰：《福建通志·外交志》总卷三十一，第15页。

③ 参见《申报》光绪三十一年正月二十一，第三版。

④ 参见严中平辑译：《英国鸦片贩子策划鸦片战争的幕后活动》，《近代史资料》1958年第4期。

厦门，5 次进犯台湾，并骚扰莆田南日岛、泉州永凝（今永宁）、漳浦铜山、金门中港、海澄等地。[①]

当时任闽浙总督的邓廷桢，曾任两广总督，帮助林则徐在广州禁烟；调到福建后，也厉行禁烟，并积极筹设海防。他在厦门修筑了青屿、屿尾仔和鼓浪屿的水操台等 3 处炮台，添置大炮 14 门，积极整顿水师，同时征募爱国的渔民和船户组成“水勇”，编为“哨船队”，配合水师日夜在沿海巡逻，查缉鸦片和防止敌人的侵犯。

1840 年 6 月，英国悍然发动了对中国的鸦片战争，首先进犯广东。由于林则徐领导广东军民严密防守，英国侵略者无隙可乘，于是转而进犯东南沿海。7 月 3 日，英国侵略军出动 5 艘军舰，由“布浪”号舰长色诅率领，向厦门进攻。英军首先派遣一只舢板到岸边，递交英国外交大臣巴麦尊致清政府的信，无理要求登陆，遭到厦门驻军拒绝，英国侵略军随即强行登陆。守军立即以弓箭长矛还击，杀死 2 名英军。英国侵略军悍然向岸上开炮轰击，打死守军 9 人和民妇 1 人，击伤 14 人，炸毁民房 20 余间。英国侵略者的暴行，立刻遭到厦门爱国军民的还击。双方互相炮击达 3 个多小时，英军伤亡多人，被迫退出厦门港。[②]

1840 年 8 月 21 日晚，英舰又开到厦门港外青屿海面，再度侵犯厦门。水师提督陈阶平、兴泉永道刘耀春闻讯，连夜加固炮台，积极布置防御。22 日，2 艘英国军舰闯入青屿口内，向厦门水操台炮台开炮，厦门军民奋起还击，游击任经猷、都司张然驾兵船开炮狙击。安海汛守备齐鲁仁连发 2 炮，击中英舰火药舱。参将刘云鹏又连续发炮射击，把敌人一只舢板打得粉碎。英舰在遭到厦门守军的顽强抗击之后，不能得逞，被迫退出青屿口外。8 月 23 日上午，英舰再次侵入厦门，驶向水操台，攻打大炮台。副将灵德、叶长春等坚守炮台，冒着英舰猛烈的炮火开炮还击。守卫鼓浪屿的官兵也发炮夹攻，迫使敌舰再次转舵退去。英国侵

---

① 参见《筹办夷务始末·道光朝》卷二十九、卷三十二；《史料旬刊》第 39 期，清道光密奏专号第 5 第 424 下—425 下。

② 参见《筹办夷务始末·道光朝》卷十一。

略军在厦门军民严密防卫和反击下，无法讨得便宜，只得于 26 日从厦门撤走。①

当英国侵略军侵犯广东、福建沿海，受到林则徐、邓廷桢领导的爱国军民沉重打击时，浙江至直隶的各省海防却极其空虚。英国侵略军乘虚北犯，于 7 月 5 日攻陷浙江定海；8 月，英国军舰抵达天津白河口。道光皇帝被英国海军的攻势所震慑，又被英国外交大臣照会的花言巧语所欺蒙，加以清廷中琦善等一班主“抚”派极力散布妥协求和的空气，使得道光皇帝竟然指斥禁烟为“举措失当”，一方面任命琦善为钦差大臣驰赴广东和英军继续谈判；另一方面下令对林则徐、邓廷桢撤职查办。

1840 年 9 月，清朝任命颜伯焘为闽浙总督。颜伯焘是盲目排外的顽固派。他虽然反对琦善的投降卖国，但也不赞成邓廷桢的防御政策。他既看不起人民的力量，又不重视厦门港内的布防，盲目主张到大洋上去和英军作战。他到福建后，虽然也修筑炮台，赶造船炮，但因计划过于庞大，实际上大部分都落空。

11 月底琦善到达广州后，立即宣布自动撤防。12 月初，琦善与英国代表义律开始谈判，擅自于 1841 年 1 月 20 日秘密议定《穿鼻草约》（未正式签字）。道光皇帝闻讯，感到既失地赔款，又严重损害了“天朝皇威”，下令立即将琦善锁拿进京，革职问罪，并严令奕山迅速会集各路官兵进剿。② 5 月 21 日，奕山及其亲信草率决定分兵三路袭击英军，先胜后败。但他在给道光皇帝的奏报中，却谎称对英军“追剿”的胜利。于是，道光皇帝批准奕山奏报，“准令通商”，并下旨各省“撤兵省费”。与此同时，英国政府认为《穿鼻草约》没有达到其全部要求，召回义律，改派璞鼎查为侵华全权公使，率军舰 26 艘、陆军 3500 人，再次向中国进攻。

1841 年 6 月，颜伯焘接到道光皇帝“撤兵省费”的谕旨。此后，他放松战备，解散水勇和乡兵，连大炮也停止制造，这就为英国侵略军再

① 参见《筹办夷务始末·道光朝》卷十四。

② 参见《筹办夷务始末·道光朝》卷二十。

次进攻厦门大开了方便之门。

1841 年 8 月 25 日，英军第三次进犯厦门。当英国军舰驶入厦门港时，金门岛上几个炮位发炮轰击，但未能阻止英舰前进。8 月 26 日，英国侵略者致信福建水师提督窦振彪，狂妄地要求厦门守军"放弃城池及厦门一切堡垒"，任其登岸接管。[①] 厦门军民严正拒绝了英军侵略军的最后通牒，准备抗战到底。颜伯焘得知英军卷土重来的消息，立调金门镇总兵江继芸赴厦门防守，并令中军参将陈胜元为右翼，江继芸为左翼，张然与右营把总杨肇基、左营把总纪国庆、前营把总李启明严阵以待，督炮水操台。

8 月 26 日下午 1 时，敌舰向鼓浪屿进犯。颜伯焘、刘耀春亲赴虎头山督战。各炮台合力轰击，击沉敌舰 1 艘、兵船 5 只。由于清军大炮不能转动射击方位，敌舰乃集中优势火力，向清军阵地轰击，掩护英军乘舢板分路登陆。英军首先攻占白石头炮台，接着又攻陷了其他炮台。

中国官兵奋力反击，浴血抗敌。游击张然率领士兵顽强战斗，力拒登岸的英军。当他被团团围住时，还抖擞精神，挥舞长矛，一连刺死了几个敌人后壮烈牺牲。金门镇总兵江继芸坚决抗敌，最后投海自溺。其他如副将凌云、都司王世俊、把总纪国庆等，有的战死，有的力尽自刎，许多士兵在被迫离开炮位时，还拣起石头来击杀侵略者，表现了中国人民反抗外国侵略者英勇顽强的英雄气概和崇高的爱国主义精神。在战斗的关键时刻，颜伯焘却被英军的猛烈炮火吓倒，临阵退缩，率部溜往同安。主帅怯阵，军心大乱，清军全线溃退。8 月 27 日，厦门被英军占领。英军入厦门城后，肆行抢劫，劫走白银 2 万两、大炮 600 多门和不计其数的财物。英军到处奸淫掳掠，杀人放火，甚至连儿童也不能幸免。有一个大水池，竟填满了被英国侵略军屠杀的儿童的尸体。[②]

英军在厦门的血腥暴行，激起了人民群众的强烈反抗。他们自发组

① 参见宾汉：《英军在华作战记》第 2 卷，第五章《厦门和舟山的陷落》，齐思和等编《鸦片战争》（五），上海人民出版社 1957 年版。

② 参见麦克法森：《在华二年记》，第十八章《厦门的陷落》。

织起两支抗英武装，一支是陈氏农民组织的长枪队，另一支是以生员王师真为首的500人左右的短刀队。他们互相配合，展开游击战，白天伏击英军，夜间向英军投掷石块，打仓库，烧营房。英军在厦门人民反击下，10多天内被打死、打伤200多人，在厦门难于立足，12天后撤至鼓浪屿。[①] 厦门人民在反抗英国侵略者的斗争中，表现了英勇不屈的精神，为中华民族谱写了一页反抗外国侵略者的光辉篇章。

除了英国以外，法国殖民主义者一直在加紧策划挑起事端，参与侵略和瓜分中国的勾当。清光绪九年十一月（1883年12月），法国妄图以越南为跳板侵略中国，挑起了中法战争。清政府求和心切，一味对法国妥协退让，于1884年5月11日由李鸿章与法国特使福禄诺在天津签订《中法简明条约》，被迫同意承认法国对越南的“保护权”，撤回驻越清军，开放与越南北方毗邻的边界，听凭法商运销货物。但是清政府对法国侵略者的妥协退让，并未换来它所企求的“和局”。1884年6月间，法军以“接收”谅山为借口，向中国驻军开火攻击。然后又把破坏《中法简明条约》的罪名强加在清政府身上，无理要求清政府赔款2.5亿法郎。

事实上，法国这时已制定了把战争扩大到中国沿海的计划，这就是采取直接行动来获取担保品和赔款。法国外交部大臣茹费理在下院声称，“法将据守福州为质”。法国特使福禄诺也在天津扬言，“和局不成将取台湾、福州”[②]。这些言论，暴露了法国扩大战争是一个既定的侵略阴谋。1884年7月13日，法国海军部裴龙更明确地致电孤拔：“遣派你所有可调用的船只到福州和基隆去，我们的用意是要拿住这两个埠口作质，如果我们的最后通牒被拒绝的话。”[③]

1884年7月12日，法国特使福禄诺向清廷提出最后通牒：中国立即从越南北部撤兵，赔偿兵费2.5亿法郎，不然法国就将“自取押款”，即

---

① 参见中国人民政治协商会议福建省厦门市委员会文史资料研究委员会编《厦门文史资料》第5辑，1983年内部发行，第9页。

② 《清光绪朝中法交涉史料》卷一八，故宫博物院1933年印，第30页。

③ 参见邵循正等编《中法战争》(七)，新知识出版社1955年版，第225页。

占领中国沿海一二个港口，作为赔款的抵押品。同时，法国侵略军以武力配合外交讹诈。7 月 14 日，法国军舰强行驶入马江。2 天后，孤拔也乘军舰驶进闽江口。法国公使巴德诺则在上海声称，如中国不接受法国条件，孤拔就要执行最后通牒，消灭福建海军，摧毁马尾船厂，占领福州。① 清政府准备再次向法国妥协，保证一个月内撤退驻越清军，并派两江总督曾国荃到上海与巴德诺谈判，要求免去赔款，延长最后通牒期限。巴德诺坚持巨额赔款，蛮横关闭了谈判大门。8 月 5 日，法军向台湾基隆炮台发动进攻，遭到爱国军民顽强抵抗。在激战中，法军伤亡 100 多人，全部被逐回海上。

法军在台湾受挫后，转舵进攻福州，舰队闯进马尾港，停泊在船政水师周围。在这战云密布的紧要关头，清政府仍幻想西方列强出面调停，命令福建的主要军政大员“坚守条约”，“衅不可我开”。福建当局完全执行这一妥协投降的意旨，竭力压制闽江下游两岸民众和爱国官兵的抗法斗争。闽浙总督何璟、船政大臣何如璋严谕水师不准先行开炮，违者虽胜亦斩。②

这时，法国侵略军停泊在马江的各种军舰共 12 艘，各种炮 77 门，总兵力约 1700 多人。在马江的船政水师计有舰船 11 艘，各种大炮 45 门，总兵力约 1200 多人。此外，还有旧式中国炮舰和武装的划船等 13 只，江防陆军也增至 20 多营，并有大量的武装农民主动准备参加战斗，不少渔民积极支援船只。

8 月 22 日，孤拔接到法国政府进攻福州的命令。8 月 23 日上午 8 时，法国驻福州副领事将当天开战的决定通知闽浙总督何璟，声明下午 2 时开战。12 时左右，何璟才把战书传达给何如璋和张佩纶。负责指挥船政水师的船政大臣何如璋，竟对水师官兵秘而不宣，也不令备战。他异想天开地要求法军把战期改到次日，被法军司令孤拔拒绝后，才慌忙给各船舰发下军火、弹药。下午 1 时 45 分，当法国舰队提前以水雷、大炮

① 参见邵循正等编《中法战争》（七），新知识出版社 1955 年版。

② 参见邵循正等编《中法战争》（三），新知识出版社 1955 年版。

猛烈袭击船政水师的舰只时，船政水师的舰只还没有来得及起锚，便被法军优势炮火击沉2艘、重伤4艘。广大爱国官兵义愤填膺，奋起还击。旗舰“扬武”号在管带张成的带领下，不顾何如璋的禁令，事先做了准备。当法舰发起炮击时，“扬武”号立即沉着应战，用尾炮准确地袭击法军旗舰“伏尔泰”号，击毙6名法军，差点炸死孤拔。但在激战中，“扬武”号被从旁窜出的法军鱼雷艇所发射的鱼雷击中而下沉。爱国官兵鼓起余勇，镇定地从水中救起多人。那艘偷袭“扬武”号的鱼雷艇，也被中国岸防大炮的榴弹击中，引起锅炉爆炸，丧失了作战能力。

“福星”号管带陈英断然下令砍断锚链，冒着敌舰的猛烈炮火，站在指挥台上大声疾呼：“我们是中国人，今天当以死报国，有进无退!”他指挥“福星”号全速冲入跨国舰队中，盯住法舰“伏尔泰”号猛击。其他法国军舰赶忙去援救。但“福星”号越战越勇，毫无惧色，直至火药舱中弹爆炸，全舰官兵壮烈牺牲。与此同时，“建胜”“福胜”号也冲向法舰，两舰均被击沉，官兵大部分壮烈殉国。“振威”号虽受两艘法舰夹攻，船体被打伤，但在管带许寿山的督战下，仍顽强发炮还击，直到被击沉的刹那间，还射出最后一发炮弹，击中法舰，使敌舰长受了重伤。“飞云”号在管带高腾云指挥下，以小舰迎击敌人3艘大舰，毫不畏缩，直到全舰沉没。在双方舰只激战中，停泊在罗星塔附近的民间武装船队，也参与作战，但在法舰的猛烈炮火下，大部分被焚烧沉没。

马江海战仅持续30分钟，船政水师即遭到了惨败。然而，广大爱国官兵英勇抗敌的事迹是可歌可泣的，充分表现出可贵的爱国主义精神。当时英国人在上海办的《字林西报》赞叹说，“西方人士料不到中国人会这样勇敢力战”。

翌日，部分法舰驶入造船厂江面，集中火力轰击船政的船厂，将船厂的仓库和一艘即将完工的巡洋舰摧毁。25日，法军少数陆战队在罗星塔登陆，掳去克虏伯大炮3门。27日，法舰炮轰长门炮台并击毁金牌炮台。至月底，法舰才撤离马江，窜出闽江口。

这次马江海战，法国舰队伤5艘，伤亡官兵数十人。而清军船政却损失各种军舰 12 艘，商船 19 艘，官兵阵亡 796 人；闽江下游两岸的许多炮台被摧毁，清政府苦心经营的全国最大的造船基地，也被炮火所毁。

在这场反侵略战斗中，闽江下游两岸军民紧密配合福建水师英勇作战。江防炮台的炮手，对准法军旗舰猛烈开火，击毙孤拔的副官及随员多人。沿江渔民用各种土制武器打击敌人，他们用木船装满柴草、火药，浇上煤油，点燃后顺流而下，与敌舰碰撞燃烧。尚干乡农民林狮狮带领十几名勇士，驾着一条旧武装盐船，星夜暗渡马江，利用江边芦苇作掩护，出其不意地向敌旗舰进攻。该船终被法舰炮火击中炸毁，林狮狮等勇士壮烈牺牲。闽安镇乡民陈明良，只身持刀与闯到闽安镇抢掠的法军格斗，也被敌人杀害。隐藏在山后的乡民怒不可遏，用扁担锄头把敌人杀得仓皇逃命。

法国侵略军的卑鄙袭击，船政水师的覆灭，打破了清政府苟且偷安的迷梦。8 月 26 日，清政府终于向法国宣战，令陆路各军迅速在越南出兵，沿海各地加强戒备，严防法军入侵。此后，全国人民同仇敌忾，有力地打击了法国侵略者。

1885 年 4 月，由中国海关总税务司驻伦敦办事处金登干（苏格兰人）代表清政府，在巴黎与法国外交部政务司司长华乐签订停战协定，重新肯定《中法简明条约》有效。至此，中法战争正式结束。就这样，法国不胜而胜，实现了发动这次侵略战争的目的。

中法战争中的马江海战，是福建人民反抗帝国主义侵略的一曲悲壮的战歌。796 名爱国志士的鲜血没有白流，使人民更为深刻地认识到，在反对帝国主义的同时，必须反对封建主义。这些牺牲的爱国志士是值得人们永远怀念的。1886 年，福州人民在马尾马限山下建造了一座昭忠祠，埋葬为国捐躯的将士们的忠骨，以他们的爱国主义精神教育后人。

四　福州、厦门的“租界”及其殖民统治

福州、厦门是鸦片战争后开放的五个通商口岸中的两个，是资本主义——帝国主义侵略福建的两个桥头堡。根据《虎门条约》规定，英国

人可以在各通商口岸的规定地区内向中国人租赁房屋或租地建屋。根据这一规定，1845年，英国驻福州领事阿利国从福建布政司取得了租赁仓前山泛船浦一带地基盖房建屋的权利。1861年，英国驻厦门领事金执尔与兴泉永道潘骏章达成划定租地地界的协议，租地面积75亩。[①] 1871年，美国驻闽领事李让礼以99年为期，强租鹿耳礁和三丘田二处地段。[②]从租地建房盖屋开始，西方资产阶级代表人物即以欺诈的手法把这些租地不断扩展，使之逐步变为“租界”“公共租界”[③]。

清光绪三年（1877年），英国驻厦门领事阿礼国和德国驻厦门领事璧斯玛经过密谋策划，联合给兴泉永道台一份照会，并抄送擅自拟订的10条章程，请求在厦门租地内设立“工务局”。翌年夏天，他们又借口“除逆缉匪”，向兴泉永道台司徒绪重新申请。司徒绪在转禀闽浙总督密函中指出：“英德在照会中讳莫如深，不直言租界，而以设工务局为理由，进行缠扰”。闽浙总督在致北京总理事务衙门函里也指出：“外国人企图阳袭上海工部局之名，而阴收包占鼓浪屿之实”[④]。因此，清政府未予允许。

英、德领事一计不成，又多次照会，巧立名目，要求设捐筹款，修整鼓浪屿街道、水沟、路灯等。英国领事不管清政府答应与否，即由英国领事福勒斯带头，聘请伦敦公会牧师马约翰、厦门海关税务司勃鲁门、大北电报局经理苏思逊等，擅自组织一个“鼓浪屿道路、墓地基金委员会”。其筹款办法规定：人头税每年5元，人力车每年5元，马车每年10元，其他车辆每年10元，坟地每块15元。英国驻福州领事也如法炮制。昏庸的清朝官吏认为，洋人们愿意花钱铺路修桥没有什么不好，对此不

① 参见严中平等编《中国近代经济史统计资料选辑》，科学出版社1955年版，第44—45页。

② 参见朱士嘉编《十九世纪美国侵华档案史料选辑》，中华书局1959年版。

③ 所谓“租界”“公共租界”，是半殖民地半封建社会中一种特殊的地域。西方列强在“租界”“公共租界”内设立市政管理和税收、警察、监狱、法院等机关，其统治权完全属于外国人，实为国中之国。

④ 参见《清季外交史料·光绪朝》。

加过问。实际上，外国人以此为开端，在租地内建立了“租界”市政机关的雏形。

在19世纪的最后几年到20世纪初，帝国主义列强掀起了瓜分中国的狂潮，争先恐后地在中国强占“租借地”，夺取铁路修筑权，划分“势力范围”等。中国面临着被瓜分的险恶境地。日本强占台湾后，其侵略魔爪迅速伸入福建。1898年，日本强迫清政府声明“福建沿海岛屿和港湾概不让与或租与他国”，把福建划为日本势力范围。接着，日本又以1896年中日两国订立的《公立文凭》为据，即“中国政府亦允，一经日本咨请，在上海、天津、厦门、汉口等地设日本专管租界”[①]，于1898年以“商务日盛”为借口，要求在厦门设立日本专管租界。

清政府屈服于日本的压力，不顾厦门人民的激烈反对，派福建布政司周莲与日本驻厦领事上野签订了《厦门日本专管租界条款》，租界面积计4万坪[②]。条约规定，“专管租界内所有马路、警察之权，以及界内诸般行政之权，皆由日本政府管理”。1899年，日本又要求在福州设立日本专管租界。闽浙总督许应骙派通商道台与日本驻福州领事丰岛签订《福州口日本专用租界条款》和《另约章程》，租界面积约21万坪。《条约》和《另约章程》的内容与《厦门日本专管租界条款》大致相同，另还规定：“界内承租地基之契，应以30年为限，限满可以续租。”[③] 这样，日本侵略者在厦门、福州两地先后建立了“国中之国”，大大便利了其对福建的侵略与掠夺。1915年后，日本又以约束日侨为借口，强行在厦门、福州设立“警察所分所”，行使警察管辖权。

日本在厦门、福州两地划定“专管租界”，遭到了福建人民的强烈反对。为了压制福建人民的反抗情绪，对清政府进一步施加压力，以达到霸占鼓浪屿之目的，驻厦日本领事上野于1900年8月23日唆使僧侣纵

---

① 陈孔立：《十九世纪下半叶福建人民的反教会斗争》，《厦门大学学报（哲学社会科学版）》1962年第3期。

② 1坪约合3.3平方米。

③ 王铁崖编《中外旧约章汇编》第1册，生活·读书·新知三联书店1982年版，第925—927页、894—898页。

火焚烧山仔顶的日本寺庙——东本愿寺。翌日，日方借口保护侨民，派陆战队登陆站岗放哨，检查行人；又在望高石上架设炮位，派水兵到鼓浪屿日夜站岗巡逻，对清政府进行武力恐吓。

时值八国联军攻入北京，慈禧太后和光绪皇帝仓皇出奔，朝廷混乱。厦门炮台驻军领不到饷款，几将哗变。事被美国驻厦领事巴詹声侦知，巴詹声拿出1万元给炮台驻军发饷，还亲自到炮台劝告士兵为清政府效劳。为此，清政府对巴詹声表示衷心感激，拟把鼓浪屿优先划给美国为租界。但巴詹声意识到美国独占不了鼓浪屿，于是联合驻厦各国领事，共同策划建立所谓“鼓浪屿公界”的阴谋。后来，巴詹声又到福州向闽浙总督许应骙献策：“如果把鼓浪屿划作公共地界，既可杜绝日本独占的野心，又可以兼护厦门，一举两得。”[①] 许应骙正在为日人纵火东本愿寺，企图武装占领鼓浪屿一事而烦恼，听了巴詹声富有蛊惑性的辞令，欣然同意，即派省洋务局委员按照通商条约面议章程，并电兴泉永道台与美国驻厦领事商妥办理。

1901年10月14日，中方代表与各国领事在厦门讨论具体细节。在会上，双方发生了争执。英国领事强调鼓浪屿既然作为外国的租界，中国政府就无权干涉岛上事务。但许应骙原意是“公共地界”，应包括中国人和外国人在内，中国且是东道主，更不应被排斥在外而不过问岛上的事务。因此，在“租界”和“公地”这两个不同含义的名称上争论不休。最后，中方委员专电向许应骙请示。复电竟说：“鼓浪屿或做公地、或作租界，均无不可，唯必须加入第十五款‘兼护厦门’，以鼓浪屿做公地，各国官商均在界内居住。厦门为华洋行栈所在，商务尤重，应由中外各国一体保护，以杜东邻（日本）觊觎，如无此节，即作罢论。”[②] 这一把自己国土拱手让给外国人，甚至要求外国“兼护厦门”的电文，充分反映了晚清封疆大吏的昏庸腐败，也是清廷最高统治者“宁赠友邦，勿与家奴”的卖国理论与实践的体现。

---

① 《论鼓浪屿作万国公共地之关系》，《鹭江报》，1900年，第18册。

② 《清季外交史料·光绪朝》。

于是，兴泉永道台率同各委员和各国领事再次会议，对“公地”“租界”也就不再争论，而把重点放在《土地章程》的条款上。各国领事认为，“兼护厦门”一节须请示驻京公使而后决定，其他各款均无异议，遂于1902年1月10日在日本领事馆举行《土地章程》草签仪式。但在会上提出的中、英文本，不论在标题，还是在内容上都有明显的差异，如中文本标题是《厦门鼓浪屿公共地界章程》，英文本的标题却是《厦门鼓浪屿租界土地章程》；又如中文本第十五款内容是“鼓浪屿改作公地，各国官商均在界内居住。厦门为华洋行栈所在，商务尤重，应由中外各国一体互相保护”，而英文本仅写入“候驻京公使核定”。而担任核对的洋务委员杨荣忠竟认为中、英文本无讹，双方代表就此签字。

外务部接到中、英文本后，发现两种文本互有歧异，即电许应骙查复。几经交涉，日本领事上野专一坚持依照英文本，不同意中文本表述。许应骙为了卸脱责任，含混上奏：“鼓浪屿草约合同第十五款兼护厦门一节，各领事以此条洋文候各国驻京公使复电，现各公使既称领事无权，则此间无从协商。唯华洋合同未便两歧，请饬外务部与各国公使仍照华文填写，或给以华文为凭。此项草约本已声明必须候朝廷批准，方能遵行；倘各使不允，尽可将前约作废。”①

外务部看到许应骙奏稿后，明知“尽可将前约作废”不可能，只得把交涉经过和处理意见上奏：“臣等同商酌，不如将原订中文章程第十五款保护厦门一节，径行删除，较为简净”，“自应请旨准行，以符原约，而敦辑睦”。② 1902年11月21日，光绪皇帝批“依议”，批准了该条约。就这样，厦门鼓浪屿沦为了“公共租界”。1903年1月，鼓浪屿“公共租界”工部局等机构和名义上从属于中国政府的“会审公堂”成立，帝国主义各国从此开始对鼓浪屿实行殖民统治。

帝国主义列强在福州、厦门取得了租界和公共租界后，极大地便利了它们对福建进行政治、经济、文化的侵略。它们操纵着半殖民地半封

---

① 《清季外交史料·光绪朝》。

② 《清季外交史料·光绪朝》。

建的福建政治，掌握着全省经济命脉，吮吸福建人民的膏脂以养肥自己。租界、公共租界成了国际资本侵略、掠夺福建的堡垒，也成了官僚、买办、军阀、豪绅的真正的天堂。

五 “洋教”入境与文化侵略

西方列强在世界各地推行其殖民统治的过程中，天主教、基督教的传教士常常充当着先驱者的角色；《圣经》则被殖民主义者视为和炮舰同样有效而使用的武器。天主教在明末就传入福建。清康熙四十三年(1704 年)，清廷曾明令禁止外国传教士在中国活动。基督教在鸦片战争前也派传教士到福建活动，英国传教士郭士立乘“阿美士德”商船，以“游历”为名窜入厦门、福州，搜集沿海的地形、军备、风土民情等情报，为英国侵略者发动鸦片战争和掠夺在华利益出谋划策。[①]

鸦片战争后，外国传教士重新获准在中国活动，并披上了合法的外衣。中法《黄埔条约》规定，“倘有中国人将法兰西礼拜堂、坟地触犯毁坏，地方官照例严拘重惩”[②]，这就强加给清政府以保护教堂的条约义务。根据这项条约，法国侵略者后来又威迫清政府弛禁天主教。道光二十六年正月 (1846 年 2 月)，皇帝颁布上谕：“天主教既系劝人为善，与别项邪教不相同，业已准免查禁”；同时命令各地将康熙年间所建造的天主教堂，“除改为庙宇民居者”外，一律发还给教徒。[③] 此后，西方列强的大批传教士像决堤的洪水一样涌进厦门、福州，进而向福建内地扩展，乃至渗透到穷乡僻壤，进行诸方面的侵略活动。

鸦片战争后，基督教、天主教的传教士侵入福建的主要有：美国归正教会在 1842 年，英国伦敦公会在 1844 年，英国长老会于 1852 年派传教士到厦门；美国美以美教会和英国安立甘教会也相继于 1847 年、1850

① 参见郭士立：《中国沿海三次航行记》，福建师范大学历史系、福建地方史研究室编《鸦片战争在闽、台史料选编》，福建人民出版社 1982 年版，第 89—126 页。

② 王铁崖编《中外旧约章汇编》第 1 册，生活·读书·新知三联书店 1982 年版，第 62 页。

③ 参见《筹办夷务始末·道光朝》第 6 册，中华书局 1979 年版，第 2964 页。

年派传教士到福州。他们择地建立教堂，进行传布“福音”的活动。接着，从 19 世纪 60 年代起，各教会的传教士又深入到内地各府、县城活动。截至 1919 年，全省共有教堂 400 所左右，有外国传教士 464 名，中国传教士 3027 名；基督教教徒有 29917 人，天主教教徒有 61712 人。中华基督教青年会，是 1885 年由福州英华书院所组织，到 1915 年，在福建各地就建立会所 21 处，会员也发展到 1617 名。①

西方列强的传教士从踏上福建大地的第一天起，就扮演了“殖民主义的警探和麻醉药”这一不光彩的角色。这些传教士大部分都搜集、刺探各种情报，直接为西方列强的军事、政治、经济、文化侵略服务。美国传教士裨治文说：“我等在中国传教之人，与其说是由于宗教的原因，毋宁说是由于政治的原因。”② 因此，这些传教士一来到福建，就利用传教之便，探测各地地形。他们拍摄宁德城景及军事要港三都澳山岭河流的全景，探测绘制莆仙山形海港、马尾海军要港等地图和照片。英国传教士罗励仁于 1902 年到泉州后，常借口传道和调查教会状况，在南安、永春、德化、大田及安溪等地，详细采访记录沿途所经各地的地势、山脉、河流、气候、物产、矿藏乃至当地人民的生活和驻军情况；后来又增加了调查各地共产党的活动情况，随时向英国驻厦门领事汇报。③ 驻在各地的外国传教士定期或不定期地给上级教会或领事馆送交有关所在地的社会政治、经济、军事、文化等各方面的报告，名为业务报告，实质上是一份份完整的间谍情报。

这些传教士还无理干涉地方行政，包庇纵容不法教徒，甚至包揽诉讼，残害福建人民。外国传教士利用在中国享有的治外法权，使其在福建社会成为一种特殊的势力。有些传教士在“护照”中公然写上“无论在何处租买田地，建造教堂屋宇，均听其便，丝毫不可留难。……准其

① 参见《福建省宣教事业概况》，《1919 年中国布教年鉴》。

② 林增平编《中国近代史》上册，湖南人民出版社 1979 年版，第 251 页。

③ 参见中国人民政治协商会议福建省泉州市委员会文史资料委员会编《泉州文史资料》第 2 辑，1961 年版。

在福建游历，地方政府不可留难，遇事必须保护”等。美国传教士蒲鲁仁正是凭借这种特权，在民国初年将黄石、咸浮、汀江一带肥田1600余亩和黄石、桂岭的民房数十座全部霸占。[①]

这些传教士为了扩大基督教、天主教的影响，强化和巩固西方列强的殖民统治，通过在福建各地办学校、医院，办报纸，以及“慈善”事业，麻痹和奴役人民群众，培养为其忠实服务的买办与洋奴。

从19世纪50年代起，英、美等国传教士在厦门、福州创办各类学校，据统计，到1919年止全省教会办的学校有1709所，其中大专3所、中专12所、中学18所、小学1676所。[②] 这些教会学校虽也传播一些科学知识，对青少年教育起到一定的启蒙作用，但这些学校全部是他们控制的，课程也无统一规定，除了灌输宗教知识外，还加上封建旧礼教、旧思想的混合物，并禁止学生参加反帝反封建爱国运动等，以达其培养和“造就服从它们的知识人才”，或培植一批中国籍的传教帮手的目的。

从19世纪70年代起，传教士们还在福州、厦门创办医院、诊所，随后扩展到全省各地。到1919年止，他们办的医院、诊所有80多所，以提供免费或优价治疗，扩大教会影响。这些医院、诊所的设立，在客观上把西方医疗技术传入福建，并培养了一批医护人员，但这些医院、诊所通过治病以吸收更多的群众入教。[③] 这种精神侵略是无形的，它同办学校一样，都是为了奴役人民群众。

有的传教士借口办慈善事业，在全省各地办仁慈堂、育婴堂10多所，名为收养弃婴，实为残害儿童。这些传教士办的堂、所，保育设备简陋，容量有限，加上缺乏耐心照料，送入育婴堂的婴儿经常在白天发生被老鼠咬掉耳朵、嘴唇的事。如遇流行病、传染病更是难以控制，死亡率高得惊人。他们为了掩盖真相，在育婴堂内专门雇人挑埋死婴。1927年国民革命军入闽时，福州、厦门两地群众揭发，仁慈堂、育婴堂

---

① 参见莆田县宗教资料室编《美国侵莆史》。

② 参见［日］山口升编《欧美人在中国的文化事业》，佐原研究室1921年版。

③ 参见［日］山口升编《欧美人在中国的文化事业》，佐原研究室1921年版。

几十年间“每三天必掩埋十余具婴尸，倘遇虎年则加倍”①。新中国成立后，从福安县溪填育婴堂坑中挖出婴儿尸骸就有2万多具。溪填“万童坑”是西方列强传教士残害福建儿童的一个罪证，也是教会办“慈善”事业的一个缩影。

19世纪末，日本侵略势力在福建急剧膨胀，积极扩展政治、文化侵略。日本人中岛真雄于1898年在福州创办东文学社。此外，日本还分别开办了厦门东亚书院、泉州彰化学堂、漳州中正学堂等。日本在福建的喉舌福州《闽报》，是1897年12月日本收买了原由福州人发行的《福报》而成立，1905年扩大经营，被称为“华南唯一大报纸”。厦门《全闽新日报》创办于1908年9月，也是台湾“善邻协会”所主持。② 这些学校、报纸都是日本侵略福建的重要机关，为日本在福建的侵略与掠夺活动而效命。

总之，随着帝国主义列强在经济、政治、军事、文化诸方面的侵略，福建同全国一样，在政治、经济、文化诸方面失去了独立性，逐步地沦为半殖民地半封建社会，而且越陷越深。直至中华人民共和国成立，才结束了100多年来这种悲惨的境况。

第二节　福建近代工业与工人阶级的诞生

一　福建早期的近代工业

福建近代工业是在外国资本主义入侵和封建政权统治的条件下，在半殖民地半封建社会逐步形成及封建自然经济逐步解体的过程中产生的。西方列强的经济侵略，给民族资本经营近代工业提供了某些客观的条件

① 《民国十六年一月十四日民众告发南门外仁慈堂尸孩案》，《福建日报》1951年2月28日。

② 参见［日］东亚同文会编《对华回忆录》，胡锡年译，商务印书馆1959年版，第494—500页。

和可能，诸如商品市场的形成、劳动力有了来源等。这样，福建从19世纪70年代起，就开始有一部分商人、地主和官僚投资于新式工业，从而产生了福建最早的民族资本的近代工业。

在福建民族资本的近代工业产生之前，早在19世纪50年代，英、俄、德等国就已在厦门、福州、建瓯创办了一批近代工业。接着，在洋务运动中，闽浙总督左宗棠于1866年创办船政，设有转锯厂、大机器厂、缸厂、铸铁厂、钟表厂、钢厂等，是当时全国规模最大的船舶修造厂，雇用中外技师、工匠、工人约2000多人。1869年，闽浙总督英桂又在福州创办福建机器局，制造子弹、火药和修理枪支，但规模较小。[①]这是当时福建最重要的两家洋务企业，也是福建官办的近代工业的开端。

福建的民族资本经营的近代工业始于1875年，福州茶商创办了3个砖茶厂，但“因不能与俄商竞争，翌年两厂停闭”。不久，另外一个厂也被迫停业。福州茶商投资近代工业的尝试虽然失败了，但他们为福建民族资本经营近代工业开了风气。

进入19世纪80年代后，福建民族资本投资创办近代工业逐渐增多。1887年，福州创办了制糖厂和机器面粉厂。同年，厦门创办了玻璃制造厂和自来火局即火柴厂。1888年，福州还创办了纱厂。1891年，福州富商在建宁府创办福州机器焙茶厂，为当地加工茶叶，提倡和推广机器焙茶，提高制茶业的经济效益。此外，福建的民族资本还创办新式采矿业。1885年，闽籍候选通判丁枞认为，福建“营伍用铅不少，皆向外洋购办，如铅矿一开，按例输课，先尽官买，利国利民，莫善于此”[②]。他一面招商集股延聘矿师，议立合同条款，一面向清政府申请批准立案，创办了福州石竹山铅矿。但因资金不足，出铅不多，办三年无成效。清政府以丁枞空言延宕，坐耗股金，“于国于商，两无裨益”为由，将矿山封闭。

① 参见孙毓棠编《中国近代工业史资料》第1辑，中华书局1962年版，第565—566页。

② 孙毓棠编《中国近代工业史资料》第1辑，中华书局1962年版，第1139页。

从 19 世纪 70 年代至中日甲午战争前 20 年间，福建民族资本经营的近代工业的特点有：(1) 所经营的主要是制茶业，这与福建盛产茶叶有密切关系。福建茶商具有比较雄厚的资财和胆识，敢于冒险与外来侵略者抗争，充分表现了他们在事业上的勇气和雄心。虽然他们创办的 3 个砖茶厂，在外资强大的压力下很快被挤垮，但他们的行动在福建起了民族资本经营近代工业的开路先锋作用。(2) 19 世纪 80 年代后，投资近代工业逐渐增多，部门也相应扩大，地区亦有扩展，但仍以投资轻工业为主。这是因为经营轻工业需要的投资少，建厂时间也较短，资本周转比较快，容易获得利润。(3) 所投资本都有限，规模也不大，且设备简陋，技术力量不足，创办者缺乏生产和经营管理的经验，加上清政府对近代工业课以繁重捐税，乃至以“官督商办”“官商合办”等名目直接干涉。因而，民族工业经营困难，更谈不上发展，不是创办不久被迫关闭，就是经营数年后停业，成功极少。

中日甲午战争后，帝国主义列强加紧对我国侵略，封建自然经济结构受到进一步破坏；随着国内市场的日趋扩大，民族资本经营的近代工业有了初步发展。特别是 20 世纪初的收回利权运动和清朝封建统治者为了挽救它的灭亡而实施“奖励工艺”等措施和章程后，有力地推动了民族近代工业的发展。因而，福建的民族近代工业，从中日甲午战争后至第一次世界大战前也得到了初步发展。在这期间，福建民营的近代工业每年都有创办，有的年份还同时创办起四五个新的厂矿，呈现出民营的近代工业初步发展的兴旺景象。

根据目前搜集的资料看，福建民族资本创办的厂矿，资本在 1 万元以上的有 21 家，比甲午战争前增加 2 倍多。主要的有：1897 年，盐商陈遹骏投资创办的邵武煤矿、徐楚南等创办的海澄南太武山煤矿；1898 年，福州创办有建兴锯木厂、福州制茶公司、叶国瑞牛公司；1900 年，生员孙逊创办了厦门电灯厂；1901 年，厦门创办石码机器造砖厂；1903 年，福州创办福建火柴厂；1904 年，林辂存在厦门创办了华宝制瓷公司；1906 年，太史林惠亭创办了福州电灯厂，林守良创办了经厚染织厂；1908 年创办的有福州谦祥春记玻璃厂，厦门广建玻璃厂、淘化罐头公司，永定日升条丝烟刀号；1910 年创办的有福州华川制皂厂、致和砖茶厂、维中胰皂公司、迈罗罐头公司、福州电灯厂，龙溪华侨郭祯祥创办的华祥制糖公司；1906 年至 1910 年，华侨胡国廉、区昭仁等还集资建筑了漳厦铁路（江东桥—嵩屿），全长 28 公里；1911 年，黄世金又创办了厦门电灯厂；1913 年，在厦门又有大同罐头公司的创办；等等。[①]

这个时期福建民营近代工业初步发展的特点是：第一，全省民族资本经营的近代工业资本总额达 143 万元以上，[②] 不但省内商人、地主、官僚投资，而且还向省外招股。第二，投资范围虽仍以轻工业为主，但已扩展到创办动力、铁路、种植和制造相结合的联合企业。同时，公用事业和食品罐头业都发展成为省内发达的近代工业。刘崇伟创办的福州电灯厂和黄世金创办的厦门电灯厂，是省内民营的近代工业中规模最大的工厂，机器设备比较先进，技术人才也较为齐全。在食品罐头业中，厦门的淘化、大同罐头厂和福州的迈罗罐头厂，都成为省内外著名的厂家，产品畅销国内各地，还远销南洋一带，其产品曾荣获德国柏林卫生赛会、巴拿马博览会的奖状。第三，爱国华侨为了救国图强，振兴民族工商业，也纷纷回国投资近代工业。这是福建较之其他省份优越的一个条件。

第一次世界大战爆发后，帝国主义列强忙于战争，无暇东顾，暂时放松了对中国的侵略。战争结束以后，帝国主义列强又忙于恢复被战争破坏的经济，这就在客观上给中国民族资本经营的近代工业的发展提供了一个“黄金时代”。加以这一时期国内反帝爱国运动高涨，如 1915 年和 1919 年的抵制日货运动，使国货畅销，也推动了民营的近代工业进一步发展。

在这个时期，福建和全国各地一样，民营的近代工业也发展较快。

① 参见汪敬虞编《中国近代工业史资料》第 2 辑下册，科学出版社 1957 年版，第 870—919 页。

② 参见汪敬虞编《中国近代工业史资料》第 2 辑下册，科学出版社 1957 年版，第 870—919 页。

据1935年统计，全省大小厂矿企业有2565家，资本总额达668万元。但资本在1万元以上者仅75家，其中较大的近代工业都集中在福州、厦门两地。厦门具有一定规模的工厂有21家，资本总额达533万余元，成为全省工业最发达的地区。此外，晋江、龙溪两地也发展了民族工业，晋江有工厂73家，资本总额72万元，龙溪有工厂28家，资本总额达6万余元。[①] 可见，福建全省民营的近代工业基本集中在福州、厦门、晋江、龙溪等沿海地区。

在这个时期中，福建民族资本新创办的近代工业的特点是：

（一）一些官僚军阀和较大的商人，看到创办近代工业有利可图便转而投资办工业。他们利用手中的特权和雄厚的资本，垄断着全省主要的工矿企业，逐渐形成为一个官僚资本集团。此外，许多中小商人、手工业作坊主也乘机经营新式工业。当然，他们所能办的只能是规模很小的工厂，他们以及中小地主也成为较大工厂吸收股金的对象。所以，福建早期创办的近代工业数量虽然不少，但都是小规模的工厂。

（二）尽管这类工厂规模小，但在部门种类上有很大的发展。如化工、机器、金属制造和动力工业等，都是在第一次世界大战爆发后建立的。在第一次世界大战前，全省只有福州、厦门两地有电灯厂，而到1924年，省内新建立的民营电灯公司迅速发展至21家。[②] 虽然这些民营电灯公司规模都不大，设备差，发电量小，但这些电灯厂的建立，既便利了当地居民的照明，也为当地小工业的发展创造了能源条件。

（三）由于一些老工厂积累了一定的经营管理经验，促进了其他工厂的发展。如福州电气公司和福州建华火柴厂，前者号称“电光刘”，后者则享有全能火柴厂的称誉，皆为省内著名的近代工业企业。福州电气公司在发展的基础上，进一步创办了福电铁工厂，由加工零配件到生产各种小机械，除供本省需要外，还行销浙赣皖各省，逐步形成为一个集团

① 参见陈真编《中国近代工业史资料》第3辑，生活·读书·新知三联书店1961年版，第1311—1312页。

② 参见杨大金编《中国现代实业志》上册，华世出版社1978年版，第936—937页。

性企业。

总之，在半个多世纪中，福建民族资本经营的近代工业经历了产生和不断发展的过程。他们创办的近代工业规模虽小，但这些工业从无到有，从小到大，终于构成了福建近代民营工业的基础。他们在帝国主义、封建主义的严重压抑下，面临种种困难，蹒跚前进，发展极为缓慢。

应当承认，福建工业近代化的程度是极为有限的，其轻工业不能和工业国家相比，重工业则寥若晨星，整个近代工业是很落后的。因此，福建的中小资产阶级一方面对帝国主义、封建主义的双重压迫，表现出不同程度的不满以至反抗的情绪；一方面为了求得自身的生存与发展，又对帝国主义、封建主义保持着千丝万缕的依赖与联系。例如，民营的近代工业的管理和对工人的剥削，总是带有浓厚的封建色彩。福建的民族资产阶级由于处境困难，又往往利用手工业工场的旧传统加强对工人的剥削，把自己的困难转嫁到工人身上。他们往往仰仗封建势力的协助，把资本主义的“饥饿纪律”和封建主义的“棍棒纪律”结合在一起，实行对工人的剥削和压迫。这就是民族资产阶级在反帝、反封建革命中表现出两面性的根源。

二　福建工人阶级的诞生

资产阶级和工人阶级是随着资本主义生产关系的出现而同时产生的两个对立的阶级。但中国近代民族资本是在外国资本主义入侵之后才产生，而在它之前，外国侵略者已经在沿海通商口岸创办了少数近代工业，雇佣中国人劳动，在一些通商码头上，也招雇了一些近代码头工人。从19世纪60年代起，洋务派也在各地经营了一批近代工业。因此，在19世纪70年代中国民族资本产生之前，中国已有了一些工人阶级，其诞生比民族资产阶级早了将近30年。所以，中国无产阶级的很大一部分较之中国资产阶级的年龄和资格更老一些，因而它的社会力量和社会基础也更广大些。

福建的情况也是这样。在19世纪70年代出现最早的民族资本经营的近代工业前，福建工人阶级即已产生。1858 年英商在厦门创办船厂，1863 年在福州创办船厂，1864 年在厦门创办船坞公司并雇佣工人约 200 人；1866 年清政府在福州创办船政，内设 13 个分工厂，雇佣工人 1700 至 2000 人。这就诞生了福建最早的一批产业工人。

随着福建民族资本于 19 世纪 70 年代中期产生，福建的工人阶级也逐渐发展起来。到 1894 年，福州、厦门两地的产业工人达 3740 人，占全国产业工人总数的 5%左右。[①] 在清政府实行新政、“奖励工艺”和收回利权，以及第一次世界大战爆发后，帝国主义暂时放松了对中国的压迫，中国民族资本利用这些机会得到进一步发展。此间，福建民营的近代工业，如电灯、机械、印刷、造纸、制糖、纺织、罐头等工厂在福州、厦门等地相继创办，工人阶级也就伴随着民营的近代工业的成长而发展、壮大起来。到 1919 年，据北洋政府工商部统计，福建工人总数达 20636 人，约占全国工人总数的 0.6%。

在福建的工人阶级队伍中，产业工人主要集中在造船、海运、电气、邮务、电报、印刷、食品工业等企业里，为数不是太多；而小工业、手工业工人和商业店员以及搬运、人力车夫、建筑业工人则占多数。由于工厂企业均设在沿海一线，因此，产业工人也就主要集中在福州、厦门和泉州、漳州等沿海城市。

福建的工人阶级自诞生之日起，就深受帝国主义、封建主义和资本主义的三重压迫和残酷的剥削。主要表现有：

(1) 工资低。1874 年，在英国船厂做工的木匠、铁工日支工钱 300 至 400 文（每两银子约换制钱 2000 文），约折合银元 2 至 3 角。福州船政的技术工人月支银 8 至 12 两，小工日工资只 190 文。[②] 民营工厂中工人的工资也很低，福州电灯公司的工人最低的月工资为 9 元，厦门电话

① 参见孙毓棠编《中国近代工业史资料》第 1 辑下册，中华书局 1962 年版，第 1202 页。

② 参见孙毓棠编《中国近代工业史资料》第 1 辑下册，中华书局 1962 年版，第 1212—1213 页、1239 页。

公司的工人每月工资为 8 元至 12 元。[①] 临时工、女工、童工的工资更低，童工日工资仅 1 至 2 角。码头工人受到的压迫和剥削十分残酷，扛一件货物仅得三四个铜板，工头还要从中抽去 30%（临时工抽 40%）。除此之外，每个工人还要交“税人分”或“地头税”，每年每人要交三四元。工人的工资低下，而物价又不断上涨，因而，许多工人终日劳动，连最低限度的生活都不能维持，更说不上赡养家属子女。

(2) 劳动时间长。工人劳动时间一般都在 10 至 12 小时，最长达 16 小时。厦门电话公司的女工，每日劳动时间在 12 至 16 小时。手工业工人，如木匠、泥水匠、石匠等，每天劳动也都在 12 小时以上。

(3) 劳动条件差。中外资本家根本不重视对工人的劳动保护，以致工伤事故频繁发生。工人受伤或生病不但得不到厂方医治，反而被扣发工资或解雇。厦门电话公司明文规定，女工产假为一周，超假开除。后来干脆规定女工不得谈恋爱，不得结婚生孩子，违者开除。

(4) 政治上毫无民主权利。当时，中外工厂中都有一批监工、工头管束工人，他们对工人可任意鞭打、禁闭、解雇。福州船政的工人，住在用高墙隔开的营房中，到天黑时“区与区间的交通就割断”[②]。北洋军阀政府明令禁止工人同盟罢工，1914 年颁布的《治安警察条例》就把同盟罢工列为犯罪条款。

以上种种事实表明，福建产业工人的工资之低、工作时间之长、劳动条件之恶劣，以及政治上毫无民主权利的状况，在全国是突出的。

福建的产业工人数量虽然不多，但它是新兴生产力的代表者，而且一开始就具有高度集中的特点，与极端分散从事手工操作的其他城乡劳动群众相比较，具有很大的先进性。他们从诞生之日起，就遭到残酷压迫和剥削，因而具有很强的反抗性和革命性。这对于工人阶级组织和团结起来进行斗争，对于接受革命思想，对于提高自己的战斗力，都是十分重要的条件。

---

① 参见《1902—1911 年厦门海关报告》。

② 林庆元：《福建船政局史稿》（修订本），福建人民出版社 1999 年版，第 277 页。

“无产阶级经历了各个不同的发展阶段。它反对资产阶级的斗争是和它的存在同时开始的。”[①] 福建的工人阶级从诞生之日起，就同压迫和剥削他们的统治阶级进行斗争。斗争的内容首先表现为反对帝国主义侵略和反对封建人身迫害，反对任意侮辱打骂工人；后来斗争逐渐发展为反对延长工时，要求增加工资和改善生活。

早在1865年，厦门工人阶级和人民群众就举行反对英、法流氓抢劫行凶的斗争，1877年又开展反对英商擅自建筑海后滩的斗争，1882年还爆发了反对英、德商人私设铁锅厂的斗争。1899年，福州船政工人，自发地起来反对“洋匠与华匠之待遇悬殊”，而在技术上“华匠不亚于洋匠”，“与之争闹”，直至公愤罢工。[②] 这些事例说明，福建工人阶级从诞生起，就表现了反对外国侵略者的斗争精神，成为福建近代反帝斗争的核心。

在民营工厂中，早期的工人阶级也开始进行反对压迫和剥削的斗争。福州船政工人为反对局方缩减工资、延长工时（从10小时延长到11小时），举行罢工斗争；在其他一些民营企业中，也自发地爆发了反对厂主、店主的残酷剥削，要求改善待遇的斗争。除此之外，工人阶级还积极参与资产阶级领导进行的劳苦大众反帝反封建的斗争。1905年，厦门及附近六府商人领导了反海关苛税的斗争，这个斗争得到了工人阶级的支持。斗争发起后，航运工人举行罢港，并向海关投掷石头，“拆毁理船厅，并沉没该处舢板”，因此，“所有船只均无装卸货物”。[③] 1911年11月15日，厦门同盟会发动武装起义，漳厦铁路工人是这次起义的骨干力量。

当然，刚刚诞生的工人阶级因为还没有形成独立的政治力量，也没有本阶级的革命政党的领导，只是作为资产阶级的追随者参加革命，还处在自在阶级状态。但这一时期福建工人阶级在各种斗争中，已经表现了革命的坚定性和强大的战斗力，为资产阶级旧民主主义革命作出了

① 《马克思恩格斯选集》第1卷，人民出版社1995年版，第280页。

② 参见汪敬虞编《中国近代工业史资料》第2辑下册，科学出版社1957年版，第1287—1288页。

③ 《申报》，光绪三十一年十一月初三。

贡献。

总之，早期新生的福建工人阶级，如同全国其他地方一样，不但带有小生产者出身的痕迹，而且还受着手工业行会和封建帮派的严重影响。行会和帮派的组织使工人群众的眼光限制在局部利益和暂时利益上，少数工人还加入由资方控制的劳资双方组成的同业公会，还有一部分工人参加了由封建把头所把持的帮会组织，这就不利于工人阶级的团结和觉悟的提高。因而，福建新生的工人阶级在相当长的时间内都处于从自在阶级逐步进而为自觉阶级的过程中。只是到了 1919 年五四运动时，工人阶级才作为一个独立的阶级走上革命舞台，到 1921 年 7 月中国共产党成立，工人阶级成了反帝反封建的新民主主义革命的领导阶级。

第三节　半殖民地半封建化的福建社会经济

一　农村经济遭受严重破坏

西方列强资本主义的侵略，使福建封建社会的自然经济逐渐解体，但并没有动摇封建剥削制度的根基，封建土地占有制度依然存在。当太平天国起义和各地农民起义被镇压以后，清政府对福建人民进行了敲骨吸髓的封建压榨，地主阶级也加紧了对农民的剥削和掠夺。

鸦片战争后，福建民田的田赋科则是，每亩银额 1.69～16.25 分；田赋随征耗羡，每亩正赋银一两带征之数 10 分。[①] 太平天国起义失败不久，清政府就规定于其应完地丁粮之外，各加抽“随粮捐”，“凡应完地丁一两、粮米一石者，各加捐 400 文”[②]。随后，名目繁多的田赋附加捐一年比一年多，铁路、教育费等附加捐不断增加。至光绪二十八年

① 参见李文治编《中国近代农业史资料》第 1 辑，生活·读书·新知三联书店 1957 年版，第 298—299 页。

② 李文治编《中国近代农业史资料》第 1 辑，生活·读书·新知三联书店 1957 年版，第 318 页。

(1902 年)，每亩田赋正额与加派后附额，需交纳 5000 文。①

清政府规定交纳田赋以银两折兑，但由于白银外漏严重，银贵钱贱，2000 文左右才兑白银一两，实际上增加了农民负担。清政府规定了重赋重税，各级官吏在征收田赋时还对农民进行额外勒索，比政府规定的又增加几成。这样，农民在缴纳田赋时，“以洋银折钱，每圆少作八九十文……报垦田地，每亩索钱数百文”②。这些官吏的所作所为，反映了晚清时期贪官污吏对农民的勒索已达到相当残酷的程度。清政府征收田赋，从名义上说，地主、自耕农等一律按照田亩多少征收；但实际上，地主、豪绅总是千方百计地将政府法定的田赋转嫁给农民，从而进一步加重了农民的负担。

厘金，又称厘捐。当太平天国起义军驰骋长江南北时，清政府多方堵击，军费支出浩繁。江苏省布政使雷以诚为了筹集军饷，在扬州仙女镇设立卡所，对过往米商按货值征收 1%的临时捐。随后，此法被胡林翼推行于湖北，被曾国藩推行于湖南。咸丰三年（1853 年），福建巡抚王懿德也起而效法，“在福州、厦门两口设卡抽征，以资军饷”。但在太平天国失败后，清政府不但不取消厘金制度，反而加以强化，作为其常年收入的一大来源。

同治四年（1865 年），左宗棠督闽，筹防更紧，需饷更切，就进一步整顿厘务，逐步在福州、厦门以外各地设立局卡，把南台厘捐总局移设城内，改名为福建省税厘总局，在全省所属分设局卡 70 余所。每卡相距远者五六十华里，近者一二十华里，彼此守望相当严密。各种厘捐名目繁杂，“其正款名目曰百货厘金、曰木植厘金、曰坐贾厘金、曰杂货厘金、曰加征二成烟款名目、曰护商经费、曰百货厘金加一耗余、曰木植厘金加一耗余、曰护商经费耗余等等，其税率值百抽十，分两起两验，

① 参见江春霖：《奏劾莆田田赋不均请饬量为增减疏》，《江诗御奏议》卷一。

② 李文治编《中国近代农业史资料》第 1 辑，生活·读书·新知三联书店 1957 年版，第 333 页。

逢起值百抽二。全年收入八十八万四千一百三十两”[①]。由此可见，各地局卡强行索取的各种捐税，竟成为全省财政收入的一项巨大来源。

除了增加田赋、厘金之外，清政府的苛捐杂税还很多。光绪二十七年（1901年），因庚子赔款数目最后确定为4.5亿两白银，在40年内分年付清，本利共达9.82亿两。这个数目相当于清政府12年的财政总收入。清政府为应付这笔巨额赔款，除以海关税、盐税和常关税为保证外，又分摊各省每年上交2000万两。“福建每年应摊80万两，其额取之五项捐。”一是随粮捐，二是贾捐，三是铺捐，四是膏捐（鸦片捐），五是酒捐。[②] 此外，还有烟捐、糖捐、绸捐、钱业捐、典当捐、船捐、契税、牛税、牙帖税（商民开设牙行之税）等，以名目繁多的苛捐杂税对福建人民进行巧取豪夺。

在封建社会里，除了封建政权的压迫和掠夺外，更厉害的是地主、商人、高利贷者结合起来对农民的直接剥削和掠夺。19世纪下半期，由于商品经济和买办商业的发展，地主已多掌握货币财富，兼营商业和高利贷；而商人和高利贷者在积累了资本以后，又转向农村购买土地，变成地主。这样，地主、商人、买办和高利贷者兼之于一身，他们虽有不同的剥削方式，然而已交融为一体。

地主阶级为了加紧剥削和掠夺农民，在封建政权的支持下，疯狂地夺取和兼并农民的土地。久而久之，大量农民的土地被大地主侵占。建瓯县出现了占地5000亩的大地主，福州市郊、德化、华安、连城均有千亩以上的大地主。在全省农村中占人口总数不到5%的地主豪绅，却占有全部耕地的70%左右；而占农村人口90%以上的贫苦农民，只占不到30%的耕地。大量无地少地的佃农迫于生计，不得不向地主租赁土地。地主豪绅则以封建地租的形式，每年要榨取佃农全部收获量的65%～80%。此外，地主阶级在农民交租、借贷时，大斗进、小斗出，年节日还向农民索取贡品或强派劳役，对农民进行超负荷的掠夺。

① 沈瑜庆、陈衍等撰《福建通志·赋税志·清杂税》总卷十六，第5—6页。

② 参见沈瑜庆、陈衍等撰《福建通志·赋税志·清杂税》总卷十六，第7页。

高利贷盘剥，是榨取农民血汗的另一种形式。高利贷者又往往是农村中的豪绅地主。高利贷的年利率一般为80%，高的达到120%，更严重者还有所谓“打滚利”“月月转”“卖青苗”等。贫苦农民无物质押，告贷无门，“善门既塞难济眉燃，故迩来市井萧条，几有十室九空之虑”[①]。由此可见，福建人民在地租、捐税和高利贷的重重压榨之下，农村经济受到严重破坏，贫苦农民大批破产，生活陷于极度的贫困之中。

统治阶级残酷的剥削和掠夺，使大量农民破产，农村生产力和农业经济受到严重破坏。从19世纪下半叶起，福建各地水、旱、风、虫等灾害连年不绝，全省粮食产量大幅度下降，年产大都不足八成，有些州县的产量甚至不足六成。但封建统治阶级对于农民的疾苦根本不加关心，对于受灾地区的群众往往不予赈济，有时还对灾民进行残暴的掠夺和镇压。若遇灾年，农民无力偿付地租、高利贷，地主则交结官府，对农民施行暴力压迫。在天灾与人祸的逼迫下，穷苦农民不仅无力扩大再生产，就连维持自身生存也很困难。时任闽浙总督的谭仲龄也说：福建地方“丰年亦不足食。乡曲贫民，终岁啖红薯者十室而九”[②]。至于凶年，佃农多以豆饼、苦菜、蕨根济饥，成人之命尚且不保，故溺女之风日盛。

在这种情况下，贫苦农民的出路一是背井离乡到海外谋生，从1875年到1896年20年间，由厦门前往南洋各地谋生的人数就达1368823人，平均每年6万多人，迫于无奈，贫苦大众只能揭竿而起，展开反帝反封建的革命斗争。

二 “洋货”倾销与封建自然经济的解体

千百年来，以个体经营为主的家庭手工业在福建城乡经济中占有很大的比重。但是由于西方列强资本主义的侵略，福建城乡的家庭手工业迅速破产。首先受到冲击的是与人民日常生活最为密切的棉纺织业。由于洋纱

---

① 《益闻录》第三二六号，光绪九年十二月廿二，转引自李文治编《中国近代农业史资料》第1辑，生活·读书·新知三联书店1957年版，第926页。

② 《谭文勤公奏稿》卷十五页十二《福建采运发粜米价平减情形片》。

比棉花、土纱的价格更为便宜，因此在19世纪60年代以后，洋纱输入福建逐年增加，仅1868年，厦门进口的洋纱比1867年几乎增加一倍。

从此，洋纱就逐渐代替了土纱，致使农村中家庭手工业的纺与织分离，农村自然经济的棉纺业迅速萎缩。

到了19世纪80年代，福建巡抚卞宝第鉴于闽省濒海，土地多为山地，民间又不善种棉织布，省内棉布全赖江浙布商贩运来闽，岁耗金钱百万，因而提倡在福州创办织布局，并减免土布税厘，鼓励民间发展织布业。[①]此后，织布手工业在全省有了较大发展。到1896年，福州地区就有织机1万张以上。[②] 织布业的发展，促进了棉纱市场的发展，因此，洋纱输入量激增。在福州，1895年从印度进口的洋纱比1894年增加了5000余担；在厦门，1896年洋纱进口达6.5万余担，比1895年增加了2.5万余担。[③]但是，福建的织布手工业并未维持多久，很快随着洋布的大量倾销而趋于低落。1899年，福建海关输入的各种布料价值计627999元；而到1910年海关布料输入值就达1305154元，10年间洋布输入量翻了一番。[④]

洋布的大量输入，使得福建原有的家庭手工纺织业受到严重打击。例如，在同治年间，同安马巷三百六十乡，家家户户都有织布机生产土布。土布产量最高的时候，年产土布约50万匹以上，除自给外还运销台湾等地。1895年日本占领台湾后，以种种借口限制土布到台湾销售，同时日本布又大量在福建倾销，致使同安马巷土布生产一落千丈。至1900年，马巷仅存少数织布厂（手工作坊）。民国以后，马巷土布生产更是一蹶不振。福州地区的尚干、江边乡的土布生产情况与马巷大致相同。

除了洋纱洋布的输入量日益增加，加速了福建棉纺织家庭手工业迅速

---

① 参见彭泽益编《中国近代手工业史资料（1840—1949）》第1卷，生活·读书·新知三联书店1957年版，第207、258页。

② 参见卞宝第：《奏土布进口惩免其甫征税厘运售出口减为四折征收附片》，《卞制军奏议》卷十二，第83页。

③ 参见彭泽益编《中国近代手工业史资料（1840—1949）》第1卷，生活·读书·新知三联书店1957年版，第212页。

④ 参见《福建历年经由海关棉布料输入值》，存中共福建省委党校。

解体外，其他输入福建的外国商品，如洋火（火柴）、洋油（煤油）等等也日益增多。这些外国机器生产的质优价廉的商品，迅速地夺取了福建的商品市场，致使广大的手工业者破产，大批从事这些职业的工人失业。

例如，1899年，福州的条铁进口就比上年增加2857担。因为它比本省古田生产的铁便宜，质量又好，而且易于加工，所以很有销路。当时最佳的古田铁每担为3.90元，普通古田铁每担3.30元；而英国条铁每担为3.15元，旧条铁每担仅3.00元。[①] 这样，土铁不断被洋铁所排挤，古田的炼铁作坊也就相继倒闭。又如自洋钉输入后，福州靠打土钉为生的手工业工人就有1000人相继失业。再如洋油的进口，使国产的植物油和蜡烛遭到厄运。其他如洋火的进口，迅速代替了打火石和铁片（用以取火）的地位，洋烛排挤了土烛，洋染料代替了土染料，肥皂代替了皂夹，如此等等。

在封建自然经济加速解体的过程中，福建的农产品商品化也日益发展。这不但同家庭手工业的日益破产相关，也是西方列强在福建掠夺廉价原料所然。这是因为农民被迫放弃了某些家庭手工业，变成世界市场的消费者，即被迫购买西方列强输入的工业品。因此，农民就不得不在农业中经营某些外国资本所需要的商品作物，以获取货币；另外，由于西方列强需要福建的农产品，也刺激和诱使福建农民种植他们所需要的农作物，因而又使福建农民变成世界市场的原料供应者。显然，由于福建农业经济的落后，缺乏自我调节能力，农产品的商品化依附于外国资本的程度很高，形成半殖民地半封建的畸形发展。当然，国内城市经济及某些近代工业的发展，也促进了农业生产商品化的发展。

福建农产品半殖民地商品化最显著的表现，在于茶叶、蚕桑、烟叶尤其是罂粟种植面积的扩大。福建茶叶的生产很早就是商品生产，从19世纪50年代开始，随着茶叶输出量的增加，茶叶生产亦随之大大发展。19世纪80年代以后，由于印度、锡兰茶的竞争，以及国内税厘过重，茶

---

① 参见彭泽益编《中国近代手工业史资料（1840—1949）》第1卷，生活·读书·新知三联书店1957年版，第170页。

叶的输出才开始下降。关于蚕桑业，随着丝织品出口增加，漳州府养蚕业也有很大发展。在1880年，漳州府属就有249个捻丝的手工作坊，织机数也有250台，年产绸缎8352匹。① 烟叶种植在鸦片战争以前就有“闽地二千里……今则烟草之植，耗地十之六七”② 的记载。随着西方列强掠夺烟叶出口，种植面积也不断扩大。至19世纪90年代中期，日本三井洋行就不断派人到龙岩州所属预购烟叶，经厦门运往台湾。

第二次鸦片战争以后，鸦片成了合法商品，在海关纳税之后就可以公开运销内地。清政府虽然不敢再提禁烟，但不能忍受外国鸦片每年从中国换去愈来愈多的白银，因此希望通过种植鸦片增加税源，便采取了鼓励农民种植罂粟的政策。福建罂粟种植业于19世纪80年代发展起来，其中以福州、泉州、漳州府属种植最多，其他各属亦有栽种，但为数无几。光绪二十八年（1902年），鸦片年产量高达4771担，罂粟种植占耕地160万亩，可见种植鸦片所占土地十分惊人。

种罂粟土地增多，其他农作物种植面积必然减少，甚至原来的产粮区，也变成了缺粮区。福建原是地少人多的省份，“出产粮食不敷民食，常年尚须取给于邻省”③，再加上农产品商品化的发展，经济作物种植逐步形成了专业化区域，更需要外地运来粮食。福州、厦门、漳州、泉州等地，除仰赖闽北运来米粮外，还得靠长江沿岸产粮区，以及台湾、暹罗、安南等地输入大米，每年运入外粮约数十万担。这一切都说明当时粮食生产已相当普遍地商品化了。

家庭手工业的破产，农产品商品化的畸形发展，都表明福建的封建自然经济在加速解体中。虽然福建的封建自然经济结构遭到冲击、解体，但是封建的生产关系依然存在着，封建主义的剥削方式仍牢固地统治着广大农村，这就是福建社会经济的严重的半封建性。

---

① 参见彭泽益编《中国近代手工业史资料（1840—1949）》第2卷，生活·读书·新知三联书店1957年版，第61、100页。

② 郭起元：《论闽省务本节用书》，《皇朝经世文编》卷二十六。

③ 卞宝第：《咨两江部堂开禁运米》，《卞制军政书》卷四。

第二章　近代福建人民的反帝反封建斗争

第一节　福建人民反帝反封建的英勇斗争

一　福州人民反对英国侵略者入城的斗争

《南京条约》签订后，英国侵略者提出了进入广州和福州城的要求。福州人民与广州人民一样，运用各种形式开展反对英国侵略者入城的斗争，表达他们反对英国侵略者的义愤。

1844 年 7 月，根据《南京条约》，福州开埠，英国驻福州领事李太郭会见闽浙总督刘韵珂商讨建立通商码头事宜。刘韵珂与布政使徐继畬督饬地方官，“在城外南台地方，代觅民房一所，给令租住，该夷一住数月，意甚相安”[①]。9 月间，英国驻华公使德庇到福州视察工作，在与徐继畬会谈时，提出领事馆住屋卑陋，应移到城内白塔寺附近代租房屋居住。

福州绅民李有年（一作许有年）等闻讯，一面联名赴布政使衙门呈请谕阻英国侵略者入城，一面张贴告白发动福州民众起来反对。徐继畬即以“民情不顺缘由”，拒绝了德庇的要求，并饬令地方官在南台另觅房屋予李太郭选择，同时咨文请钦差大臣、两广总督耆英，照会德庇转告李太郭。

① 《筹办夷务始末·道光朝》第 6 册，中华书局 1979 年版，第 2921 页。

德庇对此甚感不满，认为英国领事不能入城，严重损害英国的“威望”。因而他命令李太郭坚持在城内设立领事馆的强硬要求，接着复照耆英“谓二十三年粤人阻止入城之议，系督抚借端推诿，今闽人又将效尤，请即照会闽浙总督加意弹压”，并恫吓说：“该国领事在闽，应将原约（《南京条约》）准在福州城内建楼，今既不许，恐交还鼓浪屿之约，亦将背盟。”[①] 耆英据理力争，极力周旋，一面复照德庇指出：“和约第二条所载领事官住五处地邑，并非专指城内，而言今百姓同声疑阻，岂能遽治以违抗之罪”[②]，予以驳斥；一面抓紧交涉，要英国在中国交清赔款后立即从鼓浪屿撤退英军，交还主权。

英国侵略军虽被迫从鼓浪屿撤走，但又坚持要在那里设馆建屋。耆英在交涉中曾声称鼓浪屿是在五口之外，当然不可建屋以加拒绝。不料英人抓住这一语，坚持厦门、福州是在五口之内可以建屋。至此，耆英才不得不通知刘韵珂准许英国在福州城内设立领事馆。[③]

刘韵珂在英方压迫和耆英督促下，于 1845 年 4 月答复英国领事同意租赁城内乌石山积翠寺建馆；同时为了缓和福州人民反对英国侵略者的斗争，又与英国领事议定只许领事馆人员入城居住，英商在福州地方租赁的契约须经地方官盖印方始生效。[④] 这样，耆英、刘韵珂等把福州人民反对英国侵略者强加不平等条约的斗争，变成仅仅是不准英商在福州城内居住的问题，实际上满足了英国侵略者的要求，助长其侵略的嚣张气焰。但福州人民群众并没有向侵略者屈服，除贴告白以“刘取夷人首级”为号召外，酝酿着更大的反对英国侵略者的斗争。[⑤]

1845 年 6 月，英商记连到福州从事商务活动，10 月开设了洋行。福

① 沈瑜庆、陈衍等撰《福建通志·外交志》，1937 年版。

② 沈瑜庆、陈衍等撰《福建通志·外交志》，1937 年版。

③ 参见夏燮：《中西纪事》卷十三，岳麓书社 1988 年版，第 2 页。

④ 参见徐继畬：《松龛先生奏疏》卷上，第 29 页。

⑤ 另一种说法是据刘韵珂给皇帝的密片说：许有年等呈请阻止英人入城，是刘韵珂谕令具呈，并非绅民等本谋。参见中国第一历史档案馆：《第一次鸦片战争之后福州问题史料》，《历史档案》1990 年第 2 期。

州人民对记连洋行实行抵制，没有人买他的布匹，同时他也无法在市场上购到什么适当的茶叶，致使其商务萧条。1846 年 4 月，英国水手上岸购买鱼肉，短价强买，并殴伤行人。福州人民因此又激起反对英国侵略者的怒潮，聚众与英国侵略者讲理，袭击、捣毁记连洋行。事后，英国领事虽然压迫地方官吏赔偿 46163 元损失，但记连也不敢再在福州经商。从此开始到 1852 年止，各国侵略者慑于福州民众的反抗精神，都不敢到福州经商，初步显示了福州人民反对帝国主义斗争的力量。

二　闽南小刀会起义、林俊起义和各地会党起义

鸦片战争后，在西方列强的侵略和封建主义的残酷压迫下，福建人民生活极为贫困，社会矛盾进一步激化，反抗清朝统治者已成为广大人民的迫切要求。长期以来以“反清复明”为宗旨的秘密会党组织天地会，此时在福建各地得到迅速发展。据咸丰三年四月（1853 年 5 月）闽浙总督王懿德的奏疏说：“是时，闽省上下游皆会匪，有红钱会、闹公会、小刀会、江湖会、花会及烧纸坐台、铁板令、草鞋令、过江龙各色名目。”[①] 另两篇奏疏还说，分布在福建各地的会党有德化一带的“乌钱会”，福安等县的“红旗”，漳州、云霄的“红白旗”，莆田、仙游的“乌白旗”，诏安马巷一带的“善乌枪”等。[②] 福建各地会党蜂起，形成了一股反抗清朝统治集团的强大的政治势力。

太平天国运动，是当时中国社会基本矛盾不可调和的产物。它们打击的对象，主要是以清朝统治者为代表的封建势力，同时也打击西方列强的侵略势力。洪秀全在广西金田村起义后，革命形势发展迅速。为了加紧镇压太平军，清政府调福建兵数千名赴广西。这样，清政府在福建的兵力相对削弱，给福建人民的反清斗争创造了更为有利的条件。因此，以太平天国运动为中心的农民起义，极大地鼓舞了福建人民的反帝反封建的士气，从 1853 年起，闽南小刀会起义、林俊起义和各地会党起义相

---

① 王家勤编《王靖毅公年谱》卷上，第 19、20 页。

② 参见蒋良骐：《东华录·咸丰朝》。

继爆发，在全省各地掀起了大规模的农民起义。

闽南小刀会又名“双刀会”，由新加坡华侨陈庆真于道光三十年（1850年）间，在厦门旗杆脚五祖庙内与王泉、陈馨、刘标等12人创立。后因刘标等7人被捕，陈庆真等人转移到同安、龙溪、海澄三县交界的石古堂空庙内，与王泉商议分邀王端、李景、黄允、王淮、陈庆等入会，分头发展会众，以陈庆真、王泉、王靖、陈庆等13人为会首。不久，小刀会又遭清政府摧残，创始人陈庆真被捕牺牲。①

咸丰元年（1851年），同安小刀会会首陈馨、王泉再次率众起义，占领了漳、泉一些地方，但很快被清政府镇压下去。接着，海澄人江源、江发两兄弟从外洋购小刀数百柄，重组小刀会，“其膂力绝人者，倍其刀故又名‘双刀会’”②。不久，同安锦宅乡石兜社人黄得美、黄位（威）相率加入，更壮大了小刀会的声势。但小刀会准备起义的消息被清政府侦知，海澄知县汪世清抓捕江源、江发兄弟等5人送省，并将他们刑毙狱中。小刀会不为屈服，会众推举黄得美、黄位领导起义。

咸丰三年四月初六（1853年5月13日）夜间，黄得美、黄位率会众2000余人在海澄竖旗起义，提出“尽忠尽义，驱除野蛮异种；一心一德，恢复大明江山”的口号。③ 当晚，黄得美、黄位率义军攻克海澄。翌日起义军攻克石码；初十日又破漳州府城，打死漳州兵备道兼知府文秀、总兵曹三祝。另一路起义军也于同日攻占长泰。小刀会起义受到了民众的热烈拥护与支持，各地青壮农民纷纷加入起义队伍。不几天，起义队伍由原来的2000多人扩展到8000多人。

5月18日，起义军从石码渡海向厦门进军。厦门提督施得高正驾艇巡弋海上，闻讯急忙转舵避往同安刘五店。驻厦门游击郑振缨率清兵200多人堵守要隘镇南关（今思明南路大生里附近），被义军击毙，厦门旋被

① 参见中国人民政治协商会议福建省厦门市委员会文史资料编辑室编《厦门文史资料》（选辑）第3辑，1980年内部版，第23、24页。

② 《马巷集》，《同安县志·大事记·附录》卷三。

③ 参见陈银练：《小刀会始末记》（钞本）。

起义军占领。当晚，义军元帅黄霸业、军师蔡茂昭率部分起义军攻同安县，知县李湘州、参将雅尔颂闻风弃城而逃。翌晨，群众以鼓乐为前导，把起义军迎入同安城。

义军在同安稍事休息，即向安溪县进攻，旋克安溪县城。十三、十四日，小刀会另一路义军接连攻下漳浦、云霄和诏安的铜山、平和的琯溪等城镇。在起义军强大的攻势面前，清军望风披靡，不敢应战。短短的 10 天中，起义军迅速占领漳、泉、厦广大地区，取得了很大的胜利。

小刀会起义军攻克厦门后，建立了政权，发布讨清文告，号召群众起来推翻清朝统治。附近民众纷起响应，从“同邑（同安）西南门起，至灌口、部江一带，百余里间群众纷纷集资购办火药器械以抗清兵”[①]。起义军纪律严明，规定“不准恃强欺弱，不准恃众欺寡，不准理曲袒亲，不准假公济私”[②]。这就是起义军在初期能够取得胜利的重要原因之一。

小刀会起义军攻占厦门，引起了清朝统治阶级的重视。他们认为应趁义军初起，出其不意及早扑灭，否则“滋蔓难图矣”，因而极力调兵充饷部署反扑。咸丰皇帝谕令两广总督叶名琛调兵 3000 名助剿，又调浙江兵 2000 名入闽，并拨下军饷 30 万两，以为镇压起义军之用。此外，闽南所有官僚地主也都集结在清王朝旗帜下，纷纷组织乡勇、团练，配合清军对起义军作战。

起义军在厦门建立政权时，有人向黄得美、黄位建议，“粮糈之供毋取乎巷捐户派”，应当征用大地主的财产，对勾结清政府的官僚地主应进行镇压；同时“宜亟遣使赍表”，遥结太平军互为声援，并建立根据地等。可是小刀会领导集团对这些正确的建议并不重视，一味以防守为主，与清军和地主武装争夺城镇，坐失巩固和扩大胜利的良机，致使起义军攻占的漳、泉所属许多城镇无不随得随失。例如，义军占领漳州仅 3 天，漳州知府文秀的儿子就勾结地主豪绅武装，把起义军赶出府城。不久，厦门就陷入了清军四面包围的局面。

---

① 沈储：《舌击篇》，咸丰五年九月某日晋江县署禀。

② 陈银练：《小刀会始末记》（钞本）。

清政府经过2个多月的准备，由闽浙总督王懿德坐镇泉州指挥，调兵遣将部署对厦门的反攻。先是李廷钰会同粤兵统带帮船驶至鼓浪屿，炮轰厦门；8月27日李廷钰由刘五店渡海，在厦门登陆，二十五日进兵金爪亭，袭击驻扎文灶社的起义军。义军奋勇抵抗，元帅黄潮力战牺牲。11月8日，李廷钰移师驻溪岸，三面包围厦门，派兵勇架云梯攻城。两军短兵相接，肉搏一昼夜。义军虽已粮绝援断，还是拼死血战，坚守阵地。

经过3天激烈战斗，清军吕大陛部从小径潜入厦门，对起义军内外夹击。因众寡悬殊，黄位率领部分义军由西门撤退入海，游弋海上；另一首领黄得美率义军退到龙溪县属乌屿桥（今江东桥），被同族乡绅黄伦，生员黄燕、黄永梧等出卖。清军在黄伦等带领下，包围乌屿桥，俘获黄得美和他的族叔黄光著、黄光揭，押送厦门凌迟处死。

清军攻占厦门后，漳州知府王广业于十月十五日（11月15日）率兵抵海澄，约生员王家仁为内应，将海澄、石码次第攻陷。随后，长泰、平和琯溪、同安也相继为清军占领。驻守同安的义军将领黄霸业、蔡茂昭被捕壮烈牺牲。清军每攻占一城镇，"纵劫掠，戮及童稚，刀钝而不血，则并缚数人而投之河"，"有一日斩杀至二千人以上者"。[①] 他们血腥地屠杀群众，残酷地将闽南小刀会起义镇压下去。

黄位率领的部分义军在东南海上游弋，曾联络漳浦、云霄红白旗和诏安马巷的善乌枪会众，准备待机再起，但终因会首陈自来、廖有才被擒而未能实现。他们也曾经派人赴太平天国表示归附，并试图把斗争扩展到台湾，但这些计划也都未能实现。此后黄位率领的义军一直在东南沿海活动，直至咸丰八年（1858年）才在海上被消灭。

与闽南小刀会起义同时，福建中部戴云山区的一支天地会，也在林俊领导下高举义旗，掀起了反抗清王朝统治的斗争。林俊是一个武生员，太平天国定都南京，激励了他反抗清朝统治的意志。他与挚友陈湖生，

① 徐珂：《清稗类钞·会党类》。

分头接洽红钱、乌钱两会，以调解械斗为名，常在各乡村宣传民族思想，劝大家团结起来，与祖国的仇敌作战。其父林捷云系武举人，听到一些风声，怕惹起灭门巨祸，主动把儿子送官。永春知州崔洲劝他要以父母为念，不要走入“歧途”，将其释放。林俊出狱后继续从事反清活动，其父再次将他送官。此时，在林俊领导下的永春城里红钱、乌钱的会员已有 1000 余人，一致表示愿同林俊同生死。崔洲又不得不释放他。

林俊在第二次获释后，感到事不容缓，于咸丰三年（1853 年）农历四月初率会众在德化起义，知县申逢吉弃城逃走，义军一举占领德化。林俊竖起义旗后，清朝官吏捕杀林捷云，毁其祖坟，株连亲友，以图逼迫林俊卷旗收兵。但是林俊不为所阻，迅速集中兵力袭取永春州城。林俊部下江水，也在四月十二日“率会众攻入沙县，执县令邵苇”[①]。四月二十日，黄有使（友）率红钱会会众在大田桃源响应，进攻县城，二十一日占领大田县城，接着又攻占永安。[②] 起义军占领沙县、永安后，黄有使率义军数千人继续向清军进攻，围攻延平府。清政府紧急派兵增援，义军乃撤围而去，取得了起义初期的胜利。

从林俊起义军发布的文告看，其主要口号仍是“反清复明”，和小刀会的文告相类似，也和其他天地会起义的文告内容相近。文告中除了对“贪官则除之，良吏则宥之”，无非是“救生民于水火，以效忠悃于圣王也”；对农工商贾也只有“各安本职，不使一卒一兵，扰尔乐业”的表示，缺乏新的内容，殊不足作为动员人民群众的政治纲领，表现了当时农民起义的历史局限性。

林俊率众起义以后，不少地主豪绅麇集在清军旗帜下，组织乡勇、团练与起义军对抗。所以，起义军在闽江上游进展并不顺利。从四月至六月，起义军虽然占领了沙县、永安、尤溪、大田等县城，但随即失守，永春、德化也相继被清军配合地主武装攻克。林俊等起义军不得不撤离永春，把兵锋转向仙游。

---

① 《沙县县志·大事记》。

② 参见《大田县志·大事记》。

此时，仙游乌白旗会众正准备起义响应。他们引导林俊起义军从小路绕过清军防守的白隔岭要隘，于咸丰三年八月二十四日（1853年9月26日）直扑仙游城，一战攻克，杀了知县黄曾志。[①] 接着，林俊以仙游为据点，两次动员乌白旗会众攻击兴化府城（莆田），但均被举人张大愿、陈池养率领的地主武装所击败，退回仙游。自此以后，林俊起义军接连遭到挫败。在清军和地主武装的不断攻击下，林俊起义军不得不于十月中旬从仙游退据南安，继而退到德化虎豹关，扼关击蹑尾追的清军游击王应远、苏起鳌，猛攻清军钟宝三营。清军与地主武装互为声援，向林俊起义军多次发起攻击。义军不敌，不得不放弃虎豹关。于是，清军再克德化，义军首领陈湖生战死。[②] 从此，起义军被迫转向山区流动作战。

咸丰三年十二月，林俊起义军首领率部在永春、安溪、漳平三县交界的覆鼎乡的帽顶山筑寨屯粮，黄有使也从永安来会。帽顶山寨是一个很好的根据地。但安溪湖头团总李维霖收买了义军中的不良分子，先是乘旧历年关时，放火烧焚了大部分粮食，继则于咸丰四年正月中旬（1854年2月），引清军攻破帽顶山寨。林俊率余部转移至南安、仙游交界的炉内。四月间，起义军内部发生分裂，碉堡又被清军攻破。

五月间，林俊、黄有使率部分义军转到仙游盖尾，联合乌白旗会首朱三、陈尾，组织力量向清军反击。清军迅速集结兵力7000多人，对盖尾四面围攻。乌白旗会首朱三、陈尾被地主武装与清军杀害，黄有使逃至永春大乡山也被清军捕获牺牲。林俊则逃至南安云峰山再建根据地抗清。咸丰五年十二月，云峰寨又被清军焚破，林俊藏匿民间。

当太平军入闽时，林俊于咸丰七年三月（1857年4月）在南安大罗溪吉火再举义旗响应，四月十三日攻晋江、南安两城；五月又转攻沙县，九月攻尤溪。但是，林俊所部毕竟势单力薄，所有这些攻城战斗都未能得手。最后，林俊率义军北上投太平军，在顺昌县北的仁寿桥上（一说

① 参见《仙游县志·大事记》。

② 参见王家勤编《王靖毅公年谱》卷上。

在光泽县的仁寿桥)[①]，中乡勇埋伏而牺牲。

闽南小刀会起义和林俊起义后，福建各地会党也相继聚众起义，掀起了反抗封建剥削和清朝反动统治的武装斗争。这些斗争一直延续到太平天国革命失败以后仍在继续进行。这一时期福建各地的农民起义主要有：

咸丰三年（1853 年），龙岩蔡伦发与永定坎市蔡庆方、武平邱陛应等聚众起义[②]；同年 6 月，邵武、建宁两县交界之牛栏坑、苦竹溪各山厂棚民数百人，制造旗帜，歃血起义。[③] 1854 年 4 月 30 日，惠安县天地会首领胡熊、邱二娘，率会众千余人攻打惠安城[④]；同月，云霄红白旗首领程彩、朱元善率众起义；8 月，漳浦古竹社会首蔡金率众杀守备李光生、知县陆友仁。1856 年 5 月，福安王庆椿倡立“红旗”，纠合江西、广东、汀州、顺昌等地会众，分头举行起义。[⑤] 1857 年 5 月，江西石城潘世忠在横江乌干湖南寨倡千刀会，宁化张明从之子朝煌、朝夔应之，揭竿于乌旗畲，被乡勇击败，朝夔战死，朝煌率众往投太平军。同年，宁洋县王礼、胡熊聚党千余人，曾两度攻宁洋城不克，直至 1859 年 2 月才被清军配合乡勇所镇压。

以彩绘其旗，号曰“花旗”的农民会党，初起广东，1858 年 6 月入宁化，8 月间袭击宁化县泉上，杀朱县丞。同年 6 月，红巾会党郭万忠、杨三仔等据顺昌九龙山举旗反抗清政府。此后，1860 年 11 月间，花旗会党又在闽西一带活动，先攻武平城，后在上杭筹粮饷，继之于 12 月间与江西瑞金入闽的花旗起义军会合，攻汀州府城，知府孙家良被乡民所杀。[⑥] 同年，南平王贵生等在金井岩结寨，12 月 27 日，被候补道陈维汉

---

① 参见《永春县志》卷三。

② 参见《龙岩县志》卷一，第 11 页。

③ 参见王家勤编《王靖毅公年谱》卷下，第 1—4 页。

④ 参见沈储：《舌击篇》卷三，第 21 页。

⑤ 云霄、漳浦、福安会党起义情况参见《王靖毅公年谱》卷下，第 4、19、38 页。

⑥ 以上各地起义资料参见宁化、宁洋、崇安、上杭县志。

带兵荡平。[①]

上述各地会党都在“反清复明”的旗帜下，掀起了反清的武装斗争。由于他们互不联络，不能形成统一的武装集团，又缺乏严格的组织与纪律，有的甚至还互相攻击，虽然给予封建统治阶级以打击，在一定程度上削弱了清朝统治的力量，可是最后仍然为统治阶级各个击破，都摆脱不了失败的结局。但是可以肯定，从太平天国运动以来，福建闽南小刀会起义、林俊起义和各地会党起义风起云涌，反映了福建人民不堪封建统治阶级的残酷压迫与剥削，勇敢地拿起武器，与反动统治阶级作殊死搏斗的反抗精神。只是由于这些斗争得不到正确思想的引导，加以农民武装的种种弱点，终于在封建统治集团的残酷进攻下失败。

三　太平军四次入闽作战

太平天国定都南京后，太平军驰骋大江南北与清军作战。清政府为了加紧镇压太平军，不断从福建和其他各省抽调兵力攻击太平天国，福建的清军守备力量因而大为削弱。在此期间，福建人民由于不堪西方列强的侵略、掠夺，以及清政府的封建压迫，在全省各地纷纷揭竿而起，展开了激烈的反帝反封建的农民革命斗争。太平天国运动，对福建的这些农民革命产生着直接、间接的促进和影响；同样，福建的农民起义给予了太平军以相当的声援，彼此互为呼应，一个时期内在福建形成了一定规模的革命声势。尤其是在 1857 年至 1865 年的数年间，太平军先后四次入闽作战，直接打击了福建的反动统治势力，给予福建人民此起彼伏的反帝反封建斗争以有力的支援。

咸丰六年（1856 年），太平天国领导集团内讧，爆发杨（秀清）韦（昌辉）事变，石达开率部离开天京单独行动。石达开部经安徽直下江西，占领江西大部分郡县，并会合杨辅清部，计划向福建进军，开辟东南根据地。

---

① 参见《南平县志》卷二，第 8 页。

咸丰七年（1857年）二月（《王靖毅公年谱》作三月），杨辅清、石达开部主力第一次入闽作战。太平军由江西泸溪（资溪）分途直入闽西北地区，相继攻克光泽、邵武，进而向崇安、建阳进发，直抵建宁府城下（建瓯县城）。太平军所到之处，一面在军事上打击驻福建清军各部，处决邵武知府娄浩、光泽知县蒋仁瑞等地方官吏，同时任命乡官，收纳贡赋以扩充粮饷。闽西北地区广大农村受到太平军的直接影响，清政权在这一带的基础遭到沉重打击。为了堵击太平军在福建的军事行动，闽浙总督王懿德立即从浙江、福建、广东调集清兵4000名赶赴闽北助战。

太平军入闽一个月以后，杨、石两部相继到达邵武周围的兵力已多达20余万人，由于这一地域狭窄，山高林密，难于展开，因此决定分兵活动。除调一部分兵力回师江西以外，留在福建的太平军分作两路，一路经泰宁向闽西发展，另一路向闽北建阳进军，与由崇安分水关入闽的杨辅清会合，进而围攻建宁府城。福建各地会党及农民起义军纷起响应，乘机袭扰清军，配合太平军的行动。

咸丰七年三月二十二日，由邵武向闽西的石达开部攻占泰宁①，翌日经梅口继续向闽西进发，三月二十四日攻取建宁县城②，三月底夺取宁化③，直趋闽西重镇汀州。太平军行动神速，清军汀邵总兵富勒兴阿慑于太平军的声势，不战而遁。四月七日，太平军顺利进占汀州府城。④与此同时，石达开部另一路由宁化向东，先后攻占清流、归化（明溪）两县城。⑤其后，石达开部转战闽西和闽赣边境广大地区，连取瑞金、连城、武平，沉重打击了闽西的清军。

石达开部在闽西地区迅猛发展的同时，另一路由邵武开向闽北地区活动的杨辅清部主力积极推进，与从分水关入闽攻占崇安的杨部另一支

① 参见《泰宁县志》卷三。
② 参见《建宁县志·寇警》卷七。
③ 参见《宁化县志·大事记》。
④ 参见《长汀县志·大事记》。
⑤ 参见《明溪县志·大事记》。

队伍会合，于三月二十一日攻克建阳，向建宁府城进军。[1]

建宁府城北依黄华山，西南两面临大溪，全城直径不过1公里，而城高将近2丈。在太平军进入福建前，清军在此已早作防备，广筑防城炮台，储足武器弹药和粮油物资。建宁知府刘云樵依仗这些有利条件，决心坚守城门，与太平军决一死战。三月二十七日，太平军发起对建宁府城的进攻。杨辅清部虽号称10万之众，实则仅有2.5万人，其善斗者不过7000人左右。加上当时天气极坏，太平军在洪水和泥淖中仰攻，比平时作战困难大得多。因此，太平军围攻建宁府城40多天，久攻不克。[2]

在此期间闽浙总督王懿德得知建宁府固守待援，吸引着太平军主力，即派提督钟宝三驰赴松溪，会合游击毕定邦部，以及由浙江调来的各路援兵，分路包抄，内外夹击，这就使太平军屯兵坚城下，渐由主动变为被动。按察使赵印川率清军主力乘机向太平军发起反攻，双方展开激烈的战斗。经过三次决战，太平军受挫，包围圈被清军突破。于是，太平军在建宁府城下受到反包围，"死于水，死于火，不计其数"，余部由北津撤退，遭到严重损失。[3] 五月初一日，太平军杨辅清部在建宁府城下战败撤围，影响着规取福建的全局，成为太平军主力入闽由进攻到后退的转折点。此后，太平军相继撤离所占各城。至闰五月，太平军全部撤离福建。

太平军第一次入闽，在闽西、闽北地区转战5个月，虽然未能实现在福建创造新的根据地的计划，但其刚勇无畏地反抗清朝封建统治的战斗精神，给予了福建人民以极大的启迪与鼓舞。福建农民的反清起义斗争由此掀起一个新的浪潮，其中如闽南林俊在南安重新举旗反清，闽西宁化张朝煌兄弟聚众起义，以及宁洋会众的起义，都是在太平军入闽一两个月后群起响应的壮举，大大推进了福建农民革命运动的向前发展。

同样，太平军在福建虽然由胜而败，却发现了闽西北地区民众反抗

---

① 参见《建阳县志·大事记》。

② 参见《建瓯县志·大事记》。

③ 参见程戢斋：《建宁府围城日记》，《福建史志》1987年第1期。

清朝黑暗统治的强烈愿望，以及适合于创造新的革命基地的自然条件。因此在一年以后，咸丰八年二月（1858 年 3 月），杨辅清、石达开两部太平军第二次入闽，作战的方向依然指向这一地区。但是，由于太平天国领导集团内部的分裂，严重地影响了这次军事行动，加以太平军偏重于流寇式的单纯军事行动，从而大大损伤了这次行动的意义。

太平军第二次入闽首先以杨辅清部于咸丰八年二月由崇安、浦城边界之岑阳关入闽北为开端，随即占领浦城、松溪、政和，并在这一地区坚持 5 个月之久。此后不久，石达开部亦于三四月间从江西南丰、泸溪出发，分途二次入闽，先后攻克建宁、宁化、光泽、邵武。石达开部在闽西北地区的作战路线，与第一次入闽期间大致相同，即一路向闽西，一路向闽北建阳。八九月间，石达开部再次攻占泰宁、建宁、宁化、汀州，进而摧毁强固的地主武装据点冠豸寨，一举攻占连城[①]，然后乘胜进击，于翌年即咸丰九年正月十四日占领龙岩，其影响波及整个闽西北地区。

但是，杨辅清与石达开的行动都是不相联系的独立作战，不仅彼此不通声气，而且往往发生冲突。咸丰八年六七月间，石达开部一支队伍由浙江进入闽北浦城县境，与先前到达的杨辅清部相遇引起武装冲突。石达开部受到重大伤亡，即以石镇吉率领大队向杨辅清部发动袭击。杨辅清部为避免内部互相残杀，于七月初七日主动撤离，经浦城二渡关出江西。清军乘虚而入，随即重新占领松溪、政和。

显而易见，这次石达开、杨辅清两部太平军相继入闽作战，因受太平天国内讧影响，已不具统一的作战计划与目的。杨辅清部的太平军虽仍以“东殿”旗帜为号令，但已和天京失去联系。而石达开部离开天京以后，采取了“自由行动”。因此，杨、石两部太平军在浦城县境发生武装冲突后，杨辅清从全局出发，率所部撤离福建，从江西入安徽，配合陈玉成、李秀成与清军作战，继续发挥了积极的作用。石达开此时则志

① 参见《连城县志·大事记》。

在远征四川，另创局面。他的主力虽在闽北、闽西、闽西北作战，但所占郡、县均是随占随弃，无意巩固与发展。

咸丰九年正月廿三日（1859年2月25日），石达开部全部撤出福建，在江西集中开赴湖南、广西、四川。

咸丰十年（1860年），石达开率部到达广西庆远府。朱衣点、童海容、彭大顺、吉元庆、汪海洋等67名将领在实际斗争中，认识到石达开分裂革命队伍的错误，率领四五万人脱离石达开，从广西返回江西，配合太平军其他部队对清军作战，在一定程度上支撑了太平天国的危局。

这支队伍在一个时期内活动于闽粤赣三省边境地区，连续入闽以打击闽西一带的清朝统治势力，并作休整。太平军第三次入闽作战，就是这部分东归的石达开部。咸丰十年十月（1860年11月），该部中队将李鸿昭和郑乔率领的先锋谭星、陈荣、国春、林彩新等，从广西经广东省平远县入福建，攻占武平，击败从上杭来援的清军，复从武平转往平远县。[①] 同年十一月底，这支太平军再次由赣南瑞金突入闽西，相继于十二月初二、翌年三月二十日攻占汀州连城。[②] 随后，太平军计划向闽西北地区推进，但在进军清流时受挫，因而又从连城退回汀州，于咸丰十一年四月十四日向江西转移，继之北归。该部太平军进入闽境，属于休整性质，因之影响不大。

同治三年六月（1864年7月），天京危在旦夕，即将陷落，侍王李世贤、康王汪海洋等由苏浙突围，经皖南、赣东入福建。这是太平军第四次入闽，也是规模最大的一次。据闽浙总督左宗棠估计，总兵力有二三十万人。[③] 太平军此次入闽，是在太平天国败亡之际夺路寻觅新的立足之地的一次行动。由于过去几年太平军曾数次入闽，对于福建的情况多有了解，加以清军在福建的力量相对薄弱，因而侍王李世贤等确定再次入闽，夺取福建以为基地，图谋发展并东山再起。

---

① 参见《上杭县志》卷一。

② 参见《长汀县志》卷二十四，《连城县志·大事记》。

③ 参见左宗棠：《连城漳州剿贼获胜情形折》，《左文襄公奏稿》卷十二。

同治三年六月十六日，天京陷落。九月初，李世贤、汪海洋率领的突围队伍分别南下进抵赣南闽西边境，相继向福建进军。李世贤率部经广东梅县之松口入闽进抵永定，然后分兵两路，一路于九月十二日攻取龙岩[①]，另一路是由李世贤率领的主力，急速向物产富庶的闽南沿海地区推进，先后占领漳州、云霄。与此同时，康王汪海洋也率部进入闽西汀州府各属，抵达长汀濯田。闽西南各县民众起而响应，支援太平军各项活动。因此，太平军在很短的时间内迅速占领了汀漳府属各县的大部分地区。

太平军攻占闽西南广大地区后，左宗棠于十月二十八日从浙江杭州起程，率领以新式武器装备起来的清军入闽，坐镇福州指挥"剿匪"。他拟定的作战方案是：首先进攻龙岩的太平军，以切断驻南阳、新泉的太平军汪海洋部与漳州李世贤部之间的联系，再向南阳、新泉进发，最后再谋力克漳州。

同治三年十二月间，龙岩争夺战全面展开。战斗初期，太平军曾取得 7 次胜利，但未能歼灭清军有生力量，打破清军对龙岩的包围。同治四年正月二十三日（1865 年 2 月 18 日），来王陆顺德、赞王赖阿泰率部向铁石洋清军康国器部的阵地猛攻，因风雨大作，反为清军所败，以致龙岩四周据点尽失。太平军为了保存有生力量，于正月二十四日放弃坚守了 5 个月的龙岩，向漳州地区转进。[②]

太平军放弃龙岩后，康王汪海洋部太平军在南阳、新泉的阵地完全暴露在清军面前，汪、李两部太平军之间的联络通道也被切断。清军攻占龙岩后，集中兵力向南阳、新泉进犯。太平军与清军刘典部展开激烈的战斗，为刘典部所败，精锐损失过半。汪海洋不得不于二月间放弃南阳，相机开赴漳州与李世贤部会合。汪海洋部进至上杭县石碣村，又被清军击败，乃改向南靖、永定交界的奎洋、梅林、苦竹、小城、金丰等地发展，与漳州李世贤部形成掎角之势。三月下旬，清军康国器部向汪

① 参见《龙岩县志·大事记》。

② 参见左宗棠：《官军进剿获胜会克永定县城攻克龙岩州城折》，《左文襄公奏稿》卷十二。

海洋驻地进犯，战斗打得十分激烈。由于清军新式武器多，火力猛，汪海洋再次大败，死伤达2000多人，天将瞿玉山、陈光明等阵亡。

四月上中旬，汪海洋所部向永定泰溪（太溪）方面转移。清军康国器部则乘虚向苦竹、梅林等地进攻。汪海洋急从泰溪回援，不能取胜。而东坑、苦竹、胡坑和泰溪等地先后为清军所占。同时，丁太阳部在永定向清军刘典部投降，使太平军兵力又遭重大损失。于是，在五月间，汪海洋部太平军不得不放弃与李世贤部会合的计划，向广东省镇平（蕉岭）转移，南下占领嘉应州（梅县）。①

左宗棠指挥的清军围攻龙岩时，也对漳州的太平军李世贤部取分割包围的态势，严令包围漳州的清军“勿攻城，勿浪战，深沟高垒，相机而动”，迫使李世贤不能援助汪海洋。李世贤为了支援龙岩太平军的战斗，在同治四年正月初二日，对清军战斗力最强的黄少春、高连陞两部发动猛攻，但没有达到预期目的，退回城内，增加防御工事，处于守势。② 为了冲破清军的包围圈，李世贤率部在漳州附近将清军曾玉明水陆两营击溃，但随之又被清军高连陞部击败，损失惨重。部将140多人遭擒，李世贤坐骑被掳，本人则由群众颜魁救回漳州。

同治四年（1865年）二三月间，李世贤虽曾多次组织对清军的突袭，但均不能取胜，处境愈益艰难。而左宗棠调遣的增援清军不断赶到，加上英帝国主义派遣闽海关税务司美里登率领炮兵50名，携带开花弹赶到漳州协同清军作战，太平军战士虽英勇顽强地抵抗，但无法改变孤立无援、武器落后的劣势。

为了保存太平军力量，李世贤于四月二十三日放弃漳州，向南靖方向退却，接着又向平和县西部转移，并由此再行北上永定。四月三十日，太平军抢渡韩江上游的永定河，因溪水陡涨，无法行舟，延误了时间。五月初二日，清军追兵赶到，双方在永定县塔下展开了激烈战斗。侍王李世贤受伤，部队也被打散。李世贤因迷途与大队失去联系，大部队则

① 参见左宗棠：《越境剿贼叠胜并出击闽边窜贼折》，《左文襄公奏稿》卷十三。

② 参见左宗棠：《官军进剿获胜会克永定县城龙岩州城折》，《左文襄公奏稿》卷十二。

误为李世贤在渡江战斗中阵亡，共推李元茂为首，按原计划向广东镇平（蕉岭）前进。[①] 到镇平后，汪海洋将李元茂杀害，图谋吞并李部太平军。六月二十八日，李世贤在群众掩护下到达镇平。汪海洋担心“东窗事发”，遂于七月初三日夜，遣人将李世贤刺杀，并杀李部的王宗、天将、朝将多人。[②]

在战争极为紧要的关头，太平军内部又发生上述互相残杀的事件，这就是农民起义的历史局限性所造成的悲剧。后来，汪海洋在同治四年十月廿一日（1865 年 12 月 8 日）攻占嘉应州（梅县），十二月十二日（1866 年 1 月 28 日）又与胡瞎子（胡永祥）率部分四路出战。汪海洋中弹受伤，十二月十五日伤重死亡。余部由偕王谭体元率领，在清军猛烈攻势下溃亡。至此，太平军在南方的力量全部覆灭。[③]

四　福建人民的反洋教斗争

在以太平天国为中心的革命高潮中，人民斗争的主要锋芒是针对以清王朝为代表的封建主义的反动统治。中外反动派联合镇压了太平天国革命后，人民斗争的主要锋芒逐渐转向了外国侵略者。由于外国传教士作为外国侵略者的先锋队，从各通商口岸深入到内地传教，广大群众对外国侵略者的仇恨和斗争，大量地表现为反对外国传教士和教堂的行动。这就引起了同西方列强的纠纷，当时被称为教案。

19 世纪末，在西方教会出版的书籍中，在谈到传教事业对殖民事业的作用时，曾直言不讳地供认，“在殖民地修建教堂、驻扎传教士，就象（像）在殖民地修建兵营，驻扎侵略军一样必要”；“一个传教士抵得上一营军队”，“与其设立九个军事据点，不如设立九个教堂更为有效”。[④] 事实正是这样，外国传教士到福建各地建教堂、办医院和“慈善”事业，

① 参见左宗棠：《攻克漳州府城南靖县城折》，《左文襄公奏稿》卷十五。

② 参见左宗棠：《覆陈侍逆世贤实为汪海洋逆所杀片》，《左文襄公奏稿》卷十八。

③ 参见罗尔纲：《太平天国史稿》（增订本）卷三十二，中华书局 1957 年版。

④ 杨真：《基督教常识》，转引自张力、刘鉴唐：《中国教案史》，四川省社会科学院出版社 1987 年版，第 235 页。

其目的是以各种手段发展教徒，扩大外国侵略势力。他们在各地干涉地方行政，强占土地，包揽诉讼，唆使教民欺压民众，从而不断激起了人民群众的强烈反抗。因而，从19世纪60年代起，福建人民的反洋教斗争在各地此起彼落，把社会各阶级、各阶层都卷了进去，组成这一时期福建人民反对帝国主义斗争的一个重要部分。

福建各地的一些地主乡绅也曾加入过这一斗争，甚至成为斗争的鼓吹者和发动者。他们利用下层人民的力量来抵制外国侵略者对他们统治地位的损害。但是由于腐朽没落的地主阶级对外国侵略者妥协投降的方针，所以他们至多也只能在一个短时期内表现出反对外国侵略的激烈姿态，最后他们总是把斗争造成的牺牲和损失推给下层群众，而自己却迅速转变方向。在福建人民的反洋教斗争中，这种事例屡见不鲜。

同治二年（1863年），天主教福建区主教李亨灼与福安穆阳教徒头目相勾结，强行在穆阳村内建造教堂。这一蛮横行径激怒了民众，他们冲进教堂工地，拆毁正在建造的教堂围墙，烧毁了建筑材料。教案发生后，传教士向巡抚衙门控告福安知县渎职之罪。县、府、道地方官吏均到穆阳审理此案。在传教士的恫吓和敲诈下，官吏们向外国侵略势力屈服，将教堂地基判给教会，以被告罚款600千文赔偿损失，并保证今后不得干涉教堂建造具结。①

同治七年（1868年），英国传教士胡约翰利用教民林臻信串诱川石岛乡民陈道松、陈大才等，盗卖公地给英国布道院盖屋建房，并订立了租约。嘉登（琅岐）、合北（亭江）两乡民众认为川石岛地近五虎口，属要塞范围，不能租给外国人居住。乡耆陈学曾、朱凤仪等出面向地方官厅呈诉，在乡进士王有树也面请巡抚卞宝第制止，因而福州府及闽县不敢将契据注册，此案遂悬而未决。同年十二月初三（1869年1月15日），胡约翰竟带了土木匠到川石岛破土动工建屋。岛上民众愤而聚众阻止。但英国驻福州领事却命令停泊在海口的英舰驶到川石岛，派遣水兵登陆，

---

① 参见中国人民政治协商会议福建省福安县委员会文史工作组编《福安文史资料》第4辑，1984年版。

开枪击毙乡民王光天（克明），闯入王有树家猖狂进行威胁。川石岛和亭江乡民众不怕外国侵略者的武力威胁，展开了针锋相对的斗争。他们增强联甲组织，加紧军事训练，订立联防公约，表示英兵如敢再来，便和他们拼命到底，把他们赶下海去。川石岛和亭江乡民众坚持了正义斗争，直到1879年2月闽浙总督英桂派福州知府尹世铭等到亭江乡，强令全乡撤防，以屈辱和出卖主权而告了结。①

光绪元年至二年（1875—1876年），延平县民众先后两次捣毁美国建造的教堂。地方绅士在开始就支持这个行动，联甲总局绅董发出公告，指斥教会“蛊惑人心，败坏风俗，大为地方之害”。商人也纷纷参加斗争，各铺户遍插“齐心联甲、驱逐番夷”的旗帜。② 可见，延平各阶级和阶层都积极投入了反洋教斗争。光绪五年（1879年），美国传教士又在延平以开设书店为名，重建“福音堂”，进行传教活动，又一次引起群众反对。美国传教士开枪打伤一民众，愤怒的民众起来反抗，捣毁了“福音堂”。闽浙总督英桂不仅不惩处开枪伤人的美国传教士，反而应美国领事的无理要求，派员前往“查办”“惩凶”。

曾经表示反对洋教的联甲总局的绅董们，这时改变了态度，不敢再有所动作，甚至附和官府，反对民众的反洋教斗争。民众为反对洋教和帝国主义的侵略行径，在延平街头张贴告示，不仅直截了当地揭露帝国主义向中国输入洋教和鸦片的目的在于“殚我民财”“谋我土地”，而且揭露官员和绅士们卖国求荣的行径“与宋代秦桧无异”，“皆洋人驱使”。③ 可见，下层群众已把反对洋教的意义提高到反对外国侵略的水平，并且明白地指出官绅沆瀣一气，实际上是站在外国侵略者一边反对人民开展反帝斗争的。

---

① 参见中国人民政治协商会议福建省福州市委员会文史资料工作委员会编《福州文史资料选辑》第2辑，1983年版，第5—8页。

② 参见故宫博物院文献馆编《清季教案史料》（一），北平故宫博物院1937年版，第74页。

③ 参见故宫博物院文献馆编《清季教案史料》（二），北平故宫博物院1937年版，第159页。

在此前后，福建各地还陆续发生了1869年9月8日的罗源县教案；1871年7月15日的古田教案，1876年3月18日的建宁府（今建瓯市）教案，1878年8月30日的福州乌石山教案，1879年12月29日的福清县教案，等等。[①] 这些教案均在外国侵略者的威逼下，清政府屈膝求和，以赔款或处分地方官员、惩办反洋教的民众领袖而结束。

福建各级地方官员遵从清朝最高统治者的媚外妥协的意旨，公然出告示禁止人民进行反洋教斗争。汀漳龙道的告示说：现在英国、美国“在于内地乡社起建教堂，传徒习学耶苏等教……久经准照议定和约通行遵照在案……为此示仰该县属各乡族家长人等：嗣后均应约束子侄，各自安分守己，凡遇有情愿习教者，任听其便，毋得阻挠欺凌；如有交涉事件，亦应各自禀官查究，不得恃强借事生端，致违和约；倘敢再有无故阻挠肆抢等情，一经本道访闻或被控告，定即督饬营县严拿确讯，从重究办，决不稍事宽贷”[②]。清朝官府这种公然庇护帝国主义进行文化侵略活动，纵容洋教奴化人民精神，压制反侵略斗争的行径，引起了人民的不满。广大民众逐渐看清了清廷和地方官吏媚外妥协的真面目，抛弃了依靠官府绅士们进行反侵略斗争的希望。此后，在反洋教斗争中，下层群众和地主绅士们开始分裂，各地人民群众自己组织起来，展开了更为激烈的反侵略斗争，并且进而把这一斗争与反抗清朝封建统治相结合，反映了福建人民强烈的反帝反封建意识。

光绪二十年春（1894年），古田县斋会武装起义反抗清朝统治，英国传教士史荦伯向英国驻福州领事送去斋会活动的情报，请求福建督抚派兵镇压斋会的革命斗争。于是，斋会把斗争锋芒转向外国侵略者。光绪二十一年六月十一日（1895年8月1日），斋会起义军在刘祥兴的率领下，从小东区岷山髻出发，扛着“龙王爷将要征服外国人的上帝”的旗帜，向英、美传教士的避暑地华山进攻，一举杀死英国传教士史荦伯全

① 参见故宫博物院文献馆编《清季教案史料》（一）（二），北平故宫博物院1937年版。

② 朱士嘉编《十九世纪美国侵华档案史料选辑》下册，中华书局1959年版，第468—469页。

家和其他传教士计 11 人，伤 2 人，放火烧毁房屋而去。①

古田教案发生后，福建督抚即派兵一营前往古田“剿洗”，缉获起义军及民众百余人，刑讯逼供，罗织罪名，最后将刘祥兴等 26 人斩首，另外 6 人被判无期徒刑，11 人充军边地，27 人被判有期徒刑 10 年，残酷地将斋会的革命斗争镇压下去。②

古田教案标志着福建人民反洋教斗争与民间秘密结社天地会的反清起义相结合，具有鲜明的反封建和反抗外国侵略者的性质，从而把反对外国侵略的斗争火焰烧得更炽烈起来。1899 年，斋会在建宁府复兴，进一步开展反洋教斗争，“专与教会为难”③。尤其是 1900 年的北方义和团运动，树起“扶清灭洋”的旗帜，更加振奋与推动了南方的反洋教斗争。南方各省督抚与西方列强立约互保，冀以维持大局。自 6 月至 8 月，福建督抚虽不断谕饬各地官府务必对教堂、医院以及传教士住宅认真保护，但在汀漳龙二郡一州所属地方还是发生了教堂被拆毁、教民被抢被殴者案件 18 起。④ 直至 1906 年，福建人民的反洋教斗争依然不断发生。漳浦民众得会党援助，聚众焚烧天主堂。县令闻警驰至，保护传教士脱险。盛怒的民众攻入县城，攻破监狱，释放囚犯，并将城内基督堂拆毁。⑤

从上述事实看出，福建人民的反洋教斗争规模之大、时间之久是空前的，充分显示了福建人民反对外国侵略者的斗争精神。在斗争中，人们又不断排除封建地主阶级的干扰与压制，把反对外国侵略势力的社会力量充分地动员和组织起来，逐步地把反对外国侵略者的斗争与反封建斗争结合在一起，给帝国主义和封建主义在福建的反动统治以沉重打击。

五　抵制美货的爱国运动

1905 年爆发的全国性抵制美货运动，起因于抗议美国政府在 1894 年

---

① 参见《古田县志》卷二十，第 6、7 页。

② 参见《万国公报》卷 82，1895 年 10 月 26 日。

③ 《华美报》23 册，第 15 页，1899 年 10 月 1 日。

④ 参见《华美报》36 册，第 16 页，1900 年 8 月 18 日。

⑤ 参见《东方杂志》1906 年 4 月第 4 期。

迫使清政府签订限制华工条约。该条约中充斥着美国苛待、敌视华工的规定，有效期为10年。1904年，美国国会单方面决定这一不平等条约继续有效，并把限制华工条约的范围扩大到华商、留美学生和旅行入境的华人。因此，在美国的华侨和国内人民坚决要求废除这个丧权辱国的条约，并且掀起了大规模的抵制美货爱国运动。

1904年，旅美华侨在檀香山《新中国报》上，首先提出“不用美货，以为抵制”的建议。这一建议在华侨众多的广东、福建得到响应。光绪三十年八月初一（1904年9月10日），厦门各界成立拒美约会，推举旅菲华侨陈纲（字子显）为会长，黄廷元（商会会长）为副会长，吴玉崐为坐办，连城璧为书记兼宣传。拒美约会成立后，在厦门武庙口（今大同路关隘内）讲演3天，发动各界抵制美货。该会还派人调查美货的商标式样，列单公布。有些人还自动地将美国缎布放火烧掉，或将美国面粉倒入海中，表示抵制美货的决心。由于厦门人民协力抵制，美货市场受到了初步打击。1905年春，广州人民也掀起抵制美货的爱国运动，但遭两广总督岑春煊的压制。厦门、广州人民开展的抵制美货的斗争，成为1905年全国掀起大规模抵制美货爱国运动的先声。

当时，各地旅外华侨报纸和国内许多报纸，不断刊载反对美国政府迫害华工的文章。旅美华侨10余万人联名上书清政府，要求废除1894年签订的苛待华工的不平等条约，否则就以抵制美货的办法与美国政府作斗争。1905年5月10日，上海总商会召开特别会议，曾铸（少卿）登台演说，痛斥美国政府的排华政策，并提出以两个月为期，如果美国政府不允许修改苛待华工条约而强迫续订，则联合各地誓以不运销美货进行抵制。这个倡议得到与会绅商的一致赞成。会后，以曾铸的名义致电清政府外务部和商部，吁恳“峻拒画押，以伸国权而保商利”①；还通电汉口、南京、广州、厦门、福州、香港等地商会，要求采取一致行动。

1905年5月中旬，福州商会收到上海总商会发来的“抵制美货”的

---

① 和作辑：《一九〇五年反美爱国运动》，《近代史资料》1956年第1期。

呼吁电，立即复电“一律照办”，并于5月29日印发《福州商会抵制美货传单》，进一步动员福州各行业厉行抵制。传单指出：“国何以弱，民弱则国弱耳；民何以弱，粘合之力弱则民弱耳。中国所以长蹶不振，为外人所侵侮者，皆人心涣散，群德群学之不讲也。”传单痛斥美国排华暴徒“借驱瘟为名，火焚华人之居市，牺牲华人之性命，使我同胞之痛心发指”。同时，工商界还议定了8条抵制美货公约，并公布美货进口调查表，掀起了抵制美货爱国运动的高潮。①

1905年6月11日，福州各学堂和各专业学堂的学生、教职工也行动起来，参加抵制美货爱国运动。他们捐款设立福建公立保工会，共同商讨抵制之策。措施是：运商帮停办美货，印刷广告（附美人虐待华工惨状图）广为散发，各学堂学生停购美货，印刷美货牌号公之于众，与外埠各商会联络，美约果有实行之日，美国办的学堂学生一概退学，等等。②

正当抵制美货运动在福州展开时，厦门各界人民也再次掀起抵制美货的高潮。1905年7月10日，厦门拒美约会在外关帝庙（今大同路镇邦路路口）召开会议，决定实行上海福建帮绅董在泉漳会馆通过的5条抵制措施③，通过了抵制美货的章程。这个章程指出：“倘美政府不知改图，是以不文明之国待我，我亦不可以文明之国待之，自今日始，全省同胞各尽义务协力同心，凡美国运入我境之面粉、布、煤油等一切货物，均严禁私自贩用，以力争公理发现，吾国兹愿为新，倘有私行贩用者，查出照章议罚。”

福州、厦门各界群众纷纷行动起来，许多商店都挂起不买不卖美货的标语与传单，码头工人不为美船装卸货物，为美国人服务的杂役也辞去职务，工厂企业的工人、城镇居民以及乡村农民也自觉不买不用美货，从而形成了抵制美货爱国运动的热潮，使美货在福州、厦门市场遭到沉

① 参见朱士嘉编《美国迫害华工史料》，中华书局1958年版，第154页。

② 参见《北京日报》光绪三十一年五月二十三日，朱士嘉编《美国迫害华工史料》，中华书局1958年版，第159页。

③ 1905年5月14日，上海福建帮绅董决定：美国各货一概不用，华人不用美国船运货，华人子弟不入美籍人学校，华人不应聘于美国洋行，华人不当美国人住宅的雇佣工。

重的打击。

除福州、厦门外，漳州、泉州、兴化、延平、汀州等地也都掀起了抵制美货爱国运动。1905 年 6 月，泉州各界群众在南门天妃宫前搭一大讲演台，宣传抵制美货，并揭露美国“虎标”牌面粉掺毒的滔天罪行，大力提倡使用国货。这一行动使过去被美国面粉挤垮而倒闭或半倒闭的 100 家面粉作坊都恢复了生产，还增加了新的磨面作坊 30 余家。

随着日益高涨的抵制美货爱国运动在全国展开，美国政府又怕又恨，通过美国新任驻华公使柔克义，照会清政府外务部施加压力，要求下令各省督抚对抵制美货“一律禁阻”。清政府也非常害怕反美爱国运动会妨碍其依靠帝国主义苟延残喘的大局，随即于 8 月 21 日和 31 日连续发布上谕，命令各省督抚“认真劝谕，随时稽查”，“倘有无知之徒，从中煽惑，滋生事端，即行从严查究”[1]。福建省洋务局、商务总局秉承清廷的旨意，亦颁布告示声称：“现在工约业经开议，复奉督宪谕饬晓谕各属商民遵照前奉谕旨，照常贸易，静候商议改良，慎毋滋生事端，致干查究等因。”[2]

在美国政府和清政府的联合压力下，民族资产阶级中的官僚、买办商人首先退出运动。在抵制美货爱国运动的中心上海，曾铸听到美国官员愿改苛约的虚伪许诺之后，立即表示“若不收篷转舵，窃恐蹈为之已甚之诮”[3]。此后，他就销声匿迹，不再活动了。福建省各地在运动中结成的团体，也因清政府的压制和失去领导中心而相继停止活动。到 1905 年底，这一声势浩大的抵制美货爱国运动，逐渐趋于沉寂。

1905 年发生的反对美国迫害华工、抵制美货的爱国运动，有力地打击了美国政府排华政策的嚣张气焰，进一步揭露了清政府的卖国面目。由于广大人民的坚决斗争，美国政府和清政府终于被迫停止续订限制华工条约。此外，这一爱国运动促进了福建人民的觉悟，推动了福建反帝

① 和作辑：《一九〇五年反美爱国运动》，《近代史资料》1956 年第 1 期。

② 朱士嘉编《美国迫害华工史料》，中华书局 1958 年版，第 164 页。

③ 和作辑：《一九〇五年反美爱国运动》，《近代史资料》1956 年第 1 期。

反封建革命形势的发展。

第二节 辛亥革命与北洋军阀入主福建

一 辛亥革命中福建的光复斗争

20世纪初，西方列强加紧对中国的侵略，清朝统治者采取“宁赠友邦，勿与家奴”的卖国政策。经过戊戌维新变法和义和团运动，中国的内外矛盾不但没有得到解决，反而加倍激化起来。由于清朝统治者已完全成为帝国主义的奴才和统治工具，中国人民反帝反封建的斗争矛头也就更加集中于清朝统治者。以孙中山为代表的资产阶级革命派登上中国的政治舞台，成为革命的领导力量，提出了过去所没有过的资产阶级民主主义的革命纲领。1905年8月，孙中山在日本东京创立中国同盟会，提出“驱除鞑虏，恢复中华，创立民国，平均地权”的纲领，大大推动了革命运动在全国各地的兴起。福建各地忧国忧民的爱国知识分子纷起办学，在青少年中灌输民族民主资产阶级革命思想；民间中秘密结社的会党组织也趁机恢复发展，积极准备推翻清朝卖国政府。

1906年夏，设在日本东京的中国同盟会总部派王荫堂密赍孙中山签发的委任状和各种文件抵闽，委任郑祖荫为中国同盟会福建支会会长，林斯琛为总干事。自此，郑、林所领导的汉族独立会全体成员，均依同盟会誓词转为同盟会会员。① 同盟会福建支会设在福州桥南公益社内，林斯琛坐镇其中，以办理戒烟（鸦片）、救火等公益事业为掩护，暗中筹划资产阶级民主主义的革命活动。

1907年夏，同盟会福建支会在福州下渡十锦祠开追悼会，悼念因愤于清政府腐败而跳海自杀的闽籍留日学生陈不浮。彭寿松在会上慷慨讲演，当场剪去发辫，立誓推翻清朝，图谋国民之自决。桥南公益社为了

① 参见福建私立光复中学编辑委员会编《福建辛亥光复史料》，建国出版社1940年版，第21—22页。

加强各方联络，在社内增设社会办事处，以统一指挥各社团行动。宣统二年十月（1910 年 11 月），孙中山在槟榔屿（今属马来西亚）召集同盟会的重要骨干和国内外的代表举行秘密会议，决定在广州举行一次更大规模的起义。宣统三年二月（1911 年 3 月）间，中国同盟会总部派遣闽籍留日学生林觉民回福州，召集福建革命党人前往参加。三月间，同盟会福建支会召开会议作出两项决定：一是推举刘元栋、冯超骧、刘六符、吴适率所属同盟会与连江光复会的会员前往广州参加起义；二是广州起义发动后，由林斯琛在厦门发动阻止福建清军援粤的斗争，刘通在福州发动响应。

三月十一日（4 月 9 日），林觉民、刘元栋、冯超骧、刘六符、郭维亮、林友基等人赴香港转广州；三月廿五日（4 月 23 日），吴适、黄忠炳、曾守辉率连江光复会员 22 人，从马江乘船赴广州；还有闽籍留学日本的同盟会员也赶到香港转广州参加起义。三月廿九日（4 月 27 日），广州起义爆发。战斗坚持一昼夜，终因实力悬殊而失败。福建革命党人积极参与起义的准备与行动，付出了重大的代价。在战斗中阵亡与被捕后英勇牺牲的闽籍烈士有 30 余人，其中葬在黄花岗七十二烈士墓中有姓名可稽的有林文、林觉民、方声洞、冯超骧、林尹民、刘元栋、陈可钧、陈与燊、陈更新、卓秋元、刘六符、王灿登、黄忠炳、胡立昇、陈清畴、魏金龙、陈发炎、罗乃琳、林西惠等 19 人。他们都是福建同盟会和连江光复会的精英，他们的牺牲使福建革命力量受到了重大损失。①

广州起义虽然失败，但震动了全国，影响甚大，推动了革命形势的高涨。福建革命党人既痛亡友，益伤国事，决定以再接再厉精神，继承烈士遗志，积极作推翻清朝统治的准备。其间，同盟会福建支会进一步加强与全国革命党人的联络，并借桥南公益社的名义设立体育会，吸收英华书院、福音斋等学堂学生和社会青年参加，以培植训练革命武装力量。另还设立科学研究馆，储备各种设备仪器，专为制造炸弹之用。彭

① 参见中国人民政治协商会议福建省委员会文史资料编辑室编《福建文史资料》第 6 辑，福建人民出版社 1981 年版，第 15、29、71 页。

寿松认为实行革命，非军警一致努力不可，遂又组织军警特别同盟会，在福建新军第十镇中发展会员，由士兵而及官长，由僚佐而实力人员，从下而上发展革命力量。他还联络哥老会各山堂合而为一，增加革命的力量。厦门、漳州、晋江、海澄、灌口、汀州等地同盟会员也展开资产阶级民主革命宣传，加紧推翻清朝统治的准备。

宣统三年（农历辛亥年）八月十九日（1911 年 10 月 10 日），震惊中外的武昌起义爆发。全国各地纷起响应，向清朝统治阶级展开猛烈的攻势。闽浙总督松寿和福州将军朴寿为了压制革命运动，一面派遣八旗捷胜营专责防卫将军衙署和旗人居住地界，令本署卫队和宪兵营协同防卫总督衙署，并派亲信爪牙四出侦察和捕拿革命党人；一面下令收缴福建新军第十镇的弹药，每名士兵只配发子弹四五颗，其余全部储存军械局；另外还由满族举人文楷把旗人组织起来，成立杀汉团，妄图作最后挣扎。

与此同时，福建革命党人从各方面加紧进行起义的准备工作。革命党人的计划主要是策动新军福建第十镇举兵起义，响应武昌首义。福建第十镇统制孙道仁初甚犹豫，惟军队已全部加入难命，不得不顺从。11 月上旬，革命党人在闽江下游魁岐江面一艘英商乾记洋行的游艇上，举行了一次重要的会议，商讨起义具体步骤。参加者有林斯琛、黄乃裳、彭寿松、程拱宸、孙道仁、许崇智等人，讨论的问题包括革命军和学生炸弹队部署问题及军队薪饷问题。讨论基本上取得一致意见。会后，分头进行发动。①

11 月 8 日，孙道仁发出起义密令：（1）令二十军协统许崇智为前敌总指挥；（2）以福州于山为总攻阵地，前敌总指挥部设在于山观音阁，旗界除东门外，汤门以南环绕旗汛口、大王府、庆城寺、鳌峰坊、观巷等处与旗界交接各街道地带，都分布进攻和堵截部队；（3）由桥南总机关部密报各社团、联甲等于本晚严守栅门，9 时以后无口令不得犯夜。起义兵力以陆军第十镇驻福州部队为主，还有非正式起义队伍协同作战。

---

① 参见中国人民政治协商会议福建省委员会文史资料编辑室编《福建文史资料》第 6 辑，福建人民出版社 1981 年版，第 100、101 页。

傍晚，许崇智率部占领于山，设置炮兵阵地。彭寿松也率领炸弹队、先锋队相继到达于山总攻阵地。

11 月 9 日拂晓，于山起义军发炮轰击水部水关闸和福州将军衙署，打响了光复福建的战斗。据守在公立法政学堂宿舍内的清军，向于山起义军炮兵阵地射击，杀伤起义军 10 多人。起义军以炮火还击，清军仓皇逃窜。与此同时，清军和文楷领导的杀汉团也向起义军阵地进攻。“杀汉团”从吕祖宫冲至八十一阶，集中于安奶庙；清军则从太平街山麓白塔寺爬山而上，以图配合杀汉团夺取起义军的炮兵阵地。他们都遭到于山上起义军、炸弹队和义勇队的痛击，死伤无数，狼狈溃逃。闽浙总督松寿在战斗激烈进行时，吞金自尽。福州将军朴寿被俘，囚禁在于山大士殿客房，后被击毙于九曲亭边。战斗持续至上午 11 时许，清军已无斗志，挂出白旗投降。下午 2 时，起义军前敌总指挥许崇智接受八旗队官吴振翔的投降，命令清军出水部门至南校场集中缴械，每人发银圆 1 元遣资回家。当晚，设在桥南的同盟会福建支会总机关部以福建军政府名义，发出安民布告，省垣福州宣告光复。①

11 月 13 日，在总督署大堂举行福建军政府成立典礼，郑祖荫代表福建同盟会授予孙道仁“中华军政府闽都督之印”。都督府内设参事委员会管理民政，以彭寿松、郑祖荫、林斯琛、刘通、黄光弼、李恢、陈承泽、宋渊源、陈景松、林晓 10 人为参事员，彭寿松为会长，陈承泽为秘书，下设民政、财政、外交、军务、司法等部。参事委员会后改为政务院，各部改为局。

省垣福州光复后，全省各地闻风响应，纷纷宣布独立或反正。

厦门是东南沿海对外通商口岸，革命党人在那里十分活跃。厦门同盟会骨干得知福州光复消息后，立即举行秘密会议，决定举行起义。11 月 15 日，张海珊、邱汝明率领起义民众，分别向道台衙门和警察署进攻。厦门道台庆蕃已闻讯先行乘船逃走，革命军随即占领道署、警署。

① 参见中国人民政治协商会议福建省委员会文史资料编辑室编《福建文史资料》第 6 辑，福建人民出版社 1981 年版，第 75、76 页。

翌日，驻湖里山炮台管带和全体士兵宣布服从革命，厦门旋告光复。张海珊被推举为厦门分府统制，并电省请派军政用人。孙道仁复电“取消分府，改为道制，委任原鸿逵为道尹”，并于11月28日到厦视事，指导成立厦门参事会，延聘同盟会、教育会、商会等社团代表性人士黄廷元、陈天恩、陈子挺等13人为参事员，李禧、孙印川为秘书。[①]

省垣福州光复时，漳州镇总兵马金叙还在北京，汀漳龙道台何成浩也已逃遁，整个漳州府城已是“万木无声待雨来”的局面。革命党人陈兆龙、朱润卿、林者仁、王兆培等密商起义，哥老会首领张仪也准备起事，苏郁文（眇公）、邱曾三等也由厦到漳，共谋光复。11月10日晚，朱润卿等率众携带铁烟罐伪称炸弹，胁逼狱吏开监尽释囚犯。11月11日，张仪率众至道台衙门收缴清军枪械，在明伦堂升起同盟会旗帜，宣布漳州光复。翌日，林者仁以“临时办事处”名义分电上海、福州等军政府，宣告漳州独立，请派员到漳州安民。11月23日，闽都督孙道仁委任刘蔚率部到漳料理军事，陈培锟为汀漳龙道尹，管理地方行政事宜，并派安抚使蔡凤机到漳，派安抚员赴所属各县进行安抚工作。[②]

11月18日，远在闽西的汀州同盟会员刘家驹、丁仰皋等人闻福州光复，密与巡营管带刘光汉共谋响应。汀州镇总兵崧煜闻讯星夜潜逃，知府来秀吞鸦片膏自杀。11月21日，汀州府宣告独立，公推管带刘光汉、游击易福元为革命军正副司令，知县包谦仍供原职，郑蔚然、康谦等成立自治会。[③]

在泉州府，泉州知府元善、知县逢年、巡营管带唐万胜，讯闻福州光复，即通电反正，并请闽都督孙道仁派兵维持地方秩序。孙道仁复电称：“已派军队，由参事员宋渊源，带往下游各地安民；并电令泉州商团

---

① 参见中国人民政治协商会议福建省委员会文史资料编辑室编《福建文史资料》第6辑，福建人民出版社1981年版，第115、117页。

② 参见中国人民政治协商会议福建省委员会文史资料编辑室编《福建文史资料》第6辑，福建人民出版社1981年版，第122页。

③ 参见《长汀县志》卷二，第30、31页。

协力巡防，以维地方秩序”①。兴化府城莆田临近省垣，福州光复，孙道仁即令革命党人林师肇偕同旅省参战的莆籍人士赶赴莆田，与驻兴化新军第三十九标二营管带万国发商议光复兴化。11 月 9 日，兴化知府韩万朴、知县刘万均都表示服从革命。11 月 12 日，管带万国发在岩山宣布兴化光复。

福州光复后，孙道仁委派庄超然为福宁府（今霞浦县）宣抚队队长，率洋枪队、炸弹队队员前往所属五县宣传革命，抚慰百姓。宣抚队到达宁德三都澳时，福宁知府即闻风而逃。庄超然率队到达府城，福宁镇总兵率民众数千人，带着印绶出城迎接。12 月，闽都督孙道仁正式委任军官胡桂高接知府篆，咨议局公推王邦怀任本邑知事，人心始定。福建其他各府如延平（今南平市）、建宁（今建瓯市）、邵武三府，都是地方官吏宣布反正后，再由都督府派员前往维持秩序。

从武昌起义胜利到省垣福州光复，革命潮流在福建已是大势所趋。各地地主士绅、立宪派分子纷纷投附革命，清朝地方官吏不是闻风而逃，就是归顺革命。因此，不及一月，福建全境均告光复。但是，这并不等于资产阶级的民主革命真正取得胜利。一些地方的光复，虽由革命党人所发动而取得胜利，但他们并没有认识到掌握政权的重要性，轻易地把革命政权无条件奉送给投机分子；而更多的地方政权则一开始就被清朝官吏和地主豪绅所窃取。因此，福建光复后的情况与全国一样，一切投机革命的封建官僚、豪绅地主四出钻营，拉拢关系，冒充革命，窃取一切所能获得的权力和辛亥革命的果实。而资产阶级由于其自身的软弱，终于未能成就打倒帝国主义和封建主义的大业。帝国主义和封建主义在福建的社会基础实际上并没有受到触动。正如毛泽东指出：“辛亥革命把皇帝赶跑，这不是胜利了吗？说它失败，是说辛亥革命只把一个皇帝赶跑，中国仍旧在帝国主义和封建主义的压迫之下，反帝反封建的革命任

① 福建私立光复中学编辑委员会编《福建辛亥光复史料》，建国出版社 1940 年版，第 74 页。

务并没有完成。”[①]

二　辛亥革命失败与北洋军阀统治福建

福建光复后，一些立宪派分子和旧官僚摇身一变，投附革命，窃取了革命胜利果实。而革命党人在清朝统治垮台后，却以为革命已经成功，这就丧失了革命的目标和斗争方向。有的竟联合或依附于立宪派分子和旧官僚，以谋个人的权位。革命同反革命的斗争和革命队伍中种种矛盾纠缠在一起，全国和福建政局呈现出错综复杂的情势。

1911年12月25日，孙中山由美回国，被举为中华民国临时大总统。但是，袁世凯在帝国主义支持下，凭借北洋军软硬兼施，压迫革命党人交出政权。孙中山在民主共和原则立场上毫不退让，主张用武力作出回答。1912年1月11日，他宣布自任北伐军总指挥，并制定六路进军计划，下令出师北伐。福建第十四师师长许崇智率所部北伐，前锋到达山东烟台。同时，福建人民响应孙中山号召，组织福建学生北伐军，集中400多人，编成一个大队，由临时政府陆军部长黄兴委派吴挺（挺生）为总队长。福建学生北伐军经过整编，共300余人，于1912年1月18日从马尾乘船前往上海，待命北伐。[②]

当时由于革命队伍里妥协思想已占优势，孙中山在国内外压力下被迫对袁世凯妥协退让。袁世凯得到革命党人保证后，迫使清帝溥仪于1912年2月12日退位。4月1日，孙中山正式宣告解除临时大总统职务，把政权交给袁世凯。次日，临时参议院通过决议，中华民国临时政府从南京迁往北京。福建是革命党人在南方控制的几个省份之一，孙中山离职后，于1912年4月21日到达福州，与福建同盟会诸同志畅谈，为桥南公益社亲书“独立厅”三字，为旅闽广东同乡会书匾“戮力同心”，还在福建各界人士欢迎大会上作了题为《兴船政以扩充海军》的讲

① 《青年运动的方向》，《毛泽东选集》第2卷，人民出版社1991年版，第564页。

② 参见中国人民政治协商会议福建省委员会文史资料编辑室编《福建文史资料》第6辑，福建人民出版社1981年版。

演，指出："'恢复中华，建立民国'，但这不过是革命事业的开始，要如何巩固民国基础，如何解决民生问题，都必须靠同志们加倍努力，才能达到革命的目的"[①]。孙中山的亲切教诲，鼓舞了福建人民的革命信心。

但是，辛亥革命后，福建的政权落在旧官僚和立宪派分子手中。福建政务院长彭寿松居功自傲，专权恣肆，与都督孙道仁发生矛盾，引起政局动荡。在制定《福建临时议会章程》时，彭寿松要求设外省旅闽人士特定议员专额，遭本省各界人士反对。当时，蒋筠系同盟会员、法政学堂教员兼观我小学校长，黄家宸是警醒社社员，主办《民心报》，极力反对特定议员专额，乃触彭怒。彭寿松密遣暗杀队于 4 月 29 日刺杀蒋筠，5 月 29 日又刺杀黄家宸，时称"蒋黄惨案"，轰动省内外。《群报》主笔苏眇公主持正义，对彭寿松攻击尤烈。彭又蛮横封闭该报，逮捕苏眇公，更引起了京沪新闻界不平。因而，京沪闽籍同乡非逐去彭寿松不可。[②]

袁世凯趁机争取和笼络孙道仁，于 1912 年 7 月 12 日正式任命孙道仁为福建都督[③]；9 月，派遣岑春煊以镇抚名义率军来闽迫逐彭寿松。岑春煊入闽，遭革命党人黄光弼、黄展云等和各界人士的反对。岑春煊率军抵马江，遣人谕彭寿松离闽。彭寿松虽欲抵抗，但能为他效力者所余无几，加上福州各界人士担心他的抗拒引起地方糜烂，建议福州商会筹款 10 万元赆之，彭寿松乃离闽去香港。不久，袁世凯任命张元奇为福建民政长。自此，北洋军阀势力开始侵入福建。

1912 年 8 月，在宋教仁等的积极倡议下，同盟会改组为国民党，以求发展组织，在即将成立的国会中占领多数议席制约袁世凯。1913 年 3 月 20 日，袁世凯主使特务武士英在上海枪杀宋教仁。接着，袁世凯不惜

---

① 参见中国人民政治协商会议福建省委员会文史资料编辑室编《福建文史资料》第 6 辑，福建人民出版社 1981 年版，第 1 页。

② 参见中国人民政治协商会议福建省委员会文史资料编辑室编《福建文史资料》第 6 辑，福建人民出版社 1981 年版，第 79、80 页。

③ 参见刘绍唐主编《民国大事日志》第 1 册，台湾传记文学出版社 1978 年版，第 19 页。

出卖国家权益，于 4 月 26 日以盐税和海关税担保，与英、法、德、日、俄五国银行团签订了 2500 万英镑的“善后”大借款协定，用以补充北洋军队，镇压革命。这样，袁世凯的反革命面目暴露无遗。6 月间，袁世凯悍然下令将江西都督李烈钧、广东都督胡汉民、安徽都督柏文蔚等国民党人免职，并派兵南下进攻革命党人。在北洋军阀的进攻威胁面前，南方各省国民党人不得不仓促应战。7 月 12 日，李烈钧等在江西湖口宣布独立，举兵讨袁，“二次革命”由此爆发。

福建革命党人响应孙中山“二次革命”的号召，加入讨袁斗争。福建第十四师师长许崇智和郑祖荫、刘通、黄展云等动员各界人士逼迫孙道仁在 7 月 19 日宣布福建独立，举兵讨袁。但是这份通电的措辞很是勉强：“袁氏派兵迫赣，赣省既已率先，吾闽岂容后义，特合各界公议，即日与北京政府断绝关系。”① 各界人士推举许崇智为福建讨袁军总司令，发布讨袁檄文。但都督孙道仁首鼠两端，借口饷械两缺，强调保境安民，不让出兵援赣。许崇智无可奈何，只能发出两封电报，把袁世凯、段祺瑞痛骂一番。

战争开始后，南方各省讨袁军缺乏统一指挥，在袁世凯军队的进攻下，形势急转直下。南方独立各省先后被北洋军攻陷，原已动摇的孙道仁此时态度更加暧昧。8 月 8 日，许崇智被迫乘船离福州亡命日本。8 月 9 日，孙道仁通电宣布取消独立，电文不仅对袁世凯极尽阿谀，并且以被迫为借口向袁请罪，请求原谅。同时，孙道仁立刻按照袁世凯命令，拘押革命党人郑祖荫、刘通、黄展云等，并将到都督府请愿要求福建独立的警界代表王兰、游琨杀害，向袁世凯表示归附诚意。至此，“二次革命”在福建仅 20 天就告失败。“二次革命”是以孙中山为首的革命党人为了从袁世凯手中夺回辛亥革命果实所进行的一次武装斗争。这次斗争的失败，标志着辛亥革命的最后失败。

袁世凯镇压了革命党人发动的“二次革命”后，即将北洋势力伸张

---

① 中国人民政治协商会议福建省委员会文史资料编辑室编《福建文史资料》（选辑）第 1 辑，1962 年内部版，第 107 页。

到南方诸省。1913年11月，袁世凯委派刘冠雄为闽浙巡阅使，率领袁的嫡系部队第四师第七旅李厚基部，从上海乘船进驻福建，以“编遣”为名将陆军第十四师的湘籍官兵遣散，委任李厚基为福建镇守使，杜持(陆军第十四师整编后的师长）为副镇守使。1914年7月袁世凯委任李厚基为福建护军使，督理福建军务；委任许世英为巡按使，会办福建军务。从此开始，福建成了北洋系军阀的地盘。

李厚基是袁世凯、段祺瑞的心腹，是北洋军阀统治福建的第一个代表人物，在福建期间极力压制资产阶级民主主义思想，狂热地鼓吹复古思潮。1914年5月，袁世凯废除《中华民国临时约法》，颁布新的《中华民国约法》，把自己变成终身大总统。1915年5月，袁世凯又接受日本提出的旨在灭亡中国的“二十一条”，投靠帝国主义。接着，袁世凯又连续发布了一连串鼓吹尊孔读经的命令和条例，演出了“洪宪帝制”的丑剧。李厚基对袁世凯开历史倒车的活动都予以大力支持，积极拥戴“洪宪皇帝”，受到袁世凯的青睐。1915年12月21日，袁世凯登基时敕封李厚基为一等子爵；1916年3月21日，袁世凯又擢升李厚基为建武将军，督理福建军务；4月10日，巡按使许世英被挤走，李厚基又兼署福建巡按使。①

“二次革命”失败后，孙中山等革命党人为了维护民主制度、反对北洋军阀专制独裁、反对复辟帝制，展开了不懈的斗争。1914年7月，孙中山在日本召集国民党员组成中华革命党，继续进行反袁斗争。1914年底，孙中山派旅菲华侨叶青眼为中华革命党福建支部负责人。叶青眼到香港后，与廖仲恺一起研究了在福建组织中华革命党的具体事项。不久，叶青眼抵达厦门，与丘廑兢、庄育才、许春草、郑汉其等20多人，在鼓浪屿鹿耳礁正式组建中华革命党福建支部。同时，派王泉笙到泉州，陈亮到漳州，陈廷香到同安，庄育才到灌口，许卓然到福州，余雨生到闽北等地建立中华革命党组织。他们一方面以宣传反对“二十一条”为中

① 参见刘绍唐主编《民国大事日志》第1册，台湾传记文学出版社1978年版，第69页。

心，抵制日本帝国主义的侵略；另一方面着重在北洋军队中搞策反，以及组织反袁武装队伍，开展讨袁斗争。①

护国战争爆发后，福建革命党人也在全省各地组织反袁武装斗争。但是福建革命党人未能组成统一的指挥机构，军事力量也很单薄。他们多凭一时的勇气在各地实行分散的武装袭击，因而多以失败而告终。1916 年 5 月 25 日，革命党人在连江县宣布独立，高举讨袁旗帜，旋被李厚基摧残而失败。② 6 月 1 日，庄育才、潘节文在同安灌口率“讨逆军”180 余人攻打同安县城不克，两人俱阵亡，队伍散失。③ 吴瑞玉在南安县农村组织义师，称福建护国军第一路司令，准备攻打泉州，遭受北洋军队袭击，被捕牺牲。王泉笙在泉州、余雨生在闽北，分头策动北洋军队开展反袁斗争，事泄被杀。许卓然在黄巢山（安溪、同安、南安三县接合部）组织反袁武装。刘冠雄率北洋军队臧致平旅抵厦门，又将这一斗争扼杀，此后，革命党人纷纷逃亡海外，反袁斗争也很快消失。

历史的潮流是不可抗拒的，袁世凯仅仅当了 83 天的短命皇帝，就在“护国运动”的熊熊烈火和亿万人民的唾骂声中结束了他可耻的一生。“中华帝国”如昙花一现，被扫进了历史垃圾堆。

袁世凯死后，帝国主义为了争夺中国，各自扶植一部分军阀充当自己的代理人。美国支持非北洋系出身的黎元洪继任总统，日本则支持皖系军阀头子段祺瑞充当国务总理，掌握北京政府的实权。黎、段上台不久，他们之间就以不同的国际势力为背景，争权夺利，演出了“（总统）府（国务）院之争”的闹剧。

在“府院之争”中，李厚基积极参与“拥段倒黎”活动，因而得到北洋军阀皖系头子段祺瑞的垂青，被任命为福建督军。但是当段祺瑞失势，李厚基又先后投靠黎元洪和张勋，支持张勋复辟。1917 年 7 月 1 日，

---

① 参见戴炎荃：《闽南人民反对袁世凯称帝斗争》（1961 年 7 月 16 日），存中共福建省委党校。

② 参见刘绍唐主编《民国大事日志》第 1 册，台湾传记文学出版社 1978 年版，第 74 页。

③ 参见《同安县志·大事记》卷三。

张勋等拥戴清废帝溥仪复辟。李厚基被封福建巡抚。李厚基受宠若惊，设香案拜北称臣，电奏谢恩。然而，朝秦暮楚的李厚基在7月4日获悉段祺瑞在马厂誓师讨逆，立即又转变态度，通电各省大骂张勋，表示坚决反对复辟，“誓死拥护共和”。[①] 由于李厚基唯段祺瑞马首是瞻，段祺瑞再度控制北京政府后，即于1917年7月18日任李厚基兼福建省省长。这样，李厚基成了集福建军政大权于一身的独裁者。

北洋军阀各派系的纷争，不断践踏着革命成果。孙中山在1917年夏发起“护法运动”，于8月25日至9月1日在广州召开国会非常会议。会议选举孙中山为大元帅，唐继尧、陆荣廷为元帅，建立了一个反对北方段祺瑞卖国反动政权的中华民国军政府，从此开始了南北两政府对立的局面。在南北战争中，李厚基充当段祺瑞政府援粤战争的马前卒。1917年10月23日，段祺瑞收买广东潮梅镇守使莫擎宇进攻惠州。李厚基发电支持莫擎宇，并电令厦门镇守使臧致平率部进援，把福建推入全国性军阀混战中去。11月17日，南方军政府在梧州举行联席会议，解决内部矛盾，以反对段祺瑞的武力统一政策。会上桂系要求革命党人出兵福建，开辟第二战场，以牵制北方的兵力。会议公推程璧光为援闽陆海联军总司令，林葆怿为援闽海军总司令，陈炯明为援闽粤军总司令，方声涛为援闽滇军总司令，共同进攻福建。

1918年5月，援闽粤军总司令陈炯明下令向福建进攻，17日占闽西武平，20日占峰市，30日占永定，31日占长汀，至6月1日，完全攻占闽西汀属各县。6月间，粤军又占领了龙岩、龙溪、尤溪等县。臧致平部被迫从诏安向同安撤退，李厚基迭向北京政府告急求援。

6月22日，北京政府以李厚基为闽浙援粤军总司令，童葆暄为副司令，令率所部速攻潮汕以挽回局势。7月下旬，浙军童葆暄部在闽粤边境发动了一次猛烈反攻，击退了进入闽西南的粤军，并乘胜攻占大埔、饶平等县，进逼潮汕。南方军政府为了瓦解浙军的进攻，密遣前浙江督

① 参见中国人民政治协商会议福建省委员会文史资料研究委员会编《福建文史资料》第9辑，1985年版，第10、11页。

军吕公望潜至诏安浙军阵地，劝说童葆暄部第一支队司令陈肇英倒戈。援闽粤军乘机反攻，从 8 月上旬至 9 月初，先后占领了汀漳道所属各县，以及永春、大田、德化、安溪和仙游、永泰、闽清等县，进逼福州。援闽滇军方声涛部也占领诏安、东山等县。

段祺瑞接到福州危急报告，急令驻闽海军派舰协助李厚基，又在 9 月 17 日任命萨镇冰为清乡督办，并调正在洛阳训练的参战军第二十四混成旅（旅长王永泉）援闽。[①] 10 月中旬，王永泉旅分别到达闽北、福州。

这时，南方桂系和北方直系中的主和派，就双方罢兵息争、分别对付粤系和皖系取得默契。北京政府新任大总统徐世昌解除了主战派首领段祺瑞的国务总理职务，各省和平运动高涨起来。李厚基在战争中丧师失地和地位动摇，被迫在和战之间作出抉择。在萨镇冰的促进下，李厚基与陈炯明各派代表秘密谈判，初步达成从 1918 年 11 月 1 日起双方停战的协议。11 月中旬，李厚基派代表出席徐世昌召集的各省督军会议，表示“服从总统”，赞成和平统一。12 月 6 日，在各方推动下，李厚基与陈炯明达成签订停战协议。从此，陈炯明在所占 20 多县内，建立起“闽南护法区”。[②]

在护法运动中，福建国民党人方声涛、张贞、宋渊源、黄展云等人纷起响应，在粤军陈炯明入闽与李厚基北洋军队战斗期间，他们在各地或招揽民军，或策反北洋军队，自称“护法”“靖国”等军，反对李厚基的统治。1918 年 3 月 4 日，福建“靖国军”2000 余人占领将乐县；6 月 26 日，北洋军驻德化县营长朱得才和晋江县营长陶质彬宣告独立，与粤军联合，推陶质彬为闽西“护法军”总司令。[③] 他们与粤军陈炯明部所建立的“闽南护法区”相配合，对李厚基进行斗争。但是也应当看到，

---

① 参见刘绍唐主编《民国大事日志》第 1 册，台湾传记文学出版社 1978 年版，第 125 页。

② 参见中国人民政治协商会议福建省委员会文史资料研究委员会编《福建文史资料》第 9 辑，1985 年版，第 16 页。

③ 参见刘绍唐主编《民国大事日志》第 1 册，台湾传记文学出版社 1978 年版，第 110、119 页。

在反对北洋军阀的旗号下面，一些地方豪绅或实力人物乘时而起，发展私人势力，给社会造成祸害。这就是在军阀混战连年不断的特殊条件下，八闽大地上“民军”的蜂起。所谓“民军”实是聚集的土匪。他们山头林立，内部不和，唯盘踞城邑村落以争食而已。这些“民军”在形势不利时，大部分为北洋军阀所收编，演变为割据各地的小军阀。“民军”与北洋军阀之间、“民军”与“民军”之间的争斗，给各地人民造成深重的灾难。

福建革命党人在“护国”“护法”运动中的活动，基本上局限于上层人士之间，或组织爆破、暗杀、策反等，完全脱离了广大群众。而这些上层人士往往利用革命斗争以谋私利。所以，福建革命党人的种种活动，不仅没有取得积极成果，反而在全省各地造成许多小军阀，助长了大、小军阀间的争斗。

辛亥革命之后，北洋军阀势力逐渐深入福建进而控制了全省政权，显示福建以及南方军政府领导下的国民党人在军事政治方面的实力仍然十分软弱。福建革命党人虽然积极投入于旨在推翻北洋军阀统治的二次革命、护国战争和护法运动等斗争，以孙中山为代表的南方军政府的势力也曾一度控制闽西南地区，但最终因为北洋军阀集团的暂时强大和南方革命营垒内部的种种矛盾，福建的政治局面终于不能摆脱以李厚基为代表的北洋军阀的控制。1920 年 7 月，直皖战争爆发，曾经表示支持孙中山的桂系军阀与直系相联络，向闽西南粤军大举进攻。8 月 12 日，陈炯明奉孙中山之命回师讨伐桂系。李厚基乘虚而入，重新占领闽西南各县，恢复了对福建全省的统治。

第二编　五四运动与国民革命时期

（1919 年—1927 年 7 月）

第三章　五四运动和中国共产党福建地方组织的建立

第一节　五四爱国运动在福建

一　响应北京学生的爱国斗争

1919年，北京爆发了反帝反封建的五四运动。消息传到福建，全省各地青年学生纷起响应。福州中等以上学校的学生李述圣（私立协和大学），章于天（省立福州二中），毛一丰（私立法政学校），谢翔高（华侨中学），王赓年、陈锋（福州师范学校），方日中（公立法政学校）等出面联络，在公立法政学校开会，议决5月7日举行游行。7日早晨，2000多名学生齐集南校场（今五一广场）开会。会后每人拿着写有“惩办卖国贼”“释放北京被捕学生”“废除二十一条”“拒绝和约签字”“抵制日货”等标语的小旗举行示威游行，队伍阵容严整。他们往督军署请愿时，李厚基只得派人接见，允向北京政府转陈。①

翌日，旅京全闽学生会致电福建商、学、农各界及全省机关团体，呼吁团结一致力争山东问题的圆满解决。5月11日，福建省议会致电北京政府，要求体察舆情，严饬出席巴黎和会的中国代表不要签字。② 5月

① 参见中国人民政治协商会议福建省福州市委员会文史资料工作委员会编《福州文史资料选辑》第2辑，1983年版，第20页。

② 参见黄国荡：《福建革命史大事记（五四时期和第一次国内革命战争）》，《党史资料与研究》1983年第8期。

中旬，福州中等以上学校学生代表在吉庇巷谢氏祠开会，正式成立福州学生联合会（后改为福建学生联合会），以领导学生爱国运动。① 不久北京政府拒绝惩办亲日派曹汝霖、章宗祥、陆宗舆三个卖国贼，以及北京大学闽籍学生郭钦光在五四运动中被捕殴伤致死的消息传到福州，福州学生万分愤慨。为了抗议北京政府的卖国行径及其镇压爱国学生的暴行，福州学生联合会决定于 5 月 24 日在西湖公园召开郭钦光烈士追悼大会，会后再次举行游行示威。

李厚基获知这一消息，立刻召集各校校长开会，施加压力，妄图破坏学生的爱国行动。各校长以“群情汹涌，若强迫反多未便”，予以拒绝。爱国学生不顾北洋军阀的刁难与阻挠，仍按原计划行动。② 24 日晨，李厚基派大批军警分赴各校监视、“保护”，通往西湖的道路也戒备森严。但学生们抱定“身可死，会不可不开”的决心，冲破重重阻挠，向西湖公园进发。他们冲破军警手持枪棍的警戒线，进入西湖开化寺前举行追悼大会。各界事先送来的挽联，叠积如山，表达了对于帝国主义、封建主义的愤恨，对于爱国志士壮烈捐躯的崇敬与哀悼。大会宣读祭文时，会场内哭声不绝，气氛极为悲壮肃穆。

会后，42 所学校共 8000 多人，分为 32 队，举行声势浩大的示威游行。游行者身穿白色制服，头戴白色帽子，手举写着“打倒日本帝国主义”“保卫国土，还我青岛”“为郭钦光报仇”的小旗，一路上慷慨激昂，高呼口号，浩浩荡荡向仓前山各国领事馆进发。街道两旁妇女、老人夹道声援，有些商店下半旗为郭钦光致哀。“各小学校学生，年龄过稚，不能随行者，则列队道旁，鸣爆欢迎，八闽气象为之一壮。”③

厦门爱国学生也闻风而起。5 月 15 日，英华书院、省立第十三中学、

---

① 参见黄国荡：《福建革命史大事记（五四时期和第一次国内革命战争）》，《党史资料与研究》1983 年第 8 期。

② 参见龚振黄编《青岛潮》第七章，《各省学生奋起》，上海泰东图书局 1919 年 8 月 10 日出版。

③ 龚振黄编《青岛潮》第七章，《各省学生奋起》，上海泰东图书局 1919 年 8 月 10 日出版。

浔源中学、美华书院、崇实学校、鸣麓学校、桃源学校和同文书院的学生，分别在校内举行反帝爱国集会，进行宣传鼓动。同文书院500多学生集会，一致痛斥曹、章、陆等卖国贼、坚决要求收回青岛。翌日下午，厦门和鼓浪屿各中、小学校，以及孔学学堂、福民私塾的学生4000多人举行示威游行。队伍从同文书院集合出发、沿途分发传单宣言，高呼"还我青岛""唤醒国魂，急起救国""严惩卖国贼"等口号，向帝国主义者示威。队伍路过日本"三井洋行"时，反帝口号震撼大地，愤怒的民众拿起石头对准洋行的窗户投去。

厦门学生的爱国行动，激发了各阶层人民长久以来蕴藏在心里的爱国热情。5月20日，厦门国民大会在同文书院召开，参加有学生、教师、商人、新闻界和爱国人士、市民等2万人。会上一致通过致北京政府电、致驻京各国公使馆电、致巴黎和会中国代表电、致国内外新闻界电等，表示斗争到底以求最后胜利的决心。同时还发出抵制日货，发动罢市的倡议。①

5月17日，漳州爱国学生运动继起。省立第八中学、省立第二师范学校和其他学校学生也举行示威游行。他们高举"抵制日货""还我青岛""宁可玉碎，不为瓦全"的旗帜，沿途高唱《国耻歌》，高呼"诛灭卖国贼"等口号，散发《哀求同胞一致对倭通告》。游行队伍从丹霞书院绕道南门到中山公园列队演说，听讲的群众有1万人左右。漳州商会在学生的鼓动下，召开紧急会议讨论抵制日货，议决：（1）电全国各商会一致抵制日货；（2）调查日货种类；（3）组织"储金救国团"。② 5月22日，漳州国民大会在中山公园召开，参加大会的有学生、教师、商人、农民及爱国士绅1万多人，会后再次游行。同时，开展储金救国运动，捐款2000多元，购买武器，准备为保卫祖国而战。③ 同时，泉州、莆田、

① 参见《申报》1919年5月30日。

② 参见龚振黄编《青岛潮》第10章《全国商界之崛起》，上海泰东图书局1919年8月10日出版。

③ 参见《申报》1919年9月5日。

长汀、福安、霞浦等县的学生也相继罢课、游行，展开抵制日货等活动。[①]

从5月7日至月底，全省各地青年学生走上街头，与全国青年学生一道形成了历史上空前规模的革命洪流。他们的先锋带头作用，唤醒了民众，推动了爱国运动的深入发展，给帝国主义和北洋军阀的统治以沉重打击。

但是，在帝国主义的强大压力下，北京政府对北京爱国学生运动采取镇压措施，于6月3日逮捕大批爱国学生。这一暴行又激起了全国人民的愤怒，不仅全国的学生沸腾起来，全国工人阶级也以高度的爱国热忱投入了战斗。当天，北京学生联合会向全国发出通电，沉痛地报告了北京爱国学生被捕的惨状。6月5日，上海工人阶级发动政治罢工，以声援北京学生的爱国行动。从此，五四运动进入了新的阶段，整个斗争形势也出现新局面，运动的中心由北京转移到了上海。

福建工人阶级同样以高度的政治觉悟与爱国主义精神，以前所未有的革命姿态投入这场爱国运动。6月初，厦门码头工人拒绝为日船卸货，以致“由香港装往厦门之货物、托日船运去者大为减少”[②]。6月6日，厦门所有商店一律闭门罢市。[③] 福州雨伞厂、火柴厂、酒精厂工人及海关、邮电、搬运、民船等各业工人也都相继举行罢工。[④] 从此开始，福建各地与全国一样，形成有无产阶级、小资产阶级和民族资产阶级参加的广泛的爱国运动，展开了以抵制日货为中心的反帝爱国斗争。爱国学生组织了“五人团”“十人团”，以及“日货调查组”“国货调查会”等，深入各商店宣传，诚恳劝导商店不售日货，贩卖国货。至6月中旬，除日籍商店外，绝大多数商贩都表示不再销售日货。日益高涨的五四爱国

---

① 参见龚振黄编《青岛潮》第12章，《各地区国民大会》。

② 黄国荡：《福建革命史大事记（五四时期和第一次国内革命战争）》，《党史资料与研究》1983年第8期。

③ 参见《时报》1919年6月11日。

④ 参见《福建青年报》1959年4月30日。

运动，引起了日本帝国主义和北洋军阀的恐惧。日本驻闽领事馆指使日本警察和台湾浪人四出活动，百般阻挠爱国学生检查日货和街头宣传活动。李厚基在日本帝国主义压力下，下令禁止学生开会和街头宣传，加强新闻检查，查禁反日言论。然而，广大人民群众不怕军阀镇压，反抗情绪反而更加高涨。

6 月间，福州爱国学生抵制日货甚烈，引起反动奸商的粗暴干涉，因而发生了奸商黄瞻鸿、黄瞻鳌勾结北洋军阀李厚基镇压爱国运动的“黄案”事件。黄瞻鸿是福州商会会长，与其兄黄瞻鳌在南台上杭街开恒盛布店，其侄儿黄如璧是日商铃木洋行的买办。他们利令智昏勾结李厚基的卫队团长王献臣、警察厅长俞绍瀛，大量囤积、倾销日货，猖狂破坏爱国运动。黄氏兄弟的卑鄙行为被《求是报》《时报》《健报》等揭发，激起了爱国民众的愤怒。6 月 14 日下午，各校爱国学生代表赴商会，要求黄瞻鸿立即调查日货，并将日货寄存三山布帮，暂不发售。黄瞻鸿始则拒绝，随后又表面上答应，请学联会国货调查部派代表往其商店检查货品，暗中却通知商店纠集保镖和打手。当晚学生代表到店检查，被打手横加殴打。学生代表中 3 人重伤，3 人失踪，蚕业学校工友吕六六为营救学生被殴重伤毙命。然而，黄瞻鸿却向警察厅和卫队团电话报告，有“土匪 10 余人至其家抢劫”。俞绍瀛、王献臣立刻亲率军警数百人赶来镇压，又捕去无辜群众 5 人。①

6 月 15 日上午，福州学联会组织数千名学生向地方检察厅控告黄瞻鸿、黄瞻鳌的罪行，要求依法逮捕黄氏兄弟从严惩办，并向省议会、地方法院请愿。议会、法院害怕李厚基的淫威，不敢答应学生要求。数千学生为表示爱国决心在省法院、检察厅静坐示威。同日，福州民众对黄瞻鸿的倒行逆施异常愤慨，各商店一律罢市，声援爱国学生的斗争。6 月 16 日，李厚基效法北京政府的镇压手段，下令军警分途包围请愿学生，拘于省立第一中学和工业学校内，并继续逮捕学生代表 4 人和群众

---

① 参见中国人民政治协商会议福建省福州市委员会文史资料工作委员会编《福州文史资料选辑》第 2 辑，1983 年版，第 22 页。

15 人，进而颁发布告，颠倒黑白，诬指爱国学生为乱党土匪。同时，下令封闭《全闽学生日刊》社。17 日，复派军警强迫开市，打死商人 1 人，更加激起群众的愤怒，斗争的火焰猛烈地燃遍省内外。

全省各地函电交驰，声援福州民众的斗争。延平、建瓯、漳州、泉州、莆田、厦门等地爱国学生先后罢课，商人也相率罢市，以为支持。

福建军阀当局镇压爱国学生的暴行激起了全国人民的愤慨。全国学生联合会决定派交涉员至上海，与各商会和各团体接洽，并联络驻沪福建同乡会等一致声援福州学生，各地报刊也强烈谴责李厚基的反动行为。此外，福建善后协会，福建旅宁、旅沪、旅京、旅粤等同乡会，都纷纷致电福建省议会，要求“转请督军拘凶犯，释放被拘市民”①。

北京政府在福建省内外爱国团体和舆论的强大压力下，终于被迫电令李厚基释放被捕的学生和民众；福州地方法院也被迫拘捕祸首黄瞻鸿、黄瞻鳌到案。后来，黄氏兄弟虽被法院释放，但慑于民愤逃往上海，福州商会改选郑守馨为会长。

这场斗争，显示了福建人民反对帝国主义和封建军阀的决心和力量，福建工人阶级和各界民众在斗争中获得了锻炼，增强了团结和斗争的信心。此后，福建的反帝爱国斗争主要围绕着抵制日货、倡导国货而蓬勃展开。一个时期内，厦门日籍商人开设的商店无人问津，一贯经营日货的商店，也响应爱国学生号召，拒绝买卖日货。漳州各商店均不愿代售日货，许多学生把以前买的日本草帽、洋伞当众撕毁于街头。莆田学生联合邀请商界代表 20 余人共商组织国货会，将在东关外所缴获的日货，齐集于射圃里焚毁。观者掌声如雷，个个称快。② 建瓯爱国学生也联合各阶层的爱国人士，将 2 艘船运来的日货，集中于通济门烧毁。③ 建阳爱国学生积极进行抵制日货运动，迫使日商敦贺直作所设立的南华公司

① 《晨报》1919 年 6 月 19 日、22 日。

② 参见《奋兴报》1919 年 7 月 25 日。

③ 参见《建瓯县志》卷十八。

倒闭。[1]

全省各地声势浩大的抵制日货运动，沉重打击了日本在福建的贸易和经济，日商在福建的生意顿减百分之七八十。日本驻华公使小幡不能不承认："闽人仇日最烈，屡焚日货，侨商损失甚巨。"[2] 尽管北洋政府多方压制，但仍然不能阻挡广大民众反帝爱国运动的革命洪流。

二　反对日本帝国主义制造的福州事件的斗争

19 世纪末期，日本帝国主义将福建划为其势力范围后，日本的台湾银行、新高银行在福州及厦门发行大量货币，日商深入内地开矿、办厂、经商，把福建的经济权逐渐操纵于日人之手。此外，日本先后派遣大批台湾浪人、日籍侨民在各地开烟馆（鸦片馆）、赌场、商业收押铺等非法营业，依借领事裁判权的庇护，为非作歹，肆意欺压福建人民。

五四爱国运动爆发以后，反帝浪潮席卷八闽，福建各地学生抵制日货的行动，得到了广大人民的同情与支持，给了日本侵略势力以沉重打击。但是，日本不甘于自己多年经营的势力在福建受到损害，极力寻找机会报复以维持其既得利益。1919 年 10 月 31 日夜，侨居福州的日本侨民以庆祝日本天皇寿辰为名，举行提灯游行。他们结伙窜入城区，沿途强迫人力车夫无偿为其效力，有的将巡警的帽子摘下戏弄，有的行凶殴打演爱国文明新剧的演员，更有甚者公然到督军署门前叫嚣跳唱，寻衅闹事，意在挑起中日双方冲突。媚外卖国的军阀政府忍辱退让，不敢制裁寻衅日侨。

11 月 11 日，日本驻闽总领事馆得寸进尺，进一步制造事端，蓄谋炮制所谓"日商瑞记洋行于午后 2 时向桥北搬运火柴两箱，经中洲时被学生押往大庙山焚烧"的假新闻，由日籍侨民分投福州各报馆。各报馆辨其诬而拒绝刊登，唯《求是报》失察真相而登载，旋经调查实无其事，即刊登更正。但是，日本领事强以为据，致函福建交涉署，无理要求处

① 参见《建阳县志》卷七。

② 《申报》1919 年 12 月 1 日。

罚学生、赔偿损失、确保今后不再抵制日货的三项保证，还威胁说，“现在福州之帝国臣民对于兹事盆（忿）怒已甚，将来倘遇学生等不法行为，两国人民激起冲突，不幸在路上见流血之重大事件发生，无非贵国官宪取缔排日团不充分，肇事学生等不法行为，本领事全然不负责任”①，为准备戕杀中国人民制造舆论。事实上，这时日本驻福州总领事馆早已组织好一支准备行凶的“敢死队”，由台湾银行福州分行拨款3000元作经费，规定倘有因此伤命者，除向中国官厅交涉赔偿外，并给1000元抚恤费，又令博爱医院预备绷带伤药等分给各人备用。“敢死队”队员还到大桥头等处旧货摊购买铁尺、小刀、木棍等凶器，伺机寻衅。

11月16日下午，日本驻闽总领事馆出动“敢死队”60人，由日本驻福州警察署长江口善海任总指挥，前往福州台江区大桥、坞尾、安乐桥等处，伺机启衅。5时半左右，青年会学校学生黄玉苍等5人路过，一部分日本“敢死队”突向他们和过路的群众行凶袭击，连劝阻的警察也横遭毒手。学生刘开祥腿部中弹骨折，郑孝谦、刘钟植挨刀棍受重伤，黄玉苍被打晕后，被抢去台伏币1000元，市民朱依才中弹不省人事，巡警史孝亮身中三弹，生命垂危。另一部分“敢死队”则闯入田垱（今中平路）顺记洋菜馆毁物打人，使该店损失3186元。中国警察虽奉命不许还击，但仍当场捕获江口善海等凶犯10名。当晚，日本驻闽总领事即派诘毛井正郎等5人到福州警察第四分署索回凶犯。11月17、18日两天，日本“敢死队”益发骄横，又继续在福州瀛州道、台江汛等地追击殴打各校学生，制造流血事端。

日本驻闽总领事馆一手导演流血事件后，又照会福建交涉署，反诬说：“本月十六日南台大桥头因贵国学生违法截夺邦商天田洋行运输中之货物（绢线及树乳球，价格银计一百七十元），致与邦人大起冲突，演出

---

① 福州《健报》馆编《台江事件》（前编），1919年12月，转引自黄国荡：《五四时期中国人民反帝爱国运动的光荣一幕——全国声援福州事件的斗争》，《党史资料与研究》1984年第3期。

流血之惨剧”[①]。福建交涉署立即复函驳斥，指出：“贵国人及贵国籍民竟无故发生十六日之重大案件。而贵总领事谓其原因乃天田洋行运输货物为学生强欲夺取所致。……大桥头一带通衢大道，众目昭彰，岂无局外一人之闻见。此固理之至明者。当日流血之事实……系贵国人及贵国藉（籍）民等预先排布持械行凶，演成流血为所不可掩之事实”[②]。与此同时，日本驻闽总领事急电日本政府要求派军舰到福建，扩大事态。日本政府随即派出“嵯峨”“桔丸”“樱丸”3艘军舰，于23日开抵福州。11月26日，日本海军陆战队公然在福州示威游行，充分暴露了日本侵略福建的狼子野心。这就是震惊中外的福州事件（也称台江事件）。

福州事件发生后，全省各阶层民众无不发指眦裂。11月17日，福州各校学生全体罢课，城台商店一律罢市抗议。同时，各界民众在省议会门前广场召开国民紧急大会，万余人到场，与会民众愤慨万分，一致表示要与日本帝国主义斗争到底。会上议决四项：“一、电请政府向日政府交涉撤换驻闽日领事；二、新领事来闽应向中国官厅道歉；三、死伤损害一切赔偿；四、此次滋事祸首及在场凶手被捕者应由中日司法官会审惩办”[③]。全省各地民众闻讯，群情激昂，连日罢课、集会，通电声援，抗议日本的侵略行径。

福州事件迅速激起全国人民的义愤，各省民众斗争情绪非常强烈，再次掀起全国反帝斗争的高潮。有的罢课游行，有的召开国民会议，有的集会请愿，有的焚毁日货，有的发表宣言，群情愤激，举国同心。全

---

① 福州《健报》馆编《台江事件》（前编），1919年12月，转引自黄国荡：《五四时期中国人民反帝爱国运动的光荣一幕——全国声援福州事件的斗争》，《党史资料与研究》1984年第3期。

② 福州《健报》馆编《台江事件》（前编），1919年12月，转引自黄国荡：《五四时期中国人民反帝爱国运动的光荣一幕——全国声援福州事件的斗争》，《党史资料与研究》1984年第3期。

③ 福州《健报》馆编《台江事件》（前编），1919年12月，转引自黄国荡：《五四时期中国人民反帝爱国运动的光荣一幕——全国声援福州事件的斗争》，《党史资料与研究》1984年第3期。

国各界联合会就福州事件通电全国，号召同胞一致奋起。各地随之函电交驰，大力声援福建人民在福州事件中的斗争，要求北京政府与日方作强硬交涉。

11月23日，上海召开国民会议，参加人数达3万余人，愤怒声讨日本帝国主义残杀福州民众的暴行。会上议决对日交涉八条：(1) 更换驻闽日领；(2) 由日本政府谢罪；(3) 慰恤死伤者；(4) 惩办犯罪日人；(5) 保证此后日商不得携带武器；(6) 惩罚驻闽日领署警察长；(7) 撤销日本领事裁判权；(8) 限日本军舰军队离闽。① 12月2日，上海75所学校学生五六万余人，为“闽案”在西门公共体育场集会，福建学生代表毛一丰被邀出席报告日人的暴行经过情形，全场高呼“打倒日本帝国主义”“力救福建同胞”，群情激愤。同日，上海学联会发出通告，自12月3日起各校停课4天，全体出发演讲，宣传反帝爱国。12月8日，上海工界有16个行业的工人代表在振华工厂召开大会，议决致电北京政府对日作严正交涉，表示“全体工人一致愿为国家后盾”。②

11月24日，天津学生1000余人游行演讲，并公举周恩来（因事托黄者勋代表）等5人为代表，往省长公署要求致电北京政府向日本严重交涉。12月20日，天津各界3万余人在南开中学广场举行国民大会，当场焚毁堆积如山的日货，全场高呼“力救福建”“坚决抵制日货”等口号，随后出发游行，沿途受到民众热烈支持。③

11月29日，北京学生在天安门广场集会并示威游行，参加的有北大、清华以及各中等以上学校34所，人数3万余人，各种旗帜上写着“血可流福州不可失”“日本须向我国谢罪”等，沿途高呼“力救福建”“宁死不屈”“抵制日货”等口号，散发传单100多种，共70余万张。12月7日，北京各界又在天安门召开有10万人参加的国民大会。会上通过

① 参见上海《民国日报》1919年11月25日。

② 参见上海《民国日报》1919年12月9日。

③ 参见中国人民政治协商会议福建省福州市委员会文史资料工作委员会编《福州文史资料选辑》第2辑，1983年版，第36页。

赞同上海提出解决“闽案”八条，宣布“与日本断绝经济的国交”，北京商会会长安迪生当场签字保证商界不买卖日货，不用日币，对日经济绝交。①

11 月 29 日，南京中等以上学校学生 3000 余人，冒着漫天大雪，举行游行演说，以使民众了解日人在闽的侵略暴行。② 12 月 6 日，广州各校学生代表开会，决定与全国各地学生共同行动；并致电福建学生联合会，表示他们“愿粉身碎骨，誓为后盾”。③ 9 日，9000 余学生举行反对日本在福州血腥罪行的大游行。更令感动者，湖南岳州高等小学学生王敏在教育会召开的救国十人团会议上，“演说日人之凶横，及我国之危机，激昂愤慨，声泪俱下，闻者无不感泣”。演说毕，断指血书“外侮日逼，国人快醒”八个大字，一时全场动容，表示“除永不购劣货外，对于闽案要誓死力争”。④ 远在边陲的昆明也召开 2 万人参加的国民大会。大会通电各省力争实现解决闽案各条件，要求北京政府外交公开，在本省厉行抵制日货等。

在此期间，杭州、镇江、济南、开封、苏州、南昌、九江、太原、成都、徐州等地也举行了数千人至数万人参加的国民大会，声援闽案斗争。消息传到海外，旅居国外的中国留学生、华侨也同仇敌忾，纷纷致电北京政府和国内各团体，通电中外新闻界，怒斥日本帝国主义制造福州事件的暴行，表示愿同国内人民一道力争闽案取得圆满之解决。在斗争的关键时刻，李大钊就福州事件发表文章，揭露日本帝国主义的野蛮侵略。他一针见血地指出，所谓“中日亲善”实际上是：“日本人的商品和中国人的金钱亲善。日本人的铁棍手枪，和中国人的头颅血肉亲善。日本的侵略主义，和中国的土地亲善。日本的军舰，和中国的福建亲善，这就叫‘中日亲善’。”⑤

① 参见《北京国民大会通电》（1919 年 12 月 7 日），《晨报》1919 年 12 月 9 日。

② 参见上海《民国日报》1919 年 12 月 5 日。

③ 参见上海《民国日报》1919 年 12 月 15 日。

④ 湖南《大公报》1919 年 12 月 20 日。

⑤ 《李大钊全集》，第 3 卷，河北教育出版社 1999 年版，第 413 页。

在中国人民反对日本帝国主义侵略暴行中，一些外国报纸从本国的利益出发，也纷纷发表评论，指斥日本的举措失当。美国人办的《密勒评论报》指出："试问日人持何正义，而可于中国境内殴击无辜之中国国民，日本之军舰又持何权力而能侵入中国之福州城。"① 法国的一家报纸也认为中日两国在福州发生的冲突，"日人早已胸有成竹，彼先则围攻学生继则要求派出军舰"，因而"激起福建全省之愤恨，且激起中国全国之反对。举动失宜，无过此者"②。

在全国人民和中外舆论的强大压力下，北京政府和日本帝国主义才感到人民力量的强大，不是靠暴力所能压服，更不是欺骗所能了事的。因而，北京政府国务院在给闽督李厚基电报中说："日军登陆应为婉阻，于地方治安首须维持。对于各方反对尤应随时劝导，中央正在预备交涉，不致失败。所有赔偿等条件尚属可行，日内一并提出交涉。"同时通电各省议会与民众团体："在闽日人伤毙我国学生巡警一案，事关国权民命，亟应严重交涉，已由外交部提出抗议并电庄大使一致办理。近迭据外省各界来电力持争议，用意正同。惟中央对于此事极为注意，日来正在积极进行中，外间或未尽悉，希即转知各界，静候交涉解决"③。

经过北京政府和中国人民的交涉和抗议，以及在国际舆论的压迫之下，日本政府被迫于 12 月 30 日同时在东京、北京、福州宣布撤走入侵福建的军舰。随后，北京政府派外交部参事王鸿年、秘书沈觐扆和教育部徐鸿宝会同日本政府外务省秘书松冈洋佑、驻北京使馆参事西田耕一到福州调查。双方将调查结果报告政府。经调查认定，肇事责任确在日方，日本政府乃不得不将驻闽总领事森田浩氏调离。

1920 年 3 月 13 日，北京政府外交部照会日本驻华公使："福州日人围殴学生一案，业经两政府派员前往该处会同调查竣事。详阅该委员等

① 上海《民国日报》1919 年 12 月 19 日。

② 上海《民国日报》1919 年 11 月 30 日。

③ 中国人民政治协商会议福建省福州市委员会文史资料工作委员会编《福州文史资料选辑》第 2 辑，1983 年版，第 37 页。

所具报告书，此案真相已无遁饰。”照会指出，查本案肇事原因，其责任实在日本方面。应请由贵国政府，以正式公文，向本国政府表明道歉。“其因此次冲突，中国人民方面所受身体及财产之损害，应请一律赔偿。所有肇事贵国人民暨台籍人，亦请查明，严加惩办”①。但是，这一事件一直拖延到1920年11月12日全案才换文了结。中日双方互表惋惜之意，日本给中国受伤者恤金1300元，赔偿顺记洋菜馆800元。至于惩凶的要求，日使只在换文中写上“惩凶善后”一语，实际上有无惩办不得而知。显然，北京政府在处理这一外交案件中，表现极为软弱。日本政府虽然迫于压力不得不承担责任，但其报复中国民众反日情绪之目的已达，所付经济代价实属微不足道。

当然，这只是一个方面。更为重要的是，在福州事件及由此而爆发的全国性反日斗争的影响，大大超过了事件的本身，这则是日本政府所始料不及的。福州事件是继五四运动后一个有重大影响的事件，围绕这一事件在全国掀起的反对日本帝国主义侵略的斗争，是五四爱国运动的继续，也是五四爱国运动的深入和发展。它表现了中国人民努力救国的大无畏精神和团结一致的战斗气概，标志着中华民族的进一步觉醒。它还显示了中国人民的伟大力量，给日本帝国主义侵略势力的嚣张气焰以沉重打击，赢得了中国对日交涉的胜利。

三　反对英帝国主义强占厦门海后滩的斗争

鸦片战争后，厦门被辟为“五口通商”口岸之一。英帝国主义为了开拓商务，扩大对中国的侵略，在咸丰元年（1851年）强租自岛美路头起至新路头止的一片土地，除去筑前后公路4丈外，长55丈，宽16丈，在同治年间，又扩租自新路头起至前铁路公司止一片土地。英帝国主义者在这片土地上设立洋行、仓库等，用以拓展其对中国的经济掠夺。这片租借地接连海滩，由于日积月累的土石淤积，逐渐向海中延伸。英国

① 王芸生编著：《六十年来中国与日本》第7卷，生活·读书·新知三联书店1981年版，第362页。

侵略者一直觊觎这些滩地，多次擅筑海滩，妄图侵占将其纳入租地之内。为了防止英国侵略者蚕食海滩，在光绪四年二月初九日（1878 年 3 月 12 日），由兴泉永道台司徒绪与英国驻厦领事阿礼让订立填筑海滩章程，以资信守。但章程墨迹未干，英商水陆行又在该行面前擅筑海滩，不断侵占官地。

到了清朝末年，英国侵略者又将海后滩（即今厦门鹭江道，外由轮渡码头到邮电局，内由升平路到磁巷）这一大片长方形的土地强占为其租地。光绪三十三年（1907 年），厦门道律风公司（即电话公司）在海后滩埋竖电杆，英人竟然横加阻止，谓须立约纳租，方准设立。厦门道台查明该电杆系在公路之内，未涉及英国租借地，给予驳斥。宣统元年八月廿七日（1909 年 10 月 10 日），孔子诞辰，全厦学生开体操会以示纪念，列队携带假枪经海后滩。英国驻厦领事又出面干涉，谓学生带实弹真枪游行，恐扰治安，以后遇有此等游行须先期照会。厦门道台、学界等联合抗争，但英国侵略者态度蛮横。这些事件都成为厦门民众反对英帝国主义强占海后滩斗争的前奏曲。

1918 年 8 月间，在闽粤战争中，福建督军兼省长李厚基被打败，援闽粤军总司令陈炯明攻占长汀、龙岩、漳州等闽西南地区。英国侵略者趁机借口防卫租地，令海军陆战队登陆，公然占领海后滩，左边自太古行门首至海止，右边自义和洋行门首至海止，后面在史巷路头、新路头、番仔街 3 处巷口，一律高筑围墙，截断官道，安设栅栏、铁门，公然悬挂“大英租界地，闲杂人等不许乱进”的牌子，竖立旗杆升起英国旗帜，企图造就既成事实，强占海后滩土地。

厦门民众目睹英国侵略者侵占我国领土的罪行，莫不义愤填膺。学界首先出面抗议，商会、教育会继起联合呈请政府交涉员，迅向英国驻厦领事提出严重交涉，“著令克日将所筑砖墙铁门及界牌等一律撤除”①。但英国驻厦领事对此抗议置若罔闻。

---

① 中国人民政治协商会议福建省厦门市委员会文史资料研究委员会编《厦门文史资料》（选辑）第 1 辑，1982 年内部版，第 17 页。

1920年上半年间，英商太古洋行在英国驻厦领事默许下，又在该行前面任意填筑码头，将一木质浮桥改建为钢筋水泥式飞桥，以利趸船与海后滩之间的货物运转，企图任意侵占我国领土，垄断厦港的交通、贸易，从而又燃起厦门民众的反帝怒火。厦门各民众团体组织“保全海后滩公民会”，指出英商太古洋行“在海后滩公路前之海滩，擅筑码头，该地系我主权，经官厅叠次交涉，英领置之不理。该洋行任意兴工，势将强筑。事关国权，属在国民，万难坐视”①，动员厦门民众起而抗争。

保全海后滩公民会成立后，一方面公推代表2人，一为黄廷元（福建省议会议员）、一为卢心启（厦门教育会会长），经上海、天津赴北京，一路上向各民众团体宣传英帝国主义强占海后滩的罪恶行径，呼吁各地声援厦门民众的反帝斗争；另一方面，动员厦门各界民众与英国侵略者进行广泛斗争。英商太古洋行填筑码头、改造栈桥，不仅攫夺了当时官商合办的招商局利益，驳船工人、码头工人的利益也受到了侵害。于是，商人开始抵制英货，工人们也拒绝给英商干活。英商太古洋行修建码头、飞桥的工程被迫停工。

但是，英国侵略者并没有因此而放弃强占海后滩的计划。他们从宁波、上海两地雇来一批工人，由浦东朱姓工头率领到厦门，在英国水兵武装保护下，从1921年11月6日开始继续填筑码头，修建飞桥。对此，厦门工人阶级在各界民众支持下，展开了针锋相对的斗争。一是组织潜水工人，把英商雇用载运修建材料的船只凿沉；二是组织“惩戒团”，将甘心出卖祖国利益、为虎作伥的朱姓工头割去一个耳朵，以示惩罚。同时，还对外地来厦的工人们宣传爱国思想，使他们认识厦门民众反对英帝国主义强占海后滩的斗争的正义性。外地工人们纷纷离开厦门回家，因而修建码头、飞桥的工程再次陷入停顿。

英国侵略者恼羞成怒，调“康宁”号等3艘军舰开抵厦门，派水兵在海后滩登陆，抬着大炮示威，进行武力威胁，进而抓捕为首抵制的工

① 厦门商会、教育会：《反对英人强占海后滩的传单》（1920年5月）。

人。厦门民众并没有被英国侵略者的暴行所吓倒，反而燃起更大的反帝怒火。全岛57个民众团体都相率参加“保全海后滩公民会”，加紧督促厦门交涉员再次照会英国驻厦领事提出强烈抗议。照会指出：“1. 英兵无故武装上岸，在太古行楼上架炮示威，实属违反国际公法，应请即日撤退，以免激生事变；2. 禁在太古行内之华民林在兴及受伤之浦东工人朱姓，应请早日交出，以凭询问，并将殴打华人首从各犯分别交官惩办；3. 太古捕禁华民，至三日之久，尚未送交我国官厅，实属背约侵权，不顾公理，应负本案损害赔偿责任；4. 1、2二条未经照办以前，如因此发生意外事情，贵领应负责任。以上抗议，应请即日答复”①。同时，致电北京政府外交部、省政府，报告英人侵占海后滩的事实，要求向英国驻京公使提出交涉；还通电国内外民众团体、新闻界，请求主持正义，给予有力声援。

厦门人民反对英国侵略者强占海后滩一案，迭经斗争，影响不断扩大，引起了国内外民众的重视。北京政府外交部开始认为海后滩事件只是寻常纠纷，准备调解了事，后经全国各民众团体函电交驰声援厦门民众的反帝斗争，特别是巴城华侨举行全体大会，致电中国南北两政府外交部，强烈要求力争交涉，表示“海外侨民誓为后盾”②。至此，北京政府外交部才重视此案，将该案移到北京，向英国公使作直接交涉。此时，全国学生联合会和福建同乡会及福建驻沪、驻京各民众团体议决对英交涉提案6条，并电征厦门保全海后滩公民会同意后，提请北京政府外交部作为与英国公使谈判基础。其主要内容为：（1）厦门海后滩为中国自行填筑之地，不在该埠外商已租地段之内；（2）前经外商围墙设隘者，应予撤除，以复滩地固有交通，嗣后不再安设；（3）滩地内所设立旗杆及所升之英国国旗，所挂之英国牌界，移在外商已租地内，今后不再在滩地内树立；（4）太古行在滩地外沿所建飞桥，系在中国领海，应按租

① 中国人民政治协商会议福建省厦门市委员会文史资料研究委员会编《厦门文史资料》（选辑）第1辑，1982年内部版，第18—19页。

② 《江声日报》1921年12月14日。

地内例，每年由该行缴纳地租。[①]

上述交涉条件，应该是切实可行的。但由于北京政府软弱无能，而英国侵略者又百般狡赖拖延，经过多次谈判，未能解决任何问题。厦门民众认识到北京政府卖国无能，若依靠政府谈判则海后滩的主权难保。于是，在保全海后滩公民会主持下，各界民众1000多人举行反英大会，通过工人们的提议：自即日起对英国侵略者实行全面抵制，工人不为英船起卸客货，商人不给英船装载货物，客栈拒绝接待搭乘英船的旅客，市民不购买英国货品。大会庄重决定："英国侵略者不撤离海后滩，这一斗争就不停止！"[②]

接着，全省各县学生联合会纷纷予以支持，福州、汕头、上海等地各界民众也纷起响应，以实际行动支持厦门民众的反帝斗争。经过几个月的斗争，英国侵略者遭受重大打击。英商内部也矛盾重重，互相埋怨，乱成一团。1921年12月，在中国民众的压力下，英国政府被迫撤退海军，将驻厦领事窦尔慈调离，并表示接受谈判条件。

1922年2月中旬，英国新任驻厦领事义克和谈判代表到达厦门。他们与厦门道尹陈培琨会见时，狡猾地提出：以太古行飞桥纳租为取消抵制之交换条件，滩案另议。保全海后滩公民会对此严词拒绝。英国侵略者在广大民众全面抵制的压力下，终于被迫接受谈判滩案的要求。1922年4月1日，北京政府外交部派签事刘光谦到厦门，会同道尹陈培琨与英国领事正式谈判。经过反复争论，于同年10月间达成3条协议："一、英商太古行建筑飞桥，应照从前位置并遵守光绪二十六年（西历一千九百年）所会订之八条章程，又于飞桥完竣后，因桥飞越中国领海，每年由该行缴纳租费大洋三十元，交驻厦英领事转付中国地方官。一、中国地方官承认保护后面英商租界内各洋商之贸易不受搁阻，惟人民不妨碍各洋商之贸易而遵守中国法律之通行，不得谓为搁阻。一、现时滩地内

---

① 参见中国人民政治协商会议福建省厦门市委员会文史资料研究委员会编《厦门文史资料》（选辑）第1辑，1982年内部版，第20页。

② 光鹏：《海后滩怒潮》，《福建日报》1961年2月17日。

所树之旗杆及所升英国之旗，即行移在英租界内，各公路尚有未撤除三个隘门应即撤除，以便交通。”①

这样，厦门民众反对英帝国主义强占海后滩的斗争，依靠省内外各民众团体团结一致，据理力争，终于取得初步胜利。它标志着经过五四爱国运动战斗洗礼的人民群众的觉醒，特别是显示出工人阶级在这一斗争中的伟大力量。此后，厦门民众反对英国侵略者强占海后滩的斗争，始终没有停息，一直坚持到 1930 年，终于迫使英帝国主义撤除码头、飞桥并交还海后滩全部租地，取得了斗争的完全胜利。

四　新文化运动的开展

辛亥革命失败后，以袁世凯为首的全国各地大小军阀，专横跋扈，对人民实行残酷统治。他们在政治上实行专制独裁，反对民主共和，甚至企图恢复帝制；在文化思想领域里，则刮起了一股尊孔复古的逆流。北京军阀政府公开下令祭天祀孔，尊孔读经，提倡蒙昧主义，崇尚旧礼教、旧道德和旧文化，企图以腐朽的封建文化，维系其没落的军阀政治。

然而随着国内新的经济和政治力量的发展，以及西方文化的不断传入，在先进的知识分子中掀起了一个强大的反封建的新文化运动。1915 年 9 月，陈独秀在上海创办《青年杂志》，标志着新文化运动的开始。陈独秀在《青年杂志》创刊号上发表了《敬告青年》一文，首先举起了民主和科学的旗帜，号召青年们自觉奋斗，反对专制和迷信。《青年杂志》从第二卷起改为《新青年》，1916 年底迁往北京出版。李大钊、鲁迅等先后成了《新青年》的编辑或主要撰稿人。参加当时新文化运动的著名人物还有胡适、蔡元培、钱玄同等人。广大进步青年围绕在《新青年》的周围，展开一个反对专制，提倡民主，反对迷信，提倡科学，反对旧文学，提倡新文学的新文化运动。

在俄国十月社会主义革命影响下，以李大钊为代表的一部分激进的

① 中国人民政治协商会议福建省厦门市委员会文史资料研究委员会编《厦门文史资料》（选辑）第 1 辑，1982 年内部版，第 22 页。

民主主义者，开始接受马克思列宁主义，并转变为具有初步共产主义思想的知识分子。李大钊写的《庶民的胜利》《布尔什维主义的胜利》，标志着这一转变的开始。他们积极努力地学习和宣传马克思主义，把新文化运动推向一个新的阶段。

在新文化运动的前期，福建由于历史和地理种种条件的限制，比其他省份进展得慢些。这是因为：北洋军阀李厚基竭力推行封建主义，狂热地鼓吹复古思潮，严酷地禁锢人们的思想，摧残新文化运动；福建交通十分落后，全省没有与外省联系的公路、铁路，只靠少数不定期的轮船，班次既少，航行日程又不固定，因而知识界获得京、沪等地新文化运动的信息非常迟缓；福建文化界著名人物严复、林纾等，顽固地反对新文学，不能不影响福建知识界和青年学生的思想解放。尽管存在着这些障碍，随着讨袁战争、护法运动的形势向前发展，新文化运动终于冲破了层层的压力与禁锢，在福建蓬勃地开展起来。

在五四爱国运动中，福建新文化运动以福州、漳州为中心，迅速向全省各地扩展。福州学生联合会在爱国运动中，创办《学术周刊》，提倡民主与科学，传播新思潮；同时还组织“醒民剧社”，提倡话剧，宣传爱国思想，破除迷信，革除陈规陋俗，很受人民群众欢迎。其间，北京和外地许多进步书刊也源源流入福建。在福州仓前山对湖开设的浪花书店，大量出售进步书刊，其中有《新青年》杂志和李大钊、鲁迅等人的著作。渴求新知识的青年学生纷纷前往购读，对新文化运动的传播也产生较大影响。①

在全国新文化运动蓬勃兴起的推动下，福建一些进步学生和知识分子相继创办了各种宣扬新文化的报刊。例如福州省立第一师范学校主编的《师范校刊》，研究系在福州办的《健报》，经常转载北京《晨报》刊载的有关社会研究的文章与政治论文；全满堂主编的《福建民报副刊》等，广泛宣传俄国十月革命后的国际形势和新文化运动。这些报刊都使

① 参见中国人民政治协商会议福建省福州市委员会文史资料工作委员会编《福州文史资料选辑》第2辑，1983年版，第40页。

先进知识青年获得了新的养分，对新文化运动在福建的传播起了推动作用。另外，在外地学习受到新文化运动熏陶的一些年轻知识分子，对福建新文化运动的发展也产生了积极的作用。1920 年 2 月 28 日，旅京福州学生郑天挺、郑振铎等人发起组织“福州旅京学生暑假回闽社会服务团”，利用假期回乡机会，致力于新文化运动的宣传鼓动。①

在全国新文化运动的影响下，福州的教育界首先发生重大的变革。福州公立各中等学校打破以往男校、女校的区别，实行男女合班上课；同时各学校革除以福州方言教课的习惯，采用普通话教学；提倡白话文，普遍地推行语体文和标点符号。所有这些，初步改变了福州文化教育界的陈腐观念，使新文化运动在福州大大活跃起来，并向周围地区扩展。

在闽南护法区的中心漳州，援闽粤军总司令陈炯明在孙中山的支持和参与戎机的朱执信、廖仲恺等人的具体帮助下，整军经武，刷新政治，一方面采取许多开明措施，拆城墙，建公园，筑公路，振兴工商业，兴办教育，以半官费资助各县选派赴法勤工俭学的学生，革除封建陋习等，另一方面则以标榜“提倡新文化”、宣扬“建设新社会”笼络人心。1919 年 12 月 1 日，他在漳州倡办《闽星》半周刊，1920 年元旦又办《闽星》日刊，继之又与同僚集资创办一所“新闽书局”，专售最新版的《新青年》《星期评论》等书报。这些报刊和书局推动了五四运动后新思潮的传播，使漳州一带成为全省新文化运动最活跃的地区。

当时，陈炯明顺应历史潮流而实行的若干进步措施，使笼罩在北洋军阀暴虐统治下的福建社会，显露着微弱的光芒，呈现出一些新气象。在一段时间里，福建漳州俨然成为国民党的政治与军事楷模，甚为中外人士所注目，吸引了不少进步人士前来参观访问。1920 年 4 月，列宁派代表路博到漳州访问，表示对中国革命的关怀，对陈炯明加以鼓励，要他开展农民活动，注意发动群众工作。② 孙中山先生也对陈炯明寄予殷

① 参见黄国荡：《福建革命史大事记（五四时期和第一次国内革命战争）》，《党史资料与研究》1983 年第 8 期。

② 参见黄国荡：《“五四”新文化运动在福建的传播》，《学习月刊》1985 年第 3 期。

切的期望。

陈炯明在漳州倡办的《闽星》半周刊和《闽星》日刊是这一时期颇具代表性的两个宣扬新文化的刊物。陈炯明自任《闽星》半周刊主笔，常以陆安笔名在刊物上发表文章。梁冰弦为该刊编辑。《闽星》日刊以陈秋霖为总编辑。半周刊着重讨论学理，介绍学说，孙中山、胡汉民、朱执信、廖仲恺、陈铭枢等人都为它写过文章，日刊则多载世界要闻和地方新闻。两者相辅相成，以讨论和传播新思潮而出现于新文化运动洪流中。此外，他们还以很大篇幅来介绍俄国十月社会主义革命胜利的情况，宣传新社会，阐述新学说，成为福建初期传播马克思主义的刊物之一。

《闽星》半周刊对俄国十月革命的评价极高，把它称为“红革命”“红潮”“赤潮”等。有的文章指出：“俄国革命的目的，在改造社会，就是社会革命，是积极的，是谋全人类幸福的，是大多数的平民革资产阶级的命，完全是人民自动的……”① 有的则鲜明地指出，十月革命“与全人类都有关系”②，这“灼灼的红光照耀着全个地球，汩汩的红潮分奔向五洲各处”③，“这极端解放的无限制的社会主义是现时和将来的人类共同的思想，假如你能扑灭一个多数党（即布尔什维克——引者注），断不能扑灭世界的现代思潮”④，“世界大革命是决不可免的”⑤。这些论述明确地向人们宣传了资本主义制度终将被社会主义制度所代替的必然性。这些观点在当时，除了《新青年》等之外，在福建其他报刊中是不多见的。

《闽星》还以通俗的语言阐述马克思主义的阶级斗争学说。有的文章指出：“人类间的斗争，小的有个人的斗争，大的有种族的斗争，国家的斗争，阶级的斗争”；“现在的社会组织，既然形成了各种阶级，各阶级有各阶级的利害，各阶级有各顾各的利益，自然就有冲突的地方，那斗

① 《闽星》第二卷第六号。
② 《闽星》第二卷第二号。
③ 《闽星》第二卷第八号。
④ 《闽星》第一卷第一号。
⑤ 《闽星》第二卷第八号。

争就不完。阶级的斗争各国里头都有的，本来是国内的问题，近来已成了世界重要的问题”；“……和资本主义对抗的，就是社会主义”。[①] 有的文章把阶级斗争的学说联系于中国社会实际，指出：“沉沉黑狱的中国，不堪闻问”，然而中国的学界里面，亦“微微有点蠕动”，社会方面“也已到了发育时期，想来不要几年工夫，一定风靡全国，到其时平民高唱凯歌，竟是意中之事”。这些文章表达了中国革命不可避免，中国革命条件已经成熟的马克思主义的观点[②]；同时还针对当时中国社会上有些人害怕动乱而想走改良道路的幻想，呼吁要“轰轰烈烈”用暴力革命推翻旧制度，“旧社会的根本罪恶要积极推翻，新社会的根本基础要重新奠定”[③]。

《闽星》半周刊以很大的篇幅介绍苏俄的新社会、新学说，如《现代俄罗斯的研究》一文，该刊就连载了 10 期，《俄罗斯宪法评译》也连载了 5 期。这些文章，其内容尽管有许多不够确切甚至错误的地方，但它对福建人民了解俄国十月革命和苏维埃制度，认识马克思主义起了一定的作用。

《闽星》半周刊宣传的另一主要内容是无政府主义的思想。它在介绍马克思主义的同时，还大量刊登宣传无政府主义的文章，特别是颂扬克鲁泡特金的“互助论”，鼓吹“拿互助主义来处分国家主义”[④]，“以世界为范围，没有国家，没有强弱，没有人种的区别，大家实行互助起来，去谋人类平等的幸福”[⑤]，以及日本武者小路实笃的“新村主义”等各种奇谈怪论。这些当时也被人们称之为“社会主义”的流派，也包括在五四运动后的“新思潮”中。瞿秋白曾指出：“隔着纱窗看晓雾，社会主义流派，社会主义意义都是纷乱，不十分清晰的。正如久壅的水闸，一旦

① 《闽星》第一卷第一号。

② 参见《闽星》第一卷第五号。

③ 《闽星》第二卷第二号。

④ 《闽星》第一卷第七号。

⑤ 《闽星》第一卷第三号。

开放，旁流杂出，虽是喷沫鸣溅，究不曾自定出流的方向”[1]。因而，《闽星》存在着的历史局限性不足为怪。

《闽星》半周刊只办到 1920 年 6 月，因陈炯明奉孙中山命令率军回粤，该刊即行停办。《闽星》日刊办的时间则长些，先由漳州地方人士接办，后因地方军阀的迫害而倒闭。

继《闽星》之后，漳州省立第二师范学校自治会创办了《自治》半月刊。该刊提出："世界上所以有不平等不自由的事情，无非是为着有治者和被治者底阶级"；要打破这阶级压迫制度，达到自由平等的地位，必须是人人都能自治，这是改造社会的唯一和最好的方法；认为“自治”可以消灭人剥削人和不劳而食的不合理现象；等等。《自治》的观点虽然指出了阶级压迫的不平等现象，提倡平等自由，但按照他们的“自治”蓝图改造社会，当然只能是一种幻想。

然而该刊也热烈讴歌俄国十月革命，欢呼无产阶级革命给灾难深重的中国人民带来了新的希望："自从俄罗斯革命以来，一个血腥骷髅的世界受着红灼灼的曙光照得大地通红了……中国混沌胡闹空气……有一息生机了，革命事业不久便就要实现了。”[2] 该刊还揭露地主与农民、资本家与工人的阶级对立，是因为“经济不平等”，“有贫富差别”；地主、资本家的富，都是剥削农民、工人的劳动血汗得来的；同时，对官僚、军阀、土豪劣绅进行了强烈谴责；等等。这些言论，对于传播革命思想，促进福建新文化运动的发展，具有积极的意义。

在新文化运动中，《闽星》《自治》与全国其他宣传社会主义、介绍马克思主义的书刊一道，向福建各地初步传播了俄国十月革命胜利的信息，以及马克思主义的革命理论，并把研究马克思主义同人民革命运动相结合，使民众看到新时代的曙光，从而促进了全省革命形势的发展，其影响是深远的。

马克思主义在福建的初步传播，大大提高了人民群众的思想觉悟，

---

① 《瞿秋白文集》第 1 卷，人民文学出版社 1953 年版，第 26 页。

② 《我的宣传主义的主张》，《自治》1920 年 6 月 1 日。

有力地推动了人民群众反对帝国主义和北洋军阀的斗争的进一步发展。这就为全省各地进步社团的成立，更广泛地传播马克思主义革命理论，为中国共产党组织在福建的建立，奠下了基础。

五 赴法勤工俭学活动

勤工俭学的含义是“勤于工作，俭以求学”。赴法勤工俭学活动，是当时爱国知识青年学习先进科学技术，追求新思潮，寻求救国救民真理和民主精神，反对国内封建文化思想的进步活动，是我国五四时期新文化运动的重要组成部分，对于马克思主义在中国的传播，以及早期建立中国共产党和共产主义青年团都起了重要作用。

这一活动从1912年初蔡元培、吴玉章、李石曾等在北京成立留法俭学会开始，历经勤工俭学会、留法勤工俭学会等发展阶段，到了五四爱国运动后，才形成了全国规模的运动。周恩来当时指出：“追欧战既停，国内青年受新思潮之鼓荡，求知识之心大盛，复耳濡目染于工读之名词，耸动于劳工神圣之思，奋起作海外勤工俭学之行者因以大增。”① 到1920年这个运动达到最高潮时，全国赴法勤工俭学的学生人数已近2000人，遍及全国18个省市（包括现在的北京、天津、上海市）。福建的勤工俭学运动虽然起步较迟，但未几便急起直追，很快也成为开展这一运动的重要省份之一。

福建的赴法勤工俭学活动始于福州地区。1918年下半年，由老同盟会员、教育界知名人士黄展云等人发起，在福州成立了“福建华法教育分会”，专门“从事宣传鼓动赴法俭学和勤工俭学”事宜，这是赴法勤工俭学活动在福建省兴起的一个重要开端。福建华法教育分会成立不久，先后派三四人由上海出发赴法就读。1919年下半年，先后从上海赴法的福建籍学生有高维、曾光临、黄朝平、陈运昌、桂翊春等。福建华法教育分会除了帮助福建赴法的青年学生进行联络沟通外，负责人黄展云还

① 《留法勤工俭学生之大波澜》，天津《益世报》1921年5月9日。

多次到上海为赴法福建留学生送行，借此表达他们对有志青年的殷切期望。

福建华法教育分会还为省内各地有志青年学生赴法勤工俭学做了大量的准备工作。主要的工作有，1918 年发起筹备“法文高等专修馆”①，1920 年 1 月，又在城内乌石山麓福建私立法政专门学校开办“留法预备班”，首批招收学生 90 余名，学习法文和自然科学知识，于翌年初毕业了成绩优异的学生 40 余名，准备放洋②，从而使福建赴法勤工俭学的队伍不断扩大。

以漳州为中心兴起的赴法勤工俭学活动，由当时援闽粤军总司令陈炯明指令所管辖的“闽南护法区”（即闽西南地区）每县各选派青年学生 2 至 3 名，以半官费（每人每年大洋 300 元）赴法俭学。首批 35 名包括平和县的黄廷钧，漳平县的郑超麟、陈祖康等人。他们于 1919 年 9 月间离漳往香港候船，11 月初搭上停靠香港的法轮“宝勒茄”号赴法。第二批 10 多人，于同年 11 月动身赴法。前后两批合计近 50 人。③

除福州与漳州两个中心区域外，福建其他地区的青年学生，通过他种渠道也有赴法勤工俭学的，但数量不多。据 1920 年 8 月初步统计，福建在法国勤工俭学的学生只有 65 人，占中国赴法国勤工俭学生总数的 5.2%，居各省第六位。④ 到 1921 年底，据周恩来当年在法国再次统计，福建籍学生已达到 89 人，比重上升到 5.6%，居第四位。⑤

在福建赴法勤工俭学的学生中俭学生为 86 人，勤工俭学生 3 人，名称虽不一样，但在实质上没有什么分别。闽西南学生名义上是半官费俭

① 《时事新报》1919 年 4 月 19 日。

② 参见《晨报》1921 年 2 月 6 日。

③ 据《国民日报》1919 年 10 月 2 日报道，第一批 35 人赴法。同年 12 月 5 日又报道，“先后出发两批已达 40 余名”，加上苏毓明等从外省赴法的闽西南籍学生，估计近 50 人。

④ 参见严子晖：《留法勤工俭学两年来之经过与现状》，《时事新报》1920 年 11 月 23—24 日。

⑤ 参见清华大学中共党史教研组编《赴法勤工俭学运动史料》第 1 册，北京出版社 1979 年版。

学，经济来源却时断时续，有的收不到补助费，只好和其他同学一道做工度日，边工边学。他们在异国他乡面对严峻的生活挑战，遭遇千辛万苦，仍坚持“寻知识，求学问”。在法国，福建的勤工俭学生主要是学习自然科学，有的攻读机电、工程、矿业，有的攻读化学、纺织专业。大部分人都克服种种困难，完成了学业。福建的赴法勤工俭学活动兴起虽迟，但延续时间很长。到 1928 年，全国其他省市已经基本停止这一活动，福建省在这一年秋天仍然派出一批俭学生赴法。

在法国的勤工俭学生所掀起的政治斗争中，福建籍的学生也积极参加。他们组织团体，于 1920 年成立了留法福建学会，藉资切磋，开展活动。1921 年，福建学会又加入由赵世炎、蔡和森、周恩来、王若飞等人领导成立的留法勤工俭学生联合会。1921 年 9 月，赴法勤工俭学生发扬五四爱国反帝精神，掀起“求生存、求学权”的斗争（即著名的“争回里昂中法大学”运动）。在克鲁邹工厂做工的福建籍留法生，与他省同伴共同奋起，联络成立了以赵世炎、李立三为首的“克鲁邹工厂争回里比两大运动团”，率先发表争回里大的宣言和通告，带动各地留法生起来响应。当运动发展进入最后关头时，领导运动的勤工俭学生代表组织了先锋队，进占里大，以抗议北京政府勾结法国政府无理剥夺我国勤工俭学生入学的权利。福建籍学生黄朝平、赖俊参加了这个先锋队，后遭法国政府的囚禁并被押送回国。[①] 1923 年 7 月，旅法华人为反对帝国主义列强阴谋“共管”中国铁路，以“内除国贼，外抗强权”为宗旨，成立了旅法各团体联合会领导斗争，掀起了一场声势浩大的群众运动。正式参加这一运动的共有 22 个团体。福建籍留法生高维，以“北大同学会”的代表身份参加了这一斗争。[②]

勤工俭学生刚到法国时，多存在着实业救国和科学救国的抱负，认

---

① 参见《归国勤工俭学生之调查》，《时事新报》1921 年 12 月 2 日；《被迫归国之俭学生消息》，《国民公报》1921 年 12 月 2 日。

② 参见《旅法华人反对列强共管铁路纪事》，《少年中国》第 4 卷第 8 期，1923 年 12 月。

为学好本领就可以拯救中国。他们通过与法国无产阶级的接触，学习马克思列宁主义，并积极参加反帝爱国斗争，其中一部分先进分子逐步树立了无产阶级世界观，成长为共产主义的战士。平和县学生黄廷钧，初到法国攻读的是理科，做着“振兴实业以救国的梦”。但中外反动派的勾结压迫，祖国挣扎于半殖民地半封建社会中的境况，无情地粉碎了他的梦。他在法国先后认识了周恩来、熊雄、郑超麟、彭树敏、郭隆真、刘清扬等同学，与他们共同探索救国之路。经过一番探讨，他深刻批判了自己的思想，逐步接受了马克思主义，终于成为中共旅欧支部的一位成员。漳平县赴法勤工俭学生郑超麟、陈祖康，以及仙游县的×××，也先后在法国加入了中国共产党。① 他们都在第一次国内革命战争期间先后离法回国，投身于国内的革命斗争和进步事业。

福建其他悉心学习专业知识、掌握了先进科学技术的勤工俭学生，回国后多从事教育方面的工作，如徐泰咸担任过福建省立龙溪工业职业学校校长，吕隆庆担任过石码中学校长，陈德恩为教务主任。他们为国家培养专业人才，在发展新文化和科学技术等方面起了一定作用，对社会也是有贡献的。

第二节　马克思主义的广泛传播

一　李厚基的垮台与福建政局的变化

1920 年 8 月 12 日，驻汀漳道属的粤军陈炯明部，奉孙中山之命分三路回师广东，讨伐桂系军阀岑春煊、陆荣廷。皖系段祺瑞的亲信、福建督军兼省长李厚基趁势恢复了对闽西南 20 余个县的统治权，表面上又统治了全省。但此时军阀内部已矛盾重重，危机四伏。驻闽北的第二十四混成旅旅长王永泉虽和李厚基同属皖系，但不是李厚基的直接部属。王

① 参见中国人民政治协商会议福建省仙游县委员会编《仙游文史资料》第 2 辑，1984 年版，第 3 页。

永泉自恃兵壮械精，常不理督军的命令，李厚基亟思相机而去之。福建第二师师长臧致平与王永泉交往甚密，也不是李厚基的直接部属，所部又有较强战斗力，且据漳厦富庶之地，遭李厚基疑忌甚深。同时，皖系在直皖战争中失败，而李厚基“弃皖投直”，皖系首领段祺瑞对此深为忌恨，决心驱逐李厚基。可见，李厚基在福建的统治已是岌岌可危。

1922年，奉系在第一次直奉战争中败北，直系独掌北京政权。同年6月，陈炯明叛变，炮轰总统府。许崇智、李福林、黄大伟等部讨伐陈炯明失利退守闽赣边境。于是，孙中山、段祺瑞、张作霖结成反直三角联盟，段祺瑞派徐树铮到上海与孙中山洽谈共同攻闽。8月21日，孙中山派胡汉民到延平与王永泉商订合作条件，达成共同进攻福州，驱逐李厚基，然后回师广东讨伐陈炯明的协定。[①]

9月上旬，北伐的粤军许崇智等部在王永泉默许下进入闽北。9月27日，王永泉致电李厚基，促其交出军民两政，即日离闽。同日，许崇智等人通电声讨李厚基祸闽罪状。在此情况下，李厚基急派唐国谟旅驰赴古田设防，继又派史廷飏率领驻留福州的所有部队增援水口。但是，李厚基的紧急部署没有能够阻挡王、许等部的三路攻势。

10月6日，许崇智部在占领古田后，会同王永泉部进攻水口，李福林、黄大伟两部从古田经大湖向福州推进，孙本戎旅由大湖直趋白沙，截断水口与福州间的交通。唐国谟旅败退闽清。史廷飏部方至白沙就遭孙旅的截击，狼狈地向福州退却，被迫缴械投降。13日，李厚基率督署卫队逃至南台中洲时，海军突然发炮，勒令李的卫队缴械。李厚基只身在日本领事保护下逃到马尾，乘船赴上海，统治福建9年的李厚基终于垮台。

10月17日，徐树铮、王永泉、许崇智率部进入福州。11月3日，王永泉任福建总司令，林森任福建省省长，分管军、民两政。1923年2月8日，王永泉联合福州国民党人黄展云、陈群等人掀起“倒林拥萨”

① 参见中国人民政治协商会议福建省委员会文史资料研究委员会编《福建文史资料》第9辑，1985年版，第20页。

的政潮，召开福州各界公民大会，选举萨镇冰为福建省省长。[①]

北京政府的直系首领曹锟、吴佩孚为了收复福建地盘，先是派驻赣的常德盛为援闽军总司令率部入杉关，被王永泉部所败；继则于 1922 年 12 月改派第二师师长孙传芳为援闽军总司令，第十二师师长周荫人为副总司令，率部攻闽。王永泉自度兵力殊悬，难于抵挡，为了保存实力，便派人晋谒孙传芳，表示欢迎孙、周率军入闽，服从北京政府，“愿竭诚听候驱策，戴罪立功”[②]。1923 年 3 月，孙、周率军从杉关进入闽境，沿富屯溪一路东下，不放一枪一弹抵达延平。4 月 6 日，周荫人率李生春旅进抵福州。4 月 12 日，孙传芳在福州就任福建军务督理（北京政府 3 月 20 日发表），王永泉任军务帮办；4 月 23 日，北京政府任命王永泉兼兴泉永护军使，周荫人为闽北护军使。黄展云、陈群等国民党人纷纷逃离福州。至此，直系军阀统治了福建。

但是，孙、周、王之间在表面上“称兄道弟，时相过从”，实则貌合神离。孙传芳深知北京政府任命王永泉为帮办是权宜之计，王的野心大，难于久处，必须尽早图之。王永泉则由于从福建总司令退居帮办之位于心不甘，认为既已改换门庭，投向直系，总得不到信任，时谋扩充力量，以图再举。因而他们之间的明争暗斗日趋激烈。孙传芳进入福建后，首先令王永泉部队南下兴泉永地区，将闽北地盘让与周荫人，在福州只留少数卫队，其次，大力收编福建各部杂牌军和各地民军。一切布置就绪后，孙传芳于 1924 年 3 月对王永泉发动突然袭击，先是在延平夏道截击王永泉所购枪械船，继则令李生春部回师福州，驱逐王永泉。王永泉猝不及防，带领卫队仓皇逃离福州，由厦门乘船离开福建。这样，直系军阀在福建站稳了脚跟，而且为把势力扩张到浙赣皖苏 4 省创造了条件。

皖系军阀在福建的势力被消灭后，孙传芳、周荫人之间的矛盾便突

---

① 参见刘绍唐主编《民国大事日志》第 1 册，台湾传记文学出版社 1978 年版，第 231 页。

② 参见中国人民政治协商会议福建省委员会文史资料研究委员会编《福建文史资料》第 9 辑，1985 年版，第 25 页。

出起来。他们争权夺利，各怀鬼胎，虽没有兵戎相见，但互不相容。孙传芳为谋向外发展，极力向北京曹、吴政府推荐“周荫人援闽以来迭著勋劳，堪以升任福建军务督理”，并自述愿承理边防事务，以应付对福建邻省的战略之需。[1] 因而，1924 年五六月间，北京政府任命周荫人为福建军务督理，孙传芳为闽粤边防督办。9 月上旬，江浙军阀战争爆发，孙传芳率所部入浙，就任浙江军务督理兼闽浙巡阅使。不久，他又自称浙闽皖赣苏 5 省联军总司令。自此以后，周荫人作为孙传芳的部属，在名义上统治福建，直至北伐东路军入闽。在福建政局不断变化期间，统治者像走马灯一样更换。他们各自为了巩固统治地位，不断地收编杂牌军和民军，以扩充实力，于是，在全省形成了“官匪合一”的军阀割据混战的局面。李厚基旧部王献臣（后李凤翔）占据汀属 8 县，臧致平、张毅先后据漳属 8 县，海军系杨砥中、杨树庄占据厦门、金门及福州沿海各县，民军郭锦堂、郭凤鸣占据沙县、永安、归化，卢兴邦、卢兴荣占据尤溪、古田、延平一带，高义占据泉州、南安一带，陈国华占据德化、大田，吴威占据永春一带，叶定国占据同安、长泰，杨汉烈占据仙游、莆田，陈国辉占据安溪、南安一带。[2] 因此，周荫人名为福建军务督理，他的政令却只及福州地区和闽北地区 20 多个县。实际上，全省大小军阀之间的争斗不休，闽军与粤军，闽军与海军，闽军与民军，民军与民军的战争连绵不断，盗匪蜂起。他们之间纵横捭阖，忽合忽离，全省军政民财均不统一，政局非常混乱，人民生活极为困苦。

二　各地进步社团的成立和马克思主义的传播

俄国十月革命给中国人民送来了马克思列宁主义，深刻地影响了中国革命的历史进程。五四新文化运动中的左翼知识分子，接受了马克思

---

① 参见中国人民政治协商会议福建省委员会文史资料研究委员会编《福建文史资料》第 9 辑，1985 年版，第 32 页。

② 参见《福建军阀演变及其统治下的政治、人民生活困苦之情况》，中共福建省委党校资料。

列宁主义并进行宣传，使马克思列宁主义在中国得以传播，并与中国工人运动相结合。1921年7月，中国共产党成立，从此，中国近代革命史翻开了新的一页。1922年7月，中国共产党第二次代表大会第一次明确地提出了彻底地反对帝国主义反对封建主义的民主革命纲领。民主革命的先行者孙中山适应时代潮流，欢迎共产国际和中国共产党对他的帮助，毅然改组中国国民党。国共第一次合作推进了人民民主革命形势的发展。中国共产党和国民党左派积极开展马克思列宁主义与新三民主义的宣传教育工作。中国共产党、共青团中央的机关报刊如《向导》周刊、《新青年》、《前锋》、《先驱》、《中国青年》等及党的出版机关发行的马克思列宁主义经典著作，源源不断地传入福建各地。八闽大地的先进知识青年，经过艰苦的探索，从中找到了解救福建人民倒悬之苦的锐利武器。

1922年10月，孙中山领导了第一次北伐。参加北伐的粤军许崇智等部进入福建，推翻了北洋军阀李厚基的统治后，国民党福州支部公开活动，民主空气日趋活跃。[①] 在国民党人开展“闽人治闽”运动时，福建省议会通电，选定起草员，从事省宪起草。[②] 在此前后，福建各地最早接受马克思列宁主义的先进知识分子纷纷组织进步社团，积极创办刊物，展开以民主革命为内容的马克思主义的宣传活动。

原省立福州第二中学学生陈任民在上海参加了社会主义青年团后，于1922年11月受团中央的派遣，趁北伐的粤军许崇智部入闽之机，回福州开展革命活动，并得到在北伐军中工作的团中央执行委员俞秀松的帮助，吸收了福州一批先进知识青年成立“民社”，[③] 开始学习和传播马克思主义。同年12月起，陈任民、方尔灏等人创办《冲决》周报、《尖兵》半月刊，激烈抨击军阀黑暗统治，宣传中国共产党的民主革命纲领，这是全省较早宣传党的主张的刊物。

---

① 参见《民国日报》1923年3月29日。

② 参见刘绍唐主编《民国大事日志》第1册，台湾传记文学出版社1978年版，第227页。

③ 参见《任民给存统的信》（1923年5月3日），中央档案馆、福建省档案馆编《福建革命历史文件汇集》甲1册，1983年内部版，第3页。

1923年夏，陈任民等人又以勤工俭学为掩护，在省立福州第二中学内组织“工学社”，组织进步青年学习马克思主义著作和中共中央以及团中央的机关刊物，并出版《工学报》，宣传马克思主义。同时，青年学生陈聚奎、郑松谷等人受上海方渊泉组织的“青年学社”所办刊物《青潮》的影响，在福州创办“青年学社福建支社”，组织学习马克思主义，以期“使一般青年，对于一切主义、学说，有明确之观念”[①]，并出版《福建青年》月刊。同年秋，陈任民、江削五等人又在“民社”基础上组织了“民导社”。

后来，“民导社”与“青年学社福建支社”合作成立福建青年社，该社于1925年1月召开成立大会时，成员达80余名。它以“研究社会科学，努力青年运动，促进国民革命”为纲领，创办《福建青年》，由方尔灏任编辑。同年1月，徐星者、苏建维等人发起组织福建“勉之学社”，后改称为“福建涤社”，并出版《涤之》周刊。从此，福建青年社与涤社互相配合，在理论上研究与宣传社会主义思想，在实践上号召青年反对帝国主义文化侵略，踊跃参加国民革命。1925年7月，共青团员翁良毓又创办福州书店，经售马克思列宁主义书籍以及党、团中央刊物和进步书刊，成为福州地区宣传马克思主义的重要阵地。

在闽南，1922年至1923年间，一批受五四新思潮影响的进步教师到厦门集美学校任教，在学校中举办“关于社会主义的学说”讲座。他们为学生讲唯物史观，宣讲“劳工神圣”，并介绍马列主义读物和进步报刊让学生阅读，也开始了马克思主义的传播。1923年秋，该校师范部学生李觉民阅读了马克思主义的书和《社会主义讨论集》等，决心相信列宁主义。李觉民一方面对同学们宣传俄国革命的成功和现状，另一方面给陈独秀写信请求指导。不久，李觉民担任团中央通讯员，代销《中国青年》及上海书店（中国共产党总发行机关）的各种关于马列主义的书。

马克思主义在集美学校的广泛传播，使学生思想发生了很大的变化。

① 《聚奎致代英的信》（1923年10月25日），中央档案馆、福建省档案馆编《福建革命历史文件汇集》（补遗），1987年内部版，第2页。

李觉民认为，“研究主义，贵在联络同志，谋实际运动”，于是联络了师范部的罗善培（罗明）、罗扬才、刘端生等人，于1923年11月组织了一个研究马克思主义的进步团体——星火社，并出版《星火周报》，宣传马克思主义。[①] 李觉民等为了团结更多的青年，于1925年春夏之交，在星火社基础上成立“福建青年协进社”，成员达130多人。该社着重“研究社会实际问题和国际政治状况”，通过义务教育把马克思主义传播到人民中间去，并继续出版《星火周报》。[②]

在闽西，邓子恢、陈少微（陈明）等人于1921年春在龙岩组织旨在宣传新思想、传播新文化的奇山书社，以期唤醒“善睡的同胞”，“循历史进化的原则指导民众，通力合作，以促进社会”的进步。[③] 1923年9月1日，该社创办《岩声》报，其目的“在于揭露社会黑暗，报道群众斗争，推广革命思潮，宣传社会主义”[④]。《岩声》报从出版之日起，就以大量篇幅揭露和挞伐帝国主义、军阀、豪绅地主对人民残酷压迫与剥削的罪恶；向人们介绍马克思的剩余价值理论，宣传社会主义社会的基本特征——生产资料公有制、不劳动不得食、人人平等的原则；告诉人们要用阶级斗争的观点和阶级分析的方法，去观察阶级社会里的一切社会现象；讨论妇女解放问题和宣传新三民主义、国民革命的情况；等等。该报办至1926年秋国民革命军入闽后停刊。该报除在闽西、漳厦等地销售外，还销售到江西、广东、台湾等12个省和新加坡、槟榔屿、日里等地，是全省创办时间最长、销售范围最广、影响最深的宣传新文化和传播马克思主义的报刊之一。

1924年5月间，在厦门集美学校的龙岩籍学生杨世宁、谢景德、李联星、张旭高等，先后组织“新龙岩季刊社”和龙岩留集美学生会，出

---

① 参见《李觉民给钟兄的信》（1923年11月24日），中央档案馆、福建省档案馆编《福建革命历史文件汇集》甲1册，1983年内部版，第8页。

② 参见《李觉民给团中央的信》（1925年5月），中央档案馆、福建省档案馆编《福建革命历史文件汇集》甲1册，1983年内部版，第35页。

③ 《岩声》1923年9月1日。

④ 《邓子恢自述》，人民出版社2007年版，第50页。

版《新龙岩季刊》和《到民间去》。1925年，上杭县进步青年罗大准、雷三明、郭上屏等组织了读书会，创办不定期的油印刊物《幻灯》，反对旧礼教，抨击军阀统治。1926年3月，汀属8县在广东大学读书的革命青年谢秉琼、胡轶寰等人，组织了《汀雷》杂志社，出版《汀雷》月刊，由谢秉琼任主编，成员约有30人。它的宗旨是："负指导和宣传的使命"，以"唤起汀人觉悟"，"引着吾汀人一齐站在革命联合战线上和一切军阀及帝国主义者奋斗"。[①] 该刊明白地宣告："军阀官僚劣绅土豪，是本刊之仇敌；觉悟的知识分子尤其是天真烂漫的青年学生和被压迫的劳动群众，是本刊之爱友。"他们爱憎分明，"仇敌，是绝不姑息妥协地攻击之；爱友，是亲热地指导之、唤醒之"[②]。他们在出版的9期100多篇文章，揭露社会黑暗统治，鼓动汀属人民行动起来，响应国民政府的北伐，号召推翻帝国主义、军阀豪绅的统治，并指导人们从事各种革命活动。

在闽北，1922年，在北京等地读书的建瓯县学生杨峻德等，把宣传新文化和传播马克思主义的刊物传入闽北家乡。1923年，他们又组织了"建属六邑国内外留学同志会"并发表宣言，提出"欲改造社会，非从文化宣传着手不可"，达到"改造桑梓"，"打倒一切恶势力"的目的。[③] 在闽中，1926年春，共产党员陈国柱受党的委派，从上海大夏大学回莆田，在哲理中学组织"新读书社"，传播马克思主义，宣传民主革命理论。1926年12月，共产党员唐生在泉州创办泉州书店，经售马克思主义书籍和革命刊物，使之成为党在泉州的重要宣传阵地。在闽东，福安县在外求学的一批知识青年，也趁暑假回乡的机会，广泛传播新思想，宣传新文化。

总之，从1921年起，福建各地的先进知识分子纷纷组织进步社团，创办不同的刊物，热情宣传新文化，广泛传播马克思主义，探索救国救

---

① 《本刊的使命与希望》，《汀雷》1926年3月。

② 《创刊词》，《汀雷》1926年3月。

③ 《建属六邑国内外留学同志会宣言》，1923年。

民的革命真理。这些宣传活动，有效地提高了群众的觉悟，促进了革命形势的发展。马克思主义通过先进知识分子这一桥梁，以及通过创办报刊和举办平民学校或工农夜校等各种渠道，广泛地传播到工农群众中去。在革命斗争的实践中，马克思主义与福建人民革命相结合，为福建省共产党、共青团组织的建立做了思想上、组织上的准备，也为福建大革命时期的工农运动作了舆论准备，更为福建大革命时期和以后的革命斗争培养了一批优秀的党的领导干部和革命中坚力量。历史证明，马克思主义理论一旦为群众所掌握，便能产生巨大力量，从而推动了整个历史发展的进程。

任何一种进步理论的产生与传播，必然会遭到守旧势力的顽强抵抗，同样，马克思主义在福建的传播，经历了激烈的斗争。马克思主义的理论和思想刚刚传入福建，军阀政府和帝国主义者便千方百计进行阻挠和破坏，妄图铲除马克思主义对福建人民的影响。北京政府内务部设立一个所谓“著作及出版物研究委员会”，专门查禁传播新思潮的进步书刊和报纸。福建军阀政府更颁布法令“严禁宣传马克思学说”①，并通过邮政、新闻、出版等部门的检查，以阻止马克思主义书刊的传播。《福建青年》月刊仅出一期，即遭警厅干涉而被迫停刊。福州书店因售马列主义书刊，开业不久即被查抄封闭，经理翁良毓被逮捕杀害。军阀政府还派遣密探到处侦查所谓“过激党”“赤化团体”的活动，捣毁社团，查抄书刊，封闭报馆。另外，在学校中还通过其代理人干涉言论，禁止信仰，检查信件，以压制青年学生接受新文化、新思潮。帝国主义者办的学校则强迫青年学生信仰“上帝”，并禁止学生参加爱国斗争和政治活动，以麻醉青年的思想。但是，马克思主义在福建的传播，是历史的潮流，任何反动势力都阻挡不住。正如当时的《民国日报》评论指出：“卑劣至此，诚堪浩叹。……吾知此令一出，新思想出版物反因之而风行矣。”②

马克思主义在福建传播的同时，还要同形形色色的反马克思主义思

① 《申报》1925年5月29日。

② 张静庐辑注《中国现代出版史料》（甲编），中华书局1954年版，第47页。

潮作斗争。1922 年 11 月，陈任民等人在福州组织进步社团，宣传新文化、传播马克思主义的时候，前清的遗老和极少数封建制度的卫道士发起组织“经学会”，他们以“讲学”为名，提倡“崇孔读经”，大讲封建哲学伦理思想，引经据典攻击新文化，诋毁马克思主义。为此郑松谷、苏建维在《闽光报》上撰文驳斥他们，指出：“孔子是封建统治阶级人物，其思想言论都不符合现代民主潮流。”[①] 不久，这些食古不化的封建余孽，终于在新思潮的冲击下销声匿迹。

在马克思主义传播时，形形色色的反马克思主义思潮也都涌入福建。国家主义派（也称醒狮派），戴着“爱国主义”的假面目，打着所谓“全民革命”的旗号来反对被压迫人民的斗争，反对社会主义。他们在福州“活动甚力”[②]，并将其在上海出版的《醒狮》周报及其他书刊，在福州、厦门等地广为散发，造成了很坏的影响。集美学校校长叶渊公然在厦门《民钟报》上发表公开信，鼓吹“采用科学的国家主义”，攻击社会主义是“盲目的破坏”，“徒乱国家无裨富强也”，[③] 猖狂地向马克思主义挑战。

此外，代表地主买办阶级利益的“研究系”政客梁启超、张东荪等也标榜他们是社会主义的“拥护者”，极力兜售资产阶级改良主义。他们在报刊上发表一系列文章，认为中国太落后，大部分人停留在封建主义时代，“没有资格”谈论社会主义；说什么社会主义不合乎中国国情，“中国的唯一病症就是贫困”，“救中国只有一条路，就是增加富力，而增加富力，就是发展实业”。因此，他们提倡“劳资协调”“互助互利”“发展协社”，实行“基尔特社会主义”。这种宣扬“劳资合作”的资产阶级改良主义在福建有相当影响。福州资本家操纵的机工协会等，就大肆鼓吹“劳资携手”“增进全体的福利”等谬论。[④] 美国实用主义哲学家杜威曾来福建讲学，宣扬“教育改造社会，改造一切”，以反对马克思主义的

---

① 赵凯：《“五四”～“四三”福州革命斗争简况》（1961 年 10 月）。

② 《方一号给弼时的信》（1925 年 9 月），中央档案馆、福建省档案馆编《福建革命历史文件汇集》甲 1 册，1983 年内部版，第 76 页。

③ 《集美潮》第 115—116 页，福建师范大学图书馆馆藏资料。

④ 参见《社会主义与资本主义》，《评论之评论》第一卷第三号。

社会革命学说。但是，随着马克思主义的传播和民主革命运动的发展，“国家主义”“社会改良主义”“教育救国”“实业救国”等谬论，都被撞击得支离破碎。

无政府主义与马克思主义曾在福建一起传播。无政府主义者以“最左”“最彻底革命”的辞藻，迷惑过一些天真无邪的青年学生。无政府主义者梁冰弦等曾在《闽星》半周刊上散布种种谬论，鼓吹个人至上，个人万能，反对一切国家，反对一切强权政治……宣扬克鲁泡特金的互助论，说什么“拿互助主义来处分国家主义”[①]，“以世界为范围，没有国家，没有强弱，没有人种区别。大家实行互相起来去谋人类平等的幸福”[②]。集美学校的国文教员、无政府主义者杜冰坡，在校内散发无政府主义刊物《民声》《奋斗》等。这些刊物发表的《告非难无政府主义者》《无政府共产派与集产派之歧点》等大量文章和书信，攻击马克思主义和十月革命。

无政府主义的谬论理所当然地遭到马克思主义者的揭露与批判。《新青年》的文章指出：无政府主义者不分皂白地反对一切政治、国家和强权，既没有历史观点，又没有阶级观点。马克思主义认为对于不同性质的国家，应采取不同态度。对于过去和现在的“掠夺的国家、官僚的政治、保护资本家私有财产的法律”，应当坚决反对；但对“禁止掠夺的国家，排除官僚的政治，废止资本家财产私有的法律”，我们不但不反对，而且必须加以巩固。[③]《共产党》月刊更明确指出：“我们共产主义者，主张推翻有产阶级国家之后，一定要建设无产阶级的国家，否则革命就不能完成，共产主义就不能实现。”[④]在理论与实际方面驳斥了无政府主义，捍卫了马克思主义的国家学说。马克思主义者对无政府主义的揭露与批判，对福建产生了积极的影响，启迪了一批先进知识青年，使之唾

① 《国家的处分》，《闽星》第一卷第七号。

② 《什么叫新思潮》，《闽星》第一卷第三号。

③ 《新青年》第八卷第一号第5页。

④ 《共产党》月刊，第五号。

弃无政府主义。厦门早期革命青年李觉民在给中共中央的信中即表示，自此以后，“我就下了决心相信列宁主义了；并知道从前信的无政府主义是没手段没方法的了”①，从而改变了观点和立场，投入对于福建无政府主义谬论的战斗。集美学校李觉民、罗善培、罗扬才等人，针对杜冰坡之流诬蔑无产阶级革命是“以暴易暴”的言论，撰文予以驳斥：劳动阶级只有以暴力，才能打破统治阶级的暴力，求得自由与幸福。无政府主义者“害怕阶级斗争”，企图以“暗杀”和“教育”的手段，实现所谓“没有政府，没有压迫”的社会，完全是“小资产阶级的幻想”②。在实际斗争中，福建的先进知识青年提高了马克思主义理论水平，初步划清了马克思主义同无政府主义的界限，认识了无政府主义的危害性。尽管当时无政府主义者在泉州不仅办报，还控制着民生、黎明两所中学，但是，随着马克思主义广泛传播和人民革命运动的日益深入发展，无政府主义的种种谬论越来越暴露出它的反动性，最终被历史所抛弃。

第三节　福建人民革命运动的逐步高涨

一　军阀的暴虐统治

统治福建的北洋军阀势力不论是李厚基、王永泉，还是孙传芳、周荫人，以及闽系海军和各地民军首领，都是帝国主义、封建地主阶级和一切反动势力在福建利益的代表。他们对帝国主义侵略奴颜婢膝，无耻地出卖国家和民族的权益，对人民群众则进行敲骨吸髓的压榨和残酷镇压，从而造成了社会动荡不安，阶级矛盾尖锐复杂，给人民群众带来深重的灾难。

“辛亥革命后，一切军阀，都爱兵如命，他们都看重了‘有军则有

① 《李觉民给钟兄的信》（1923 年 11 月 24 日），中央档案馆、福建省档案馆编《福建革命历史文件汇集》甲 1 册，1983 年内部版，第 7 页。

② 《一个无政府主义者的自述》（1961 年 6 月 16 日）。

权’的原则”[①]。军阀为了维持其反动统治，不断地扩充军队，以强化权力。因而，福建的军队人数直线上升，从辛亥革命后1.2万余人，扩展到1925年的6万余人。这样，全省军事和行政费用十分浩繁，造成了严重的财政危机。据官方文书记载：1916年福建陆军的开支预算，每月平均为157380余元；至1921—1922年间，督军署月入则达510500元，超过1916年的预算3倍而有余。[②] 1925年初，北京政府陆军部代理部务次长贾耀德在《关于最近全国岁入数和军费支出之比较报告》中说：“福建岁入数为6073318元；军费支出为10824000元；占全省岁入数的176%。”加上行政腐败，而“重迭之机关，不急之局所。冗散之员司，兼薪之差使”甚多，上自省府，下至县署，领空名而糜禀俸，不知凡几。无名之官，或无名之职，或无名之赠送，又增加了大量的财政支出。[③]

这一切军事和行政费用支出的负担，最终都转嫁到福建劳动人民的身上。军阀政府对田赋的征收，在1923年前规定每亩2910文，而1925年则提高到每亩5410文，并且规定需用银元交纳。由于银价陡涨，铜钱与纸币贬值，广大农民又多受一层盘剥。不仅如此，军阀还不断地向农民预征田赋，少的县预征3至5年，最多的预征了18年。[④] 在同一时期，印花税增加8倍，烟酒税增加3倍，统捐统税增加60倍。[⑤] 税目繁多，财政学上所有之税目，“俱抄袭而实行之”还嫌不足，又设立许多苛捐杂税进行掠夺。据漳龙道财政处长双清氏对《厦声报》记者说：“漳属民间究有若干种苛捐杂税，余不知也。不仅余不知之，即各分处亦不知也。不仅各分处不知，各纳捐人亦不知也。”[⑥]

福建是贫瘠省份，财政素称枯涩，军阀即使在赋税上极尽压榨，所

---

① 《战争和战略问题》（1938年11月6日），《毛泽东选集》第2卷，人民出版社1991年版，第546页。

② 参见《福建军饷概观》，《孤军》第1卷12期，1923年9月19日。

③ 参见《东方杂志》第十二卷第六号。

④ 参见《军阀统治下人民生活情况》，中共福建省委党校馆藏资料。

⑤ 《中国经济年鉴》财政D，第416页。

⑥ 《福建财政金融》（1927年1月—1928年12月），厦门大学剪报资料。

征收税款尚不足其财政开支的50%。为了筹措军费，敛聚私财，军阀采取竭泽而渔的手段，搜刮民脂民膏，以达其无限的诛求。他们掠夺的办法是：(1) 举借内外债；(2) 滥发纸币，鼓铸劣币；(3) 逼种罂粟，勒收烟苗捐；(4) 强行摊派军饷，公开抢掠；等等。在军阀无孔不入的盘剥勒索下，人民群众被逼得走投无路，无以为生，社会上出现了“农辍于耕，工失于肆，商罢于市，百业凋零”的景象。[①]

处在军阀统治最底层的农民群众所受的痛苦特别深重。在这一时期，福建农村土地兼并继续加剧，地租剥削也有所加重。关于土地兼并的情况，从有些地区各阶级占有土地情况，可见一斑：据闽东北地区统计，占总人口7%的地主、富农，却拥有70%的土地（包括轮田）；占总人口83%的自耕农、半自耕农、佃农，只占30%的土地。1924年后，永佃制走向崩溃，地租形式主要是定额物租制。地主、富农不管佃户收成好坏都按定租来收物租，故称为“喝租”“包租”“铁板租”等，此种租制的租率很高。尤溪县每亩肥沃土地，最多产量只能收1000斤左右，而地租就占去700斤。[②] 崇安县地租分益是“三七”或“四六”，即农民收100斤谷要缴纳60～70斤的地租，山垅田也要对交，即收成50%要交给地主。地主、富农除收正租外，还加给农民很多额外负担，如佃户纳租时需办酒筵，馈送“田头鸡”“田头鸭”。霞浦县纳租时应加薯丝若干，大约上田为100斤，中田为60斤，下田为30斤（注在租契上），俗称“小税”。

此外，农民还受高利贷盘剥，借贷的利息有“内加五”“月加一”“季加三”不等。闽清县抵借银钱，多凭契据，限期月还本利，不还即凭契管业，福州地区也有“借头卖尾”的。这些都是地主、富农以高利贷掠夺农民劳动果实的残酷手段。[③] 加上每年水灾、风灾、旱灾频繁，鼠

---

① 参见中央农民部福建汀漳办事处印：《北洋军阀统治下福建军事政治概况》（1926年7月8日），福建省委党校馆藏资料（1—0143）。

② 参见黄金涛、季天祜主编《福建经济概况》，1947年版。

③ 参见章有义编《中国近代农业史资料》第2辑，生活·读书·新知三联书店1957年版，第551页。

疫、霍乱等疫病流行，军阀争夺地盘的混战不断，等等，以致农民食不果腹，衣不蔽体，到了五六十岁还无力娶妻，土地大量抛荒，人口天量流亡。1912 年，全省人口为 1584.9 万人；1927 年，全省人口减至 1189.4 万人。农业生产遭到严重破坏，广大农民生活处于水深火热之中。

民族工商业与手工业也受到军阀的打击和摧残。在第一次世界大战中，帝国主义无暇东顾，民族工业趁机有了发展。特别在闽南，华侨资本投资设厂甚多，晋江、南安、安溪都有了电厂，安溪华侨建立了煤、铁、铝、石灰石公司等。但不少工业企业只是昙花一现，侥幸残存的不过一半。福州手工棉织业一向很发达，但由于军阀苛捐勒索，棉纱找组织公帮高抬货价，到 1924 年时，“本地出产的各种土布，退步至十分之二，各布店之不至亏本者，已属万千之幸”①。因此，福州“城内外及南港一带织布工人男女妇幼二万人，均将失业”②。加上“十里一卡，二十里一局，剥削留难，无所不致”，商人也不得不大声呼吁：“厘捐愈重，商业愈减，金融愈滞，是直使我商人无生活之希望，而置诸死地矣！”③由此可见，军阀与帝国主义的暴虐统治，严重阻碍着民族工商业和手工业的发展。

军阀为了巩固其统治，残酷地镇压人民的革命斗争，北京政府先后公布《治安警察条例》《乱党自首条例》《报纸条例》等等。这些法令剥夺了人民的言论、出版、集会、结社、信仰等权利，人民的生命财产得不到任何保障。凡是老同盟会员或国民党人即扣以“乱党”，共产党人则扣以“过激党”“赤化团体”的罪名，被捕者多遭处决。稍涉嫌疑者，亦久押不放。李厚基对革命志士“以按法律审判为费事，乃改归侦探长王献臣处理，径行报李批准执行”④，因而，在军阀统治福建时期，惨死在

---

① 彭泽益编《中国近代手工业史资料》第 3 卷，中华书局 1962 年版，第 16 页。

② 《团福州支部给团中央的信》（1925 年 5 月 22 日），中央档案馆、福建省档案馆编《福建革命历史文件汇集》甲 1 册，1983 年内部版，第 38 页。

③ 《生活日报》1914 年 5 月 17 日。

④ 参见中国人民政治协商会议福建省委员会文史资料研究委员会编《福建文史资料》第 9 辑，1985 年版，第 7 页。

督军署军法处陆军监狱者不知其数。正如当时《新青年》杂志指出的：北洋军阀的统治是封建军阀专制代替封建君主专制，所谓“民国”只剩下一块空招牌，成了一个“没有人民的民国”。①

二　各界民众反对北洋军阀统治的斗争

由于北洋军阀的暴虐统治，社会各阶级矛盾日益尖锐，突出地反映为工人、农民、商人、学生为了争取生活、生存的权利，从自发到自觉地掀起了反对压迫和剥削的斗争。五四运动以后，社会上各阶层的人民群众，由零星到有组织，从抗捐抗税到武装反抗军阀苛政的斗争风起云涌，此起彼落，从来没有停止。

福建农村中反抗北洋军阀暴虐统治，突出地表现为农民抗缴田赋、抵制苛捐杂税的斗争。特别是闽西南一带的农民群众由反抗军阀逼种罂粟、勒索烟苗捐，发展到联乡组织乡团，反抗军阀政府的暴政。

1923 年，兴泉永护军使王永泉苛征烟苗捐，一年每个农户要负担 50 多元，折谷达 12 担半。农民不堪忍受，陷入困境之中。1924 年 1 月，从北京读书回乡的惠安县学生庄竹秋、刘雪本、柳克明发动惠北各乡农民共同抗纳烟苗捐。惠安县政府包征烟苗捐的科长沈葆中得悉这一消息，即派一连军队前往惠北峰尾乡催收捐款。庄竹秋率领山腰农民在埭中阻挡军队通过。各乡农民听到消息，自动带了锄头、扁担赶到山腰，将这一连军队团团围住。军队放冷枪施以威胁，被枪声激怒的数千农民，蜂拥而上，予以痛击，只几小时，除 10 多名士兵逃脱外，108 人被农民击毙。事后，军阀派驻惠安杨增福团前往“剿办”。在战斗中，农民运用有利地形，给予进攻的军队以重创，击毙军官、士兵七八十人，缴获几挺机关枪和 1 门大炮。但因火力悬殊，以及关键时刻有一个族长动摇，撤去防守力量，致使杨团长驱直入，他们杀人放火，屠杀群众 3000 多人，焚烧房屋数千栋，造成几万农民无家可归。惨案发生后，省内各界和福

① 参见陶履恭：《我们的政治生活》，《新青年》第五卷第六号。

建旅京同乡会奋起声讨军阀的暴行。北京政府不得不命令福建省政府将祸首沈葆中以“办理不善”的罪名执行枪决，平息民愤。此后，惠北各乡的苛捐杂税大大减少，这一斗争取得了一定的成效。[①] 但是，惠北农民为此付出了极为惨重的代价。

此后不久，漳浦县东区农民因不堪军阀张毅勒索烟苗捐60万元，纷纷起来组织乡团武装抗缴。1925年1月16日，张毅恼羞成怒，派一团部队“剿洗”东区，造成周围数十里村庄被毁房屋2万余家，男女老少被杀达千余人，财产被劫夺数百万元的大惨案。2月12日，漳浦县各界召开公民大会，通电省内外控诉张毅的血腥罪行。[②] 与此同时，闽西南各县农民组织乡团，以武装自卫的方式，打击北洋军阀的统治，虽屡遭摧折，仍前仆后继，不遗余力，表现了农民英勇抗暴的革命气概。仅1925年1至2月见诸报端的就有好几起：1月13日，南安县南都乡团抗交预征1928年丁税，与军阀军队战斗，击毙士兵1名[③]；1月16日，莆田县某镇乡团为反抗军阀横征暴敛，“不得不与官兵相抗，杀死征税员和士兵30余人”[④]；同安县马巷北部的农民亦组织乡团，与某军发生武装冲突。[⑤] 另外，晋江、南安、惠安三县农民，因武装抗捐成立乡团的村庄多达1000多个。汀漳道属的长泰、连城、宁化等县农民也相继效法。闽西南农民组织乡团武装力量，反抗北洋军阀的暴虐统治，成为这一时期农民斗争的主要形式，标志着广大农民的觉醒，显示了组织和武装起来的力量。

军阀政府名目繁多的苛捐杂税，使得本已处于生活水平线下的工人陷入绝境，因而福建工人的罢工斗争也不乏记载：1918年福州船政局工人为反对局方缩减工资、延长工时，举行罢工。1920年3月，福州4000余名人力车工人为反对警察局勾结奸商组织车辆联合公司，独霸租车营

① 参见《向导》1924年1月20日。

② 参见《申报》1925年2月24日。

③ 参见《申报》1925年1月14日。

④ 《民国日报》1925年1月18日。

⑤ 参见《民国日报》1925年2月1日。

业，增加车辆赁价，展开了同盟罢工。这次罢工斗争在各界人士的支援下取得了胜利。[①] 1921 年 1 月，厦门工人与商人、学生一起，反对增加柴米捐，酿成罢工、罢课、罢市风潮，迫使军阀撤销了柴米捐。[②] 1925 年 9 月，厦门电报局员工参与全国 13 个省 450 个电报局为要求加薪和改良工作条件而举行的总同盟罢工，获得了胜利。[③] 这些斗争给予了封建统治者以一定的打击，初步显示了工人阶级的力量，使工人认识到“劳工神圣”“团结就是力量”的道理。当然，福建工人阶级的斗争还停留在自发的经济斗争方面，缺乏统一的组织与领导，因而工人阶级的力量与先锋作用尚未得到充分的发挥。

在半殖民地半封建的中国，城市中小商人同样深受帝国主义和封建军阀的双重压迫，他们也因不堪军阀的苛捐与勒索，以及帝国主义的经济侵略而增长着不满的情绪，先后发生罢市斗争。1923 年 12 月，福州各商店反对单据贴印花税，罢市两次。[④] 1924 年 1 月，厦门工商业者不堪军阀的苛捐之扰，全体罢市两天。[⑤] 8 月，惠安县崇武岭渔民、商人为反对军阀抽收百货捐而罢海、罢市，并电福州、厦门各界请求声援[⑥]，这一斗争取得了胜利。此外，还有厦门商会为抵制所谓“公安济用捐”，泉州商人为反对每月供应军需费 5 万元，同安灌口船主为抗征牌照费，而相继举行罢业、罢市斗争。漳州、龙岩、莆田、延平、建瓯等地商人为反对军阀横征暴敛所进行的斗争也持续不断。这些斗争都取得了一些成效，减轻了中小商人的一些负担，但终究不能从根本上抵制军阀的掠夺。

学生、教员由于受五四新文化运动的熏陶，较多地接受民主主义的

① 参见黄国荡：《福建革命史大事记（五四时期和第一次国内革命战争）》，《党史资料与研究》1983 年第 8 期、9 期。

② 参见黄国荡：《福建革命史大事记（五四时期和第一次国内革命战争）》，《党史资料与研究》1983 年第 8 期、9 期。

③ 参见黄国荡：《福建革命史大事记（五四时期和第一次国内革命战争）》，《党史资料与研究》1983 年第 8 期、9 期。

④ 参见《申报》1923 年 12 月 29 日。

⑤ 参见《申报》1924 年 1 月 27 日。

⑥ 参见《申报》1924 年 8 月 22 日。

新思潮，因而他们更加热烈地追求民主、自由，反对军阀专制，反对北洋军阀摧残教育，并为此而不断地举行罢课、罢教斗争。在五四运动中成立的福州学生联合会（后改为福建学生联合会）一直站在反帝、反封建的前列，率领青年学生开展爱国运动。他们以血肉之躯与帝国主义和军阀进行搏斗，唤醒民众以反对帝国主义侵略。在斗争中，学生、教师都提高了觉悟，认识到军阀是帝国主义的走狗。1923 年 12 月，福州各中小学学生 3000 多人，举行禁烟大游行，散发传单揭露军阀强迫农民种烟（鸦片）的罪恶，号召同胞们联合起来，打倒“万恶的军阀”。[①] 此后，各地学生反对帝国主义和军阀的代理人推行封建专制和殖民地奴化教育的斗争也连续不断。1923 年五六月间，厦门集美学校师生为反对校长叶渊排斥进步教师、压制学生参加爱国运动、开除学生会干事而罢课。1924 年五六月间，厦门大学学生要求改革校务，反对校长林文庆无理解聘进步教师和殴打学生等而罢课。学生 326 人有组织地宣誓集体离校，在全国各界支持下，移往上海另办大夏大学。1925 年 2 月，福州英华书院学生反对该校主理夏平和（美国人）施行殖民地奴化教育而罢课，等等。

军阀不仅残酷地镇压学生及教员的反帝、反封建的爱国斗争，而且减少、扣发教育费，扼杀教育事业的发展。1925 年福建的财政预算为 1540 万元，收入只有 1250 万元。由于财政赤字大，福建全年教育费支出仅 18 万元，还经常被军阀政府拖欠或停拨，致使各中小学教员的薪俸往往拖欠几个月。因此，教职员生活无法维持，各地教职员要求加薪、补发欠薪的罢教斗争不断发生。福州各中等学校教职员联合会议决：“教职员薪俸次月一日以前不发给八成时，即行罢教。”[②] 厦门小学教员罢教宣言说：除增加工资外，还要求规定每班学生数，每周任课时数；每年加

① 参见黄国荡：《福建革命史大事记（五四时期和第一次国内革命战争）》（续一），《党史资料与研究》1983 年第 9 期。

② 《申报》1920 年 11 月 28 日。

薪，染病期间6个月内不扣薪；在职身故者发抚恤费300元等。[①] 诸如此类，全省各地中小学教员为了争取生活、生存的权利，而发生的罢教斗争此起彼落。

总之，有压迫就有反抗。农民、工人、中小商人、学生、教员为了反抗封建军阀及其主子帝国主义的暴虐统治，自发地掀起各种形式的斗争。尽管这些斗争大部分失败了，但在不同程度上给了帝国主义及其走狗封建军阀以打击。同时，人民群众在反帝反封建的斗争中经受了锻炼，接受了教育，孕育着一个新的更加伟大的革命运动。

三　福州“四七”惨案·声援五卅运动

在中国共产党帮助下，孙中山于1924年1月在广州召开有共产党人参加的国民党第一次全国代表大会。会议通过了以反帝、反封建为主要内容的宣言，确定联俄、联共、扶助农工的三大政策。国民党经过改组，由资产阶级的政党开始转变为工人、农民、城市小资产阶级和资产阶级的民主革命联盟。国共合作的统一战线正式形成，全国各革命力量组成为浩浩荡荡的反帝、反封建的大军，展开新的斗争。

在全国革命形势的推动下，福建各阶层人民有组织、有领导的反帝、反封建斗争蓬勃兴起。1924年12月，福建学生联合会发表宣言：表示要“统率全省学生”和联络本省各界，同全国人民一道，支持孙中山北上，召开国民会议，谋求实现“（1）对外取消与列强所缔结之一切不平等条约。（2）对内打倒军阀收还政权”[②]。封建军阀及帝国主义列强深感其统治权受到了威胁，他们窥测方向，蓄谋采取行动。福州“四七”惨案和上海五卅惨案，即是帝国主义列强勾结封建军阀对中国民众实行封建法西斯统治的一个例证。

1924年12月，美国教会在福州办的英华书院，制定了禁止该校学生

---

① 参见《申报》1922年5月8日、20日。

② 《福建学生联合会国民会议促成会筹备处宣言》（1924年12月27日），中央档案馆、福建省档案馆编《福建革命历史文件汇集》甲1册，1983年内部版，第20页。

参加爱国运动的校规，遭到全体学生的坚决反对与抵制，导致学生开展了罢课斗争。该书院主理夏平和为压制学生，蛮横宣布提前放假，把全体学生驱逐出校。为了继续反对帝国主义经济、文化侵略，该校学生组织了“被驱善后委员会”，并与福州各校学生联络展开反对美国黄泽鱼在福州倾销的斗争。1925 年 2 月 9 日，美国驻福州领事莆来福、英华书院主理夏平和捏造“被驱善后委员会”委员张秋仁、福建学联会评议员陈空谷刺伤美亚洋行送货员李成发，私将他们抓捕送交警厅。同时，军阀政府在美帝国主义指使下，拘捕福建学联会编辑理事翁良毓。事后，经福建学联会等团体的强烈抗议与交涉，警厅被迫以学生无罪将三人释放。福州学生抵制美国倾销黄泽鱼的斗争益趋激烈，提出“美运鱼货入口要纳税”，并在市场上“阻售美鱼”。①

对此，美国一方面派遣军舰来闽进行武力恐吓，另一方面照会北京政府外交部要求赔偿损失、严办肇事学生。福建军阀政府竟然接受这一无理要求，于 3 月 25 日封闭福建学生联合会所，逮捕 4 名学生。这一卖国求荣的行径激起了学生的愤慨。从 4 月 2 日起，福建学生联合会在刚成立的共产主义青年团福州支部领导下，组织 18 所学校 3000 余名学生，连日向省长公署、省防司令部、闽侯地方检察厅请愿，要求释放被捕学生，但没有结果。4 月 6 日，福建学生联合会在福州师范学校开秘密会议，议决组织斗争的分工，推选 20 人专理游行请愿事务，又选出 20 人专理禁锢官署时署内事务。

4 月 7 日，军阀政府派军队包围公立法政学校，内有商业、师范、华侨、法政、福建中学五校的学生 600 余人。学生们从后门逃出，会同后来的各校学生，前往地方检察厅请愿，但被地方检察厅周围几百名武装军警阻挡。学生声称前往南街示威游行，路过省政府时，2000 余名学生涌入省长公署请愿，散发传单。下午，学生举代表 5 人，要求见省长陈述意见。当代表正在接待室等候时，军阀政府却下达武力驱逐的命令。

① 《申报》1925 年 3 月 8 日、12 日。

顿时枪声四起，如狼似虎的军警挥舞刺刀枪托击杀爱国学生。一时间，“学生血肉纷飞，卒至轻伤重伤”[①] 者达130多人。这就是美帝国主义勾结军阀政府制造的福州“四七”惨案。

第二天，福州各界民众和学生一致罢市、罢课抗议。福建学生联合会通电京、沪同乡会和全国学生联会会等单位团体，控诉这一血腥暴行。4月9日，福建学生联合会组织各校受伤学生赴法庭验伤，并游行市街，以示群众。省内外各界民众、社团函电交驰，严厉谴责军阀政府与美帝国主义的罪行。全国学生联合会来电表示“决率全国学生为后盾”，要求北京政府“查办周荫人、萨镇冰，抚恤伤者死者；向美国政府提出严重抗议，撤换美国驻福州领事；启封福建学生联合会会所，当局应永不干涉学生爱国运动”[②]。上海、湖南学生联合会为声援福州学生，通电各地学联会一致援助，并向“执政府说明排美之必要”，要求“饬即释放被捕学生，抚恤死伤学生”。[③]

中共中央主办的《向导》周报和青年团中央主办的《中国青年》也分别发表文章。《向导》的文章指出，“这个事件的意义是帝国主义勾结军阀残杀中国民众。这个事件不仅是‘福州事件’，将成为中国国民革命中有重要意义的事件，是国际帝国主义以美帝国主义为首开始向中国民众做直接的进攻”，号召学生、工人、农民、觉悟的军人，以及一切被压迫的阶级起来援助福州学生，收回教育权，打倒帝国主义。[④]《中国青年》主编恽代英大力赞扬“福州学生是勇敢可钦佩的”，号召把那些有革命要求的人，组织到团体中间来，解放一切被帝国主义、军阀压迫的民众。在省内外各界民众、社团严厉声讨，以及福州爱国学生坚持斗争下，军阀政府被迫启封福建学生联合会会所，释放被捕4名学生，接受高审、地审检察厅各长引咎辞职。

---

① 《严秉诚等致段执政代电》(1925年4月)，中央档案馆、福建省档案馆编《福建革命历史文件汇集》甲1册，1983年内部版，第29页。

② 《民国日报》1925年4月25日。

③ 《民国日报》1925年4月19日、5月5日。

④ 参见超麟：《形势严重之美帝国主义残杀福州学生》，《向导》1925年4月12日。

福州“四七”惨案不仅是福建学生运动史上而且也是五四以来中国学生运动史上的一大惨案。此后不久，又先后发生了日英帝国主义制造的青岛惨案和上海五卅惨案。因此，“四七”惨案成了五卅运动的先声。

5 月 30 日，上海各校学生在街头进行反帝宣传活动，帝国主义巡捕大肆逮捕讲演学生。下午 3 时，近万名群众集合在老闸捕房门口，要求释放被捕学生。英国捕头爱伏生竟下令开枪射击，当场打死爱国群众 11 人，重伤 15 人，抓捕 53 人，制造了震惊中外的五卅惨案。

惨案的噩耗传到福州，各界民众心怀切肤之痛，同仇敌忾展开了反对帝国主义的斗争。从 6 月 3 日起，各校学生开始罢课。共青团福州支部通过福建学生联合会，召集各校代表开会，决定组织各界反帝斗争团体。6 日，福建学生联合会、福建青年社、福建工学社等 50 余个团体，组成“上海惨杀案福建各界后援会”。7 日，福州 4000 余名学生示威游行，商店开始罢市。10 日，后援会组织了工人、学生、商人、市民举行声势浩大的游行示威，参加者达 3 万余人。游行队伍高举“收回领事裁判权”等瞩目醒人的标语，前往仓前山各国驻闽领事馆前，齐呼“打倒帝国主义”，口号声震天动地，极为悲壮。12 日，福建学联会派代表赴沪，慰唁五卅惨案死伤人员，并联络募款捐助上海罢工工人。17 日，后援会召开各团体会议，决定与英、日经济绝交，组织英、日洋务员及工人数千名罢工。①

同时，厦门也掀起声援上海人民、展开反对帝国主义的斗争。6 月 2 日，厦门各界为上海惨案成立了国民外交后援会。6 日，厦门各界为五卅惨案举行空前规模的示威大游行，学生罢课、商人罢市、工人罢工，海上的大小船只也相约罢海，以打击帝国主义。25 日，后援会领导号召在全市实行对英、日经济绝交。厦门学生联合会组织讲演团赴鼓浪屿演讲游行，高呼反对英日帝国主义口号；还议决收回鼓浪屿市政司法权，撤销日本在厦警察权，在鼓浪屿市政未收回前，华人在鼓浪屿有集会、

① 参见《团福州支部给团中央的信》（1925 年 6 月 12 日），中央档案馆、福建省档案馆编《福建革命历史文件汇集》甲 1 册，1983 年内部版，第 43 页。

言论、出版自由。厦门工人因“亲受外资恶魔的压迫，感触较其他阶级为深刻”，成了爱国斗争的主力军。6月30日，为纪念五卅惨案周月，再次全岛罢工、罢课、罢市，并举行游行示威。英国驻厦门领事惶惶不可终日，被迫致函后援会，要求和平解决。[1]

在泉州，6月11日，各校学生举行示威游行。私立中学学生决心投笔从戎，组织学生军，成立义勇队，誓为救国后盾。教育界还组织五卅剧社，公演《申江血》等剧，进行反帝爱国斗争宣传，并筹款支援上海罢工工人。集美学校师生也组织救国团，议决在暑假期间派遣宣传队回乡宣传，以唤起民众。漳州各界民众厉行抵制英、日货。日商漏夜潜逃，奸商销声匿迹。

6月25日，连江县各界为声援沪案进行示威游行，愤怒的群众捣毁日商建和烟土公司招牌。日人勾结驻县海军陆战队派兵镇压，打死市民1人，伤学生、群众20多人。县城罢市、罢课，各界联电声援。莆仙、闽东、闽西、闽北各地学生、商人、工人、市民也接连举行游行示威，抵制英、日货，声援上海工人、学生的反帝斗争。波澜壮阔的五卅运动还扩展到一些偏僻乡村，厦门港尾等村农民也组织了外交后援会，龙岩适中、大小池乡村的各界民众举行游行、讲演。

全省人民群众通过五卅运动的战斗洗礼，进一步认识了帝国主义和封建军阀的凶恶面目，更加勇敢和坚决地投入到打倒帝国主义、打倒军阀的洪流中去。这就大大地提高了人民群众的革命觉悟和组织程度，进而推进了国民革命运动的发展。

四　福州学生掀起收回教育权运动

帝国主义列强侵入福建后，不仅在全省各地进行政治经济侵略，而且还不断地加强文化侵略。据1919年统计，教会在全省创办大中小学1709所。其中大专3所，中专12所，中学18所，小学1676所，大力推

---

① 参见《申报》《民国日报》，1925年6月5日、10日、26日，7月1日。

行殖民地奴化教育。[1] 这些学校禁止学生接触新文化新思想，反对学生参加爱国运动，强迫学生读《圣经》、做主日学，等等。这些理所当然地引起教会学校爱国学生的反抗，也引起了社会上各阶层民众的公愤。五四运动后，福建省反对教会学校的封建专制和殖民地奴化教育的斗争连绵不断，各界民众早已有收回教育权的倡议。在经历了“四七”惨案和五卅运动的战斗洗礼后，各界民众收回教育权的声浪更高。共青团福州地委率先发动，于 1925 年 9 月 12 日在福建学生联合会中成立了收回教育权运动委员会，选举翁良毓担任委员长，张章楷、林铮、陈聚奎等 16 人为委员，设立交际股、宣传股以具体指导这一运动。

收回教育权运动委员会在共青团福州地委的领导下，做了大量细致的工作。他们先后发表两次宣言与致全国及各地学生联合会的“快邮代电”，并致函省内各县学生联合会促其成立支会，定期召开各界讨论会并筹备发起收回教育权运动，议决在委员会中设立脱离教会学校同学报名处，负责介绍他们转入官立、私立学校，并在报纸上设专栏登载离校同学姓名以表敬意，[2] 公开发行《收回教育权运动》刊物，揭露帝国主义文化侵略的险恶用心以及教会学校的黑暗，批判卖国论调，论述收回教育权的必要性，提出“打倒一切教会学校”“反抗帝国主义文化侵略”等口号，号召广大青年学生特别是教会学校的学生，“努力去干收回教育权运动”。[3]

通过宣传鼓动，各界民众深刻地认识到，“教会学校是帝国主义文化侵略的机关和制造顺民的工厂”，“教育权是国权之一种”；[4] 收回教育权

---

① 参见唐斌：《福建人民革命的历史条件——大革命前福建政治经济概况》，《党史研究参考资料》1981 年第 5 期。

② 参见《福建学生联合会收回教育权运动委员会决议案》（1925 年 9 月），福建省委党校馆藏资料（1—0097）。

③ 翁良毓：《设立教会学校的原因和反对理由》（1925 年 10 月 30 日），福建省委党校馆藏资料（1—0099）。

④ 翁良毓：《设立教会学校的原因和反对理由》（1925 年 10 月 30 日），福建省委党校馆藏资料（1—0099）。

运动“直接是教育权问题，间接又是一个不平等条约问题，即直接收回教育权运动，间接即为废除不平等条约的问题”①。这些宣传为福州各大中学校开展轰轰烈烈的收回教育权运动指明了方向。福建废约同盟会、格致书院收回教育权运动临时委员会、杨光中学学生会、青年会学校学生决志离校同盟会、培元中学学生会等收回教育权组织相继成立并发表宣言，省内各县非基督教同盟会、收回教育权运动支会也纷纷建立。各教会学校的爱国青年学生纷纷离校，向收回教育权运动委员会报名离校的学生就有 346 人，没有报名而离校者更多。从英华书院退出来的学生组织了闽江中学，从青年会学校退出来的学生成立了三山公学。这两所学校成为当时从教会学校退出来的学生阵地，受到了共青团福州地委的高度重视。这些斗争初步显示了福州各界民众、青年学生反对帝国主义的力量与决心，打击了帝国主义的嚣张气焰。

经过各界民众特别是青年学生的斗争，各教会学校近于瘫痪，纷纷提请北京政府教育部立案继续办学。收回教育权运动委员会有鉴于此，于 1925 年 9 月 18 日在第三次会议上重新规定了教会学校办学的 5 项条件：“（一）应向吾国教育部立案，并完全受其行政及课程之支配；（二）不得实行宗教教育；（三）学生得参预校政；（四）恢复学生自由，不得干涉学生爱国运动；（五）校长及教务长须聘中国人。”另申明，未履行上列条件的教会学校仍照之前议决收回。②

由于这一革命运动威胁了帝国主义及其走狗的统治，他们对福州团地委领导的各种革命活动实行白色恐怖。12 月 23 日，军阀政府派兵进驻福建学生联合会，查抄、封闭福州书店，拘捕书店经理、福建学生联合会执行委员会总务部主任兼收回教育权运动委员会委员长翁良毓（共青团员），于翌年 9 月 22 日将其杀害。在帝国主义和军阀的血腥镇压下，收回教育权运动转入低潮。

收回教育权运动在全省产生了深刻的社会影响，它启发了各界民众

① 《福建废约同盟会成立宣言》（1925 年），福建省委党校馆藏资料（1—0057）。

② 参见《收回教育权运动委员会第三次会议议决案》（1925 年 9 月 18 日）。

特别是青年学生的政治觉悟，使人们对帝国主义与军阀之间的关系有了进一步了解，更加明确“军阀者，帝国主义之附属物也，赖帝国主义而生存，而猖狂；故帝国主义朝告消亡，军阀无夕之生理。是以吾人之第一步工作，当以侧重打倒帝国主义为宜”①。这使收回教育权运动上升到反帝、反封建和改造社会的高度，比以往的自发地反对帝国主义与军阀的斗争前进了一大步。从某种意义上说，福州掀起的收回教育权运动已成为全国新民主主义革命运动的一部分，为国民革命军入闽后再度掀起反帝的“非基运动”高潮准备了良好的条件。

第四节　中国共产党福建地方组织的建立

一　中国共产主义青年团福建地方组织的建立

1925 年 1 月，中国共产党在上海召开第四次全国代表大会，着重讨论如何加强对日益高涨的革命运动的领导和迎接革命高潮的准备工作问题。会议通过的《对于组织问题之决议案》指出：“在现在的时候，组织问题为吾党生存和发展之一个重要问题”，如不迅速加强党的组织建设，“党决不能前进”。会议决定在全国范围内发展和建立中国共产党的组织，以适应革命大发展的需要。中国社会主义青年团也召开第三次全国代表大会，将社会主义青年团改称为共产主义青年团，动员全团贯彻党的四大的决议，搞好发展团的工作。这时的福建各地，随着马克思列宁主义的广泛传播，有组织的反帝反封建革命运动蓬勃兴起，进步社团像雨后春笋一样成立，为福建党、团组织的建立提供了有利的条件。

1925 年 3 月，共青团中央派马念一到福州、仙游等地调查了解情况，指导建立团组织。他帮助陈任民从福建青年社中吸收陈聚奎、方尔灏、翁良毓、林铮、施松龄等 10 人加入共青团。经团中央批准，共青团福州

① 《福建废约同盟会成立宣言》(1925 年)。

支部于4月1日正式成立，由陈聚奎任支部书记。团支部一建立即投入领导青年学生反对帝国主义、封建军阀制造的“四七”惨案的斗争。到5月下旬，团员发展到19人。[①] 上海五卅惨案后，团支部领导和发动青年学生参加反帝反封建的五卅运动，在斗争中经受锻炼和发展壮大团的组织。同时，团支部深入到工农群众中去，发动和组织工农青年参加五卅运动，扩大共青团的影响，在斗争中吸收工农青年中的先进分子参加团的组织。6月23日，共青团农民支部成立，成员有6人，由郑章荣任书记。接着，以教师、店员中先进青年组成的共青团尤模街支部也于7月7日成立，由崔文焕任书记。[②]

1925年5月，共青团福州支部派方尔灏随马念一赴上海向团中央汇报工作。当着全国反帝反封建斗争的深入发展和团组织的壮大之际，为适应斗争形势发展的需要，团中央委任方尔灏为中央特派员，派其回福州整顿团的组织，成立共青团福州地方委员会。7月19日，方尔灏主持召开团员大会，传达团中央关于成立地委的决定。会上选举林铮为团福州地委书记，陈聚奎为宣传兼学习委员，翁良毓为组织兼工农委员，李培兰为妇女委员。团地委下辖职工小学、女校、三山、七里、农民和福州书店6个支部，共有团员37人。团地委建立后，加强了对支部的领导，分别组织团员学习马列主义著作和党、团刊物，“研究时事，并养成团体生活的习惯”[③]。

八九月间，方尔灏与林铮因意见分歧发生矛盾，林铮提请辞职。经过团中央教育、调解，团地委于10月28日进行改选，改选后的地委由林铮、陈聚奎、翁良毓3人为执委，林铮为书记，陈聚奎为宣传委员，

① 参见《团福州支部给团中央的信》（1925年5月22日），中央档案馆、福建省档案馆编《福建革命历史文件汇集》甲1册，1983年内部版，第39页。

② 参见《团福州农民支部给团中央的信》（1925年7月13日），《团福州尤模街支部给团中央的信》（1925年7月14日），中央档案馆、福建省档案馆编《福建革命历史文件汇集》甲1册，1983年内部版，第46—49页。

③ 《方一号林铮给团中央的报告》（1925年7月30日），中央档案馆、福建省档案馆编《福建革命历史文件汇集》甲1册，1983年内部版，第65页。

翁良毓为组织委员；并指定陈公光为非基委书记，林铮兼经委书记，陈聚奎兼学委书记，游寿为妇女委书记。[①] 这时团员发展到 43 人，下辖 10 个团支部。在连江县也有 3 个团员。

1925 年 12 月 23 日，军阀周荫人到处禁止“赤化团体”的活动，查抄封闭福州书店，逮捕该店经理、团地委执委翁良毓。在白色恐怖严重的情况下，团地委于 12 月 27 日进行改组，选出严明杰为书记，尤崇玮为组织委员，施松龄为宣传委员；并委任陈聚奎为学委书记，陈公光为非基委书记，李培兰为妇女委书记，林菁为经委书记，郑尚衡为儿童委书记。改组后的地委领导力量薄弱，不能适应急遽变化的形势，各种工作开展均有困难，于是不得不在 1926 年 2 月 1 日由全体会议决定再次改选地委领导成员，选出书记林铮、宣传陈公光、组织陈聚奎、经委严明杰、学委林菁，其余非基、妇女暂不设置，下仍设 10 个支部，即商业专门、福建大学、工业专门、女子师范、妇女工读、三山小学、职工小学、七里农民、尤榠农民、第一师范等支部和直属地委支部。至此，团员已发展到 50 人，分布在工人、农民、青年学生、小学教员、新闻记者中，成为福州反帝反封建斗争的中坚力量。[②]

厦门的建团工作是受团中央和共青团广东区委指导的。[③] 集美学校是厦门马克思主义最早传播的一个中心。核心人物是李觉民、罗善培(罗明)、罗扬才等一批贫苦青年学生。1924 年底，经社会主义青年团(1925 年 1 月改称共产主义青年团）中央批准，李觉民成为厦门地区第一个团员。1924 年 11 月，李觉民还向团中央表示，待入团组织手续齐备以

---

① 参见《林铮给团中央的报告》（1925 年 11 月 1 日），中央档案馆、福建省档案馆编《福建革命历史文件汇集》甲 1 册，1983 年内部版，第 83 页。

② 参见《林铮等给团中央的报告》（1926 年 3 月 17 日），中央档案馆、福建省档案馆编《福建革命历史文件汇集》甲 1 册，1983 年内部版，第 104—112 页。

③ 从目前所见中央和福建省档案馆公布的档案可知，自 1923 年 11 月至 1925 年 5 月，厦门仅集美学校李觉民、团中央及团中央委员恽代英发生联系报告工作；1925 年 6 月共青团广东区委派蓝裕业（中共党员）到厦门建立团组织“厦门特别支部”后，厦特支归团广东区委领导，同时也与团中央保持联系。

后，将把集美学校“相信得过的不但相信主义而且能活动的校友”组织起来。①

1925 年 5 月，团中央指示李觉民，要他在协进社内“速即训练进步分子，成立本团的健全的支部”②。为了让团中央了解情况，李觉民向中央介绍了集美学校“几位对主义最有信仰的人”：罗善培（罗明）、熊其藻、吴仰文、谢肇齐、陈培英。③ 6 月初，共青团广东区委委派蓝裕业到厦门帮助建团工作。关于厦门建团，蓝裕业当时给团中央委员、《中国青年》主编恽代英的信说得很清楚：“弟于粤局变后，即奉广委来厦工作，现已有十余日了。……此间有同学李觉民兄，系兄所介绍。集美方面，有信仰 C 者，经由觉民兄介绍，弟经与他组织一支部，人数七人。……厦门学生运动颇有希望，但缺乏人作工耳。”④

这一文献表明，李觉民系由恽代英介绍入团，蓝裕业经由李觉民的关系于 1925 年 6 月组建了厦门共青团支部。团员有李觉民、罗扬才、邱泮林、刘端生等，李觉民任支部书记。团厦门支部直接受上海团中央领导，并受广东团区委的指导。但团厦门支部建立后，组织发展缓慢，缺乏严格的组织生活，如很少开会、缴纳团费、研究讨论工作以及办理转移介绍等，组织不健全，到 1926 年 2 月，团员只有 10 人。⑤

鉴于共青团厦门支部的这种状况，共青团广东区委召李觉民到广州“详加指导”，“关于工作亦详与讨论”，并向共青团广州区委所属支部学

① 参见《李觉民给钟兄的信》（1923 年 11 月 24 日），中央档案馆、福建省档案馆编《福建革命历史文件不世集》甲 1 册，1983 年内部版，第 6 页。

② 团中央在《李觉民给团中央的信》上的批语（1925 年 5 月），中央档案馆、福建省档案馆编《福建革命历史文件汇集》甲 1 册，1983 年内部版，第 36 页。

③ 参见《李觉民给团中央的信》（1925 年 5 月 6 日），中央档案馆、福建省档案馆编《福建革命历史文件汇集》甲 1 册，1983 年内部版，第 33 页。

④ 《蓝裕业给代英的信》（1925 年 6 月），中央档案馆、福建省档案馆编《福建革命历史文件汇集》甲 1 册，1983 年内部版，第 45 页。

⑤ 参见《团厦门特支关于三月份的综合情况报告》（1926 年 4 月 16 日），中央档案馆、福建省档案馆编《福建革命历史文件汇集》甲 1 册，1983 年内部版，第 120 页。

习工作方法等。[①] 11月、12月间，李觉民回到厦门，根据团广东区委指示，将团厦门支部改为厦门特别支部。[②]

继福州、厦门建立团的组织后，莆田县陈国柱与团中央袁孟冰等联系，于1926年2月底在莆田哲理中学成立共青团莆田支部，书记为陈国柱，组织陈天章，宣传陈德来，有团员12人。1926年七八月间，党中央派翁振华回漳州工作，发展了王占春、王德（曾宗乾）等8人为共青团员，成立漳州共青团支部，由季康任书记。随着国民革命军入闽，各地又陆续建立和发展了团的组织。1927年1月，在漳州成立共青团闽南特委，由王德任特委书记，特委隶属团广东区委领导。

团的组织在福建各地建立后，进一步促进了反帝反封建革命斗争的发展。工农运动、学生运动和革命统一战线的工作都有计划、有组织地开展起来，并取得了很大的成绩。团员也在斗争的实践中得到了锻炼，提高了马列主义的理论水平，为党组织的建立奠下了基础。

二 中国共产党福建地方组织的建立

中国共产党福建地方组织，是在建立共青团组织的基础上，或由党中央和中共广东区党委派遣在外地学习、工作入党后的同志来福建建立和发展起来的。

1925年9月，团中央福州特派员方尔灏写信给中央，告知福州已有共青团员“三四十人”，但“此间无C.P.，我意欲在闽组织”，可否先介绍我入党，“然后从事发展”，因为有一些25岁以上的团员“甚愿组织

---

① 参见《团粤区委组字报告第二号》（1925年11月20日），中央档案馆、广东省档案馆编《广东革命历史文件汇集》甲3册，1983年内部版，第191—192页。

② 参见《团粤区委组字报告（第二号）》（1925年11月20日），中央档案馆、广东省档案馆编《广东革命历史文件汇集》甲3册，1983年内部版，第191页。团粤区委1925年11月20日报告谓：厦门支部“成立虽久，实际上等于未成立，现支部书记（李觉民）来广州……现大学方面已给以特别政治工作，约日内便回去”。1926年1月6日报告谓：“厦门特支：成立虽数月，但同学甚少识团体。李觉民来省（出席民校大会）后……工作完全停顿。”李觉民于1925年11月下旬返厦，故判断11—12月间成立共青团厦门特别支部。

C. P.，从事政治活动”。[①] 后因共青团福州地委内部纠纷、北洋军阀政府加紧镇压革命活动、地委主要领导人之一翁良毓被捕等原因，建党工作停顿了一段时间。此后，根据党中央的指示，1926 年 4 月初，共青团福州地委进行整顿和改组，党团组织分化，将方尔灏、林铮、陈聚奎、施松龄、吴徽谦等 17 名团员转为中共党员，成立中共福州地委[②]，由方尔灏为地委书记[③]，直属党中央领导。6 月间，党中央派蔡珊来福州，改组了地委，由蔡珊任地委书记，方尔灏任宣传部长兼团福州地委书记、宣传部长，陈兴钟（应中）任组织部长兼团地委组织部长。改组后的中共福州地委为迎接国民革命军入闽，广泛地发动群众，开展各种形式的斗争，推动了革命形势的蓬勃发展。

共青团厦门特别支部成立后，中共广东区委十分重视厦门党组织的建立和发展。1925 年 10 至 11 月间，罗扬才到广州出席新学生社代表大会，在会议期间经罗明、杨善集介绍，转由学生大会党支部吸收入党。1926 年 1 月，李觉民到广州出席国民党第二次全国代表大会时，也参加了党的组织。[④] 罗扬才、李觉民入党后，广东区党委指示他们返回厦门后，在加强

---

① 《方一号给超麟的信》（1925 年 9 月 12 日），中央档案馆、福建省档案馆编《福建革命历史文件汇集》甲 1 册，1983 年内部版，第 73 页。

② 参见《团福州地委给团中央的信》（1926 年 5 月 1 日），中央档案馆、福建省档案馆编《福建革命历史文件汇集》甲 1 册，1983 年内部版，第 127—129 页。该文在报告福州党团组织分化及成立中共福州地委时说，“此间改组已三星期”，并列出由共青团员转为中共党员（或党团员兼任）17 人名单。由此推断中共福州地委成立的时间为 1926 年 4 月初。

③ 参见陈应中：《关于“一战”时期福州党的组织情况》（1986 年 9 月 20 日），《福州党史资料》1986 年第 5 期。

④ 参见《罗明回忆录》，福建人民出版社 1991 年版，第 24 页。关于罗扬才入党，厦门市委党史研究室著《中共厦门地方党史》（中央文献出版社 1999 年版）第 60 页表述为，1925 年 11 月，罗扬才“到广州出席广东地区学联代表会”，会议期间由罗明、杨善集介绍入党；1978 年 4 月罗明的回忆又说，罗扬才于 1925 年 11 月在广州出席全国学联第八次代表大会期间入党。查广东省有关党史资料，1925 年 11 月没有召开全国学联第八次代表大会的记载，也没有全国学生代表会或广东地区学联代表会的记载，只有同年 11 月 16 日《广州民国日报》报道 10 月至 11 月间，新学生社在广州召开了各地代表大会。新学社为共青团广东区委领导下的以共青团员为骨干的外围组织，由阮啸仙、蓝裕业等发起于 1923 年 6 月成立，阮啸仙为书记。据此可知，罗扬才去广州是参加这次 10 月至 11 月中旬之前召开的广东新学生社代表大会。

团组织建设的同时，要建立和发展党的组织。1926 年 1 月，广东区团委派共青团员（兼共产党员）罗秋天（又名罗若雪）到厦门加强共青团厦门特别支部的领导（罗秋天于同年 4 月返回广州）。① 这样，李觉民、罗扬才、罗秋天等成为厦门地区的第一批共产党员，但当时党团组织还没有分化，因此厦门的组织还是由党、团员混合组成的共青团厦门特别支部。

由于李觉民到广州出席国民党“二大”后，共青团厦门特支“工作完全停顿”，因此共青团广东区委除派罗秋天去厦门，又于 1926 年 2 月派李觉民返厦门，派罗善培（罗明）赴厦门负责共青团厦门特支的整顿和党团分化工作。② 罗明此去厦门，责任重大，不仅受共青团广东区委指派，而且对团中央负责。③

据罗明和团厦门特支 1926 年 4 月初向团中央所写《关于三月份的综合情况报告》(4 月 16 日签收)，2 月中旬罗明到厦门以后，发现仅有的 10 个团员不懂得团的组织与政策，既不开会交纳团费，也不向外活动，所以“一方面向他们报告本校组织报告概略及办理转移介绍”等事项，并积极向外发展，至 3 月底发展至 43 位团员，由 2 月间的厦岛支部、集美支部发展为 7 个团支部。④

① 参见罗若雪口述：《厦门地区党团的建立和早期的革命活动》(1961 年 11 月 21 日)，福建省委党校馆藏资料（2—0036）。

② 参见《团粤区委组织部一月份工作报告》（1926 年 2 月 11 日），中共厦门市委党史办编《厦门革命历史文献资料选编》第 1 集，1987 年内部版，第 143、144 页。

③ 参见从目前所见中央档案馆、福建省档案馆公布的文献，自罗明于 1926 年 2 月中旬春节以后到厦门，至同年 5 月 31 日，其间以共青团厦门特支或其个人“阿罗”名义写出的 5 份报告，都是写给共青团广东区委或团中央；1926 年 1 月 6 日之后团广东区委给团中央的报告，有 3 份涉及团“厦门特支”以及罗明、李觉民的工作。故此认为，罗明是以中共党员资格，但是受共青团组织委派，对厦门共青团组织作整顿和党团组织分化工作。

④ 参见《团厦门特支关于三月份的综合情况报告》(1926 年 4 月 16 日)，中央档案馆、福建省档案馆编《福建革命历史文件汇集》甲 1 册，1983 年内部版，第 120—121 页。本文应为罗明在 1926 年 4 月上旬离开厦门回广州前所写，所署 4 月 16 日为文件戳记日期即收件时间。4 月 3 日罗明离开厦门前与团厦门特支《给团中央的报告》，告知“现在我把三月份工作报告寄上”，表明这两份报告为同时发出。

这份报告还表明，为了加强组织领导和为党团分化作准备，罗明于3月间重新组建了共青团厦门特别支部干事会，书记阮山、组织李觉民、宣传罗大业、学委罗扬才。在厦特支干事会以下，直属4个支部共18人，即厦门大学支部5人，书记罗扬才；集美小学支部4人，书记巫丙熹；禾山农村支部3人，书记严子辉；大中街支部6人，书记柯子鸣。这4个支部“拟改为大学（中共）支部，近已函商广东区大学瞿伟兄”即中共广东区委。团厦特支领导下还有3个团支部有22人，即集美师范支部12人（分为三个小组），书记罗贤开；中山中学支部5人，书记陈祖华；育民、清河小学支部5人，书记刘端生。①

这份报告同时表明，共青团厦门特别支部仅一个多月就有了很大发展，并于1926年3月间作好了党团分化和组建党组织的准备，并“函商”中共广东区委。但直到5月，厦门党组织仍未正式建立。罗明于4月上旬离开厦门回广州以后，由阮山担任书记的共青团厦门特支于1926年5月31日向团中央报告说：“大学与中学本早就从事分化，惟升学表未填齐寄去广区。”即由团转党的手续还没有办妥。这份报告还显示，中共厦门支部人员已“拟定”：“干事会书记阮山；宣传兼组织刘大业；学委罗杨〔扬〕才；农运严子辉；工运柯子鸿。中学干事会书记罗杨〔扬〕才；组织黄清淮；宣传陈祖华；学委庄醒民”②。显然，这里显示厦门党团组织的两份领导机关的名单，同上述同年共青团中央于4月16日收到的罗明关于团厦门特支《三月份综合情况报告》的名单是不同的。即《关于三月份的综合情况报告》是共青团厦门特支名单，5月31日《团厦门特支报告》是厦门党团两个特支名单。

① 参见《团厦门特支关于三月份的综合情况报告》（1926年4月16日），中央档案馆、福建省档案馆编《福建革命历史文件汇集》甲1册，1983年内部版，第122页。“广东区大学瞿伟兄”即中共广东区委。于此可证，共青团厦门特支已于1926年3月开始党团分化的工作，但党组织的建立尚在筹备过程。据1926年2月11日共青团粤区委组织部《一月份工作报告》，实行党团组织分化，20岁以下为团员，20～23岁为团员兼党员，23岁以上归为党员。

② 《团厦门特支报告》（1926年5月31日），中央档案馆、福建省档案馆编《福建革命历史文件汇集》甲1册，1983年内部版，第137页。

另外，罗明在完成厦门的工作以后，大约于 4 月上旬返回广州，并于 4 月 3 日给团中央写了报告，告知“厦门校务（按：指团组织工作）以后归阮山同学负责”；“东渠兄（按：指广东团区委）派我来此，现在工作四十余日，不久便可回东渠兄处”。罗明把这封信连同团中央在 4 月 16 日收到的《团厦门特支关于三月份的综合情况报告》，一起发送给了团中央。[①] 迄今未见此后至 5 月 31 日，厦门党团组织活动的文献记载。

通过上述历史档案的比较，可以判定，中共厦门干事会在 1926 年 5 月 31 日以前已拟定，但组织名单及上报程序尚未完成。据此推断。中共厦门干事会的成立，是在同年 4 月上旬罗明离开厦门之后至 5 月间。按这份名单，厦门党组织的干事会第一任书记为阮山，干事会成员为刘大业、罗扬才、严子辉、柯子鸿，共青团厦门干事会书记罗扬才，兼中共厦门大学支部书记。

1926 年下半年，闽西各地也开始建立党的组织。7 月，阮山、林心尧受厦门党组织委派，回到永定上湖雷与从第五届广州农讲所入党回乡的赖玉珊、赖秋实等建立了中共永定支部，由阮山任支部书记，党员有林心尧、赖秋实、熊一鸥等。10 月，共产党员朱积垒、郭滴人、陈庆隆、李联星、温家福、胡永东等 9 人在广州第六届农讲所毕业后，受中共广东汕头地委派遣，回到闽西各县和漳州地区开展农民运动和建党工作。他们与从各地学习、工作回乡及随北伐军入闽的共产党员，积极在各县进行建立党组织的活动。

11 月，胡永东回到永定下洋，和厦门集美学校回乡学生陈正、曾牧村、卢肇西等在下洋公学成立了中共金丰支部。由胡永东任书记。温加福、雷三明随北伐东路军回到上杭开展革命活动，吸收了罗大准、吴梅林入党，成立了中共上杭支部，由温加福任支部书记。后来谢秉琼、林心尧、蓝维龙回到上杭，加入了党支部。11 月，从广州农讲所回龙岩的共产党员陈庆隆、郭滴人、朱文昭等人组成党小组，又吸收陈国华、谢

① 参见《团厦门特支给团中央的报告》（1926 年 4 月 3 日），中央档案馆、福建省档案馆编《福建革命历史文件汇集》甲 1 册，1983 年内部版，第 118 页。

宝萱、陈品三、罗盛怀等入党，于1927年1月建立中共龙岩县支部，由陈庆隆任书记，郭滴人为组织委员，朱文昭为宣传委员。12月，朱积垒在平和上坪村等地发展了陈彩芹、朱赞相、罗育才等10多人入党，成立中共平和县支部，由朱积垒任书记。同月，翁振华、谢志坚在漳州吸收许土淼、邱泮林等5人入党，成立中共漳州支部，由翁振华任书记。① 12月中旬，中共惠安临时支部成立，由王德彰任书记。这些党的组织都与中共厦门干事会有联系。

1926年7月，杨峻德、翁树年、葛越溪、潘作民受中共中央的委派，从北京、上海等地回建瓯，成立中共建瓯县支部，由葛越溪任书记。12月，陈国柱经党中央罗亦农介绍，与中共福州地委方尔灏、陈兴钟（应中）取得联系，经过研究后，党团组织分开，成立中共莆田特别区委。并在莆田城郊、广业、涵江、黄石、笏石、江口等地发展党员，建立党的组织。中共莆田特别区委书记陈国柱、组织陈天章、宣传林嵩龄、农运吴梦泽、工运林清汉、青年陈德来、妇女郭晓云，隶属中共福州地委领导。

中国共产党福建地方组织的建立，使福建革命史翻开新的一页。从此，福建人民在中国共产党的各级组织的直接领导下，迎来了反帝反封建的大革命的高潮。当国民革命军在广州誓师北伐时，福建党组织在广大群众中宣传反帝反封建的革命纲领，组织工人、农民、青年学生、妇女、中小商人等各界民众进行革命斗争，为迎接北伐的国民革命军东路军入闽展开积极的准备。

三 福建国共合作初步形成和迎接北伐的准备

中国国民党是一个成分复杂、组织松懈的政党，经历了兴中会、中国同盟会、国民党、中华革命党、中国国民党五个发展时期。中国国民党在福建的组织成立较早，1905年在日本东京成立中国同盟会福建支

① 参见邱林忠：《中共闽西地方组织的创建经过》，《党史资料与研究》1982年第10期。

部，支部长为林文；1906年，中国同盟会福建支会在福州建立，支会长为郑祖荫，总干事为林斯琛。在广州起义之役、辛亥革命推翻清政府在福建的统治、二次革命等资产阶级旧民主主义革命的重大斗争中，福建的国民党组织领导和团结革命的志士仁人，做了大量有益的工作。在北洋军阀统治福建时期，由于他们积极发动民众参与反袁护国战争，支持孙中山领导的护法运动等革命斗争，福建军阀一直把国民党组织视为"乱党"，肆意加以摧残、镇压。在此期间，国民党在福建各地的组织都比较涣散，"无实际之组织与工作；不过一般党员利用机会，仓卒召集，藉以作政治活动之工具耳。且其中同学并无详细之名册，与大略之人数"[①]。加上党内意见分歧，又缺乏正确的革命方针，因而始终没有形成有组织的领导力量。

以国共合作为基础的民主革命统一战线正式建立后，1924年4月，改组后的中国国民党中央执行委员会委派江董琴、许卓然、秦望山、张贞等人到厦门秘密活动，筹备建立中国国民党福建临时省党部。他们"在鼓浪屿创办中山中学，以培养革命青年，又在集美学校参与协进社活动，组织一班富有革命思想意识、热情的优秀青年，树立革命风气"。同时，国民党中委蔡元培、吴稚晖、居正等也到厦门、集美等地活动。[②]经过几个月的工作，在厦门发展了一批国民党左派成员，仅集美学校就发展了100多人。而其中有一半以上是来自闽西各县的进步青年，如李觉民、林心尧、阮山、卢其中、陈乃昌、陈国华、陈品三、张旭高、张楷、曾牧村、江桂华、江德贤、罗良厚、罗调金、胡永东等。[③]

1924年秋，中国国民党福建临时省党部在厦门正式建立，开展秘密活动，组建厦门各地区分部，并派人到各县组建县党部。1924年秋，吴仰文、阮山、熊其藻、林心尧、卢肇西等在永定县进行筹建国民党县党

① 《团福州地委给团中央的信》（1926年1月7日），中央档案馆、福建省档案馆编《福建革命历史文件汇集》甲1册，1983年内部版，第97页。

② 参见《东南日报》1933年10月30日。

③ 参见江文新：《江董琴一生的主要政治活动》，中国人民政治协商会议福建省永定县委员会文史资料编辑室编《永定文史资料》第4辑，1982年内部版。

部的工作。他们经过半年时间的努力，建立了五六个区党部、10 余个区分部，并于 1925 年 2 月召集各区党部、区分部代表会议，成立临时县党部，选出各部职员；又经过一年多活动，区党部发展到 10 余个，区分部发展到 40 多个，并于 1926 年 3 月在湖雷召开全县代表大会，正式成立国民党永定县党部。① 1925 年秋，邓子恢在厦门加入国民党后回到龙岩，以奇山书社成员为主要对象，发展了 40 多个国民党员，秘密建立了国民党龙岩县党部。② 1926 年 3 月，共产党员蓝维仁等人在上杭县开展革命活动，在庐丰乡建立国民党上杭县临时党部，下辖 5 个区党部、20 个区分部。③ 1926 年 6 月间，胡轶寰自广东返长汀，也秘密建立国民党长汀县临时党部。④ 同时，国民党右派在诏安、厦门、金门、南安等县也建立了县党部或县党部筹备处、临时县党部。⑤ 但在这一时期，国民党在福建各地的组织仍不能公开活动，只能通过一些党员在刊物上及在各民众团体中宣传三民主义和国民革命的道理，揭露帝国主义、军阀的黑暗统治，组织民众响应发起召集国民会议和废除不平等条约运动，等等。

厦门是闽系海军的地盘。1925 年 2 月下旬，北洋政府任命杨树庄为海军总司令，因而政治环境稍为宽松一些。这一年 6 月 8 日，国民党在厦门召开党员大会，选举许卓然、黄韫山、余佩皋等 9 人为福建省党部临时执行委员，李岳等 3 人为候补执行委员，公开成立中国国民党福建省党部临时执行委员会，下设各部具体领导工人、农民、青年、妇女民众运动。这时，共青团厦门支部正在酝酿成立，国民党员中的一些优秀分子被吸收为共青团员，后来担任厦门团支部书记的李觉民也到国民党临时省党部工作，从事领导青年运动的工作，并当选为出席中国国民党全国第二次代表大会的代表。

---

① 参见《永定县党部报告》（1927 年 2 月 26 日—3 月 1 日）。

② 参见《邓子恢自述》，人民出版社 2007 年版，第 51 页。

③ 参见《上杭县党部报告》（1927 年 2 月 26 日—3 月 1 日）。

④ 参见《长汀县党部报告》（1927 年 2 月 26 日—3 月 1 日）。

⑤ 参见《团厦门特支关于三月份的综合情况报告》（1926 年 4 月 16 日），中央档案馆、福建省档案馆编《福建革命历史文件汇集》甲 1 册，1983 年内部版，第 124 页。

不久，共青团福州支部也向团中央报告，要求与福州国民党员一起成立国民党福建省党部筹备处，“但厦门曾有临时省党部，此点极难解决，最好中兄〔央〕直接致函广州，竭力疏通”[①]。因而，共青团中央分别对福州、厦门团支部发出指示，要他们针对具体情况做好国共两党的合作工作，并且指示福州团支部：“厦门省部若经民〔党〕中兄〔央〕承认，我们亦无可如何，你们应即设法与之接洽，注意作下层组织以图在福州早立根基”[②]。同时指示厦门和福州团支部：应在青年中“多灌输立在无产阶级地位的国民革命理论，务使他们不为民校右派或国家主义者所摇动”[③]，对国民党组织“可多吸收一般革命分子，工农分子均应多介绍加入，并宜从中训练进步分子，收入我们队伍来”[④]。福州、厦门团支部都认真贯彻执行团中央的指示，在各地积极帮助国民党建立基层组织，努力吸收先进分子参加共青团，扩大团的组织，从而初步形成了福建国共合作的基础。

1926 年 1 月，国民党在广州举行第二次全国代表大会，福建代表江董琴、李觉民、王兆惠（女）、许卓然出席了大会。这次会议代表 256 人，加上其他出席人员共 270 人。会议上通过了继续坚持孙中山的三大政策，加强民族民主统一战线，扩大反帝反军阀运动，联合被压迫民族，以及加强农民运动等重要决议，并给予西山会议派的右派分子以党纪制裁。参加国民党“二大”的福建代表回厦门后，增选了国民党福建临时省党部执行委员会成员，共产党员阮山、李觉民、罗扬才当选为临时省党部执行委员，使共产党员和国民党左派在临时省党部中占了优势，国

① 《陈聚奎给团中央的报告》（1925 年 7 月 22 日），中央档案馆、福建省档案馆编《福建革命历史文件汇集》甲 1 册，1983 年内部版，第 54—55 页。

② 《陈聚奎给团中央的报告》（1925 年 7 月 22 日），中央档案馆、福建省档案馆编《福建革命历史文件汇集》甲 1 册，1983 年内部版，第 56 页。

③ 《李觉民给团中央的信》（1925 年 5 月），中央档案馆、福建省档案馆编《福建革命历史文件汇集》甲 1 册，1983 年内部版，第 36 页。

④ 《团福州支部给团中央的信》（1925 年 6 月 12 日），中央档案馆、福建省档案馆编《福建革命历史文件汇集》甲 1 册，1983 年内部版，第 44 页。

共合作的基础进一步得到加强。

在这一时期，各地共青团组织在巩固、发展，中共组织也在各地相继建立和发展。国共统一战线采取了“党内合作”的方式，在国民党基层组织已建立的地方，积极从国民党左派中吸收进步分子参加共产党和共青团组织；在国民党基层组织未建立的地方，就帮助建立国民党基层组织，共同携手进行反帝反军阀的斗争。共产党员和共青团员以个人身份加入国民党，共产党地方组织一些负责人参加国民党临时省党部执委会的领导工作，部分国民党县党部由共产党员主持，同时保持共产党组织上和政治上的独立性。这是第一次国共合作在福建省的一个重要特点。这段时间内，在全省相继建立的国民党县党部组织中，由共产党员或国民党左派主持的有：厦门市临时市党部和永定、上杭、龙岩、长汀、平和、漳州、惠安、莆田、建瓯、福安、宁德等县党部。

在反帝反封建革命新高潮来临、革命队伍中左派力量日益增长的形势下，国民党右派分子感到十分恐慌。他们在国民党“二大”上受到打击后，加紧聚积力量寻找新的代理人。蒋介石在国民党右派支持下，在1926年3月20日制造了“中山舰事件”；5月15日，国民党二届二中全会又通过整理党务案，解除了共产党员在国民革命军第一军与国民党中央各部的职务。蒋介石从此篡夺了很大的权力，爬上很高的地位。

这时，厦门、福州两地的国民党右派，也于4月间成立了孙文主义学会，会员发展到数十人。当时，国民党福建临时省党部的共产党员执委提出，为了贯彻国民党中央执行委员会通告，应从速召集国民党福建省代表大会，正式成立国民党福建省党部，借此宣传国民党第二次全国代表大会的成绩。执委内的国民党右派却从中作梗，认为左派“想霸占省党部，所以他们四出组织党部，图谋选举得到胜利”①。由于国民党右派分子捣乱，各县代表虽已到达厦门，省代表大会未能举行，只由各县选出代表到广州向国民党中央控告右派分子，并请示办法。从此，国民

① 《团厦门特支关于三月份的综合情况报告》（1926年4月16日），中央档案馆、福建省档案馆编《福建革命历史文件选编》甲1册，1983年内部版，第124页。

党福建临时省党部执委会的活动陷于停顿，实际工作为共产党员所主持的国民党厦门市临时党部所替代。尽管国民党右派分子散布流言蜚语，制造事端，但在口头上都表示赞成联俄、联共、扶助农工的三大政策，而在行动上暗中扩张自己的派系势力，等待时机，以实现更大的反革命阴谋。

在此前后，国共合作的北伐战争已迫在眉睫，迎接国民革命军北上入闽已是刻不容缓的紧要任务。中国共产党和国民党左派继续携手合作，加紧进行迎接北伐的准备工作。福建各地党组织相继建立后，联合国民党左派到广大群众中去，宣传反帝反封建的革命纲领；在全省各地掀起了召集国民会议、废除一切不平等条约、纪念孙中山先生逝世一周年、反英反奉大会等活动，为国民革命大造舆论；通过各民众团体开大会、演讲、游行，以及各种刊物，积极宣传国民革命的道理，深入讲解孙中山的三大政策，指出工人、农民是打倒军阀和帝国主义的主力，阶级斗争是工农参加国民革命的手段。经过广泛宣传发动，中国共产党与国民党左派力量坚决地回击了帝国主义与军阀所谓的“过激”“赤化”的诬蔑，也有力地批判了国民党右派所鼓吹的戴季陶主义和国家主义者所散布的所谓“全民福利国家”的谬论，唤醒了沉睡于帝国主义和军阀铁蹄之下的福建民众，从而把分散的力量凝聚起来，组成一股不可抗拒的革命洪流，去冲击帝国主义和军阀的统治。

共产党的组织与国民党左派一起深入到工人、农民、青年、妇女群众中去，做具体细致的组织工作。通过创办平民夜校、农民俱乐部、妇女工读学校等，帮助群众学习政治和文化，启发他们觉醒，引导其参加国民革命，加入工会、农民协会、学生联合会、妇女解放协会等群众团体，为改善政治、经济的地位而斗争。

各地农民协会一建立就表现出它的战斗性。农协积极向农民宣传打倒帝国主义、打倒军阀贪官污吏、打倒土豪劣绅、反对苛捐杂税、实行“二五”减租等主张，并将这些革命主张与当地农民的迫切要求结合起来，解决实际问题，给农民实际利益，很受农民欢迎。各地共产党组织也把发展工农运动作为最紧迫的一项工作，派遣大批得力干部从事农民运动。中共福州地委派陈应中、朱铭庄、郑尚衡、林梧凤等深入郊区开展农民运动，建立农民协会。中共厦门干事会派严子辉到郊区建立了农民协会筹备处。中共莆田特别区委在农村进行革命宣传，秘密组织农民协会，直接与广东东江的农会联系，使用的印章、章程均为海丰农会发给。闽西一批从广东农民讲习所回来的学员，均以国民党中央农民部特派员身份，在各县大力开展农民运动，成立了上杭、龙岩、永定、长汀、平和等县农民协会。其他地方的农民协会也相继成立，开展“二五”减租和反对苛捐杂税的斗争，很快地把农民发动起来。

在农民运动初步发展的同时，各地党组织也派人深入工人中开展工作，组织工会，领导工人运动。1926 年，中共福州地委发动和领导了角梳工人、染业工人、电灯公司工人要求加薪的斗争，并取得了胜利，使工人在斗争中认识到“团结就是力量”与自己肩负的历史使命。接着以行业为主，组织了理发、洋务、码头、机器等一批基层工会，与国民党右派林寿昌把持的工会组织展开斗争。厦门共产党组织也在斗争中组织了海员、电器、码头、店员、船坞等 23 个基层工会，会员达 1 万多人，并建立了党、团支部以加强领导。漳州、石码等地工人在党的领导下，开展了增加工资、改善劳动条件的斗争，从而促进了工人运动的发展。

在农民运动、工人运动的推动下，其他群众运动也得到发展。1926 年 3 月，厦门共青团团特别支部组织召开纪念三八国际妇女节大会，并在国民党左派主办的《党声周刊》上发出“三八”特号，提出实行“男女平等”“婚姻自由”“禁养童养媳”“严禁纳妾”“禁止缠足”等革命口号，在这基础上筹备成立福建妇女解放协会①，推进了妇女运动在全省各地的发展。

党组织为了加强对学生联合会的领导，派骨干深入学生联合会工作，大力宣传打倒帝国主义、封建势力、豪绅买办阶级，激发学生的革命热

---

① 参见《团厦门特支关于厦门妇女运动报告》（1926 年 3 月 15 日），中央档案馆、福建省档案馆编《福建革命历史文件汇集》甲 1 册，1983 年内部版，第 99—100 页。

情。1926 年 5 月 9 日，福州学生联合会组织数千名学生冲破军警阻拦，举行国耻纪念日大游行。同日，厦门党组织也领导 90 多个团体举行休业、罢课、罢乐和示威游行，以纪念国耻日。1926 年 5 月 20 日，因军阀政府将教育费移作军饷，强令闽侯县各小学停办，福州学生联合会发动各校组织“闽侯县辖小学学生读书运动委员会”，并集队 2000 余人赴道尹公署、督办公署、教育厅请愿，要求开课复学，一些学生、教员被军警殴伤。次日，省立各中、小学为抗议军阀摧残教育，一律罢课声援。①同时，各地党组织还发动各界民众，支援商人反对军阀苛捐杂税的斗争。种种事实表明，在国共合作兴起反帝反封建伟大革命潮流的形势下，福建全省的工人、农民、妇女、学生、商人都动员起来，汇成了一股不可抗拒的革命洪流，组成了坚不可摧的巨大力量，为迎接国民革命军入闽奠定了牢固的基础。

① 参见黄国荡：《福建革命史大事记（五四时期和第一次国内革命战争）》（续二），《党史资料与研究》1983 年 10 期。

第四章　国民革命军入闽与工农群众运动的蓬勃发展

第一节　国民革命军入闽

一　国民革命军入闽前福建的政治军事形势

国民革命军入闽前，由直系军阀周荫人任福建军务督办。他是北洋近畿陆军第十二师师长，在统治福建的3年间经过扩军购械，共统辖2个混成旅和1个补充旅、1个卫队团，分驻福州、泉州、南安、惠安、延平、建瓯、宁化一带。其他北洋系军队，福建陆军第一师张毅部驻漳州及所属县，福建陆军第三师李凤翔部驻汀州、龙岩及所属县，福建陆军第十一旅王麒部驻福宁（今霞浦）及所属县。这些北洋军队与周荫人派系不同，互不相容，各自为政。此外，驻闽海军陆战队1个旅驻厦门、金门、福清、长乐、连江等县。

至于全省各地民军较大股的有，卢兴邦部盘踞尤溪、大田，郭凤鸣部盘踞沙县、永安，吴威、尤赐福等部盘踞永春、仙游，陈国辉、杨汉烈部盘踞安溪、德化，叶定国、高义部盘踞同安、长泰，还有一些零星小股的民军盘踞各地，多不胜举。这些民军为了争地盘，经常互相火并，残害人民。他们为了对付北洋军阀的“进剿”，也与北洋军相对抗，当形势不利时，为了保存实力，可以接受北洋军阀收编，但始终不接受周荫人的命令，不肯移防驻地。因而，周荫人所能指挥的只是他统率的直属部队，其他北洋系军队、驻闽海军陆战队、民军虽然在名义上接受周荫人委任，但实际上是互不统属。这些军队从不向上领饷，都是就地取粮，自养自给。当时，全省各派军队共 7 万人左右。[①]

北洋军阀统治福建末期的政治局面是四分五裂、极不统一的，因而全省财政收支没有确切的数字。财政收入除田赋、厘金、官业经常岁入外，则不断通过提高税率，增设新税、正税以外又添附加税等手段加紧盘剥。诸如，将 1925 年前的田赋附加教育费并入正税，再附加铁路捐、公路捐，烟酒税以外又加征赈济捐等几十种。全省税收不下数百种，纳税范围极广。至于军阀临时征募、横索苛求的种种苛捐杂税，则无所谓法定额数，无所谓正常名称，真是无人不捐，无物不税，榨得财尽民穷。财政支出最大宗为军费开支，至于教育、实业和行政费的支出，则很少。即使是这样的横征暴敛，竭泽而渔，还不能满足军阀们财政支出的 3/4。军阀们为了维持其反动统治，还对人民进行超负荷的勒索和掠夺。

一是强迫农民种植罂粟（即鸦片），勒收烟苗捐。1918 年，李厚基设立此捐，规定每亩纳捐 6 至 24 元不等，以补攻粤失败后的军费开支，经过王永泉、孙传芳、周荫人一再增值，此捐愈演愈烈。其间，罂粟种植面积也逐年扩大，由闽西南扩至闽东北。烟苗捐也逐年增加，除征收正税外，尚有种种附加税，每亩征收的捐税高达四五十元。北洋系军阀、驻闽海军、民军等每年军费开支 2000 万元，均以烟苗捐作为军饷和敛聚私财的主要来源。

军阀们规定农民一定要种罂粟，不种者也须照额摊派烟苗捐。兴泉永镇守使孔昭同以晋南惠清查监督名义颁发布告，胁迫农民种植罂粟："播种听民自便"，"劝尔早早下种"，"不种亦须解囊"。[②] 1926 年兴化和仙游到处种的是罂粟，仙游县有两个区 90％的土地种了罂粟，当地群众讥讽说："现在人们必须把鸦片当粮食吃了。"[③] 由于罂粟的大量种植，

① 参见《北洋军阀统治及其末期福建军政演变之概况》，陈文涛编《福建近代民生地理志》下卷，福建远东印书局 1929 年版，第 520—535 页。

② 《八闽毒况》，《厦声报》1927 年 12 月 7 日。

③ ［英］伍海德编《中华年鉴》1926 年，第 627 页。

挤占了稻谷、小麦和其他作物的种植面积，人民赖以生活的谷物，产量减少，在广大农村中“米珠薪桂，饥馑迭告，折骨烹儿，司空见惯”，“自杀者有之，典田鬻子者有之，强壮者，散而之四方，老弱者，束手无策”①，农村凋敝，农民破产，群众生活非常痛苦。

由于军阀逼迫大面积种植罂粟，鸦片烟毒不仅泛滥八闽，而且运销江浙一带，为祸邻省。军阀们在城镇采取“举凡烟赌，一律弛禁”，“科以重捐，招人承办”的政策，从中攫取高额税利。同时对鸦片烟膏实行公卖，在福州由官吏劣绅组织和兴实业公司包办；在泉州也有专司的机关禁烟吸户检查所，出售烟土美其名曰“卫生公膏”；其他各地所设的百货捐局、保商局等，则为烟土课税的征收机关。于是，鸦片泛滥，烟馆林立，仅福州一地就有烟馆200余家，邵武县有烟馆80余家，长泰、屏南等县烟馆也各有50余家。② 各地军阀从中获得巨额税款，省督办公署仅从福州一地“每月可得利30余万元”。另外，军阀当局为了增收花捐和赌捐，明目张胆地在各地遍设妓院，花会、牌九、番滩、麻雀牌公然开赌，督办公署从中每月也可得利26万元左右。各地军阀靠烟赌税款以养兵，继更借武力以种烟开赌，如此循环不已，互为因果，严重毒化社会风气。因而社会上盗匪横行，秩序纷乱，民不聊生。

二是鼓铸劣质辅币，强迫使用，摊派军饷，巧取豪夺。周荫人、张毅、驻闽海军都私设铸币厂，他们不按国家法定规格铸造，肆意掺杂铸造劣币，强迫人民使用，造成金融紊乱，小洋价格暴跌，人民蒙受重大损失。福州本有一种台伏票，每元使用千文，相沿无异。福州小洋1角，用钱1百文，即小洋10角，可兑换台伏票1元。但自劣币充斥市面后，1角小洋从96文贬至53文，台伏票1元兑小洋18至20角。而周荫人却规定小洋10角兑换台伏票1元，从中进行掠夺。张毅在漳州设立“信托公司”，收买广东制1角毫洋，熔铸成色甚低的伪双毫。初时规定每5枚双毫可兑换1元银圆，后跌至16枚双毫始能兑换银圆1元。驻闽海军在

① 周宪文：《中国之烟祸及其救济策》，《东方杂志》23卷，20号，第33页。

② 参见《福建之烟祸纪略》（1926年6月15日），《独立青年》第1卷，第6期。

厦门也如法炮制，扰乱市场，妨害民生。龙岩的军阀“以大洋一元，换来十八角的小洋，运动军队护送入境，竟以大洋每元十三角半用出。嗣后劣币充斥市面，他们怕收账的劣币，原价倒回手里来，却又运动军队出示禁用，嗣后转由商会调和，作跌十六角收用”[1]，从中对群众进行盘剥、掠夺。

凡此种种都使人民群众遭受惨重损失。除此之外，军阀发行公债、摊派军饷，也是经常的事，而且数额一次比一次增加。周荫人 3 次“临时军用借款”，金额达 140 万元。驻福宁府属五县的陆军第十一旅，就向人民勒索军饷 160 万元。至于各地驻军逢年过节向驻地群众摊派，少者几千元，多者数万元，均是各地人民的沉重负担。

在北洋军阀的盘剥、勒索、掠夺下，社会经济畸形发展。一方面是占人口不到 5％的军阀、贪官污吏、土豪劣绅等敛聚了巨额财富，成为腰缠千百万元的富翁。诸如，“周荫人祸闽三年，搜刮现洋七百余万元”[2]；张毅从漳州撤退时，由其妻子携往大连的现款即达 280 余万元；其他旅长、团长、营长级军官私蓄三五万元至数十万元不等。另一方面，人数占 95％的人民群众被榨得穷困潦倒，特别是工农群众处在水深火热之中，连民族资产阶级也不能自保，“百业凋敝，市廛为虚”。北洋军阀的暴虐统治，使人民群众无法忍受，迫切吁请国民革命军“兴师戡乱，扫除残虐，解民于倒悬”，“使福建人民拨开云雾重见天日”。[3]

在日益高涨的国民革命形势下，福建军务督办周荫人惶惶不可终日，为了维持其反动统治，不断地扩军备战。孙传芳在南京自封“苏浙赣闽皖五省联军总司令”以后，周荫人就不断派员到徐州等地招兵，先后 15 批，每批四五百人不等，到 1926 年 3 月，共招新兵 8000 人左右，强编 1 个补充旅、1 个卫队团。同时，还购置“武胜”舰 1 艘，并将盐务处的

---

① 《龙岩被压迫阶级的现状及其出路》（1925 年 12 月 15 日），《邓子恢文集》，人民出版社 1996 年版，第 2 页。

② 参见中国人民政治协商会议福建省委员会文史资料研究委员会编《福建文史资料》第 9 辑，1985 年版，第 50—51 页。

③ 《请愿讨伐闽省军阀电》（1925 年 11 月 16 日）。

“公英”“公顺”2艘缉私舰，调归督署差遣，编成一个舰队，以供运兵之需。

在中国共产党的推动下，广东国民政府于1926年7月1日颁发北伐动员令。7月4日，国民党中央全会发表北伐宣言。9日，国民革命军除第五军留守广东外，其余7个军于广州东校场誓师北伐。根据北洋军阀兵力多国民革命军兵力少和军阀各派系内部充满矛盾的情况，国民革命军采取了集中兵力和各个歼敌的作战方针，首先向湖南、湖北进军，以打倒对广东国民政府威胁最大的吴佩孚。北伐的国民革命军以第四、第七、第八军约5万人投入两湖战场展开正面作战。同时，为防止敌人从侧背攻击，国民革命军分出两支部队，分别警戒江西、福建之敌。在广大工农群众支援下，两湖战场的北伐军进展迅速，严重地威胁着孙传芳对东南五省的统治。

孙传芳一方面调集精兵6万人援湘，另一方面指挥邓如琢与周荫人订立赣闽联防协约，策划从侧背袭击国民革命军的根据地。[①] 周荫人奉命，即将所属部队编为4个军，初拟兵分八路进犯广东：命张毅为第一军军长，率第一路司令李芳池、第二路司令田宝銮，从漳州向汕头推进；命李凤翔为第二军军长，率第三路司令曹万顺、第四路司令杜起云，从长汀、上杭向潮州进击；命刘俊为第三军军长，率第五、六两路（计有步兵第四十七、四十八团2个团，骑兵1团，工兵、炮兵各1营，约6000人），由龙岩、永定向松口前进；第四军军长由周荫人自兼，以孙云峰为第七路司令，进驻永定峰市，为总预备队；以督署卫队第一团团长王炎为第八路司令，进驻长汀，警戒赣南方面，命福建陆军第五旅殷团进驻永安，归王炎指挥。这八路总兵力3万余人，虎视眈眈，准备侵犯广东。

在粤赣边的国民革命军于9月上旬分三路向江西进击，以迅雷不及掩耳之势占领了赣南和赣西，前锋直逼南昌附近。周荫人于9月15日在

① 参见《顺天报》1926年7月27、28日。

福州就任孙传芳的第四方面军总司令职务后，即从海路赴厦门，转往漳州，指挥攻粤战事。在漳州，周荫人与张毅商讨，根据闽粤赣边境形势的变化，约陈炯明收集旧部反攻东江，因此对原定作战计划作了调整。决定以第一军从漳州出动，攻下诏安后出分水关进至广东饶平；第二军经武平的象洞、岩前，攻袭蕉岭；第三军及福建陆军第三旅李宝玠部出永定峰市，向松口推进；第四军孙云峰部仍为总预备队。9 月 19 日，周荫人在龙岩设第四方面军总司令部，继续调兵遣将，随机策划；10 月 6 日率总部人员抵永定县城，开始指挥攻粤战事。[①]

二　国民革命军入闽

国民革命军在北伐初期，以第二、第五军各一部驻守粤赣边，监视江西的敌人；以何应钦率领的第一军一部驻守闽粤边，警戒福建的敌人。当时，在闽粤边境的国民革命军的兵力部署是：第三师，师长谭曙卿，辖第七、八、九团，兵力 3000 人，分驻兴宁、梅县、三河坝；第十四师，师长冯轶裴，辖第四十、四十一、四十二团，兵力 3500 人，分驻潮安、汕头、棉湖；独立第四师，师长张贞，兵力 1000 人，驻黄岗镇[②]；第二十师第五十八团，驻桃花坞附近[③]。显然，国民革命军与军阀周荫人在兵力对比上处于劣势。因而，国民革命军在北伐初期，利用孙传芳提出的“保境安民”与“和平中立”的口号，由何应钦与周荫人签订了互不侵犯协定，划诏安为缓冲地带。

同时，国共两党对福建各部驻军开展政治攻势，利用矛盾进行分化瓦解工作。中共广东区委常委兼军事部长周恩来派共产党员李木庵赴上杭，争取曹万顺掉转枪口，共图北伐大业；国民革命军总司令部也派孙

---

① 参见中国人民政治协商会议福建省委员会文史资料研究委员会编《福建文史资料》第 9 辑，1985 年版，第 45 页。

② 参见〔苏〕亚·伊·切列潘诺夫：《中国国民革命军的北伐——一个驻华军事顾问的札记》，中国社会科学院近代史研究所翻译室译，中国社会科学出版社 1981 年版，第 459—460 页。

③ 参见台湾“国防部”史政局编《北伐战史》(3)，1967 年版，第 573 页。

祥夫去上杭与曹万顺、杜起云联系，洽谈输诚事宜；国民党左派则在曹部下层官兵中开展策反工作。在国共两党的努力下，周荫人的第二军第三、四两路司令于1926年10月8日通电起义，改编为国民革命军第十七军，以曹万顺为军长兼第一师师长，杜起云为第二师师长，委派孙祥夫为该军党代表，李木庵为政治部主任。①

同时，福建民军首领也派人到广东与国民革命军联系，并互为联络组织了“福建国民军”，推戴宋渊源为参谋团临时主任，委任卢兴邦为六路司令，罗伟、林志民等为游击司令，通电拥护国民革命军入闽讨伐周荫人。

国民党争取闽系海军的工作初在广州酝酿，旋移上海进行，由国民党元老钮永建、林森等与海军总司令秘密联系，双方达成协议，闽系海军归附国民革命军。于是，国民革命军除了在经济上支持闽系海军外，还把驻闽海军陆战队编为国民革命军东路军的新编师。

北洋系曹、杜倒戈，打乱了周荫人的攻粤部署，动摇了北洋军的军心，各路民军从侧背袭击北洋军，加上驻闽海军归附国民革命军，从而组成了反对周荫人的联合战线。这就弥补了国民革命军东路军兵力单薄的不足，为国民革命军取得迅速攻占福建的胜利奠定了基础。

1926年10月8日，周荫人命令各军开始攻粤行动。第三军刘俊、李宝玶部从永定峰市进抵广东松口，与国民革命军第三师第九团鏖战3小时，隔河对峙。同日，何应钦向国民革命军驻闽粤边境部队下达向福建进攻的命令：(1) 第三师9日向永定进攻；(2) 第十四师（缺四十一团、炮兵一连、工兵一排）9日向芦下坝进击，伺机占领峰市，截断松口、永定间的交通联络，阻敌增援，防敌逃窜；(3) 第十四师第四十一团及炮兵连、工兵排为总预备队，9日午前到达左弼待命；(4) 独立第四师、第二十师第五十八团固守潮州、三河坝。若北伐军攻永定时，张毅部队

① 参见刘绍唐主编《民国大事日记》第1册，台湾传记文学出版社1978年版，第337页。

驰援或经枫朗袭扰北伐军后方，两部应协同阻击之。[①]

10月9日，国民革命军以第三师第七、八团为中路，自广东大埔向永定方向发起攻击；以第十四师第四十、四十二团为左路，出大埔进击峰市，福建战场从此开辟。双方接火后，周荫人在永定城获悉第二军的第三、四路两路司令通电起义，而永定、南靖两地民军从后面包抄而来，急令刘俊、孙云峰部驰援永定城。9日下午3时，北伐军第三师迫近永定城，于城东高地发现敌兵1个团，遂派第八团应对。同时，第七团与来自峰市方向的2个营援敌激战于城西南。第七、八团与南门河北岸守敌战至晚9时，敌人招架不住，退入城内。

10月10日，第三师第八团继续攻击城东高地，第七团在老虎寨附近阻击峰市援敌。下午5时，敌不支而退，城内守敌竖起白旗。周荫人只带几名军官从北门缒城而逃，经坎市狼狈逃至龙岩，后又逃往永安、延平。永定城为国民革命军攻克。

同日，第十四师在芦下坝歼灭了孙云峰部第三团。接着，国民革命军分左右两纵队，互为犄角，回师松口，于10月10日与敌第三军在松口激烈战斗。翌日拂晓，第九团从松口上游渡河后，协同左右两纵队围攻松口之敌。战至下午2时，刘俊部无力再战，遂向隆文、松源溃逃。

永定、松口两役，国民革命军先声夺人，取得重大胜利，“获敌步枪四千余支、炮十余门，俘虏敌兵约四千有余，生擒敌师长李宝琎及团营长约五十余人”[②]，毙伤敌军千余人。10月16日，第十七军主力进兵上杭中都，截击自松口退往上杭之敌，又获胜利，“计俘团长两员营长四员下级官佐二百余，士兵一千八百五十余名，缴得步枪一千七百二十余枝……击毙敌官兵数十”[③]。敌第三军军长刘俊率残部逃至朋口时，遭当地民团截击，刘中乱枪殒命，所部被全部缴械。至此，周荫人的攻粤主

① 参见台湾《革命文献》第14辑，1956年版，总第2196页。

② 何应钦将军九五纪事长编编辑委员会编《何应钦将军九五纪事长编》(上)，台湾黎明文化事业股份有限公司出版，第116页。

③ 《国民革命军总司令部参谋处北伐阵中日记》，存中国第二历史档案馆。

力第三军全部覆灭，第二军军长李凤翔从上杭率骑兵团、工兵营退往长汀。

10 月 16 日，国民革命军总司令蒋介石，电委何应钦为国民革命军东路军总指挥，凡入闽各部概归其指挥调遣，以进取闽浙。18 日，何应钦在松口就职。①

10 月中旬，江西战事进展顺利。国民革命军总司令部命令第十四军赖世璜部加入东路军攻闽。10 月 27 日，该军第二师谢杰部攻克赣州后，即东出瑞金入闽，于 29 日占领长汀城西北高地。当天，国民革命军第十七军由上杭分路沿汀江两岸北上，前锋直指长汀东南。在两军夹击下，李凤翔、孙云峰残部及王炎所率卫队团仓皇弃城而逃，国民革命军遂占领长汀城。国民革命军第十七军第一师和第十四军第二师经连城、永安、清流、宁化方向追击逃敌。结果，李凤翔残部在宁化为曹万顺收编，李只身逃走。

在闽南方面，当永定酣战之际，敌第一军军长张毅以第一补充团攻下诏安，另一部由平和攻广东饶平。由于周荫人的主力在永定、松口被歼，张毅即令所部撤回漳州。10 月 14 日，国民革命军第二十师第五十八团从大埔县百侯向敌侧面进攻，将敌击溃；独立第四师迅速克复诏安，随后沿云霄、漳浦一线向漳州进军。

张毅退回漳州后，收容了从永定败退下来的残兵数百，以驻守泉州之孔昭同部为后援，妄图在漳州西南、山城、天宝一带构筑防御工事，以阻止国民革命军前进。这时，闽南各地民军蜂起，活跃于张毅军侧背，因而敌军风声鹤唳，草木皆兵。当国民革命军第十四师及独立第四师乘胜向漳浦、南靖攻击前进，第十四师于 11 月 7 日攻占山城时，困守在漳州的张毅已得孙传芳弃漳保存实力的密电，于同日率部撤离漳州，沿江东桥向北溃逃。

11 月 8 日，国民革命军占领漳州。随后，根据蒋介石“克复漳州后，

① 参见台湾《革命文献》第 14 辑，1956 年版，总 2212 页。

应速向福州前进，肃清全闽”的电示①，立即挥师追击，连下同安、长泰，并于11月23日占领泉州。张毅在溃逃路上，不断受到福建国民军、民团的袭击，成了惊弓之鸟，一直向福州流窜。国民革命军不断追击，相继攻占惠安、仙游、莆田、永泰，前锋于11月底直达福州周围。

在国民革命军步步逼近福州之际，驻扎在马尾、连江、长乐、福清等地的闽系海军表示愿同国民革命军合作。11月下旬，中共中央特派员王荷波率领中共福州地委代表，同福州国民党代表林寿昌到马尾，与闽系海军代表举行会谈，商定拦击张毅渡江，阻止其占据福州的阴谋。

11月底，张毅军一部先行过江，主力部队继至麋集峡南，准备渡江。闽系海军第一舰队司令陈季良命令马尾港各舰升火待命，陆战队做好战斗准备。接着“江元”“楚同”2艘军舰先后驶入乌龙江向西岸的张毅部猛烈炮击，海军还派出2架飞机在江面上空盘旋助战，阻敌渡江。

张毅部共万余人，除先渡江的2000余人被缴械外，余者向瓜山、黄厝地区溃退，被海军和国民革命军独立第四师、第十七军第二师及福建国民军吴威、洪永春部等合围攻击。在强力夹攻下，张毅军粮尽弹绝，军心涣散，被迫投降。12月初，何应钦派第十四师副师长卫立煌到瓜山主持改编工作，张毅和团营长离去，下级官兵被编入国民革命军东路军各部。②

至此，福州城防司令李生春迫于大势已去，且素与周荫人不和，遂通过关押在陆军监狱中的共产党员、国民党员，向国民革命军洽谈归顺条件。国共两党也利用敌人矛盾，对李生春展开政治攻势。中共福州地委派党员陈烈通过老同盟会员、国民党左派施秉政力劝李生春反正。③福州地委宣传部长方尔灏亲自带领10余名党员到李的司令部，晓以利

---

① 参见台湾《革命文献》第14辑，1956年版，总2214页。

② 参见中国人民政治协商会议福建省委员会文史资料编辑室编《福建文史资料》第4辑，1980年版，第77页。

③ 参见黄国荡：《福建革命史大事记（五四时期和第一次国内革命战争）》，《党史资料与研究》1983年第8期。

害，劝其归顺。同时，何应钦也派人赴福州与李生春接触，谈判所部改编为国民革命军的条件。在多方的催促下，12 月 2 日晚，李生春与省长萨镇冰宣布服从国民政府，其所部将听候改编为国民革命军。12 月 3 日，张贞率国民革命军独立第四师进驻福州西门，福州遂告克复。12 月 18 日，何应钦率第三师、第十四师进驻福州。

在闽北方面，周荫人退抵延平后，重设第四方面军总司令部，并令各部伺机反攻，企图挽回败局。然而各部官无胜心，兵无斗志，指挥不动。

1926 年 11 月上旬，国民革命军第二、三、四、六、七各军，围歼孙传芳主力于南浔路南段，激战 3 天，再次攻克南昌，从而结束了江西战事。随后，国民革命军第二军第六师奉命进军闽北，与第十四军共同截击周荫人部队，策应第一军。是月下旬，该师在师长戴岳、副师长朱耀华、党代表兼政治部主任萧劲光的率领下，从南昌出发，经临川、资溪、光泽、邵武、建阳，直趋建瓯。守敌闽北警备队何麓崑部被迫缴械投降。

11 月底，福建国民军卢兴邦部袭击驻延平的苏埏第三十混成旅旅部，继之又在樟湖坂一带堵截孔昭同部运送饷械的船只。同时，国民革命军第二军王均师也向延平进攻，第十四军赖世璜部又连克泰宁、将乐、顺昌等地。在各方攻势下，周荫人束手无策，急电孙传芳请示机宜。孙复电说："闽赣放弃已成定局，尽力应付地方势力，避免冲突，保全实力，相机撤往浙西"①。

12 月 2 日，国民革命军王均师与福建国民军卢兴邦部攻克延平。周荫人率领残部撤逃，被国民革命军第六师第十七团在建瓯党城歼灭 3000 人；第十八团在政和一带未能堵住敌人，致使周荫人带残部从政和、松溪逃入浙江境内。闽江上游周荫人残部由苏埏率领，下游残部由蒋启凤率领，经闽东的福鼎逃入浙江温州。驻福宁府属五县之福建第十一旅王麒部，被闽系海军收编。至此，国民革命军底定福建，全省战事胜利

---

① 马葆珩：《孙传芳五省联军的形成与消灭》，杜春和等编《北洋军阀史料选辑》（下），中国社会科学出版社 1981 年版，第 313 页。

结束。

三　福建临时政治会议和各地政治监察署的建立

1926年12月上旬，国民革命军克复福建全省，推翻了北洋军阀在福建长达13年的残暴统治。革命的新政权相继于全省各地建立，领导人民群众进行反帝反封建的斗争，继续支持北伐。12月25日，国民革命军东路军政治部决定，在福建省政府未成立前，先设政务、财务两委员会，分别处理行政与财务事宜。政务委员会主任为戴任（共产党员），委员有丁超五、陈调元、张贞等10人；财务委员会主任为何玉书，委员有张士仁、许卓然等8人。后来，何应钦根据蒋介石的指示，福建暂设临时政治会议①，作为全省最高权力机关，凡军、民、财三政均由其决议施行。

1927年1月3日，福建临时政治会议在福州成立，其成员是：代主席何应钦，委员方声涛、何玉书、黄展云、丁超五、陈季良、江董琴、王允恭、戴任、谭曙卿、张贞②，下设秘书长、议事、文书、会计等。在这个权力机关的组成人员中，虽有共产党员和国民党左派参加，但实权却掌握在以何应钦为首的国民党右派手中。

随后，何应钦遵照蒋介石的指令，着手改编福建国民军各部队为国民革命军新编第一军，任命谭曙卿为军长兼东路军第三路指挥官，下辖独立第一师卢兴邦部，第一旅卢兴明部、第二旅卢兴荣部；新编第一师师长吴威；新编第二师师长郭凤鸣；独立第一旅旅长高义；独立第一、二、三团，由叶定国、陈国辉、杨汉烈分任团长。李生春所部改编为国民革命军第十七军第三师，李任第十七军副军长。

福建各种军队改编就绪后，何应钦于1927年1月29日率东路军主力赴延平转浙江。临行前，何应钦委任方声涛为福建临时政治会议代理

---

① 参见刘绍唐主编《民国大事日志》第1册，台湾传记文学出版社1978年版，第344页。

② 参见方声涛：《福建临时政治会议议事录》（1927年1月3日），福建省委党校馆藏资料（5—0798）。

主席，国民革命军独立第四师师长张贞为福州留守司令。[①] 与此同时，在临时政治会议下设司法委员会，何应钦任命刘通为主任委员，吴敢、林者仁、王怀晋为委员；还任命卢兴邦为闽北绥靖委员，把延建邵地区交给新编第一军独立师统治。这时，第十七军副军长李生春不听东路军总指挥部下达的开赴浙江前线的命令，其所部于 2 月 5 日分别在水口、福州两地被缴械。这样，全省军事、政治形势渐趋稳定。

由于北伐战争仍在进行，东路军主力不断调入浙江参战，因之各军事、政治人员时常随军流动。不久，福建临时政治会议委员江董琴随东路军政治部入浙而离开福州。省临时政治会议为了保证正常工作，于 2 月 10 日经全体会议议决：当临时政治会议召开例会到会者不足法定人数时，可开常务委员会。会议推举方声涛、谭曙卿、张贞、戴任、黄展云 5 人为常务委员。[②] 临时政治会议在全省反帝反封建的国民革命运动高涨的形势推动下，曾作出有利于工农运动的议决案，起了进一步促进人民群众革命运动的作用。

国民革命军从广东进入福建，在各地工农群众的支持下，摧毁了北洋军阀的统治机关。北洋军阀被打倒，贪官污吏、土豪劣绅也作鸟兽散。国民革命军进军到哪个地方，那里的共产党组织与国民党县党部就密切合作，协助国民革命军建立革命政权。其间，全省各县革命政权多由国民党县党部所控制，特别是闽西南一带的国民党县党部多为共产党员与国民党左派人士所掌握，因而能在指导各地工农群众运动中起到积极的作用。

1926 年 11 月 7 日国民革命军克复漳州后，为了集中指导闽西南各地的革命工作，于 11 月中旬建立漳（州）龙（岩）政治监察署。首任政治监察员是鲁纯仁（右派），后改派陈卓凡（左派）继任。12 月，在龙岩设立（龙）岩（漳）平宁（洋）政治监察署，由国民党左派后为共产党

---

① 参见刘绍唐主编《民国大事日志》第 1 册，台湾传记文学出版社 1978 年版，第 349 页。

② 参见方声涛：《福建临时政治会议议事录》（1927 年 1 月 3 日—4 月 30 日），福建省委党校馆藏资料（5—0798）。

员的张旭高任政治监察员。同月，泉（州）永（春）政治监察署也成立于泉州，由陈文聪任政治监察员，林环岛（共产党员）任秘书，杨骏、谢歧、李松林、林超然（辜仲钊）等共产党员分任宣传、民运等领导工作。1927 年 1 月，莆（田）属政治监察署成立，由陈炳中任政治监察员。2 月，经过长（汀）（上）杭武（平）永（定）四县党部及民众团体联席会议议决，把长杭武永政治监察署改组扩充为汀（州）属政治监察署。该署设在上杭县，管辖原汀州府属的长汀、上杭、武平、永定、连城、宁化、清流、归化八县，由共产党员谢秉琼、林心尧分别任政治监察员和秘书。

上述各地革命政权建立后，大力宣传国民革命的意义、目的，宣传孙中山的新三民主义和联俄、联共、扶助农工的三大政策；通过工会、农民协会、学生联合会、妇女解放协会等群众团体，发动广大人民群众投身国民革命运动；团结革命的力量，实现民治的精神，以打倒一切反动势力，谋求全省民众的解放，促进福建国民革命的成功。这就为全省各地国共两党进一步合作奠定良好的基础，也为推动人民群众掀起反帝反封建运动起了促进作用。

第二节　福建工农群众运动的蓬勃发展

一　福建党组织和国共合作的进一步发展

国民革命军东路军克复福建后，中共中央和中共广东区委极其重视福建党的组织建设工作。为了加强对福建国民革命运动的领导，推动工农群众运动的发展，从而发展与壮大党的组织，中共中央除指示在国民革命军东路军中工作的共产党员大力协助各地党团组织工作外，还从上海、广东、江西等地派遣一批党员到福州、厦门、漳州、闽西各地工作。

中共中央为加强对中共福州地委的领导，从上海派遣原复旦大学党支部书记陈昭礼与陈昭涌（碧笙）到福州工作。1927 年 1 月，根据党中央指示，中共福州地委进行组织调整，由陈昭礼任书记，陈兴钟（应中）任组织部长，方尔灏任宣传部长。[①] 调整后的中共福州地委内部团结加强，思想统一，积极地领导闽北、闽中（莆田）、闽东等地人民群众进行反帝反封建的革命斗争，广泛开展建立国民革命统一战线的工作，建立和壮大各地党的基层组织。

中共广东区委在 1927 年 1 月派遣原汕头地委书记罗明到厦门、漳州，以加强对闽西南一带党组织的领导。罗明到达厦门以后，整顿了中共厦门干事会，随后又成立了厦门市委，由罗秋天任书记，罗扬才任组织部长，吴世华任宣传部长，杨世宁任工委。同时，罗明在漳州建立了中共闽南部委，书记罗明，组织罗扬才，宣传季康，农委书记李联星，工委书记农光（台籍），民委书记胡穷我，商青书记翁振华，团委书记唐学溥。[②] 中共闽南部委属广东区党委领导，下辖厦门、漳州、泉州、龙岩、汀州所属各地党的组织。中共闽南部委成立后，加强了对闽西南地区党组织的领导，广泛地与国民党左派人士结成国民革命统一战线，推动社会改革，发展民众组织，深入地进行反帝反封建的国民革命运动。

随着福建各地反帝反封建国民革命运动的深入展开，党的组织也不断发展、壮大。中共中央于 1927 年二三月间派遣特派员王荷波到福州，协助中共福州地委工作，并于 3 月中旬召开福州地委与闽南部委负责人会议，商讨成立中共福建省委事宜。经过几天讨论，取得了一致认识，认为当时建立福建省委的条件还不成熟，各地党组织还是分别由福州地委和闽南部委领导为好。这时，党中央调福州地委书记陈昭礼去武汉，参加党的第五次全国代表大会筹备工作。王荷波离闽之前，经罗明推荐，确定调国民革命军东路军政治部党务科长徐琛接任中共福州地委书记。[③]

---

① 参见《陈应中同志回忆》（1961 年 11 月），以及罗明：《福建早期革命斗争情况》，《党史资料与研究》1982 年第 11 期。

② 参见《季康关于闽南校务及工、农、学、妇运情况的报告》（1927 年 7 月 30 日），中央档案馆、福建省档案馆编《福建革命历史文件汇集》甲 2 册，1984 年内部版，第 3 页。

③ 参见罗明：《福建早期革命斗争情况》，《党史资料与研究》1982 年第 11 期。罗明在这份回忆中说徐琛任闽北特委书记，经查当时尚未成立闽北特委，当为福州地委。

在这期间，全省各地党组织发展很快。中共福州地委在福州所属有职工小学、平民小学、义务小学、女子师范、省立二中、师范学校、党政训练所、店员、人力车、码头、鼓山区、柴井医院、涤社等 16 个党支部，共有 150 余名党员；此外，还领导着莆田特别区委、建瓯县支部；古田县有党员陈炳、连江县有党员严明杰；并派党员郑长璋（仲珊）、蔡泽瑞（蔡威）赴宁德，谢文新、李拱辰赴仙游，阙立峰赴延平，陈毓麟赴福安，准备建立和发展党组织。中共闽南部委领导下的党组织有厦门市委、漳州支部、平和县支部、龙岩县支部、永定县支部、上杭县支部、惠安县临时支部；另外，还先后派人建立了石码支部、海澄县支部、诏安县支部、漳浦县支部、同安县支部、泉州特别支部、南安县支部、德化县支部、永春县支部等。至 1927 年 4 月 3 日国民党右派在福州发动反革命事变前，全省共有共产党员 400 余人。

党的组织在全省各地之所以有较大的发展，与国民革命运动深入开展、国共两党合作进一步发展是分不开的。国民革命军东路军攻克福建省会福州后，中国国民党中央执行委员会于 1926 年 12 月 4 日代电宣布，撤销设在厦门的国民党福建临时省党部执行委员会，在福州设立国民党福建省党部筹备处，委派丁超五为筹备处主任委员，马式材（共产党员）、李培桐（左派人士）、林尧阶等为筹备员。

1926 年 12 月 22 日，国民党福建省党部筹备处正式成立，中共福州地委派遣王劲民、董涵球、朱铭庄、林梧凤、郑尚衡，东路军政治部派江削五、余哲贞等共产党员参加福建省党部筹备处工作，并担任各部门的重要职务。接着，改组了国民党福州市党部，建立福州市党部筹备处，除主任委员黄展云外，组织部吴本琼、宣传部陈公光、工人部吴徽谦、农民部陈兴钟、商民部范意济、青年部金毓芬、妇女部林淑玉，均是共产党员或共青团员。[①] 这就为中国共产党取得国民革命统一战线的领导权，进一步开展各项革命工作创造了有利条件。

---

① 参见黄国荡：《福建革命史大事记（五四运动和第一次国内革命战争）》（续二），《党史资料与研究》1983 年第 10 期。

中共福州地委为了加强对各地的领导，以迅速推进国民革命运动，通过国民党福建省党部筹备处，委派共产党员和国民党左派到全省各地筹建国民党县党部。1926 年底，国民党省党部筹备处委派葛越溪、杨峻德、潘作民等共产党员到建瓯县，改组国民党建瓯县党部临时执委会，成立国民党建瓯县党部筹备处，由葛越溪任主任委员，杨峻德、潘作民任筹备员[①]；另派阙立峰、洪元基、陈醒化到延平，组建国民党延平县党部筹备处，由阙立峰任主任委员，洪元基、陈醒化为筹备员。[②] 同时，还委派郑长璋（仲珊）任国民党宁德县党部筹备处主任委员，派叶鑑清（北京回乡进步青年学生、国民党左派）任国民党福安县筹备处主任委员，派张志坚到赛岐、马立峰到溪柄、缪邦镛到穆阳，分别成立了国民党区分部。[③]

此外，在中共福州地委领导下，由国民党省党部筹备处筹备员马式材、李培桐主持，创办了福建党政干部训练所，从全省各地招收中共党员、共青团员、国民党左派和进步青年学生进行短期训练后，随即派到各地筹建国民党党部，组织民众团体，从事工农群众运动，深入开展反帝反封建的革命斗争。训练所由中共支部具体领导，共产党员刘大业、林淑玉主持日常工作。课程内容有马克思主义浅说、《中国国民党第一次全国代表大会宣言》，联俄、联共、扶助农工三大政策，等等。党政训练所招收学员 60 多人，其中有中共莆田特别区委选派的陈天章、陈兆芳、陈磊、王纪修、陈德来、林景亮等 10 多名共产党员参加学习。[④] 这些学员经过学习后，都成了各地组建党政机构和进步民众团体的骨干，推动了国民革命运动深入发展。

中共闽南部委为加强国共合作，推动闽西南地区的国民革命，也在

---

① 参见《潘作民谈大革命前后建瓯的革命活动》(1961 年 8 月)。

② 参见《解放前南平各党团的组织》,《南平文史资料》1982 年第 3 期。

③ 参见《张志坚同志介绍闽东党的斗争历史概况》（1957 年 5 月 23 日），福建省委党校馆藏资料（2—0316）。

④ 参见《莆田建党与大革命》，中国共产党莆田县委员会编《莆田建党六十周年纪念特刊》，1986 年，第 44 页。

扩大会议上作出决定，通过国民党中央农民部福建汀漳道办事处，于1927年2月在漳州创办农工运动讲习所。这个讲习所由徐卓凡、樊渊溥（共产党员）分任正副所长，罗明任秘书长，翁振华任教务主任，招收闽西南各县优秀青年百余名学习，以培养工农运动领导骨干。同月，中共龙岩支部与岩平宁政治监察署合作，在龙岩创办了岩平宁宣传人员养成所，由张旭高任所长，陈庆隆任教务主任，张蔼庭为教务员，林一株为军事教官，招收学员20余人，培养农民运动领导干部。1927年3月下旬，中共上杭支部与汀属政治监察署合作，在上杭县创办了汀属八县社会运动人员养成所，由谢秉琼任所长，林心尧任训育主任，陈铁生任教务主任，傅柏翠任总务主任，阮山为养成所主要教员之一。这个养成所，从汀属的上杭、武平、永定、连城、宁化、长汀、清流、归化八县招收党团员和进步青年学生160名，分3个班授课。

上述这些讲习所和养成所，其课程、教学和管理方法，都仿照广州农民运动讲习所的做法。他们除组织学员学习政治、军事外，还组织学员深入农村进行社会调查，参加社会上的反帝反封建斗争，使学员在实践中增长才干。这些学员后来大部分成为闽西南各地农民运动和党组织的领导骨干。中共龙岩县委、长汀县委第一任书记罗盛怀、段奋夫，上杭县首届苏维埃政府主席李立民，中共宁化县组织负责人徐赤生，都是汀属八县社会运动人员养成所的学员。

与此同时，国共两党的各级组织在国民革命军入闽后，创办革命报刊10多种，宣传马列主义和国民革命的正义性和必要性，动员人民群众起来支援和参加国共合作的北伐战争。1927年1月，《革命先锋》《福建评论》《民声》旬刊在福州、漳州先后出版。2月中旬，国民党省党部筹备处在福州创办了福建《民国日报》，由潘谷公（左派）任主笔。这些革命报刊都旗帜鲜明地传播马列主义，坚持维护孙中山的新三民主义，支持工农运动和各民众团体的反帝反封建革命斗争，揭露国民党新右派破坏国民革命的反动言行，成为推动福建国民革命运动深入发展的重要舆论阵地。

漳州《民声》旬刊在发刊词中宣称“我们的刊物不是压迫者的工具，而是被压迫同胞之武器”[1]。松林在福州《革命先锋》在署名文章中提出“把列宁主义的精神应用到福建现环境”[2]。《福建评论》在署名文章中明确地提出当前国民革命的任务是：“我们一方面有组织巩固意识明瞭〔了〕的民众为基础，强固有力的党为领导；一方面将一切反革命派，根本消灭，不留遗踪；则国民革命前途，迎刃而解；中华民族解放，指日可待!”[3] 福建《民国日报》从创刊到1927年4月初，努力贯彻新三民主义的政治原则，阐释共产党和国民党左派在国民党省、(市) 县党部筹备处中采取推进国民革命的措施和行动，正确报道全省各地工农群众运动和进步民众团体进行反帝反封建革命斗争情况，揭露和批判国民党新右派破坏国民革命统一战线的反动言行，成为这个时期国共两党合作进一步发展的重要标志。

二　轰轰烈烈的工农群众运动

国共两党合作的进一步发展，以共产党为领导核心的广泛的国民革命统一战线的形成，有力地促进了反帝反封建社会革命的深入，掀起了轰轰烈烈的工农群众运动。中共福州地委和闽南部委在过去领导开展的历次革命运动的基础上，继续发动广大人民群众起来铲除北洋军阀苛政，惩办贪官污吏，打倒土豪劣绅，组织各种民众团体，引导他们为争取自身的民主、自由、解放的权利而斗争，开展以学生为主体的各阶层群众反对帝国主义文化侵略的“非基”运动，从而壮大和巩固国民革命的基础，大力支援国民革命军的北伐战争，把福建的国民革命推到了一个新的阶段。

国民革命军入闽，推翻了北洋军阀在福建长达13年之久的统治，人民群众莫不欢欣鼓舞。从1926年冬到1927年初，全省大部分县（市）

---

① 《〈民声〉旬刊发刊词》(1927年1月21日)，福建省委党校馆藏资料（1—0157）。

② 《革命先锋》第1期，1927年1月，福建省委党校馆藏资料（1—0159）。

③ 松林：《福建当前的三大问题》，《革命先锋》1927年第3期。

陆续召开几千人到数万人的群众大会，庆祝北伐的胜利。厦门各界民众在 1927 年元旦举行庆祝北伐胜利大会时，提出了“福建民众总要求”11 条，具有一定的代表性。其内容是：“第一条：停止预征钱粮，征收陋税及一切苛税杂捐；第二条：打倒地痞、劣绅、土豪、反革命派；第三条：肃清土匪、三点会、符仔会、武装暴徒；第四条：铲除贪官污吏，建设廉洁政府，实行由省到乡的地方自治平民政治；第五条：准与人民的集会、结社、言论、出版、罢工之自由权；第六条：禁止勒种鸦片；第七条：培植农工运动发展，巩固福建革命基础；第八条：确定全省教育经费，打倒反动教育，实施革命化教育；第九条：开办交通事业，助长福建实业发展；第十条：促开县民会议，省民代表会议；第十一条：打倒帝国主义在福建的政治、经济、文化势力。”[①] 这些内容实际上反映了全省民众的愿望和国共合作的行动准则，在这些共同的斗争纲领下，福建的中共党员和国民党左派人士在 1926 年冬至 1927 年初春的一段时间里紧密合作，携手在各地积极领导人民群众开展各种形式的斗争。

首先，因势利导，深入发动各地民众起来开展惩办贪官污吏、土豪劣绅的斗争，以摧毁封建军阀的社会基础，巩固国民革命运动的胜利成果。北洋军阀在福建的统治覆亡后，那些罪恶昭著的统治阶级鹰犬便成了人民群众清算的对象。1927 年 1 月，建瓯县工农青妇商各界代表开庭公开审理县知事谭国政，显示了人民革命的威力。[②] 漳州、石码、龙溪、漳浦等县人民群众也在党的领导下，掀起了大规模的“倒兰反廖”斗争。兰汝汉是闽南一霸，长期投靠封建军阀洪兆麟、张毅，窃据石码商会会长之职。其子兰步青曾任漳浦县知事，另一个儿子兰星六也是称霸一方的大土豪。父子二人倚官仗势，欺压人民，无恶不作。国民革命军入闽后，广大群众纷纷向漳州政治监察署和国民党龙溪县党部控告兰家父子的滔天罪行，要求依法予以严惩。兰汝汉畏罪潜逃，兰步青、兰星六被

---

① 坚白：《“福建民众的总要求”》（1927 年 1 月），中共厦门市委党史办编《厦门革命历史文献资料选编》第 1 集，1987 年内部版，第 187 页。

② 《潘作民谈大革命前后建瓯的革命活动》（1961 年 8 月）。

依法拘捕。但是，驻漳国民革命军补充团团长廖鸣欧接受重金贿赂，私自放兰步青、兰星六脱逃，激起众怒。各界群众在漳州公园开万人大会，愤怒声讨兰汝汉等人的罪行，揭露廖鸣欧贪赃枉法的行为，致电福建临时政治会议，请求枪决兰家父子和严惩廖鸣欧。2 月 17 日，福建临时政治会议作出决定，立即枪决兰汝汉、兰步青、兰星六，查封其逆产，究办廖鸣欧。① 廖鸣欧得知消息弃职逃走。闽南民众取得了“倒兰反廖”斗争的重大胜利。2 月中旬，岩平宁政治监察署接受各界民众要求，拘押该县参与曹锟贿选总统的国会议员连贤基，给旧势力以有力打击。3 月初，经过国民政府核准，对华安县原县知事蒲枢、漳浦县土豪劣绅柯安邦、黄宝忠，分别执行枪决。这些斗争，狠刹了贪官污吏、土豪劣绅的威风，大大鼓舞了人民群众革命斗争的信心。此后不久，中共上杭县支部组织农民协会会员和工人纠察队员数千人，围攻军阀习性复萌、勾结土豪劣绅欺压民众的国民革命军第十七军留守上杭的卢明凤及田德胜两个营（原北洋军阀部队起义后改编），把他们赶出上杭县城。3 月下旬，中共泉州特支与兴泉永政治监察署也发动民众打击土豪劣绅，处决了同安县马巷商会会长、外号“土皇帝”的陈剑卿和惠安县同善社头子陈伯昭，并抓捕和打击了惠安大土豪李慕韩（又名李荆赡）、晋江县大恶霸陈崑。② 在闽东北，叶镒清组织福安县农民群众，取缔了由土劣组织的“乡公会”；郑长璋在宁德领导农民群众，开展了反霸斗争；寿宁的吴三弟等发动民众，捆起县知事、大土豪游斗示众③；等等。在一段时间里，摧毁北洋军阀的残余势力，惩治贪官污吏和打倒土豪劣绅的斗争，遍及全省各地，取得了丰硕成果。

其次，在各地发动建立工会、农民协会、学生联合会、妇女解放协会等群众团体组织，并使之在斗争中不断得以发展和壮大，成为福建反

---

① 参见方声涛：《福建临时政治会议议事录》（1927 年 1 月 3 日—6 月 7 日），福建省委党校馆藏资料（5—0798）。

② 参见《大革命时期泉州地区工会、农会活动情况》（1961 年 7 月 23 日）。

③ 参见曹敏华：《第一次国内革命战争时期的福建农民运动》，《党史资料与研究》1982 年第 10 期。

帝反封建斗争的基本力量。各地工人按行业先后公开成立了工会组织，有的县市还建立了总工会。1927 年 1 月，中共福州地委派遣蔡珊、陈碧笙将福州的电报、电机、印刷、店员、人力车夫等工会联合起来，在大庙山成立店员总工会，以区别国民党新右派林寿昌所组织的福州总工会。福州店员总工会成立后，下属工会发展到 60 多个，会员有 1 万余人，并且建立了工人纠察队。同时，中共厦门市委通过整顿半公开的“工友联欢会”，分别建立了各行各业的工会。1927 年 1 月 24 日，厦门总工会筹备会成立，下属工会有 23 个，会员达 1 万多人。[①] 中共漳州支部通过汀漳道政治监察署内工人运动办事处，组织了电气、邮政、建筑等 28 个工会，其中 10 个工会则由中共漳州支部直接领导。[②] 中共泉州特别支部也通过兴泉永政治监察署领导民众运动，成立了汽车工会筹备会和码头总工会及下属 13 个区工会，另外，还陆续建立了竹器、理发、丝竹、缝纫、电气、木器、咸鲜（水产）等工会。[③] 此外，全省其他各地的工人也在党的领导下组织起来。

组织起来的工人阶级，为争取政治权利，为增加工资，提高待遇，改善劳动条件，同帝国主义、封建买办资产阶级进行了坚决的斗争，取得了不同程度的胜利。通过这些斗争，工人阶级的政治觉悟迅速地提高，人们认识到要争得自身的解放，一定要团结起来，投入反帝反封建革命的斗争中去。当英帝国主义在汉口、九江等地枪杀工人群众，武装干涉国民革命运动时，福州店员总工会、厦门总工会等均发表通电，坚决反对英帝国主义炮舰政策，号召工人全体罢工，参加反对英帝国主义的大示威游行。厦门邮务工会也提出“驱逐帝国主义走狗”“收回邮政管理

---

① 参见厦特志：《福建工人运动报告——厦门工运简况》（1927 年 3 月 16 日），中共厦门市委党史办编《厦门革命历史文献资料选编》第 1 集，1987 年内部版，第 209 页。

② 参见季康：《闽南特委关于校务及工、农、学、妇运动的情况》（1927 年 7 月 30 日），中共厦门市委党史办编《厦门革命历史文献资料选编》第 1 集，1987 年内部版，第 229 页。

③ 参见陈盛明：《大革命时期泉州国共合作杂忆》，《党史研究参考资料》1981 年第 1 期。

权”等斗争口号。上述政治和经济斗争，充分显示了全省工人阶级在国民革命运动中的主力军作用。

北伐战争时期，中共福建组织十分重视领导农民运动。随着国民革命政权在各地建立，福建党组织领导原来已建立的秘密或半公开的农民协会，进行公开的活动。1927年1至3月，共产党员与国民党左派人士在广大农村中，广泛地揭露帝国主义、封建军阀、土豪劣绅勾结在一起压迫剥削农民的罪行，开展反对苛捐杂税和实行“二五”减租的斗争。通过这些斗争，把农民组织起来，建立县、乡、村农民协会。在中共闽南部委所属的上杭、永定、龙岩三县，建立了县农民协会；武平、长汀、厦门、漳州、海澄、石码、漳浦、泉州、晋江、惠安、同安等地，也建立了区、乡、村一批农民协会。在中共福州地委所属各县，则运用国共合作的有利时机，派共产党员参加国民党省党部筹备处农民运动委员会工作，直接委派共产党员与国民党左派到福州近郊、闽侯、莆田、仙游、延平（即南平）、建瓯、浦城、邵武、宁德、福安等地，建立了许多区乡农民协会。

在这期间，福建省从西到东、由南到北的各县乡村中，农民协会像雨后春笋般成立，形成了轰轰烈烈的农民运动高潮。据武汉国民政府农民部1927年6月的统计，福建省有147个乡建立了农民协会，会员达28400多人。① 不过由于当时的条件，这个统计不可能完整，实际数字远远不止这些。

随着农民运动轰轰烈烈地展开，封建宗法思想和制度，族权、神权和夫权也开始瓦解。凡是建立了农民协会的乡村，庙宇祠堂改做了农会会址或农民夜校；封建迷信、买卖婚姻、牌赌、抽鸦片等陋俗，均被禁止。农会在乡村中清匪缉盗，整顿治安，修桥筑路，移风易俗，使农村产生了巨大变化。有些乡村农民协会还建立了农民武装。虽然数量不多，但毕竟“是使一切土豪劣绅看了打颤的一种新起的武装力量”②，在当时

① 参见《第一次国内革命战争时期的农民运动》，人民出版社1953年版，第19页。
② 《湖南农民运动考察报告》，《毛泽东选集》第1卷，人民出版社1991年版，第29页。

的革命斗争中，起了坚强后盾的作用，促进了农村反帝反封建运动的蓬勃发展。

在全省农民运动迅猛发展的形势下，福建省农民协会第一次代表大会于 1927 年 2 月在福州举行。大会总结了全省农民运动经验，成立了福建省农民协会，并制定了福建省农民协会章程。1927 年 3 月，福建农民协会又召开第二次代表大会，会议通过了修订的《福建省农民协会章程》，明确提出建立农民协会的宗旨是“为本三民主义解放劳动阶级之宗旨，集合福建受压迫之贫苦农民而组织之。其目的在谋农民之自卫，并实行改良农村组织，增进农人生活”①。此后，全省各地农民运动继续高涨，并深入地向前发展。

在工人、农民运动的推动下，学生、妇女、商人运动也轰轰烈烈地发展起来。在国民党省党部筹备处青年运动、妇女运动、商民运动委员会指导下，凡是已建立国民党县党部筹备处的地方，中共党组织都派遣共产党员加强对学生联合会、妇女解放协会、商民协会的领导，有的还担任这些群众团体的主要职务，促进了青年运动、妇女运动和商民运动的蓬勃发展。

厦门集美学校学生会于 1926 年 12 月向学校当局提出革新校务的要求，遭到拒绝后，这一事件发展为驱逐校长叶渊的罢课斗争，获得省内外各界声援。最后，武汉国民党政府发出通缉叶渊的密令，叶氏遁逃南洋，集美学生的斗争取得完全胜利。② 1927 年 2 月，厦门大学掀起打倒反革命刘树杞、根本改革厦大的学潮，这一斗争也取得了胜利。③ 在高涨的革命形势鼓舞下，各地青年学生纷纷起来提出改革各自学校的不合理管理制度，积极宣传反帝反封建革命，激发了各界民众的革命热情。

---

① 《福建省农民协会修正章程》，1927 年 3 月省第二次代表大会上通过，福建省委党校馆藏资料（1—0175）。

② 参见《集美风潮之经过》（1926 年 12 月 20 日），中共厦门市委党史办编《厦门革命历史文献资料汇编》第 1 集，1987 年内部版，第 177—186 页。

③ 参见《集美停办与厦大风潮之再起》（1927 年 2 月 15 日），中共厦门市委党史办编《厦门革命历史文献资料汇编》第 1 集，1987 年内部版，第 197 页。

同时，妇女解放协会在全省各地相继成立。妇女运动在全省也有较大的发展。妇女解放协会“以促进男女平等，求达妇女解放目的为宗旨”[①]，发动妇女反对封建旧礼教和压迫妇女的陈规陋俗，提倡民主、自由、平等，为争取自身的权利而斗争。总之，工人、农民、学生、妇女等群众运动的轰轰烈烈发展，把福建人民革命斗争推到一个崭新的阶段。

在国民革命的高潮中，福建国共两党组织，还在全省掀起了反对帝国主义文化侵略的“非基”运动。1926 年 12 月，据厦门群众提供的线索，罗扬才率领工人纠察队在深田内山下掘出被“育婴堂”残害致死的 13 具婴儿的尸体，拍照登报，向人们揭露帝国主义者利用教会，在各地办学校和“慈善”事业，对我国实行文化侵略的罪恶活动。号召人们展开反对帝国主义文化侵略的“非基”运动。

1926 年 12 月 25 日，厦门、鼓浪屿分别举行反抗文化侵略大会，在会上成立了“反抗文化侵略大同盟”。会议作出决定，每年 12 月 25 日前后一星期举行种种反基督教运动，向工人、农民宣传基督教的罪恶，积极向帝国主义者进攻；帮助教会学生做革新学务运动，取消宗教仪式及一切束缚；呈请教育部制定具体办法，撤废或收回各教会学校；各学校各团体应组织反抗文化侵略同盟会或收回教育权运动委员会，以促进教育权的收回等。[②] 大会之后，轰轰烈烈的反对帝国主义文化侵略运动，向闽西南各地迅速扩展。

继之，1927 年 1 月 14 日，福州群众也在西关外截获“仁慈堂”雇工准备挑埋的婴儿尸体 10 具。经闽侯检察厅组织西医检验，其中除 1 人系病死外，余者均系虐害致死。翌日，国民党省党部筹备处和福州学生联合会派朱铭庄等人到“仁慈堂”勘查，又发现了被虐害致死的 15 具婴儿尸体。为此，省党部筹备处召集福州各团体联席会议，决定将惨案详情以快邮代电向省内外通报。福州民众非常激愤，连日内不断地举行大规

① 《福建妇女解放协会章程》（1926 年 12 月），福建省委党校馆藏资料（1—0149）。

② 参见《厦鼓反抗文化侵略大会》（1927 年 1 月 8 日），中共厦门市委党史办编《厦门革命历史文献资料选编》第 1 集，1987 年内部版，第 188 页。

模集会和示威游行，捣毁教会机关，掀起了打倒基督教、天主教假慈善事业的群众运动。

以厦门、福州两地群众揭发“育婴堂”“仁慈堂”虐杀收养婴儿为开端的反对帝国主义文化侵略的“非基”运动，迅速波及全省各地。漳州、龙岩、上杭、泉州、莆田、延平、宁德、福安等地群众，都陆续举行了反对基督教的大示威和反抗文化侵略的大宣传运动，一度沉寂的收回教育权运动再度掀起，在全省汇成反抗帝国主义文化侵略的“非基”运动洪流。

福州各界群众在反对帝国主义文化侵略斗争中，特别强调要收回教育权。于是，收回教育权运动再度掀起，并迅速扩展到闽中、闽东、闽北等地。1927 年 3 月，福州协和大学教授陈锡襄等人再次发起收回教育权运动，联络福州各教会办的学校师生，举行声势浩大的罢课和示威游行。各革命团体为声援教会学校师生反抗文化侵略、收回教育权的斗争，在国民党省党部筹备处召开联席会议，决定成立福州各界反抗文化侵略大会，推举“反文化侵略收回教育权运动大同盟”等 11 个团体为筹备处，以陈锡襄为主席。①

为了统一领导全省的反帝反封建革命斗争，中国共产党通过国民党福建省党部筹备处与国民革命军东路军各级政治部的民众运动委员会，以联席会议形式讨论通过了福建民众运动大纲，议决建立统一的福建民众运动委员会，推举东路军政治部党务科长徐琛任主席，以加强对福建省民众运动的领导，把反帝反封建的大革命运动继续推向纵深发展。

正当工人、农民、青年学生、妇女运动汹涌澎湃，奋起摧毁封建统治和帝国主义势力的时候，隐藏在国民党内以蒋介石为代表的新、老右派却与军阀、买办、土豪劣绅勾结一起，大肆攻击民众运动，声称“工农运动过火了”，“国民党赤化了”。他们积聚反动力量，另组工会、农民协会等组织，不断制造事端，破坏反帝反封建的民众运动。轰轰烈烈的

① 参见《福州各界反抗文化侵略大会筹备处十一项议决案》，福建《民国日报》1927 年 4 月 1 日。

大革命面临着严重的危机。

第三节　国民党反动派发动反革命事变

一　革命与反革命的激烈交锋

国民革命军出师北伐，在工农群众支援下，迅速地消灭了吴佩孚、孙传芳两股势力，攻克了湖南、湖北、江西、福建、浙江、江苏、安徽等省的广大地区。在这些地区内，工农群众革命运动汹涌澎湃，给帝国主义和封建主义以沉重打击。帝国主义和封建主义势力，为了维护其在中国的统治，加紧进行对国民革命运动的干涉和破坏活动，他们除对中国革命施加政治压力，进行武力干涉、恐吓，镇压中国人民的革命斗争外，又极力瓦解革命营垒，以“根本削弱革命势力，破坏国民运动的联合战线”[①]。因此，在国民革命军占领武汉和南昌后，革命队伍内部开始形成了两个中心，即以中国共产党和国民党左派为代表的武汉革命中心和以国民党右派蒋介石为代表的南昌反革命中心。

国民政府从广州迁到武汉后，不顾蒋介石的反对，于 3 月 7 日至 27 日如期召开国民党二届三中全会。全会所通过的决议和宣言，坚决贯彻孙中山制定的三大政策，大大地提高党权，限制了蒋介石军事独裁。会议对轰轰烈烈发展着的工农运动以大力支持，还对蒋介石等予以制裁，免去了蒋介石、陈果夫等国民党中央各部部长的职务。

但是，在南昌的蒋介石却大肆勾结帝国主义、封建军阀、买办大资产阶级，加紧进行叛卖革命的活动。

蒋介石在取得帝国主义、封建军阀、买办大资产阶级的支持后，更加明目张胆地与武汉国民政府分庭抗礼。1927 年 2 月 21 日和 3 月 7 日，蒋介石先后两次发表攻击武汉国民党中央和共产党的演说，诋毁武汉联

① 《向导》1927 年 1 月 31 日。

席会议是“非法的”，诬蔑共产党员压迫国民党员，叫嚣共产党员“有强横的行动，我有干涉和制裁的责任及其权力”等。[①] 蒋介石越来越公开的反革命活动，给各省隐藏在革命营垒中的反动势力以鼓舞和支持，于是，打击共产党，排斥国民党左派，摧毁工农运动的血腥暴行接连在江西、福建、安徽等省发生。这是蒋介石叛变国民革命的前奏曲。

国民革命军东路军攻克福建后，随着国共两党在福建的合作进一步发展，工农群众的革命力量迅速发展和壮大，动摇了帝国主义、封建主义在福建的统治基础。但是，国民革命军东路军由蒋介石嫡系部队组成，入闽后建立的最高权力机关——福建省临时政治会议，其代主席，是由蒋介石委任的东路军总指挥何应钦担任，在临时政治会议组成的人员中共产党员、国民党左派只占极少数，大多数是国民党右派。至于东路军在入闽时所收编的北洋军队和福建民军，虽然为国民革命军新编第一军，但其中封建因素还相当浓厚。何应钦奉命率东路军入浙，蒋介石又委任方声涛、谭曙卿为代理人，分别担任福建省临时政治会议代主席和东路军后方指挥部总指挥，掌握了全省政治、军事权力。接着，蒋介石又派遣一批国民党右派到福建担任军政要职，如冷欣任东路军第三路指挥部政治部主任，宋思一任国民革命军独立第四师政治部主任，胡遁任福州公安局政治部主任，李大超任兵工厂党代表，陈群接替江董琴任东路军指挥部政治部主任，等等。这些国民党右派与原已在福建活动的国民党右派、国家主义派、政学系的官僚政客及地方封建势力相勾结，沆瀣一气，从党、政、军到社会各阶层，形成一股势力。他们网罗一批流氓、打手，分别成立独立厅同志会、新闻同志社、青年俱乐部、黄埔同学会福建支会等组织，针对共产党和国民党左派所控制的国民党省党部筹备处、国民党县党部筹备处和所属革命团体，不断挑起事端压制革命力量的发展，不择手段地分裂和摧残工农群众革命运动，妄图篡夺党务和民

① 参见蒋介石：《二月二十一日在南昌总部第十四次纪念周演讲》（1927 年 2 月 21 日）、《三月七日在南昌总部之演讲词》（1927 年 3 月 7 日），黄埔中央军事政治学校特别党部编印《蒋胡最近言论集》，1927 年 9 月出版。

众运动的领导权。因而，从 1927 年 1 月起，当工农革命运动在全省各地深入展开时，国民革命统一战线内部的左右两派斗争也就更加尖锐、激烈，且日益表面化了。

1927 年 1 月 15 日，福州各界群众因天主教“仁慈堂”惨杀婴孩事件，掀起了反对帝国主义文化侵略的“非基”运动。何应钦屈从帝国主义压力，竟诬陷参加反帝行动的群众为“暴徒”，对其横加逮捕、杀害。[①] 1927 年 2 月，林寿昌控制的福州总工会指使谢瘦秋、尤赐福纠集人力车车馆主成立人力车工会，与共产党所领导的福州店员总工会所属人力车夫工会相抗衡，还在各行业工人另建基层工会，以分裂工人队伍。[②] 许春草控制的厦门建筑工会，不接受共产党所领导的厦门总工会指导。杜连茹、郑笔山、李跃云在龙岩组织三民实进会，破坏工农运动。秦望山在晋江把持总工会、农民协会等民众团体，与泉州政治监察署民众运动委员会相对抗，把工人、农民运动引向歧途。

中国共产党与国民党左派为了加强对福建民众运动的领导，挫败右派篡夺领导权的阴谋，于 1927 年 3 月 4 日在福州召开东路军各政治部民运委员会和省党部筹备处民众运动委员会联席会议，决定成立福建民众运动统一委员会。其任务是：执行联席会议决议案，介绍民众运动工作人员，审查民众团体备案事宜，解决民众团体纠纷事项，等等。对此，国民党右派持坚决反对态度。因而，拥护还是反对福建民众运动统一委员会，成为国民革命统一战线内左右两派激烈斗争的焦点。

1927 年 2 月底至 3 月上旬，福州青年学生要求参加教育改造委员会，以清理教育界的国家主义者、研究系和西山会议派分子，遭教育科长国民党右派黄展云的拒绝。为此，福州学生联合会散发传单宣布黄展云的罪状。国民党右派控制的福州总工会与所属人力车工会首先发难，挑起事端，开始对中共与国民党左派及其领导下的革命团体发动攻击。

在冷欣、黄展云、林寿昌的策划下，3 月 3 日至 7 日，独立厅同志

---

① 参见《晨报》1927 年 1 月 27 日。

② 参见《福州总工会与店员总工会的斗争》，《厦声报》1927 年 3 月 12 日。

会、青年俱乐部纠集一批流氓、打手，连续袭击共产党员和革命群众，并捣毁了福州学生联合会会所，造成多起流血事件，企图以暴力压制民众的革命斗争。接着，3月8日福州总工会又威逼其控制下的工人罢工，在南公园举行3000人集会游行，冷欣亲率游行队伍赴省临时政治会议、东路军后方总指挥部请愿，提出解散福州店员总工会、人力车夫工会、福建民众运动统一委员会，以及驱逐马式材、李培桐、潘谷公、徐琛等无理要求。[①] 方声涛立即召开省临时政治会议第18次会议，作出"马式材、李培桐、潘谷公、徐琛应暂停其职权，待查明真相请中央党部核办"[②] 的决议，以表支持。随后，以宋思一为首的黄埔同学会福建支会又向省临时政治会议呈文，诬告福建民国日报"侮蔑该会同学"，"请严办潘谷公改组报社"[③]。他们企图以此为突破口，达到"肃清跨党分子"，实现"拥蒋护党"的目的，从而镇压工农群众革命斗争，叛卖国民革命。

国民党右派在福州的猖狂活动，得到军政当局的支持，从而使全省各地的封建势力受到鼓舞，纷纷起来摧残工农群众运动，以维护封建统治秩序。3月间，诏安县的同志社社员破坏孙总理逝世纪念会；永春土豪勾结驻军捣毁国民党县党部筹备处，撕裂孙中山遗像；尤溪县劣绅残杀国民党县党部筹备员、执行委员；崇安县土豪捣毁农民协会筹备处；建宁县劣绅殴打国民党县党部筹备委员；等等。总之，国民党右派同各地封建势力相互勾结，共同反对反帝反封建的革命斗争，打击工农群众运动，使福建深陷于反动气焰之中。

为了反击国民党右派的疯狂挑衅，中共福州地委决定，以福州店员总工会为主于3月9日在南校场召开40多个民众团体参加的万人市民大会。中共中央特派员王荷波在会上发言，揭露国民党右派分裂工人阶级队伍，破坏民众革命运动的阴谋。大会推举王荷波等9人为请愿代表，

① 参见光：《白色恐怖下，红黑分明的福州》，《福建评论》1927年第7期。

② 方声涛：《福建省临时政治会议议事录》（1927年1月3日—6月7日），福建省委党校馆藏资料（5—0798）。

③ 方声涛：《福建省临时政治会议议事录》（1927年1月3日—6月7日），福建省委党校馆藏资料（5—0798）。

率队游行，到省临时政治会议、东路军后方指挥部、省党部筹备处机关请愿，提出惩办企图破坏北伐后方的反动派、拿办摧残革命分子的反动派、解散福州总工会及独立厅同志会等 7 项严正要求，号召革命群众支持福建民众运动统一委员会，拥护马式材、李培桐、潘谷公、徐琛。

但在工农群众集会、游行时，林寿昌又指使独立厅同志会的江秀清、容文能、张超人等率领流氓、打手数十人冲击游行队伍，鸣枪捣乱，将国民革命军总政治部特派员江削五（共产党员）和群众数人殴打致重伤，抓去革命群众 20 多人交福州公安局拘押。翌日，中共福州地委又发动 4 万余群众到省党部筹备处、东路军后方总指挥部、福州卫戍司令部、省临时政治会议请愿，另外提出处分滥用职权的方声涛，查办凶手、释放被非法拘押的群众等要求。为此，省临时政治会议召集第 19 次会议，在戴任等人的坚持下，复议和否决了第 18 次会议的决定，作出“维持治安，交军事最高机关负责；工潮解决方法，电中央请示；严拿殴人凶手”等决定[①]，给国民党右派的嚣张气焰以回击。

3 月 18 日，中共闽南部委在漳州明伦堂召开各界纪念巴黎公社暨北京惨案大会，愤怒声讨国民党右派在福州摧残民众运动的暴行，斥责省临时政治会议代主席方声涛擅将马式材等 4 人停职，是“措置乖方”，坚决支持 3 月 9 日福州各界拥护党权大示威，一致拥护省党部筹备处和省民众运动统一委员会，要求严惩冷欣、林寿昌等凶手。[②]

同时，戴任在 3 月 22 日省临时政治会议第 21 次会议上提出，“省党部筹备处工作人员屡被殴辱，请设法惩办暴徒”的议案，为国民党右派搁置。[③] 国民革命军政治部主任邓演达给省临时政治会议来电，责其对“林寿昌、张超人强迫罢工，殴伤江削五，并威吓其他党员，除转中央请

① 参见光：《白色恐怖下，红黑分明的福州》，《福建评论》1927 年第 7 期。

② 参见《漳州各界纪念三·一八大会请严处反动派之通告》，福建《民国日报》1927 年 4 月 1 日。

③ 方声涛：《福建省临时政治会议议事录》（1927 年 1 月 3 日—6 月 7 日），福建省委党校馆藏资料（5—0798）。

示外，请制止解决”[①]。江董琴从外地拍电报给省临时政治会议，指出“此次反动分子搏击省党部，请拘案严办以维党纪”等，支持中共福州地委与国民党左派组织各界群众对国民党右派进行坚决斗争。

由于中共福建地方党组织建立不到一年，基础不牢固，缺乏实际斗争经验，特别是右倾投降主义对福建党组织有严重影响，福建党组织未能掌握武装，也未能放手发动群众对国民党右派展开斗争，终于陷入了被动。另一方面，福建的政权、军权掌握在国民党右派手中。在蒋介石的支持下，他们四出纠集土豪劣绅等封建势力，调新编军第二师郭凤鸣部到福州[②]，集结反动力量，气焰极为嚣张，致使福建国民革命运动处在危急之中。

二　福州“四·三”事变与全省的白色恐怖

1927 年 3 月下旬，国民党右派在福州加紧进行分裂国民革命统一战线的阴谋活动。黄展云、李文滨、林寿昌于 3 月 26 日至 31 日，三次召集独立厅同志会骨干分子 20 余人举行秘密会议，策划和部署在福州发动“清党”运动。以宋思一、冷欣为首的黄埔同学会福建支会建立所谓“福建各界拥蒋护党运动大同盟”和“拥护蒋总司令运动筹备会”等组织，公开进行背叛国民革命的活动。

这些活动获得蒋介石的赞许和支持。3 月 31 日，蒋介石电令福建省临时政治会议对“悉工潮事即请就地解决”。随后，张群又从安庆来电转达蒋介石命令，“如有不良分子意图破坏秩序，政治会议有权制止，并可颁布戒严，如有不合理举动皆可干涉，无待中央派员也”[③]。接着，蒋介石又电调省政务委员会主任、省党部筹备处代主任戴任赴沪，以削弱国民党右派“清党”活动的阻力。

---

① 方声涛：《福建省临时政治会议议事录》（1927 年 1 月 3 日—6 月 7 日），福建省委党校馆藏资料（5—0798）。

② 《郭凤鸣部队陆续到省》，福建《民国日报》1927 年 4 月 2 日。

③ 王星云：《福州“四·三”政变原因初探》，《福州党史资料》1985 年第 4 期。

4月2日，吴稚晖、张静江等8人在上海召开所谓国民党中央监察委员会会议，发表《致中央执行委员会咨文》，要求国民党中央执行委员会检举共产分子，由军警加以逮捕，为蒋介石叛变革命制造舆论。同日下午，方声涛召开福建省临时政治会议决定，“捐助大洋五百元”给“拥护蒋总司令运动筹备会”作为补助经费，并以“团体名义参加这一运动”。[①] 于是，在蒋介石的直接指挥下，福建国民党右派拉开了背叛革命的帷幕。

1927年4月3日清晨，在国民党右派的策划下，福州大街小巷到处贴满了“拥护蒋总司令”“反对蒋总司令就是反革命”“反对跨党分子压迫国民党员之败类”等反动标语。上午10时，国民党右派以武力要挟福州各界在南校场开“拥蒋护党运动大会”。大会以“群众”的名义推举方声涛、谭曙卿、宋思一、胡逦、李大超、林寿昌等组成“福建各界拥蒋护党运动大会执行委员会”，方声涛任大会主席，胡逦为总指挥。

国民党右派纷纷在会上发言。宋思一在发言中竭力诋毁中国共产党，攻击孙中山制定的联俄、联共、扶助农工的三大政策，诬蔑工农群众革命运动，抛出紧急决议案16条：“（1）拥护国民革命军领袖蒋总司令在军事时期行使全部职权；（2）拥护蒋总司令完成北伐工作；（3）拥护中国国民党统一党员信仰实行三民主义，巩固党的基础；（4）促汪主席（精卫）销假；（5）肃清跨党分子；（6）惩办破坏国民党北伐之反动分子徐谦、邓演达、谭平山、陈独秀、恽代英、李大钊、顾孟余、于树德；（7）取缔一切违反三民主义及本党政治之口号、标语、传单、出版物及宣传画；（8）中国国民党各级党部之筹备员，及执监委员不得以跨党分子充任；（9）军政工作人员不得以跨党分子充任；（10）惩办破坏福州党务捣乱北伐后方的马式材、李培桐、张德钟、李伯义、潘谷公、余佩皋；（11）改组福建省党部筹备处；（12）接收中国国民党的福建《民国日报》；（13）扶助真正革命工作所组织的福州总工会，并惩办破坏总工会

① 方声涛：《福建省临时政治会议议事录》（1927年1月3日—6月7日），福建省委党校馆藏资料（5—0798）。

之反动分子；(14) 扶助真正革命农民所组织之农民协会，惩办破坏农民协会之反动分子；(15) 扶助真正革命青年所组织之学生联合会，惩办破坏青年运动之反动分子；(16) 大会组织福建各界拥蒋护党运动大会执行委员会，由方声涛等 7 人任执委。”经大会一致通过，电“请总司令切实执行”。[①]

正当国民党右派在大会上大放厥词、反动气焰极为嚣张时，新编第一军二师五团一营党代表方毅威愤不能平，挺身而出，登台驳斥，指出：孙中山先生生前“仅有三大政策，并无四大政策”，“且今日以拥蒋护党名义号召民众，大会所提 16 条决议案，以推翻最高党部，驱逐政府委员，显是淆惑视听，实为西山会议派捣乱北伐后方”等。[②] 胡遁、林寿昌指挥军警把方毅威武力挟持下台，剥去其军装，并将其捆绑游街示众，到南台大桥头枪杀后抛尸于闽江。下午，方声涛召开省临时政治会议紧急会议，决定对全省及福州实行戒严，立即逮捕共产党员、国民党左派和工农革命团体负责人、积极分子，一切政务归方声涛主持。

4 月 4 日，谭曙卿就任福建省戒严司令，张贞任福州戒严司令。布告规定：“凡未经许可，一切集会、结社、群众大会均不得举行，如有违反戒严法及暗图破坏者，从严惩办。”[③] 国民党右派在派军队解散福州店员总工会组织的游行请愿队伍后，进行了大搜捕。独立厅同志会的林寿昌、江秀清、李挺苍等率领暴徒，配合军警在城台、马江等地，拘捕中共福州地委宣传部长方尔灏、组织部长陈兴钟（应中）和共产党员郑尚衡、林梧凤、朱铭庄及国民党左派黄素云等 30 多人。中共福州地委书记徐琛、余哲贞夫妇已转移到厦门，也被逮捕解回福州。同时，国民党右派下令取缔福州店员总工会、福州妇女解放协会筹备处、闽侯县农民协会筹备处、福州学生联合会、福建青年社、福建评论社、职工小学、劳动

① 上海《民国日报》1927 年 4 月 7 日。

② 《申报》1927 年 4 月 11 日。

③ 《申报》1927 年 4 月 11 日。

童子团、新建社、涤社等革命团体[①]；封闭福州书店，接管福建《民国日报》，委任陈乃元为省政务委员会代主任、黄展云为国民党省党部筹备处代主任，并负责改组。此后，白色恐怖笼罩全城，并迅速向全省各地扩展。

国民党右派在福州首先发动"四·三"事变，立即得到以蒋介石为代表的国民党新右派的奖励与支持。4月4日，蒋介石决定将福建临时政治会议改为福建临时政权机关，福建政务委员会为议事机关，今后一切政务归临时政治会议执行。同时，还来电嘉奖林寿昌，委任其为福建全省民众运动特派员。

4月5日，李济深等给谭曙卿、张贞等人电报，通知蒋介石、汪精卫等在上海秘密会谈"清党反共"的决定内容：(1) 解决所谓"党事纠纷"问题，由汪精卫通知陈独秀，在开会之前，各地共产党员暂时停止一切活动，听候开会解决；(2) 武汉国民党中央和国民政府所发命令，有认为妨害党国前途者，不用接受上项命令；(3) 由各军队、党部、民众团体、机关的最高长官和主要负责人对"在内阴谋捣乱者"予以制裁，等。[②] 方声涛、谭曙卿接电后，即向各地党部、驻军发出命令，"训令各县一致（开展）拥蒋护党运动，肃清左派势力"，并"特派专员"，前往各地"指导进行"。[③] 此后，全省各地相继发生了反共反人民的反革命事变。

厦门海军警备司令部参谋长林国赓，于4月8日晚接到谭曙卿、方声涛密电令，立即宣布全岛戒严。4月9日，厦门国民党党部筹备处主任李汉青、建筑工会许春草等在林国赓的支持下，召开"厦门各界拥蒋护党大会"，会上通过5项决议：包括拥护蒋总司令在军事时期行使全部职权，拥护福州各界拥蒋护党运动大会16项决议案，惩办厦门中共党员和

① 参见《福州"护党拥蒋"大运动》，《厦声报》1927年4月14日。

② 参见《李济深等人致谭曙卿、张贞等电报》（1927年4月5日），《党史研究》1987年第4期。

③ 参见《晨报》1927年5月10日。

国民党左派陈卓凡、罗扬才、杨世宁、黄埔树等人，接收由这些人领导的各团体等。会后，林国赓出动军警逮捕罗扬才、杨世宁、黄埔树、严子辉、吴崑元等6人，查抄厦门总工会，封闭厦门学生联合会。[①] 随后，又指挥军警开枪镇压厦门码头工会、店员工会要求释放罗扬才及杨世宁等人的示威请愿工人，下令通缉两个工会领导人柯子鸿、颜泗等，宣布禁止工人罢工、学生罢课、集会、示威，违者以扰乱治安罪，格杀勿论。同时派郭立基、许春草、刘哲民等7人接管厦门总工会。于是，继福州后，厦门人民群众又处于国民党新军阀的白色恐怖统治中。

4月10日，晋江县党部秦望山、许卓然召集兴泉永十县国民党党部筹备员联席会议，会上通过了"拥蒋护党"，驱逐政治监察署人员出境的决议，并在泉州南校场召开各界"拥蒋护党大会"，会上发表了"宣言"。会后，派人接管政治监察署，通缉共产党员和国民党左派李松林、辜仲超、左明亮、陈文聪、林环岛、庄醒民、施侬、陈刚等人，封闭了泉州书店。

同日，莆田国民党右派和驻军也挟持各界民众在中山公园召开"拥蒋护党大会"，通过所谓"铲除共产党及跨党分子，改组国民党莆田县党部筹备处"等10条决议案。会后，逮捕政治监察署监察员陈炳中、许烈等6人。[②] 嗣后，将陈炳中、许烈杀害。

4月15日，龙岩土豪劣绅杜连茹、郑笔山等人勾结流氓、歹徒和驻军黄月波、罗步月举行反革命示威游行，围攻龙岩县党部、岩平宁政治监察署，逮捕了共产党员和国民党左派陈国华、朱文昭等6人，通缉张旭高、郭滴人、邓子恢、陈庆隆等13人，解散工会、农民协会等革命团体。[③]

4月中旬，宁德、福安等县国民党右派勾结土豪劣绅举行"拥蒋护

---

① 参见《厦门"四·九"事变》，《厦声报》1927年4月12日。另见《"护党"之运动与请愿保释》（1927年4月12日），中共厦门市委党史研究室主编《厦门革命历史文献资料选编》第10集，1992年内部版，第105—108页。

② 参见《莆田各界举行"拥蒋"大游行》，《奋兴报》1927年4月12日。

③ 参见《龙岩党史通讯》1984年第4期。

党大会”，捣毁宁德、福安县党部筹备处，通缉郑长璋、叶鉴清等。不久，宁德县党部筹备处主任、共产党员郑长璋在福州被捕牺牲。

5月7日，上杭国民党右派和地方反动势力邱秀光等，以2000块大洋贿赂驻军参谋长刘炳坤进行“清党”。刘炳坤指挥军队占领国民党上杭县党部，封闭工会、农民协会、学生联合会等革命团体，大肆搜捕共产党员和国民党左派，对革命群众进行罚款。中共上杭县支部书记林心尧、县党部执委张楷、县总工会周继英、县农民协会包究生均遭杀害，汀属政治监察署监察员谢秉琼等被通缉。继之，全省其他各地均开展“拥蒋护党”运动，改组国民党县党部筹备处，摧残革命群众团体，大肆捕杀共产党员、国民党左派和革命群众。4月28日，方尔灏、郑尚衡、林梧凤、朱铭庄等在福州被杀害。6月2日，徐琛、余哲贞、罗扬才、杨世宁也在福州遭枪杀。

据不完全统计，从福州“四·三”反革命事变至1927年底，福建各地被捕的共产党员、国民党左派和工农革命群众达1305人，被杀害者共569人。① 福建各地陷入白色恐怖之中。

总之，从国民党右派在福州、厦门发动“拥蒋护党”的反革命事变开始，到汪精卫于7月15日在武汉召开“分共”会议，宣告“宁汉合作”为止，国共两党在福建的第一次合作彻底破裂。第一次国内革命战争失败，人民革命斗争转入了低潮。

三　反对国民党右派叛变革命的斗争

1927年3月间，福建国民党右派在福州不断地摧残工农群众革命运动，阴谋夺取国民革命胜利果实的活动日益猖狂。中共福州地委面对严峻的政治形势，一方面在福建《民国日报》《福建评论》等革命报刊上，揭露国民党右派破坏国民革命统一战线、扰乱北伐后方的罪行，多次领导各界群众集会、游行，提出严厉惩办制造惨案的凶手、歹徒的要求，

① 参见《国民党政府统治下的白色恐怖》，《布尔什维克》第1卷，第26期。

并电请国民党中央和武汉国民政府给福建反动派以制裁。另一方面，地委书记徐琛于3月下旬召开有工农青妇运动负责人参加的紧急会议，会上分析了政治形势，认为国民党右派可能发动事变。为了避免重大损失，会议决定地委机关只留少数人坚持工作，已暴露身份的外籍共产党员立即疏散到农村隐蔽，尚未暴露身份的共产党员不再公开，并派人到郊区及闽侯的台屿、青圃、洪塘等地建立联络点。① 同时，将情况通知所属党组织，做好应变准备。会后，徐琛、余哲贞、蔡珊、林淑玉等均相继转到郊区、闽侯县农村，只留方尔灏、陈兴钟等在福州坚持工作。

中共闽南部委于3月下旬也从台湾日文版报纸上看到“蒋介石即将发动政变”的消息，联系福建各地异常情况，经过部委会议讨论决定，要加紧做好应变的准备工作。部委向闽西南各地所属党组织发出通知，要求各地党组织不要因为当前形势好而放松警惕，要提防反动派扰乱北伐后方，在组织上要将加强秘密工作与公开工作相结合。

在厦门“四九”事变后，4月底，中共闽南部委书记罗明和原中共厦门市委书记罗秋天在漳州召开紧急会议，认为国民党右派已背叛革命，为避免损失，决定将厦门市委书记罗秋天调部委工作，派刘端生到厦门任市委书记，部委妇委书记谢志坚化名骆秋霞到厦门做妇女工作。同时，提前结束漳州农工运动讲习所，把学员派回各县开展工作。部委对各县的领导只称联络站，在漳州的部委机关只留秘书长邱泮林和少数委员坚持日常工作。会上作出3条应变决定：（1）进一步加强秘密工作，继续领导工人、农民和学生的革命斗争，以反对国民党右派的压迫；（2）对事变后思想动摇的党团员让他们离开，对在关键时刻经得起考验的工人、农民和革命知识分子应吸收他们入党，继续做好发展党的工作；（3）在做好城市工作的同时，将革命力量转移到农村。会后，部委书记罗明，委员罗秋天、李联星等到龙岩、永定、上杭、平和等县巡视工作，部署加强对农民运动的领导。漳州、石码、海澄等地党组织也转入地下，把

① 参见《1926～1927年福州党的活动情况座谈会》（1961年8月4日）。

党的主要力量移到农村，以避免被破坏。[①]

国民党右派在福建全省主要城镇发动反革命事变，使各地党的组织遭到了重大损失，但由于各级党组织及时采取了应变措施，保存了一部分革命力量，为继续领导各地人民反抗国民党右派的革命斗争，迎接新的革命高潮积蓄了力量。

以蒋介石为代表的国民党右派残酷屠杀共产党人和工农群众的反革命行径，遭到了福建各界民众的谴责。福建各地相继发生了反抗蒋介石叛变革命的斗争。厦门、福州学生联合会于5月30日出版的汉口《民国日报》发表《致全国学生联合总会声讨蒋介石》的电报，指出："蒋介石近日在东南各省滥用武力威胁民众，派遣走狗占据学联，驱逐真正之职员，代以附逆之败类，敝会等亦在被蹂躏之列。惟职员与全体同学不甘屈服，挣扎抵抗秘密进行，决以赤血换得最后之胜利"，"誓率全体同学一致拥护总会之主张"，"以塞反革命蒋介石之胆"。[②]

同时，各地工农群众也采取各种形式反抗国民党右派叛变革命的斗争。国民党省党部筹备处虽三次派"清党"委员到建瓯县，下令改组建瓯县党部，都遭到抵制，因此国民党县党部、总工会、农民协会的领导权一直掌握在共产党员和国民党左派手中。[③] 5月中旬，谢秉琼到长汀将上杭县土豪劣绅勾结刘炳坤残杀革命群众的情况，向国民革命军游击司令兰玉田报告，得到他的同情与支持。兰玉田返回上杭县以调防为借口，将杀害林心尧的独立连全部缴械，处死连长王光烈，又将受贿策划事变的参谋长刘炳坤驱逐出境，对其他主要策划者和凶手都予以惩办。国民党龙海县党部筹备处主任张善德等5人，因擅入厦门大学抓捕革命学生黄士豪，开枪致黄重伤，被广大学生捉送厦门警备司令部究办，而司令

① 参见罗明：《福建早期革命斗争情况》（1982年6月9日），《党史资料与研究》1982年第11期。

② 《厦门福州暨学联声讨蒋介石拥护总会所长联合致总会电》（1927年5月30日），中共厦门市委党史办编《厦门革命历史文献资料选编》第1集，1987年内部版，第224页。

③ 参见潘作民：《大革命前后建瓯革命活动的回忆》（1961年8月），福建省委党校馆藏资料（2—0110）。

部却借口转解福州放纵凶手。厦门大学学生会于5月24日发动学生罢课抗议。厦门各界民众也组织援助黄士豪大会，会上议决函请厦门学生联合会通告学校一致罢课，并致电省方要求严惩凶手。①

其间，厦门、福州两地的工人对国民党反动政府的压迫也举行罢工、罢市斗争。6月18日，厦门电报局职工因不堪资本家沉重的剥削，全体员工举行罢工，提出加薪要求。大北电报公司的华员职工也罢工响应。同日，国民党政府财政处牌照局因征收税金打死伞店工人，激起福州各界民众公愤，愤怒的群众捣毁了该局局长住宅，全城一律罢市。21日，闽江船户也一律罢航声援。为此，福州各界民众向反动当局提出："处罚财政处长""枪决牌照局长""一切新税即时取消"等8项强硬要求，反动当局不得不接受福州民众部分要求，对牌照局实行改组。②

在广大农村，国民党新军阀的统治鞭长莫及，党的组织在城镇被打散后，坚定的共产党员并没有被敌人的屠杀所吓倒，他们转移到农村，领导农民群众进行更加深入隐蔽的斗争。

总之，在第一次国内革命战争期间，福建人民在中国共产党的推动和正确领导下，广泛开展了反帝反封建的革命运动。但由于党还处于幼年时期，福建地方组织刚建立不久，党员的数量、政治经验都还不能适应斗争的需要；工农群众运动虽轰轰烈烈，但从全省来说，还不平衡、不普遍和不深入，群众觉悟水平和组织程度还不高；特别是在革命武装方面，党没有独立地掌握军队。加上右倾机会主义的影响，党的组织"只依仗其暂时的同盟者国民党。其结果是帝国主义命令它的走狗豪绅买办阶级，伸出千百只手来，首先把蒋介石拉去，然后又把汪精卫拉去，使革命陷于失败"③。

第一次国内革命战争虽然由于国民党反动派的残酷镇压而失败了，

---

① 参见《厦门大学罢课》（1927年6月2日），中共厦门市委党史办编《厦门革命历史文献资料选编》第1集，1987年内部版，第225—226页。

② 参见黄国荡：《福建革命史大事记（五四时期和第一次国内革命战争）》（续二），《党史资料与研究》1983年第10期。

③ 《毛泽东选集》第1卷，人民出版社1991年版，第157页。

然而在这一伟大的斗争中，福建人民和福建党的地方组织得到了锻炼，获得了宝贵的经验教训，党的影响在群众中进一步扩大，从而为第二次国内革命战争准备了基础。在中国共产党的领导机关纠正了右倾机会主义后，福建的地方党组织又领导着全省革命人民开始了新的战斗。

第三编　土地革命战争时期

(1927 年 8 月—1937 年 7 月)

第五章　土地革命的兴起

第一节　恢复和建立各级党组织

一　中共闽南、闽北临时特委的建立

福州“四·三”事变之后，尤其是蒋介石在上海制造“四一二”反革命政变后，福建各地的共产党组织受到严重损失，各地工农革命运动也都遭到了不同程度的打击和摧残。在严重的白色恐怖下，中共闽南部委的负责同志难于在漳厦立足，工人支部崩散，经济来源断绝，党组织在漳厦及闽南地区不能继续活动，工作几乎停顿。中共闽南部委书记罗明、农委书记李联星和厦门党组织负责人罗秋天等，根据当时的形势，决定暂时撤离漳厦，分赴闽西，到上杭、永定、龙岩、平和一带巡视、整顿各县支部。

同样，福州和闽西地区的共产党组织和人民革命运动也受到了严重破坏。福州市党团员由原来的 150 人减为 20 人。[①] 永定县在北伐战争时期发展起来的 30 余个乡农会、4000 余户会员，“政变后都无形解散”[②]；平和县原有 20 多个乡成立农会，入会者 2000 余户，在政变以后便“完

① 参见《陈少微关于福建党的情况报告》(1927 年 12 月 26 日)，中央档案馆、福建省档案馆编《福建革命历史文件汇集》甲 2 册，1984 年内部版，第 27 页。

② 《中共福建临时省委三月份工作报告》(1928 年 4 月)，《福建革命历史文件汇集》甲 2 册，1984 年内部版，第 223 页。

全塌台"①。

"四一二"反革命政变之后，国民党为了强化其在福建的反动统治，在军事方面配备有新编第一军谭曙卿部和海军杨树庄部。新编第一军原来是地方民军和土匪部队，其第一师高义部驻漳州，第二师郭凤鸣部驻泉州。海军及海军陆战队4个旅的兵力，主要分布在闽北及闽江口沿海地区。另外，闽北地区驻有卢兴邦独立第一师，其他各部民军土匪散驻于福建各地。这些反动军队虽然内部派系林立，矛盾重重，但在反共反人民这一点上，都一致地联合起来，加紧迫害与镇压中国共产党领导的人民革命运动。

正当福建共产党组织和革命活动受到严重挫折的时候，中共中央派遣陈明、谢汉秋、陈昭礼等分别前往闽南和闽北，负责整顿和恢复党的各级组织，开展革命活动。

1927年8月初，陈明、谢汉秋取道上海到达厦门，随后抵达漳州，先后与王德等取得联系。经过10多天的联络和准备，陈明召集罗明、陈祖康（后叛变）、刘端生、邱泮林、林超然等在漳州举行会议。会议根据中央命令，调整并组成了中共闽南临时特委，由陈明任书记，李松林为组织部长，陈祖康为宣传部长。同时，成立共青团闽南特委，刘端生为书记，谢汉秋、陈蛮分别担任组织和宣传部长。② 中央规定，中共闽南临时特委隶属广东省委领导，下辖兴化、泉州、厦门、漳州、龙岩、汀州各属党组织。

中共闽南临时特委成立以后，按照中央指示，一方面整理原有支部，同时加紧发展党的组织，扩大党的力量，尤其注重发展工农群众斗争。至10月上旬，中共闽南临时特委整理或恢复发展了龙岩、上杭、永定、平和、南靖、漳浦、龙溪、海澄、同安、惠安、莆田、仙游、南安等13

---

① 《中共福建临时省委三月份工作报告》（1928年4月），中央档案馆、福建省档案馆编《福建革命历史文件汇集》甲2册，1984年内部版，第205页。

② 《中共闽南临时特委报告》（1927年10月10日），中央档案馆、福建省档案馆编《福建革命历史文件汇集》甲2册，1984年内部版，第10页。

个县和厦门、集美的党团组织，党团员共 230 余人。[①]

陈昭礼在大革命失败以前担任中共福州地委书记，1927 年 3 月前往武汉，出席中共第五次全国代表大会。会后，留在武汉担任中共中央常委会和政治会议秘书。同年 7 月，党中央为了尽快恢复福建党的组织，派遣陈昭礼以及徐履峻、潘珍美等前往闽北工作。

7 月下旬，陈昭礼等 3 人经九江抵达闽北崇安，先后与转入地下活动的党团员取得联系，成立中共崇安县委，以徐履峻为书记。此后，又建立了中共建瓯县委和闽北临时特委，陈昭礼担任特委书记。根据中央的指示，中共闽北临时特委直属中央领导，辖福州、南平、邵武及闽北各县。为了尽快恢复福州的党组织，陈昭礼于 9 月间到达福州，寻找和联络失散的党团员，建立了以葛越溪为书记的中共闽北特委福州办事处。

至此，自 4 月之后一度受到破坏的福建党组织的两个领导机关又恢复了工作。但是，由于陈明和陈昭礼等从武汉出发返闽的时候，八七会议尚未召开，以陈独秀为代表的右倾投降主义尚未得到清算，党的政治路线和策略也还没有根本改变。因此，中共闽南、闽北临时特委的改组和建立，主要是依照中央当时的决定，负责恢复和整理党的组织，还不可能立即领导福建工农群众开展土地革命和武装斗争。而这两个组织系统的恢复，在加强党对福建革命斗争的领导，联络并发展各县地方党组织方面，发挥了极为重要的作用，并为即将传达贯彻党的八七会议精神，领导开展工农武装斗争，作了必不可少的组织准备。

二 南昌起义军入闽・八七会议精神的传达

1927 年 8 月 1 日，周恩来、朱德、贺龙、叶挺、刘伯承等领导举行的南昌起义，宣告中国共产党从此开始了独立领导武装斗争和创造工农红军的时期。8 月上旬，起义军从南昌出发，随后取道赣南入闽，南下粤东潮汕。南昌起义军入闽，给了福建党组织以莫大的鼓舞和影响。

---

① 《中共闽南临时特委报告》（1927 年 10 月 10 日），中央档案馆、福建省档案馆编《福建革命历史文件汇集》甲 2 册，1984 年内部版，第 10 页。

9月5日，贺龙率领起义部队第二十军由江西瑞金开抵汀州，其余各部随之陆续入闽。部队在当地党组织和进步群众的协助下，派出宣传队到各处演讲，张贴标语和布告，宣传中国共产党的主张，鼓动农民抗缴租税，没收大地主土地，实行耕者有其田的政策，惩办土豪劣绅，打倒背叛革命的蒋介石。

起义军在长汀的实际行动，使长汀民众认识了共产党及其领导下的人民武装的政策主张。人们在当地党组织的发动和领导下，积极协助起义军的活动。

9月上旬，起义军离开长汀继续南下，向上杭进发。上杭是汀江上游重镇。从上杭以下，汀江江面宽阔，直达东江潮汕。起义军占领上杭，钳制了通往广东韩江流域的水陆枢纽。驻守上杭的民军蓝玉田部慑于起义大军的威势，弃城而去。

与此同时，刚刚成立的中共闽南临时特委在漳州获悉南昌起义军入闽的消息，立刻准备组织福建革命委员会，号召群众响应，并派罗明日夜兼程赶赴上杭，迎接起义军。

周恩来、朱德等在上杭会见了罗明及闽西各县党组织的部分领导人，向他们介绍南昌起义的经过与重大意义，指出当前应当领导人民开展武装斗争，实行土地革命。周恩来告诉他们，起义军的行动计划是打到潮州、汕头一带去，和海陆丰农民斗争结合起来，在那里建立革命政权，发展和壮大革命力量。周恩来要求闽西各地党组织协助起义军做好四件工作：(1) 搞好交通运输；(2) 筹集粮饷；(3) 协助警戒和收集情报；(4) 收容安置伤病员。① 周恩来又决定调拨一部分武器，以便闽西党组织开展武装斗争。

南昌起义军南下，连续击败沿途拦截堵击的敌军，顺利进入闽西的行动，震撼了南京和福建的国民党新军阀。坐镇南京的李宗仁电令福建境内的国民党军队集结于连城、永定、龙岩一线，阻止起义部队入粤。

① 《罗明回忆录》，福建人民出版社1991年版，第66页。

福建国民党军政当局也急调海军陆战队及新编第一军一部，分 3 批赶赴闽西防堵。

起义军前敌委员会早已做好了应付敌人的准备，在各路追堵的敌军尚未进入闽西之前，就率领部队继续南进。9 月中旬，起义军沿着汀江，水陆两路向潮汕兼程进发，把追堵的敌军远远抛在了后面。

南昌起义军入闽，打击了闽西反动势力，直接推动了福建人民的革命斗争；并以其具体的行动和斗争纲领，向人们展示了武装夺取政权的前途。周恩来、朱德等起义军领导人关于开展武装斗争与土地革命的指示，以及留给闽西党组织的一批武器，更是帮助与推动了福建土地革命战争的展开。

这期间，由于第一次国内革命战争失败，全国政治形势发生急剧的变化。8 月 7 日，中共中央在汉口召开紧急会议。会议坚决批判和纠正了以陈独秀为首的中央所犯的右倾机会主义错误，撤销了陈独秀的总书记职务，确定了实行土地革命和武装起义推翻国民党反动统治的总方针。会议决定，中国共产党必须自下而上地领导农民解决土地问题，满足农民的土地要求；党团组织应在最短期间选派优秀的分子到各主要省份去做农民暴动的组织者，领导那些已成为农民运动中心的各省举行武装暴动。

八七会议刚结束，中共中央立即致信中共闽南、闽北临时特委。党中央认为："闽省工作应据中央紧急之决议确定自己工作之方向"，"我们工作的中心问题是如何组织农民，如何武装农民，使他们能够自己起来用暴力的方式夺取政权"。中央指示信吸取了大革命失败的教训，强调农民运动必须由无产阶级领导，"一定要 C. P. 能积极地果决地领导农民斗争，如减租、抗租、抗税，打倒劣绅土豪、没收大地主土地"。中央指示中共闽南临委立刻派最活跃的骨干分子到与广东接近的闽西各县，"组织农民暴动，参加土匪民团工作，以与广东将起之农民暴动打成一片。"①

① 《中共中央致闽北闽南临委信》（1927 年 8 月 27 日），中共江西省委党史研究室等编《中央革命根据地历史资料文库·党的系统》第 1 卷，中央文献出版社、江西人民出版社出版 2011 年版，第 4—5 页。

8月12日，中共中央发出通告第一号，介绍八七会议的意义，总结大革命失败的教训，要求各地党组织尽快将八七会议决议翻印转发到各级党组织，切实贯彻执行。

中央的指示信和通告，向福建传达了八七会议精神及具体执行的要求，给福建党组织规定了工作的方向和中心。只是由于当时白色恐怖严重，社会政治极为混乱，中央这些文件大约在9月间才辗转送达闽南临委。而在闽北方面，这些指示和决议迟至同年12月间才得以贯彻。

中共闽南临时特委在收到八七会议决议和中央通告以后，立刻向各级组织传达贯彻。罗明在送走了南昌起义军之后，在上杭收到了闽南临委送来的八七会议文件和中央关于秋收起义的指示，随后又听到了关于毛泽东领导秋收起义部队进军井冈山的消息，于是，立刻同闽西各县负责同志研究，"加紧在闽西对武装斗争、土地革命、建立政权的根据地的工作"[①]。不久之后，中共闽南临委又派陈祖康专程到闽西，传达八七会议精神，布置武装暴动。

9月间，中共中央南方局根据八七会议精神，命令闽南举行农民武装暴动，在有农运基础的地方首先发动斗争。南昌起义部队在潮汕失败之后，南方局又派员到达闽南特委，并向闽南各县市委发出指示信，要求各级党组织全体动员，协助从三河坝撤往闽南之南昌起义部队二十五师，在闽南发动民众开展土地革命，"一方面立即开始宣传煽动农民抗租，抗税，不还欠债，建设工农兵政权；一方面立即杀土豪劣绅，烧毁田契借约，捣毁税局，以引起农民革命之勇气"。南方局还要求各县尽可能秘密组织农民武装，造成领导农民暴动的中心。[②]

中共闽南临时特委在得到八七会议文件、中央通告以及南方局的指示以后，研究了闽南、闽西的形势与贯彻中央精神的策略。闽南临委认为，目前在主观力量方面，凡是有党组织的地方如上杭、永定、龙岩等地，农民运动颇有发展；而平和、漳浦、海澄、同安、惠安、莆田等县

① 罗明：《回忆闽西党的战斗历程和福建人民的斗争》（未刊稿），1977年1月26日。
② 参见《中共中央南方局致闽南各县市委函》（1927年）。

民众较亢悍，并且拥有较多的武装。这些地区农村“有组织之农民约十万，可用之武装当在五千以上”。闽南临委还认为，如果把闽西南各方面的力量都组织起来，这一带的力量将不亚于广东、湖南的农民武装。

中共闽南临委在分析了上述有利条件的同时，也看到了不利的方面，认为党在农民运动方面的工作，在 4 月政变之后大都陷于停顿，当时虽已开始恢复，但并不普遍；而原来希望给福建革命斗争以帮助的南昌起义部队入粤之后，至今未见返闽。在敌人力量方面，驻守闽南的两个团 1600 余人，散驻于闽西南其他各部民军也有 4000 余人。

根据上述情况，中共闽南临委认为目前闽西南农民武装力量不够强大，尚不足以举行暴动。因而认为中央关于举行秋收暴动的计划，“在闽南的客观条件，尚未具备”①。

为了贯彻八七会议精神，积极创造武装斗争和实行土地革命的条件，闽南临委根据当地实际情况，决定“除将中央秋收暴动之意义及纲领策略特别宣传外，特别决定秋收减租及反抗烟苗捐二种运动，为闽南农民公开的斗争工具”。在具体斗争策略上，由农会提出二五减租的口号，由和平请愿到武装示威，直至“准备最后武力解决”。②

但是，中共中央对于闽南临委的这种分析与部署并不完全同意，认为南昌起义部队虽然已在潮汕失败，但农民暴动的形势仍在发展，闽南临委应当领导所辖各县立即举行暴动。10 月 15 日，党中央指示闽南临委：当此广东暴动发展的时候，应该马上派人到农村去，领导农民抗租、抗捐、反抗烟苗捐，没收土地分配给农民，造成一个广大的农民暴动的局面，与退往闽南的南昌起义部队相配合，“占据几个县城，在闽南形成一个暴动的中心势力，然后发展到其他各处去”。中央还指出，“在暴动中应毫不顾惜地没收地主土地，杀土豪劣绅、杀政府官吏、杀一切反革

① 《中共闽南临时特委报告》（1927 年 10 月 10 日），中央档案馆、福建省档案馆编《福建革命历史文件汇集》甲 2 册，1984 年内部版，第 11 页。

② 参见《中共闽南临时特委报告》（1927 年 10 月 10 日），中央档案馆、福建省档案馆编《福建革命历史文件汇集》甲 2 册，1984 年内部版，第 11 页。

命派以及抢枪筹款等工作，尽量施行红色恐怖”。[①] 同时，各县应即建立工农革命军，暴动成功之后则成立工农政权。中央这些指示，在一般原则上是坚持了八七会议的精神，但不免带有急躁和盲动的情绪。这对于以后发动的闽西暴动带来了若干不良的影响。

上述情况表明，党的八七会议精神在1927年9月间传达到中共闽南临委之后，在不长的时间内临委将会议精神基本贯彻到了所属的各地党组织。同时，党的领导机关带领全体党员和工农革命群众，逐步克服了第一次国内革命战争失败以后的严重困难，依照八七会议精神，客观地分析了福建形势，制定工作方针，积极进行武装斗争和土地革命的准备工作，使革命斗争逐步转入到以农民武装斗争为重要特征的土地革命时期。

三 中共福建临时省委的建立

福建各级党组织的相继恢复发展和党的八七会议精神的传达，使得福建革命形势发生了迅速的变化。福建各地首先是闽西南和闽北各县的党组织，依照党中央关于武装暴动和土地革命的总方针，展开了积极的斗争。中央认为，这一迅速兴起的革命潮流和急剧发展的形势，迫切需要建立一个全省统一的党的领导机构，以指导福建的革命运动。

1927年10月，中共闽南临时特委书记陈明前往上海，向中央汇报闽南党的工作和形势，并接受中央指示。中央决定，由陈明负责召集全省各县党的负责同志联席会议，成立中共福建临时省委。陈明接受这一任务之后，即在上海致函中共闽北临时特委，通知所属各县同志到厦门出席会议。10月下旬，陈明返回厦门后，“复电闽北临委令其着速来厦”。[②]

11月21日，中共闽北临委书记陈昭礼、组织部长潘作民和福州办事

---

① 《中共中央致福建信》（1927年10月15日）。

② 参见《中共福建临时省委成立的情况报告》（1927年12月），中央档案馆、福建省档案馆编《福建革命历史文件汇集》甲2册，1984年内部版，第20—22页。以下所述11月21日至12月5日会议情况均见该报告。

处书记葛越溪等 3 人到达厦门，当即与闽南临委负责人召开联席会议，研究召集大会的准备工作。会议推选陈明、林熙盛、王海萍、邱泮林、陈昭礼、葛越溪、潘作民等 7 人组成大会筹备委员会。筹委会先后召开了 3 次会议，决定开会地点设在漳州，开会日期为 12 月 1 日，随后立即“电召各县负责同志来厦赴会”。

12 月 2 日，出席会议的代表除林熙盛赴粤、陈祖康在永定工作不能脱身，惠安、南安、莆田、平和等县代表因交通阻碍未能到会以外，到会的有闽南、闽北临委负责人及福州、建瓯、厦门、漳州、龙岩、漳浦、同安等县负责人 20 人。他们是陈明、陈昭礼、王海萍、罗明、蔡珊、葛越溪、李联星、许土淼、孟谦、黄仲川、陈国华、林超然、刘乾初、谢汉秋、周惠汉、林义民、邱泮林、王德、潘作民，另有共青团代表 1 人。12 月 2 日晚上和 3 日，他们在漳州召开了预备会，研究确定会期为两天，并商定了会议日程，同时推举陈明、陈昭礼、罗明 3 人组成大会主席团，陈明、陈昭礼、罗明、孟谦、葛越溪等 5 人组成提案起草委员会。

12 月 4 日上午 7 时，中共福建各县负责同志联席会议在漳州开幕。这一天的主要议程有政治、党务、共青团代表、工农运动、军事等八项报告。与会代表对政治任务、组织、宣传、工运和农运、暴动、执行纪律等 12 个问题的提案展开了讨论。

12 月 5 日上午 7 时，会议继续进行。这一天的议程除详细讨论各种问题和决议外，还选举成立了中共福建临时省委。临时省委执行委员有 9 人，即陈明、陈昭礼、罗明、林熙盛、王海萍、蔡珊、李联星、葛越溪、陈祖康；常委 5 人，即陈明、陈昭礼、王海萍、罗明、林熙盛；陈明为临时省委书记，陈昭礼为组织部长，王海萍为宣传部长（这次会议之后不久，临时省委根据中央关于加强工人领导的指示，增补许土淼、翁永康为省委执行委员，增补许土淼为省委常委）。同一天，大会还通过了《关于目前政治任务决议案》等各种决议，通过了《告全省同志书》。

《关于目前政治任务决议案》认为，中央关于当前政治情势及任务的草案是很正确的。决议案依据中央这一草案分析了国内及全省的政治形势，认为资产阶级新军阀虽然得到暂时的胜利，但是由于其在中国的社会经济与政治基础极不稳定，各派军阀内部争权夺利，混战不息，他们的统治潜藏着无可挽救的危机；并且认为福建全省工农群众已逐渐认识到国民党的反动本质，他们在中国共产党的领导下，积极行动起来，举行抗租抗税，随时准备武装暴动。

《关于目前政治任务决议案》还认为，福建革命的主观力量虽然是薄弱的，“但目前有群众的地方即有我们同志，所有的农民运动，都是我们的同志在领导他……所以整个的福建形势分析结果，党的暴动政策，工农武装夺取政权也是非常适合于福建工人农民的斗争的”。根据上述分析，决议案提出了福建党的目前任务：在乡村方面，应领导群众“由抗租抗捐，一直到实行土地革命，工农武装夺取政权，一切政权归苏维〔埃〕（工农兵代表大会）”；在城市方面，应“组织秘密的或公开的工人的工会，经常作经济的政治的斗争”，发展党的组织，团结各种革命力量，作好城市武装暴动和巷战的准备。

《关于目前政治任务决议案》指出，大革命失败的原因除了资产阶级的背叛以外，党的领导机关犯了机会主义错误也是主要原因之一。福建的党组织也同样因袭了这种错误，因此必须注意时时刻刻与一切机会主义斗争。决议号召，在中国革命已经进展到工农武装独裁的新阶段之时，中国共产党应担负起历史的重大使命，“领导工人农民武装暴动，夺取政权，建设苏维埃政权”。

为了贯彻大会精神，以便在具体行动上执行中央的新政策，大会制订了《福建政治现状及目前工作大纲》。大纲规定，我们对于军阀战争所取的策略，是以革命战争消灭军阀战争。在年关即将到来的时候，要领导工农贫民起来暴动，“从各地各个暴动中，发展到联合成一个总暴动”。

为了便于领导和统一指挥，联席会议把全省划为 4 个暴动区域，以龙岩、永定、平和为第一区，漳浦、海澄为第二区，惠安、莆田、仙游为第三区，建瓯、建阳、崇安为第四区。会议要求，第一、二、三暴动区应向漳州、厦门工商业发达的城市发展，实现闽南广大地区连成一片的革命区域；第三、四暴动区域应向福州发展，以完成整个闽北地区的统一。根据当时主客观形势，会议要求第一、二暴动区首先举行暴动。

联席会议对暴动的策略还作了具体的规定，要求各地应按照具体情况采取抗捐、抗税、抗烟苗捐等不同的方式举行暴动，从经济斗争发展为政治斗争以至武装暴动。暴动一旦起来，即须勇敢直前干下去，领导农民杀戮土劣、地主、绅士，没收土地，不可稍有一点畏缩和迟疑。“在农民没有大部分起来的地方，可用游击战术来暴动”①。

在福建各县党的负责同志联席会议召开时，“左”倾盲动主义错误已在党内贯彻。1927 年 12 月 1 日，中共中央还向福建发出指示信，要求将同年 11 月上旬召开的中央临时政治局扩大会议精神转达到每一个支部和小组。因此，这次联席会议不可避免地受到这一错误的影响，以致在上述会议文件中作出了某些“左”的错误规定。在形势问题上，会议否认大革命失败后革命已转入低潮，认为国民党新军阀“分裂崩溃一天一天的加剧，直向死亡的路上跑。民众革命的情绪和力量，一天高涨一天”②。在革命性质和阶级关系上，强调中国革命“是无间断性的革命，所以暴动是普遍各县无间断性的各个暴动，汇合成为整个的总暴动”③。在斗争策略方面，强调了对右倾机会主义的批判，而忽视了党内已经存在和滋长的“左”倾错误，提出了“杀尽地主土豪劣绅”的斗争口号。④

① 《福建政治现状及目前工作大纲》（1927 年 12 月 4 日），中共龙岩地委党史资料征集领导小组、龙岩地区行政公署文物管理委员会编《闽西革命史文献资料》第 1 辑，1981 年内部版，第 135 页。

② 《福建各县负责同志联席会议目前政治任务决议案》（1927 年 12 月 5 日），中共龙岩地委党史资料征集领导小组、龙岩地区行政公署文物管理委员会编《闽西革命史文献资料》第 1 辑，1981 年内部版，第 139 页。

③ 《福建政治现状及目前工作大纲》（1927 年 12 月 4 日），中共龙岩地委党史资料征集领导小组、龙岩地区行政公署文物管理委员会编《闽西革命史文献资料》第 1 辑，1981 年内部版，第 134 页。

④ 参见《福建各县负责同志联席会议目前政治任务决议案》（1927 年 12 月 5 日），中共龙岩地委党史资料征集领导小组、龙岩地区行政公署文物管理委员会编《闽西革命史文献资料》第 1 辑，1981 年内部版，第 138 页。

尽管这次联席会议由于受中央指导方针上的“左”倾错误的影响，存在着某些不足之处，但是必须肯定，联席会议根据八七会议的基本精神，结合福建革命斗争的具体情况，制定了开展土地革命和实行武装斗争的方针，对于福建党组织及时地总结经验教训，在大革命失败以后转入中国共产党独立领导的土地革命战争这一大转折的关键时期，领导全省人民开展新的斗争，有着十分重要的意义。

尤其是中共福建临时省委的建立，第一次统一了全省党的组织系统，加强了党对福建革命斗争的领导。这一重要作用，在以后展开的革命运动中得到了充分的验证。

联席会议结束之后不久，福建临时省委向中央报告了会议情况，肯定了会议的成绩，认为“此次大会为闽省空前的创举”，福建的党从此以后比较健全，各县党的领导同志“可由此了解最近党的新策略和我们现在的环境和责任”；认为大会纠正了过去的错误，制定了新的工作计划。报告指出，由于这次大会的成功，“福建的党必可以日趋于发展”。① 显然，中共福建临时省委对于这次联席会议的估计是正确的。

第二节　福建武装斗争的兴起

一　全省各地小规模武装斗争

八七会议精神贯彻以后，在党的领导下，福建全省特别是闽西南地区的人民群众，很快地燃起了武装反抗国民党反动统治的烈火。从 1927 年冬至 1928 年 2 月，各地农民武装起义此起彼伏，形成了福建土地革命时期农民运动的第一个浪潮。这一时期的农民武装斗争，以减租抗租及反抗烟苗捐、反对国民党军队拉夫为主要内容。各地党组织通过这些斗争，一方面恢复和壮大自身的力量，一方面发展农会，建立农民武装，

① 《中共福建临时省委成立的情况报告》（1927 年 12 月），中央档案馆、福建省档案馆编《福建革命历史文件汇集》甲 2 册，1984 年内部版，第 22 页。

宣传党的土地革命主张，逐步提高了农民对土地革命和武装斗争的认识，从而为以后实行工农武装割据，深入开展土地革命奠定了广泛的群众基础。

中共福建临时省委成立以后，派出干部到一些重要地区巡视和指导。省委常委罗明赴闽西各县，谢汉秋到平和，并于于 1928 年 12 月 5 日在长乐乡帮助建立了平和临时县委[①]，罗怀盛到龙岩，担任县委书记。另外还分别派员到漳浦、惠安等县，成立临时县委。在临时省委领导下，福建农民运动进一步发展。在短短两三个月内，全省 10 多个县原有的农民协会得以恢复。

与此同时，党团组织迅速壮大。1927 年 4 月份以后，全省党员从 300 人左右发展至 12 月份的 400 人，至 1928 年 1 月份达到 1000 人，两三月间达到了 1400 多人。[②] 各地党的组织在 1927 年八九月间开始整顿，并逐步恢复健全，至 12 月已建立了厦门、福州 2 个市委和建瓯、龙岩、永定、漳州、平和 5 个县委及 4 个特别支部；随后又相继成立了崇安、上杭、惠安、漳浦等 8 个县委。共青团省委于 1927 年 12 月成立时，全省团员极少，工人支部才 3 个，团员不足 30 人；至 1928 年 1 月份，全省已有 11 个县市建立了团组织，有团员 200 余人。[③]

早在大革命时期，闽西和闽南就是党的群众基础比较好的地区。蒋介石反动派的背叛和对于革命势力的残酷镇压，激起了人民群众强烈的反抗情绪。所以，在八七会议的精神深入贯彻之后，各地农民纷纷响应党的号召，武装反抗国民党的反动统治。这些斗争以龙岩、漳浦、平和、永定、漳州、惠安以及闽北的建瓯、崇安等县尤为激烈。

---

① 参见《运康巡视平和的报告》（1928 年 12 月 26 日），中央档案馆、福建省档案馆编《福建革命历史文件汇集》甲 3 册，1984 年内部版，第 366 页。

② 参见这些党员数量的递增，分别参见《陈少微关于福建党的情况报告》（1927 年 12 月 26 日）《中共福建临时省委紧急扩大会议综合报告》（1928 年 1 月 28 日），《福建革命历史文件汇集》甲 2 册，1984 年内部版，第 26—29、70—85 页；《中共中央致福建临时省委信》（1928 年 3 月 20 日），福建省委党校馆藏资料（1—0234）。

③ 参见《共青团福建省筹委关于福建工作的报告》（1928 年 3 月 20 日）。

早在 1927 年 9 月，中共龙岩县支部根据周恩来在上杭接见闽西党组织领导人时的指示，决定开展武装斗争，实行土地革命。他们利用当地驻军内部的矛盾，争取和策动由民团改编而成的罗步月部举行武装起义，并计划在发动起义的同时，领导各乡农民武装进攻龙岩县城。但这一起义计划，被驻守龙岩的另一支土匪部队改编的黄月波部察觉。黄月波部抢先于起义前一天宣布戒严，在龙岩附近严加防范。中共龙岩支部为保存革命力量，不得不星夜通知各乡农民武装停止行动，紧急取消了起义计划。

不久，国民党当局调闽南土匪改编的福建省防军陈国辉部进驻龙岩。1927 年冬，新成立的中共龙岩县委在得到八七会议的精神之后，在秘密农会中进一步宣传土地革命，发展党的组织，全县农民运动随之高涨。同年 11 月，龙岩城四五千名群众在郭滴人等领导下，公开举行武力反抗军阀陈国辉的斗争，捣毁和焚烧了军阀豪绅首恶林尚轩、王梓兰、林树宏等人的房子。其后，龙岩县委在东肖后田一带农村发动群众，实行减租减息。至 12 月份，全县有 130 多个乡建立了农民协会，对封建统治阶级构成了很大的威胁，也为不久以后举行的武装暴动创造了条件。

在漳浦县，由于国民党第十一军蔡廷锴部强迫农民缴纳烟苗捐，引起了农民的强烈反抗。中共漳浦特别支部积极地领导了这场斗争。1927 年 12 月 18 日，马坪乡农民 300 余人首先行动，到国民党县党部和县公署举行请愿，未获答复。1928 年 1 月 9 日，中共漳浦特支领导农民 800 余人，集中于县城，发动第二次请愿斗争。他们向当局提出三项要求：(1) 未种烟者不纳捐；(2) 撤回在农村迫交烟苗捐之军队；(3) 不得强迫种鸦片烟。但这次斗争仍然没有什么结果。第二天，漳浦县党组织发动 2000 余名农民，蜂拥到佛昙国民党军驻地，举行更大规模的斗争。请愿农民高呼口号，情绪异常激愤，并与国民党驻军发生了冲突。敌人悍然开枪镇压，当场打死农民 1 人，打伤 2 人，抓捕 2 人。

为了适应斗争的需要，中共漳浦特支扩大为漳浦县委。为进一步发动民众，新成立的中共漳浦县委先后发出《漳浦县委告漳浦民众书》《漳浦三十万农民告福建民众书》，呼吁全省人民声援漳浦农民的斗争。[①] 随后，福建临时省委立即决定筹建漳浦县农民协会，成立工农革命军，开展武装斗争。与此同时，中共中央也于1月17日发出指示信，要求临时省委切实加强对漳浦农民武装斗争的领导。

在漳浦发动抗交烟苗捐的同时，平和群众在党的领导下也举行了激烈的斗争。1927年12月，中共平和临时县委根据群众的要求，率领600多名农民，聚集于国民党县公署，抗议蔡廷锴部强迫拉夫。特别是素具革命传统的长乐乡农民斗争尤为激烈。长乐乡农民热烈开展减租运动，组织农民协会，入会农民很快达到1000余人。附近各乡在长乐乡斗争胜利的鼓舞下，先后恢复农会，准备反抗土劣，反抗捐税。在此基础上，长乐一带各乡农会于1928年农历正月间奋起驱逐了县署委员会警队，拘捕土劣并对其进行罚款，还利用这些钱购备机枪，以此与地主武装保安队展开了斗争。[②]

此后不久，漳州林乡农民武装150人，在当地党支部的领导下，由抗交烟苗捐发展为武装斗争，于1928年2月24日在丹井与敌人发生战斗，击溃敌十一军余部40余人，拘捕了3个捐棍。[③]

永定县农民在张鼎丞等的领导下，也于1927年冬发动了反抗驻军勒索3万元捐款的斗争，并在阴历年关时，胜利地领导了城区农民抗交冠婚、丧祭、屠宰捐。仅金砂一个乡，在二三小时之内就召集起600余人，到县公署与反动当局进行公开的斗争。金砂乡还建立了由200余名农民组成的武装“铁血团”，随时准备投入武装暴动。至1928年1月，全县

---

① 参见《中共福建临时省委紧急扩大会议综合报告》（1928年1月28日），中央档案馆、福建省档案馆编《福建革命历史文件汇集》甲2册，1984年内部版，第84页。

② 参见《目前政治状况及党的工作方针》（1928年2月），中央档案馆、福建省档案馆编《福建革命历史文件汇集》甲2册，1984年内部版，第125页。

③ 参见《中共福建省委给中央的报告——关于闽南闽西暴动等问题》（1928年3月15日），中央档案馆、福建省档案馆编《福建革命历史文件汇集》甲2册，1984年内部版，第163页。

有30多个乡建立了农会，会员达2000余人。[①] 随后，永定县龙门乡农民武装与地主保安队发生激战。农民武装夺取了保安队的武器，引起敌人恐慌。国民党驻永定的军队陈国华部，立刻调一个团前往镇压。农民武装在当地群众支援下，与敌人持续战斗一昼夜，最后由于敌人的不断增援而受挫。[②]

在此前后，惠安、莆田、建瓯、崇安等地农民武装斗争也迅速兴起。1927年冬，惠安县党组织领导群众反对秦望山在泉属一带强征农民编练民团，并于12月31日在涂岭与国民党海军发生冲突。敌人抓捕了王德章、林泽民、林树芬等3名党员及农会负责人。愤怒的群众起而反抗，为救出被捕同志，30余名农会会员持枪追击敌人达20余华里。[③] 惠安武装斗争兴起之后，福建临时省委于1928年1月20日致信惠安党组织，指示成立临时县委，在此基础上把斗争引向深入，逐渐形成以涂岭为中心的全县武装暴动与土地革命的局面。与此同时，建瓯农民群众由日常斗争发展为捕杀土豪劣绅的武装斗争，但遭到了闽北军阀卢兴邦的摧残，3名农会执委被捕。建瓯县另一乡村的农民协会，也集会反抗保卫团捐，亦被反动派武力解散。对此，建瓯各乡农民甚为愤激，在党的领导下准备继续进行斗争。[④]

从1927年秋后至1928年初春，在福建迅速兴起的农民运动，基本上改变了“四一二”政变之后福建革命形势一度低落的局面。这些斗争表明，福建党组织坚决贯彻了八七会议的精神，在农村积极领导人民群众武装反抗国民党的反动统治。这些斗争虽然大多以反抗军阀压迫、反

---

① 参见《目前政治状况及党的工作方针》（1928年2月），中央档案馆、福建省档案馆编《福建革命历史文件汇集》甲2册，1984年内部版，第125页。

② 参见《中共福建省委给中央的报告——关于闽南闽西暴动等问题》（1928年3月15日），中央档案馆、福建省档案馆编《福建革命历史文件汇集》甲2册，1984年内部版，第162—163页。

③ 参见《共青团福建省委报告》（1928年1月），福建省委党校馆藏资料（1—0219）。

④ 参见《目前政治状况及党的工作方针》（1928年2月），中央档案馆、福建省档案馆编《福建革命历史文件汇集》甲2册，1984年内部版，第126页。

抗苛捐杂税为目的，规模也不大，尚未进展到土地革命和工农武装割据的阶段，但其范围之广，斗争之烈，在福建党的历史上是前所未有的，这些斗争不仅冲击着福建各派军阀的统治基础，而且极大鼓舞了全省工农群众的斗争热情。

福建各级党的领导机关为斗争局面的迅速开展所振奋，他们一面指导各地斗争，一面对不断发展的形势进行研究与分析，及时制定斗争策略。在此期间，中共中央也一直密切注意着福建的情况，发出各种指示，指导革命向前发展。

二　闽西各县武装暴动

1928 年元旦前后，各地农民武装斗争的消息频传，工农革命运动的潮流汹涌激荡。在这种形势下，中共福建临时省委接连致信中央，认为目前闽南农民的革命情绪十分高涨，军阀统治的势力十分薄弱，闽南的暴动在最短期间内必将爆发，希望中央予以重视和指导。但是，中央并不同意临时省委的分析，并于 1 月 8 日复函指出，目前闽南的斗争“只不过是由和平请愿转变到激烈斗争的序幕”，主观力量比较薄弱，举行农民暴动的时机还不成熟。①

在中央 1 月 8 日来信尚未到达福建的时候，临时省委鉴于形势，即于 1 月 10 日在厦门召集有厦门、漳州、海澄、龙岩、惠安等地党的负责人及团省委代表参加的紧急扩大会议。会议在分析了各地工农群众为反抗国民党统治纷纷展开武装斗争的形势之后，认为“凡此种种表现无不证明工人农民之反抗情绪达于极点。民众自己动手革命已到非常成熟时期”。于是，会议决定当时的斗争任务是：健全扩大党组织，领导农民由抗捐抗税发展为武装暴动，实现土地革命，加紧领导城市工人斗争，由

① 参见《中共中央致福建临时省委信——对福建农民暴动的一些意见》（1928 年 1 月 8 日），《中央政治通讯》第 17 期。

经济斗争发展为政治斗争，直至暴动夺取政权。①

这次会议之后，临时省委又于1月21日召开有各县负责同志参加的省执委扩大会议，这个会议的主要精神与10天前召开的省委紧急扩大会议是一致的，指示各地党组织毫不迟疑地领导群众举行武装暴动，以革命的战争消灭国民党的军阀战争，开展土地革命，建立苏维埃政权。②

但是，大约就在这两个会议之后不久，中央1月8日关于不同意当时在闽南发动农民暴动的指示信送达临时省委。为了执行这一指示，临时省委改变了过去的策略，决定暂时停止武装暴动。

2月10日，临时省委召开第二次全体会议。会议通过的《福建目前政治状况及党的工作方针》认为，“目前各地在客观和主观的条件上，都没有到暴动夺取政权的程度”。会议还指出，过去临时省委在组织、工作以及策略等方面存在着许多重大的错误，主要是：各地党组织大多为知识分子主持，党的组织基础未能建立在工农群众身上；没有注意厦门、福州、漳州等主要城市的职工运动；在农民运动方面不顾主客观力量，过分强调了暴动的策略。会议决定今后党的工作重点应放在闽南，全省工作的中心是福、厦、漳、泉等重要城市。③ 会议改选了临时省委，罗明、陈祖康、王海萍、许土淼、陈昭礼等5人为常委，由罗明任书记，陈祖康为组织部长，王海萍为宣传部长。④

此后不久，中共中央于2月16日再次致函临时省委，重申1月8日指示信的意见，并指出当时福建几个主要城市工人斗争薄弱，乡村的斗争也还未到成熟的土地革命阶段，因此一方面应加强城市工作，一方面

① 参见《中共福建临时省委紧急扩大会议综合报告》（1928年1月28日），中央档案馆、福建省档案馆编《福建革命历史文件汇集》甲2册，1984年内部版，第71—72页。

② 参见《中共福建省委扩大会议对福建时局宣言》（1928年1月21日），中央档案馆、福建省档案馆编《福建革命历史文件汇集》甲2册，1984年内部版，第51—58页。

③ 参见《目前政治状况及党的工作方针》（1928年2月），中央档案馆、福建省档案馆编《福建革命历史文件汇集》甲2册，1984年内部版，第131—134页。

④ 参见《中共福建临时省委关于省委二次全会情况的报告》（1928年3月3日），中央档案馆、福建省档案馆编《福建革命历史文件汇集》甲2册，1984年内部版，第145页。

应领导农民由日常斗争逐步走上武装暴动的道路。

然而，由于各县斗争发展很不平衡，一些农民运动发展迅速的地区，自 1927 年秋冬以来，阶级矛盾激化，敌我双方剑拔弩张，农民运动逐渐由小规模的武装冲突酿成了一触即发的武装暴动的形势。所以，正当临时省委根据中央指示，在是否马上领导闽西南农村举行暴动问题上展开上述讨论的时候，龙岩、平和、上杭、永定等地的农民协会和地方武装，在当地党组织的领导下，与军阀豪绅展开了激烈的斗争，从 3 月初开始，爆发了一次比一次强烈的、震撼全省以至于南方各省的武装暴动，从而把福建农民运动推进到创立苏维埃政权和实行土地革命的阶段。暴动发生前后，中央和临时省委根据形势的急剧变化，全力以赴，及时领导了这场大规模的农民武装斗争。

龙岩后田暴动

这一阶段的农民武装暴动首先爆发于龙岩后田。后田是龙岩县党和群众基础比较好的乡村，大革命失败以后，中共龙岩县委就设立在此地。1927 年冬，龙岩县委积极准备开展武装斗争。为了培养和训练武装队伍，后田党支部在县委领导下，在村旁火星祠堂开设了青年国术馆，以教习拳术为名，组织和训练武装骨干。当地豪绅也拉拢了一些地痞流氓和保守落后的农民，组织所谓“老人会”，设立老人拳术馆，对抗和破坏农民协会的活动。

1928 年春节过后，由于春荒，粮价腾涨，后田农会决定禁止地主豪绅的粮食出境，以平定粮价，同时发动抗租抗捐。3 月 4 日，农会向地主豪绅索还钱据田契，宣布废除租债。地主仍不肯交出，并唆使走狗陈北瑞等殴打农会会员，打伤农民 2 人。地主的暴行激起群众的愤慨，乡中民众纷纷要求惩办凶手，坚决废租废债。豪绅势力也断然拒绝农会要求，并阴谋指使陈北瑞等暗杀农会负责人。中共龙岩县委获悉这一情况后，决定赶在敌人下手之前，严惩陈北瑞，举行武装暴动，实行土地革命。

当天晚上，中共龙岩县委组成暴动指挥部，率领后田农民武装镇压了陈北瑞，收缴反动派枪支 10 多杆，刀器 30 多把。暴动指挥部还领导群众一伙没收了豪绅地主的田契借约，并连夜召开群众大会，当场查明焚毁。同时，县委宣布“从此旧债不还，田租不交，田地由农民分配”①。第二天，农会又没收了地主豪绅的粮食，并分配给穷苦农民，还限令地主交出全部拖欠的公尝账款。

3 月 7 日晚上，龙岩县委在后田召开农民联欢会，公开宣传中国共产党关于土地革命的主张，号召全县农民响应后田暴动。附近郑邦、龙聚坊、邓厝、盂头等乡村的农会闻风而动，收缴当地豪绅的武器和契据，全体武装起来，在暴动区域实行赤色戒严。在短短几天之内，后田周围数十里乡村的农会，大多投入了这次暴动。一个月以后，中共福建临时省委向全省介绍了这次暴动的经过，指出由于后田暴动的影响，“全岩民众的革命高潮，更加澎湃起来，到处都有跃跃欲动之势”②。

后田暴动的枪声，震动了闽西，引起了反动派的恐慌。3 月 9 日凌晨，驻龙岩的国民党福建省防军混成第一旅陈国辉部，派出 1 个团分 3 路包抄后田。龙岩县委闻警，即由县委书记罗怀盛、军事部长陈品三率 100 多名农军迎战。激战 2 个多小时后，农军不敌，分两路撤退。陈国辉部随即进占后田及周围发生暴动的乡村，大肆焚掠抢劫，抓捕无辜乡民 60 多人。

战斗失利以后，邓子恢与罗怀盛、陈品三等率领突围出来的农军转移到永定县大排公学，领导队伍进行整顿训练，并编成闽西最早的一支游击队。随后，邓子恢专程前往漳州，向福建临时省委报告暴动情况。③

---

① 《邓子恢自述》，人民出版社 2007 年版，第 61 页。

② 《龙岩最近斗争的经过》，中共龙岩地委党史资料征集领导小组、龙岩地区行政公署文物管理委员会编《闽西革命史文献资料》第 1 辑，1981 年内部版，第 195 页。

③ 关于邓子恢赴省委的时间，依据邓子恢的两个回忆材料。一是邓子恢 1961 年所写的回忆录：“我从四月间就离开龙岩到省委，省委分配我到上杭蛟洋工作。”（《邓子恢自述》，人民出版社 2007 年版，第 64 页）二是 1963 年 3 月 20 日邓子恢给上杭县委党史办的复信说：“1928 年 4 月初我奉闽省委之命到蛟洋工作。”据此，邓子恢赴省委的时间应为 1928 年 3 月下旬至 4 月初之间。

省委对于这次全省第一次较大规模、有组织的武装暴动非常重视，随即在 4 月 10 日出版的《省委通讯》第 4 期上，刊登了暴动的情况，向全省作了介绍，认为后田暴动“表现上虽然失败，实际上我们已得到很大的胜利了，所以这策略是对的，不过执行时工作上有缺点耳”。

平和暴动

平和县与广东的饶平、大埔接壤，受大革命的影响较深，党和群众的基础都比较好。党的八七会议精神传达以后，平和成立了临时县委。临时县委积极贯彻中央精神，先后成立了 5 个党支部，吸收了 1000 多户农民加入农民协会。从 1927 年冬开始，平和临时县委领导群众不断开展斗争。尤其是长乐乡农会提出减租三成获得胜利后，鼓舞了周围乡村的群众。根据这种情况，县委决定以群众斗争情绪高涨的第一区为中心，继续发展农会，领导抗捐抗税，然后把斗争推向全县。

1 月 29 日，平和临时县委决定于 2 月 11 日在县城中学召开第一区农民代表会议，发动抗捐抗税。不料事泄，各乡农民代表 200 多人在前往县城的途中遭到敌人袭击，5 人被捕，代表们被迫退回。为此，临时县委于第二天改在长乐乡召开会议，决议成立工农革命军 1 个团，以朱积垒为团长，与豪绅封建势力武装对抗。同时，县委决定废弃国民党旗号，正式打出红旗为革命标志，并断绝交通，捕捉反动分子。

平和临时县委分析了当时的形势与主客观力量，认为群众对土地有迫切的要求，反抗情绪很高，多数要求武装暴动，因此一旦举行暴动，广东大埔、饶平党组织领导的农民武装将给予有力的支援。另外，敌人在平和的驻军只有保安队一百五六十人和警备队二三十人，不足以抵御农军的进攻。于是，平和临时县委决定立即举行暴动，建立苏维埃政权，没收地主土地分配给农民。①

平和临时县委的暴动计划是：长乐乡农军进攻敌人比较集中的西门

① 参见《中共福建临时省委三月份工作报告》(1928 年 4 月)，中央档案馆、福建省档案馆编《福建革命历史文件汇集》甲 2 册，1984 年内部版，第 208—209 页。

和北门，其余各乡及大埔农军进攻东门与南门；另外调一部分兵力埋伏于南门外，袭击从城里溃逃之敌。作战的目标是暂时占领县城，发动各乡农民参加斗争。这一计划确定之后，得到了饶平、大埔县委的赞同，他们很快抽调出一支农军开赴长乐乡，支援平和暴动。

平和临时县委一方面将暴动计划送往漳州，请求临时省委予以支持，同时确定于2月28日举行暴动。后来由于准备不足，4次变更计划，最后定于3月8日举事。

3月8日凌晨，暴动总指挥朱积垒率领数千名工农革命军和农民自卫军，冒雨从长乐乡出发，向县城开进。暴动主力长乐农军500余人组成5个大队，首先向西门、北门发起进攻，一举攻入城内。由于进攻东门与南门的农军未能及时赶到，城内敌军及土豪劣绅大多从南门逃脱。各路农军攻入县城后，打开监狱，放出被捕同志和群众20多人，烧毁了县公署、县教育局和三四家劣绅的房屋。

占领县城以后，因为朱积垒右手负伤，临时不能指挥，加以火药被水淋湿而失效，大大减弱了农军的战斗力。两三个小时之后，敌人从西门、北门向城内反攻。农军因指挥失当以及缺乏实战经验，被迫由北门退出，返回长乐乡集中。

驻漳州之国民党独立第四师张贞部，立刻出动前往平和镇压。3月13日，敌营长陈炽率1个营进抵县城九峰镇，于3月16日伙同地主民团向长乐乡农军进攻。农民武装立刻集中百余人奋起抵抗，激战数小时后撤退。

中共平和临时县委分析了敌我双方的情况，估计敌人将继续增兵摧残暴动区域，原先制定的建立工农政权和实行土地革命的计划暂时不能实现，于是与饶平、大埔县委联络，集中三县武装于平和，进一步开展游击战争。另派专人赶赴永定县委，请调永定武装援助。

中共福建临时省委在3月12日接到平和临时县委关于举行暴动的报告后，极为重视与振奋，立刻起草了《为平和暴动告工农民众》，指出“平和暴动已经宣布了反动国民党军阀的死刑，是全福建暴动的先声，是福建空前的壮举，是全福建工农兵自求解放的信号”，号召全省工农群众行动起来，为解放自己而继起奋斗。① 但由于交通阻隔，临时省委于 3 月 15 日才从各方证实平和暴动确已爆发，于是一面派李任予、刘端生赶赴平和传达省委指示，一面又立刻向中央报告，要求中央加强指导。

平和暴动失败以后，中共中央和福建临时省委对这次暴动给予了充分肯定，同时也总结了经验与教训，认为暴动虽然失败，影响却很大，证明共产党的基础已在福建工农群众当中建立起来，给了反动派以很大的打击；但也指出，斗争的失败表明，平和县当时主观力量还比较薄弱，“在短期内还不能实现总暴动夺取全县的政权”，认为应以长乐一带乡村为中心，发动群众性的游击战争，逐步向周围乡村发展，造成割据局面，以“渐渐造成全县总暴动的局面”。②

上杭蛟洋暴动

蛟洋是上杭县北部的一个大乡村，与龙岩、连城县为邻。北伐军入闽以后，中国共产党在蛟洋建立了农会和党的组织。1928 年 3 月，中共上杭县委在蛟洋建立北四区区委，领导这一带 20 多个乡村开展农民运动。

1927 年冬，蛟洋党组织和农会确定工作的中心是发动土地革命，准备武装斗争。为了进一步发动群众，壮大革命势力，区委决定从领导农民进行实际斗争入手，提出“二五减租”的口号，向地主索回当年收缴租谷的二至三成。农会领导人之一傅柏翠家是蛟洋地主，他率先退租、办平粜、查存粮。这一举动影响很大，蛟洋和附近乡村的地主被迫效法。农民从斗争中获得了实际利益，看到了团结斗争的力量，纷纷加入农会，使得农民协会实际成了乡村的人民政权。

---

① 参见中共龙岩地委党史资料征集领导小组、龙岩地区行政公署文物管理委员会编《闽西革命史文献资料》第 1 辑，1981 年内部版，第 172 页。

② 参见《中共福建省委致平和县委信（二）》（1928 年 6 月），中共龙岩地委党史资料征集领导小组、龙岩地区行政公署文物管理委员会编《闽西革命史文献资料》第 1 辑，1981 年内部版，第 202 页。

为了进一步扩大斗争，准备武装暴动，蛟洋党组织和农会建立了农民自卫军。他们收缴民团与地主的枪械，下令禁止粮食出境，公开抗纳国民党政府及反动驻军的苛捐杂税或饷款。经过这些斗争，群众革命情绪高涨，党的土地革命的主张深入人心，农民运动很快由蛟洋扩展到北四区、北五区、北三区以及邻县连城境内的一些村庄。

1928 年春，蛟洋一带农民运动进一步发展，实际上形成了初步的割据局面。这些斗争使得豪绅地主十分惊慌，国民党当局与当地驻军福建省防军第二混成旅郭凤鸣部对此也憎恨有加。郭凤鸣与上杭县知事翁赞平伙同土豪劣绅，不断对北四区农会施加压力，强行勒捐派款，扬言武力“剿办”，企图迫使农会屈服。在斗争紧要的关头，傅柏翠“眼看着群众起来，要紧转直下彻底的去干，对他本身的利益发生冲突，也害怕起来，不敢去领导群众扩大斗争，反而去制止群众斗争”，“致群众的革命情绪低落下去”。[①]

4 月初，邓子恢奉临时省委命令，从漳州前往上杭担任县委宣传部长，并代表县委到蛟洋指导农民运动。邓子恢看到蛟洋农民运动很有成绩，已经具备实行赤色割据和土地革命的条件，建议举行暴动。而傅柏翠认为邓子恢受了瞿秋白“左”倾错误和彭湃“激烈斗争的影响”而不计条件实施暴动，并且反对把土地分配给农民而“主张由农民集体耕种”，实行“共耕”制度。[②] 邓子恢则批评傅柏翠在政治路线上犯了错误，“违反党六次大会政治路线”[③]。由于内部意见不一致，邓子恢的意见未被采纳，延误了暴动的时机。

5 月间，郭凤鸣部加紧压迫蛟洋农民运动，国民党上杭县公署发出

---

① 《向省委的报告（滨字五号）——关于永定龙岩上杭斗争情形》（1928 年 7 月 26 日），中央档案馆、福建省档案馆编《福建革命历史文件汇集》甲 3 册，1984 年内部版，第 77 页。

② 参见《傅柏翠同志谈闽西早期革命斗争的一些情况》，福建省博物馆记录整理，1978 年，未刊稿。

③ 《致柏翠同志的信》（1930 年 4 月 27 日），蒋伯英主编《邓子恢闽西文稿》，中共党史出版社 2016 年版，第 198 页。

最后通牒，限令北四区农会立即解散，交出“共产分子”。在中共上杭县委的领导下，北四区农会表示坚决反抗，并扩充农民自卫军，有800余人奋勇加入敢死队，他们歃血立誓，决心誓死斗争。

郭凤鸣看到农会坚不屈服，决定武力镇压。6月25日清早，郭部钟铭清团两个营和罗藻之补充团，分两路进犯蛟洋。在中共上杭县委的领导下，2000余名蛟洋农民自卫军奋起抵抗，举行暴动。农民自卫军凭着土铳土炮与敌人展开激战，但终因火力不足，不得不向山区转移。

郭凤鸣部占领蛟洋以后，大肆劫掠，3天内共烧毁民房七八十座，民间财物被洗劫一空。各乡村的群众纷纷避居山野，被打散的农会干部和农民自卫军重新又集结起来，组成一支100多人的精干武装队伍，继续在附近山区开展游击战争。①

蛟洋农民武装本是闽西地区中共领导下最为强大的一支队伍，但是由于未能把握时机以至仓促应战，致暴动遭受重大打击。不久以后，中央派往福建的福建省委巡视员赵亦松（即周肃清）在赴闽西考察以后写的报告中指出：“此次蛟洋的斗争，假如我们能坚决的去领导，扩大起来，是不会失败的。此次蛟洋的失败，对闽西的前途莫大的影响，这实是革命的莫大罪过，而这个责任是柏翠同志应负的。”②

永定暴动

永定县是闽西党和群众基础比较好的地区。大革命失败以后不久，特别是党的八七会议精神传达以后，永定县革命运动迅速恢复与发展。至1928年3月，全县已有30多个乡恢复了农会，入会者达2500多户。党的组织也有较大发展，全县先后建立了9个支部，有党员200多人。

---

① 参见傅柏翠：《蛟洋暴动前后》，《党史资料与研究》1983年第1期。

② 《向省委的报告（滨字五号）——关于永定龙岩上杭斗争情形》（1928年7月26日），中央档案馆、福建省档案馆编《福建革命历史文件汇集》甲3册，1984年内部版，第77—78页。

至5月初，党员又迅速发展为700多人。[①] 同时，党在农会中秘密组织了农民武装“铁血团”，拥有200余支枪。[②] 这在闽西各县中力量是最为强大的。

中共福建临时省委成立以后，对永定的工作十分重视，先后派遣罗明和军事部长赵亦松等前往指导。1928年3月，临时省委根据永定农民运动高涨的形势，指示永定县委：在有党和农会组织的地方，“应积极领导农民进行日常的零星的斗争，在这些斗争中发展群众及党的组织，扩大和深入党的宣传，并应计划和准备由这些零星的日常的局部的斗争，逐渐扩大汇成大规模的斗争，而至在不久的将来创造出暴动的局面”[③]。中共永定县委积极贯彻临时省委的指示，不断地发动与扩大群众革命斗争。

为了镇压永定农民运动，国民党驻漳州之张贞独立第四师，派出江湘支队（含4个步兵连、1个炮兵连、1个机枪连）进驻永定，并成立所谓“清匪委员会”，进一步策划镇压农民革命斗争。6月2日，江湘率领所部100余人，包围和袭击中共溪南区委，逮捕区委干部和进步教师5人。溪南民众和附近各乡村农会会员立刻组织起来，断绝通向县城的交通，武装占据周围高地，形成了割据局面。

中共永定县委分析了形势，认为暴动的时机已经成熟，于是立即召开党的代表会议，制定暴动计划，成立了以张鼎丞为总指挥的暴动指挥部。县委决定采取声东击西的策略，首先在东乡与湖雷等地举行暴动，待城里的敌人出动镇压时，组织溪南的农军乘虚袭击县城，营救狱中难友。

6月29日，阮山、熊振声等按照这一计划，率领农军在湖雷举行暴

---

① 参见《赵亦松关于永定工作概况报告》（1928年7月29日），中央档案馆、福建省档案馆编《福建革命历史文件汇集》甲3册，1984年内部版，第133页。

② 参见《中共福建临时省委三月份工作报告》（1928年4月），中央档案馆、福建省档案馆编《福建革命历史文件汇集》甲2册，1984年内部版，第224页。

③ 参见《中共福建临时省委三月份工作报告》（1928年4月），中央档案馆、福建省档案馆编《福建革命历史文件汇集》甲2册，1984年内部版，第226页。

动，随即又与东乡卢肇西领导的暴动队伍会合。在短短的几天里，农民暴动的风暴席卷永定东部数十个乡村，沉重地打击了封建统治阶级。

湖雷和东乡暴动发起之后，驻永定县城的江湘支队果然出动 200 多人，于 6 月 30 日急驰湖雷，城内守军仅有 100 余人。张鼎丞等按照预定计划，率领 1000 余名农民武装从溪南分三路出发，于 7 月 1 日凌晨向县城发起攻击。各路农军一举攻入城内，击溃守敌，救出狱中同志，但由于农军缺乏训练和实战经验，未能大量杀伤与击溃敌军，以致在敌人重新组织反扑时失去了战斗的主动权。农军与敌军战至上午 9 时，被迫弃城撤退，随即会合从各乡赶来增援的暴动队伍，又将江湘支队残部紧紧包围在城内。

永定暴动声势浩大，把始于 3 月份并此起彼伏的闽西暴动推向了高潮。龙岩、上杭、平和等县农民纷起响应。消息传到厦门，福建临时省委为之振奋。7 月 10 日，党团省委发出联合宣言，“号召全省的工农兵群众，一致起来拥护这个光荣的永定工农暴动的胜利，并扩大这个胜利，整个的推翻豪绅资产阶级在福建的统治，建设工农兵代表会的政权！”2 天以后，中共福建临时省委又向全省发出通告，介绍永定暴动的经过与经验，并且高度评价了这次暴动，指出：“永定暴动已成整个闽西暴动的开始，也就是福建总暴动的先声，最后的胜利一定是我们的！”①

三　溪南苏维埃区域的创立

永定暴动发生后，中共上杭县委决定响应，派邓子恢赶往永定联络。邓子恢在沿途看到一队队从县城撤下来的农军士气高昂，军容整齐。当他了解到暴动以后尚未来得及进行土地革命时，便根据八七会议的精神及后田、蛟洋暴动的经验教训，向永定县委提出建议：“赶快在乡下肃清反革命分子，收缴反革命武装，立即进行土地革命，烧田契，废租废债，

① 《中共福建临时省委通告第二十四号——永定暴动的原因、经过及今后的任务》（1928 年 7 月 12 日），中央档案馆、福建省档案馆编《福建革命历史文件汇集》甲 3 册，1984 年内部版，第 51 页。

没收地主财粮分给穷人。”①

永定县委接受了邓子恢的建议。7 月 10 日，永定县委正式向省委报告了下一步工作计划：“现在预备在各乡建设苏维埃，实行抗租，一方面集中队伍到各处游击，断绝城内粮食。”为此，永定县委集中暴动武装，组编为 1 个营，由张鼎丞任营长，邓子恢任党代表。这支闽西第一支红军部队成立之后，将 3 个连分别开往各地农村，发动群众，没收地主的粮食和财产，并分配给贫苦农民。

中共福建临时省委对永定的局势极为关注。7 月 9 日，临时省委召开第十一次常委会议，研究永定暴动以后的形势与工作方针。为了进一步发展闽西的革命局面，省委决定由上杭、永定、龙岩、平和 4 个县委各派代表 2 人，在永定成立中共闽西特委，“其任务为规划该数县工作的联系，以期在斗争中能收得四县互相配合，互相声援的效果”②。

第二天，临时省委又向即将成立的中共闽西特委发出七项指示，归纳起来为如下四项：(1) 马上成立闽西暴动委员会，负责领导闽西地区的农民暴动；(2) 立刻将各县农军统一编入红军部队；(3) 在占领地区立即召开群众代表大会，选举成立乡、区、县或数县的苏维埃政权；(4) 以上各项工作，目的在于“完成土地革命和建立苏维埃政权”。③

为了加强对闽西工作的领导，临时省委立刻派省委常委兼宣传部长王海萍前往永定，并抽调一批军事干部加强闽西的武装斗争。王海萍带着临时省委的上述指示，于 7 月 13 日左右抵达永定。7 月 15 日，王海萍在永定溪南指导成立了中共闽西特委，由郭柏屏（即郭慕亮，后叛变）任书记，张鼎丞为组织部长，邓子恢为宣传部长。同一天，成立闽西暴动委员会，王海萍兼任总指挥，张鼎丞、邓子恢、傅柏翠为副总指挥。

---

① 邓子恢、张鼎丞：《闽西暴动与红十二军》（1961 年 6 月），蒋伯英主编《邓子恢闽西文稿》，2016 年内部版，第 91 页。

② 《中共福建临时省委给上杭、永定、平和、龙岩四县委的指示》（1928 年 7 月 9 日），中央档案馆、福建省档案馆编《福建革命历史文件汇集》甲 3 册，1984 年内部版，第 31 页。

③ 参见《中共福建临时省委给闽西特委指示信》（1928 年 7 月 10 日），中央档案馆、福建省档案馆编《福建革命历史文件汇集》甲 3 册，1984 年内部版，第 45—47 页。

中共闽西特委成立以后，立刻在所占领的永定溪南区各乡村进一步发动群众，先后成立了10多个乡苏维埃政府。9月中旬，在各乡苏维埃政府普遍建立的基础上，召开全区工农兵代表大会，成立了溪南区苏维埃政府。至此，在中国共产党的领导下，福建人民经过大革命失败以后的艰苦奋斗，终于创立了第一块红色区域。溪南区苏维埃区域虽然范围不大，也不是很稳固，但在当时一片白色恐怖的土地上得以形成，并且得到数万群众的拥戴支持，无疑给了国民党反动当局以沉重的打击，给人民群众以莫大的鼓舞，使群众确立了奋斗的目标。

溪南区各级红色政权成立以后，群众最迫切的要求是分田，特别是秋收将到，农民们都希望尽快获得胜利果实。福建临时省委也于7月25日致信闽西特委和永定县委，指出永定目前的重要任务之一是："在已经割据的各乡，马上没收土地、分配土地，建立乡或区苏维埃。在未曾发动的各乡赶速发动。由乡村的割据进而夺取县城。"① 据此，中共闽西特委和永定县委一面领导红军抗击敌人的军事进攻，一面抓紧进行土地的没收与分配工作。

进行土地革命在闽西是第一次尝试，八七会议以后的党中央，对此也只提出过原则性的口号，至于如何没收与分配土地，中央和省委都还没有具体的纲领。因此，对于远离党中央的闽西党组织来说，这是一项极为困难的工作。

邓子恢、张鼎丞等依靠群众的创造性，深入调查研究，终于克服了困难。他们分别找一些有经验的、熟悉土地情况的老农民座谈，全面调查土地问题，和农民代表共同研究没收和分配土地的政策，并制定出具体的办法。这些土地政策归纳起来大致有如下四点：（1）除保留中农的自耕土地不动外，其余所有土地都拿出来分配；（2）按人口平均分配土地，地主富农也同样分得一份；（3）分田以乡为单位，各乡农民原来耕种的土地，归各乡农民分配；（4）分田方法按原耕土地抽多补少，不能

① 《中共福建临时省委致闽西特委并转永定县委信》（1928年7月25日），中央档案馆、福建省档案馆编《福建革命历史文件汇编》甲3册，1984年内部版，第66页。

打乱平分。①

溪南区苏维埃政府依照这一政策，首先在金砂乡试点进行。同时成立了没收和分配土地委员会，进行人口和土地的调查登记工作，召开各种会议，宣传党的土地革命主张和分配土地的方法。分配方案确定以后，便张榜公布，然后召开群众大会通过。

金砂乡土地分配试点工作进行得很顺利。溪南区苏维埃政府随即在全区推广金砂乡分田经验，在很短的时间内就完成了十几个乡2万多人口的土地分配工作。永定溪南苏维埃区域完成的这项工作，在福建是史无前例的，当时在全国也是屈指可数的伟绩。一年以后，毛泽东指导召开的中共闽西第一次代表大会总结历史经验时对此给予了很高的评价，认为永定暴动“是一个英勇的行动，虽然失败，但发动了闽西的土地斗争，意义是很重大的”②。尤其是溪南苏维埃区域所创造的土地政策，为以后开展的闽西土地革命提供了宝贵的经验。

溪南苏维埃区域的创立与土地革命的开展，正值全国革命低潮时期。虽然在此之前已经爆发了龙岩后田、平和以及上杭蛟洋等地区农民武装暴动，但这些暴动由于条件不成熟或缺乏经验，都未能进一步开展土地革命和建立红色政权。暴动武装只是在几个不相连接的狭小地区内开展游击斗争，不能给溪南苏区以有力的支援。加以溪南苏区尚未造就一支强大的红军主力，以应付敌人的军事进攻，保卫土地革命的胜利成果。因此，溪南苏区在完成土地分配以后不久，在敌人强大的军事压力之下便陷入了困境。苏区人民在党的领导下，与敌人的军事围攻与骚扰摧残

① 参见邓子恢、张鼎丞：《闽西暴动与红十二军》（1961年6月），蒋伯英主编《邓子恢闽西文稿》，2016年内部版，第92页。关于溪南土地分配的政策，1929年8月22日中共闽西特委《闽西工作的报告》曾有部分记载，其要点是：“本乡农民分其本乡土地”，分田方法“照年岁分配”，土豪劣绅“只可分田”，“自耕农之地主”的土地全部没收。（《福建革命历史文件汇集》甲8册，1986年内部版，第103—104页。）这一记载与邓、张的回忆有明显不同，本文暂取邓、张的回忆。

② 《中共闽西第一次代表大会之政治决议案》（1929年7月），中共福建省委党校党史研究室编《红四军入闽和古田会议文献资料》，福建人民出版社1979年版，第76页。

展开了不屈的斗争。但最终都因为力量薄弱，斗争归于失败。溪南苏区的党和苏维埃组织在坚持了半年之后，于同年底转入秘密斗争。红军部队也分散在各地展开零星活动，保存有生力量，等待新的时机。

四　闽北农民武装斗争的崛起

闽北是“四一二”政变以后党的组织恢复较快的一个地区。1927 年 8 月，陈昭礼、徐履峻等领导建立中共闽北临时特委和崇安、建瓯等县党组织以后，迅速恢复与发展党的活动，组织农民协会，发动群众开展抗捐抗税斗争。

中共崇安支部一成立，便把工作的重点放在农村，根据群众的切身利益发动各种形式的斗争。崇安的土地兼并现象很严重，万、丘、朱、潘四大家族为崇安最大的地主。他们的土地大多集中于崇安东北乡，因此那一带乡村的贫苦农民，对于地主阶级的仇恨特别深切，反抗也最为激烈。中共崇安特支领导东北各乡农民协会，首先打击四大地主家族之首万钟祺。他们抓住万钟祺指使其走狗多次偷盗农民耕牛这一事件，发动农会会员与其坚决斗争。

1927 年 10 月上旬，中途脱离南昌起义队伍的国民革命军第十一军蔡廷锴部，由江西河口南下途经崇安。蔡部以北伐军的名义入闽，亦未公开打出反共旗号，当地豪绅不明真相，闻讯避之不及。中共崇安特支利用这一时机，在崇安城关西门召集农民大会。各乡农会会员 2000 余人举着土铳和劈刀，纷纷涌向县城。崇安特支书记徐履峻在会上号召穷苦人们行动起来，打倒土豪劣绅，废除苛捐杂税。他率领愤怒的群众捣毁了万钟祺的住宅，狠狠打击了崇安县豪绅地主势力和反动统治基础。此后，在党的领导下，崇安各乡农民协会反抗豪绅地主的斗争一直延续了几个月，农民斗争情绪始终非常高涨。

在此前后，建瓯县党组织领导工农群众也展开了各种斗争，成立了总工会和农民协会。虽然党组织的力量还很薄弱，党的领导也不够坚强，但工农群众仍然在党的影响下，同当地驻军卢兴邦部及反动统治阶级进行勇敢的斗争。1927 年 12 月 25 日，建瓯县城工人和学生选择圣诞节这一天，开展反对帝国主义文化侵略的“非基”斗争。他们抓捕了几个平时恃强凌弱、人所痛恨的基督教徒以及国民党县公署的反动法官，游街示众。农会会员也在乡间积极活动，夺取民团枪支武器，秘密酝酿武装斗争。①

党在闽北领导的这些斗争，一方面扩大了党的影响，提高了工会和农会在群众中的威信，同时，党和工农群众组织也在斗争中获得了迅速的发展。1928 年 1 月，崇安、建瓯相继建立了县委，建瓯县党员数量很快由 10 多人发展为数十人，并先后建立了 5 个党支部。崇安县也有党员 10 多人，农会会员发展至三四千人。②

但是，由于闽北地处僻远山区，在陈昭礼、徐履峻从中央回到闽北重建党组织以后的将近半年之内，一直未能得到中央的指示。因此，党的八七会议的精神未能在这里得以及时传达与贯彻。

1927 年 11 月，陈昭礼、潘作民、葛越溪等 3 人根据中央命令，代表中共闽北临时特委到达厦门，准备与闽南特委合并组成福建临时省委。他们到厦门后，在闽南临时特委看到了八七会议文件，才了解到党中央关于开展武装斗争和实行土地革命的新方针。陈昭礼等当即致信中央，表示“我们对于整个的党，抛弃机会主义，振起布尔什维克的精神，不胜雀跃”，同时，希望中央加强对闽北工作的联系与指导。③

同年 12 月上旬，福建各县党的负责同志联席会议在听取了陈昭礼等关于闽北形势与斗争的报告之后，认为崇安、建瓯等县农民运动已有相当的基础，完全可以贯彻执行中央八七会议提出的口号及新政策，认为“应马上以暴动方法实现之”。会议确定闽北建瓯、建阳、崇安三县为全

① 参见《中共福建临时省委紧急扩大会议综合报告》（1928 年 1 月 28 日），中央档案馆、福建省档案馆编《福建革命历史文件汇集》甲 2 册，1984 年内部版，第 81 页。

② 参见《中共福建临时省委紧急扩大会议综合报告》（1928 年 1 月 28 日），中央档案馆、福建省档案馆编《福建革命历史文件汇集》甲 2 册，1984 年内部版，第 81—82 页。

③ 参见《中共闽北临委书记陈昭礼致中央信》（1927 年 11 月 21 日），中央档案馆、福建省档案馆编《福建革命历史文件汇集》甲 2 册，1984 年内部版，第 18 页。

省第四暴动区。这一区域的党组织可以继续采取抗捐、抗税、抗债等经济斗争的方式，进而发展为政治斗争，直至举行武装暴动，开展土地革命。

会议结束以后，党的八七会议的精神很快传达到闽北，新成立的中共福建临时省委也将会议对于闽北工作的指示向闽北各县党组织作了传达贯彻。从此，闽北农民革命运动在中央和临时省委的指导下，逐步转向武装夺取政权和土地革命的轨道。

1928 年初春，崇安北乡岚谷一带乡村爆发了声势浩大的抗捐抗税斗争。饱受捐税之苦的贫苦农民，抓捕了横行乡里的捐棍彭建猴，召开斗争大会，罚了他的款，解了人们心头之恨。这场自发斗争的领导人，是富家出身的安少亮。中共崇安县委决定将这一斗争引上正确的道路，派县委书记徐履峻前往北乡，直接与安少亮接洽。徐履峻在争取了安少亮的合作之后，又在邻县浦城西区岱后一带发动与组织农民协会，建立党的组织，扩大斗争区域。

北乡的斗争引起了反动派的恐慌。崇安县知事派兵下乡镇压，逮捕农会会员，从而激起了农民更加激烈的反抗。同年 3 月，中共崇安县委决定利用 3 月 12 日崇安城关闹“蜡烛会”的机会，发动北乡与浦城岱后农民进城举行武装示威，将斗争引向武装暴动，相机夺取县城。但是反动派事先得到这一消息，磨刀霍霍，待机出动镇压。安少亮感到情况不妙，临阵背约，中途取消进城计划。这样一来，反动派更加骄横，加紧压迫农会，致使北乡农民运动和党的工作受到很大打击。①

这期间，闽西南地区龙岩、平和、漳州等地党所领导的农民武装暴动此起彼伏的消息，以及赣东北地区方志敏领导的弋横起义的消息，不断传到闽北。4 月间，中共福建临时省委常委兼福州市委书记陈昭礼到达崇安，召开县委扩大会议。会议决定将各乡农民协会的组织整顿改名为“民众会”，进一步发动群众，筹建武装队伍，积极准备暴动，以配合

① 参见《中共福建省委关于崇安问题的报告》（1928 年 12 月），建阳地委党史办、建阳地区档案馆编《闽北党史文献》第 1 集，1983 年内部版，第 140 页。

闽西的斗争。永定暴动之后，福建临时省委又于7月间进一步要求闽北党组织加速领导群众斗争，造成骚动局面；认为闽北之崇安、建瓯一带，“亦可发动游击战争，造成经常的骚动，与闽西相呼应”①。

中共崇安县委根据闽北形势与临时省委的要求，一方面加紧恢复与发动北乡农民斗争，同时将工作的重心转移到东乡上梅为中心的广大乡村。东乡农民对于日本洋商在上梅开办松木厂，肆意毁坏山林和欺压百姓的行径极为愤慨。崇安县委分析了这一情况，积极发展民众会，引导农民开展斗争，秘密筹备暴动。

9月28日，崇安县委书记徐履峻等发动数十名武装的民众会员，捣毁上梅松木厂办事处，抓捕了松木厂经理、劣绅陈光盛。崇安县委为了进一步发动群众，随即于10月2日在上梅召开民众大会。四乡群众闻讯，纷纷奔向上梅。到会的3000多名贫苦农民群情激奋，一致赞同县委提出的减租口号，并当场作出减租二成的决定。愤怒的群众马上行动起来，拘捕豪绅10余人，枪决1人。与此同时，北乡农民在安少亮的领导下，也于9月25日召开抗捐大会，拘捕捐棍，责令他们罚款认罪。②

驻守崇安县城之敌卢兴邦部百余人，获悉东北各乡群众武装骚动，决定出兵弹压，但后来又慑于数千名民众会员的浩大声势而弃城逃遁。崇安县委认为，农民斗争情绪如此高涨，敌人又不战而溃，夺取县城当唾手可得，随即电告刚由厦门迁至福州的中共福建省委，请示进攻县城。

福建省委立刻研究了崇安的形势与主客观力量，认为：(1) 农民革命情绪是由于受到捣毁松木厂的胜利鼓舞而高涨，但工人斗争尚未起来，因而在实际上这种革命情绪不会持久，“若稍受打击很容易消沉”；(2) 敌卢兴邦部战斗力虽然薄弱，但豪绅地主有相当基础，“统治阶级尚未至崩溃时期”；(3) 目前虽已集合四五千群众，但这是临时性的集结，群众

① 《赵亦松关于福建工作情况的综合报告》(1928年7月29日)，中央档案馆、福建省档案馆编《福建革命历史文件汇集》甲3册，1984年内部版，第103页。

② 参见《中共福建省委关于崇安问题的报告》(1928年12月)，中共福建省建阳地委党史办、福建省建阳地区档案馆编《闽北党史文献》第1集，1983年内部版，第141页。

的组织力量不大，党的基础也还很弱。[①] 根据这一分析，省委一方面电告崇安县委停止攻城，一方面将上述意见写成书面指示，“指示县委斗争应取发动零散的小的斗争，如减租拘捕豪绅等运动去发动群众，使斗争进到更高的阶段”。福建省委派巡视员罗子石携带这一指示，立刻赶赴闽北指导斗争。[②] 可是罗子石行至南平因病不能继续前行，未能将省委的意见送达崇安县委。

事实上，崇安上梅暴动的进展比省委预料的要激烈得多。在短短几天之内，暴动的风潮迅速席卷崇安全县大部分乡村，陈耿、安少亮率领的北路农军和徐福元率领的西路农军纷起响应，浦城县西乡农民也在左诗赞等领导下，卷入了暴动的洪流。暴动区域内的豪绅地主，在农民运动的浩大声势面前，有的束手就擒，有的仓皇出逃，乞求闽北驻军卢兴邦出兵镇压。

10 月 25 日，豪绅势力与敌卢兴邦部勾结，出动崇安、浦城两县兵力，分路围攻暴动乡村。各地农军在徐履峻、陈耿等领导下，与敌人展开了殊死战斗。在战斗的紧要时刻，安少亮背叛革命，私自释放被关押的 10 多名豪绅地主。这伙反动分子逃到卢兴邦处，雇用大批驻军与地方民团，加紧围攻暴动中心上梅及周围乡村。

10 月 30 日，农民武装终因武器低劣和缺乏作战经验而失败。敌人相继占领了各乡暴动区域，袭占上梅暴动的指挥机关民众局。第二天凌晨，暴动总指挥徐履峻在战斗中壮烈牺牲。敌人血腥摧残暴动乡村和民众会员，数十个村庄受到焚掠抢劫，大批暴动队员被捕或惨遭杀害。剩余的暴动队伍在陈耿、徐福元等领导下，被迫转移到附近山林，开展零星的游击斗争。

---

① 参见《中共福建省委关于崇安问题的报告》（1928 年 12 月），中共福建省建阳地委党史办、福建省建阳地区档案馆编《闽北党史文献》第 1 集，1983 年内部版，第 141 页。

② 参见《中共福建省委关于崇安问题的报告》（1928 年 12 月），中共福建省建阳地委党史办、福建省建阳地区档案馆编《闽北党史文献》第 1 集，1983 年内部版，第 141 页。另见《中共福建省委关于崇安农民斗争失败情况的报告》（1928 年 11 月 17 日），中央档案馆、福建省档案馆编《福建革命历史文件汇集》甲 3 册，1984 年内部版，第 278 页。

第三节　成立中共福建省委·贯彻党的六大精神

一　中共福建省第一次代表大会与福建省委的成立

中共福建临时省委于1928年2月下旬从厦门迁到漳州以后，继续积极贯彻八七会议以后党的各项政策，领导龙岩、平和、上杭等县的农民运动逐步由小规模的抗捐抗税、反对拉夫等形式，发展为一县或数县边界的较大规模的武装暴动。这些斗争，虽然由于当时敌强我弱的不利条件与主观方面的某些不足而受到敌人的摧残，但已最大限度地打击了反动的统治基础，鼓舞了全省劳苦群众，从而把福建土地革命运动推进到一个新的阶段。

这些情况表明，中共福建临时省委在建立不到半年的时间内，正确理解与贯彻党的方针策略，充分发动群众，恢复与发展大革命失败以后受到严重破坏的各级组织，发挥了极为卓越的战斗核心作用。但是，正当临时省委信心十足、全力以赴地领导全省工农革命运动深入发展的时候，却遇到了相当的困难。4月间，新当选的省委书记罗明与省委常委许土淼赴苏联，参加在莫斯科举行的中共第六次全国代表大会；同月，省委委员、前任省委书记陈明在漳州被捕（后越狱赴苏联学习）。这在客观上削弱了省委的骨干领导力量。

更为严重的是，省委常委、代理省委书记兼组织部长陈祖康于6月中旬投敌叛变；不久，中共漳浦县委书记张余生、海澄支部书记陈长江也相继叛变。这就使得省委机关和一批重要的领导人处于十分危险的境地。为此，临时省委于6月24日召开省委紧急会议。会议检查了过去的工作，决定清理投机分子，开除叛徒的党籍，改组临时省委。选举刘乾初①为代理书记，陈昭礼、邱泮林、谢汉秋、郭慕亮4人为特派员，分别

① 刘乾初，原名刘德元，1897年出生于山东省平度县，1927年1月加入中国共产党，同年10月调福建工作；1929年3月调任山东省委书记，改名为刘谦初，1931年4月5日在济南英勇就义。

前往厦门、闽北、漳属、汀属4个地区改组各级党组织，并派赵亦松赴上海向中央汇报。[①] 为保证安全，福建临时省委随即于7月初搬迁到厦门，团的省委也驻设于厦门。[②] 这些紧急措施，对于保证省委机关的安全，稳定党内思想，保证全省各地风起云涌的伟大斗争的深入发展，是非常及时与必要的。

7月初，永定暴动的消息传到厦门。临时省委为不断爆发的农民暴动所振奋，过分估量了形势及主观力量，认为永定不但已经具备了在乡村割据的条件，而且可以造成全县的割据。因此，一方面派省委常委王海萍立刻前往闽西，指导这一斗争，一方面于7月25日作出《闽西秋暴工作方针》，要求闽西发动更为广泛的群众性的抗租抗捐斗争，在各地造成普遍的暴动局面，实现一县至数县的割据，并向漳州发展，“与漳属一带各县各地的斗争汇合起来，夺取漳州，造成闽南工农割据的局面”[③]。

但在事实上，这一时期福建革命斗争的发展是不平衡的。特别是由于各主要城市的工人群众基础薄弱，党在领导工人运动方面虽然尽了很大努力，但仍然起色不大。即使是闽西南各县的斗争也不平衡，有些县的农民运动尚未开展起来。因此，临时省委提出的在短期间内造成闽西各县普遍的暴动局面，以实现一县数县割据，进而夺取漳州的意见，是急躁情绪的反映。同时，也应当看到，由于党内存在着“左”倾盲动主义，福建不免受到影响，因而在闽西南地区的武装暴动过程中，出现了“大烧、大杀、大抢”等某些“左”倾的口号与行动。[④]

---

① 参见《赵亦松关于福建省委紧急和扩大两次会议情况的报告》（1928年7月25日），中央档案馆、福建省档案馆编《福建革命历史文件汇集》甲3册，1984年内部版，第28页。

② 参见《赵亦松关于厦门工作概况报告》（1928年7月26日），中央档案馆、福建省档案馆编《福建革命历史文件汇集》甲3册，1984年内部版，第104—105页。赵亦松在这份给中央的报告中说：“今年七月，省委迁厦。（厦门）特委工作人员，皆被调往省委工作，特委取消”，“团的省委亦在厦门”。由此推定，福建临时省委于1928年7月初由漳州迁至厦门。

③ 参见中央档案馆、广东省档案馆编《福建革命历史文件汇集》甲3册，1984年内部版，第57页。

④ 参见《中共福建临时省委致闽西特委并转永定县委信》（1928年7月25日），中央档案馆、福建省档案馆编《福建革命历史文件汇集》甲3册，1984年内部版，第64页。

同年 4 月间，中共中央根据共产国际执委会 2 月 25 日第九次扩大会议对中国问题的决议，采取了一定的措施纠正党内的“左”倾盲动主义。4 月 30 日，中共中央发出第四十四号通告，指出了党内存在着“盲动主义”“玩弄暴动”等错误，认为争取群众、巩固和健全党的组织是“造成革命斗争之胜利及建立全国苏维埃政权之必要条件”。

这期间，中共中央十分重视福建蓬勃发展的斗争形势与存在的问题。8 月 8 日，中央在听取了福建临时省委军事部长赵亦松的报告并研究了临时省委最近各项文件之后，致信福建临时省委，认为福建的工作“有放弃工人运动的倾向”，平和暴动、永定暴动分别存在着“玩弄暴动”与“单纯反城市的农民意识”；同时还指出，代理省委书记陈祖康的叛变，说明福建党的组织存在着不少问题，应当彻底改造。中央指出，福建党目前的工作路线是“努力向着闽南割据局面去布置，加紧厦门、福州、漳州等的城市工作，发动闽北建瓯、延平一带的农民斗争，加紧士兵运动，目前尤须努力于领导反帝国主义运动”。中央还指出，福建目前的农民运动，是要发动农民最迫切的经济斗争，“在这些斗争中去加紧组织农民协会，建立武装组织，扩大苏维埃与土地革命政纲的宣传”。农民运动应以永定为中心，布置永定、上杭、龙岩、平和四县的斗争，有计划地与赣南、粤东及福建全省的农民运动联系起来。①

为了尽快在福建贯彻中央精神，中央派郑超麟为巡视员，携带中央这一指示信前往福建指导工作。郑超麟到达厦门之后，立刻于 8 月 11 日召集临时省委常委会议，讨论中央对于福建的指示，改变临时省委过去对于福建形势的估量与工作布置。会议根据中央的精神，着重对永定暴动之后临时省委的工作计划作了调整，认为过去提出“以永定暴动为发端，立即实现闽西的割据局面，并向闽南发展”的策略，是“过重估量暴动的条件”。②

---

① 参见《中共中央给福建临时省委信》（1928 年 8 月 8 日），福建省委党校馆藏资料（1—0281）。

② 《中共福建临时省委关于永定暴动等问题给闽西特委的指示》（1928 年 8 月 11 日），中央档案馆、福建省档案馆编《福建革命历史文件汇集》甲 3 册，1984 年内部版，第 155 页。

8月23日，留在中央主持工作的负责人之一李维汉，致信正在福建巡视的郑超麟，进一步指出福建目前的中心工作是“争取群众，组织群众，改造党的组织”，“反对目前幻想形成割据局面的错误观念，攻城更是盲动”。①

为了传达贯彻中央最近的策略与主张，研究福建今后的工作方针，解决陈祖康叛变以后福建党组织存在的问题，正式成立省委机构，中共福建临时省委于8月18日向已经建立党组织的15个县市委发出通知，定于8月26日、27日两天召开全省紧急代表会议②，同时着手准备各种会议文件。后来除永定、平和、龙岩、上杭四县代表未到以外，实际出席会议的有省委委员、省军委、团省委代表及其他各县代表。

会议听取了中央巡视员郑超麟的报告和临时省委的工作报告，讨论通过了《党的政治任务决议案》《组织问题决议案》《关于临时省委报告决议案》《对中央巡视员报告决议案》以及关于农运工作、城市工作、职工运动、军事问题、共青团工作等各项决议，正式选举成立了中共福建省委。

郑超麟的报告肯定了临时省委成立9个月来，党员数量由300多人发展为3000多人，党的组织由幼稚走向成熟，而且已经领导了几个县的农民武装斗争，动摇和打击了反动统治的成绩。他说：“我代表中央认为满意，福建党的工作是有进步的。”郑超麟也指出了福建工作的错误，主要问题是：职工运动没有基础，“农民运动没有走上正确的轨道，农民没

---

① 《罗迈致元和信》（1928年8月23日），福建省委党校馆藏资料（1—0285）。此处罗迈指李维汉，元和指郑超麟。

② 关于这次会议召开的日期有两种记载不同的材料，一是郑超麟于1928年8月20日给党中央罗迈的信：“省委已于上星期六日（8月18日）决定召集一全省紧急代表会议，定于本月26日、27日，开会两天”。第二种材料是会议各种决议签署时间均为“1928年10月”，1929年1月20日福建省委给中央报告请求批准“去年九月间省委紧急代表会议决议案”。本书暂取第一种材料所提及的会议日期。（《元和给云光的信——请示召开福建省党代会及闽西工作等问题》（1928年8月20日），中央档案馆、福建省档案馆编《福建革命历史文件汇集》甲3册，1984年内部版，第165页。）

有土地和政权的普遍要求”，对士兵运动不够重视。[①]

郑超麟在分析了大革命失败以后各地暴动的情况后指出，由于暴动的策略和条件不成熟，这些暴动大多遭到了失败。中央已经认识到这一点，并根据中国革命的性质和阶级状况制定了新的策略。这种新政策既反对右倾的“应该实行民族资产阶级的革命”观点，也反对“中国革命与十月革命相同”，因而“赞成绝对暴动”的意见。因此，中央认为，当前应着重注意创造暴动条件，宣传发动群众，增强党和群众的组织基础。郑超麟还指出，中央目前新政策的主要着眼点，是认为中国革命的前途是社会主义，但目前仍然是资产阶级的民权革命。这一革命是由无产阶级领导的，在完成了这一阶段革命之后，即转入社会主义革命。

会议在讨论了郑超麟和临时省委的工作报告、讨论了共产国际执委会 2 月对中国问题的决议后，分析了福建的政治、经济及地理环境，认为福建和全国一样，革命发展极不平衡；全省 63 个县除闽西 4 个县农民运动发展较快外，其他地区则比较薄弱。福建的革命运动之所以发展不快，主要是由于特殊的地理环境所造成，因此全省“社会经济落后”，“社会文化思想幼稚”，“接受全国革命潮流困难”。

会议还认为，福建的统治阶级主要是豪绅地主、买办、军阀、官僚，民族资产阶级在福建尚未形成，因此其经济形态还是以封建的农业为主，手工业也由于帝国主义的入侵而日趋破产。在福建统治阶级内部，利害冲突异常激烈，大小军阀为争夺经济资源连年混战，全省政权始终不能统一，这在全国也属少见。另外，日本帝国主义视福建为其势力范围，“仿佛是第二个台湾”，日本领事和日侨专横作恶，为福建一般民众所痛恨。由于这种种原因，全省政治腐败，经济崩溃，农民及手工业者破产，工农群众反抗统治阶级的情绪十分激烈。

基于上述分析，会议确定福建党组织在目前的任务是：“群众的武装

---

① 此处引述郑超麟报告的内容与言论，分别参见《中共福建临时省委紧急代表会议对中央巡视员报告决议案》和所附《中央巡视员报告》（1928 年 9 月），福建省委党校馆藏资料（1—0295）。

暴动，推翻现存政权，建立工农兵苏维埃政权”[①]。会议还批评了过去一个时期福建党内存在的盲动速胜观念，谴责了陈祖康、张余生的叛变行为。

农民运动问题是这次会议的主要议程之一。会议认为福建目前的农民运动，应当“组织农民群众于彻底的土地革命口号之下，领导他们起来作日常斗争，屠杀豪绅，没收土地，一直到建设工农兵苏维埃”。在开展这项工作的过程中，党应有计划地进行，“纠正盲动主义与等待主义”，“纠正农民的落后意识”。[②] 会议在讨论闽西斗争的前途和方针时发生了分歧和争论。中央巡视员提出，全省工作的重心应由闽西转向闽南，首先创造闽南（包括闽西和莆仙地区）的割据，而不应仅仅提出创造闽西的割据。其理由是闽南有大城市，“而闽西没有大城市作中心，不容易保持这种割据”[③]。与会代表对此产生了两种不同的意见，一种意见是“闽西仍可以与粤东赣南联络起来，创造一个广大苏维埃区域，并且可以由这一区域扩大实现全省政权的夺取”。另一种意见认为，“闽西在客观的形势必然失败，所以我们应该停止暴动，准备秘密组织，将武装埋藏起来”，等待时机，以便发动新的斗争。[④] 经过讨论，会议接受了后一种意见，批评了闽西过去的斗争，对闽西工作重新部署，决定保存力量，准备第二次武装暴动。

根据以上的讨论和认识，会议通过的《农运工作决议案》，把全省划为5个区域，按照各区域农运发展的不同情况，分别确定了今后的工作计划。

---

① 《党的政治任务决议案》（1928年10月），中央档案馆、福建省档案馆编《福建革命历史文件汇集》甲3册，1984年内部版，第224页。

② 福建临时省委紧急代表会议文件《农运工作决议案》（1928年10月），中央档案馆、福建省档案馆编《福建革命历史文件汇集》甲3册，1984年内部版，第243、244页。

③ 《中央巡视员在福建临时省委紧急代表会议上的报告》（1928年10月），福建省委党校馆藏资料（1—0295）。

④ 参见《中共中央致福建省委信》（1928年10月4日），福建省委党校馆藏资料（1—0298）。

(一) 漳州、澄码、漳浦区。这一地区工作已经“到了抗租抗税的初期”，应当进一步领导农民进行“五抗”斗争，暂时不必也不可能组织大规模的武装斗争，而是开展小的零星斗争，“总的目标应该向漳州发展，包围漳州”，同时向外发展，与泉属及闽西联络。

(二) 泉属区。总的目标是分别从惠安、永春、德化、同安、仙游、莆田向泉州发展，并注意由莆田向北发展与闽北联络。

(三) 福州区。主要工作要注意市郊及西南兵工厂、造船厂一带的农民工作，同时向西南发展，与泉属相联络。

(四) 闽西区。这一地区已经“到了土地革命的阶段”，“要用‘没收土地’‘建立苏维埃’的口号来发动群众”，注意打通各县之间的联系，抓紧龙岩、平和市郊的工作，并注意向外发展，与漳属、汀杭、大埔、饶平相联络。

(五) 闽北区。可以用减租的口号发动农民斗争，发展农民组织，注意向福州发展。

这次会议的另一项重要议程是正式成立中共福建省委。会议选举并经中央批准的省委委员 5 人：刘乾初、陈昭礼、谢汉秋、陈真仔、林香仔。省委候补委员 5 人：杨适、罗明、张鼎丞、王海萍、徐履峻。刘乾初、陈昭礼、谢汉秋 3 人为常委，刘乾初任省委书记；罗明、吴亚鲁、陈真仔为候补常委，罗明为候补书记。省委内设立有组织部、宣传部、工人部、农民部、军事部、妇女部等 6 个机构。①

至此，中共福建临时省委结束了历时 9 个月的使命。由于这次会议正式选举成立了中共福建省委，所以一般也称其为中共福建省第一次代表大会。

在这次会议召开的时候，党的六大决议尚未传达。会议主要贯彻了 2 月 25 日共产国际第九次执委会关于中国问题决议案和党中央第四十四号通告的精神。会议对于中国革命的性质及目前党的任务都有了比较明确

① 参见《中共中央致福建省委信》（1928 年 10 月 4 日），福建省委党校馆藏资料（1—0298）。

的认识，对福建政治经济状况及革命的主客观形势也作了正确的分析。但会议也存在一些缺点，如对农村革命根据地的重要意义估计不足，片面强调以城市为中心，在布置闽西斗争的计划时采纳了第二种意见也偏于保守。

二　城市工人运动的复兴

福建党组织在领导全省人民贯彻八七会议，实行武装暴动，在农村兴起土地革命浪潮的同时，始终把复兴城市工人运动列为党的主要工作。并且认为，城市工人运动“在目前革命急剧进展的过程中，占着特别重要的地位”①。

福建的工商业以福州、厦门为最发达，其次是漳州、泉州。1928 年初，全省工人总数 20 多万，主要分布在福、厦两市。由于福建产业落后，全省工人除集中于福州的兵工厂、造纸厂、造船厂和厦门的罐头、海轮、印刷等近代工业厂家以外，其他多为交通、市政、手工业工人及店员。北伐军入闽以后，中国共产党领导的工人运动，“如加薪减时的斗争，曾经震动了工人的苦梦，所以当时工人斗争曾蓬蓬勃勃的起来”。福州、厦门等地都成立了由中共党员领导的总工会。其中厦门各行业工会就有 26 个，会员达 1 万以上，在反对帝国主义和资本家的斗争中获得了许多胜利。②

1927 年 4 月反革命政变以后，福建各地工人运动的领袖大多惨遭杀害，工人运动受到严重打击。福州、厦门原来党所领导的工会有的塌台，有的被工贼把持，有的被国民党派出的整理委员所操纵而沦为黄色工会。福州市总工会受国民党右派黄埔系及工贼林寿昌的操纵，泉州总工会被土豪劣绅秦望山所控制。厦门反动当局派刘哲民等工贼占据总工会后，

① 《中共福建省委扩大会职工运动决议案》（1928 年 1 月 21 日），中央档案馆、福建省档案馆编《福建革命历史文件汇集》甲 2 册，1984 年内部版，第 62 页。

② 参见《中共福建省委扩大会职工运动决议案》（1928 年 1 月 21 日），中央档案馆、福建省档案馆编《福建革命历史文件汇集》甲 2 册，1984 年内部版，第 63 页。

极力帮助资本家压迫工人，甚至“连黄色工会的面具都撕去，明目张胆地站在资本家方面，向工人阶级进攻，推翻胜利条件，钳制工人等，无所不至”①。

随着全省各级党组织的逐渐恢复，整理与恢复工人运动的工作也逐步展开。1927 年 12 月，中共厦门市委与福州市委相继成立，同时着手在工厂和学校发展党员，建立秘密工会。至 1927 年底，福州市党员发展至 110 人，其中工人党员约 70 人；厦门有党员 40 多人，其中工人占 3/4；漳州有党员 30 多人，其中工人党员 15 人。②

在各城市中，厦门的工人运动恢复得较快，其中尤以报业、印刷、罐头等行业的斗争最为激烈。1927 年冬，中共厦门市委直接或间接地领导工人从日常生活问题入手，发动工人进行经济斗争。12 月 23 日是冬至，按照惯例，厦门各报社应放假停刊 1 天，印务工人的工资照发。但国民党市党部事先发出训令，不得放假停工。厦门几家报社工会接到这一通知，仍然相约停工 1 天。然而，到了冬至这一天，有些报社工会不顾工人的利益决定上工，《民国日报》《江声报》照常出版，只有《全闽报》社和《民钟报》社的工人坚持停工。

《民钟报》社经理部为了惩戒工人，宣布停办报纸，解雇工人。这一决定公布后，工人们十分愤慨，而印务工会在当局压制之下却选择退缩，不敢出面交涉。党组织即领导工人坚持斗争，发表宣言，揭露经理部的阴谋，并提出如果报纸停办，必须给工人支付 1 个月薪金。但由于国民党厦门市党部及黄色的厦门总工会从中破坏，印务工会未能坚持，内部发生分歧，罢工斗争终于失败，11 名印刷工人被无理解雇。③

《民钟报》社工人罢工之后不久，厦门淘化罐头厂和大同罐头厂工人

① 《中共福建省委扩大会职工运动决议案》（1928 年 1 月 21 日），中央档案馆、福建省档案馆编《福建革命历史文件汇集》甲 2 册，1984 年内部版，第 64 页。

② 参见《陈少微关于福建党的情况报告》（1927 年 12 月 26 日），中央档案馆、福建省档案馆编《福建革命历史文件汇集》甲 2 册，1984 年内部版，第 27 页。

③ 参见《目前政治状况及党的工作方针》（1928 年 2 月），中央档案馆、福建省档案馆编《福建革命历史文件汇集》甲 2 册，1984 年内部版，第 123—124 页。

在春节前后也展开了斗争。这两个罐头厂的当局为了制裁工人积极分子和加紧剥削工人，无理开除了50多名工人，并雇佣童工顶替。另外，资本家还废除之前工人斗争所得的利益，停发1927年工人应得的花红。

资本家的压迫与剥削，激起了两家工厂工人的愤慨。中共厦门市委当即派人到工厂去领导工人斗争，发展党的组织，成立工人纠察队。工人们揭露和拒绝了国民党当局劳资仲裁的欺骗手段，宣布罢工，提出收回开除工人和发放拖欠的花红为复工条件。资本家立即向国民党驻厦门海军司令部报告，要求军方出面干涉。反动当局于是下令市总工会制止罢工，而御用的黄色工会故伎重演，在工人中进行分化瓦解，力劝工人复工。结果，海军司令部召集劳资双方仲裁，决定花红照发，而关于收回被开除的数十名工人的要求仍然悬而不决。随后，大多数工人经不起反动当局的威迫，加之经济问题得到暂时的满足，罢工随之取消。①

厦门工人运动的上述情况表明，由于大革命的失败，工会组织被反动当局控制或操纵，工人队伍受到摧残与打击，党在工人中间的基础十分薄弱，因而工人群众虽然对国民党反动统治及资本家的压迫极为不满，屡屡发起斗争，但这些斗争由于得不到党组织强有力的领导以及内部的不团结，都不能取得圆满的成功。这种问题不仅在厦门，就是在福州、漳州等其他城市的工人运动中，也是普遍存在的。中共福建临时省委注意到了这种情况，作了许多努力，以加强党对城市工人运动的领导。

1928年1月21日，福建临时省委执委扩大会议专门研究了工人运动状况。会议认为：过去党在职工运动方面存在着严重的错误，主要是忽视职工运动，没有积极开展政治组织与深入发动群众；在策略方面也只提出消极的笼统的打倒反动工会的口号，缺乏动员群众开展积极斗争的具体方法。会议还认为："这些错误如果不纠正，则福建职运永无发展希望，而各县的农民武装反抗，游击战争，亦很难走上正确的道路完成土

---

① 参见《最近的厦门职工运动状况》（1928年4月），福建省委党校馆藏资料（1—0247）。

地革命、武装暴动、推翻反动统治建立苏维埃政权的这一历史使命。”①

为此，临时省委执委扩大会议决定加强党对职工运动的领导，认为省委和各县市委都应设立职工运动委员会，各县市都要建立秘密的工会委员会，并在工会委员会中设立党团组织。会议作出的《职工运动决议案》规定，目前福建职工运动的策略是：“以恢复胜利条件加薪减时、改良待遇的经济斗争以至于夺取工会，总工会，铲除工贼打倒国民党的政治斗争。由罢工徒手群众大会游行示威，以至于武装打杀工贼，捣毁反动工会机关国民党部，一直到最后的武装暴动。”会议还要求各地秘密地训练工人武装，以适应未来工人斗争的需要。

在对待黄色的总工会问题上，临时省委在“夺取总工会”还是“打倒总工会”这两种策略上犹豫不定。开始决定采取前者，但是后来又认为“夺取总工会”就必然要发动进步工人加入这个工会，这就违背党的原则，也不利于发动工人。因此后来又确定实行“打倒总工会”的策略，认为这一口号明确有力，容易为工人接受，有利于在工人中建立秘密的赤色工会，开展工人运动。2 月 16 日，中共中央复函肯定了临时省委的这一决定。

2 月 24 日，中共厦门市委领导召开了厦门工人代表大会，成立了厦门工代会执行委员会。厦门工代会指出，刘哲民、刘鞠民等操纵的厦门总工会筹委会“完全是工贼的集团”，“是反动国民党的走狗机关”。会后，厦门工代会发出宣传大纲，宣告这一工人阶级自己的组织已经成立，宣布厦门工代会目前的任务是：(1) 恢复四月政变以前工人斗争所取得胜利条件；(2) 领导全体人作加薪减时斗争；(3) 争取集会、结社、言论、罢工的绝对自由；(4) 打倒国民党，拥护中国共产党；(5) 消灭工贼，建立工人自己的总工会。②

---

① 《中共福建省委扩大会职工运动决议案》(1928 年 1 月 21 日)，中央档案馆、福建省档案馆编《福建革命历史文件汇集》甲 2 册，1984 年内部版，第 66 页。

② 参见《厦门工人代表大会宣传大纲》(1928 年 3 月 5 日)，福建省委党校馆藏资料(1—0226)。

中共福建临时省委关于职工运动的决议及厦门工人代表大会的成立，改变了四月政变以后国民党和工贼把持工人团体的局面。厦门工人从此重新集结在中国共产党的旗帜下，在工人阶级自己革命团体的组织下，为解放自己而展开新的斗争。

在此前后，中共福州市委和漳州县委也分别成立了职工运动委员会，在工人中响亮地提出了“打倒压迫工人的国民党”“打倒黄色的总工会”“拥护中国共产党”等口号，并且分别成立了由中共领导的工会委员会，在工人中间积极建立和发展党的组织。

经过半年多的努力，至 1928 年 7 月，厦门市委先后在罐头、木业、码头、电气、邮务、印刷、店员等行业建立了 11 个党支部，有党员 109 人。[①] 中共福州市委在印刷、电气、小贩、人力车等行业中也建立了党组织，全市工人党员发展至 80 多人。[②] 漳州市也在党的领导下，于 1928 年上半年在印务、轻便车、汽车工人中先后发展了 40 多位党员，领导工人举行加薪罢工等斗争。[③]

如上所述，尽管福建党组织在城市工作方面采取了许多措施，使工人运动开始复兴，但是由于国民党在城市的力量占绝对优势，白色恐怖严重，加以福建工业基础薄弱，党在工人中的组织发展不快，工人斗争大多还停留在零星的经济斗争方面。这与蓬勃发展的农民武装斗争相比，自然相去甚远。为此，中共中央曾一再批评福建党组织忽视了城市工作。

事实上，福建临时省委对城市工人运动并非不重视，而主要是由于主客观条件的不成熟，工人斗争难于如中央要求的那样，迅速发展成为领导农村土地革命的中心力量。

福建临时省委为了执行中央的指示，多次作出决定，并采取措施加

---

① 参见《赵亦松关于厦门工作概况报告》（1928 年 7 月 26 日），中央档案馆、福建省档案馆编《福建革命历史文件汇集》甲 3 册，1984 年内部版，第 105 页。

② 参见《赵亦松关于莆田仙游永春福州等地工作概况报告》（1928 年 7 月 29 日），中央档案馆、福建省档案馆编《福建革命历史文件汇集》甲 3 册，1984 年内部版，第 148 页。

③ 参见《赵亦松关于澄码漳州（龙溪）工作概况报告》（1928 年 7 月 29 日），中央档案馆、福建省档案馆编《福建革命历史文件汇集》甲 3 册，1984 年内部版，第 120 页。

强对城市工作的领导力量。1928 年 7 月 3 日，临时省委扩大会议对职工运动又作出决议，确定“福建的党目前的重要任务便是怎样在重要城市中去建立党的职工运动……怎样的去发动领导工人的日常经济斗争而跑上暴动的道路上去”。临时省委还认为，为了实现职工运动由经济斗争发展为武装暴动，党组织“应该以大部份的力量，不怕艰苦的集中到职工运动上面”①。

为了加强党对城市工作的领导，中共福建省委在 1928 年 8 月正式成立之后，也成立了省委职工运动委员会。同年 11 月黄钊接任省委书记后，兼任了省职工委员会委员，并委派省委组织部长谢汉秋兼任中共厦门区委书记。原厦门市委书记、省委候补委员吴亚鲁为巡视员，赴福州指导工作。在此之前，福建省委还召集了福、厦、漳、泉 4 个城市的工人代表召开与成立全省工人代表大会，并先后在厦门、福州、莆田等地成立工人代表大会或劳工代表会议。②

由于福建省委和各城市党的组织大力加强对职工运动的领导，1928 年 10 月至 11 月，城市工人运动发展迅速。其主要的特征是由单纯的经济斗争转变为政治斗争，由少数单位的工人斗争扩大为全市性各行业工人与学生联合的较大规模的行动，由过去的和平请愿发展为激烈的示威斗争。

10 月 10 日，在党的领导下，厦门工人、学生、市民集合于中山公园，举行反军阀混战示威，高呼反军阀口号，散发革命传单。11 月 1 日，厦门群众百余人在闹市区思明路公开举行追悼彭湃、杨殷烈士的示威大会。中共福建省委、厦门区委、团省委领导同志与许多工人团体的负责人直接领导和参加了这次行动，率领群众举行示威游行。同一天，中共福州市委在福州也发动 1000 多名群众举行了悼念彭、杨的大会。

---

① 《职工运动决议案》（1928 年 7 月 3 日），中央档案馆、福建省档案馆编《福建革命历史文件汇集》甲 3 册，1984 年内部版，第 18 页。

② 参见《中共福建省委给中央的党务报告》（1928 年 12 月 9 日），中央档案馆、福建省档案馆编《福建革命历史文件汇集》甲 3 册，1984 年内部版，第 285—292 页。

11 月 7 日，厦门、福州党组织又发动群众公开举行纪念十月革命的示威大会。这一天，厦门市区细雨蒙蒙，各工人群众团体集合于开元路，冒雨向思明路游行示威，沿途呼喊口号，高唱《少年先锋队歌》和《国际歌》，场面甚为激烈壮观，其影响所及，为厦门工人运动史上所少见。国民党反动派出动军警镇压，在思明路与示威群众发生冲突。结果，示威者 1 人被捕，1 人因手枪走火死亡。

这些斗争，固然体现了福建城市工人运动发展到了一个新的高度，但就斗争策略和斗争方式而言，显然显示出盲动主义的倾向。这对于刚刚兴起的工人运动，没有积极的意义。11 月 14 日，中共中央根据党的六大的正确路线，致信福建省委，批评福建在城市斗争中存在着“小资产阶级英雄主义的余毒”，“没有使政治示威与群众的日常斗争联系起来”，认为这种忽视发动群众、不顾主客观条件冒险举行飞行集会的策略是不适当的。[①] 12 月 12 日，福建省委函复中央，接受中央的意见，“认为中央的指示，在原则上是完全正确的”。同时，省委根据中央指示和党的六大的精神，向全省发出通告，指出当前的工作是争取群众，在城市工人中，我们的基础还不巩固，因此“不敢希望能够爆发很大的高潮”。但是我们必须抽调力量，在工人集中的地方去布置这一工作，在斗争中把广大群众团结和组织在党的周围。[②] 福建省委这一指导方针，对于今后福建城市工人运动的进一步发展，有着重要的意义。

三　贯彻党的第六次全国代表大会精神

八七会议以后，中国共产党领导人民群众在各地不断举行的武装起义和开展的各种斗争，有力地回击了国民党反动派的疯狂进攻与屠杀政策，增强了党内外群众的斗争信心。至 1928 年春，曾经在党内一度发生

---

① 参见《中共福建省委答复中央指示的报告》(1928 年 12 月 12 日)，中央档案馆、福建省档案馆编《福建革命历史文件汇集》甲 3 册，1984 年内部版，第 305—310 页。

② 参见《中共福建省委通告第七号》(1928 年)，中央档案馆、福建省档案馆编《福建革命历史文件汇集》甲 3 册，1984 年内部版，第 385 页。

过的“左”倾盲动主义错误，也在实际工作中基本停止。但是，党内在一些重大问题上，如大革命失败以后中国社会的性质、当时的政治形势、革命任务和斗争策略等，亟待正确地解决，以统一全党的认识。为此，中共中央于1928年6月19日至7月11日在莫斯科召开中共第六次全国代表大会。

中共福建临时省委在接到中央关于召开六大的通知以后，曾于2月10日召开的省委第二次全委会上推举省委书记罗明等5人为党的六大的代表。后来由于工作需要，由罗明与省委常委许土淼、团省委书记孟谦等3人组成福建代表团，于4月间赴上海，然后取道东北前往莫斯科出席这次重要会议。

党的第六次全国代表大会，正确地肯定了大革命失败以后中国仍然是半殖民地半封建社会，因此确定中国革命现阶段仍然是资产阶级民权革命，其任务是“驱逐帝国主义者，完成中国的真正统一”，“实行土地革命”，“力争建立工农兵代表会议（苏维埃）的政权”。[①] 大会正确地指出了当时政治形势的特点和党的策略路线，认为全国政治形势是处在两个革命高潮之间，新的革命高潮将不可避免地会到来。但又指出，这种高潮目前尚未到来，不要过分估量当时的形势。因此大会认为，党在当时的总任务不是进攻，不是普遍地组织起义，而是争取群众，准备新的革命高潮的到来。大会总结了过去斗争的经验教训，一方面清算了右倾机会主义错误，另一方面严肃地批判了“左”倾盲动主义和命令主义的错误。同时，确定了关于苏维埃政权、职工运动、农民问题、土地问题等方面的政策。

六大制定的路线基本上是正确的，对于后来中国革命的发展起了积极的作用。但是，大会也存在着某些缺点与错误。其主要的错误是，对于中国革命的长期性和农村革命根据地的重要性缺乏正确的认识，片面强调“城市领导作用”和城市工人运动的高潮是决定革命胜负的力量；

---

① 中共第六次全国代表大会《政治决议案》（1928年7月9日），中央档案馆编《中共中央文件选集》第4册，中共中央党校出版社1989年版，第299页。

对中间阶级的作用和反动势力的内部矛盾，也缺乏正确的估计。

大会结束以后，党中央及各省代表陆续回国。福建代表团在回国以前，向中央提出了今后的工作意见。他们准备回到福建以后，尽快传达和讨论六大的决议，确定新的工作计划。主要的工作是“加紧领导城市工人及小资产阶级继续反帝运动”，通过这些斗争，运用各种组织形式争取群众。党在福建的工作重点是福州、厦门、漳州等大中城市及工人群众。同时，还应当在农民运动比较有基础的闽南地区“进行抗租运动，并领导其他各地自发的减租减息等运动”①。

10月，罗明从上海到达福州省委机关。② 在省委书记刘乾初主持的省委与福州市委扩大会议上，罗明传达了六大决议的精神。为了尽快将六大精神贯彻下去，省委首先在福州举办了为期一周的训练班；11月初，省委迁返厦门以后，又先后在厦门、莆田开办了4期训练班，召集各县领导同志参加学习。这些训练班都由省委领导或巡视员讲授课程，内容是第六次全国代表大会的各种决议及福建政治经济与党的方针路线。通过这种方式，六大精神很快传达到各地，受训练的同志对于党的策略及各种工作方法有相当的认识，“训练班开办后，同志颇觉兴趣，且精神为之一振”③。

闽西南和闽北是革命运动发展较快的地区。为了加强对这些地区的指导，省委又派遣罗明赴闽西、杨适赴闽北、吴亚鲁赴泉属、谢汉秋赴漳属各县巡视，深入传达六大决议的精神。

罗明和团省委书记陈柏生取道广州，经粤东大埔，于11月8日抵达永定古洋中共金丰区委机关，召集区委会议，传达六大政治决议及土地、农民问题等决议，研究对付敌人进攻的策略。11月12日，罗明、陈柏生

---

① 《中共福建代表团的意见书》（1928年7月），中央档案馆、福建省档案馆编《福建革命历史文件汇集》甲3册，1984年内部版，第79页。

② 中共福建省委机关原设厦门鼓浪屿。1928年9月15日，省委交通处被敌特破坏。为安全计，省委机关于9月20日左右迁到福州，同年11月初又迁返厦门。

③ 《中共福建省委关于开办训练班的报告》（1928年12月2日），中央档案馆、福建省档案馆编《福建革命历史文件汇集》甲3册，1984年内部版，第281页。

到达永定溪南中共闽西特委机关，并在当天召集了特委扩大会议。出席会议的有特委常委郭柏屏、邓子恢、张鼎丞及永定县委3人。由于当时敌人加紧了对溪南苏区的进攻，形势很是紧张，因此特委扩大会议在听取了罗明简单的政治报告之后，着重研究了形势与工作方针。

在罗明到达之前约1个星期，中共闽西特委对此问题曾作过专门讨论，认为永定暴动以后，溪南苏维埃区域和闽西各地的群众坚持了4个月的斗争，由于力量薄弱，在受到反动派一再摧残之下，“斗争情绪已渐趋低落”，因此决定改变过去公开割据与武装进攻的策略。溪南区除保留30名武装坚持秘密活动以外，大部分武器埋藏起来；金丰和龙岩武装也分别返回原地开展分散的游击活动，以便“加紧争取广大的群众准备第二次更大的武装斗争”①。

中共闽西特委扩大会议依据六大决议的新精神，对过去这一决定重新作了分析与研究，认为这一方针是可行的，可以继续执行。

由于敌人加紧重点进攻溪南，闽西特委机关不能再留在那里。11月13日晚，罗明与特委、永定县委撤离溪南，转移到永定合溪，继续召开特委扩大会议，传达讨论六大各项决议。会议根据六大精神，全面分析了闽西的形势，认为闽西游击战争“目前在主观客观两方面的条件都不齐备，不能实现”。因此，闽西党组织总的斗争策略应当相应地改变，这就是：“夺取群众，准备游击战争，同时发动小斗争，并扩大党的宣传，巩固民众组织。”②

特委扩大会议之后，罗明、陈柏生在邓子恢的陪同下前往龙岩县委。11月27日晚上，罗明召集龙岩县委扩大会议。会议持续了16个小时，传达了六大决议，讨论了龙岩政治军事形势与党的任务。会议认为，岩永杭各县武装在8月上旬进攻龙岩城失利以后，“各地民众运动消沉，几

---

① 《罗明致福建临时省委信——关于巡视永定的报告》（1928年11月21日），中共龙岩地委党史资料征集领导小组、龙岩地区行政公署文物管理委员会编《闽西革命史文献资料》第1辑，1981年内部版，第320页。

② 《中共闽西特委关于各县情况给省委的报告》（1928年11月21日），中央档案馆、福建省档案馆编《福建革命历史文件汇集》甲8册，1986年内部版，第31页。

无斗争可言。近来虽然有些地方作减租运动，但不能普遍的活动起来”①。会议根据党的六大的政治路线，确定龙岩党组织当时的主要任务，首先是要向工农群众宣传党在民主革命时期的根本任务与十大政纲，“特别是应该扩大和深入土地革命、武装暴动、工农兵苏维埃政权的宣传”。会议还认为，目前龙岩的主观力量和客观条件都没有实现武装暴动、夺取全县政权之可能，因此，“龙岩党目前应加紧领导群众的日常的部份的斗争，并在不断的斗争中，团结广大的群众，促进革命的高潮之到来”②。

龙岩县委扩大会议之后，罗明又继续前往上杭、长汀等县传达六大决议。罗明身负党的重任，日夜兼程，沿路召集党的各种会议，传达贯彻中央的方针。闽西各级党组织接受并认真研究了六大的正确路线，冷静地分析了闽西将近一年间各地武装起义不断遭受挫折的主客观原因及经验教训，果断地改变斗争策略，按照六大路线重新部署、制定新的工作计划。所有这些，为闽西党组织进一步发动群众，积蓄力量，在不久以后发动更大规模的斗争并终于取得胜利，起了十分重要的作用。

罗明前往闽西之后，福建省委常委谢运康（汉秋）赴漳属诏安、平和等县，传达六大决议。12 月 4 日，谢运康在平和长乐召集县委扩大会议。会议讨论了六大的政治决议案和农民问题的决议，改选了临时县委，确定了之后的工作方针。在谢运康到达之前，平和临时县委的同志曾错误地理解中央的新方针是停止全国暴动，停止一切斗争，甚至对过去所做的斗争也产生了怀疑。在谢运康到达并正式传达六大精神以后，纠正

---

① 《中共龙岩县委陈石光报告第二号——政治、党务及斗争情形》（1928 年 1 月 19 日），中共龙岩地委党史资料征集领导小组、龙岩地区行政公署文物管理委员会编《闽西革命史文献资料》第 1 辑，1981 年内部版，第 289—290 页。

② 《龙岩县委扩大会议关于龙岩政治状况与党的任务决议》（1928 年 10 月 15 日），中共龙岩地委党史资料征集领导小组、龙岩地区行政公署文物管理委员会编《闽西革命史文献资料》第 1 辑，1981 年内部版，第 281 页。

了这种不正确的理解。[①]

在福建省委全力贯彻党的第六次全国代表大会决议的时候，闽北崇安武装暴动失败和徐履峻壮烈牺牲的消息传到了福州。当时省委机关尚在福州，一面将崇安暴动的情况报告中央，一面派省委候补委员、福州市委书记杨适急赴闽北，传达六大决议，指导闽北的工作。

11 月 28 日，中共中央复函福建省委指出，崇安的失败，主要是主观方面的失误。中央指示，闽北今后的主要工作："第一，是积极恢复党的组织，健全支部；第二，豪绅既然这样向农民进攻，我们要继续领导群众反豪绅斗争。第三，积极宣传党的土地政纲，并且要与当地农民实际的要求密切联系起来。"中央还指出，必须在农民中揭露安少亮的罪恶，扩大群众组织，并与赣东北方志敏领导的农民运动取得联系。[②] 显然，中央的指示体现了六大各项决议的精神，也完全符合闽北的实际情况。

杨适到达闽北以后，会同新任的崇安县委书记陈耿和徐福元等，根据六大精神和中央指示，总结过去的经验教训，调整工作部署，经过 1 个多月的准备，重新恢复了崇安和浦城西部一些乡村的党组织和民众会。1929 年 1 月下旬，崇安县委认为暴动条件已经成熟，由陈耿率领 1000 余名农民武装在崇安东乡之上梅庄严集会，再次举行暴动。同时，杨适、徐福元等在崇安北乡和浦城西乡领导民众发起暴动。

这些相继而起的武装斗争，重新激起了闽北民众的革命热情。崇安、浦城等许多乡村的贫苦农民纷纷响应，投入第二次暴动。2 月 13 日，杨适、陈耿等领导 1000 多名农民武装向敌人的据点五夫镇发起进攻，击溃守敌，一举占领五夫。

但是，地主民团在失败之后，勾结卢兴邦部卷土重来。而农民武装在占领五夫之后，由于失去警惕，致使敌人偷袭得逞，农民武装遭到重

① 参见《运康巡视平和的报告》（1928 年 12 月 26 日），中央档案馆、福建省档案馆编《福建革命历史文件汇集》甲 3 册，1984 年内部版，第 365—366 页。

② 参见中共福建省建阳地委党史办、福建省建阳地区档案馆编《闽北党史文献》第 1 集，1983 年内部版，第 120 页。

大损失，被迫撤出五夫镇。随后，敌卢兴邦部增派 1 个团，重兵“围剿”暴动区域。各路农民武装在敌人反复进攻下被迫转入偏僻山区，斗争趋于低潮。

这次暴动，虽然在开始阶段进展顺利，获得了一些胜利。但由于主观力量的薄弱，在敌卢兴邦与豪绅势力的联合进攻下，最终归于失败。这次失败表明，闽北党组织在第一次暴动受挫与徐履峻牺牲之后，对闽北敌强我弱的形势还认识不足，过高估计了革命的主观力量；另外，在选择暴动的时机上，也还受到了急于为牺牲先烈复仇和求胜心切的情绪的影响。因此，虽然党的六大决议已经明确分析了当时中国的形势，规定了斗争的方针与策略，这些精神也已经在闽北传达，但闽北党组织在具体执行中，不免过于急躁。不久以后，闽北党组织总结了经验和教训，遵循六大的正确路线，立足于争取群众，宣传党的方针路线，重新积聚力量，并与赣东北革命势力相联络，开展了更为广泛的深入的土地革命战争。

第六章　红四军入闽与福建革命运动的发展

第一节　红四军入闽与古田会议

一　红四军首次入闽与闽西苏维埃运动的复兴

1928年底至1929年初，湘赣两省国民党军队以何键为总指挥，集中18个团向井冈山革命根据地发动第三次“会剿”。在过去的一年多时间里，井冈山军民在毛泽东、朱德等领导下，曾给予敌人以沉重的打击，巩固与发展了这块红色区域。但由于敌强我弱的不利条件，井冈山根据地面对敌人新的“会剿”，在军事、经济等方面都存在着严重的困难。

为了打破敌人的第三次“会剿”，中共红四军前敌委员会决定以彭德怀率领红五军一部留守井冈山，牵制与打击来犯之敌；由毛泽东、朱德、陈毅等率红四军主力由井冈山出发，沿赣闽粤三省边界，向赣南地区出击，用“围魏救赵”的策略打到敌人外线去，以达到保卫井冈山之目的。1929年1月中旬，红四军按照这一部署，从井冈山出发，向赣南之崇义、大余进军。敌人很快发觉了红四军的行动，立刻抽调第五十五旅刘建绪部、第二十一旅刘士毅部等轮番追击堵截。

红军为了摆脱敌人的追击，每天以90里以上的速度，冒着冰雪严寒，穿越密林崇山，向闽赣边境地区行进。2月10日，红四军在瑞金以北之大柏地迎战尾追之敌刘士毅旅，从下午3时激战至次日中午，击溃刘部，俘敌团长肖致平、钟桓以下官兵800余人，缴获枪械800多支，从而摆脱了敌人的追击，扭转了自井冈山出发以来的被动局面。随后，红四军转至吉安、兴国边界之东固，与赣南红军独立第二团、第四团会合。

红四军到达东固以后，获悉彭德怀领导留守井冈山的部队，与各路“会剿”之敌进行了三昼夜艰苦血战，终因寡不敌众而突破了重重包围，已经向赣南转移。同时，敌李文彬旅在红四军后面穷追不舍，驻吉安之敌金汉鼎旅也出动向东固方面攻击。红四军前敌委员会分析了形势之后，决定暂时放弃公开割据的策略，实行灵活机动的打圈子政策，以摆脱敌人的跟追。2 月下旬，红四军撤离东固，改向闽西进军。

3 月 11 日，红四军经瑞金壬田进入闽西长汀县境，于次日清晨抵达四都。驻长汀之敌福建省防军第二混成旅郭凤鸣部立刻派其补充团开赴四都，堵截红军。红四军一举击溃敌补充团，趁胜向汀州推进，直抵距汀州城南 15 里之长岭寨。长岭寨是汀州的一道天然屏障，山高林密，地势极为险要。固守在长岭寨的是郭凤鸣部补充团残部。3 月 13 日，郭凤鸣又增调其第四团和教导团赶到长岭寨，企图阻止红四军的进攻。

3 月 14 日，红四军分三路向固守长岭寨的敌军阵地发起攻击。经过反复争夺与激烈的战斗，红二十八、三十一团夺取了主峰阵地。郭凤鸣亲自督阵，组织队伍反攻，企图重新夺回阵地。这时，红军已控制了战场的局势，一面坚守阵地，一面向敌反击。郭凤鸣率领百余名短枪队连续冲锋，死伤殆尽。郭凤鸣在乱军中被红军击毙。敌军全线崩溃，残部向河田、上杭方面溃退。当天中午，红四军一举占领汀州。

红四军攻占长汀以后，在毛泽东、朱德、陈毅等领导下，一面进行休整，补充给养，加强部队建设，一面在汀州及周围农村发动群众，帮助地方建立党组织和红色政权，开展土地革命。为了广泛发动贫苦农民，红军一到长汀首先没收豪绅地主的土地和其他财产，并分发给贫苦工农；又向地主罚款 2 万元，向商人筹集军饷 3 万元。同时，派出许多宣传队，到城乡各地宣传党的政策主张，张贴标语文告，扩大红军的影响。政治部主任陈毅亲率第一纵队开赴汀州以北新桥一带乡村，发动群众，开展宣传活动。

长汀穷苦工农热烈拥护红军。每当红军宣传队发表演讲进行宣传时，人们踊跃前往，欢呼之声，常常打断宣传队员的演讲。尤其是新桥、河田一带民众的斗争情绪十分热烈，穷苦农民经红军的宣传发动之后，一聚就有数千，夺取土豪劣绅的谷物，实行平均分配。

经过广泛的宣传发动，长汀城乡工农群众在短短几天内就迅速行动起来，开展各种斗争。在红四军的帮助下，长汀党组织建立了县委。红四军前委又通过长汀县委，与上杭、武平、永定、平和等县委取得了联系。同时，党的组织迅速发展，党员人数增加了两倍。中共长汀县委还建立了长汀总工会，分别成立了5个秘密工会和20个秘密农民协会，并成立了第一支地方武装——长汀赤卫队。

3月中旬，红四军政治部领导建立了长汀县临时革命委员会。随后，临时革命委员会召集了工农兵代表大会，正式选举成立长汀县革命委员会。这是闽西也是福建全省第一个县级的红色政权，内设军事部、宣传部、财政部，由丘潮保任革委会主席。

红四军进占长汀前后，由于资本主义世界发生严重的经济危机，各帝国主义国家加紧了对中国的掠夺。各派军阀由于列强的争夺，矛盾日益尖锐。1929年2月以后，以李宗仁为代表的桂系军阀公然与蒋介石政权相对抗。蒋介石为此极为恼怒，调动部队进迫桂系控制的两湖地区，从而爆发了蒋桂军阀混战。

红四军前敌委员会在长汀从国民党报纸上了解到这一变化的局势后，毛泽东于3月20日在汀州主持召开了前委扩大会议。会议根据时局的变化，着重研究了江西、福建、浙江等南方各省的政治经济状况与革命的主客观力量，制定了红军的行动方针与斗争策略。

会议根据党的六大决议的精神，认为党的工作必须在全国范围内最大限度地争取群众。党的工作重心，应当在敌人统治的心腹地区江苏、直隶各省创建红军，建立与发展若干小区域的苏维埃政权。会议根据对南方各省形势的分析，认为福建全省、浙江全省、赣东和赣南地区，统治阶级的军事力量非常薄弱。而这三省交通方便，可以直通海口，值得引起注意。建议中央以此三区域为目标，“首先创造公开割据”。[①]

根据这一估量，红四军前委决定，在蒋桂战争爆发的初期，“以赣南闽西二十余县为范围，从游击战术，从发动群众以至于公开苏维埃政权割据，由此割据区域以与湘赣边界之割据区域相连接”[②]。从而实现井冈山地区与赣南、闽西赤色区域之完全贯通，成为大片巩固的农村革命根据地。

在红四军前委召开扩大会议的当天，前委书记毛泽东将上述会议精神向福建省委和中央作了报告。毛泽东主持的这次会议，站在夺取全国革命胜利的角度，以马克思主义的观点观察和分析了全国政治形势，尤其是分析了南方各省的局势，正确地把握了蒋桂战争爆发给发展红军及实行工农武装割据造成的有利时机，科学地提出了上述的战略计划和红军行动方针。这表明毛泽东经过在赣南、闽西的实践，进一步认识到在农村建立与发展革命根据地的可能性与必要性，因而在红军行动方针上，提出了创建赣南、闽西革命根据地的设想。这是毛泽东在井冈山时期提出的“工农武装割据”的思想在新的形势下的重大发展。因此这次会议对于此后中央革命根据地的创立，有着重要的意义。

在红四军召开前委扩大会议的前后，蒋桂两派军阀的矛盾进一步激化，终于酿成了混战的局面。在这样的形势下，红四军前委按照预定的计划，率领红四军利用军阀混战，无暇顾及红军发展的有利条件，于 4 月 1 日撤离长汀，开赴赣南地区，创造与发展新的红色区域。

红四军首次入闽，给了闽西与福建革命斗争以相当的鼓舞，直接促

---

① 参见《红军第四军前委给中央的信》（1929 年 3 月 20 日），中共中央文献研究室、中国人民解放军军事科学院编《毛泽东军事文集》第 1 卷，军事科学出版社、中央文献出版社 1993 年版，第 54 页。

② 《红军第四军前委给中央的信》（1929 年 3 月 20 日），中共中央文献研究室、中国人民解放军军事科学院编《毛泽东军事文集》第 1 卷，军事科学出版社、中央文献出版社 1993 年版，第 54 页。

进了闽西工农群众斗争的发展。红四军由井冈山向赣南、闽西进军的消息在报纸上披露以后，中共福建省委很快意识到这是发动福建斗争、恢复闽西革命局面的有利时机。2 月间，福建省委指示接近红四军活动地区的武平、长汀、上杭三县的党组织，应当利用这一有利形势，与红军密切配合，发动农民斗争，实行土地革命，肃清反动武装。3 月 4 日，福建省委又向全省发出通知，指出在蒋桂战争爆发，敌人难于顾及红四军的形势下，福建党组织一方面要加紧党在城市的工作，一方面“发动闽西更广大的群众起来进行土地革命的斗争，并与我们朱毛的红军密切联合，扩大工人的政治影响和组织，建立与巩固群众的组织”①。

红四军击溃郭凤鸣，一举占领长汀的消息，更是鼓舞了闽西和福建全省工农群众的斗争热情。中共闽西特委立即在上杭召集了上杭、龙岩、永定三县县委书记的联席会议，讨论形势与工作方针。各县党组织根据红四军攻克汀州以后急剧变化的形势及省委的指示，积极领导农民群众打破一度沉寂的局面，恢复武装斗争。尤其是 1928 年曾经举行过暴动的地区，农民革命斗争的情绪迅速高涨，一听说红四军入闽，便摩拳擦掌，先后爆发武装斗争。特别是永定、上杭的农民武装斗争发展很快，也十分激烈。永定金丰里一带乡村农民重新打起红旗，公开举行斗争；溪南区农民也拿起武器，重整旗鼓，恢复苏维埃政权；上杭北四区的蛟洋一带 20 多个乡的农民，在党的领导下建立了乡苏维埃政府，实行土地革命，成立正规红军，与国民党驻军开战。平和长乐一带因平和暴动失败而流落到漳、厦一带的农民积极分子，一听说红四军入闽，纷纷返回家乡，成立红军与地主民团斗争。

中共福建省委根据时局的变化，分析了当前形势及主客观力量，正确地估量了红四军入闽对福建的影响，并于 3 月 28 日制定了《关于闽西斗争工作大纲草案》。这个大纲认为，闽西斗争的发展具备以下三项有利条件：第一，红四军入闽，增强了闽西的革命势力，而蒋桂战争的爆发

---

① 《中共福建省委通告第二十二号》（1929 年 3 月 4 日），中央档案馆、福建省档案馆编《福建革命历史文件汇集》甲 4 册，1985 年内部版，第 117 页。

又给了革命势力发展的机会；第二，闽西的统治阶级力量薄弱，闽北和闽南的军阀困于当地农民斗争及内部的矛盾，难以顾及闽西；第三，闽西群众经过长期斗争，在红军入闽以后正酝酿着新的斗争。共青团福建省委在肯定了上述有利条件以后，还着重指出闽西有一定的武装力量，永定原有红军 1 个团五六百支枪，上杭也有 300 余支，龙岩、平和各有二三十支，共计有枪 1000 支左右，因而认为“闽西割据局面之造成毫无疑义是很快的”[①]。

中共福建省委根据这一分析，认为闽西将必然造成工农武装割据局势，并且提出闽西的工作应以上杭、长汀、龙岩、永定四县为重心，由下而上地建立苏维埃政权，在割据区域内按照党的政纲实行土地革命。同时，福建省委决定恢复中共闽西特委和闽西暴动委员会，以邓子恢为特委书记，立刻领导闽西的武装斗争和土地革命。

为了加强闽西的斗争，福建省委一面派陈昭礼、罗明赴上海向中央汇报，一面派谢汉秋为特派员，立即赶赴闽西，组织闽西特委，贯彻省委的工作方针。

闽西特委恢复以后，首先对闽西各县党组织与武装力量作了调查与整理。调查统计的情况表明，永定、龙岩、上杭、武平四县已建立有 12 个区委、130 多个支部，共有党员 1300 多人。另外，长汀县本来党的基础很薄弱，但在红四军的帮助下得到了发展，并有“一日千里之势”。[②]

与此同时，闽西特委趁着红四军入闽所造成的革命声势，领导各地工农开展武装斗争。4 月 8 日，永定县委率领金丰、湖雷等处农民武装二三千人，围攻下湖雷的地主民团；4 月中旬，上杭蛟洋等乡群众千余人，拿起武器，与卢新铭部发生激战。闽西特委认为，这些有组织的武装斗争，一方面使反动势力恐慌与动摇，一方面使各处革命情绪高涨，“所以

① 《闽西工作方针》（1929 年 3 月），中共龙岩地委党史资料征集领导小组、龙岩地区行政公署文物管理委员会编《闽西革命史文献资料》第 2 辑，1982 年内部出版，第 50 页。

② 参见《中共闽西特委报告——党和群众的工作》（1929 年 5 月 11 日），中央档案馆、福建省档案馆编《福建革命历史文件汇集》甲 8 册，1986 年内部版，第 49 页。

这个斗争不啻是闽西斗争复起信号，使闽西斗争转变到一个新的时期——武装斗争的时期”[①]。

二 红四军三占龙岩与闽西革命根据地的初步形成

1929年4月，蒋桂战争暂告结束，但桂系军阀徐景唐又在广东宣布独立反蒋。蒋介石立刻调转头来，策动广东军阀陈济棠和福建军阀张贞进攻驻潮汕一带的徐景唐部。张贞出发广东时，为了壮大自己的实力，拉拢驻龙岩的福建省防军第一混成旅陈国辉部主力共赴东江讨徐，国民党在闽西南地区的防务因此而大为削弱。

中共闽西特委认为这是发展革命势力的好机会，立刻派交通员专程赶赴赣南，向正在那里开展活动的红四军前委报告福建敌我力量及政治形势，建议红四军再次入闽，开辟新的局面。红四军前委研究了这一情况之后，立即于5月17日由瑞金出动，向闽西急速前进，目标直指闽西政治经济的中心龙岩城。红四军出发的时候，毛泽东派员先赴上杭，将红军的行动通知闽西特委书记邓子恢，要求做好策应的准备。

红四军行动神速，于5月20日渡过汀江，5月21日抵达连城庙前，与傅柏翠领导的上杭北四区地方红军会合；随即又经古田，于5月22日进抵距龙岩仅30里之小池。

邓子恢在接到毛泽东的来信之后，立刻在上杭召集特委紧急会议。会议决定，立即在永定、龙岩、上杭三县发动群众，在各处举行暴动，在敌后骚扰、破坏交通，宣传红军胜利的消息，造成四面响应的局面，迫使敌军四面应付，以达到策应红军行动的目的。部署完毕，特委负责同志及各县党的领导人立刻分赴各地执行这一计划。

5月23日清晨，红四军向龙岩发起进攻。第一、三纵队首先攻占龙门前线阵地，击溃守敌第一补充营，迅速逼近龙岩，突破西门防线。随后，红军3个纵队分路攻入城内，向敌指挥部攻击。敌军失去指挥，顿

① 《中共闽西特委报告——闽西斗争形势和组织状况》（1929年8月28日），中央档案馆、福建省档案馆编《福建革命历史文件汇集》甲8册，1986年内部版，第118页。

时大乱，纷纷夺路向漳平永福方向退却。

红四军首次攻占龙岩，一举重创陈国辉守军，狠狠打击了敌人的气焰，鼓舞了闽西人民。但是，红军的主要任务并不在于占领一个县城，而是打击和消灭敌人的有生力量，开辟闽西的革命局面。所以，红四军攻占龙岩之后，在当天下午就撤出，进驻永定坎市，准备袭击张贞总兵站永定城。

5 月 25 日，红四军在张鼎丞领导的地方红军配合下，占领永定县城。第二天，红军分赴周围农村发动群众，并向广东大埔边境游击。5 月 27 日，永定县革命委员会宣告成立，张鼎丞为主席。

红四军在短短七八天内，长驱数百里，从赣南直下闽西，连克龙岩、永定，鼓舞了闽西人民群众。特别是龙岩和永定两县的各乡农民，在红四军的帮助下，收缴反动武装，建立区、乡红色政权。永定溪南、龙岩白土、上杭蛟洋等曾经举行过暴动的区域，直接产生了苏维埃政府，其他许多乡村也相继成立了革命委员会，领导农民开展土地革命。

5 月 25 日，退守漳平永福的陈国辉残部，利用红四军转战永定的机会，重返龙岩。红四军前委侦知这一情况，认为张贞与陈国辉主力尚在粤东，由漳平回窜龙岩的残部战斗力甚为薄弱，于是决定再次攻其不备，打击龙岩之敌，以吸引陈国辉主力回援，予以彻底歼灭。

6 月 3 日拂晓，红四军第三纵队与闽西地方红军密切配合，发起了第二次攻打龙岩的战斗。部队分南北两路，首先占领周围山头，随即向西门进攻。城内守敌只有第一补充营与特务连残部，刚一接火，敌补充营与特务连就相继溃散，出东门逃窜。红四军第三纵队入城以后，配合地方武装在城内肃清反动派，没收地主豪绅的财产，并分配给穷苦工农。

红四军二占龙岩，使得正在广东参加军阀混战的陈国辉大为震惊。陈国辉立刻率其主力，日夜兼程，赶回龙岩援救。红四军前委获悉这一情况，令红军各纵队全部撤出龙岩城及附近地区，于 6 月 7 日奔袭驻上杭白砂的卢新铭旅 1 个团，然后又迅速转向连城新泉，休整待命。

陈国辉率其主力一路顺利回到龙岩，沿途没有遇到红军任何阻击，认为红军已经向赣南方向撤退，因而放松了城防警备。红四军前敌委员会把握时机，指部全军由新泉出发，掉转头来向龙岩发起袭击。6 月 19 日拂晓，红四军分两路抢占了龙岩周围高地；三纵队首先从北门发起攻击，另以一部分兵力埋伏于东门外东宫山，以袭击溃退之敌。军部率二纵队沿龙门大道向西门进攻，一纵队则由南门发起攻击。

陈国辉完全没有估计到红军的袭击，仓促组织应战。红军在城内与敌人展开了激烈的巷战，经过两个多小时的战斗，歼陈国辉旅主力 2000 余人，缴枪 900 余支。陈国辉趁乱混入士兵队中，只身逃回闽南家乡。6 月 21 日，中共闽西特委和龙岩县委领导成立了龙岩县革命委员会，以邓子恢为主席。

红军第四军在毛泽东、朱德领导下，利用国民党军阀混战的有利时机，先后两次入闽，采取分兵以发动群众、集中以应付敌人的游击战术，在攻占汀州之后，又三次攻打龙岩，连克永定、白砂、新泉等重要城镇，击溃和歼灭郭凤鸣、陈国辉两个旅。闽西党组织领导人民群众，在红四军入闽并不断取得胜利的鼓舞下，再次举行暴动。经过将近半年的艰苦斗争，闽西的局面由此打开，至 1929 年 7 月前后，初步形成了以上杭古田和龙岩大池、小池为中心区域的闽西革命根据地。在此期间，闽西各县党和群众组织迅速壮大，大部分区、乡建立了苏维埃政府或革命委员会，没收与分配地主阶级的土地，建立了一支具有一定战斗力的地方红军和群众武装。

红四军入闽以后，中共闽西特委根据中央和省委的指示，在暴动区域内摧毁反动政权，建立各级苏维埃政府。为了健全和加强苏维埃政权的建设，中共闽西特委于 1929 年 8 月 15 日颁发了《苏维埃组织法》，规定了苏维埃政府的性质和任务，提出了县、区、乡三级苏维埃政府的选举程序，从而第一次在闽西确立了人民当家做主的法律。至同年 10 月，长汀、永定、武平、龙岩、上杭等县苏维埃政府相继成立，其中永定、龙岩两县的大部分乡村建立了区、乡红色政权。

红色政权建立以后，党的主要任务之一就是发动农民，实行土地革命，彻底消灭封建剥削制度。1929 年 6 月，邓子恢根据 1928 年永定溪南苏区分配土地的经验，首先在龙岩领导土地的没收与分配工作。龙岩县革命委员会在白土试点取得成功后，随即在全县红色区域推广，不到一个月时间，土地即分配完毕。

同年六七月间，永定、上杭也开始分配土地，至 8 月底，永定县大部分地区完成了这项工作，上杭县稍迟 10 天左右也基本完成。至此，闽西红色区域完成了上百万亩土地的分配工作，大约有 80 万农民获得了土地。分配土地以后，农民们欢天喜地，实现了千百年来梦寐以求的愿望。

为了保卫土地革命的果实，巩固与发展红色政权，随时准备打击来犯之敌，中共闽西特委在红四军的帮助下，十分重视地方武装的建设。1929 年 6 月，闽西特委将各县地方武装集中整编，编为红四军第四纵队，在军事上归红四军指挥，以锻炼和提高部队的政治、军事素质。除此以外，闽西特委又于 8 月间将岩、永、杭三县赤卫队统一编制，统一指挥。至 9 月上旬，闽西苏区各县地方武装（包括第四纵队）共有长枪 3650 支，形成了一个有相当战斗力的武装体系。①

闽西革命根据地初步形成之后，中共红四军前敌委员会为了发展土地革命成果，扩大群众斗争，巩固与发展苏维埃区域，指示中共闽西特委召开苏区党的代表会议，制定工作路线及方针政策，加强党对土地革命的领导。同时，红四军前委派毛泽东、谭震林、江华、蔡协民、曾志等同志出席指导。

1929 年 7 月 20 日，中共闽西第一次代表大会在上杭县蛟洋召开。大会的主要议程是：(1) 闽西特委书记及各县代表分别报告过去一年来的工作情况与经验教训；(2) 前委代表毛泽东作报告；(3) 讨论通过各项决议；(4) 选举新的特委。

---

① 参见《中共闽西特委报告——闽西斗争形势和组织状况》（1929 年 8 月 28 日），中央档案馆、福建省档案馆编《福建革命历史文件汇集》甲 8 册，1986 年内部版，第 137—141 页。

会议在回顾了过去一年的工作之后，充分肯定了永定暴动的经验和意义，认为“永定暴动后，闽西即开始苏维埃政权的建立。这一政权在四面敌人包围中受了长期的经济封锁与军士〔事〕上屡次严重的失败，却能坚持至9月之久，这完全是因为它能实现党的土地政纲，得了广大农民群众拥护之故”①。认为这一经验应当在各地推广实行。对于龙岩后田暴动和上杭蛟洋暴动，既肯定了成绩，也指出了问题。四纵队党代表张鼎丞的发言，批评了上杭北四区个别领导人迟迟不分田的错误。邓子恢代表特委总结了闽西两年来的斗争经验与教训，提出了今后的任务。

毛泽东的报告分析了中国革命的形势，论述了闽西革命根据地发展与巩固的有利条件以及基本方针。有利条件是：(1) 闽西已有80万经过长期斗争和武装暴动锻炼的群众；(2) 各县都有了能够密切联系群众的共产党；(3) 各县已经建立了人民武装；(4) 粮食可以自给；(5) 地处闽粤赣三省边界，地形险要，适于与敌人作战；(6) 敌人内部矛盾重重，可以利用。②

毛泽东指出巩固发展闽西红色区域的基本方针是：(1) 深入地进行土地革命；(2) 彻底消灭民团土匪，发展工农武装，有阵地地波浪式地向外发展；(3) 发展党，建立政权，肃清反革命。③

会议经过认真的讨论，通过了政治决议案。这个决议正确地分析了形势及闽西社会状况，正确地估量了敌我双方力量以及闽西红色区域存在与发展的重要意义，并且规定了闽西党组织在目前的总路线：“坚决的领导群众，为实现闽西工农政权的割据而奋斗。”同时，还提出了为实现这一路线需要完成的五项主要任务：“1. 巩固并扩大党的组织；2. 发动并组织广大群众；3. 实行土地革命；4. 建立苏维埃政权；5. 扩大工农

---

① 《中共闽西第一次代表大会决议案》(1929年7月)，中央档案馆、福建省档案馆编《福建革命历史文件汇集》甲8册，1986年内部版，第65页。

② 参见邓子恢、张鼎丞：《闽西暴动与红十二军》(1961年6月)，蒋伯英主编《邓子恢闽西文稿(1956—1971)》，2016年内部版，第100页。

③ 参见邓子恢、张鼎丞：《闽西暴动与红十二军》(1961年6月)，蒋伯英主编《邓子恢闽西文稿(1956—1971)》，2016年内部版，第100页。

武装。”并特别指出，这些任务中，主要的是实行土地革命。①

政治决议案还指出，革命根据地的发展，必须注意建立“中心工作区域”“赤色区域的互相连属”和傍着已有工作“波浪式的向外发展”这三个环节。决议从夺取全国革命胜利的角度出发，认为应当尽量地扩展闽西红色区域，建立闽西革命委员会以至闽西苏维埃政府，使之与东江、赣南、湘赣边界连结起来，以便在将来建立闽西、赣南、东江、湘赣边界四个区域的最高党部，指挥四区域的工作，造成四省边界的赤色政权。

决议表述的这些内容表明，在毛泽东指导下的闽西第一次党代表大会对形势的分析、党的任务与发展方针的确定是站在闽西的视角，放眼闽粤赣湘赤色政权的建立，以至于更加广阔的区域，其意义极为重要。

这次会议突出的贡献之一，是根据党的第六次全国代表大会的土地政纲，总结了两年闽西土地革命的经验，同时吸收了《井冈山土地法》和《兴国土地法》的主要内容，重新制定了土地政策。这个土地法与过去党所制定的几个土地法相比较，有新的发展。主要的方面是：第一，要区别对待大小地主与富农，只没收富农多余的土地，不过重“打击富农”。第二，土地的分配方法，应以原耕为基础，“抽多补少”，按人口平均分配。第三，“对城乡小商人绝对不要没收商店、焚烧账簿和废除账目”。第四，明确规定对在乡的地主“将酌量分与田地”。

这些政策表明，闽西党组织在毛泽东的直接领导下，在斗争实践中对土地革命进行了探索和总结。闽西土地革命的经验，是在党的六大土地政纲的基础上发展的，并使之更为系统，解决了过去不曾解决的一些问题，也使得党的土地革命路线及其政策更加完备，在理论上与实际工作中都大进了一步。因此，中共闽西“一大”的土地纲领，在我国土地革命史上占有重要的地位。

这次会议还选举产生了新的闽西特委。特委执委共 15 人，其中常委 5 人，即邓子恢（书记）、蔡协民（组织科长）、蓝鸿祥（宣传科长）、雷

① 参见中央档案馆编《中共中央文件选集》第 5 册，中共中央党校出版社 1990 年版，第 708 页。

时标、戴树兴；另外，推举江华为特委秘书长，张鼎丞为军委书记。

在中共闽西“一大”召开的时候，国民党调集闽粤赣三省军队对闽西苏区发动了第一次“会剿”。为了应付敌人的进攻，大会于7月29日提前结束，并向全苏区发出紧急通告，号召群众行动起来，坚决打破敌人的“会剿”。

红四军前敌委员会研究了敌情之后，决定将第一、四纵队留在闽西，与地方武装配合，相机打击敌人；第二、三纵队向敌人“会剿”力量比较薄弱的宁洋、漳平方向出击，打到敌人的外线，调动与牵制敌人。

8月上旬，朱德率红四军先后占领了宁洋、漳平，然后向大田方向前进，以期渡过闽江，转入赣东北苏区，再折向赣南游击。这一计划在实际行动中遭到挫折。同时，中共闽西特委希望第二、三纵队再返回闽西。于是，朱德率部重返漳平，重创敌张汝劻旅。占领龙岩之敌杨逢年旅闻讯，弃城退回闽南。9月6日，红四军第二、三纵队收复龙岩，与留在闽西游击的第一、四纵队及闽西地方红军一起，击破了国民党对闽西苏区的“会剿”。

击退敌人的“会剿”之后，闽西革命根据地日益巩固。但是，国民党福建省防军卢新铭旅仍盘踞上杭，凭借着三面环水的汀江天险，不断骚扰与破坏新生的苏维埃区域。红四军前委根据形势的发展及地方党组织的要求，决定拔除敌人这个据点。9月20日凌晨，朱德率领红四军主力，连同地方武装共1万余兵力，涉水渡过汀江，向上杭城发起突然攻击。经过几个小时的激战，红四军攻取上杭，守敌除旅长卢新铭率少数随从潜逃外，大部被歼。至此，据守闽西的国民党部队基本被肃清，革命根据地获得了巩固与发展。

三　古田会议与毛泽东关于中国革命道路的理论

红四军向赣南、闽西进军以后，随着革命的深入，一方面得到了壮大，另一方面党内无产阶级与非无产阶级思想的斗争也有所发展。这些非无产阶级思想主要表现为单纯军事观点、极端民主化、绝对平均主义、流寇主义、盲动主义残余等。这些错误思想的存在，严重地妨碍着红四军正确地执行中国革命所赋予的任务，影响着革命根据地的建设与发展。红军中的共产党组织，早在南昌起义以后，以及在井冈山斗争时期，就同这些错误思想进行了斗争，逐步确立了一套正确的原则和制度，对于纠正红军党内的错误思想起了很大的作用。但是，由于种种原因，上述各种非无产阶级思想并未完全肃清，在红四军向赣南、闽西进军以后还有了某些发展。由于这些不正确思想的存在，红军党内一些人对形势的估量及红色政权的前途等问题表示怀疑，又有一些人对于党对军队的领导提出意见，指责党的领导机关前敌委员会权力过于集中，包办了下级党部的工作。由于这些问题的提出，红四军党内在关于如何实行党对人民军队的绝对领导，如何总结井冈山斗争的经验教训，如何建立与发展农村革命根据地，如何建立军队内部的民主制度等问题上发生了争论。

为了正确解决党内的争论，统一思想认识，纠正各种错误思想，毛泽东、朱德等于 1929 年 6 月上旬先后在永定湖雷、上杭白砂召开前委扩大会议，对争论的问题进行讨论。红四军第三次占领龙岩之后，在军政治部主任陈毅的主持下，于 6 月 22 日在龙岩召开了红四军党的第七次代表大会。大会通过了由陈毅主持起草的决议，产生了新的前委，毛泽东、朱德、陈毅、林彪、刘安恭、伍中豪、傅柏翠等 13 人为委员，选举陈毅为前委书记。大会决议和陈毅的报告，比较全面地总结了红四军一年来的工作，肯定了成绩，指出了缺点。认为目前红军党内的争论，主要是由于过去的争论长期没有统一，因而必须用无产阶级意识来指导才能彻底改变。同时，会议对在争论中不利于团结的言行作了严肃的批评。

红四军党的第七次代表大会，是在敌人三省“会剿”形势日益紧张，党内亟须团结一致的情况下召开的，会议使一个时期以来的争论得以初步停止，并且初步总结了历史的经验教训，这是其成功之处。但在另一方面，毛泽东、朱德、陈毅等希望通过这次会议，用无产阶级思想来统一认识，清除各种非无产阶级思想的设想，则由于时间的紧迫和条件的不成熟，没有得以实现。尤其是，毛泽东的一些重要的正确主张，未能为大会所接受，而使得毛泽东实际离开了前委的领导岗位。这些，是红四军党的第七次代表大会的不足。

红四军第七次党的代表大会以后，陈毅赴上海向中央汇报工作。当时主持中央和中央军委工作的李立三、周恩来听取了陈毅的汇报。陈毅全面反映了红四军从井冈山到闽西的斗争历史，如实介绍了红四军党内存在的问题以及第七次党的代表大会的经过。根据这些情况，在周恩来的主持下，中央对红四军的问题作了仔细的研究。9 月 28 日，陈毅按照周恩来的意见，代中央起草了《中共中央给红军第四军前委的指示信》。这封重要的指示信，就是中央的九月来信①。

中央九月来信正确地分析了中国政治及军阀混战的形势，总结了红四军两年来的斗争经验。同时，针对红四军党内存在的问题和争论，提出了重要的原则意见。认为“红军由前委指挥”，“党的一切权力集中于前委指导机关，这是正确的，绝不能动摇。不能机械地引用‘家长制’这个名词来削弱指导机关的权力，来作极端民主化的掩护”。另外也指出，“党管一切这口号，在原则上事实上都是不通，党只能经过党团作用作政治的领导”。这样，既保证了党对军队的绝对领导，又避免了党委包办一切的倾向。中央九月来信还指出，“红军中右倾思想如取消观念、分家观念、离队观念与缩小团体倾向，极端民主化，红军脱离生产即不能存在等观念，都非常错误”，必须加以纠正。并且指出，产生这些错误观念的根源是理论水平低和缺乏党的教育。中央认为：“这些观念不肃清，于红军前途有极大危险，前委应坚决以斗争的态度来肃清之。”中央还要求红军内部必须加强团结，指示毛泽东应仍担任前委书记。

陈毅带着中央的指示信，经香港赶回红四军，于 10 月 22 日回到正在广东东江地区指挥作战的前委机关。在此之前，前委代理书记朱德在上杭曾主持召开了红四军党的第八次代表大会，同样由于条件不成熟而未能取得结果。11 月 18 日，红四军从东江返回闽西苏区以后，前委在上

① 这封信现已收入《周恩来选集》上卷（人民出版社 1980 年版）。

杭官庄召开会议，听取陈毅传达中央指示。前委决定派专人向毛泽东传达中央指示，汇报部队情况，请他回到红四军主持前委的工作。

11 月 23 日，红四军占领汀州。11 月 26 日，毛泽东从上杭蛟洋抵达汀州，并于 28 日主持召开前委扩大会议。会议根据中央的指示精神，决定红四军下一步的工作除扩大闽西赤色区域，建立闽西赤色政权以外，应加紧对部队进行训练和整顿。因此决定，前委 12 月份的工作主要是准备召开四军党的第九次代表大会。这期间，国民党正在加紧准备对闽西苏区发动第二次三省“会剿”，赣敌金汉鼎和驻宁化之敌卢新铭旅正向汀州方面移动。红四军前委为了抓紧时间进行整训，率领全军于 12 月 3 日开赴连城新泉，领导部队进行政治军事训练，为第九次党的代表大会的召开作了初步的准备。12 月中旬，红四军由新泉移驻上杭古田，进一步为召开第九次党代会作准备。在此基础上，毛泽东写出了大约 3 万字的《中共红军第四军第九次代表大会决议案》，完成了大会的准备工作。

1929 年 12 月 28 日，具有伟大历史意义的红四军党的第九次代表大会在古田曙光小学召开。大会的主要议程是毛泽东关于大会决议案的报告。毛泽东一开始就明确指出：“红军第四军的共产党内存在着各种非无产阶级的思想，这对于执行党的正确路线，妨碍极大。若不彻底纠正，则中国伟大革命斗争给予红军第四军的任务，是必然担负不起来的。”毛泽东还指出：“大会根据中央九月来信的精神，指出四军党内各种非无产阶级思想的表现、来源及其纠正的方法，号召同志们起来彻底地加以肃清。”① 由于会议召开之前经过了充分的准备，代表们已经在中央九月来信精神的基础上统一了思想，因此大会一致通过了这个决议。会议选举了新的前委，毛泽东、朱德、陈毅、李任予、黄益善、罗荣桓、林彪、伍永豪②、谭震林、宋裕和、田桂祥等 11 人为委员，选举毛泽东为前委书记。

古田会议由于条件成熟，思想统一，只开了两天就圆满结束。会议

---

① 《关于纠正党内的错误思想》（1929 年 12 月），《毛泽东选集》第 1 卷，人民出版社 1991 年版，第 85—86 页。

② 伍永豪可能是伍中豪之误。

刚结束，正值1930年元旦。元旦过后，红四军各纵队抓紧传达古田会议决议，进行紧张的军事动员，准备打击敌人的第二次三省“会剿”。这时候，一纵队司令员林彪由于对中国革命的前途悲观，对毛泽东、朱德等关于红军的行动方针发生疑义。因此他在古田会议前后，给毛泽东写信，就这些问题提出错误的主张。

林彪认为，中国革命的高潮未必迅速到来，因而他不赞成毛泽东关于建立农村革命根据地以促进革命潮流高涨的理论，所以，他认为“在距离革命高潮尚远的时期做这种建立政权的艰苦工作为徒劳，而希望用比较轻便的流动游击方式去扩大政治影响”。林彪的这些观点，表明他不相信农村革命根据地的创立和发展对中国革命的巨大作用，对中国农村红色政权的存在和中国革命高潮是否就要到来表示悲观。

林彪的这种错误观点，在红四军党内有一定的代表性。为了教育林彪，纠正这些错误认识，毛泽东在古田会议结束以后，于1930年1月5日在上杭古田的驻地给林彪复信，这就是著名的《星星之火，可以燎原》。毛泽东在这封信中，针对林彪的上述错误观点，重申了前委的主张，批评了林彪对革命前途悲观失望、不愿意做建立根据地的艰苦工作和主张流动游击的观点。毛泽东特别强调工农武装割据的重要意义，明确指出，“红军、游击队和红色区域的建立和发展，是半殖民地中国在无产阶级领导之下的农民斗争的最高形式，和半殖民地农民斗争发展的必然结果；并且无疑义地是促进全国革命高潮的最重要因素”。毛泽东还指出，农村革命根据地的创造和发展，必须采取“有根据地的，有计划地建设政权的，深入土地革命的，扩大人民武装的路线是经由乡赤卫队、区赤卫大队、县赤卫总队、地方红军直至正规红军这样一套办法的，政权发展是波浪式地向前扩大的，等等的政策”。必须这样，才能动摇反动统治阶级的基础而促进其内部的分解，才能真正地创造红军。“总而言之，必须这样，才能促进革命的高潮。”①

① 《星星之火，可以燎原》（1930年1月5日），《毛泽东选集》第1卷，人民出版社1991年版，第97—99页。

毛泽东的这些精辟论述，指明了中国革命必须将党的工作重点从城市转入农村，在农村开展游击战争，深入开展土地革命，建立红色政权。中国共产党在全国各地依托这些巩固的阵地，积聚和发展革命力量，削弱和瓦解国民党反动统治基础，直至夺取城市和全国革命的胜利。这就表明，毛泽东从中国社会和中国革命的特点出发，总结了大革命失败以后的斗争经验，尤其是总结了从井冈山到赣南、闽西创立农村革命根据地的斗争经验，提出了农村包围城市，最后夺取全国政权的关于中国革命道路的思想。这一思想，是对马克思列宁主义关于武装夺取政权的理论的重大发展。

第二节　农村土地革命运动的开展

一　闽西苏维埃政府的成立及其各项政策

1929 年底，国民党调集闽粤赣三省军队，仍以金汉鼎为总指挥，向闽西苏区发动第二次“会剿”。为了打破国民党军的“会剿”，古田会议结束以后，朱德率领红四军第一、三、四纵队，于 1930 年 1 月初向连城方向出动，经宁化向江西石城、广昌进发；毛泽东率第二纵队暂留古田，阻击龙岩方向张贞部之进攻，掩护主力的行动，待完成阻击任务后，沿清流、归化、宁化一线，西越武夷山脉，开赴广昌与朱德率领的主力会师。

红四军撤离闽西开往赣南之后，各路“会剿”之敌失去了作战的主要目标，显得十分被动。赣敌金汉鼎为着自身的利益，立刻率部返回江西，粤敌陈维远旅也随之撤回广东。与此同时，福建各派军阀内部争权夺利的矛盾愈演愈烈，终于酿成武力对抗。1930 年 1 月 6 日晚上，驻闽北之国民党新编第二师师长卢兴邦，串通海军陆战队省防司令官林忠发动兵变，扣捕省政府主席杨树庄和闽南军阀张贞在省府的实力派人物、省府委员林知渊、郑宝菁、许显时、程时煃、陈乃元和水上公安局长吴澍等 6 人为人质，向省政府和南京政府施加压力，以图夺取全省军政大权。这就是福州“一六”事变。

事变发生之后，张贞、刘和鼎等参加“会剿”闽西的部队无心再在闽西，迅速撤回漳州，讨伐卢兴邦。至此，喧嚣一时的三省“会剿”完全破产。中共闽西特委把握时机，组织苏区军民趁胜反击，于1月10日收复龙岩，随即又向外发展，克复雁石、白沙及上杭周围地区。

打破了国民党的三省“会剿”之后，闽西革命根据地军民在各级苏维埃政府的领导下，很快完成了全苏区的土地分配工作。穷苦农民在伟大的土地革命中获得了实际利益，革命热情高涨，生产力迅速发展。同时，由于敌人内部矛盾加剧，暂时放松了对闽西红色区域的进攻，从而在客观上为苏区的发展提供了一个极好的机会。

随着苏区的巩固和扩大，特别是由于各级红色政权的建立，迫切需要建立一个全苏区统一的苏维埃政府。为此，中共闽西特委组织了闽西苏维埃政府筹备处，着手准备召开闽西第一次工农兵代表大会。

1930年2月6日，闽西苏维埃政府筹备处颁发《闽西工农兵代表会(苏维埃) 代表选举条例》，规定“凡在闽西赤色政权所及地方，年满十六岁以上的劳动妇女均有选举权和被选举权”①。并且规定了各县、各单位代表名额和代表产生的具体办法。根据这一条例，各地于2月下旬至3月上旬推选代表。各选区在选举时十分慎重，先由选举站把享有选举权、被选举权和尚未满16岁的名单以红榜公布，将被剥夺选举权者用白榜公布，然后产生候选人，并将名单张贴出来，广泛征求选民的意见。选民们可以用各种形式发表对候选人的意见，或者直接把意见签注在名单下面。

经过1个多月的准备，闽西第一次工农兵代表大会于3月18日至24日在龙岩召开。会议分析了全国及福建的政治形势，认为全省军阀割据，连年混战，农村和城市经济破产，如果战祸继续下去，“必然要使一般群众更加穷困，革命也更加迫切，在闽西闽北土地革命政治影响之下，需要革命高潮必然要更快的到来，最近农村斗争的发展与城市斗争激烈，

① 中共龙岩地委党史资料征集领导小组、龙岩地区行政公署文物管理委员会编《闽西革命史文献资料》第3辑，1982年内部版，第49页。

便是构成全省总暴动局面的条件，而实现这一局面尤有赖于闽西革命势力的推动，而加重了我们闽西群众的任务”①。

会议提出了闽西苏区当时的任务，其中主要的是：(一) 集中一切力量向外发展，扩大赤色区域，尤其是要向漳厦和潮汕发展；(二) 扩大红军，统一军事指挥权；(三) 整理各级苏维埃政府，巩固赤色政权；(四) 统筹社会经济之发展与调节，解决苏区群众的生活问题；(五) 统一财政，厘定税制，限制开支，确立预算制度，完备各种法令，建立独立的财政基础。②

根据这些任务，会议通过了军事、经济、财政、文化、建设等 5 项决议案及组织、土地、山林、工会、劳动、婚姻、合作社、裁判等 16 项法案和条例。《土地法令》在过去中共闽西“一大”土地政策的基础上，对土地的没收与分配作了新的规定。其进步的方面是在原来“抽多补少”的基础上加以提高，规定“分田方法以抽多补少为原则，抽出之田以肥瘠均匀为度，好田多者抽好田，坏田多者抽坏田”。这一成功的经验后来受到毛泽东的重视，并由邓子恢加以总结提高，形成了“抽多补少，抽肥补瘦”的土地分配原则。

但这个土地法令也有不足之处，这就是在没收土地方面改变了原来关于“没收一切地主土豪及福会公堂等土地”“自耕农田地不没收”的正确方针，而另行规定“所有田地不论水田旱田一律没收”，这就侵犯了中农利益，也违背了针对富农对革命不同态度而对其采取不同策略的方针。

《军事问题决议案》规定，扩充闽西各县 5 个团的地方红军，统归闽西苏维埃政府军事委员会指挥；在苏区实行征兵制，凡符合服役条件者，应服役 2 年；同时，继续加强工人纠察队、赤卫队、少先队、童子团等

① 《闽西第一次工农兵代表会议宣言》(1930 年 3 月 24 日)，中共龙岩地委党史资料征集领导小组、龙岩地区行政公署文物管理委员会编《闽西革命史文献资料》第 3 辑，1982 年内部版，第 189 页。

② 参见《闽西第一次工农兵代表会议宣言》(1930 年 3 月 24 日)，中共龙岩地委党史资料征集领导小组、龙岩地区行政公署文物管理委员会编《闽西革命史文献资料》第 3 辑，1982 年内部版，第 190 页。

群众武装。

《经济政策决议案》制定了有利于发展苏区经济、打破敌人经济封锁的政策，规定政府切实保护纸、木、烟草等苏区产品的流通，不得任意扣留没收；鼓励白区商人到苏区经商，“保护外来客商，不准向他们筹款，以免外商裹足不前”。同时，各级政府应当组织各种贩卖合作社，谋划营苏区产品输出，调节苏区内部粮食和其他物资的余缺；要求各地普遍建立信用合作社，吸收乡村存款，促进经济发展。

为了发展苏区文化，会议通过的《文化问题决议案》规定：县、区两级均须组织文化委员会，闽西苏维埃政府将开办各类高级学校，每个县也应各开办一所高级学校；各区、乡还应普遍设立高级、初级劳动学校，6 岁至 14 岁的男女儿童均须入学；除伙食费以外，学杂费和书籍费一律免收。

大会选举成立了闽西苏维埃政府，由 35 名执行委员会组成，邓子恢为主席。政府的组织系统分为权力机关与办事机关两个部分。权力机关为工农兵代表大会执行委员会，下设土地、粮食、军事、财政、裁判肃反、文化建设、妇女等 8 个委员会；办事机关在政府主席的领导下，在各委员会之下设立相应的 8 个部和 1 个秘书处。

闽西苏维埃政府的成立，标志着闽西革命根据地的正式形成。这一时期，是闽西苏区开创后最强盛的时期。这时期苏区的范围“包括龙岩、永定、上杭、长汀，及平和、武平、连城之一部分，龙岩、永定的县城都在苏维埃统治之下”①。截至 1930 年 7 月，闽西苏区已建立有 5 个县苏维埃政府，57 个区苏维埃，5 个区革委会，557 个乡苏维埃（武平、漳平县未统计在内）；赤色区域人口约 85 万，占闽西各县总人口 134 万的一半以上。②

① 恽代英：《闽西苏维埃的过去与将来》（1930 年 3 月 26 日），《红旗》第 87 期。

② 参见《中共闽西特委第二次代表大会情况及各项文件》（1930 年 7 月 8 日—20 日），中共龙岩地委党史资料征集领导小组、龙岩地区行政公署文物管理委员会编《闽西革命史文献资料》第 3 辑，1982 年内部版，第 396 页。

为了加强苏区的武装建设，保卫和发展革命根据地，闽西第一次工农兵代表大会还决定将各县赤卫队编制为正规红军，番号为中国红军第九军，全军 6 个团，有 5000 余支枪。4 月 10 日，中共中央为统一全国红军编制，决定将红九军改称为红十二军，并组织前敌委员会，“十二军前委应是直归中央指挥，省委可以从横的关系给它做政治的指导，军长及政治委员、前委书记及纵队长等，均以当地斗争领袖为好”。中央还特别指出：“无论军事、政治、兵委以及群众工作，都可以援用第四军的经验。”①

红九军改称红十二军之后，以原红四军支队长邓伟任军长，红四军前委秘书高静山为政委。改编后的红十二军，有 6 个团，约 3500 人。

1930 年 5 月红十二军奉中央命令出击东江以后，闽西苏维埃政府又将岩永杭三县群众武装编为红二十军，兵力 1200 人左右，军长胡少海。同年 6 月，红四军和红十二军分别由江西、广东返回闽西。根据中央的命令，这两个军与江西红六军合编为红军第一军团，组成了中央红军的第一支劲旅。红十二军编入红一军团以后，闽西苏维埃政府又另外成立了红军第二十一军，军长胡少海，政委邓子恢，政治部主任陈正。

因此，闽西苏区在 1930 年 4 月至 6 月的短短 3 个月内，先后编制成立了 3 个正规军，兵力近万人。与此同时，各级苏维埃政府大力发展赤卫队、少先队等群众性地方武装。至同年 6 月，赤卫队“约全闽西在二、三万人”，“有组织的少年先锋队有五万人”。②

闽西苏维埃政府成立前后，苏区的群众团体获得相当发展。1929 年 11 月建立了共青团闽西特委之后，团的组织发展很快，至 1930 年上半年，苏区各县都建立了各级团的组织，共有团员 3000 名左右。③

---

① 《中共中央给福建省委信》（1930 年 4 月 10 日），福建省委党校馆藏资料（1—0534）。

② 《汉秋关于福建全省群众组织情形报告》（1930 年 7 月 13 日），中央档案馆、福建省档案馆编《福建革命历史文件汇集》甲 6 册，1985 年内部版，第 288 页。

③ 参见《共青团闽西特委通告第 21 号——关于发展团员与洗团》（1930 年 4 月 10 日），中共龙岩地委党史资料征集领导小组、龙岩地区行政公署文物管理委员会编《闽西革命史文献资料》第 3 辑，1982 年内部版，第 239 页。

农会的组织更为普遍。红四军入闽之后，所到之处都建立了农会，至1929年9月，赤色区域的贫苦农民几乎都加入了农会，会员达数十万人。同时，为了发展白区工作，党在白区和游击区建立了秘密农会。据1929年9月统计，这种秘密农会分布于长汀县90个乡，会员有1822人；在武平有30多个乡，入会者达2500人。①

闽西苏区初步形成之后，党和苏维埃政府开始重视对城镇工人运动的领导，在各县建立总工会。据1930年初统计，龙岩、上杭、永定三县工会力量为最强大，连同武平县，四县工会会员总数达1万余人。有些县总工会还建立了城市工人纠察队。这些群众革命团体的壮大，有力地促进了闽西苏维埃运动的发展。

二 闽北革命根据地的开辟

在中共崇安县委的领导下，以崇安为中心的闽北农民武装斗争，在1928年9月和1929年1月先后两次举行暴动以后，一直没有停止。虽然这些武装斗争由于敌我力量的悬殊而不断受到挫折，但崇安县委及时调整部署，坚持斗争。1929年2月，崇安县委率领农民武装民众队攻打五夫镇失利后，群众斗争情绪暂时趋于消沉。县委便率领剩余的民众队员组成若干支小部队，每支一二十人，分散到各地山区，一面发动群众，发展党团组织和武装，一面打土豪筹款，打造土枪土炮，在崇山峻岭中同敌人周旋，开展游击战争。②

为了避开敌人重兵的“清剿”，保存与发展革命力量，崇安县委指挥一部分民众队暂时撤离崇安，翻越武夷山，转入江西铅山、上饶南部边境地区活动，发动群众斗争，壮大队伍，使之与崇安的革命运动相互策应。经过几个月的奋斗，民众队发展到10多支，每支数十人，分别在崇安东部的上梅、西部的吴三地、崇安与浦城交界的黄龙岩，以及江西境

① 参见《中共福建省委关于组织工作向中央的报告》（1929年9月30日），中央档案馆、福建省档案馆编《福建革命历史文件汇集》甲5册，1985年内部版，第310页。

② 参见王荣森：《崇安初期革命斗争的回忆》，《党史研究参考资料》1981年第7期。

内的石垄等地，建立了小块游击根据地。

在这基础上，崇安县委为了便于统一指挥，适应日益发展的斗争形势，于1929年初春将民众队逐步改编为红军，原来的指挥机关民众局亦在不久之后改为红军局，县委书记陈耿兼任局长。经过半年多的斗争，崇安红军逐渐发展，至1930年初，全县各队红军大约有500人。[①] 县委将各队红军统一整编，成立红军第五十五团，以陈耿为团长，左诗赞、丁细弟为副团长。红五十五团成立后，各连队仍以分散游击为主，在各地坚持武装斗争。

由于崇安远离福建省委机关，到省委所在地厦门需3个星期，难于得到省委及时的直接的领导，因此在党的领导关系上，崇安县委更多依靠于福州市委的指导。1929年6月，崇安县委派负责人前往厦门，向福建省委报告闽北斗争的情况。省委即于同月召集会议，研究闽北工作。省委认为，“闽北现在有工作、有组织的只是崇安一县。崇安农民去年斗争后，白色恐怖有时很厉害，因此工作不能恢复”，决定派当地干部回去整理与恢复。[②] 但是由于统治闽北的国民党土著军阀新编第二师卢兴邦部与当地豪绅相勾结，百般摧残革命势力，因此闽北党的组织和红军队伍在1929年下半年虽然也有一定的发展，但仍难于开展大规模的土地革命战争，不能形成公开的工农武装割据。

“一六”事变使得福建政局急剧震荡。驻闽蒋系军队第五十六师刘和鼎部立刻声言讨伐卢兴邦，全国其他各地国民党军政当局也纷纷发表通电，对卢兴邦、林忠施加压力。卢兴邦迫于局势的变化，一方面调动部队应付刘和鼎，同时断绝福州与闽北之间的交通，固守其闽北防区。

国民党军阀内部矛盾的激化，在客观上造成了有利于闽北革命形势发展的局面。1月16日，中共中央致信福建省委，指示福建党组织，必

---

① 参见《福建巡视员戴云的报告》(1930年1月28日)，中共福建省建阳地委党史办、福建省建阳地区档案馆编《闽北党史文献》第1集，1983年内部版，第168页。

② 参见《中共福建省委给中央的组织报告》(1929年7月29日)，中央档案馆、福建省档案馆编《福建革命历史文件汇集》甲5册，1985年内部版，第66页。

须抓住这一事变，抓住群众对这一事变的注意力，在闽西、闽北及其他地区发展游击战争与苏维埃区域。2月间，中共福建省第二次代表大会在研究了全省及闽北形势之后，确认“目前党的主要任务是在正确的政治路线与工作路线下发动组织全省广大群众走向全省暴动”，在这一任务之下，认为崇安的武装斗争已经发展，并与江西信江苏维埃区域有相当联系，建瓯也已有相当的工作基础，因此，闽北应当建立党的特委组织，“使能充分注意指导地方工作，使崇安能发动游击战争，建立苏维埃政权，并且使闽北各地斗争均能在正确路线下迅速发展起来”①。会议决定派省委常委杨适再赴闽北，召集党的会议，成立中共闽北特委，以指导闽北革命斗争（闽北特委后来未能成立）。同时，共青团福建省委也于2月派巡视员前往闽北，在闽北建立团的工作。② 不久以后，中共福建省委为了加强对闽北红军的军事领导，又先后派李静愚、李克敌前往崇安，分别担任军委会参谋长和红军第五十五团团长。③

为了适应斗争形势的发展，贯彻中央及省委的指示，中共崇安县委于1930年2月召开县委扩大会议，改选了县委，并在全县建立了5个区委。会议确定加紧发展党团组织和红军，领导开展游击战争与土地革命。自此以后的两个月内，闽北革命运动发展十分迅速，红军第五十五团很快由9个连扩大为12个连，全团有1500人，枪700支。④

中共崇安县委领导红五十五团着重在党和群众基础比较好的东乡和北乡开展游击战争，打击卢兴邦及地主武装。卢兴邦由于忙于应付刘和鼎师的讨伐，不可能抽出更多的兵力对付红军的活动，因此，卢兴邦与

---

① 《福建省第二次代表大会决议案》（1930年3月1日），中央档案馆、福建省档案馆编《福建革命历史文件汇集》甲6册，1985年内部版，第107页。

② 参见《闽崇安徐淮报告》（1930年11月），中共福建省建阳地委党史办、福建省建阳地区档案馆编《闽北党史文献》第1集，1983年内部版，第244页。

③ 参见邵式平等：《闽浙皖赣（赣东北）党史》（1945年3月）。另见杨良生：《关于闽北党的创立及其发展的座谈记录》（1958年9月30日）。

④ 参见《福建军委关于闽西、闽北红军工作问题给中央的报告》（1930年6月19日），中央档案馆、福建省档案馆编《福建革命历史文件汇集》甲6册，1985年内部版，第230页。

豪绅地主在崇安的统治，在红军的不断打击下迅速崩溃。3 月至 4 月，崇安东乡及北乡大约一半地区的乡村均被红军占领，形成了赤色割据的局面。

中共崇安县委随即在赤色区域建立红色政权，开展土地革命。4 月 12 日，崇安县革命委员会成立，随后立即领导红色区域的乡村分别召开区、乡群众大会，先后选举成立了两个区苏维埃和 234 个乡苏维埃政府。5 月 1 日，崇安县革命委员会在东乡上梅召开全县群众大会，到会者达 5000 余人。大会选出工农兵代表 33 人，然后举行代表会议，正式选举成立崇安县苏维埃政府。代表会议选出县苏维埃政府执行委员 27 人，并选出其中 7 人组成主席团，左美华任县苏维埃政府主席。县苏维埃政府内设有人民、土地、军事、裁判、经济、财政、文化等 7 个委员会和 1 个秘书处[①]。

崇安县苏维埃政府的成立，表明了闽北苏区的初步形成。虽然当时闽北仅有这一个县级红色政权，且成立了区、乡两级赤色政权的苏维埃区域也主要分布在东乡与北乡，但县苏维埃的成立，却使赤色区域很快得以发展。卢兴邦部由于忙于军阀混战，因而在声势浩大的农民革命运动面前显得十分被动，被迫退缩到县城，闭城不出。各地的地主民团与反动武装也仅能据守赤石、五夫、兴田等几个零星集镇。全县大部分乡村尽为红色区域，区级苏维埃政府也由原来的两个迅速增加为 18 个（后又合并为 8 个）。同年 8 月 1 日前后，闽北红色区域又由崇安一县发展到邻近的浦城西乡、建阳北乡，以及江西铅山、上饶南部边界地区。[②]

在闽北苏区初步形成的前后，各区、乡苏维埃政府从 1930 年 3 月开始就参照赣东北苏区的经验，着手没收和分配土地。

随着斗争的深入与苏区的扩大，上梅暴动失败以后一度松散的闽北

---

① 参见《闽崇安徐淮报告》（1930 年 11 月），中共福建省建阳地委党史办、福建省建阳地区档案馆编《闽北党史文献》第 1 集，1983 年内部版，第 239、240 页。

② 参见邱泮林：《闽北巡视的报告》（1930 年 10 月），中共福建省建阳地委党史办、福建省建阳地区档案馆编《闽北党史文献》第 1 集，1983 年内部版，第 217—234 页。

党组织很快得以恢复与发展。至1930年6月，崇安全县已有党员约250人①，4个月以后，迅速增加到“大约六七百人”②。在崇安县委的领导下，全县建立有8个区委，并在邻近各县发展党的组织，分别建立了建阳特支、松溪特支、浦城特支及江西信江南岸地区党组织。这些县的党组织都隶属于崇安县委，并根据崇安县委的指示，在当地领导开展土地革命斗争。其中松溪县西部路下桥一带乡村的农民斗争尤为激烈，他们在党的领导下，成立红军部队，开辟游击区域，用鸟枪、梭镖及五六十支快枪与民团交火，力图打通与崇安东乡苏区的联系。③

中共崇安县委在斗争中总结了过去的经验与教训，在领导开展土地革命的同时，十分重视红军和工农群众武装的建设与发展。至1930年8月，闽北红军除原有的红五十五团外，又新建立了一个教导团，这两个团兵力共计2400人左右。此外，各区、乡还分别成立了赤卫队、少先队、童子团3种群众武装组织，全县共计达8000人以上。县苏维埃政府为便于统一指挥，又将全县少先队和赤卫队合并成立为18个赤卫连④，由徐福元任总指挥，在各地配合正规红军，担负保卫红色区域的任务。

为了检阅革命武装，纪念南昌起义三周年，中共崇安县委决定集中红五十五团、教导团及全县赤卫队、少先队，在各主要集镇举行“八一”示威，以壮大革命声势，深入发动土地革命。“八一”示威分别在崇安之东、南、西、北4个乡的中心市镇举行，各方群众踊跃参加。到会的武装群众在南乡之星村竟达一两万人，在东乡上梅有七八千人，北乡和西乡也各有三四千人。崇安各地党组织和苏维埃政府通过这一空前规模的

---

① 参见《中共福建省委关于组织工作向中央的报告》（1930年6月25日），中央档案馆、福建省档案馆编《福建革命历史文件汇集》甲6册，1985年内部版，第243页。

② 邱泮林：《闽北巡视的报告》（1930年10月），中共福建省建阳地委党史办、福建省建阳地区档案馆编《闽北党史文献》第1集，1983年内部版，第231页。

③ 参见邱泮林：《闽北巡视的报告》（1930年10月），中共福建省建阳地委党史办、福建省建阳地区档案馆编《闽北党史文献》第1集，1983年内部版，第230页。

④ 参见《闽崇安徐淮报告》（1930年11月），中共福建省建阳地委党史办、福建省建阳地区档案馆编《闽北党史文献》第1集，1983年内部版，第242页。

群众示威，在南乡一带新区普遍发动土地革命，镇压土豪劣绅。人民群众为浩大的革命声势所鼓舞，纷纷报名参加红军和赤卫队。这一影响还扩展到浦城与建阳，这两个县几乎有一半地区的群众跃跃欲试，准备举行暴动。①

"八一"示威之后，崇安县委除将红五十五团一部分调往各地布防外，另将1000多名红军集中于星村，准备进攻敌人在崇安县的最后据点兴田和县城，实现全县范围的赤色割据。8月7日，闽北红军一举击溃兴田民团，占领兴田镇。但由于弹药不足，不宜坚守，随之又主动退出兴田。8月8日，驻崇安县城之卢兴邦部，倾其精锐力量进攻苏区之星村。留守星村的红军奋起还击，会同由兴田撤回的红军部队内外配合，激战一昼夜，歼敌大部，残敌30余人仓皇撤回县城。

上述情况表明，在中共中央与福建省委的领导下，闽北党组织自1929年以后，特别是在1930年上半年，经过充分的组织与发动，利用国民党军阀混战的有利条件，领导群众开展武装斗争，实行土地革命，建立红色政权，初步开辟了以崇安为中心的闽北苏维埃区域。这就为以后进一步造成闽北广大地区的赤色割据，建立巩固的闽北革命根据地奠定了基础。

三　蓬勃兴起的闽中游击战争

闽中地区以莆田、仙游为中心，位于福州、厦门之间，在政治、经济及地理位置上都极重要。虽然这一带更富有鱼盐之利，盛产荔枝龙眼，经济收入"为厦门道最富庶地带"，但经济命脉完全被官僚军阀垄断，人民群众无丝毫利益。就莆田县而言，人口约30万，以务农为主，由于"地居海滨，水占其半，地土瘦瘠，收获恶劣，农民除了苦耕种田之外，别无所谋"②。加上地主兼并土地严重，农民生活极为穷困。

① 参见邱泮林：《闽北巡视的报告》(1930年10月)，中共福建省建阳地委党史办、福建省建阳地区档案馆编《闽北党史文献》第1集，1983年内部版，第222—223页。

② 《中共福建省委巡视员练文澜巡视莆田工作的报告》(1930年4月26日)，福建省委党校馆藏资料(1—0541)。

在这样的政治经济和社会条件之下，人民群众对反动统治阶级极为仇恨，反抗情绪十分强烈。因此，中国共产党历来重视闽中地区的人民革命运动，认为莆田、仙游斗争的开展，“影响于各地甚大，特别是可以使闽南与闽北革命势力联系起来”①。大革命失败以后，闽中党的组织中共莆田特别支部和仙游特别支部及时转入秘密活动，没有受到很大破坏。在全省仅存的230多名党团员中，莆田特别支部有50人，是党团员人数最多的一个县②，仙游县也有5人。1927年12月，中共福建临时省委成立以后，莆田县中共党员28人，并很快又发展为80人，仙游县有党员5人。省委决定在莆田成立县委。③ 不久，中共仙游特别支部也发展成立了仙游县委。

党的八七会议精神贯彻以后，中共福建临时省委根据全省形势与主客观条件，指定莆田、仙游、惠安为全省4个暴动区域之一，要求按照当地实际情况，采取抗捐、抗税、抗烟苗捐等不同方式，从经济斗争发展为政治斗争以至武装暴动。

闽中党组织依照这一方针，于1928年春在莆、仙二县发动群众进行反对反动当局征收烟苗捐的斗争。当时国民党莆田县党部仍由一部分共产党员及同情革命的进步分子所控制。中共莆田县委利用这一条件，在宋耀华、陈天章等的领导下，发动各乡农民向国民党政府请愿豁免烟苗捐，释放群众代表，迫使县政府接受群众斗争条件。与此同时，中共仙游县委也在王于洁等的领导下，在仙游开展轰轰烈烈的抗捐斗争。

通过这些斗争，闽中党组织将群众性的经济斗争逐步引向政治斗争。1937年3月18日，中共莆田县委发动县城各中学进步学生与群众游行示

① 《中共福建省委巡视员练文澜巡视莆田工作的报告》（1930年4月26日），福建省委党校馆藏资料（1—0541）。

② 参见《中共闽南临时特委报告》（1927年10月10日），中央档案馆、福建省档案馆编《福建革命历史文件汇集》甲2册，1984年内部版，第10页。

③ 参见《陈少微关于福建党的情况报告》（1927年12月26日），中央档案馆、福建省档案馆编《福建革命历史文件汇集》甲2册，1984年内部版，第28页。

威，公开纪念巴黎公社。5月9日，仙游县委领导仙游县立中学全校师生上街游行，不忘签订“二十一条”卖国条约的国耻，向国民党烟苗捐局长示威。这些斗争，在一定程度上唤起了民众对国民党反动统治的仇恨，打击了豪绅及土著军阀海军陆战队林寿国旅的势力。但是由于在县城缺乏广泛的群众基础，没有以强大的农村武装斗争为后盾，因此这些斗争先后遭到敌人的镇压。仙游县立中学进步教师黄今秀被捕遇害，陈国柱、王于洁等党的领导同志受到通缉。

福建临时省委在肯定莆、仙农民运动的同时，严肃地批评闽中党组织仍然利用国民党的旗帜进行和平式的请愿，指示立刻纠正这些错误，全体党员及农民协会须坚决提出“打倒国民党”口号，“并用反抗烟苗捐以至游击战争，发展土地革命”①。此后不久，中共中央也指示，闽南地区的农民运动，应分别以平和、永定，以及莆田、仙游两个区域为中心，向漳州、厦门方面发展，“造成闽南的割据局面”。②

自此以后，闽中党组织将主要力量转移到农村，在有一定群众斗争基础的广业区建立和扩大游击队，陈天章为队长，王于洁为指导员。中共莆田县委根据中央和省委的指示，结合莆田的具体特点，领导游击队开展有计划的武装斗争，首先打击横行于广业区乡村的民团范少京部，袭击其据点，拔除其税卡，收缴其武器，壮大与发展游击武装，扩大了党和游击队的政治影响。至1928年7月，莆田、仙游两个县的县委常委召开了联席会议。这期间，党团组织未分，党团员发展至300多人，莆田游击队也在广业区农村站住了脚跟，拥有快枪三四十支，形成了初步的游击根据地。③

中共福建临时省委成立以后，一直很重视闽中地区的革命运动，认

---

① 《福建临时省委给中央的报告——目前政治环境及省委紧急扩大会议经过》（1928年1月28日），福建省委党校馆藏资料（1—0218）。

② 《中共中央致福建临时省委信——关于当前城市斗争与农民暴动等工作的指示》（1928年5月7日），福建省委党校馆藏资料（1—0249）。

③ 参见《赵亦松关于莆田仙游永春福州等地工作概况报告》（1928年7月29日），中央档案馆、福建省档案馆编《福建革命历史文件汇集》甲3册，1984年内部版，第147页。

为党在福建工作的重点，除了福、厦、漳三个中心城市以外，莆、仙的工作应与闽西一样要予以注意。为了加强党的领导，省委于 1928 年先后派省委主要负责人、军事部长赵亦松，省委常委陈昭礼等到莆、仙巡视。党的第六次全国代表大会以后，省委又在莆田开设高级训练班，召集莆、仙二县委 10 多名负责干部学习贯彻党的六大精神。

1928 年底，中共莆田县委根据省委指示及斗争的实际情况，将原来在国民党县党部主持工作的宋耀华及其他共产党员全部撤出。许多同情或倾向共产党主张的国民党员也纷纷退出国民党，使得莆田县国民党员由原来的 500 余人锐减为 11 人。相反，莆田和仙游县共产党的组织，在这一时期却很快得以发展。中共莆田县委领导成立了 1 个区委（北路区），13 个党支部，有党员 106 人①；中共仙游临时县委之下也有 14 个党支部，党员 170 人左右。② 这在全省来说，是除闽西以外党的组织和党员人数最多的地区。

1929 年春，毛泽东、朱德率领红四军入闽，在闽西广大农村开展土地革命，实行赤色割据。在此前后，国民党新军阀内部矛盾激化，军阀混战不息。这一系列的事变，造成了福建革命运动进一步发展的有利条件。莆、仙等地与全省各地一样，不断爆发新的斗争。其中主要的有莆田县委领导人陈兆芳、吴承斌分别在沿海的渚林及忠门一带发动群众性的游击战争，镇压反动分子。四五月间，吴承斌等又策动驻忠门的国民党自卫团一部举行起义，率领其中 50 余人参加工农游击队。③

中共福建省委根据形势的发展，指出闽中地区革命运动还存在着某些不足，认为莆田一带的农民斗争只是自发的，而且“还只是要求减捐

① 参见《照化〔礼〕巡视莆田的报告》（1929 年 1 月 9 日），中央档案馆、福建省档案馆编《福建革命历史文件汇集》甲 4 册，1985 年内部版，第 32、36 页。

② 参见《照礼巡视仙游的报告》（1928 年 12 月），中央档案馆、福建省档案馆编《福建革命历史文件汇集》甲 3 册，1984 年内部版，第 376 页。

③ 参见中共莆田县委党史办：《吴承斌烈士传略》，《莆田党史资料简讯》1985 年第 10 期。

抗捐等运动”，尚未进到土地革命阶段。① 省委认为，在当时反动统治日趋动摇、群众斗争复兴的形势下，党组织应不断地发动群众斗争；在莆田、仙游等斗争还不激烈的地区，党组织应“提出群众的迫切要求，抓着每一时机鼓起群众起来做细小的斗争，如减租抗捐等”。通过这些斗争，扩大党的影响，发展农民协会，进而开展武装斗争，更进一步摧毁乡村豪绅统治，建立农民代表会议政权。②

中共莆田县委遵照省委的指示，在县委所在地涵江领导抗捐斗争。1929 年 7 月 6 日，莆田县委发动数百名进步学生抓获平时作恶多端的捐棍张竹庭游街示众，沿途散发革命传单。通过这一斗争，大大鼓舞了群众的斗争情绪，使许多农民认识到集体的力量，感到必须加紧联合起来，加入农民联合会，“应该把国民党政府推翻，组织工农兵及穷人，官厅才能免纳捐税”③。

莆田党组织因势利导，随即于 7 月 20 日晚上在江口召集农民同盟会组长联席会议，订立组织章程和斗争计划。7 月 21 日，共产党员蒋声等领导 100 多名农会会员按照预定计划，袭击江口海关和税局。农会会员们在斗争中紧密团结，当天晚上又分别在丰尾乡、田上魁、江口镇召开联合会议，发展会员 80 多人，并在周围乡村进一步扩大其组织。④

福建省委根据莆田斗争迅速开展的形势，认为莆田的革命运动与闽西同样的重要。因此，一面指示莆田、仙游县委加紧发动秋收斗争，特别要加强发展涵江、城区、渚林 3 个中心地区的农民及沿海 3 万名盐工

---

① 参见《中共福建省委全会会议——福建政治现状与党的工作总方针》（1929 年 5 月 14 日），中央档案馆、福建省档案馆编《福建革命历史文件汇集》甲 4 册，1985 年内部版，第 227 页。

② 参见《目前党的主要策略与今后工作总方针》（1929 年 7 月 2 日），中央档案馆、福建省档案馆编《福建革命历史文件汇集》甲 5 册，1985 年内部版，第 21—22 页。

③ 《中共莆田县委给省委的报告》（1929 年 7 月 22 日），中央档案馆、福建省档案馆编《福建革命历史文件汇集》甲 18 册，1987 年内部版，第 132 页。

④ 参见《中共莆田县委给省委的报告》（1929 年 7 月 22 日），中央档案馆、福建省档案馆编《福建革命历史文件汇集》甲 18 册，1987 年内部版，第 132—134 页。

的斗争，逐步实现土地革命；同时，派省委常委吴亚鲁于 9 月 12 日前往莆田指导。吴亚鲁到达涵江时，发生英国水手殴打中国学生事件，他随即与莆田县委一起，在涵江连日发动群众，举行反帝示威。在此基础上，莆田县委进一步发动斗争，率领群众捣毁特种消价税局，在广业、江口、北路、渚林、笏石以至福清边境地区农村，广泛组织农民同盟会，逐渐形成了农村武装斗争的局面。①

此后不久，中共莆田县委在广业区正式建立游击队，全队指战员 50 余人，枪械 40 多支。1929 年 12 月初，莆田县委率领游击队在广业区开展游击战争，“创造了一块纵横十多里的赤色区域，影响一天天扩大”。但是由于游击队缺乏斗争经验，未能及时向周围农村发展，也未坚决地领导农民实行土地革命，以致受敌人包围袭击，损失过半，斗争渐趋消沉。②

1930 年 2 月，中共福建省第二次党代表大会分析了全省形势，认为泉属莆仙一带“历来是军阀混战、土匪扰乱、群众受祸最烈的区域”，尤其是福州“一六”事变后，莆田更成为土著军阀林寿国与国民党第五十六师刘和鼎部争夺蹂躏的灾区，人民反抗情绪激烈，党应加强领导这一地区的斗争，造成广大规模的赤色区域，并与闽西、闽北联系起来。③

会后，省委即派巡视员练文澜赴莆田指导工作。3 月 4 日，莆田县党团联席会议在涵江召开。会议确定首先在涵江收缴反动武装，然后在渚林发动数万盐工参加斗争，实行土地革命。后来，由于条件不成熟，这一计划未能实现。于是，莆田党团组织改变计划，于 3 月 12 日率领四五十名暴动队员开赴东部沿海集镇北高，打出红旗，镇压捐棍，召集群众大会，宣传革命道理。同日下午，暴动队伍高举红旗，向莆田第二大市

① 参见《中共福建省委关于组织工作给中央的报告》（1929 年 9 月 30 日），中央档案馆、福建省档案馆编《福建革命历史文件汇集》甲 5 册，1985 年内部版，第 313 页。

② 参见《福建军委给中央军委报告》（1930 年 1 月 19 日），中央档案馆、福建省档案馆编《福建革命历史文件汇集》甲 6 册，1985 年内部版，第 47 页。

③ 参见《中共福建省委关于省第二次代表大会给中央的报告》（1930 年 2 月 24 日），中央档案馆、福建省档案馆编《福建革命历史文件汇集》甲 6 册，1985 年内部版，第 79 页。

镇黄石进发。暴动武装沿途受到民众夹道欢迎，开到黄石后，捣毁钱粮征收处，枪毙反动捐棍，没收征收处的财物，并分发给群众。

北高、黄石的斗争胜利后，莆田县委决定在群众革命情绪高涨的情况下，进一步扩大斗争。3 月 24 日，县委领导百余名群众一举缴获江口盐兵驻守处的枪械，焚毁江口钱粮征收处所有票据，攻击国民党江口区党部。然后，率队经东乡开往与福清交界之广业山区，召集群众大会，组织农会，并将暴动群众组成一支 30 余人的游击队。至 4 月间，游击队迅速发展至 200 余人。莆田县委根据形势的发展，计划在广业区农村“实行土地革命，建立苏维埃政府”，并向周围农村发展。①

按照此项计划，莆田县委除了领导游击战争，推动全县斗争以外，又根据省委的统一部署，在县城与涵江领导学生举行援助印度、朝鲜革命运动及纪念“三一八”的示威斗争。但是由于缺乏斗争经验，游击战争偏于单纯军事行动，脱离了群众，以致“党与群众的组织一天天的削弱下来”②。尤其是在 1930 年下半年李立三“左”倾冒险错误在闽中贯彻之后，“立三路线同样的统治了莆仙的党”，闽中地区各县党团组织合并组成行动委员会，统归莆属特别行动委员会领导。根据李立三“左”倾冒险错误的方针，莆属特行委“不顾主客观的力量，布置地方暴动”。在这一错误方针指导下，莆田游击队虽然经过了几个月的艰苦奋斗，仍然未能实现土地革命，群众未能在斗争中得到实际利益，削弱了党和游击队在群众中的威信。③

党的六届三中全会以后，中共福建省委根据中央的决定，纠正了李立三“左”倾冒险主义的那些错误。1930 年 11 月 1 日，福建省委向全省发出通知，取消各级行动委员会，恢复党团组织的正常工作，停止冒险

① 参见《中共福建省委巡视员练文澜巡视莆田报告》（1930 年 4 月 26 日），福建省委党校馆藏资料（1—0541）。

② 《中共福建省委关于莆仙目前的形势与今后工作方针》（1931 年 2 月 26 日），中央档案馆、福建省档案馆编《福建革命历史文件汇集》甲 7 册，1985 年内部版，第 74 页。

③ 参见《中共福建省委关于莆仙目前的形势与今后工作方针》（1931 年 2 月 26 日），中央档案馆、福建省档案馆编《福建革命历史文件汇集》甲 7 册，1985 年内部版，第 75 页。

主义的军事行动。为了扭转闽中地区革命斗争的被动局面，纠正李立三“左”倾冒险主义的错误，发动土地革命，建立苏维埃政权，中共福建省委调派原闽西苏维埃政府主席邓子恢为省委巡视员，于10月间赴莆田指导工作。

11月9日，邓子恢在莆属特行委召开的会议上，传达了省委指示，指出了闽中党组织和游击队目前存在的问题与改进的方针。会议决定取消莆属特行委，恢复党团组织，分别建立中共莆属特委和共青团莆属特委。中共莆属特委书记由邓子恢担任（一说王于洁）。随后，邓子恢在虎井主持召开了中共莆属特委第一次会议。会议决定将工作分为游击区和白色区，以分别不同情况，结合广州暴动纪念节来开展五项活动：第一，开展拥护苏维埃的宣传；第二，扩大红军组织；第三，恢复团与群众原有的组织；第四，在游击区开始选举运动，成立苏维埃政权；第五，进一步发动斗争。[①] 中共莆属特委接受了省委指示，决定纠正过去“左”倾冒险主义的错误，按照邓子恢介绍的闽西苏区的经验，深入发动群众，开展土地革命，开创苏维埃区域。同时，决定整顿和扩大地方武装红军第二〇七团，尽快纠正部队单纯军事观点的倾向。

为了加强党对革命武装的领导，中共莆属特委于11月18日将红二〇七团改编为福建红军游击队第二支队，任命王于洁为政治委员，张威为支队长，汤军为教导队长。其任务为“在莆田、仙游、福清、惠安一带游击，打击海军与消灭当地民团常备队，创造这几县的赤色区域”[②]。

二支队成立以后，邓子恢和王于洁、张威等领导这支经过了残酷斗争考验的部队进行军事政治训练。他们清洗了部队中的不纯分子，制定了严格的纪律；着重纠正了部队严重脱离群众的单纯军事观点，教育全

---

① 参见中共福建省委×××同志《巡视莆田的报告》（1930年12月上旬），中央档案馆、福建省档案馆编《福建革命历史文件汇集》甲4册，1985年内部版，第45页。此件原件只标明收文日期为1月16日，其内容记述至1930年12月以前发生的事件，故其成文时间暂断为1930年12月上旬。中央档案馆、福建省档案馆编辑出版的《福建革命历史文件汇集》将其断为1929年1月16日当为误判。

② 《莆田成立红军游击队第二支队》，《福建红旗》1930年12月11日。

体指战员要在党的领导下，把部队建设成为一支无产阶级的人民军队。经过短期整训，部队士气大振，面貌一新，大大提高了政治素质和战斗力。

经过这一系列的工作，莆属特委率领二支队决定在广业区开展游击战争，首先在外坑、霞瑶一带群众基础较好的农村发动群众，宣传土地革命。11 月 25 日，二支队攻占外坑，旋即召集群众大会，成立贫农团。会议一致通过下列决议：(1) 废除一切租债；(2) 一星期内土地分配完毕；(3) 组织赤卫队；(4) 废除包办婚姻和聘金。①

外坑贫苦农民受到党的土地革命方针的鼓舞，在党的领导和二支队的帮助下，立刻开始了打土豪分田地的斗争。群众发动起来之后，中共莆属特委于 12 月 9 日在外坑召集群众大会。邓子恢在会上号召贫苦农民团结起来，开展土地革命，建立贫苦农民自己的政权。会议宣布成立外坑苏维埃政府，分配土地，并将从地主家里没收来的田契借据当场焚毁。

外坑苏维埃政府成立之后，群众在斗争中获得了实际利益，革命热情更为高涨。二支队也在斗争中获得了发展，很快壮大到 200 人左右，活动范围也扩大到广业区、江口区、常太区以及仙游县兴太区和福清县新厝区的广大农村。

外坑、霞瑶等地红色区域的创立和土地革命斗争的开展，引起了当地豪绅势力的忌恨和国民党当局的惊恐。他们密谋策划，加紧布置特务活动和军事围攻。敌人一方面派遣奸细混入二支队，刺探红军游击队的情报；另外又破获了设立在涵江的党的地下联络站，从查获的文件中了解到特委与红军游击队的活动情况。于是，敌人开始了对外坑苏维埃区域及红军游击队的军事进攻。

12 月 25 日深夜，国民党军队出动海军陆战队、常备队及民团范少京部共 800 余兵力，包围了正在芦尾村的陈天章率领的红军游击队第二支队。陈天章率部与数倍之敌血战，准备突出包围。但敌人火力凶猛，并

① 参见《莆田广业山里开始土地革命》，《福建红旗》1930 年 12 月 11 日。

且放火烧山，将游击队围困在熊熊大火之中。游击队经过彻夜奋战，损失严重，30余人牺牲，陈天章、汤军等领导人被捕后壮烈就义。

留驻在霞瑶的邓子恢等闻讯，迅即率领莆属特委机关及突围出来的红军战士紧急转移。国民党军队在占领外坑苏维埃区域以后，疯狂地反攻倒算，焚烧与拆毁民房数百间，捕杀革命同志，抢劫群众财物。至此，闽中地区的游击战争暂时转入了低潮。

第三节　城市革命运动·反对李立三“左”倾错误

一　厦门革命斗争的发展与武装劫狱

厦门是福建白区革命运动最活跃的城市，也是福建党团组织领导中枢所在，因此中共福建省委历来把厦门的工作放在最重要的位置。1928年11月初，中共福建省委在贯彻了党的六大精神之后，将省委机关从福州迁回厦门，将厦门的革命活动置于省委直接领导之下。不久之后，福建省委一度撤销厦门区委，将厦门各支部直属于省委领导。

1929年春，厦门的革命斗争在沉寂了一个冬天之后，重又活跃起来。3月4日，福建省委根据蒋桂战争即将爆发，朱毛红军正向闽赣边境逼近的形势，确定党在当时的工作路线“主要的便是特别加紧福州、厦门、漳州三大城市工作的建立，其次便是发动闽西更广大的群众起来进行土地革命的斗争”①。

4月25日，中共中央在听取了陈昭礼、罗明代表福建省委的口头报告之后，重申了党的六大关于争取群众，推进革命高潮的路线，特别强调了“城市工作和职工运动是我们的基本工作”，指示福建省委应特别加强对厦门、福州、漳州等中心城市的工作，要求他们在返回厦门以后，

① 《中共福建省委通告第二十二号——目前政治形势与党的主要路线》（1929年3月4日），中央档案馆、福建省档案馆编《福建革命历史文件汇集》甲4册，1985年内部版，第117页。

制订一个详细的计划。

根据中央上述指示，福建省委于5月12日至13日召开全委会议。会议认为，由于军阀混战及朱毛红军入闽，目前福建的客观形势十分有利，不仅闽西、闽北、莆田、惠安等地农村的斗争风起云涌，福、厦等城市工人也相继而起，表明了福建群众斗争的复兴。会议指出，当前斗争应在六大的政治路线之下，加紧反对军阀混战及反对帝国主义的宣传，加强对朱毛红军的宣传和对闽西工作的领导；同时，必须充分认识“城市工作无论在任何情形之下，都是工作的中心，福州、厦门、漳州的工作，应该站在第一重要地位”，决不能因为闽西斗争的发展而把工作中心移到闽西，忽视城市工作。① 为了贯彻这一精神，福建省委在这次会议之后，将省委全体领导干部分别编入厦门各工人支部，以加强对这一中心城市工作的领导。

福建省委首先着重于党的组织建设，建立与发展产业工人支部，整顿海员和码头工人支部，同时注意在海员、码头、罐头、建筑工人中宣传革命道理，扩大党的影响。经过4个月的工作，至7月间，厦门党的组织由3月份的5个支部、25名党员，发展为9个支部、50名党员，增加了1倍。②

在发展党组织的同时，福建省委在厦门重视领导工人、学生和市民利用各种革命纪念日举行游行和示威斗争，以此造成声势，震慑国民党当局。1929年8月3日晚上，厦门党组织在人群密集的思明路举行飞行集会，纪念八一南昌起义两周年。集会的组织者首先召集百余名群众，进行简短的演说，继之散发传单，宣传南昌起义的革命意义。③

---

① 参见《中共福建省委通告第廿四号——军阀战争形势与福建党目前的策略》（1929年5月12日），中央档案馆、福建省档案馆编《福建革命历史文件汇集》甲4册，1985年内部版，第218页。

② 参见《福建组织状况统计表》（1929年3月8日），中央档案馆、福建省档案馆编《福建革命历史文件汇集》甲4册，1985年内部版，第147页。

③ 参见《中共福建省委八、九两月宣传工作报告》（1929年9月29日），中央档案馆、福建省档案馆编《福建革命历史文件汇集》甲5册，1985年内部版，第283—284页。

中东路事件发生之后，福建省委书记黄钊和省军委书记王海萍于8月4日由上海回到厦门，贯彻中央关于中东路事件的方针，号召群众“武装拥护苏联”。为保证这一工作的进行，省委特别组成了由厦门区委书记王中川为书记的中东路行动委员会。8月25日晚上8时，厦门反帝大同盟与中东路行动委员会在思明路举行反对国民党勾结帝国主义武装进攻苏联的示威大会，有组织的到会者100余人，自动参加者四五百人。示威群众呼喊着“反对帝国主义、国民党进攻苏联!”“反对国民党出卖中东路!”等口号，结队沿街前进，捣毁反动派喉舌《江声报》馆的玻璃窗。国民党当局闻讯，立刻宣布特别戒严，出动海军陆战队和公安局警探、驳壳队前往镇压，开枪驱散示威群众。王中川在指挥行动时被敌探跟踪，与警探搏斗后脱险。①

在党领导的革命斗争的影响下，厦门工人、学生自发性的斗争也不断爆发。1929年10月23日，帆船工人因水上公安局无理拘捕海员而罢工1天，所提出的5项复工条件均得以实现，罢工获得胜利。在此前后，工人、学生的自发斗争还有：厦门日本轮船起卸工人因日本工头打伤工友而举行的罢工，厦门大学学生因反对国民党拘捕学生而全体罢课3天，集美学校、中义中学以及小学教员也相继爆发的一系列斗争。②

1930年上半年，在党的领导下，厦门工人、学生的革命运动更趋发展，连续举行了好几次较大规模的群众斗争。3月18日，厦门各校学生2000余人在党的外围组织争取自由大同盟的领导下，举行了“三一八”惨案纪念会。国民党军警包围会场，先后逮捕了大会主席张耕陶以及张宗汉等4人，另又逮捕了共青团福建省委书记陈柏生。这一事件激起了学生的愤怒，各校学生召开紧急会议，决定实行全市总罢课，并集队示威，要求当局释放被捕学生。但这次示威再次遭到了国民党当局的压制。

① 参见《厦门“八·二五”晚上伟大的示威》，《烈火》1929年9月5日。

② 参见《中共福建省委报告——福建军阀混战及群众斗争情况》（1929年12月12日），中央档案馆、福建省档案馆编《福建革命历史文件汇集》甲5册，1985年内部版，第434—435页。

4月9日，为纪念厦门工人运动领袖罗扬才、杨世宁等被害3周年，中共厦门市委在海后滩集中党团员和群众共200余人，高举罗扬才烈士的遗像，打着“打倒国民党”“工农兵万岁”等标语，向新路头方向呼喊口号示威前进，沿途有1500多名群众争相传阅革命传单，场面颇为热烈。①

5月1日，厦门工人的革命斗争发展到高潮。为了扩大影响，中共厦门市委领导下的五月革命纪念会，不顾敌人的武装镇压，事先公开宣布将于5月1日上午在海后滩举行示威大会。国民党当局得到这一消息，派出大批特务军警提前到达会场周围，准备大举镇压。大会指挥部发觉情况严重，临时决定将示威地点改在大同酱油厂门前的马路上。但武装军警随即赶到，强行解散示威群众，并与工人纠察队发生冲突，示威大会被迫中止。5月4日，厦门各业赤色工会百余人集中于中华中学，宣布成立厦门总工会。大会号召全市工友行动起来，与帝国主义、国民党军阀及资本家进行斗争。②

另外，厦门五月革命纪念会于5月3日发表《“五三”惨案纪念宣言》，纪念两年前5月3日日本侵略者在济南制造屠杀事件。5月4日，红五月纪念会发表《为纪念“五四”告学生书》，号召全厦门各校青年“继续五四精神，驱逐帝国主义”“打倒出卖中国的国民党军阀”；5月7日，厦门总工会发表“为五九纪念告工友书”，同一天，厦门总工会发表《为“五九”纪念告工友书》，号召民众勿忘袁世凯与日本签订“二十一条”的国耻，“收回鼓浪屿”，“援助台湾革命”，“打倒日本帝国主义，打倒国民党！”③

上述一系列不断发展的厦门革命运动，反映了福建省委和厦门党团

① 参见《厦门“四九”纪念大会报告》（1930年4月），中共厦门市委党史办主编《厦门革命历史文献资料》第3集，1988年内部版，第229—230页。

② 参见《厦门工人》周报社要电（1930年5月5日），中共厦门市委党史办主编《厦门革命历史文献资料》第3集，1988年内部版，第239页。

③ 参见中共厦门市委党史办主编《厦门革命历史文献资料》第3集，1988年内部版，第237—243页。

组织在领导白区城市工人运动方面进了一大步，党的组织也随之迅速发展。至 1930 年 6 月，全市已建立有 24 个支部，党员增加到 174 人。[①] 但是，不能不看到，这些公开的斗争，不顾城市中敌人统治力量占绝对优势的现实则反映了党内存在着“左”倾冒险主义的急躁情绪，也反映了党在指导方针上受到了当时共产国际及党中央“城市中心论”的影响，不适当地强调了城市工人运动对于农村革命斗争的领导作用。这些方针与策略上的偏向，使得厦门工人、学生在英勇奋斗中，虽然取得了相当的成绩，也推进了革命的发展，但党团组织和革命团体却一再受到敌人的打击与破坏。

自 1929 年 12 月福建省委组织公开地纪念广州暴动两周年示威集会之后，国民党当局加紧压迫革命运动，厦门白色恐怖愈益严重，“许多很忠实很勇敢的同志和群众被国民党捕去了”。尤其是 1930 年“三一八”示威以后，被捕的同志达 40 多人，其中一些很可能将被杀害。为此，中共福建省委在 1929 年底就决定武装破狱，营救被关押在厦门思明监狱中的同志。1930 年“三一八”示威遭到打击之后，便开始有计划地执行这一决定。

为了保证破狱成功，省委专门组织了行动委员会。经过调查发现，驻守厦门的国民党步兵、炮兵、警察、侦探共约数百人，但分驻各处一时不容易集中；看守监狱的思明县政府警卫队及狱兵、勤杂人员共计 50 多人，平时防范比较松懈。根据侦察所得的情况，省委认为如果能有一支精干的武装小分队迅速解决监狱卫队，在敌人援兵赶到之前的 20 分钟左右时间内，打开 4 重牢门，搞好内外接应，就可以达到劫狱的目的。为此，省委从厦门工人纠察队、闽西红军、厦门士兵支部、石码纠察队等处挑选人员，连同省委军事干部 14 人，组成特务队，担负劫狱的任务。[②]

---

① 参见《中共福建省委关于组织工作向中央的报告》（1930 年 6 月 25 日），中共厦门市委党史办主编《厦门革命历史文献资料》第 3 集，1988 年内部版，第 260 页。

② 参见《中共福建省委关于厦门破狱工作的报告》（1930 年 7 月 8 日），中央档案馆、福建省档案馆编《福建革命历史文件汇集》甲 6 册，1985 年内部版，第 261 页。

省委认为，特务队是这次行动成败的关键，因此事先对特务队施以严格的政治军事训练，并轮流到狱中观察地形。为了保证行动的安全与成功，省委一方面通知狱中的同志做好准备，一方面在狱外布置好掩护接应，同时详细拟定了劫狱和疏散的计划。劫狱的时间最初拟定于5月1日，后因准备不充分推迟于5月25日，利用这天是星期日，敌人戒备松懈的机会行动。①

5月25日早上6时，特务队全体集中于厦门郊外的山上，检查武器装备。省委书记罗明作了最后的政治动员。上午8时，特务队在陶铸的率领下，分组向市区出发。按照预定的计划，特务队分为3组，第一组在狱外接应，第二、三组以探监为名进入狱中行动。9点40分，进入监狱的特务队员向看守射击，并迅速打开牢门，帮助狱中34位同志冲出监狱。10分钟以后，特务队及狱中难友全部安全冲出大门，然后与外面接应的同志会合，分散转移。② 等到敌人闻讯赶到，除4位失去联络的同志被敌人发觉重新抓捕外，其余同志被接应到停在海边的船上，随后转移到闽西苏区或闽南游击区。

厦门劫狱的成功，使得国民党军政当局十分震惊。国民党中央政府严令福建省政府查办。根据国民党中央组织部的命令，国民政府行政院下令思明地方法院院长邓济安停职，给予思明监狱看守所所长郭佑成以免职处分。③ 不久，国民党福建省政府又将厦门市公安局长林焕章撤职，给厦门水上公安分局局长李世锐以记过处分。④

---

① 参见《中共福建省委关于厦门破狱工作的报告》（1930年7月8日），中央档案馆、福建省档案馆编《福建革命历史文件汇集》甲6册，1985年内部版，第265—266页。

② 参见《中共福建省委关于厦门破狱工作的报告》（1930年7月8日），中央档案馆、福建省档案馆编《福建革命历史文件汇集》甲6册，1985年内部版，第266—268页。

③ 参见《国民政府行政院秘书处萧次尹在给福建省政府训令上的签注》（1930年8月6日），中国第二历史档案馆存。

④ 参见《福建省政府主席杨树庄给国民政府行政院呈文》（1930年9月2日），中国第二历史档案馆存。

二 福州工人运动与收回电信权斗争

1928年11月初中共福建省委从福州迁回厦门之后，福州市委按照党的六大精神，在市区及邻近农村发动与争取群众，发展党团组织和革命团体，在基层开展革命活动。但是由于福州是国民党在福建的统治中心，因此这些革命斗争发展比较缓慢，没有可能很快形成强大的革命运动。据1928年12月统计，在福州市委领导之下的只有马尾造船厂、锯木工人和人力车夫工人3个支部，且大多不能发挥作用。①

1928年12月9日晚上，福州市委派一位工人党员在转移一箱文件时，路经南台大街被国民党巡查队查获，因此暴露了市委交通处。国民党从这些文件中还查获了学生党员名单。由于这一事件，敌人逮捕了2名党员，其他一些党员被迫转移，福州党组织受到了一定程度的损失。②

虽然如此，福州各行业人民群众出于对国民党当局剥削与压迫的严重不满，几乎每个月都自发地举行各种反抗斗争。这些斗争大多以反抗捐税、增加工资等经济利益为目的。中共福州市委也不断派遣党员到群众中去，通过这些日常的斗争，团结与争取群众，宣传党的主张。

国民党福建省政府为解救其经济上的危机，维持其庞大的开支（其中军费占60%以上），百般迫交苛捐杂税，加重人民负担。省政府还决定，从1929年1月1日开始，在全省加征高额市政统捐。福州市民纷纷集会反抗，一致表示拒绝，许多店铺门口贴满了“誓死反对市政统捐”的标语及画报。

1月26日，福州市民代表乘坐汽车举行抗捐示威，车前竖起一条白布横幅，大书“反对统捐”四字，环行全市，沿途散发标语，声称“市政统捐实行，即我民众宣告破产之日”，“此次若不坚持到底，我二十九

① 参见《福建省组织状况一览表（二）》（1928年12月13日），中央档案馆、福建省档案馆编《福建革命历史文件汇集》甲3册，1984年内部版，第324页。

② 参见《中共福建省委给中央报告——福建白色恐怖情况》（1928年12月16日），中央档案馆、福建省档案馆编《福建革命历史文件汇集》甲3册，1985年内部版，第341、342页。

万民众即陷于荼劫不复之境”。随后，市民代表向国民党中央政府发出电报以示抗议，街道两旁贴满了群众创作的“统捐祸民歌”。①

福州群众的这次自发斗争，“表示了从来所没有表示过的反抗情绪。反动统治，惊慌失措”。慑于众怒难犯，省政府秘书长郑宝菁被迫向群众代表宣布市政统捐“缓办”。为庆祝与纪念斗争的胜利，福州市民自动筹款，在西湖公园和南公园两处各建一座“罪恶亭”，“载明各界反抗统捐之经过，借以唤醒民众认识统治阶级之罪恶”②。

此后不久，国民党福建省政府又决定向商人征收“特别消费捐”，引起商界强烈不满。3 月 7 日，福州各行业中小商人代表集会，一致商议决定，如果政府不收回此项成命，则于 3 月 12 日、13 日通告全市各商店停止办理货物及财务，14 日实行溪海总罢运。省政府被迫退让，改换方式向商民剥削敲诈。③

在此前后，福州其他行业的工人也不断爆发斗争。1929 年 3 月间，桥南和桥北的大木工人发动加薪斗争。由于中共福州市委在大木工人中已建立有党的组织，党员工人在斗争中发挥了骨干作用。特别是桥南大木工人在福州市委职工运动委员会委员许福官的领导下，召开工人会议，明确斗争目标，向资本家提出了增加工资等 7 项条件，进行有组织有计划的斗争。④

5 月上旬，福州电报工人也发起了反对交通部降低工资的斗争。电报工会通电交通部，要求维持原薪，同时向福建电报管理局交涉，5 月份的工资不得克扣，并限管理局于 5 月 30 日以前明确答复。5 月 23 日，

---

① 参见鹭子：《福州市民反抗统捐之经过》（1929 年 2 月 21 日），中央档案馆、福建省档案馆编《福建革命历史文件汇集》甲 12 册，1985 年内部版，第 19—21 页。

② 鹭子：《福州市民反抗统捐之经过》（1929 年 2 月 21 日），中央档案馆、福建省档案馆编《福建革命历史文件汇集》甲 12 册，1986 年内部版，第 21 页。

③ 参见《中共福州市委三月份给省委的报告》（1929 年 4 月 3 日），中央档案馆、福建省档案馆编《福建革命历史文件汇集》甲 12 册，1986 年内部版，第 26 页。

④ 参见《中共福州市委三月份给省委的报告》（1929 年 4 月 3 日），中央档案馆、福建省档案馆编《福建革命历史文件汇集》甲 12 册，1986 年内部版，第 34 页。

福建省电报工会召开第三次全省代表大会，再次电请交通部从速答复工人的条件。福建省电报管理局害怕事情闹大，不等交通部回复，被迫同意工人要求，维持工人原薪。[①] 这次斗争虽然未能达到圆满结果，但终于迫使当局暂时满足了工人的经济要求，仍不失为一个胜利的结局。

福州的工人运动及商民斗争，虽然在其间也有一些共产党员发挥了引导和骨干的作用，但总的来说主要是自发的，因而缺乏计划，不能形成集团的力量。这表明福建“工人本身组织力量不强，阶级的意识又虚弱，加以无产阶级的党，还很幼稚”，因而这些斗争难免呈现出零星与起伏不定的形势，不能汇成强有力的革命浪潮。[②] 但不能否认，这些日渐兴起的斗争，预示着在党的领导下，福州工人运动正由自发的经济斗争，逐步走向自觉的政治革命运动。

中共福建省委在迁往厦门以后，一直把福州的工作列为省委工作的重点，不断派遣主要领导干部到福州巡视或担任领导。1928 年底，省委首先派省委委员刘端生到福州指导工作，不久，又先后派省委秘书长吴亚鲁和省委常委陈昭礼赴福州。1929 年 5 月中旬，福州爆发电报工人斗争，福建省委为加强对这一斗争的指导，决定派省委职工部长邱泮林前往巡视；同年 6 月中旬，又派省委常委罗明巡视福州一个多月；8 月上旬，为贯彻中央和省委关于中东路事件的决议，罗明再次巡视福州。在此前后，省委先后任命省委委员杨适、邱泮林为福州市委书记，以保证省委对福州的直接指导。这些情况表明，省委把福州的工作放在十分重要的地位，也体现了省委执行中央关于将福州、厦门、漳州列为全省工作重心的指示精神。

经过省委与市委的努力，福州党组织的工作“虽然还没有很好的基础，然而我们的党和团确系上了轨道，而且群众工作已经有了一点头绪

---

① 参见《福建电报工人的斗争》（1929 年 6 月 13 日），中央档案馆、福建省档案馆编《福建革命历史文件汇集》甲 4 册，1985 年内部版，第 254—255 页。

② 参见泯生：《福建的政治现状和工农斗争的形势》（1929 年 2 月 10 日），福建省委党校馆藏资料（1—0342）。

和线索”①。为了便于开展工作，福州市委将全市划为 5 个工作区域，即仓前山为第一区，南台为第二区，马尾为第三区，城内为第四区，西门、洪山桥一带为第五区，并且确定将产业工人及海军集中的仓山、马尾两处作为工作的中心区域，派遣党员打入工厂、水兵中，或在附近开设店铺，加强发动群众的工作，组织群众性的革命团体反帝大同盟。经过这一番工作，福州党的组织在党员数量上虽然仍仅 20 多人，但党的基层组织由原先的 3 个支部发展至 7 个，扩展了工作范围。②

但是，由于党内存在着的某些冒险主义情绪，中共福州市委在领导城市地下斗争的策略上也不可避免地有这种偏向，主张在敌人统治力量集中的市区“将偷偷摸摸的宣传行动变为群众公开形式的行动”，以此来“促进群众革命热潮”。③ 1930 年 2 月，中共福建省第二次代表大会更进一步提出，在福、厦、漳三城市“坚决的发动群众斗争，组织同盟罢工，政治示威，以确立全省暴动的城市领导”④。在这一方针指导下，福州市委在 1930 年多次举行各种公开形式的示威和飞行集会，给党团组织和群众斗争造成了不必要的损失。

尽管如此，福州市委在极为艰苦的条件下，仍然坚持发动与领导各行业工人展开了许多斗争，取得了不少的进步。同时，福州市委还派遣党员干部进入国民党严密控制的警察、邮电、兵工厂、海军、造船等重要部门，宣传与扩大党的影响，策动工人、士兵的反帝爱国斗争。1930 年冬，福州电报工人发起的收回被帝国主义掠夺的大东电报公司在中国的营业权及川淡海底电缆的斗争取得了胜利，震动中外。

---

① 《中共福建省委给福州市委的指示》（1929 年 8 月 5 日），中央档案馆、福建省档案馆编《福建革命历史文件汇集》甲 5 册，1985 年内部版，第 79 页。

② 参见《中共福建省委关于组织工作向中央的报告》（1929 年 9 月 30 日），中央档案馆、福建省档案馆编《福建革命历史文件汇集》甲 5 册，1985 年内部版，第 301—302 页。

③ 《中共福州市委关于中东路事件的工作决议案》（1929 年 8 月 17 日），中央档案馆、福建省档案馆编《福建革命历史文件汇集》甲 12 册，1986 年内部版，第 46 页。

④ 《中共福建省委关于省第二次代表大会给中央的报告》（1930 年 2 月 24 日），中央档案馆、福建省档案馆编《福建革命历史文件汇集》甲 6 册，1986 年内部版，第 78 页。

大东电报公司系英国人所经营，为了窃取中国的政治、军事情报和掠夺中国的经济，该公司从清朝光绪年间开始，就强迫清政府先后签订了十几个不平等合同，强行在福州闽江口的川石山设置机构，引装海底电报专线，并将电线延伸至福州市内之南台、仓前山。由于清政府的腐败，一再退让妥协，被迫同意将合同的有效期一次次地推延，直至1930年12月31日。另外，日本政府在中日甲午战争以后，强行掠夺福州川石山至台湾淡水的中国海底电缆，并效法英国大东公司，无理要求享有海底电线登陆权和在福州的收发电信营业权，委托大东公司代管。

1930年冬，即上述不平等合同期满之前，国民党南京政府在社会舆论压力之下，组成国际电信交涉委员会，同英国大东公司、丹麦大北公司等有关国家的电信公司谈判。南京政府在谈判中屈服迁就，于1930年12月31日与外国公司达成了一个妥协屈辱的《协定大纲》。

福建电信工人为维护国家主权，早在交涉谈判之前就开始了收回上述电政电信权的斗争。福建省电信职工会在电信局内的共产党员施希颜等的影响与支持下，公开揭露帝国主义侵华的野心，抵制南京政府的屈辱协定，发动职工进行坚决的斗争。为了宣扬福建电信工人的爱国决心，福建电信职工会主席陈贻衍等代表前往南京，与江苏、河北电信职工会代表联合起来，发表宣言，召开记者招待会，并向南京政府递交请愿书，强烈要求南京政府“收回管理收发报务等实际主权”，“收回外国公司借用水路线及地缆”，“没收外人在我国领海内擅设之水线”，“严惩丧权辱国之电信司长庄智焕”。①

12月29日，福建电信职工会在福州召开全体职工大会，向全国发表通电，在市区各处张贴标语，坚决主张收回被外国公司掠夺的电信权。福建电信工人的斗争，得到了全国各地爱国民众的支持，给了国民党当局以强大的压力。

1930年12月31日午夜12时，英国大东电报公司在福州的电报营业

① 参见林木桂：《关于收回福州大东电报公司营业权和川淡水线的斗争》，《党史资料与研究》1984年第2期。

合同期满。福建省电信职工会在党组织的支持下，无视国民党当局与大东公司的续约规定，由施希颜等职工采取果断行动，准时切断大东公司由川石山通往福州大东电报营业处的通讯，从而收回了大东公司在福州长达 46 年的电信特权。

收回大东公司的电报营业权以后，委托大东公司代办的日本所属川石山至台湾淡水的电报水线业务也不能营业。1931 年春，福建电信职工会又派陈贻衍、施希颜等为代表，到川石山向大东公司水线房交涉，令其交出川淡水线，接入中国电报局。但英方借口水线系日本财产，拒绝交出。陈贻衍、施希颜等为了维护民族尊严与国家主权，采取断然措施，在川石山电报局职工的协助下，冒着风雨将通往淡水的电缆砍断，将川石山电报局与福州电报局的通信线路接通，打破了帝国主义对中国电信枢纽的垄断，收回了中国在福建的电信主权。

三　中共福建省第二次代表大会

福建各地党组织在 1928 年冬相继贯彻了党的第六次全国代表大会决议之后，根据六大的路线，最大限度地争取和发动了群众，恢复发展党的组织，开展武装斗争和土地革命，建立苏维埃政权。特别是 1929 年毛泽东、朱德率领红四军入闽之后，革命形势发展迅速。全省 64 个县，至 1930 年 3 月已有 23 个县建立了党组织。

1929 年 6 月，党的六届二中全会在上海举行。这次会议基本坚持了党的六大所制定的正确路线与任务，但会议认为当时党内主要的危险是右倾，表现了新的“左”倾的抬头。在富农问题上，会议背离了六大关于应根据富农对于革命的态度加以区别对待的正确策略，片面强调“必须坚决的反对富农”。同时，会议强调党的工作重点应以城市为中心，在组织上强调唯成分论。

为了传达六届二中全会的精神，检阅过去的工作，制定福建党组织的政治路线和各项工作方针，福建省委于 1930 年 2 月 15 日至 20 日在厦门召开了全省第二次党的代表大会。出席会议的代表共 22 人（即中央代表恽代英，省委常委 5 人，团省委代表 2 人，省工委 1 人，省济难会 1 人，厦门 3 人，福州 2 人，莆田 1 人，漳州 1 人，闽西 2 人，闽北 1 人，泉属 1 人，另缺 1 人待查）。大会在恽代英的指导下，通过了政治、组织、职工、农运、军事工作、苏维埃、宣传、妇女、互济会等决议，会议通过了“五一”工作计划和告工农群众的宣言。

会议对过去的工作作了总结，“认为一年来最显著的成绩是在党员数量上相当的增加，在厦门、福州、漳州等主要区域树立了党的基础”，“特别是闽西八十余万的赤色群众在党领导与影响之下，实行土地革命，获得许多斗争的经验”。同时指出了党在过去工作中存在的缺点，“最严重的是没有坚决组织领导全省群众斗争，使走向全省暴动的前途”。大会根据六届二中全会以及此前不久共产国际与中共中央的指示，分析了当时的政治形势，认为“全国以至全省的军阀不断的爆发战争，军阀豪绅资产阶级的统治日益动摇加速地走向崩溃的道路”①；福建反动统治阶级“力量特别薄弱，他们动摇与分裂的现象为全国各省所未有。……对工农群众的剥削与压迫特别凶狠”②。因而福建工农群众的反抗情绪特别强烈。大会召开前的一年间闽西、闽北和福州、厦门、漳州等地不断兴起的工农斗争就是明证。

根据以上分析，大会认为福建工农群众的斗争，必将汇合成为全省总暴动的形势。尤其是“闽西八十余万农民在党土地革命口号影响与领导之下，艰苦的长期的斗争，在福建工农群众中，有广大的影响”。闽西红军的扩大与闽北红军的建立，“更是促进福建革命高潮到来的重要力量”。“大会认为根据上述的条件，在全国革命复兴形势之下，只要能执行党正确的政治路线，将很容易的造成全省暴动的形势”。③

---

① 《中共福建省委通告第一号——关于第二次全省代表大会的决议和精神》（1930 年 3 月 1 日），中央档案馆、福建省档案馆编《福建革命历史文件汇集》甲 6 册，1985 年内部版，第 87 页。

② 《中共福建省委给中央的报告——省第二次代表大会情况》（1930 年 2 月 24 日），中共龙岩地委党史资料征集领导小组、龙岩地区行政公署文物管理委员会编《闽西革命史文献资料》第 3 辑，1982 年内部版，第 89—90 页。

③ 《中共福建省委关于省第二次代表大会给中央的报告》（1930 年 2 月 24 日），中央档案馆、福建省档案馆编《福建革命历史文件汇集》甲 6 册，1985 年内部版，第 77—78 页。

大会分析了全国及福建政治形势之后，提出“目前党的主要任务是在正确的政治路线与工作路线下发动组织全省广大群众走向全省暴动”。为实现这一任务，福建党组织应大规模地发动群众开展政治、经济斗争，“切实建立城市中心工作”，“组织同一产业同一职业的同盟罢工以至于总同盟罢工，发动扩大游击战争，组织地方暴动，扩大红军与工农武装组织，坚决进行兵士运动，组织兵变……扩大并加强党，以建立坚强的无产阶级领导”。① 为实行上述各项任务，大会所通过的《政治决议案》对全省工作作了布置，认为“厦门、福州、漳州三大城市的工作居全省第一位，省委要特别注意直接指导厦门、福州的工作”。只有这样，福建党组织才能“担负他的伟大的历史使命，促进革命斗争以造成全省暴动的形势”。为此，会议对全省各地工作又分别情况作了具体的部署。

（一）首先加强在三大城市的工作，厦门由省委直接指导，福州由省委派一常委常驻指导，每月换一次。在三大城市“坚决的发动群众斗争，组织同盟罢工，政治示威，以确立全省暴动的城市领导”②。

（二）加强闽西特委对群众的领导，深入和扩大闽西土地革命，扩展红色区域，期与漳属相联系，造成大范围的暴动局面。

（三）加紧漳州及附近各县的“五抗”斗争，与闽西相联系，造成地方暴动，开展土地革命，建立苏维埃政权。

（四）建立闽北特委，指导延平、建瓯、崇安的斗争，造成闽北广大范围的暴动。

（五）泉属莆田一带历来是军阀混战、土匪扰乱、群众受祸最烈之地区，党应加强领导这一地区的斗争，造成泉属广大地区的赤色区域，并与闽西、闽北连成一片。

（六）要打入党过去没有工作的区域，特别是福州邻近之长乐、福

---

① 《福建第二次代表大会决议案》（1930 年 3 月 1 日），中央档案馆、福建省档案馆编《福建革命历史文件汇集》甲 6 册，1985 年内部版，第 103 页。

② 《中共福建省委关于省第二次代表大会给中央的报告》（1930 年 2 月 24 日），中央档案馆、福建省档案馆编《福建革命历史文件汇集》甲 6 册，1985 年内部版，第 78 页。

清、连江、闽清、古田等县，组织地方暴动，加紧开展兵运工作。

会议根据党的六届二中全会精神，对党在农村中的土地革命政策作了新的规定，特别是强调了反富农斗争。大会指出，“农村革命的主要任务是在土地国有口号下没收地主阶级土地归农民”，“中农占多数的地方，不应提出平分土地的口号”，应坚决地无条件地反对富农，在党和群众组织中把富农驱逐出去。[①] 同时，认为闽西苏区解决农产品价格低落、工业品价格增高的“剪刀差”问题，其根本的办法是坚决向外发展，扩大红色区域，向漳州、东江推进。

会议的另一项议程是选举产生了新的省委执委 9 人（其中常委 5 人）、候补执委 5 人。名单及省委分工如下：省委常委是罗明、谢汉秋、王海萍、雷时标、苏阿德，执委还有邱泮林、杨适、张鼎丞、戴树兴；候补执委名单不详。省委书记罗明，组织部长谢汉秋，宣传部长王海萍(兼军委)，妇委书记何正声，职工委员会书记苏阿德，秘书长邱泮林，团省委书记王德，闽北特委书记杨适。[②]

会议还决定，在 5 名省委常委中，谢汉秋到福州任省委代表，1 人在厦门附近地区巡视，3 人留在省委工作（其中至少要有 1 名工人常委）。另又指定杨适赴闽北巡视并建立闽北特委，王海萍赴莆田巡视，戴树兴、蔡协民马上回闽西工作，柯××到漳州巡视，××到泉属各县巡视。

福建省第二次党代会正确的方面，是充分肯定了过去一年的工作，总结了斗争经验，并对福建各派军阀内部矛盾、工农业破产情况及群众斗争情绪作了比较正确的分析。在对全省工作的布置方面，也有其正确的部分。比如会议强调建立并发展农村革命根据地，加紧土地革命与武装斗争。在土地政策方面，规定没收地主阶级土地，在中农占多数的地方不要提出“平分土地”的口号，以保护中农利益等。

① 参见《福建省委通知第一号——传达第二次全省大会的决议》（1930 年 3 月 1 日），中央档案馆、福建省档案馆编《福建革命历史文件汇集》甲 6 册，1985 年内部版，第 123—125 页。

② 参见《中共福建省委关于省第二次代表大会给中央的报告》（1930 年 2 月 24 日），中央档案馆、福建省档案馆编《福建革命历史文件汇集》甲 6 册，1985 年内部版，第 84 页。

但这次会议由于受到党内已经滋长起来的“左”倾思想的影响，在许多内容上反映了六届二中全会以来存在的错误，主要表现在：(一) 过分估量了福建的革命形势，认为军阀豪绅资产阶级“日益动摇加速地走向崩溃的道路”，以为福建“将很容易的造成全省暴动的形势”，因而不适当地提出了实行“全省总暴动”的任务；(二) 错误地执行城市中心论方针，要求把全省革命重心放在福、厦、漳三大城市，“确立全省暴动的城市领导”，从而忽视了农村斗争和建立农村革命根据地的重要意义；(三) 在党的组织方面片面强调工人成分，在新当选的五名常委中的两名工人同志，实际上难于担任繁重复杂的领导责任，这就反映了排斥知识分子成分的领导同志的倾向；(四) 在土地政策方面，仍然提出“土地国有”口号，偏离了六大关于正确对待富农的政策，片面强调“反富农”斗争，要求在各级党团群众组织中清洗所谓富农分子。这些错误，为不久以后贯彻李立三“左”倾冒险主义错误提供了思想基础。

四　李立三“左”倾错误的贯彻及其被纠正

1930 年 6 月 11 日，中共中央政治局会议在李立三主持下，通过了《新的革命高潮与一省或几省的首先胜利》的决议案。这个决议案完全违背了党的六大制定的正确路线和政策，系统地提出了一套“左”倾错误主张，从而标志着李立三“左”倾冒险主义统治了党中央的领导机关。这个决议对形势作了错误分析，片面夸大了敌人的弱点，过高估计了革命的主观力量，否认中国革命和世界革命发展的不平衡性，认为中心城市起义的爆发就会引起全国革命爆发，而中国革命的首先爆发，就可能掀起全世界的大革命，混淆了中国民主革命和社会主义革命的界限，认为一省或数省首先胜利的开始即是向社会主义革命转变的开始，提出了冒险主义的全国武装暴动夺取政权的任务，强调城市中心，反对以农村包围城市最后夺取城市的正确道路。

这一决议的精神，大约于 6 月底以前传达到了福建。6 月中旬至 7 月初，福建省委多次召开会议，认为当时福建军阀混战，政治腐败，经济崩溃，闽西红色区域巩固与发展，已经“具备了直接革命，建立全省政权之有利条件”①。认为必须彻底执行中央关于扩大红军的指示，“夺取武汉与广东，建立无产阶级一省或数省的首先革命胜利”。据此，中共福建省委军委决定，闽西红军应马上集中，一部分“向大埔梅（县）推进与十一军联系，准备夺取广州”，另一部分向漳州发展；闽北红军 12 个连应扩充为一个独立师，一部分部队“集中向江西游击，与赣军红军取得联络。准备帮助三四军夺取南昌，以动摇武汉反动统治的基础”，另以一部兵力向延平、福州发展，“促进全福建总武装暴动的前途”。② 为了贯彻上述精神，省委先后派出代表到各地巡视。6 月底，省委委员、省委秘书长邱泮林出发前往闽北苏区。在此前后，中央巡视员涂振农和省委常委、省军委书记王海萍也先后到达闽西。

7 月 8 日至 20 日，在省委代表王海萍的指导下，中共闽西第二次代表大会在龙岩举行。在大会开幕式上，王海萍根据中央精神，对政治形势作了片面的分析，认为“我们现在正站在大事变的前面，全国全世界的革命高潮已经来到我们面前了！……在这一政治形势下，闽西党的总任务是：集中一切革命力量，扩大斗争到广东去，首先夺取闽粤桂三省政权，争取全国革命胜利”。省委代表还强调，在苏区必须加紧反富农斗争，认为富农“剥削贫农和雇农，比地主还要来得残酷，因此富农始终对革命是动摇的，是反革命的”③。这些论断，完全背离了党的六大和毛泽东指导召开的中共闽西“一大”所制定的关于富农问题的策略。

会议期间，邓子恢、张鼎丞等接受了 1930 年上半年红十二军第一次出击东江受挫、闽西苏区受到损失的教训，不同意中央的指令。他们建

---

① 《中共福建省委反对福建军阀混战宣言》（1930 年 6 月 11 日），中央档案馆、福建省档案馆编《福建革命历史文件汇集》甲 6 册，1985 年内部版，第 217 页。

② 《福建军委关于闽西、闽北红军工作问题给中央的报告》（1930 年 6 月 19 日），中央档案馆、福建省档案馆编《福建革命历史文件汇集》甲 6 册，1985 年内部版，第 229—231 页。

③ 《中共闽西特委第二次代表大会情况与各项文件》（1930 年 7 月 8 日），中共龙岩地委党史资料征集领导小组、龙岩地区行政公署文物管理委员会编《闽西革命史文献资料》第 3 辑，1982 年内部版，第 369—370 页。

议“先集中二十一军，消灭这些团匪，巩固苏区，然后逐步向漳州、厦门等附近的大城市发展。但这些意见却被一些立三路线的坚决拥护者扣上‘新右倾’的帽子加以断然反对。……这场争论就这样被压服了”①。

会议决定：“闽西党的政治总路线是：集中一切革命力量，扩大斗争到广东去，首先夺取闽粤桂三省政权，争取全国革命胜利。”规定闽西苏区此后的工作任务：一是要“刻不容缓的需要猛烈的扩大红军”，二是“坚决的与富农路线斗争”，三是发动工人斗争，以建立工人对革命的领导地位。会议还认为，闽西党组织在上半年犯了不少的富农路线的错误，认为“这一富农路线的社会来源便是党的小资产阶级的反映，同时也因为当时受四军党的机会主义路线的影响所致”②。从而在实际上批评和否定了毛泽东、邓子恢等同志 1929 年后在闽西土地革命方面的正确方针。从此，闽西苏区由于在军事上以“夺取汕头广州”为纲领，在土地革命方面以反富农和“重新分配土地”为号召，逐步深入地贯彻了李立三“左”倾错误，以致苏区在一个时期内陷入了困境。

与此同时，闽北苏区同样传达贯彻了这一“左”倾错误。邱泮林于 7 月 25 日到达闽北之后，即于 27 日召集了崇安县委扩大会议。会议传达了中央和省委的指示，研究布置了今后的工作，决定闽北的工作路线是利用军阀战争的有利时机，坚决集中红军，猛烈扩大苏区，深入土地革命，加紧反富农斗争，“同时对于党内一般的右倾观念和地方保守观念也必须坚决地与之斗争”，“红军发展的路线为争取一省或数省的胜利中必须向江西发展”。③

至此，李立三“左”倾冒险主义的理论和策略已经基本传达到福建

① 邓子恢、张鼎丞：《闽西暴动与红十二军》，蒋伯英主编《邓子恢闽西文稿（1956—1971）》，2016 年内部版，第 107—108 页。

② 《中共闽西特委第二次代表大会政治任务决议案》（1930 年 7 月 30 日印发），中共龙岩地委党史资料征集领导小组、龙岩地区行政公署文物管理委员会编《闽西革命史文献资料》第 3 辑，1982 年内部版，第 411 页。

③ 邱泮林：《闽北巡视的报告》（1930 年 10 月），中共福建省建阳地委党史办、福建省建阳地区档案馆编《闽北党史文献》第 1 集，1983 年内部版，第 221 页。

省的各主要革命区域。但是，这一阶段不管是城市或农村，都还没有实施。只是到了7月下旬中央召开的全国组织会议之后，李立三“左”倾路线才在福建进一步具体化，从而导致了严重的后果。

7月间，中央召开全国组织会议。这次会议的主要精神是从组织上来保证中央政治局6月11日决议和冒险主义计划的执行。会议决定，“党与团的组织暂时统一起来，成为一个组织系统，按照各级组织形式成立行动委员会”。

8月5日，省委召开二届四次全会。会议在讨论党团合并成立行动委员会问题时，发生了很大争论。省委书记罗明等提出了反对的意见，认为这不利于团的工作，并且不同意把闽西划归南方局领导。但鉴于中央已经作出决定，会议只能认为“党团省委合并组织行动委员会集中指导斗争，无疑的是必要而正确”①。

8月6日，福建省总行动委员会成立。随后，省总行委发出第一号通告，指示在各地分别成立福州市行委、厦门市行委、闽西行委和泉（州）属特行委、莆（田）属特行委、漳（州）属特行委；规定支部以上各级党团均应合并，成立行动委员会。为督促执行这一任务，省总行委派出团省委书记王德和党的省委常委苏阿德赴泉属，中共厦门市委常委陈元皋赴漳属，省委书记罗明赴福州，指导各地工作。② 闽北苏区在10月间也成立了崇安县总行委。这样，李立三“左”倾冒险主义在政治、组织、军事等方面的主要形态在福建已经基本完备，从而促使这些方面的错误在具体策略及行动上进一步付诸实施。

在红色区域，受到危害最深的是闽西革命根据地。闽西红二十军、二十一军都是刚由各县农民赤卫队改编成立的，共约四五千人，但战斗

---

① 《中共福建省委给中央的报告——关于党团合并成立总行委及名单》（1930年8月15日），中央档案馆、福建省档案馆编《福建革命历史文件汇集》甲6册，1985年内部版，第306页。

② 参见《中共福建省委给中央的报告——关于党团合并成立总行委及名单》（1930年8月15日），中央档案馆、福建省档案馆编《福建革命历史文件汇集》甲6册，1985年内部版，第306页。

力较弱。本来，6 月下旬红二十一军成立之后，在姑田、梅村一带苏区边境游击；红二十军分散在各县，执行肃清散匪残敌，巩固红色区域的任务。但是，为了执行向东江发展，夺取汕头、广州的路线，红二十一军不得不改变工作计划，于 8 月 5 日调回龙岩，8 月 9 日上午由新任政委李任予、参谋长邓毅刚率领，在龙岩誓师出发，开始了闽西红军第二次出击东江的冒险行动。8 月 19 日，红二十一军经永定占领平和县城，随即出广东，直趋高陂、留隍。在高陂战斗中，广东敌人出动揭阳、潮安守军及香翰屏师增援，致使红军受挫，“连接在大埔芦下坝都打了几次败仗，士兵勇气丧失殆尽”，“军心极动摇，逃兵甚多”。[①] 8 月下旬，红二十一军退回福建转攻平和，又遭失败，不得不于 9 月中旬返回闽西革命根据地。至此，全军由原来的 2000 余人减为 400 余人。

与此同时，闽西苏区在经济、土地、政权建设等方面也都受到了程度不同的损害。由于李立三“左”倾错误否认民主革命与社会主义革命的界限，闽西在这一时期规定了若干过左的经济政策，“盲目增加了雇工工资，在城镇中则提高手工业工人工资，不适当地人为地提高手工业产品价格，这不仅打击了富农和手工业主，而且也侵犯了中农利益”[②]。在这期间，闽西苏区还违背了过去关于保护商业和守法商人，不得骚扰商店、鼓励商业流通等正确法令，不适当地提高商业税，甚至规定“实行劳工监督资本”，发动工人“镇压商业资产阶级的动摇”，小商人不得参加政权等。[③]

同时，闽西在“反富农路线”的口号下，不仅认为富农“自始至终是一个反革命的东西”，而且混淆了农村阶级阵线，认为“农民中的富裕分子叫作富农，每年都有多余存积，是一个新发户”，认为由于“去年闽

① 《福建省总行委给南方局的报告——关于闽西工作未迅速展开之分析》（1930 年 10 月 5 日），中央档案馆、福建省档案馆编《福建革命历史文件汇集》甲 6 册，1985 年内部版，第 316 页。

② 《邓子恢自述》，人民出版社 2007 年版，第 77 页。

③ 参见《闽西第二次工农兵代表大会宣言》（1930 年 9 月 9 日），中共龙岩地委党史资料征集领导小组、龙岩地区行政公署文物管理委员会编《闽西革命史文献资料》第 4 辑，1983 年内部版，第 104 页。

西犯了富农路线，大多数富农取得了政权”。为此，9 月上旬召开的闽西第二次苏维埃代表大会认为，“要打击富农的领导权，排除富农出苏维埃，使雇农贫农掌握政权，逐渐转变到无产阶级专政”。[①]

由于这一系列过左的政策，使得本来已经陷于困境的闽西苏区的局面更为严重。至 10 日初，由于闽西红军大大削弱，四周团匪加紧进攻苏区，“边境乡村大受摧残，六七个月来赤色〔区域〕比前远缩小了”；加以 7 月间闽西又遭受空前水灾，损失数千万元，“因此群众经济，政府财政非常困难”[②]。全苏区党员也由 7 月份的 1 万人减至 8000 多人。[③]

立三路线传达到闽北之后，崇安县委根据中央和福建省委关于集中闽北红军向江西发展，会合赣东北红军攻打九江、南昌夺取全国政权的指示，决定原在各地分兵游击发动群众的红军第五十五团和教导团 2400 人，于 8 月 1 日分别向东乡上梅和南乡之星村集中，待机向江西出击。但由于红军内部对这一方针产生严重分歧，原五十五团副团长左诗赞率一部拥兵分裂。敌卢兴邦部乘机大举进攻苏区，残酷杀害干部群众，并向崇安县苏维埃、县委驻地之上梅进犯。

闽北红军在陈耿等领导下，虽经英勇奋战，终因腹背受敌，敌我力量悬殊，遭到很大损失。至 10 月初，部队减员近半，仅存 1500 余人。闽北根据地的崇安北区及浦城一部相继被敌人占领。然而，在这极为困难的情况下，闽北红军仍然不得不继续执行中央命令，经短期集中整编之后，仅留下少数部队，其主力 1000 余人全部调往赣东北编入红十军，配合攻打九江的冒险行动，以致闽北苏区除少数乡村以外，几乎尽为敌人侵占。

---

① 《反富农斗争决议案》（1930 年 9 月 5 日），中央档案馆、福建省档案馆编《福建革命历史文件汇集》甲 14 册，1986 年内部版，第 225、229 页。

② 《左权、施简给南方局、中央的报告——闽西军事问题》（1930 年 10 月 29 日），福建省委党校馆藏资料（1—0716）。福建省委党校保存的这份文件的抄件，标明的时间为 12 月 29 日，而其内容均为 10 月份的情况，且在写到 12 月的工作时用的是“将来时”，故判定为 10 月 29 日。

③ 1930 年 7 月中旬中共闽西“二大”文件统计。闽西苏区党员大约 1 万人，同年 10 月，左权、施简到闽西调查以后给南方局及中央的报告说，闽西有党员 8000 余人。

在执行立三“左”倾错误时期，闽北苏区在土地政策方面也同样贯彻了错误的方针。尤其在所谓“反对富农路线”的口号下问题更为突出。7月27日，崇安县委扩大会议决定加紧反富农斗争，没收地主富农的一切土地，分给雇农及贫农耕种，不仅规定地主不分田，而且还规定“反动富农绅士……等不会耕田的人，绝对不分土地给他”。同时，决定立即组织雇农工会，“一方面发动他们向地主富农增加工资，改良待遇的斗争；一方面发动他们起来做平谷的斗争”[①]。但由于“左”倾错误混淆了农村的阶级阵线，“到后来实行的时候，又发生过火的错误，竟中农甚至贫农，稍有剩余的谷子，都一齐没收来了，存在雇农工会里面，再由每家每户来分给人吃”[②]。这种“左”倾政策，不仅过分打击了富农，而且明显地侵犯了中农甚至贫农的利益，严重损害了群众对苏维埃政府的信仰。据当时的调查，闽北苏区群众对苏维埃政权“信仰的人有三分之一，害怕的人有三分之一，半信仰半害怕的人有三分之一”[③]。

李立三“左”倾错误不仅给苏区造成严重的危害，而且也给白区和游击区带来了很大的损失。当时，福州与厦门的党组织和工人组织的力量刚刚得到恢复。据统计，1930年上半年厦门党员不足200人，赤色工会仅9个，会员430人；福州的基础更薄弱，只有4个工会，会员约100人。[④] 但是为了执行中央关于举行城市暴动和飞行集会，确立城市领导中心的指示，白区党组织不得不冒险举行各种公开斗争。

7月25日，中共福建省委与厦门市委“在中央指示之下”，领导工人、学生200余人在厦门港民生路鱼行口一带集会，公开举行反军阀战

① 邱泮林：《闽北巡视的报告》（1930年10月），中共福建省建阳地委党史办、福建省建阳地区档案馆编《闽北党史文献》第1集，1983年内部版，第221—222页。

② 《闽崇安徐淮报告》（1930年11月），中共福建省建阳地委党史办、福建省建阳地区档案馆编《闽北党史文献》第1集，1983年内部版，第242—243页。

③ 《闽崇安徐淮报告》（1930年11月），中共福建省建阳地委党史办、福建省建阳地区档案馆编《闽北党史文献》第1集，1983年内部版，第243页。

④ 参见《汉秋关于福建全省群众组织情形报告》（1930年7月13日），中央档案馆、福建省档案馆编《福建革命历史文件汇集》甲6册，1985年内部版，第282—285页。

争与拥护全国苏维埃代表大会的示威。敌人事先有所觉察，调集了大批军警做好了血腥镇压的准备。因此，示威刚一发动，“厦门国民党军阀用尽一切力量来对付示威”，出动了全市的警探和陆海军，“枪杀示威战士”，任意搜捕群众，“用盒子炮、手机关向群众方面投射”。在敌我力量绝对悬殊的搏斗中，示威总指挥曾炎（曾浴沂）以及庄碰生等 4 位同志牺牲，另有 5 人被捕，3 人受伤。①

在此前后，福州市委也贯彻了立三路线关于在城市举行暴动和飞行集会的指示。为执行这一任务，市委专门在鼓山开办了培训班，训练城市暴动的骨干，并领导举行了若干次公开的集会和暴力斗争。

这些冒险主义的行动，暴露了城市地下党的部分组织和干部，以致遭到了敌人摧残。例如，厦门工人纠察队长、共产党员白文庆，曾在厦门 4 月 9 日飞行集会与红五月历次工人政治示威中担任总指挥，暴露了身份，被敌人逮捕，于同年 12 月 17 日就义。② 福州市革命互济会常委、共产党员李光，“平日努力革命工作，在前次捣毁日领事馆时，系他领导前进，此次‘广暴示威’中，他为总指挥，率队去捣毁国民党党部，以赤手空拳与反动派决斗，终被拿去枪毙”③。

除了上述地区以外，刚刚开始游击战争的莆田、惠安一带，同样由于贯彻了李立三“左”倾错误，使斗争遭到了挫折。泉（州）属特别行委根据 8 月 5 日省委第四次全会政治决议案关于“目前必须特别加紧漳属、泉属、莆田三个地方暴动区域的工作”，“惠北斗争要向莆田仙游发展与莆田的红军打成一片，一面要注意同安的工作，与漳属地方暴动汇合，围绕厦门争取厦门的中心胜利”的决定，于 9 月 16 日举行惠安暴动。结果暴动失利，泉属特行委组织部长、暴动主要领导人蓝飞鹤被捕

---

① 参见《福建省总行委政治决议——为厦门七月二十五日反对军阀战争与拥护全国苏维埃代表大会大示威》（1930 年 7 月 28 日），《福建革命历史文件汇集》甲 6 册，1985 年内部版，第 291—293 页；《厦门总工会代表对厦门情况的报告》（1930 年 8 月 30 日），《厦门革命历史文献资料选编》第 3 集，1988 年内部版，第 317—318 页。

② 参见《反抗国民党屠杀工人领导》，《福建红旗》1930 年第 4 期。

③ 《反对白色恐怖》，《福建红旗》1930 年第 6 期。

牺牲，惠安斗争遭到了很大损失。此后，福建省委在总结这一教训时，指出了这方面的错误：漳州、惠安、莆仙的农村斗争，“在立三路线领导之下，游击战争偏重于军事行动，以致斗争不能开展甚至受了打击”①。

李立三“左”倾错误在实际工作中造成许多危害，引起了党内越来越多的不满和批评，许多同志要求坚决停止和纠正这一错误。事实上，这一错误在福建省贯彻之后，一开始就受到了罗明、王德等不少同志的抵制和反对。他们反对把闽西苏区划归南方局领导，不赞成闽西红军远离苏区冒险攻打东江，尤其反对党团合并，取消团的工作。闽西红军在8月间第二次出击东江失败以后，福建省委与闽西特委深感必须停止这种冒险主义的军事行动，“认为扩大斗争与巩固赤色区域是不可分离的联系，反对红军不顾客观情势，不顾主观力量的到东江去”②。

在苏维埃区域，李立三“左”倾错误同样遭到了闽西革命根据地领导人邓子恢、张鼎丞等的抵制。但由于当时中央强行贯彻这一路线，他们的抵制都受到了严厉的批评。然而，他们一直坚持和保留了自己的正确主张。正因为此，闽西党组织受到了南方局与坚持出击东江冒险计划的红二十一军军委的批评。他们指责闽西党组织对于中央关于争取闽粤桂等省与湘鄂赣等省首先胜利，促成全国暴动胜利的政治任务认识不清，在执行过程中“始终是动摇的不坚决的”，“犯了严重的保守观念的错误”。③

10月间，党的六届三中全会的精神传达到了福建。三中全会“纠正了立三路线对于中国革命形势的极左估计，停止了组织全国总起义和集中全国红军进攻中心城市的计划，恢复了党、团、工会的独立组织和经

① 《中共福建省委紧急常委扩大会政治决议》（1931年1月21日），中央档案馆、福建省档案馆编《福建革命历史文件汇集》甲7册，1985年内部版，第31页。

② 《中共福建省委紧急常委扩大会政治决议》（1931年1月21日），中央档案馆、福建省档案馆编《福建革命历史文件汇集》甲7册，1985年内部版，第31页。

③ 《红二十一军军委书记李任予给中央军部南方办事处、广东总行委的报告》（1930年9月21日），中共龙岩地委党史资料征集领导小组、龙岩地区行政公署文物管理委员会编《闽西革命史文献资料》第4辑，1983年内部版，第138—139页。

常工作，因而它就结束了作为立三路线主要特征的那些错误”①。根据六届三中全会精神，福建省总行委于 11 月 1 日撤销，恢复党团组织。② 随后，中共福建省委马上发出通告，指示各地取消行委，恢复党团组织。但由于一些地区未能认真执行，省委于 11 月 24 日再次发出《关于划分党团取消各级行委的通告》，严肃地指示“各地党部应即取消党团各级行委，坚决从头至尾划分党团的组织……谁不坚决执行，谁便取消青年的工作，谁就要受组织的裁判”。

与此同时，中共中央南方局巡视员到达闽西，于 11 月上旬先后召开了中共闽西特委和共青团闽西特委的扩大会议。这两个会议都传达并“接受了党三中全会扩大会议的新路线”，决定立即划分总行委，恢复闽西党、团二特委。③ 从 11 月上旬至 12 月中旬，莆属特行委、上杭县委、龙岩县委、平和县委以及全省各地党组织，先后召开会议，贯彻六届三中全会精神，检查并纠正了李立三“左”倾冒险主义的那些错误。

1931 年 1 月 21 日，福建省委召开常委紧急扩大会议，对省委在过去一个时期执行立三路线的错误进行检查。会议确认，1930 年 2 月召开的第二次省党代会，脱离了当时的客观形势，“提出准备全省武装暴动的口号，以为福建也有首先胜利的前途”。在这一思想指导下，在苏区与白区都采取了若干不切实际的政策和行动。会议认为，8 月上旬成立省总行委之后，“立三路线在福建同样得到了统治”。会议特别指出了厦门“七二五”攻打盐税局和福州攻打国民党党部的行动，闽西与闽北苏区远离根据地作无阵地的向外发展，配合夺取广州武汉的军事行动，以及发动漳州、莆田、泉州、惠安等地区的地方暴动，以促进福州厦门中心城市

① 《关于若干历史问题的决议》，《毛泽东选集》第 3 卷，人民出版社 1991 年版，第 961 页。

② 参见《团福建省委给中央的工作报告》(1931 年 2 月)，中央档案馆、福建省档案馆编《福建革命历史文件汇集》甲 16 册，1985 年内部版，第 245 页。

③ 参见《共青团闽西特委报告第一号》(1930 年 11 月 15 日)，中共龙岩地委党史资料征集领导小组、龙岩地区行政公署文物管理委员会编《闽西革命史文献资料》第 4 辑，1983 年内部版，第 363 页。

及全省总暴动的计划，都是执行立三路线的结果。会议“号召全省同志起来像一个人一样团结起来，反对立三路线与调和主义”[①]。

这次会议表明，福建省委对立三路线在福建的危害，有了更为深切的认识。当然，由于党的六届三中全会或其后的中央，对于立三路线的思想实质，都没有加以清算，因此使得党内的若干“左”倾思想和“左”倾政策，在这以后仍然一直一定程度地存在着。正因为如此，在以后的一个时期内，由于王明“左”倾冒险主义的统治，福建的一些地区和工作，又受到了更为严重的危害。

① 《中共福建省委紧急常委扩大会政治决议》（1931年1月21日），中央档案馆、福建省档案馆编《福建革命历史文件汇集》甲7册，1985年内部版，第29—32页。

第七章　农村革命根据地的巩固与发展

第一节　第一、二、三次反“围剿”

一　闽西红军的三次反“围剿”斗争

1930 年 5 月，中共中央在上海召开全国苏维埃区域代表大会。会议决定在适当的时机召开全国工农兵代表大会，建立中央苏维埃政府。为此，中央在会议期间成立了中央苏维埃代表大会准备委员会（简称中央苏准会）。同年 9 月，中央苏准会将全国十几个苏维埃区域划为 6 个特区，以便统一领导，开展工作，其中以赣南、闽西和广东东江 3 块苏区组成为闽粤赣特区。

中共六届三中全会以后，中共中央为加强对闽粤赣特区的领导，派遣中央委员邓发前往主持工作。1930 年 10 月，邓发从上海到达东江苏区大南山，召开闽粤赣特区第一次党代表大会。会议成立了以邓发为书记的中共闽粤赣特区党委，统一领导闽西、东江、赣南 3 块苏维埃区域党的各级组织。但是由于这 3 块苏区尚未打通连成一片，因此出席会议的只是东江苏区的代表。会议之后，邓发于 12 月间抵达闽西，在闽西苏区同样召开了闽粤赣特区党代表大会。这两个会议实际是同一个会议，只是由于交通阻隔，分别在不同地点召开。后来，东江苏区未能同闽西苏区打通连成一片，闽西与赣南苏区也迟至 1931 年 9 月才得以贯通，因此中共闽粤赣特委（1931 年 6 月以后改称为闽粤赣省委）实际上取代了中共闽西特委，领导的区域主要是闽西苏区各县及广东饶平、大埔县一部分地区。中共闽粤赣特委在组织上隶属于设立在赣南的苏区中央局。

中共闽粤赣特委成立前后，国民党调集重兵对苏区和红军发动大规模的军事“围剿”。“围剿”的重点是中央苏区的赣南和闽西革命根据地。1930年12月，蒋介石命令第五十六师刘和鼎部由建宁向石城，第四十九师张贞部由漳州向龙岩，闽北独立第三十二旅卢兴邦部及独立第十四旅周志群部向长汀，几路部队同时向闽西苏区推进；另以驻粤东之第六十二师香翰屏部向龙岩、永定逼近，造成了四面围攻的局面。

在对闽西苏区的“围剿”中，国民党以第四十九师张贞部为主力。张贞在进攻的战略上分为两个阶段：第一阶段分兵三路，从永福、适中、平和集中向龙岩进攻，相机侧击永定；第二阶段是在夺取龙岩以后，以龙岩为据点，一方面全力进攻岩、连、杭三县边界之闽西苏区的中心区域，另一方面进攻岩、永、杭三县边界的闽西苏区之另一中心区域，然后西向长汀，与江西战场的国民党军队相配合，实现“会师汀州围剿朱毛”的计划。①

10月下旬，中共闽西特委根据敌人进攻的形势，确定采取“防御的进攻”的策略，以红军新十二军一部在苏区东线边境的龙岩、永定、平和、南靖四县边界地区游击，牵制香翰屏师，压迫漳州之张贞部；同时，以红军新十二军第三团和上杭游击队在西线活动，夺取汀州，然后转戈进击上杭，并向永定峰市游击，扰香翰屏师并压迫江西之敌；另调东江红军第四十八团入闽，在龙岩东部地区袭击敌之后方。总的战术是将各县武装开赴边境地区，“以各个击破的策略消灭零星团匪”。②

12月15日，张贞的第四十九师4个团在地主民团的配合下向龙岩发起攻击。由于红军新十二军主力分别在永定、平和边境及长汀一带作战，

---

① 参见《中共福建省委给闽西特委信》（1931年1月3日），中央档案馆、福建省档案馆编《福建革命历史文件汇集》甲7册，1985年内部版，第5—6页。

② 参见《杜××自闽西给南局信——敌我双方军事情形》（1930年11月1日），中共龙岩地委党史资料征集领导小组、龙岩地区行政公署文物管理委员会编《闽西革命史文献资料》第4辑，1983年内部版，第345页。

不可能给龙岩以及时的增援，刚到龙岩不久的邓发率领特委、闽西苏维埃政府机关及少数留守部队奋起抵抗，但终因寡不敌众，被迫放弃龙岩，撤至大池、小池一线。

张贞第四十九师占领龙岩之后，立即以 3 个团的兵力向永定攻击，企图与广东香翰屏师相配合，夺取永定，实现其第二期作战计划。红军新十二军在坎市与之激战，终因不敌而撤退。12 月 18 日，永定失陷。

与此同时，卢新铭旅及周志群旅也加紧由宁化、清流一线向闽西苏区进攻，并于 12 月下旬进占汀州、连城。驻守上杭、汀连一带的地主武装钟绍葵、黄月波、李七孜等部也纷纷出动，在各地骚扰破坏，配合国民党军队的“围剿”，捕杀苏维埃干部，迫害红军家属，制造白色恐怖。

闽西苏区在第一次反“围剿”的最初阶段失利之后，立即调整部署，一方面调东江红军第四十八团入闽作战，一面动员红军新十二军和各县武装加紧进行反“围剿”准备。同时，苏区人民也紧急动员起来，配合红军战斗。与此同时，中共福建省委及时向闽西党组织发出指示信，指出敌四十九师在占领龙岩之后正在实行其第二期军事计划，形势虽然十分严重，但苏区群众的斗争情绪已经开始转变，“由恐慌而愤怒的起来反攻”，党组织应充分发动与领导群众，向敌人发起反击。①

福建省委认为，闽西红军的反“围剿”战役应分作两个阶段，第一阶段应以蛟洋、大小池以及太平里、湖雷两个中心区域为依托，将红军新十二军集结于蛟洋、大小池，东江红四十八团与杭永游击队集结于太平里、湖雷，形成两个坚强的作战中心，避强击弱，各个击破，以提高群众斗争情绪，增强红军力量，“相机向敌人的中心部队反攻”，克复龙岩、永定；第二阶段战略任务是“巩固龙岩永定”，同时向南靖、平和发展，与漳属农民斗争相汇合，打击与动摇张贞的统治。

闽西红军按照这一指示调整了作战计划，集中优势兵力，向分散与

① 参见《中共福建省委新编省字第二十七号通知》(1931 年 1 月 3 日)，中共龙岩地委党史资料征集领导小组、龙岩地区行政公署文物管理委员会编《闽西革命史文献资料》第 5 辑，1984 年内部版，第 3 页。

弱小之敌反攻。1931 年元旦，东江红四十八团与永定工农武装 6000 余人向永定进攻。驻永定之敌杭武永连四县保安总队罗介人部 600 余众仓促应战，受到严重打击，大部被歼，残部弃城出逃。红军与地方部队一举收复永定，控制了周围地区。

永定战斗胜利之后，闽西红军基本遏制了敌人的进攻，敌我双方进入相持局面。2 月间，红军新十二军由上杭古蛟地区出击，向龙岩进迫，歼灭敌四十九师驻大小池之第二九二团大部，残敌退至龙岩。红军与龙岩地方武装趁胜反击，迫使驻坎市之敌撤退，驻白土之地主民团举行起义。敌张贞部除据守龙岩县城以外，已难于实现其原来的进攻计划，从而结束了对闽西苏区的第一次“围剿”。

蒋介石在对中央苏区的第一次“围剿”失败以后，于 1931 年 2 月任命其军政部长何应钦任南昌行营主任，主持湘、鄂、赣、闽四省“围剿”红军的军事行动，发动对中央苏区的第二次“围剿”。

国民党在第二次“围剿”中改变了过去的战略，决定首先在苏区周围集结重兵，实行严密的军事包围与经济封锁；采取“稳扎稳打，步步为营”的原则，集中 20 万兵力，着重从东、北、西 3 个方面进击，妄图一举摧垮中央苏区。

闽西是中央苏区的东方阵地，在战略上极为重要，因此，国民党在对江西苏区发动进攻的同时，从东线战场上开始了对闽西苏区的进攻。根据何应钦的命令，驻闽粤之国民党第四十九师、六十二师、新编独立第十四旅、独立第三十二旅等部，以第一次“围剿”期间侵占的地区为基点，逐渐向闽西苏区推进。

3 月中旬，敌四十九师 1 个团进占坎市，第六十二师由东江进抵永定峰市，造成对闽西苏区包围的形势。3 月下旬，永定县城和县苏维埃政府驻地湖雷失守。敌人侵入苏区之后疯狂报复，大肆摧残和捕杀贫苦工农。

为了打破敌人的第二次“围剿”，中共闽粤赣特委和闽西苏维埃政府进行紧急动员，召开各种会议进行具体的部署。4 月 4 日，闽粤赣军区军委、各县县委与新十二军军部召开联席会议。会议分析了闽西的形势，认为“目前在敌人四方的围攻中，我们的中心策略是冲破敌人的包围”。为实现这一目的，首要的任务是扩充红军新十二军，充实各县军事指挥机关，并对各县赤卫队进行统一的编制训练，提高作战能力。会议强调开展游击战争，以灵活机动的游击战术牵制与分散敌人的主力，断绝敌人交通，扰乱敌人的后方。

在闽粤赣军区军委会的具体领导下，苏区展开了紧张的战争动员。广大青壮年纷纷报名参军参战，保卫家乡和苏维埃政权。各地群众自动起来挖战壕，制造土炮、石炮，在山口要隘修筑炮台和各种障碍物，进行军事训练，做好一切准备，以击破敌人的“围剿”。

从6月上旬开始，敌人加紧对闽西苏区的进攻。敌四十九师在占领了龙岩小池之后，继续向大池和永定县太平区、塘背区进攻，包围了闽西苏维埃政府与红十二军驻地之虎岗，闽西的局势顿时紧张起来。

但是，国民党对中央苏区的第二次“围剿”，由于其在主要战场赣南地区的兵力受到了红一方面军的沉重打击，已于5月31日全线崩溃，因此，敌人对闽西苏区的进攻已成强弩之末。同时，国民党新军阀内部的矛盾在这时候进一步激化，蒋介石为了对付两广反蒋势力，匆忙调集兵力，应付陈济棠和李宗仁的进攻。在这一形势下，侵入闽西苏区边境地区的敌四十九师，在苏区军民的打击之下，不但不能继续深入苏区，而且被迫陆续向龙岩、漳州方向撤退。占领杭永苏区边境的广东军阀香翰屏师，也于6月21日撤回峰市。

在此同时，红一方面军在江西战场开始转入反攻。临时总前委命令闽西红军新十二军向连城、长汀、清流、宁化发展，求得与江西苏区打成一片。根据这一命令，红新十二军向长汀进击，于6月16日攻克汀州。[①] 6月下旬，红一军团之红十二军（即老十二军）进抵长汀、宁化之

① 参见《闽粤赣苏维埃军区军委会参谋处消息通报》（1931年6月25日），中共龙岩地委党史资料征集领导小组、龙岩地区行政公署文物管理委员会编《闽西革命史文献资料》第6辑，1985年内部版，第91、92页；另参见国民党福建省政府1931年6月27日给蒋介石的电报，原件存中国第二历史档案馆。

间，6 月 27 日攻取宁化县城，进而于 7 月 1 日占领长汀，给了敌卢新铭部以沉重的打击。红军新、老十二军互相配合，一面筹款发动群众，一面肃清地主团匪，扩大苏维埃区域。至 7 月上旬，闽西苏区虽然在东部地区丧失了龙岩、永定边境的一部分乡村，但在北部却扩展到了宁化、清流一带。

至此，国民党对闽西苏区的第二次“围剿”宣告失败。闽西苏区军民趁胜在闽西北地区打击残余的反动势力，发展宁化、清流一带新开辟的区域。

国民党在对中央苏区的第二次“围剿”失败以后，又很快于 1931 年 6 月组织第三次更大规模的“围剿”，重点进攻的目标是赣南苏区及红一方面军。与此同时，国民党在福建方面也策动了对闽西苏区的进攻。国民党当局调动了在福建的全部正规部队及各县民团投入“围剿”，以第四十九师两个旅陈兵于龙岩、小池、坎市一线，第六十二师在闽粤边境大埔、蕉岭一线取防堵态势，卢兴邦之新编第二师师部驻永安，以其第六旅卢新铭部分驻连城、清流、归化一线，从而构成了对闽西苏区的包围。除了正规军，国民党当局指令各县地主武装“保安团”“救乡团”，在苏区边境或苏区内部进行袭扰与破坏。

为了打破敌人的第三次“围剿”，闽粤赣党团省委与闽西苏维埃政府总结了前两次反“围剿”战争的经验与教训，决定采取诱敌深入、各个击破的战略战术。与此同时，共青团中央巡视员陆定一到达闽西，介绍与传达了中央红军的作战经验。闽西党组织和红军决定实行灵活机动的方针，迎击来犯之敌。

1931 年 7 月上旬前后，国民党第四十九师开始向闽西苏区发动进攻，首先向龙岩大池攻击，然后集中兵力向闽西苏维埃政府驻地上杭白砂进攻。红军新十二军避开了强敌进攻，主动撤离白砂，转向敌人力量薄弱的长汀方向进击，击溃敌卢新铭旅，“占领长汀，与赣南中央苏区打成一片”[①]。随后，闽西红军趁胜反击，重新夺取白砂。

---

① 陆定一：《敌人进攻白砂中我们的教训》，《列宁青年》1931 年 7 月 21 日。

从8月初开始，敌四十九师、新编第二师及各县地主民团加紧“围剿”闽西苏区。8月2日，敌新编第二师进占长汀，8月10日，敌四十九师攻占虎岗，8月20日，又占领永定。

闽西苏区军民依照诱敌深入、各个击破的方针，避免与强敌正面作战，在各地打击弱小与分散之敌。8月9日，集结于汀杭边界的红军新十二军向上杭西部的回龙出击，然后沿汀江而下，会合萧劲光率领的彭杨军政学校第三分校学员及地方武装，向上杭东部地区进攻。8月12日，红军新十二军及地方武装数千人袭击上杭庐丰，击溃敌钟绍葵部，然后向汀杭边界之蓝家渡进击。8月13日，新十二军在蓝家渡、丰稔市再次重创钟绍葵部，然后从容向上杭以北之白砂转移。

这些战斗的胜利，抑制了敌人的进攻，红军由被动转入了主动。9月上旬，在江西战场红一方面军反“围剿”战役不断取得胜利的鼓舞下，闽西红军转入反攻阶段。红军新十二军根据闽粤赣军区军事委员会的命令，决定向敌人力量比较薄弱的汀州、连城发展，重点打击敌新编第二师第六旅卢新铭部，以“巩固闽赣苏区的联系，冲破敌人的围攻”。①

9月4日，红军新十二军开抵连城朋口，计划在朋口工作几天以后向连城发展。9月6日拂晓，敌卢新铭旅第十二团马鸿兴部及附近团匪800余众，分三路袭击朋口。红军新十二军立即迎战，仅20分钟，击毙敌连长2人、马弁3人、士兵数百人，俘敌数十人。敌人仓皇向连城退却。新十二军旋即于9月8日向汀州方向开进，占领钟屋村，9月10日抵达河田。据守在长汀的卢新铭旅第一团易启文部闻讯，弃城向连城溃逃。9月11日，红新十二军一举收复汀州。②

红新十二军在长汀稍事休整，即向连城推进。9月18日，红新十二军向连城发起攻击，与守敌卢新铭旅及地主武装救乡团展开激烈的战斗。卢新铭部不支，败退姑田、小陶。红军乘胜追击，毙伤大量敌军。这一

① 参见孔子辉、黄善际：《击溃卢新铭的经过情形》，《列宁青年》1931年10月6日。
② 参见孔子辉、黄善际：《击溃卢新铭的经过情形》，《列宁青年》1931年10月6日。

仗，缴获敌人步枪七八十支，花机关枪一挺，俘敌 40 多人。[①]

红新十二军在 10 多天内连战皆捷，相继攻克汀州、连城，击溃卢新铭旅，获得了很大的胜利，从而打破了国民党军对闽西苏区的第三次“围剿”。

第三次反“围剿”胜利之后，中共闽粤赣省委和闽西苏维埃政府迁入长汀城内。在苏维埃区域方面，虽然失去了龙岩大部及永定一部分地区，但从整个苏区来说是获得了巩固，并且向西北方面扩展至长汀大部、连城大部及宁化和清流等县部分地区，完全打通了与江西苏区的联系。这一变化，使得闽西苏区的中心区域由原来的岩永杭地区转向西部的汀杭连地区，并且表明了以赣南、闽西红色区域为基础的中央革命根据地的形成。

闽西苏维埃政府迁到长汀以后，对所属苏区的行政区划作了调整。调整后的闽西苏区有 7 个县约 40 个区，即以合溪为中心的永定县，以白砂为中心的上杭县，以涂坊为中心的新汀县，以新泉为中心的新泉县，以连城为中心的连城县，以汀州为中心的长汀县以及宁化南部的宁化县。[②]

二　红十军入闽与闽北分区苏维埃政府的成立

1930 年上半年，闽北苏维埃运动有了较快的发展。为了指导与加强闽北的工作，传达中共福建省委关于闽北红军“应集中向江西游击，与赣军红军取得联络。准备帮助三四军夺取南昌，以动摇武汉反动统治的基础”的决定[③]，中共福建省委派秘书长邱泮林于 6 月底由厦门前往闽北巡视。7 月 25 日，邱泮林经上海辗转到达崇安。这时期，中央已确定成立赣东北特区，将闽北苏区划归中共赣东北特委领导；同时，中央继续强调闽北红军调赴赣东北，参加攻打九江的行动。

---

① 参见孔子辉、黄善际：《击溃卢新铭的经过情形》，《列宁青年》1931 年 10 月 6 日。

② 参见《闽西苏维埃政府通知第一二八号——划分行政区域问题》（1931 年 12 月 14 日），中共龙岩地委党史资料征集领导小组、龙岩地区行政公署文物管理委员会编《闽西革命史文献资料》第 6 辑，1985 年内部版，第 234—235 页。

③ 参见《福建军委关于闽西闽北红军工作问题向中央的报告》（1930 年 6 月 19 日），中央档案馆、福建省档案馆编《福建革命历史文件汇集》甲 6 册，1985 年内部版，第 231 页。

7 月 27 日，邱泮林召集崇安县委扩大会议，传达中央和省委的决定，贯彻李立三“左”倾冒险主义。会议决定，利用福建国民党军阀刘和鼎与卢兴邦混战的形势，集中红军向敌人发起进攻，扩大苏维埃区域，深入开展土地革命。同时还决定，“红军发展的路线为争取一省或数省的胜利中心须向江西发展，苏维埃区域的扩大，必须集中力量向江西及建阳浦城方面中心的区域发展”[①]。

根据这一决定，闽北红军第五十五团及新成立的教导团于 8 月 1 日集中，一面向敌人主动出击，一面抓紧进行整顿训练，准备开赴赣东北参加攻打九江的行动。8 月 21 日，邱泮林赴赣东北特委，商谈闽北苏区划属赣东北特委领导事宜。

邱泮林到达闽北以后，赣东北特委接受了中央关于将闽北划归赣东北领导的指示，并对闽北工作做出了相应的决定。特委的决定大致与崇安县委扩大会议精神一致。除此之外，特委确定在铅山县信江以南的河口地区布置暴动，造成新的苏区，以利于打通赣东北与闽北苏区的联系，因此要求闽北红军“大部分的队伍向江西出发，以完成河口的地方暴动”。同时决定派饶功美、彭皋等八九个干部到崇安，加强对闽北党组织和红军的领导。[②]

9 月 9 日至 9 月 15 日，邱泮林出席了赣东北特委在万年县富林召开的扩大会议。会议压制了方志敏等的正确意见，贯彻李立三“左”倾冒险主义，组成了以唐在刚为书记的赣东北行动委员会。会议之后，红十军根据中央的命令，开始向九江进攻的冒险行动。[③]

10 月初，邱泮林偕同赣东北特委派往闽北工作的一批干部回到崇安。根据特委的决定，闽北红军独立团与教导团除留下 2 个连、数十支

---

① 邱泮林：《闽北巡视的报告》（1930 年 10 月），中共福建省建阳地委党史办、福建省建阳地区档案馆编《闽北党史文献》第 1 集，1983 年内部版，第 221 页。

② 参见邱泮林：《闽北巡视的报告》（1930 年 10 月），中共福建省建阳地委党史办、福建省建阳地区档案馆编《闽北党史文献》第 1 集，1983 年内部版，第 229 页。

③ 参见《闽浙赣革命根据地史稿》编写组编《闽浙赣革命根据地史稿》，江西人民出版社 1984 年版，第 84—87 页。

枪以外，其主力 1000 多人在李静愚、李克敌率领下离开闽北苏区，开往赣东北，加入红十军，编为独立师。①

闽北红军主力开往赣东北不久，国民党开始了对各个苏区的第一次“围剿”。闽北苏区虽然不是国民党重点进攻的地区，但国民党仍出动了福建省防军钱玉光旅和浙江汤恩伯部 2 个团，在地主武装的配合下，向闽北苏区进逼。留守闽北的红军 2 个连，坚持与敌人周旋，顽强地抵抗敌人的进攻。

为了加强对闽北工作的领导，赣东北特委先后派肖韶、黄富武等到达闽北，组成以肖韶为书记的中共闽北分区委，并令闽北红军独立团从赣东北重返闽北。闽北独立团在团长谢春筏的率领下，一到闽北就立刻投入到激烈的第二次反“围剿”战斗中，闽北的局势开始出现了转机。但是，由于闽北独立团“错用策略，专为攻坚打硬，形势日紧，难以支持”②。闽北独立团在强敌进攻之下，孤军奋战，处境十分险恶。敌人仗着优势兵力，专以小部分兵力对付弹尽援绝的闽北红军，迅速占领了闽北苏区的大部分地区。几经奋战，“闽北红军独立团屡次失利，团长牺牲，士兵动摇，失却胜利信心”。最后，闽北苏区只保存了闽赣边境崇山峻岭之间的几十个小村落。③

在危急之中，闽北党组织派员突围，向赣东北特委告急，要求即刻派遣部队援助。这时，红十军在反对敌人对赣东北苏区第二次“围剿”的战斗中不断取得胜利，国民党调集重兵急于寻找红十军主力决战，以图一举扑灭。于是，赣东北特委决定让红十军甩开敌人，突入闽北，驰援闽北红军，恢复和巩固闽北苏区。

1931 年 4 月下旬，红十军在军长周建屏、代理政委方志敏的率领下，从江西横峰县铺前街出发，向闽北出击。红十军经上饶南渡信江，于 4

① 参见方志敏等：《回忆闽浙皖赣苏区》，江西人民出版社 1983 年版，第 25 页。

② 《赣东北特委给中央的报告》（1931 年 6 月 22 日）。

③ 参见《我从事革命斗争的略述》（1935 年 3 月），《方志敏文集》，人民出版社 1985 年版，第 67 页。

月27日攻取铅山县石塘镇，歼敌靖卫团百余人。第二天，红十军继续南下，于4月30日越过温林关，进入福建崇安县境。红十军与闽北独立团会合之后，首先恢复了中共闽北分区委原来的驻地车盘坑和坑口，然后派出一支部队进攻通往江西的重要据点长涧源。据守长涧源之敌发现红军，依然按照他们过去惯用的战术，龟缩在土楼内，凭着坚固的围墙，向红军不断射击，企图把红军拖垮。红十军将士围攻一天两夜，终于将土楼攻破，全歼守敌。“从此，白军就再不敢利用土屋作战了。”①

长涧源战斗之后，红十军趁胜出击，直趋距崇安县城仅10多里的重要市镇赤石。赤石镇一面紧靠崇溪河，三面筑有两丈高的围墙，四周建起了8个坚固的碉楼。据守在这里的福建海军陆战队林秉周旅一部，凭借强固的工事，以县城驻军为后盾，与红军展开激战。方志敏亲临前线指挥作战，指战员们个个奋勇冲锋，前仆后继。3个小时之后，红军伤亡70多人，仍未占领敌人阵地。

崇安城内守敌闻讯，立刻出动增援，途中受到了设伏打援的红十军2个团的迎头痛击。敌人的队伍刚刚展开，就被红十军的一个猛冲锋打散，立刻丢下迫击炮、机关枪仓皇溃退。红军紧追不舍。敌人大部缴械，一小部分窜回崇安城，还有许多来不及进城者，落水溺毙于崇溪河中。②

5月2日，赤石镇守敌获知援军溃败，军心动摇，匆忙撤退。这一仗，红军歼敌1个团又1个营，缴获枪械无数，获得大批土豪与官僚的金银现款，大大补充了红军的给养。后来，崇安反动派在给蒋介石的呈文中也承认：江西方、邵部队攻占赤石，赤石守军林秉周部“失枪三百余杆，损兵折将，死伤甚众，经此一役，林旅长风声鹤唳，急退建阳县……”③

---

① 《我从事革命斗争的略述》（1935年3月），《方志敏文集》，人民出版社1985年版，第67—68页。

② 参见《我从事革命斗争的略述》（1935年3月），《方志敏文集》，人民出版社1985年版，第68页。

③ 《崇安保卫团第五区团团长彭积斌给蒋介石呈文》（1931年8月28日），存中国第二历史档案馆。

当天，红十军趁胜直逼崇安城下，准备一鼓作气，夺取崇安。但是由于红军在赤石战斗中伤员不少，对城内敌情又不甚清楚，而且红十军这次闽北之战，“算是在白区作较大战争的第一次，兢兢业业，唯恐失利”，更由于当天傍晚在攻城战斗中，第三团政委胡烈牺牲，“以致影响攻城决心，遂撤回坑口”①。

红十军首次入闽，作战 11 次，打破了国民党对闽北苏区的第二次“围剿”，打出了军威。更重要的是，红十军这样有力的支持，使闽北苏区在危急时刻得到巩固，“奠定了闽北苏维埃和红军向前胜利发展的基础，这是政治上的一个极可宝贵的收获”②。

正当红十军在闽北纵横驰骋不断取得胜利的时候，“围剿”赣东北苏区之敌发现红军后方空虚，立刻加紧向赣东北苏区大举进攻。敌第九师进占上饶以后，一面计划夺取赣东北革命根据地的政治中心葛源，同时在上饶沙溪一线设置封锁，截断红十军由闽北回师的道路，并且将信江沿岸所有船只强行集中于几个城市，企图阻红十军于信江南岸。获悉这一情况，红十军为保障后方苏区的安全，立即由崇安坑口挥师北返，两日行军 200 余里，克服种种困难，在沙溪下游 5 里处找到 5 只小船，以 1 个团攻占沙溪，夺回被敌人扣押的渡船。全军出其不意地北渡信江，胜利返回赣东北苏区，打破了敌人的“围剿”计划。

红十军撤回赣东北时，留下由黄立贵率领的一个独立营，并将缴获的武器全部留给闽北。这支部队后来合并于闽北红军独立团，由黄立贵任团长，发展成为一支“可畏的红军”。③ 此后，闽北红军独立团积极开展游击战争，恢复和巩固失去的苏区，壮大革命队伍。

与此同时，中央红军在赣南展开反对国民党的第二次“围剿”，16

---

① 《我从事革命斗争的略述》（1935 年 3 月），《方志敏文集》，人民出版社 1985 年版，第 69 页。

② 《我从事革命斗争的略述》（1935 年 3 月），《方志敏文集》，人民出版社 1985 年版，第 69 页。

③ 参见《赣东北苏维埃创立的历史》（1935 年 6 月 19 日），《方志敏文集》，人民出版社 1985 年出版，第 206 页。

天之内五战五捷，一举攻占建宁，打破了敌人的“围剿”。随后，红一方面军趁胜转入进攻，分兵发动群众，活动区域扩展到建宁、泰宁、黎川以至光泽、邵武、将乐各县，与闽北红军遥相呼应。6月8日，地方红军占领邵武县城。国民党邵武县长张裕光弃城逃跑，各地豪绅纷纷迁居延平、建瓯。国民党当局大为恐慌，急电蒋介石报急。①

在中央红军和红十军胜利的鼓舞下，黄立贵率闽北红军独立团向敌人主动出击。6月15日，闽北独立团向崇安县城发起进攻。红军战士用竹梯搭上城墙，奋勇攻击，一举破城，歼敌100余人，击毙崇安县长詹继良。②

在此前后，闽北红军独立团在地方武装配合下，不断取得胜利，相继恢复了闽北原有的大部分苏区以及江西铅山县石塘、广丰县铁山等地。红军声势日渐浩大，苏区不断扩展，比红十军入闽以前扩大了一倍。中共赣东北特委在向中央的报告中认为，“如红军战斗力不再减弱（共有枪六百余支），白军不再增加，打通信江苏区与中央苏区（据闽北报告中央苏区的组织，已发展到光泽边界）有实现的前途”③。

打破了国民党的第二次“围剿”之后，闽北革命根据地趋于稳固发展。中共闽北分区委感到，闽北苏维埃运动的历史虽然已一年有余，但苏区建设进展不大，各地苏维埃政权存在许多问题，尤其是崇安、铅山两个县苏维埃政府各自为政，十分不利于整个苏区的工作。为了改变这种情况，闽北分区委于1931年6月2日发出通告，决定在最短时间内改造各级苏维埃政府，筹建闽北分区苏维埃政府，以便统一领导整个苏区的工作，实现“扩大闽北的苏维埃区域迅速的和赣东北、赣西南以及闽

---

① 参见《闽北赤匪已西窜，杨树庄回闽主持剿匪》，《申报》1931年7月17日第11版。另见1931年6月27日国民党福建省政府给蒋介石的电报。

② 参见《崇安坑口乡老革命同志座谈会记录——余财林、吴坤元等口述》，1958年11月29日。另参见《崇安县翁文若给蒋介石的电报》（1931年6月22日）、《崇安保卫团第五区团团长彭积斌给蒋介石呈文》（1931年8月28日）。

③ 《赣东北特委给中央的报告》（1931年6月22日），中共福建省建阳地委党史办、福建省建阳地区档案馆编《闽北党史文献》第2集，1984年内部版，第62页。

西三大苏维埃区域打成一片”[①] 的任务。

7 月 11 日，闽北分区第一次工农兵代表大会在崇安坑口召开。会议总结了闽北苏维埃运动的经验与教训，制定了今后的工作任务，选举成立了以洪全生为主席的闽北分区苏维埃政府，在政府内设置有土地部、裁判部、内务部、文化部、青妇部等职能机构。

闽北分区苏维埃政府的成立，标志着横跨闽赣两省的闽北苏区的正式形成。自此以后，闽北分区苏维埃政府在赣东北特区苏维埃政府的领导下，带领苏区群众进一步深入地发动土地革命，发展与壮大闽北红军独立团，在不长的时间内巩固与扩展了闽北红色区域。

为了加强对闽北的领导，中共赣东北特委在此之前又派遣黄道、薛子正等一批重要干部到达闽北担任领导工作。在以黄道为书记的闽北分区委以及闽北分区苏维埃政府的领导下，闽北苏区党组织和红军的力量发展迅速。1931 年打破了国民党第三次“围剿”之后，闽北红军独立团扩大到 1000 多人枪，闽北分区委和苏维埃政府也在同年下半年迁入崇安县城。[②]

至 1932 年 3 月，闽北苏区包括了铅山、上饶、广丰、崇安、浦城、建阳六县，人口达 30 万以上。在这六县的红色区域内，“都在高挂着斧头镰刀的红旗，推翻了豪绅地主资产阶级国民党的统治，建立了工农苏维埃政府”[③]，游击区域也向南扩展到邵武、光泽。闽北革命根据地进入了巩固强盛的时期。

---

① 《（中共闽北分区委）通告第四号——改选各级苏维埃与建立闽北分区苏维埃》（1931 年 6 月 2 日），中共福建省建阳地委党史办、福建省建阳地区档案馆编《闽北党史文献》第 2 集，1984 年内部版，第 53 页。

② 参见方志敏等：《回忆闽浙皖赣苏区》，江西人民出版社 1983 年版，第 332 页。

③ 《闽北分区苏维埃政府人民经济委员会给白区域商人们的信》（1932 年 3 月），中共福建省建阳地委党史办、福建省建阳地区档案馆编《闽北党史文献》第 2 集，1984 年内部版，第 147 页。

第二节 闽南游击战争的兴起

一 漳属游击队在斗争中壮大

以漳州为中心的闽南各县，是福建经济发达的地区，也是国民党统治力量比较强大的地区。大革命失败以后，国民党独立第四师（后改编为第四十九师）张贞部进据漳州，其势力范围遍及闽西南20多县，成为割据福建的五部军阀中最有实力的一派。①

同样，中共中央和福建党组织历来重视这一地区的革命运动。大革命失败以后，中共闽南特委和福建临时省委都首先在漳州建立起领导机构，将漳州列为全省工作重点的三大城市之一。福建省委机关迁到厦门以后，仍不断派遣主要领导干部到漳州和闽南各县巡视或兼任领导工作，大力发展党的组织，推进游击战争和土地革命运动。至1929年7月，漳属各县已建立有漳州、海澄、平和3个县委和漳浦县特别支部。其中尤以漳州县党的组织为普遍，全县共有22个党支部，200多名党员；党领导下的革命团体也有相当的力量，在城区组织了轻便车俱乐部、丝厂工人俱乐部等工人组织，在漳州南乡和北乡农村建立有20多个赤色农会。②党和群众组织的发展，为此后进一步开展游击战争准备了必要的条件。

闽西革命根据地初步形成以后，福建省委更加重视漳州的工作。认为漳州及邻近各县距离闽西最近，容易受到闽西土地革命和朱毛红军的影响，因此要求漳属各县应以漳州为中心，“注意发展漳州的职工运动及附近各县的农民运动，要注意与闽西各县工作上的连〔联〕系”，发展闽

① 20世纪20年代末至30年代初，国民党在福建的各派地方势力形成割据局面。其中主要的五部是：驻闽南的张贞部，驻沿海各地的海军杨树庄部，长汀郭凤鸣部，龙岩陈国辉部，闽北卢兴邦部。

② 参见《中共福建省委给漳州县委的指示》（1929年8月20日），中央档案馆、福建省档案馆编《福建革命历史文件汇集》甲5册，1985年内部版，第133页。

南革命斗争。[①] 1929 年 8 月 15 日，中共漳州县委在省委巡视员的指导下召开党代表大会。会议根据省委的指示，检查了过去的工作，规定了今后的中心任务，要求全体党员并号召广大群众，为拥护闽西工农红军，反对国民党军队进攻闽西而坚决奋斗。省委肯定了这次会议精神，并具体地指示漳州县委在首先注意城市工作的前提下，“在农村中特别注意雇农和贫农工作，加紧抗租、抗债、抗捐税的斗争”[②]。

在漳州县委召开党代表大会以后，漳州南乡区委和北乡区委按照县党代会的精神和省委指示，于 8 月底也分别召开了党代会，改组了区委，整顿了农会组织。此后不久，中共漳州县委改为漳州市委，加强了对城乡工农斗争的领导。[③] 在漳州市委领导下，漳州城区汽车工人、轻便车工人、石码糕饼工人相继发起反对裁减工友和增加工资的示威与罢工，漳州高中等 4 所省立学校也先后爆发了反抗国民党当局压迫的罢课斗争，南乡与北乡的农会，领导群众纷纷举行反对捐税和反对“清乡”的斗争。[④]

在城乡工农斗争胜利发展的形势下，中共福建省委于 1929 年 10 月 11 日指示漳属各县党组织，应当进一步领导群众向豪绅地主展开斗争，有计划地“准备由日常的部分的斗争转变到总的斗争与武装冲突，实行游击战争，建立苏维埃，与闽西的苏维埃区域互相呼应”[⑤]。从此，中共

① 参见《目前党的主要策略与今后工作总方针》（1929 年 7 月 2 日），中央档案馆、福建省档案馆编《福建革命历史文件汇集》甲 5 册，1985 年内部版，第 5 页。

② 《中共福建省委给漳州县委的指示》（1929 年 8 月 20 日），中央档案馆、福建省档案馆编《福建革命历史文件汇集》甲 5 册，1985 年内部版，第 139 页。

③ 参见《中共福建省委关于组织工作向中央的报告》（1929 年 9 月 30 日），中央档案馆、福建省档案馆编《福建革命历史文件汇集》甲 5 册，1985 年内部版，第 307 页。

④ 参见《中共福建省委报告——福建军阀混战及群众斗争情况》（1929 年 12 月 12 日），中央档案馆、福建省档案馆编《福建革命历史文件汇集》甲 5 册，1985 年内部版，第 433—434 页。

⑤ 《中共福建省委通告第四十一号——军阀混战中我们的工作方针》（1929 年 10 月 11 日），中央档案馆、福建省档案馆编《福建革命历史文件汇集》甲 5 册，1985 年内部版，第 344 页。

漳州市委除了继续领导城区工人的日常斗争外，开始以更多的精力在农村发动群众，开展游击活动。

1929 年冬，国民党发动了对闽西苏区的“会剿”，张贞调动其主力全力向闽西进攻，因而他在闽南的后方防卫相对空虚。漳州党组织利用这一机会，加紧发动农民斗争。李金发、王占春等在漳州南乡领导农会打击土豪劣绅，建立了一支游击队，从而开始了闽南的游击战争。不过，“漳州游击队产生不久，现只有二十多个人，分子尚称精干，有九支驳壳二十多支长枪，现南乡一带游击”①。

这支规模不大的游击队，从农民的利益出发，专门打击与镇压在乡村中为非作歹的豪绅族长，深得群众欢迎和支持。在游击队的帮助下，漳州南北乡和石码等地农民运动迅速发展，农会会员在三四个月内增加至 100 人左右，中共福建省委就此向中央报告认为，漳州一带农民运动自 1929 年以来发展很快，“现在已有相当的武装组织，游击战争是很有把握发动起来”②。

可惜的是，由于受当时党内正在滋长着的“左”倾冒险主义的影响，游击队在五卅运动纪念斗争中盲目行动而受到挫折，一部分武装被迫解散。③ 1930 年下半年，李立三“左”倾错误在闽南贯彻，党团组织合并成立漳属特别行动委员会。在“左”倾错误的指导下，漳州党组织不顾主客观力量及不利条件，多次组织公开的冒险活动。同时，国民党军政当局加紧实行白色恐怖，利用共产党的叛徒陈祖康、张余生等人极力破坏党组织。党的机关多次遭到敌人破坏，省委职工委员会书记何水平、漳属特委书记何德顺相继被捕牺牲；党员骨干仅存李金发、王占春等 10

① 《福建军委给中央军委报告》（1930 年 1 月 19 日），中央档案馆、福建省档案馆编《福建革命历史文件汇集》甲 6 册，1985 年内部版，第 47 页。

② 《中共福建省委给要求增加出席全国苏维埃大会代表名额的报告》（1930 年 3 月 22 日），中央档案馆、福建省档案馆编《福建革命历史文件汇集》甲 6 册，1985 年内部版，第 159—160 页。

③ 参见《汉秋关于福建全省群众组织情形报告》（1930 年 7 月 13 日），中央档案馆、福建省档案馆编《福建革命历史文件汇集》甲 6 册，1985 年内部版，第 286 页。

多人，党的活动受到了很大的打击。[①] 共青团漳州市委机关也先后两次被破坏，全体机关干部被捕。团省委立即派人前往，试图恢复团的组织，但终因不能立足而返。团的工作一度陷于停顿，组织联系断绝。[②]

为了恢复漳州党组织的工作，成立新的特委机关，福建省委于 1930 年冬派陶铸、董云阁、卢肇西等赴漳州，建立了以陶铸为书记的中共漳州特委，并且整顿与加强了漳州游击队。12 月 13 日，分散在漳州南乡与北乡的工农游击队集中于南乡，正式编制成立闽南工农游击队第一支队，队长王占春，政委李金发。这支游击队一成立，当即“决定开始游击战争，实行土地革命，武装拥护闽西，成立漳属苏维埃政权”[③]。

这支游击队的成员大多是因为在白色恐怖中遭摧残而无家可归的工农积极分子，有很强的战斗力。为了打击敌人，鼓舞人民群众，游击队成立之初的策略是“扩大游击的宣传和本身的武装，用赤色的行动回答白色恐怖，同时组织群众和发动群众起来斗争，发展游击战争”[④]。

根据这一方针，游击队成立之后，刚刚集中起来的 20 多人，即在当地群众的配合下，先后打击了洪塘、邹塘、九宝窟等地的土豪劣绅及地主民团，镇压了为首的几个反动分子，俘虏民团 20 多人，并在附近农村进行武装宣传。于是，游击队名声大振，豪绅地主纷纷逃亡漳州。

敌张贞部立刻与地主武装联合起来，以优势兵力向游击队进攻，疯狂摧残南乡游击区各乡村。为了保存革命力量，闽南游击队第一支队于 1930 年 12 月对敌人的交通、通讯进行了一次大规模的破坏，并在镇压了张贞的侦探队长杨文德之后，撤离南乡，转移到漳浦县外东区一带农村开展游击战争。游击队在外东区发动群众打土豪，分谷子，宣传土地革命，打击当地反动势力，先后击溃马坪、油坑等地民团 400 多人。经过 3

---

① 参见陶铸口述：《关于闽南党领导武装斗争情况》（1956 年 5 月 23 日），福建省委党校馆藏资料（2—0146）。

② 参见《共青团福建省委给中央的报告——二次执委会及各地团的工作》（1931 年 2 月），福建省委党校馆藏资料（1—0761）。

③ 《红军游击队第一支队成立》，《福建红旗》1930 年第 3 期。

④ 怒潮：《一年来底漳属游击队》（1931 年 9 月 28 日），《红旗周报》1931 年第 24 期。

个多月的游击活动，第一支队在羊尾桥、花园、石桥、前园、蔡坑等 10 多个乡村建立了游击根据地。[①]

1931 年 3 月，张贞又集中兵力分三路对游击队第一支队进行围攻。在国民党军队与民团、土匪的联合进攻下，第一支队受到严重打击，不得不暂时撤离漳浦，分散到海澄县白水营一带。敌人立即跟踪包围，在鸡公山、玳瑁山等地袭击游击队。游击队几经挫折，力量大为削弱，又由于福建省委机关在厦门受到敌人的破坏，游击队失去了与上级的联系。于是，游击队重新分作三队，在白水营、南乡、海澄、石码一带开展群众工作，建立了 10 多个村庄的农民协会。

1931 年 5 月，福建省委代理书记王海萍前往漳州巡视，决定进一步“在漳、泉要发动广大的农民起来斗争，建立赤色区域”[②]。六七月间，闽南游击队第一支队重新集中起来，向南靖、平和、漳浦等县边界游击，以牵制张贞对闽西苏区的进攻。游击队在新建立的中共厦门中心市委和漳州县委指导下，主动向当地反动势力进攻，首先在漳浦县小山城击溃南靖县政府警备第四队，击毙其队长林石滨。这一行动，“震动了全漳属，动摇了张贞的反动统治”[③]，得到了小山城附近数十里贫苦群众的拥护。随后，游击队又根据群众的要求，先后在海澄、石码及漳州南乡邹塘等地不断地袭击地主民团，镇压当地反动自治主任和联防主任，获得了许多胜利。

国民党军政当局为此十分震惊，动员了南靖、平和、龙溪、漳浦、海澄等县民团及独立团，联合进攻小山前一带乡村的游击队根据地。张贞还调其王祖清旅从闽西赶回漳州，加固漳州城防，并向游击队进犯。

游击队一方面在群众的配合下反击敌人的进攻，一方面与国民党部队中的地下党组织联系，策动兵变。9 月 21 日，驻漳浦县山城之张贞部

① 参见怒潮：《一年来底漳属游击队》（1931 年 9 月 28 日），《红旗周报》1931 年第 24 期。

② 《中共福建省委致中央信——请示恢复省委及工作问题》（1931 年 5 月 6 日），中央档案馆、福建省档案馆编《福建革命历史文件汇集》甲 7 册，1985 年内部版，第 163 页。

③ 怒潮：《一年来底漳属游击队》（1931 年 9 月 28 日），《红旗周报》1931 年第 24 期。

独立团第一营，向三四十里以外的游击队驻地山前社进攻，其第三、第四连地下党组织趁机发动兵变，率众起义，并将起义部队改编为闽南工农游击队第二支队第二大队，以陈秀、陈炳辉为正、副大队长。张贞闻讯，立即派飞机前往侦察，并令小溪驻军和民团拦截起义部队，撤回驻山城之独立团余部。

闽南工农游击队第一支队的游击活动以及国民党第四十九师独立团所部在山城的起义，扩大了党的政治影响，牵制了张贞对闽西的进攻，初步开辟了小山城游击根据地。

9月19日，中共中央指示厦门中心市委，必须加强对闽南游击队的领导，认为这支游击队在发动闽南的农民斗争，在扰乱张贞的后方牵制进攻红军的白军队伍方面，有非常重要的意义。中央指示，为了减少游击队的损失，可以改变过去集中行动的方式，实行更加灵活的游击战术。① 中共漳州县委在总结了闽南游击队过去斗争的教训之后，根据这一指示精神，于11月做出决定，再次将游击队分为三队，一支在漳浦县小山城，一支在澄码、南乡，另一支在南靖一带开展游击战争。②

但是，由于这支游击队存在着单纯军事观点的错误倾向，不善于发动群众，未能在活动区域建立起党和群众的巩固基础。因此，虽经将近一年的艰苦奋斗，仍未创造出巩固的游击根据地或小块的赤色区域，部队本身也未见发展。至1931年7月，这支游击队不过28人，枪20支。③ 至同年11月，也只发展到37人。④

为了纠正游击队单纯军事观点偏向，加强党对游击队的领导，中共

---

① 参见《中央指示信》（1931年9月19日），中共厦门市委党史办主编《厦门革命历史文献资料选编》第4集，1988年内部版，第55页。

② 参见《中共漳州县委给厦门中心市委报告》（1931年11月26日），中共厦门市委党史办主编《厦门革命历史文献资料选编》第4集，1988年内部版，第95页。

③ 参见《厦门市委给中央的信》（1931年7月31日），中共厦门市委党史办主编《厦门革命历史文献资料选编》第4集，1988年内部版，第9页。

④ 参见《中共漳州县委给厦门中心市委报告》（1931年11月26日），中共厦门市委党史办主编《厦门革命历史文献资料选编》第4集，1988年内部版，第95页。

厦门中心市委派邓子恢为巡视员，前往漳州指导工作。1931 年 12 月 14 日，邓子恢抵达漳州，随后召开了漳州县委常委会议，传达中共厦门中心市委的指示，针对游击队存在的问题，阐述了单纯军事观点的危害。漳州县委讨论了这些问题，决定加强游击队的党的组织建设，规定了游击队的主要任务“要纠正过去的单纯替群众杀土豪家长的军事行动，要很好很有计划的去接近群众”，在群众斗争中发展壮大游击队。[①] 县委还确定以漳州南乡为工作重点，积极发动农民，开展抗租、抗债、抗“飞机捐”的斗争，发展农民协会，建立党的组织。游击队的活动要注意向小山城一带有群众基础的区域发展，并努力发展西北乡及南靖一带的工作，“使这一带变成斗争区域，一面包围漳州城，一面与闽西取得更切近的联系”[②]。

闽南游击队按照这一计划，分成 3 个支队，到达指定的地区，一边进行政治军事训练，一边发动群众斗争，逐步打开了闽南武装斗争的局面。特别是小山城一带的乡村，在游击队的帮助下，从反抗“航空捐”入手，把斗争引向了深入，不仅取消了一切苛捐杂税，而且进行了减租、取消债务和禁粮出口，进而又实行限制粮价，实行平粜。至 1932 年 2 月底，小山城农民协会“已将讨回，减租的决议实现了，一般贫农已经很热烈地起来，脱离富农的支配，我们的党已经得到了领导的地位，小山城斗争到此可算完全转变过来了”，逐步形成了 5 个乡村 250 户人家的赤色区域。[③]

小山城游击根据地在斗争中获得了发展与胜利的消息，迅速传遍了闽南各县。邻近各地人民群众为之振奋，革命运动大有一触即发之势。3 月 19 日，邓子恢在漳州南乡召开了中共漳州县委会议。会议详细讨论了形势和工作任务，认为由于中央红军第三次反“围剿”的胜利和福建革

① 参见《中共漳州县委报告第 2 号——县委常委会第三次决议》（1931 年 12 月25 日）。

② 《中共漳州县委报告第 2 号——县委常委会第三次决议》（1931 年 12 月 25 日）。

③ 参见《关于漳浦小山城的调查报告》（1932 年 3 月 20 日），福建省尤溪地区中共党史研究分会编《闽南革命史研究》第 1 卷，1983 年内部版，第 39 页。

命形势的发展，闽南军阀张贞将更加残酷地压迫工农群众，群众反抗与斗争的情绪就必将更加激烈，党和工农游击队在漳浦、平和、南靖的政治影响也就更加扩大和深入。

基于对上述政治形势与群众情绪的分析，漳州县委确定了工作的12项任务，其中主要的3项是：（1）在平和、南靖、漳浦三县边界地区创造赤色的游击区域，实行土地革命；（2）扩大游击队；（3）健全并发展党的组织。

正当闽南各地人民在党的领导下准备进一步开展土地革命、创造闽南赤色区域的时候，毛泽东率领的中央红军东征漳州，大大推进了闽南的革命运动，使闽南以至整个福建的局势随之发生了深刻的变化。

二　中央红军东征漳州与靖和浦根据地的开辟

中央红军第三次反“围剿”胜利以后，王明“左”倾冒险主义统治下的党中央，在中央苏区推行其错误的方针策略，命令中央红军首先夺取赣州，然后顺赣江而下，攻占吉安、樟树、南昌、九江等中心城市，争取革命在江西及邻近省区的首先胜利。在这一错误的战略方针的指导下，苏区中央局不顾毛泽东等的反对，命令中央红军于1932年2月上旬向赣州进攻。赣州守敌凭借三面环水的天险和强大的增援，拒阻红军于赣州城外，以致中央红军苦战月余后，不得不于3月8日撤围。

3月20日，苏区中央局和中革军委接受毛泽东的建议，命令由红军第一军团和第五军团组成的东路军进军福建，在福建作临时性活动。其任务是打击福建的敌军和由广东进犯闽西苏区的粤军，以巩固闽西和筹措经费。3月下旬，东路军入闽，进入长汀地区。3月30日，毛泽东根据闽西苏区的形势与漳州易攻难守的地形特点，致电苏区中央局，建议东路军继续东进，夺取漳州，认为“政治上必须直下漳泉，方能调动敌人，求得战争，展开时局”。

苏区中央局接受了毛泽东的建议。周恩来在瑞金主持召开的苏区中央局会议，进一步研究了东路军入闽作战的部署。为了歼灭福建军阀张贞部队并调动粤军，决定东路军直趋龙岩，随后向漳州开展。此后，毛泽东以中华苏维埃共和国临时中央政府主席的身份，率领东路军向龙岩、漳州进军。

4月2日，毛泽东在上杭致电周恩来，提出为使东路军迅速集中，以便直捣漳泉，红五军团必须即刻由赣南出发，务必于4月中旬到达龙岩与一军团会合。4月3日，红一军团由长汀出发，于4月8日抵达龙岩之大池附近。同一天，红五军团也由赣南信丰出发，向龙岩急进。4月10日拂晓，红一军团向龙岩发起攻击，首先消灭龙岩以西之小池守敌四十九师一部，然后乘胜追击，在龙岩近郊之龙门歼灭该师约两个团，俘敌600余人，当日攻克龙岩城。4月14日，从赣南出发的红五军团经过12天急行军，到达龙岩与红一军团会合。两军会师之后，按原定计划继续东进，向漳州进发。

4月19日晨，红军主力对漳州外围之敌发动进攻，首先突破主阵地十二岭，然后自左向右，横扫敌军阵线，占领天宝、南靖，乘胜向漳州市区推进。4月20日，东路军一举攻占漳州城。这次战役，歼敌四十九师大部，俘敌1600余人，缴获飞机两架，残敌向云霄方向败退。随后，红军乘胜攻取石码、漳浦等县城，并在闽南各县肃清残敌，发动群众斗争。

中央红军一举攻克漳州，威胁厦门、泉州，使国民党军政当局和豪绅地主惊骇与震动。在红军占领漳州，发动闽南斗争的1个多月内，厦门商会、漳属各县同乡会、晋江公会、思明县党部等反动社团的告急文电，如雪片般向国民党中央政府发去。

国民党军政当局在一片混乱中，推举福建省政府代主席方声涛组成临时“剿赤”总指挥部，抽调一部分国民党中央军与省内民团及第四十九师残部，决定“先行反攻漳州，再图进展”①。同时为平息内部矛盾，福建省政府将漳州守军张贞部第三旅旅长王澄云拘押，“以王澄云贻误军

① 《福建省政府给国民党中央政府电》（1932年5月20日），存中国第二历史档案馆。

机罪，处以死刑”[①]。四十九师也因为损失过半，被国民党中央军委会下令缩编，原两旅各 3 个团缩编为各 2 个团。后来，另一名旅长杨逢年也被撤职，张贞被迫辞职，由肖越代理第四十九师师长。[②]

中央红军攻占龙岩、东进漳州的消息传到厦门，中共厦门中心市委立即于 4 月 13 日做出《紧急动员决议》，认为中央红军迫近金山、龙山，必将给张贞部以迎头痛击，予全省特别是闽南群众以极大鼓舞，要求闽南游击队立刻集中起来，配合东路军的行动。为了加强党对漳州工作的领导，推进闽南土地革命，厦门、福州中心市委联席会议做出决定，计划成立由王海萍、陶铸、邓子恢、李金发、林和尚等 13 人组成的中共闽南省委，将工作重点转移到以漳州为中心的闽南各县。[③] 东路军入漳以后，上述各主要领导人员先后进入漳州，与毛泽东、罗明等会合。李金发在前往漳州途中不幸中弹牺牲。

红军入漳以后，一面筹款，一面发动群众，协助地方党组织恢复发展党团组织和群众团体，成立了以王占春为主席的闽南工农革命委员会。同时，中央红军按照第二期工作计划，分赴闽南各县，红四军进驻石码，红三军开赴漳浦，红十五军留驻南靖。在中央红军的帮助下，闽南革命运动迅速发展，在短短 1 个多月内，石码、漳浦等县区建立了革命委员会，并在城乡各处建立与发展了公开或秘密的工会、农会组织。[④]

在党的组织方面，由于在红军入漳之前不久，原漳州团县委书记苏文波叛变，漳州党、团县委已受到严重破坏，而邓子恢又奉命即将调赴瑞金，所以，中共厦门中心市委于 5 月间在漳浦县小山城成立了以蔡协民为书记的中共漳州中心县委，领导漳属各县工作。漳州与石码城区，

---

① 陈祖康：《亲历其境话闽变》，《福建文献》1970 年第 12 期。

② 参见《张贞辞职休养不日离闽》，福建《民国日报》1933 年 5 月 27 日。

③ 参见《中共厦门、福州中心市委联席会给中央的报告》（1932 年 4 月 15 日），中央档案馆、福建省档案馆编《福建革命历史文件汇集》甲 9 册，1986 年内部版，第 193—194 页。关于建立闽南省委的计划，后来由于形势变化未能实行。

④ 参见《陶铸关于漳州工作及红军在漳活动情况的报告》（1932 年 5 月 22 日），中央档案馆、福建省档案馆编《福建革命历史文件汇集》甲 12 册，1986 年内部版，第 125 页。

则分别建立了党的区委和特别支部。① 闽南工农游击队第一支队在配合中央红军的行动中，获得了很大的发展。中央红军不仅调拨了一批武器弹药，而且派遣了一批优秀的军政干部到游击队，帮助游击队扩大并改编为5个大队，共500人左右。

中共漳州中心县委成立以后，确定“以小山城一带为中心，马上创造苏区，同时以南乡石码海澄为一区，北乡天宝南靖为一区，积极发动群众的斗争，实行游击战争”②。根据这一计划，漳州中心县委领导游击队一部在小山城一面训练，一面帮助农民没收与分配土地，肃清小股土匪。小山城周围百里以内赤色区域的农民热烈地起来分田地，分谷子，开展土地革命，建立各级苏维埃政权，在南靖、平和、漳浦三县边界地区创立了以龙溪、小山城、三坪为中心的靖和浦革命根据地。

中央红军在完成了东征漳州的任务之后，于5月28日撤离漳州，返回中央苏区。中央红军撤离前一天，闽南工农游击队各大队集中于小山城整训，准备迎击可能来犯之敌。为扩大其影响，闽南游击队第一支队易名为闽南红军独立第三团，团长冯翼飞，政委王占春，原来的5个大队改为5个连。③

中央红军刚撤出漳州，国民党第四十九师张贞残部以及地主民团翁褚母、陈祥云等部，立刻从四面八方向赤色区域进攻。6月1日，敌军进占漳浦，6月2日开始向靖和浦苏区之象牙庄、五寨、刈地坰、龙溪等地攻击。6月5日，敌军攻占中共漳州中心县委驻地龙溪及周围乡村，红三团主力受到严重打击，团政委王占春身负重伤，不治身亡。部队受挫后，星夜撤至小山城。为保存实力，复于6月6日拂晓向敌人力量较为薄弱的平和县三坪转移。部队在三坪稍作休整，重新向漳浦龙溪之敌进攻，以图

① 参见《陶铸关于漳州工作及红军在漳活动情况的报告》（1932年5月22日），中央档案馆、福建省档案馆编《福建革命历史文件汇集》甲12册，1986年内部版，第125页。

② 《中共厦门中心市委给漳州县委红军前委信》（1932年5月10日），中央档案馆、福建省档案馆编《福建革命历史文件汇集》甲9册，1986年内部版，第199页。

③ 参见《中共漳州县委书记蔡协民给厦门中心市委报告》（1932年8月16日），福建省委党校馆藏资料（1—1210）。

收复失地。但由于对敌情估计不足，红三团在龙溪战斗中遭到敌四十九师二九三团打击，再次受挫，蔡协民几乎被俘，部队士气因此大为低落。①

在此危急存亡的关头，中共漳州中心县委为了巩固内部，重振士气，研究今后的斗争策略，在三坪召开了各种会议，以求统一思想。讨论中有许多不同的意见，“有些主张拖到闽西去，有些主张分散游击，有些主张防御政策等等”。县委最后认为，“在山上取防御策略，必然是计之得者”，只要占据有利地势，还有可能战胜敌人，保护伤病员。方针确定之后，县委选择漳浦县车本为防御战场，动员红三团全体指战员在车本山上修筑了坚固的防御工事。②

后来的事实表明，由于漳州中心县委对敌人的进攻估计不足，放弃了灵活机动的游击战术而采取屯兵固守的方针，终于铸成了无可挽救的大错。6 月 23 日，敌四十九师出动 3 个团及地主民团共 1 万余众，向红三团防守薄弱的侧翼特务连阵地猛攻。特务连拼死抵抗，坚守阵地，情况极其危急。在正面防线指挥作战的红三团团长冯翼飞中弹阵亡，敌人趁势突破防线，将红三团阵地分割包围。蔡协民率领团部及剩余部队 400 余人突出重围，转移到山头隐蔽。

车本一战，红三团元气大伤，锐减为 70 多人，不得不缩编为 1 个连，由陈家国任连长，何浚为政委。③ 蔡协民将这 1 个连集中在小山城、龙岭进行整训，何鸣等则率领另外数十人在漳州南乡一带活动。

其时，国民党十九路军蔡廷锴部由江苏移驻福建，于 6 月间在闽南沿海登陆，并将其总部设置于漳州。十九路军到达闽南之后，一面调集兵力向闽西苏区进攻，同时出动一部分兵力对付红三团，闽南革命形势更趋严重。

---

① 参见《中共漳州县委书记蔡协民给厦门中心市委报告》（1932 年 8 月 16 日），福建省委党校馆藏资料（1—1210）。

② 参见《中共漳州县委书记蔡协民给厦门中心市委报告》（1932 年 8 月 16 日），福建省委党校馆藏资料（1—1210）。

③ 参见《中共漳州县委书记蔡协民给厦门中心市委报告》（1932 年 8 月 16 日），福建省委党校馆藏资料（1—1210）。

1932年10月，厦门中心市委调蔡协民回厦门，对他作了严厉的批评，并且决定重组漳州中心县委，由老杨、陈开昌、何鸣、何浚、许其伟等七人组成。[①] 此后不久，厦门中心市委指示红三团，今后的工作方向是："1. 把南北乡一带和小山城打成一片；2. 向安溪方向发展，和安溪的游击队取犄角之势，互相呼应；3. 向闽西方面取得和闽西的联系。"[②]

事实上，漳州党组织与红三团受到严重挫折以后，需要一个恢复与整顿的阶段，因此对市委提出的上述任务难以很快完成。这引起了厦门中心市委的不满。1932年12月31日，厦门中心市委批评漳州中心县委仍然"继续着过去的错误。尤其是在中心区（小山城）里面还存留着蔡协民路线的残余没有根本的转变"。这些批评不免失之武断和过于严厉，但中心市委在同一指示信中对于红三团不懂得运用游击战术，"充满着保守上山逃跑的不动等待等等的机会主义的错误"，以及不敢在根据地内开展土地分配等方面错误的批评，则是及时和正确的。

厦门中心市委指出，红军游击队应立即纠正在山上保守等待的偏向，开展灵活敏捷的游击战争，扩大自己的队伍，在赤色区域"提出分配土地和坚决的执行没收土豪的财产分配给农民"，肃清地主武装，推翻反动统治之基础。[③]

这时候，十九路军完成了布防与部署，调其独立团李进波部与地主民团相配合，开始对靖和浦边区和漳州南、北乡重点进攻。敌人在各乡村组织守望队，监视红军行动，同时实行严格的经济封锁，致使红三团和根据地群众遭到严重困难。红三团实行灵活的作战方针，其第四连10多人在南靖一带，

---

① 参见《中共厦门中心市委给漳州的指示信》（1932年10月31日），中央档案馆、福建省档案馆编《福建革命历史文件汇集》甲10册，1986年内部版，第125页。这里"老杨"疑为"杨亮"。另据1957年3月何浚回忆，1932年底成立新的漳州中心县委，何鸣为书记，委员有何浚、林路、李克已、尹林平。

② 《中共厦门中心市委包野给中央报告》（1932年11月26日），福建省委党校馆藏资料（1—1319）。

③ 参见《中共厦门中心市委给漳州中心县委信——漳州工作中的错误及当前任务》（1932年12月31日），中央档案馆、福建省档案馆编《福建革命历史文件汇集》甲10册，1986年内部版，第239—241页。

第五连20多人在上南乡、洋尾溪、官园等处，独立连80多人坚持在小山城，采取集中与分散结合的方式，开展游击战争和群众工作，逐步恢复了洋尾溪、五寨、东坑等地工作，发展了一些新区域。① 但是，红三团在强大敌人有计划的袭击和封锁下，处境依然十分困难。

中共厦门中心市委为了加强对闽南工作的指导，于1933年7月中旬派巡视员黄会聪前往漳州游击区。在黄会聪的指导下，漳州中心县委召开了为期10天的第二次扩大会议。会议着重批评了县委脱离群众和固守山头的保守观念，讨论并解决了许多实际问题。②

但是在这次会议之后，漳州中心县委由于受到“左”倾错误的影响，于8月上旬在红三团内部开展了错误的“肃反”，副团长王却车等一批指战员因此而遇难。这次“肃反”造成了革命队伍内部的混乱，使党组织和红军受到了不应有的损失。

红三团“肃反”以后，从1933年8月9日开始，在靖和浦边区展开了大范围的游击。8月9日，红三团袭击漳州南乡重要据点程溪、木棉，12日占领平和县埔仔街，18日一举攻取平和县交通枢纽小溪镇。然后，红三团趁胜南下，于8月19日进占南胜，第二天与活动在五寨的饶和埔游击队会师。红三团所到之处，打土豪，分米谷，镇压反动分子，受到了群众的热情支持与拥护。③

经过这10多天的游击活动，红三团“开辟了数十乡的新基础，发展了三倍的群众，增加了两倍的同志，健全了十分之六的支部，发展了两倍的工农游击队”④。在这一胜利的鼓舞下，各地贫苦群众及地方游击队

---

① 参见《厦门中心市委报告第4号》（1933年12月），福建省委党校馆藏资料（1—1735）。

② 参见《中共厦门中心市委给中央的工作总报告》（1933年11月9日），中央档案馆、福建省档案馆编《福建革命历史文件汇集》甲11册，1986年内部版，第149—150页。

③ 参见《北翼关于漳州红三团行动的报告》（1933年8月25日），中央档案馆、福建省档案馆编《福建革命历史文件汇集》甲11册，1986年内部版，第88—90页。

④ 《中共厦门市委巡视员老黄关于漳州工作报告》（1933年8月25日），中央档案馆、福建省档案馆编《福建革命历史文件汇集》甲11册，1986年内部版，第94页。

情绪高涨，纷纷起来开展斗争。根据这一形势，中共漳州中心县委决定将新区与中心区域的抗捐委员会发展为革命委员会，建立红色政权，坚决地实行土地革命，恢复过去的苏区。为此，红三团以第四连向南靖之雁塔、水头，第六连向过去老苏区中心地区之小山城一带推进，以实现上述工作计划。①

经过几个月的游击活动，至1933年底，红三团不仅恢复了小山城苏区，而且在下南区、山顶区、第五区建立了比较巩固的群众基础。1933年11月，中共厦门中心市委指示漳州中心县委，为了配合中央苏区的第五次反“围剿”，必须抓紧发动秋收斗争，在老苏区及新区有群众基础的地方，“从抗捐、抗税、抗租债、分米分谷子的斗争，到土地革命坚决的执行”，组织贫农团，武装群众，提出“分地建立苏维埃政府”和“武装保卫苏区”等战斗口号，为恢复靖和浦苏区并与饶和埔苏区打成一片而斗争。②

正在这时，蒋光鼐、蔡廷锴等十九路军将领在福州宣布抗日反蒋，成立福建政府。福建事变发生后，形势出现了有利于革命的变化。中共厦门中心市委再次派黄会聪赴漳州巡视，要求漳州中心县委把握形势，利用统治阶级内部的矛盾，利用福建政府对人民的允诺，“尽量采取公开活动来组织与武装群众，坚决的发动与领导群众”扩大土地革命斗争，同时，将边区游击队改为“抗日义勇军，宽〔广〕泛的开展反日反国民党的运动”。③

厦门中心市委的这些指示是积极的。但漳州中心县委对此并不赞同，“在福建事变中，根本拒绝了统一战线。对人民政府在漳州各地所号召组织的工会、农会、自卫运动，不去参加，不去夺取广大群众和无产阶级

① 参见《中共厦门市委巡视员老黄关于漳州工作报告》（1933年8月25日），中央档案馆、福建省档案馆编《福建革命历史文件汇集》甲11册，1986年内部版，第95页。

② 参见《中共厦门中心市委致漳州中心县委的信》（1933年11月1日），中央档案馆、福建省档案馆编《福建革命历史文件汇集》甲11册，1986年内部版，第138页。

③ 《中共厦门中心市委给漳州中心县委指示信》（1934年3月30日），中央档案馆、福建省档案馆编《福建革命历史文件汇集》甲11册，1986年内部版，第242—243页。

的领导权”；不去利用这一事变的有利时机加紧开展土地革命，认为“分配土地目标太大，赤区地广人稀，农民不需要土地”。

显然，漳州中心县委上述意见是错误的，厦门中心市委给予了严肃的批评，认为这是“标本的‘左’的关门主义”，是拒绝建立统一战线的“左”倾错误。厦门中心市委指出：“正因为漳州县委抵抗市委的指示，根本拒绝了统一战线，取消了争取广大群众，以致在福建事变中，没有丝毫成绩。”[①]

福建事变失败以后不久，厦门中心市委又一次派巡视员到漳州，指示漳州中心县委利用国民党中央军刚到闽南，局势尚未稳定的时机，坚决执行分配土地的方针。[②] 于是，漳州中心县委于1934年3月在靖和浦苏区各乡村成立分田委员会，开办分田训练班。随后在山杵埔、邦马坑、欧车横、三坪、韭菜坑、龙岭、山城等地开展没收与分配土地的工作，并在龙岭、山城、车本、欧寮、白云、羊尾溪、山前等处建立了乡苏维埃政权。[③] 在实行了土地分配之后，靖和浦苏区“群众的斗争情绪是更加的高涨，革命的浪潮更加的澎湃，游击区域是更加的扩大”[④]。

1934年4月，厦门中心市委巡视员吴××和刚从瑞金返回的黄会聪到达靖和浦苏区，领导召开了漳州中心县委第四次扩大会议。黄会聪传达了党的六届五中全会与全国第二次苏维埃代表大会精神以及中央的指示。中央决定，将厦门中心市委领导下的漳州中心县委、福建省委领导下的饶和埔县委和东江特委领导下的潮澄饶县委合并成立闽粤边特委，并指定黄会聪任特委书记。但由于东江的代表未到，不能正式开会成立，

① 《中共厦门中心市委给漳州中心县委指示信》（1934年3月30日），中央档案馆、福建省档案馆编《福建革命历史文件汇集》甲11册，1986年内部版，第245页。

② 参见《中共厦门中心市委给漳州中心县委指示信》（1934年3月30日），中央档案馆、福建省档案馆编《福建革命历史文件汇集》甲11册，1986年内部版，第245—247页。

③ 参见何浚：《闽变前后到中共闽粤边区特委成立》（1960年），福建省委党校馆藏资料（2—0160）。

④ 《中共厦门中心市委给漳州中心县委指示信》（1934年3月30日），中央档案馆、福建省档案馆编《福建革命历史文件汇集》甲11册，1986年内部版，第244页。

乃于 1934 年 5 月 1 日暂行成立中共闽粤边区临时特委，由黄会聪、吴××、何鸣三人组成。① 同年 8 月，临时特委召开闽粤边区第一次党代表大会，正式成立了中共闽粤边区特委。②

中共闽粤边区特委成立以后，虽然与党中央失去了联系，但仍然按照党的六届五中全会以后中央关于“粉碎敌人东方战线的进攻”，“在敌人之后方与侧边要猛烈的开展游击战争”的指示，领导红三团及边区各县游击队展开了灵活机动的游击战争，打击敌人对靖和浦苏区的进攻，开辟新的游击区；同时，根据中央苏区的经验，在苏区内部建立合作社，开展查田运动。通过这些工作，巩固了苏区，壮大了红三团，党员也发展了 3 倍。③

不久以后，中央红军撤离苏区，举行长征。从此，闽粤边区人民在中共闽粤边特委的领导下，转入了三年游击战争。

三　安南永游击根据地的斗争

安（溪）南（安）永（春）游击区位于闽南重镇泉州市西北，是比较偏僻的山区。大革命失败以后，随着中共闽南特委和福建临时省委的成立以及八七会议精神的传达，这一地区的党团组织逐渐建立与恢复。永春县党的组织恢复得较早一些，在 1928 年初就有 20 多名党员。同年 3 月中共永春县委改组以后，着重在东区领导开展农民斗争，组织农民协会和革命群众组织觉民社，引导人民开展土地革命和武装斗争。

1928 年 9 月 24 日，在省委候补常委吴亚鲁的领导下，召开了永春县第一次党代表大会。会议选举吴国珍和李文墨分别担任党和团的县委书记④，

① 参见《包野关于福建省党组织情况向中央的报告》（1934 年 5 月 25 日），中共厦门市委党史办主编《厦门革命历史文献资料选编》第 7 集，1989 年内部版，第 105 页。

② 参见《中共闽粤边区特委书记黄会聪给中央的综合报告》（1937 年 4 月 20 日），福建省委党校馆藏资料（1—2037）。

③ 参见《中共靖和浦县委第五次扩大会议的决议》（1935 年 6 月 5 日），福建省委党校馆藏资料（1—1928）。

④ 参见《野鹭巡视泉属报告》（1928 年 11 月 25 日），中央档案馆、福建省档案馆编《福建革命历史文件汇集》甲 18 册，1987 年内部版，第 88、89 页。

确定永春党的主要任务是领导群众“武装暴动推翻现政权、建立工农兵苏维埃政权的前途”，并在实行闽南割据局面的目标之下，积极向周围各县德化、仙游、漳平、安溪、南安方向发展。[①] 会议之后，永春县委立刻在东区领导农民协会开展农民运动。10 月 18 日，永春县委在东乡太平寺召开有数千群众参加的大会，斗争并处决了当地豪绅爪牙蓝蕃、郑秀兰，把农民革命斗争引向深入。[②] 1929 年 2 月，永春县委领导群众开始进行武装斗争，率领太平街武装自卫队及东区农民协会自卫队攻占永春县城。驻城敌军尤赐福部弃城退守五里街。但是由于组织不严密和农民武装力量单薄，这次攻城斗争最终归于失败，攻城领导人邱廉回、颜步青被捕，斗争暂时转入低潮。[③]

1929 年 8 月，朱德率领红四军第二、三纵队从闽西出击闽中，进入永春、大田、德化地区，击溃驻闽中之敌尤赐福部。8 月 25 日下午，中共永春、德化县委召开联席会议，讨论配合红四军行动问题。鉴于德化党的基础薄弱，会议确定将德化县委改建为特别支部，归永春县委领导。[④]

同年 10 月 16 日，福建省委向泉属各县发出指示信，认为泉属各县介于福州与漳厦之间，沿海土地肥沃，山区有险可守，是历年来军阀必争之地，在战略上十分重要。省委指出，泉属各县“目前总的任务是发动与扩大群众的斗争，特别是在斗争中加紧宣传组织及武装的准备”，发动群众举行反抗苛捐杂税，在斗争中壮大贫苦农民的力量，“秘密的或公开的成立纠察队、赤卫队、游击队、少年先锋队，施以军事政治训练，准备进行武装斗争”。

---

① 参见《中共永春县第一次代表大会政治报告决议案》（1928 年 9 月 24 日），中央档案馆、福建省档案馆编《福建革命历史文件汇集》甲 18 册，1987 年内部版，第 46、47 页。

② 参见《中共永春县委给省委的报告》（1928 年 11 月 19 日），中央档案馆、福建省档案馆编《福建革命历史文件汇集》甲 18 册，1987 年内部版，第 80 页。

③ 参见《永春党早期的革命活动》，叶天成根据李挠山、杨文生等人信件整理，1961 年 7 月 25 日，福建省委党校馆藏资料（2—0381）。

④ 参见《中共永春、德化县委给省委的报告》（1929 年 8 月 25 日），中央档案馆、福建省档案馆编《福建革命历史文件汇集》甲 18 册，1987 年内部版，第 146 页。

根据省委指示精神，中共永春县委利用纪念广州暴动两周年活动，率领武装群众袭击民团，组织了一支30多人的游击队。这支游击队虽然只有4支枪，战斗力薄弱，还不能实行公开的游击，但由于这支游击队的建立，从而开始了在安南永边区的游击战争。永春游击队在斗争中逐渐壮大，不仅在本县配合群众的抗租抗饷斗争，而且南下安溪，支持安溪农民革命斗争。

安溪县的党组织建立稍迟，至1929年才在邻近永春边界的东溪村建立了党的支部。永春县委先后派李剑光、李南金、郭节等在安溪佛仔格、东溪一带农村发展党员，建立农会，开展武装斗争。1930年12月9日，安溪东区农民由于不堪国民党军阀的剥削压迫，在永春游击队的帮助下，集中武装人员60多人，袭击在当地大土豪陈铁卿家里开会的劣绅。1000多名愤怒的群众捣毁陈铁卿家的房舍，当场处决土豪4人，捕获1人。福建省苏维埃准备委员会获知这一情况，立刻制订计划，派员前往，将永春、安溪、德化等县革命武装合编为统一的游击队，开展土地革命，创造赤色区域。[①] 在此前后，福建省委先后派许依华、翁成金等到安南永边区巡视，建立了中共安南永边界特区委，以李南金为特区委书记(不久以后调任同安县委书记)。

1932年1月，厦门中心市委为了加强永春、安溪党的力量，派李南金再赴安南永边区，在安溪恢复发展党团组织与农民协会。[②] 随后，省委又派陈凤伍、庄毓英等军政干部前往安溪工作。陈凤伍等到达安南永游击区后，领导当地群众开展武装斗争。4月间，安南永边区党组织领导群众反抗国民党当局的派款勒索，率领一批武装农民进攻安溪县金谷镇杂税局，缴获短枪5支，子弹数十发。战斗结束以后，党组织即将这批武装正式编为闽南工农游击队第二支队[③]，队长陈凤伍，政委

① 参见《安溪东区农民斗争起来了》，《福建红旗》1930年第3期。

② 参见《厦门中心市委给中央的信》(1932年2月16日)，福建省委党校馆藏资料(1—1059)。

③ 参见风任：《闽南红军游击队第二支队一年来游击战争的总结》(1933年5月1日)，福建省委党校馆藏资料(1—1514)。

庄毓英。

这时，正值中央红军东征漳州，漳属各县土地革命运动迅速发展时期。中共厦门中心市委决定利用这一时机，加紧发展安南永地区的工作，派许依华和刚从苏联回国的许包野前往指导。4 月下旬，许包野、许依华到达安溪。他们发现安溪群众基础尚不巩固，党团组织没有划分，游击队内部成分复杂。于是，他们首先着手肃清游击队内的流氓、土匪出身的人员，健全农会组织，建立赤卫队，少先队和区、县农会，发动群众斗争。经过这一番工作，游击队开辟了以彭圩、芸溪、芋头一带乡村为中心的游击根据地，在 70%以上的乡村建立了农会组织。① 游击队也由原来的 19 人发展到 30 人，得到了群众的信赖与支持。

中央红军撤离漳州以后，厦门中心市委受到严重破坏，市委书记王海萍、团省委书记董云阁被捕牺牲。同时，漳州红三团也受到了严重挫折。为了配合红三团的斗争，新任市委书记许依华于 8 月上旬亲赴安溪，指挥闽南红军游击队第二支队向敌人主动出击，肃清地方反动派，“给豪绅地主反动势力极大的打击，群众组织亦略有发展”，农会会员扩大到 500 多人，巩固了安南永游击根据地。②

1932 年 11 月，中共安溪县委扩大改组为安溪中心县委，书记李剑光，下辖 9 个支部，有党员 60 多人。在安溪中心县委领导下，在以佛仔格为中心的安南永游击区域内普遍建立了农会，有会员 2000 多人，另外还建立有 1000 多人的赤卫队、700 多人的少先队、1000 多人的青农会、500 多人的妇女会。但是由于游击队领导存在着关门主义倾向，第二支队人员反而大为减少，仅剩 11 人。为此，中共厦门中心市委指示安溪中心县委：第一，要加紧发展游击队，扩大游击区，建立赤色根据地；第

① 参见《许依华巡视泉属的报告》（1932 年 5 月 25 日），中央档案馆、福建省档案馆编《福建革命历史文件汇集》甲 9 册，1986 年内部版，第 203 页；《包野给中央信——巡视安溪报告及请中央分配工作》（1932 年 10 月 16 日），中央档案馆、福建省档案馆编《福建革命历史文件汇集》甲 10 册，1986 年内部版，第 94 页。

② 参见《中共厦门中心市委给中央的信》（1932 年 8 月 26 日），中央档案馆、福建省档案馆编《福建革命历史文件汇集》甲 10 册，1986 年内部版，第 82 页。

二，打通与闽西赤色区域的联系；第三，注意向莆仙发展。[①]

安溪中心县委按照这一指示精神，致力于巩固与扩大游击区，打击游击区及周围乡村的地主民团，并向邻近地区扩展。1932年冬，红二支队北上永春，消灭了永春县达埔、洑溪等地反动武装，开辟了新的游击区。

由于安南永边区土匪众多，严重危害人民群众的生命财产，游击队一方面尽量争取教育一部分土匪投入革命，还着重打击了蔡九顺、陈榜等为群众所痛恨的土匪武装。第二支队人数虽然不多，但由于抱着解救民众的宗旨，不断地打击反动势力，并在斗争中壮大自己。在短短的一年内，第二支队在安、南、永三县边界英勇战斗，为建立苏维埃政权，实行土地革命创造了良好的条件。

1933年8月24日，中共安溪县官桥区委在蓬莱登虎榜召开各乡代表大会。大会决定，"为争取创造安溪新苏区的胜利，首先竖起我们战斗的旗帜，而正式成立官桥区革命委员会，领导群众斗争"，选举傅有智为主席。会议还决定，动员赤卫队、少先队配合红军游击队，打击十九路军与反动势力，实行土地革命，没收地主土地，分配给穷苦农民及游击队员。[②]

8月25日，安溪中心县委又在东溪召开了边区各县代表大会，有3000多名群众积极参加。在群情激昂的气氛中，大会宣布成立了安溪县革命委员会，李剑光为主席。大会号召穷苦农民，坚决实行抗捐抗税，没收地主土地。愤怒的群众将当地恶霸首领陈忠修押到会场，宣布其罪状，立即处决。[③] 官桥区和安溪县革命委员会的相继成立，表明安南永

① 参见《厦门中心市委包野给中央的工作报告》（1932年11月26日），中共厦门市委党史办主编《厦门革命历史文献资料选编》第5集，1989年内部版，第226页。

② 参见《安溪县官桥区革命委员会成立通电》（1933年8月27日），中共安溪县委党史研究室编《安溪革命历史资料辑录》上册，2011年内部版，第275页。另据1961年6月26日施满玉整理的傅秀莲、傅湖兴等人的回忆材料，认为官桥区革委会成立日期是1933年农历五月初七日（公历5月30日）。中共福建省委党校馆藏资料（2—0393）。

③ 参见傅秀莲等：《安溪苏维埃政府成立的情况》（1961年6月26日），中共福建省委党校馆藏资料（2—0393）。

游击根据地走向了巩固与成熟时期，成为工农武装割据的苏维埃区域。红色政权建立以后，便领导群众开展抗捐抗税，没收地主谷子分配给农民，每人都能分得三四十斤。[①] 只是由于不久以后敌人的破坏与进攻，土地的没收与分配未能立刻实行。

国民党军政当局为了摧垮安南永红色区域，除了不断进行武装骚扰外，还收买了土匪头目王观兰，密谋捕杀安溪中心县委及红军游击队领导人。9 月 8 日，王观兰以联合红军游击队商讨攻打地主民团为名，在安溪县蓬莱青云楼诱捕了红二支队队长陈凤伍、政委李实、副支队长李世全和官桥区革委会主席傅有智等 13 人。这些同志被捕后英勇不屈，全部惨遭杀害。[②]

"青云楼"事件给安南永游击区的斗争造成了严重损失，群众情绪也大受打击。为此，中共中央严肃地批评了安溪中心县委，指出这一错误使安溪党组织付出了"很高的代价"，指出"扩大游击队必须坚决反对脱离群众斗争而幻想收编土匪的办法"[③]。为了挽回这一事件造成的不利局面，安溪中心县委一方面纯洁与整顿革命队伍，一方面将所属官桥、彭区两区委合并为官彭区委，湖头区工委并入黄口区委，镇田与金淘合并为金淘区委，将工作范围作适当的收缩与调整。

1933 年冬，十九路军发动福建事变，公开宣布反蒋抗日，停止对红军的进攻。为了充分利用这一时局的变化，厦门中心市委派尹利东（林平）前往安南永游击区，担任红二支队队长。但是尹利东刚刚到达安溪，"闽变"已失败，国民党第三十六师宋希濂部进已占泉属各县。

安溪中心县委利用反动统治内部混乱和敌三十六师立足未稳的形势，贯彻"积极发展自己力量"的方针。红二支队和区乡武装主动出击，击

① 参见傅秀莲等：《安溪苏维埃政府成立的情况》（1961 年 6 月 26 日），中共福建省委党校馆藏资料（2—0393）。

② 参见翁成金：《土地革命战争时期安南永德革命斗争忆述》（1985 年 10 月 31 日），中共福建省委党史资料征集编写委员会编《福建党史资料》第 4 辑，1986 年内部版。

③ 《中共中央给福建省委和厦门市委指示信——开辟县区工作与反对一切不正确倾向》（1934 年 2 月 20 日），福建省委党校馆藏资料（1—1787）。

溃与消灭了许多反动武装。至1934年1月，恢复了东溪、官桥、黄口等老游击区。[①] 2月5日，中共厦门中心市委宣传部长方毅向安溪中心县委传达了中共中央关于反对敌人第五次"围剿"的指示。同一天，中心县委向各区委，特支发出紧急通知，要求各地加紧开展年关"五抗"斗争，实行土地分配，广泛组织地方武装，牵制打击敌人，创造安南永德新苏区，配合中央红军的反"围剿"斗争。

安溪中心县委随即成立了分田委员会，在芸溪、官彭、金淘等区19个乡村进行土改分田工作。土地没收与分配的方针政策，大致沿用中央苏区的经验。由于当时在土地政策上受到王明"左"倾错误的影响，安南永苏区的土地分配同样实行"地主不分田，富农分坏田"的政策，首先保证贫雇农与红军家属分好田，中农的土地一般不动。[②]

经过土地革命，群众斗争情绪高涨，穷苦青年积极参加游击队，武装力量进一步得到加强，从而打通了安溪、南安、永春、德化四县赤色区域。这一区域东起永春湖洋，跨南安之诗山、金淘，西达安溪之长坑、官桥，南起同安县吾峰，北至德化县三班，纵横一二百里。这一地区党组织在安溪中心县委领导下，建立了安溪县芸溪、黄口、彭区（蓬莱）、官桥和南安县诗山、金淘等区委，另外还设立有永春特区委、德化工委、安南同特支等组织。红二支队也由原来的不足百人发展到500多人。这样，安南永德红色区域发展到了鼎盛时期。[③]

1934年春，国民党第三十六师开进安南永地区，纠集地主武装向游击队和根据地发动进攻。为了粉碎敌人的进攻，红二支队以安溪为中心，在四县边区开展灵活的游击战争，先后在安溪县贞洋，永春县达埔、羊角，南安县高田、苦湖等地有效地打击了敌人，保存了力量。

---

① 参见尹利东：《在安南永德地区的革命斗争》，中共福建省委党史资料征集编写委员会编《福建党史资料》第4辑，1986年内部版。

② 参见郭送等：《安南永根据地的土地改革情况》（1961年6月26日），福建省委党校馆藏资料（2—0387）。

③ 参见尹利东：《在安南永德地区的革命斗争》，中共福建省委党史资料征集编写委员会编《福建党史资料》第4辑，1986年内部版。

同年秋，红二支队重返安溪佛仔格根据地，再次胜利地打击了敌人的进攻。

安南永游击根据地虽然远离中央苏区，以数百之兵力活动于狭小的偏僻山区，但是，在安溪中心县委的领导下，这里的人民群众和红军游击队面对强大的敌人，坚持开展斗争，从而牵制了两个师的敌军，为配合中央苏区的反“围剿”作出了重要贡献。

中央红军长征以后，国民党加紧了对安南永游击区域的进攻。红二支队在数十倍之敌的反复“围剿”之下，又顽强地战斗了一年多，最后终于因为敌我力量悬殊，加以内部少数领导人如易培祥等投敌叛变，致使这块红色的游击根据地被敌人占领，受到了严重的摧残。

第三节　闽西、闽北苏区的巩固与闽赣苏区的创立

一　中共闽粤赣省第二次代表大会·福建省苏维埃政府的成立

1931 年 11 月上旬，苏区中央局在瑞金叶坪召开了中央苏区第一次党代表大会（亦称赣南会议）。会议在王明“左”倾错误的指导下，否定了毛泽东等在政治、军事、土地政策方面的正确意见，诬蔑这些正确主张是政治上的“非无产阶级观点”，军事上的“单纯防御”和“游击主义”，土地革命上的“富农路线”。会议要求中央苏区以“最大限度的努力去执行国际路线和中央指示的全部，彻底转变党的路线”。在这一错误思想指导下，会议改选了苏区中央局，撤销了毛泽东代理书记的职务，并且决定撤销红一方面军总前委，从而在实际上解除了毛泽东的红一方面军总前委书记和总政治委员的职务。

为了贯彻赣南会议的精神，确定今后的工作方针，中共闽粤赣省委决定在 1932 年 2 月 7 日召开闽粤赣苏区第二次代表大会，后来由于准备工作不充分，又推迟至 3 月初举行。这次会议的任务是：（一）检阅自 1930 年 12 月第一次党代会后一年的经验与教训；（二）贯彻赣南会议的

一切决议；（三）成立新省委。[①]

1932 年 3 月初，中共闽粤赣苏区第二次代表大会在长汀召开。苏区中央局代表任弼时作政治报告，传达了中央局 2 月 19 日的《目前政治形势的分析与苏区党的紧急任务的决议》。

大会在王明“左”倾冒险主义影响下，对国内外和闽西的形势作了过分的估量，认为国际无产阶级和殖民地的革命运动高涨，在中华苏维埃共和国成立以后，“长江南北广大的苏维埃区域，将要联成一片……全国的革命运动，虽然还是表示出不平衡，然而反帝国主义反国民党的民族运动，与土地革命的发展正在汇合。目前党的总任务，就是要抓住现在有利革命的条件，积极发展革命战争，争取一省数省革命的首先胜利”。根据这一分析，大会制定了党的任务：“动员工农劳苦群众与红军积极向外发展，积极开展革命战争，发展扩大闽粤赣苏维埃区域，夺取中心城市，首先就要加紧巩固闽西，完全贯通闽赣两省苏区，积极的向北发展，这样来响应和援助全国乃至福建潮梅的反日反帝反国民党的革命运动，来配合全国各苏区，特别是江西苏区向外发展的行动，以取得赣鄂湘几省的革命首先胜利”。会议强调指出，上述任务的中心，是开展革命战争问题。[②]

为了保证上述各项任务的完成，大会通过的《目前政治形势与党的任务》对具体工作又作了部署，其要点是：

（一）巩固和发展闽粤赣苏区。“尽量开展游击，配合十二军来开展革命战争，积极向外发展，消灭钟少奎、卢新铭、张贞，以至卢兴邦、周志群等军阀团匪……巩固和扩大闽西汀、连、杭、武、永定、龙岩的苏区，并向闽北方面发展。特别要加紧汀州、宁化与上杭、武平的工作，使闽赣苏区完全打成一片”。

---

① 参见明光：《准备党大会》，《红旗》1932 年 1 月 5 日。

② 参见《目前政治形势与闽粤赣苏区党的任务》（1932 年 3 月 14 日），福建省档案馆、广东省档案馆编《闽粤赣边区革命历史档案汇编》第 1 辑，档案出版社 1987 年版，第 157 页。

（二）巩固扩大红军，加强地方武装。在 4 月份完成扩充到 3000 人的计划，壮大红十二军及独立第七师，同时各县区警卫连应改编为独立团，以便集中指挥向外游击。

（三）执行土地法令。彻底清查“地主家属所冒领的土地，以及富农所保留的好田”。在新发展的长汀、连城、宁化、武平等地区，应在春耕前尽快完成分田工作。分田的原则是，“贫农、雇农、中农以人口为标准，富农分坏田，并要以人口劳动力混合为标准”。在分田工作中应注意“不要侵犯中农的利益”，“消灭富农的倾向应当纠正，但最应提防与富农妥协”。

（四）改造各级苏维埃，发动群众的阶级斗争与反帝运动，纠正忽视工会、青年团、妇女工作的错误倾向，同时还须注意纠正过去肃反工作方面的错误。

会议的另一项重要议程是重新选举中共闽粤赣省委（后来也称福建省委），罗明、张鼎丞、谭震林、李明光、郭滴人为省委常委，罗明任省委代理书记。

中共闽粤赣苏区第二次代表大会着重贯彻了中央苏区党代表大会的精神，因此在总的方面来说是接受了王明“左”倾冒险主义的指导。大会错误地认为“闽西党目前主要的危险是右倾”，强调开展所谓反对“右倾机会主义的消极”的斗争。这就为不久以后在王明“左”倾理论指导下开展的反对所谓“罗明路线”、查田查阶级运动埋下了危险的根源。同时，会议在关于红军的行动方针上，片面强调夺取中心城市，以“取得赣鄂湘几省的革命首先胜利”，从而忽视或放弃了农村革命根据地的巩固与发展，实际上否定了毛泽东关于中国革命必须以乡村为中心的正确思想。

但是也应当看到，由于闽西苏区在长期的革命斗争中积累了丰富的经验，大多数党内外干部，特别是党和军队的高级干部对毛泽东的正确思想与方针策略有深刻的体会与认识，因此会议对纠正肃反错误和侵犯中农利益的偏向等方面，也做出了若干切合闽西斗争实际的决定。

中共闽粤赣省第二次代表大会召开以后不久，新成立的闽粤赣省委和闽西苏维埃政府，为了贯彻全国第一次工农兵代表大会所通过的各项政策法令，以适应赣南、闽西苏区连成一片以后革命根据地更加巩固与发展的形势，决定召开福建省第一次工农兵代表大会。

临时中央政府对于这次大会非常重视。大会召开前夕，以毛泽东、项英、张国焘的名义发出了《苏维埃临时中央政府给福建省第一次工农兵苏维埃大会的指示》，对会议作了详尽的指导。中央政府指示信认为，三次反“围剿”胜利以后，苏维埃区域和红军迅速发展，因此当时的主要任务是积极发展革命战争，首先夺取中心城市，争取革命在一省和数省的首先胜利。中央认为，“这个任务，也是你们这次大会所负的最主要的中心任务”①。

虽然，中央政府提出的这一中心任务，同样反映了王明“左”倾错误的指导方针。但是，这封指示信在一些重要策略问题上提出了正确的主张。中央政府指示信认为，在军事斗争方面，应当“采取积极向外发展的进攻策略。这一进攻策略，绝不是冒进和放弃巩固根据地的盲动主义，恰恰相反，而是巩固胜利的向前发展”。指示信还指出，闽西苏区在过去一个时期内武装力量之所以不够强大，主要的原因是受了“左”倾冒险主义的破坏，未能正确地运用游击战术，而是不顾敌强我弱的不利条件实行强攻硬拼的策略，从而招致了军事上局部的失败。为此，指示信要求即将召开的福建省苏维埃代表大会，“必须详细讨论整顿地方武装与加强政治军事工作以及运用游击战术的方法，以提高地方武装在革命战争中的作用”②。

中央政府的这些意见，明显地不同于当时“左”倾错误强调的“一支枪也集中到红军”和轻视地方武装建设的主张，因而对于福建此后武装斗争的发展，具有积极的意义。

1932 年 3 月 18 日，福建省第一次工农兵代表大会在长汀城闽西苏维

① 龙岩地委党史研究室、长汀县委党史研究室编《福建省苏维埃政府历史文献资料汇编》，鹭江出版社 1992 年版，第 80 页。

② 龙岩地委党史研究室、长汀县委党史研究室编《福建省苏维埃政府历史文献资料汇编》，鹭江出版社 1992 年版，第 82 页。

埃政府大礼堂开幕，到会代表100多人。会议历时4天，第一天由中央代表任弼时作政治报告，张鼎丞作闽西苏维埃政府一年来工作报告，并宣读中央政府给大会的指示信。会议先后讨论和通过了土地法、劳动法，以及财政、苏维埃建设等重要决议和大会的宣言、电文，选举成立了福建省苏维埃政府。

由于这个时期中央苏区正在加紧推行王明“左”倾冒险主义的错误，中央苏区党代会、闽粤赣省党代会和全国第一次工农兵代表大会都才刚刚结束，这些会议所作出的一系列反映“左”倾错误的方针政策，不可避免地给了福建省第一次工农兵代表大会以直接的影响。

大会通过的《土地问题决议案》认为，由于闽西苏区执行了中央的《土地法草案》，实行彻底没收豪绅地主的土地财产，“依照人口与劳动力混合的原则，重新分配给贫农、雇农、中农，富农分坏田并没收他们多余的耕牛、农具”。决议要求在老苏区开展土地检查，收回富农所得好田，消灭豪绅地主残余；在新发展的区域应坚决执行“地主不分田，富农分坏田”的政策。

这个决议案在总结了前一时期土地分配中出现的问题之后，对某些明显的“左”倾错误也作了纠正，批评一些地方不能正确对待中农，甚至错误地提出“雇农贫农分上田，中农分中田”，有的地方还发生了消灭富农的倾向。大会认为这些偏向都是错误的。另外，《土地问题决议案》提出奖励开垦荒地，规定农民开垦的荒地在若干年内免征土地税，也可以租给富农耕种，并号召整修水利，以发展苏区农业经济。这些规定，无疑是有利于苏区经济建设的。

福建省第一次工农兵代表大会着重讨论了经济建设和财政问题。会议认为：“经济政策的正确实行与财政问题的正确解决是发展革命战争，巩固苏维埃区域，改良和提高工农劳苦群众生活的重要条件，这是各级苏维埃政府不容许丝毫忽视的二大问题。”① 为此，大会对1930年3月闽

① 江西省税务局等编《中央革命根据地工商税收史料选编》，福建人民出版社1985年版，第76页。

西苏维埃政府成立以后的苏区财政经济工作进行了认真的检查。检查的结果认为，过去两年间对于经济财政工作缺乏重视，“闽西第一次及第二次工农兵代表大会，关于统一苏维埃财政，发展社会经济的决议案，几乎都成白纸写黑字，没有切实执行”①。因此导致苏区的经济发展缓慢，闽西的主要物产纸、烟、木材产量都有所减少，农业生产也相当程度地减低，与白区的贸易时断时续。会议认为，造成这种情况的原因，一方面是敌人的经济封锁与军事进攻，另一方面是不能正确执行党的经济政策，以致商人、资本家消极怠工。另外，未能大力鼓励群众集资发展合作社，以致整个苏区当时登记的合作社总共不过90多个，而且其中90%以上是消费合作社，生产合作社的数量极少。此外，工农银行成立以来，对社会经济、流通苏区金融的作用也发挥得不够。会议还认为，在经济政策方面发生了偏差，例如由于乱打富农，农民不愿意积极发展经济，也不愿意植树、开荒或发展家庭副业，害怕生产致富；加以苏区财政不统一，各地收支各自为政，影响了政府的财政收入。②

为了进一步发展苏区经济建设，大会根据上述情况对经济和财政问题分别作出决议。在经济方面，会议规定：（一）政府应努力发展纸、烟、木材生产，其次要注意促进果、木、畜牧业；（二）注意改良与发展农业经济、改良水利、种子，鼓励多种杂粮，发展农业生产；（三）发展各种合作社，尤其要根据闽西特点，大力发展纸业合作社；（四）疏通赤白区贸易，吸引白区商人到苏区经商，对于工商业者，“只要他们在不违反苏维埃一切法令，不反革命，〈不〉垄断操纵条件之下，应绝对允许其自由营业，不得任意没收他们的商品……不能没收其商品和工厂”；（五）杜绝各地合作社及私商自行发行纸币，已经发行的立刻收回销毁。③

① 江西省税务局等编《中央革命根据地工商税收史料选编》，福建人民出版社1985年版，第76页。

② 参见江西省税务局等编《中央革命根据地工商税收史料选编》，福建人民出版社1985年版，第77页。

③ 参见江西省税务局等编《中央革命根据地工商税收史料选编》，福建人民出版社1985年版，第78—79页。

在财政方面，大会制定了有利于苏区经济的政策，其主要内容有如下几点：(一) 统一税收，除中央规定的农业税、商业税、工业税三种以外，“其他如各城市及各市场的豪绅地主反动派的住屋和出租的店铺应一概没收，归苏维埃所有”。过去规定的摊子税应予取消，以减轻或免除贫苦人民的负担；政府的税收，主要应由资本家、商人、富农及比较富裕的成分来负担。(二) 农业税按中央规定的暂行税则执行，根据福建田少人多的实际情形，规定“每人收得干谷三石以上为起码征收标准”。(三) 正式税收应由政府税收部门统一征收，其他收入如对土豪、反动派之罚款、没收所得，都应解缴国库，“非经中央财政部的命令和省苏根据命令而批准，不许动用分文”。(四) 严格预决算制度，未经上级批准的行政费用不得取用。应严格开支，把主要经费用于战争。各级政府应经常派员检查财政，如发现违反预算舞弊浪费者，应以纪律处罚。①

福建省第一次工农兵代表大会通过的上述财政经济政策，除少数方面如加重富农、经济富裕的工商业者税收负担的规定，反映了当时“左”倾的经济政策以外，大致是比较正确的。这对于今后闽西苏区的进一步巩固与强盛，起了不可忽视的积极作用。

除此之外，大会还根据全国第一次工农兵代表大会的有关决议精神，分别讨论通过了《实行劳动法令决议》《苏维埃建设问题决议》等重要的政策法令。

会议期间，选举成立了福建省苏维埃政府，张鼎丞、阙继明、张思垣、范乐春等 35 人为执行委员，钟友勋、赖荣章等 13 人为候补执行委员。大会结束以后，福建省苏维埃政府执行委员会召开第一次会议，选举张鼎丞、阙继明、张思垣、范乐春、李六如、郭滴人、钟显光、张华先、谭震林等 9 人组成主席团，张鼎丞为主席。

3 月 21 日，福建省第一次工农兵代表大会闭幕。在会议结束的时候，任弼时代表中央政府作了总结。他指出：“这次大会检阅了过去闽西苏区

① 参见江西省税务局等编《中央革命根据地工商税收史料选编》，福建人民出版社 1985 年版，第 79—80 页。

的工作，接受了全苏大会的法令与中央政府的指示，决定了福建苏区今后斗争的方针”。任弼时在总结中再次强调，福建苏区今后的总任务“是要巩固闽西与江西苏区成为一片，积极向闽北发展，配合江西和其他苏区斗争来争取革命在江西的首先胜利”。①

福建省苏维埃政府的成立，表明了闽西革命根据地的巩固和成熟。从这以后，闽西苏区进入了强盛与发展的时期。

二 第四次反“围剿”的胜利与闽赣苏区的建立

1932 年 5 月，国民党政府开始准备对全国各革命根据地发动第四次“围剿”。敌人对这次“围剿”的部署分两个阶段，即首先集中兵力进攻鄂豫皖和湘鄂西苏区，然后转向对中央苏区的进攻。为此，蒋介石在第四次“围剿”的第一阶段对中央苏区采取守势，组成以何应钦为总司令，陈济棠为副司令的赣粤闽边区“剿匪”司令部，积极准备“围剿”中央苏区，牵制中央红军，配合其北线作战。

6 月 21 日，中共中央作出《关于帝国主义国民党“四次围剿”与我们的任务的决议》，要求“各苏区的红军必须更有计划的互相呼应，互相配合”，坚决执行中央的军事计划，采取向敌人积极进攻的策略，消灭敌人在一方面的主力，以根本击破敌人的“围剿”。根据中央的决定和福建的形势，闽西、闽北苏区军民积极行动，相互策应，配合中央红军展开了艰苦的反“围剿”斗争。

在闽西苏区，中共闽粤赣省委和福建省苏维埃政府，利用国民党对中央苏区的第四次“围剿”尚未展开，正处于准备阶段的时机，将红十二军部署在杭、永、岩地区，对付敌十九路军和粤军的进攻；独立第七师调往宁化、连城一线，向北发展。同年 9 月以后，红军独立第八、九、十师相继成立。福建军区随即将独立第八师布置于龙岩、永定，独立第九师在北线清流，与独立第七师协同作战，独立第十师开赴武平，积极

① 任弼时：《福建省苏大会的总结》，《红色中华》1932 年第 7 版。

向周围地区发展，开辟新的区域。

1932 年 7 月至 10 月间，闽西红军在各地打击敌人，不断取得胜利。7 月 8 日，红军独立第七师在地方武装的配合下，向宁化进攻，击溃敌马鸿兴部，缴获步枪百余支，占领宁化县城。[①] 随后，独立第七师趁胜向清流推进，多次击败反动团匪大刀会，攻占清流县城。为了追歼逃敌，独立第七师在占领清流后，在闽赣边境地区纵横驰骋，开展游击战争。9 月 26 日，独立第七师在安远市击溃敌周志群部以后，再次向回窜清流之敌进攻，并于 10 月 7 日重占清流县城。[②]

10 月 29 日，福建军区指挥所属各部分两路出击，占领连城、归化。龟缩在归化城内的建宁、石城、归化、宁化四县团匪被团团围困，一部分被歼，余部仓皇溃散。

闽西红军在短短几个月时间内，不断攻占敌人驻守的重要城镇，打击与消灭敌人的有生力量，巩固了宁化、清流边区，为不久以后打通闽西与闽北苏区的联系建立了前哨阵地，也为即将展开的第四次反“围剿”战争准备了条件。

在闽北方面，国民党调集了第五十五师周志群部、五十六师刘和鼎部以及当地反动武装卢兴邦、驻江西之敌七十九师等部，不断向闽北苏区进攻，以图消灭闽北红军，阻挠赣东北与中央苏区取得联系。中共赣东北省委根据中央提出的任务，大力巩固与发展闽北苏区，积极打通与中央苏区的联系。为此，赣东北省委决定红十军趁敌人对中央苏区的第四次“围剿”尚未展开的时机，向闽北发展，赤化闽北苏区与赣东北苏区之间约 30 里的白色区域。赣东北省委对红十军进军闽北规定的方针任务是：“要从争取战争的胜利中来扩大闽北苏区，特别着重打通闽北与赣东北两个苏区的联系”[③]。

---

① 参见《红军占领宁化县城》，《红色中华》1932 年第 3 版。

② 参见《红旗周报》1932 年 11 月 15 日。

③ 《我从事革命斗争的略述》（1935 年 3 月），中共江西省委党史资料征集委员会编《方志敏文集》，江西人民出版社 1999 年版，第 74 页。

9月10日[①]，红十军在赣东北省委书记兼军委会主席方志敏和军长周建屏、政委聂鸿钧的率领下，从赣东北苏区首府葛源出发，开始了向闽北的行动。部队南下由横峰渡过信江，经铅山县杨村抵达紫溪。方志敏在紫溪与中共闽北分区委书记黄道等会合以后，召集会议研究下一步的作战计划。会议确定，红十军的军事行动分三个阶段：第一步，以红十军主力进攻崇安县赤石，另一部配合闽北红军独立团进攻崇安星村，以实现赤化崇安全县；第二步，红十军与闽北独立团向浦城进攻，开辟浦城新苏区，并解决部队的给养；第三步，在完成浦城作战任务后，红十军转入铅山活动，以实现打通赣东北与闽北两个苏区之目标。[②]

红十军在崇安县大安与闽北红军独立团会师以后，随即按照这一计划展开行动。9月17日，红十军分作两路同时向赤石、星村发起进攻。红十军之八十二团、八十三团与闽北独立团一举攻占星村，方志敏、周建屏亲率军部与第八十一团进攻驻赤石之敌刘和鼎部一个团。赤石战斗持续至当天下午，敌不支缴械投降。[③]

红十军迅速攻取赤石、星村，给敌刘和鼎部以沉重打击，巩固与扩大了崇安苏区，减少了闽北与中央苏区之间的一重障碍。中共闽北分区委对这次战役的胜利给予了很高的评价，认为“这确是闽北方面空前未有的胜利，这一胜利又是正当着白军四次围攻苏区当中，更是有重大意义的”[④]。

赤石、星村战斗之后，红十军转入第二阶段作战。部队在坑口稍事休整，以少部分兵力向建瓯方向佯动，调动敌人增防建瓯一线；红十军

---

① 关于红十军向闽北行动的时间，众说不一，此处日期见《红旗周报》1932年11月15日。

② 参见《我从事革命斗争的略述》(1935年3月)，中共江西省委党史资料征集委员会编《方志敏文集》，江西人民出版社1999年版，第74页。

③ 参见缪敏：《红十军第二次进军闽北纪实》，中共建阳地委党史办公室、福建省建阳地区文化局编《战斗在闽北》，1983年版。

④ 《庆祝红军攻下赤石、星村胜利的宣传要点》(1932年9月18日)，中共福建省建阳地委党史办、福建省建阳地区档案馆编《闽北党史文献》第2集，1984年内部版，第244页。

主力则隐蔽地向浦城迅速出击，以图一举夺取经济繁华的“金浦城”。部队行至距浦城50多里的洋溪尾时，与敌军1个连遭遇。这一个连的敌人当即被歼，但红十军也因此而暴露了行动目标。方志敏当机立断，率领部队急速行军，强攻浦城。

驻扎在浦城县的敌军周志群部共3个团，1个团在城内，1个团驻北乡，1个团驻城南约20公里之临江。红十军则有6个团的兵力，相对处于优势。9月19日凌晨，红十军向浦城发起进攻。红十军所经过乡村的群众踊跃前往助战，参加攻城的农民多达数千人。闽北独立团奉命协助红十军，团长黄立贵率先攀登城墙，冲锋杀敌。副团长李金泉在登城时中弹，英勇牺牲。

驻临江的敌军1个团闻讯，急速增援浦城守军，途中遭到红十军伏击，大部被歼。驻北乡的1个团敌军不敢前往，闻风溃逃。城内敌军孤立无援，顽强抵抗。红十军组织了敢死队，拼死攻坚，激烈的战斗持续了一昼夜。9月20日①，红十军占领浦城。城内守敌除团长与浦城县长率少数士兵逃跑外，其余均被歼。这一仗，缴获步枪700余支、水机关4挺、无线电台1部，筹款50多万元和黄金1000多两，并获得了大量军用物资。②

红十军占领浦城3天以后，获悉国民党以4个师的兵力开始向赣东北苏区发动第四次“围剿”，并以第七十九师急进至江西铅山，企图趁闽北苏区后方空虚的机会夺取苏区首府崇安县大安，截断红十军返回赣东北苏区的退路。由于这一变化，红十军不得不放弃原先制定的第三阶段的作战计划，立即撤离浦城，返回崇安苏区，直趋分水关迎战来犯之敌。红十军在铅山县车盘与敌人遭遇，激战3天，给敌人以沉重打击之后撤出战斗，北渡信江，于10月4日返回赣东北苏区。③

---

① 关于红十军占领浦城日期有几种不同的意见，此处日期参见杨良生：《闽浙赣省闽北分区革命历史记述》（1952年12月29日）。另参见张廷贵、袁伟：《中国工农红军史略》，中共党史资料出版社1987年出版。

② 参见缪敏：《红十军第二次进军闽北纪实》（1959年6月15日）。

③ 参见《赣东北苏区通讯》1932年10月19日。

红十军第二次进军闽北，在不到一个月的时间内获得了前所未有的胜利，共计歼灭敌军刘和鼎部1个团、钱玉光部2个团，击溃敌王经文部及第五师共6个团。[①] 方志敏后来在狱中追述这次军事行动时说：“在红十军第二次进闽北的战争中，在军事上是获得了不少的胜利；在政治上发展了崇安浦城的苏区，只是第三步作战计划没有实现，与渡河被敌截击不能不是一个很大的缺陷。”[②] 后来的事实表明，红十军入闽虽然由于敌情变化而未能打通赣东北与闽北苏区的联系，但由于这次行动打击了敌人对闽北的第四次“围剿”，巩固扩大了闽北红色区域，因而为不久之后闽北红军与中央红军的会师，以及闽北苏区与中央苏区打通连成一片，创造了条件。

1932年11月7日，闽北苏区第三次工农兵代表大会在大安召开。会议确定将闽北红军独立团扩建为独立师，同时成立闽北军分区。这时，闽北苏区已包括有崇安、铅山、广丰、上铅、建浦、大安6个县，人口五六十万。不久以后，闽北独立师向邵武、光泽进军，开始了打通中央苏区的行动。

1932年10月，蒋介石在结束了对鄂豫皖和湘鄂西苏区的“围剿”以后，开始其第二阶段的行动，集中全力向中央苏区进攻。12月，何应钦调集30多个师的兵力，分左、中、右三路，准备对中央苏区发动第四次“围剿”。

1933年1月，陈诚指挥的中路军16万人，采取分进合击的战术向中央苏区进攻。红一方面军总司令朱德、总政委周恩来根据敌我双方的态势，采取大兵团伏击的战术，于2月26日至28日在宜黄之黄陂地区，全歼敌五十二师，师长李明被俘，敌五十九师大部被歼，师长陈时骥就擒。随后，红一方面军又于3月21日在草台冈歼敌第十一师大部，3月22日在东陂歼敌第九师，从而在江西战场上基本上打破了中路敌军的第

① 参见《赣东北苏区通讯》1932年10月19日。

② 《我从事革命斗争的略述》(1935年3月)，《方志敏文集》，江西人民出版社1999年版，第78页。

四次“围剿”。

敌十九路军与广东部队作为进攻中央苏区的左、右路军，亦于1933年1月底至2月上旬向闽西苏区发起全面进攻。1月26日，敌十九路军1个团由永定虎岗向上杭大阳坝进攻。福建军区集中了上杭、永定两县地方红军埋伏于挡风坳，一举击退敌人的进攻。随后，闽西红军又在上杭黄潭截击张贞部4个营，歼敌2个连，取得了闽西战场上第四次反“围剿”的第一次胜利。

闽西红军于东线战场迎击敌人的同时，亦在南线与北线同时投入战斗。2月19日，红军独立第十师在武平击退进攻中堡之敌钟绍葵部。部署在北线的红军独立第七师、第九师与宁化、清流、归化等县地方武装，也不断给敌人以沉重打击。2月中旬，独立第九师在林地袭击清流敌军，俘敌清流县团总局长；随后，分两路进攻曹坊、吴家地之敌，一举夺取这两个据点，残敌败退连城。

2月底至3月初，敌十九路军和粤军加强了攻势，相继占领上杭北部和连城南部地区，直抵新泉、芷溪。闽西苏区的第四次反“围剿”到了紧急的关头。闽粤赣党团省委号召全苏区人民动员起来，以中央红军在黄陂大捷的胜利为榜样，与敌人作顽强的斗争，保卫汀、连、宁、清苏区。

于是，新成立的闽西红军主力第十九军及地方武装，最大限度地打击与消灭进犯之敌。3月21日，敌十九路军六十师1个团从连城芷溪出发，袭击福建军区后方基地南阳。驻南阳的军区随营学校师生发现敌情，立刻抢占制高点，激战一昼夜，将敌人击退。3月31日和4月7日，敌人的7个团又两次进犯南阳。红十九军在途中马洋洞一带设下埋伏，将敌人击溃，胜利地保卫了南阳。①

红军在马洋洞之役的胜利，迫使敌十九路军滞留于新泉一线，难于再向苏区深入。这时候，中央红军已取得草台冈大捷，打破了中路敌军的进攻。在中央红军胜利的鼓舞下，福建军区指挥红十九军与各县武装

① 参见《打垮十九路军七团》，《红色中华》1933年4月14日。

向敌人实施反击。5 月 3 日，红十九军向占领上杭之粤军发起进攻，夺取城郊水西渡阵地。敌军在败退渡江时，纷纷落水溺毙。是役歼敌 1 个营，其中溺水汀江者有 200 余人。[①]

马洋洞和水西渡战斗的胜利，沉重地打击了敌十九路军和广东军，迫使他们放弃了蓝家渡、茶地、庐丰、半迳（今泮境）等重要据点。敌张贞部也退出了上杭，撤至虎岗、坎市、龙岩一线。这样，闽西苏区军民基本打破了敌人的第四次“围剿”。

在闽西红军开展第四次反“围剿”期间，中央红军在周恩来、朱德等的领导下，抵制王明“左”倾冒险主义的方针，坚决执行了 1932 年 10 月上旬宁都会议[②]以前周恩来、毛泽东、朱德、王稼祥等提出的在中央苏区东北地区消灭敌人据点，巩固和扩大苏区，作好第四次反“围剿”战前准备的行动方针。1932 年 10 月 14 日，周恩来、朱德在广昌签发《工农红军第一方面军战役计划》，决定红一方面军主力向赣东北及闽北苏区方向出击，“出敌不意地消灭建宁、泰宁、黎川的敌人并占领其地域……赤化所在地域及征集红军所需的资材以利于此后的战役”。以后的事实证明，这一行动计划的实行，不仅为即将开始的第四次反“围剿”创造了有利条件，而且迅速赤化了这一广大区域，恢复与扩大了苏区，打通了中央苏区与闽北、赣东北苏区的联系，创造了闽赣革命根据地。

红一方面军按照这一作战计划，于 10 月 16 日分四路由江西广昌一带向闽赣边境之建宁、黎川、泰宁突击。红一军团为中央纵队，居中挺进建宁；红三军团为左路纵队，直逼黎川；红二十二军为右路纵队，取道建宁县客坊、均口北上泰宁；红五军团为总预备队，策应红一军团和红二十二军的行动。10 月 18 日，红三军团夺取黎川，敌许克祥部败走南丰；同一天，红一军团占领建宁，击溃敌周志群部第二团；10 月 19 日，

---

① 参见《广东军阀吃了当头棍》，《红色中华》1933 年 5 月 14 日。

② 宁都会议是指 1932 年 10 月上旬在江西宁都召开的苏区中央局扩大会议。这次会议错误地批评了毛泽东正确的军事方针，贯彻“左”倾的军事冒险主义。会后，毛泽东被解除了在红军中的职务，调回中央政府工作。

红二十二军攻取泰宁，从而在两天之内取得了“连克三城”的北线大捷。[①] 红军攻占建宁之后，周恩来、朱德率红一方面军总司令部进驻建宁。随后，红军趁胜扩大战果，向周围农村及北线进展，10月22日占领邵武，11月8日攻克光泽[②]，并先后占领了将乐、顺昌、资溪、金溪，从而打通了中央苏区与赣东北、闽北苏区的联系。

由于建黎泰地区在战略与地理上处于十分重要的位置，党中央和苏区中央局十分重视这一地区的建设与巩固，认为这一地区是“中央苏区的战略锁匙，是永远不能放弃的”[③]，要求闽赣两省委以最大的力量加强对这一新区域的领导。1933年1月，中共建宁中心县委在建宁成立，领导建宁、黎川、泰宁三县群众开展土地革命，建立与发展游击队、赤少队，积极配合主力红军巩固发展建黎泰苏区。

红一方面军在取得金溪、资溪战役胜利之后，一方面加紧第四次反“围剿”的准备，另一方面调集部队继续向赣东北、闽北苏区方向运动。1933年1月25日，朱德率领红三军团进抵贵溪，在上清宫与赣东北红十军胜利会师。为了集结主力红军同敌人展开大规模作战，按照中革军委的指示，红十军与红三十一师合编为红十一军，以周建屏为军长，萧劲光为政委。其任务是巩固新区，以建黎泰苏区为依托，向北发展，开辟抚河以西的新苏区。

由于红一方面军恢复并打通了建黎泰苏区与闽北苏区、江西信抚苏区的联系，这一地区便成了中央苏区东方战线重要的一翼。不久，中央红军又胜利地打破了敌人第四次“围剿”，从而使得这一地区更加巩固，在政治、军事、经济诸方面更加显示其重要的战略地位。为了加强对这一区域的领导，苏区中央局于1933年2月5日决定在这里设立闽赣省，

---

① 参见《北线大胜利，连克三城》，《红色中华》1932年10月23日。

② 参见《攻克邵武，敌退顺昌》，《红色中华》第38期；《前线捷闻》，《红色中华》第40期。

③ 中央档案馆编《中共中央文件选集》第9册，中共中央党校出版社1991年版，第105页。

直属中央领导。同年 4 月 26 日，中央人民委员会第四十次常会在听取了邵式平的工作报告之后，认为闽赣苏区“地方广大，在政治上军事上均占重要地位”，因此决议将建宁、黎川、泰宁、金溪、资溪、光泽、邵武这一新开辟的苏区与闽北苏区，以及江西信江、抚河之间广大地区划为闽赣省，立即成立闽赣省革命委员会，以邵式平、顾作霖、万永诚、余泽鸿、毛泽民等 25 人为委员，邵式平为主席。①

5 月上旬，闽赣省工农兵临时代表大会在黎川县湖坊召开，会议宣告闽赣省革命委员会成立。随后不久，又成立了以顾作霖为书记的中共闽赣省委和以萧劲光为司令员的闽赣省军区。同年 12 月 11 日，闽赣省第一次工农兵代表大会在建宁召开，正式成立闽赣省苏维埃政府，邵式平为主席。

闽赣苏区建立以后，闽赣省委和省革委会领导苏区人民贯彻中华苏维埃共和国临时中央政府的各项政策法令，深入开展土地革命，健全与加强各级苏维埃政府，发展地方武装，将闽赣革命根据地建设成为中央苏区东北战线的前哨阵地。

三　东方军入闽作战

1933 年初，临时党中央从上海迁入中央苏区，进一步推行其“左”倾理论和政策，提出所谓“创造百万铁的红军”“全线出击”“两个拳头打人”等“左”倾口号。“左”倾错误的领导者过分估计了第四次反“围剿”胜利以后的形势，继续执行“争取江西及邻近省区革命胜利”的计划，决定采用“两个拳头打人”的方针，令红一方面军的红一军团和红三军团两支主力部队分离作战，分别在江西和福建两个战场上与强大的敌军作冒险的决战，以图在两个战略方向上同时求得速胜。

1933 年 6 月 13 日，苏区中央局转发了《中央关于今后作战计划的指示》。这份指示发自上海，实际上反映了共产国际驻上海军事总顾问弗雷

① 参见《中央人民委员会第四十次常会》，《红色中华》1933 年 4 月 29 日。

德的意见。中央认为蒋介石在军事上、政治上困难重重，与广东当局也矛盾很深，不可能很快在北线对中央苏区发动进攻。因此，中央要求红一方面军主力分两路在福建和江西实行分离作战。中央决定将这一战略行动分为三个阶段：第一阶段，以红五军团入闽，会同福建红军组成东方军团，以宁化、清流为总的进攻方向，其目的是消灭敌新二师、四十九师和七十八师等部；第二阶段，东方军团继续北进，进取将乐、邵武，并与北线方面军其他部队配合，消灭抚河南岸之敌；第三阶段，东方军团与北线部队夹击抚州，进攻南昌。苏区中央局在转发中央这份指示时，将组成东方军的红五军团改为红三军团。

在前方指挥作战的周恩来、朱德得到这一指示之后，多次致电中央局，提出不同意见，认为北线形势紧张，而闽西山高路远，不宜入闽与装备精良的十九路军硬拼，红一军团和红三军团亦应相对集中，注意北线敌人的威胁。但是，这些正确的意见未能得到中央局的重视。

1933 年 7 月 1 日，中革军委命令以红三军团的红四师、五师为主，包括福建军区所属红十九师，组成东方军，开入闽西作战。为了配合东方军作战，还命令闽西红军主力第三十四师和宁清归军分区、闽赣军区部分武装统归东方军指挥。其作战任务是“恢复闽西沦陷的连城、新泉苏区和开辟闽北新苏区”，以便配合争取江西革命的首先胜利。① 7 月 2 日，彭德怀、滕代远率领东方军由江西广昌的头陂地区出发，向福建进军，于 7 月 5 日到达宁化以西地区集结。

东方军虽然是一支为了执行“左”倾冒险主义方针而组建起来的部队，但是以后的军事行动在周恩来、朱德的正确领导下，在彭德怀、滕代远的指挥下，全军指战员顽强战斗，在军事上仍然取得了许多重大胜利。东方军出发以后，“左”倾错误的中央领导者按照其夺取中心城市的指导思想，不断发出主观主义和教条主义的指令。所以东方军的每次战斗，都要经过周恩来、朱德、彭德怀、滕代远与中央错误方针反复争论，

① 参见李志民：《回顾东方军的英勇战斗和深刻教训》，《党史研究参考资料》1982 年第 3 期。

甚至激烈的斗争才能取得胜利。

东方军入闽以后，发现宁化东北地区之泉上驻有敌卢兴邦部及地主武装400多人，他们依仗坚固的土堡及囤积的大批粮食物资，对红军行动与苏区安全构成严重威胁，因此向中央建议拔掉泉上的土堡，扫清障碍。周恩来、朱德赞同这一方案，并即转请中革军委批准。但是“左”倾冒险主义者不同意这一计划，极力主张进攻中心城市，反令东方军首先攻取敌人重兵设防的清流城。

东方军没有机械执行中央关于强攻清流的命令，仍然采取围点打援的战术，一面令红五师紧紧包围泉上，一面令红四师在泉上以南30华里之延祥设伏，以待歼击清流援敌。7月9日，红四师在延祥一举歼灭援敌三〇九团，并乘胜追击，占领清流城东北之嵩溪。福建地方红军也配合作战，相机占领岭下、田背、雾阁等地，切断了清流与泉上的交通。

直到这时，中革军委代理主席项英仍然要求东方军只留一个团于泉上，而主力必须立刻南下，首先攻取清流和连城。周恩来、朱德于7月11日连续给项英发出两份电报，指出东方军只有首先占领泉上，才有利于进攻清流。7月12日，彭德怀、滕代远也致电项英，强调主力如果撤离泉上，将不利于今后夺取清流、连城的行动。这样，项英才勉强同意了彭、滕的作战方案。7月19日，红五师强行攻克泉上土堡，歼敌1个团。盘踞清流的敌卢兴邦部3个主力团在红军强大攻势面前，先于7月14日弃城溃退永安。因此，红四师和独立第七师轻而易举地收复了清流。

泉上战斗以后，“左”倾冒险主义者盲目要求扩大战果，反对红军发动群众和筹款，以巩固发展新的赤色区域，而命令东方军立即进攻连城。驻守连城、新泉一带的敌人是第十九路军区寿年部，武器精良，防守也很严密。为了保证战役胜利进行，彭德怀率领侦察排亲到前线侦察以后，决定东方军迂回到连城以南地区，首先袭击通往长汀、连城、龙岩的战略要地朋口，调动敌军主力出援，在运动中予以各个击破。

按照这一计划，东方军以红四师、红十九师分别包围朋口、莒溪，红五师和红三十四师执行在外围牵制与打击增援部队的任务。7 月 31 日清晨，红五师抢先控制了朋口东侧高地，截住由连城南下增援之敌七十八师四六六团钟经瑞部，将其全部歼灭。随后，东方军向被包围的朋口、莒溪守敌第四六七团丁荣光部发起进攻，于同日下午歼灭丁荣光团。

驻连城之敌十九路军七十八师区寿年部为之震惊，于 8 月 2 日放弃连城，向永安撤退。8 月 3 日，东方军第四师、五师、三十四师追击而至，在连城以东之姑田镇给逃敌以突然袭击。区寿年师顿时大乱，夺路向永安奔逃。东方军紧追不舍，在永安县小陶再歼其 1 个团。

朋口、莒溪之役，共歼敌十九路军精锐部队 3 个团，俘敌 2000 余人，使十九路军受到了参加反共内战以来前所未有的打击。战斗结束以后，东方军进驻连城。驻朋口以南的十九路军第六十师沈光汉部，唯恐被继续南下的红军歼灭，匆忙撤回龙岩。红军于是顺利收复新泉一带苏区。

东方军收复连城、新泉，开辟了泉上、清流、归化数百里新区，完成了第一阶段的作战任务。但是，“左”倾错误的领导者仍然反对主力红军开展群众工作，以巩固发展新苏区，而于 8 月 13 日电令东方军立即北上进攻洋口、南平。

对此，彭德怀十分不满，认为东方军“在闽西占领的地区确实不小，已有八九个县，都是猴子摘苞谷，取一个丢一个，一个也没有巩固起来”①。8 月 16 日，东方军除留红三十四师驻守连城外，其余各部按照中央命令挥师北上，经清流、归化，向沙县、顺昌、南平进军，开始执行第二阶段的作战计划。

正当东方军入闽作战的时候，蒋介石在北线已开始筹划对中央苏区的第五次“围剿”。但“左”倾冒险主义者却仍然忽视北线面临的危险，仍将注意力放在福建，攻打已取守势并对蒋介石不满的十九路军。

8 月 26 日，东方军占领了闽江上游的两个主要商埠顺昌之洋口、南平县之峡阳②，击溃蒋军第五十六师刘和鼎部 3 个团。随后，东方军又包

① 《彭德怀自述》，人民出版社 1981 年版，第 181 页。

② 参见《东方军占领洋口峡阳》，《红色中华》1933 年 9 月 3 日。

围顺昌、将乐，直逼南平。南平城内守敌和国民党军政当局不胜惊恐，急电南京、福州求援，谓红军此次以主力入据南平县辖王台乡，占领闽北精华商埠之洋口、峡阳，大有进占南平之势，“驻军实力仅敷守城，南平为上游要塞，省垣屏蔽，恳迅调大军进剿”①。

8月27日，彭德怀亲临顺昌城外观察地形，同时派员侦察将乐、南平。根据侦察所知，这三座城池地形都很复杂，守备坚固，强攻难于取胜。因此，彭德怀、滕代远决定仍然采取围城打援方针，加紧佯攻南平，引诱水口、沙县的十九路军增援而歼灭之。但是，十九路军总指挥蔡廷锴这时候反蒋决心已下，不愿意积极增援南平刘和鼎部，其主力一直徘徊观望，不肯轻易出动与红军作战。因此，东方军诱歼十九路军的计划一直未能实现，整个战局从8月中旬以后处于僵持状态。

9月底，蔡廷锴在蒋介石的压力下，开始部署增援南平的兵力，令第六十师沈光汉部由龙岩进至永安，第六十一师毛维寿部由泉州向大田集中，他亲率补充师谭启秀部进至水口、尤溪口，小心翼翼地向南平靠近。9月3日，东方军红四师、红五师在南平东南之夏道、吉溪附近，首先消灭企图增援南平之敌十九路军补充师一团之先头部队，敌余部向水口溃退。红四师乘胜追击，又歼敌2个营。②

9月中旬，东方军转移到南平西南10余公里之西芹，待机歼灭来自沙县的援敌。9月18日，十九路军一部从沙县增援南平，行至西芹木芹山，遭到东方军红五师的截击。经过激烈战斗，十九路军第六十一师三六六团被歼，同时被消灭的还有七十八师、五十二师各1个营。③

这时，急于寻求与中共联络的十九路军将领蒋光鼐、蔡廷锴已无意再与红军作战，决计直接派代表与红军谈判。西芹战斗之后，一面由蒋光鼐给在庐山的蒋介石发出特急电报，告以“闽北将、顺、延三县被围

① 《国民党南平县党部给南京中央党部电》(1933年8月29日)，中国第二历史档案馆。

② 参见《红星报》1933年9月10日。

③ 参见李志民：《回顾东方军的英勇战斗和深刻教训》，《党史研究参考资料》1982年第3期。

已将一月，十九路军虽陆续赴援，总以众寡悬殊，未能奏效。……如邻省援兵不出，似难挽救，特电告急”①。同时，由蔡廷锴亲自送陈公培到水口前线，让他代表十九路军前往与红军接洽。

9 月 22 日，陈公培到达设立在王台的东方军司令部，转交了十九路军的联络信件。彭德怀根据苏区中央局电示，与陈公培进行了谈判，初步达成了休战的协定。

正当东方军与十九路军谈判的时候，蒋介石已经完成了第五次“围剿”的准备，于 9 月 25 日在北线发动进攻。在此之前，朱德、周恩来曾多次致电中央局和中革军委，要求东方军回师江西御敌，但均遭拒绝。9 月 25 日晚上，周恩来再次急电中革军委并转中央局，提出东方军必须最大限度地集结兵力，放弃久攻不克的顺昌、将乐，结束东方战斗，及早北上，剪除赣敌左翼。在此情况下，中革军委于同日晚 24 时复电朱德、周恩来，同意结束东方战线，令东方军“集中泰宁出其西面地带，消灭进逼黎川之赣敌”②。

于是，东方军结束了在福建 3 个月的艰苦作战，陆续从南平、将乐、顺昌前线撤至泰宁集中，于 10 月初转向江西黎川方向，投入第五次反“围剿”战役。

11 月 20 日，蒋光鼐、蔡廷锴等十九路军将领在福州发动事变，建立中华共和国人民革命政府（通称福建人民政府），宣布反日反蒋。福建事变以后，“左”倾冒险主义者未在军事上支援十九路军。蒋介石看准时机，对中央苏区暂取守势，从北线迅速抽调 8 个师精锐部队，经由光泽、邵武、顺昌一线向南平十九路军防线发起进攻，另从江浙一带调集重兵从闽北南下，对十九路军造成包围态势。1933 年底，十九路军在蒋军的打击及蒋介石的分化瓦解下，已成危局，刚刚诞生的政权面临覆灭的危险。

到了这时候，“左”倾错误的领导者才决定以红三军团再次入闽作战，以援助十九路军。12 月 24 日，红三军团司令部在建宁发布命令，指

---

① 《蒋光鼐给蒋介石电》（1933 年 9 月 20 日），存中国第二历史档案馆。

② 转引自宫力：《关于东方军历史的探讨》，《近代史研究》1987 年第 2 期。

令各部于27日到达江西广昌头陂集结，待命出发。同时，中革军委下令红七军团归红三军团指挥。

1934年1月3日，东方军组编就绪，司令员彭德怀和政治委员杨尚昆发布《三军团向东突击动作的命令》。1月4日，红三军团由头陂出发，经安远、泉上、归化，于1月10日进抵沙县富口。红七军团之第十九师、三十四师也分别从泰宁南下，配合三军团作战。1月11日，红三军团包围沙县，随即在青州击溃由南平增援沙县的敌第四师。1月25日，红军向沙县发起总攻，炸毁城墙，全歼守敌新编五十二师卢兴邦部2个团，俘敌1300余人，一举占领沙县城。红军乘胜追击，又夺取尤溪，缴获卢兴邦部兵工厂。2月9日，红六师攻克将乐县城。①

红三军团第二次入闽，连克沙县、尤溪、将乐，给了蒋军以严重的打击。然而，由于“左”倾错误的领导者在思想上并不是真诚地援助十九路军，加以十九路军一开始陷于孤军奋战，亦已难于挽回危局，因此红三军团的这些胜利，对于福建人民政府并未产生声援的作用。正当红军全力围攻沙县之际，福建人民政府已经分崩离析。1月15日，蔡廷锴悄然离开福州。第二天，蒋军蒋鼎文部进驻福州，福建人民政府至此灭亡。

福建人民政府垮台后，蒋介石立即重整旗鼓，全力向中央苏区进攻，北线战事又告急。为了阻击进犯中央苏区之敌，红三军团奉命于2月18日从福建返回江西广昌头陂，准备投入第五次反“围剿”战争，从而胜利地结束了第二次入闽作战的行动。

第四节　闽东苏维埃区域的创立

一　闽东农民运动的兴起

闽东是指福建东北部广大地区，东临大海，北接浙江。居住在这里

---

① 参见李志民：《回顾东方军的英勇战斗和深刻教训》，《党史研究参考资料》1982年第3期。

的汉畲两族人民长期以来饱受帝国主义、封建地主和官僚军阀的压迫与蹂躏，生活极其贫困。人民群众虽然不断举行反抗与斗争，但终于因为得不到无产阶级的领导而归于失败。

早在五四运动和大革命时期，闽东各县人民受到革命浪潮的冲击，就不断地开展自发的反帝反封建的斗争。但这种斗争只局限于县城商民与知识界，一般青年学生对共产党并不了解，只是对共产主义和革命表示憧憬与同情，对国民党存在幻想。①

大革命失败前后，在北京、上海、福州等地求学的一批闽东籍革命青年，在外地加入了中国共产党，并先后回到家乡开展革命活动。他们在当地发展了一些共产党员，建立了党小组和党支部。其中主要的有1926年冬从北京回到宁德的郑长璋，1928年冬从福州回到连江的郑厚康、黄应龙等。但是，限于当时的环境与条件，他们的活动十分秘密，同上级党组织的关系也不密切，因而暂时难于承担起领导大规模革命运动的重任。

1929年，毛泽东、朱德率领红四军入闽，闽西土地革命蓬勃兴起，给予福建全省人民群众以很大鼓舞，促进了各地革命斗争的发展。从这以后，中共福建省委开始注意到闽东，决定在这一地区加紧发展党的组织，领导人民开展革命活动。同年8月初，福建省委书记罗明在巡视福州返回厦门省委机关以后，向省委报告了福州与闽东的情况。8月6日，福建省委致信福州市委，指出，“福州附近许多县份过去都没有我们的工作，以后福州市委应该尽可能在附近重要县份（如连江、闽清、古田、罗源、福清等）找到工作的头绪”，开展党的活动。1930年2月，中共福建省第二次代表大会又做出决定：“要打进党过去没有工作的区域，特别是福州邻近，如长乐、福清、连江、闽清、古田等县的工作。”

中共福州市委根据形势发展及省委的指示，加紧发动闽东革命斗争。1929年春，福州市委吸收了在福州读书的福安青年学生马立峰、陈铁

① 参见郑楚云（眠石）：《回忆闽东革命初期斗争情况》（1958年12月2日），福安地委党史办整理，福建省委党校馆藏资料（2—0314）。

民、郭文焕、张志坚等加入共产党，先后把他们派回福安工作。[①] 他们回到家乡以后，于 1930 年下半年建立了以陈铁民为书记的中共福安县委。1929 年秋，福州市委又派陈宗远前往连江，领导成立了以杨而菖为书记的中共连江县委（一说特支）。[②] 自此以后，闽东地区在党的领导下，逐渐兴起了以福安、连江为中心的农民革命运动。

在斗争的初期，由于闽东党组织成立不久，缺乏经验，还不善于正确理解与贯彻党在土地革命方面的方针策略；加以 1930 年受到李立三“左”倾盲动主义错误的影响，因此在领导开展农民运动方面不能很快打开局面。为了扭转这一状况，纠正李立三“左”倾错误的影响，引导闽东的农民革命斗争迅速走上正确轨道，中共福州市委首先于 1931 年 2 月改组了福安县委，将县委机关从县城迁到群众基础比较好的福安南区，以利于领导农村斗争。同年 4 月至 8 月间，福州市委又派遣具有丰富农民运动经验的原闽西苏维埃政府主席邓子恢，先后两次前往福安巡视，指导福安县委工作。

邓子恢到达福安的时候，正是青黄不接的春荒季节，农民们债台高筑，生活十分困苦。县委书记马立峰对于如何发动农民、如何组织阶级队伍缺乏经验，一筹莫展。邓子恢采取在闽西开展农民运动的经验，指导马立峰在他的家乡溪柄一带乡村深入农民群众，启发农民的阶级觉悟，宣传共产党的主张，号召农民组织起来，开展抗租、抗债、抗税等斗争。福安县委在邓子恢的指导下，在很短的时间里发动了福安南区溪柄周围 13 个乡千余农民组织起秘密农会，开展平粜抗债斗争。福安的农民革命斗争兴起之后，福州中心市委[③]又派邓子恢于同年 10 月前往连江透堡，

---

① 参见张志坚：《介绍闽东党斗争历史概况》（1957 年 5 月 23 日），福安地委党史办整理，福建省委党校馆藏资料（2—0316）。

② 参见《连江县土地革命时期老同志座谈会资料》（1961 年 6 月 13 日）。有的回忆材料认为连江县委成立时书记为郑厚清。

③ 福州市委原隶属于中共福建省委。1931 年 3 月，中共福建省委在厦门被国民党破坏。同年 7 月，中共中央决定暂不恢复福建省委，福州市委改组为福州中心市委，领导福州、闽东以及部分闽北、闽中地区的工作。

指导连江县委运用同样的方式将农民组织发动起来，向地主豪绅展开减租斗争。

通过这些斗争，农民群众得到了实际利益，看到了组织起来的力量，斗争情绪迅速高涨，纷纷要求加入农会。从此，闽东地区的农民革命运动蓬勃地开展了起来。在此前后，福州市委和新成立的福州中心市委分别派张铁、任铁峰到福安县北区和穆阳，派叶秀藩、范浚回原籍寿宁县开展活动，将闽东的革命斗争推向更为广阔的区域。在此期间，闽东各县党组织和群众的斗争发展迅速，至 1931 年 9 月，福安县委建立了 3 个区委，20 多个支部，党员达 280 多人，连江特支的党员发展到 20 多人。同时，党组织在宁德、屏南、福安西北部、寿宁等县边界毗邻地区也相继发动 2000 多农民起来斗争，逐步走上武装斗争的道路。①

1932 年春，中共连江县委领导农民从抗租发展到反对烟苗捐的斗争，把斗争矛头直接指向国民党政府和当地驻军陆战队。国民党军政当局出动军队镇压，抓捕抗捐群众。透堡、马鼻一带乡村的农民在党组织的领导下，同仇敌忾，愤而烧毁收税簿册，收缴海军枪械，由经济斗争转向武装斗争。

与此同时，福安、寿宁、宁德等县的农民，在当地党组织领导下成立了抗捐委员会，提出了“不交一文鸦片捐，打死收捐员，组织农民自卫队，收缴反动武装”的斗争纲领，决心与反动派斗争到底。农民自卫队凭着勇敢的精神和简陋的武器，与海军陆战队展开了英勇斗争。但由于缺乏正确的指导和必要的准备与训练，这些仓促而起的武装斗争都付出了惨痛的代价。

1932 年 1 月中下旬，陶铸调任福州中心市委书记。② 陶铸在武装斗争方面具备丰富的经验，他到任后，立刻着手领导闽东农民革命运动由

---

① 参见《陈冷材关于福建政治形势和福州工作情况向中央的报告》（1931 年 9 月 24 日），中央档案馆、福建省档案馆编《福建革命历史文件汇集》甲 12 册，1986 年内部版，第 94—95 页。

② 参见《中共厦门中心市委给中央报告》（1932 年 1 月 16 日），中央档案馆、福建省档案馆编《福建革命历史文件汇集》甲 9 册，1986 年内部版，第 107 页。

日常的政治、经济斗争向武装的游击战争发展。4 月 10 日，福州中心市委作出计划，决定派专人到福安、连江，加强那里的工作，开辟连江游击战争的局面。5 月 15 日，福州中心市委扩大会议正式作出决议："连江、福安两县马上将游击队组织起来，在农村中进行解决反动武装，帮助及发动农民起来斗争，要在这样的斗争当中，去创造新的苏维埃区域。"①

福州中心市委作出这一决定之后，马上派专人分赴连江、福安指导，并拨款给中共连江特支作为开展游击战争的经费。6 月上旬，连江特支领导农民在官坂袭击民团契税局，缴其枪械，杀敌数人，伤敌七八人。与此同时，福安县委领导西区农民起来斗争，一周内发展农会会员 1000 多人，自卫队百余人，缴获敌人枪械 3 支。②

但是，这些斗争尽管轰轰烈烈，却不能持久，斗争范围也比较狭窄，因而不能形成全面游击战争的局面。陶铸仔细分析了闽东各地的斗争情况，认为出现这种情况的原因在于过去党的组织对闽东北各县的斗争形势估计不足，没有广泛地发动群众开展游击战争，"没有正确认识游击运动的发展是群众斗争过程产生出来的，而机械地了解游击队的产生和游击战争的发动一定要从抗租抗税斗争转变为武装斗争才有可能"。陶铸认为，应当学习闽南漳属游击队经验，坚决地把福安、连江在过去斗争中表现坚决的分子集中起来，组成游击队，配合群众斗争，开展闽东北的游击战争。③

连江、福安等县在陶铸的直接指导下，转变了以往单纯军事行动的偏向，将军事斗争与群众工作密切结合起来，并在斗争中创造出武装队伍。1932 年 6 月下旬，中共连江县特支集中了在历次斗争中失败后无家可归的骨干分子，在官坂合山村正式成立闽中工农游击队第一支队（后

① 《中共福州中心市委扩大会议决议》（1932 年 5 月 15 日），福建省委党校馆藏资料（1—1138）。

② 参见《团福州市委关于工作情况给省委的报告》（1932 年 6 月 11 日），中央档案馆、福建省档案馆编《福建革命历史文件汇集》甲 17 册，1986 年内部版，第 52 页。

③ 参见怒涛：《福安、连江游击战争为什么不能发动起来》，《怎样干》第二、三期合刊，1932 年 6 月 25 日出版。

改称闽东工农游击队第十三支队），在连江东北部及罗源县边界山区开展游击战争。

同年六七月间，陶铸赴福安巡视，指导福安县委建立了闽东工农游击队第一支队。从此，闽东地区的工农武装斗争走上了正确的轨道，并在党的指导下为实现土地革命和工农武装割据展开了英勇不屈的斗争。8月19日，福州中心市委在给中央的报告中指出，闽东和闽中地区各县群众革命情绪高涨，到处举行抗捐抗税，“尤其是最近连江游击运动的发动，永泰游击队的成立，福安、莆仙游击队的扩大，开展闽东、闽中的游击运动是初步的实现了”①。

中共福州中心市委按照中央指示及闽西土地革命的经验，纠正了过去忽视农村革命运动的偏向，进一步加强对农村工作的领导。1932年8月，福州中心市委召开外县工作联席会议，会议根据形势的发展，对闽东农村武装斗争做出新的部署，决定在秋收即将来临之际，“‘切实去布置发动秋收抗租的斗争，极力发动各县’的游击战争，开展闽东、闽东北的游击运动”②。

10月15日，福州中心市委第二次扩大会议又作出决议，明确地提出“发动广泛农民起来斗争，开展游击运动，是成为农村工作唯一的任务”。决议要求闽东各县党组织必须领导游击队积极行动，配合秋收斗争，开展游击活动；游击队应当在斗争中壮大自己，福安、连江游击队必须发展到50人，福安县应在西北乡发展一个到几个游击支队，并加紧游击队的军事政治训练，使附近几个县的游击战争扩大起来，发展成为整个闽东北的游击运动。为了加强对正在兴起的农民武装斗争的领导，会议还决定成立福安中心县委，将连江临时县委改建为正式县委。③

---

① 《中共福州中心市委给中央报告》（1932年8月19日），《中共福建省委党史资料征集编写委员会（文件）》闽征委〔1986〕1号，1986年编印，第22页。

② 《中共福州中心市委给中央报告》（1932年8月19日），《中共福建省委党史资料征集编写委员会（文件）》闽征委〔1986〕1号，1986年编印，第22页。

③ 参见《中共福州中心市委第二次扩大会议决议案》（1932年10月15日），福建省委党校馆藏资料（1—1266）。

在福州中心市委和各县委领导下，闽东各地的武装斗争迅速发展。闽东工农游击第一支队为配合秋收斗争，在福安各区帮助农民打土豪分粮食。10月间，一支队在福安南区绣区乡收缴了豪绅地主所组织民团的枪械30多支，当场处决民团长杨省斋，焚毁一切契据，帮助农民分粮分盐。贫苦农民欢欣鼓舞，有三四十名青壮年纷纷报名，要求加入游击队。① 反动派闻讯，派队前往镇压。沿途农民自动组织起来，包围袭击反动军队，缴其各种武器12支。

中共福安中心县委成立以后，加紧领导全县及邻近县的秋收斗争，号召“实行秋收抗租，不纳一粒谷子给豪绅地主”。四乡农民一致响应，于11月间在西区召开了有100多个乡参加的抗租代表大会，并在各乡村普遍建立农民自卫队，准备武装反抗国民党的进攻。福州中心市委机关报《工农报》高度赞扬福安县蓬勃兴起的农民革命斗争，认为“苏维埃的福安出现就要在这斗争中决定了!”②

为了扑灭农民革命的烈火，福安豪绅地主与官僚军阀勾结起来，出兵镇压。闽东工农游击第一支队与农民自卫队同敌人展开了激烈的搏斗，但是由于兵力不足，在进攻溪柄的战斗中失利，战死5人，被捕5人。③

1932年冬，一支队从福安北区转入邻县寿宁东区活动，在南阳先后处决了一批土豪劣绅，到处张贴分粮布告，发动寿宁群众起来与豪绅地主做斗争。1933年春，原来活动在寿宁的叶秀藩、范浚等组织的秘密农会及农民武装红带会纷纷响应，在寿宁之大安、仙峰举行起义，与当地反动派展开英勇斗争。④ 在此以后的几年内，红带会这种带有某些迷信色彩的、由广大贫苦农民组成的武装团体，在中国共产党的正确引导下，迅速发展到10万人左右，在闽东广大农村形成了一股强大的势力，配合

① 参见《闽东工农游击队斗争的新开展》，《工农报》1932年10月25日。

② 《苏维埃的福安在展望着》，《工农报》1932年12月3日。

③ 参见《中共福州中心市委给中央的报告》（1932年12月28日），中央档案馆、福建省档案馆编《福建革命历史文件汇集》甲12册，1986年内部版，第222—223页。

④ 参见范式人：《关于红带会历史的介绍》（1959年2月28日），福建省委党校馆藏资料（2—0326）。

红军游击队袭击地主民团及反动大刀会，成为一支具有独特战斗力的农民革命武装，在闽东土地革命中发挥了不可磨灭的作用。

1933 年春，闽东农村面临着严重的春荒。中共福州中心市委认为，当时正青黄不接，贫苦农民处在饥饿的严峻状态之中，因此“春荒斗争在这一形势下无论在那方面都是今天闽东北最中心的斗争”[①]。为此，福州中心市委决定发动春荒斗争，开展闽东北的游击运动，要求闽东各县党组织通过这一斗争，广泛地发展农会和雇农工会，壮大连江、福安游击队，在斗争中创造新的苏区。[②]

福安中心县委根据这一布置，以西区和北区为中心，召开农民代表大会，决定把分粮与反对鸦片捐的斗争结合起来，组织农民到地主家里借粮（实际是分粮）。农民群众在游击队的支持下，组织了斗争委员会和自卫队，很快将这一斗争开展起来。连江县委在这一斗争中，以赤色游击区域的山面区为中心，充分发动群众，组织分粮队，在游击队的配合下开赴邻近地区的地主家里分谷。同时，游击队分散到各区，发动白区群众开展分粮斗争。[③] 与此同时，宁德县农村在党的领导下开展反抗鸦片捐斗争，在斗争中创造了宁德游击队。

在党的领导下，闽东地区在开展农民运动和武装斗争中，发展了党的组织和游击队，扩大了党的影响。至 1933 年 4 月，中共福安中心县委除本县以外，辖有宁德、寿宁 2 个特别支部和霞浦支部，连江县委还管辖罗源县特支。闽东各县党员总数发展至 200 人左右。工农武装分别建立了福安、连江、宁德 3 支游击队，队员共 200 人左右。经过整顿训练，闽东各游击队清除了流氓土匪成分，克服了不游击和军事冒险的错误倾向，在斗争中锻炼成了坚强的武装队伍。福州中心市委书记陶铸在同年 5

① 《陶铸关于福州的工作报告》（1933 年 5 月 1 日），中央档案馆、福建省档案馆编《福建革命历史文件汇集》甲 13 册，1986 年内部版，第 61 页。

② 参见《中共福州中心市委关于红五月工作决议》（1933 年 4 月 15 日），中央档案馆、福建省档案馆编《福建革命历史文件汇集》甲 13 册，1986 年内部版，第 44—45 页。

③ 参见《陶铸关于福州的工作报告》（1933 年 5 月 1 日），中央档案馆、福建省档案馆编《福建革命历史文件汇集》甲 13 册，1986 年内部版，第 62 页。

月1日给中央的报告中指出："今天闽东北游击运动给群众的影响是非常巨大的，在农村中没有那个农民不懂得福安、连江、莆田的游击队是打土豪抗捐抗税分谷子烧契据分田的"①。闽东游击队的英勇斗争，强烈震撼了国民党的反动统治。

但是应当看到，这一时期的闽东游击战争，由于没有与土地革命紧密结合起来，未能最大限度地调动农民的积极性，因而农村革命运动的发展比较缓慢。例如福安游击队由北区转入寿宁活动，尽管寿宁群众的斗争情绪很高，但终于因为敌人的进攻而失败。后来闽东特委在总结这一教训时指出："这次的失败主要的原因，只有政权而没有得到土地，因此群众不能很坚决的来支持这个斗争"；当游击队从寿宁退回福安南区游击时，"又没有分田，因此，游击队不会扩大"。②

福州中心市委和闽东各县党组织发现并总结了这些斗争的经验与教训，因而在1933年领导春荒斗争时，明确地提出了分配土地的口号，并且在群众中作了广泛的宣传，从而领导人民群众在闽东广大农村开始了建立苏维埃政权，实行土地革命，创造闽东革命根据地的斗争。

二　闽东革命根据地初步形成

为了指导风起云涌的闽东农民革命运动，福州中心市委先后派叶飞、曾志、赖金彪、苏阿德等一批富有斗争经验的军政干部前往闽东各县工作。1933年5月28日，叶飞和宁德团县委书记颜阿兰领导宁德游击队袭击宁德县重镇霍童。当地反动民团猝不及防，受到沉重打击。第二天，宁德游击队乘胜袭击坑子里民团，再次大获全胜。在以后一个月内，这支刚刚建立起来的农民武装，凭着对反动统治阶级的仇恨和勇敢的斗争精神，在黄田、赤溪等地连续作战，打击反动派，收缴地主武装，于6

① 《陶铸关于福州的工作报告》（1933年5月1日），中央档案馆、福建省档案馆编《福建革命历史文件汇集》甲13册，1986年内部版，第64页。

② 《中共闽东特委关于闽东形势及党的组织情况的报告》（1934年11月18日），中央档案馆、福建省档案馆编《福建革命历史文件汇集》甲13册，1986年内部版，第264—265页。

月底发展壮大成为闽东工农游击第三支队，在宁德县北部地区广泛地开展灵活的游击战争。

宁德县党团组织看到人民群众斗争热情高涨，再一次决定布置地方暴动占领霍童，建立宁德苏维埃政府。但是游击队在执行这一计划的时候，由于对敌情估计不足，受到了国民党海军陆战队的打击；加以游击队内部一部分不纯分子哗变，致使这支 100 多人的队伍受到严重损失，仅存 30 余人。[①] 颜阿兰在斗争中被捕牺牲，叶飞转移到福安继续开展斗争。

同年 5 月，曾志奉命到达福安，在赛岐、甘棠一带指导当地党组织发动农民进行春荒斗争，组织贫农团，由抗租、拖租发展为武装暴动。经过一二个月的宣传发动，福安南区三四百个村庄成立起了贫农团和红带会，抗租斗争从此大为发展。在此期间，曾志又前往福安中心县委所在地的北区，与县委一起领导反对敌人武装进攻的斗争。6 月前后，曾志抵达毗邻福安北区的寿宁县东部游击区，领导建立了以林再生（即范铁民）为主席的闽东地区最早的县一级红色政权——寿宁县革命委员会。[②]

在此前后，富有武装斗争经验的赖金彪又奉派到达寿宁，筹建了闽东工农游击第七支队。在县革委会的领导与七支队的支持下，寿宁游击区普遍建立了区乡革命委员会和赤卫队，初步开创了一片比较巩固的苏维埃区域。从此以后，闽东其他地区的红色政权也相继建立起来。

1933 年 8 月 1 日，福安中心县委在北区召开各乡群众代表大会，成立了福安县革命委员会，詹如柏任主席。

寿宁、福安县革委会成立以后，由于缺乏土地革命的经验，没有立即开展土地分配工作，而是在建立各区、乡红色政权的同时，着重于打土豪筹款，以及没收与分配地主富农的粮食。关于分配粮食的政策，规

---

① 参见《中共福州中心市委书记给中央的报告》（1933 年 9 月 19 日），中央档案馆、福建省档案馆编《福建革命历史文件汇集》甲 13 册，1986 年内部版，第 131—132 页。

② 参见曾志口述：《闽东的土地革命》（1959 年 10 月 5 日），福建省委党校馆藏资料（2—0332）。

定没收地主与富农的全部谷子，“按人口大小和劳动力为原则，以乡为单位，重新平均分配”，10 岁以下的儿童及没有劳动力的老人、妇女、失业工人可分得半份，富农也只能分得半份。[①] 福安北区革命委员会在分谷工作中注意保护中农与小商人利益，禁止将中农及小商人视为反动派向其罚款，凡已被侵犯者，应立即“赔偿中农、小商人一切损失，违者严办各革命委员会负责同志”[②]。

分粮工作开始以后不久，寿宁县革命委员会认为只有马上分配土地、彻底解决贫苦农民千百年来梦寐以求的土地问题，才能巩固与发展红色区域，因此，下令苏区各地尽快着手分田。但是各区、乡革委会负责人对此项工作的重要性认识不足，拖延至 1934 年初“仍违令迟延，尚未举行，致各群众日日袖手，不尽职务”。这种情况表明，寿宁、福安北区等处赤色区域形成以后，由于区、乡各级红色政权的领导人尚未认识到在农村实行土地革命的重大意义，未能立即开展土地分配，即使分配地主粮食也延迟数月之久，因此“对革命之前程，大有阻碍”[③]。

另外，由于福安中心县委对于各县斗争未能进行统一的规划与组织，没有注意加强各斗争区域的联系，以造成大范围的斗争和相互策应的局面；游击队的工作也只是单纯的防御，未能积极地开展灵活的游击战争以消灭敌人有生力量，以致形成“这种斗争下去，那种斗争起来，个别爆发与个别受打击的局面”，从而被敌人各个击破，受到不必要的损失。[④] 上述诸种原因，在一定程度上延缓了闽东苏维埃运动的进程。

寿宁、福安赤色区域的创立及群众性抗租、分谷斗争的开展，使得

① 参见《寿宁县革命委员会通令第 4 号》（1933 年 12 月），福建省委党校馆藏资料（1—1735）。

② 《福安北区革命委员会布告第 2 号》（1933 年 8 月 15 日），福建省委党校馆藏资料（1—1617）。

③ 《寿宁县革委会布告第 126 号》（1934 年 1 月 10 日），福建省委党校馆藏资料（1—1753）。

④ 参见《寿宁县革委会布告第 126 号》（1934 年 1 月 10 日），福建省委党校馆藏资料（1—1753）。

闽东国民党军政当局惊恐不安。国民党海军陆战队随即与当地地主武装相配合，大举出兵镇压农民革命运动。曾志、任铁峰、施霖等福安党组织的领导人研究了当时的形势，认为福安南区 300 多个乡村的群众已经发动起来，贫苦农民对反动阶级的仇恨情绪非常激烈，迫切要求党组织领导他们举行武装斗争，暴动的条件已经成熟，因此决定，立即举行暴动，进攻福安南区的重要市镇甘棠。

10 月 22 日，甘棠周围数十个村庄的红带会在党组织的领导下一齐行动，在甘棠镇内 400 多名红带会员的配合下，里应外合，消灭海军陆战队 1 个排。暴动胜利以后，暴动武装与福安北区的一支队相会合，在 10 天之内迅速消灭了 30 多处民团武装，进一步打开了南区局面，在甘棠周围几十个乡村建立了革命委员会。随后，福安中心县委又将暴动武装加以整编，成立了闽东工农游击队第五支队。[①] 从此，福安北区和南区许多乡村建立了红色政权，中心县委统一了全县的领导，赤色区域获得了巩固与发展。

三　闽东土地革命蓬勃发展

1933 年 11 月初，福安中心县委召开扩大会议。会议分析了一年间，特别是最近三个月闽东各县蓬勃兴起的苏维埃运动的形势及存在问题，认为当时闽东的斗争已不仅仅是一般地解决农民的经济问题，而“必然是要发展到土地革命的根本问题”；每一个斗争的爆发“必然是夺取政权的斗争”。会议认为，“闽东反动统治阶级在革命力量打击下，极度地动摇而趋于崩溃”。会议还认为，宁德霍童的战斗，福安南区和北区的斗争，以及寿宁县 1/3 地区赤化的形势，已经向闽东党组织提出了新的战斗任务。这就是：“有布置有计划的发动与领导全闽东斗争，夺取闽东政权，建立闽东苏区，成立红军，打通闽北。”[②] 会议要求闽东各级党组织

① 参见曾志口述：《闽东的土地革命》（1959 年 10 月 5 日），福建省委党校馆藏资料（2—0332）。

② 《中共福安中心县委决议》（1933 年 12 月 3 日），中央档案馆、福建省档案馆编《福建革命历史文件汇集》甲 19 册，1986 年内部版，第 234 页。

认清形势，立刻行动起来，把寿宁东、西两块赤色区域建设成为巩固的苏区，立即分配土地，实行苏维埃法令；福安北区应消灭地主民团，建立苏维埃区域，以与寿宁苏区打成一片；福安南区须进一步发动群众斗争，逐步扩大发展为东南区大片的赤色版图；其他各县也应抓紧巩固发展党的组织，建立游击武装，开展全面的游击战争。同时，会议向福州中心市委提出建议，成立中共闽东特委和各县县委，以适应斗争形势的发展。①

福安中心县委扩大会议是闽东革命发展的一个转折关头，正确地分析了形势及主客观力量，制定了适合当时当地的方针与策略，是十分及时的。以后的历史发展表明，这次会议对于下一阶段创造大片闽东红色区域，大规模地开展土地革命，是十分重要的。

11 月 20 日，发生了“福建事变”。事变之后成立的中华共和国人民革命政府，释放了被关押的一批共产党员，其中有马立峰、范式人等闽东党组织的重要干部。同时，原来驻守于闽东各地的蒋系部队纷纷南撤，海军亦放弃原有防地，集中于赛岐、三都、宁德，反动派在闽东的势力大为削弱。

这一系列变化，为闽东地区正在趋于成熟的工农武装割据提供了更为有利的条件，促使闽东形势出现了新的转机。闽东各地党组织趁势领导了全区性的武装暴动，创造新的苏维埃区域，将土地革命推向高潮。

中共福安中心县委抓住这一时机，决定“立刻在南区特别区（上南区霞浦）和东区动员起来组织赤卫队，成立赤卫队总队部，集中赤卫队一切武装力量，配合游击队收缴反动武装（民团、土豪枪枝），在工作地方发动公开斗争，打土豪、肃清反动派工作，并成立全闽东赤卫队游击队总指挥部，以便顺利的配合和领导全闽东斗争策略的布置”。如果敌人继续撤退，则进而夺取福安及其他重要城镇，“建立新的苏维埃政权”。②

① 参见《中共福安中心县委决议》（1933 年 12 月 3 日），中央档案馆、福建省档案馆编《福建革命历史文件汇集》甲 19 册，1986 年内部版，第 236 页。

② 《中共福安中心县委关于扩大会议后三个月来的工作报告》（1934 年 1 月 3 日），中央档案馆、福建省档案馆编《福建革命历史文件汇集》甲 19 册，1986 年内部版，第 239—240 页。

按照这一部署，闽东游击队第一支队与赤卫队相配合，攻占了宁德县赤溪，第五支队收缴2个民团的枪支。然后，第一、五支队与赤卫队联合起来夺取甘棠镇，击败驻甘棠之海军1个营，缴枪20多杆。这些斗争，沉重地打击了这一带的反动统治。福安中心县委在不久以后给上级的报告指出："甘棠一战后，（福安）南区群众情绪蓬勃高涨，反动统治更加动摇，此时非一营兵力无法进攻我们。"①

1933年12月31日，福安中心县委再次召开执委扩大会议，检查一个月的成绩与存在的问题。认为甘棠战斗以后，群众革命情绪非常高涨，反动派已经无法维持这一地区的统治，"所以建立苏维埃政权领导群众斗争是迫切需要，同时在南北东等区、寿宁、霞浦、上西区一带都已进到建立政权阶段"。根据上述分析，福安中心县委军委会对此后的工作作了新的布置：第一，"在南、北、东、上西等区与寿宁、霞浦一线，马上做建立苏维埃政权，分土地，没收豪绅地主财产，打土豪，肃清反动派，分粮，各乡普遍的建立赤卫队游击队积极行动来扩大赤色区域"。第二，在宁德、霞浦、寿宁南区、福鼎等群众斗争尚未起来的地方，有组织地发动分粮抗租斗争，组织革命委员会和抗债团，然后过渡到土地革命阶段，与已经建立苏维埃政权的地区配合起来，"完成闽东苏维埃区域"。②

福安中心县委执委扩大会议的上述部署，完全符合当时闽东的形势，及时地把闽东土地革命引向了高潮。例如在福安上南区、下南区、东区、北区以至西区与寿宁县，一经发动，"就是建立政权问题，而不是简单的抗租、抗债、抗税问题"，开展更加广泛深入的打土豪分田地，巩固了这些红色政权，"造成了全闽东广泛的有组织相互配合斗争局面"。③

---

① 参见《中共福安中心县委关于扩大会议后三个月来的工作报告》（1934年1月3日），中央档案馆、福建省档案馆编《福建革命历史文件汇集》甲19册，1986年内部版，第240页。

② 参见《中共福安中心县委关于扩大会议后三个月来的工作报告》（1934年1月3日），中央档案馆、福建省档案馆编《福建革命历史文件汇集》甲19册，1986年内部版，第241页。

③ 参见《中共福安中心县委致临时省委信》（1934年2月19日），中央档案馆、福建省档案馆编《福建革命历史文件汇集》甲19册，1986年内部版，第250、251页。

在斗争方式与工农武装方面，闽东党所创立的赤色区域“完全建立在广大群众热烈斗争的基础上，是建筑在广大赤卫队的群众武装力量”，而不单纯靠游击队枪杆子，“更不是靠游击队去打天下得来的，而是群众斗争的发展”。地方武装与红军密切配合，在斗争中得到了群众的支持与发展，“形成现在有一万多人以上赤卫队、在教导团到各县的游击队”。①

与此同时，闽东游击队第七支队在寿宁县广泛开展游击战争，夺取了寿宁东部地区的重要集镇南阳。宁德县委在龟山一带领导群众开展斗争，恢复了原来因受打击而分散的第三支队，在 20 多个乡村建立了苏维埃政权，组织了农会和 200 人左右的赤卫队，而且开始没收与分配地主的粮食。②

在此前后，中共连江县委领导连江、罗源地区人民同时展开了英勇的斗争，一举攻占连江县透堡。随后，连江县委率领游击队数百人，于 1934 年 1 月 1 日深夜分水陆两路向连江县主要的反动据点马鼻镇发起进攻。在马鼻地下党组织的配合下，游击队于第二天攻占马鼻，全歼当地国民党驻军，缴获步枪数十支。在这次战斗中，连江县委书记杨而菖不幸壮烈牺牲。

经过两个多月的游击战争，闽东反动势力受到了前所未有的打击，红色区域和游击区都获得了空前的巩固与发展。“在福安中心县委领导之下有宁德、寿宁、霞浦、福鼎、福安五县的区域。……福建事变后福安游击队增加到百多，游击区域从寿宁到福安有三百多里”；连江县委在斗争中领导第六区建立了苏维埃政府，游击队先后占领了第五、六、七、八各区，“全县的农民几乎都自动起来挂红旗，分田”。③

① 参见《中共福安中心县委致临时省委信》（1934 年 2 月 19 日），中央档案馆、福建省档案馆编《福建革命历史文件汇集》甲 19 册，1986 年内部版，第 251、252 页。

② 参见《老叶给临时省委的报告》（1934 年 3 月 17 日），中央档案馆、福建省档案馆编《福建革命历史文件汇集》甲 19 册，1986 年内部版，第 287 页。

③ 参见《中共福州中心市委关于福州、福安、连江工作给中央的报告》（1934 年 1 月 30 日），中央档案馆、福建省档案馆编《福建革命历史文件汇集》甲 13 册，1986 年内部版，第 234—235 页。

正当闽东苏维埃运动如火如荼地开展起来的时候，形势又发生了不利的变化。1934 年 1 月，“福建事变”失败。国民党在镇压了十九路军以后，重新调集兵力向闽东革命势力进攻。敌新编第十师、第八十七师先后开入福安、霞浦、宁德、寿宁，驻浙江之敌也调 1 个团开往寿宁。此后，国民党军队重新占领了赛岐、溪柄、甘棠、霍童等重要城镇。寿宁游击队与赤卫队八九百人在敌人重兵的进攻下被迫撤离苏区，转移到霞浦、福安西区一带活动。在这形势之下，福安中心县委召集各县联席会议，决定“转变策略，巩固原有的苏区，扩大游击运动，发展新苏区，扩大党的组织”①。

按照这一决定，福安中心县委做出了如下的部署：第一，立即在赤色区域分配土地，在福安县上、下南区和东区等红色区域内肃清反动武装，“建立强有力的赤卫连，保卫与发展苏区”；第二，迅速地扩大苏区，“下宁区向宁德发展，取得〔与〕连罗联系，及向周墩、政和发展，打通闽北”；第三，闽东红军积极开展游击战争，打击与消灭敌人，扩大红军武装，“消灭苏区内反动势力，回答反动进攻”。② 由于实行了这些措施，闽东的革命形势逐渐稳定，各苏维埃区域进而展开了大规模的土地革命。

这次会议之后不久，福安中心县委成立了闽东苏维埃政府筹备处③，马立峰为主席，叶秀藩为副主席。随后，又相继成立了福霞、安德、福安、连罗、福寿、霞鼎 6 个县苏维埃政府。闽东苏维埃政府筹备处成立以后，决定全面开展土地分配工作，由曾志负责起草分田大纲，并在柏柱洋进行试点。

---

① 《中共闽东特委关于闽东形势及党的组织情况的报告》（1934 年 11 月 18 日），中央档案馆、福建省档案馆编《福建革命历史文件汇集》甲 13 册，1986 年内部版，第 265 页。

② 《中共福安中心县委关于扩大会议后三个月来的工作报告》（1934 年 1 月 3 日），中央档案馆、福建省档案馆编《福建革命历史文件汇集》甲 19 册，1986 年内部版，第 243—244 页。

③ 闽东苏维埃政府筹备处成立的时间尚未见到确切的记载，大致是 1934 年 2 月。这个筹备处实际行使政府的职权。原计划于 1934 年 11 月 7 日正式成立闽东苏维埃政府，但目前尚未见到关于闽东苏维埃政府正式成立的历史文件。

闽东苏区没收与分配土地的方针政策，主要参照了中央苏区的经验，规定“凡是豪绅地主当中及反动〔派〕的土地，一概没收，分配给贫苦农民。把富农好的田地分配给贫雇农，另分坏的田地给富农耕种。中农如愿意平均分配者就平分，如不愿者，仍佃给他耕种”。实行这一分配方针之后，“农民所分得到的田，至少一担、多的七担”。同时，各乡另抽出一部分好田留作红军公田。[①]

柏柱洋土地分配的试点工作很快获得成功，虽然由于受当时党内“左”的土地政策的影响而过重地打击了地主和富农，但在敌人的武装进攻面前，对于迅速调动农民革命热情，使他们自愿起来保卫土地革命成果，起到了不可估量的作用。这一土地分配的经验，很快在整个闽东苏区推行。先后开展分田的区域有福安县大部，霞浦县岗面至盐田、溪尾，拓洋全部，寿宁县北部，宁德与福安、周墩边界，以及连江与罗源边界地区，“总计分过田的地区不少于五六十万人口”[②]。

1934 年 4 月初，福州中心市委受到破坏，原宁德县委书记叶觉登、福州中心市委书记陈之枢等一批重要干部叛变。这一重大变故，不仅中断了闽东党组织与上级的联系，而且给正在蓬勃开展的闽东土地革命构成了严重的威胁。为了保证党的领导，中共连江中心县委建议成立闽东统一的领导机构，并于 6 月底派代表到福安中心县委。两个中心县委的领导同志召开了联席会议，决定成立中共闽东临时特委，负责领导闽东地区的革命斗争。临时特委由两个中心县委选派苏阿德、叶飞、马立峰、詹如柏、阮英平、王玉斋、林孝吉等 7 名干部组成。苏阿德任特委书记。[③]

---

① 参见《中共闽东特委关于闽东形势及党的组织情况的报告》（1934 年 11 月 18 日），中央档案馆、福建省档案馆编《福建革命历史文件汇集》甲 13 册，1986 年内部版，第 268、269 页。

② 曾志口述：《闽东的土地革命》（1959 年 10 月 25 日），福建省委党校馆藏资料（2—0332）。

③ 参见《中共闽东特委关于闽东形势及党的组织情况的报告》（1934 年 11 月 18 日），中央档案馆、福建省档案馆编《福建革命历史文件汇集》甲 13 册，1986 年内部版，第 265—266 页。

闽东临时特委成立以后，继续领导闽东苏区深入开展土地革命，先后建立了安德、福霞、霞鼎、福寿、福安、连罗等 6 个县委和宁德临时县委、寿宁特区委，党员数量发展至 2200 人以上。随着土地革命的进展，闽东苏区各级红色政权逐步巩固完善，至 1934 年 10 月，全苏区共建立有福霞、安德、福安、连罗、福鼎、霞鼎 6 个县苏维埃政府和 42 个区苏维埃政府。各级苏维埃政府成立以后，立即着手苏区建设，除了继续完善土地分配和建立起一支遍及各区乡的警卫连、赤卫队的武装队伍以外，在有条件的地方组织了各种生产合作社与消费合作社，还建立了一些医院，进行了初步的经济、文化建设。①

1934 年 7 月，由寻淮洲、乐少华等率领的中央红军北上抗日先遣队从瑞金出发，突破敌人重重封锁，经长汀、大田，渡过闽江，直抵福州城下，并于 8 月 14 日攻占罗源县城，然后进入闽东苏区。原驻闽东之敌八十七师王敬久部立即撤回福州以应付红军。闽东各地红军游击队乘机扩大游击战争，狠狠打击留在闽东的敌新十师。中央红军北上抗日先遣队与闽东地方红军会师以后，继续挥师北上。9 月底，闽东各部红军主力与留在闽东的一部分中央红军在宁德县支提寺合编成立中国工农红军闽东独立师，师长冯品泰，政委叶飞。全师编为 3 个团和 2 个独立营，总兵力 2000 人左右。

闽东独立师成立以后，立即开展灵活的游击战争，打击苏区周围之敌，积极向外发展，巩固和扩大红色区域。10 月初，独立师一举歼灭宁德县石堂、周宁县咸村等地反动民团，随即又向宁德、罗源边境及古田、屏南边区出击，在半个月之内“开辟了宁罗方面的新苏区，掀起古屏方面的革命浪潮，成为秋收斗争中一支不可战胜的生力军”②。

此后，闽东独立师又与各县地方武装相配合，到处袭击与消灭敌人，

① 参见《中共闽东特委关于闽东形势及党的组织情况的报告》（1934 年 11 月 18 日），中央档案馆、福建省档案馆编《福建革命历史文件汇集》甲 13 册，1986 年内部版，第 266—270 页。

② 《庆祝中国工农红军闽东独立师成立与胜利宣言》（1934 年 10 月 15 日），福建省委党校馆藏资料（1—1902）。

不断拓展红色区域。至1934年底，福安、寿宁、霞浦、宁德、福鼎、连江、罗源7个县的苏维埃区域连成一片，游击区域发展到古田、屏南一带。[1] 这时，闽东苏区进入最为强盛的时期。

第五节 苏维埃区域的经济及各项建设

一 苏维埃区域的土地改革

苏维埃政权建立以后，所要进行的工作是非常繁重而复杂的。首要的任务是打破国民党对苏区的军事“围剿”和经济封锁，巩固新政权，肃清苏区内部残余的反动势力。与此同时，经济建设的任务也被提到了苏维埃政府的重要议事日程。由于福建的各个苏维埃区域处在大片白色区域包围之中且互不相连，在这些小块工农武装割据建立了苏维埃政权的乡村内实行经济建设，主要目的是为了巩固红色政权，支援革命战争，改善人民生活，为逐步建立新民主主义的经济基础和将来向社会主义过渡创造条件。

由于各苏区环境和主客观条件不同，经济建设的发展也不平衡。相对而言，闽西苏区因为建立较早，基础比较稳固，又在中共苏区中央局和中华苏维埃临时中央政府直接领导下开展工作，其各项建设就比较健全。闽北苏区的形成时间也较早，且大部分时期归属于方志敏等领导的赣东北苏区，经济文化的建设也属前列。闽赣、闽东苏区形成的时间较迟，苏区创立不久即遭国民党军事“围剿”而转入三年游击战争，因此各项建设虽已着手进行，但未及深入展开即被迫中止。其他地方的一些苏区因为存在时间都较短，或因为国民党军队的不断进攻，红色区域的范围变化无定，所以虽然也进行了一部分的经济与文化建设，但多难以长久坚持。

---

① 参见《闽东红旗》1934年11月5日。

在苏区各项经济建设中，土地改革是最早进行的一项工作。土地革命是民主革命的一个中心问题，对于绝大多数人口为农业人口的中国，只有实行彻底的土地革命，改变封建的生产关系，打碎封建统治的经济基础，才能解放农村生产力，激发农民的革命热情，支援革命战争，巩固和发展农村革命根据地。因此，福建各苏维埃区域一经建立，或者在建立的过程中，就首先实行打土豪分田地的工作。

最早实行土地革命的是 1928 年夏天永定暴动以后，永定溪南区苏维埃政府于八九月间所进行的没收与分配土地的工作。[①] 溪南苏区的土地革命，使得 10 多个乡村 2 万多贫苦农民获得了土地，为以后闽西苏区的土地改革提供了宝贵的经验。尤其重要的是，溪南土地改革首开福建土地革命的先声，为广大贫苦农民寻求解放的道路树立了榜样。

在此以后，当 1929 年 6 月红四军三打龙岩获得胜利，闽西农民纷纷举行武装起义，在闽西苏区初步形成的关键时刻，毛泽东等红四军领导人立刻布置刚刚成立的龙岩县革命委员会制定土地政纲，开展土地革命，并发布《红四军司令部政治部布告》，宣传共产党的土地政策，迅速推动了闽西苏区初创时期的土地革命运动。至同年 8 月底，以龙岩、永定、上杭 3 个县为中心的闽西苏区完成了上百万亩土地的分配任务，80 万农民分得了土地。

闽北苏区初步形成的标志是 1930 年 5 月 1 日崇安县苏维埃政府的成立。但在此之前，闽北党组织已于 3 月间就开始参照赣东北苏区的经验，领导闽北人民在一部分地区进行没收与分配土地的工作。闽东苏区在其形成时期的 1933 年下半年，新成立的红色政权寿宁、福安县革命委员会由于缺乏经验，未能及时把没收地主阶级土地，将其分配给贫苦农民作为一项迫切的任务，只是满足于打土豪筹款及没收地主富农的粮食，未能着力于破坏封建统治阶级的经济基础，因而未能最大限度地调动农民的革命积极性，在一定程度上延缓了闽东土地革命的进程。直到 1934 年

---

① 关于永定溪南区实行土地革命的情况，详见本书第五章第二节第三目。

春，闽东苏维埃政府筹备处成立，在曾志的主持下，在福安县柏柱洋进行土地改革的试点，然后在全苏区推广，很快在五六十万人口的地区完成了土地的没收与分配工作，从而大大地推进了闽东苏区的巩固发展与各项建设。

总之，各个苏区无论其形成时间的早晚，一般都把实行土地改革、铲除封建剥削的经济基础作为苏区经济建设的一项首要任务。这是中国社会性质决定了的一个特点，也是中国土地革命包括福建苏维埃运动的一个特点。

随着土地改革的深入展开，各苏区根据党的土地革命路线和本地区的实际，总结经验，制定了关于土地没收和分配的方针。关于苏区的土地政策，在土地革命初期主要是1928年党的第六次全国代表大会通过的土地政纲。这个政纲提出了依靠贫雇农，联合中农，根据富农对革命的不同态度加以区别对待，打击地主阶级和保护商业等正确方针。闽西苏区形成之初，主要执行的是这一方针。值得肯定的是，闽西苏区在执行党的土地方针的过程中，在毛泽东、邓子恢等领导下经过艰苦探索，创造了新的经验，丰富了党的土地政策，主要的有以下几个方面。

第一，提出了“抽多补少”“抽肥补瘦”的分田原则。1929年6月，中共龙岩县委根据毛泽东的指示，在邓子恢的主持下在龙岩进行土地分配工作。其方法是“以乡为单位，将全乡农民原来所耕土地按人口平均分配，地主富农与雇贫农各得同样一份土地，中农自耕土地略多者可以不动。分配办法则采取按原耕抽多补少办法，不要打乱平分”①。这种办法，简化了分田手续，加快了土地革命的进程。这一规定，在不久以后的中共闽西第一次代表大会上作为一项土地法令被肯定。1930年2月，中共闽西特委第二次扩大会议做出《关于土地问题决议案》，进一步规定“分田方法以抽多补少为原则，抽出之田以肥瘠均匀为度，好田多者抽好田，坏田多者抽坏田”。这就正确地解决了富农隐瞒或把持肥田的问题，

① 邓子恢：《龙岩人民革命斗争回忆录》，福建人民出版社1961年版，第26页。

保障了贫苦农民的利益。同年 6 月，闽西特委与红四军前委在上杭南阳召开联席会议，总结闽西土地革命经验，做出了《富农问题》的决议，更加明确地规定土地分配的政策“应该于‘抽多补少’之外还加上‘抽肥补瘦’这一原则，并在文件上将‘不得妄想平均’改为‘不得把持肥田’”，从而丰富和补充了党的土地政策。

第二，发展和完善了党的六大的土地革命路线。1929 年 7 月，中共闽西第一次代表大会根据党的六大精神，同时吸取了《井冈山土地法》和《兴国土地法》的内容，在全面总结闽西两年来土地革命经验的基础上，重新制定了土地政策，主要的精神是：（一）对大小地主和富农应当区别对待，只没收富农的多余土地，不过重打击富农；（二）土地分配应以原耕为基础，抽多补少，按人口平均分配；（三）打击中等以上的商业资产阶级，保护商业和城乡小商人；（四）对于在乡地主应酌量分与土地，给以经济出路。这些规定，比之过去的土地政纲，前进了一步，在我国土地革命的历史上有着重要的积极意义。

第三，确立了农民的土地所有权。土地革命的开始阶段，由于分配以后的土地所有权不属于农民，仍归苏维埃政府或国家所有，因而未能在根本上解决地权问题，也就不可能充分发挥农民革命和生产的积极性。直到 1931 年 2 月 27 日，毛泽东经过调查研究，在《给江西省苏维埃政府的信》中提出这个问题，指出分配给农民的土地应归农民所有，“别人不得侵犯”。4 月 20 日，闽西苏维埃政府发布《土地委员扩大会决议案》，对此也做出了明确的规定：“农民领得田地即为自己所有，有权转租或变卖抵押”；“田地山林分配给农民之后，死亡的不收回，新生的不再补”。这些规定，第一次确认了农民对于土地的所有权，这不仅对于进一步解放农村生产力、发展苏区农业和巩固苏维埃政权有着重要的意义，而且表明了党在土地革命时期的基本路线已基本形成。这就是依靠贫雇农，团结中农，限制富农，保护中小工商业者，消灭地主阶级。在这一路线形成的过程中，闽西苏区在实践中创造的成功经验，为之提供了重要的依据，并对其他苏区的土地革命产生了积极的影响。

在闽北苏区，自1930年3月起开展土地革命，一开始就提出了“彻底没收地主土地归苏维埃，分配给地少或地弱农民耕种”的口号。这种政策实际上是规定了土地国有，农民只有使用权，并且没收地主土地的标准也不够明确。因此在具体执行过程中，大多数农民不满足于这一口号，而实行没收一切土地，不分男女按人口平均分配，未成年者可以分得半份，多余的土地“归各该乡区收存，以作公用”。① 1931年5月2日，中共赣东北特委扩大会议通过的《苏维埃工作决议案》中关于土地政策方面，对土地所有权也做了进一步的规定，虽然指出没收的土地“由苏维埃交贫农农民官兵和中农分配使用”，即农民只有土地的使用权而没有所有权；但同时又规定“不禁止土地买卖和租借”，在事实上又表明了农民对土地拥有一定的自主权。

闽北苏区的土地改革，大致分三步进行。第一步是以乡为单位，没收与销毁豪绅地主的田契借约；第二步登记人口，划分阶级成分；第三步由各乡苏维埃政府土地委员会把本乡的土地划为上、中、下三个等级，再按成年与未成年平均分配，小地主与富农只要不反动者也可分得一份土地。到1934年10月，闽北苏区范围内的10多个县纵横300余里的乡村，先后有五六十万农民分得了土地。②

1933年5月闽赣革命根据地形成以后，闽赣省革命委员会也立即把彻底解决土地问题列为重要的任务之一，做出了一系列决定，按照“抽多补少、抽肥补瘦”的原则展开没收与分配土地的工作，从而激发了苏区广大农民的革命热情和生产积极性。

苏区的土地革命，由于先后受到李立三和王明“左”倾错误的影响，出现过一定程度的偏差。“左”倾冒险主义在土地问题上的错误，主要反映在：（一）混淆阶级阵线，侵犯中农利益；（二）否认富农在革命不同

---

① 参见《闽崇安徐淮报告》（1930年11月），中共福建省建阳地委党史办、福建省建阳地区档案馆编《闽北党史文献》第1集，1983年内部版，第241页。

② 参见中共建阳地委党史办公室：《闽北革命根据地的建立及其斗争情况》，《福建党史通讯》1985年第11期。

阶段的不同态度，过重打击富农；（三）过重打击地主，不给地主以生活出路；（四）否认不同革命阶段的不同任务，企图超越民主革命阶段急于实行社会主义的生产方式。

上述错误对于福建的影响，最初反映在1930年6月召开的南阳会议所通过的《富农问题》决议上。这个决议把富农分为半地主性、资本主义性和初期性三种，把富裕中农甚至一部分中农混同于富农，混淆了中农与富农的界线，决议还否认富农对革命的动摇性，不加分析地认为"这个阶级自始至终是反革命的"，应当"把富农当作地主一样看待"。这就背离了党对富农所采取的限制和中立的政策。另外，这个决议重新提出"没收一切土地"和"废除一切债务"，从而在实际上扩大了打击面，打击了中农，也打击了城乡小商人以至同情革命的其他小资产阶级。

此后，李立三的"左"倾冒险主义进一步影响到福建。1930年7月召开的中共闽西第二次代表大会，以及同年7月27日召开的崇安县委扩大会议所做出的关于加紧反富农斗争的决定，都在"反对富农路线"的口号下作出了类似的规定，给闽西、闽北苏区的土地改革造成了很大的危害。

王明"左"倾冒险主义在1931年1月统治党的领导机关以后，给苏区的土地政策造成了更加严重的危害。他们混淆民主革命与社会主义革命的界限，把反对资产阶级等同于反帝反封建，否认中间营垒的存在，因此特别强调反富农斗争，主张在民主革命阶段消灭富农经济，同时在肉体上消灭地主。这就是提出"地主不分田，富农分坏田"的过左土地政策的理论依据。1931年4月以后，闽西苏区逐步贯彻王明"左"倾错误的土地政策，实行"重新分配一切土地"，并进而提出"富农分坏田，中农分中田，贫农雇农分好田"；中农不得参加苏维埃政权，"不准加入共产党和共青团"等极其错误的口号。[①] 这样，不仅过分打击了富农，而且打击了中农，孤立了贫雇农，破坏了党在农村的阶级阵线。

---

① 参见定一：《肃清反中农情绪》，《列宁青年》1931年10月21日。

在此以后，闽西、闽北、闽赣、闽东等苏维埃区域都程度不同地实行了王明"左"倾错误的土地政策，并在陆续展开的"重新分配一切土地"、查田查阶级运动中产生了消极的作用。尽管如此，福建各苏维埃区域的土地革命都取得了很大的成就，根本变革了封建的土地关系，使占农村人口绝大多数的贫苦农民获得了土地，大大解放了生产力，促进了苏区农业生产的恢复与发展。

二 农业生产的恢复与发展

在完成土地分配的基础上恢复和发展农业生产是苏区经济建设的一项重要任务。1929 年 7 月，中共闽西第一次代表大会的《土地问题决议案》指出："土地革命的主要目标，在改良农业生产方法，使土地改善，生产力提高，农产品增多，以发展农村经济，解放困苦的农民，而解决全社会的生活问题。"

各苏维埃区域在恢复和发展农业生产方面，制定了各种政策和措施，主要的有以下几种。

（一）开展互助合作运动，充分发挥劳动生产能力。土地革命以后，广大农民虽然获得了土地和一些生产工具，但都是个体经营，生产能力十分有限。尤其是苏区处在国民党军事"围剿"的战争环境当中，根据地内许多青壮年男子都参加了红军、赤卫队、游击队，上前线作战，因此后方劳动力紧张，农业生产和经济建设的重任，自然落到了妇女身上。为了解决劳动力不足和红军家属耕田的困难，苏区群众创建了耕田队和劳动合作社等生产互助组织。

耕田队和劳动合作社首先由上杭县才溪乡的农民群众创建起来，并在毛泽东的直接指导下加以总结和提高，然后推广到整个中央苏区。1929 年才溪暴动胜利以后，才溪人民组织了耕田队。1930 年 6 月，毛泽东在才溪发现了这一新生事物，给以热情的赞扬，鼓励区乡干部在此基础上把耕田队提高为互助组。1931 年 11 月中华苏维埃共和国临时中央政府成立以后，及时总结了才溪和其他一些地区的经验，颁布了《耕田队条例》，使这种劳动组织形式在全苏区建立起来。1931 年夏收季节，才溪人民又根据毛泽东的建议，创办了中央苏区第一个劳动合作社（后来称劳动互助社）。①

1932 年以后，这一组织形式很快发展到闽西苏区各县。在此基础上，各地又先后成立了犁牛合作社，以克服缺少耕牛和农具的困难。所有这些，是我国农业合作化生产的萌芽和雏形，对发展苏区农业经济发挥了积极的作用。

互助合作的生产方式在闽北苏区也有一定的发展。闽北苏区的许多乡村按照赣东北省苏维埃政府的决定，组织了互助社、耕田队、割禾队等劳动组织，并建立了生产突击队、冲锋队，开展经常性的劳动竞赛。1932 年 5 月，省苏维埃政府还制定了《赣东北苏区生产冲锋队组织办法》，指导各地遵照办理。另外，苏维埃政府在县城各机关、学校、部队建立生产协助委员会，在春耕和农忙季节帮助农民耕种，发展农业生产。②

（二）奖励先进，开发荒地，反对消极怠工。苏区农民分得土地后，生产热情空前高涨，农业生产普遍发展。但是由于国民党对苏区不断进行军事"围剿"和经济封锁，苏区人民尤其是边缘地区的农民备受威胁，一部分农民被迫离家，还有些农民表现消极或怠工，致使这些地区的农业生产受到影响，一些土地荒废。

为了奖励先进，促进农业生产的发展，中共闽西特委第一次扩大会议之后，在 1929 年 11 月 5 日修订的《关于土地问题决议案》规定："耕地改良，生产品增加者，由政府酌予奖励"；反之，如果有人耕坏或荒芜者，"由政府收回其耕地以示惩戒"。闽北苏区为促进农业生产的发展，也采取了一些积极措施，主要是从政治上对农民进行宣传教育，使农民

---

① 参见孔永松、邱松庆编著《闽粤赣边区财政经济简史》，厦门大学出版社 1988 年版，第 117—118 页。

② 参见《闽浙赣革命根据地史稿》编写组编《闽浙赣革命根据地史稿》，江西人民出版社 1984 年版，第 170 页。

深刻地了解只有努力生产才能充实战争的物质准备，才能保障和改善人民生活。同时，苏维埃政府也实行奖励耕种的措施，开展竞赛，增加农业收入。

各地苏维埃政府还奖励农民积极开垦荒地，扩大耕种面积，提高产品收成。闽西苏维埃政府规定："凡开垦荒田者六年之内不收土地税，十年之内任其使用，政府不予收回。"[①] 闽北苏区也规定"贫农雇农中农开垦荒田三年免充土地税，富农一年免交土地税"[②]。苏区农民受到这一政策的鼓舞，想方设法向荒地要粮。至 1933 年，上杭才溪总共开垦荒地 1300 余担（约合 320 亩），全乡已无荒田。据 1934 年 2 月的统计，中央苏区总共开垦荒地 22 万担（折合 5.5 万亩），其中闽西苏区占将近一半。

与此同时，苏维埃政府在农村中广泛开展反懒惰的斗争，提出"不劳动不得食""不劳动不得分土地""努力耕种就是努力革命斗争"等口号，并利用各种集会批评消极怠工者，表彰生产积极分子。

（三）发展多种经营，提供支农信贷。闽西、闽北等苏维埃区域的农业主要以种植水稻为主，大力抓好稻谷生产是发展苏区农业的根本。1933 年，中华苏维埃共和国临时中央政府发布布告，把水稻生产列为发展农业的首要任务。此外，苏维埃政府还号召苏区人民积极搞好杂粮、蔬菜、棉花、竹木、木梓、烟茶、牲畜饲养等多种经营。这些农副产品，既是苏区群众的生活必需品，也是苏区工业生产的重要原料。1931 年 4 月 4 日，闽西苏维埃政府发布了由张鼎丞主席签署的第十二号布告，规定苏区的农业经济政策之一是"一切生产品切实保护，并积极鼓动种植各种农产品发展社会经济"。1932 年，福建省苏维埃政府再次号召多种杂粮蔬菜，增加农业收入。上杭才溪乡人民积极响应，发起了多种五棵

---

① 《闽西第一次工农兵代表大会宣言及决议案》（1930 年 3 月 25 日），中共龙岩地委党史资料征集领导小组、龙岩地区行政公署文物管理委员会编《闽西革命史文献资料》第 3 辑，1982 年内部版，第 203 页。

② 闽北分区苏维埃执行委员会：《春耕运动工作的决议》（1933 年 3 月 1 日），中共福建省建阳地委党史办、福建省建阳地区档案馆编《闽北党史文献》第 3 集，1984 年内部版，第 38 页。

瓜运动，在所有荒地、田埂上全部种植了番薯等杂粮。这年秋收，闽西苏区农业大丰收，谷子比上一年增收 10%，杂粮增加 1/3。

闽北苏区山多田少，农业除水稻以外，主要的经济作物是茶叶和竹笋。1931 年，由于国民党军队在初春季节对闽北苏区进行军事“围剿”，使这两大宗出产受到很大损失，经济收入减少一半以上。1932 年初春，闽北苏区发动大规模的春耕生产运动，要求农民努力增加农业投入，不仅要耕种好稻谷，而且号召发展多种经营，“多用肥料培养培植一切出产品，努力做摘茶挖笋工作，把茶笋完全做好”，改善苏区人民的生活。① 闽西苏区在抓紧粮食生产的同时，有计划地推广种植棉花和其他作物。1933 年，长汀县在试种的基础上，推广种植棉花 2000 担（折 500 亩）；1934 年，在闽西苏区进一步推广，种植棉花 1 万担（折 2500 亩），取得了良好的经济效益。

为了帮助农民发展生产，解决农民在购买肥料、种子、添置农具等方面的资金困难，闽西和闽北苏维埃政府充分发挥工农银行和信用合作社的作用，向农民提供农业贷款，用于发展农业和组织各种生产合作社。另外，还从农业税中拨出一部分款项，支援较大的水利工程，或直接由银行投资兴办生产合作社。

（四）抓紧春耕运动，妥善安排全年农业生产。苏维埃政府在每年春耕到来之前和春耕期间，总是大张旗鼓地发动春耕运动，对全年的农业生产做出全面的规划，指导苏区农民安排好生产。

闽北苏区在 1931 年春天因为国民党军队占领了苏区，耽误了春耕，农业生产大受损失，后来格外重视每年的春耕生产。1932 年 2 月，闽北苏区的党团组织和苏维埃政府大力宣传春耕运动的意义，列举上一年因耽误了春耕生产而造成农业歉收的教训，告诫农民要重视春耕，指出如果不努力做好春耕，苏区的巩固和农民生活的改良都是不可能的。1933 年 3 月 1 日，闽北分区苏维埃政府又做出《春耕运动工作的决议》，号召

① 参见《春耕运动宣传大纲　春耕运动的意义》（1932 年 2 月 28 日），中共福建省建阳地委党史办、福建省建阳地区档案馆编《闽北党史文献》第 2 集，1984 年内部版，第 143 页。

苏区群众为争取革命战争胜利与改善自己的生活而努力春耕。并且做出具体的规定，要求各县农村按时完成好春耕生产计划。同时提出发动妇女参加耕种，多种六月早禾与豆子、棉花等经济作物，开展竞赛活动，鼓励开垦荒田等要求。

在闽西苏区，1931 年 2 月 24 日，中共闽粤赣特委做出《关于春耕运动的决议》，指出春耕运动不但是增加生产、发展社会经济的重要手段，而且有利于深入开展阶级斗争，增长雇农、贫农、中农的革命力量，保障和扩大土地革命的胜利果实。为此，决议要求各县区乡加强党对春耕的领导，在春耕期间进一步检查土地分配工作，帮助农民解决春耕困难，帮助红军家属耕田，切实做好春耕工作，保证全年农业的丰收。

（五）加强农业生产管理，改良水利和推广农业科学。随着土地革命的深入发展，各级苏维埃政府逐步建立了一套农业生产的管理制度。1930 年 3 月，闽西第一次工农兵代表大会通过的《土地法令》规定了发展水利和开垦荒地的管理办法，要求各乡组织陂圳管理委员会，各乡土地委员会设置巡圳委员会，每日派员巡视圳路，堵塞漏流，排除障碍，以利水流。1930 年 2 月召开的闽西特委第二次扩大会议，规定了屠宰耕牛审批办法，以保护耕畜。1933 年 4 月，福建省苏维埃政府为加强对全苏区春耕生产的指导，在《关于加强春耕生产运动领导的训令》中要求各乡组织农村生产委员会，各村组织小组，负责计划和领导农业生产。

与此同时，苏维埃政府重视农村水利建设。1932 年 7 月，闽北苏维埃政府决定在 7 月间举办水利宣传周，要求各级政府在此期间向群众广泛宣传改良水利与发展农业的关系，做好改良水利的充分准备，并确定 8 月份为水利工作的运动月，修建堤坝、塝、圳、塘等。闽西各级苏维埃政府早在 1930 年就把兴修水利列为土地法令的一个重要部分，规定了管理水利工作的机构和具体要求。这些措施促进了苏区水利建设的发展。

同时，各级苏维埃政府在一些有条件的地方建立了农业科学研究机构，试验和推广先进的科学技术。闽西苏区各级政府在土地委员会之下设立了农事试验场或农业科学研究所，将耕作、施肥、水利等方面的科学知识，通俗地介绍给农民。各县设立有农产品展览所，供农民参观和互相交流生产经验，并且提倡和支持农民改良品种，改革农具。

闽东苏区也大力组织群众恢复和发展农业生产，鼓励农民开荒，组织青年生产突击队，兴修水利，提倡劳动互助，大抓春耕、夏种、秋收，发展副业生产，还设立了调剂局、贸易局和生产合作社。这在发展农业生产、保障苏区经济供给中发挥了积极的作用。①

由于苏维埃政府加强了对农业生产的管理和领导，苏区农业不断获得丰收。1930 年夏收时，龙岩早禾每穗平均在 180 粒以上（以往每穗只有 150 粒左右）。② 这一年，龙岩、连城等县苏维埃区域的水稻产量比 1929 年增长 20%，永定、上杭、长汀苏区增长 10%。1934 年 1 月，毛泽东在第二次全国工农兵代表大会上所做的报告中指出："一九三三年的农产，在赣南闽西区域，比较一九三二年增加了百分之十五（一成半），而在闽浙赣边区则增加了百分之二十。……现在有些地方不但恢复了而且超过了革命前的生产量。有些地方不但恢复了在革命起义过程中荒废了的土地，而且开发了新的土地。"③ 农业生产的发展，保障了红色区域的军需民食，为革命战争提供了重要的物质条件。

三　苏区的工业建设

福建各苏维埃区域都是以农业经济为主体的偏僻山区，近代工业基础十分薄弱，仅有一些造纸、木材、烟丝、茶叶、笋干、石灰等手工业作坊。在革命根据地的初创时期，这些手工业由于国民党的经济封锁，曾经一度因产品难于运销出境而衰落。如原来闽西的土纸畅销国内及东南亚各国，由于经济封锁而断绝了销路。

红色区域形成以后，苏维埃政府很重视建立和发展苏区的工业生产。

① 参见中共宁德地委党史征委会：《闽东革命根据地的建立及其斗争情况》，《闽东党史资料与研究》1986 年第 1 期。

② 参见《龙岩早禾丰收》，《闽西红报》1930 年 7 月 22 日。

③ 《我们的经济政策》（1934 年 1 月），《毛泽东选集》第 1 卷，人民出版社 1991 年版，第 131 页。

由于当时处在激烈的军事斗争环境，军需用品十分紧缺，因此苏区的工业建设首先是创办和发展军事工业。闽西苏区在创建时期，党组织就曾开办过一些以打造土枪、土炮、大刀、长矛一类武器为主的小型兵工厂。随着苏区的巩固与发展，红军队伍不断扩大，反“围剿”战争的日益紧张，军事工业更加引起了党和政府的重视。1930 年 3 月，闽西苏维埃政府一成立，就做出筹办修械厂、子弹厂的决定。同年 8 月 22 日，中共闽西特委做出《关于军事问题草案》，认为“依据目前的需要，闽西应建立小规模的兵工厂”，确定把各县区的造弹技师和器材集中起来，由军委会负责筹建。此后，闽西各地相继创办了一些兵工厂。

闽西苏区建立较早且规模最大的军工厂是 1930 年 8 月在龙岩湖邦建造的闽西红军兵工厂。同年 12 月，该厂迁至永定虎岗，改称为闽粤赣军区兵工厂，厂长毛泽民。该厂在创办之初，只有一些钳子、锉刀、锄头、风箱，设备十分简陋。经过全厂职工和人民群众的支援，工厂设施渐臻完备。1931 年 8 月，由于国民党军的“围剿”，兵工厂随党政机关撤至上杭蓝家渡，后来又迁至长汀四都，于同年冬改名为福建军区兵工厂。1932 年 4 月，中央红军攻克漳州，缴获了国民党兵工厂的大批军工器材，包括车床、钳床等先进设备。这些设备被运回苏区以后，转给福建军区兵工厂，大大提高了这个厂的生产能力。此后，福建军区兵工厂又先后迁移至长汀、瑞金，1933 年初与江西官田修械所合并，在银坑成立中央兵工厂，全厂职工发展至 1000 多人。福建军区兵工厂与中央兵工厂合并以后，留下一些工人另外又建立了福建军区修械所，一直坚持到 1934 年 4 月。

除了兵工厂以外，闽西苏区其他种类的军需工业也有很大的发展，主要的有红军被服厂、长汀中华织布厂、汀州弹棉社等。红军被服厂是 1929 年冬在长汀创办起来的，原有职工 60 多人，以后逐渐发展为中央军委被服厂第二分厂，归红军总供给部领导。这个被服厂是在没收了驻守长汀的国民党旅长郭凤鸣的被服厂以后建立起来的，拥有新式的从日本进口的缝纫机，设备较好，分工也精细，设有裁剪、手工、车工等车间和产品检查组，主要产品是军衣、军帽、子弹袋等。设立在长汀的中华织布厂建于1930年，由原来的9家个体纺织厂合并而成，有职工60多人，织布机40多台，主要生产军用布匹。1931年9月，由于遭受敌机轰炸，中华织布厂由长汀迁往瑞金沙洲坝。1929年成立的汀州弹棉社也以生产军用品为主。

长汀盛产斗笠，做工精细，质量上乘。红军指战员每人都要配备一顶斗笠，因此军需部门在汀州设立了收购处。1932年秋，这个收购处把斗笠工人组织起来，成立了长汀斗笠厂，集体生产斗笠。该厂有百余名工人，实行计件工资制，产量逐年增加。1932年下半年生产1.2万顶，1933年达到27万顶，1934年只生产8个月，产量就超过20万顶。

闽北苏区的党组织也很重视军事工业。1930年2月，闽北红军以一个私人小工厂为基础，在崇安岚谷筹建了闽北苏区第一个兵工厂，有40多名工人。1930年下半年，闽北红军兵工厂为防止敌人的破坏，先后转移到长涧源、范畲村。该厂初创时，仅有五六十把锉刀、五六把老虎钳和一个打铁炉，以后逐渐添置其他设备。由于缺乏必需的原料，兵工厂紧紧依靠各级苏维埃政府，动员群众收集捐献废铜废铁，经过分类提炼再制成各式武器。闽北红军兵工厂工人不断增加，生产规模逐渐扩大，分工也日益完善精细。到1934年，闽北红军兵工厂的生产能力达到新的水平，每月可造子弹十四五万发，炸弹和地雷1万枚左右，为闽北红军的发展壮大做出了贡献。[①] 此外闽北苏区还设立有炸药厂、硝厂，负责生产制造炸弹的原料。

闽东苏区的工业，也主要是军事工业。1933年10月，闽东苏区的党组织在连江透堡创办了制枪厂，有技工20多人，手摇车床2台，钳床12台，每天可生产手榴弹和地雷若干枚、枪2杆以上、子弹百余发。后来，闽东党组织又先后在拓洋龙井坑、罗源山头面牛埕村、周墩苎园坪暗垄、福安柏柱金竹洋、霞浦浮鹰岛等地建立了枪械修造厂、炸药厂、军服厂、

---

① 参见黄英：《回忆闽北红军兵工厂的成长》（1959年5月31日），福建省委党校馆藏资料（2—0196）。

土炸弹厂等。另外，闽东苏区还组织了各种民间手工业，以供军用和民用所需。①

苏维埃政府在大力发展军事工业的同时，积极创办和发展公营的民用工业。苏维埃政权先后在各地没收了为数不多的过去由军阀官僚经营的工厂，在此基础上，逐步建立了一批小规模的公营企业。另外，根据战争和苏区人民生活的需要，还创办了一些由政府管理的小型企业。

在闽西苏区，公营的民用企业主要有硝盐厂、纺织厂、造纸厂、冶炼厂、农具厂和烟厂、印刷厂等。由于国民党的经济封锁，苏区的食盐异常紧缺，严重地影响着苏区军民的日常生活。为了解决这一问题，苏维埃政府发动群众普遍开展熬硝盐活动，在各地建立了许多硝盐厂。据不完全统计，仅长汀县城就有 6 家硝盐厂，有 60 余名工人，日产硝盐 20 多斤；宁化县的安远、曹坊、梁山等地，也都建立了硝盐厂。闽北苏区同样也在崇安小浆等地建起了一批硝盐厂。这些硝盐厂的工人日夜开工，在一定程度上缓解了苏区食盐的紧张状况，安定了群众情绪。

造纸业是闽西、闽北山区农民的传统手工业，也是苏区农村一项重要的经济来源。各级苏维埃政府十分重视恢复与发展造纸业，生产作坊遍布各县。有些地方的产纸业发展非常迅速，如长汀宣成在革命前纸槽不多，革命后迅速发展到 250 个，工人达 1500 多人，年产纸 2 万余担。另外，临时中央政府还在长汀设立了中华商业公司造纸厂，资金 20 万元，产品远销广东汕头、潮州等地。闽北苏维埃政府也鼓励本地和外来的纸工发展造纸工业，在崇安坑口一带设立了 92 张纸槽，有 1000 名工人（大多来自江西、福州一带）。

1932 年 6 月，闽赣两省纸业工会为发展苏区经济，增加出口，决定建立出口通道。新泉、武平、上杭生产的纸以上杭为运销中心，一路经上杭，一路经蓝家渡运出边界；长汀、瑞金、汀东生产的纸分四路出口，即一往上杭，二经长汀、宁化至福州，三由瑞金、横岗下赣州，四由瑞

① 参见宁德地委党史征委会：《闽东革命根据地的建立及其斗争情况》。

金、会昌、筠门岭往大埔。[①] 由于采取了这一系列措施，闽西苏区的纸业生产至1933年6月，已经“恢复了三分之二”[②]。

在苏区的公营工业中，还有印刷业。长汀有一家毛铭新办的印刷所，红四军入闽以后它先后印刷了大量红军布告、文件和少共中央的机关刊物《青年实话》以及党政机关的文件。该印刷所后由汀州迁至瑞金城郊的下坝子村。1933年冬，毛铭新将印刷所的设备自愿献给少共中央，从此便成了《青年实话》印刷所。在闽北苏区，苏维埃政府在崇安大安街磨石坑建立了一家公营印刷厂，有40余名工人，分石印和油印，承印了《红色闽北》《列宁青年》《红色射手》《工农报》等报刊，另为红军和苏维埃政府印制了大量文件、票证和宣传品。

闽西革命根据地在发展工业、手工业方面创造了宝贵的经验，其中最主要的是组织各种类型的合作社。苏维埃政府大力提倡、扶植这种组织，1932年3月，福建省苏维埃政府一成立，就对发展、健全各种合作社作出规定，认为“要发展社会经济必须尽量发展各种合作社，尤其是纸业生产合作社”，要求各地尽量将以前各种合作社进行整顿和恢复，“把各乡各县合作社有系统的组织起来，各级政府并要经常派人去指导，并在物质上帮助合作社的发展”[③]。

在各级党组织和政府的领导下，闽西苏区以合作社为主要形式的手工业经济蓬勃发展，先后建立了造纸、织布、炼铁、铸锅、石灰、农具、刨烟、竹器、木器、熬硝盐、煤炭等行业合作社。至1933年，闽西苏区造纸生产已大部分恢复，其他各种类型的手工业合作社也迅速发展。据不完全统计，闽西苏区的各类合作社多达二三十种。

---

① 参见《闽赣纸业工会通知——关于运纸出口问题》（1932年6月30日），福建省委党校馆藏资料（1—1172）。

② 中共闽粤赣省委扩大会：《闽粤赣党在经济战线上的任务决议》（1933年6月12日），福建省档案馆、广东省档案馆编《闽粤赣边区革命历史档案汇编》第1辑，档案出版社1987年版，第318页。

③ 《福建省第一次工农兵代表大会决议案》（1932年3月），王其森主编《福建省苏维埃政府历史文献资料汇编》，鹭江出版社1992年版，第103页。

苏区的私营经济占有很大的比重。其中私营工业特别是私营的手工业，在苏区工业中居主要地位，保护私营工业对于维持苏区经济的稳定与发展有着重要的意义。因此，苏维埃政府在发展公营工业的同时，也很重视保护私营工业，并且制定了一系列的政策和法令。早在1929年红四军入闽以后，就发布了大量文告，一再阐明中国共产党和红军关于保护中小工商业者的政策。中共闽西第一次代表大会也将这一政策写进了大会的决议。1930年5月，闽西苏维埃政府在第9号布告中又作出规定：私人的工厂、商店除了因亏本而倒闭者外，其余均须开门营业，“政府予以保护”。1932年1月，临时中央政府正式颁发了《关于工商业投资暂行条例》，规定“无论国家的企业、矿山、森林等和私人的产业均可投资经营或承租、承办”，“私人投资所经营之工商业，苏维埃政府在法律上许可其营业的自由”。在闽北苏区，也制定和贯彻了保护私营工商业的政策，规定“中国资本家及手工业企业，不违反苏维埃政府法令者，准许自由经营”①。这些政策，保证了苏区私营工业的恢复与发展，对于繁荣苏区的经济发挥了积极的作用。但是，这些正确的方针政策也曾受到党内“左”倾错误的干扰。“左”倾的工商业政策主要反映在否认不同革命阶段的不同任务，企图超越民主革命阶段，把反对资产阶级的任务并列于反帝反封建斗争。由于这一错误，部分地区规定了过左的劳动政策，提出过高的工资待遇和片面的福利要求，机械地执行八小时工作制等，致使一部分私营企业难于承受而被迫停业倒闭，给苏区经济造成了危害。

四　苏区的商业状况

在苏区的经济建设中，商业是十分重要的一个部分。由于战争环境和国民党的封锁，苏区与白区之间的经济贸易几乎断绝，苏区的工业品和日用品奇缺，物价昂贵，而当地的土特产又不能运销外地，价格猛跌。这种现象，被称为“剪刀差”。由于农民吃亏过重，往往怠工以至弃田不

① 方志纯：《赣东北苏维埃创立的历史》，人民出版社1980年版，第67页。

愿务农。这种现象恶性循环，致使“商场冷落，工业缩小，而工人失业，造成整个社会经济的恐慌”[①]。

苏维埃政府为了克服这些困难，制定了各种方针政策，积极地推进苏区商业的繁荣与发展。在苏区的商业经济中，主要有三种成分，即公营商业、合作社商业和私营商业。由于苏区党组织和政府商业政策的正确，商业经济获得了较快的发展。

(一) 公营商业，由苏维埃政府投资兴办和领导。在闽西、闽北、闽东、闽赣等苏区先后创办的公营商业，主要是粮食调剂局和对外贸易局，还有一些商业公司、红色饭店和旅馆等。

建立粮食调剂局是闽西苏区的一个创造。1929 年夏，闽西苏区逐渐形成，土地也基本分配完毕。但当早稻收割时，由于发生“剪刀差”现象，粮食价格大幅度下跌。农民为了雇工割禾，不得不低价出售粮食。一些投机商人则乘机廉价大批收购谷子。为了平抑粮价，防止谷贱伤农，闽西苏维埃政府在邓子恢的主持下，经过深入调查，决定在各地创办粮食调剂局，主要从两个方面发挥作用。第一是由政府筹集一批资金，在新米登场时以高于市价 1/3 的价格向农民大量购进谷子，等三五个月以后谷价上涨时，再把这些谷子按原价的 95%折粜还原主，使农民不吃亏。第二是在米价跌落时，调剂局拿出一笔资金向市场高价购入米谷，然后运到米贵的地方出售，以便周转粮食，平抑粮价。

1930 年 6 月 1 日，闽西苏维埃政府经济部决定组织粮食调剂局，以救济贫农。旋闽西苏维埃政府颁发布告，号召各地成立粮食调剂局。同年 7 月，又发布《关于粮食调剂局问题》的通告，对筹措资金和有关政策作了具体规定，于是在闽西苏区创办了最早的公营商业机构。

闽西苏区创办粮食调剂局的经验得到了中央的重视和肯定。1933 年 2 月 26 日，中华苏维埃共和国临时中央政府人民委员会第 36 次常会决定，在中央苏区普遍建立粮食调剂局。同年 4 月，临时中央政府国民经

① 《中共闽西特委关于剪刀问题演讲大纲》(1929 年 10 月 5 日)，中央档案馆、福建省档案馆编《福建革命历史文件汇集》甲 8 册，1986 年内部版，第 152 页。

济人民委员部成立，其中专门设立有粮食调剂局（后来归粮食部领导）。此后，苏区各地都先后设立了这一机构。闽北、闽赣、闽东等苏区也都相继成立了粮食调剂局。实践证明，粮食调剂局在打击奸商、平抑粮价、调节市场、接济军粮、改善工农生活和调动农民生产积极性方面，发挥了重要的作用。

苏区公营商业的另一重要机构是对外贸易局。设立对外贸易局，是为了打破国民党的经济封锁，促进苏区与白区的商品流通，发展苏区经济而实行的一项重要措施。在福建各个苏区中，最早开展对外贸易的是闽西。1929 年，毛泽东派卢肇西赴上海与党中央取得联系。1930 年，卢肇西回到闽西以后即建立了由中央领导的交通站，后来称为闽西工农通讯社。这个通讯社在闽西设有总社和各地分社，主要任务是沟通与中央的联系、护送干部、传递文件、运输进出苏区的物资。因此，闽西工农通讯社是最早的对外贸易机构。

1933 年 2 月，临时中央政府为适应革命战争和苏区经济发展的需要，决定在新成立的国民经济人民委员部内设立对外贸易局。随后又发出训令，转发了《中华苏维埃共和国各级国民经济部暂行组织纲要》，规定对外贸易局的任务为："管理苏区对外贸易事宜，设法打破封锁，保证苏区境内的生产品与境外的商品，得有经常的交换，消灭农业生产品与工业生产品价格的剪刀差现象"。文件还要求各县设立国民经济部和相应机构。从此，对外贸易局从中央到地方都很快创办起来。同年 8 月 15 日，《中央苏区南部十七县经济建设大会的决议》又进一步决定，在苏区各个重要出口地设立 10 个采办处，归国民经济人民委员部领导，负责苏区产品的对外出口事务。这样，闽西苏区在中央的统一领导下，对外贸易机构日益健全，形成了一个对外贸易网，千方百计地依靠苏区工农群众，组织出口苏区生产的物资，输入苏区必需的工业品，打破国民党的经济封锁，有力地促进了苏区经济的发展。

闽北苏区对外贸易的建立与发展是与赣东北苏区紧密相连的。早在 1930 年赣东北苏维埃政府成立以后，就决定在各县成立对外贸易处，负责管理和监督苏区与白区间的贸易，促进赤白区商品的流通。闽北苏区划归赣东北苏维埃政府领导以后，在各县赤白边界逐步建立了赤白贸易处。为了发展赤白区贸易，赣东北省苏银行闽北分行特别发行一种兑换券，专门用于对外贸易。

1932 年 3 月，闽北分区苏维埃政府经济委员会发出给白色区域商人们的信，明确地告知，闽北苏区 6 个县、30 多万群众需要布、盐、糖、鱼、药等物资，同时苏区出产的粮、木、竹、茶、纸等大量产品有待输出，欢迎白区商人到苏区贸易，在税收和运输等方面给予优惠。“苏区政府力负保证商人安全、自由营业的责任”，各县对外贸易处等给予积极合作，“决不稍事留难”。1932 年 7 月 4 日，中共闽北分区委制定的《五个月工作计划》特别强调建立和健全对外贸易处，要求“崇安与河口间的贸易，必须设法建立起来。对白区商人宣传工作应特别注意，可利用苏区群众与白区商人旧的来往，进行对白区的贸易工作”。闽北分区还制定了一些具体的政策，鼓励和吸引白区商人到苏区经商贸易，以活跃和繁荣苏区经济。

（二）合作社商业，是由苏区群众自愿集资兴办的一种集体所有制性质的商业机构，目的在于促进苏区内部的商品流通，方便群众日常生活，抵制投机商人操纵市场，维护苏区群众的经济利益。合作社的种类主要是消费合作社、粮食合作社及其他商业性合作社。

苏维埃区域建立以后，由于发生“剪刀差”现象，苏区的工业品价格猛涨，人民群众遭受严重的剥削。为了改变这种状况，中共闽西特委于 1929 年 9 月 3 日发出第 7 号通告，提出解决“剪刀差”问题的 10 项措施，其中一项就是由县政府“帮助奖励群众创造合作社，如生产合作社、消费合作社、信用合作社等，使农民卖米买货不为商人所剥削，而农村储藏资本得以收集，使金融流通”。同年 10 月，在上杭召开的中共闽西特委第一次扩大会再次强调，各级政府应努力帮助群众建立合作社组织，为群众解除生活困难。1930 年 3 月，闽西第一次工农兵代表大会做出的《经济政策决议案》正式列入了《合作社条例》，对加入合作社的对象、分红比例、合作社工作人员的产生等问题作了规定。条例还规定，政府对合作社实行保护，合作社免向政府缴纳所得税。

在苏维埃政府的倡导和帮助下，闽西各地相继办起了一批消费合作社，到 1933 年，闽西苏区加入合作社的社员近 10 万人，股金也近 10 万元。

闽北苏区的消费合作社是从 1931 年发展起来的。合作社资金的来源与闽西相同，除了由社员集股以外，另向银行或信用社贷款。闽北苏区群众踊跃入股集资，仅 1933 年 10 月，崇安全县消费合作社就扩大 910 股。同年 12 月，崇安县苏维埃国民经济部又提出新的指标，要求各区积极发展，扩大消费合作社股金 400 股。闽北苏维埃政府也曾多次作出决议，对消费合作社的商品购销作了具体规定，要求合作社买卖公平，待人和气，优待红军家属，并随时根据群众的需要采办生活必需品。

合作社商业的另一种重要形式是粮食合作社。它是农民群众自愿集股创办的粮食调节机构，其功能与政府开办的粮食调剂局大致一样。不过它属于集体所有制的民营商业，经营的办法也不同于公营的粮食调剂局。它在收获季节粮价下跌时，以高于市场的价格向社员籴进粮食，到青黄不接粮价上涨时，再以低于市场的价格粜给社员，多余部分则运往外地粮价较高的市场销售，盈利归社员集体所有，留作公积金或按比例分红。

闽西苏区的粮食合作社创办于 1930 年秋，经过苏维埃政府的总结推广，农民看到了组织起来的优越性，相率入股。到 1933 年，几乎每个乡都建立了一个粮食合作社。闽北苏区的粮食合作社是在 1933 年发展起来的。1933 年 1 月 5 日，闽浙赣省苏维埃执委会发布《关于建立贮粮合作社组织问题》的通令，要求苏区各县在一月底以前完成征求社员意见，建立贮粮合作社的任务。闽北苏区划归闽赣省以后，闽北的粮食合作社又进一步发展。1933 年 10 月，仅崇安县就有 1860 股入股。[①]

闽赣苏区形成并成立了省级党政领导机关以后，全省各地相继建起了各种合作社。据 1933 年 8 月江西、闽赣两省 11 县经济建设大会统计，

① 杨颜桐：《崇安苏区的经济建设》，《福建党史通讯》1986 年第 4 期。

仅 8 个县就发展粮食合作社社员 15.2 万人，消费合作社社员 13.7 万人，筹集经费 12.4 万元。

虽然闽东苏区的民营商业起步较晚，没有形成一定的规模，但苏维埃政府也采取了各种积极的措施，鼓励和保护商人的合法贸易，创办各种类型的合作社。1934 年 6 月，闽东苏维埃政府发出布告，宣布在服从苏维埃法令和不侵犯工农利益的前提下，鼓励和保护赤白区之间的商业自由。闽东苏区开设了各种供销合作社，一方面供给群众生产和生活资料，一方面组织对外贸易。为了促进苏区的商业，闽东的苏维埃政府先后在连江下宫，霞浦西洋岛，福安溪柄马质、六屿等地建立闽东后方办事处和交通站，组织闽东山区与海上物产的流通，使得闽东苏区的市场活跃和发展起来。①

苏区的民营商业除了前述消费合作社和粮食合作社外，还有购买和贩卖等商业性合作社。购买合作社是群众为了解决对某种商品的需求而集资组成的，如肥料、石灰、粮食购买合作社。贩卖合作社则是为了出售自己生产的农产品或手工业品而自愿组合的经济组织，目的在于减少商人的中间剥削，维护生产者利益，有纸业、草鞋、茶油合作社等。总之，苏区群众自愿集资创办的各种民营合作社，在苏区的经济建设中发挥了重要的作用。

（三）私营商业。红色政权建立以后，虽然建立了一批公营商业和合作社，但由于苏区经济主要的成分仍然是私营经济，苏区的商品流通主要还是依赖于私营商业和农村圩场。尤其在对外贸易方面，私营经济起着不可替代的作用。对此，毛泽东指出："私人经济，不待说，现时是占着绝对的优势"，"我们对于私人经济，只要不出于政府法律范围之外，不但不加阻止，而且加以提倡和奖励"。② 苏维埃区域对于私人经济实行

① 参见卓鸿波、林慧冬：《闽东革命根据地的建立及其斗争情况》，《福建党史通讯》1986 年第 2 期。

② 《我们的经济政策》（1934 年 1 月），《毛泽东选集》第 1 卷，人民出版社 1991 年版，第 133 页。

保护政策，是由民主革命的任务和性质所决定的。福建各个苏区基本上按照中国共产党的有关政策，做出了一系列具体的规定，其主要精神是商人只要遵守苏维埃政府的政策、法令，允许其自由贸易，不得侵害。

总之，福建各个苏区在经济建设中基本上实行了毛泽东所提出的尽可能地发展国有经济，大规模地发展合作社经济，同时对私人经济实行鼓励的政策。尽管在此期间各地程度不同地受到"左"倾错误的干扰，但由于正确执行了上述经济政策，苏区的公营经济、合作社经济和私营商业都获得了发展，活跃了苏区的商业流通，保证了革命战争的物质需要和苏区军民的生活必需品，打破了国民党对苏区的经济封锁。

五　苏区的财政金融

革命根据地建立以后，苏维埃政权随即着手清除旧的经济体制，废除高利贷和伪币、劣币，摧毁旧的金融体系；同时，创办信用合作社和工农银行，发行新货币，统一财政，推进苏区财政经济的发展。

在土地革命初期，共产党和苏维埃政府领导人民群众打破了帝国主义和封建官僚赖以生存的经济基础，其中包括了他们一手操纵的财政金融。在这同时，新生的苏维埃政府迫切需要建立一个新民主主义的金融体系，以便调节苏区的经济，使之在新制度下健康地运转。闽西苏区刚刚建立，中共闽西特委就意识到了这一工作的重要性，决定首先筹集民间资金，创办群众性的合作形式的金融机构，这就是信用合作社。

信用合作社的筹办起始于闽西苏区。1929 年夏收季节，闽西苏区发生"剪刀差"现象，农民无处告贷，被迫贱卖新谷，积极性受到严重影响。9 月 3 日，中共闽西特委为解决"剪刀差"问题发出第 7 号通告，提出了 10 项措施，其中一项就是由县政府设法开办农业银行，区政府设立借贷所实行低利借贷；另一项措施是筹集农村私人资本，帮助农民建立信用合作社，"使农民卖米买货不为商人所剥削，而农村贮藏资本得以收集，使金融流通"。当时，创办银行一时还难于筹集到足够的资金，条件尚不成熟。建立信用社所需基金较少，见效快，因此闽西各县、区、乡苏维埃政府首先大力宣传和帮助群众筹办信用合作社。

信用合作社由群众集股筹备资金，每股 1 元至 5 元。同时也开设存款业务，分定期和活期两种，并且讲究信用，做到存款自愿，取款自由，存款付息。信用社发放的贷款，主要也是本着互助合作精神，重点解决社员生产、生活方面发生的临时性困难。1930 年 3 月，闽西第一次工农兵代表大会进一步要求各地发展信用合作社，制定了《合作社条例》《借贷条例》《取缔纸币条例》，对开办信用合作社的条件和经营办法做出了规定，并且允许信用社可以发行不超过现金 50%的纸币。信用合作社这一新型的金融机构在闽西普遍地建立起来，成为不久以后成立的工农银行的重要助手。

随着苏区经济的发展和信用合作社的普遍建立，创办苏区工农银行的条件逐渐成熟。1930 年 9 月，闽西第二次工农兵代表大会通过的《修正财政问题决议案》指出："目前为要调节金融，保存现金，发展社会经济以争取社会主义胜利的前途，唯一的办法是设立闽西工农银行。"根据会议的决定，闽西苏维埃政府组成了由阮山、张涌滨、曹菊如、邓子恢、蓝维仁、赖祖烈等 7 人组成的银行委员会，阮山为主任，并成立筹备处，马上着手筹建银行。

同年 11 月 7 日，闽西工农银行在龙岩成立，阮山任银行行长，曹菊如任会计科长，赖祖烈任营业科长兼秘书，陈寄今任司库。按照闽西苏维埃政府制定的《闽西工农银行章程》，银行的任务为"调剂金融，保存现金，发展社会经济，实行低利借贷"，营业范围有存款、放款、汇兑、买期票、买卖金银、发行纸币、铸造铜片、兼营储蓄等业务。银行资本为 20 万元，分作 20 万股，每股大洋 1 元。资金来源除向工农群众募股以外，规定各种合作社、粮食调剂局及党政机关工作人员均应购买股票。闽西工农银行成立后，在各县成立分行，各区乡设立代理机构。1931 年 9 月红军攻克长汀以后，总行迁入汀州城。1932 年 3 月，中华苏维埃共和国国家银行成立。同年 4 月，以闽西工农银行为基础，成立国家银行福建分行。闽西工农银行仍继续营业。

闽西工农银行是为苏区群众谋福利的金融机构，所盈利大部分归入股者，其中20%留作公积金，20%用于奖励工作人员，60%按股分红。因此，银行深得群众拥护，群众踊跃入股。

1930年11月25日，闽西工农银行开始发行暂行纸币。苏维埃政府一再明令废止伪币、劣质币，一律使用工农银行发行的新币。为了方便群众，闽西工农银行在长汀南阳、上杭白砂、永定湖雷等地设立了兑换处，便利群众把伪币、劣币兑换为新币。改为国家银行福建分行以后，改用中央苏区统一使用的国币，闽西工农银行停止发行纸币，原已发行的继续使用，逐步收回。

闽北苏区银行的建立比闽西工农银行要迟一年多。1930年10月，赣东北苏区首先成立了赣东北贫民银行，1931年底改为赣东北省苏维埃银行。1931年8月，闽北分区党政机关从崇安坑口迁往大安，于同年冬正式成立赣东北省苏维埃银行闽北分行，徐福元、林汉卿等人先后担任行长。闽北分行成立后，又在各县建立了支行和兑换所。

赣东北省苏维埃银行的基金并不充足，1932年1月该行基金只有3000余元。[①] 闽北分行成立后，同样面临着筹集基金的问题。闽北苏维埃政府千方百计地帮助银行扩大基金，发展苏区金融事业。闽北分行基金的主要来源一是从财政缴获中拨给。1931年红军攻打赤石缴获20万银元，其中3万元后来拨给了闽北分行留作基金。1933年初，崇安少先队分别向土豪筹款大洋2500元，向富农借款大洋1393元及一些金银，交给了银行充作基金。二是由群众集股。闽北分区委和苏维埃政府曾不断发出通知，要求各地大力为银行招股。但此项工作进展不很大，目前虽然没有见到确切的股份数字，但从有关招股的文件可以发现招股工作困难不小。

1932年1月，闽北分行开始发行纸币，1933年1月开始铸造银元。此外，闽北分行为了便于开展对外贸易，于1932年3月发行面额为50

---

① 参见《赣东北省委财政问题报告》（1932年1月11日），中共福建省建阳地委党史办、福建省建阳地区档案馆编《闽北党史文献》第2集，1984年内部版，第126页。

元、100元的兑换票。白区商人进入苏区使用这种兑换票可以到对外贸易处购买苏区的物资，从而消除白区商人的疑虑，促进了赤区和白区之间的物资流通。

总之，苏维埃区域先后建立起来的信用合作社和银行，充分发挥了金融机关的职能，运用资金投放于市场流通领域和各级党政机关、合作社、公营商店，发展工农业生产，并开展社会保险和储蓄业务，为苏区经济的发展起了极为重要的作用。

苏维埃区域的财政收入的范围，是随着根据地的创立、发展、稳固而扩大起来的。在革命政权建立初期，苏区财政的收入主要来源于没收地主土豪和官僚的财产，对剥削阶级课以重税，用以维持各级政府的开支。但是，随着土地革命的深入，农民分得了土地，苏区经济获得了恢复与发展，地主土豪在政治上已被打倒，财产已被没收，因此，苏维埃政府制定了各种合理的税收制度，把财政来源建立在发展经济的基础上，把税收作为苏区财政的主要收入。

苏区的税收主要有：(1) 农业税。农民分得土地以后，生产积极性大为提高，农业生产得到了恢复与发展。于是，苏维埃政府制定了一系列法令、法案，开始征收农业税。农业税中除粮食以外，还包括山林税。农业税是苏区财政收入的主要来源。(2) 工商税。由于苏区工业基础很薄弱，为了鼓励工业生产，暂时免收工业税，只收商业税。这也是苏区一项重要的财政来源。(3) 关税。苏维埃政府为了调节苏区物资进出口，保护经济发展，制定了完全自主的关税制度，按苏区生活与生产的需要统制货物的进出口业务，并从中获得一定的财政收入。(4) 租金。苏维埃政府建立后，把没收地主官僚掌管的公产、茶山、矿产、杉山向社会出租，租金由政府征收。(5) 公债。为了打破国民党的军事“围剿”和经济封锁，保证红军作战所需经费，苏维埃政府发行革命战争短期公债或经济建设公债。这对保证苏区经济的稳定和发展起了一定的作用。

在苏维埃区域的初创时期，由于战争环境和苏区的分割状态，财政的收支各自为政，缺乏统一的规章制度，且管理混乱。为了扭转这种混乱局面，各地苏维埃政府作了很大的努力，建立了必要的规章制度，以统一苏区财政。

1930年3月，闽西第一次工农兵代表大会首先对这一问题进行讨论，并作出《财政问题决议案》，规定“一切税收以县为单位，由县政府统一征收，各区乡政府机关经费，概由县政府发给，肃清以前滥行开支的流弊”，“各县政权机关经费，应按照规定预算，由县政府汇集提出县代表大会通过”，“各级政府经费之支出，每月应造定决算表，交县政府审核公布”。还要求各县政府“组织财政审查委员会及清理逆产委员会，以整理全县财政”。1930年4月，闽西苏维埃政府又发布《税则条例》，对苏区的税收种类及税率作了统一规定。

但是，并非一两次会议或发布几个通告就可以解决财政的统一问题，闽西苏维埃政府为此多次研究和解决这一问题。1931年11月中华苏维埃共和国临时中央政府成立后，中央财政部进行了坚持不懈的努力，把整个中央苏区的财政逐步统一起来。1931年12月，闽西苏维埃政府第六十四次常委会议又通过了关于统一财政的各项提案，并在不到一个月的时间内连续发出四个通知，三令五申必须坚决贯彻执行，“限于文到日造县预算及决算报来政府考核”①。1932年3月，福建省第一次工农兵代表大会又通过并公布了财政纪律，规定凡不执行预决算或舞弊者，将受纪律处分。所有这些，对于巩固和发展苏区经济都起了十分重要的作用。

闽北苏区的财政工作起先也存在着一些薄弱环节。如没有确定预算制度，有些财政部只有一个部长，有的县仅有的一个财政部长还要兼任其他部门的职务。为此，闽赣省财政部在1933年8月8日作出决定，提出当时的中心工作一是“改造和健全各级组织并培养大批干部”，二是“建立财政系统，统一财政，立即实行核算制度”。同时，闽赣省财政部还决定开办闽北六县短期财政训练班，为闽北苏区培养一批财政工作人才。此后，闽北苏区按照中央苏区的要求，建立了必要的规章制度，统

① 参见《闽西苏维埃政府通知第一二九号——统一财政事》（1931年12月26日），中央档案馆、福建省档案馆编《福建革命历史文件汇集》甲15册，1986年内部版，第228页。

一了各县财政。

苏区经济建设的繁荣与发展，为苏区积累了财富，改善了广大工农群众的生活，保障了红军的给养与战争经费，从而保证了苏区军民历次反“围剿”战争的胜利。正如毛泽东于1933年8月12日在中央苏区南部17县经济建设大会上的报告中所指出的：“经济建设是革命战争极端需要不可缺少的条件，只有开展了经济战线方面的工作，发展了苏区的经济，才使革命战争得到一个相当的物质基础，才能够更加顺利地开展我们军事上的进攻，给敌人的‘围剿’以有力的打击”[①]。毛泽东的这一论断，无疑是对赣南、闽西苏区经济建设工作经验的科学总结。

六　苏区的文教体育卫生事业

福建苏区各级党组织在领导人民开展军事斗争和经济建设的同时，还积极发展文化教育事业。毛泽东在第二次全国苏维埃代表大会上指出，“为着革命战争的胜利，为着苏维埃政权的巩固与发展，为着动员民众一切力量，加入于伟大的革命斗争，为着创造革命的新后代”，这便是建设和发展苏区文化教育的目的。毛泽东还指出苏维埃文化建设的中心任务，“是履行全部的义务教育，是发展广泛的社会教育，是努力扫除文盲，是创造大批领导斗争的高级干部”。苏维埃区域在建立了政权，实行了土地革命以后，从经济上、物质上为发展文化教育事业创造了良好的条件。福建各地苏维埃政府为此采取了切实有力的措施，建立和健全教育行政机构，实行免费义务教育，兴起轰轰烈烈的群众性的扫盲识字运动，开办各种工作人员训练班，初步建立了比较完整的新型的文化教育体系。

相对来说，闽西苏区的文化教育工作开展得比较早，也最为完善。1930年3月和7月，闽西苏维埃政府先后通过了《文化问题决议案》和《闽西苏维埃政府文化教育委员会之决议案》。同年8月又制定了《闽西

① 毛泽东：《粉碎五次“围剿”与苏维埃经济建设任务》，《红色中华》1933年8月16日。

苏维埃政府目前文化工作总计划》，对苏区教育确定了如下方针：“1、养成在革命环境中所需要的革命工作的干部干才。2、社会教育：普遍而深入的提高群众阶级觉悟、政治水平、文化程度。3、采取强迫性质的教育，凡六至十一岁[①]的儿童，有必须受小学教育（小学的学制，采取三三制的修业年限）的权利和义务。”为了贯彻这一文化教育方针，闽西苏维埃政府首先建立健全了各级行政教育机构，即在闽西苏维埃政府文化委员会下设一个文化部，在县苏维埃政府文化委员会下设文化科，区设立有区苏维埃政府文化委员联席会，乡设乡苏维埃文化委员，通过这些机构管理各级文化教育工作。1933 年 4 月 15 日以后，闽西苏区统一按照中央教育人民委员部颁发的省、县、区、市教育部及各级教育委员会的暂行组织纲要，重新改组了各级文化教育管理机构。按照纲要要求，县区教育部长、市教育科长及乡苏维埃政府之下设立教育委员会，具体负责领导文化教育工作，研究决定文化教育方针、任务及实施计划等。教育委员会还领导各县区以乡为单位组织教员建立政治讨论会和共产主义教育研究会，以提高教员的思想和业务水平。

闽北苏区在赣东北省苏领导下，以及后来划归闽赣省以后，都十分重视文教事业，建立健全了各级文化教育领导机构。区以上的苏维埃政府设有文化部，乡有文化委员，村有文化小组，具体管理文化教育工作。闽东苏区在苏维埃政府成立以后，也普遍组织了教育机构，开展文化教育工作。

苏维埃政府注意儿童教育。闽西苏维埃政府从 1930 年 3 月开始，对 6 岁至 14 岁的男女儿童进入各级苏维埃政府所设立的初高级劳动小学读书，全部实行免费义务教育。此后，闽西苏区的小学教育迅速发展，各区基本上均设有高级小学，各乡设有初级小学，使广大劳动人民的子女都有了接受教育的机会。

闽西苏区在实行免费义务教育的过程中，积累了丰富的教学经验，

---

① 在后来实际执行时，接受义务教育的年龄放宽至 6～14 岁。

充实了教学内容，健全了教育体系，建立了教学基金会，筹集了大批教育基金，保证了各级学校所需的教育经费。在此同时，闽西苏区党组织还积极创办闽西列宁师范学校，为充实师资队伍、培训合格教师、开展教学研究、提高教育质量做出了贡献。

在闽北，苏维埃政府建立以后，由于实现了免费教育和"教育为工农开门"的办学方针，基本上普及了小学教育。区、乡办起了列宁高小，村里办起了列宁初小，使7岁至15岁的工农子弟，几乎全部进入列宁小学学习。在党的文化教育方针指导下，这些学校既传授文化知识，也进行阶级教育和共产主义前途教育，达到了教育为革命战争服务的目的。为了充实师资，苏维埃政府在闽北的大安建立了列宁师范学校。

为了广泛教育群众、动员群众，提高群众的文化水平及阶级觉悟，福建各个苏区还普遍开展了群众性的以扫除文盲为中心的识字运动。采用的形式有问字所、识字班、读报团、看图识字、夜校、识字站、工农补习所等。在闽西还编印了各种社会教育小册子和科学丛书等，为群众性的识字运动提供辅助读物。在众多的识字教育形式中，最为普遍的是识字牌法。它简单易行，生动有趣，当时在闽西、闽北随处可见。在路边、田头等行人来往的地方，都挂上识字牌，有的旁边还加上画，每天换一次，由儿童团派人轮流值班。凡过往行人均须会读会写，不会者由儿童团负责教会后才能离开。这种方法易学易记，颇受群众欢迎。

轰轰烈烈的群众性的扫盲运动，获得了很大的成效。到1934年1月，在闽西苏区上杭县通贤区的7248人中，扫盲率达65%；能看《斗争》杂志的占4%，约200人；能看《红色中华》报的占7%，约345人，识字50个至100个的占50%。才溪区全区8782人，在除小孩外的6400余人中，能识50字至100字的占30%，不识字的10%，能写浅显的信件和看《斗争》《红色中华》的有15%。[①] 属闽浙赣革命根据地的闽北分区，在1932年7至11月的《五个月的工作计划》中，要求解除文

① 参见《才溪消灭文盲运动成绩》，《青年实话》1934年1月第3卷第8号。

盲 3000 人以上。通过开展识字运动，闽北苏区基本扫除了青壮年文盲。[①]

随着革命形势的迅猛发展，战争急需大批领导干部和各种技术人才。为此，苏维埃政府创办了各种类型的干部学校和各种形式的训练班，以培训干部。1929 年 11 月，毛泽东率领红四军转战闽西来到上杭县苏家坡期间，亲自指导闽西特委举办了两期干部训练班。一期是政治军事训练班，一期是农民运动训练班，为闽粤赣三省边区培养了一批既会做群众工作又能带兵打仗的优秀干部。同时，红四军在上杭也举办了闽西特委干部训练班，训练区以上干部。

1930 年 3 月 25 日的《闽西第一次工农兵代表大会宣言及决议案·文化问题决议案》指出："闽西政府应聘请富有斗争经验者经常开办各种工作人员训练班，造就各种干部人才。"会后，闽西苏区对各种干部的训练工作全面展开，先后举办了政治、宣传和少先队工作人员训练班，以及妇女干部、党委巡视员、教育巡视员、教员、工人、红军团政工干部、赤卫队员、游击队员、卫生行政人员、无线电人员训练班等。另外，在党内由区委或乡支部负责开办 15 人至 25 人、时间为 10 天至 15 天的流动训练班，以加强党内教育。

为了发展革命武装，加强红军建设，组织白区农民暴动，开展游击战争，1929 年 7 月，中共闽西"一大"做出了"建立和扩大闽西红军，开办红军学校训练干部人才"的决定。闽西苏维埃政府于 1930 年初在龙岩创办了闽西红军学校，校长为谭希林，政治委员由邓子恢兼任。[②]1930 年 5 月，该校改名为中国红军军官学校第一分校，由中央直接领导，学员从全国各省派送，目的是"造就排、连长人才"[③]。1930 年 11 月，闽西苏区党组织根据中央指示，决定闽西红军向东江发展。为加强红十

① 参见《闽浙赣革命根据地史稿》编写组编《闽浙赣革命根据地史稿》，江西人民出版社 1984 年版。

② 参见邓子恢、张鼎丞：《闽西暴动与红十二军》，蒋伯英主编《邓子恢闽西文稿（1956—1971）》，2017 年内部版，第 103 页。

③ 《闽西红报》1930 年 5 月 30 日。

二军的领导力量，中国红军军官学校第一分校的第一批学员，提前于 11 月结束，加入闽西红军新十二军。此后，该校迁到龙岩大池。为纪念革命先烈彭湃、杨殷，军校改名为彭杨军事政治学校第三分校。1931 年春，该校迁至永定虎岗，改称为闽粤赣边区红军军事政治学校。同年 9 月，又迁至瑞金，与红一、三军团的随营学校合并，成立中央军事政治学校，校址设在瑞金城内夫子庙后杨氏宗祠，由刘伯承任校长兼政委。另外，闽西苏区为了培训地方武装干部，还开办了福建军区随营学校，为部队和地方武装输送骨干力量。

中华苏维埃共和国临时中央政府内务人民委员部，在闽西长汀城内的万寿宫还开办了中央看护学校，第一期在江西、福建各招收学员 30 名，培训半年，直接为革命战争服务。

在苏区各级党和政府的领导下，各地还通过开办红军学校、共产主义大学、苏维埃大学、列宁师范学校、党校、军政教导大队、红军家属学校、高尔基戏剧学校等，把一大批工农群众和基层干部，培养成为军事斗争、土地革命、政权建设和经济文化建设的中坚力量。

红色政权建立以后，革命的新文化像汹涌澎湃的浪潮，荡涤着封建、黑暗、落后的旧中国山村。相继出版的红色报刊、红色歌谣以其朴实生动的语言、形象逼真的插图和饱满的革命热情，反映了红军的战斗生活，歌颂了如鱼水似血肉的军民关系，在激励苏区军民为保卫苏维埃政权而战斗的过程中，显示了强大的生命力。

闽西苏维埃政府在 1930 年 3 月的《文化问题决议案》中要求，“闽西政府及各县政府应出版日报，经常登载各处工农生活状况及斗争情形”，“各区乡应尽可能开办阅报社、俱乐部”，“各县应组织新剧团，经常出发表演新剧”。[①] 随着红色政权的巩固和发展，苏区各地纷纷办起各种报刊，以配合革命战争。在闽西苏区创办的报刊有 30 余种，如 1930

① 《闽西第一次工农兵代表会议宣言》(1930 年 3 月 24 日)，中共龙岩地委党史资料征集领导小组、龙岩地区行政公署文物管理委员会编《闽西革命史文献资料》第 3 辑，1982 年内部版，第 194 页。

年闽西苏维埃政府创办的机关报《红报》、中共闽西特委创办的机关报《闽西红旗》、1931年共青团闽西特委创办的机关刊物《闽西列宁青年》、中共闽粤赣苏区特委成立后出版的《红旗》《战线报》等。另外，闽西苏维埃政府创办的列宁书局，先后出版了《共产主义》《共产主义ABC》《社会主义浅说》《识字课本》《看图识字课本》《革命歌曲选集》等书籍和讲义。

在闽北苏区，中共闽北分区委创办了《红旗周报》《党的建设》，共青团闽北分区机关办了《列宁青年报》《青年与战争》，闽北军分区办了《红色射手》，1933年分区委、分区苏维埃政府等还联合创办了《红色闽北》。在闽东，中共闽东特委成立时，将原福安中心县委的《红旗报》改为《闽东红旗》，作为特委和苏维埃政府的机关报。1933年5月闽赣省委成立后，为了配合当时的革命宣传，省委也创办了《红色闽赣报》。

这些报刊宣传了党的方针、政策及不同时期的革命任务，让苏区人民理解苏维埃政府，理解红军，支持和拥护共产党。因此，这些报刊不仅成为革命战争不可缺少的宣传阵地，也是中国共产党早期新闻事业的一个重要组成部分，在土地革命战争时期发挥了重要的战斗作用。

红色苏区开展的群众性的文体活动，主要是开办俱乐部和列宁室，通过这些形式来开展各种文艺、体育活动。在闽西还成立了工农剧社，组织了音乐队、歌唱队及化装表演队等。在闽北组织了群众歌咏队，在崇安城还建立了闽北第一个赤色公园——列宁公园。

在苏区开创的革命新文艺中，红色歌谣是一支熠熠生辉的奇葩。它由群众自编自唱，无须排练，想什么就唱什么，因此流行广、影响大。群众通过歌谣，倾诉了受压迫、受剥削的不幸，表达了翻身解放后的无比喜悦，以及发自内心的赞颂共产党、红军和新生的红色政权的感情。对于受三重大山的压迫，他们唱道："日头下山西边黄，想起苦情割心肠；无田无地租田种，朝晨无米夜无粮。"红色政权建立以后，他们唱道："日出东方一片红，拥护朱德毛泽东；打倒土豪分田地，劳苦大众乐融融。"他们赞颂红军领导人唱道："粗布军装八角帽，黑眉大眼嗓音高；

朱德军长好威武，好比慈航[①]救星到。”歌颂红军唱道：“红军弟兄真威风，一颗红星戴当中；大家来走红军路，赤色旗帜满天红。”在扩大红军时期，还出现了唱山歌送亲人上前线的动人场面：“妹妹送哥当红军，一心一意杀敌人；哥在前方做模范，妹在家中人上人。”“我送丈夫当红军，送条毛巾寄深情；毛巾绣上七个字，永远革命不变心。”表达军爱民、民拥军的山歌有：“天寒地冻草鞋着，进门帮做农家活；开口都是热心话，红军向着穷人哥。”“火在笑来灯开花，红军兄弟住我家；红军替我来担水，我帮红军补衣裈。”“细细打来紧紧抽，手拿军鞋眼汁流；思念红军几多好，红军为何不多留。”如此等等。[②] 在歌谣活动中，涌现了一批活跃在宣传队伍中的红色歌手。有永不知疲倦的好歌手阮山，有被群众誉为红色小歌仙的少年歌手张锦辉，等等。革命歌谣在苏区起了团结人民，教育人民，打击和消灭敌人的战斗作用。

苏维埃政权建立以后，为了适应军事斗争的需要，消灭疾病，增强人民体质，改变苏区农村贫病落后的面貌，各级党组织、政府十分重视卫生、体育工作。在积极提倡讲究卫生的同时，创办各级、各类医疗机构，努力改变穷乡僻壤缺医少药的落后状态。为了发展体育工作，苏区设立了体育领导机构。在中央苏维埃政府设立红色体育委员会，少先队总部设立体育训练委员会，红军里设立列宁室，乡村俱乐部里也设体育委员会，以领导开展各项体育竞赛活动。

闽西苏区的体育竞赛活动开展得十分活跃。1931 年 4 月，为迎接五一劳动节，在上杭县中山公园体育场举行了上杭县第一届苏维埃运动会。[③] 1932 年 5 月 1 日，在福建省苏维埃政府所在地长汀举行了全省游艺体育运动会。[④] 1932 年 5 月 31 日至 6 月 1 日，全省少先队举行大

---

① 慈航：原佛教名词，此处意为解救苦难人民。

② 以上歌谣均摘录自古田纪念馆编《红军歌谣》，福建人民出版社 1979 年版。

③ 参见福建省体育文史工作委员会：《苏区体育运动资料》，《党史资料与研究》1984 年第 3 期。

④ 参见福建省体育文史工作委员会：《苏区体育运动资料》，《党史资料与研究》1984 年第 3 期。

检阅，由朱德任检阅总指挥。检阅项目有军事操、游戏操、野外演习、步法、刺杀等。[①] 1932 年 6 月 13 日，在长汀河田举行了长汀全县儿童拥护共青团福建省第一次代表大会总检阅，受检阅的儿童有 200 余人。[②] 1933 年 6 月 30 日至 7 月 3 日，在上杭县太拔区举行了学校竞赛大会，有 486 人参加。[③] 1933 年 6 月 16 日至 19 日，在上杭旧县石圳河坝上召开了福建省军区运动会，规模盛大，参加人数不下千人。[④] 在闽北苏区，分区苏维埃政府也经常举行体育运动会。如 1932 年分区举行了夏季和冬季运动会，1933 年 6 月 1 日，在崇安城关红场举行了规模空前的全区儿童团体育运动大会等。

闽西苏区的医疗卫生工作，是在各区乡村成立的卫生委员会领导下开展的。苏维埃政府吸收地方中医参加工作，并接收了一个设备较齐全、规模较大的教会医院——汀州福音医院。当时这所医院有医护人员 70 多人，院长傅连暲。毛泽东和中央许多领导人曾在这里疗养过。1933 年 2 月，该院改名为中央红色医院，并迁往瑞金。为了收治红四军的伤病员，于 1929 年 6 月在上杭蛟洋石背村开办了闽西红军医院，又称闽西后方医院。这个医院办的时间最长，直到古田会议后红四军准备转战江西时，才移交给闽西党组织，并于 1930 年 11 月改名为红十二军闽西后方医院，院址迁到龙岩小池。后来，医院几经迁移，最后迁到长汀的濯田，改名为福建军区后方医院总院，还在长汀的四都、南阳、宁化等地设立了分院。此外，红军部队还在上杭的蛟洋、大洋坝、才溪，永定的金砂、西溪、虎岗，宁化，长汀的四都、南阳等地也设立了红军医院。这些医院平战结合、军民结合，既为红军也为群众服务，对于发展闽西苏区的医疗卫生事业起了重要的作用。

---

① 参见《红色中华》1932 年 6 月 2 日。

② 参见《红色中华》1932 年 6 月 16 日。

③ 参见福建省体育文史工作委员会：《苏区体育运动资料》，《党史资料与研究》1984 年第 3 期。

④ 参见福建省体育文史工作委员会：《苏区体育运动资料》，《党史资料与研究》1984 年第 3 期。

为解决药品供应问题，闽西苏区于1930年下半年在各区乡成立了药材合作社，动员群众采集中草药。福建军区还于1932年11月在南阳区创办了一家规模较大的红色制药厂。这在一定程度上缓解了苏区药品奇缺的状态。

闽北苏区的医疗卫生机构，是由闽北红军医院及其所属的医疗单位组成的。闽北红军医院创立于1931年秋，院址在苏区首府的大安道观厂，设有内科、外科，有70多名医护人员。1933年春，又在大安的张山头创办了闽北红军医院调养所（又称中医院）。1934年8月，闽北红军医院随军挺进建松政地区，在政和县东平乡半岭建立了红星医院，扩大了医疗网。1935年1月，闽北党政机关撤离大安街，红军医院从马家坪转移到江西铅山县的石垅。为适应游击战争环境需要，红军医院进行精简，改为医疗所，并分为3个所。一、二所为轻伤员所，三所为重伤员所。医院在时常遭到敌人袭击的情况下，几易院址，最终因进入艰苦的三年游击战争时期，于1937年春在洋庄境内的上东坑解散。闽北党组织和苏维埃政府所设立的红军医院及医疗网，为战争的胜利做出了贡献，在历史上留下了不可磨灭的功绩。

闽东地区的医疗卫生事业在中共闽东特委的领导下也有一定的发展。有关部门积极组织民间土医，利用青草药开设医药合作社，并先后在宁德坑头下白岩、霍童天峰院、周墩苎园坪、霞浦西胜、龙潭、五斗，以及连江罗源沿海一带的下宫、下屿、官坂、巽屿、北山、外洋等地建立了红军后方医院。这些医院通过闽东后方办事处和交通站，从福州、长乐等地购回药品和医疗器械，充实、改善了苏区的医疗卫生条件。

在闽赣苏区各地，在闽赣省苏维埃政府的领导下，也积极开展了多次体育运动竞赛大会，并建立了红军医院，为革命战争服务。

苏区人民在各级党组织和苏维埃政府的领导下，为繁荣苏区文化教育事业，在消灭疾病、增强人民体质等方面做了大量工作，使苏区到处呈现出生机勃勃的景象。

第八章　福建抗日运动的兴起·王明“左”倾冒险主义对福建的危害

第一节　九一八事变以后的福建抗日救亡运动

一　抗日救亡运动的兴起

1931年9月18日，日本帝国主义悍然发动事变，在沈阳进攻中国军队，发动了武装侵略中国的战争，随后在短短的4个多月内便侵占了东北三省。九一八事变在国内外引起了强烈的震动，全国各地纷纷掀起了抗日救国的浪潮。从此中国人民展开了长达14年的抗日战争。福建各主要城市立即做出反应，掀起了广泛的抗日救亡运动。

这一运动首先在青年学生中兴起。9月20日，厦门大中学生约5000人走出校门，涌上街头，举行声势浩大的反日示威游行，抗议日本帝国主义的侵略行径。与此同时，福州、晋江、龙溪、漳浦、闽清等地学生群起响应，举行游行集会。

9月间，厦门各校学生和教职员联合发起成立反帝大同盟筹备会，并在各校发展会员，成立分会，开展反日爱国运动。筹备会经过两个月左右的工作，组织上有了相当的发展，并于11月12日召集全体大会，正式成立厦门学界反帝大同盟。与此同时，厦门各阶层、各行业反帝大同盟也相继成立，并且联合起来，组成厦门各界反帝大同盟。①

① 参见《厦门学界反帝大同盟成立大会》，《群众报》1931年12月15日。

群众性的抗日救亡运动刚刚兴起，国民党当局唯恐开罪于日本侵略者而十分惊慌。9月23日，国民党政府行政院电令各省市政府“注意保护日侨，免使对衅嫁祸，并力戒人民报复生事，防止反动乘机蛊惑”。9月28日，国民党政府发表《告全国学生书》，9月30日，又连续发布所谓《保护日侨令》和《整饬纪纲令》。在这一道道镇压群众抗日运动的命令下，国民党政府在全国各地导演了无数流血惨案。

国民党福建省政府及福州、厦门等地方当局，马上宣布戒严，取缔各种形式的反帝宣传与集会；并宣扬所谓“镇静外交”，要求人们相信“国际联盟”主持“公道”，企图以此缓和群众的反帝斗争情绪。厦门、福州、莆田等地中共组织，立刻通过党领导下的革命团体反帝大同盟，以及其他各种渠道，运用各种方式，发动人民群众深入开展抗日救亡运动，同国民党压制民众抗日爱国热情的卖国投降政策做斗争。

为了唤起民众的抗日爱国热情，揭破当局的欺骗，中共厦门中心市委和共青团厦门市委于10月17日发表《告民众士兵书》，指出日本帝国主义侵占东北三省已经两个月，国民党推行的所谓“镇静外交”，指望日本关东军会遵照国际联盟限定的时间于11月16日以前撤兵，完全是对全国民众的欺骗；日本帝国主义不仅在东北组织了傀儡政府，并且增兵北满，威胁苏联，炮轰天津，不断扩张其侵略野心；此刻国际联盟不采取果断措施以制止日本的侵略，却提出所谓“国际共管中国”，实际是乘人之危、瓜分中国的一种幌子；号召工农兵学生及一切劳苦群众，冲破国民党的白色恐怖与欺骗政策，举行示威，起来罢工、罢课、罢市，没收一切日货和奸商财产，驱逐日本帝国主义在华一切侵略势力，运用民众的力量武装夺回东北三省。①

11月16日，也就是国际联盟限定日本从东北撤军的日期，美帝国主义的说教者艾迪博士由福州到达厦门游说。中共厦门中心市委利用这一机会，鼓动各教会学校学生在前往欢迎艾迪博士的途中改变路线，到市

---

① 参见中央档案馆、福建省档案馆编《福建革命历史文件汇集》甲9册，1980年内部版，第88、89页。

中心举行反日演讲。一时听众云集，多达数千人。这一行动影响很大，震动全厦。

第二天，厦门各校学生自发举行罢课，派出许多小分队到各商店劝阻出售日货。当天下午，反动军警出动镇压，逮捕2名学生。事件发生后，厦门党组织立刻派人到各校报讯，发动1000多名学生集队包围公安局。国民党当局慑于群众的激愤，不得不释放被捕学生。11月19日，黑龙江省省会齐齐哈尔被日军攻陷。消息传来，厦门各界抗日会为之震惊，纷纷上街演讲，愤怒控诉日军侵略暴行。中共厦门中心市委随即又发动演讲学生举行示威游行。游行队伍呼喊着反日口号，环绕全市行进。沿途群众纷纷加入，参加者竟达六七千人。①

为了扩大斗争的影响，厦门大学学生两次组成请愿代表团，于11月30日和12月中旬分赴广州、南京，向国民党政府提出“实现统一政府”“武力收复失地”“惩办丧权辱国的汉奸”“保障民众运动”等10项要求。此后不久，福州各校学生也组成赴京请愿团，向沪宁各界宣扬抗日主张，呼吁“一致抗日，禁止内战”。②

九一八事变以后，福州也爆发了抗日爱国斗争。9月25日，福州各中小学联合召开反日救国运动大会，号召全省学界人士投入抗日运动，开展抗日救国宣传，并且要求福州师生员工一致抵制日货，加强军事操练，时刻准备抗日杀敌。9月30日，福州学生又召开反日救国大会，号召热血青年奋起坚持抗日斗争。随着抗日爱国运动的兴起，青年学生走在各界的前列，唤起民众，宣传抗日。福建师范学校组织的抗日救国反日会，还走出城市，深入农村，前往附近长乐、连江等县进行演讲宣传。这些活动，有力地推动了福建抗日运动的发展。

1931年11月16日，日本帝国主义为宣扬武力，威胁中国，公然派

① 参见《仲云巡视厦门报告——群众反帝斗争情况》（1931年11月26日），中央档案馆、福建省档案馆编《福建革命历史文件汇集》甲7册，1985年内部版，第334页。

② 参见肖学信：《九一八事变后福建学生的反日爱国斗争》，《党史资料与研究》1984年第4期。

遣军舰进泊福州台江，向中国人民挑衅。这一事件更加激起了福州民众的义愤。中共福州中心市委马上发出《为驱逐日舰告全市群众书》，召集15所学校代表举行紧急会议，领导福州学生于11月19日罢课半天，以示抗议。11月20日，福州各校师生结队到省政府请愿，要求当局采取强硬措施，迫令日舰离开福州。但是，福州学生的这些爱国斗争都遭到了当局的压制。

日本帝国主义看到国民党当局如此奴颜婢骨，更加肆无忌惮。1932年1月2日，日本驻福州领事和“北上”号军舰的正副舰长到西湖游览，闯入福州各校学生举办的宣传抗日爱国的游艺会，公然撕毁会场标语，并拔出手枪，恐吓与威胁周围群众。被激怒的学生群起反抗，与之发生冲突。国民党当局助侵略者威风，灭自己志气，不仅不支持学生的爱国行动，反而派出军警压制学生。学生们出于爱国义愤，自动集队包围了公安局和省政府，强烈要求当局扣押日本领事及日海军舰长。① 通过这些斗争，福州民众看到了自己团结起来的力量，也看清了国民党政府妥协忍让的无耻嘴脸。

除了厦门、福州以外，福建其他各地青年学生或在当地共产党组织的领导下，或自发地开展了抗日爱国运动。在莆田，中共莆田县委发动哲理中学、职业学校学生组成宣传队，进行抗日宣传。这些反日活动同样受到当局的压迫。但是莆田民众不畏强暴，公开成立了反日会。涵江中学学生举行罢课，走上街头示威游行，抗议日本帝国主义的侵略。与此同时，莆田县党组织还领导其他各界民众开展抗日活动，成立了妇女救国会。在远离县城的笏石、黄石等乡镇也建立了小学反日救国会、中日问题研究会等群众抗日团体，开展群众性的救亡运动。②

1932年1月，日本帝国主义在上海制造事端，发动一·二八事变，企图武力进占上海。驻守京沪地区的国民党十九路军奋起抵抗，扼制了

---

① 参见《福州学生与日领事舰长冲突》，《群众报》1932年1月5日。

② 参见《中共厦门中心市委工作总报告》（1932年4月1日），中央档案馆、福建省档案馆编《福建革命历史文件汇集》甲9册，1986年内部版，第167—168页。

日军的进攻，给了全国人民以莫大鼓舞。在此前后，日本帝国主义也窥视福建，妄图染指福州、厦门，除加派军舰进行军事威胁外，还从台湾派遣大批浪人到厦门、福州滋事寻衅，扰乱治安。日本帝国主义一直将福建视为其势力范围，不断从政治、经济、文化等方面进行渗透与掠夺，因此，福建人民深受其苦，对于日本帝国主义的侵略更是有着切肤之痛。

浙沪抗战以后，福建民众和全国人民一道，或者组织义勇军、救护队、前线服务团，开赴前线，直接为抗战服务，或者组织抗日后援会、肃清劣货委员会等，开展抗日宣传，造成强大的抗日声势，从而形成了九一八以后福建抗日民主运动的第一个高潮。

十九路军在上海抗战的壮举，大大激发了民众的抗日信心。厦门人民激奋异常，密切注视着时局的变化，企望中国军队一举击退日军的侵略。厦门一些报社为及时报道淞沪前线战事，在海后滩设立壁报栏，每天张贴当日上海抗战的号外与新闻，前往观看者络绎不绝，每日多达数千。

但是，国民党当局十分惧怕，担心前线的消息会激起民众更大的抗日浪潮，因而对于壁报栏前的读者动辄干涉和驱赶。3 月初，十九路军由于得不到国民党当局的支持而被迫从前线撤退。消息传到厦门，民众的抗日爱国热情受到严重打击，对于国民党南京政府的屈辱政策极为愤恨。为了阻止厦门民众了解抗战前线的真实情况，当局竟出动大批警察，于 3 月 4 日晚上驱散与逮捕阅读壁报的群众。警察的暴行激起了厦门人民的愤怒。3 月 5 日，五六千名群众自动集合起来，包围公安局，提出了释放被捕群众、恢复思明路各报社号外、公安局公开向群众道歉、惩办殴打群众的侦探队长胡震、保证今后不再阻止爱国运动等七项条件，并限公安局在 30 分钟内作出答复。

公安局非但不接受群众提出的上述条件，反而命令军警用水龙向示威者喷射。胡震再次大打出手，率领警探拘捕群众。示威群众毫不畏惧，在军警恐吓的枪声中高呼“打倒国民党”的口号。相持一段时间后，一部分群众前往捣毁国民党思明县党部，后队伍陆续散去。当军警看到示威的群众渐少时，便丧心病狂地瞄准人群开枪，当场打死1人，伤6人（其中1人重伤死于医院），制造了震惊全省的“三五”惨案。

3月6日下午，中共厦门中心市委召集紧急会议，决定立即发动群众作强烈的抗议与示威。会议还决定，通过示威斗争向当局提出五项条件：“(1) 组织民众法庭惩办凶手；(2) 没收公安局长侦探长财产抚恤死伤；(3) 反对取缔反日运动，恢复壁报与启封各报；(4) 民众组织义勇军，要武装；(5) 反对国民党撤退十九路军，出卖上海。”同日晚上，中共厦门中心市委按照计划，在思明报馆门前鼓动宣传，到会者由200多人增加至千余人；随后又率队前往捣毁国民党思明县党部，前后历时3小时之久，军警不敢镇压。[①] 这次示威斗争，是1931年3月中共福建省委受到破坏[②]以后，厦门共产党组织领导的第一次大规模的群众斗争，鼓舞了群众抗日爱国热情，同时也扩大了中共的政治影响。

第二天，中共厦门中心市委和共青团福建省委联合发出《为国民党出卖上海和厦门公安局惨杀群众宣言》，号召全市民众一齐起来，扩大反日运动，举行罢市、罢工、罢课、罢岗，反对枪杀民众的国民党政府；强烈要求当局释放被捕市民，抚恤死伤，把镇压民众的凶犯公安局长张锡杰、侦探队长胡震交民众法庭审判。

中共厦门中心市委为争取公开的合法斗争，扩大抗日救国运动，于3月6日发动厦门妇女救国会、台湾学生会等抗日团体慰问死难者家属；并于3月17日召集各学校、团体代表会，成立“三五惨案后援会”，决定3月21日在中山公园召开追悼死难同胞大会。国民党当局获悉这一情况，千方百计加以阻挠和破坏。在国民党当局的高压政策下，追悼大会被迫停止。中共厦门中心市委乃动员各校分头举行小规模的追悼会。同

---

① 参见《中共厦门中心市委工作总报告》（1932年4月1日），中央档案馆、福建省档案馆编《福建革命历史文件汇集》甲9册，1986年内部版，第155页。

② 1931年3月25日，设立在厦门的中共福建省委遭受破坏，同年7月，成立中共厦门中心市委。详见本书第八章第二节第一目。

时派出宣传队到各区宣传，揭露惨案真相及当局破坏抗日运动的阴谋。[①]

十九路军在淞沪抗战被迫撤退以后，福州民众也同样群情激愤。全市的工会、农会、学生会、文化团体及妇女救国会联合成立了民众救国联合会筹备会，领导抗日运动。1932 年 3 月 29 日，民众救国联合会筹备会领导福州各界 30 多个团体，在南公园集会追悼胡阿毛[②]。会场上，群众抗日情绪十分强烈，农林学校、协和大学等校代表坚决主张正式建立民众救国联合会。到会群众一致赞同，结队前往南门兜闹市处宣传抗日救国，随后举行示威游行，经南大街直达鼓楼前，并举行了救国联合会成立大会。参加游行集会者多达数千人，游行群众沿途演讲，呼喊“打倒卖国政府”“建立革命民众政府”等口号。[③] 这一次大规模的抗日爱国斗争，其声势之浩大，群众之踊跃，为福州所仅见。

在青年学生的带动下，各界民众纷纷行动起来，组织抗日团体，开展抗日爱国运动。5 月 30 日，福州全市 72 个社团通电全国，反对国民党政府对日妥协，并且决定于 6 月 1 日罢课、罢市，以示抗日决心。6 月 1 日，福州各校学生及各界团体 3000 余人，冒着大雨，在体育场举行反对淞沪停战协定的大会。会议之后，激愤的群众又走上街头，在雨中呼喊着抗日口号，游行示威。[④] 其爱国热诚，令观者感奋。

为了在经济上打击日本帝国主义，福州民众在斗争中创立了肃清劣货（即日货）委员会，简称“肃劣会”。在一个时期内，福州民众肃劣会遍布各处，领导群众搜查或禁止买卖日货。肃劣会组织在抗日救国运动中成为一支十分重要的力量，其中藤山、下渡、龙潭等处肃劣会更是活

---

① 参见《中共厦门中心市委工作总报告》（1932 年 4 月 1 日），中央档案馆、福建省档案馆编《福建革命历史文件汇集》甲 9 册，1986 年内部版，第 157—159 页。

② 胡阿毛为淞沪抗战时期上海抗日救国决死军“铁血锄奸团”成员。1932 年 3 月 26 日，胡阿毛被日军强迫驾驶军火卡车上前线，行至黄浦江边开足马力冲入江中牺牲。

③ 参见《觉醒了的福州——追悼胡阿毛大会和群众示威游行》，《工农报》1932 年 3 月 29 日。

④ 参见陈晓光：《二战时期福州的团组织与白区青年工作》，《党史资料与研究》1984 年第 3 期。

跃，他们勇敢地站在斗争前列，是这一时期福州抗日运动的骨干。

1932年9月7日，藤山乡群众自动起来集会，议决成立藤山乡民自动肃劣会，发表宣言，号召乡民“不买日货，实行对日经济绝交!”商人“不卖日货，自动焚烧积劣!”工人“不运日货，断绝来源运输!”妇女“不穿日货，扩大国货服装运动!”[①]

藤山肃劣会一成立，马上投入行动，于9月11日没收某商店2担日本鱼焚毁，当场召集群众大会，号召检查日货。为了纪念九一八事变一周年，藤山肃劣会又于9月17日查抄11家商店的日货，当众烧毁，并抓住一个奸商游街示众。第二天，藤山肃劣会又领导召开纪念九一八肃劣大会，发表告全市同胞书，呼吁福州30万同胞一致行动，组织各地肃劣会，彻底锄灭通日奸商。藤山肃劣会庄严宣称：“劣货一天没有肃清，我们的行动便一天更加激烈；中华民族一天存在，我们的刀便一天发挥它的光耀!”[②]

与此同时，福州下渡群众在肃劣会的领导下，于九一八纪念日冲破国民党军警的戒严，捉住一个奸商游街，查抄6家商店的日货予以销毁。群情激昂的民众还捣毁一家日本商店，随即召开纪念大会，“演说者痛苦淋漓，将国民党卖国的罪案一一说出”。听众为之动容，极为愤慨。国民党当局闻讯，立刻调动大批军警前往弹压，但赶到现场时群众已经星散，未能抓到一人。当局深恐刺激日方，除向日本驻福州领事谢罪道歉外，又赔偿日商6000元。[③] 当局此种卑劣的丑态，与誓死抗敌的民众形成鲜明的对照。

藤山肃劣会的成立及其抗日爱国行动，震动了全市，“冲破了福州沉闷的空气，全福州反日检查团体如雨后春笋纷纷自动成立，民众民族意

① 《福州市藤山乡民自动肃劣会执委会自动肃劣宣言》（1932年9月9日），福建省委党校馆藏资料（1—1228）。

② 《福州市藤山乡民自动肃劣会为扩大肃劣运动告全市同胞书》（1932年9月19日），福建省委党校馆藏资料（1—1245）。

③ 参见《下渡群众冲破国民党的白色恐怖》，《工农报》1932年9月27日。

识的勃发，更是冲破了国民党的‘镇静’”①。国民党当局害怕反日运动进一步发展，下令保护奸商，并于10月13日晚派军警前往藤山肃劣会，声称藤山肃劣会中有“不良分子”，企图抓捕其领导人，压制民众反日斗争。

国民党当局的行径激起了民众的愤慨，藤山、上渡、齐安、中洲、高湖等17个民众肃劣会联合起来，成立了福州民众自动肃劣联合会筹备会，并于10月31日发表《告全市民众书》，指出：“中华民族的生命在日本帝国主义炮火积极攻打热河华北中日益危殆了！我们要起来自救！我们要起来实行最后的抵抗了！”

福州民众自动肃劣联合会的成立，把福州抗日救国的爱国民主运动推向了高潮。事实上，肃劣会的活动已经大大超出了检查与没收日货的范围，这一组织已经成了群众性的抗日救国的革命团体。中共福州中心市委和共青团组织的许多重要干部，就是这些团体的领导人，因而大多数肃劣会是在中共福州地下组织的直接领导下开展活动的。

正在这时，国际联盟于10月2日发表以英国人李顿为团长的国联调查团的《调查报告书》。这份报告书站在帝国主义的立场上，公然袒护日本，诬蔑中国人民的抗日运动，企图对东北实行所谓“国际共管”，肢解中国的神圣领土。《国联调查报告书》在福州公开以后，福州民众更加深刻地认清了帝国主义瓜分中国的侵略野心，进一步认识到民族危机的深重，从而加紧开展抗日救国斗争。

11月9日，龙潭肃劣会在潭尾街诸亨堂纸店查获大批日产纸，与前来干涉的警察发生冲突。福州公安局出动了大批武装警察前往镇压，逮捕龙潭、下渡肃劣会成员6人。为抗议国民党当局镇压民众抗日运动的暴行，在中共福州中心市委的领导下，福州民众自动肃劣联合会于11月10日在南公园集会，会后前往公安局交涉，沿途民众自动参加者达300余人。示威群众在共产党员、福州民众肃劣联合会执行委员郑维新等的

---

① 《白色镇压与黄色欺骗》，《工农报》1932年10月15日。

率领下，冲破军警的阻拦，到达公安局门前，强烈要求警方立即释放被捕人员，保证今后不再发生此类事件。①

公安局长丘兆琛拒绝与群众见面，只允派代表入内。郑维新等民众代表毅然前往，到公安局后，立刻遭到警察的辱骂与殴打。郑维新当场被丘兆琛枪杀，李展平、陈书英等 5 人也遭逮捕。

惨案发生以后，中共福州中心市委立即召开紧急会议，决定马上动员党团员及各群众团体向全市人民揭露惨案真相，在各工厂、学校、街道组织十号惨案后援会。随后，福州高中、英华学校等几所主要学校发起成立了后援会，提出“罢工、罢课、罢市”“立即释放被捕人员”“审判凶犯丘兆琛”“开追悼会追悼郑维新”等斗争口号。②

但是由于国民党当局加紧压迫，在群众中施行欺骗与分化手段，仅将丘兆琛予以记大过处分，发给死者家属一点抚恤金了事。又由于中共外围组织福州反帝大同盟党团组织受到破坏，失去了对反日爱国运动的领导，使得福州民众自动肃劣联合会等抗日团体也相继停止活动而逐渐解体。③

上述情况表明，在淞沪停战协定签订以后，由于国民党军政当局对群众抗日爱国运动严加禁止，百般破坏，甚至制造流血事件，因而迫使福建的抗日民主运动转入了低潮。

但时隔不久，福建的抗日爱国运动再次兴起，形成了新的高潮。这一高潮的形成，一方面是由于日本帝国主义侵略热河，另一方面与驻福建的十九路军激于民族义愤，逐渐走上抗日反蒋道路所造成的局势有着直接的关系。

1933 年 2 月 21 日，日军向热河发动进攻。20 多万国民党军不战而

① 参见《国民党屠杀民众反日领袖，郑维新同志被十九路军军阀枪杀》，《工农报》1932 年 11 月 10 日，福建省委党校馆藏资料（1—1307）。

② 参见《中共福州中心市委关于纪念“十月革命”节工作情况报告》（1932 年 11 月 14 日），中央档案馆、福建省档案馆编《福建革命历史文件汇集》甲 12 册，1986 年内部版，第 191—195 页。

③ 参见《肖桂昌巡视福州报告》（1933 年 1 月 15 日），中央档案馆、福建省档案馆编《福建革命历史文件汇集》甲 7 册，1985 年内部版，第 382、383 页。

退，仅10天时间，热河全省沦陷。消息传到福州，群众的抗日怒火重新又燃烧起来。中共福州中心市委号召全市民众武装起来，保卫华北，援助红军北上抗日，组织援助热河后援会，成立福州民众义勇军，恢复肃劣会，广泛开展抗日救亡运动。

3月18日，福州民众在党团骨干的发动下，开展纪念“三一八”惨案①七周年的活动。中共领导下的福州民众剧社在台江化装演讲，由福州高中女生组成的东北义勇军后援会也出发宣传，揭露日军侵占热河的罪行，以及国民党的不抵抗政策，听众多达数千。演讲结束后，民众剧社率领群众出发检查并焚烧日货，附近群众闻讯踊跃参加，如潮水般涌上街头。国民党警察和大批宪兵、侦探相继出动，镇压群众反日斗争，当场逮捕4人。中共福州中心市委抓住这一机会，立即动员群众举行更大声势的示威，包围公安局，迫使当局释放了被捕群众。②

自此之后，福州群众在中共福州中心市委的号召与启发下，组织各种抗日团体，坚持开展各种形式的抗日运动，先后建立的组织有不买日货会、青年救国会、抗日后援会、东北义勇军抗日后援会等。中共领导下的外围组织反帝大同盟也得以恢复，并且在工厂、学校建立了分支机构。③

事实上，十九路军广大官兵对于南京政府的卖国政策，早就积郁着强烈的愤慨。《塘沽协定》的签订，遭到了十九路军将领的强烈谴责。十九路军移驻福建后，广大官兵和福建各地民众逐渐结合在一起，连日召开各种集会，举行示威游行，反对蒋介石政权的卖国政策。

---

① 1926年3月12日，日本军舰炮轰大沽口。3月18日，李大钊等领导北京群众数千人在天安门集会抗议，随后游行至临时执政府请愿，段祺瑞下令开枪镇压，群众死伤200余人，是为“三一八”惨案。

② 参见《陶铸关于福州的工作报告》（1933年5月1日），中央档案馆、福建省档案馆编《福建革命历史文件汇集》甲13册，1986年内部版，第55—57页。

③ 参见《中共福州中心市委关于职工反帝工作和罗章龙派活动情况报告》（1933年5月5日），中央档案馆、福建省档案馆编《福建革命历史文件汇集》甲13册，1986年内部版，第78页。

6 月 1 日，福州各界民众在公共体育场冒雨集会，并向全国发出通电，一致反对南京政府对日妥协。6 月 7 日，长乐县举行民众大会，大会通电要求南京政府取消妥协，速筹抵抗大计。6 月 15 日，晋江各界也举行示威大会，要求撤销停战协定，整师抗日。漳州、厦门各界团体分别召开了数千人集会，表示“誓死反对丧权辱国的对日妥协”，“打倒卖国的南京政府”。①

福建民众抗日爱国的民主运动，此起彼伏，对十九路军无疑是强大的激励与鞭策。十九路军将领也感于国难日急，匹夫有责，乃于 3 月下旬组成援热先遣队，由蔡廷锴亲任总指挥，率师北上。后因长城抗战的失败和《塘沽协定》的签订，以及蒋介石强令撤兵，援热先遣队不得不忍痛回闽。1933 年 11 月，十九路军将领蒋光鼐、蔡廷锴在国际国内形势急剧变化的情况下，毅然率部举起抗日反蒋的旗帜，发动了震惊中外的“福建事变”。

二　福建事变与福建党组织的策略

九一八事变前后，驻守京沪地区的国民党第十九路军蒋光鼐、蔡廷锴等将领，以及广大官兵，开始认识到日本帝国主义入侵的严重危机，对蒋介石统治集团屈辱忍让的误国政策及“剿共”内战的方针愈益反感。1932 年 1 月 28 日，日本帝国主义悍然向上海发起进攻。十九路军本着“为中华民族图生存，为中国军人争人格”的决心，奋起抗击。震动中外的一·二八抗战的烈火，极大地振奋了全国人民。

但是，国民党南京政府不顾大片国土的沦丧与日本帝国主义贪得无厌的侵略野心，继续奉行对外妥协、对内“剿共”的卖国政策。在十九路军将士在前线浴血奋战亟待后方援助的紧要关头，南京政府竟置十九路军接连不断的请援函电于不顾，仓皇迁都洛阳，不给十九路军以必要的支援。十九路军孤军奋斗，拼死抵抗，终因腹背受敌，以巨大的伤亡而

① 王顺生、杨大纬：《福建事变》，福建人民出版社 1983 年版，第 44—46 页。

被迫于 3 月 2 日返守待援。蒋介石为达到肢解、消灭这支抗日部队的险恶目的，于 5 月 21 日下令十九路军开入福建，迫使其继续参加反共内战。

6 月上旬，十九路军之六十一师毛维寿部首批抵闽，到达泉州，分驻安海、同安、晋江、马巷、南安等地。随后，第六十师沈光汉部、七十八师区寿年部、补充旅谭启秀部，也于同年 6 月至 8 月相继到达福建，进驻漳州、漳浦、福州、莆田等处。

十九路军入闽时，所到之处，广为散发标语口号，宣称为救闽而来，“不拉伕，不扰民，不强买，厉行禁烟”；同时发出布告，一方面宣布厉行“剿赤”，另一方面强调国防，剔除秕政，以巩固地方，巩固国家。十九路军在淞沪抗战中赢得了“抗日英雄”的赞誉，加上入闽时纪律严明，在福建民众中树立了良好的形象，获得了广泛的欢迎和拥戴。第六十一师到达泉州时，泉州民众“异常欢迎，宰猪杀鸡百余只，犒六十一师之军官士兵，军民交欢非常畅乐”①。

十九路军入闽之时，国民党在福建的统治依然是一个四分五裂的局面。省政府名义上由海军派杨树庄所把持，但代理省府主席方声涛的政令只能限于福州附近十几个县，全省政局分别被各地大小军阀及地主民军所把持。土匪出身号称“闽北王”的卢兴邦之陆军新编第二师，以尤溪为中心，长期盘踞闽北 20 多个县。驻漳州之张贞部第四十九师，在闽西南地区派捐勒税，迫种鸦片，无所不为。十九路军入闽时，张贞已被中央红军东路军歼灭大半，所余不多。此外，刘和鼎部第五十六师占据建瓯，周志群独立旅占邵武，省保安队第一混成旅肖叔宣部以及海军陆战队则分别视闽东北各县为其领地。而盘踞闽中地区的省防军第一混成旅陈国辉部，号称六个团，军纪最坏，跋扈横行，强征暴敛，抢劫绑架，无恶不作，尤为福建民众及华侨所切齿。②

① 《十九路军六十一师全部到泉》，福建《民国日报》1932 年 6 月 11 日。

② 参见蔡廷锴：《回忆十九路军在闽反蒋失败经过》，中国人民政治协商会议全国委员会文史资料研究委员会编《文史资料选辑》第 59 辑，文史资料出版社 1986 年出版，第 73—75 页。

十九路军抵闽之后，逐步取代海军派，获得福建省政权。1932 年 12 月 6 日，蒋光鼐接任福建省主席。蔡廷锴任驻闽绥靖主任兼十九路军总指挥、十九路军军长。十九路军入闽以后的总方针是以福建为基地，保存并发展自己的力量，以对抗蒋介石排斥异己的政策。在这一方针下，十九路军对粤、桂地方实力派采取和解与妥协的策略，以求得一个友好的后方环境；对福建各派势力，加以整肃与收编，以维持全省的控制；对蒋介石势力的渗透和瓦解，严加控制，以求内部之团结；对十九路军官兵的革命倾向，实行打击与镇压，极力防止官兵的“赤化”倾向；对红军和苏区采取守势，避免大规模交战，以保存实力；对被占领的苏区如闽西一带，实行镇压与安抚并用的政策，以建立其统治基础；对抗日爱国运动则限制在其许可的范围内，禁止大规模的群众性抗日斗争。所有这些，充分反映了十九路军上层领导人既反对蒋介石反动统治集团，又反对中共领导下的苏维埃运动；既主张抗日救国，又压制群众爱国抗日运动的两面性。

为了统一福建的军政大权，十九路军利用一切手段改编、整肃以至用武力消灭地方杂牌势力。1932 年 7 月初，十九路军首先将四十九师张贞部加以缩编整训，令其开赴闽西前线，与红军作战。1933 年，张贞被迫辞职离闽。与此同时，蒋光鼐、蔡廷锴以快刀斩乱麻的手段迅速处置了陈国辉，于 1932 年 12 月 23 日将其处决①，并对陈国辉部强制改编，不服从者予以歼灭。此外，蒋、蔡对福建其他各地方军事势力也先后加以整顿，以陈齐瑄接替肖叔宣充任省保安队第一混成旅旅长，将保安第二旅及兴泉各属民军也相继予以整训改编，使之完全控制于蒋、蔡之手。

蒋光鼐、蔡廷锴在整肃收编了张贞、陈国辉等部之后，巩固了在福建的统治。但是，十九路军同时也加紧镇压福建共产党组织及其领导下的革命运动，并向闽西推进，逐渐进抵连城县之新泉、朋口一线，谨慎地蚕食苏维埃区域。

---

① 参见《闽南著匪陈国辉昨日陈尸东湖》，福建《民国日报》1932 年 12 月 24 日。

十九路军到达福建以后，先后发出各种反共文告。1932 年 6 月 20 日，蒋光鼐等电国民党福建省党务指导委员会称“抗日、剿赤为当前革命军人救国不二之要图”，表示要以江西反共之精神，与闽省父老相见。[①] 十九路军采取各种措施，对中共在全省各地的组织的活动严加防范、残酷镇压。十九路军在到达龙岩占领了闽西一部分苏区以后，设立所谓闽西善后委员会“赤匪”投诚优待处，对被占领的苏区的群众和红军家属进行欺骗与瓦解，大批杀害苏维埃政府的工作人员。

在福州、厦门、泉州、漳州等城市，十九路军对于中共地下组织及其领导下的抗日运动实行严密的侦查，一经发现，立即加以镇压。1932 年 11 月 10 日，十九路军大举压制中共福州中心市委领导的民众抗日爱国运动，枪杀共产党员郑维新，逮捕李展平等 5 人。在厦门，十九路军害怕厦门人民强大的抗日爱国斗争会危及其统治地位，便由公安局发出布告，禁止群众自由集会和反日斗争。[②] 1933 年 5 月 19 日，十九路军又在光天化日之下，逮捕并枪杀了漳州民众教育馆馆长兼抗日救国会常务委员、共产党员林惠元。[③] 对于十九路军内部的中共地下组织的活动，更是采取严酷手段予以镇压。1932 年 8 月 18 日，第六十一师在泉州东门外集体屠杀共产党员及嫌疑犯 69 名，“破泉城枪决人数之新纪录”，并宣称此一行动一举肃清了该师“赤化分子”。[④]

这些事实表明，十九路军在入闽以后的一年多时间里，从维护和巩固其统治地位出发，所奉行的政策虽然有着抗日爱国的一面，但基本的方面是反共和压制民众运动的。正因为如此，福建的中共地下组织在这期间也就改变了一·二八抗战时期支持与援助十九路军的态度，认为十九路军来闽，一方面固然是国民党政府中央担心福建军阀无能“剿共”，遣派精干得力的部队来闽西积极地进攻苏区红军；另一方面，也无非是

① 参见王顺生、杨大纬：《福建事变》，福建人民出版社 1983 年版，第 38 页。

② 参见《非经党政许可，不得自由集会》，《江声报》1933 年 4 月 8 日。

③ 参见《林惠元昨在漳枪毙》，《江声报》1933 年 5 月 20 日。

④ 参见《十九路军中发现共党，十八日在泉枪决六十九名》，福建《民国日报》1932 年 8 月 26 日。

蒋系军阀要扩大他的势力范围。① 这一认识虽然尚未看出十九路军入闽之后与蒋介石之间的矛盾，但指出其入闽的主要目的之一是进攻苏区和反共，则是正确的。因此，福建的中共地下组织采取了各种形式与十九路军的反共政策进行斗争，揭露其欺骗性，号召其士兵反对内战，调转枪口，加入红军，或者派党团员打入其内部，建立地下组织，策动兵变。

随着日本帝国主义加紧侵略中国，国际国内形势日趋严重地变化，十九路军将领痛感国破家亡的民族危机，逐渐加深了对蒋介石政权的不满。1933 年，日本帝国主义扩大对中国的侵略，于 3 月初占领热河省会承德，侵占热河全省，随即又分兵进攻长城各口。中华民族面临着更加严重的威胁。驻守长城的中国军队奋起抗战，全国人民又一次掀起了抗日救亡的高潮。

福建各地民众纷纷举行集会和示威，声援长城抗战。中共福州中心市委通过反帝大同盟、革命互济会、肃清劣货联合会等外围组织与抗日团体，发动群众焚烧日货，捣毁日本洋行。4 月，福建各学校发起组织救护队，北上支援抗日军队。仅福州市就有 2400 名学生组成 5 个救护大队，束装待发。

1933 年 1 月 17 日，中华苏维埃临时中央政府和工农红军革命军事委员会发表宣言，愿意在立即停止进攻苏区、立即保证民众的民主权利、立即武装民众等三个条件下，与任何武装部队订立作战协定，反对日本帝国主义的侵略。但是，蒋介石统治集团顽固坚持“攘外必先安内”的反共反人民政策，一面加紧进攻红军，一面于 5 月 31 日与日本签订了卖国的《塘沽协定》。

蒋介石政权丧权辱国的行径，遭到了十九路军将领的强烈谴责。5 月 25 日，蒋光鼐、蔡廷锴联名发表通电，指出中华民族已到生死存亡的关头，“断非仰人鼻息，空言乞怜可以解救，更断非委曲求全，幸敌不来可以暂免”，强烈要求蒋介石政权鲜明决彻，领导全民族，不顾目前生死

① 参见《陈××关于福州政治形势及工作情况向中央的报告》（1932 年 6 月 13 日），中央档案馆、福建省档案馆编《福建革命历史文件汇集》甲 12 册，1986 年内部版，第 139 页。

利害，抵抗暴日到底。[①]

几天之后，中日签订《塘沽协定》的消息传到福建。福建民众为之震惊，纷纷游行集会，发表通电，挥泪泣血，呼吁抗日。十九路军将领也因此而失去了对蒋介石政权改弦更张、领导抗战的幻想，开始认识到只有积极进行反蒋斗争，推翻南京政府，联合一切抗日力量，才能促成全民族的抗战，从而开始酝酿和筹划反蒋抗日的计划。

正在这时，十九路军早年的领导人，曾经担任国民党行政院副院长的陈铭枢，因受蒋介石排斥到国外考察以后回国，于 5 月初到达香港，然后来往于香港、广州、福州之间，联络第三党[②]和国民党内反蒋人士，进行反对蒋介石和南京政府的活动。同月，陈铭枢在福州召集蒋光鼐、蔡廷锴和十九路军总参谋长邓世增等密商，确定了反对蒋介石的三条策略。上策，即与西南（粤桂）实现联合倒蒋，推举胡汉民出来组织独立政府；中策是一旦广东不同意加入，则联合广西李宗仁、白崇禧，先解决广东陈济棠，夺取广东以为根据地，然后反蒋；下策是如果粤、桂方面都不合作，就联合红军，共同反蒋。[③]

这一方针确定以后，陈铭枢立即着手与粤、桂两方联络。6 月 8 日，陈铭枢、蒋光鼐与李宗仁、陈济棠等在广州会晤，举行联席谈话会，讨论时局，交换意见。列席谈话会的还有湖南何健的代表张沛乾，贵州王家烈的代表张蕴良，冯玉祥的代表李兴中等。[④] 随后，上述几方代表继续就联合反蒋问题举行会商。其间，陈济棠虽然在口头上赞同反蒋，“而对于反蒋之行动，则尚待考虑”。陈济棠的部属则更加明确地表示：“应先行‘剿匪’，俟肃清赣省‘共匪’，再行打算”[⑤]。陈铭枢上策方略不能

---

① 参见《民国日报》1933 年 5 月 26 日。

② 参见 1930 年 8 月 9 日，国民党左派领袖邓演达等在上海成立中国国民党临时行动委员会。这个组织企图在国共两党以外寻求一条新的出路，形成第三势力，人们称之为第三党。1935 年改名为中华民族行动委员会，1947 年改名为中国农工民主党。

③ 参见王顺生、杨大纬：《福建事变》，福建人民出版社 1983 年版。

④ 《益世报》1933 年 6 月 19 日。

⑤ 《晨报》1933 年 6 月 22 日。

实现，悄然离粤。

与此同时，陈铭枢又联络了粤、桂两系的元老李济深筹划反蒋活动。6 月间，李济深、陈铭枢派亲信尹时中携带反蒋政治纲领，潜赴南宁，会晤李宗仁、白崇禧、黄旭初等桂系将领，商讨联合反蒋大计。但李宗仁同样闪烁其词，认为“蒋介石是要反对的，但象〔像〕你们这样做法是不成的，又没有后方，应该设法使广东陈伯南（即陈济棠——引者）一齐来搞”，“等我跟广东陈伯南商量好，再搞”。[①] 李宗仁这番模棱两可的言语，表明了不愿在行动上介入十九路军反蒋计划的态度。

陈铭枢联络粤、桂两派共同反蒋的计划落空，决定加速与中国共产党合作，以期取得中共与红军的支持，共同反蒋抗日。在此时期，十九路军虽然迫于蒋介石的三令五申，不得不派第七十八师区寿年部进抵连城、新泉一线，与红军对峙，但在军事上则取守势，不敢轻易深入苏区。1933 年 7 月，彭德怀率领中央红军东方作战军转战闽西，歼灭区寿年部两个团。东方军又乘胜追击，于八九月间在沙县、延平（今南平）一带再创第六十二师毛维寿部，给了十九路军以沉重的打击。[②] 在蒋介石的逼迫与红军的打击下，十九路军欲进不能，欲退不得，处境十分为难。

十九路军在福建接连遭受打击的消息，使得在香港的陈铭枢焦急万分。陈铭枢立刻派其重要幕僚之一、早年曾加入中共并参加南昌起义、以后脱党的陈公培前往福建，设法与瑞金的中共中央及红军总部取得联络，实现联共反蒋抗日的计划。

陈公培到达福州与蒋光鼐、蔡廷锴会面之后，蒋、蔡决定派他为十九路军代表，秘密前往前线，与红军进行停战谈判，以表明十九路军的政治态度。9 月 22 日，陈公培到达延平以南之王台的红三军团指挥部。彭德怀请示瑞金党中央以后，同袁国平一起与陈公培举行会谈。陈公培

① 尹时中：《福建事变中我代表李济深、陈铭枢赴广西和瑞金洽谈经过》，中国人民政治协商会议广东省委员会文史资料研究委员会编《广东文史资料》第 1 辑，1961 年内部版，第 120 页。

② 关于东方军入闽作战详情，请参见本书第七章第三节第三目。

表明了十九路军反蒋抗日、愿意与红军停战合作的意向。彭德怀表示欢迎十九路军的这一愿望，请他们再派代表去瑞金，同中共中央负责人作高一级的谈判。

王台谈判以后，十九路军将领非常兴奋，随即又派十九路军总部秘书长徐名鸿为福建省政府及十九路军全权代表，与中共中央及红军谈判。10 月中旬，徐名鸿与陈公培由龙岩出发前往瑞金。毛泽东、朱德、周恩来等在瑞金给予热情接待，表示苏维埃政府与红军支持十九路军的抗日反蒋斗争。苏维埃政府派中共苏区中央局宣传部长潘健行（汉年）为全权代表，与徐名鸿作具体的商谈，于 10 月 26 日签署《反日反蒋初步协定》。

这个协定根据中国共产党先前提出的在三条件下合作抗日的宣言的原则，制订了 11 条协议。这个协定主要条款的内容是：双方立即停止军事行动，暂时划定军事分界线，恢复双方的商品贸易；福建省政府及十九路军方面赞同福建境内一切革命组织的存在与活动，允许出版、言论、集会、罢工自由，立即释放狱中政治犯。为了进一步加强双方的合作，苏维埃临时中央政府派潘汉年为常驻福州代表，与秘书黄火青先后到达福州，负责与福建省政府及十九路军的联络。①

从此以后，十九路军将领积极酝酿成立新政府，加快了抗日倒蒋的步伐。这时，陈铭枢、李济深、蒋光鼐等已在香港讨论决定，尽快在福州发动反蒋抗日运动，组织新的政府，推翻蒋介石政权。11 月上旬至中旬，在香港的参加事变的重要成员相继到达福州，筹备发动事变的各项工作。蒋光鼐回到福州以后，向蔡廷锴转达了香港会议的决定，要求蔡廷锴排除一切干扰，在军事上做好反蒋举事的准备。

蔡廷锴虽然不满于陈铭枢仓促举事的浮躁，但鉴于大家已做出决定，只能孤注一掷，毫不迟疑地投入事变。蔡廷锴立即电召沈光汉、毛维寿、区寿年、张炎、谭启秀 5 个师长及马江要塞司令应云霖、绥署参谋长邓

① 参见《黄火青同志谈在福建事变时的经历》，福建省档案馆编《福建事变档案资料》，福建人民出版社 1984 年版，第 230—232 页。

世增、总部参谋长黄强、秘书长徐名鸿等到福州举行军事会议。在会上，蔡廷锴宣布了举行反蒋抗日事变、联络反蒋派势力成立新政府的决定。由于事情来得突然，各将领态度暧昧。最后，沈光汉、区寿年、谭启秀表示服从军令，作好应付准备，毛维寿、黄强、张炎、邓世增等人却不表态。另外，还有一些高级将领对于立即发难倒蒋也表示了不同的意见。十九路军将领内部意见不一，给事变的前途投下了阴影。

11 月 18 日，陈铭枢为统一思想，做出决策，在福州鼓山召集十九路军将领及其他主要策划者举行紧急会议。这是发动事变前最后一次决定性的会议，也是分歧最大、争论最激烈的一次会议，争论的焦点是举事的具体时间。蔡廷锴等认为准备不足，过于仓促，主张再推迟一两个月。陈铭枢等则对于形势表示了过于乐观的估计，认为蒋介石的兵力目前集中于对苏区的第五次“围剿”，而十九路军在政治、军事方面在全国有着举足轻重的影响，蒋系军队不堪一击，因此当时正是发动事变的好机会，即使失败，也是光荣的。最后，蔡廷锴等勉强接受了陈铭枢的意见，表示十九路军暂作新政府的坚强后盾。

1933 年 11 月 20 日，李济深、蒋光鼐、蔡廷锴及来自全国 25 个省市的代表 100 余人，以及驻福州的十九路军官兵和各界民众 10 万人，云集福州公共体育场，召开“全国人民临时代表大会”。大会总主席黄琪翔致开幕词，他宣称：为了中国人民之生存，谋中国之自由独立，与国民经济的发展，“必须排除帝国主义的侵略，尤当先打倒卖国媚外的蒋介石，和他御用的南京国民党系统的南京政府”①。大会号召全国反帝、反南京政府的革命势力联合起来，立即组织人民革命政府，打倒蒋介石政权。

当天晚上，大会主席团决定成立中华共和国人民革命政府，推举李济深为主席，设立首都于福州。11 月 22 日，新政府委员举行就职典礼，宣告人民革命政府正式成立。人民政府成立以后，立即组成政府各机构，并将福建划为闽海、兴泉、汀漳、延建四个省，发布对内外政治纲领，

---

① 《全国人民临时代表会情形详记》（1933 年 11 月 20 日），福建省档案馆编《福建事变档案资料》，福建人民出版社 1984 年版，第 9 页。

决定了政治、经济、军事、文化、外交等方面的方针政策。

福建人民政府建立以后，根据原先与中共签订的协定，进一步贯彻联共反蒋方针。11 月 27 日，福建政府与苏维埃政府达成《闽西边界及交通条约》，规定双方合作，建立交通与贸易关系，从而在一定程度上解决了中央苏区的物资供应问题。12 月 1 日，福建政府发布《大赦令》。马立峰、范式人等一批共产党员、共青团员及革命分子被释放。福建政府还允许抗日反蒋的革命团体进行公开的活动。与此同时，福建政府发布通缉令，通缉蒋介石、汪精卫、何应钦等卖国害民首恶，并在福州镇压南京政府派遣的蓝衣社特务分子。

福建政府这一系列措施，在客观上帮助了中共领导的革命运动。闽西、闽南、闽东等地区的苏维埃区域在这一时期获得了较大的发展；福州、厦门等地共产党组织所领导的革命活动也得以迅速发展，特别是反帝抗日运动更加公开，十分活跃。

可以肯定，如果中共中央及福建各地党组织能够与十九路军密切合作，那么福建的革命局势将会更加巩固与发展，福建政府与十九路军也将得到红军及福建民众更大的支持而不至于很快失败。但由于王明“左”倾错误的执行者坚持了关门主义的方针，未能同福建政府全面合作，未能在军事上给十九路军以及时的必要的援助，因此，福建政府与十九路军在蒋介石的政治分化与军事进攻下，迅速失败。

王明“左”倾关门主义的指导方针，直接影响到福建党组织。福建事变发生后，中共福州中心市委认为这一事变“是社会民主党一年余来(人民政府筹备处宣言）经营的结果。并拉拢军阀李济深，失意政客黄祺翔及第三党的狗子狗孙而成的”，认为十九路军将领发动事变为的是“要维持其地主资产阶级的血腥统治”，“苟延统治阶级的残命”，故而花样翻新，巧妙地欺骗群众。[①] 为此，福州中心市委布置各党支部发动群众，

① 参见《中共福州中心市委符镭关于福州工作情况给中央的报告》（1933 年 12 月 4 日），中央档案馆、福建省档案馆编《福建革命历史文件汇集》甲 13 册，1986 年内部版，第 176、178 页。

揭破福建政府的欺骗与假面具，号召群众与之进行斗争。厦门中心市委在事变之初也采取了类似的策略，敌视福建政府与十九路军。12月1日，厦门各界召开庆祝人民政府成立大会，厦门地下党组织发动群众在会场上与会议组织者发生冲突。其他各地党组织也都如此，反对福建人民政府的成立。

福建各地党组织敌视与反对福建事变的策略，不久就有所改变。大约在12月上旬，福州中心市委及各地党组织得到中共中央10月30日《致福州中心市委与福建全体同志信》。这封信虽然还是保留有若干“左”倾的观点，但对形势与策略提出了一些正确的主张。这封指示信认为，十九路军由于受到红军打击，由于对日本帝国主义侵略中国与蒋介石投降卖国的愤慨，将有可能“在某种程度与范围内采取一些‘左’的策略，如暂时不积极进攻某些形势上的反日反蒋，在不妨害其自己利益内相当的放任群众的反帝的斗争的活动”。中央认为，十九路军的这一变化，“对于我们党去争取这一时间，开展革命斗争与争取革命斗争的领导权，是极端重要的”。为此，中央指出，福建党组织工作的总方针之一是：“尽可能的造成民族的反帝统一战线，来聚集和联合一切可能的，虽然是不可靠的动摇的力量，共同反对日本帝国主义及其走狗国民党南京政府”①。

中共中央的这封指示信，在总的原则上是反对“左”倾关门主义，要求福建党组织与十九路军采取积极合作的态度。福州中心市委得到这一指示以后，检查了过去的工作，承认“对于此次福建政变的分析与工作的布置，是犯了‘左’的关门主义的错误”。福州中心市委决定根据中央指示信的精神，立刻纠正过去的“左”倾偏向，充分运用福建事变造成的有利条件，公开组织抗日反战同盟会、抗日救国会、检查日货会等反帝抗日团体，发展党和群众的组织，壮大革命力量。②

① 《中共中央致福州中心市委与福建全体同志信》（1933年10月30日），福建省档案馆编《福建事变档案资料》，福建人民出版社1984年版，第120页。

② 参见《中共福州中心市委关于工作情况给中央的报告》（1933年12月16日），中央档案馆、福建省档案馆编《福建革命历史文件汇集》甲13册，1986年内部版，第202页。

12 月 29 日，福州中心市委对反帝斗争、工人运动等项工作再次作了详细的检查与讨论，决定利用闽变以后的有利局面，与福建政府积极合作，开展公开合法的反帝斗争与工人运动。福州中心市委首先以远东反帝非战反法西斯大同盟福州分盟的名义发表宣言，在工人中间公开号召建立反帝统一战线。福建政府对此也采取了合作的态度，在其机关报《人民日报》及《国光日报》全文转载了这篇宣言。

随后，福州分盟又派负责人、党团书记张立到福建政府领导下的群众团体作报告，并且又发动组织了“反对国民党飞机轰炸，援助十九路军士兵反国民党战争委员会”，到前线去慰问十九路军官兵。在工人运动方面，福州中心市委领导下的工人组织也公开向资本家作经济斗争，要求资方发清欠薪及失业救济金。福建政府对于中共领导的这些运动给予了相当的自由或帮助。①

但是不久以后，中共中央对待福建事变的态度又有了明显的变化。1933 年 11 月 18 日，中共中央在《给福建党的书记的信》中，否定了上述 10 月 30 日给福州中心市委指示信的正确主张，重复了“左”倾关门主义的错误观点。信中认为福建政府代表着的是与国民党统治区其他地方政府同样的阶级，就是豪绅地主资产阶级，而十九路军是这个阶级的武装部队，认为十九路军将领是民族改良主义，是中国革命前进道路上新而非常可怕的障碍物。为此，中央在这封信中将福建政府与十九路军视为最危险的敌人，要求福建党组织在最短期间内发动工农群众，揭露福建政府及十九路军的欺骗宣传，“将十九路军士兵革命化”，“打击敌人的威信，破坏敌人的计划和目的”。自此以后，福建党组织按照中央这一指示，大致采取了这一“左”倾关门主义的策略。

福建事变引起了南京政府的极度恐慌，蒋介石被迫暂缓对中央苏区的第五次“围剿”，立刻抽调 10 多个师和海空军，以绝对优势的兵力和精良的武器，对十九路军实行大包围，发动大规模的进攻。同时，蒋介

① 参见《中共福州中心市委给中央的工作报告》（1934 年 1 月 5 日），中央档案馆、福建省档案馆编《福建革命历史文件汇集》甲 13 册，1986 年内部版，第 209—212 页。

石极力对十九路军高级将领进行收买和拉拢，分化削弱其战斗力。在蒋介石的军事打击与政治瓦解下，加以其内部矛盾重重，红军又未给予有力的支援，十九路军迅速溃败。

1934年1月13日，福建人民政府停止办公，迁都漳平。随后，李济深、陈铭枢、蒋光鼐、蔡廷锴等相继撤离福州。1月16日，蒋军第二路军蒋鼎文部进占福州。1月21日，十九路军主要将领沈光汉、毛维寿、区寿年、张炎联名发表通电，表示“一致脱离人民政府，拥护中央”，在泉州投降南京政府。十九路军大势已去，汇集在龙岩的福建政府主要领导人李济深、陈铭枢、蒋光鼐、蔡廷锴等相继离开闽西，或避居香港，或出走国外，有的则被杀害。十九路军不久也被蒋介石收编或遣散。于是，轰轰烈烈的福建事变彻底失败，十九路军也被蒋介石瓦解消灭。

第二节　王明“左”倾错误贯彻以后的福建白区工作

一　中共福建省委遭受破坏

1931年1月7日，中共六届四中全会在上海秘密召开。这次会议在共产国际代表米夫的筹划和支持下，以王明为代表的“左”倾教条主义打着“反对立三路线”的旗号，占据了党中央的领导地位。这次会议尽管在形式上也批评了李立三的“左”倾错误，但其主要纲领却是强调反对所谓“目前党内主要危险”的“右倾”和“改造充实各级领导机关”。这次会议实际上批准了王明在六届三中全会以后写的《两条路线》（即《为中共更加布尔什维克化而斗争》）的小册子。这本小册子是一个在新的形态下，继续恢复和发展了李立三的“左”倾思想、“左”倾政策的新的政治纲领。这个政治纲领比李立三的“左”倾错误对中国革命的危害更深。

六届四中全会以后，中央立即向各地党组织转发了会议决议，以贯彻王明“左”倾冒险主义。2月4日，中共福建省委在讨论了四中全会决议及四中全会《告全党同志书》之后，作出《对四中全会与党内斗争问题决议案》，表示“省委完全同意四中全会对目前工作的指示，同时同意四中全会委托新的政治局根据四中全会的决议规定指令和实际任务领导各地党部”。福建省委根据四中全会的精神，重新检查和总结了过去的工作，认为由于没有从理论上与实际上完全了解立三路线的错误，因而在前一阶段陷入了对于立三路线调和主义的错误，“以致延缓与阻碍反对立三路线的斗争与对国际路线全部的执行”。

根据这一认识，福建省委完全同意四中全会关于“右倾依然是党内目前主要的危险”的论断，“认为目前福建党内的情形是一方面立三路线的残余还没有肃清，另方面右倾机会主义的倾向又更加抬头活动”。为此，福建省委号召全省各级党组织“要刻不容缓的”执行四中全会的指示，并依据这一指示检阅各地的工作，“福建党应当象〔像〕一个人一样团结起来，拥护四中全会和四中全会的决议，在中央领导之下，执行国际的指示，领导中国革命走向新的胜利的前途！”①

中共福建省委的这个决议表明，福建党组织在不到一个月的时间内就完全接受了王明“左”倾教条主义的全部纲领。王明“左”倾错误从此开始逐渐贯彻到福建党组织的各项工作之中，从而给以后的福建革命运动造成了危害。

为了尽快将四中全会的精神贯彻到全省，中共及共青团福建省委分别派遣重要干部到闽西、福州、莆田等地传达。此外，中共福建省委根据四中全会精神，特别注重于省委所在地厦门以及福州、漳州等白区的城市斗争，片面强调城市工人运动，认为过去由于立三路线与调和主义，福建党组织“对城市工作没有从国际路线真正进攻的路线，实际转变”，以致削弱了城市工作，发展了“右倾的倾向”。1931年2月28日，中共福建省委第五次执委扩大会议专门就城市工作作出决议，强调“必须加

① 《中共福建省委对四中全会与党内斗争问题决议案》（1931年2月4日），中央档案馆、福建省档案馆编《福建革命历史文件汇集》甲7册，1985年内部版，第49页。

紧厦门、福州与漳州、泉州、莆田等重要城市的工作，毫不迟延的依照国际和四中全会的指示，继续实行真正的转变”①。

很明显，福建省委在这里所说的“真正转变”，并不是从本质上认识到了过去李立三“左”倾冒险主义在工人运动方面的错误而必须加以纠正，而实际上是进一步贯彻执行王明的主张。王明之所谓批判李立三在城市工作方面的“右倾”，是认为李立三没有真正准备城市的总同盟罢工和武装起义，因而提出党应当在城市中“联系政治的和经济的斗争，尽量去发展政治罢工，定出准备各地的或者几个主要工业城市的同盟罢工的方针”，“应当尽量去巩固赤色工会”，以便“真正准备总同盟罢工以至武装起义的必要前提”②。所以，王明的这些主张，同李立三关于工人运动方面的“左”倾冒险主义错误在本质上并没有什么不同。

正是根据王明这一主张，福建省委要求厦门、福州等主要城市的党组织，加紧发动和领导群众开展日常的经济斗争与政治斗争，力争工会的活动和罢工自由，“在经济斗争中应准备发展到政治斗争，在政治斗争中应提出经济要求，充分发展经济斗争，同时应由部分的政治斗争发展到更大的政治斗争”。通过这些斗争，“准备和组织政治罢工。这样来准备同业和同一城市，以至全省同业（海员、汽车、邮电）与全省重要城市的同盟罢工”。政治斗争的方式，应当实行“政治示威与飞行集会”这种公开的形式，“依靠群众热烈的斗争情绪，和强大的斗争力量，威胁统治阶级”③。

显然，福建省委的上述方针策略，完全忽视了福建各主要城市白色

---

① 《中共福建省委第五次执委扩大会对厦门、福州等重要城市工作决议》（1931 年 2 月 28 日），中央档案馆、福建省档案馆编《福建革命历史文件汇集》甲 7 册，1985 年内部版，第 86 页。

② 陈绍禹：《为中共更加布尔塞维克化而斗争》（1931 年 2 月），中央档案馆编《中共中央文件选集》第 7 册，中央党校出版社 1991 年版，第 652 页。

③ 《中共福建省委第五次执委扩大会议对厦门、福州等重要城市工作决议》（1931 年 2 月 28 日），中央档案馆、福建省档案馆编《福建革命历史文件汇集》甲 7 册，1985 年内部版，第 90 页。

恐怖严重和敌我力量悬殊这一实际情况，反映了王明“左”倾冒险主义在工人运动方面的基本特征，从而给福建白区斗争埋下了危机。

福建省委依照“左”倾冒险主义的方针，于2月6日制定了《关于“二月二十五日国际失业工人运动”福建工作计划》。这个计划不顾过去城市斗争由于李立三“左”倾错误所造成的损失，要求厦门、福州及其他城市的各业工人，在赤色工会领导下，发动一次公开的斗争运动周。在这一运动周中，厦门、福州等地应“举行无定时间无定地点的‘飞行集会’”，以扩大宣传，扩大赤色工会。3月19日，福建省委再次做出决定，4月9日在全省范围内举行“纪念‘四九’，反对国民党出卖中国革命的运动”，要求各城市工人与群众在这一运动中“举行飞行集会，扩大党的政治影响，提高群众的革命情绪”，以此来推动红五月运动，纪念厦门工人领袖罗扬才。

然而，由于中共福建省委和厦门市委从1930年下半年以来不断公开或半公开地领导群众进行各种冒险的斗争，党的机关和重要领导干部逐渐暴露，并被国民党厦门警察局派出的警探跟踪监视，终于酿成了一次重大损失。

当时，中共福建省委的秘密机关设立在厦门鼓浪屿。早在1930年下半年，国民党当局在搜捕一些中共干部所获得的材料中，发觉中共福建省委有可能就在鼓浪屿。但被捕的中共党员严守机密，宁死不肯泄露省委领导干部姓名及行踪。厦门警方为此“极感困难，百计筹思，唯有传谕侦探，悬以重赏并宽以长时间之侦察”，终于侦悉设立于鼓浪屿公山路N字249号的中共福建省委宣传部和眼镜脚C字52号的省委秘书处两个重要机关。①

国民党警方鉴于鼓浪屿系外国租界，不便于直接搜捕中共机关，因而于1931年3月25日中午在厦门逮捕了参加市委会议的中共福建省委组织部长兼秘书长杨适、厦门市委宣传部长郑裕德。同时，厦门警察局

① 参见国民党福建省政府主席杨树庄：《呈报厦埠破获赤党详情》（1931年4月21日），原件存中国第二历史档案馆。

派出警探数十人，与鼓浪屿会审公堂警员一起，于下午2时分道搜查福建省委宣传部和秘书处，逮捕了省委宣传部代理部长李国珍和工作人员梁慧贞、梁云屏、黄秀花、高大安、郭玉香等6人。最后，由鼓浪屿公部局将他们引渡到厦门警察局，复于4月3日解送厦门军法处。

杨适等被捕以后，在狱中坚贞不屈，与敌人进行英勇的斗争。4月30日晚，国民党将李国珍、梁慧贞等4人押往厦门郊区禾山杀害。李国珍在临刑前说：“现在我们就要死了，但我们的精神是很快乐的，因为我们的血是为千千万万群众而流的。我们所流的血是被压迫群众将来解放的代价。这样的牺牲，是很值得的。”梁慧贞接着李国珍的话说：“……死也要痛快的死，为着信仰而牺牲，是如愿以偿了。”①

国民党在杀害李国珍等4人的同时，加紧审讯杨适，企图从他那里获取福建全省中共地下组织的秘密。在敌人的法庭上，杨适视死如归，坚定地回答说：“我既被捕，有罪尽我一人承当，我即知悉亦不忍拖累他人，此后还望当局治本为要，若任意屠杀也杀不了，继我而起者尚复大有其人，现我应如何处决，请从速就是。”② 不久，国民党当局将杨适从厦门移押南京，5月23日将其杀害于雨花台。

中共福建省委机关遭到敌人破坏时，省委代理书记王海萍正巧外出，下午3时由厦门回到机关门口，幸得邻人通知得免于难。当日下午5时半，王海萍即给在上海党中央的省委书记罗明写信，并派专人赴沪，报告这一重大变故。王海萍痛感于省委这一重大损失，表示“自然我绝不怕困难的，不因此悲痛消极，只有再接再厉的前进，为同伴们算个总账”③。同时，王海萍迅速通知在厦门的各革命机关与各地有关组织，立即转移或隐蔽，以防敌人的破坏。随后，王海萍偕省互济会党团书记黄

① 厦门中心市委：《追悼向忠发同志暨杨李梁林四战士专刊》（1931年8月1日），福建省委党校馆藏资料（1—0894）。

② 转引自《杨树庄呈报厦埠破获赤党详情》（1931年4月21日），存中国第二历史档案馆。

③ 《王海萍致罗明信》（1931年3月25日），中央档案馆、福建省档案馆编《福建革命历史文件汇集》甲7册，1985年内部版，第134页。

剑津于3月30日赴上海，向党中央作详细报告。

福建省委机关受到严重破坏以后，为了不致影响全省工作，暂时由王海萍、蔡协民、邓子恢三人在福州成立一个办公会，处理省委日常工作；另派陶铸负责建立省委驻厦办事处，领导厦门工作，并与漳、泉属各县的党组织联系。①

王海萍赴中央后，省委留闽干部又一面通知在闽西的省委委员张鼎丞、戴树兴到厦门恢复省委组织（张、戴二人因闽西工作未能到厦）；一面暂以省军委书记蔡协民和曾志、董云阁三人组成临时组织，在省委未恢复以前代行省委职权；同时，催促中央早作决策，尽快解决福建问题，恢复省委。②

5月上旬，中央对于福建的组织问题仍未做出决定。王海萍等研究确定，一面等待中央指示，一面加强对各地工作的领导，决定派王海萍赴漳属，蔡协民赴泉属，邓子恢到莆仙及福州邻近县份巡视，陶铸仍留厦门，黄孝敏负责福州工作。③

中共中央在得到福建省委遭受破坏的报告以后，研究了福建的工作。中央根据福建的情况，决定暂不恢复省委组织，另行建立福州、厦门两个中心市委，分别领导白区党的工作。至于福建苏区的党组织，在此之前已经确定将闽西苏区划归苏区中央局，闽北苏区隶属于赣东北省委。

1931年6月，中共中央派姚仲云赴闽，指导建立白区党的领导机关。6月22日，姚仲云抵达福州，6月30日召集原省委及在福州工作的干部、团省委特派员举行会议，讨论改变党的组织及今后的工作计划。④

---

① 参风《中共福建省委关于福建各地工作情况向中央的报告》（1931年6月1日），中央档案馆、福建省档案馆编《福建革命历史文件汇集》甲7册，1985年内部版，第164页。

② 参见《中共福建省委给中央信》（1931年4月5日），中央档案馆、福建省档案馆编《福建革命历史文件汇集》甲7册，1985年内部版，第153页。

③ 参见《中共福建省委给中央信》（1931年5月6日），中央档案馆、福建省档案馆编《福建革命历史文件汇集》甲7册，1985年内部版，第162—163页。

④ 参见《中央巡视员仲云巡视福州情况简报》（1931年6月29日），中央档案馆、福建省档案馆编《福建革命历史文件汇集》甲7册，1985年内部版，第293页。

在姚仲云的指导下，成立了中共福州中心市委，市委委员有蔡协民、黄孝敏、陈冷材、邓子恢、黄可英等5人，蔡协民为书记。福州中心市委领导福州及闽中、闽东北地区各县的工作，开始时所辖的组织有福安、莆田、仙游、建瓯、永泰5个县委和连江特支。①

7月16日，姚仲云结束了在福州的工作前往厦门，并于7月17日指导成立了由王海萍、许依华、罗春雷、陶铸、李金发等5人组成的中共厦门中心市委，以王海萍为书记。厦门中心市委之下的组织除厦门市区以外，还有漳州、泉州、惠安、永春、安溪等县委及同安、德化特支②，领导闽南各县工作。

二　王明"左"倾错误对福州工人运动的危害

中共福州中心市委成立以后，一方面大力加强对闽东、闽中地区农村革命运动的领导，不断派遣干部到游击区指导各县工作；另一方面根据中央关于福建党的工作应以福州、厦门、漳州三城市为中心的指示，以主要的力量领导福州市区的工人运动。

福州是福建省省会，在各派军阀的长期统治和掠夺之下，经济衰败，工商各业凋零。至1931年秋，福州一些主要的工厂企业如锯木厂、火柴厂及闽西汽车公司相继倒闭，造船厂、电灯厂、码头、人力车、民船及各商店失业人数达一二万人。其他如钱业、布业等各商店的倒闭，更是日有所闻。全省财政收入由每月30万元减至16万元。③

---

① 参见《中央巡视员仲云关于福州中心市委工作情况的报告》（1931年7月15日），中央档案馆、福建省档案馆编《福建革命历史文件汇集》甲7册，1985年内部版，第299页；《陈冷材关于福建政治形势和福州工作情况向中央的报告》（1931年9月24日），《福建革命历史文件汇集》甲12册，1986年内部版，第94页。莆田、仙游开始属于福州中心市委领导，同年12月改由厦门中心市委领导，1932年8月以后重又划归福州。

② 参见《中共厦门中心市委给中央报告》（1931年7月31日），中央档案馆、福建省档案馆编《福建革命历史文件汇集》甲9册，1986年内部版，第56页。

③ 参见《陈冷材关于福建政治形势和福州工作情况向中央的报告》（1931年9月24日），中央档案馆、福建省档案馆编《福建革命历史文件汇集》甲12册，1986年内部版，第88页。

国民党福建当局为维持财政以应付战争急需，加紧从民间搜括，除加抽营业税以外，又增设房租捐等各种苛捐杂税，将负担转嫁到人民群众身上。广大贫苦人民在此黑暗统治之下，不断进行反抗与斗争。反动当局对于福州人民的反抗，施以残酷的镇压，开除或拘捕罢工工人。日本帝国主义分子操纵的闽报馆，竟然公开唆使浪人暴打报馆工友，从而更加激起了工人群众的反抗情绪。①

福州工人的这些斗争，大多出于自发或在黄色工会领导下进行，往往不能取得彻底胜利，甚而由于一再妥协而失败。中共福州中心市委虽然也感到必须加强党对工人运动的领导，但由于全市党组织仅 5 个支部、30 余名党员，力量十分薄弱。党领导下的群众团体革命互济会只有 20 多人，反帝大同盟也仅五六十人，而全市共青团员仅 8 人。② 在这种情况下，党组织很难承担起对全市各业工人的直接领导。

尽管如此，福州中心市委决心以最大的力量加强对于工人运动的领导，决定 3 个市委常委除书记蔡协民兼军委工作以外，组织部长陈冷材负责锯木支部和人力车支部，宣传部长黄孝敏负责茶工支部，直接领导这些行业的工人斗争。为了转变过去忽视政治宣传的偏向，福州中心市委于 1931 年 7 月 26 日召开会议，决定在纪念八一南昌起义的活动中开展群众性的宣传活动。然而由于力量不足，这次宣传活动只有一半党员上街写两条以上标语，其他工作如散发传单、公开示威等活动都不能开展。

这种情况表明，福州党组织的基础和革命主观力量还十分薄弱，党组织应当依据白色恐怖严重和敌我力量悬殊这一实际情况，加紧巩固与发展党的组织，尽可能利用合法地位和形式发动群众，扩大党的影响，

---

① 参见《陈冷材关于福建政治形势和福州工作情况向中央的报告》（1931 年 9 月 24 日），中央档案馆、福建省档案馆编《福建革命历史文件汇集》甲 12 册，1986 年内部版，第 88 页。

② 参见《陈冷材关于福建政治形势和福州工作情况向中央的报告》（1931 年 9 月 24 日），中央档案馆、福建省档案馆编《福建革命历史文件汇集》甲 12 册，1986 年内部版，第 92—94 页。

发展革命力量。这种斗争必须从工人切身利益出发，而不是空喊政治口号，更不是抛弃下层统一战线单独蛮干，举行毫无胜利把握的罢工斗争与飞行集会。

但是，王明“左”倾影响下的中央却不顾这一事实，强调在党内开展所谓反对右倾的斗争，坚持推行其“左”倾冒险主义。1932 年 1 月，中央巡视员在福州检查了 1 个月工作之后，“感觉到加紧发动党内反右倾斗争，是目前福州党最必要的工作。同时要使工作路线转变的执行有相当的保证，市委亦有改组的必要”。于是，在中央巡视员的主持下，改组了福州中心市委，撤销市委书记蔡协民和常委陈冷材的职务，另从厦门调陶铸任书记，把以前派往共青团工作的陈之枢调回参加市委。①

1932 年 1 月 20 日前后，陶铸到达福州。4 月 10 日，中共福州中心市委提出了 4 月、5 月两个月工作计划，要求在此期间以“布尔什维克的冲锋精神”征调工人加入红军，开展职工运动，发动罢工浪潮，建立人力车、电光厂、造船厂、汽车等行业工会，并于五卅纪念日召开全市工人代表大会，成立福州市总工会。10 天以后，福州中心市委又被红军攻克漳州的胜利所鼓舞，提出“争取全省苏维埃的胜利”的紧急任务，号召福州群众在五一、五卅纪念日举行拥护红军的飞行集会，组织示威游行，在海员、汽车工人中间发动罢工斗争。②

事实上，上述这些计划不适合福州的实际情况，党组织和工人群众的基础难于承受这一艰巨的任务。在执行这一计划的过程中，由于“几个重要的部分还没有很好的建立起我们的工作，电光厂、锯木厂、造纸厂、造船厂等部门都不成熟，未成立组织；人力车工作又垮了”；而红色工会在汽车公司提出的斗争纲领又得不到大多数工人响应，因此福州中心市委虽然尽了最大努力，仍然不能实现原定计划，总共只动员了 3 个

---

① 参见《仲云巡视福州给中央信》（1932 年 1 月 25 日），中央档案馆、福建省档案馆编《福建革命历史文件汇集》甲 7 册，1985 年内部版，第 341 页。

② 参见《中共福州中心市委对于红军占领漳州的紧急决议》（1932 年 4 月 22 日），中央档案馆、福建省档案馆编《福建革命历史文件汇集》甲 12 册，1986 年内部版，第 121 页。

工人去参加红军，纪念五一、五卅示威未能发动，市总工会未能成立，反帝运动也难以广泛地开展。

然而，中共中央无视福州、厦门的实际情况，对福建城市党的工作采取了教条主义的领导方式，严厉指责城市党的领导机关存在着严重错误，“没有把建立赤色工会任务与领导工人罢工看为整个的战斗任务”，对黄色工会的工作也十分不力。为此，中央要求彻底加以转变，坚决贯彻《中央关于职工运动致各级党部的信》的精神，在职工运动中提出“工厂、工会与罢工”的基本口号，坚决执行“面向企业”的方针，布置和领导工人举行罢工，严厉打击“机会主义的消极”和一切对于职工运动“忽视和怠工的现象”，“着重打击一切对于目前形势估计不足的右倾机会主义”。①

为了贯彻中央精神，中共中央于 1932 年 5 月派巡视员姚仲云再次到达福州，召集市委扩大会议，讨论中央指示。会议完全接受中央指示精神，认为市委改组之后依然犯有严重错误。会议根据中央指示作出决议，认为形势是“在全国革命危机日益成熟之下，一省几省首先胜利的争取是展开在党的议事日程上第一页”；在这种形势之下，“争取福建全省的革命胜利是摆在福建党的面前”。会议还认为由于中心市委过去犯有右倾机会主义，因此对于形势估计不足，也不了解党的上述中心任务。为实现这一任务，会议决定除了进一步发动农村游击战争外，必须在城市中加紧发动人力车、造纸厂工人的斗争和发动汽车工人的罢工，“开展严厉的两条路线斗争”，集中火力打击目前福州党组织存在的最严重的“右倾机会主义及自由主义的发展”②。

在福州中心市委反复讨论和计划领导建立赤色工会、酝酿发动罢工斗争的期间，福州纸厂和汽车工人为了经济利益，自发地举行了多次斗

① 《中共中央致厦门、福州两中心市委的信》（1932 年 4 月 16 日），中共厦门市委党史办编《厦门革命历史文献资料选编》第 4 集，1988 年内部版，第 248—249 页。

② 《中共福州中心市委扩大会议决议——讨论中央的指示信》（1932 年 5 月），福建省委党校馆藏资料（1—1138）。

争。国民党当局和资方对于工人实行高压手段，不仅不接受工人的合理要求，反而于4月间开除福兴汽车公司40多名工人，并将每天工作时间增至16小时。5月31日，福兴汽车公司全体职工为保障自己的合法权益，举行第三次罢工，向资方提出三项要求：(1)恢复被无理开除的40多名工人的工作；(2)恢复八小时工作制；(3)撤换经理高鸿鸣。

福兴汽车公司的斗争坚持了一个多月，对于全市各主要企业产生了重要影响。仓前山之福峡、闽西两家汽车公司的工人起而声援，商务印书馆因为资方无理开除10多名工人，也酝酿着举行罢工斗争。①

这些斗争，对于进一步发动福州工人运动十分有利。虽然这些斗争主要是在黄色工会领导下进行，然其进步的意义是不可否认的。但是，福州中心市委按照中央“左”倾错误的策略，拒绝利用合法地位来发展自己的力量，坚持在黄色工会中建立赤色小组或“革命反对派”，同黄色工会相对立，消灭黄色工会或变黄色工会为赤色工会，以实现由赤色工会独立领导罢工的目的。

这种“左”倾的斗争策略，实际上是束缚了自己，脱离了大多数工人群众，因而当福兴汽车公司工人发动第三次罢工时毫无所知。虽然“党在汽车工人中有互济会与反帝大同盟关系，但市委却不知其罢工的准备与酝酿”②，及至罢工发动起来之后，市委一方面对罢工能否坚持下去表示怀疑，“认为没有办法争取斗争的领导，消极悲观”③，另一方面决定在罢工过程中与黄色工会做斗争，在策略上可以不提出打倒黄色工会的口号，但必须在斗争中揭露其欺骗性，并组织赤色的罢工委员会和纠察队，以保证罢工的领导权。同时动员全体党团员到工人中间去宣传党的主张，领导工人斗争，争取实现汽车同业工人的总同盟罢工。

---

① 参见《陈××关于福州政治形势及工作情况向中央的报告》(1932年6月13日)，中央档案馆、福建省档案馆编《福建革命历史文件汇集》甲12册，1986年内部版，第134页。

② 《中共中央致福州中心市委信》(1932年10月2日)，福建省委党校馆藏资料(1—1259)。

③ 《中共福州中心市委讨论中央给市委指示信的结论》(1932年11月4日)，福建省委党校馆藏资料(1—1302)。

显然，福州中心市委的这种斗争方式沿袭了王明“左”倾错误的职工运动方针，失去了罢工工人的支持，因而不仅未能取得罢工的领导权，“组织罢工委员会”也成了一句空话，而且那些空洞的宣传由于脱离工人实际利益而难以发生积极作用。

中共中央对于福州中心市委在领导工人运动方面的被动状况十分不满，于1932年10月间多次致信福州党组织，并派出巡视员到福州检查，给予严厉的督促与批评。但是，中央并未因此而改变其错误的指导方针，仍然拒绝实行统一战线和利用黄色工会这一合法地位开展斗争，指示福州中心市委与黄色工会作坚决斗争，认为从黄色工会手中夺取罢工领导权，坚定地独立地组织罢工，这是党的重要任务；要求党组织在工人中间组织强有力的支部与赤色小组，在工人运动方面“实行一个大的转变”①。同时，中央还要求福州中心市委抛弃“秘密狭隘的路线”，由半公开转变到公开斗争，敞开大门，大量吸收党员。

在中央这些“左”倾方针策略的指导下，福州中心市委不顾白色恐怖严重的不利形势，利用各种纪念活动组织公开集会与示威游行。在7月组织拥护红军运动周，8月1日发动反帝战争运动周，9月间又领导纪念“九一八”分区示威，十月革命节再次号召群众举行分区飞行集会。在这些斗争中，福州党组织提出“征调工人当红军”“组织义勇军北上决死团”“武装拥护苏联”“建立全省苏维埃政权”等不切实际的斗争口号，一次又一次发动与工人实际利益不相符合的斗争。福州各级党团组织与革命团体，坚决地贯彻上级决定，进行英勇的斗争。但毕竟由于主观力量薄弱，每次公开斗争的发动都极其困难，参加集会的人数往往不足50人。

1933年初，设立在上海的党中央和全国总工会由于愈益严重的白色恐怖，被迫迁入中央苏区。全国各地白区工人运动也先后受到打击，力量大为削弱。在这种形势下，中共中央和全总执行局党团仍然提出“左”

① 《中共中央致福州中心市委信》（1932年10月2日），福建省委党校馆藏资料（1—1259）。

倾冒险主义的口号，要求各地组织五一群众示威，“建立自己的工会”，“打入黄色工会下层群众中开展革命反对派工作”。福州市党组织尽了最大努力，积极领导各业工人开展职工运动，只是由于主客观条件的限制和上述“左”倾方针的错误指导，福州工人运动始终没有大的进展。直至 1933 年 5 月，福州党组织“从来没有建立过比较有基础的赤色工会的组织”，不仅不能领导有一定群众基础的汽车、造船厂、造币厂、纸厂、锯木厂等企业的工人开展日常斗争，而且难以在各部门建立赤色工会，以致“原有的阵地也就缩小到最后的程度。造纸厂工会、锯木厂的工会反对派塌台了后，只剩下光棍的支部至今还不能恢复。现唯一的工会组织只有人力车新建立一个赤色工会小组”①。

1933 年 4 月，福州中心市委书记陶铸调赴上海，陈之枢接任书记职务。在此之后，福州中心市委依然未能将职工运动引入正确的轨道，没有着重于争取工人群众的大多数，逐步壮大革命队伍，积累革命力量，以准备将来决定胜负的斗争，而仍然不顾自身力量的薄弱，提出了脱离实际的三项中心任务：(1) 建立强有力的赤色工会；(2) 打进黄色工会，建立强有力的革命反对派，在每一细小斗争中与黄色工会作尖锐的对立；(3) 领导工人举行公开的经济与政治斗争。②

福州党组织的这一斗争纲领，不仅难以发动与团结工人群众的大多数，而且将斗争的主要矛头指向黄色工会，破坏了本来可能建立的统一战线，使自己陷于孤立。

1933 年 7 月，福兴汽车公司工人为反对当局开除 12 名工人，斗争情绪十分高昂。党组织即时发动工人，组织了“反对减薪裁员要求发清欠薪运动委员会”，领导工人开展斗争。但黄色工会也同时宣布其斗争纲领，并发动其他汽车行业工人声援福兴公司的工人，占据了斗争的领导地位。

---

① 《陶铸关于福州的工作报告》（1933 年 5 月 1 日），中央档案馆、福建省档案馆编《福建革命历史文件汇集》甲 13 册，1986 年内部版，第 59 页。

② 参见《中共福州中心市委检查职工、反帝与支部工作的总结》（1933 年 7 月 18 日），中央档案馆、福建省档案馆编《福建革命历史文件汇集》甲 13 册，1986 年内部版，第 97 页。

诚然，黄色工会提出的斗争纲领有些部分有利于资方当局，但主要内容毕竟反映了工人的若干利益，黄色工会与公司方面签订的协议也反映了工人的某些要求。但福州中心市委从发动公开罢工这一目的出发，拒绝利用黄色工会这一合法地位同当局开展斗争，不适当地提出“‘一丝不放松对黄色机器工会的斗争’是保障胜利的先决条件”①，从而削弱了斗争的力量。在此前后，福州中心市委虽然也勉强成立了有 12 个工厂企业组成的福州市工联会，但由于党组织和工人群众力量单薄，很快瓦解。至同年 11 月，全市赤色工会小组仅存 2 个，打入黄色工会的革命反对派组织已不复存在。② 直至十九路军将领在福州发动事变，建立福建政府之后，党领导下的工人革命运动才有了短时期的恢复。

王明“左”倾错误给予福州城市工人运动的危害，直接影响到党组织的巩固与发展。1932 年 10 月 5 日，中共中央致信福州中心市委，指出“党目前的中心任务，正是要去领导与组织工人阶级经济的政治的战斗”，这就需要大批优秀的党员去完成这一任务，党组织应当敞开大门，大量吸收先进工农分子入党，开展征收党员的运动。

福州中心市委遵照中央指示，在工人运动中实行冒险主义的“公开路线”和大量吸收党员，于 11 月 10 日召开各支部书记联席会议，决定从 11 月 11 日开始到广州暴动纪念日的一个月内，大批征收新党员，在原有 40 多个党员的基础上发展到 120 个党员。各个支部都不甘落后，互相订立发展党员的竞赛合同，建立突击队，定出每天发展党员数量的指标。其中文化支部尤为激进，提出 1 个月内发展党员 5 倍。有一位木工党员在两天之内就“公开征求”4 个工人入党，马上建立起一个新的支部。③

---

① 《中共福州中心市委给中央的报告》(1933 年 8 月 10 日)，中央档案馆、福建省档案馆编《福建革命历史文件汇集》甲 13 册，1986 年内部版，第 109 页。

② 参见《中共福州中心市委关于工作情况给中央的报告》(1933 年 11 月 25 日)，中央档案馆、福建省档案馆编《福建革命历史文件汇集》甲 13 册，1986 年内部版，第 170 页。

③ 参见《中共福州中心市委关于纪念“十月革命”节工作情况报告》(1932 年 11 月 14 日)，中央档案馆、福建省档案馆编《福建革命历史文件汇集》甲 12 册，1986 年内部版，第 195 页。

至11月30日，全市党员迅速增加至80人。福州中心市委为了加快进度，要求市委领导干部一律到各个支部去领导突击运动，“以布尔什维克的速度去进行号召”，号召各支部“再来一个冲锋发展四十个，百分之百完成”①。这次突击运动的结果，全市党员数量在1个月内增加至90人，新成立了12个支部。②

显然，这种盲目追求发展速度，不经过斗争考验和严格审查的发展路线，对于白色恐怖下从事秘密活动的党组织是十分危险的。以后的事实表明，正是由于这次公开的突击征收党员运动，给福州党组织造成了空前的大破坏。其中文化支部在新发展的15个党员中，混入一个名叫黄和生的国民党密探。此人在省政府任无线电生，利用了这一公开征收党员的机会，伪装革命，混入了中共组织，并很快被提拔为福州市反帝大同盟执行委员。

12月11日，黄和生带领特务开始破坏福州的中共组织和革命团体。③ 这次破坏给福州党组织造成了严重损失，文化支部书记被捕，东街支部及钟表厂支部有4人被捕，3个支部塌台。更为严重的是，反帝大同盟5名执行委员被捕，“整个组织被破坏无余”。共青团三民学校支部书记被捕叛变，福州高中支部亦被捕2人，乡师农村支部成员大多数被迫离校，以致“福州整个党团以及各群众组织，都同在敌人威胁当中，机关形成了风雨欲来的样子”。市委书记陶铸的安全也因此而受到威胁，不得不暂时离开福州，前往连江巡视。④

事实证明，这种盲目发展的党组织损害了党的肌体。不久以后，有

① 《中共福州中心市委关于十月革命纪念工作报告》（1932年12月3日），中央档案馆、福建省档案馆编《福建革命历史文件汇集》甲12册，1986年内部版，第205页。

② 参见《中共福州中心市委给中央的报告——十月革命号召小结》（1932年12月28日），中央档案馆、福建省档案馆编《福建革命历史文件汇集》甲12册，1986年内部版，第218页。

③ 参见魏埅：《对革命的片断回忆》，福州市委党史办公室1983年7月编印。

④ 参见《中共福州中心市委给中央的报告——十月革命号召小结》（1932年12月28日），中央档案馆、福建省档案馆编《福建革命历史文件汇集》甲12册，1986年内部版，第222页。

一部分党员在残酷的斗争中被淘汰。1933 年 6 月，全市党员锐减为 60 余人[①]；同年 10 月底，“福州党成了很严重的问题”，“有些支部成为瓦解的状态，很难找出一个健全的支部，有的无形中消灭了”[②]。至于党领导下的群众团体，原先由 12 个单位联合成立的临时工联，无形中消亡，“真正加入赤色工会的会员一个都没有了”；领土保障同盟、反帝非战反法西斯蒂分会、革命互济会等组织也相继停止了活动。[③] 中共中央和全总党团发现福州的这些严重问题之后，先后派符镭、孟平到福州巡视与指导，局部恢复了一些组织，重新建立福州工联会，发展了 100 多名工会会员。

福建事变之后，中共中央决定将福州、厦门中心市委合并，成立福建临时省委。1934 年 1 月 28 日，中央代表李平完成了在厦门的巡视工作以后，抵达福州，当即召集市委会议，通过了省委成员名单。但不久以后，由于福州中心市委受到破坏，福建临时省委实际上未能成立。

1934 年 1 月福建事变失败后，国民党政府恢复了对福州的统治，派宪兵第四团进驻福州，专门从事镇压革命运动，实行白色恐怖。4 月初，宁德县委书记叶党登在福州被捕叛变。敌宪兵四团副团长何震根据叛徒提供的线索，立即派员监视和搜查中共秘密机关及有关人员。中共福州中心市委书记陈之枢、市委秘书周见心等被捕叛变，从而导致了中心市委的严重破坏。国民党军政当局在逮捕了第一批中共及革命组织的成员 31 人之后，立即扩大搜查范围，破坏其他机关及革命团体，又相继逮捕 50 余人。[④]

---

① 参见《中共福州中心市委书记陈之枢给中央的报告》（1933 年 6 月 19 日），中央档案馆、福建省档案馆编《福建革命历史文件汇集》甲 13 册，1986 年内部版，第 90 页。

② 《符镭关于福州地区情况报告》（1933 年 10 月 30 日），中央档案馆、福建省档案馆编《福建革命历史文件汇集》甲 13 册，1986 年内部版，第 133 页。

③ 参见《孟平关于福州工作情况给中央及全总党团信》（1934 年 1 月 5 日），中央档案馆、福建省档案馆编《福建革命历史文件汇集》甲 13 册，1986 年内部版，第 215—216 页。

④ 参见《林野关于恢复福州市工作的意见》（1934 年 4 月 20 日），中央档案馆、福建省档案馆编《福建革命历史文件汇集》甲 13 册，1986 年内部版，第 254—255 页；何震：《驻福州宪兵第四团破坏革命组织的情况》（1962 年 4 月 6 日），福建省委党校馆藏资料（2—0138）。

在这次大逮捕中，除王于洁、黄孝敏、刘突军等少数干部脱险转移到外地工作以外，福州党组织及其他革命组织全部遭到破坏。从此，福州城市党组织的活动暂告停息。原属中共福州中心市委领导的闽东、闽中苏维埃区域及游击区党组织在极为艰苦的情况下，独立地展开了英勇的斗争。

三　王明“左”倾错误对厦门城市工作的危害

中共福建省委遭受破坏以后，厦门革命力量受到重大打击。全市仅存 9 个党支部，党员约 50 人①，比 1930 年 6 月统计的 174 人减少了一半以上；在 1930 年 8 月曾建立了厦门临时总工会，全市有 15 个赤色工会，会员 1000 人左右②，省委遭受破坏后，工会工作“便完全坍台下来”③。

由于以上的原因，中共厦门中心市委成立以后，在开始的几个月内，以主要的精力整顿党团组织和各革命团体，恢复革命力量。1931 年 7 月，厦门中心市委计划在 3 个月内发展党员 30 人（其中工人应占 4/5），并以主要力量恢复码头、马路、农民支部，建立罐头、店员汽水厂、妇女等 3 个支部，发展 100 名赤色工会会员，并成立厦门工人代表大会及各业赤色工会。④

但是，由于厦门原有的工人运动基础薄弱，党组织在城市的力量也很有限，在遭受严重破坏以后，短时间内不可能有大的恢复与发展，因此，这一计划事实上难以实现。直至 1932 年 4 月，厦门党组织几乎没有发展，仍然只有 9 个支部，52 名党员；赤色工会也“因无专人负责与党

---

①　参见《中共厦门中心市委给中央报告——市委组织情况及工人的斗争》（1931 年 7 月 31 日），中央档案馆、福建省档案馆编《福建革命历史文件汇集》甲 9 册，1986 年内部版，第 57 页。

②　参见《厦门总工会代表对厦门情况的报告》（1930 年 8 月 30 日），中共厦门市委党史办编《厦门革命历史文献资料选编》第 3 集，1988 年内部版，第 324 页。

③　《厦门职工会给中央的报告（职字第一号）》（1931 年 12 月 18 日），中共厦门市委党史办编《厦门革命历史文献资料选编》第 4 集，1988 年内部版，第 116 页。

④　参见《中共厦门中心市委三个月工作计划》（1931 年 7 月），中央档案馆、福建省档案馆编《福建革命历史文件汇集》甲 9 册，1986 年内部版，第 68 页。

支部不健全，已瓦解下来”，仅存罐头、马路、人力车3个工会，30余会员。除此以外，共青团有6个团支部，30多名团员；在党组织领导或影响下的群众团体如革命互济会、妇女救国会、社会科学研究会等组织，总共有成员一二百人。①

为了加强对厦门工作的指导，中共中央、共青团中央于1931年10月底和1932年2月，先后派姚仲云、朱理治到厦门巡视。他们返回上海以后，向中央如实报告了厦门的情况。但是，中共中央并未认识到厦门党团组织在受到破坏以后的困难局面，也不顾厦门白色恐怖严重，群众斗争趋于消沉这一基本事实，片面地指责厦门党组织包括中央巡视员在城市工作方面犯有严重的错误。他们从王明“左”倾教条主义的理论出发，强调中国革命以城市为中心，要求厦门党组织在极其困难的条件下，以公开的暴力手段，把“建立赤色工会任务与领导工人罢工看为整个的战斗任务”②。

1932年4月16日，中共中央致信厦门、福州中心市委，指示彻底转变过去的路线，坚决贯彻执行中央关于职工运动的方针，扩大和建立赤色工会，布置和领导罢工，“严厉打击那种认为‘福建没有很多产业工人’的机会主义的消极，克服一切对于职工运动的忽视和怠工的现象”。中央认为，尤其要着重打击“右倾机会主义”，彻底改造党的队伍。

5月11日，中央巡视员姚仲云再次到达厦门，传达中央指示。中共厦门中心市委召开会议讨论了中央来信，认为中央的指示完全正确，决定加以贯彻。③ 于是，厦门中心市委按照中央这一“左”倾冒险主义的方针及“城市中心论”的理论，竭尽全力领导开展工人运动和城市斗争，从而给厦门革命运动蒙上了失败的阴影。

---

① 参见《中共厦门中心市委工作总报告》（1932年4月1日），中央档案馆、福建省档案馆编《福建革命历史文件汇集》甲9册，1986年内部版，第163—164页。

② 《中共中央致厦门、福州两中心市委的信》（1932年4月16日），中共厦门市委党史办编《厦门革命历史文献资料选编》第4集，1988年内部版，第248页。

③ 参见《中央巡视员仲云给中央信》（1932年5月21日），中共厦门市委党史办编《厦门革命历史文献资料选编》第4集，1988年内部版，第281页。

在此期间，毛泽东率领的中央红军东路军连克龙岩、漳州，对厦门、闽南以至全省震动极大。厦门中心市委在东路军攻占龙岩之后的第三天作出决议，紧急动员厦门、漳州及闽南群众支援红军，以扩大胜利。中央红军东进漳州对于打击闽南反动统治，恢复与发展漳、厦革命势力，促进闽南苏维埃运动和土地革命，有着十分重要的意义。但是，厦门中心市委由于受到王明“左”倾错误的影响，对于时局做出了过分的估量，不适当地夸大了红军东征的作用，以为中央红军在龙岩的胜利促进了“福建革命危机的成熟”，“同时也就是促进江西两湖等省革命首先胜利的任务更快的实现，与更多一层的保障”；认为红军的胜利，不仅暴露了福建军阀的无能，而且将促使帝国主义，特别是日本帝国主义出兵福建，直接压迫中国革命。因此认为，“红军打下漳州的一天，将是工农红军与帝国主义直接冲突的一天”①。

由于这一过分的估量，厦门中心市委又片面地将工作重点转向漳州，放松了自身工作。4 月 20 日，中央红军攻克漳州。厦门中心市委利用这一有利时机，迅速派遣许依华、许包野等得力干部前往安溪、惠安等地，领导安、南、永游击区响应；同时，抽调蔡协民、曾志等到漳州，加强对漳州工作的领导。另外，厦门中心市委书记王海萍、福州中心市委书记陶铸等主要领导干部也相继赴漳州，配合红军的行动。

厦门中心市委利用中央红军东进漳州的有利形势，派遣一部分干部到闽南各地开展工作以与配合，是很必要的。但是由于主要领导干部纷纷离去，仅留市委常委董云阁主持厦门工作，致使厦门市区的工作大为削弱，以致“在这一时期是显示着无政府的状态，红五月的工作一点也没计划，一点也没准备，工作一点也没有做，成为非常严重的状态”②。为此，厦门中心市委于 5 月 10 日致信漳州县委和红军前委，要求王海萍

① 《中共厦门中心市委对于红军克复龙岩与我们紧急动员的决议》（1932 年 4 月 13 日），中央档案馆、福建省档案馆编《福建革命历史文件汇集》甲 9 册，1986 年内部版，第 190 页。

② 《中共厦门中心市委给漳州县委红军前委信》（1932 年 5 月 10 日），中央档案馆、福建省档案馆编《福建革命历史文件汇集》甲 9 册，1986 年内部版，第 198 页。

迅速回厦主持一切工作。

但是由于厦门党组织在一个时期以来不断地领导公开的斗争，忽视了秘密工作；更由于中央红军入漳以后，王海萍等市委领导干部不注意隐蔽自己，在漳州、厦门一些公开的场所活动，因而引起了敌人的注意。王海萍由漳州返回厦门不久，国民党警探即开始破坏中共厦门中心市委机关。5 月 24 日，国民党警察首先破获了中共厦门中心市委发行技术处，并在叛徒带领下搜查市委常委许依华家。第二天下午，市委准备召开常委会议，讨论应急措施。王海萍由于行动不慎被捕。共青团中央巡视员朱理治和许依华、董云阁等市委常委随即又确定于 5 月 30 日召开党团组织会议，讨论营救和应急办法。但未及会议召开，董云阁又遭逮捕。①

王海萍、董云阁被捕以后，受尽酷刑，严守党的机密，保全了厦门党团组织的安全。他们不久即被杀害。中共厦门中心市委在朱理治的帮助下，马上联络各负责干部，转移住处和文件，召开党团联席会议。会议确定首先恢复市委领导机关，由许依华、罗克王、吕金泉、陈少尧、杨道平等 5 名委员及 2 名候补委员组成新市委；3 名常委中，以许依华任书记兼宣传部长，罗克王为职工部长，吕金泉为组织部长（不久为罗克王）。②

厦门中心市委遭敌破坏，是继一年以前中共福建省委遭破坏之后的又一次重大损失。导致这一不幸事件的原因，据厦门中心市委在事后给中央的报告认为，主要是由于组织松懈，党和群众基础薄弱，未能注意机关组织的保密工作，以及所谓“调和主义、机会主义”右倾路线的领导。但是客观地分析其中原因，最主要的倒不是“右倾”，而是由于执行了王明“左”倾冒险主义的城市工作方针，致使党的领导机关与干部暴露，党的组织基础受到不应有的摧残。由于这一破坏，厦门党的组织大

---

① 参见《中共厦门中心市委给中央的报告——市委大破坏的原因和严密党组织的问题》（1932 年 7 月 23 日），中央档案馆、福建省档案馆编《福建革命历史文件汇集》甲 10 册，1986 年内部版，第 19—21 页。

② 参见《中共厦门中心市委给中央的信——关于市委破坏前后的工作情形》（1932 年 6 月 22 日），中央档案馆、福建省档案馆编《福建革命历史文件汇集》甲 9 册，1986 年内部版，第 228 页。

受打击，全市虽然仍然保存着 9 个支部，但其中三四个支部已无形解散，党员仅存 30 余人。①

这一时期，厦门中心市委按照王明“左”倾错误的主张，强调所谓布尔什维克的国际路线，在党内实行宗派主义的“反右倾”。另外，又由于受闽西苏区开展的肃清所谓“社会民主党”斗争的错误影响，厦门中心市委同样教条主义地在党内开展了这一斗争，怀疑一切，错误地打击和撤换了蔡协民、曾志等一大批党团领导骨干。

蔡协民与曾志在湖南农民运动与井冈山斗争时期经历过严峻的锻炼与考验，1929 年随毛泽东、朱德到福建，在闽西苏区担任过红军和闽西特委组织科长等领导工作，1930 年 6 月调到厦门，负责省委军委的工作。对于这样久经锻炼的干部，执行王明“左”倾错误的领导人完全从宗派主义出发，对其一再打击。1932 年 1 月，蔡协民被认为“观念上有许多不正确”，免去其福州中心市委书记职务，派往闽南基层工作。②

蔡协民到达惠安以后，于同年 3 月中旬在惠安北部之山腰、涂岭等地发动群众，从反抗鸦片捐发展为武装斗争，率领三四千贫苦农民与敌人作激烈的战斗。最后由于敌人力量的绝对强大，斗争失败。中央红军东征漳州的时候，厦门中心市委调蔡协民任漳州中心县委书记，曾志也调漳州工作。中央红军撤回苏区以后，蔡协民、曾志率领新建立的闽南红军独立第三团与强大的国民党军作殊死战斗，由于弹尽援绝而受到重大伤亡。厦门中心市委不察实际，教条主义地认为蔡协民、曾志犯了“右倾机会主义”的严重错误，停止他们的工作，调回厦门作检讨。

蔡协民、曾志经过冷静思考，从方针策略上检查了漳州中心县委与红三团的工作，尖锐地指出红三团的失败是漳州中心县委执行“左”倾错误的结果，并且坦率地承担了责任。但是，厦门中心市委却从“左”

① 参见《中共厦门市委组织部给中央的组织报告》（1932 年 7 月 15 日），中央档案馆、福建省档案馆编《福建革命历史文件汇集》甲 10 册，1986 年内部版，第 10—11 页。

② 参见《中共厦门中心市委给中央的报告——关于厦门、漳州、福州工作情况》（1932 年 1 月 16 日），中央档案馆、福建省档案馆编《福建革命历史文件汇集》甲 9 册，1986 年内部版，第 107 页。

倾错误的角度审查了他们的检查与红三团的工作，断然否定了蔡协民、曾志的这一正确结论，武断地指责他们在漳州工作期间在政治上“脱离了阶级立场”，“企图以左倾的错误来掩盖他们（蔡、曾）右倾的错误，以总路线的错误来掩盖他们个别的错误”，这是一种“实际工作〔的〕右倾机会主义”。[①]

对厦门中心市委的这种“左”倾论断，蔡协民、曾志不能接受，乃于 1932 年 10 月 30 日写出《对市委检阅决议的意见书》。他们依据具体事实和亲身体会，逐条反驳了市委的决议，明确地指出漳州县委在红军东路军撤退以后，执行了“左”倾冒险主义，这是红三团失败的主要原因，而“并不是‘右倾机会主义’与‘逃跑主义’”。

厦门中心市委不仅不接受蔡协民、曾志坦诚的申述，从全局性方针路线的“左”倾错误方面检讨红三团失败的原因，反而给他们扣上“犯了严重的脱离群众的‘左’的右倾路线的错误”这样一种莫名其妙的帽子，错误地给予纪律处分[②]，并调曾志到福州工作，蔡协民留在厦门接受考察。不久，厦门中心市委又捕风捉影地怀疑蔡协民有“社会民主党”嫌疑，将他派往郊区做打石工。[③] 蔡协民以坚强的党性对待这些错误的处分与打击，不幸于 1934 年 4 月被国民党当局逮捕，壮烈牺牲。

除了蔡协民、曾志以外，厦门党团组织的一些主要负责人如王海萍、董云阁等，也都被指责为犯有“调和主义”“机会主义”而受到批评。当王海萍、董云阁被捕牺牲，党团组织受到严重破坏之后，厦门中心市委又惊慌失措，错误地认为“右倾机会主义已包围了闽南的党”，号召所属

---

① 参见《蔡协民、曾志对市委检阅决议的意见书》（1932 年 10 月 30 日），中央档案馆、福建省档案馆编《福建革命历史文件汇集》甲 10 册，1986 年内部版，第 105、108 页。

② 参见《中共厦门中心市委关于蔡协民在漳州工作错误的处分决定》（1932 年 11 月 28 日），中央档案馆、福建省档案馆编《福建革命历史文件汇集》甲 10 册，1986 年内部版，第 145 页。

③ 参见《中共厦门中心市委关于工人运动及蔡协民问题等给中央的信》（1933 年 1 月 31 日），中央档案馆、福建省档案馆编《福建革命历史文件汇集》甲 11 册，1986 年内部版，第 28—30、205 页。

各级组织扩大两条路线的斗争。同时，决定对所有党团领导同志进行审查，大批干部受到留党察看或警告等各种处分。仅1932年7月23日，厦门中心市委就一次处分了市委委员和泉州、安溪、同安等地党的领导干部10人。甚至认为1个月以前新组成的市委委员中，“大多是有问题的”，从而重新改组了市委。当然，这些被处分的人员中，有的或许犯有这样那样的错误，但这种惩办主义，给厦门的党组织造成了消极的后果。

由于厦门中心市委未能从根本上认识并纠正王明“左”倾冒险主义的错误，也就不可能从挫折中吸取教训。市委在“反右倾”的口号下继续推行冒险主义的工作方针，每逢纪念日都要发动冒险的群众性示威斗争或飞行集会。这些冒险的斗争虽然给了城市工人、市民与各阶层群众以一定的鼓动，扩大了党的政治影响，但给党团组织和革命团体却造成了很大的损失。在1932年九一八示威斗争中，新任中心市委书记许依华被捕，后来经多方营救，被国民党当局驱逐出境。之后，由许包野代理市委书记兼宣传部长。[①] 同年在开展十月革命纪念活动期间，厦门市反帝大同盟根据中心市委的安排，组织各革命团体出发检查日货，致使反帝大同盟在集美遭到大破坏，执行委员相继被捕，反帝工作因此而陷于停顿。[②]

由于党团群众组织不断受到破坏与打击，厦门革命势力呈现出一种衰退的趋势。至1932年12月，“厦门名义上虽有五个支部，然实际上却是几个小组，总共只有十三、四个同志”[③]。这个数字表明，厦门的党组织已经到了八七会议以后最为薄弱的时期。

为了改变这种局面，中共中央和全国海员总工会于1932年底至1933

---

① 参见《中共厦门中心市委会议记录》（1932年12月17日），中央档案馆、福建省档案馆编《福建革命历史文件汇集》甲10册，1986年内部版，第201—202页。

② 参见《中共厦门中心市委会议记录》（1932年12月17日），中央档案馆、福建省档案馆编《福建革命历史文件汇集》甲10册，1986年内部版，第203页。

③ 《包野关于闽南工作的报告》（1933年11月30日），中央档案馆、福建省档案馆编《福建革命历史文件汇集》甲11册，1986年内部版，第188页。

年初相继派出巡视员到厦门检查工作，改组党团组织。1932 年 12 月，在中央巡视员的指导下，中共厦门中心市委召开扩大会议。会议检讨了过去工作中存在的错误，认为在处理党内矛盾方面，对同志的错误不是用教育的方式，而是采用惩办、处分甚至武装监视的手段；认为漳州工作与红三团的失败，不是蔡协民一个人的问题，“而是我们市委应担负很大的责任”；认为过去只图一时痛快，进行盲动主义的大干一场，以至于九一八飞行集会中市委书记被捕，全市 11 个支部受破坏，只剩下 5 个。①中共厦门中心市委能够初步认识这些错误，应该说是一种进步，但由于不能摆脱王明“左”倾错误的束缚，依然不能从根本上寻找造成这些错误的原因。

在这次会议上，中央巡视员虽然也指出了厦门党组织在过去的半年中存在着盲动主义倾向，但只认为这是立三路线的残余，不能指出“左”倾冒险主义的根源与本质。不仅如此，中央巡视员甚至还认为厦门党组织存在的问题主要是“富农路线”与政治上的“右倾机会主义”。在中央巡视员的指导下，厦门中心市委扩大会议作出决议，决定在党内开展所谓两条路线的斗争。“集中火力打击最危险的右倾机会主义，与实际工作(中的)机会主义、‘左’倾空谈及调和主义，消极怠工的分子作无情的残酷斗争”②。

这一时期，由于帝国主义和国民党加紧掠夺与剥削，厦门经济破产，失业工人激增，工人阶级的生活极端恶化，工人群众被迫提出了“救肚皮”的口号。在这情势之下，码头工人、清洁工人、马路工人和海员、小贩相继爆发自发斗争。这些情况，反映了厦门工人群众对反动统治的强烈不满与反抗，他们中间蕴藏着极大的革命热情。③

① 参见《中共厦门中心市委会议记录》(1932 年 12 月 17 日)，中央档案馆、福建省档案馆编《福建革命历史文件汇集》甲 10 册，1986 年内部版，第 202 页。

② 《中共厦门中心市委扩大会决议》(1932 年 12 月 22 日)，中共厦门市委党史办主编《厦门革命历史文献资料选编》第 5 集，1989 年内部版，第 353 页。

③ 参见《包野关于闽南工作的报告》(1933 年 11 月 30 日)，中央档案馆、福建省档案馆编《福建革命历史文件汇集》甲 11 册，1986 年内部版，第 187—188 页。

以许包野为书记的中共厦门中心市委，以顽强的毅力经受了白色恐怖的种种磨难，千方百计地保护与恢复党的组织。他们认真地分析与研究了厦门的局势，决定加强对工人自发的经济斗争的领导，通过这些斗争扩大党的群众基础，在工人运动中发展与壮大党的力量。从 1933 年初开始，厦门中心市委派遣一些党员到工人中间，从经济斗争入手，进行组织与发动，在码头工人中成立了三四十个赤色工会，建立了党的支部；在马路工人中又建立了“红友社”。厦门党组织通过这些工人团体，发动工人有计划地开展年关斗争，逐步恢复与发展党的组织。

十九路军在福州发动福建事变以后，在客观上给厦门革命运动造成了有利的环境，“群众的斗争和斗争的情绪已更加发展”，“党和苏维埃红军的影响，在群众中的威信更加提高”。① 福建事变失败以后，国民党又忙于收拾局面，肃清反蒋势力，暂时放松了对付革命组织的活动。中共厦门中心市委抓住这一时机，从 1933 年冬到 1934 年上半年，大力扩充组织，发动各种群众斗争，党的力量获得了较大的恢复与发展。至 1934 年 5 月，全市有党支部 16 个，党员 150 余人；各业赤色工会成员（包括海员工会）达 320 多人；共青团支部有 20 多个，团员 160 余人；还有反帝大同盟、革命互济会等革命团体的成员达 300 余人。② 这是土地革命战争时期厦门党、团、群众组织最为发展的时期。

但是，厦门中心市委毕竟未能摆脱王明“左”倾冒险主义的羁绊，在关于开展城市斗争方面依然如过去一样，不顾主观力量的薄弱与白色恐怖的严重，经常不断地组织毫无胜利希望的公开斗争与群众集会，要求各党支部“在工厂中、农村中、厂门口、学校、兵营与失业工人中进行各种各色的群众会议，露天大会，飞行集会，游行示威”③。

---

① 《李平报告政变后福建政局情况与我工作的检查》（1934 年 1 月 22 日），中央档案馆、福建省档案馆编《福建革命历史文件汇集》甲 11 册，1986 年内部版，第 230 页。

② 参见《包野关于厦门的组织工作报告》（1934 年 5 月 31 日），中央档案馆、福建省档案馆编《福建革命历史文件汇集》甲 11 册，1986 年内部版，第 288—289 页。

③ 《中共厦门市委紧急通知》（1933 年 1 月 9 日），中央档案馆、福建省档案馆编《福建革命历史文件汇集》甲 11 册，1986 年内部版，第 9 页。

这种冒险主义的斗争方针，必然暴露党的组织，很快又给刚刚恢复起来的革命力量造成重大的损失。1933 年 9 月 4 日晚上，厦门中心市委调集党团员在闹市区发动飞行集会，散发革命传单，并率众袭击《民国日报》社。另有数十名共青团员举行示威游行，从中山路直达太古码头，结果有 9 人被捕。由于被捕者大多为共青团员，其中有人叛变告密，以致团市委组织部长被捕，团市委机关被破坏，“团许多地方都发生动摇，受了很大的打击”①。

1934 年，厦门中心市委仍然推行上述“左”倾冒险主义，其中较大的一次公开集会是在 6 月 3 日举行的纪念五卅运动飞行集会。会议的组织者公开打出红旗，发动 500 余名革命群众在会场上与前来镇压的军警英勇搏斗，工人纠察队则使用土制炸弹和石灰粉包袭击军警。②

由于这种公开斗争的不断举行，促使国民党军政当局一方面加紧白色恐怖，另一方面派出大批警探秘密侦查中共地下机关和党团组织领导人的行踪，使厦门党团组织的处境日趋险恶。另外，由于中央红军第五次反“围剿”的败局已定，全国革命势力大受压迫，厦门中心市委与上海中央局的联系中断，因此从 1934 年八九月开始，厦门“一切的革命团体，党、团都表现着停顿状态，数量上的日日低落”，党团员数各降至 90 多人。③

在这种不利的形势之下，厦门中心市委没有依据实际情况采取正确的策略，仍然决定布置纪念十月革命的示威活动。11 月 10 日晚上，厦门中心市委在大同路公开集会，潜入革命队伍内的奸细带领侦探，当场抓捕市委组织部长严壮真。严壮真在被捕以后不到 2 个小时即叛变。国民党当局在当天晚上又立即逮捕 40 余人，并破获厦门中心市委文库，3 箱

① 《包野关于闽南工作的报告》（1933 年 11 月 30 日），中央档案馆、福建省档案馆编《福建革命历史文件汇集》甲 11 册，1986 年内部版，第 196 页。

② 参见《中共厦门市委红五月工作总结与六月的工作计划》（1934 年 6 月），中央档案馆、福建省档案馆编《福建革命历史文件汇集》甲 11 册，1986 年内部版，第 306—307 页。

③ 参见《中共厦门中心市委报告——当前工作和厦门组织破坏情形》（1935 年 1 月 17 日），中央档案馆、福建省档案馆编《福建革命历史文件汇集》甲 11 册，1986 年内部版，第 338 页。

党的重要文件及100多张党员登记表落入敌手。第二天，国民党军警开始大搜捕，先后被捕者有党员10多人，团员六七人，革命互济会员40多人，其中不少为负责干部。[①]

经过这次大破坏，全市党员锐减为30多人，而且“约半数是不健全的，几乎无支部生活”。团市委仅存2人，工联会会员只剩20多人，反帝大同盟剩下五六十人，互济会则损失更为严重。1935年1月，中共厦门中心市委不得不向中央报告，认为“在这种情形下，收拾残局，重新开展工作，我们难免碰着困难，非常的严重”[②]。

厦门的党组织与革命团体在受到这次重大打击之后，元气已经大伤。尤其是在红军长征，王明“左”倾错误断送了中央苏区及其他大部分农村革命根据地之后，全国革命形势进一步低落，党在白区的工作也几乎丧失殆尽。厦门党组织如同其他城市一样，虽然还维持着少数党员之间的联系，但在土地革命战争时期一直未再振作起来。

第三节　王明“左”倾冒险主义对福建苏区和红军的危害

一　王明“左”倾冒险主义在苏区的贯彻与“肃反”运动

中共福建省委在1931年2月4日召开的常委扩大会议接受党的六届四中全会决议之后，除了立即在白区各级党组织传达贯彻以外，另又派张竹荣、卢肇西专程前往闽西苏区，传达四中全会精神和福建省委的有关决议。

2月下旬，中共闽粤赣特委在邓发主持下，召开第一次常委扩大会

① 参见《中共厦门中心市委报告——当前工作和厦门组织破坏情形》（1935年1月17日），中央档案馆、福建省档案馆编《福建革命历史文件汇集》甲11册，1986年内部版，第339页。

② 《中共厦门中心市委报告——当前工作和厦门组织破坏情形》（1935年1月17日），中央档案馆、福建省档案馆编《福建革命历史文件汇集》甲11册，1986年内部版，第342页。

议。会议对国际国内形势作了过左的估量，确认中国革命进到了高潮，具备了“一省几省首先胜利的可能”，因而提出闽粤赣苏区党的任务就是为实现这一胜利而斗争。另外，会议在号召加强两条战线的斗争与反对立三路线的同时，强调“目前党内的主要危险还是‘右倾’，所以要集中火力反对‘右倾’”①。这样，会议对李立三的“左”倾错误不仅没有彻底的纠正与克服，反而助长了“左”倾的发展。

会议着重提出了“重新分配一切土地”的口号，号召进一步开展反富农斗争；要求在党内大张旗鼓地进行肃清所谓“社会民主党”和反对一切反动政治派别的斗争，使党团组织转变到四中全会的路线上。这些决定，加剧了闽西苏区由于“左”倾错误造成的严重局面。

3 月 15 日，中央派出的四中全会代表团到达闽粤赣特委所在地的永定虎岗。代表团一到闽西，就正式传达了王明“左”倾错误的理论与方针政策。

为了保证在宣传上符合王明“左”倾冒险主义的观点，中共闽粤赣特委召开第二次各县宣传联席会议。会议在 4 月 1 日作出决议，规定宣传教育的中心，首要的工作是“反对立三路线”，执行国际路线；在反对立三路线的同时，“要加紧两条路线的斗争，集中火力反右倾”。

从这以后直至红军长征，闽西苏区在王明“左”倾错误的指导下，贯彻了比李立三“左”倾错误更“左”的冒险主义。在革命的性质和政策问题上，主张在民主革命时期就要“整个地消灭资产阶级”，“消灭富农经济”，实行“地主不分田，富农分坏田”；在革命道路问题上，反对毛泽东建立农村革命根据地的思想；在战略战术问题上，反对毛泽东的军事思想，提出了一套脱离中国革命实际的所谓“新原则”，不顾敌强我弱的不利条件，强调红军打正规战、阵地战，与敌人拼消耗。这些错误理论，不久以后在闽西加以实施，给闽西苏区的巩固与发展造成了严重的危害。

---

① 《中共闽粤赣特委常委第一次扩大会的决议》（1931 年 2 月 27 日），福建省档案馆、广东省档案馆编《闽粤赣边区革命历史档案汇编》第 1 册，档案出版社 1987 年版，第 30 页。

与此同时，王明“左”倾错误也贯彻到了闽北苏区。党的六届四中全会以后，党中央派万永诚、倪宝树到达江西横峰县葛源，召集中共赣东北特委扩大会议，传达四中全会精神。会后，赣东北特委部分改组，由中央指定的万永诚任书记，倪宝树任红十军政委，派肖韶到闽北担任中共闽北分区委书记。①

由于赣东北（包括闽北）苏区长期在以方志敏为代表的正确领导下，在革命根据地建设和红军的发展方面坚持贯彻了“方志敏式”的方针政策，也就是同毛泽东一致的路线，因而王明“左”倾错误贯彻之初，对于苏区的影响不是很大。整个赣东北苏区仍然基本坚持了正确的路线。

闽北苏区的情况也正是这样。1931 年 4 月，中共闽北分区委召开第一次扩大会议。这次会议虽然不可避免地受到了王明“左”倾错误的影响，但在主要的方面还是根据闽北的实际情况，制定了比较正确的方针。会议在对国际国内的形势分析方面不免“左”倾，认为世界经济危机已经到来，革命形势迅猛发展，中国革命出现了新的高涨的前途。然而，会议对于闽北本地区情况的分析则比较实际，认为闽北苏区过去由于执行立三路线，“只图扩大而不深入”，强令红军离开苏区，结果不仅未能达到扩大苏区的目的，连同原有苏区也不能巩固，“而受到相当的失败”；认为目前闽北仍未冲破白军的包围，革命主观力量依然很单薄，苏区地域“狭小破碎”，红军战斗力脆弱，豪绅势力还相当强大。因此，会议认为，闽北苏区群众斗争的力量“确是还没有达到足以应付国内革命战争的任务”②。

根据上述分析，中共闽北分区委提出了今后工作的三条方针：（1）努力争取群众，实现苏区的巩固与扩大；（2）建立一支坚强的红军；（3）整顿各级苏维埃政府，使之成为群众拥护的工农政权。这些方针的中心任务，是以巩固和扩大苏区为目标。具体地说，须向三个方向发展，其

---

① 参见方志纯：《赣东北苏维埃创立的历史》，人民出版社 1980 年版，第 82 页。

② 《中共闽北分区委第一次扩大会议政治决议案》（1931 年 4 月），福建省委党校馆藏资料（1—0832）。

一，加强信江南岸铅山、上饶、广丰、贵溪方面的工作，“迅速的和赣东北特区打成一片”；其二，建立建阳、光泽、邵武、资溪等地工作，“和赣西南中央苏区及闽西苏区取得联系”；其三，建立松溪、浦城工作，“和浙南斗争取得联系”。①

会议在确定上述正确方针的同时，也不适当地提出了夺取闽北中心城市和加紧反富农斗争等“左”倾冒险主义的方针。但这些错误不是会议的主要方面。

正是由于方志敏以及赣东北、闽北苏区广大干部和红军指战员对王明“左”倾错误作了力所能及的抵制与斗争，中共赣东北特委又在同年4月断然免除了坚持“左”倾路线的倪宝树的红十军政委职务，由方志敏代理红十军政委，从而保证了赣东北苏区第二次反“围剿”的胜利。4月下旬，方志敏率领红十军首次开入闽北，作战11次，仗仗皆胜，从而“奠定了闽北苏维埃和红军向前胜利发展的基础”②。

王明“左”倾错误统治下的中央认为，赣东北苏区执行四中全会决议不彻底，乃于6月下旬派曾洪易为中央代表，前往赣东北。7月20日，曾洪易抵达赣东北特委，立即大力推行王明“左”倾冒险主义，“每天都忙于国际路线的解释与执行和赣东北党与苏维埃工作的检阅和转变”，“深入反立三路线反富农路线的斗争”，改造党的各级组织。③ 在曾洪易的领导下，改组了赣东北特委，由万永诚任书记，排斥了吴先民、黄道等一批不同意他们意见的久经考验的优秀干部。④ 同年9月，赣东北苏区又召开了第一次党代表大会，成立了以万永诚为书记的中共赣东北省委。从此，王明“左”倾错误在赣东北进一步贯彻。

① 参见《中共闽北分区委第一次扩大会议政治决议案》（1931年4月），福建省委党校馆藏资料（1—0832）。

② 方志敏：《我从事革命斗争的略述》，《方志敏文集》，人民出版社1985年版，第69页。

③ 参见《赣东北特委洪易的报告》（1931年8月14日），中共福建省建阳地委党史办、福建省建阳地区档案馆编《闽北党史文献》第2集，1984年内部版，第72、79页。

④ 参见方志纯：《赣东北苏维埃创立的历史》，人民出版社1980年版，第83页。

由于王明“左”倾错误的全面贯彻，作为赣东北苏区的一个组成部分的闽北苏区，不可避免地也贯彻了这一错误。闽北分区委和闽北各县委相继召开党员代表大会，按照王明“左”倾理论检讨过去“工作路线的错误”，接受四中全会精神，“执行国际路线的彻底转变，肃清立三路线富农路线右倾机会主义过去一切工作上的错误和缺点”[①]。

为了使四中全会精神得以充分实施，中共崇安县委在 1932 年 1 月下旬发动所谓“反右倾运动周”，发布《反右倾斗争讨论大纲》，分别召开各区委及活动分子联席会议，大张旗鼓地层层开展所谓反“右倾”斗争。[②] 从此，闽北苏区在政治、土地、经济、军事以及其他各项方针策略方面，基本贯彻了王明“左”倾冒险主义的错误，从而给闽北苏区造成了严重损失。

王明“左”倾错误在福建各苏区贯彻以后，伴随而来的是苏区工作不断遭受破坏。由于层层发动反“右倾”斗争，致使干部群众的革命情绪受到极大打击，苏区的局势也日益趋于严重。“左”倾错误的执行者不从主观上检讨自身存在的问题，而是怀疑一切，捕风捉影地认为在苏区内部混入了大量反革命分子，进而展开大规模的所谓“肃反”斗争，给苏区的党组织和红军造成了无可挽救的破坏。

福建各革命根据地的“肃反”斗争，首先从闽西苏区开始，也以闽西苏区为最严重。1931 年 1 月，闽西红军新十二军召开纪念国际共产主义运动先驱李卜克内西、卢森堡、列宁大会。会上，有人喊“拥护第二国际”“社会民主党万岁”等口号。这引起了一些领导人的紧张，并据此逮捕了十几名红军指战员。这是闽西苏区捕获的第一批所谓“社会民主党分子”。

但是，这一本来不甚重要的事情却被新十二军和闽西党组织一些领

① 《中国共产党崇安第一次党员代表大会告全体同志书》（1932 年 1 月 8 日），中共福建省建阳地委党史办、福建省建阳地区档案馆编《闽北党史文献》第 2 集，1984 年内部版，第 121 页。

② 参见《中共崇安县委通知》（1932 年 1 月 21 日），中共福建省建阳地委党史办、福建省建阳地区档案馆编《闽北党史文献》第 2 集，1984 年内部版，第 128 页。

导人夸大为一个严重的反革命案件。他们不做实际调查便认定这批人是一个潜伏在苏区内部专门从事破坏活动的反革命派别。他们对被捕者严刑逼供。受刑者不堪忍受，便胡乱招认，一起起冤案便由此发端，终于酿成为一场波及整个闽西苏区和红军的“肃反”运动，也就是所谓“肃社党”运动。

闽西苏区的“肃社党”运动，在“肃反中心论”和教条主义、主观唯心主义盛行的情况下，发展得很快。尤其是在1931年3月1日以后的几个月内，“肃反”的调子越唱越高，成千成百的所谓“社党分子”被逮捕和处决，在革命队伍中造成了人人自危的极不正常的局面。

3月1日至2日，闽西苏维埃政府在永定虎岗召开闽西工农兵审判反革命社会民主党分子代表大会。在这次大会上，会议主持者以莫须有的罪名，或者依据对被捕者屈打成招的口供，判处林梅汀等17名所谓“主犯”死刑。闽西苏维埃政府裁判部长林一株还号召各地“要继续努力去破获未被发觉的社会民主党分子和机关”，宣布对已经捕获的“社党”分子，凡出身好者、负有“重大责任者”以及在党政军领导机关内的，均应处以死刑。① 从此以后，闽西苏区的“肃社党”运动发展得更加严重。

1931年4月4日，王明“左”倾错误统治下的中央根据闽西的报告，对闽西肃反工作作了如下的指示：“普遍的白色恐怖积极的打入到党的组织内和红军中来从事破坏”，各级党部对他们必须采取“最严厉的手段来镇压”；在肃反工作中必须坚决反对右倾，应当将右倾看作是目前最主要的危险，“给予无情的打击”。

中央的指示信，加剧了闽西“肃社党”运动的严重性。“肃反”的对象不仅限于从口供中得到的名单，而且把平时工作上犯有错误或者消极落后的同志也一概视为“社党分子”而加以清洗。显然，这场运动反映了浓厚的王明“左”倾宗派主义色彩。又由于在“肃反”运动中同时贯彻了所谓“反富农路线”的错误方针，对于出身剥削阶级家庭的革命同

---

① 参见闽西苏维埃政府文化部：《革命法庭》（1931年3月18日），福建省委党校馆藏资料（1—0782）。

志也予以清洗和打击。

这样，一场本来严肃的阶级斗争，却被根本曲解和无限地夸大了，把党内斗争与阶级斗争混为一谈，混淆了敌我界限，滑入了唯成分的歧途。至于各机关单位的侦破与审讯，实行错误的逼供信，单凭口供，“而这些供词的真实与否，只有凭着‘估量’”，在审讯中则“偏于肉刑，‘苦打成招’的事实，确是有所不免”[①]。

闽西苏区大规模的“肃社党”运动，前后延续一年左右。在这一非常事件中，闽西苏区的党员数由原来的 8000 人减为 5000 人。受害人总数，在历史档案里没有留下确切的统计。据目前能够查实的受害牺牲者，有 6352 人。[②] 对于一个总人口不过 100 万左右的闽西苏区，这是一个惊人的数字。如果加上判刑关押、被迫逃亡和受株连的家属，就更加严重了。

闽西苏区严重的“肃反”问题，引起了中央的注意。8 月 29 日，中共中央发出《致闽粤赣苏区省委的信》，对于闽西苏区如此大规模捕杀“社会民主党”表示不满，严肃批评闽西的“肃反”工作存在着简单化、把一切问题归罪于“社党”破坏而掩饰自身的缺点、实行惩办主义等三方面的错误，要求闽西党组织认真检查和纠正。

中央这封指示信对于闽西各级党组织震动极大。9 月 29 日，闽西苏维埃政府发出第 97 号通知，宣布原闽西“肃反”委员会主席林一株为闽西“社会民主党”特委书记，还宣布原闽西苏维埃政府秘书长罗寿春等 8 人也属“社党”上层领导成员，“宣布了他们的死刑”[③]。当然，林一株是否确系“社党”首领，并没有确切的证据。但是他一直把持“肃反”大权，残酷迫害革命干部和红军指战员，早已为人民群众所切齿，逮捕并处决林一株，对于稳定混乱局面，制止“肃反”错误是必要的。至于

---

① 《苏区中央局给各级党部的信》(1931 年 12 月 5 日)。

② 《闽西“肃清社会民主党”历史冤案已平反昭雪》，《党史通讯》1986 年第 5 期。

③ 中央档案馆、福建省档案馆编《福建革命历史文件汇集》甲 15 册，1986 年内部版，第 184 页。

罗寿春等其他人员，同被视作“社党”领导人被处极刑，则未免草率。

1931年11月，张鼎丞在瑞金参加第一次全国工农兵代表大会期间，向毛泽东汇报了闽西“肃反”问题的严重性。毛泽东指示必须立即纠正这一错误。12月5日，苏区中央局又致信各级党组织，指出中央苏区的“肃反”工作混淆了敌我界限，实行了错误的“肃反”方针，以致党的组织和机关垮台，使苏区出现了严峻的局面。中央指出，必须毫不迟疑地纠正这些错误，“坚决的反对极有害极错误的‘肃反中心论’”，“坚决废除审问中的肉刑，一切党部青年团部、工会以及一切革命组织与革命机关不能直接办理肃反的工作”。

不久以后，中央又严肃批评了中共闽粤赣省委继续着“肃反问题中所犯的不可宽恕的错误”，严厉指出：“中央认为闽西党目前最大的任务是在同肃反中的严重错误做最坚决的斗争。党要绝对禁止对于没有确切的反革命证据的工农分子实行逮捕，严刑拷打与杀戮。”①

中央上述一系列指示，对于停止和纠正闽西苏区的“肃社党”错误，起了积极的作用。

1931年12月，前往瑞金就任苏区中央局书记的周恩来由上海经粤东进入中央苏区。周恩来在闽西目睹了错误的“肃反”运动所造成的严重后果，非常愤慨。12月18日，他在由永定赴长汀的途中致信临时中央，严肃地指出了闽西苏区“肃反”工作的错误。周恩来在信中说：“据我在途中所见到闽西党的最近决议及中区党的文件，都还只言反AB团反社党的成功，而未及他的错误。可见此事转变之难与问题之严重性。”建议中央专门就此问题作一决议，“中央如对闽西有决议，对中央区亦有力也”。②

周恩来的到达及他给临时中央的信，对于进一步纠正闽西错误的“肃反”运动，起了重要的作用。一个月以后，中共中央专门就“肃反”

---

① 《中央为肃反问题致闽西省委信》（1932年1月21日），中央档案馆编《中共中央文件选集》第8册，中共中央党校出版社1991年版，第63页。

② 中共中央文献研究室编《周恩来年谱（1898～1949）》（上），中央文献出版社2007年版，第218、219页。

问题给闽粤赣省委发出指示信，严肃批评闽西苏区的"肃反"工作，以极其强硬的措辞指出："中央一刻也不能容忍这种错误的继续存在"，要求闽西党组织立刻同"肃反"中的严重错误作最坚决的斗争。[①]

经历了一年多错误的"肃反"运动的严重破坏，闽西党组织得到了十分沉痛的教训，决定进行严肃认真的反省与总结。1932 年 3 月，中共闽粤赣苏区第二次代表大会和福建省第一次工农兵代表大会对这一问题都分别作出决议，认为闽西苏区在过去的"肃反"中犯了严重错误，这种错误的主要表现为"主观唯心论"和"肃反中心论"，夸大了反革命派别的力量，不相信土地革命斗争的力量。至此，祸害闽西长达 1 年零 3 个月的"肃社党"运动得到了基本纠正。

闽北苏区的"肃反"运动，比闽西苏区要迟一年。1932 年 3 月，张国焘在鄂豫皖苏区进行"肃反"的有关文件传到赣东北，把持赣东北苏区领导权的中央代表曾洪易根据这些文件，提出了"以肃反胜利争取红军胜利"的错误口号[②]，并发布《肃反宣言》，开始"肃反"运动。

同年 9 月 25 日，中共中央也致信赣东北省委，错误地认为"在赣东北苏区，反革命组织的机关，还没有破获。……我们不能相信在赣东北苏区内没有像闽西、中区、鄂豫皖、湘鄂区各苏区那样总的领导机关"，中央要求赣东北省委加紧"肃反"工作，从"零星的破获"，"一直追踪到总的领导机关"。中央这封指示信，加剧了赣东北苏区的"肃反"运动。

当时，从上海派到苏区工作的一批干部如潘务行、何东桥、罗子华等，对曾洪易等"左"倾领导不满。曾洪易为达到打击他们的目的，毫无根据地指称他们是混入革命队伍的"改组派"。此外，担任红十军政治部主任的吴先民也因坚决反对曾洪易，便被诬陷为反革命派别的首领，遭到逮捕。[③] 从此，一场错误的"肃反"运动在赣东北、闽北苏区层层

---

① 参见《中央为肃反问题致闽西省委信》(1932 年 1 月 21 日)，中央档案馆编《中共中央文件选集》第 8 册，中共中央党校出版社 1991 年版，第 63 页。

② 参见方志纯：《赣东北苏维埃创立的历史》，人民出版社 1980 年版，第 87 页。

③ 参见方志纯：《赣东北苏维埃创立的历史》，人民出版社 1980 年版，第 87—88 页。

发动起来，造成了极其严重的危害。

按照中共中央和赣东北省委的指示，闽北苏区于 1932 年 6 月前后开始“肃反”，在闽北红军独立团和赤色警卫连逮捕了一批所谓“AB 团”和“大刀会”分子。但是，曾洪易等对于闽北苏区的“肃反”很不满意。7 月 10 日，中共赣东北省委做出的《关于肃反工作的决议》，对闽北“肃反”工作不力提出了严厉的批评，认为闽北苏区的“肃反”不够坚决，“肃反”机构必须改组，“将一切动摇不定的不良分子，尤其是要将隐藏在保卫局内〔的〕反革命分子与阶级异己分子（闽北的广丰铅山）无情的洗出去”。

在省委的三令五申之下，闽北苏区的党组织和红军的领导人黄道、薛子正、邹琦等在 8 月 18 日出版的中共闽北分区委机关报《红旗》分别发表《肃反工作与阶级立场》《最近红军中肃反成绩之片断》《怎样来做肃反工作》等文章，进一步动员与宣传“肃反”工作。

1932 年 9 月以后，闽北苏区的“肃反”运动发展得愈加严重。9 月中旬，红十军进入闽北地区作战，向闽北分区委转达了在赣东北苏区“肃反”中逼供出来的闽北苏区所谓“AB 团”“改组派”成员名单。闽北分区保卫局根据这一名单，逮捕了闽北分区苏维埃政府秘书长徐常、分区委党校校长熊琪、分区委政治部主任董思远、广丰县苏维埃主席周元煌。随后，分区保卫局又在分区委、分区苏维埃政府各机关大搞逼供信，继续逮捕了一批干部。①

同年 10 月 15 日，闽北分区政治保卫局在崇安大安召开全苏区审判大会。大会公审并处决了徐常、熊琪等被诬为“AB 团”“改组派”的党政军领导干部 30 余人。这次大会之后，闽北苏区的“肃反”呈现出一个更为严重的状态。各级党组织与苏维埃政府将“肃反”工作列为一切工作的中心，错误地提出“以肃反的胜利兴奋群众的斗争，以群众斗争来

① 参见张立仁、叶建忠：《闽北苏区肃反扩大化的一些情况》，《党史资料与研究》1983 年第 4 期。

加紧肃反工作”，号召全苏区军民投入“肃反”运动。[①]

闽北分区政治保卫局对案件不作调查研究，任意捕人，大搞刑讯逼供，残酷迫害干部群众，仅分区委机关被无辜杀害者就有80余人。中共广丰县苏主席周元煌被捕之后屈打成招，致使这个县地方武装的班以上党团员干部几乎全部遭难，全县各级干部100余人被押赴分区委所在地大安处决。

闽北分区政治保卫局为扩大侦查范围，大量印发一份题为《要看得紧，严密我们组织，防止反动混入》的宣传品，要求人们严密监视所谓“消极怠工动摇悲观失望”和在言论中“对苏维埃不满”的人，在苏区内部造成了互相怀疑、人人自危的恐怖气氛。人们稍有不慎，就有可能被以莫须有的罪名逮捕。因此，在短短几个月内，大批干部群众和一些出身不好的知识分子被视为“AB团”“改组派”投入监狱。1932年12月，仅崇安县石雄、洋庄、大安3所劳动感化院关押的人员就有800余人。[②]

1932年底，中共闽北分区委认为“肃反”工作已经取得“伟大的胜利”，准备将这一工作“迅速告一结束”，将工作重点转入第四次反“围剿”。[③] 1933年2月，闽北分区委和分区苏维埃政府由大安迁入崇安城，“肃反”气氛稍有缓和，但并未完全停止。在此之后，邵武县委书记周保龙，以及闽北苏区的创始人之一徐福元等30余人，以“改组派”罪名被捕遇难。闽北苏区和红军的早期创始人陈耿，也于1933年在赣东北葛源被错杀。[④]

---

① 参见中共闽北分区委《紧急通知（第三号）》（1932年12月5日），中共福建省建阳地委党史办、福建省建阳地区档案馆编《闽北党史文献》第2集，1984年内部版，第295页。

② 参见张立仁、叶建忠：《闽北苏区肃反扩大化的一些情况》，《党史资料与研究》1983年第4期。

③ 参见中共闽北分区委《紧急通知（第三号）》（1932年12月5日），中共福建省建阳地委党史办、福建省建阳地区档案馆编《闽北党史文献》第2集，1984年内部版，第295页。

④ 参见张立仁、叶建中：《闽北苏区肃反扩大化的一些情况》，《党史资料与研究》1983年第4期。

1933年4月闽北苏区划归闽赣省以后，仍然继续着错误的“肃反”政策，层层开展清查所谓“AB团”“改组派”，致使大批重要干部无辜受害。其中被错杀的有闽赣省委宣传部长肖韶、资溪县委书记彭皋等久经考验的领导干部。就连闽赣省苏维埃政府主席邵式平、原红三十一师政委方志纯等也被怀疑为“AB团”而受到错误的审查，险遭不测。①

闽北苏区在王明“左”倾错误指导下的“肃反”运动，前后延续了6年之久，直至三年游击战争期间才得到完全纠正，给革命根据地和红军造成了极其严重的损失。1935年，方志敏在南昌狱中对这场错误的“肃反”运动作了沉痛的回顾和总结，认为由于“肃反中心论”，党和政府放松了反“围剿”的战争任务；更由于肃反工作的错误，“夸大反革命的力量，过低估计党和苏维埃的政治力量”，加以“肃反”工作简单化，“乱控乱捉，牵连无辜”，大大伤害了革命主观力量。方志敏虽然身陷囹圄，仍然凭着对革命事业高度的责任感，严肃地指出：“我现在肯定的说，赣东北和闽北的肃反工作，是有错误的，无形中使革命受了不少的损失！应该用布尔塞维克的自我批评，来揭发过去肃反工作的错误，以作今后的教训。”②

二　反对所谓“罗明路线”与查田运动

1933年2月，王明“左”倾错误的执行者，发动了一场反对“罗明路线”的斗争。这一斗争从闽西苏区开始，很快扩展到整个中央苏区和其他一些苏区，一直延续了将近两年，直至红军长征。这场错误的运动打击了大批党和红军干部，给苏区和反“围剿”战争造成了不可估量的损失。

罗明是闽西党组织和革命根据地的创始人之一，当时担任中共闽粤赣省委代理书记。1932年冬，国民党开始向中央苏区发动第四次

① 参见方志敏、邵式平等：《回忆闽浙皖赣苏区》，江西人民出版社1983年版，第180—182页。

② 《方志敏文集》，人民出版社1985年版，第79—80页。

“围剿”。十九路军是进攻闽西苏区的主力，先后侵占了龙岩全县和永定坎市、虎岗；广东军阀陈济棠部也向上杭庐丰、茶地、白砂一线进犯。

这期间，闽西苏区的主力红军已调往江西战场，留在闽西的只有新编制起来的地方红军独立第七、第八、第九、第十师，总兵力不足5000人，战斗力比较薄弱。为了击破强敌，福建省委和省苏维埃政府按照毛泽东的战略战术和第一、第二、第三次反“围剿”的经验，领导苏区军民开展灵活机动的游击战争，消耗敌人的有生力量，取得了一定的成效。

但是，王明“左”倾错误主持下的苏区中央局，否定并批评这种原则为“右倾机会主义”，主张红军在强敌进攻面前“全线出击”。尤其是在1932年10月苏区中央局宁都会议排斥了毛泽东的领导地位以后，“左”倾错误对于闽西苏区的反“围剿”战争更是横加责难。

对于王明“左”倾错误的指责，闽粤赣省委代理书记罗明和福建省苏维埃政府主席张鼎丞等主要领导人坚持了自己的正确意见。1933年1月21日，罗明在连城新泉向省委写了《对工作的几点意见》。罗明的这份意见书，依据国民党正在向闽西苏区大举进攻的形势及党的工作任务，认为应当特别注意如下四个方面：第一，以最大力量在最短时间内迅速“赤化连南、汀东南，使新泉与连城、长汀巩固联成一片；同时，要与宁化、清流连结起来向永安方面发展，这是巩固闽西与闽北打成一片发展计划中最迫切的工作”。第二，迅速造成新的红军主力，加强与扩大独立第七师和第八师，使之锻炼成新的主力红军，并向闽西与闽西北之间行动，以利于打通与闽北苏区的联系。为加强对前线的领导，还主张把福建军区指挥部立刻迁到南阳。第三，边区地方武装应着重打击地主民团，对敌人正规军，则“采取游击战和运动战，要从打小仗中来锻炼，要从打仗中胜利中来提高他们的勇气和斗争情绪，学习战争的经验”。第四，各县区地方工作应着重抓好中心区域，以便带动其他县区的工作。应当依据各县区的具体环境与群众情绪，制定各自具体的斗争任务，必须改变过去不问具体情况强求一律的教条主义领导方法，尤其要注意新区、边区工作的特殊性。[①]

罗明在这份意见书中，根据他在实际工作中的体验，认识到只有按照毛泽东所主张的游击战和运动战的基本原则，依据苏区军民的情绪和实力制定正确的方针，才能根本打破敌人的进攻，鼓舞群众情绪。因此，他大胆否定了“左”倾冒险主义“分兵把口”和死打硬拼的战术，不同意那种“一支枪也集中到红军”的扩红方针，反对不顾边区斗争特点强求一律的教条主义。这些意见反映了闽西苏区的实际情况，无疑是很正确的。

1933 年 1 月下旬，罗明又在上杭旧县向省委写了《关于杭永情形给闽粤赣省委的报告》。在这份报告中，罗明详细分析了敌人进攻的形势与群众情绪，就当时的工作和党的领导问题提出了十分中肯和切合实际的意见。罗明的报告认为，敌人正在向闽西苏区步步进逼，边区群众都在紧张地动员起来抵抗敌人的进攻，但由于龙岩、上杭方面过去缺乏这样紧张的战争经验，特别在敌人的进攻中没有采取积极的游击战与运动战有效地打击敌人，因而边区的干部群众几经敌人摧残之后削弱了胜利信心。罗明认为，造成这种情况最重要的原因是“由于军事动员十分不够，更应该具体的指出，由于党没有很艺术的来领导武装斗争”。罗明从群众利益的观点出发，强调必须改变过去那种空洞的政治说教，不能把群众情绪消极简单地归结为“政治动员不够，或者只是简单的由于肃反工作太差，或者只是简单的由于没有积极的深入的发动群众的阶级斗争，或者只是说党的领导不够”。这种看法都不是问题的中心。中心是如何运用正确的战略战术，在胜利的斗争中切实保护群众利益，调动群众的斗争情绪和胜利信心。如果不懂得这一点，就是“请我们最好的领袖毛主席项主席周恩来同志任弼时同志或者到苏联去请斯大林同志或者请列宁复活一齐到下溪南或者到其他已受摧残的地方去对群众大演讲三天三夜，

① 参见中共福建省龙岩地委党史研究室编《反对所谓“罗明路线”问题》，鹭江出版社 1993 年版，第 21—26 页。

加强政治宣传，我想也不能彻底转变群众斗争的情绪！”①

罗明的上述两份报告，在“左”倾冒险主义统治达到顶峰的时期，以大无畏的气概尖锐地抨击了“左”倾教条主义的军事路线和空洞的政治说教，集中地反映了闽西苏区的实际情形和干部群众的意见，从而在实际上体现了毛泽东军事思想的基本原则和讲求实际、维护群众利益的思想方法。

因此，罗明的意见不仅受到了福建省委主要领导人张鼎丞、谭震林、刘晓、郭滴人、李明光、李坚真等的支持，而且得到了各县、区、乡基层干部和群众的拥护。在罗明发出上述两份报告以后不久，新泉县委书记杨文仲于同月下旬也致信福建省委（即闽粤赣省委），坦率陈述了自己对苏区工作方面的意见，大胆批评了“左”倾教条主义的方针策略与工作方法。

苏区中央局被罗明、杨文仲尖锐的意见震动了。他们不能容忍这种意见，并且因此认为在中央苏区存在着以罗明为代表的“罗明路线”，必须给予打击。于是，苏区中央局召开了一系列会议，在很短时间内组织了一批有影响的批判文章，立刻发动反对“罗明路线”的运动。

1933年2月15日，苏区中央局做出了《关于闽粤赣省委的决定》。这个决定第一次使用了“罗明路线”这个词，“认为省委是处在一种非常严重的状态中，在省委的一小部分同志中，显然形成了以罗明同志为首的机会主义路线”。中央的决定除了着重指名批判罗明和杨文仲以外，另外还指责留驻省委的代理书记兼省委组织部长刘晓和其他一些领导人，认为刘晓和省委大多数同志没有深刻了解这一问题的严重性，在同“罗明路线”的斗争中表现得不坚决和动摇，同样犯了“机会主义的错误”。为此，中央在这份文件中做出如下七项决定，以便在组织上和政治上全面开展反对“罗明路线”的斗争：(1) 立刻在党内开展反对以罗明为代表的机会主义路线；(2) 严厉打击省委内部一部分同志“对罗明路线的

① 中共福建省龙岩地委党史研究室编《反对所谓“罗明路线”问题》，鹭江出版社1993年版，第43页。

妥协投降”；(3) 立刻召集全省临时党代表大会，改选成立新省委；(4) 在新省委成立之前，暂时以陈寿昌、刘晓、钟友勋三人为临时常委；(5) 派中央局代表出席领导省临时党代会；(6) 立刻撤销罗明省委代理书记及驻杭永岩全权代表的职务；(7) 在各种会议和党报上公布与解释这一决定。①

2 月 24 日，中共闽粤赣临时省委做出《对〈中央局关于闽粤赣省委的决定〉的决议》。决议说，临时省委“一致的认为中央局对闽粤赣省委的估计，对过去省委以罗明同志为首的机会主义路线与以刘晓同志为代表的罗明路线的腐朽的自由主义态度的指斥，以及对过去省委的处置是非常正确的”②。

根据中央局的上述决定，中共闽粤赣省临时党代表大会于 2 月 28 日至 3 月上旬在汀州召开，苏区中央局派代表出席大会作实际指导。会议一开始，立刻呈现出紧张的气氛，用谩骂和讽刺的方式对待罗明及其支持者。罗明和张鼎丞、刘晓等根据中央的决定，被迫在大会上作了检讨。

尽管“左”倾错误的领导者在这次大会上采取强制手段打击罗明等同志，但仍有一些党的基层组织和干部冒着风险，坦率陈述自己的观点，明确支持罗明的意见。当然，这些干部无一例外地受到了同样的批判斗争。会议做出了决议，改组了省委，由陈寿昌担任省委书记。会后不久，罗明和杨文仲调中央党校学习和工作，刘晓调往江西，张鼎丞被撤销福建省苏维埃政府主席一职，另从江西调钟循仁接替这一职务。

闽粤赣省党代会以后，“左”倾错误的执行者在省委和省苏机关开展了反对“罗明路线”的斗争。紧接着，这一斗争很快在福建团省委、福建军区和各级党团组织展开。省委向各地派出工作团，在各县强制开展这一斗争。各级领导干部几乎都被认为犯有“罗明路线”的错误，层层

---

① 参见中共福建省龙岩地委党史研究室编《反对所谓“罗明路线”问题》，鹭江出版社 1993 年版，第 33—34 页。

② 中共福建省龙岩地委党史研究室编《反对所谓“罗明路线”问题》，鹭江出版社 1993 年版，第 74 页。

检讨或接受批判。在短短两三个月内，原省委常委和省执行委员都受到点名批判或解除职务，省级以下各级组织的负责人也大多被撤换，有的甚至被逮捕监禁。

由福建发动的这场政治运动，在“左”倾中央的直接领导下，迅速扩展到整个中央苏区。这一斗争表明，“左”倾教条主义以打击罗明、杨文仲、张鼎丞、邓小平等一大批干部为手段，把斗争矛头指向了毛泽东。因而这一斗争的实质是党内“左”倾冒险主义与毛泽东正确思想的较量。“左”倾错误的执行者为了推行其冒险主义的方针策略，凭借着手中的权力，采取残酷斗争、无情打击的宗派主义方式，排斥和迫害了大批坚持毛泽东正确思想的干部，给革命事业造成了重大损失。这一斗争后来很快又扩展到其他苏区，以及福州、厦门等白区党组织，给福建其他地区的党组织同样造成了极大的危害。

1933 年春，中共闽赣省委成立不久，省委就按照中央的统一部署，在这块新建立的苏区开展反对所谓“罗明路线”的斗争。这一斗争从建宁中心县委开始，着重打击拥护毛泽东正确主张的县委书记余泽鸿，撤销其职务。同年 9 月 28 日，黎川失守。“左”倾错误的执行者并不检查自己冒险主义的军事路线，反而将失败归咎于在前线浴血奋战的红军将领，错误地指斥闽赣军区兼红七军团司令员萧劲光，认为萧劲光“在粉碎敌人五次围攻决战的面前，假装镇静、麻木不仁以及惊慌失措退却逃跑”①，是红军中“罗明路线”的代表，并予以撤职查办。

同年 10 月，中共闽北分区委着重批判了以分区委宣传部长邹琦为代表的所谓闽北的“罗明路线”，并以此为号召，要求闽北六县开展“布尔什维克的进攻，以彻底转变闽北的工作”的竞赛。于是，闽北分区委在全苏区发动了“反对以邹琦同志为代表的闽北的罗明路线”的批判运动。进而又层层类推，开展反对以章全友为首的“广丰罗明路线”，以吴耿谟

① 邵式平：《目前政治形势与闽赣省苏维埃的任务（草案）》（1933 年 12 月 9 日），中共福建省建阳地委党史办、福建省建阳地区档案馆编《闽北党史文献》第 3 集，1984 年内部版，第 342 页。

为首的“上铅罗明路线”，等等。[①]

王明“左”倾冒险主义在反对“罗明路线”的同时，在闽西、闽赣(包括闽北)等苏维埃区域开展查田运动，在土地革命方面推行其错误方针，致使福建大部分苏维埃区域受到了不同程度的损害。

早在1931年上半年，王明“左”倾错误在中央苏区否定了以毛泽东为代表的正确的土地革命路线，代之以贯彻同年2月中共中央政治局和共产国际远东局制定的《土地法草案》。于是，闽西苏区据此重新分配土地。随后，苏区中央局又要求按照这一纲领展开查田运动。

这个《土地法草案》规定，地主“无权分得任何份地”，富农可以分得“较坏的‘劳动份地’”；否定过去以人口平均分田的原则，提出按照劳动力和人口混合的标准分田，并且要求按照这些原则重新打乱平分一切土地，从而实行在肉体上消灭地主，经济上不给富农以出路的“左”倾政策。显然，依据这一土地纲领而展开的查田运动，就必然重复并加重这种错误。

1932年六七月间，闽西苏区按照苏区中央局的指令，开始实行查田运动。但是由于这种过左的政策断绝了地主的生计，过分地打击了富农以及一部分本来可以争取的中间势力，因而严重地脱离了群众。尤其是闽西苏区在经过了一次又一次的没收与重新分配土地，许多地方的干部群众已经对此感到厌倦和不满。所以闽西各地的查田工作并不积极，进展也很迟缓。直至1933年6月，闽西苏区有80%以上地区没有开展查田工作，宁化、长汀、武平全县以及上杭、永定、新泉三县的大部分地区，查田运动都未完全发动起来。[②]

闽西苏区在1933年上半年以前之所以未能全面开展查田运动，其原

① 参见《中共闽北分区委关于十月份与十月革命节工作的总结》，《红色闽北》1993年第27期。

② 参见《中央政府关于查田运动的训令》(1933年6月1日)，中共江西省委党史研究室等编《中央革命根据地历史资料文库·政权系统》第7卷，中央文献出版社、江西人民出版社2013年版，第758页。

因是多方面的。一是由于1933年2月以后的几个月内，闽西正在集中全力反对“罗明路线”，对查田运动有所放松；二是王明“左”倾教条主义的土地政策已经引起了人们的不满，在实际工作中难以推行。另外一个重要原因是，从1933年春开始，毛泽东参与领导了查田运动，着手对某些错误政策作尽可能的修正。

1933年6月，毛泽东先后主持召开了江西、福建两省的八县区以上负责人查田大会和八县贫农团代表大会。这两个会议听取了毛泽东《关于查田运动的报告》，通过了由毛泽东主持起草的《怎样分析阶级》。毛泽东的报告坚持了党在土地革命战争时期的阶级路线，强调“联合中农，是土地革命的中心策略”，绝不允许侵犯中农利益，同时注意区别富裕中农与富农的界线，“使富裕中农稳定起来”。

此后，闽西苏区按照毛泽东提出的方针策略，开始纠正过去查田运动中存在的某些“左”倾错误。但是由于王明“左”倾错误统治下的中央机关从上海迁到中央苏区以后，一再强调所谓反“右倾”，尤其是在发动反对“罗明路线”的斗争以后，闽西苏区仍然不得不按照“左”倾教条主义的土地政策，全面开展查田运动。

在各级领导机关的层层发动与督促之下，闽西查田运动迅速展开。宁化县在淮土区田背、大王、凤山3个乡，7天之内查出了地主富农的土地1000多担。[①] 长汀县濯田区，在19天内查出漏划的地主富农60多家。[②] 在古城区短短三四天内也查出地主富农20家，没收土地300多担。[③] 至10月，“在宁化、长汀查出地主富农九百多家，收回土地二万一千三百余担，在汀东、上杭、兆征等县共查出地主富农四百余家，收回土地九千多担”[④]。

---

① 参见《宁化淮土区七天查出一千余担》，《红色中华》1933年7月26日。

② 参见《濯田区查田运动的经过》，《红色中华》，1933年8月25日。

③ 参见《古城热烈进行查田》，《红色中华》，1933年7月17日。

④ 《中共福建省委工作报告大纲——关于目前政治形势与党的任务》（1933年10月26日），福建省档案馆、广东省档案馆编《闽粤赣边区革命历史档案汇编》第1辑，档案出版社1987年版，第386页。

这种大规模的查田查阶级运动，由于阶级路线不明确，非但不可能正确地解决土地问题，反而动摇了可以团结的中间力量，“特别是侵犯中农利益的行动，各县都有发生，甚至有因争论阶级而枪毙贫农的事件发生”①。

由于查田运动一开始就是在“左”倾教条主义的指导下进行的，因此随着运动的深入，“左”倾错误所造成的危害也愈益严重。这种危害主要是“造成从肉体上消灭地主，并且侵犯了中农利益，破坏了生产；又由于这些错误的政策，在党内和红军中造成了错误的‘唯成分论’”②。这样，就必然加剧了地主以至富农的反抗情绪，打击了中农，孤立了贫雇农，削弱了革命的力量。

1933 年 4 月，闽北苏区划归闽赣省，成为中央苏区的一个部分。新成立的闽赣省委和省革委会按照中央的指示，随即开展了查田查阶级运动。由于闽赣苏区有许多乡村是新发展的区域，土地革命尚不深入，因此查田运动在新苏区促进了土地革命的发展，在一定程度上发挥了积极的作用。但就整个运动来看，闽赣苏区的查田运动与闽西一样，在土地政策方面基本贯彻了王明“左”倾错误。当然，由于闽赣苏区的查田运动开展得比较迟，加以这一地区处于第五次反“围剿”战争的前沿，苏区军民集中了主要的力量以应付战争，查田运动并不像赣南、闽西那样激烈，所受损失相对较小。据《青年实话》报道，至 1933 年 12 月为止，闽北苏区的查田运动情况为：崇安县查出富农 16 家，地主 2 家；建阳县查出富农 52 家，地主 3 家；铅山县查出富农 22 家，地主 10 家；上铅县查出富农 10 家，劣绅 3 家。

这些数字固然不能说明闽北苏区查田运动的全部情况，但与闽西相比较，运动的规模和程度要小和低一些。即使如此，闽北的查田政策由

① 《中共福建省委工作报告大纲——关于目前政治形势与党的任务》（1933 年 10 月 26 日），福建省档案馆、广东省档案馆编《闽粤赣边区革命历史档案汇编》第 1 辑，档案出版社 1987 年版，第 387 页。

② 张鼎丞：《中国共产党创建闽西革命根据地》，福建人民出版社 1982 年版，第 64 页。

于同样也贯彻了“地主不分田，富农分坏田”的方针，因此“没收了地主不少的田地和没收了富农非劳动份田和好田”①。这在一定程度上也损害了土地革命，过分打击了富农，侵犯了中农利益，削弱了苏区的革命力量。

三　第五次反“围剿”失败与红军长征

国民党在对中央苏区的第四次“围剿”失败以后，继续推行“攘外必先安内”的反共卖国政策，积极准备对中央革命根据地发动第五次“围剿”。

1933 年 5 月，蒋介石撤销赣粤闽边区“剿共”司令部，在南昌成立军事委员会委员长南昌行营，亲自坐镇指挥对中央苏区的第五次“围剿”。鉴于前四次“围剿”失败的教训，蒋介石更加强调“三分军事，七分政治”的方针，在政治上进一步实行法西斯统治，在军事上采取持久的“堡垒主义”的新战略，企图依托层层强固的堡垒，向苏区逐渐推进，最后寻求与红军主力决战，以达到消灭红军和摧垮中央革命根据地之目的。

国民党军投入“围剿”中央苏区的兵力达 50 万。具体部署是：北路军共 33 个师又 1 个旅，顾祝同任总司令，担负对中央苏区的主攻任务；南路军有 11 个师又一个旅，陈济棠为总司令；西路军共 9 个师又 3 个旅，何健任总司令；东路由十九路军总司令蔡廷锴负责，指挥所部及福建地方军共 7 个师又 2 个旅，扼守闽西和闽西北地区，阻止红军向东发展。

1933 年 9 月 25 日，国民党军利用红一方面军在东西两路分离作战的薄弱环节，首先在北线向江西黎川进攻，开始了对中央苏区的第五次“围剿”。由于王明“左”倾错误的领导者拒绝采取积极防御、诱敌深入的战略，提出“御敌于国门之外”的错误方针，与敌人拼消耗，实行军

① 曾镜冰、黄智仁：《闽赣青年近况》，《青年实话》1933 年 12 月 10 日。

事上的冒险主义，因而使得反“围剿”一开始就遭到了失败。

当时，闽赣军区的红军主力部队已调往福建作战，留守黎川的只有军区司令部及少量直属部队及地方游击队。为避免不必要的损失，闽赣军区司令员萧劲光不顾“左”倾错误领导者关于冒险死守的命令，率部撤退。9 月 28 日，国民党军周浑元部占领黎川。

“左”倾错误的领导者对于黎川的失守，十分震惊，严厉指责萧劲光的战术是过时了的游击方法的回潮，是红军中“罗明路线”的退却逃跑的表现。为了夺回黎川，中革军委命令彭德怀率领东方军迅即从福建之顺昌、将乐地区北上应敌。10 月 4 日至 7 日，东方军在黎川东北之洵口与敌陈诚指挥的 3 个师遭遇，激战三昼夜，歼敌第六师第十八旅葛钟山部。洵口战役胜利是一个偶然的战例，并不表明王明“左”倾军事冒险主义的正确。但是“左”倾错误的领导者不适当地夸大了这一胜利的普遍意义，认为第五次反“围剿”就应当如洵口战役那样，在苏区边缘实行“御敌于国门之外”的方针。

中革军委随即命令红三军团和新组建的红五、红七军团继续向国民党军重兵防守的据点冒险进攻。10 月 9 日，红军在硝石战斗失利；11 月 11 日至 12 日，红军又先后向浒湾、八角亭之敌进攻，亦遭受重大伤亡。红七军团政委萧劲光在阵地被敌人突破、形势异常紧急的情况下，不得不率部撤出阵地。

浒湾战斗之后，国民党军继续向闽赣边境地区推进，于 12 月 15 日占领德胜关。红三军团不得不转入福建，进至泰宁地区。“左”倾错误的领导者不顾客观实际与前线指挥员彭德怀的申述，将萧劲光撤销职务，送交军事法庭，做出了极其错误的处理。

由于闽赣省处于中央苏区东北部的前沿地区，因此在第五次反“围剿”战争打响前后，省委和省革委会机关率领一部分武装陆续由黎川向福建境内撤退，迁入建宁县城。在此紧急关头，闽赣省革委会于 1933 年 12 月 11 日在建宁召开了闽赣省第一次工农兵代表大会，选举成立了以邵式平为主席的闽赣省苏维埃政府。大会指出，闽赣省处于战争的最前线，唯一的中心任务就是战争。大会号召苏区军民积极开展游击战争，猛烈扩大红军，肃清民团土匪，配合主力红军投入第五次反“围剿”战争。闽赣省各县群众和青壮年响应省苏维埃政府的号召，筹粮筹款，踊跃参军，加入红七军团和少共国际师，开赴作战第一线，在反“围剿”战争中做出了巨大的牺牲和贡献。

在此期间，蒋光鼐、蔡廷锴等率领的十九路军公开举起抗日反蒋的旗帜，发动了福建事变，在福州成立中华共和国人民革命政府（即福建政府）。蒋介石为镇压新成立的福建政府，立即从“围剿”中央苏区的北路军中抽调 9 个师，加上京沪杭地区的 2 个师，大举向十九路军进攻。福建事变在客观上造成了有利于革命的形势，但是王明“左”倾教条主义者不懂得利用这一有利形势，而是实行“左”倾关门主义的方针，不予十九路军以积极的援助，致使十九路军陷于内外交困的境地，很快瓦解失败。直至 1933 年底，福建政府已岌岌可危，“左”倾错误的领导者才感到必须援助十九路军，才有可能减轻蒋军对中央苏区的压迫，于是命令红三军团向福建延平方向之蒋军侧后出击。但为时已晚，当红三军团于 1934 年 1 月 25 日攻取沙县，2 月 9 日占领将乐的时候，十九路军已经全面崩溃。

蒋介石在打垮了十九路军和福建人民政府以后，立刻回过头来，重新部署，强化对中央苏区的第五次“围剿”。除了维持原来江西、湖南、浙江一线各路“围剿”部队的兵力，蒋介石特别加强了东线闽西战场的攻势。1934 年 2 月，蒋介石任命蒋鼎文为东路军总司令，设司令部于漳州，辖 10 个师，即第三师李玉堂部、第九师李延年部、第十师李默庵部、第三十六师宋希濂部、暂编第五十二师卢兴荣部、第五十六师刘和鼎部、第八十师陈明仁部、第八十三师刘戡部、第八十七师王敬久部、新编第十一师周志群部等。①

上述这些部队，大部分驻在闽西南地区。蒋介石在当时的计划是：

① 参见宋希濂：《第五次“围剿”中的朋口战役》，《文史资料选辑》（合订本）第 16 卷，中国文史出版社 2000 年版，第 176 页。

“把重兵放在北路和东路，采取稳扎稳打、逐步前进的办法。第一步先攻下宁都、长汀，然后再进取瑞金、兴国，压迫共军于赣江而消灭之”①。

蒋介石为了首先从东、北两个方向突破红军防线，达到占领整个中央苏区之目的，指挥各部在这两个方向加紧构筑碉堡，缓缓向前推进，逐步紧缩对中央苏区的包围圈。在具体部署上，国民党对东线闽西战场暂取缓进策略，集中兵力于中央苏区的东北边区，向建宁、广昌方向进攻。

面临国民党军的强大攻势，王明“左”倾错误的领导者又实行防御中的保守主义，命令红军处处设防，分兵把口，与敌人作拼消耗的堡垒战、阵地战，致使红军在各个战役中付出了重大代价，节节败退。

1934 年 1 月下旬，国民党军第五纵队罗卓英部 4 个师为夺取建宁，进占了建宁、黎川边界之邱家隘；2 月 24 日，第十纵队汤恩伯部攻占沙县；3 月 7 日，东路军第八十八师孙元良部占领将乐；3 月 19 日，第八十九师王仲廉部袭取泰宁；3 月 23 日，第十师李默庵部攻陷归化。驻守上述地区的红军第三、第七军团顽强抵抗，付出了重大牺牲，被迫向西转移，退守建宁、宁化一线。

由于上述主要县城的陷落，国民党东路军形成了对中央苏区东北重镇之建宁的三面包围的态势，并与北路军在闽赣边境之德胜关会合，逐步对中央苏区紧缩包围圈，形势十分严峻。在这种形势下，王明“左”倾冒险主义者仍不吸取前一阶段作战的教训，继续实行保守防御的错误战略，命令红一方面军与国民党军作阵地战、堡垒战，死守建宁、广昌，以图遏制敌人攻势，挽救败局。但事实证明，这种“左”倾冒险主义的军事方针，只能加速第五次反“围剿”的失败。

4 月 10 日，红一方面军与国民党军 7 个师、1 个炮兵旅和数十架飞机展开了悲壮激烈的广昌保卫战。红军苦战 18 天，伤亡 5093 人，② 以巨

① 宋希濂：《第五次“围剿”中的朋口战役》，《文史资料选辑》（合订本）第 16 卷，中国文史出版社 2000 年版，第 178 页。

② 参见中国工农红军第一方面军史编审委员会编《中国工农红军第一方面军史（附册）》，解放军出版社 1993 年版，第 353 页。

大的消耗而告失败。广昌战役即将结束的时候，国民党东路军第十纵队汤恩伯部从4月24日开始，以4个师的兵力发起建宁之役。红一、红三军团急速由江西东进，会同驻建宁地区的红七、红九军团及少共国际师又投入了建宁保卫战。

从4月24日至5月15日，红一方面军在建宁外围之将军殿、弋口、梅口、江家店、驻马寨、雪山崃等主要阵地与十数倍之敌浴血奋战，节节抗御，终因寡不敌众，被敌军各个击破。5月12日至14日，国民党军攻占建宁门户雪山崃、武镇岭。5月16日，第八十八师孙元良部进占建宁城。[①]

建宁失守以后，闽赣省大部苏区沦于敌手。中央决定，将原属福建省的宁化、清流、归化、泉上、彭湃5个县划归闽赣省，以强固这一地区的防御力量。中共闽赣省委、省苏维埃政府、省军区及建黎泰独立师也向南撤退至彭湃县李坑（现属宁化县），8月间又迁入宁化县城。省级领导成员也做了调整，由赖昌作任省委书记（不久由钟循仁接任），杨道明任省苏主席，宋清泉为闽赣军区司令员。

广昌、建宁战役以后，蒋介石为了加紧对中央苏区中心区域的“围剿”，重新调整了部署：北路军以14个师分别向兴国、古龙冈、头陂、宁都、石城推进，以蒋鼎文指挥的东路军为主的6个师由朋口、连城向长汀推进，南路军3个师由筠门岭向会昌、于都推进。至1934年8月，中共福建省委领导下的闽西苏区各县大部被国民党东路军占领，只剩下长汀、兆征、武平等接近江西边境的狭长地区。

蒋鼎文判定：扼守在长汀与连城边界之天然屏障松毛岭一线的红军主力，有一二万人，而且在连城县朋口以西的白衣洋岭一带构筑了强固的工事；另有两部红军在上杭、新泉之间和连城以西地区牵制蒋军。根据这一判断，蒋鼎文决定：“东路军以击破朋口以西一带高地共军主力后进取长汀的目的，决定先将主力集结于朋口南北地区，待命

①　参见中国工农红军第一方面军史编审委员会编《国民党陆军第八十八师克复建宁之役战斗详报》，原件存中国第二历史档案馆。

开始进攻。”①

东路军各部接到蒋鼎文的命令以后，开始向新泉、朋口、连城一线移动。担任主攻的李延年纵队之第三师、第九师抵达朋口以后，确定第一个攻击的目标是位于松毛岭东侧山麓、距朋口 10 余华里的温坊（现名文坊）。为了执行这一计划，蒋军按照“堡垒主义”的新战略，在连城、永安、朋口一带全面构筑碉堡，逐渐向西推进。

红军方面担任阻击东路敌军的是红一军团、红九军团和红二十四师。这 3 支部队暂归红一军团司令员林彪和政委聂荣臻指挥，而整个军事行动由当时主持中革军委日常工作的朱德统率。这期间，朱德摒弃了“左”倾错误那一套与敌人拼消耗和“短促突击”的冒险主义方针，决定选择有利时机，寻找或造成敌人的弱点，在运动中歼灭敌人。

8 月 30 日，李延年率其担任主攻任务的第三、第九师及炮兵团，进至松毛岭以东地域之朋口、莒溪、壁洲、洋坊尾一线，准备进一步向温坊、松毛岭、河田推进，直抵汀州。

松毛岭是位于长汀东南与连城交界的一座高山，南北绵延 80 余华里，东西宽 30 里，山峰险峻，森林茂密。白衣洋岭是松毛岭中段的主峰，也是由朋口经温坊往长汀的必经之路；距白衣洋岭五六华里的刘坑口，是松毛岭中段通往长汀的另一个必经通道。只要堵住这两处隘口，国民党军就难以向长汀西进。

8 月 31 日，红一军团与红九军团急行军赶到松毛岭西侧之钟屋村（又称中屋村、中复村）集结。林彪、聂荣臻根据中革军委的部署，命令红一军团第一师位于上莒溪为右翼截击队，第二师集结于八前科与上莒溪之间为主力突击队，罗炳辉、蔡树藩率红九军团集结于连屋冈、邓坊、肖坊一线为左翼截击队，周建屏、杨英率红二十四师集结于桥下为主力突击队。各部到达突击地域后，迅速构筑工事，准备迎击来犯之敌。

9 月 1 日中午，李延年纵队之第三师李玉堂部，派第八旅旅长许永相

① 宋希濂：《第五次“围剿”中的朋口战役》，《文史资料选辑》（合订本）第 16 卷，中国文史出版社 2000 年版，第 178—179 页。

率领 3 个团脱离朋口碉堡区，向朋口以西 10 余里的温坊前进，进入红军布置的伏击圈。

按照原定的作战方案，红一军团指挥所命令突击部队红二十四师以 2 个营的兵力，迂回敌之后方截断其退路，师长周建屏率主力向温坊东北之敌右侧翼攻击；红九军团主力迅速向温坊附近之曹坊攻击，协助红二十四师突击，并钳制和阻止增援之敌；红一军团 2 个师则由西向东向温坊突击，消灭温坊及附近敌军。①

晚上 9 时左右，参战各部红军向敌人发起全面攻击。驻守温坊的国民党军毫无防备，仓促应战，陷入一片混乱，只支持了半个小时即溃散。第二天清晨，战斗结束，我军全歼守敌 2 个团。敌旅长许永相在睡梦中惊醒，只身逃回朋口。

蒋军东路军因 1 个旅在温坊被歼，受到了很大的震动。蒋鼎文亲赴朋口前线，调整部署，决定另派第三、第九师共 3 个团再次开赴温坊，寻求与红军决战。9 月 3 日上午，蒋军向温坊进击。红一军团指挥所根据中革军委的命令，下令红一师截断敌先头团的退路；红二师与红二十四师从八前科、马古头两个方向同时向敌人突击；红九军团紧随其后，向马古头突击，截断敌人的总退路。

进攻温坊之敌完全陷入了红军包围之中，战斗打得十分激烈。国民党军抵挡不住红军居高临下的勇猛突击，节节向后溃退。下午 4 时，战斗结束，敌第九师精锐第五十团被歼，第三师也受到了重创。

9 月 1 日和 9 月 3 日的温坊战斗，红军总共歼敌 4000 余人，挫败了蒋鼎文东路军在东线战场的进攻。但是，个别战斗的胜利，补救不了王明“左”倾冒险主义在整个战略指导方针上的错误，难以挽回第五次反“围剿”失败的局面。温坊战斗的胜利，不过是延缓了东路国民党军对长汀进攻的时间，而不可能阻挡其整个的攻势。

蒋介石在南昌获悉东路军在温坊损兵折将，十分恼怒，立刻派北路

① 参见《聂荣臻回忆录——红军时期》，《中共党史资料》第 5 辑，中共党史资料出版社 1983 年出版。

军总司令顾祝同于9月中旬飞抵闽西，协助蒋鼎文策划进攻长汀的战争。顾祝同到达龙岩以后，对东路军的进攻重新作了调整，命令第三师从朋口撤下来整顿，由第三十六师担任主攻松毛岭的任务；第十师推进到新泉一线；第九师集结于朋口以西地区，以一部在第三十六师右翼协助进攻；第八十三师集结于连城、朋口之间，担任右翼警戒，并派一部向连城以西地区活动。①

在红军方面，红一军团在温坊战斗之后，由于北线与兴国一带战事紧急，奉命开赴江西援助；红九军团所属红三师和红二十四师仍留松毛岭一线，总兵力约一万四千人。为了保卫汀州，支援前线，福建军区紧急动员苏区青年参军参战，组织了2000多名地方武装开上前线，投入保卫松毛岭的战斗。

9月24日，国民党东路军下达向长汀方面发起总攻的命令。② 为了直接指挥对松毛岭的进攻，蒋鼎文将他的司令部搬到了朋口。从9月26日早晨，国民党军开始向松毛岭一线发起攻击，9月27日上午，担任主攻任务的第三十六师在飞机、大炮的配合下，向白衣洋岭攻击。

红军凭着步机枪和手榴弹等轻武器，冒着敌人的炮火，大量杀伤靠近阵地的敌人。红军指战员在阵地与敌人展开了激烈的白刃战。白衣洋岭上，硝烟滚滚，喊杀之声响彻云霄，双方伤亡都极惨重。战斗持续至下午2点多，红军主阵地工事大多被摧毁，坚守阵地的指战员伤亡严重。

事实上，松毛岭战役并不是红军必须死守的一战。中共中央和中革军委早已作好撤出中央苏区实施长征的准备，松毛岭战役是长征出发前的一场阻击战，因此在敌人总攻前一天，中革军委主席朱德电令红九军团军团长罗炳辉、政委蔡树藩“坚决避免重大损失”，在战斗不利时“应适时放弃先头阵地，有组织地退出战斗”。③ 9月27日下午，红军放弃白

---

① 参见宋希濂：《第五次“围剿”中的朋口战役》，《文史资料选辑》（合订本）第16卷，中国文史出版社2000年版，第181页。

② 参见《长汀即日可下》，《福建民报》1934年9月29日第6版。

③ 中央文献研究室编《朱德年谱（一八八六——一九七六）》（新编本）上册，中央文献出版社2006年版，第399页。

衣洋岭。

白衣洋岭失守以后，坚守在松毛岭其他阵地的红军仍然顽强地抗击敌人的进攻。9 月 29 日，蒋军集结了第九师、第三十六师向松毛岭再次发动进攻。敌人依次用炮火和飞机掩护主攻部队。红军与敌人反复冲杀，被迫撤退。当天傍晚，国民党军分别占领了大园山、大洋山等各处高地，松毛岭全线失守。红九军团、红二十四师且战且退，于 9 月 29 日下午放弃战役指挥部所在的钟屋村，向长汀方向撤退至南山坝，驻防于河田附近，与敌对峙。国民党东路军第三、第九、第十、第三十六、第八十五等 5 个师随即亦推进至钟屋村一线。

红九军团、红二十四师在松毛岭与国民党军激战前后，整个中央苏区由于王明“左”倾错误的领导，已经大部分失守。中央红军由 10 万人减至 8 万，被数十万装备精良的国民党军队压缩在瑞金、长汀、于都、兴都、会昌、兴国、宁化、石城之间的狭小地区。中共中央和中革军委一面组织兵力节节抵抗，一面具体部署战略大转移。根据中革军委的决定，10 月 7 日至 9 日，朱德向中央红军各军团分别发出长征集结令，实行战略转移。①

10 月 7 日上午 10 时，朱德电令尚驻守于长汀河田附近的红九军团军团长罗炳辉、政委蔡树藩，红九军团应于“七日夜秘密转移到汀州地域”，“八日夜向古（城）瑞（金）间移动”，“九日晨到达古城、瑞金之间”；“红二十四师主力仍留河田以北地域”，向河田、大田屋、南山坝方向积极游击，掩护红九军团西撤转移。②

遵照中革军委命令，红九军团即于 10 月 7 日夜间从河田附近出发，

---

① 参见《李延年部进中屋村后继续追击》，《福建民报》1934 年 10 月 1 日第 3 版；《长汀即日可下》，《福建民报》9 月 29 日第 6 版；《汀匪主要阵地被我军全部击破》，《福建民报》9 月 30 日第 6 版；《蒋委员长嘉电东路军克变汀城》，《福建民报》10 月 7 日第 6 版；《李延年郭克南山坝》，《福建民报》10 月 7 日第 6 版。

② 参见《朱德关于红九军团转移到古城、瑞金间地域的部署致罗炳辉、蔡树藩电》（1934 年 10 月 7 日），中共江西省委党史研究室等编《中央革命根据地历史资料文库·军事系统》第 13 卷，中央文献出版社、江西人民出版社 2016 年版，第 3880 页。

踏上了长征之路。①

同时，驻防于宁化境内的红三军团第四师、中央直属炮营及红九军团后方机关等部，也于10月上旬奉命撤往江西，开始长征。

由于红军的行动极为秘密，白天宿营，夜晚行军，因此国民党军对于中央红军这样大规模的行动毫无所知，仍然一面构筑碉堡，一面谨慎地向长汀、瑞金推进。红二十四师和福建地方武装奉命节节抗御，务必保证汀州在10月底以前不能陷于敌手。国民党东路军在占领钟屋村、河田之后的20多天里，五六个师屯兵于钟屋村至河田的狭小地域，踌躇不前，行军速度缓慢。

直至10月30日，李延年纵队确信长汀方面已经没有多少红军部队，才下令驻钟屋村一带的第三、第九、第十、第三十六、第八十五师之一部约5万兵力向长汀推进，限各部于一星期内，攻下长汀，如果长汀没有红军，限两天到达。

实际上，汀州已是一座空城。城内的红军及福建省委、省苏机关早已撤离。在红军长征前夕，中央决定刘少奇随军出发，由万永诚接任福建省委书记兼福建军区政委，龙腾云为军区司令员，吴必先任省苏主席。国民党军进占长汀之前，福建省委和省苏维埃政府等党政军机关及直属单位已陆续撤离，转移至长汀西南部与瑞金交界之四都。

11月1日晨，国民党东路军司令部下达向长汀攻击的命令。李延年纵队数万大军向长汀开进。11月2日中午，第九师李延年部占领长汀。②11月7日至12月1日，归化、清流、宁化也相继被国民党军第五十二师卢兴荣部进占。

至此，福建省与闽赣省苏区的各县县城全部被国民党军占领。福建各级中共党组织领导全省各地红军游击队，转入了艰苦的三年游击战争。

---

① 近年有论者指出九军团于9月30日从长汀县钟屋村撤离开始长征，10月3日“到达汀州城集结”，休整4天后于“6日傍晚”西移前往赣南，10月7日拂晓到达瑞金。（康模生：《中央红军第九军团从福建长汀出发长征始末》，《福建党史月刊》2016年第2期。）这一结论显然有违于朱德这份电令所述日期。

② 参见《蒋委员长嘉奖东路军克复汀城》，《福建民报》1934年11月7日第6版。

第九章　三年游击战争

第一节　红军由正规战向游击战的战略转变

一　红军长征后的形势与闽西南军政委员会的成立

红军长征前夕，中共中央在中央苏区设立了以项英为书记的中央分局、以项英为司令员兼政委的中央军区及以陈毅为主任的中央政府办事处，统一领导中央苏区及闽浙赣苏区的党、政、军工作。留在中央苏区的红军武装有主力第二十四师和十几个独立团，加上其他地方武装计有1.6万余人。①

数万红军主力远征这一事实，表明南方各革命根据地的人民斗争已由高潮转入低潮。在新的形势下，要以弱敌强并克敌制胜，唯有果断地在政治上、组织上、军事上进行一系列适应游击战争需要的转变，放弃中央苏区红军原有的主要作战形式即正规战形式，以广泛的分散游击为要，只有这样，才有可能创造坚持长期斗争的条件，迎接新的革命高潮的到来。但遗憾的是，大权在握的中央苏区负责人项英却没有很好地正视现实，在国民党军大军压境之时仍留恋之前红军主力的兵团作战方式，未能及时采取分散游击之策，使中央苏区留守红军陷入与敌拼消耗的不利境地。

---

①　参见徐占权：《南方三年游击战争的历史地位和作用》，《中国井冈山干部学院学报》2011年第4卷第2期。

直到1934年11月中旬，在中央红军主力进入湘南地区后，蒋介石方判明中央红军转移的真正意图，他随即召开了南北军事会议，于12月任命何键为“追剿”军总司令，指挥“围剿”中央苏区的北路军和西路军之薛岳、周浑元两个纵队“追剿”北上的中央红军，其余兵力仍加紧“围剿”中央苏区。1935年2月，中共中央分局及所属部队几乎全部被围困在中央苏区腹地的江西于都县南部的狭小地带。中央分局屡电中共中央均未获得回音，在多日焦急等待后，项英终于接到遵义会议之后新的中共中央政治局的回电。中共中央政治局在之前指示的基础上更明确要求中央分局立即改变组织方式与斗争方式，使之与游击战争的环境相适应。接到中共中央电报后，中央分局决定将陷入重围的部队分成九路次第向外突围①，但为时已晚，除少数外，大部均未突出重围，中央苏区的党政军高级领导人贺昌、阮啸仙、刘伯坚等壮烈牺牲，突围部队损失惨重。

中央红军长征后，作为中央革命根据地组成部分的闽西革命根据地彤云密布。原中共福建省委书记刘少奇随主力红军北上长征后，由万永诚接任省委书记兼福建军区政委。为了阻滞东线之敌对中央苏区的进犯以掩护红军主力长征，1934年10月中旬，福建军区领导闽西军民进行了以长汀县河田为中心的阻击战。11月2日，国民党东路军李延年部攻陷福建省委所在地、素有“红色小上海”之称的长汀县城。福建省委、福建军区机关撤往长汀县境的四都。

此时，闽西红军计有福建军区直属的第十九团、第二十团计4000余人，活跃于永安、宁洋、连城、漳平一线的红九团和明光独立营约1700余人，活跃于漳州至龙岩公路两侧区域的红八团计600余人，加上各县游击队，可以说闽西革命武装仍有相当实力。摆在闽西党组织面前当务之急的任务是根据闽西斗争的新特点，立即改变旧有的对敌斗争方式，尽快将配合主力红军反“围剿”的任务和“打正规战”的方针转变为开

① 项英：《三年来坚持的游击战争》（1937年12月7日），中国人民解放军历史资料丛书编审委员会编《南方三年游击战争·综合篇》，解放军出版社1995年版，第486—495页。

展广泛、持久的群众性的游击战争。由于当时闽西党组织系统与政府工作系统基本遭敌破坏，省委与省苏维埃政府已不可能与各地保持正常的联系，红八团、红九团也远离福建军区进行独立作战。在失去统一领导的情况下，闽西各地党组织对新的形势作出不同的反应，从而导致了各自为战的革命武装在转变过程中的不同结局。

由于福建省委书记、福建军区政委万永诚依然沿用原有集中作战的一套做法，不能根据具体情况的变化独立果断地改变“保卫苏区等待主力红军回头”这一党中央长征前夕赋予中央苏区的对敌斗争方针，因此福建省委和福建军区在领导所部向分散性游击战争的全局性战略转变中，未能起到关键的作用。

福建省委机关、福建军区及直属第十九、二十团退驻四都后，虽然省委针对日益变化的形势也采取了一些适应措施，如一再精简机构，动员随军的永定、上杭等地的难民回乡组织游击小组坚持斗争等，但省委书记万永诚对游击战争的战略地位始终未有清醒的认识。

撤到四都一线后，已由江西突围至四都的中央分局委员毛泽覃和福建军区后方留守处主任罗化成曾向万永诚建议：“放弃四都，将部队编成几个支队，四出袭击敌人，领导中心退到闽粤赣边深山中去。”但这建议未被采纳。① 1934 年底，中央分局委员张鼎丞从福建省委所在地四都出发到永定开展游击战争，万永诚对此行也未予重视，没有拨给张鼎丞任何武器。张鼎丞只好在伤员和难民中动员了十几个人携带少数枪支前往永定。②

保守的指导思想使红十九团、红二十团未能迅速分散开来，转变成为与群众斗争紧密结合的既是战斗队又是工作队的游击部队。在撤离汀州后的较长的一段时间里，这两个团的活动范围一直局限于四都一带狭

① 参见张鼎丞、邓子恢、谭震林：《闽西三年游击战争》，中国人民解放军历史资料丛书编审委员会编《南方三年游击战争・闽西游击区》，解放军出版社 1991 年版，第 320—321 页。

② 参见张鼎丞《中国共产党创建闽西革命根据地》，福建人民出版社 1982 年版，第 10 页。

小的游击根据地内，其间因武器、食品渐匮，伤员日增，处境变得十分艰难。

在占领江西瑞金等地并判明中央红军突围意图后，国民党军之东路军立即回到闽西，大举进攻留在闽西苏区的红军游击队。1934 年 12 月，东路军总指挥蒋鼎文部署了对福建各革命根据地的“清剿”计划，令卫立煌、李默庵所辖的第三、第十、第三十六、第五十二、第八十三师向闽西红军游击队发动全面进攻。1935 年 3 月，国民党军宋希濂之第三十六师及闽赣两省保安团包围了四都的中共福建省委、福建军区机关所在地。红十九团、红二十团顽强抵抗，消耗很大。

4 月上旬，福建省委、福建军区领导率余部突入武平，准备经武平绕过敌封锁线到闽粤边的饶和埔一带建立根据地，但经武平北湘坑湖村时，遭到国民党军第八十三师及国民党军福建省保安十四团钟绍葵部的袭击。部队折回长汀，在长汀腊口附近的分水凹陷入敌人重围。部队被打垮，万永诚和福建军区司令龙腾云等壮烈牺牲。至此，福建省委、福建军区机关全部被破坏。

福建省委、福建军区及其所部的失败，虽有敌强我弱的客观原因，但归根结底，其主因仍在于福建省委主要领导人缺乏果断实行战略转变、分兵游击以保存实力之决心。事实说明，面对强敌进攻和主力红军转移的不利形势，红军游击队只有紧紧依靠人民群众，分散开展灵活机动的游击战争，才能有效地打击敌人，保存自己。这一时期中央苏区五次反“围剿”时挺进到敌人后方的红军独立第八团和红军独立第九团，正是由于采取了这样的方针，面对严峻形势，沉着应变，才有效摆脱了国民党军队的围堵，并在已沦为敌占区的（龙）岩、永（定）、（上）杭交界地区站住了脚跟，从而为进一步开展长期的游击战争奠定了基础。

早在 1934 年 4 月，为了打破国民党军队对中央苏区的第五次“围剿”，中革军委决定分派几支红军独立团挺进敌后开展游击战争，以牵制、分散敌人的兵力。据此，原福建军区所属独立第八团、独立第九团受命挺进东线敌后。4 月中旬，中革军委在瑞金叶坪召开军事会议，向红八团、红九团下达的战斗任务分别为：红八团挺进敌人后方的漳（州）龙（岩）公路两侧，破坏敌之交通运输；红九团挺进（龙）岩连（城）宁（洋）地区，破坏敌漳（平）宁（洋）公路的筑路计划。为加强这两支部队的领导工作，中革军委派邱织云（原红四军宣传科长）任红八团政委，派方方（原福建省委宣传部长）任红九团政委。

5 月 1 日，红八团在上杭泰拔召开誓师大会，随后向白区移动。出发时全团共 4 个连约 400 余人（后补充到 600 余人），团长邱金声、政委邱织云、副政委兼政治部主任魏金水；同时团成立军政委员会，由邱织云任主席，邱金声、魏金水等人为委员。[①] 4 月下旬，方方带领原属福建军区第三分区的宁化独立营（作为红九团的补充力量）到达红九团所在地永安，传达中革军委命令，由方方接任团政委，原政委罗桂华回省委，宁化独立营合编入红九团二、三营。这时全团共有 1700 余人，团长吴胜、政委方方、副政委兼政治部主任陈仁。接着红九团撤离永安，按中革军委命令行动。[②]

红八团、红九团在挺进敌后不到一年的时间里，均完成了预定的任务，取得了重大战果。红八团挺进敌后以来，在漳龙公路沿线的崎獭、马坑、适中等地进行了 9 次埋伏袭击战斗，击毁敌军车 40 余辆，破坏公路桥梁 10 多座，同时配合龙岩县委建立了以永定金丰大山为中心的永东游击根据地，以漳平朗车为中心的岩南漳游击根据地和以南靖科岭为中心的岩永靖游击根据地。[③] 红九团自撤离永安后，横扫地方团匪，到 1934 年 9 月底，基本消灭了肆虐于永安、宁洋、连城周围的华仰侨、周焕文之团匪，恢复并建立了以宁洋陈东坑的凤村为中心的纵横 300 余里、人口四五万的岩连宁游击根据地。红九团二营挺进白沙、小溪、溪口中

---

① 参见伍洪祥：《坚持闽西三年游击战争的红八团》，《福建党史通讯》1986 年第 3 期。

② 参见方方：《三年游击战争》，《南方三年游击战争·闽西游击区》，解放军出版社 1991 年版，第 355—356 页。

③ 参见伍洪祥：《坚持闽西三年游击战争的红八团》，《福建党史通讯》1986 年第 3 期。

村一带，破坏了国民党在漳宁线的筑路计划。①

中央红军长征后，汀州、瑞金相继陷落，红八团、红九团与中央分局、福建省委失去了联系，一时成为敌后孤军。对于这两把插入敌后的尖刀，国民党军队早欲除之而后快。在这紧急关头，红八团、红九团的主要领导人，对形势作了独立和较为准确的判断，确定以保存实力为目的，开展游击战争，领导广大指战员克服了重重困难，终于粉碎了国民党军的围歼计划。

1935 年 1 月，红八团政委邱织云召开全团干部会议，会议研究了主力红军退出中央苏区后的斗争形势，决定暂将红八团与龙岩游击队集中到（龙）岩南（靖）漳（平）边区的朗车进行整训。在整训中，邱织云等对部队战士作了深入细致的思想政治工作；邱金声团长总结了挺进敌后以来开展游击战争的经验教训，强调要重视保存有生力量，不与敌人拼消耗。② 朗车整训刚一结束，红八团便在中甲地区遭到国民党军第十师的大规模进攻。红八团除留少数兵力与敌周旋外，主力转到漳龙公路以西的（龙）岩永（定）（南）靖边游击区活动。

与此同时，红九团也经受了严峻的考验。早在 1934 年 8 月，在红九团的一次祝捷会上，方方就清醒地估计了长汀、瑞金将为敌所占的可能性，指出“我们应有这种认识，精神上有所准备，才能不慌乱而能更好地为苏维埃的胜利而战”③。国民党东路纵队占领连城后，福建军区第二分区司令员兼政委朱森（后叛变投敌）、副司令兼参谋长罗忠毅率领明光独立营也进入敌后活动，转入红九团所在地。朱森率部与红九团会合以后，擅用职权，粗暴干涉红九团领导同志的正常工作，并背地里向上级反映方方“违抗中央指示”“闹独立性”的所谓“错误”。在这种情况下，

---

① 参见方方：《三年游击战争》，中国人民解放军历史资料丛书编审委员会编《南方三年游击战争·闽西游击区》，解放军出版社 1991 年版，第 357—358 页。

② 参见伍洪祥：《坚持闽西三年游击战争的红八团》，《福建党史通讯》1986 年第 3 期。

③ 方方：《三年游击战争——新四军二支队前身奋斗史》，中共龙岩地委党史办公室编《闽西党史研究参考资料（1935 年——1937 年）》，1958 年内部版，第 11 页。

福建省委派谢育才接任方方的红九团政委一职，方方改做地方工作。国民党军东路纵队调头进攻闽西革命武装后，部署第八十师进攻（龙）岩连（城）宁（洋）根据地。红九团虽然很快将其击退，但敌更大规模的进攻又迫在眉睫。部队何去何从，指战员都关注着领导者的决策。这时朱森竟提出部队要全数撤回中央苏区腹地。

在这关系到红九团生死存亡的时刻，时刻关注着红九团命运的方方挺身而出，以一个共产党员对革命事业的高度责任感，坚决反对朱森的这一冒险决策。他写信分送朱森、罗忠毅、吴胜、谢育才等部队领导干部，恳切向他们指出：撤回已为国民党军重兵合围的中央苏区腹地后果将不堪设想，不仅目前难以成行，而且这样做也违背中革军委交给的挺进闽南的任务。方方的观点得到大多数人的赞同，迫使朱森收起了自己的主张，但朱森却以需慎重考虑为由拖延时间，致使部队在原地耽搁了半个多月，遭到敌人的第二次“清剿”。

在第二次反“清剿”中，部队虽已取得了局部胜利，但由于敌强我弱，国民党采取步步为营的战术，使红军游击根据地越来越小。这种情形迫使朱森决定红九团向闽南方向突围，方方随军行动。此时闽南方向的去路已被敌封锁，部队难按原计划行动。在第二分区和红九团领导召开的第二次紧急会议上，方方根据形势，提出向南发展与红八团取得联系，然后经上杭、永定再转入闽粤边，与活动在那里的红三团汇合的主张。这项主张得以通过。

1935 年 2 月 19 日至 21 日，红九团主力突破国民党的碉堡封锁线，在龙岩小池至大池之间穿越龙岩至新泉的公路，到达茫荡洋山区。这时方方幸遇一位工农通讯社的队员[①]，得知张鼎丞已经回到永定金砂一带活动，随即建议部队向张鼎丞处靠拢，这使军心重又振奋。不久，队伍到达永定金砂与张鼎丞汇合。为了集中革命力量，张鼎丞派郭义为找到红八团，要求红八团也向永定靠拢，共商对敌斗争大计。3 月下旬，红

① 工农通讯社是当时中共设立于苏区与白区之间的交通通信机构。

八团与红九团会师于永定下洋长岭下。至此，闽西尚存的主要革命武装力量都集中到了永定。

永定是张鼎丞的故乡，闽西苏维埃运动的发源地之一。1935 年 2 月初，张鼎丞以省委代表的身份到达（龙）岩永（定）（上）杭地区领导开展游击斗争。他以永定金砂为中心，进行了组织（龙）岩永（定）（上）杭游击斗争的工作，组建了红军永定独立营，使这一地区的游击斗争粗具规模。

红八团与红九团会师后，张鼎丞在长岭下召开了红八、红九团的领导干部会议。由于红八团、红九团与福建省委失去联系，与会者迫切希望建立一个统一的领导机关。会议商定成立以张鼎丞为主席的闽西军政委员会。张鼎丞接受了大家的意见，并对红八团、红九团今后的活动方向提出建议：红九团主力应以永（定）（平）和埔（广东大埔）边为中心，积极向南发展；红八团则以龙岩为中心，巩固和发展岩永靖和岩南漳游击根据地，并相机向南发展。这次会议，初步解决了闽西游击战争迫切需要解决的统一领导问题，有利于闽西红军游击队由正规战向游击战的转变，为以后闽西游击战争的全面展开奠定了必要的基础。

1935 年 2 月，中央分局委员陈潭秋、谭震林率领红二十四师七十一团第二营从江西于都突围至福建省委所在地长汀四都，4 月初陈潭秋、谭震林又与已先到四都的中央分局委员邓子恢一道，南下岩永杭地区，在永定大阜与张鼎丞、刘永生所率的永定独立营汇合。① 他们的到来大大加强了闽西南革命的领导力量，从而也就把确定闽西游击战争根本方针和建立统一领导闽西南地区革命斗争的组织机构的任务提到了议事日程。

4 月 10 日，到达永定的党、政、军负责人在永定上溪南赤寨村召开联席会议。出席会议的有陈潭秋、张鼎丞、谭震林、邓子恢、方方、魏金水、邱金声、刘永生、温仰春、罗忠毅、郭义为、谢育才、朱森等人。

① 参见《跟随张鼎丞同志打游击——温仰春同志访问记》，《福建党史通讯》1985 年第 5 期。

陈潭秋首先代表中央分局讲话，他分析了红军长征后的闽西形势，指出，根据目前形势和党中央最近的电报指示，留在中央苏区的红军游击队，不宜进行大兵团作战，应当分散坚持游击战争。他还指出，闽西南地处闽粤赣三省边界，境内山岭耸峙，地形很好，是坚持游击战争的好环境；同时，张鼎丞、邓子恢等一批领导干部和群众有血肉相连的关系，各支红军游击队又不乏游击战争的经验，只要我们依靠群众，游击战争一定能够胜利地坚持下去。

张鼎丞针对不承认敌强我弱，不愿放弃“保卫苏区”的“左”的错误思想情绪，就怎样坚持游击战争的问题作了精辟的发言。他指出，我们要面对现实，当前中央苏区大部已经失守，红军远去贵州、云南，在这样的情况下，闽西南革命武装的主要任务已不是什么“保卫苏区、牵制敌人”，而是摆脱敌人的跟踪、追击，保存自己的有生力量，有效地打击敌人，也就是说必须坚持游击战争。关于如何开展游击战争，张鼎丞认为，必须采取毛泽东、朱德等自井冈山斗争以来所总结的“敌进我退、敌驻我扰、敌疲我打、敌退我追”的一整套正确的战术原则。会上张鼎丞还反对采取过左的阶级政策，认为必须区别对待根据地的地富及反动分子，不能乱抓乱杀，要争取他们之中可争取的分子做“两面派”，“守中立”，这样更便利我们进行合法和非法的斗争。

张鼎丞的发言得到邓子恢、谭震林等的坚决支持。经过进一步讨论，会议把“开展广泛的、灵活的、群众性的、胜利的游击战争”确定为今后的斗争方针。会议选举成立了中共闽西南地区党政军最高领导机构，把不久前成立的闽西军政委员会充实改称为闽西南军政委员会，推举张鼎丞为主席；财政部长兼民运部长邓子恢、军事部长谭震林、政治部主任方方、党务部长郭义为；① 委员有张鼎丞、邓子恢、谭震林、方方、魏金水、邱金声、刘永生、邱织云、范乐春、郭义为、朱森、简载文、

① 参见方方：《三年游击战争》，中国人民解放军历史资料丛书编审委员会编《南方三年游击战争·闽西游击区》，解放军出版社 1991 年版，第 364—365 页。

谢育才等人。[①]

这次会议，对于闽西的党组织和红军游击队胜利地坚持三年游击战争具有重大意义。会议正确地分析了形势，切合实际及时地将闽西红军游击队的任务由“保卫苏区，等待主力回头”转变为在敌后开展广泛的、独立自主的游击战争，并且制定了与这一任务相适应的方针政策及作战部署。这次会议实现了闽西南党组织的一元化领导，克服了各自为政的被动局面，使闽西南革命武装避免了被国民党军各个击破的危险。由于当时福建省委与福建军区在组织系统上已经瓦解，因此闽西南军政委员会的及时成立，无疑对闽西革命斗争迅速全面向游击战争转变，以及坚持长期游击战争起到了至关重要的领导作用。这次会议确立了张鼎丞、邓子恢、谭震林等在闽西南党、政、军的领导地位。这些同志长期以来注重从实际出发，为中央革命根据地的建立与发展做出过重要贡献，在广大干部群众中享有很高的威望，这就为闽西革命斗争的胜利坚持与发展提供了切实保证。

闽西南军政委员会的成立标志着新形势下闽西南游击战争的开端。但是应该看到，即使将游击战争确立为今后斗争的主要方针，面对之后异常险恶的环境，如何开展并长期坚持游击战争，对闽西南军政委员会而言仍是一个复杂而困难的课题，换言之，闽西南军政委员会所面临的考验依然严峻，闽西南游击战争走向胜利的历程，也证实了这一点。

二　闽北苏区的失守与闽北红军战略战术的转变

1934年10月红军长征后，国民党调集重兵，计有周志群新编第十一师、刘和鼎第五十六师、梁立柱第二十一师、郜子举河南总队、张銮基独立第四十五旅，以及第十二师、第七十六师，加上江西、福建两省保

① 参见《方方关于闽西南斗争和工作状况给中共中央的报告》（1937年6月），中国人民解放军历史资料丛书编审委员会编《南方三年游击战争·闽西游击区》，解放军出版社1991年版，第232页。

安纵队共10余万人[1]，北从铅山、上饶，南从崇安、建阳，东从广丰、浦城，西从邵武、光泽进逼，步步为营，层层推进，合围闽北革命根据地。这时闽北革命根据地的党政军主要负责人是黄道（中共闽北分区委书记兼军分区政委）、曾昭铭（闽赣省苏维埃政府驻闽北代表）、李德胜（闽北军分区司令员）等。闽北革命武装有主力红军第五十八团（团长黄立贵、政委陈一），地方红军闽北独立一团、独立二团、独立三团和各县独立营、区游击队等，共计5000余人。[2]

12月，国民党军加快进占闽北苏区首府大安的速度。国民党军铅山方面第二十一师，崇安方面第四十五旅、第十二师等部，从南北两个方向向大安发动钳形攻势，企图一举消灭闽北苏区的党政机关。崇安方面之敌直逼大安门户四渡桥，最后以伤亡2000余人的代价占领了四渡桥。由于四渡桥的失守，闽北苏区首府大安门户洞开，形势更加危急。

在四渡桥保卫战期间，中共闽北分区委召开紧急会议。黄道在会上客观地分析了敌我态势，认为由于敌我力量对比悬殊，且中央红军主力已经撤出中央苏区，使闽北苏区没有大片巩固的根据地可为依托，在这种情况下继续死守大安极为不利。但以闽北军分区司令员李德胜为代表的一小部分人，仍然坚持“左”倾错误观点，坚决要“分兵把口”，“以红色堡垒对白色堡垒”，甚至极端情绪化地提出要弱小的红军在小浆一带与敌进行决战。会议期间就撤离还是死守大安的问题展开了激烈争论，最后会议决定中共闽北分区党政军领导机关及所属部队，作好暂时撤离大安的准备。

国民党军在占领四渡桥后，又接连占领了五渡桥、洋庄和离大安仅10里的小浆等地，与此同时，从北面铅山进犯的国民党部队也攻占了铅山县委所在地紫溪，不久又由紫溪逼近离大安仅10里的黄东坑。形势表明，大安已断难再守，闽北分区委进行了紧张的撤离准备工作。撤离前

---

① 参见陈仁洪：《从闽北到皖南》，福建人民出版社1985年版，第22页。

② 参见黄知真：《黄道与三年游击战争》，中国人民解放军历史资料丛书编审委员会编《南方三年游击战争·闽北游击区》，解放军出版社1993年版，第67页。

夕，分区委致电请示党中央。中央回电，大意是在原地（闽北苏区）坚持游击战争，等待（或是争取）主力红军反攻胜利。[1]

1935年1月5日，闽北分区委机关和所属部队1000余人撤离大安，向长涧源、坑口方向转移。为了掩护分区机关，闽北主力红军第五十八团在小浆和长州一线顶住了由南至北之敌的疯狂进攻，出色地完成了任务，粉碎了北进之国民党军企图将中共闽北分区委机关逼向分水关方向以便与江西南下之敌聚歼的阴谋。在掩护战斗中，红五十八团政委陈一壮烈牺牲。中共闽北分区委撤离大安，标志着闽北革命力量从固守苏区长期正面对敌作战转向游击作战，这对保存革命有生力量开展游击战争具有重要意义。但此时中共闽北分区委对游击战争在整个闽北地区的战略地位，对未来斗争的艰苦程度的认识，尚未达到自觉的高度，这就预示着闽北革命力量将经受更为严峻的考验。

闽北苏区领导机关撤出大安退入坑口后，闽北各县区革命武装也纷纷冲破敌人的包围，集中到中共闽北分区委周围。为了统一部队的行动，更有利地坚持斗争，中共闽北分区委决定对集中在坑口的部队进行整编，重建中国工农红军闽北独立师（以下简称闽北独立师）。闽北独立师原建于1932年11月，师长黄立贵、政委邹琦。1933年6月间，中央军委决定组建红七军团，闽北独立师被调去由中共闽赣省委组编，其主力编为红七军团二十一师五十八团，黄立贵任二十一师师长。闽赣苏区陷落时，黄立贵率红五十八团随黄道重返闽北。1935年2月，闽北独立师在长涧源重新建立，师长黄立贵、政治委员卢文卿、政治部主任曾镜冰、参谋长张燕珍，下辖一、二、三、四团，人数共2000余人。[2]

闽北独立师重建后，中共闽北分区委机关和军分区直属队在武夷山的温林关和桐木关一带活动。独立师留第四团在闽北老根据地内坚持斗

---

① 参见曾镜冰：《闽北的三年游击战争》，中国人民解放军历史资料丛书编审委员会编《南方三年游击战争·闽北游击区》，解放军出版社1993年版，第153页。

② 中国人民解放军历史资料丛书编审委员会编《南方三年游击战争·闽北游击区》，解放军出版社1993年版，第391页。

争，其余兵力分两路打入敌占区：第二团到浦城一带活动，师部带第一、第三团向江西铅山方向出击。独立师主动出击的目的是为了减轻敌人在军事上对闽北老苏区的压力，在政治上揭穿敌人的所谓红军已被全部“消灭”的宣传攻势；在经济上打破敌人的经济封锁获得红军急需的军需和医药用品。

闽北独立师出师以后连战皆捷，国民党当局连忙调集重兵对闽赣边的大小城镇严加把守。由于独立师主要采用攻坚战术，因此出师以来伤亡较大。在攻打铅山县城失利后，独立师一、三团分开活动。1935 年 2 月，黄立贵率第一团挺进建（瓯）松（溪）政（和）地区。

3 月间，正当闽北独立师按计划行动的时候，中共闽北分区委内发生了军分区司令员李德胜叛变投敌事件。中共闽北分区委领导机关撤离大安后，李德胜从极左跳到极右，对革命前途悲观失望，蓄谋叛变。闽北独立师出击敌后以来，中共闽北分区委及军分区成了国民党军追击的重点。为了甩掉敌人，分区委及军分区机关沿武夷山脉转移到江西铅山县与福建崇安县交界的篁村一带。李德胜借口察看地形只身投敌。

李德胜迟迟不归引起了黄道的警觉。为了防止意外，他当即采取紧急措施，一面派人给黄立贵等人送信，告诉他们今后接到司令员的信，如果没有政委署名一律无效①，一面率分区委、军分区及后勤机关冒雨连夜转移。队伍翻过桐木关到达三港村后，幸遇由吴先喜所率从资（溪）光（泽）贵（溪）来寻找分区委的闽北红军西南独立团。这时三港村的后山上响起激烈的枪声，原来叛徒李德胜已带 1 个团的敌军轻装追及。吴先喜率部奋力抵抗，掩护机关突围。激战中队伍被打散，机关的辎重装备大部丢失，无线电连的同志为不使分区委仅有的一部电台落入敌手，忍痛将其砸毁。② 从此，闽北苏区与中央的联系中断。几天之后，国民党军从三港撤走，失散人员也陆续回三港集中。随后，分区委任命吴先

---

① 参见《访黄知真同志记录稿》（欧阳小松记录），1986 年 7 月。

② 王文波：《艰苦岁月》，中共建阳地委党史办公室、福建省建阳地区文化局编《战斗在闽北》，1983 年内部版，第 206—207 页。

喜为军分区司令员，并在机关与部队中开展反叛徒斗争。

李德胜叛变事件过后，分区委机关转移到崇安县的温林关、岚谷一带，继续领导部队以闽北革命老根据地为中心，与“围剿”之敌作殊死斗争。1935年3月以后，国民党军开始在闽北革命老根据地屯集重兵，进行政治、军事、经济的全面“围剿”。国民党不仅在较大村镇筑起碉堡，而且在红军过路点设堡，在闽北地区前后筑起50多条封锁线，将闽北苏区分割成无数碎块。①

为了切断红军游击队与群众的联系，国民党对闽北苏区人民进行残酷的屠杀后，又实施毒辣的移民并村政策，建立严格的保甲制度，并实行“计口授粮”“计口授盐”，严格控制群众的生活必需品。此外，国民党还加紧政治攻心战术，广为宣传“闽北红军已被消灭”等谣言，并千方百计利用李德胜等叛徒四处破坏地方党组织，胁迫群众“反水”，企图以此来动摇与瓦解闽北根据地的红军游击队和人民群众坚持游击战争的信心。

由于闽北分区委在指导思想上仍拘泥于撤离大安前夕党中央电示的“坚持在原地开展游击战争等待红军反攻”等内容，一味采取小分散大集中的方法，把部队的立足点放在老苏区。这样，部队虽然也时常打入敌后，但多采用流动作战，并未注重建立稳固的敌后游击根据地，由于未及时按新形势调整战略，因此未能从根本上扭转被动局面。

受迫于敌人进行的“梳网”式“围剿”，红军游击队在闽北老苏区的回旋余地日蹙，仅剩下几个山头赖以栖身。在敌人的摧残下，昔日繁荣的闽北苏区已满目疮痍，经济遭到极大的破坏，加上敌人严密的封锁，红军游击队的吃穿均已发生严重困难。黄知真回忆说：“记得有一次在崇安北坑，五升米煮了一顿稀饭却要供应200多人吃。”在弄不到粮食的情况下，游击队常常只好挖山粉、竹笋、野菜充饥。在整个冬天，大多数人没有棉衣穿，有些人冻死在山上。

---

① 参见《王文波：谈有关闽北地区三年游击战争时期的几个问题》，《访王文波同志记录稿》，1961年8月。

险恶的形势使中共闽北分区委开始意识到，大部队继续在闽北老苏区内活动不仅有被围歼的危险，而且也使人民在经济上难以承受。经过开展游击战争以来的不断摸索，闽北分区委对闽北游击战争的基本规律有了更深的认识。1935 年 4 月，黄立贵率部再度挺进建松政地区，经过 3 个多月的努力，恢复了一部分根据地与党组织。①

1935 年 8 月，黄立贵率部从建松政返回，摸清了敌后的虚实，发现由于敌人集中主要兵力“围剿”闽北革命根据地，后方非常空虚，许多重要城镇只驻有少数留守部队。针对这一情况，闽北分区委立即召开会议，决定改变原有方针，做出了以相对集中的红军游击队主力“向敌后挺进，开辟新的游击根据地”的决定。②

分区委做出这一决定后，闽北红军兵分三路开始执行深入敌后的任务。由饶守坤、王助率第二、三团由崇安经浦城，插入国民党军事力量相对薄弱的建松政地区；由黄立贵率领第一团、四团一营西出建阳、邵武、顺昌，与坚持在那一带活动的闽北地方红军邵武独立营会合，恢复邵顺建游击根据地；由吴先喜率红四团二、三营及西南独立团沿武夷山西进资（溪）光（泽）贵（溪）金（溪）地区，与在那里坚持斗争的中共邵武中心县委军事部长、邵武独立团政委刘文学所部会合，恢复资光贵金游击根据地；中共闽北分区委及保卫分区机关的军分区特务连、教导队仍留在崇安境内武夷山南北老苏区活动。③

中共闽北分区委做出“挺进敌后，开辟新的游击根据地”的决定，表明其在与党中央联系隔绝的困难情况下，能够独立自主、实事求是地解决闽北革命斗争所面临的问题，找到了一条坚持长期斗争的有效途径。

---

① 参见陈贵芳：《关于建松政地区革命斗争情况回忆》，中共南平地委党史办公室编《闽北党史回忆集》，1959 年，第 16 页。

② 参见《闽北游击区概述》，中国人民解放军历史资料丛书编审委员会编《南方三年游击战争·闽北游击区》，解放军出版社 1993 年版，第 8 页。

③ 参见陈仁洪：《从闽北到皖南》，福建人民出版社 1985 年版，第 103 页。黄知真：《闽北三年》，中共建阳地委党史办公室、福建省建阳地区文化局编《战斗在闽北》，1983 年 10 月，第 194 页。

由于这一决定直接关系到闽北党组织和红军的生存、巩固与发展，因此对闽北游击战争的最终胜利具有重大的意义。

三 闽东红军遭受挫折与中共闽东特委的恢复

在中央苏区进行第五次反“围剿”之时，与渐渐被动的中央苏区相比，闽东苏区却呈现了如火如荼的大发展局面。1934 年 9 月底，闽东红军独立师（以下简称独立师）在宁德支提寺正式成立，下辖 3 个团另 2 个独立营，计 1600 余人。[①] 独立师成立后连战连捷，把工农武装割据斗争推向高潮。在这期间，闽东苏区面积达 1.1 万多平方公里，人口 100 多万，进入了全盛时期。

闽东苏区的突然崛起，震惊了国民党统治集团。在中央红军长征后，国民党军队随即对闽东苏区发动大规模“围剿”。1934 年 11 月，蒋介石将闽、赣两省划成 12 个绥靖区，委任王敬玖为闽东绥靖区司令。国民党当局先后调集新十师，八十七师刘安琪旅、沈发藻旅，七十八师邓经儒团，四十师一部和闽保安二、三、十一团等部，从东南西北向闽东苏区“分兵合围”，即重点进攻福安、连江，同时分块“清剿苏区”。

面对汹汹强敌，以特委书记詹如柏为代表的中共闽东特委作出了“保卫苏区决死战”[②] 的错误决策。自 1934 年春福州中心市委遭受破坏后，闽东党组织就失去了与省委、中央的联系，因此对中央苏区和福建的形势缺乏全面了解。1934 年 8 月，中央红军北上抗日先遣队途经闽东苏区时，党中央代表曾洪易向闽东特委传达了当时中央的一些过左的指示，并指责闽东苏区“右倾”“赤白对抗不够尖锐”“阶级阵线不清”等[③]。曾洪易传达的中央指示及其对闽东工作的指责，使闽东苏区受到

---

① 参见苏达：《闽东报告》（1934 年 11 月 18 日），中国人民解放军历史资料丛书编审委员会编《南方三年游击战争·闽东游击区》，解放军出版社 1993 年版，第 39—40 页。

② 范式人：《回忆闽东党的斗争历史》，中共福建省委党史资料征集编写委员会编《福建党史资料》第 3 辑，1984 年 4 月，第 65 页。

③ 参见倪国振：《闽东革命根据地史大事年表》，《闽东革命斗争史丛书》（内刊稿），1984 年 7 月，第 82 页。

当时盛行中央苏区的“左”倾冒险错误的影响。

在开展武装斗争的过程中，闽东红军的对手主要是当地民团和保安队、大刀会等地主武装，缺乏与国民党正规军作战的经验，加之预先未获得敌军“围剿”的有关情报①，也是导致决策失误的重要因素。

从当时闽东苏区的具体情况来看，虽然中央红军被迫撤离中央苏区，但闽东苏区的革命形势仍处于大发展的高潮中。这种局部地区的大好形势，使闽东党组织的领导人很难摆脱认识上的局限，未能清醒地认识到中央根据地及福建革命斗争已转入低潮的客观现实，也对闽东苏区面临的严峻形势缺乏正确的判断。因此，面对强敌的进犯，闽东党组织在保存实力、避强就弱、坚持长期斗争等方面缺乏思想准备。

国民党军进犯闽东苏区后，很快切断了连（江）罗（源）苏区与闽东其他苏区的联系，并以三路大军猛攻闽东苏区的中心区域福安苏区，先后占领了中共闽东特委和闽东苏维埃政府所在地福安柏柱洋、安德县委所在地甘棠鹤里（今观里）、福寿县委所在地岗垅，中共闽东特委机关退守（福）安福（鼎）边界之官洋。其间，福鼎、寿宁、霞鼎苏区也先后沦于敌手。

为了保卫苏区和土地革命的果实，闽东红军在“与敌人决一死战”的方针指导下，英勇地抗击着数十倍于己的强敌攻势。独立师为了收复柏柱洋，多次组织反攻，但都因敌人的过于强大而未奏效，独立师二团团长潘伯成在战斗中牺牲。为了扭转不利局面，闽东特委与闽东苏维埃政府在12月出版的《闽东红旗》上向全苏区军民发出《为粉碎敌人五次“围剿”的紧急动员》令，号召根据地军民在各级党组织的领导下，“集中一切力量，准备一切牺牲”粉碎敌人“围剿”。② 苏区人民积极响应这一号召，踊跃参军支前，走上前线，与国民党军展开殊死搏斗。但由于

---

① 参见叶飞：《关于闽东党斗争历史的回忆》，中共福建省委党史资料征集编写委员会编《福建党史资料》第3辑，1984年4月，第28页。

② 中国人民解放军历史资料丛书编审委员会编《中共闽东特委为粉碎敌人五次“围剿”的紧急动员》（1934年12月30日），《南方三年游击战争·闽东游击区》，解放军出版社1993年版，第47页。

国民党军的强大，加以自身指导方针的错误，闽东苏区的反“围剿”斗争面临着危急的关头。

1934年12月底，国民党军新十师攻陷中共闽东特委所在地福安官洋，马立峰率特委机关退驻雷柏洋。经过反复拼杀，闽东红军伤亡严重，已难久撑。在这种情况下，中共闽东特委于1935年1月在福安洋面山召开紧急会议，讨论闽东红军的去留问题。会上以特委书记詹如柏为代表的地方干部仍坚持要保卫苏区，认为不与敌人决一死战就对不起惨遭涂炭的苏区人民。另一种意见则认为“留得青山在，不怕没柴烧”，要跳出包围圈以保存实力，再图发展。会议最后决定，先打一次胜仗，再撤离苏区。① 这一决定表明，闽东特委虽然还部分地迁就了与强大之敌进行一次决战的冒险意见，但在总的指导方针上已经转变了过去那种死守硬拼的战略战术，开始认识到在形势不利的条件下必须改变斗争的形式与策略这样一个重要问题。

1935年1月14日，闽东红军侦知国民党军、正规部队3个团5000多人将开赴柘洋、福鼎。独立师和赤卫队2000余人，预先设伏于敌必经之地霞浦县柘洋彭家山（现属柘荣县），准备给敌人以歼灭性的打击。1月15日拂晓，国民党军进入红军伏击圈，红军突然向敌发起进攻。战斗持续了一天一夜，独立师虽歼敌500多人，但未能达到预期目的。国民党军队在援军开到后，遂对独立师进行反包围，最后独立师不得不撤出战斗，分路突围，由叶飞、冯品泰、赖金彪率领独立师第一、第二团退往堵坪，北撤寿宁，由马立峰率第三团撤至福安东区。

在撤退的路途中，独立师不断受敌袭击，迭遭损失。闽东苏维埃政府主席马立峰率第三团退至柘洋黄柏凤洋坝时，第三团团长游聚康叛变，以卑鄙的手段瓦解了第三团，并派叛徒于2月8日枪杀了马立峰。2月，独立师第一、二团从寿宁撤往宁（德）屏（南）古（田）交界区，在途经磻溪时，遭国民党军突然袭击，退至官岭又为敌围困。为了掩护战友

① 参见范式人：《回忆闽东党的斗争历史》，中共福建省委党史资料征集编写委员会编《福建党史资料》第3辑，1984年4月，第68页。

突围，副师长赖金彪牺牲。官岭突围后，闽东独立师第一、二团仅剩150余人，人困马乏，弹粮无几，于是退往宁德桃花溪一带休整。

在独立师撤出福安苏区的前后，闽东其他苏区的革命力量也遭到重大挫折。在连罗苏区，闽东特委委员、连江县委书记、连江县苏维埃政府主席林孝吉，罗源县委书记阮在水被敌捕杀，西南独立团、罗源独立营也被打散瓦解。在安德苏区，1935年3月，安德独立营营长陈如松、政委江秀德叛变，致使独立营解体。1934年10月，在霞浦苏区，坚持在当地斗争的霞浦县工委领导人之一詹建忠为叛徒连成法出卖而牺牲。在寿宁苏区，除岗垅外，几乎全部为敌所占。

至此，闽东苏区只剩下4块被分割的面积窄小的游击根据地：位于宁（德）屏（南）古（田）边界的宁德坑头和位于宁德周墩与福安交界的竹州山一带，由阮英平负责；位于福寿边界的寿宁甲坑，邻接福安古岭宅的岗垅地区，由叶飞、范式人负责；位于霞鼎边界霞浦的桃坑、大湾和柘洋（柘荣）外围，靠近浙江泰顺边界的地区，由许旺负责；位于鼎平边界福鼎与平阳交界的一些村落，由谢作霖负责。① 闽东各城镇的党的地下组织也大部被破坏。在反“围剿”斗争中，闽东特委主要领导人詹如柏、马立峰、叶秀藩等人先后牺牲，闽东特委受到很大破坏，闽东苏维埃政权已名存实亡。

闽东苏区沦陷后，国民党反动派对苏区人民进行了疯狂的屠杀，仅宁德梅坑一乡就被摧残过28次，整个闽东处于腥风血雨之中。但闽东人民并没有为敌人的淫威所吓倒，他们在闽东各地中共组织的领导下，继续开展各种形式的斗争。在这段时间里，叶飞等闽东中共组织和红军的领导干部，进行了整肃内部、保护干部，将部队化整为零，并积极寻求恢复闽东各地党组织的关系等活动。

1935年3月，闽东独立师师长冯品泰经不起严酷环境的考验，在宁德坑头向敌写密信，供出红军人数、枪支，表示愿意投降。这一卑劣行

① 参见倪国振：《闽东革命根据地史大事年表》，《闽东革命斗争史丛书》（内刊稿），1984年7月，第88页。

径为叶飞等所察觉。同年四五月间，叶飞等在寿宁岗垅官宅扣押审讯了冯品泰。在铁证面前，冯供认不讳。为了维护党和红军队伍的纯洁与安全，闽东党组织果断地将其处决[①]，保证了闽东红军内部的稳定。同时，闽东中共组织和红军的领导人，对干部战士进行了深入的思想教育，教育大家要经受住严峻局面的考验，确立革命必胜的信念。

为了保存红军实力，在处理了“冯品泰事件”后，叶飞召开紧急会议，决定将独立师化整为零，分散到山上活动，并采取保存干部措施，将独立师多出的干部集中起来编成特务队，由陈挺任队长，隐蔽活动，避免暴露目标。[②] 在此期间，坚持各游击根据地斗争的党组织的负责同志，相互间进行了多方联系，为后来恢复闽东特委作了准备。

1935 年 2 月，经过对闽东苏区大规模的“清剿”，国民党当局认为闽东革命力量已被消灭，便将其“围剿军”主力陆续撤走，只留下国民党军新十师和八十师、八十七师及海军陆战队一部，这使敌我之间力量的对比发生了新的变化。闽东独立师领导人抓住这一有利战机，重新聚集力量，频频出击。5 月 12 日（一说 4 月 9 日），叶飞率独立师师部特务队设伏于霞浦枫岔头，经过 1 小时战斗，全歼国民党军 1 个加强连。[③] 枫岔头之役是独立师接连失利后的第一次胜利。这次战斗，沉重地打击了国民党的反动气焰，有力地推动了闽东革命的新发展。在这次战斗胜利的鼓舞下，霞浦、福鼎两县青年纷纷加入红军，5 月，工农红军闽东独立师第四团成立，由陈挺任团长。随后红四团南下福安奇袭茜洋地主民团获胜。这一仗对已沦落敌手四五个月的福安苏区影响很大。

闽东独立师连连出击，恢复了一些老苏区，并开辟了闽浙边和宁屏古一带的新苏区。新的形势变化迫切要求闽东党组织总结反“清剿”的

---

① 参见范式人：《回忆闽东党的斗争历史》，中共福建省委党史资料征集编写委员会编《福建党史资料》第 3 辑，1984 年 4 月，第 72 页。

② 参见陈挺：《闽东三年游击战争亲历记》，中国人民解放军历史资料丛书编审委员会编《南方三年游击战争·闽东游击区》，解放军出版社 1993 年版，第 122 页。

③ 参见叶飞：《坚持闽东三年游击战争》，中国人民解放军历史资料丛书编审委员会编《南方三年游击战争·闽东游击区》，解放军出版社 1993 年版，第 88 页。

经验教训，重新健全领导机构，统一思想，制定今后斗争的方针政策，以确保革命的发展。

1935年5月，叶飞等闽东党组织的负责人在寿宁含溪召开了闽东党组织历史上具有重要意义的含溪会议。[1] 会议做出了三项重大决策：(一) 重新恢复中共闽东特委，书记叶飞，委员阮英平、范式人、许旺、苏敏丹。(二) 制定了今后斗争的基本方针，对内恢复老区，向外发展新区；军事上改变打硬仗、攻碉堡守阵地的作战方针，采取灵活机动的游击战术；部队行动与地方工作相结合。(三) 调整各项政策以适应游击战争的具体需要[2]，在经济上不搞分田，不侵犯富农及小地主的利益，对地主采取按亩征粮的政策，对大土豪除少数罪大恶极者须予严惩外，在游击根据地内采取"借款"政策，在白区采取"派款"政策。放宽商业政策，允许白区商人到游击根据地经营生意，强调买卖公平，使其有利可图，对白区大商店也不随便没收。为争取地方武装势力，会议决定，由国民党所建立的地方民团武装只要不为非作歹，红军不予攻击。对于国民党地方组织（保甲制度），会议制定了"白皮红心"政策，即派一批没有暴露身份的共产党员充当保长或联保主任，对国民党选派的保甲人员则分别对待，争取好的，团结中间的，打击坏的。

在含溪会议上，闽东党组织能够针对新的斗争特点总结经验教训，把握闽东地区社会条件，制定出较为完整的游击战争的方针政策，这在当时极为艰苦的错综复杂的斗争环境中，实为难能可贵。含溪会议为闽东三年游击战争的发展与最终取得胜利坚持奠定了基础。

四　中共闽粤边特委的成立与闽粤边游击战争的展开

1934年1月，为了粉碎国民党军队对中央苏区的第五次"围剿"，在

---

① 参见《闽东三年游击战争概述》，中国人民解放军历史资料丛书编审委员会编《南方三年游击战争·闽东游击区》，解放军出版社1993年版，第9页。

② 参见倪国振：《闽东革命根据地大事年表》，宁德地委党史办公室编《闽东革命斗争史丛书》（内刊稿），1984年7月，第90页。

中共六届五中全会后，中共中央决定在具有重要战略地位的闽粤边区开展游击战争，以牵制敌人兵力。为了统一领导闽粤边游击战争，中央决定由中共厦门中心市委所领导的漳州中心县委与中共福建省委领导下的饶（平）（平）和（大）埔县委及中共东江特委所领导的潮（安）（海）澄饶（平）县委，合并成立中共闽粤边特委，直属中央领导，并指定厦门中心市委参加六届五中全会的代表黄会聪为特委书记。①

1934 年 8 月，中共闽粤边特委在靖和浦苏区成立，书记黄会聪，委员何鸣、何浚、林路、许其伟、余丁仁、谢卓元、张华云等。特委下辖（南）靖（平）和（漳）浦县委、潮澄饶县委、饶和埔县委和漳州城市工作委员会。所领导革命武装有红军独立第三团（团长张长水、政委何鸣），指战员 300 余人，红三大队（大队长朱增强、政委贝必锡）。当时，闽粤边红色区域包括靖和浦苏区、饶和埔苏区、潮澄饶游击根据地等。另外直属中共厦门中心市委的安溪中心县委，领导着闽南安（溪）南（安）永（春）德（化）游击根据地，活动于此地的革命武装有红二支队（支队长尹林平）。

中央红军长征后，闽粤边根据地陷入敌人包围。在红军游击队多次粉碎国民党地方武装的进攻后，国民党改调中央军第八十师、粤军张瑞贵部和李汉魂部向靖和浦苏区、饶和埔苏区、潮澄饶游击根据地、安南永德游击根据地轮番“进剿”。由于优势敌军采用“驻剿”和“分进合击”并用的战术，组织严密的经济封锁，施行惨无人道的烧杀政策，加上根据地内部政策的某些失误，各根据地都遭到不同程度的损失。

在靖和浦苏区，自 1935 年 3 月以来，苏区中心区域的小山城、龙岭、欧寮、三坪、山前等乡村的群众，大部分被国民党强迫移民，房屋被焚。在饶和埔苏区，由于县委开展所谓“肃清社会民主党”的“左”

① 参见《黄会聪关于闽粤边区党和红军的情况给中共中央的报告》（1936 年 11 月 22 日），中国人民解放军历史资料丛书编审委员会编《南方三年游击战争·闽粤边游击区》，解放军出版社 1994 年版，第 157 页。

倾肃反运动，革命力量在敌人的进攻中遭到严重的削弱。

在潮澄饶游击根据地，国民党陆军第九师邓龙光部在攻陷潮、澄、饶地区原根据地后，又对浮凤根据地形成三面夹击之势。在敌强我弱的情况下，潮澄饶县委不切实际地采取了“固守浮凤根据地，不许红军外线作战”的错误对策，使红军处于被动局面。1935 年 9 月 9 日，潮澄饶县委机关陷落，县委书记张敏等人向云霄县境的乌山方向转移，红三大队和地方武装也先后向乌山方向转移。

活跃于闽南的安南永德边区的红二支队，在受到国民党军第二十六旅谢辅三部及地方保安团近万人的围攻以后，损失很大，红色区域遂沦于敌手。中共安溪中心县委和红二支队领导人尹林平、彭德清、粘文华、洪学礼、李刚等分别转移到厦门、靖和埔等地区，最终红二支队被打散①，此后，安南永德边区革命武装未能再具规模。

敌人的残酷“围剿”，加剧了闽粤边革命斗争的艰巨性与复杂性。但闽粤边党的最高领导机关中共闽粤边特委，对新的形势作出了积极的反应，很快采取了相应可行的对策，从而避免了重大的失误，也使闽粤边的对敌斗争较快地转入自觉开展游击战争的阶段。中共闽粤边特委成立后，从“五次战役是长期的、残酷的国内战争”的认识出发，把“发动与领导群众的日常斗争，广泛武装群众，开展游击战争”作为配合中央红军粉碎敌人第五次“围剿”的主要任务。② 1935 年春，在敌人大规模的“围剿”中，特委得到了红军长征的消息，针对闽粤边当时的具体情况，决定避敌锐气，保存有生力量，到封锁线外作战，创造新的游击根据地，以粉碎敌人“围剿”。

根据这一对策，驻守在靖和浦苏区的闽粤边红军主力红三团，留下小部分兵力与地方赤卫队坚持在原地斗争，分兵打往外线：一路到平和、

---

①　参见《“二战”时期安南永德地区游击战概述》，《福建党史通讯》1986 年第 11 期。

②　参见《中共靖和浦县委第五次扩大会议的决议》（1935 年 6 月 5 日），中国人民解放军历史资料丛书编审委员会编《南方三年游击战争·闽粤边游击区》，解放军出版社 1994 年版，第 32—33 页。

云霄游击，开辟新区；一路向漳浦的象牙庄、盘陀、梁山，云霄的荷步、古楼、杜浔一带挺进；再一路经韭菜坑、文峰、峨嵋山向小溪山内发展。另外由卢胜率领的一支精干部队，挺进峨嵋山开辟新区。红三团闯出封锁线到外线作战后，中共闽粤边特委委员兼靖和浦中心县委组织部长林路、中共靖和浦中心县委委员朱曼平等人也率领游击队、赤卫队七八十人，向平和峨嵋山、内外车溪、龙山、南霞发展。

红三团分散突入外线后，不断袭击敌人，变被动为主动，使国民党军妄图在靖和浦苏区内歼灭红军主力的计划彻底破产。1935 年 4 月间，红三团攻下平和郭坑、松湖、乌仁坑等地，开辟了通往闽西的游击区域。7 月，红三团一部先后打下杜浔、枫林、徐坑等地，又开辟了大片游击根据地。由于国民党军在靖和浦苏区失去作战的主要目标，加上不断受到苏区地方武装的袭扰，大部分队伍难以在苏区长驻。在红三团开展外线作战的同时，靖和浦苏区的中心区域逐渐得以部分恢复，边缘地区也有所发展。

1935 年 6 月 5 日，在特委书记黄会聪的指导下，中共靖和浦县委召开第五次扩大会议。会议总结了第四次扩大会议后一年的成绩，严厉批判了县委中所存在的“保守关门主义”“官僚主义”等错误，部署了发动群众开展人民游击战争，粉碎敌人“围剿”等具体战斗任务。靖和浦县委第五次扩大会议的召开，对推动闽粤边各级党组织领导民众深入开展游击战争具有重要作用。

同年五六月间，为了打通与闽粤边游击区的联系，闽西红九团奉闽西南军政委员会之命，进入闽粤边区活动。6 月底，红九团与红三团在平和的三坪地区胜利会师。红九团领导人向中共闽粤边特委领导人黄会聪转交了闽西南军政委员会的信件，双方就今后如何共同配合行动进行了磋商。红九团南下闽粤边歼灭了大量敌人，为闽粤边游击区的发展创造了条件。

在新区不断发展，老区得到恢复的形势下，中共闽粤边特委于 9 月在平和县召开了特委第五次扩大会议。[①] 会议总结了一年来闽粤边区党组织和红军游击队粉碎敌人“清剿”的经验，充分讨论了部队与地方党组织、党与群众的关系问题，明确了广泛开展群众性游击战争的方针。第五次扩大会议对新方针策略的制定，标志着闽粤边党组织力求掌握新形势下斗争的主动权。从此，闽粤边游击战争更加蓬勃地开展起来。

五　闽中游击区的开辟

1934 年 4 月，中共福州中心市委机关被国民党特务所破坏，市委书记陈之枢被捕叛变，福州和闽中党组织遭到严重损失。福州中心市委常委王于洁在福州脱险后及时赶到莆田，重建了莆田中心县委，王于洁任县委书记。[②] 中心县委重建后，对莆田的党、团、游击队进行了整顿。以郑金照为队长、潘涛为政委的莆田工农游击队，采取小分队的形式，开展灵活机动的游击活动，不断袭扰敌人，在斗争中壮大了自己。

1934 年 6 月，福清党组织也遭到国民党的严重破坏。这时，从福州脱险的黄孝敏（福州中心市委宣传部长）、刘突军（小郭）来到福清，与福清党组织取得联系。8 月，在角楼成立中共福清中心县委，黄孝敏为书记，刘突军、何胥陶、余长钺为委员。[③] 福清中心县委成立以后，领导建立了工农游击队福清大队，以王瑶、江镜、罗汉里为基点，展开土地革命活动。

1934 年 10 月，中央红军开始长征，闽中党组织在与上级失去联系的情况下，不畏艰难，有效地领导闽中地区的游击战争。红军长征后的一段时间里，由于国民党在福建的部队集中于闽西南与闽北苏区，地处沿海交通枢纽的闽中地区其武装力量相对薄弱，这在客观上为中共闽中党组织领导开展游击战争提供了便利条件。

---

① 参见中国人民解放军历史资料丛书编审委员会编《南方三年游击战争・闽粤边游击区》，解放军出版社 1994 年版，第 406 页。

② 参见《闽中党组织概况系列表》，《莆田党史资料简讯》1984 年第 3 期。

③ 参见《闽中党组织概况系列表》，《莆田党史资料简讯》1984 年第 3 期。

闽中党组织首先开辟了常太游击根据地。常太是莆田西部的一个山区，靠近永泰与仙游接壤。闽中党组织在常太际川成立了一支20多人的红军游击队。1934年11月，这支游击队与莆田沿海游击队合并，由潘涛、郑金照统一指挥。随后，游击队奇袭枫叶塘镇乡公所，缴枪20余支，拔除了常太地区的主要反动堡垒，保证了常太根据地的顺利开辟。莆田农民也在闽中党组织的领导下，在红军游击队的支持下，纷纷起来进行开仓分谷，向地主要粮的活动。为了领导仙游地方工作，莆田中心县委先后派陈博、罗迎祥等赴仙游整顿和发展中共党团组织。

1935年初，国民党以优势兵力进攻闽东连江苏区，中共领导的连江工农武装西南团受到严重损失，余部20余人由杨采衡、陈云飞率领，从霞浦西洋岛渡海撤到福清海口镇，与福清县委接上关系，队伍并入福清游击队，从而增强了福清一带的武装力量。① 5月，中共莆田中心县委书记王于洁与福清中心县委书记黄孝敏取得联系。② 为了统一领导闽中地区的武装斗争，两个县委的主要领导人在福清西区漳溪召开联席会议，会上成立了中共闽中特委，推选王于洁为特委书记，黄孝敏、潘涛、刘突军、余长钺为委员。③

闽中特委成立后，确定在闽中地区建立以常太为中心的莆仙边游击根据地和以罗汉里为中心的福（清）莆（田）永（泰）边游击根据地。会后，闽中特委对闽中革命武装进行了统一部署，把在福清和莆田活动的红军游击队的番号统一为“闽中工农游击队”，福清游击队为第一支队，莆田游击队为第二支队。④ 从此，闽中地区的游击战争在特委的领

① 参见杨采衡：《闽中红军游击队三年游击战争的历程》，中国人民解放军历史资料丛书编审委员会编《南方三年游击战争·闽赣边游击区、闽中游击区》，解放出版社1994年版，第360—361页。

② 参见《莆田党史大事记》，《莆田党史资料通讯》1984年第5期。

③ 参见黄国璋：《闽中三年游击战争期间的几个重要会议内容及其对党的工作的影响》，《莆田党史资料通讯》1984年第2期。

④ 参见黄国璋：《闽中三年游击战争期间的几个重要会议内容及其对党的工作的影响》，《莆田党史资料通讯》1984年第2期。

导下进入了发展阶段。

第二节 游击战争的蓬勃开展

一 闽西游击战争的全面开展

闽西南军政委员会一成立，就肩负着领导闽西红军游击队粉碎国民党军队大规模“清剿”的重任。1935 年 4 月至 7 月，国民党军队对闽西红军游击队发动第一次“清剿”，8 月至 12 月又进行第二次“清剿”。在“清剿”中，国民党军队先以“分进合击”，继之以更为残酷的“驻剿”“堵剿”“搜剿”“追剿”战术，企图将红军游击队斩尽杀绝。一时间，整个闽西地区碉堡林立，仅龙岩白土，方圆不过十多里就有 70 多座碉堡。为了配合军事“清剿”，国民党在闽西实施了严密的保甲制度，一家通“匪”，十家连坐。同时实行“计口授粮”“计口授盐”，以切断群众与红军的经济联系。此外，国民党军队还威逼群众组织“守望队”“壮丁队”，企图造成游击区的军民对立。在“清剿”中，国民党对中共闽西党组织和红军施展“攻心”战术，散发所谓“自首自新条例”，瓦解革命内部。

尽管国民党的“清剿”计划庞大周密，手段残酷毒辣，但是闽西红军游击队在闽西南军政委员会的正确领导下，紧紧依靠人民群众，开展灵活多变的游击战争，克服了难以想象的困难，终于打破了“清剿”。

为了打破“清剿”保存自己，闽西南军政委员会将红军游击队按活动区域在军事上划成三个作战分区：由红九团第二营和明光独立营组成第一作战分区，罗忠毅为司令员，方方任政委，以（龙）岩、连（城）、宁（洋）三县边区为活动范围；由红九团第一、第三营和永东游击队组成第二作战分区，吴胜任司令员，谢育才任政委，计划打通与闽粤边红三团的联系；由红八团和龙岩游击队组成第三作战分区，邱金声为司令员，邱织云任政委，部队活动于（龙）岩、南（靖）、漳（平）三县及漳龙公路两侧广大地区。[①]

1935年5月，第一作战分区司令员罗忠毅、政治委员方方率领明光独立营进入岩连宁边区，与原来在此活动的红九团第二营会合。不久，原闽赣军区第十七、第十八团余部，在闽赣省委失败后由温含珍（原宁化军分区政委）、邱尚聪（原宁化军分区参谋长）率领，也辗转来到岩连宁边区。三支部队会合后，召开了第一作战分区会议。会上决定部队分散行动，第二营和第十七、第十八团余部向永安、清流交界处游击，明光独立营活动于连城、宁洋交界山地，以打击地方反动武装，加紧发动群众为主要任务，分区司令部则率领警卫排、通讯班、侦察班开辟（龙）岩西北新据点。[②]

六七月间，国民党军第十师3个团向第一分区发动进攻。由于第一分区所部在雁石公路的伏击中截获了第十师的机密文件，从中了解到国民党军的进攻部署，并得知敌人尚未摸清红军主力的方位，于是红军主力及时跳到外线，致使国民党军进入第一分区活动区域后，因内线情况不明，外线情况紧张，不到10天便纷纷撤退。红军随即又回到原地，不料国民党军队很快又掉头扑来。由于敌人来得突然，红军游击队受到较大损失，明光独立营和红九团二营被打散。但好在分区领导事先对游击队作了如受挫应以班排为单位活动的部署，因此队伍被打散后，每个干部都能带住一班半班人员独立活动，与敌周旋。

两个月后，失散的队伍又重新集结起来。一分区领导对队伍进行了整训，将游击根据地外的反动地方势力确定为主要打击目标，以使根据地内的群众恢复生息，不受或少受摧残。对“清剿”之国民党军队则采取打有把握取胜的小仗，在胜利中逐步提高战士的作战信心，到了12月，“清剿”之敌已疲惫不堪，不得不全数撤退。

---

① 参见张鼎丞、邓子恢、谭震林：《闽西三年游击战争》，宋之的等：《忆南方三年游击战争》，上海文艺出版社1987年版，第87页。

② 方方：《三年游击战争》，中国人民解放军历史资料丛书编审委员会编《南方三年游击战争·闽西游击区》，解放军出版社1991年版，第357页。

第一分区部队抓住战机，集中力量击敌虚弱，在小陶截击后撤的国民党军辎重队，在陈东坑伏击国民党第五十二师一个营，并取得了袭占溪口镇的胜利。到了 1936 年 5 月，第一作战分区在龙岩东北、漳平西南、清流东部、连城东南和永定、宁洋、漳平交界处，建立了较为巩固的游击根据地，并配合地方党组织建立了一支数十人的游击队。

在第一分区开展反“清剿”斗争，巩固开辟岩连宁游击根据地的同时，以红九团一、三营为主力的第二分区指战员，在分区司令员吴胜、政委谢育才的率领下，开始了打通闽西与闽南联系的艰苦行程。要打通与闽粤边游击区的联系，必须通过四五百里的白区，在连一张简易地图都没有的情况下，任务十分艰巨。

第二分区指战员采取的行动是，首先肃清金丰大山周围的反动地方武装，建立起可供依托的根据地，接着南下永（定）（平）和（南）靖，建立了以下洋镇、李家舍、大埔山、大座市为中心的游击根据地，以作为进入闽粤边的第二阶梯。随后，第二分区指战员于 1935 年 5 月间远途突进，终于同红三团取得联系，6 月底再次进入闽粤边，在漳浦县三坪地区与红三团胜利会师，从而完成了闽西南军政委员会交给的打通闽西游击根据地与闽粤边游击根据地联系的任务。第二分区领导向中共闽粤边特委转达了闽西南军政委员会第一次会议精神，双方商讨了相互配合等问题。

两支红军的会师震惊了闽粤边区，国民党大队人马立即赶到，对闽粤边区发动第二次“清剿”。9 月间，两支红军队伍决定分开行动，第二分区部队迅速从漳浦经诏安、云霄转往平和，撤回闽西。这期间由于第二分区领导人在胜利面前滋长了骄傲情绪，采取偏于集中行动硬打硬拼的错误做法，加上没有在闽南地区建立起巩固的根据地，因此队伍在回撤途中始终没有摆脱强敌的围追，终于在永定湖雷地区二度陷敌重围，政治部主任赖荣传在战斗中壮烈捐躯，团长吴胜被俘牺牲，队伍损失 100 多人。1935 年 11 月底，谢育才收集余部 200 余人进入金丰大山休整，并与失掉联系半年多的闽西南军政委员会接上关系。

闽西南军政委员会总结了第二分区部队失利的教训，严肃批评了第二分区领导人的单纯军事观点和不注重保存实力的错误，明确地向闽西党组织和红军指出敌情的严重性和开展游击战争保存有生力量的重要性。在军政委员会的帮助下，第二分区部队在永和埔一带继续坚持斗争，运用灵活机动的游击战术接连打了几个胜仗，扭转了不利局面。在张鼎丞的亲自指导下，第二分区在永东县、永和埔地区之岐岭、上下溪南、岭背、小芦溪、犀牛岗等地重建革命政权。到 1936 年初，第二分区部队扩大到近千人，永和埔地区的革命斗争形势又发展起来。①

在粉碎国民党军的第一、第二次“清剿”中，以红八团为主力的第三作战分区表现得十分出色。1935 年 4 月，第三分区部队由永定转入龙岩，按计划挺入岩南漳一带。敌人随即集中数团之众对红军进行包围。红军则采取“声东击西”的战术，出没于漳龙公路沿线，有时部队早晨在黄坑、白土之间活动，夜晚又在马坑伏击敌人的军车，打得敌人疲于应付，很是被动。

7 月间，第三分区粉碎了敌人第一期“清剿”，随后再次集中到漳平县朗车整训。整训结束后，第三分区集中部队向漳平、华安方向前进，准备进抵敌人防备薄弱的华安地区活动。这时国民党军第二期“清剿”业已开始，第三分区领导人未明情况，在漳平县边界的梅营暴露了目标，招致国民党第十师的围攻，红八团政委邱织云在战斗中牺牲，随即红八团政委一职由伍洪祥接任。为了摆脱敌人的围攻，邱金声和伍洪祥率领部队向永福方向转移，经黄固、天马山回到老根据地罗桥、陈村。

为了粉碎敌人的第二期“清剿”，第三分区领导人决定部队以连为单位分散活动，变被动为主动。1935 年 11 月间，红八团基干连在地方党组织的配合下，夜袭驻守崎濑的国民党军第十师补充团（特务团）第三营营部，全歼敌营部及 1 个连，给“清剿”之敌以有力打击。在“清剿”重点的岩永靖边区，红八团三连采取“散兵群战术”，即选派优秀枪手分

① 参见谢育才：《我在闽西苏区》，《龙岩党史通讯》1985 年第 1 期。

成战斗小组，隐蔽埋伏于敌必经之路和便于射杀的地点，待敌经过时发枪射击。这种战术对付强敌十分奏效，在 2 个多月的时间里毙伤敌数百。

为了打破国民党所谓闽西“共产党已基本肃清，邱金声匪部全部覆灭”的无耻谎言，第三分区领导人与中共龙岩县委经过周密研究布置，由团长邱金声亲率精悍部队成功地夜袭了龙岩城内国民党陆军第十三医院。邱金声在医院接通国民党军闽西“绥靖”区司令部电话，痛斥闽西“绥靖”区司令李默庵。这次夜袭，威震闽西，使国民党准备在龙岩县城召开的“祝捷大会”就此搁浅，不论在军事上还是政治上都是一次重大胜利。

在粉碎国民党军“清剿”的斗争中，各县地方武装也大显身手。永定游击队在刘永生带领下积极活动于金砂、丰稔市、庐丰一带；范钦洪率领另一支游击队活跃于溪南里西溪、东溪、湖雷和永定城郊，这两支队伍使国民党第八十三师和（上）杭永（定）民团穷于应付。

在敌人的“清剿”中，闽西南军政委员会的主要领导人先是转移到南靖、龙岩交界的大山中，随后分散到各地直接指导斗争，始终发挥着领导闽西南革命斗争的关键作用。

闽西南军政委员会领导的游击战争是一场广泛的群众性的游击战争，闽西南党组织把保卫群众利益作为斗争的根本目标。国民党军占领闽西后，苏区人民土地革命的胜利果实遭到浩劫。国民党极力支持地主豪绅向农民收租夺田，从上至下组织“农村复兴委员会”，强迫农民向业主交清租谷。夺田收租的具体步骤为“第一步强制农民在田中插标，写上原业主姓名，耕种者姓名，进行登记，分清业主佃户；第二步在分清业佃的基础上，农民向业主纳租”①。

面对国民党反动派和豪绅地主的猖狂反扑，闽西党组织以“收租者杀”为口号，领导群众进行“保田斗争”。当“复兴委员会”要农民插标报田时，有的乡党支部就领导群众与之软磨；当“复兴委员会”强行胁迫地方群众登记田产时，党组织就通知红军游击队将其包围一网打尽。

① 魏金水：《奇迹从何而来——忆闽西保卫土地革命果实的斗争》，《党史资料与研究》1983 年第 2 期。

在群众的坚决斗争和红军游击队的有力打击下，国民党闽西各级“复兴委员会”徒有虚名，根本起不到为地主豪绅撑腰的作用。

闽西党组织还对豪绅地主在收租夺田中的态度进行了全面分析，划出三类人：一类是既当地主又当官，这类人是坚决要收租的死硬派；另一类是不愿当出头鸟的观望派，收得来租也跟着收，收不来租就不冒险，这类地主人数最多；再一类是在土地革命中亲身领教过农民群众的威力，现在怕再吃大亏表示不干的。因此闽西党组织采取对死硬分子坚决镇压，对观望地主进行争取，对不收租的则保证其安全的方针，收到了很好的效果。

在“清剿”中，由于国民党的大肆搜刮，闽西人民的生活发生严重困难。为了割断红军与人民群众的联系，国民党在闽西南建立严密的保甲制度，并颁布“一人通匪、十家连坐”的血腥的“连坐法”，造成了红军游击队的生存困难。为此，闽西红军采取如下办法：（一）先到保甲长和地、富家买粮，然后再到群众中去买，这样迫使保甲长自己首先得严守“私通红军”的秘密，使“通匪”“济匪”“窝匪”皆杀的条规破产。（二）利用群众到城里买东西，在半路上将群众买的东西照价收买，然后让他们向敌人报告东西被“匪”抢了，使群众既得钱又安全。

要粉碎国民党的“清剿”，就必须打破国民党在闽西南建立的保甲制度和壮丁队组织。闽西党组织也从维护群众利益的角度来解决这一问题。1935年春，红军游击队曾提出“当保长杀”的口号，一度迟滞了保甲制度的推行。后来国民党采用高压屠杀的手段，压迫群众组成保甲。在这种情况下，闽西党组织改变策略，允许群众组织保甲，并开始争取保长和利用保甲制来掩护群众工作和斗争。

这时闽西南的许多碉堡、岗楼由地主武装壮丁队驻守，而壮丁队的成员主要是被胁迫的贫苦农民，因此闽西南党组织对壮丁队也采取了争取的方针，通过他们的家属或其中较好分子来做争取工作。在敌人命令带路搜山时，允许他们照办，但必须事先通知红军游击队；当红军通过乡村时不得阻止，等红军过后，可以朝天打枪，以便向敌人交账。这样，逐渐使壮丁队驻守的“白色堡垒”变为了“赤色堡垒”。

在大力保护群众利益的同时，闽西党组织积极领导广大群众与敌人进行直接的斗争。他们根据群众当前最迫切的要求，启发和帮助群众从合法斗争与和平斗争开始，以非法斗争与合法斗争相结合为中间环节，在斗争中教育群众，组织群众。当群众认识提高后，再使斗争由小到大，逐步转入武装斗争的阶段。例如通过领导农民群众先开展分粮斗争，继而慢慢组织起游击小组，最后使他们转为公开的游击队或加入到红军中来。

1935 年下半年，在闽西党组织的正确领导下，群众斗争开始活跃起来。在合法斗争与非法斗争、和平斗争与武装活动相结合的过程中，闽西各地群众创造了许多出色的经验。如夏收、秋收时节，各乡党支部领导群众成立秘密游击小组，少则三五人，多则七八人，常常抓杀前来收租的地主反动分子。游击小组常常在村前村后打枪，让群众放出空气说见到装备精良的红军大部队。这样一人传虚十人传实，吓得土豪地主心惊肉跳，不敢在收成季节前来收租。

在反“清剿”斗争中，闽西南党组织和红军部队十分注意做好争取土匪与地方中间势力的工作，采取了切合实际的政策策略。对于土匪，闽西南军政委员会的政策是晓以大义，在不危害农民和不与红军为敌的条件下，不对其进行攻击，并利用其害怕被国民党当局消灭、收编的心理，争取他们与红军合作。对于那些经警告后仍一意孤行危害百姓的土匪，闽西红军则坚决打击。

对于地方中间势力和同情革命的分子，闽西党组织也尽量团结和争取。上杭县古蛟区的傅柏翠早年曾参加革命，领导过闽西暴动，后由于种种原因，脱离革命在家乡拥兵自保，虽已听从国民党指挥，但与国民党亦有矛盾。古蛟区位于上杭双髻山游击根据地背后，岩杭交通线侧翼，与傅的关系处理得如何，关涉红军的生存与发展。为了解除根据地的后顾之忧，在这一地区活动的红军游击队不计前嫌，与傅达成口头协议，其主要内容为：红军部队不到古蛟区公开活动，傅则平时不对红军禁粮，当国民党军进攻红军时也不积极配合。①

由于闽西南军政委员会实行正确的方针政策，领导红军游击队紧密地依靠人民群众，开展灵活机动的游击战争，终于粉碎了国民党的第一、第二期“清剿”，迎来了1936年的“抗日反蒋”新局面。

二 闽北游击根据地的开辟与发展

1935年秋，闽北主力红军按预定计划分路挺进敌后开辟新区。饶守坤、王助率领红二团、红三团从崇安出发挺进建（瓯）松（溪）政（和）地区。经过一个多月行军，部队到达古田以西地区，随后分兵活动，红三团向松溪、政和一带游击，红二团以建瓯迪口为中心发展新区。红军白天以连、营为单位，集中迎击来犯之敌，晚上分散到各村庄发动群众，并抽调干部建立区乡红色政权。经过一年多的斗争，闽北红军在松溪、政和、古田、建瓯迪口等地开辟了游击根据地，部队从1300多人增加到2000多人。②

1935年初冬，闽北红军另一部在独立师师长黄立贵的率领下，挺进邵（武）顺（昌）建（阳）地区。部队从黄坑南下，经杜潭、黎源进军华家山，与邵武独立营汇合。部队挺进敌后期间，遭到了国民党军的“穷追紧赶”。1936年1月，黄立贵率领部队途经建瓯，国民党军新编十一师周志群部发现后紧追不放。红军采取“叫花子打狗”的办法，拖着国民党军翻山越岭数百里，待其精疲力竭时一举反击，歼敌1000余人。在邵顺建地区站稳脚跟后，红军以邵武上书坊为中心，在东至邵武玉山，南至顺昌洋口，北至邵武、建阳交界处一带积极活动。③

1936年1月底，黄立贵奉中共闽北分区委之命率部继续向闽东发展，期以打通与闽东游击根据地的联系。部队出敌不意，连克建瓯玉山、东

① 参见张鼎丞、邓子恢、谭震林：《闽西三年游击战争》，宋之的等：《忆南方三年游击战争》，上海文艺出版社1987年版，第102—103页。

② 参见饶守坤：《闽东北的游击战火》，见中共建阳地委党史办公室、福建省建阳地区文化局编《战斗在闽北》，1983年10月，第123页。

③ 参见陈仁洪：《从闽北到皖南》，福建人民出版1985年版，第132页。

峰、楼坪等地，在古田击败古田张春光部。部队进至屏南上楼，为国民党军第五十六师、第十一师1000余人所包围。黄立贵率部利用有利地形与敌激战，打死打伤敌300余人，然后借着夜幕，巧妙突出重围。为了便于找到闽东叶飞部队，黄立贵公开打出闽北独立师的旗号，有意暴露目标，几经周折，终于在周宁县与政和县交界的洞宫山区的禾坪村与叶飞率领的闽东红军游击队会师。[①]

两支部队会师以后，叶飞提出希望与闽北党组织的领导会面，以便讨论今后协同开展游击战争的问题。中共闽北分区区委书记黄道即于1936年4月间到达洞宫山与叶飞相见，双方举行联席会议。会上介绍了各自的情况。为了统一领导闽北、闽东斗争，会议商议成立中共闽赣省委，议定黄道任书记，省委委员有黄道、叶飞、阮英平、黄立贵、曾镜冰、吴先喜、曾昭铭等；同时计划成立闽赣省军区，司令员叶飞，政委黄道，政治部主任曾镜冰，下辖闽北、闽东两个独立师。会议还确定，省委设在崇安，闽东成立特委，由叶飞代表省委领导。[②]

会后，由于敌情紧张，闽北独立师与闽东独立师仍然分开活动，以后失去了联系，统一领导的计划实际未能实现。随后，黄立贵率部出击将乐、泰宁、建宁国民党军防守空虚地带，开辟了邵（武）将（乐）泰（宁）游击根据地。[③]

1935年9月，刘文学带领坚持在抚东一带的游击队80余人向资（溪）光（泽）贵（溪）地区发展，恢复了贵南、光泽柴家等苏区，并成立中共资光贵中心区委，由刘文学任中共中心区委书记。资光贵地区的革命斗争惊动了国民党当局，国民党从江西、闽北等地抽调了第五十二师和保安第十四、第十六、第十七、第十八团进行“清剿”。游击队按照游击战争策略，分成小股，昼伏夜行，穿插于国民党军的空隙地带，时

---

① 参见陈仁洪：《从闽北到皖南》，福建人民出版1985年版，第133页。

② 参见陈仁洪：《从闽北到皖南》，福建人民出版1985年版，第135页。

③ 刘文学：《抚东游击战争的艰难历程》，中国人民解放军历史资料丛书编审委员会编《南方三年游击战争·闽北游击区》，解放军出版社1993年版，第256页。

而江西，时而福建，神出鬼没，使数十倍于红军的国民党部队损兵折将，只好草草收兵，停止“清剿”。①

1936年初，吴先喜率部到达资光贵地区与刘文学所部在闽坑附近胜利会师。随后，调整了党的组织，撤销原中心区委，成立资光贵中心县委，吴先喜任书记，刘文学任副书记，张波（鲍永泉）任组织部长。中心县委成立后，刘文学分管地方工作，部队由吴先喜、张波等指挥。这时原建松政游击根据地也在地方党组织的领导下逐渐得到恢复，游击队由100人发展到300余人。

外线游击根据地的开辟，迫使国民党军队从闽北崇安游击区内撤出大量兵力去防守其后方。这样，国民党在闽北老游击区内设立的“许多封锁线都被拆除、碉堡也被拆掉”②。同时，外线红军游击队将大量物资装备源源运入闽北老游击根据地，有力支援了坚持在闽北的红军游击队的反“清剿”斗争。

闽北各部红军游击队在向外线作战，开辟新的游击根据地的行动中，遇上了不熟悉地形、不了解社会政治情况等困难。由于新区群众长期受地主武装的欺骗和反动道会门组织的愚弄，对红军不了解。在一段时间里，部队一进村，老百姓就跑得干干净净。红军买不到粮米，找不到向导，有了伤员没人抬，也无处安置。但各部队领导很快认识到产生这种情况是不可避免的，解决它的关键在于组织部队做好对群众的宣传发动工作，以增强群众对敌斗争的勇气和信心。于是部队各级领导与广大指战员坚决深入到群众中去，把被敌人欺骗、控制的群众争取过来。

在资光贵地区，刘文学所部提出“没有群众就没有我们生存”的口号③，首先建立基点区，广泛发动和争取群众，以此扩大红军的影响。进入建松政敌后地区的红二、红三团，在饶守坤、王助领导下，把争取

① 参见陈仁洪：《从闽北到皖南》，福建人民出版社1985年版，第140页。

② 黄知真：《闽北三年》，见中共建阳地委党史办公室、福建省建阳地区文化局编《战斗在闽北》，1983年10月，第25页。

③ 参见刘文学：《抚东游击战争的艰难历程》，中国人民解放军历史资料丛书编审委员会编《南方三年游击战争·闽北游击区》，解放军出版社1993年版，第259页。

群众作为首要的工作。饶守坤、王助亲自带领工作人员深入到群众中去，反复向他们说明红军是为穷人打仗的军队，宣传和解释中国共产党的政策，收到了明显的效果。原先逃跑的群众陆续回到村里，见到红军也不跑了。接着，红军开展打土豪的工作，把没收的土豪财物、粮食分给贫苦群众，从而扩大红军的政治影响，逐步得到了群众的帮助与支持。

黄立贵率部进入邵顺建地区后，部队的政治工作做得十分出色。部队想方设法保护群众，尽量减少群众的损失，维护了红军游击队与群众的鱼水之情。挺进新区的各路部队通过开展深入细致的群众工作，解决了长期发展的首要问题。

闽北地区农村中普遍建立有封建迷信组织，其中尤以道会门（大刀会、九仙会）为盛。有的地区如建松政一带几乎村村都有大刀会。这些封建迷信组织对于闽北红军游击队开展敌后活动构成了严重障碍。因此，正确处理这一问题是闽北红军游击队能否在敌后站住脚跟、开展活动的一个关键。

建阳县麻沙九仙会千余人同国民党福建保安团在莒口、麻沙、江坊、界首等地分兵把口，控制了从建阳到邵武一线的交通行动，严重阻碍了红军南下顺昌，西进邵武、光泽，东进建松政地区的通道。再如，以建瓯林熙明为首的建松政大刀会，对挺进建松政的红二、红三团一见就打，见红军大部队便组织小股武装进行袭扰，见红军零星部队则包围追击。

面对这种情况，挺进新区的红军部队首先在军事上给予道会门组织以有力的打击。黄立贵率领挺进邵顺建的红军在麻沙一战，歼灭九仙会数百之众；挺进建松政的红二、红三团集中兵力设下埋伏，一次就活捉大刀会会众100多人。红军的有力打击，戳穿了道会门所谓“刀枪不入”的神话。①

在对道会门予以打击的同时，红军又对其做了进一步的了解与分析，认识到道会门武装主要成分是被欺骗、利用的穷苦群众，与国民党正规

① 参见饶守坤：《闽东北的游击战火》，宋之的等：《忆南方三年游击战争》，上海文艺出版社1987年版，第289页。

军和一般地主武装有别。他们既有勾结反动派的一面，也有反抗地主豪绅的另一面，有的道会门如建瓯林乃道的大刀会还以抗捐抗税相号召[①]，如果工作做得好，是能把他们争取过来的。因此各部队从瓦解下层和团结上层两个方面着手，开始了争取道会门的工作。对于捉到的道会门会徒，红军全部予以教育释放，以此扩大影响；红军进村后，派人设法保护道会门的佛堂，不歧视会徒的家属。对道会门上层人物，红军主动与他们联络，并要求与他们直接谈判。在谈判中，与他们开诚相见，向他们严正指出共同的敌人是国民党反动派，只有和红军联合起来才有出路。[②]

经过一段时间的努力，红军部队终于把道会门势力争取过来，在怎样配合、怎样联系、怎样供给红军物资及安置红军伤员等问题上达成协议。同时，红军教育道会门改邪归正，不许勒索贫苦百姓。红军与道会门组织结成同盟以后，便有了更为直接公开接触群众开展工作的机会，在军事上一改过去四面受敌的被动状况。道会门组织也能为红军站岗放哨，通风报信，当国民党军进山“清剿”时还能协同红军作战。

在开辟新区的过程中，红军游击队经过艰苦摸索，在阶级政策上也做了具体调整。如把建立苏维埃政权改为利用保甲长，除对其中坚决与红军为敌的反动分子予以镇压外，其余则尽量团结争取，促其保守中立，从而将许多保甲组织改造为两面政权。再如把没收地主土地政策改变为向地主筹款和减租减息，由此大大便利了红军部队的活动，避免树敌过多，使闽北红军游击队在新区站稳了脚跟。

闽北红军挺进新区后，逐步打开了局面。到 1936 年底，闽北红军游击队活跃于北起信江，南至闽江，西到抚东，东达洞宫山脉的闽赣边区 20 余县，闽北游击战争获得了顺利发展的局面。

---

① 参见饶守坤：《闽东北的游击战火》，中共建阳地委党史办公室、福建省建阳地区文化局编《战斗在闽北》，1983 年 10 月，第 243 页。

② 参见饶守坤：《闽东北的游击战火》，中共建阳地委党史办公室、福建省建阳地区文化局编《战斗在闽北》，1983 年 10 月，第 244 页。

三　闽东游击战争的发展

1935年5月，中共闽东特委在寿宁含溪恢复，并且确定了新的斗争方针与策略。此后，中共闽东特委领导闽东革命武装开始了“一面波浪式向外发展新区，一面对内恢复老区”的行动。

1935年8月，中共闽东特委在柘洋赭坪举行会议，进一步充实健全了闽东特委的领导机构，特委书记叶飞，组织部长阮英平，宣传部长范式人，常委许旺，委员有陈挺、范义生、郑宗玉、谢作霖、黄固生、詹嫩弟等人。为了适应新的工作需要，特委下设四个办事处，即霞鼎办事处，书记许旺（后为苏敏丹）；福寿办事处，书记范式人；鼎平办事处，书记谢作霖；宁屏古办事处，书记阮英平。并将得到恢复发展的闽东红军独立师改编为三个纵队，第一纵队队长范义生，第二纵队队长陈挺，第三纵队队长缪英弟（后为沈冠国）。[①]

开展游击战争首先必须解决生存空间的问题。为此，闽东红军采取以原有根据地为依托，在其周围白区逐一建立游击基点的办法。具体做法是，红军在每次行动前，先派人到白区做开辟工作，秘密建立农会，发展党员，了解情况（包括敌人人数、武器、通讯联络、交通要道、据点等）。然后红军以急行军跳出根据地，插入这一地区，公开进行打土豪、筹资金活动，把没收的浮财分给群众。当周围敌人出动后，红军又以急行军回到根据地休整，同时又派人了解另一白色地区情况，建立新的游击基点，然后再进入此地活动。这种游击基点在白区星星点点，虽不太巩固，但闽东红军每次行动都不走回头路，从一块游击基点跳入另一块游击基点，神出鬼没，进退灵活，使国民党军不知红军来去行踪。这种既能集中力量击敌虚弱，又能避免被敌击破的战术，是闽东红军的新创造。

在“恢复苏区，开辟新区”的斗争中，中共闽东特委经过艰苦摸索，

---

① 参见中国人民解放军历史资料丛书编审委员会编《南方三年游击战争·闽东游击区》，解放军出版社1993年版，第344—345页。

充实、完备了含溪会议上所制定的各项新政策。这一时期，为了适应特殊环境的需要，闽东特委一般不再提“建立苏维埃，分田地”等口号①，除少数地区成立过苏维埃政权（规模很小，主要是区级苏维埃政权）外，在大多数地区“是采取发动群众组织贫农团，建立党组织……进行打土豪、分粮食、抗租、抗债、抗捐等斗争”。“打土豪”也根据不同地方采取灵活的做法，在根据地内决不允许土豪收租收债，反攻倒算，根据地以外则对土豪采取罚款的办法，以解决红军经济需要，但不多罚，罚过款的下一次不再罚。② 这种办法缓和了当时严重存在的“赤白对立”的局面。对于国民党在红色根据地内建立的基层保甲政权，闽东党组织则积极派人打入内部，开展瓦解与争取的工作。在根据地边沿地区，闽东党组织积极争取地方民团，并同他们约法三章：（一）给红军送消息；（二）买子弹、电池、报纸；（三）不许抢掠根据地内的群众。③

尤其值得一提的是，这一时期闽东党组织采取了正确的商业政策。这些政策允许白区商人到游击根据地做买卖，在交易上做到买卖公平，决不侵犯他们的利益；对白区的大商店也不随便没收。这一政策很得人心，使商人特别是小商贩和红军建立了密切的关系。流动的商旅既给红军提供物资、情报，又为红军做宣传以扩大影响。当时国民党在闽东实行食盐专卖，企图在生活上困死红军。但由于闽东党组织实行了上述正确的商业政策，闽东游击区内的食盐又多又便宜。

闽东红军采用游击战术，实行各项保存自己、打击敌人的具体政策，加之闽东汉畲（族）人民的有力支援，闽东革命斗争出现了蓬勃发展的局面。在斗争中，闽东红军多次击破国民党军的“清剿”，越战越勇。

1935 年 8 月初，叶飞、阮英平率领闽东独立师第一、第三纵队在周

① 参见范式人：《回忆闽东党的斗争历史》，中共福建省委党史资料征集编写委员会编《福建党史资料》第 3 辑，1984 年，第11 页。

② 参见范式人：《回忆闽东党的斗争历史》，中共福建省委党史资料征集编写委员会编《福建党史资料》第 3 辑，1984 年，第11 页。

③ 参见范式人：《回忆闽东党的斗争历史》，中共福建省委党史资料征集编写委员会编《福建党史资料》第 3 辑，1984 年，第12 页。

墩游击队配合下，在离周墩城关 5 里外的肖家岭伏击从宁德霍童前来窜犯的国民党军省保安三团 300 余人。红军采取 2 个支队迎击，1 个支队侧击，另 2 个支队迂回包抄的战术，歼敌 40 余人。[①] 肖家岭战斗的胜利，打开了周墩一带游击战争的局面，红军在周墩建立了一个巩固的后方。随后，叶飞率领第二纵队转战宁德，在宁德梅坑协助宁德县委建立游击队，把梅坑建成红军的后方。

闽东游击战火熊熊燃烧，国民党当局于 1936 年 1 月再次纠集大批军队向闽东进攻。为了避敌主力，击敌虚弱，1936 年 2 月，中共闽东特委在寿宁含溪召集闽东党组织县区委扩大会议，决定闽东独立师第一纵队到政和、寿宁边界牵制敌人，第二纵队挺进浙江景宁、庆元等地，第三纵队北进屏南、古田。[②]

会后，闽东红军展开了英勇的反“清剿”斗争。第二纵队挺进浙江景宁等地后，在庆元组织上万群众起义，然后折回闽东，消灭了古田、连江等地民团，在古田杉洋打垮了国民党保安营的进攻。第三纵队在阮英平的率领下，于 7 月先后两次攻打周墩汤孙鸿为首的十六坛反动刀会。在红军的强大攻击下，十六坛刀会纷纷瓦解，红军镇压了匪首汤孙鸿。接着，红军又打垮周墩豪绅地主操纵的全部反动刀会，巩固了周墩游击根据地。

1936 年 8 月，第一纵队得知国民党军教导团、民团进犯岗垄游击根据地，遂设伏于富家村至含溪路上的仙宫岗要口。当窜犯岗垄之敌疲惫回兵进入红军伏击圈时，红军突然发起攻击，毙敌 40 余名，缴枪 70 余支。

到 1936 年底，闽东各级党组织已在南至福州附近，北至浙江的龙泉、庆元、泰顺、景宁、云和、平阳，西至福建屏南、古田、政和、松

---

① 参见陈挺：《回忆闽东红军斗争历史》，中共福建省委党史资料征集编写委员会编《福建党史资料》第 3 辑，1984 年，第 23 页。

② 参见蓝炯熹等：《中国工农红军闽东独立师》，中共福建省宁德地委党史办编印，1984 年 7 月，第 30 页。

溪等，总计十七八个县、纵横约700里的地区内，建立起游击根据地[①]，并使闽东福寿、霞鼎、周墩等老苏区红旗不倒。这一时期党的组织建设与政权建设也取得可喜成绩，在周墩、安德、霞鼎和福寿东西区就建立了265个支部，发展了1000多名党员[②]，党的基层组织遍布各个重要村落。红军也由3个纵队发展到5个纵队。中共闽东特委领导的游击战争在福建革命斗争中发挥着日益重要的作用。

闽东游击战争蓬勃发展的同时，在浙南地区活动着另一支由刘英、粟裕领导的红军游击队——中国工农红军挺进师（以下简称挺进师）。1935年10月5日，刘英、粟裕率挺进师主力到达闽东寿宁县东部含溪附近的郑家坑村，与叶飞所率的独立师一部胜利会师。[③] 会师后，双方举行了有刘英、粟裕、叶飞三位领导人参加的联席会议，决定成立中共闽浙边临时省委，以便统一领导闽浙边区的革命斗争。经协商，闽浙边临时省委由刘英、粟裕、叶飞、黄富武、阮英平、范式人、许旺、许信根、洪家云、刘达云、方志富等人组成，刘英为临时省委书记，粟裕为组织部长，叶飞为宣传部长兼少共临时省委书记。[④]

中共闽浙边临时省委的成立，对于加强闽浙边党的领导，更广泛地开展游击战争，粉碎国民党军对闽浙边红军游击队的“清剿”，一度起到了积极的作用。

闽浙边临时省委成立之际，正值国民党军罗卓英部32个团对挺进师在浙西南建立的游击根据地进行第一次大规模“清剿”。为调动浙西南的

① 参见蓝炯熹等：《中国工农红军闽东独立师》，中共福建省宁德地委党史办编印，1984年，第40页。

② 参见范式人：《从工农武装暴动到三年游击战争——纪念闽东苏区创立五十周年》，《风展红旗》第5辑，福建人民出版社，1985年，第42页。

③ 参见粟裕：《回忆浙南三年游击战争》，见《福建党史资料》第3辑，1984年，第17页。刘英：《坚持浙闽边三年游击斗争的回忆》，中国人民解放军历史资料丛书编审委员会编《南方三年游击战争·浙南游击区》，解放军出版社1993年版，第125页。

④ 参见中国人民解放军历史资料丛书编审委员会编《南方三年游击战争·浙南游击区》，解放军出版社1993年版，第11—12页。

"清剿"之敌，活动于闽浙边区的挺进师和闽东独立师，在临时省委领导下展开了广泛的游击活动。独立师之陈挺纵队，于1936年3月在粟裕统一指挥下，进入浙江境内作战，奋战2个月，与挺进师一道开辟了浙南游击根据地。同时闽东游击区也在临时省委成立之后，获得进一步发展，闽东独立师先后在寿宁含溪、周宁碧岩等偏僻山村开展分田反霸斗争，并积极开展武装斗争，打击小股国民党部队和地主民团。

新的浙南游击根据地建立后，中共闽浙边临时省委领导闽浙边境各县展开抗租、抗债、抗捐、抗税的"四抗"斗争，从而促进了根据地的巩固与发展。1936年6月，浙南游击根据地进入新的发展时期。同年8月24日，中共闽浙边临时省委在福鼎县排头召开省委扩大会议，确定成立以郑丹甫为主席的浙南人民革命委员会，以加强浙南游击区的领导。[①]随后，福鼎、鼎平、桐霞（福鼎县桐山与霞浦边界地区）、瑞平泰（浙江省瑞安、平阳、泰顺边界）四县及部分区乡也相继建立了人民革命委员会。

但是，闽浙边临时省委成立半年之后，省委领导人之间（浙南方面与闽东方面）在战略方针等重大问题上产生了分歧。同时临时省委主要领导人（浙南方面）存在有较严重的本位和"山头"思想，以主力自居，错误地指责闽东游击战争为"保守主义"；加之受到"左"的"肃反"政策的影响，浙南方面与闽东方面互相错抓、错杀，从而进一步加深了矛盾。尤其严重的是，在临时省委主要领导人（浙南方面）安排下，1936年9月初（一说10月间），挺进师所部在浙江庆元县南阳村以武力扣押了闽东党组织和闽东红军独立师的主要领导叶飞。"南阳事件"激化了矛盾，导致了闽浙边临时省委的解体。从此，闽东红军独立师和红军挺进师分开各自开展活动，在一定程度上影响和削弱了闽浙边区的游击战争。

1936年初，中共闽东特委在闽东党组织和红军内部开展了"肃反"运动。这次"肃反"运动历时6个多月，其性质完全是错误的，使闽东

---

① 参见缪慈潮：《中共闽浙边临时省委的建立及主要革命活动》，《党史资料与研究》1987年第3期。

革命受到了不应有的损失。

闽东“肃反”运动是中央苏区所犯的“肃反”错误的延续，而中央苏区“肃反”错误得以在闽东延续，与闽浙边临时省委主要领导同志对闽东党组织的影响有很大关系。

独立师与挺进师会师后，挺进师领导人、中共闽浙边临时省委书记刘英，对闽东党组织和红军的现状做了错误的估计，认为闽东党组织和红军内部存在着反革命活动，要求闽东党组织进行“肃反”。当闽东党组织提出疑问时，刘英以中央苏区基础那样强，还有“AB团”“社会民主党”，你们这里岂能没有等①为由，批评闽东同志“幼稚”，“不懂马列”。而闽东党组织的领导人多为本地干部和年轻同志，又长期与党中央失去联系，因此对此种“中央苏区经验”的“左”倾面目缺乏分辨能力，盲目地接受了这一意见，从而导致思想上和组织上的混乱。“肃反”运动开展后，由于肃反人员只凭主观臆断，对肃反对象采取逼、供、信的手段，结果使一大批党员和红军干部战士被打成“AB团”分子，遭到错杀，极大地挫伤了广大党员、战士的革命热情。1936年6月，中共闽东特委领导终于感到“肃反”问题的严重性，意识到继续下去必将把自己搞垮，于是逐渐停止开展“肃反”，重新稳定了党内外群众和红军指战员的情绪。

闽东游击根据地发生的内部“肃反”运动，是闽东党组织在三年游击战争中所走过的一段曲折道路，其教训值得后人深思和记取。

四 闽粤边游击战争的胜利发展

1935年9月中共闽粤边特委第五次扩大会议召开，会后以红三团为主力的闽粤边革命武装，进一步贯彻执行特委提出的“发展边沿区和巩固中心区”的战略方针，以靖和浦游击区为主要战略基地，向西北、西南、东南沿海不断发展，在巩固老区开辟新区的斗争中粉碎国民党军队

① 参见叶飞：《闽东三年游击战争概况及肃清AB团问题》，倪国振等记录整理（1982年12月20日），《党史研究与教学》1984年第2期。

的“清剿”。

红三团主力在分兵打到外线后，攻下平和县南胜、五寨、云霄县何地、马铺场等地。1936 年 1 月，何鸣率红三团一连和特务排挺进平和大芹山区，配合林路带领的云和诏工作团和大芹山地方党组织开辟了大芹山游击根据地，使之成为闽粤边三年游击战争时期红三团可靠的后方根据地，并成为沟通闽西南的重要交通线。1936 年 4 月，红三团建立了灶山游击根据地。同年 7 月，红三团一连又打下漳浦的霞美、杜浔、沙西，歼灭大批地主武装，恢复和扩大了梁山游击根据地。

在开辟新区的同时，红军游击队进行了巩固和发展靖和浦老苏区的工作。到 1936 年秋，不仅恢复了原靖和浦苏区的五南区、浦西区、靖浦区、占春区，还新建了云和、浦云、浦南、双格、和东 5 个区。

为了开辟乌山游击根据地，卢胜带领红三团一部，从平和峨嵋山一带挺进云霄的大坪水、马埔牙以及平和的田径、小岭角等地，在欧下、寮安、梅林一带建立了游击根据地。① 1935 年秋，活动在潮澄饶游击区的红三大队进入乌山地区。9 月，卢胜率部与红三大队在云霄县月眉池会合，合编为中国工农红军闽粤边支队。②

1935 年冬，中共潮澄饶县委在乌山十八涧召开扩大会议，何鸣代表闽粤边特委参加。会议总结了潮澄饶苏区失败的经验教训，研究了恢复潮澄饶工作和开辟云和诏新区的问题。10 月底，云和诏县委正式成立，书记蔡明，组织部长陈耀潮，宣传部长陈志诏，下辖 4 个区委。③ 同年 12 月，中共闽粤边特委决定撤销饶和埔县委，成立饶和工作团，归云和诏县委领导。④ 11 月，根据特委决定，卢胜所率的红三团小分队与卢秋

---

① 参见卢胜：《闽粤边三年游击战争及其历史作用》，《福建党史通讯》1985 年第 11 期。

② 参见卢胜：《闽粤边三年游击战争及其历史作用》，《福建党史通讯》1985 年第 11 期。

③ 参见沈明瑞：《云和诏革命根据地三年游击战争的历史地位》，《诏安党史资料通讯》1986 年第 7 期。

④ 参见许慕辉：《试论闽粤边区独立营的历史经验》，《诏安党史资料通讯》1986 年第 7 期。

桂、邓珊所率的红三大队正式合编为中国工农红军闽粤边独立营。[①]

云和诏县委及闽粤边独立营的成立，使云和诏地区革命斗争出现了新的局面。

闽粤边独立营成立后，凭借诏安进水和云霄水晶坪为中心的乌山游击根据地，不断向四周发展。在地方武装的配合下，独立营打下金溪场附近反动势力雄厚的园林灰寨，毙俘敌200多人。独立营连战连捷，使国民党当局大为震惊。1936年2月，国民党军第八十师和福建省保安团7000余人对乌山根据地发动"清剿"。独立营与游击队躲进大山与敌捉迷藏。第八十师"围剿"14天，一无所获，被迫撤走。1936年10月间，闽粤边独立营发展到300多人，在游击根据地内建立了交通站、被服厂、印刷所和后方伤兵医院[②]，乌山周围庞大的平原地带，也成为游击区。

1936年7月，国民党军第八十师和两个保安团对平和梁山游击根据地进行"围剿"。为粉碎国民党军对梁山根据地的进攻，并解决红军游击队的经济困难，中共闽粤边特委决定集中优势兵力奇袭云霄县城。9月3日，独立营营长卢胜率领从独立营和红三团中挑选出的由四五十名精干战士组成的便衣队潜入县城，何鸣等则率领红三团500多名指战员埋伏在城外接应。战斗打响后，红军占领了云霄"宏利银庄"，缴获银元300多枚，现钞一万多元。[③] 任务完成后，红军顺利撤回根据地。这次袭击，成功地调动了"围剿"平和梁山根据地之敌的回援，扩大了红军的政治影响，并解决了部队与根据地群众的经济困难。

到1936年底，中共闽粤边特委下辖靖和浦县委、云和诏县委、潮澄饶县委和漳州工委，共建立了21个区委，300多个党支部。[④] 闽粤边红

---

① 参见许慕辉：《试论闽粤边区独立营的历史经验》，《诏安党史资料通讯》1986年第7期。

② 参见卢胜：《百折不挠，红旗飘飘——回顾红三团在闽南的战斗历程》，《党史研究参考资料》1982年第4期。

③ 参见卢胜：《活跃闽粤边的红三团和独立营》，《风展红旗》第3辑，福建人民出版社，1985年，第53—54页。

④ 参见卢胜：《闽粤边区三年游击战争及其历史作用》，《福建党史通讯》1985年第11期。

军主力从长征前的300多人发展到700多人，各地不脱产的农民自卫军和游击队达数千人，闽粤边游击战争达到全盛时期。

中共闽粤边特委在闽粤边三年游击战争中，制定并实施了一系列符合人民群众实际与长远利益的政策，有效地领导了闽粤边区群众进行广泛的对敌斗争。这场斗争与红军反“清剿”的军事斗争紧密配合，从而使闽粤边革命立于不败之地。

在1935年10月国民党军对闽粤边区发动第二期“清剿”以后，国民党军为了切断红军与人民群众的联系，实行移民并村政策，并建立保甲制度，实施联保连坐法。对游击区群众，国民党军还采取“集体自新”政策，规定“自新”后不得接济红军，“否则杀头”。

根据这一情况，中共闽粤边特委改变了过去阻止群众移民，甚至给被迫移民的群众扣上“动摇”帽子等不切实际的做法，采取国民党把“水”（群众）抽到哪里，党组织和红军这条“鱼”就跟到哪里的办法，派出得力干部到移民点做群众工作，“领导群众的斗争（如要房住，要求米食，要求田做等）”，“使党不致因敌人采取这一政策而与群众断绝关系”。① 同时，特委还决定在被迫的情况下，群众可以以集体的形式（以乡村为单位）向国民党“自新”，未暴露身份的党员也可与群众一道签名这一灵活大胆的政策，解除了群众的顾虑，使党组织与群众的关系更为密切。

为了把党的方针变为群众的行动，中共闽粤边特委派出大批干部组成工作团深入敌占区与白区，利用各种各样的名义组织群众，开展各种形式的对敌斗争。这一时期，红军逐步摆脱了单纯军事观点的束缚，转变为武装政治工作队。1936年5月4日，中共闽粤边区特委给闽粤边独立营的指示信中明确指出：“你们必须深刻的了解目前你们的主要任务是在组织群众，领导群众的日常斗争……你们必须在队伍中培养与训练大

---

① 《黄会聪关于闽粤边区两年余情况致陈云等转中共中央的报告》（1937年4月20日），中国人民解放军历史资料丛书编审委员会编《南方三年游击战争·闽粤边游击区》，解放军出版社1994年版，第199页。

批的地方工作人员，组织更多的地方工作组……把群众的问题反映到工作团与你们的议事日程中来，把群众工作大大的开展起来……”[①]

在实际工作中，地方工作团与红军紧密配合，抓住“豪绅地主、国民党军阀每一压迫屠杀剥削农民群众的事实，如强迫抽民伕，做马路、做堡垒、设保甲、变工放哨等”，联系到农民群众每一细小的部分要求，从领导群众开展日常抗捐、抗税、抗债、抗粮、抗租与分米谷的斗争入手，将群众斗争不断引向深入。通过这些斗争，党的大部分支部“能够在群众中起领导作用”。[②]

随着群众斗争的深入，中共闽粤边特委建立了为数可观的农民武装，仅靖和浦的农民武装就有 4000 余人。农民武装在对敌斗争中发挥着日益重要的作用，1936 年 10 月，“浦南区的农民武装总共有千余名，自动的起来”，“与七十五师二营之众抵抗一天，将敌人击退”；[③] 1936 年八九月间，云和诏“农民抗日自卫军单独的击溃中央军一营人，并打死敌人无数与俘虏了敌人四位士兵，缴得数支步枪”[④]。在群众性的游击战争中，闽粤边游击根据地逐渐形成为三层军事组织，即农民自卫军、义勇军和红军主力，通过相互配合，有力地打击了国民党军的“清剿”，保证了红军游击队的存在与发展。

在闽粤边开展的游击战争中，中共闽粤边特委严格执行阶级政策，

---

① 《中共闽粤边区特委关于组织群众、扩大武装、瓦解白军等问题给独立营的指示信》(1936 年 5 月 4 日)，中国人民解放军历史资料丛书编审委员会编《南方三年游击战争·闽粤边游击区》，解放军出版社 1994 年版，第108 页。

② 参见《黄会聪关于闽粤边区两年余情况致陈云等转中共中央的报告》，中国人民解放军历史资料丛书编审委员会编《南方三年游击战争·闽粤边游击区》，解放军出版社 1994 年版，第 202 页。

③ 《黄会聪关于闽粤边区两年余情况致陈云等转中共中央的报告》（1937 年 4 月 20 日），中国人民解放军历史资料丛书编审委员会编《南方三年游击战争·闽粤边游击区》，解放军出版社 1994 年版，第 203—204 页。

④ 《黄会聪关于闽粤边区两年余情况致陈云等转中共中央的报告》（1937 年 4 月 20 日），中国人民解放军历史资料丛书编审委员会编《南方三年游击战争·闽粤边游击区》，解放军出版社 1994 年版，第 209 页。

多次对“将富农当做土豪打与侵犯中农利益”的过左行为进行严肃的批评。对边缘区和新区，闽粤边特委根据不同情况采取不同政策。如在新开辟的大芹山根据地内，特委规定山内不搞土改只搞减租减息，部队只许在那里休整，不准打仗，使该区免受敌人摧残，从而成为红军可靠的后方基地。

在对敌斗争中，闽粤边特委成功地进行了争取保甲长和争取壮丁队、守望队的工作。国民党在第一、第二期“清剿”中，在闽粤边区建立了保甲制度。有些保甲长既惧怕红军又慑于国民党的淫威，进退两难。红军游击队就通过关系向他们指出，只要不反对红军，保甲长仍旧可以当，红军游击队保证他们的生命安全。这就解除了充当保甲长人员的顾虑，使他们暗中为红军工作。由于闽粤边特委采取了争取保甲长的正确政策，使许多保甲村变为红色堡垒，国民党颁布的“联保连坐”法、“十杀”令等逐渐失去了作用。

在“清剿”中，国民党强迫移民组织壮丁队、守望队对付红军游击队活动。中共闽粤边特委将计就计，以壮丁队、守望队的名义，广泛武装群众，使之成为闽粤边特委领导下的一种武装组织。当一些“壮丁队”“守望队”的真实面目暴露后，红军就将他们带上山去编成红军游击队。

中共闽粤边特委紧密依靠群众，实行一系列适合于当地情况的方针策略，开展广泛的群众性的游击战争，打破了国民党军一次又一次“清剿”，保证了红军游击队的胜利发展。

国民党在对闽粤边红军游击队进行疯狂的军事“清剿”的同时，加紧经济封锁。中共闽粤边特委领导游击区军民大力开办合作社，以打破敌人的经济封锁。

早在1934年春，靖和浦中心县委的何浚、林路、许其伟等领导人，在山前、东楼、茅坪等区发动群众以集资办法在苏区办起消费合作社。[①]之后，诏安的马坑楼仔村，漳浦的车本村、小山城等地也办起了类似的

① 参见《平和县红色区域里的合作社事业》，《闽南革命史研究》1985年，第2期。

合作社。

1935 年后，为了配合军事“围剿”，国民党对闽粤边游击根据地采取了严密的经济封锁，企图使根据地军民陷于无盐、无油、无食物、无军需弹药供应的绝境。在打破敌人的经济封锁中，消费合作社发挥了极为重要的作用。为了使外地商品流入游击根据地，各村合作社干部采取如下几种办法：（一）委托家住白区的亲友秘密采买物品，然后约定时间、地点交接，绕过敌人的关卡运回根据地；（二）以给予一定利润或报酬的办法，鼓动外地商贩挑担进山，合作社按价收购；（三）利用能为红军办事的保甲长到白区公开替买；（四）个别地区的合作社因距离漳州近，利用国民党军警对前往漳州三坪寺进香的华侨、侨眷、城市居民检查较宽的机会，将购买好的商品分散在香客中运进根据地。

随着红军主力大部进入新区活动，在新的游击区内还出现了一大批新型的以货郎担流动串乡为主的合作社。单靖和浦中心县委所辖的河东区 30 保中就有 19 个保组织了这种形式的合作社。这种货郎担穿梭灵活易于隐蔽，较好地保证了闽粤边区游击根据地的物资供应。

在领导闽粤边人民开展游击战争打击敌人的进程中，中共闽粤边党组织表现得十分出色，但在工作中也出现了一定的失误。“肃反”扩大化就是其中的严重失误。

闽粤边游击区的“肃反”扩大化问题，集中反映在中共闽粤边特委所辖的云和诏县委和由中共云和诏县委直接指挥的闽粤边红军独立营内。[①] 1936 年春，在云和诏县委与独立营内发现了所谓的“托洛茨基派”与“社会民主党”。以此为线索，在特委指示下，“肃反”工作在云和诏和闽粤边游击根据地的其他地区大规模开展起来。当时在云和诏游击根据地从上到下谁也弄不清楚“托洛茨基派”“社会民主党”为何物，因此在执行特委的“肃反”指示中，往往把讲错话、工作失误或者有不同意

① 参见《黄会聪关于闽粤边区两年余情况致陈云等转中共中央的报告》（1937 年 4 月 20 日），中国人民解放军历史资料丛书编审委员会编《南方三年游击战争·闽粤边游击区》，解放军出版社 1994 年版，第 207 页。

见的同志都当作政治上的敌人予以“无情打击”。在这场“肃反”中，云和诏游击区区一级的干部有70%，独立营干部、战士有一半被扣留，许多党的优秀干部、战士成了这场运动的无辜牺牲品。此外，在闽粤边特委所辖的饶和埔县委及该县委所率的红军第三大队内也开展了“肃反”，同样错杀了一批干部。他们中有原潮澄饶县委书记陈胜信、红军第三大队政委贝必锡等。①

闽粤边游击区的“肃反”运动给当地革命斗争造成的严重损失，引起了闽粤边特委的关注。特别是在接到云和诏县委特派员张敏关于云和诏“肃反”情况的报告后，特委领导人开始感到事态的严重性，立即去信指出张敏与云和诏县委的错误，并责成他们对已在押的五六十人谨慎审讯，不可用严刑拷打来强迫他们供认。随后，特委又接到该县委一位负责印刷的干部一封极长的上诉信，信中详细地叙说了县委无理扣留与严刑逼供的情形，并说明他是在“严刑拷打而不能忍耐的情形之下，不得已承认自己是‘社党’”②。特委在接信后，“便调上诉人与负责审判者张敏、亚诏两同志来特委研究与对证”，发现绝大多数是受诬供、逼供、屈打成招的。③

于是，中共闽粤边特委发出停止“肃反”指示，制止了“肃反”错误的继续扩大。

闽粤边特委虽较早察觉“肃反”错误并大力纠正，但“肃反”已在党内造成很大波动，尤其是党组织和红军游击队的一些负责人被错杀，在一定程度上削弱了闽粤边地区中共的领导力和红军的战斗力。

---

①　参见文锡壶等：《凤凰山和乌山根据地肃反的沉痛回忆》，中国人民解放军历史资料丛书编审委员会编《南方三年游击战争·闽粤边游击区》，解放军出版社1994年版，第310页。

②　《黄会聪关于闽粤边区两年余情况致陈云等转中共中央的报告》（1937年4月20日），中国人民解放军历史资料丛书编审委员会编《南方三年游击战争·闽粤边游击区》，解放军出版社1994年版，第208页。

③　参见《黄会聪关于闽粤边区两年余情况致陈云等转中共中央的报告》（1937年4月20日），中国人民解放军历史资料丛书编审委员会编《南方三年游击战争·闽粤边游击区》，解放军出版社1994年版，第208页。

闽粤边区“肃反”错误究其原因，一方面是由于当时闽粤边党组织难以摆脱自大革命失败后，在中共党内一度盛行的极左思潮的影响，在残酷的斗争环境中易于将对敌斗争的手段引入党内、军内，以此简单地解决革命内部存在的问题；另一方面也应该看到闽粤边特委自身所存在的问题。作为中共闽粤边党的最高领导机构——闽粤边特委在发动“肃反”运动时，对执行者在执行过程中有可能出现不重调查、轻率专断，仅以刑讯逼供取证的弊端，缺乏防范意识，从而导致“肃反”扩大化的重大失误。

五 闽中游击战争的胜利发展

中共闽中特委成立后，决定在常太和罗汉里地区建立游击根据地。1935 年 8 月，特委领导人王于洁、潘涛在常太际川召开军事会议，成立闽中工农游击队第二支队，由郑金照任支队长（郑金照牺牲后由陈喜孙接任），潘涛为政委。

第二支队成立后，在常太地区大力发动群众，开展抗捐、抗税、抗租、抗粮的“四抗”斗争，镇压了九坑保长杨布四等一批对抗“四抗”的地方反动势力。群众斗争发动起来后，常太党组织召集本地“二地主”开会[①]，迫使他们支持抗租。在红军游击队的猛烈打击下，常太地区的国民党基层政权基本瘫痪，地主豪绅不敢抬头，根据地日益巩固。

常太游击根据地的建立，震动了国民党当局。1936 年 3 月下旬，国民党调莆田驻军第四十九团 2 个连，保安团 1 个中队及当地民团 500 余人包围常太际川、外坑、金竹坑等游击队基点村。红军游击队凭借山林与其周旋。国民党在“进剿”失败后，又连续不断向常太根据地进行“清剿”。红军游击队避实就虚，打往外线：一路由雷光熙率领转向莆（田）永（泰）交界的广业地区活动，另一路由郑金照率领南下沿海活

① 常太地区土地大部分属于莆田城里大地主所有，在当地为大地主收租的代理人称“二地主”。

动，迫使国民党军顾此失彼，疲于应付。随后，红军游击队又出其不意转回常太根据地。

与此同时，工农红军闽中游击队第一支队在队长魏耿、副队长吴德标和政委黄孝敏（后由刘突军任政委）的带领下，开展了建立罗汉里游击根据地的斗争。罗汉里一带地处四县交界，原为土匪巢穴，要在此建立根据地，首先必须清除土匪势力。闽中游击队第一支队于 1935 年 7 月中旬，通过工作收编了土匪刘春水部，获得长短枪 30 余支、机枪 2 挺、子弹 4000 余发，壮大了装备力量。随后，游击队又多次袭击流窜在福清县一都、东山一带的吴守师和黄吓大两股土匪，把他们赶出罗汉里地区。①

为了巩固游击根据地，游击队又多次打击根据地周围的国民党地方势力。1935 年 9 月，红军游击队袭击一都民团和联保处，歼敌 20 余人。11 月下旬，杨采衡、陈云飞率红军 70 余人在东山寨袭击前来“围剿”的国民党保安团 2 个连兵力。随着第一支队活动区域越来越大，1935 年年底，红一支队远袭闽侯大义乡十八姓祠堂内的民团，不费一枪一弹，俘虏民团 20 余人，解救被扣押的壮丁六七人。1936 年 1 月底，红军游击队发动数百群众配合攻打闽侯扈屿镇。是役红军缴获长短枪 40 多支，解救壮丁 30 余人。②

1936 年 2 月下旬，闽中特委得知福建省银行有一批钞票要解送省城，决定由第一支队在福清公路选择有利地段予以截击。经实地观察后，第一支队在福清与闽侯交界的相思岭下的何庄桥设伏。2 月 24 日下午，当一辆宏（路）峡（南）区间车和一辆押运钞票的福泉联运快车开至时，100 多名游击队战士突然杀出，将汽车团团围住，抓俘了福建省银行总经理韩疆土、国民党驻菲律宾等三国总支部主任×××和大田县长萨福畴，缴获车上现款 200 余万元。③

---

① 参见蒋维锬：《闽中党史大事年表》，《闽中党史资料》第 1 辑，1985 年 1 月，第18 页。

② 参见蒋维锬：《闽中党史大事年表》，《闽中党史资料》第 1 辑，1985 年 1 月，第45 页。

③ 参见蒋维锬：《闽中地区的三年游击战争》，《福建党史通讯》1986 年第 7 期。

何庄桥伏击战极大地震动了国民党福建当局。国民党调集正规驻军、宪兵及保安队和壮丁队3000余人，于2月底对罗汉里红军游击根据地进行大规模“围剿”。红军游击队沉着地与强敌周旋于高山密林之中。“围剿”持续了1个多月。最后，红一支队撤出根据地，向莆田、永泰交界山区转移。特委书记王于洁得知红一支队撤往永泰山区后，及时赶到部队，经开会决定，红一支队向红二支队靠拢共同战斗。1936年6月下旬红一支队到达常太际川与红二支队胜利会师。会师后，中共闽中特委在常太际川召开了党团联席会议。会后两支部队合编成立闽中抗日救国义勇军第二支队，刘突军为支队政治委员，吴德标为司令员，雷光熙、王铁成为副司令员。

两支红军游击队的会合，使闽中革命斗争的发展更为迅猛，也招致了国民党军更加疯狂的围攻。

1936年7月，国民党当局将“剿共无方”的国民党陆军第九师二十五旅调离，改由陆军第八十师二三九旅驻防闽中。该旅四七八团负责重点“围剿”莆田常太红军游击根据地。[①] 7月中旬至8月，国民党驻军调动3个连的兵力及省保安团和县自卫队共500多人，分三路向常太游击根据地大举进攻。国民党军步步推进，安营扎寨，采取焦土政策，并抢割早稻，使根据地遭到严重的摧残。

对于敌人的“清剿”，红军游击队早有准备。他们发动群众，坚壁清野，转战于各个山头。但由于国民党军久住根据地数月不撤，情况进一步恶化。根据地军民被困于山上，只能住草寮、窑洞，挖野菜维持生活。在这种情况下，中共闽中特委决定将部队撤出常太游击根据地，向莆(田)永(泰)边界地区转移，另辟新区，坚持斗争。

红军游击队撤出常太根据地后，开进莆永边的山溪地区。在开辟新区的斗争中，红军游击队对这一带的地主武装、土匪、道会门及国民党保甲政权等地方反动力量采取了行之有效的政策。为了树立军威，红军

① 参见《福清日报》1936年7月27日。

游击队袭击了永泰樟坪头的民团据点，运用军事包围与政治攻势相结合的手段，迫使岗楼内的团兵缴械投降。对于土匪势力，红军采取争取的方针，派黄国璋与当地最大的土匪头子黄开元进行谈判，迫使其同意红军游击队进驻山溪寨，红军也答应不消灭其队伍。争取了黄开元后，红军又制伏了山溪周围的其他小股土匪。对于山溪附近的歧山、上院、黄龙等地的大刀会组织，红军游击队也派人与之谈判，约定当红军游击队通过他们地盘时，举红旗为号，互不侵犯，同时红军游击队对各村的保甲长也进行了争取工作。

在开辟新区的过程中，红军游击队还采取不扰商民的政策，做到交易自愿，买卖公平，使商人放心经营，为游击队提供货源。

进驻山溪后，红军游击队进行了整训，确保了开辟新区工作的顺利进行。在整训期间，部队大力开展群众工作。山溪有 100 多户群众，分成两个宗派，经常发生械斗。游击队经过细致的思想工作，说服两派停止械斗，团结一致共同对付国民党反动派。

1936 年 9 月，红军得知国民党永泰县保安团约一连兵力在民团的配合下准备进犯山溪，便设伏迎敌。9 月 30 日，该部队窜入山溪，立即陷入红军的包围圈，被打得溃不成军。1936 年 10 月中旬至下旬，国民党军第四七八团纠集莆田、永泰、仙游三县保安团共计 500 多人，分三路包围新区。为了保存实力，红军游击队再一次转移，主力撤往宁里、旗插安一带隐蔽，另一部由雷光熙率领重返常太地区。

在隐蔽时期，红军并不放过有利时机打击敌人的薄弱环节。为扩大政治影响，1936 年 11 月下旬，中共闽中特委决定奔袭福清琯口。11 月 23 日夜，刘突军、吴德标、雷光熙、王铁成率领游击队骨干 40 余名，从后溪出发急行军到琯口，一举歼灭了守敌，击毙国民党联保主任兼民团头子潘德仁①，并用敌人的电话向国民党福清县党部佯称琯口来了大批

① 参见杨采衡：《闽中红军游击队三年游击战争的历程》，中国人民解放军历史资料丛书编审委员会编《南方三年游击战争・闽赣边游击区、闽中游击区》，解放军出版社 1994 年版，第 367—368 页。

红军准备攻打福州，弄得国民党当局惊恐万状，宣布福州戒严 3 天。夜袭琯口是闽中三年游击战争的最后一仗，它再次戳穿了国民党当局散布的所谓的“闽中红军已被肃清”的谎言。

第三节 实现国共合作抗日的曲折历程

一 闽粤边地区国共合作谈判达成协议

1935 年 5 月华北事变后，日本将其势力由华北进一步向中国内地渗透，同时加紧进行在中国沿海地区的侵略活动。日舰公然在闽粤海域游弋，对厦门、漳州、汕头等城市虎视眈眈。充斥日本侦探、特务的“探矿团”“考察团”穿梭于闽南、粤东一带；其操纵与组织的所谓“东亚大同盟”“福建自治促进会”“东亚同盟军”也四处活动，为所谓“福建自治”“华南自治”摇旗呐喊。在日本帝国主义的步步进逼面前，国民党福建政府则奉行蒋介石的反共误国政策，在加紧“清剿”红军游击队的同时，准备把福建门户厦门划为所谓的“非武装区”。闽粤沿海的局势同华北的局势一样处于危急之中，日本对中国的北进、南侵使民族矛盾日益成为中国国内主要矛盾。

在中共中央确立联络国内各主张抗日反蒋力量，组成抗日反蒋统一战线，以促进中国革命由土地革命战争向抗日战争转变的同时，中共闽粤边特委也审时度势，“自从一九三五年华北事变，与北平学生反日救亡运动的伟大行动后，特委对于抗日统一战线的执行便特别的加紧”①，提出了在闽粤边地区建立“抗日民族统一战线”的口号。1935 年 6 月 5 日，《中共靖和浦县委第五次扩大会议的决议》指出，在日本帝国主义加紧侵略中国的时刻，必须“抓住目前福建的危机，在‘武装保卫厦门、漳州’

---

① 《黄会聪关于闽粤边区两年余情况致陈云等转中共中央的报告》（1937 年 4 月 20 日），中国人民解放军历史资料丛书编审委员会编《南方三年游击战争·闽粤边游击区》，解放军出版社 1994 年版，第 215 页。

与抗日的旗帜之下，去武装群众，组织群众，普遍的在农村组织各种各样的反日反帝团体，与农民抗日义勇军或农民抗日自卫军，加强党对这一运动的领导"①。虽然决议中关于"抗日民族统一战线"的思想还是以"反日反帝的下层统一战线"为范畴，但对于在与党中央失去联系，独立战斗在中共闽粤边山区的闽粤边特委来说，能够这样分析与认识形势，并从全局出发制定新的方针策略，已属难能可贵。

华北事变后，鉴于民族矛盾日益成为中国社会的主要矛盾，中共驻共产国际代表团于 1935 年 8 月以中共中央的名义发表《为抗日救国告全体同胞书》即著名的"八一宣言"。之后，中共中央根据"八一宣言"精神于 1935 年 12 月在陕北瓦窑堡召开政治局会议。会上制定了"团结与组织全中国全民族一切革命力量去反对当前主要敌人——日本帝国主义与卖国贼蒋介石"的新的抗日民族统一战线策略。这一策略新路线虽仍将"抗日"与"反蒋"相并列，但其主要内容已并非之前的建立下层抗日民族统一战线，而是将建立上层抗日民族统一战线纳入其中，所强调的是要将建立下层抗日民族统一战线与建立上层抗日民族统一战线相结合。由于闽粤边游击根据地靠近福建、广东沿海城市，因此中共闽粤边特委在 1935 年底到 1936 年初，就从汕头、厦门、漳州等地出版的报刊中，较快地了解到中共中央关于建立上下层统一战线相结合的"抗日反蒋"统一战线的新方针。闽粤边特委根据党中央的新方针，开始对过去的政策进行调整，逐步将单纯建立"下层统一战线"的策略转变为建立团结各阶层的"抗日反蒋"统一战线新策略。

1935 年 12 月 20 日，黄会聪在特委机关报《战斗》第 2 期发表《坚决地为着发展反日的统一战线与创造反蒋统一战线而斗争》一文，明确指出，"坚决的积极的为着开展反日统一战线与创造反蒋战线而斗争是我们党目前最重要的紧急任务之一"。文章强调要团结一切不愿当亡国奴的

① 《中共靖和埔县委第五次扩大会议决议》（1935 年 6 月 5 日），中国人民解放军历史资料丛书编审委员会编《南方三年游击战争·闽粤边游击区》，解放军出版社 1994 年版，第 33 页。

人们，“更广泛地开展反蒋的民族革命战争”；不仅要深入国民党内各反蒋派别的军队中开展抗日活动，同时“经过革命群众积极进行上层活动，尽量的利用一切可能的反蒋力量”。文章指出：“我们必须克服党中的关门主义与‘左’倾幼稚病者根本拒绝统一战线与对统一战线的消极”的错误，“因为这种蠢笨的关门主义办法，非但不能组织广大群众到反日反帝的旗帜下，而且相反的，将给反革命派别以机会，在群众中宣布我们是破坏反日反蒋的团结”。

1936年3月，黄会聪又在《战斗》第4期上发表《福建危机与目前的紧急任务》一文，更进一步指出，由于日本强盗占领了华北，积极地掠夺福建，策动傀儡组织，中国革命直接受到日本帝国主义干涉的危险已经开始，因此，“正确的运用统一战线去领导与组织一切不愿当亡国奴的人们，不分党派、信仰、宗教、性别的在反日反蒋的旗帜之下，开展更广泛的民族革命战争，将福建的危机变为胜利的民族革命战争，是党、特别是闽粤边区党的最光荣最主要的中心任务！”[①] 显然，黄会聪在这里提出的关于闽粤边党组织目前工作方针的指导思想，与中共中央制定的抗日民族统一战线的新方针、新策略的精神是基本相符的。

闽粤边特委提出在闽粤边建立抗日反蒋统一战线方针后，就为其实现而积极奋斗。特委首先在党内进行广泛的讨论，坚决反对“对于抗日统一战线的忽视与认为农村中农民不需要抗日的倾向”。特委多次指示各地党组织，应“立即广泛的公开的不分党派的组织与参加各种各样的反日活动。并普遍的不分党派、职业、信仰、宗教、阶级组织各种各色的反日组织及反日武装”，在靖和浦、云和诏各县的农村中，闽粤边党组织领导几万农民开展募捐抗日基金运动，并在各乡村建立农民抗日会和农民抗日救国会等群众组织。农民抗日救国会在各乡中大部分是采取公开与半公开的形式，其成分包含有雇农、贫农、中农、富农与愿意抗日的

① 会聪：《福建的危机与党目前的紧急任务》（1936年4月10日），中国人民解放军历史资料丛书编审委员会编《南方三年游击战争・闽粤边游击区》，解放军出版社1994年版，第104页。

地主。

在建立反日群众组织的同时，闽粤边特委还广泛建立群众性的抗日反蒋的武装团体。为了公开武装农民群众，闽粤边特委改变了过去“反对组织壮丁队”的口号，而是广泛地利用壮丁队这一名义来争取公开的武装群众，在游击区的各区各乡建立农民抗日自卫军（对外称壮丁队），使之成为党领导下的农民抗日武装。

除了农民抗日自卫军外，闽粤边特委还在靖和浦、云和诏等地建立了人民抗日义勇军的群众武装。人民抗日义勇军的日常任务是领导农民消灭汉奸与日本帝国主义在闽粤边所组织的“东亚同盟军”“青年铁血团”等傀儡部队，开展没收走私日货与抵制日货斗争，并广泛地在各乡中做公开的抗日救国宣传与组织抗日救国会。除此之外，人民抗日义勇军在不妨碍实现抗日统一战线的原则下，领导农民开展改善生活的斗争。

1936 年 10 月以后，闽粤边特委进一步使抗日义勇军转变为更加公开的抗日武装。为了统一领导靖和浦的抗日义勇军，1936 年 7 月，漳州人民抗日义勇军总指挥部在平和县邦寮成立，何浚为总指挥，朱曼平为政治部主任。[①] 各区义勇军编为 3 个大队。同时，闽粤边特委在闽粤边区的城镇大力开展建立抗日反蒋的统一战线工作，在小溪、漳州、厦门、诏安县城、漳浦县城建立了许多反日组织，如学生反日救国会、商人缉私委员会、教员救国会等。为着统一开展闽南各县的反日救亡运动，在闽粤边特委的领导下，各地反日会派出代表成立了闽南各界反日救国会筹备会，并与上海救国总会建立了密切的关系。同时，中共闽粤边特委改变了苏维埃革命时期的一些政策，停止打土豪，停止捕捉富农派款。[②]

1936 年 6 月，国民党两广（广东、广西）地方当局以“抗日反蒋”

① 参见《黄会聪关于闽粤边区两年余情况致陈云等转中共中央的报告》（1937 年 4 月 20 日），中国人民解放军历史资料丛书编审委员会编《南方三年游击战争·闽粤边游击区》，解放军出版社 1994 年版，第 205 页。

② 参见《黄会聪关于闽粤边区两年余情况致陈云等转中共中央的报告》（1937 年 4 月 20 日），中国人民解放军历史资料丛书编审委员会编《南方三年游击战争·闽粤边游击区》，解放军出版社 1994 年版，第 210 页。

为旗号发动“西南事变”（也称“两广事变”）。为了利用西南事变，进一步深入开展建立抗日反蒋统一战线的工作，中共闽粤边特委于 6 月 20 日发出《关于西南政府实行抗日讨蒋战争与加强党在抗日讨蒋战争中的领导给各级党部的信》，要求各地党组织和红军立即动员一切组织，利用西南事变的有利时机，更进一步地发展反日反蒋的联合战线，以争取“愿意参加救亡的各政党、团体、军队、群众组织和著名的政治与社会的人物”，与共产党共派代表组织“人民国防政府与抗日联军”。

为了适应新形势的发展，闽粤边特委将所属的红军游击队整编为中国人民红军闽南抗日第一支队、第三支队、第五支队，每支队各辖 3 个中队。①

1936 年 10 月，中共闽粤边特委书记黄会聪离开游击区前往上海等地，以寻求恢复与党中央中断多时的联系，汇报请示工作。特委书记一职由红三团团长兼政委何鸣代理。

中共闽粤边党组织积极发动群众，大力促进闽粤边地区的抗日救亡运动，国民党当局却于 1936 年 11 月调遣在西南事变中为蒋介石所收买的粤军第一五七师黄涛部进入闽南，对闽粤边游击根据地的红军游击队发动大规模的“清剿”。面对十几倍于己的强敌，闽粤边红军游击队展开英勇反击，运用游击战术坚决打击粤军的嚣张气焰，闽粤边战事很快转入相持胶着状态。

1937 年 2 月间，何鸣在平和大芹山地区通过溪口的保长赖光辉获得数份国民党《中央日报》，从报上获悉蒋介石政府已接受中共中央提出的“停止内战，共同抗日”的主张。② 特委立即召开会议，分析了全国及闽粤边地区的政治形势，认为当前的主要敌人是日本帝国主义，因此目前

---

① 参见《黄会聪关于闽粤边区两年余情况致陈云等转中共中央的报告》（1937 年 4 月 20 日），中国人民解放军历史资料丛书编审委员会编《南方三年游击战争·闽粤边游击区》，解放军出版社 1994 年版，第 211 页。

② 参见卢胜：《闽粤边区三年游击战争及其历史作用》，《福建党史通讯》1985 年第 11 期。

必须停止内战，联合粤军抗日。会议认为，粤军虽然有其反共的一面，但多数官兵有抗日热情。会议决定，从拯救民族危亡的大局和闽粤边地区的实际出发，分别给一五七师和国民党地方当局（包括各县县长）写信，表明红军抗日态度，同时请赖光辉等三位保长牵线斡旋，争取尽快与粤军第一五七师接触。①

会后，闽粤边特委及时向设在香港的中共南方临时工作委员会（简称“南临委”）报告了闽粤边地区的形势以及所采取的方针。3 月 5 日，中共南临委向闽粤边特委发出指示信。南临委在指示信中告知闽粤边特委，党中央已将“抗日反蒋”口号改为“联（迫）蒋抗日”，“以求国共合作”，中央级别的国共合作谈判也已着手进行。中共南临委要求闽粤边特委“应将过去的打倒蒋介石的口号”改为“要求蒋介石督师抗日”。“应加紧一切动员，向国民党军队进行协作谈判”，谈判内容应在“不干涉政治上的活动与组织存在、发展，及宣传鼓动与批评的自由”三原则下提出：“（一）红军和游击队停止游击行动；（二）红军和游击队的名义，可改变为民族自卫军或抗日讨贼军，在抗日行动中可受粤军指导；（三）在未得到中央红军调动集合以前，在原有地区驻守，双方不得侵犯；（四）在对日作战进入友军区域，红军给养能得到保证，红军不干涉友军地方的一切行政事件，并愿遵守友军一切关于社会的法律和命令”②。

接到南临委这一指示信后，闽粤边特委随即于 4 月上旬在平和游击区再次举行会议，决定进一步向粤军第一五七师发出呼吁，建议双方派出代表举行谈判。③ 为了表示闽粤边红军的诚意，红军对粤军在军事上

---

① 参见卢胜：《闽粤边区三年游击战争及其历史作用》，《福建党史通讯》1985 年第 11 期。

② 《中共南方工作委员会关于动员、组织各阶层群众进行抗日战争给闽粤边区特委的指示信》（1937 年 3 月 5 日），中国人民解放军历史资料丛书编审委员会编《南方三年游击战争·闽粤边游击区》，解放军出版社 1994 年版，第 190 页。

③ 参见卢胜：《闽粤边区三年游击战争及其历史作用》，《福建党史通讯》1985 年第 11 期。

大都采取回避态度，“除自卫抵抗外，尽量避免与之作战，并停止向他们袭击”①。

4月下旬，闽粤边党组织开始与粤军接触。中共闽粤边特委代表卢叨（化名王祥）与粤军第一五七师钟定天营的连长伍笃祺进行了首次谈判。② 在谈判中，卢叨阐明了闽粤边特委及红军游击队的方针立场，要求尽快停止内战，合作抗日。由于一五七师上层对谈判缺乏诚意，此次谈判毫无结果。尽管如此，国民党当局能够从多年重兵“清剿”闽粤边红军转变为派员与之谈判，表明它已不得不承认闽粤边红军游击队存在的客观事实，这在政治上不能不说是闽粤边党组织和红军的一个胜利。

双方初次接触后，粤军钟定天营倚仗优势兵力，继续进犯平和游击根据地，同时又写信给红军谈判代表卢叨，表示愿意继续谈判，并约定谈判时间，企图以武力进攻为后盾，压迫红军接受其吞并收编的条件。以后发生的一系列事件，都证明了粤军上层并无与闽粤边红军平等合作之心。

在中共闽粤边特委与粤军为共同抗日开始彼此和谈接触之时，5月27日，闽粤边区特委代理书记何鸣与其他同志10余人，于转移途中遇到粤军队伍，遭到逮捕，解往漳州粤军第一五七师师部。③ 何鸣被捕后，闽粤边特委立即通电抗议，全力进行营救，并派尹林平赴香港向南临委请示。④

迫于各界舆论的压力，粤军第一五七师释放了何鸣等人。第一五七

① 《黄会聪关于闽粤边区两年余情况致陈云等转中共中央的报告》（1937年4月20日），中国人民解放军历史资料丛书编审委员会编《南方三年游击战争·闽粤边游击区》，解放军出版社1994年版，第200页。

② 参见卢叨：《握笔从戎游击区》，中国人民解放军历史资料丛书编审委员会编《南方三年游击争·闽粤边游击区》，解放军出版社1994年版，第232页。

③ 参见枫子：《闽南国共合作的经过及其前途》，中国人民解放军历史资料丛书编审委员会编《南方三年游击战争·闽粤边游击区》，解放军出版社1994年版，第338页。

④ 参见尹林平：《闽西南第二次国共合作谈判的情况和经验教训》，中共福建省龙溪地委党史办、中共广东省汕头市委党史办编《闽粤边区三年游击战争史料汇编》（二），1985年3月，第154页。

师师长黄涛并要何鸣转告中共闽粤边特委，同意双方全部停止敌对行动，合作抗日，但红军游击队要按粤军指定的地点集中训练，归第一五七师指挥。[①] 何鸣返回根据地后，特委对黄涛的意见专门进行了研究，决定派何鸣为代表与第一五七师继续进行谈判。此时中共闽粤边特委代书记一职已由张敏接任，何鸣不再担任该职。

此后，何鸣作为闽粤边红军游击队的谈判代表，到漳州与第一五七师参谋长张光前等举行多次谈判。粤军同意停战合作，但坚持红军队伍要离开根据地，集中到粤军指定地点整训。经反复协商，中共闽粤边特委先后否定了粤军提出的红军应到厦门或石码、海澄集中整训的要求。随后，粤军又提出红军整训地改在漳浦县城，考虑到漳浦县城只驻扎粤军两个连，兵力不强，且周围三十里内无粤军重兵，红军安全应有保障，因此闽粤边特委最终同意将红军整训地放在漳浦。[②]

6 月 23 日，中共闽粤边特委在平和高坑陈家祠召开有地方区、部队连以上干部参加的扩大会议（史称“高坑会议”）。会议围绕合作抗日、红军改编后的名称、红军在哪里整训等重大事项进行了广泛的讨论。[③] 会上，反对部队进驻漳浦者有之，赞同者亦有之，在谈判代表何鸣的坚持下，最后，中共闽粤边特委决定部队开往漳浦，并考虑了相应的防范措施。[④] 会议期间何鸣代表中共闽粤边特委与粤军第一五七师在 6 月 26 日就合作抗日问题达成协议。协议的主要内容为：“一、红军一、三支队和抗日义勇军改编为国民革命军，受一五七师指挥。二、特委在不推翻现政府方针下，有宣传、组织、独立自由批评之精神。三、在一五七师防区内共同组织与保证民众爱国运动自由，如救国宣传、组织，排除汉奸、浪人，铲除土劣，禁绝烟赌等。四、停止封锁苏区。五、释放被捕

① 参见陈柏麟：《粤军五一七师驻闽“剿共”事略》，《福建党史月刊》1986 年第 3 期。

② 参见张湘、史文臻：《论“漳浦事件”的性质》，《福建党史月刊》1990 年第 10 期。

③ 参见《闽粤边三年游击战争大事记》，中共福建省龙溪地委党史办、中共广东省汕头市委党史办编《闽粤边区三年游击战争史料汇编》（一），1985 年 3 月，第 323 页。

④ 参见《闽粤边三年游击战争大事记》，中共福建省龙溪地委党史办、中共广东省汕头市委党史办编《闽粤边区三年游击战争史料汇编》（一），1985 年 3 月，第 323 页。

之红军人员，红军所抓之土豪也尽行释放……六、保留红军之原有指挥员及政治工作人员，……七、红一、三支队及义勇军改编后用保安队名义，直接由第一五七师指挥，将与闽西南之红军接洽改编妥当，当即编入同一系统……九、在未发动抗日战争前，不得调离漳属。十、双方应遵守双方中央所谈判成立之最后政治协定，待双方中央之政治协定公布后，不合以上各条者修改之，不够者得补充之。十一、以上各条由签定之日起，双方应即通知双方之部队、各党部及政府施行。”①

“六二六”政治协议在共同抗日的前提下体现了国共合作的精神，是南方游击区最早的国共合作共同抗日的正式协定，有其特定的历史意义。但也应该看到，按照协议，红军必须编入国民党军序列，接受国民党粤军第一五七师的指挥，这样一来中共闽粤边党和红军就存在了在政治上、组织上丧失独立性的危险。同时，协议中有关红军不得调离“漳属”的规定，实则为国民党粤军实现其阴谋即调动红军进入指定地点予以消灭，埋下了伏笔。

必须指出，在寻求闽粤边国共合作的过程中，闽粤边特委始终从民族大计出发，抱着真诚的态度，而粤军上层则暗藏吞并或消灭红军之心。国民党闽粤边当局之所以同意停战合作，一方面完全出自被动，受到各方面舆论压力所致；另一方面则认为闽粤边红军游击队接受改编与指挥，“番号即不存在，‘剿共’大功即可告成，根本没国共合作、一致抗日救亡的概念与同情之心”②。在谈判过程中，粤军上层始终要求红军拉出根据地，集中于其便于掌控之地，以达到限制、削弱甚至瓦解红军之险恶用心。而事实上，只要国民党粤军这一阴谋得逞，上述包含闽粤边区国共合作抗日各事项的“六二六”协议也将成为一纸空文。

在这期间，闽粤边特委委员、红三团政委兼团长何鸣对红军部队的

① 枫子：《闽南国共合作经过及其前途》（1937年8月10日），中国人民解放军历史资料丛书编审委员会编《南方三年游击战争·闽粤边游击区》，解放军出版社1994年版，第232—233页。

② 陈柏麟：《粤军一五七师驻闽“剿共”事略》，《福建党史通讯》1986年第3期。

安全问题未能保持高度警觉产生了麻痹思想。红军游击队是留在根据地还是开往漳浦县城整编整训，是闽粤边国共谈判争论的重点之一。在谈判前中共南临委对闽粤边特委曾来信指导，信中有："在未得中央红军调动集合命令以前，在原有地区驻守"等语。① 但在谈判中，何鸣却没有将南临委指示信中的这一内容作为谈判能否继续进行的先决条件。

由于中共闽粤边特委的何鸣等人过高地估计了粤军上层的抗日态度，忽视了在民族矛盾上升为主要矛盾时仍存在着国共两党尖锐斗争的客观事实，想尽快与粤军达成共同抗日协议，期盼谈判早日成功，因此在部队去留这一重大原则问题上，固执己见，极力主张部队拉出根据地驻防漳浦整训，以便扩大政治影响。同时中共闽粤边特委也对谈判急于求成。实事求是地说，特委对部队安全问题作了相应的考虑，但并未将其置于谈判的首要地位。

何鸣主张部队可拉到漳浦整训的意见，在高坑会议上受到了卢胜、朱曼平、林路等不少同志的反对，但何鸣听不进这些反对意见，一再坚持己见，认为进入漳浦县城"能扩大政治影响"，"体现我军履行协定，团结抗战的诚意"，而特委代书记张敏及其他领导同志不仅未能坚决废止何鸣这一隐含巨大风险的主张，而且最终作出决定，部队由何鸣率领离开游击区，向漳浦集中。②

这一为日后事实所证明是错误的决定，为国民党当局阴谋消灭闽粤边红军，制造"漳浦事变"提供了可乘之机。

二　闽西游击区由"抗日反蒋"到"联蒋抗日"的转变

建立抗日民族统一战线，是中国共产党伟大的战略决策。中央红军

---

① 参见《中共南方工作委员会给闽粤边区特委的指示信》（1937 年 3 月 5 日），中国人民解放军历史资料丛书编审委员会编《南方三年游击战争·闽粤边游击区》，解放军出版社 1994 年版，第 190 页。

② 参见尹林平、朱曼平、卢胜：《漳浦事件的回顾》，中国人民解放军历史资料丛书编审委员会编《南方三年游击战争·闽粤边游击区》，解放军出版社 1994 年版，第 357—359 页。

长征后，在民族矛盾逐渐上升为主要矛盾，阶级矛盾下降为次要矛盾的新形势下，闽西南军政委员会适时转变策略，不断总结经验，从“抗日反蒋”逐步转变为“联蒋抗日”，为闽西南地区国共合作的最终实现做出了重要贡献。

1935 年 10 月，中央红军长征胜利到达陕北。1936 年 2 月，毛泽东率领红军抗日先锋军东渡黄河，挺进山西抗日前线。在这种形势下，蒋介石从闽西地区调走了 4 个主力师，即第十、第八十三、第三十六、第七十二师，北上“围剿”中央红军。[①] 闽西的国民党正规部队只剩下第三、第九、第六十二、第八十师及新十师第三十七旅。这样，闽西南国民党军兵力大为减弱。

这时，闽西南军政委员会从中共中央设在上海的联络站得到了党中央“关于开展抗日反蒋统一战线”的指示，并通过闽粤边特委与设立在香港的中共南方临时工作委员会（南临委）及进步团体华南抗日总会取得联系。从送来的香港报刊和巴黎出版的《救国时报》上，第一次看到“八一宣言”和《陕北苏区党代表大会号召联合抗日告全国人民书》。1936 年 1 月 1 日，闽西南军政委员会在上杭双髻山驻地召开了闽西南军政委员会第二次会议。会议根据党中央的新精神和闽西南局势，确定在全闽西实行抗日反蒋统一战线的方针政策。为了加强闽西南党组织的领导力量，会议增补邓子恢、谭震林为闽西南军政委员会副主席。[②]

1936 年 1 月 5 日，闽西南军政委员会作出《关于目前新的形势与新的任务决议》，决议清醒地指出，“在整个中国民族危机底下，福建同样危急万分”。但是，国民党亲日派助纣为虐，对外妥协退让，对内残酷“清剿”闽西红军。因此，“武装保卫福建”“武装保卫漳厦”已成为闽西南党组织目前动员广大群众最中心最有力的口号；而广泛地开展群众的

① 参见张鼎丞、邓子恢、谭震林：《闽西三年游击战争》，中共福建省委党史资料征集编写委员会编《福建党史资料》第 3 辑，1984 年 4 月，第 192 页。

② 参见《中华苏维埃共和国闽西南军事委员会布告第一号》，中共龙岩地委党史办公室编《闽西党史研究参考资料（1935 年—1937 年）》，1958 年 3 月，第 121 页。

游击战争，并“胜利地扩大和培养闽西南民众对日作战的武装力量，创造对日作战根据地，成为闽西南党目前抗日讨蒋最具体的战斗任务”。

面对新的形势，闽西南军政委员会明确指出：“必须大胆地开始来学习运用统一战线的策略……不要把口号只限于土地革命……不要只限于争取工农阶级，我们必须在‘抗日讨蒋’，在‘武装保卫福建’、‘武装保卫漳州、厦门’这些战斗口号之下，来团结更宽广的群众，来与一切阶级、党派、军队、团体、个人、联合行动。”① 闽西南军政委员会第二次会议的召开及《闽西南军政委员会关于目前新的形势与新的任务决议》的发表，标志着闽西革命斗争进入了“抗日反蒋”的新阶段。

抗日反蒋统一战线是从大革命失败以来中国共产党领导中国革命斗争的新纲领，它意味着十年内战的局面将逐渐结束，过去的阶级斗争尖锐对立的局面将逐渐缓和下来，许多过去的敌人将成为朋友。为此，闽西南军政委员会在斗争中实施了一系列新政策，主要的内容有：第一，对于各阶层、各党派包括地主、富农、国民党在内，只要他们有爱国之心，赞成抗日反蒋，对其过去所为，既往不咎，并对其主动团结；对一般地主、富农不再没收其财产。第二，对国民党军队，包括中央军、保安团，只要他们对红军停止“清剿”，停止摧残群众，红军也不进攻他们。第三，对于国民党地方基层组织及武装，红军采取争取方针，如提出“争取保甲长”“争取壮丁队为农民自卫队”的口号。第四，对于商人、手工业主，采取坚决保护自由贸易、公平买卖的政策。

为了使“抗日反蒋”统一战线的方针政策深入人心，红军和地方党组织进行了广泛的宣传活动。他们到处贴布告、标语，在乡村中召开群众大会，到学校去讲演，在圩镇中举行集会，向碉堡民团喊话。为了适应新形势，闽西南军政委员会将红军改称为“中国工农红军闽西南抗日讨蒋军”，各县游击队则编为人民抗日讨蒋游击队或义勇军。由于闽西南

① 《闽西南军政委员会关于目前新的形势与新的任务决议》（1936 年 1 月 5 日），中国人民解放军历史资料丛书编审委员会编《南方三年游击战争·闽西游击区》，解放军出版社 1991 年版，第 37—38 页。

军政委员会领导闽西党组织和红军游击队大胆运用抗日反蒋统一战线的政策策略，“去争取各阶级、各党派、各武装部队、各团体和个人这许多新的力量到‘抗日讨蒋’的民族革命战线上来”，因此，“在这个时期的动员对白军民团的工作，对联合生产党、青年团的工作，对争取知识分子、争取土匪的工作，有不少的胜利和成绩”。①

在卓有成效的抗日反蒋斗争中，闽西南革命力量日益强大，1936 年春节过后，国民党军集中第三、第八十、新十、第五十二师对闽西红军游击队发起以岩永杭为中心的第三期“清剿”。但此时的闽西红军游击队对游击战争的经验已日益丰富，在反“清剿”中娴熟地运用各种行之有效的游击战术，连挫“清剿”之敌。国民党第三期“清剿”很快陷入了困境。

正当闽西南地区抗日反蒋斗争蓬勃开展之际，与福建邻近的两广地区的国民党地方实力派陈济棠（广东），李宗仁、白崇禧（广西），于 1936 年 6 月打出“抗日反蒋”旗号，在广东成立抗日救国政府与抗日救国军，并以北上保卫华北为名进兵湖南。这就是震惊中外的“西南事变”(也称“两广事变”)。西南事变既是国民党各派系之间长期存在的利益冲突的反映，又表现了在民族危机日益深重的时刻，国民党内部的有识之士和部分地方实力派对蒋介石卖国内战政策的不满和要求抗日的愿望。虽然两广地方实力派的“抗日反蒋”动机与人民大众的愿望有区别，但西南事变在客观上对全国的抗日反蒋斗争是有利的。

蒋介石集团对于西南事变十分恐慌，采取了分而治之的手段，不惜重金首先收买瓦解了广东陈济棠部，迫使陈济棠通电下野，从而控制了广东。在瓦解广东反蒋势力后，国民党南京当局又以大军包围广西。广西方面的李宗仁、白崇禧最终委曲求全，与蒋介石言归于好，喧嚣一时的西南事变悄然收场。

---

① 张鼎丞：《日益成熟着的反攻形势》(1936 年 7 月 9 日)，中国人民解放军历史资料丛书编审委员会编《南方三年游击战争·闽西游击区》，解放军出版社 1991 年版，第 137 页。

闽西南军政委员会极为重视西南事变，在事变发生后，当即开会讨论寻求闽西南地区今后斗争方向；但由于对“西南事变”出现了认识上的偏差，因此在行动中采取了不切实际的做法。

西南事变发生后，闽西南军政委员会作出《关于西南事变与目前党的紧急任务的决定》并发出《为西南事变宣言》，认为事变的性质“是打倒卖国贼蒋介石的战争，是中国民族自救救国的战争”，对于事变的作用，则认为它“动摇了日本在中国的统治，削弱了日本走狗蒋介石对中国民众及其红军进攻的力量，结果便要推动全国抗日救国运动更大的高涨……以推动整个中国民族抗日战争的到来”。而对于两广方面与蒋介石南京方面的军事抗衡，闽西南军政委员会认为，西南方面有很大胜利把握，这一战争发展下去“也有可能转成与日本帝国主义的公开战争”。[①]

基于以上分析，闽西南军政委员会认为，西南事变“对中国共产党领导的中国革命极为重要”，西南反蒋战争的爆发，“将使中国革命更快走上突变式的发展”，中国民众及其红军将更快推翻蒋介石卖国统治。对于西南事变与闽西南革命斗争的关系，闽西南军政委员会认为：西南反蒋战争的爆发，“使我们今天的局部反攻条件不仅在闽西南内部成熟起来，而且在四周环境都便利于我们举行反攻”，“有利于我们由局部反攻进到总反攻的形势”[②]。

为了开展“局部反攻”，闽西南军政委员会采取如下措施：（一）在军事上采取初步集中，以便配合两广反蒋部队作战。（二）重新分田分山，行土地革命之实，成立公开或半公开的苏维埃政府。（三）游击队、游击组、自卫队加入红军。（四）改变过去“争取壮丁队成为秘密游击队，争取白色堡垒为赤色堡垒，争取保甲长为我们的保甲长”的口号，号召群众不参加壮丁队，参加自己的红军游击队，号召群众焚毁炮楼、

① 《闽西南军政委员会关于西南事变与目前党的紧急任务的决定》（1936 年 6 月 20 日），中国人民解放军历史资料丛书编审委员会编《南方三年游击战争·闽西游击区》，解放军出版社 1991 年版，第 112 页。

② 张鼎丞：《日益成熟着的反攻形势》（1936 年 7 月 9 日），中国人民解放军历史资料丛书编审委员会编《南方三年游击战争·闽西游击区》，解放军出版社 1991 年版，第 138 页。

碉堡，粉碎保甲制度。[①]

从闽西南军政委员会关于西南事变的重要决议文件中可以看出，闽西南军政委员会对西南事变的性质、作用及与闽西南地区革命斗争的关系的分析有许多失当之处，这在方针策略与行动上必然造成严重的失误。

根据上述判断与决策，闽西红军在闽西南地区展开“局部反攻”。在“局部反攻”中，本来已基本克服的“左”倾冒险行为又重新抬头，表现在不适当地集中兵力而过早地暴露了目标；策动各地民团、壮丁队举行暴动；重新开展分田活动，对“抗日反蒋”统一战线的联合对象予以打击等。这些行动，使刚刚建立起来的抗日反蒋统一战线，受到了不应有的损害与削弱，使1936年上半年开始好转的形势又紧张起来。

西南事变结束后，蒋介石重又腾出手来对付南方红军游击队。1936年9月间，国民党驻闽“绥靖”主任蒋鼎文由广东重返漳州，着手部署第四期“清剿”。11月，由蒋介石收买的粤军余汉谋之第一五七师黄涛部、第一五八师曾友仁部分批进入闽西南。第一五七师1个旅驻龙岩、漳平边界，第一五八师1个旅驻龙岩、永定边界，另约2个团驻上杭、连城一线。随后，粤军向闽西南红军游击队发动大规模“清剿”。

粤军入闽后，除沿用中央军所采用的“移民并村”“筑堡封锁”“保甲连坐”等手段外，还采用了更为狡猾的分散伏击、远袭、夜袭、回袭、分进合击、连续游击等战术，经常出动整团整营兵力“合围奔袭”闽西红军游击队。

对于“抗日反蒋”的粤军，如此之快地变为“反共”“剿共”军队，闽西南军政委员会未曾料及，因此遭到一定损失，一时在军事上陷于被动。

面对粤军的残酷“进剿”，闽西南军政委员会及时地总结了经验教训，于1936年11月作出《关于在西南事变中我们工作的检查与目前紧急任务的决议》，对前一阶段的工作上的失误作了自我批评。针对闽西南

---

① 参见张鼎丞、邓子恢、谭震林：《闽西三年游击战争》，中国人民解放军历史资料丛书编审委员会编《南方三年游击战争·闽西游击区》，解放军出版社1991年版，第335页。

已处于粤军统治下的新形势，闽西南军政委员会制定了相应的方针，领导闽西革命力量在军事上实行灵活的游击战术，打破粤军“清剿”，在政治上大力争取粤军，建立更加广泛的抗日反蒋统一战线。在予粤军军事上有力打击的同时，闽西南军政委员会多次发出给粤军官兵的书信，号召广大粤军官兵“集中力量来救亡，不要执行法西斯蒂的卖国残民的‘清剿’计划”[①]。

在开展抗日反蒋统一战线的工作中，闽西南军政委员会十分重视团结一切可以团结的人士。1936年12月，闽西南军政委员会发出《闽西南军政委员会为联合救国致各界公开信》，以诚恳态度，希望与闽西南各界同胞及爱国志士“本互相商讨之精神，泯彼此嘻嫌之成见”，共同发起组织闽西南各界救国联合会，切实磋商闽西南抗日政府、抗日联军的建立，以完成救国救省的任务。[②]

由于闽西红军游击队在军事上不断给粤军以有力打击，并开展广泛的政治攻势，“清剿”粤军所得到的“收获”，“只是部队的逃亡、疲惫、死伤和社会舆论的反感”。经过几个月的“清剿”与反“清剿”，战局已成相持状态。

此时闽西南军政委员会领导人与党中央失去联系已达两年之久，他们努力从所获得的香港、汕头及国民党报纸上有关共产党的一切消息报道中分析推测党中央的意图。他们在报上得悉西安事变中张学良、杨虎城释放蒋介石系出自中共中央的主张，及中共中央向国民党五届三中全会提出“国共合作、一致抗日”的消息后，决定派方方去西安寻找党中央办事处，然后转赴延安向党中央汇报和请示工作。[③]

---

① 《闽西南全体红军战士答复粤军官兵书》(1936年12月)，中国人民解放军历史资料丛书编审委员会编《南方三年游击战争·闽西游击区》，解放军出版社1991年版，第177页。

② 参见《闽西南军政委员会为联合救国致各界公开信》(1936年12月)，中国人民解放军历史资料丛书编审委员会编《南方三年游击战争·闽西游击区》，解放军出版社1991年版，第181页。

③ 方方：《三年游击战争——新四军二支队前身奋斗史》，中共龙岩地委党史办公室编《闽西党史研究参考资料（1935年—1937年）》，1958年3月，第83页。

1937年4月间，闽西南军政委员会通过与之有联系的闽粤边特委得到了党中央《关于抗日救亡形势与民主共和国的决议》和中共南临委3月5日给闽粤边特委的指示信，从而得知党中央方针已从“抗日反蒋”转入“联蒋抗日”。4月25日，闽西南军政委员会在永定召开了常委扩大会，学习并讨论了党中央的新精神，决定首先在闽西开展“和平运动”，进而推动国民党当局抗日，以确保闽西地区抗日民族统一战线的建立。

会后，闽西南军政委员会向党内发出《为停止内战，对内和平，一致抗日的指示》，并制定了《闽西南人民抗日救国纲领》。纲领指出：“闽西南人民自救救国的根本出路，只有一致联合起来”，“为着集中力量抗日救国，首先要求闽西南内部团结，各党、各派、各军、各界亲密联合，停止内战，一致对外，尤其要消除红军与粤军及地方武装部队之间的敌对行动，使‘清剿’与游击同时停止，以保存双方抗日力量，避免地方糜烂”。[①] 同时，张鼎丞等发表《为停止内战一致抗日致闽西南各界人士书》，再次强调：“为实现闽西南内部和平，亲密团结，就必须打破闽西南各党派、各阶级之间十年来由于对内问题上意见分歧所形成的长期隔膜的对立现象”。只要“大家在抗日救国共维桑梓的问题上取得一致”，“对在一切细小问题及其他问题上的不一致”采取“彼此互相宽容”的态度，“全闽西南内部亲密团结的联合战线是一定成功的”。[②] 闽西南军政委员会的这些主张和方针，标志着闽西南革命斗争已从“抗日反蒋”转入“联蒋抗日”阶段，也预示着闽西南革命斗争即将由土地革命战争时期转入到抗日战争这一历史新时期。

为执行中共中央提出的“停止内战、一致抗日”主张，推动闽西南

---

① 《闽西南军政委员会关于闽西人民抗日救国纲领》（1937年5月15日），中国人民解放军历史资料丛书编审委员会编《南方三年游击战争·闽西游击区》，解放军出版社1991年版，第215页。

② 《张鼎丞等为停止内战一致抗日致闽西南各界人士书》（1937年5月15日），中国人民解放军历史资料丛书编审委员会编《南方三年游击战争·闽西游击区》，解放军出版社1991年版，第221页。

抗日民族统一战线的建立，闽西南军政委员会掀起了一场声势浩大的争取闽西南地区和平的运动，向各界人士和报馆广泛散发各种文件与公函，呼吁停止内战，一致抗日，下令所属红军游击队停止攻击性的游击战争和一般性的武装行动。

闽西南军政委员会发起的和平运动得到了闽西人民的热烈响应，取得了闽西各界的同情和赞赏。在闽西南地区和平运动粗具规模后，闽西南军政委员会着手进行谋求与国民党和平谈判共同抗日的工作。他们以粤军为谈判对象，争取以闽西南知名人士为谈判合作的桥梁，同时争取首先实现闽西南各地区的局部和平。

为了促成与驻闽西南国民党主要武装部队粤军的和平合作，闽西南军政委员会于 5 月三次发出《致粤军公函》，向粤军提出双方合作的五项最低要求：(一) 要求粤军立即决心抗日；(二) 要求粤军立即拒绝南京亲日派的误国政策，自动停止“清剿”，停止向闽西南红军及义勇军的进攻；(三) 开放闽西南人民的救国运动，扶助农工商学兵各界民众生活改善的要求；(四) 保证闽西南人民居住、行动、言论、集会、结社、出版等民主自由，允许共产党及其他救国党派的政治活动与组织自由，释放一切政治犯；(五) 在合作后双方各自保存宣传鼓动及对于对方批评自由，以克服在抗日救国中所发生的不良现象及不正确倾向。[①] 当粤军接受上述条件后，闽西南红军愿意执行下列四项和平条件：(一) 停止对粤军及一切地方部队的敌对行动。(二) 在抗日行动中，在军事上愿受粤军指挥，但红军内部编制、纪律、人员不受任何干涉。(三) 在未接到红军总司令部调动命令以前，红军在由双方商定驻防地区与粤军划界自守，互不侵犯。(四) 红军对日作战，需要进入粤军及其友军区域时，只要给养保证，红军不干涉当地的行政制度，并遵守友军一切关于社会的法律

---

① 参见 枫子：《闽南国共合作的经过及其前途》(1937 年 8 月 10 日)，中国人民解放军历史资料丛书编审委员会编《南方三年游击战争·闽粤边游击区》，解放军出版社 1994 年版，第 231 页。

和命令。[①]

在争取闽西南地区局部和平的过程中，闽西南军政委员会与粤军中下层有了较多的接触，红军与粤军的敌对状态已逐渐打破。在民族矛盾日益深重的形势下，国民党福建当局及粤军上层也不得不改弦更张，对闽西南红军游击队的共同抗日要求有所表示。至此，闽西南国共和谈的时机已经成熟。

1937 年 5 月间，在闽西进步人士与粤军有特殊关系的原国民党十九路军营长谢再发的联络下，闽西南军政委员会派出代表魏金水前往龙岩适中，与国民党驻适中的粤军一五七师吴琪营长进行了会谈。这次会谈标志着闽西南地区国共和谈的正式开始。随后，闽西南军政委员会决定派谢育才为代表，前往漳州与粤军第一五七师师长黄涛直接谈判，并正式确定同国民党谈判的原则与要求。这就是，国民党必须做到：（一）立即停止军事“清剿”；（二）开放民主自由；（三）释放一切政治犯。以此为前提，闽西红军保证做到：（一）停止苏维埃政权，包括各级军政委员会的活动；（二）红军可以改换名称，取消番号，在国民政府的统一领导下共同抗日；（三）停止没收地主阶级土地，停止打土豪分田地。[②]

6 月初，谢育才带着闽西南军政委员会的谈判主张和公函到漳州同黄涛谈判。黄涛对闽西南军政委员会的谈判原则和诚意表示欢迎，要谢育才去龙岩与其第四六九旅旅长练惕生接洽谈判事宜。7 月上旬，谢育才前往龙岩，同练惕生和第六区行政公署专员张策安谈判。[③] 由于双方在红军集中地点问题上意见各异僵持不下，闽西南军政委员会又派邓子恢参加谈判。1937 年 7 月 10 日，邓子恢和谢育才抵达龙岩城，与国民党当局继续谈判。与此同时，闽西南军政委员会力求做到“凡属闽西的驻

① 参见 枫子：《闽南国共合作的经过及其前途》（1937 年 8 月 10 日），《南方三年游击战争·闽粤边游击区》，解放军出版社 1994 年版，第 231 页。

② 参见谢育才：《我参加闽西国共和谈的经过》，《龙岩党史通讯》1985 年第 2 期。

③ 参见谢育才：《我参加闽西国共和谈的经过》，《龙岩党史通讯》1985 年第 2 期。

军机关、政党机关之县、区、乡，都有我们的各级代表往返商谈和平问题”①。

经过坚决斗争与多次谈判，国民党当局同意闽西南军政委员会的意见。7 月 29 日，双方在龙岩商会达成协议。至此，闽西地区的第二次国共合作局面初告形成。

三　闽东党组织努力促成国共和谈

1936 年西安事变后，抗日民族统一战线在全国逐步形成。在此进程中，国民党福建当局却秉承蒋介石的旨意，继续对闽东红军游击队实行大规模的“清剿”，并肆意歪曲中共中央方针，对闽东红军进行政治欺骗宣传。他们四处造谣“朱毛都投降了，你们还不投降”，妄图蛊惑人心，瓦解红军。当时，闽东党组织与上级的联系已中断了 3 年多，对外界情况变化所知很少。因此，一时部队人心浮动，不知为何中央红军“不打国民党了”②。

面对这一情况，闽东党组织四处搜寻报纸，从报纸上了解到党中央关于建立抗日民族统一战线的主张。叶飞在党内、军内分析了形势，指出，“中央红军是不会‘投降’的”，所谓“投降”是国民党造谣，真实的情况是“日本人打进中国，党中央要求停止内战，枪口一致对外，搞联合抗战”③。通过学习与分析，闽东特委在党内和军内澄清了事实真相，消除了国民党的欺骗宣传对闽东红军的不利影响。

1936 年冬，闽东特委通过与香港中共南临委有联系的福州进步青年组织等渠道，得到了“八一宣言”、《中国共产党告国民党书》等中共重

---

① 《闽西南军政委员会关于闽西南和平谈判三个月来的各方面动员工作致张云逸、南委转中共中央的报告》（1937 年 9 月 17 日），中国人民解放军历史资料丛书编审委员会编《南方三年游击战争·闽西游击区》，解放军出版社 1991 年版，第 261 页。

② 陈挺：《回忆闽东红军斗争历史》，中共福建省委党史资料征集编写委员会编《福建党史资料》第 3 辑，1984 年，第 10 页。

③ 陈挺：《回忆闽东红军斗争历史》，中共福建省委党史资料征集编写委员会编《福建党史资料》第 3 辑，1984 年，第 11 页。

要文件，对中共中央的建立抗日民族统一战线的主张有了进一步的认识。闽东党组织积极行动起来，大量翻印和散发所得到的中共文件，宣传党中央方针，从而提高了广大党员和红军战士的思想认识，振奋了民心，粉碎了国民党顽固派的无耻阴谋。

从此以后，闽东党组织按照中央精神，基本停止了“打土豪、分田地”等土地革命政策，逐步转入争取与国民党合作抗日的历史新阶段。闽东特委从闽东实际情况出发，采取了以下一些具体措施：（一）广泛宣传抗日；（二）武装自卫；（三）争取进行国共谈判。①

随着形势的发展和对经验的不断总结，这些斗争目标的具体内容越来越明确。为了适应抗日斗争的需要，闽东特委对组织形式进行了相应的改变，早在1936年冬即将闽东苏维埃政府改名为“闽东人民苏维埃政府”，1937年春又更名为“闽东军政委员会”，叶飞任主席，范式人、阮英平任副主席；另又将“中国工农红军闽东独立师”改为“中国人民红军闽东独立师”。

组织形式改变后，闽东特委制定了一系列新的政策：“一、对知识分子，一切同情反日反卖国贼的知识分子，不论他过去是否国民党党员或在国民党政府工作，苏维埃均予以优待。一切革命的知识分子，苏维埃均给以选举权和被选举权。二、对民族工商业及一切小资产阶级分子……给以选举权和被选举权，同时对于民族工商业资本家……在苏区内欢迎他们投资营业，在红军占领的地方保护反日反卖国贼有利益的工商业。”三、“富农的财产不没收，土地除剥削部分外的均不没收，乡村中实行平分土地时有与贫农中农得同等土地之权”。四、组织国防政府与抗日联军，不问何种武装，不论是民团壮丁队还是国民党军，均愿与之联合。②

在此期间，闽东党组织和红军按照新的方针，积极推动闽东地区国

① 范式人：《关于闽北、闽东、闽中等地区工作的报告（节录）》，中国人民解放军历史资料丛书编审委员会编《南方三年游击战争·综合篇》，解放军出版社1995年版，第354页。

② 参见《中华苏维埃人民共和国闽东军政委员会布告》（1937年6月），中国人民解放军历史资料丛书编审委员会编《南方三年游击战争·闽东游击区》，解放军出版社1995年版，第65页。

共合作抗日局面的形成。1936 年冬，闽东红军写信给浙江省庆元县国民党政府，提议实行合作抗日。但是国民党当局根本没有谈判诚意，继续推行反共内战政策，派遣大批部队“进剿”闽东霞鼎、岗垅游击区，杀害中共闽东特委委员霞鼎中心县委书记许旺等人。

国民党当局的不得人心之举并不能阻挡闽东抗日浪潮的日益高涨。为了力争抗日民族统一战线在闽东的早日实现，闽东党组织积极宣传关于停止内战、一致抗日和建立抗日民族统一战线的主张，到处张贴闽东特委 1936 年冬发布的《告群众书》，以及闽东抗日军政委员会、闽东抗日红军、闽东霞鼎泰人民政府、霞鼎泰人民抗日救国会和各县人民政府所写的传单、标语，号召“白军官兵们，起来反对内战！反对进攻抗日红军”，呼吁“全中国、全民族不分党派，不分阶级共同联合起来，共同对付我们民族公敌——日本帝国主义”，要求“争取抗日救国的绝对自由”，表达“反对内战，集中全国人力、兵力、财力抗日”的愿望。经过广泛的宣传，团结御侮、共同抗日的呼声遍布闽东各地。

为了加强城市的抗日爱国斗争，闽东党组织在一些主要城镇恢复和建立了党的地下组织，运用各种形式发动群众进行抗日爱国运动。在郭文焕领导下，福安城关党支部恢复了活动，发动党员和进步青年加入国民党官办的“抗敌后援会”，开展轰轰烈烈的抗日救亡斗争。

卢沟桥事变爆发前夕，中共闽东特委于 7 月 5 日发布《告民众书》，指出中华民族已经到了生死存亡的最后关头，但是由于国民党及其政府实行卖国投降政策和反共内战方针，致使日本帝国主义吞并东北与华北，更企图进一步灭亡中华民族。闽东特委在这份《告民众书》中，以民族利益为重，再次呼吁“全中国全民族不分党派，不分阶级，一致的联合团结起来，结成坚固的、宏伟的民族阵线去对付我们的民族的公敌——日本帝国主义！”①

---

① 《中共闽东特委为建立抗日民族统一战线告民众书》（1937 年 7 月 5 日），中国人民解放军历史资料丛书编审委员会编《南方三年游击战争·闽东游击区》，解放军出版社 1993 年版，第 67 页。

闽东特委的新政策和建立抗日民族统一战线的努力，在社会上产生了深刻的影响，赢得了闽东各界人士和社会舆论的广泛同情和支持，为1937年七七事变后，闽东地区国共合作抗日局面的实现奠定了基础。

四　闽北红军为实现国共和谈而艰难奋斗

洞宫山会议后，中共闽赣省委书记黄道为取得与中共中央的联系，将闽北游击战争的开展情况向中央汇报，并将中共闽赣省委组成名单报请中央批准，于1936年8月，派省委委员吴华友突围到上海联系党中央。① 在此期间，由于民族危机的不断加剧，闽北党组织领导人敏锐地感到全国的形势已发生深刻的变化。1936年10月，中共闽赣省委决定在地方"号召抗日反帝斗争，组织抗日义勇军，划分各区为民众对日作战分区"②。

西安事变爆发后，闽北党组织从闽北群众中得知事变的消息，但只把它作为一种传闻。1937年1月，黄道从一张包盐的报纸上看到登载在上面的西安事变消息，得悉张学良、杨虎城在西安扣押蒋介石，逼蒋联共抗日，以及共产党中央派周恩来赴西安与蒋介石谈判的消息③，证实了群众中的传闻。这些重要情况，使闽北党组织更进一步意识到国内形势将发生新的重大变化。

随后，闽北红军游击队在打土豪时着重进行两项工作，一是大量收集全国和福建报纸（如福建《民国日报》《闽报》等），二是集款购买生活书店的书籍。从这些书报的字里行间，闽北党组织得到了不少闽北地区以外的消息。如1937年2月10日中共中央给国民党五届三中全会的电报及宋庆龄、冯玉祥等人在国民党五届三中全会上联名提出关于国共

① 参见吴华友：《辗转千里送文件》，中共建阳地委党史办公室、福建省建阳地区文化局编《战斗在闽北》，1983年10月，第238页。

② 《闽赣省委关于开展抗日反帝斗争的决议》（1937年2月7日），福建省建阳地委党史办编《闽北党史文献》第3辑，1983年1月，第93页。

③ 参见董慧珍：《回忆黄道同志》，中共建阳地委党史办公室、福建省建阳地区文化局编《战斗在闽北》，1983年10月，第141页。

合作抗日的提案等。①

其间，寻找党中央的吴华友到上海后，未能与党中央取得联系，又辗转到达香港，从香港寄回了“八一宣言”、《红军东进山西宣言》《中共中央关于抗日救亡形势与民主共和国的决议》等文件和书籍。②

在不断得到国内外消息和获得党内文件之后，闽赣省委书记黄道立即组织省委机关的干部进行学习研究。大家学习了列宁有关革命妥协的论述和党中央文件，积极领会党中央制定的新的重大方针政策。1937 年 2 月 7 日，中共闽赣省委作出了《关于开展抗日反帝斗争的决议》。针对当时闽北地区抗日口号仍未普遍深入群众的情况，决议指出闽北党组织应加紧进行“在群众中广泛宣传日本帝国主义暴行及企图占领福建阴谋的工作”，使群众一致团结起来，共同抗日。为了团结更广泛的群众，决议要求闽北党组织在各地发起组织抗日救国会，吸收工农群众、学生、知识分子、自由职业者加入该会，号召“一切不愿做亡国奴的中国人，不论职业、团体、宗教信仰、政治派别，一致联合起来，共同进行抗日的民族革命战争”③。

为了迎接西安事变后即将到来的抗日战争新形势，1937 年 3 月 7 日，闽北党组织成立了闽赣省军政委员会，主席黄道，副主席曾镜冰、曾昭铭。④ 同日，闽赣省军政委员会政治部发出训令指出，“党的总路线是发动与组织全国民族一切革命力量，去对付当前的敌人日本帝国主义与卖国贼，无论什么人……都参加到反日阵线上去”。为贯彻这一路线，闽北党组织和红军的具体任务是：(一)“在自己行动区域广泛建立群众组织，

---

① 参见《黄知真访问记录稿》，1986 年 7 月。

② 参见吴华友：《辗转千里送文件》，见中共建阳地委党史办公室、福建省建阳地区文化局编《战斗在闽北》，1983 年 10 月，第 244 页。

③ 《中共闽赣省委关于开展抗日反帝斗争的决议》（1937 年 2 月 7 日），中国人民解放军历史资料丛书编审委员会编《南方三年游击战争・闽北游击区》，解放军出版社 1993 年版，第 41 页。

④ 参见中国人民解放军历史资料丛书编审委员会编《南方三年游击战争・闽北游击区》，解放军出版社 1993 年版，第 402 页。

在环境许可之处帮助与发动群众组织乡区抗日政府（抗日军政委员会），在环境不许可之处应该建立抗日联合会，扩大我们的抗日的宣传”；（二）“对联合的武装，我们应加强其下层工作……宣传我们党的主义，或以实际的行动表示我们反日坚定性而争取党的领导员〔权〕”；（三）“用文字（如写信、粘标语、散传单等），以及各种方式向白军士兵及下级军官进行反日宣传鼓动工作”。

训令还指出，为了适应新形势，党的政策也应作相应改变：（一）“对于一切知识分子……只要不是反动领袖，都要保护他们，甚至失业的知识分子应救济他，以吸引其加入反日阵线”。（二）对小工商业，“我们应保护他们，绝对禁止将几百元以上至几千元的商人捉来罚款，对较大的商家也只能向他们捐款”。（三）“对富农也不应捉来罚款与捐款”。在新时期，训令要求红军游击队做到：“进攻时反对冒险主义，防御时反对保守主义，转移时反对逃亡主义……保持有生力量”。[①]

3月28日，闽赣省委作出《关于红五月工作的决议》，更进一步指出：必须联合一切能够联合的反日政治派别与武装，“进行民众革命统一战线的谈判，吸受〔收〕他们加入抗日联合会，与他们结成反日的巩固联盟”[②]。在此期间，闽赣省军政委员会向福建、江西国民党地方当局发出通电，呼吁停止内战、一致抗日。

西安事变后，蒋介石实行“北和南剿之策”。一方面迫于形势，在北方与中国共产党中央进行和平谈判，另一方面却在南方集结重兵对中共领导的各游击根据地发起大规模进攻，妄图一举消灭坚持在南方各省进行斗争的红军游击队。南京国民党军事委员会“严电驻闽国军及各保安队，即以全力清剿各该驻防区残匪……以完成绥靖使命”[③]。1937年1

① 《闽赣省军政委员会政治部训令》（1937年3月7日），中国人民解放军历史资料丛书编审委员会编《南方三年游击战争·闽北游击区》，解放军出版社1993年版，第42—43页。

② 《中共闽赣省委关于红色五月工作的决议》（1937年3月28日），中国人民解放军历史资料丛书编审委员会编《南方三年游击战争·闽北游击区》，解放军出版社1993年版，第45页。

③ 《闽北日报》1937年1月15日。

月，闽浙皖赣边区“清剿”总指挥刘建绪，在浙江衢州召开四省边区驻防长官会议，布置对闽北、闽东的“清剿”[①]，国民党军把闽北地区划入闽浙赣“清剿”区，加紧了对红军游击队的进攻。

随后，国民党军集结第六十三、第七十五、第七十六、第十一、第三、第四十五师等正规军和地方保安团，分路大举进攻闽北各游击根据地[②]，以图在短时间内消灭红军游击队。同年 6 月，福建省“绥靖”主任蒋鼎文为彻底肃清闽北红军游击队，又调原驻闽东之八十师一部入闽北，以八十师副师长谢辅三为指挥官，在建阳设立闽北“剿匪”指挥部，抽调八十师、三师、七十五师各一部，分 3 个支队，对闽北游击区实行所谓“分区搜剿”，定于 7 月份歼灭闽北红军游击队。[③] 同时，刘建绪又同驻浦城行政专员陈逸风等商定，立即在闽北、闽东地区加紧移民并村，以使红军游击队失去掩护，一举予以“剿灭”。[④]

在西安事变得到和平解决，外界风传国共已再度合作情况下，国民党军采取如此残酷的进攻，为闽北游击区中共党组织所始料不及。当时红军游击队都分散在各地活动，新开辟的游击区的基层党组织与地方武装也未普遍建立，或者建立了还未巩固，因此难以对付国民党军队突如其来的大规模攻击。

面对闽北游击区的急剧恶化局面，一些部队的领导人产生了急于打退敌人进攻的急躁情绪，放弃了“保存实力”的方针，指挥部队与国民党军队硬打硬拼，结果部队受到很大损失。为此，闽赣省军政委员会发布训令，重申“保存实力”的基本方针，坚决反对冒险主义，指出：“打硬战应即纠正，就是有可缴得一些枪支如果有大损耗，我们都要避免之”[⑤]。此后，各部队采取分散隐蔽的方针，进入深山与敌相持。

---

① 《闽北日报》1937 年 1 月 13 日。

② 参见《福建民报》1937 年 2 月 21 日。

③ 参见《闽北开始总搜剿》，《福建民报》1937 年 6 月 25 日。

④ 参见《闽北浦城等县实行移民并村办法》，《福建日报》1937 年 7 月 1 日。

⑤ 《闽赣省军政委员会政治部训令》（1937 年 3 月 7 日），中国人民解放军历史资料丛书编审委员会编《南方游击战争·闽北游击区》，解放军出版社 1993 年版，第 43 页。

在反“清剿”中，闽北红军游击队面对国民党军反复“围剿”的凶猛攻势压力，顽强坚持在各个游击根据地进行艰苦斗争，为此也付出了沉重的代价，中共闽赣省委机关也被敌围困在建阳、邵武边境的猪母岗大山上达数月之久。但是，闽北红军游击队以惊人的意志，坚持斗争，保存了革命的有生力量，直到七七事变，抗日战争的全面爆发。

五　中共闽中工委积极推进国共和谈

随着闽中游击战争的蓬勃开展，根据国内外形势的变化，闽中特委于 1936 年 5 月在莆田和永泰边界的后溪召开扩大会议。会上决定把红一支队与红二支队合并组成为闽中抗日救国义勇军第二支队，以开展“抗日反蒋”斗争。会后，正式成立闽中抗日救国义勇军第二支队，刘突军为支队长，吴德标为司令员，雷光熙、王铁成为副司令员。[①] 6 月 24 日，新成立的第二支队奇袭了设在莆田县黄石镇上的国民党县政府第三区公署，在镇上散发传单、张贴标语，公开进行“抗日反蒋”宣传。

为了尽快取得与上级的联系，闽中特委派王于洁于 1936 年夏赴上海寻找党中央。王于洁到达上海以后，未能找到上级党组织，便乘沪厦轮船返闽。在厦门，王于洁与中共厦门工委书记肖林取得联系。肖林告诉王于洁，厦门工委属香港中共南方临时工作委员会（南临委）领导，并答应协助闽中特委打通与南临委的联系。[②]

1936 年秋，中共闽中特委在壶公山龙王寺召开特委扩大会议。王于洁向大家汇报了赴沪、厦寻找党的领导关系的情况。会议确定，派黄孝敏等赴香港与南临委联系。[③]

同年 11 月，已与中共南临委取得联系的黄孝敏、余长钺自香港返回，向特委传达了红军三大主力会师的喜讯和中共中央向党内发出关于

---

① 参见蒋维锬：《闽中地区的三年游击战争》，《福建党史月刊》1986 年第 7 期。

② 参见《莆田党史大事记》，《莆田党史资料简讯》，1984 年第 5 期。

③ 参见《闽中党史大事年表》，中共福建省莆田市委党史资料征集编写委员会办公室编《闽中党史资料》1985 年第 1 辑，第 8 页。

“逼蒋抗日”的指示。[1] 中共闽中特委根据新的形势，研究了怎样在闽中地区有效开展“逼蒋抗日”工作等问题，认为闽中当前的首要问题是国民党当局根本不承认闽中红军游击队的存在，因此在发动开展抗日宣传工作的同时，还应继续进行游击战争，壮大自己的力量，迫使当局停止内战，共同抗日。

1937 年 2 月 16 日，闽中特委从中共南临委寄来的《救国时报》中了解到西安事变的真相和中共中央争取国共合作主张的新精神，之后在莆田县格塘区茫渡村召开会议。会上研究了如何开展政治宣传攻势，敦促闽中国民党当局停止内战、共同抗日等问题，但是闽中国民党当局对于国共合作抗日毫无诚意，竟于 2 月 16 日逮捕了中共闽中特委书记王于洁、组织部长陈如舫（即潘涛）、宣传部长黄孝敏、青年部长余长铖和执委陈炳奎等 5 人，并将他们押送到福州，于同年 6 月杀害。[2] 中共闽中特委因此而受到严重破坏。[3]

为了重建中共闽中党组织的领导机关，闽中特委军事部长、闽中红军游击支队政委刘突军于 1937 年 4 月间在莆田广业山区主持召开游击队和地方党组织的骨干会议。会上决定成立中共闽中工作委员会（闽中工委），推选刘突军为书记，苏华、黄国璋为委员，继续领导群众开展游击战争。[4] 由于原中共闽中特委 5 位主要领导人被捕，闽中党组织与中共南临委的联系中断。于是，中共闽中工委于 4 月下旬派出黄国璋再赴香港寻找南临委，向上级组织汇报与请示闽中工作问题。

国民党当局在破坏了中共闽中特委以后，变本加厉，于 5 月间继续调集莆田、仙游、永泰三县驻军及保安队，围困莆永边游击根据地。在极为困难的形势下，为了打破国民党的封锁，中共闽中工委决定开展一

---

① 《闽中三年游击战争大事记》，中国人民解放军历史资料丛书编审委员会编《南方三年游击战争·闽赣边游击区、闽中游击区》，解放军出版社 1994 年版，第 518 页。

② 参见《莆田日报》1937 年 6 月 25 日。

③ 参见杨采衡：《闽中国共谈判及“泉州事件”始末》，《从和谈到北上抗日》，福建人民出版社 1985 年版，第 59—61 页。

④ 杨采衡：《闽中国共谈判及“泉州事件”始末》，中共福建省委党史资料征集编写委员会研究室编《从和谈到北上抗日》，福建人民出版社 1985 年版，第 59 页。

场政治攻心战。闽中红军大量印刷宣传停止内战、一致抗日的传单和标语，以快邮代电寄发国民党南京政府和福建省首脑人物，并派人潜入闽中各市镇散发张贴。这样，不但扩大了共产党的政治影响，又造成游击队四处活动的声势，使国民党当局感到对红军游击队围不胜围。

在此期间，黄国璋在香港与中共南临委代表姚铎接上关系。姚铎听取了黄国璋关于闽中情况的汇报，并向他介绍了全国抗日救国的形势和党中央关于建立抗日民族统一战线的策略。另外，姚铎向黄国璋传达了南临委对闽中党组织的指示：（1）闽中红军游击队统一改编为抗日义勇军第七路军第一纵队；（2）国共两党中央正在谈判合作抗日，闽中党组织亦可选择有利时机与国民党当局进行合作抗日谈判。①

6月中旬，黄国璋回到位于莆田与永泰边境的中共闽中工委机关，汇报了赴港经过和中共南临委的指示。中共闽中工委随即召开扩大会议，讨论南临委指示及制定新的工作方针。会议总结了开展“逼蒋抗日”工作以来的经验，认为在前一段工作中，闽中党组织所采取的着重军事斗争打破敌人“围剿”的方针是必要和成功的，它使国民党不得不承认闽中共产党和红军游击队的存在；但在军事胜利和新的形势下，也产生了麻痹轻敌思想，因而对蒋介石集团的反革命手段估计不足。会议认为，在执行中共中央逼蒋抗日新方针时应作好两手准备，既要准备谈，也要应付打。② 这次会议对于闽中党组织结合具体实际继续贯彻执行中共中央“逼蒋抗日”（“联蒋抗日”）方针具有重要意义。

会后，闽中党组织以“愿尽一切心力，排除所有障碍”的精神，经不懈努力，终于在1937年8月下旬与国民党闽中地方当局就国共合作抗日达成协议，实现了闽中地区的国共合作局面。

---

① 参见黄国璋：《回顾三年游击战争时期闽中党的活动》，中国人民解放军历史资料丛书编审委员会编《南方三年游击战争·闽赣边游击区、闽中游击区》，解放军出版社1994年版，第388页。

② 参见黄国璋：《回顾三年游击战争时期闽中党的活动》，中国人民解放军历史资料丛书编审委员会编《南方三年游击战争·闽赣边游击区、闽中游击区》，解放军出版社1994年版，第389—390页。

福建革命史

中共福建省委党校　编

蒋伯英　主编

下

海峡出版发行集团 THE STRAITS PUBLISHING & DISTRIBUTING GROUP | 福建人民出版社 FUJIAN PEOPLE'S PUBLISHING HOUSE

本书各部分执笔：

陈于勤：第一、二、三、四章

蒋伯英：前言，第五、六、七、八、十章，大事索引

欧阳小松：第九章

吴国安：第十一章

史习培：第十二章

曹敏华：第十三、十四、十五章

下　　册

目　　录

第四编　全民族抗日战争时期

（1937 年 7 月—1945 年 8 月）

第四编　全民族抗日战争时期

(1937 年 7 月—1945 年 8 月)

第十章　抗日战争全面爆发与福建抗日运动的展开

第一节　福建抗日运动全面展开

一　金门陷落

1937年7月7日，日本挑起卢沟桥事变，全面发动对中国的侵略战争。驻守卢沟桥一带的国民党第二十九军宋哲元部奋起还击。全民族抗日战争全面展开。

卢沟桥事变的第二天，中共中央通电全国："平津危急！华北危急！中华民族危急！只有全民族实行抗战，才是我们的出路！我们要求立刻给进攻的日军以坚决的反攻，并立刻准备应付新的大事变。"7月9日，红军全体将士致电蒋介石等，要求速调大军增援华北，红军愿意改编为国民革命军，立刻开赴华北对日作战。全国各地抗日浪潮迅速高涨，举国一致要求立即对日作战。

日本一面以外交谈判掩饰其侵略行径，一面加紧战争部署，调集增援部队，扫荡平津地区之中国驻军。7月20日，日本参谋本部决定以武力解决卢沟桥事变。7月下旬，侵华日军向北平、天津地区大举进攻。7月30日，北平、天津同告陷落。与此同时，日本迅速把进攻矛头向南延伸，直指青岛、上海。8月13日，日军向上海发动攻击，并企图一举攻占南京，造成强大的军事压力，迫使国民党政府屈服，以迅速解决中国问题。国民党政府迫于日本帝国主义咄咄逼人的侵略气焰，在全国抗日怒潮的推动下，于8月14日发表《自卫抗战声明书》，宣告“中国决不放弃领土之任何部分，遇有侵略，惟有实行天赋之自卫权以应之”。8月15日，蒋介石自任陆海军总司令，下达了抗战总动员令。

日本从发动八一三事变开始，除在华北各地进一步扩大侵略和加紧进攻上海外，还出动大批飞机，空袭南京、杭州、宁波、广州、武汉、厦门等战略要地。8月25日，日本海军又宣布对中国海岸实行封锁，加紧在沿海地区的侵略活动。很明显，福建是日本向东南沿海地区侵略的一个主要目标。

福建面对台湾，日本自从1895年强占台湾以后，一直视福建为其势力范围，除在福建沿海各地不断进行经济、文化侵略外，更派遣大批日籍浪人（其中大多为日籍台湾人）在厦门、福州等地从事破坏和渗透活动，刺探情报，扰乱社会。卢沟桥事变以后，原来居住在厦门等地的日籍浪人慑于中国人民的反日怒潮，纷纷离去，返居台湾或金门、澎湖等沿海岛屿。上海八一三抗战爆发以后，日军加紧窥视福建，不断出动飞机在沿海地区投弹和侦察，企图牵制在福建的中国军队，在军事和心理上打击中国当局的抗日决心，以求在适当的时机入侵，在福建建立华南地区以至东南亚地区的侵略基地。

日本侵略福建的第一个目标是金门岛。金门原属同安县，1915年始设县治，合金门、烈屿等大小诸岛为一县，归厦门道管辖。金门岛南北不足20公里，东西宽20余公里，海域辽阔，礁屿星罗棋布。金门孤悬台湾海峡，内则上连福州、福宁、兴化各海口，下障漳、泉二郡，西距厦门岛近端处不过15公里；外则接近台湾、澎湖，一夜可渡，险据海疆东南，战略地位十分重要。

八一三抗战爆发前后，日本海军派遣一批军舰驶入福建沿海各地及厦门港至金门附近海域，实施试探性攻击。9月17日，日舰炮击厦门及晋江县永宁镇，随后又于10月17日派驱逐舰2艘至厦门港外，在1周内每天均出动小汽艇沿金门海岸探测港湾。种种迹象表明，日军将对金门发动进攻。但是国民党在金门几乎毫无戒备，既不修筑防御工事，也不增派一兵一卒。全岛除县保安队百余人以外，竟没有一支正规部队驻防。至于动员和组织民众开展抗日活动，更是无从谈起。

10 月 24 日，日本海军出动汽艇 2 艘直冲金门岛后湖至水头海岸，企图在同安码头强行登陆。岸上保安警备队及义勇壮丁队开枪阻击，交战 20 分钟，敌乃退去。第二天，日本海军突又增派军舰 9 艘至厦门港外，连同原来的共达 11 艘，计有小型航空母舰 1 艘、巡洋舰 2 艘、驱逐舰 6 艘、运输舰 2 艘。

10 月 26 日凌晨 4 时许，日军 8 艘军舰向金门海岸炮击，同时轰击厦门港之要塞胡里山炮台。厦门炮台为支援金门抗战，发炮还击。拂晓以后，敌以 3 艘驱逐舰驶入金门后埔港，继续炮击海岸；同时出动 2 架轰炸机，沿岸低飞狂轰滥炸。随后，敌以大型汽艇 8 艘，运载海军陆战队 300 余人，在舰炮和飞机掩护下，分两路向后埔之同安码头及前面（地名）两地扫射冲击，企图强行登陆。

驻守金门之县政府保安队和群众抗日武装义勇壮丁队共 200 余人全体出动，以旧式步枪等简陋武器奋勇抵抗。激战 1 小时，日本海军陆战队首先在前面登陆，驻守前面之县保安队先行退却；守卫后埔的壮丁队仍浴血奋战，不久也不支后撤。日军随即占领后埔港。

壮丁队撤离后埔海岸后，一面撤退，一面在后埔乡、古坑、金门县城等处节节抗御。中午 12 时，日军攻占金门县城后埔市，纵火焚烧街市，占据县政府，金门遂告陷落。①

金门之役，以金门人民组织起来的民众武装义勇壮丁队抗战最烈，阵亡 20 余人；即使在县城陷落的情况下，仍然在四乡继续袭击日军，顽强抵抗。而金门县县长邝汉，事前不做抗战准备，在日军入侵形势紧急之时，又不组织军民抗战，未待敌军登陆即擅离职守，带领眷属及公务员率先逃往大嶝岛，然后又转逃漳州。②

---

① 参见《敌舰袭陷金门》，《申报》1937 年 11 月 4 日第 4 版。

② 参见钱履周：《陈仪主闽事略》，中国人民政治协商会议福建省厦门市委员会文史资料研究委员会编《福建文史资料》第 9 辑，1985 年，第 67 页。

日军占领金门县城的第二天，在日籍台人和汉奸带领下，除抢劫财物外，搜索军械尤严。义勇壮丁凡为所获，先以严刑逼供，不管承认与否，一律枪杀。妇女年轻者被掳奸淫亦不计其数。岛上各乡居民扶老携幼，随壮丁队一路北撤，泛海逃亡厦门、同安者8000余人，滞留金门不得脱逃者3万余众。至10月29日，金门北部各乡悉为日军所占，义勇壮丁队及稍有抗日嫌疑者均被杀害。

日军占领金门后，即向周围岛屿及大陆沿海城镇轰炸炮击。10月28日上午，日军又以军舰3艘、飞机2架，炮击轰炸金门与厦门间最大的岛屿烈屿，以掩护装载有200多名陆战队的8艘汽艇在烈屿岛之罗厝垵登陆。日军登上烈屿后，在汉奸许廷芳等的引导下，依次侵入东林、西方各乡，搜劫杀掳，一如金门。与此同时，日军以军舰4艘，炮击厦门白石炮台，以掩护其侵占烈屿之行动。同一天，日军派飞机轰炸泉州以南海防要冲之围头、漳厦公路之江东桥；进而派海军陆战队企图在围头登陆，因遭中国守军阻击而未得逞。

在这短短数天内，日本海军不断向闽南沿海增调兵力，至10月30日，驶抵厦门港外的日本军舰已多达31艘，金门敌军也增至千余，并于3天内在金门岛上迅速建起一座飞机场，企图以此为永久注基地，进一步向闽粤沿海骚扰和侵略。[①] 日军为巩固其在金门的据点，由海军陆战队第十四队队长小助正助主持，于11月4日在金门商会成立由前商会主席王庭植等组成的傀儡组织“金门治安维持会”；同时，以从厦门及闽南其他地方撤往金门的台湾浪民400余人组成伪军，由吴添寿、许廷芳等日籍台民及汉奸骨干10余人统领，先后占据各军事要地。[②]

除此以外，日军在金门大事构筑防御工事，在马舍宫通往同安轮渡码头的马路两侧架设高射机枪和构筑高炮阵地，在官澳口设置指向大陆的炮台；对于未能逃出虎口的金门居民，施以法西斯统治，在金门开设

---

① 《敌军麇集港外，对厦取包围势》，《申报》1937年10月31日第5版。

② 《金门组伪维持会》，《申报》1937年11月5日第5版；《敌舰袭陷金门》，《申报》1937年11月4日第4版。

大规模的吗啡制造厂，强迫居民种植鸦片，并严格限制居民出海作业。[①]从此以后，金门人民陷入了漫长的殖民统治之下，生活极为痛苦。

金门失陷，虽然不至于影响福建或华南地区的抗战形势，但日军占领金门，对于福建，尤其是对于闽西南地区构成了严重威胁。纵观自卢沟桥事变至八一三抗战，日军始终把主要兵力投入华北与华中战场，对于华南地区还无暇顾及，即使是不断派出战舰对闽粤沿海进行骚扰，其主要目的也只在于牵制华南中国军队。但是由于金门岛特殊的地理位置，日军虽然暂时还不准备侵占福建，但从未来战局的发展考虑，必欲首先攫取金门以为进而入侵东南大陆的跳板。

金门的陷落，固然是由于日军占有强大的海空优势，但从根本上来说，国民党当局的片面抗战是主要的原因。其一，国民党在抗战一开始就抱有"沿海必亡论"，放弃了保卫金门的部署与准备，以致日军毫不费力就将其占领。其二，金门官吏与守军的昏庸腐败。日军尚未登陆，县长率先逃跑；民众武装自卫队尚在浴血抗战，县政府警卫队却已先行撤退。其三，当局历来惧怕民众，平时既不组织与武装民众抗日，反而收缴民众武装，以致在日军登陆时，全岛四五万居民有组织抗战者仅百余人，全凭几条粗劣的毛瑟枪作殊死苦战，直至大部战死。其四，金门历来为闽南走私大本营和日台浪人和汉奸的潜伏地，当局对此深为明了。但全面抗战爆发以后，国民党当局对于肃清汉奸的工作毫无进行。汉奸浪人在金门岛上尽可以明目张胆地活动，以致日军攻袭金门时，这些人成为有效内应。[②] 可见，金门失陷自然在所难免。

金门的陷落，使国民党当局受到打击与震动。11 月 1 日，福建省主席陈仪在第十四次党政联合纪念周发表《金门失陷的遗恨》的讲话，不能不承认："本省发生了一桩极其遗恨的事情，就是金门的失陷。"陈仪之谓"遗恨"，并不仅仅在于金门的丢失，还因为"此次金门县长与其率领的保安队，太怯懦，没有发挥牺牲精神，致使敌人很容易的，不化什

① 汤宇：《困兽在金门》，《福建华侨杂刊》，1938 年 3 月出版。
② 参见汤宇：《困兽在金门》，《福建华侨杂刊》，1938 年 3 月出版。

么代价，便占领了我们的地方”。他不无愤慨地指出，“金门县长邝汉，怯懦地退走，没有尽了他应尽的责任，就是不肯牺牲，于良心国法，均所不许”。陈仪下令将邝汉扣留，押解保安处严办，不久将其处决。11月4日，福建省政府另委周秉彝代理金门县县长。[①]

但国民党当局除了震惊和悲愤于一时之外，并无反攻与收复失地之决心。任凭厦门与全省人民泣血呼吁，当局依然置若罔闻。1938年4月19日深夜，流亡大陆的50多名金门青壮渔民忍无可忍，为拯救家乡亲人，毅然驾船渡海，杀敌复仇，一夜之间杀死日军多人，缴获机枪、步枪20多支。此举虽然不能达到收复金门之目的，却显示了人民群众不可屈服的抗敌决心。[②]

对于当局的片面抗战，不独一般民众极感愤恨，就连国民党中许多力主抗日的开明人士也很是不满。厦门《星光日报》编辑黄绿萍就此撰文指出：“金门陷落快将一月，我们看不到收复的具体计划，听不到反攻的具体准备，我们所听到看到的，只有兽舰的炮声，敌机的轰炸声，以及沦为奴隶的数万金民的奔走骇号，与夫日暮途远的多数难民的颠沛流离。我们对这，只有忿怒，没有悲哀，因为我们知道，这血的教训，是需要我们用血来答复的”[③]。

事实证明，国民党当局在福建沿海奉行的片面抗战路线和疏于防守的弱点，助长了日本的侵略野心，日军在侵占金门以后，下一个目标，便指向了厦门。

二　厦门抗日运动高涨

金门与厦门一水之隔，唇齿相依。金门既失，厦门备受威胁。尤其是在日军攻陷金门之际，华南海域各处日舰云集于厦门港外，蠢然似有所动，日方警告厦门居民和驻军须于10月30日以前退出，否则将向厦

① 参见《福建省政府公报》1937年11月13日。
② 参见钦文：《金门夜袭》，《闽侨月刊》1938年第2期。
③ 黄绿萍：《收复金门与保障闽南的必要条件》，《抗敌导报》1937年11月18日。

门实行总攻击。厦门居民因此而大感恐慌。日军虽然后来并未实施攻击，但对厦门及闽南各地的空袭和骚扰却并不放松。11 月 8 日，日舰向厦门五通进攻不遂，复于 11 月 10 日以飞机和舰炮猛烈轰炸厦门炮台，持续 2 个多小时，发射 170 多发炮弹。[①]

全民族抗日战争开始后，厦门同全国一样，抗日爱国运动迅速发展。尤其是在日军侵占金门前后，厦门国民党当局为形势所迫，在全国人民抗日运动的推动和影响下，局部地允许厦门民众的抗日活动，有限度地组织抵抗运动。厦门人民在中共厦门工作委员会的领导和号召下，掀起了反抗日本帝国主义侵略的怒潮。

卢沟桥事变以前，驻守厦门的国民党部队只有为数不多的海军陆战队。全面抗战爆发以后，作为交战国的日本军舰，仍然可以肆无忌惮地出入厦门港。上海抗战爆发，厦门形势吃紧，东南亚各地的福建华侨函电交驰，强烈要求国民党政府加强厦门防卫。当局乃调原驻漳州与闽西南地区的粤军第一五七师王涛部于 8 月 21 日入驻厦门。[②]

第一五七师进驻厦门后，立刻采取了一系列打击日本在厦势力的措施，勒令日本人主办的《全闽新日报》停刊，大张旗鼓地逮捕和枪毙了一批日本浪人及汉奸，迫使日本政府撤退在厦门的侨民，并关闭驻厦门总领事馆。金门沦陷以后，第一五七师积极备战，修葺要塞炮台，在沿海一带及各街口建筑防御工事，组织与训练义勇壮丁队，整顿保安警察；在海防前沿莲河一带更加强防卫力量，驻军由 1 个排增至 1 个营，并动员民众大规模修筑炮垒工事。

但是，国民党军政当局又害怕人民群众充分动员起来，不愿意全面发动群众性的抗日运动，对于民众的抗日热情及自发的抗日活动，尤其是共产党领导下的抗日活动，多方加以限制与刁难，因此国民党在厦门领导的抗日运动只能是片面和不充分的。中共厦门工委在金门失陷以后

---

① 《厦门工委工作报告——金门失陷后闽南的新形势和厦门党当前的任务》（1937 年底），福建省委党校馆藏资料（1—2133）。

② 赵家欣：《七七事变前后厦门纪事》，《福建党史通讯》1987 年第 7 期。

的一份报告中真实地反映了这种状况："政府和军队对人民还是不信任，人民仍没有言论、组织的充分自由，人民仍未普遍地武装起来，抗敌仍为政府和军队所包办，人民仍是'爱国有心，救国无路'。军队对于人民仍视为牛马，鞭打、辱骂，甚至于枪杀，仍屡见不鲜；而民众对军队仍视为蛇蝎，互相间隔着一条宽阔的壑沟。"[①]

但是，团结抗日，共同御侮，毕竟已成为全国一致的奋斗目标。厦门人民不顾当局的种种限制与禁令，冲破层层阻力，在中共厦门工委的领导下展开了大规模的抗日爱国运动。厦门的中共组织原为厦门中心市委，1935 年受到破坏以后，一度陷于停顿。1936 年 7 月，原闽南工农游击队第二支队队长尹林平在安（溪）南（安）永（春）德（化）游击根据地失败以后到厦门，联系了戴世钦、肖林、陈逸飞等人，重新恢复了厦门党组织，成立了中共厦门工作委员会，尹林平担任书记。[②] 中共厦门工委成立以后，在恢复与发展党的组织的同时，领导群众开展各种形式的抗日救亡运动，并与上级党组织中共南方临时工作委员会接上了关系。经过一年多的工作，至 1937 年 11 月，中共厦门工委领导下的党组织发展为 10 个党支部，有党员 51 人。[③]

卢沟桥事变以后，厦门各界纷纷成立各种救亡团体。参加这些团体的有国民党人士，有共产党员，有各界爱国人士。主要的抗日团体有厦门市各界抗敌后援会、中国妇女慰劳前方将士总会厦门分会、文化界抗敌后援会、文化界救亡协会，厦门儿童救亡剧团、鼓浪屿青年抗敌服务团等。中共厦门工委按照国共合作和建立抗日民族统一战线的方针，派遣党员参加各种抗日群众组织，深入联系各界群众，扩大和巩固抗日统一战线；贯彻执行中央关于"团结进步，争取中间，孤立顽固"的政策，采取公开与秘密相结合、合法与非法相结合的方式，争取驻军第一五七

① 《厦门工委工作报告——金门失陷后闽南的新形势和厦门党当前的任务》（1937 年底），福建省委党校馆藏资料（1—2113）。

② 参见晨旭：《尹林平在闽南的革命活动》，《厦门党史通讯》1987 年第 1 期。

③ 参见《厦门工委工作报告——金门失陷后闽南的新形势和厦门党当前的任务》，1937 年。

师、国民党官员和社会知名人士赞同共产党的抗日主张。由于实行了这些方针与措施，厦门的共产党员在国民党当局主持的一些抗日团体中发挥了领导骨干作用，大大促进了厦门抗日运动的蓬勃发展。

1937 年 7 月 28 日上午，厦门文化界的新闻记者、副刊撰稿人、各校师生及医生、律师，云集中山公园通俗教育社，成立厦门文化界抗敌后援会。这个组织以中共党员和进步知识分子为主体，在厦门抗日救亡活动中一直站在前列。

同一天，在国民党市党部主持下，成立厦门市各界抗敌后援会。这是一个在政府当局领导下的抗日团体，由国民党厦门市党部特派员陈联芬任主任委员。在 69 名执委中，除了一些国民党上层官员外，有不少是以文化人合法身份活动的共产党员，如《江声报》编辑洪学礼（雪立）、谢亿仁（怀丹），《星光日报》编辑郑书祥，《星星晚报》编辑林云涛，自沪来厦的上海救国会成员许展新、邓贡直，教员洪凌、陈亚莹、黄楚云等，还有在共产党影响下的进步青年赵家欣、陈义生、苏节等。① 由于这些人士的加入，这个抗日团体不久也逐渐成了共产党影响和领导的群众组织。

卢沟桥事变以后，中国妇女界以何香凝、宋庆龄为首发起成立中国妇女慰劳前方抗战将士总会。8 月 19 日，在国民党厦门市党部领导的厦门妇女会筹划下，成立了分会。在分会执委、监委成员中，有国民党厦门市长李时霖夫人陈梦碧、市党部特派员陈联芬夫人黄彩云等，有共产党员黄楚云、陈亚莹、谢亿仁及进步女青年陈露涛、李青彬、卢琳等人。②

9 月 3 日，在中共厦门工委的组织领导下，成立了由共产党员洪凌领导的“厦门儿童救亡剧团”。这个剧团共 30 多人，年龄一般在十二三岁左右，最大 17 岁，最小者年仅 7 岁。剧团一成立，就在鼓浪屿鹭江戏院公演《在炮火中》，深受群众欢迎；以后又在厦门南星戏院公演《古庙钟

① 参见谢怀丹：《在厦门做抗日救亡工作》，《福建党史通讯》1987 年第 9 期。

② 参见谢怀丹：《厦门妇女运动领导权的转移》，《党史研究参考资料》1980 年第 10 期。

声》《小英雄》《打回老家去》《少年先锋队》等抗日戏剧与歌曲，轰动了厦门岛。

上述各种抗日救亡团体，名义上都是在国民党领导之下，而其中的骨干主要是中共党员和进步青年，因此抗战初期的厦门各界抗日运动，基本上是在共产党的指导与影响下开展活动的。

但是不久以后，国民党为加紧控制民众，以“统一救国”为借口，下令各群众性抗日团体合并于官方组织的厦门市各界抗敌后援会。为此，厦门文化界抗敌后援会、妇女慰劳前方抗战将士分会和职工抗敌后援会于9月3日撤销，分别改为厦门市各界抗敌后援会的宣传部（后称宣传工作团）、慰劳部（后称慰劳工作团）。[①] 中共党员和进步青年都集中于这两个部门，并在其中分别成立中共文化支部和妇女支部。宣传工作团和慰劳工作团分别由共产党员洪学礼、许展新、谢亿仁等领导，是厦门市各界抗敌后援会11个部门中最活跃的部门，因此这个抗敌后援会在名义上为国民党所组织，而中共党员却在其中发挥着先锋主干的作用。

在厦门抗日运动中，妇女慰劳前方抗战分会及其后来的慰劳工作团，在谢亿仁等领导下，工作得十分出色。她们高举抗日救亡大旗，抛弃世俗偏见，喊出“走出厨房，负起救亡责任”的口号，冲破了妇女界沉闷的空气。1937年9月3日，日本军舰炮击厦门。厦门驻军予以回击，发生激烈炮战。妇女分会立刻冒着炮火奔赴前沿，慰劳抗日将士，抢救伤员。金门失陷后，慰劳工作团组织妇女们成立金门难民教导团，每天派员到难民收容所宣传与慰问。她们到东亚旅社慰问金门难民时，看到妻离子散、家破人亡的凄凉景象，为之神伤，流淌着眼泪发表悲愤的演说。当她们向难民们唱起歌曲《收复金门》时，全场痛哭，泣不成声。[②] 慰劳工作团的妇女们还运用各种形式开展抗日救亡活动：在刊物上发表文章，倡导劳苦大众为国献钱献力；与宣传工作团联合公演救亡话剧，并以演出所得资金救济金门难胞；出发到大埔、集美、禾山、鼓浪屿等地

---

① 参见伍岔：《厦门救亡运动的回忆——从文抗会说起》，《抗敌导报》1938年1月1日。

② 参见谢亿仁：《四个月来厦门妇女的抗敌工作》，《抗敌导报》1937年12月21日。

巡回宣传。遇有敌机轰炸，她们马上奔赴现场，冒着危险进行宣传救护工作。

站在厦门抗日救亡运动最前列的是文化界，他们的主要阵地是《星光日报》《江声报》《华侨日报》三家报纸的副刊。这些报社的大部分编辑记者都积极投身于抗日宣传，其中共产党员发挥了主导的作用，其骨干成员基本上就是厦门文化界抗敌后援会以及后来的厦门各界抗敌后援会宣传工作团的领导人。

为了配合抗战形势的发展，进一步唤起人民奋起抗日救亡，在中共厦门工委的领导下，由中共文化支部编辑，以厦门各界抗敌后援会宣传部（即宣传工作团）的名义，于 1937 年 9 月 26 日创刊出版了一份公开发行的《抗敌导报》。该报以洪学礼为主编，编辑有邓贡直、张兆汉、许展新等，主要撰稿人有林云涛、施青龙、谢亿仁、戴世钦等，多为中共党员或文化界进步人士，阵营颇为雄厚，实为中共厦门工委指导厦门与闽南地区抗日救亡运动的一个宣传阵地。

《抗敌导报》一开始就表明了鲜明的坚定不移的抗战姿态。其发刊词说，为了广泛动员民众适应长期抗战，故辑是刊，目的在于“振懦廉顽，励志培气，警奸谍，策驽庸，阐明时局，报道战情，启发蒙蔽，集吼声，使收复失地，使危国复兴”。在同一期发表的《宣传十大任务》中，更进一步指出，本刊的主要使命是“唤醒民众意识，提高民族救国之热情”“说明中国抗战胜利之条件，以增进民众抗战决心”“指示民众保卫厦门，纠正逃避之心理”“建立正确理论，肃清汉奸论调”。本着上述宗旨，《抗敌导报》紧密配合抗战形势的发展，积极宣传中共的抗日方针与政策，对于唤起民众奋起抗日救亡发挥了积极的作用。

《抗敌导报》除宣传民众抗日，报道各地抗战消息以外，对于国民党当局害怕民众力量，不敢展开全民抗战，以及打击抗日进步势力，奉行反共内战政策也作了揭露和批评。因此，《抗敌导报》从发行第一期开始就受到国民党顽固派的忌恨。当局设置种种阻碍，欲铲除而后快。《抗敌导报》出到第四期，国民党新闻检查处长马仁波公然提出警告与恐吓：

"导报每期都有反政府的文章，在国共合作尚未明朗化的现在，这些话是说不得的，这样的讲话结果上有自己吃亏……现在这些人时时都有被暗杀或失踪的可能。"[①] 其所谓"反政府的文章"，是指第一期所刊载世钦的《怎样组织我厦民众起来保卫厦门》一文，文章提出各界抗敌后援会应使自己"每个工作人员都成为民众的组织者、领导者"，在保卫家园的斗争中发挥骨干指导作用，并且希望当局立即武装民众，释放除汉奸以外的政治犯。第二期所刊登林云涛的《第八路军入晋杀敌了》一文，因如实报道八路军开赴山西抗日前线的消息，竟使当局大为不满。对于第四期所发表的《关于组织民众问题》和洪学礼的《我们需要全面外交》两篇短文，当局更加恼怒。文章尖锐地批评政府压制民众抗日运动，指出"民众的起来是无法压制的。越是拒绝，越是压制，越是表示自己的失策"。洪学礼的文章则毫不客气地指出参加调处中日战争的"国际联盟"是"满身破烂的纸老虎"，不能把希望寄托于"国联"，而应把外交政策依附在开展全面抗战的基本国策上，同时配合以全面外交，争取英美，联合苏联，中立德意，接受一切同情中国抗战的革命者的援助，以达到抗战之最后胜利。

由于这些文章刺痛了顽固派，厦门新闻检查处决定停止经费，责令停刊。中共厦门工委认为，在金门陷落、厦门危急的紧要关头，新闻检查处的恐吓与责令停刊，"是一种不光明的行为"，决定公开予以揭露，坚持要求当局准予继续出版。中共厦门工委经过多方工作，争取了第一五七师政训处陈柏麟的支持。经过交涉，陈柏麟表示赞同《抗敌导报》继续出版，不仅补发10月份经费，还给抗敌后援会各部增拨办公费。[②] 11月18日，停刊了将近一个月的《抗敌导报》第五期重新与读者见面。

《抗敌导报》复刊以后，虽然仍不断遭受着挫折，却以更加高昂的热

---

① 转引自《中共厦门工委工作报告——金门失陷后闽南的新形势和厦门党当前的任务》(1937年底)，福建省委党校馆藏资料 (1—2113)。

② 参见《中共厦门工委工作报告——金门失陷后闽南的新形势和厦门党当前的任务》(1937年底)，福建省委党校馆藏资料 (1—2113)。

情宣扬全面抗战，更加犀利的笔锋抨击汉奸卖国论调，连续发表了《“沿海必亡”吗》《“抗敌阵线”问题的检讨》《一个敌人、一个目标、一个出路》《谁是我们的敌人》等战斗力很强的文章。《抗敌导报》坚定不移的抗日精神，终于为顽固派所不容。尤其是在1938年1月10日出版的第九期上刊出林湘云撰写的短评《云和诏三县之剿匪》，“揭发省保安队无端进攻闽南抗日义勇军（红军），企图重掀内战，削弱抗战力量的汉奸行为”，着实刺痛了顽固派。福建省政府终于下令：“除该期全部烧毁外，永远停刊。”①

国民党当局不仅扼杀厦门民众抗日的喉舌，而且不断打击各抗日团体中的共产党员与进步分子，以图削弱与限制民众的抗日力量。福建省政府在禁止出版《抗敌导报》以后，厦门当局又借调整各界抗敌后援会，于1938年3月底将慰劳工作团团长谢亿仁降为副团长，另委律师公会李思贤为团长（厦门沦陷后当了汉奸市长），从而夺取慰劳工作团的领导权。

显然，福建省和厦门市国民党当局奉行南京政府的政策，虽然在全面抗战爆发后基本改变了“不抵抗主义”态度，开始对日作战，并作出了某些进步姿态，局部承认了人民的某些抗日权利，但是对于动员和武装民众投入全民抗战，依然是消极的，甚至继续压制和打击共产党，压迫和限制民众的抗日言论和行动。

中共厦门工委为进一步动员和组织民众开展全面抗战，振奋人民抗日信心，促进和发展抗日民族统一战线，同国民党顽固派进行了针锋相对的斗争。《抗敌导报》被强令停刊以后，中共厦门工委又立即筹备一个新的舆论阵地。1938年1月29日，在厦门工委的领导下，张兆汉主持的《战时生活》创刊。《战时生活》一开始就宣布，我们“要坦白而直率地表示：‘团结御侮’是我们说话的立场，我们将无所偏颇地将这个最高原则的加强作用而努力……尽量的发挥抗日民族统一战线的正确理论，与

① 《省府摧残抗日言论》，《抗敌情报》1938年1月30日。

扩大这种理论的影响”。同时表示，《战时生活》将同恐日病、唯武器论、沿海必亡论、民族失败主义等汉奸理论作无情的斗争。[①] 以后的几个月中，《战时生活》以鲜明的姿态和大胆泼辣的作风，接连发表了《对厦门抗救运动的意见》《福建学生救亡运动的新任务》《保卫大福建》等颇有战斗力的文章。这些文章尖锐而坦率地指出，由于当局对民众抗日运动的压制，福建民众力量尚未广泛地动员、组织、武装起来，“以国共两党为基础的民众统一阵线，还不曾巩固地确立与扩大”；强烈要求当局迅速消除党派成见，切实领导民众抗日，给人民以言论、结社、集会、出版、抗敌武装等自由，肃清汉奸托派，巩固沿海国防。这些发聋振聩的言论，对于一贯压制民众抗日、热衷于党派之争的顽固派无疑是苦口良方，鼓舞了民众的抗日热情，坚定了厦门人民杀敌保国的信心。

1938 年 2 月，国民党调走了抗战意志较强、武器装备较好的第一五七师，代之以兵员不足、装备较差的第七十五师。为了争取第七十五师官兵，增强厦门在未来抗战中的防卫能力，中共厦门工委发动和组织了“献力运动”的义务劳动，号召民众有钱出钱，有力出力，支持驻军修筑工事，挖掘战壕。通过这些活动，扩大了共产党在厦门抗战中的政治影响，密切了党与人民群众的关系，有力地支持了第七十五师保卫国土的行动。

三　全民族抗战初期的抗日救亡运动

卢沟桥事变以后，特别是金门沦陷以后，除了厦门岛上燃起了熊熊的抗日烈火以外，福建其他各地的抗日救亡运动也蓬勃高涨。

在省会福州，工人阶级率先发起抗日后援运动。中华海员工会福州分会在获悉卢沟桥事变后，即于 7 月 11 日电慰前线抗敌将士，勉其奋勇杀敌，荡除倭寇，并于 7 月 12 日成立抗敌后援会，募捐寒衣慰劳前方将士。接着，福州邮电工人宣传团成立，组织闽邮剧团，自编自演《梅花岭》《史可法抗清》等歌颂民族英雄、宣扬爱国主义的剧目，同时广泛开

① 参见《战时生活的态度》，《战时生活》创刊号 1938 年 1 月 29 日。

展救国献金运动。[①]

福建省国民党当局为领导并控制全省抗日群众运动，于1937年7月19日成立福建省抗敌后援会。在福州的一些共产党员以个人身份参加了这一团体的各级组织，以及在其属下的宣传工作团、战地妇女宣传队、抗敌剧团、战地工作团等。这些团体积极广泛地开展活动，在福州城乡演出《卢沟桥事变》《血祭九一八》等抗日剧目；教唱《义勇军进行曲》《枪口对外》《热血》《游击队之歌》等救亡歌曲；出版《抗日丛刊》《抗敌周刊》《战地通讯》；张贴标语，举行演讲，鼓舞民众抗日斗争。[②]

站在福州抗日运动前列的是文化界进步人士。1937年7月25日，由《前进》半月刊等5个团体联合成立福州文化界抗敌后援会，推郁达夫为理事长，开展抗日活动。为扩大组织，进一步发展救亡运动，他们团结各文化团体、大中学校以及国民党文化机关的负责人，于10月17日组成了文化界抗日统一战线的群众组织福州文化界救亡协会（简称“文救会”），由郁达夫任理事长，董秋芳为秘书，下面分设有外勤记者分会、美术家分会等，建立了乡村工作团、救亡剧团、救亡歌咏团等工作团体，分赴街道和附近各县乡村开展抗日救亡宣传。

福州文救会以文艺为武器，积极投身于火热的抗日救亡斗争。为扩大抗日宣传，文救会于11月15日在福州《小民报》上创办《救亡文艺》副刊。郁达夫、林舒谦、许钦文、楼适夷等是这个刊物的主要撰稿人。这份每天5000多字版面的刊物生动活泼，富有战斗力，是抗战初期福州文艺报刊中最有影响的刊物之一。

在文救会的积极鼓动和宣传下，福州抗日救亡运动颇有声色。国民党当局因此而感到不安，不惜由省保安处军统特务出面，以“文救会有共产党活动”为借口，进行威胁恫吓。12月4日，郁达夫和其他5名常

① 参见李汉洲：《抗战初期福建工人抗日救亡运动》，福建省总工会工运史研究室编《福建工运史研究》总第46期，1986年3月25日。

② 参见高力夫：《抗战初期福州抗日救亡运动》，中共福建省委党史资料征集编写委员会研究室编《福建抗日救亡运动》，福建人民出版社1985年版，第19—23页。

务理事愤然辞去文救会职务，表示抗议。同一天，《救亡文艺》被迫停刊，文救会不得不停止了活动。

为了扩大抗日统一阵线，广泛组织和动员民众投入抗日运动，福州共产党在抗战初期建立了好几种公开活动的组织，充分利用合法地位开展抗日活动。这些组织主要有1938年春成立的中华民族解放先锋队福州总队，领导成员有卢茅居（懋榘）、郑挺、卓如、高力夫（缉光）、魏然（张立）、舒诚、张云天等，其成员多半为学生、教员、青年职员和文艺工作者。还有一个团体是共产党组织利用基督教青年会组成的福州民众歌咏团，成员广及各个阶层，流动性大，先后参加者不下500人，主要领导人是林大琪（林枫）、高力夫。[①] 福州党组织通过这些抗日团体，宣传共产党关于抗战的主张和政策，开展各种抗日活动，发挥了积极的主导的作用。

福州抗日活动中引人瞩目的是《战友》周刊。这份周刊在新四军驻福州办事处领导下，先后由何思贤、王一平、卢茅居、高力夫等负责，因而实际上是福州党组织以合法面目出现的一个宣传阵地。《战友》周刊创刊于1938年1月，至1939年4月共出版23期。《战友》周刊以主要篇幅宣扬抗战，鼓舞斗志，报道前线抗战消息，揭露批判汉奸亡国论调以及破坏国共合作抗战的邪说。针对国民党顽固派污蔑八路军、新四军“游而不击”的荒谬理论，先后刊登了《抗战中的泾县》《抗日游击战争与争取最后胜利》等很有战斗力的文章，指出所谓“游而不击，是一句违反理论和事实的含有毒素的俏皮话，任何一支游击队伍，若是争取单纯的防御，迟早必为它的对方所消灭”。文章列举统计数字，表明八路军从1937年9月至1938年10月的一年中，与敌作战1500余次，毙敌5万余人，牵制日军兵力达30万以上，给予日军以沉重的打击，自身也付出了巨大的牺牲，“绝不似某些人所胡说的‘游来游去’地那么轻松的写

① 参见高力夫：《回忆福州地下党的几个外围组织》（1958年1月9日），福建省委党校馆藏资料（2—0591）。

意"[①]。《战友》在其存在的一年多时间里，以其鲜明的抗战姿态及敏锐泼辣的风格，给了福州民众以深刻的印象，在抗日救亡运动中写下了光荣的一页。

地处闽南要冲的漳州地区，在中国共产党的领导下，抗日救亡运动迅速发展。1937 年 7 月，漳州党组织根据中共南临委的指示，重新建立了中共漳州市工作委员会，由马东涵任书记，彭冲任组织部长，陈松年为宣传部长，直属中共南临委领导（后又划归中共闽粤边特委）。[②] 中共漳州工委成立后，通过漳潮剧社恢复和发展党的组织，领导漳州地区民众开展抗日救亡运动。

卢沟桥事变以后，中共漳州工委贯彻中央关于建立抗日民族统一战线的方针，团结各党派、各阶层和驻军第一五七师，广泛开展抗日活动。漳州国民党当局与一五七师在大敌当前，东南沿海形势紧张的情况下，对于中共和进步人士的抗日爱国活动表示了一定的合作与支持的姿态，因而在全面抗战爆发以后的头几个月，漳州抗日统一战线及救亡运动发展得较快。

7 月 17 日，中共漳州工委在取得一五七师的赞同后，与一五七师政训处陈柏麟等共同发起组织漳州抗日救国服务团，在党组织的安排下，由共产党员张步程（孤梅）担任团长。这个组织规模很大，在总团之下有 20 多个分团，参加者有工人、农民、教师、学生及各党派、各阶层人士 2000 余人。[③] 漳州工委直接领导的有工人突击队、农民突击队、青年突击队、妇女突击队和 18 个宣传工作队；此外还有歌咏会，配合芗潮剧社开展各种形式的抗日救亡运动，活动十分活跃。18 个宣传工作队在划定的各地区进行工作，教唱抗日歌曲，演活报剧，放映纸彩，讲解时事。

① 徐步：《抗日游击战争与争取最后胜利》，《战友》1939 年第 2 卷第 3 期。

② 参见陈松年、陈开曦等：《漳州党组织状况与抗日救亡运动》（1961 年 7 月 29 日），沈铁生整理，福建省委党校馆藏资料（2—0558）。

③ 参见陈松年、陈开曦等：《漳州党组织状况与抗日救亡运动》（1961 年 7 月 29 日），沈铁生整理，福建省委党校馆藏资料（2—0558）。

在郊区，几乎所有的民间业余团体都教唱抗日民歌，宣传工作队每到一处，都受到当地群众的热烈欢迎。

漳州抗日救国服务团成立不久，八一三抗战爆发，日本海空军不断空袭轰炸厦门、漳州。漳州处于紧张的战争状态，国民党的机关官员逃避一空，抗日救国服务团毅然担负起了领导漳州抗战救亡的工作。敌机一来，所有突击队全体出动，指挥防空，维护秩序和社会治安，救护伤病员。

除此以外，漳州抗日救国服务团在中共漳州工委的领导下，不断组织民众举行集会，扩大抗日宣传，振奋抗日精神。1937 年 9 月下旬，八路军一一五师在晋东北平型关大捷的消息传来。漳州抗日救国服务团立刻组织民众举行盛大的祝捷示威，四五千名群众高举火炬，环绕全城游行，从傍晚开始直至第二天凌晨方散。10 月 10 日，再次领导上千万群众举行双十节纪念日抗日大示威。据当时厦门《抗敌导报》记者的报道，游行队伍“由东门、西门、南门、北门的波动着，永无止息的湍流着整个漳州城市，歌声的怒吼，更弥散在每一个角落的气息里”①。就连一向闭门不出的闺秀，终日守着店铺的商贩和过路的孩童，也纷纷加入游行队伍，高唱《义勇军进行曲》，宣泄抗日救国的激情。

但是，国民党当局奉行的是片面抗战方针，不肯充分动员和组织全民抗战，对于中共领导的抗日救亡运动更是尽量加以限制与打击。日机轰炸漳州稍稍停息，国民党的机关、官员重返漳州。他们看到抗日服务团领导下的民众抗日运动如火如荼，十分不安。为压制民众，夺取中共对抗日运动的领导权，漳州国民党当局于 1938 年初以统一领导为借口，把漳州抗日救国服务团和芗潮剧社合并于官方把持的漳州各界抗敌后援会，取消原来的工、农、青、妇各个突击队，并派 CC 系和军统特务参加下属各工作团。原抗日救国服务团、芗潮剧社的骨干和进步人士在中共漳州工委领导下，与之进行斗争，仍保持了组织的完整性和行动的独

---

① 伊里：《怒吼的歌声布满了漳州》，《抗敌导报》1937 年 10 月 21 日。

立性，继续出版《抗日战线》《妇女半月刊》等抗日报刊；芗潮剧社和宣传队也照常下乡宣传，继续努力开展抗日救亡运动。

泉州地区在全面抗战爆发后，中共泉州党组织充分运用统一战线，联合各党派、各阶层人士广泛开展抗日救亡运动。1937 年 7 月 23 日，国民党晋江县党部召集泉州各界人士，成立晋江县各界抗敌后援会（后改名为福建省抗敌后援会晋江分会），由县党部、县政府、驻军第八十师二三九旅及各团体学校推派代表担任常务委员，由二三九旅旅长钱东亮为主任委员，县党部书记长庄澄波和张斯麟为副主任委员，下设总务、宣传、募征、防护等部。[①] 显然，这是一个为国民党把持的团体。当时，国共合作的局面虽在逐步形成，但国民党当局对于泉州共产党组织依然不承认。中共泉州党组织决定充分利用抗敌后援会这一合法组织开展活动，派辜仲钊参加抗敌后援会，担任慰劳工作团干事。

在抗敌后援会各部门中，以慰劳、捐募、宣传、救护等工作团为最活跃。慰劳工作团团长秦望山，与辜仲钊在 1916 年同为讨袁民军。辜仲钊利用这一关系，在慰劳工作团积极展开活动，实际负责了慰劳工作团的工作，并逐步将宣传、捐募等工作团也都领导起来，开展轰轰烈烈的救亡运动。

继抗敌后援会晋江分会之后，泉州各界人士又先后成立了好几个抗日救亡团体。1937 年 8 月 24 日，由共产党员郑俊英等发起成立了泉州文化青年抗敌服务团，推举郑俊英、戴少斐、黄菲君等 21 人为团务委员。其宗旨为："团结泉州文化界青年之力量，作政府抗敌之后盾，以精神物质援助前方将士捍卫国家，并唤醒民众，以期达到保持领土完整，争取民族生存。"[②] 同一天，"晋江县妇女抗敌后援队"在县党部成立，推举

① 参见《昨日晋江各界成立抗敌后援会》，《泉州日报》1937 年 7 月 24 日；《抗敌会首次常会》，《泉州日报》1937 年 7 月 28 日。后据同年 9 月 29 日《泉州日报》报道，晋江抗敌后援分会改组，由庄澄波任总干事，县商会会长蔡鼎常、教育界代表陈泗孙为副总干事，下设防灾、征募、宣传委员会及相应的工作团。

② 《泉州日报》1937 年 8 月 25 日。

张人任为总队长，章绿汀为副总队长。[①] 1938年5月18日，由叶非英在青阳镇发起成立了“晋江文化界战时服务团”，除在各区成立分团外，下设有宣传队、巡回剧团，并创办壁报和时事讲习所，用以激励民众抗敌情绪，增强人民抗敌意识。[②]

以上各种抗日群众团体的发起者与主持人，政治面貌各不相同，但大多抱着一股抗日救亡的热忱与决心。中共泉州党组织为了广泛发动群众，建立巩固的抗日民族统一战线，都派人参加和领导。先后加入上述抗日团体的中共党员有邓家良、章绿汀、朱斐、何碧华、谢怀丹、粘文华、李展筹等。泉州党组织领导人还直接领导着《泉州日报》，这家报社主办的《抗战导报》（周刊）就是由党组织通过统战关系创办的，主编顾惠生、李铁都是中共党员。[③]

在中共组织的领导下，泉州抗战初期的抗日救亡活动搞得轰轰烈烈，开展募捐支援前方将士，慰劳金门难民和被敌机炸死、炸伤者的亲属及伤员，到沿海各地慰劳驻军、组织救护和维持社会秩序等。通过抗敌会的工作，泉州党组织实际领导了梅石、树兜、浮桥等3个联保，动员联保主任为党组织服务，宣传共产党关于开展全面抗战和建立抗日民族统一战线的主张，扩大了党的影响。

卢沟桥事变的炮声不仅震荡着沿海城乡，即使远在闽东偏僻山区的福安民众也纷纷行动起来，在福安县中共组织的领导下展开轰轰烈烈的抗日活动。卢沟桥事变以后，国民党福安县政府按照省抗敌后援会的组织章程，成立福安抗敌后援分会，同时又在赛岐、穆阳、甘棠等主要乡镇建立相应的抗敌后援会。但是由于福安国民党当局脱离群众，不懂得领导民众开展救亡运动，中共福安城区区委决定派遣一批党员和进步青年加入这一合法组织。

福安城区区委领导人郭文焕及一部分党员、进步青年郭海民、郭济

---

① 参见《泉州日报》1937年8月25日。

② 参见《泉州日报》1938年5月20日。

③ 参见辜仲钊：《晋江抗敌后援会的组织及其活动》，1961年7月，王大同整理。

惠、刘宗璜、叶文华、陈松青等加入抗敌后援会之后，这个团体的面貌为之一新，福安的抗日救亡运动从此蓬勃开展起来。福安县长程星龄倾向共产党，县政府秘书朱少希早年曾经在湖南加入过共产党，他们对于革命势力比较同情与支持。郭文焕以及抗敌后援会的活动能够顺利开展，与他们的支持是分不开的。①

为了鼓励民众抗日情绪，宣传中国共产党的抗日主张，福安党组织在郭文焕的主持下，以抗敌后援会宣传工作团的名义出版《战鼓》三日刊。这个刊物由刘宗璜任总编辑，于 1937 年 9 月上旬正式出版。刊物除发表社论鼓励民众抗战外，还不断报道战局，宣传抗日英雄事迹，刊登抗战文艺作品。撰稿人主要是中共党员和进步文化青年。县长程星龄和秘书朱少希也为刊物写稿。这个刊物是闽东抗日救亡运动的主要阵地之一。②

1938 年 4 月上旬，中国军队在台儿庄大捷。消息传到福安，抗敌后援会立即印发告全县同胞书，号召民众“用前线战士冲锋陷阵的雄壮的喊声，作为祝捷的口号；用前线激战的炮火，作为祝捷的彩灯”，发动全城近 2 万人举行声势浩大的火炬示威游行。1 万多支熊熊燃烧的火炬，把会场照得如同白昼，火光交织着抗日救亡的歌声与呐喊声，组成声与光的壮观景象，把福安山城的抗日浪潮推向高峰。

但是不久以后，福建省政府将程星龄、朱少希调离福安，另派特务高诚学任福安县长。此后，国民党对于中共领导的抗日活动进行打击与破坏。福安抗敌后援会的活动逐渐受到限制，《战鼓》也被迫停刊。

卢沟桥事变以后至 1938 年上半年福建抗日运动的迅速高涨，表明福建国民党当局已经认识到进行抗战的必要性，并采取了一些具体措施，例如筹建各级抗敌后援会，调动军队开赴沿海抗战前线，局部地组织和

---

① 参见《郭文焕》，《福建革命烈士传（一）》，福建人民出版社 1986 年版。另参见陈松青：《抗战时期福安党的斗争概况》。

② 参见陈松青：《抗战时期福安党的斗争概况》（1959 年 12 月 5 日），福建省委党校馆藏资料（2—0655）。

动员群众进行抗日宣传，对共产党和进步人士的抗日活动采取了有限度的容忍态度。

福建省除游击区以外的各地党组织，按照党中央关于建立和发展抗日民族统一战线的方针，运用合法和非法相结合、公开活动和秘密活动相结合的方式，直接间接地掌握了大多数地区的抗敌后援会这一合法的抗日团体，领导全省人民开展了声势浩大的抗日救亡运动。可惜这种局面未能长期坚持下去。由于国民党顽固派奉行反共内战的方针，坚持片面抗战路线，因此对于共产党领导下的、有各界进步人士和广大群众参加的抗日运动实行限制和打击。1938 年初春以后，许多抗日团体被解散或改组，抗日报刊相继被迫停刊，一些共产党员和进步人士受到无理逮捕与迫害，致使福建轰轰烈烈的抗日救亡运动逐步转入了低潮。

第二节　国共合作谈判与红军改编

一　漳浦事变与重建红三团

1937 年 4 月至 6 月，中共闽粤边特委同当地国民党军政当局进行谈判，于同年 6 月 26 日与粤军第一五七师代表达成了合作抗日的政治协定(即《“六二六”政治协定》)。

由于中共闽粤边特委代理书记何鸣在谈判期间违反组织原则，擅自同意将闽南红军独立第三团开往国民党控制的漳浦城改编为保安队，特委又迁就了何鸣的错误，因此，在协议签订之后，部队离开根据地下山，向平原地区集中，开往平和县小溪镇。

这时，中共南临委代表姚铎到达，向闽粤边特委传达南临委的指示：番号可以改变，政治上要保持独立，部队必须提高警惕，要驻扎在根据地，不能开到平原去。① 但何鸣对于南临委这一正确指示采取了自由主

① 参见尹林平、朱曼平、卢胜：《漳浦事变前后》，《八一》杂志 1959 年第 15、16 期，1959 年 12 月。

义的态度，以“已经开来了，再开回去不好意思”为借口，拒不执行南临委指示。在此关键时刻，闽粤边特委放弃领导，没有执行南临委的指示；姚铎也未坚持南临委的意见。这一政治原则的错误，使以后国民党当局制造“漳浦事件”消灭红军的阴谋得逞。

1937 年 7 月 1 日，红三团开至平和县小溪镇集中，经点编后番号改为保安独立大队，以何鸣为大队长，吴金为副大队长兼政训员，全队士兵 565 人，干部 42 人。[①] 7 月 2 日，国民党驻小溪之粤军及小溪商会召开欢迎红军改编为国军合作救国大会。当地民众鸣锣击鼓，热诚参加，国共双方均发表恳切演说。何鸣代表红军讲话，并发表《为改编红军一、三支队及漳州人民抗日义勇军告闽南同胞书》，认为“我们所要求的给予民众爱国活动的自由，取消匪区，停止封锁，释放被捕红军人员，已蒙一五七师最高长官所接受；而我们的抗日的战士，在一五七师领导之下，也可以施展所怀了”[②]。

告同胞书也坦诚指出，这种局面还只是局部的，“全国的大规模的国共合作，还未彻底的实现，我们所要求实现民主政治，释放一切政治犯……一切建设国防化，废除苛捐什税，改善人民生活待遇，也未达到所企望的程度。南京三中全会后至现在的民族危机还是有加无已的”[③]，红军希望与当局以及各界同胞共同努力，争取全面彻底的国共合作。

正在此时，卢沟桥事变爆发，全国掀起抗战热潮，闽南抗日情绪也大为高涨。改编为保安独立大队以后的红三团，在小溪休整 10 多天，按照第一五七师的指令，于 7 月 13 日开抵漳浦县城，驻扎于孔庙。

---

① 参见《中共闽粤边区委员会为改编红军一、三支队及漳州人民抗日义勇军告闽南同胞书》(1937 年 6 月 23 日)，福建省档案馆、广东省档案馆编《闽粤赣边区革命历史档案汇编》第 2 辑，档案出版社 1987 年版，第 397 页。

② 《中共闽粤边区委员会为改编红军一、三支队及漳州人民抗日义勇军告闽南同胞书》(1937 年 6 月 23 日)，福建省档案馆、广东省档案馆编《闽粤赣边区革命历史档案汇编》第 2 辑，档案出版社 1987 年版，第 398 页。

③ 《中共闽粤边区委员会为改编红军一、三支队及漳州人民抗日义勇军告闽南同胞书》(1937 年 6 月 23 日)，福建省档案馆、广东省档案馆编《闽粤赣边区革命历史档案汇编》第 2 辑，档案出版社 1987 年版，第 398 页。

实际上，国民党当局调闽南红军进驻漳浦，包藏着阴谋消灭红军的祸心。早在闽南红军集中之前，国民党福建军事当局就呈请南京政府，要求原限于5月底肃清闽省红军游击队的期限，“展至七月半止，以期布置周妥，一鼓荡平”①。福建省政府主席陈仪遵南京政府密电，命令一五七师加紧部署，将闽南红军缴械。

在闽南红军到达漳浦的第二天，国民党粤军总司令余汉谋乘专机飞抵漳州，进一步与一五七师师长黄涛密谋。7月15日，余汉谋、黄涛飞往福州，经与陈仪商妥以后，立即又飞返漳州，并于当晚在黄涛家里再次对闽南红军缴械问题进行具体研究，第一五七师张光前即于7月15日晚连夜下令一五七师李崇刚旅在漳浦县城布置三道防线，做好收缴保安独立大队枪械的准备。②

中共闽粤边特委和红军对于国民党的阴谋，不能说毫无戒备。部队开入漳浦以后，为防止发生意外，特委令何浚驻漳浦之下布，新任代理特委书记张敏到云和诏地区进行布置，何鸣和副大队长卢胜率部入漳浦后开展国共合作的宣传活动，扩大共产党与红军的影响。但何鸣过于信赖国民党的抗战诚意，对国民党的卑劣阴谋缺乏充分认识。部队进驻漳浦以后，种种迹象已显露出国民党有所企图，但何鸣依然如故，不以为意。

7月13日，特委巡视员朱曼平和在漳浦负责白区工作的彭德清，将有关顽固派准备对红军实行缴械的情报及时通知何鸣。何鸣不但不将此重要情报立即通报部队，反而对其他同志说一切正常。7月15日，中共漳浦县委又向何鸣报告，一五七师以1个机枪连部署于漳浦右榴板，随时准备进袭，情况十分危急，提醒何鸣马上采取有效措施，以防不测。③

在此紧要关头，何鸣依然轻信一五七师的“和平诚意”，对如此重要

① 《江声报》1937年6月22日。

② 参见阎景堂主编《南方三年游击战争史》，解放军出版社1997年版，第181页。

③ 参见卢胜：《“漳浦事件”前后》，中共福建省委党史资料征集编写委员会研究室编《从和谈到北上抗日》，福建人民出版社1985年版，第55页。

的紧急情报置若罔闻。何鸣这样严重的右倾麻痹，以及对革命事业极端不负责任的态度，终于导致了闽粤边红军在丧失戒备的情况下受到了严重的打击。

7 月 16 日，国民党顽固派一手导演了破坏国共合作，阴谋消灭闽粤边红军的丑剧。上午 8 时左右，一五七师以点名发饷和整训为名，诱骗红军集中于漳浦体育场。8 时许，四七一旅参谋丰任陈英杰等 10 余人到场向部队讲话。他说："现在国共合作抗日，你们要先训练一下，训练用不着枪，你们要把枪放下。"红军指战员一听，感到情况不正常，立刻打开枪机，准备决一死战。

一五七师九四二团团长陈浚见势不好，指着周围已埋伏好的火力点，凶狠地威胁大家：请看看你们放不放下武器！红军指战员见此情景，更加怒不可遏，一场血战眼看就要爆发。在此千钧一发之际，卢胜和参谋长王胜坚决主张武装反击，但遭到何鸣的阻止。何鸣为保全全体指战员的生命安全，他在向国民党军提出抗议之后，要求部队服从命令，把枪放下，等待党中央处理。① 就这样，在场的红三团和云和诏独立营全体指战员被顽固派一枪不发地全部缴械，被缴长枪 305 支、短枪 228 支②，这就是顽固派一手制造的漳浦事件。在这次事件中，闽南红军游击队遭到了前所未有的损失，17 名军政干部被枪杀，500 多名指战员被监禁。③

顽固派为达到一举摧毁闽粤边红军游击队和共产党组织之目的，在制造漳浦事件的同一天，又在诏安县之月港捕杀中共闽粤边特委代理书记张敏等，制造了"月港事件"。

7 月 16 日中午，国民党诏安县保安团一个连，在其团长沈东海的带

---

① 参见卢胜：《"漳浦事件"前后》，中共福建省委党史资料征集编写委员会研究室编《从和谈到北上抗日》，福建人民出版社 1985 年版，第 56 页。

② 参见枫子：《闽南国共合作经过及其前途》（1937 年 8 月 10 日），福建省档案馆、广东省档案馆编《闽粤赣边区革命历史档案汇编》第 3 辑，档案出版社 1988 年版，第 21 页。

③ 参见《方方、谢育才、魏金水对目前闽西南时局发表重要谈话》（1940 年 6 月 10 日），福建省档案馆、广东省档案馆编《闽粤赣边区革命历史档案汇编》第 4 辑，档案出版社 1989 年版，第 145 页。

领下，突然包围建设乡月港村下脚祠堂。正在这里主持召开云（霄）（平）和诏（安）县委扩大会议的张敏由于失去警惕，对当地群众和哨兵相继前来报告国民党保安团袭来的危急情况不以为意。直至保安团接近祠堂，开枪打死门口的云和诏县委委员罗贵炎，打伤其他二三人时，张敏对国民党仍抱有幻想，不组织武装反抗和突围，以为已经国共合作签订了协定，有什么问题可以到县城去商量。

当即，残暴成性的诏安保安团全然不顾张敏等要求口头交涉的喊话，强行冲入会场，解除与会人员武装，并搜查会场和宿舍，逮捕张敏及云和诏县领导人李才炎、张崇等12人。7月20日，张敏等12人被全部枪杀于诏安良峰山东麓之虎咬巷。①

漳浦事件和月港事件是在卢沟桥事变爆发、全国抗战开始之后，国民党当局在南方游击区一手策划制造的反共事件，充分暴露了国民党在抗战初期一手搞和谈，一手加紧"剿灭"红军游击队的真实面目。特别是国民党当局在与闽粤边共产党及红军游击队签订关于合作抗日的政治协定后，背信弃义，继续玩弄阴谋，制造非常事件，更加表明其所推行的是片面抗战、积极"剿共"的所谓"北联南剿"的误国政策。因此这两起事件，决非发端于偶然，而是有组织、有预谋的政治谋害。

漳浦事件和月港事件的发生，除了国民党顽固派坚持反共内战政策的客观原因以外，主观方面的原因是中共闽粤边党组织和红军主要领导人在由土地革命战争转入抗日战争的重要阶段，产生了严重的右倾麻痹思想，违背了党中央一再强调的关于在国共合作中必须保证党的领导和独立性等重要原则，放弃了对顽固派的斗争；并且置党组织的指示于不顾，使武装队伍远离长期创建起来的游击根据地，脱离了游击区群众的支持。因此，闽南红军游击队和党的领导机关在连续遭到顽固派的突然袭击时，丧失了战斗力，不能组织有力的抵抗，铸成了大祸。

漳浦事件引起了中共中央和毛泽东的高度重视。事件发生后，毛泽

① 参见许慕辉：《有关"月港事件"几个史实的考证及其历史教训》，《党史资料与研究》1986年第3期。

东即于 8 月底致电在南方工作的张云逸，指出粤军所缴何鸣部之人员武器，务须全数退还，并向余汉谋提出严重抗议。随后，毛泽东又电告博古、叶剑英在与国民党最高当局谈判时，注意交涉退还何鸣所部被缴之人员枪械问题，并要国民党公开承认错误。[①] 10 月 1 日，中共中央在《关于南方各游击区工作方针的指示》中再次强调："国民党首先把何鸣部人枪交还。经证实具报无误后，方能谈判各游击区问题。"[②]

按照中共中央指示，张云逸一再同余汉谋交涉，要其迅速将闽南红军全部人枪如数归还。经过中共中央的努力，蒋介石、何应钦不得不表示允许归还。但余汉谋等在具体实行时一再延宕。11 月 15 日，张鼎丞在《前驱》公开发表《为闽南红军请命》，严正指出，发还闽南红军武器，已经国民党最高当局同意，而粤军一五七师至今尚未执行；在此金门失陷、漳厦危急之秋，希望军政当局顾全信义，无条件发还武器，了结这一不幸事件。[③] 国民党福建军政当局迫于民众舆论，拖延至 1938 年 3 月才不得不归还已经损坏的 300 多支枪。

漳浦事件发生后，被缴械的原闽南抗日独立大队指战员，为了保存和恢复这支革命武装，与国民党顽固派展开了英勇的斗争。当天下午，副大队长卢胜和参谋长王胜，以及林长兴、陈高顺、欧育超、林少克等，避开看管人员取得秘密联系，分别通知干部战士准备突围，并约定了突围时间和集中地点。当天深夜，红军指战员分批突围，由于被发觉，未能全数出城。突围出去的近百人在地方党组织配合下，先后到达漳浦县下布清泉岩集中，进行整编，重新建立闽南红军独立第三团，由卢胜任团长兼政委，王胜任参谋长。[④]

由于漳浦事件和月港事件，中共闽粤边特委代理书记张敏牺牲，军

① 参见叶心瑜：《试论"漳浦事件"及其历史教训》，《党史资料与研究》1983 年第 12 期。

② 中央档案馆编《中共中央文件选集》第 11 册，中央党校出版社 1991 年版，第 363 页。

③ 参见福建省档案馆、福建省军区党史资料征集小组等编《福建军事斗争史料选编（1934. 10—1938. 2）》第 1 册，1983 年内部版，第 633—635 页。

④ 参见卢胜：《"漳浦事件"前后》，中共福建省委党史资料征集编写委员会研究室编《从和谈到北上抗日》，福建人民出版社 1985 年版，第 56 页。

事部长何鸣被扣，特委的工作受到严重打击。特委组织部长何浚立刻派尹林平先赶赴香港，向南临委报告事变经过，请中央出面交涉；随后又指定朱曼平和林路负责特委工作，布置收容突围人员，然后也赴南临委汇报工作。

重新建立起来的红二团为了打击反动势力，恢复与发展革命力量，揭破顽固派散布的“红三团已被消灭”的谎言，紧密依靠老苏区的群众开展武装活动。红三团首先在漳浦下楼村镇压了反攻倒算的反动保长蔡溪海，打击了反动派的气焰，振奋了群众革命情绪。随后，部队又分兵活动于尪仔石山、乌山、山内、狮头山、南乡等地。9 月间，谭震林、邱金声率领闽西红军 1 个排到达闽南，协助红三团作战，帮助恢复与发展革命局面。经过几个月的斗争，至 1937 年底，红三团又发展到 300 余人。至此，因漳浦事件受到打击而陷入困境的闽南党的工作和革命武装，重又获得了恢复。1938 年初，红三团在平和县坂仔整编为 3 个连，随后奉命集中于龙岩白土，与闽西红军会合，被编为新四军二支队第四团第一营。[①]

二　闽西、闽中地区实现国共合作与新四军二支队北上

闽西游击区的国共合作抗日谈判达成协议稍迟于闽南。1937 年 3 月 15 日，闽西南军政委员会根据中共中央瓦窑堡会议精神，作出《关于闽西南目前形势和党的任务决议》，决定进一步建立和发展抗日统一战线，派出代表和愿意抗日的党派、武装力量进行谈判，订立抗日协定。[②] 这个决议表明，闽西南军政委员会由于政治上的成熟与敏锐，及时把握了形势，在时局发生急剧变化的关头，很快作出了正确的判断与决策。

4 月 25 日，闽西南军政委员会常委会议又根据中共中央及南临委的指示，决定在闽西南地区发动和平运动，创造国共合作谈判的气氛。从 5

---

① 参见卢胜：《重建闽南红三团》，《风展红旗》第 2 辑，福建人民出版社 1982 年版，第 180 页。

② 参见福建省档案馆等编《福建军事斗争史料选编（1934.10—1938.2）》第 1 册，1983 年内部版，第 452 页。

月份开始，闽西南军政委员会先后派岩南漳县军政委员会主席魏金水、闽西南军政委员会总代表谢育才，同驻闽西粤军第一五七师第四六九旅旅长练惕生、国民党龙岩第六专员公署专员张策安举行谈判。但是，张策安等不顾闽西南军政委员会的和谈诚意，不顾广大人民群众对于国共合作、共同抗日的期望，顽固坚持反共内战的方针，向谢育才提出四条无理要求：（一）张鼎丞、邓子恢、谭震林等亲自到龙岩“表示诚意”；（二）取消共产党和红军、苏维埃组织；（三）即日发表“投降自新宣言”；（四）龙岩的红军接受点编，徒手者一律遣散。[①]

正在这时，卢沟桥事变爆发，全国抗日运动迅速高涨。为了表明中共和红军的抗日救国立场，促使闽西南国共合作局面的形成，闽西南军政委员会决定派邓子恢亲赴龙岩。7 月 10 日，邓子恢、谢育才抵达龙岩。经过多次谈判，国民党方面大致接受了邓子恢等按照《闽西南军政委员会三致粤军公函》提出的关于谈判条件的原则立场，但是在红军点编的地点问题上，国民党方面坚持要求红军集中在指定的地点。邓子恢、谢育才警觉到国民党当局可能包藏着阴谋消灭红军游击队的祸心，因而坚持分两地集中，集中地点由红军自行确定。但国民党方面不同意邓子恢等的意见，谈判陷入僵局。

正当谈判相持不下的时候，从闽南传来发生漳浦事件的消息。邓子恢为此向粤军提出严重抗议，谴责这种背信弃义的卑劣行径。为了顾全大局，邓子恢仍然克制着愤激的感情，坐到谈判桌上继续斗争。他严肃地指出：“由于贵军背信弃义，制造了漳浦事件，部队很不放心，因此坚决主张分地集中。”[②] 经过坚决的斗争，国民党龙岩军政当局不得不同意闽西南军政委员会的意见，并商定各地红军游击队从 8 月 23 日开始分别在龙岩白沙和永定下洋、平和芦溪集中。7 月 29 日，邓子恢、谢育才与粤军代表练惕生、第六专署代表张策安三方，在龙岩商会就正式谈判条

① 张策安：《致福建省政府主席陈仪电》（1937 年 7 月 22 日）。

② 张鼎丞、邓子恢、谭震林：《闽西三年游击战争》，中国人民解放军历史资料丛书编审委员会编《南方三年游击战争·闽西游击区》，解放军出版社 1991 年版，第 339 页。

文达成协议，签字生效。[①]

在此期间，闽西南军政委员会指示各县区委、各主力支队分别派代表与各县区公署、各联保办事处、保甲长及当地驻军进行局部的和平谈判，谈判条件限于局部地区的军事政治问题。根据这一指示，永定方面红军派温仰春、张思垣到永定县城和湖雷，上杭红军代表到上杭县城和白砂，岩平宁地区的红军代表到龙岩白沙，岩永靖县、永和靖县等地红军也分别派出代表到当地公署和国民党军驻地，举行谈判，并且都达成协议，取得了很好的结果。[②]

闽西南军政委员会从 4 月 25 日常委扩大会议作出与国民党军政当局进行合作抗日谈判的决定，至 7 月 29 日达成协议的 3 个月中，坚持了党中央关于建立抗日民族统一战线的正确方针，坚持了独立自主的立场，保持着高度的警惕；对于国民党方面的挑衅袭击，在自卫的立场上坚决予以回击。当双方谈判初告成功时，第一五七师驻永定部队于 7 月下旬竟数次阴谋袭击永定及平和边境的红军。红军游击队立即实行自卫还击，给予一定杀伤以后即停止，在舆论上获得了同情与支持。

经过这三个片的和平运动与谈判斗争，闽西南军政委员会及其领导下的红军游击队在政治上、军事上都取得了主动，赢得了社会各界广泛的理解与帮助，“不独取得了我们阶级群众的拥护，小资产阶级和各界有良心的爱国分子的同情和赞助，连十年来阶级斗争、武装斗争深仇大恨的对手也有一部分争取到和平运动上面来了”[③]。即使少数顽固分子，也

① 参见邓子恢：《答复张专员在党政军联合纪念周的报告词》（1937 年 11 月 15 日），蒋伯英主编《邓子恢闽西文稿（1916—1956）》，中共党史出版社 2016 年版，第 370 页。

② 参见《闽西南军政委员会关于闽西南和平谈判三个月来的各方面动员工作致云逸、南委转中央报告》（1937 年 9 月 17 日），福建省档案馆、广东省档案馆编《闽粤赣边区革命历史档案汇编》第 3 辑，档案出版社 1988 年版，第 27 页。

③ 《闽西南军政委员会关于闽西南和平谈判三个月来的各方面动员工作致云逸、南委转中央报告》（1937 年 9 月 17 日），福建省档案安馆、广东省档案馆编《闽粤赣边区革命历史档案汇编》第 3 辑，档案出版社 1988 年版，第 30 页。

不敢公开反对“和平合作抗日”的主张。至此，闽西南地区基本上形成了第二次国共合作的局面，抗日民族统一战线初告形成。

根据谈判协议，闽西各地红军游击队于8月20日左右分别开赴指定地点。第一、二、三、七支队及龙岩、上杭、岩连宁、岩南漳县游击队集中于龙岩白沙，第四、五支队及永定、永东、永埔等县游击队集中于平和县之芦溪。8月30日，国民党第六专员公署派保安副司令韩遇隆、一五七师政训处科长陈柏麟等10人，在龙岩白沙参加红军点编大会；9月4日，又参加了集中于芦溪的红军部队的点编。闽西红军游击队经过点编以后，共有1100余人，编为3个支队。集中于白沙之红军为第一、三支队，驻芦溪之红军为第二支队。①

但是，由于国民党当局对于国共合作并不诚恳，因此在谈判协议签订以后，仍不断地阴谋制造事端，企图把红军游击队“收编”为国民党保安团，或者限制、削弱以至消灭共产党的政治领导和红军游击队的力量。

闽西南军政委员会清醒地认识到当局的阴谋，始终坚持中共中央关于国共合作的原则立场，同国民党当局进行合理、合法的斗争。针对国民党当局不批准番号企图“收编”红军为保安团的阴谋，闽西南军政委员会断然宣布将红军游击队定名为闽西人民抗日义勇军第一支队，并向社会公开揭露当局的种种阴谋，造成社会舆论，壮大抗日阵线。

1937年10月2日，中共中央与国民党政府经过反复斗争、谈判，终于达成协议，决定将南方八省的红军游击队改编为陆军新编第四军。同年12月下旬，新四军在汉口成立，以叶挺为军长，项英为副军长。1938年1月6日，新四军军部移驻南昌，并命令闽西、闽粤边、闽赣红军游击队改编为新四军第二支队。邓子恢调任军政治部副主任，张鼎丞任二支队司令员，谭震林为副司令员。

---

① 参见《闽西南军政委员会关于和国民党谈判情况及游击队改编问题给张云逸、南委的报告》(1937年9月12日)，中国人民解放军历史资料丛书编审委员会编《南方三年游击战争·闽西游击区》，解放军出版社1991年版，第259页。

1938 年 1 月，张鼎丞、邓子恢、谭震林率领各部开抵龙岩白土集中。闽粤边区的红三团和闽赣边区的（长）汀瑞（金）游击队也相继到达白土会合。各部队会师以后，正式颁布了改编命令，调整了干部，成立了支队司令部，下辖第三、四两个团。第三团团长黄火星、副团长邱金声，全团 1400 余人；第四团团长卢胜、副团长周桂生，全团 1300 余人。

2 月 20 日，新四军军部命令江南所属各部立即开赴安徽歙县岩寺集中，准备投入抗日前线。2 月 27 日，新四军第二支队以及各界代表和当地群众 6000 余人，在白土镇广场举行北上抗日誓师大会。

3 月 1 日，张鼎丞、邓子恢、谭震林率领第二支队，结束了三年艰苦奋战的游击生活，从白土出发，踏上抗日之路，向皖南开进。①

在闽南、闽西地区进行国共合作抗日谈判期间，闽中游击区党组织也积极准备和倡导闽中地区的国共合作。由于闽中特殊的地理位置，在三年游击战争的头两年，中共闽中特委失去了与上级党组织的联系。1936 年 9 月，闽中特委终于与设立在香港的中共南方临时工作委员会取得联系。1937 年 2 月，闽中特委受到破坏，特委书记王于洁等被捕以后，闽中党组织随即成立了以刘突军为书记的中共闽中工作委员会。

1937 年 6 月，中共闽中工委根据南临委指示，决定选择有利时机，积极准备与当地国民党军政当局举行合作抗日的谈判，将闽中红军游击队改名为中华人民抗日救国义勇军第七路军第一纵队，以刘突军为政委，吴德标为司令员，雷光熙、王铁城为副司令员。为了防止国民党军的突然袭击，闽中工委在积极准备和平谈判的同时，也做好了应变准备。

卢沟桥事变以后，在形势发生急剧变化的情况下，中共闽中工委为了得到上级指示，以便在新的形势下制定正确的方针，于 8 月上旬派金贯一前往香港，报告闽中工作情况，请示国共合作问题。但是金贯一刚刚启程，即于 8 月 7 日在莆田被国民党逮捕并暴露了身份。国民党当局

---

① 参见《陆军新编第四军第二支队司令部公函》（1938 年 3 月 2 日），中国人民解放军历史资料丛书编审委员会编《南方三年游击战争・闽西游击区》，解放军出版社 1991 年版，第 315 页。

强加所谓“汉奸”罪名，企图将其杀害。[①]

为了营救金贯一，中共闽中工委当即决定，公布金贯一共产党员身份及其与闽中工委的组织关系，提出同莆田国民党当局举行谈判，表明和平诚意和合作抗日的意向，要求释放金贯一。这一决定虽然比较仓促，但在全国国共合作抗战局面已成定局的形势下，这一决定是可行的，在客观上加快了闽中国共合作的进程。8 月 12 日，闽中工委以抗日救国义勇军第七路军第一纵队名义，通过《莆田日报》向有关当局发出公函，认为“当此寇氛日炽，国运日危，中华民族只有大事联络，一致抗日”；表示闽中红军已经作好抗日准备，随时可以派出代表与当局接洽谈判，以达共同努力于抗日救国运动之目的。[②]

事实上，闽中国共合作局面已是大势所趋。当局对于闽中红军游击队在西安事变以后主动停止武装斗争，逐渐改变土地革命时期方针以利于合作抗日，以及深得群众拥护等事情，并非不了解。如果坚持杀害金贯一，拒绝闽中工委的和谈建议，对于其统治地位并无好处。所以，国民党方面很快作出姿态，欢迎与闽中红军游击队举行谈判。于是，莆田县国民党县党部指导员黄士豪对该报记者发表谈话，表示接受红军游击队建议，“本人更愿尽一切心力，排除所有障碍”，与中共举行谈判，希望中共方面立即派负责代表会晤洽商，“更希望全县热心人士，责以大义，共襄善后办法，使一切进行，得以迅速发展”。

黄士豪的谈话发表以后，中共闽中特委立即派杨采衡为代表，于 8 月下旬连续三次前往莆田，除要求立即释放金贯一外，与黄士豪商谈国共合作抗日问题。杨采衡在谈判中提出了 12 条合作条件，主要的原则是：停止内战，一致抗日；游击队可以改编，接受国民党领导，但必须保持独立；立即释放政治犯，保证红军游击队及其家属的安全。同时表

---

① 参见金贯一：《抗日初期闽中国共合作和谈与红军改编的经过》（1961 年 12 月），福建省委党校馆藏资料。

② 参见《莆田日报》1937 年 8 月 18 日。

示，游击队停止打土豪，共同维持社会治安。[①] 谈判期间，杨采衡与黄士豪又一起前往泉州，面见国民党驻军第二三九旅旅长钱东亮，表明中共方面的原则立场。

闽中国共双方经过反复谈判，于8月28日达成原则协议。协议的精神基本体现了杨采衡提出的原则，并又确定闽中游击队200余人编为两个连，其点编期间所需给养由当局商请保安处供应。[②] 随后，刘突军也赴莆田，就有关游击队点编地点以及经费等问题再与当局作进一步商谈。经双方商定，闽中红军游击队首先集中于莆田县庄边尚书桥进行训练；为保证部队安全，避免发生误会，在红军集训驻地周围50里以内不得驻扎国民党军。这样，闽中地区国共合作的局面基本形成。

闽中红军游击队经过1个月左右集训，于10月15日开入莆田，驻扎于南门外锦亭寺，由钱东亮旅派代表点编，被编为第八十师特务大队，由刘突军为大队长，杨采衡为副大队长。全队近200人编为2个中队，第一中队长雷光熙、指导员翁鸿堂，第二中队长吴德标、指导员金贯一。部队点编以后，进驻莆田广化寺。

闽中红军游击队点编以后，同意编入国民党部队，并脱离游击根据地进驻莆田县城广化寺，是经过闽中工委集体讨论决定的。这一决定显然是错误的。作出这一错误的决定固然有其客观的原因，这就是闽中党和游击队长期与上级党组织中断联系，对全国形势及党中央关于建立抗日民族统一战线的方针策略缺乏深刻的了解。但是在主观上，闽中工委由于国共合作而产生了麻痹思想，只看到国民党愿意与共产党合作抗日的一面，忽视了其处心积虑削弱与消灭红军游击队的一面，因而失去了对国民党顽固派反共本质的警惕，急于使红军游击队合法化，“急性病地

① 参见杨采衡：《抗日战争初期闽中国共和谈的经过》（1961年10月），福建省委党校馆藏资料（2—0667）；苏华：《抗战初期闽中地区的革命斗争》（1961年6月），福建省委党校馆藏资料（2—0673）。

② 参见《莆田日报》1937年8月29日。

认为这次不出去，我们的政治生命就完结，群众对我们不信任”[①]。

由于这一错误的指导思想，闽中红军游击队轻易地放弃了经过长期斗争建立起来的比较巩固的莆田、仙游、福清边界农村游击根据地，从而失去了抗日游击支点，失去了基本群众的支持和援助。中共闽西南特委后来对此作了批评，指出，由于这种急于合法化的错误，真正失去了群众的信任，“下层的群众工作不能开展，上层的统一战线不能建立，党的武装力量是不能好好保存”[②]。事实证明，闽中游击队在编入国民党军以后，失去了组织的独立性和指挥的独立性，不能摆脱国民党的控制与破坏，陷入了危险的境地。

闽中游击队进驻莆田广化寺不过 1 个月，国民党当局借口金门沦陷，漳厦告急，着令调驻泉州。闽中党组织领导人在此关键时刻，又错误地估计了形势，失却了对顽固派播弄阴谋的警惕，以为执行国民党这一命令，既可争取和恢复安南永德游击根据地，又能表明中共与红军的抗日诚意。又由于把队伍开往泉州这一重大行动，党的组织“没有经过会议决定，仅由几个人决定”[③]，终于铸成大错。

1937 年 11 月中旬，由闽中红军游击队编成的八十师特务大队开赴泉州。[④] 这一行动，埋下了“泉州事变”的祸根。

三　闽东国共合作谈判与闽东红军的改编

全面抗战开始之初，远在偏僻的闽东游击区的党组织和红军被时局的急剧变化所震动。闽东党组织虽然为全面抗战的兴起而大受鼓舞，但对于党中央改变方针，将北方红军改编为国民革命军，赞同蒋介石领导

① 《中共闽西南特委给闽中党的指示信》（1938 年 3 月 21 日），福建省档案馆、广东省档案馆编《闽粤赣边区革命历史档案汇编》第 3 辑，档案出版社 1988 年版，第 98 页。

② 《中共闽西南特委给闽中党的指示信》（1938 年 3 月 21 日），福建省档案馆、广东省档案馆编《闽粤赣边区革命历史档案汇编》第 3 辑，档案出版社 1988 年版，第 99 页。

③ 《中共闽西南特委给闽中党的指示信》（1938 年 3 月 21 日），福建省档案馆、广东省档案馆编《闽粤赣边区革命历史档案汇编》第 3 辑，档案出版社 1988 年版，第 99 页。

④ 参见《雷光熙部开泉州训练》，《莆田日报》1937 年 11 月 19 日。

抗战又感到“出乎意料之外”①。

为了了解党中央的方针及红军改编为八路军的真实情况，以便在形势发生重大转折的关头实行与中央一致的政策，叶飞率领红军游击队于1937年9月中下旬袭击宁德沿海集市八都镇，目的在于缴获各种报纸，了解时局。② 他们从八都获得的大量报纸中，看到9月11日《申报》刊出的朱德、彭德怀于8月25日发表就任八路军总指挥、副总指挥的通电，通电谓：为抗日救国，一致御侮，拥护蒋委员长效命疆场，红军部队业已改编完毕。第二天的《申报》又刊登了蒋介石、汪精卫、阎锡山等电贺朱、彭就职的电报。

这些报道，证实了闽东特委原先听到的传闻。闽东特委随即召开会议，认为党中央的方针已经由“反蒋抗日”转变为“联蒋抗日”，特委必须按照中央的这一方针，改变自己的策略。会后，闽东特委分别致函国民党宁德县政府和省政府，正式提出“停止内战，枪口对外，一致抗日，愿意改编和拥护蒋委员长抗战”等主张。③ 但国民党福建当局继续奉行“北联南剿”的误国政策，企图利用南方各游击区分散与比较弱小的局面，以及国共两党尚未就南方红军游击队问题达成协议的机会，一举予以消灭；因此，对于闽东特委和闽东军政委员会提出举行和平谈判的呼吁，置若罔闻，继续派兵“进剿”闽东红军游击队。

针对这种情况，中共闽东特委认为必须给国民党以适当的打击，显示红军游击队的实力，迫使其坐下来谈判。按照这一分析，闽东独立师实行分散游击，寻求适当的机会予国民党以必要的教训。不久，范式人率领的一支部队在闽浙边界之庆元县南阳附近，对敢于进犯的浙江保安团一个营以回击，击毙其参谋长，缴枪40余支。与此同时，国民党福建

① 《叶飞回忆录》，解放军出版社2007年版，第69页。

② 以往的论著一般认为此次攻打八都之战是在1937年8月底。但据查，《申报》刊出朱德、彭德怀就任八路军总指挥及副总指挥通电的日期是9月11日，前此没有类似报道。据此，本书推断八都战斗在9月中下旬。

③ 《叶飞同志回忆闽东国共和谈与红军北上抗日》（1981年1月20日），《闽东党史资料与研究》1985年第3期。

省保安处副处长兼保安第三旅旅长黄苏，派遣一个加强连“进剿”叶飞率领的闽东独立师一部。叶飞率部在宁德县西北部之亲母岭设伏，一举歼灭这个加强连，毙其40余人，俘虏70多个，给予其沉重打击。[①]

闽东军政当局“进剿”红军不成，反而损兵折将，大为沮丧。加以这时淞沪战事危急，原驻闽东之国民党正规军八十七师、七十八师相继北调淞沪前线；全国抗战浪潮迅猛高涨，“停止内战，一致抗日”的呼声日甚一日。在这种情况下，闽东和福建军政当局不得不考虑同闽东红军举行合作抗日的谈判。

福建省政府主席陈仪通过福安县国民党党部指导员张辅翼，要求福安中共组织负责人郭文焕出面联系，与闽东红军游击队进行谈判。中共闽东特委研究了各方面的情况之后，确定派范式人为代表，与国民党代表黄苏在宁德县霍童镇进行第一次谈判。范式人按照事先与叶飞商定的谈判条件，向黄苏坦诚提出：（一）停止内战，发表中共闽东特委共赴国难宣言；（二）红军改编为闽东抗日游击支队，保持共产党的独立领导和指挥；（三）划宁德、周墩、古田、穆阳、屏南等地为红军驻防区；（四）释放一切政治犯；（五）过去的租债一律不得追索。[②] 黄苏对于范式人提出的条件虽然未加直接拒绝，但推诿须报省政府决断，予以拖搪。所以，这次谈判没有获得结果。

不久以后，双方商定在宁德县城进行第二次谈判。由于当局缺乏诚意，对于闽东红军游击队依然怀着吞并或瓦解的企图。黄苏更打算将闽东红军编入其保安旅，扩大自己的实力，以达到升任师长进而攫取省保安处长职务之目的。因此谈判一开始，黄苏公然提出把闽东红军编为保安旅，由叶飞担任旅长，范式人和阮英平分任两个团的团长。范式人从抗日大局出发，耐心地阐述了闽东红军方面的立场和主张，坚持闽东红

---

① 参见范式人：《闽东和谈前后》，《风展红旗》第2辑，福建人民出版社1983年版，第168页。

② 参见范式人：《闽东和谈前后》，《风展红旗》第2辑，福建人民出版社1983年版，第171页。

军编为由共产党独立领导的闽东抗日游击支队。由于双方所持意见相去甚远，谈判再次陷于僵局。

在此期间，中共中央南方临时工作委员会曾派张云逸于10月间到达福州，要求与闽东红军联络，并打算派孙克骥秘密携带同年8月1日发布的《中共中央关于南方各游击区域工作指示》前往闽东。但陈仪先是谎称闽东并无红军，继而又多方刁难，孙克骥的闽东之行终未成功。[①]中共闽东特委了解到这些情况，并获知闽南发生漳浦事件的消息，对于国民党当局的阴谋更加警惕起来。为预防不测，闽东特委将红军各部集结于宁德附近山上，以便随机行动。在此之后的一些日子里，闽东国共双方虽多次谈判，但始终没有什么结果。

1937年10月，国共双方中央达成协议，将南方各省游击区红军游击队改编为国民革命军新四军。为了加紧与福建各游击区的联系，传达中央关于红军改编的指示，八路军南京办事处派顾玉良以新四军军部少校的名义，随带叶挺的公函，赶赴闽北与闽东游击区。11月下旬，顾玉良经闽北抵达福州，面见陈仪，转达叶挺公函并表明来意，提出将闽东红军编入新四军。在陈仪的安排下，顾玉良随即到达宁德附近闽东红军的驻地桃花溪，与叶飞、范式人、阮英平等相会。

顾玉良的到达，使闽东党组织和红军进一步了解到全国形势和党中央的方针，干部和指战员们大受鼓舞，欢愉万分。顾玉良到达宁德以后，旋即与闽东特委一起，同国民党当局就闽东国共合作问题继续进行谈判。由于国民党中央已经颁发了将南方红军游击队编为新四军的命令，因而谈判的主要问题已不再是改编不改编为保安旅，而是闽东红军在待命集中期间的行动问题。闽东红军提出：（一）红军可以停止打土豪，但必须保证红军家属的安全；（二）红军可以接受保安旅指导，但不接受指挥，行动由自己决定，行动后及时通报；（三）红军给养由政府供给，不得留难红军采购人员的活动。[②] 国民党当局原则上接受了这些要求。

---

① 参见孙克骥：《新四军三支队改编前后》，《福建党史月刊》1987年第3期。

② 参见顾玉良：《一张照片的由来》，《福建党史资料通讯》1984年第3期。

按照双方商定的协议，《福建民报》于 12 月 31 日发表了《中国共产党闽东特委共赴国难宣言》。宣言说：中共闽东特委为共赴国难，一致抗日，以极大的努力与热忱与军政当局举行谈判，实现了团结御侮之初衷；“为了取得各党各派各军各界团结一致抗敌与消除一切的怀疑与误会起见，特宣告改变闽东人民抗日红军的番号为国民革命军福建抗日游击第二支队，取消中华苏维埃闽东军政委员会组织，停止争夺政权与苏维埃运动的游击战争，停止以暴力没收地主土地与财产的政策”。中共闽东特委愿与亲爱的同胞携手团结，为自由、独立、幸福之新中国而决战，牺牲到底。① 这个宣言的发表，表明闽东党组织与红军按照党中央关于建立抗日民族统一战线的方针策略，在独立自主的原则之下，经过艰苦曲折的斗争，终于促成了闽东地区国共合作抗日的局面。虽然这一局面由于当局缺乏诚意，还不很稳固，但对今后进一步开展闽东抗日救亡运动，创造了一个良好的气氛。

12 月中旬，叶飞和顾玉良遵照新四军电示，前往南昌军部报告工作，接受新的任务。同时，闽东红军集中于宁德县石堂进行整训，然后移驻屏南县棠口。1938 年初，叶飞偕同新四军组织部长李子芳回到闽东，宣布新四军军部命令，将不久前由闽东红军编成的福建抗日游击第二支队，改编为新四军第三支队第六团，团长叶飞，副团长阮英平。范式人接替叶飞担任中共闽东特委书记，留在闽东工作。②

1938 年 2 月 24 日，叶飞、阮英平率领三支队六团 1300 多名指战员，按照新四军军部命令，从屏南棠口出发，开赴皖南，奔向抗日战场。

四　闽北国共和谈与闽北红军的改编

闽北游击区的党组织中共闽赣省委早在 1937 年 2 月 7 日就作出《关

① 参见中国人民解放军历史资料丛书编审委员会编《南方三年游击战争·闽东游击区》，解放军出版社 1993 年版，第 71—72 页。

② 参见范式人：《闽东和谈前后》，《风展红旗》第 2 辑，福建人民出版社 1983 年版，第 173 页。

于开展抗日反帝斗争的决议》，主张一切不愿做亡国奴的中国人，不论宗教信仰与政治派别，一致联合起来，建立抗日统一战线，进行抗日民族战争。3 月 28 日，闽赣省委又决定，积极联络反日派别及武装，“进行民众革命统一战线的谈判”，结成抗日的巩固联盟。同时，中共闽赣省委向福建、江西两省国民党当局发出快邮代电，呼吁停止内战，一致抗日。

但是，福建、江西、浙江国民党当局顽固坚持“剿共”内战的方针，对三省边区之红军游击队加紧进攻。7 月 13 日，闽北独立师师长黄立贵率部在邵武县洒溪桥乡沙田村附近休整时，遭到国民党军七十四师第四五六团和保安第五团的包围袭击。黄立贵率领队伍奋力突围，在战斗中不幸壮烈牺牲。①

中共闽赣省委强忍悲痛，从抗日大局出发，坚持化干戈为玉帛，促进闽北国共合作抗日的谈判。8 月间，闽赣省委派出去与上级联系的吴华友从香港寄回党中央为建立抗日民族统一战线而制定的《为抗日救国告全体同胞书》《关于抗日救亡运动的新形势与民主共和国的决议》《东征宣言》等文件。通过学习，闽赣省委认识到，必须坚定不移地执行中央的方针，尽快实现闽北地区的国共合作，以适应全国抗日运动发展的形势。闽赣抗日军政委员会主席黄道，副主席曾镜冰、曾昭铭随即于同月联名致函南京国民政府，提出在闽北地区实行国共合作抗日的建议。9 月 20 日，他们又致函江西省主席熊式辉，表明抗日诚意，并就进一步谈判提出三点原则立场：（一）将闽北红军改名为抗日义勇军，实行抗日言论、集会、结社自由，取消苛捐杂税；（二）允许闽北红军与朱德、彭德怀通讯联络，请求并服从他们的指示；（三）谈判未开始之前，红军首先停止军事行动，停止打土豪，国民党军须从崇安城至分水关、岚谷一线，以及崇安县之星村、曹墩，建阳县之杜潭，邵武县之二都桥等地撤出，划归红军维持治安。②

---

① 参见光泽县委党史征委会：《闽北的国共和谈》，《福建党史通讯》1987 年第 7 期。

② 参见《黄道等同志致国民党江西省主席熊式辉函件》（1937 年 9 月 20 日），中共福建省建阳地委党史办、福建省建阳地区档案馆编《闽北党史文献》第 3 集，第 437—438 页。

这时，鉴于上海八一三抗战爆发，驻闽北“围剿”红军游击队的国民党正规军陆续北调，不得不撤走了包围闽赣游击区的主力部队。在这种形势下，闽北国民党当局逐渐缓和了对红军的进攻，并通过原中共光泽县委书记蔡诗山向黄道等表示愿意同红军举行谈判。[①]

9 月下旬，中共闽赣省委首先派黄知真为代表，前往光泽县大洲村，与国民党方面作初步接触；随后又再派曾镜冰、邱子明（一说曾昭铭）前往。国民党方面则派出江西南城保安副司令周中城、光泽县长高楚衡前往大洲村参加谈判。在谈判中，国民党方面对于中共闽赣省委 9 月 20 日致熊式辉函中提出的三条原则意见不置可否，表示须经省方研究方可解决。双方几经洽谈，首先达成了停止军事行动的协议。[②]

大洲谈判以后，闽赣省委即派曾昭铭赴南昌，向项英报告谈判情况。项英指示，闽北红军即刻停止军事行动，部队集中改编为抗日义勇军；至于与江西上层国民党的谈判，由项英与当局继续进行。曾昭铭返回传达项英指示之后，闽赣省委随即于 11 月间分别通知分散在资光贵、建松政、邵光建等地区的闽北红军各纵队和分区党组织，向崇安方面集中。[③] 10 月中旬，黄道率闽赣省委及直属部队由光泽抵达崇安浆溪。

但是国民党当局并不甘心闽北红军的存在与改编，仍然处心积虑妄图予以“收编”或消灭，不断制造事端与摩擦。特别是崇安、邵武、建阳一带的国民党保安团和民团，继续与红军为敌，不准移民并村的群众返回家园。仅 9 月底至 10 月上旬，国民党地方部队就多次袭击崇安县星冯、溪源、龙空等处红军零星人员，继续在崇安之大安、星村、曹村等

① 参见《王文波关于闽北革命斗争历史的报告记录》（1958 年 10 月 3 日）。

② 参见曾镜冰：《闽北革命斗争的回忆》（1958 年 12 月 28 日），《福建党史通讯》1984 年第 8 期。

③ 参见曾镜冰：《闽北革命斗争的回忆》（1958 年 12 月 28 日），《福建党史通讯》1984 年第 8 期。

地强迫移民并村，破坏各地秋收，封锁红军给养。① 邵武国民党地方武装也在二都桥袭击红军。建阳县杜潭、茶墩等地民团则封锁交通，制止群众回乡。闽赣军政委员会副主席曾昭铭在途经邵武铁罗巷附近时，也遭当地壮丁队袭击。②

由于国民党的破坏与封锁，闽赣军政委员会下达给各地红军关于集中改编的命令迟迟不能送达。为此，黄道、王助等分别致函光泽、崇安等县县长，对于上述敌对行动提出严正批评，要求电请福建省政府与军事当局，“严令各地民团勿再对我们取敌对行动、释放各地民众回家安居，取消对我们的封锁给我们以交通便利”③；同时希望铅山、崇安两县当局，切实遵照江西、福建省政府电令，分别撤退铅山县属石圹、紫溪、杨村、车盘及崇安各处民团，以便红军向崇安大安进而向铅山石圹集中整编。④

与此同时，闽北各分区红军游击队为维护红军的独立与尊严，保护人民生命安全，保证闽北国共合作局面不受破坏，对于国民党军的挑衅和进攻给予坚决的回击。闽赣省委率部在向崇安集中的途中，首先打击邵武二都桥之民团，摧毁其一个炮台，歼其一个分队；随后，部队继续前进，又在建阳县响古、杜潭各歼其一个连。红军部队在一昼夜内三战三捷，打击了国民党的气焰。与此同时，汪林兴等率领一分区之第二纵队红军，在江西石塘街烧毁国民党军一个炮台，迫使其守备部队一个连撤出石塘。⑤

---

① 《闽东北方面抗日军政委员会致国民党崇安县长信》（1937 年 10 月 11 日），中共福建省建阳地委党史办、福建省建阳地区档案馆编《闽北党史文献》第 3 集，1984 年，第 443 页。

② 参见《黄道、曾镜冰同志给国民党光泽县长信》（1937 年 10 月 9 日），中共福建省建阳地委党史办、福建省建阳地区档案馆编《闽北党史文献》第 3 集，1984 年，第 442 页。

③ 参见《黄道、曾镜冰同志给国民党光泽县长信》（1937 年 10 月 9 日），中共福建省建阳地委党史办、福建省建阳地区档案馆编《闽北党史文献》第 3 集，第 442 页。

④ 参见《黄道、曾镜冰同志给国民党崇安县长信》（1937 年 10 月 17 日），中共福建省建阳地委党史办、福建省建阳地区档案馆编《闽北党史文献》第 3 集，第 445 页。

⑤ 参见《王文波关于闽北革命斗争历史的报告记录》（1958 年 10 月 3 日）。

经过谈判桌上和武力较量的斗争，国民党当局深知要消灭和瓦解红军是不可能的，因而不得不于1937年11月重新坐下来同红军谈判。由于闽北红军分散于各个游击根据地，所以谈判分别在各地举行。

11月，资溪县县长王恩荣派员致信中共资（溪）光（泽）贵（溪）中心县委要求举行谈判。中心县委书记鲍永泉（张波）与贵溪县委书记叶金太作为共产党和红军方面代表，在资溪县城与国民党代表举行谈判，达成了合作抗日的协议。

同时，黄道致信建（瓯）松（溪）政（和）中心县委书记翁立义，指示他们以党中央关于抗日救国十大纲领为原则，与当地政府举行合作抗日的谈判。中心县委即派陈贵芳、吴才生为代表，与政和县当局代表在东平举行谈判。双方对停止内战、一致抗日取得一致认识，达成了和平协议。另外，建松政中心县委又派游火明在松溪花桥区甲墙乡与松溪县当局举行了谈判。[①] 这两次谈判的成功，促成了建松政地区国共合作局面的形成。

在邵（武）光（泽）建（阳）地区，中共邵光建县委书记王文波与组织部长聂显书等，于11月初在邵武县城李家墩村与国民党代表进行谈判，也就双方停止军事行动、释放被关押之革命分子、停止打土豪等条款达成了协议，实现了这一地区的国共合作。这样，闽北游击区的国共合作抗日局面基本形成。

国共双方决定把南方各省游击队改编为新四军以后，中共南临委和八路军南京办事处为了尽快将这一决定传达到各游击区，于10月下旬至11月中旬，先后派顾玉良、张云逸、孙克骥、吴源生等到达福建。孙克骥和顾玉良又分别前往闽北游击区，向中共闽赣省委传达了党中央在同年10月1日发出的《中央关于南方各游击区工作方针的指示》。[②]

中央这份指示认为，南方各游击区是今后南方革命运动的战略支点，这些战略支点是十年血战的结果，应该十分重视他们。但是，国民党至

---

① 参见光泽县委党史征委会：《闽北的国共和谈》，《福建党史通讯》1987年第7期。

② 参见孙克骥：《新四军三支队改编前后》，《福建党史月刊》1987年第3期。

今仍然用残酷“进剿”的办法，企图拔除这些支点。为此，中央指示在与国民党谈判达成协议后，要十分注意保存游击区的武装和支点，游击队“原则上不拒绝集中”，但是“须由中央派人传达方针”；游击队调动之前，邻近200里内的国民党军队须先行调动参加抗日；“游击区土地关系不变更”，维持土地革命以来的现状；游击队集中时，“国民党不得干涉，不得插入任何人”。中央的这些指示，具体而明确地规定了闽北党组织与红军今后的行动准则，保证了闽北红军游击队顺利集中，保存了闽北革命力量。

按照党中央的指示，分散在闽北各地的游击队陆续向崇安县大安集中。但由于崇安至分水关一线的国民党驻军迟迟不肯撤退，游击队乃先行集中于浆溪，然后又进至长涧源。为保证部队的安全，黄道、曾镜冰等多次致信国民党崇安县长蒋伯雄，要求他转请福建省军政当局下令撤退崇安一带驻军，以免双方发生误会，保障红军顺利集中。经过一再交涉，江西省当局撤除了江西铅山县属之石圹、紫溪、杨村、车盘一带驻军。于是，闽北各地红军游击队按照闽赣省委的指令，相继到达石圹集中。

闽北红军在石圹一面进行整训改编，一面开展抗日救亡宣传和动员青壮年参军抗日，部队很快由五六百人扩大为1300余人。1938年2月初，新四军参谋长张云逸从南昌到达石圹，传达军部命令，把闽浙赣边和闽东红军游击队改编为新四军第三支队，由张云逸兼任司令员。在张云逸领导下，集中于石圹的闽北红军游击队于2月9日编成三支队第五团，团长饶守坤，副团长曾昭铭。① 2月25日，新四军三支队第五团奉命由石圹出发，开赴皖南抗日前线。

① 参见《新四军第三支队第五团队致国民党崇安县府公函》（1938年2月13日），中共福建省建阳地委党史办、福建省建阳地区档案馆编《闽北党史文献》第3集，1984年，第463页；孙克骥：《新四军三支队改编前后》，《福建党史月刊》1987年第3期。

第三节　新四军北上以后福建党组织的发展·国民党制造反共事件

一　中共闽西南组织的发展与保田斗争

闽西南地区实现国共合作、新四军二支队北上前后，闽西南党组织为适应新的形势，对党的领导机构及工作方针进行了调整。1937 年 9 月中旬，方方从延安回到闽西，传达中央指示。闽西南军政委员会根据党中央的指示，于 10 月 9 日至 15 日在龙岩白沙召开闽粤赣边区临时党代表会议。会议对闽粤赣边区的三年游击战争作了总结，认为边区的党和红军在过去三年中“能够坚决执行中央的路线，争取了广大群众，开展了灵活的游击战争”，取得了最后的胜利。①

会议分析了国内外和华南形势，认为闽粤赣边区党组织应在三省边区广泛开展抗日救亡运动，以巩固扩大抗日民族统一战线。会议按照党中央的决定，撤销闽西南军政委员会，选举成立中共闽粤赣省委。省委委员共 17 人，以张鼎丞为书记，方方任组织部长，邓子恢任宣传部长，谭震林任军事部长。省委下辖韩江、闽粤边、赣南三个特委，汕头市委归韩江特委，厦门市委和漳州市委归闽粤边特委。② 不久以后，闽中特委也划归闽粤赣省委领导。

1938 年 2 月，新四军二支队即将开赴皖南，闽粤赣省委主要领导人张鼎丞、邓子恢、谭震林也将随军出发。为了研究新四军二支队北上以后组成的新的领导机构及工作方针，闽粤赣省委于 2 月 20 日召开省委扩

---

① 参见《中共闽粤赣省委关于闽粤赣边党临时代表会议的情况给南委转中共中央的报告》(1937 年 10 月)，中国人民解放军历史资料丛书编审委员会编《南方三年游击战争·闽西游击区》，解放军出版社 1991 年版，第 276 页。

② 参见《中共闽粤赣省委关于闽粤赣边党临时代表会议的情况给南委转中共中央的报告》(1937 年 10 月)，中国人民解放军历史资料丛书编审委员会编《南方三年游击战争·闽西游击区》，解放军出版社 1991 年版，第 277 页。

大会议（即闽西南特委第一次扩大会议）。会议分析了闽西南地区的形势，认为二支队出动以后，闽西南国民党当局“有可能限制我们工作，寻求报复，利用土匪扰乱治安，暗杀我们工作人员，增加我们工作许多新的困难，甚至部分工作如应付不好尚有损失可能”①。会议也认为，由于中国共产党在各党派中作用的加强，在群众中威信的提高及统一战线的加强，党的组织及党领导下的抗日运动将进一步巩固与发展。

为了保证二支队北上以后党组织的发展，巩固闽西南抗日基地，会议提出“巩固老据点，发展新地区”的工作方针，决定在龙岩白土设立以曾寿宁为主任的新四军二支队驻岩通讯处（不久改为由谢育才、魏金水任主任、副主任的新四军二支队留守处）。会议还决定，将中共闽粤赣省委改为中共闽西南特委，选举方方、谢育才、李碧山、范乐春、魏金水等五人为常委（南临委代表姚铎也参加常委会议）。特委下属组织有：漳州中心县委（书记何浚，辖平和县委、漳浦县委、云和诏特区委、漳州工委、厦门工委，党员600余人），泉州中心县委（书记吴广，辖莆田、惠安、晋江、同安，有党员400多人），梅县中心县委（书记伍洪祥，辖大埔县委、梅县县委、松口市委、武平县委，党员约400人），潮汕中心县委（书记李平，辖汕头市委、潮普惠县委、潮澄饶县委、揭阳工委，党员300多人）。特委直属的县委有龙岩县委（书记吴作球，党员1100余人）、杭永县委（书记马永昌，党员500多人）、永和靖县委（书记林忠保，党员400多人）；另又设立汀州工委和连城工委。② 以上总计为22个县、市委（或工委、特区委），党员总数约4000人。

情况正如闽西南特委所预料的那样，新四军二支队于3月上旬调离闽西以后，形势很快发生了变化。国民党顽固派企图利用闽西闽南革命武装力量北调的机会，打击或消灭留下来的共产党组织，迫害抗日进步

① 《中共闽西南特委报告》（1938年6月），福建省档案馆、广东省档案馆编《闽粤赣边区革命历史档案汇编》第3辑，档案出版社1988年版，第158页。

② 参见《中共闽西南特委报告》（1938年6月），福建省档案馆、广东省档案馆编《闽粤赣边区革命历史档案汇编》第3辑，档案出版社1988年版，第161—162页。

势力。但是，由于中国共产党关于停止内战、一致抗日的主张及其行动已经深入人心，深得各党派和各界人士的支持与同情；又由于日军加紧威胁福建，不断炮击沿海口岸，派出大批飞机轮番轰炸龙岩机场和油库，因此就连国民党内不少爱国抗日分子也都表示愿与中共方面合作。其中如傅柏翠、钟绍葵、张河山等民军首领主动向中共组织表示合作诚意，甚至龙岩师管区司令涂思宗也表示需要中共的帮助。[①] 这表明闽西南地区国共合作抗日的局面还有可能进一步巩固与发展。

在这样的形势下，闽西南特委认为，闽西的斗争是长期而残酷的，必须充分运用武装斗争与非武装斗争、合法斗争与非法斗争的形式，“积蓄力量，等待时机”，首先巩固老支点，发展新区，“积极开办党训班，培养干部，并以岩、永、杭为基点，发展潮梅”[②]。闽西南特委对于形势的分析及采取的方针，符合闽西南地区的实际情况，是十分正确的。闽西南特委按照这一方针，积极领导各抗日支点开展活动，巩固这些支点，并尽量地运用这些支点，建立区乡抗日武装，发展抗日民族统一战线，并积极向广东潮梅新区发展。

这一时期，在全国范围内的抗日民族统一战线已经建立。国民党在正面战场投入了抗战，在政治上也表示了某些进步的姿态。由于这种变化，中国共产党内的主要危险倾向，已不再是拒绝同国民党合作的“左”倾关门主义，而是转变成为放弃党的独立领导地位，一味迁就投靠国民党的右倾错误。其代表人物为中共中央政治局委员、中共驻共产国际代表团团长王明。1937 年 11 月下旬，王明、康生等从苏联返回延安以后，在同年召开的中央政治局会议（即“十二月会议”）上，王明全盘否定毛泽东、刘少奇等为代表的关于抗日民族统一战线的正确路线，抛出了一套右倾错误的理论、方针和政策。1938 年 2 月 27 日至 3 月 1 日，王明

---

① 参见《中共闽西南特委报告》（1938 年 6 月），福建省档案馆、广东省档案馆编《闽粤赣边区革命历史档案汇编》第 3 辑，档案出版社 1988 年版，第 158 页。

② 《方方同志谈闽西斗争历史的几个问题》（1956 年 5 月 30 日），龙溪地委党史办翻印，福建省委党校馆藏资料（2—0523）。

在中央政治局会议（即“三月政治局会议”）上，对他的投降主义主张又作了进一步的阐述与发展。

王明右倾错误的主要错误理论在于：第一，过高地估计了国民党的转变和进步；第二，信任国民党超过信任人民群众，轻视共产领导的人民武装和游击战争；第三，片面强调“抗战高于一切”“一切服从抗日”，否认国共两党抗战路线的原则分歧；第四，主张“一切经过统一战线”，反对统一战线中的独立自主原则。王明不仅在党的中央会议上宣传鼓吹他的这些理论，还在他1938年3月担任中共中央长江局书记以后，在他领导的地区积极推行他的路线与方针，从而给各省党的工作造成了严重的危害。中共闽西南特委是长江局直属的组织，自然不能摆脱王明右倾错误的影响。

1938年6月中旬，为了贯彻中央三月政治局会议精神，研究厦门沦陷以后闽西南的形势与任务，中共闽西南特委召开第三次扩大会议。[①]会议认为，日军占领厦门的主要意图，“是为更有力地去扶植汉奸土匪深入后方活动与捣乱，并创造傀儡政权”。由于其占领厦门以后兵力不敷分配，以及闽粤地区地形复杂，交通不便，暂时还不可能深入内地，也还不可能迂回江浙、粤东与切断粤汉铁路。但由于日军侵占厦门，闽西南的战略地位已由侧翼变为前线，从而促使人们的警醒与觉悟，改变过去不生不死的局面。会议认为，闽西南地区的共产党组织自抗战以来，“在福建人民中建立了颠扑不破的威信与影响”，有力量成为统一战线的“组织者与核心”。会议根据形势，提出此后的中心任务是：“在保卫泉、漳、潮、汕，保卫福建广东的总任务下，加强建立以民众运动为基础而发展起来的上下层统一战线与组织强大自己力量来成为统（一战）线的组织

① 据方方1939年12月16日《中共闽西南特委工作状况报告》（《闽粤赣边区革命历史档案汇编》第4辑）。从1938年2月至1939年11月，中共闽西南特委先后召开了6次执委会会议，依次为1938年2月末、4月中旬、6月中旬、8月中旬，1939年1月、11月。有些出版的资料或论著，把1938年6月第三次会议误为第二次。

者与核心”①。

以上内容表明，会议关于厦门沦陷以后的形势分析与制定的中心任务，大致是正确的。但这只是会议的一个方面。这次会议在一些重大原则问题上受到了王明在三月中央政治局会议上发表的“右倾投降主义”观点的影响，在主要的一些方面则反映了这种错误的理论。主要有以下几点。

第一，片面强调“抗日高于一切”“一切经过统一战线”，强调在国民党领导下开展工作，忽视共产党在统一战线中的独立性与领导地位。认为闽西南党组织过去一个时期内在政治方面“对国民党的帮助和态度问题，我们的认识还不够充分”，未能认识到帮助国民党的巩固强大“是民族的利益”，因而提出，“我们的同志应该好好地在国民党底下拉得紧紧地来工作”；认为过去“把一切责任都推在国民党身上，说它控制，这是偏面的，不对的”，“我们应充分作自我检查”。②

第二，会议接受王明关于党的工作重点的错误方针，反对把党的工作重心放在战区和敌后农村，反对在敌后放手发动群众，建立敌后抗日游击根据地；提出福建党的“工作中心应放在沿海的海员与渔民、盐民，由外做入，并应放在中心城市的工人、知识分子及公路线附近乡村农民上面”③。因而在主观上削弱了党与红军长期坚持并赖以生存发展的农村游击根据地的工作。

第三，在军事问题上，会议接受了王明关于反对独立自主开展山地

① 《方方在中共闽西南特委第二次扩大会上的工作报告》（1938 年 6 月），福建省档案馆、广东省档案馆编《闽粤赣边区革命历史档案汇编》第 3 辑，档案出版社 1988 年版，第 146 页。

② 《方方在中共闽西南特委第二次扩大会上的工作报告》（1938 年 6 月），福建省档案馆、广东省档案馆编《闽粤赣边区革命历史档案汇编》第 3 辑，档案出版社 1988 年版，第 142、149 页。

③ 《方方在中共闽西南特委第二次扩大会上的工作报告》（1938 年 6 月），福建省档案馆、广东省档案馆编《闽粤赣边区革命历史档案汇编》第 3 辑，档案出版社 1988 年版，第 146 页。

游击战、在蒋介石统率下建立统一的国防军等右倾投降主义主张。认为闽西南党组织过去偏重于游击战与运动战，今后应“普遍地实行以运动战为主，配合以阵地战，辅之以游击战的战略方针”；认为必须建立一支统一的军队，由国民党“统一指挥，统一武装，统一纪律，统一待遇，统一作战计划，统一作战行动”，在闽西南地区，特别要加强国民党领导下的统一行动与统一指挥。①

第四，会议按照王明关于“战略重心应是保卫大武汉”，把长江局的工作依附于国民党作战计划的指导思想，错误地认为“武汉在今天已经成为抗战的心脏与首脑”，“武汉是巩固各党各派的团结与全国政治的中心”。这就在客观上忽视或否认了中国共产党在抗日民族统一战线中的地位。由于这一错误认识，会议提出：“今天的战斗任务与一切工作的目标都应集中在保卫武汉”②。

显而易见，闽西南特委第三次扩大会议基本上否定了抗战以来本来正确的方针政策，代之以王明右倾投降主义的路线。正如方方在以后回顾这一段历史时指出的：闽西南党组织在1938年3月以前的方针是正确的，3月以后，便开始接受右倾投降主义路线，直至1939年1月发展到最高峰。方方还指出，造成这一错误的原因是：“（一）上下级关系，盲目服从上级；（二）领导上立场不稳，动摇，在新形势中不能独立作战；（三）特委领导成分改变太厉害，小资产阶级领导占了主要地位。”③ 方方的这些分析和总结，基本符合当时的历史情况，指出了闽西南党组织在这一时期存在问题的症结所在。

---

① 参见《方方在中共闽西南特委第二次扩大会上的工作报告》（1938年6月），福建省档案馆、广东省档案馆编《闽粤赣边区革命历史档案汇编》第3辑，档案出版社1988年版，第142页。

② 《方方在中共闽西南特委第二次扩大会上的工作报告》（1938年6月），福建省档案馆、广东省档案馆编《闽粤赣边区革命历史档案汇编》第3辑，档案出版社1988年版，第147页。

③ 《方方同志谈闽西斗争历史的几个问题》（1956年5月30日），福建省委党校馆藏资料（2—0523）。

这期间，由于新四军二支队北上，闽西南党组织缺乏坚强的武装后盾，闽西革命老根据地，特别是龙岩、永定等县的豪绅地主趁机反攻倒算，企图夺取农民土地革命的果实，强行收回土地，重新收租逼债。面对这一严重局势，闽西南特委由于受王明右倾错误影响，于1938年6月作出了妥协的决定："在中央所提出的'抗日高于一切，一切服从抗日'的口号下[①]，我们对过去老支点及我们影响领导下的群众生活斗争口号：关于土地方面的提出维持现状，避免新的纠纷；未收回土地的不要收回，给与地主以共同生活（本乡地主分田给他，外乡地主送一点租谷给他——看主客观环境力量及群众情绪决定多少）；已收回土地的依照政府决定'二五'减租"[②]。按照这一政策，无异于承认前一阶段豪绅地主强行勒迫的土地为合法，必然损伤群众情绪，助长地主反攻倒算气焰。闽西南特委个别领导人如谢育才和南临委代表姚铎则更进一步表示土地问题"可以放弃"，"他们认为'给地主收回去算了'，免得天天吵架"。[③]

保卫土地革命成果这一重大原则问题，引起了闽西南党组织内的争议。上述右倾妥协的错误主张遭到了方方、魏金水等大多数领导人的反对，也引起了群众的强烈不满。方方等同志指出："一定要保持土地革命的果实，这是大事情，不要小看只几万亩土地，意义是很大的。"[④] 于是，在闽西各级党组织的领导下，展开了极为激烈尖锐的保卫土地的斗争（即保田斗争）。

1938年春，国民党驻龙岩专员张策安策动豪绅地主组成所谓"业主团"，向闽西南特委公然提出重新讨论土地问题和"恢复土地业权"的无

---

① 1937年12月25日，王明擅自以中央名义发表《对时局宣言》；12月27日又发表《挽救时局的关键》。在这两个文件中，王明提出了"抗日高于一切，一切服从抗日"的所谓"言行准则"。这一错误的口号不能代表中央。

② 《中共闽西南特委报告》（1938年6月），福建省档案馆、广东省档案馆编《闽粤赣边区革命历史档案汇编》第3辑，档案出版社1988年版，第160页。

③ 《方方同志谈闽西斗争历史的几个问题》（1956年5月30日），福建省委党校馆藏资料（2—0523）。

④ 《方方同志谈闽西斗争历史的几个问题》（1956年5月30日），福建省委党校馆藏资料（2—0523）。

理要求。闽西南特委派魏金水为代表，与之举行谈判，严正拒绝了张策安的无理要求；指出国共双方唯有遵守抗日协议，别的都没有商量的余地。龙岩县长石有纪在谈判中顽固坚持收回农民土地，声称“国民党政府是支持收租的，恢复旧的土地制度是我们的国策”①。魏金水毫不退让，郑重指出，政府不能背信弃义，干破坏团结的事，如果一意孤行，支持业主收租，破坏团结局面，后果当由政府负责。由于双方坚持各自的主张，谈判宣告破裂。

国民党当局一意孤行，决定首先在龙岩县强制收租，并选定在革命势力比较强的条围村与后田村下手，企图以此为突破点，然后全面进行反攻倒算。条围村是魏金水的家乡，顽固派唆使当地劣绅杜应江于5月27日带领一批区警，闯入魏金水家，强迫魏金水的父亲魏根木交租。魏根木凛然不为所动，声明不交田租是国共合作谈判时签订了协议的，强迫收租就是破坏和平协议。中共条围村党支部随即动员群众，对杜应江一伙严加斥责，打击了他们的气焰，迫使其向魏根木赔罪道歉。② 随后，顽固派又将收租的目标转向后田。而后田村是闽西土地革命时期著名的革命堡垒，革命力量很强。当地地主在土地革命时期早已被人民群众制服或教育过来，他们虽有县政府撑腰，却始终没有人敢站出来向农民收租。

顽固派在条围受到打击，在后田碰了钉子以后，仍然继续支持其他各地“业主团”向农民收租。新任驻龙岩福建省第六行政督察专员韩涵亲自到龙岩南阳坝、龙门、适中、白土、后田、雁石、白沙等主要乡村活动，布置夺田。其时正值夏收季节，地主“业主团”在当局支持下，企图向农民逼租。一些中小地主虽然不敢放肆，也运用“和平求讨”的方式，千方百计向农民收租。

龙岩县党组织通过各种宣传，揭露顽固派破坏和平协议的阴谋。许

① 魏金水：《奇迹从何而来》，《风展红旗》第2辑，福建人民出版社1983年版，第42页。

② 参见饶练：《龙岩县保卫土地的斗争》，《金砂暴动》，福建人民出版社1957年版。

多爱国人士、开明士绅及一部分地主，也认为当局这样做有失信用，纷纷表示反对。党组织紧紧团结和依靠农民群众，对不同对象的地主采取不同的工作方式。对愿意耕种者，分给他们田地以自食其力；对大多数农民出身的民团成员，予以争取教育，促其帮助农民反对“业主团”收租。党组织还争取了许多联保主任和保长，教育他们站在农民一边。对于少数顽固的地主，农民秘密组织起来，用各种方式予以惩戒。通过这些工作，地主“业主团”逐渐被分化，难于一致行动向农民逼租，“业主团”的活动就此偃旗息鼓。[1]

与此同时，永定县的地主豪绅也企图利用国共合作的机会，想方设法收回被农民分配的土地，或以“二五减租”的名义向农民倒租。永定县党组织领导老苏区人民同样展开了各种形式的保田斗争，打退了地主的进攻。

但事实上，1938年发生在闽西地区的这场地主阶级与农民群众之间夺田与保田、收租与反收租的斗争，仅仅是十年土地革命的继续，只是由于当时处在国共合作抗日的初期，日寇又相继占领金门、厦门，形势迫使闽西地主阶级不敢肆无忌惮地向人民反攻倒算。这场斗争虽然在1938年秋后暂告平息，但是实际上隐伏着更为尖锐的矛盾。1939年以后，特别是1941年皖南事变以后，国民党顽固派及反动地主变本加厉，一再掀起夺田逼租活动。闽西人民在中国共产党领导下，坚定不移地与之进行斗争，直至全国解放。闽西革命老根据地数十万亩土地始终保留在农民手中，仅龙岩县保存的土地就占全县土地的3/4，有20万亩左右[2]，从而保卫了土地革命绝大部分胜利果实。

二　福州与闽东北地区党组织的发展

由闽北、闽东红军游击队编成的新四军第三支队北上之前，新四军

---

① 参见魏金水：《奇迹从何而来》，《风展红旗》第2辑，福建人民出版社1983年版，第47页。

② 魏金水：《奇迹从何而来》，《风展红旗》第2辑，福建人民出版社1983年版，第34页。

参谋长张云逸在闽北领导组建了三支队第五团，然后偕同闽东特委宣传部长王助、秘书王柏如等，于1938年2月23日抵达福州。[①] 张云逸到福州的任务主要有两项：一是与国民党福建当局商谈妥善处理“漳浦事件”，发还红三团被扣人枪；二是在福州设立新四军办事处。

张云逸在与当局谈判之前，分析了国民党在福建各派势力的情况。福建国民党内部有三派：一派是以省主席陈仪为代表的政学系，掌管省政府工作；一派是以国民党福建省党部特派员陈肇英为首的CC系，控制全省党务；一派是以八十师师长陈琪为首的黄埔系，执掌福建军事。这三派之间存在着矛盾，政学系在政治上比较圆滑，陈仪本人同共产党也还不十分对立。因此，张云逸确定以陈仪为谈判对象，争取他的支持与合作。[②]

张云逸一到福州，随即拜会陈仪并与之谈判。陈仪对于在福州设立新四军办事处的意见表示原则同意，但又借口影响国际观瞻要求不要挂牌，也不同意用“省”的名义，人员限定不超过20人；对于发还红三团枪支一节，也表示赞同。

2月底，新四军驻福州办事处成立，地点设于安民巷27号。王助以新四军参议名义担任办事处主任，负责对外公开的联络与活动；闽东特委书记范式人以新四军上校秘书衔负责内部及与外县的联络工作。由于当时福州属于闽东特委领导，新四军福州办事处也在闽东特委领导下开展工作。[③]

由于福州党组织早于1934年受到彻底破坏，组织已不复存在，所以福州办事处成立的时候，首先致力于了解情况，物色对象，在开展抗日救亡运动的同时，恢复和发展党的组织。王助利用在福州的亲友关系，通过在海关工作的南台苍霞洲基督教青年会干事林枫，以教会名义开展

---

① 参见《新四军参谋长张云逸前天抵省》，《福建民报》1938年2月25日第4版。

② 参见林楷：《抗战时期革命活动回忆片断》，《福州党史资料》1984年第7期。

③ 参见范式人：《再谈新四军驻福州办事处情况》（1983年9月），《福州党史资料》1984年第2期。

抗日救亡宣传，组织抗敌歌咏队，进行宣传和募捐。[①] 经过群众性的抗日救亡活动，逐步同过去在福州和邻县失去组织关系的党员如张立、江国荣等，恢复了联系，培养发展了何思贤、王一平、林涧青、郑挺、卢茅居、舒诚、高力夫、梁真等一批新党员。[②] 经过几个月的工作，福州党的力量初步得到恢复。1938 年 6 月，中共中央东南分局根据闽东特委的要求，派李铁（郭耘）到福州，负责福州党组织的工作。同年 8 月，在办事处的领导下，成立中共福州工作委员会，由李铁任书记。[③]

在闽东地区，叶飞率领由闽东红军游击队编成的新四军三支队六团开往皖南以后，在宁德县城成立了六团驻宁德留守处，由范式人兼主任(范式人调福州办事处以后由郭文焕负责)。留在闽东地区的武装除宁德办事处的 30 多人、20 多支枪以外，还有松（溪）政（和）庆（元）中心县委的一支游击队 80 余人，以及宁德坑头后方医院的一批伤病员。

为了保证新四军北上以后党对闽东地区的领导，东南分局决定充实闽东特委，以范式人为书记兼组织部长，王助为宣传部长，江涛为民运部长。在闽东特委领导下，闽东地区党的各级组织健全，拥有党员 1500 人左右。县级以上的组织有：宁德中心县委（书记张云腾）、寿（宁）政(和）庆（元）中心县委（书记范振辉）、周墩县委（书记罗富弟）、政屏县委（书记张家镇）、福安县委（书记郭济惠）。[④] 农村工作的活动区域是松庆政、周墩、宁德和古屏宁 4 个地区，城市工作则主要是福州与福安两地。

中共闽东特委在新四军北上以后，根据闽东的斗争形势与特点，确定新的工作方针是：背靠农村，面向城市发展，推动抗战，巩固根据地。

---

① 参见范式人：《再谈新四军驻福州办事处情况》（1983 年 9 月），《福州党史资料》1984 年第 2 期。

② 参见叶建忠：《新四军驻福州办事处筹建前后》，《福建党史通讯》1987 年第 9 期。

③ 参见范式人：《再谈新四军驻福州办事处情况》（1983 年 9 月），《福州党史资料》1984 年第 2 期。

④ 中共福建省委组织部、中共福建省委党史研究室等编《中国共产党福建省组织史资料（1926 年 2 月—1987 年 12 月）》，福建人民出版社 1992 年版，第 260—261 页。

为了维护与巩固国共合作局面，加强党在统一战线中独立与领导的地位，闽东特委将各级党组织的工作人员的身份隐蔽起来，以利于进行合法公开的活动。另外，一方面保持留下来的武装力量，另一方面尽量保护群众的利益，领导群众开展合法斗争，推进抗日救亡运动，保持与巩固原有地区。

当时，国民党在各县成立了抗敌后援会，闽东党组织利用这一合法团体开展抗日活动。其中主要是在福安，县委派遣一部分党员和进步青年加入福安抗敌后援会，把福安的抗日救亡运动搞得有声有色。福安县委认为福安县长程星龄比较进步，经请示闽东特委同意后，决定利用国共合作的机会惩处杀害闽东苏维埃政府主席马立峰的元凶游裕康。郭文焕等于 6 月间发动数百人向县政府控告游裕康为十恶不赦的土匪，要求予以严惩。县政府接受了这一控告，将游裕康逮捕处决。①

总之，闽东地区党组织在新四军北上以后的半年时间里，保存与发展了党的组织，保持了一定数量的武装，为此后坚持长期斗争准备了条件。但也不能不看到，由于东南分局在其领导的地区推行王明右倾投降主义，闽东地区也不免受到影响，以致造成了若干重要损失。其一，国共双方达成合作抗日协议时规定，释放一切被关押的政治犯，但闽东党组织对国民党过于信赖，未能认真到各县调查和监督执行，因而仍有一部分政治犯未予获释。其二，陈仪在国共合作之初曾经同意维持土地革命时期状况，在老区免交租债。但是闽东各县地主根本不执行，党的组织也未能如闽西南地区那样领导开展保田斗争，致使老区人民的利益受到相当的损害。其三，对国民党顽固派制造摩擦、阴谋消灭共产党的企图失去应有的警惕，将新四军六团留守处设立于宁德城内，以致遭到国民党顽固派的袭击，酿成“宁德事件”。②

在闽北地区，闽北红军游击队于 1938 年 2 月 9 日改编为新四军第三支队五团，在五团北上前后，东南分局及闽浙赣特委对闽北地区党的组

① 参见范式人：《回忆闽东党的斗争历史》，《闽东党史资料与研究》1983 年第 1 期。
② 参见范式人：《回忆闽东党的斗争历史》，《闽东党史资料与研究》1983 年第 1 期。

织及工作任务进行了必要的调整。

1938 年 1 月，以项英为书记的东南分局在南昌成立以后，决定将中共闽赣省委改为闽浙赣特委，归东南分局领导。原闽赣省委书记黄道调任东南分局宣传部长。黄道在南昌接受任务回到石圹以后，于 2 月初召开边区党委扩大会议，传达东南分局和新四军军分会指示，成立中共闽浙赣特委。[①] 特委书记曾镜冰、组织部长汪林兴、宣传部长王助、统战部长孙克骥、职工部长俞雅鹿、青年部长左丰美，领导建松政中心县委及建阳、邵武、光泽、顺昌、崇安、浦城、铅山等县党的组织。[②] 同时，决定设立新四军三支队驻崇安留守处，以曾镜冰为主任，汪林兴为副主任。

2 月 25 日，新四军三支队五团开赴皖南集中。同一天，曾镜冰、汪林兴率三支队驻崇安留守处由石圹迁至崇安县长涧源。

由于三支队五团北上，闽浙赣边区的革命武装力量顿时空虚。中共闽浙赣特委考虑到如果没有一点武装，将来难以立足，因此不管项英关于集中全部武装北上的意见，留下了二三十支枪和一个排的队伍，从而保障了崇安、建阳、松溪、政和等县党的工作；而建瓯、古田、屏南地区的革命武装由于全数编入新四军北上，党的工作失去了武装后盾，难于坚持，很快垮台。[③]

在革命武装调离福建，党组织的领导机关和干部已经公开，而国民党顽固派力量占绝对优势，继续不断地企图消灭和打击留在福建革命力量的严重形势下，闽浙赣特委面临着三个严峻的问题："即退却还是进攻？进攻退却还是单纯退却？合法还是投降？"在这些重大原则问题面前，具体的问题又首先是党的领导机关建立在乡村还是城市？党的组织

① 参见孙克骥：《新四军三支队改编前后》，《福建党史通讯》1987 年第 3 期。

② 参见《王文波同志在党史工作会议上关于闽北革命斗争历史的报告记录》（1958 年 10 月 3 日）。

③ 参见《曾镜冰同志对闽北革命斗争的回忆》（1958 年 12 月 28 日），福建省委党校馆藏资料（2—0184）。

应当公开或者转入秘密？如何保存党的老干部和发展新干部？[①]

在此关键时刻，中共中央东南分局于1938年2月13日发出《致闽浙赣特委指示信》，就上述重大问题提出了原则意见，归纳起来：第一，关于党的工作重心，“应着重在江西浙江方面，尤其应着重浙赣铁路沿线地区”，以适应抗日战争形势发展的需要。第二，关于党的组织形式与工作方式，应当尽量精简，“以建立和健全支部为中心。县委人员不必过多，应该分散到区委及分区委方面”。党的组织“应该绝对秘密”，“人员可以分散及住宿在山蓬内，同时可应用随东随西行迹无定的游击战争的工作方式”。第三，关于统一战线与武装组织，应当运用各种方式，“广泛的建立和扩大统一战线，反对关门主义的倾向”，尤其要注意与当地武装部队建立统一战线，争取大刀会和绿林土匪转变到抗日战线方面。党领导下的武装应集中于崇安一带，并在其他各地领导群众“建立合法的武装组织，以保障我们的工作”；利用各种合法名义如自卫队、壮丁队等，“建立完全在我们领导下的组织”。这封指示信还要求大胆提拔新干部，纠正过去老的一套工作方式，教育干部正确运用统一战线的策略及公开路线与秘密工作的方式等。[②]

东南分局这一指示信总的指导原则是要求闽浙赣特委在革命形势与任务发生变化、国共力量对比悬殊的情况下，党组织须立足于农村。在总的策略上必须采取退却的方针，一方面尽量巩固与扩大统一战线，一方面实行合法斗争与非法斗争、公开斗争与秘密斗争相结合的灵活多变的方式展开活动。这些原则意见，在闽浙赣特委刚刚成立、新四军第五团即将开拔的前夕，对于闽浙赣地区党组织的工作转变，有着不可忽视的指导意义。

---

① 参见《福建党九年斗争总结（草案）》（1947年1月15日），福建省档案馆、中共福建省委党史征委会闽浙赣办公室编《闽浙赣党史文件资料选编》（上），福建人民出版社1987年版，第369—370页。

② 参见《东南分局关于目前形势与当前工作致闽浙赣特委指示信》（1938年2月13日），中共福建省建阳地委党史办、福建省建阳地区档案馆编《闽北党史文献》第3集，第460—461页。

中共闽浙赣特委在此后的一个时期内，除了没有把工作重心转移到浙赣铁路沿线地区以外，基本上执行了东南分局的上述指示。闽浙赣特委按照东南分局的指示精神，分析了闽浙赣地区的形势，认为党的工作“基本上应实行退却，把公开的党，迅速转入秘密，以避免打击，但又需局部的进攻，用少数党公开活动来掩蔽。公开武装必须掩蔽，以便自卫，但又需合法斗争来掩护”①。依照这一指导方针，闽浙赣特委一开始就采取了一系列措施，实行武装退却，以保障党的组织和革命力量的生存与安全。在新四军第五团出发北上的同一天，闽浙赣特委即“率领一排自卫武装，迁移乡村根据地，红的干部，迅速撤退，少数自卫武装及时的掩蔽，党的组织迅速转入地下；另方面建立合法组织，进行合法斗争，培养与提拔了适合新环境的新干部”②。

由于采取了以上的方针和措施，闽浙赣边区党的组织和力量得以保存和坚持下去，为以后的发展准备了必不可少的基础。当时，党的力量基本集中于崇安一带，因此闽浙赣特委着重在驻地崇安坑口附近乡村开展群众工作，为保卫群众的利益与国民党顽固派进行了反征壮丁和减租的斗争，进一步获得了群众的拥戴与支持，巩固了党在这一地区的领导。③

在这以后的一个时期，党的组织在城市积极发动知识分子加入抗日统一战线。在范式人、王助等的领导下，“在黄峰、庄征、黄宸禹、郭耘等同志执行下建立起联系城市小资产阶级群众的党的组织”④，大力开展城市抗日救亡运动。1938 年 7 月，党组织在南平成立了中共南平特别支

① 《福建党九年斗争总结（草案）》（1947 年 1 月 15 日），福建省档案馆、广东省档案馆编《闽浙赣党史文件资料选编》（上），福建人民出版社 1987 年版，第 371 页。

② 《福建党九年斗争总结（草案）》（1947 年 1 月 15 日），福建省档案馆、广东省档案馆编《闽浙赣党史文件资料选编》（上），福建人民出版社 1987 年版，第 370 页。

③ 参见《曾镜冰同志对闽北革命斗争的回忆》（1958 年 12 月 28 日），福建省委党校馆藏资料（2—0184）。

④ 《福建党九年斗争总结（草案）》（1947 年 1 月 15 日），《闽浙赣党史文件资料选编》（上），福建人民出版社 1987 年版，第 373 页。

部，书记陈公生，统战委员王一平，青年委员庄征，妇女委员蔡翔云。① 在南平特支的组织与影响下，南平城区的抗日救亡活动蓬勃地开展起来，爆发了许多有组织的或者自发的斗争。福州、南平等城市党组织和抗日运动的发展，“使福建党产生了一支新生的力量”②，支援和加强了闽东北地区乡村党组织的活动。

但是，在这一时期担任长江局书记的王明，顽固地坚持他提出的右倾投降主义理论，并在长江局和以项英为书记的东南分局管辖的广大地区贯彻这些错误的理论。

1938 年 4 月 7 日，东南分局宣传部印发了《党的新政策讨论大纲》。这个大纲重新强调以所谓“民族利益，高于一切”“一切经过统一战线”等口号巩固和扩大统一战线，主张对国民党节节让步，放弃共产党在抗日民族统一战线中的领导地位。甚至提出即使“国民党中有少数的坏分子，用种种方式来破坏统一战线”，共产党也要克己忍让，不要用共产党的名义去反对这种分子，“不要因此造成国共两党的冲突”；要求共产党员不要刺激国民党，说话做文章“态度应慎重，词句也应慎重，以免引起误会”。讨论大纲还片面强调“合法化”，要求“所有党员以群众面目参加所有的合法组织”，党领导下的群众团体也应采取公开合法的形式，“争取合法地位”。凡此种种，实际上是要共产党在国民党的反共、溶共政策面前放弃思想武装和革命武装，放弃共产党在统一战线中的独立性和领导地位，听凭国民党的摆布，甚至束手待戮。

王明右倾投降主义贯彻到闽浙赣边区以后，闽浙赣党组织在一个时期内，“整个讲我们执行了右倾机会主义路线”③，从而给这一地区党的工作造成了严重的损失。主要的危害有如下几个方面：

---

① 参见王一平：《抗日战争时期在闽北》，《福建党史资料通讯》1984 年第 9 期。

② 《福建党九年斗争总结（草案）》（1947 年 1 月 15 日），《闽浙赣党史文件资料选编》（上），福建人民出版社 1987 年版，第 373 页。

③ 《曾镜冰同志对闽北党革命斗争的回忆》（1958 年 12 月 28 日），福建省委党校馆藏资料（2—0184）。

（一）没有从群众利益出发，坚定、积极地在三年游击战争时期受国民党严重摧残的地区组织群众反抗租税和抽壮丁的斗争，“而是搞了和平恢复党组织”；扩大党组织，虽然使闽北和赣东北地区的党员发展到3000余人，但由于不是依靠群众发展党组织，以致缺乏群众基础，经不起斗争风浪，到1941年国民党顽固派发动“围剿”后，“党的组织就垮了”。[①]

（二）在实行退却的过程中，崇安和建松政地区由于实行了正确的“斗争退却路线”而取得胜利；但另有一些地区如建阳等地党组织执行了“一切经过统一战线”的投降主义，企图从帮助国民党抗战动员中，帮助国民党一起抽壮丁、催捐税中取得合法地位，以保存有生力量。这实际上是采取了投降主义的退却路线，以致在县委书记被害时，自卫武装不敢还击，最终“不但不能取得合法地位，连非法地位也难以维持了”[②]。

（三）由于王明右倾投降主义的影响，一些干部在新的环境中发生动摇，回家讨老婆，贪图安逸享受，以致铅山县委书记陈国辉投降国民党、出卖党组织。上饶县委书记、建松政中心县委书记和顺昌县委书记也开小差脱离革命队伍，在党内造成了极坏的影响。[③]

（四）在新四军北上、闽浙赣党组织实行武装退却的时候，过多地精简干部，特别是一些妇女干部被精简回乡以后，不愿意再归队，连一些工作水平较高的干部也被精简回去，因而损失了一批党的骨干，给以后的工作带来了一定的困难。

1938年9月29日至11月7日，中共六届六中全会在延安举行。会议对王明右倾错误作了斗争，批判了王明关于“一切经过统一战线”和在战争战略问题上的错误理论。不过，六届六中全会对于王明的问题，只是作为局部的个别的缺点错误进行批评，王明本人并未接受。会议对

① 参见《王文波同志在党史工作会议上关于闽北革命斗争历史的报告记录》（1958年10月3日）。

② 《曾镜冰同志对闽北党革命斗争的回忆》（1958年12月28日），福建省委党校馆藏资料（2—0184）。

③ 《王文波同志在党史工作会议上关于闽北革命斗争历史的报告记录》（1958年10月3日）。

于王明也未作组织处理，因而这次会议对于王明右倾错误的影响，未能完全解决。有一些错误在项英领导的东南分局和新四军军部，仍然继续着。

但是无论如何，中共闽浙赣特委在此前后，对王明右倾错误已经有所认识。曾镜冰在以后回忆说："1938 年下半年接到中央另外一个指示，就是要发展进步力量，争取中间力量，孤立顽固派，打击投降派。不久，中央又有深入发动群众的指示。我们接了这个指示后就布置发动群众工作。"[①] 这一情况表明，闽浙赣特委从这以后开始认识并纠正王明右倾错误。当然也本可否认，"当时的右倾路线还不能说根本改变过来"，在群众工作方面，党组织仍然未能大胆放手地、有计划地进行，"未能很好贯彻阶级路线，故到皖南事变时感到有很大困难"[②]。

1938 年 5 月，中共中央长江局为了贯彻"工作重心转移于城市及大平原地区发展，对原有边区工作主要是巩固"的方针，决定"福建之闽西南改归长江局直辖"，"闽北和闽东合组省委"，归东南分局领导。[③] 按照这一决定，中共闽浙赣特委和闽东特委于 6 月间合并成立中共福建省委，书记曾镜冰、组织部长薛尚实、宣传部长王助、民运部长汪林兴、军事部长范式人，以上为常委。省委委员有俞雅鹿、左丰美、郭文焕。不久以后，中共闽中工委也由闽西南特委划归福建省委。[④]

三　泉州事件·国民党顽固派挑起反共事端

由福建各游击区红军游击队编成的新四军第二、三支队于 1938 年二三月间北上以后，福建国共两党在武装力量的对比上发生了很大的变化。

---

① 《曾镜冰同志对闽北党革命斗争的回忆》（1958 年 12 月 28 日），福建省委党校馆藏资料（2—0184）。

② 《曾镜冰同志对闽北党革命斗争的回忆》（1958 年 12 月 28 日），福建省委党校馆藏资料（2—0184）。

③ 参见《项英关于东南的组织工作致中央信》（1938 年 5 月 13 日）。

④ 参见中共福建省委组织部、中共福建省委党史研究室等编《中国共产党福建省组织史资料》，福建人民出版社 1992 年版，第 264—265 页。

国民党在福建设立的以陈仪为主任的驻闽绥靖公署，统管全省的正规军就有第七十五师宋天才部、第八十师陈琪部、保安第一旅陈佩玉部、保安第二旅李树棠部，以及海军陆战队第二旅、厦门和马尾要港守备队；除此以外，分布在全省各县的还有大量民团、壮丁队等地方武装。

但是中国共产党领导下的在福建的武装至此却所剩无几。这些武装是：新四军驻福州办事处1个班、二支队驻龙岩办事处的第四团第六连、三支队驻崇安办事处1个排、左丰美领导的闽东北地区1个连、三支队六团驻宁德留守处1个排，以上各部总数不足300人。

这种情况，主要是由于项英违背中央指示，坚持将福建红军游击队全部集中调往皖南的结果。早在国共谈判达成协议，南方各省红军游击队开始集中之际，中共中央于1937年10月1日发出指示，指出“南方各游击区，是今后南方革命运动的战略支点”，各地红军游击队在集中时必须十分注意保护这些支点，游击队不能全部集中，“完全集中，对于我们是十分不利的”[①]。此后不久，毛泽东、张闻天又于10月30日指示各地游击队“集中五分之三，留下五分之二于原地改为保安队为原则，并坚持此原则，反对全部集中的国民党要求”；指示各地必须“坚决反对投降主义”，“严防国民党之暗算，森严自己壁垒”。[②]

可见，党中央对于红军游击队集中与改编的原则十分明确坚定，并且一开始就提出必须反对右倾错误，警惕国民党的暗算。但是项英根本违背了这一原则，自愿放弃福建各游击区的战略支点，下令游击区红色武装全部集中北上，不给游击区留下一点武装。闽西和闽北游击区为自卫而各自留下的1个连，也在1938年四五月间被下令调赴皖南，致使福建全省革命武装空前削弱，总数仅存数十人。

除此以外，闽中红军游击队200余人虽然仍留福建，但由于中共闽

① 《中央关于南方各游击区工作方针的指示》（1937年10月1日），中央档案馆编《中共中央文件选集》第11册，中共中央党校出版社1991年版，第362页。

② 《关于南方各地游击队整编原则的指示》（1937年10月30日），中央档案馆编《中共中央文件选集》第11册，中共中央党校出版社1991年版，第380页。

中工委主要领导人在部队集中时尚不了解中央精神，加以对于国民党的阴谋失却警惕，接受了国民党的要求，把这支部队编入了国民党军第八十师序列，失去了独立地位，从而埋下了被包围缴械的隐患。

正是在这样的复杂背景与形势下，福建国民党当局自恃军事上的绝对优势，利用了福建各游击区失去武装后盾，以及由于执行王明右倾错误而对国民党采取退让政策的机会，从 1938 年 3 月开始，积极策划阴谋，蓄意制造摩擦，以图在短期内消灭共产党在福建的领导机构和仅存的一点武装力量。

国民党当局知道，留在福建的红军部队主要的是尚驻莆田已被编为第八十师二三九旅特务大队的闽中游击队，因此首先对这支部队下手，制造了泉州事件。

1937 年 11 月，当局以金门失陷、闽南危急为理由，下令特务大队调驻泉州。11 月中旬，刘突军、杨采衡率部由莆田进驻泉州承天寺。特务大队到达泉州时，受到了当地群众的热烈欢迎，泉州党组织发动群众相率前往慰问。特务大队在泉州积极宣传抗日救国，开展救亡运动，扩大了中国共产党的影响，也引起了当局的不满与怨恨。

为了败坏共产党和闽中游击队的名誉，离间他们与群众的关系，国民党军派员冒充特务大队战士在承天寺附近抢劫群众财物，以图嫁祸于特务大队。特务大队情知有诈，当场抓获 2 名歹徒，经询问，竟是二三九旅钱东亮部下，随即将此二人公开押送去其旅部，沿途游街示众，以使群众明辨是非和真相。① 特务大队在泉州的种种抗日活动，使得当局十分不安。

1937 年 12 月下旬，中共闽中工委派往香港与南临委联系工作的黄国璋到达泉州，向闽中工委传达南临委指示。南临委的指示要点是：将闽中工委划归闽粤赣省委领导，部队改编后应提高警惕，防止突然事变；

---

① 参见杨采衡：《泉州事变纪实》（1983 年 2 月 5 日），中共福建省莆田市委党史资料征集编写委员会办公室编《闽中党史资料》第 2 辑，1985 年 10 月。

鉴于刘突军身份已经公开，闽中特委书记改由黄国璋担任。[①] 随后，黄国璋赴闽西永定，向闽粤赣省委汇报闽中情况。

中共闽粤赣省委在听取了黄国璋报告以后，于1938年1月17日讨论闽中的问题，认为闽中游击队编入国民党军归八十师指挥，并且移驻泉州整训，“包含有危险性”。这一危险在于“当局企图变这一部队为私有物，最低限度可能被调离闽中，不能达到闽中开展抗日游击战争极大作用的武装力量”。省委的这一分析是正确的，是对闽中工委的一次警告。同一天，闽粤赣省委分别向南临委和项英报告了他们对闽中工作的意见，要求南临委出面交涉，设法改变这种危险局面，以使闽中红色武装“成为闽中抗战群众武装的骨干，为将来开展游击战争之用”[②]。

闽粤赣省委令黄国璋马上赶回泉州，传达省委指示。闽粤赣省委给闽中工委的指示要点是：（一）要提高警惕，防止突然事件的发生，特别注意国民党制造事端，借口消灭闽中游击队；（二）在上级未正式交涉将闽中游击队编入新四军以前，要特别注意避免摩擦；（三）开展群众性的抗日和生产运动。[③]

2月初，中共闽中工委讨论了闽粤赣省委的指示，着重研究了应付突然事变问题，确定一面把工作转向开展春耕生产，一面与新四军福州办事处联系，积极争取将部队编入新四军。但事实上，国民党顽固派正在磨刀霍霍，密谋策划挑起摩擦，消灭这支抗日武装。

2月间，国民党顽固派不断制造事端，企图寻找机会下手。二三九旅旅长钱东亮借口浙江战事紧张，提出将特务大队调赴浙东前线。刘突军拒绝了这一无理要求。为使特务大队尽快脱离险境，刘突军一面派雷光熙再次赴闽西，要求闽粤赣省委马上把部队编入新四军，同时决定自

① 参见《黄国璋谈闽中国共和谈和泉州事变》，中共福建省莆田市委党史资料征集编写委员会办公室编《闽中党史资料》第2辑，1985年10月。

② 《中共闽粤赣省委致方方转南委信》（1938年1月17日），福建省档案馆、广东省档案馆《闽粤赣边区革命历史档案汇编》第3辑，档案出版社1988年版，第87页。

③ 参见《黄国璋谈闽中国共和谈和泉州事变》，中共福建省莆田市委党史资料征集编写委员会办公室编《闽中党史资料》第2辑，1985年10月。

己亲赴福州，与福州办事处联系部队改编为新四军事宜。

钱东亮认为时机已到，在批准刘突军请假赴福州的同时，策划了在途中扣押谋害刘突军的阴谋。3 月 10 日，刘突军与随行人员高万里等由泉州到达莆田。中共闽中工委预先得到刘突军到达的通知，准备当天晚上在莆田召开闽中工委扩大会议。但是刘突军刚到莆田南门车站，就被钱东亮部一个营长“请”去，说有要事商谈。刘突军未能识破其奸计，随同前往，结果被顽固派扣押，第二天晚上即被残酷杀害。①

顽固派杀害了刘突军以后，一面通知留在泉州的特务大队副队长杨采衡，谎称刘突军“带款潜逃”，以图掩盖罪责；一面于 3 月 11 日晨 7 时“全城施行戒严，东门西门等布满部队，荷枪实弹，如临大敌”，包围承天寺，强行收缴特务大队武装，扣押全体指战员，制造了亲痛仇快的“泉州事件”。②

事件发生以后，杨采衡立刻分别电告刚由闽粤赣省委改组的中共闽西南特委和新四军福州办事处，说明事件真相，要求同福建军政当局交涉发还枪支，释放被扣指战员。随后，闽中工委书记黄国璋和杨采衡先后到达福州，向办事处作详细汇报。

中共闽西南特委立即与福建当局交涉，并且通过机关报《前驱》向钱东亮和陈仪严正要求：“（一）请立刻发还该特务大队的全数枪械。（二）无条件的释放被扣刘队长及其他成员。”③ 切实制止此类反共事件。新四军军长叶挺也致函陈仪，并由福州办事处主任王助直接与陈仪交涉，希望立即妥善解决这一事件。在各方舆论压力下，经过反复交涉，陈仪不得不答应交还武器。特务大队全体指战员也于 3 月下旬获得释放，开往福州整训。4 月间，在杨采衡、吴德标、雷光熙等率领下，这支队伍

① 参见苏华：《闽中党在抗日战争初期的活动情况》（1961 年 7 月 6 日），中共福建省莆田市委党史资料征集编写委员会办公室编《闽中党史资料》第 2 辑，1985 年 10 月。

② 参见《泉州事件》，福建省档案馆、广东省档案馆《闽粤赣边区革命历史档案汇编》第 3 辑，档案出版社 1988 年版，第 107 页。

③ 《泉州事件》，福建省档案馆、广东省档案馆《闽粤赣边区革命历史档案汇编》第 3 辑，档案出版社 1988 年版，第 108 页。

开抵皖南，编入新四军军部特务营。[①]

国民党顽固派制造泉州事件，只是在福建挑起事端、破坏国共合作抗日局面的一个开端。在此以后的几个月内，顽固派变本加厉，或是运用特务手段，或是实行突然袭击，在全省各地制造了一系列反共事件。

在“泉州事件”前后，顽固派不断放出空气，声称“如有逗留后方仍事扰害及地方原有之散匪，即饬驻军痛剿”[②]；“尚有在闽设留守处从事活动者，应即饬属严予取缔，应一律取消，如有违犯不遵命令，一律视同土匪严办”[③]。有些地方的国民党行政机关甚至宣布“除了联保、保甲的会议外，一切集会都将以‘汉奸托匪’论罪”[④]。种种迹象表明，国民党顽固派企图进一步扩大反共活动，并把矛头指向了新四军在各地的留守处。

3 月间，福建军政当局首先千方百计裁撤新四军二支队驻龙岩留守处，排挤留在闽西的新四军第二支队第六连。闽西国民党顽固派在各地“开办保甲长训练班，秘密宣传防共办法”；豪绅更多方制造谣言，声称二支队留下的人员和第六连“都是最精干分子，等于出动整个队伍力量，准备夺取政权，及继续进行土地革命”[⑤]，极力煽动进攻二支队留守人员和武装。面对顽固派的挑衅，中共闽西南特委为顾全大局，以利团结抗日，于 3 月间把留守处改为新四军二支队后方家属通讯处。4 月中旬，二

---

① 参见杨采衡：《闽中国共谈判及泉州事件始末》，《从和谈到北上抗日》，福建人民出版社 1985 年出版，第 65 页。关于特务大队由泉州开到福州的时间，有的回忆录写作 4 月中旬。此处根据 1938 年 4 月 1 日《前驱》发表的《泉州事件》称该特务大队“已开到福州了”判断为 3 月下旬。

② 《泉州时报》1938 年 3 月 2 日。

③ 《江声报》1938 年 3 月 15 日。

④ 智梨：《“不幸事件”》（1938 年 4 月 1 日），福建省档案馆、广东省档案馆《闽粤赣边区革命历史档案汇编》第 3 辑，档案出版社 1988 年版，第 109 页。

⑤ 《中共闽西南特委报告》（1938 年 6 月），福建省档案馆、广东省档案馆《闽粤赣边区革命历史档案汇编》第 3 辑，档案出版社 1988 年版，第 157 页。

支队第六连也奉军部命令撤离龙岩，开往皖南编入新四军军部警卫营。①

福建当局在下令裁撤新四军二支队驻龙岩留守处的同时，驻闽东之保安第二旅李树棠部又破坏和谈协议，于3月16日派队袭击新四军第三支队第六团驻宁德的留守处，杀害警卫排长等2人，逮捕办事处负责人郭文焕等50多人，制造了“宁德事件”，迫使宁德留守处停止工作。② 此后，国民党顽固派进一步肆无忌惮地限制摧残共产党和抗日团体的活动。在闽西地区，顽固派主要的破坏活动有：（一）限制打击抗日救亡活动。龙岩县长陈石强行取消各民众抗敌服务团；永定县长赵益谦禁止抗日团体为前方将士征募寒衣，解散在永定进行抗日宣传的厦门青年流亡宣传队。（二）蓄意制造党派摩擦。龙岩县政府无端制造谣言，耸人听闻地散布“闽西共产党组织暗杀队，共产党在白土集中，几百武装准备暴动”的谣言。7月12日，中共龙岩县委委员林映雪被当局诬为“土匪”遭拘捕，企图借以打击保田斗争。（三）闽西南各县政府“屡屡下令严防共产党活动”，逮捕共产党和新四军遣返回家之伤病员，无故吊打张鼎丞之弟，强迫其承认闽西“还有区乡苏维埃政府”。（四）在各县“积极搜焚抗日书籍，封锁学生思想，排出进步与抗日的教职员”。③

在闽南地区，顽固派于6月5日在漳州逮捕并杀害龙溪民众救国服务团副团长、芗潮剧社负责人、共产党员柯联魁。④ 第二天，正在漳州进行抗日宣传的漳州青年战时服务团“莫名其妙的突遭围剿，捕去三十余人，小溪的抗敌后援会亦遭解散，而各个救亡团体均遭着几千斤

① 参见熊兆仁：《北上途中》，《从和谈到北上抗日》，福建人民出版社1985年出版，第100—104页。

② 参见王树森整理：《闽东国民党的背信弃义》（1961年8月15日），福建省委党校馆藏资料（3—0184）。

③ 参见《中共闽西南特委报告（第三号）》（1938年11月20日），福建省档案馆、广东省档案馆《闽粤赣边区革命历史档案汇编》第3辑，档案出版社1988年版，第228—229页。

④ 参见陈虹：《探讨芗潮剧社的历史经验》，《福建党史通讯》1985年第2期。

重的压制和监视，一切工作只好成为半停顿的状态”①。6 月 14 日，中共闽西南特委委员、漳州中心县委常委林路在平和县小溪又遭顽固派暗杀。

此后不久，顽固派下手迫害厦门青年战时服务团（简称厦青团）。厦青团是在抗击日军侵占厦门的隆隆炮声中由厦门各抗日团体联合组成的、在中共漳厦工委领导下的抗日团体。厦门沦陷后，厦青团撤往漳州，在闽西南广大地区大张旗鼓地开展抗日宣传活动，终为顽固派所不容。1938 年 10 月，驻漳第七十五师派遣大批武装，包围厦青团团部，对手无寸铁的抗日青年大打出手，将他们强行押往沙县接受所谓“特种训练”，迫使这个坚强的抗日团体解散，其中 20 多人遭受长期监禁，有的惨遭杀害。②

在闽东和闽北地区，国民党顽固派同样不断挑起反共事件，破坏抗日民族统一战线。1938 年春，顽固派在制造宁德事件后，又唆使大刀会林熙明部武装会徒，袭击设立在政和县新康口的中共寿庆政中心县委，县委书记范振辉、游击队领导人范江富等 10 多人壮烈牺牲，寿庆政中心县委因此而遭受破坏。③ 此外，顽固派又派兵于 4 月 11 日袭击焚烧宁德梅坑乡上白岩后方医院，杀害伤病员 10 余人④；紧接着又强行解散福安穆阳、赛岐、甘棠等地抗敌后援会，捣毁宁德县七都农会，杀害农会干部。⑤

由于领导人右倾麻痹，丧失警惕，闽北个别地区的党组织受到了一定的损失。建阳县委领导人为取得合法地位，帮助国民党征兵抽税。但

---

① 育才：《对闽南抗战准备工作的检讨》（1938 年 7 月 15 日），《闽粤赣边区革命历史档案汇编》第 3 辑，档案出版社 1988 年版，第 182 页。

② 参见谢怀丹、许文辛：《我们是钢铁的一群》，《福建党史通讯》1985 年第 8 期。

③ 参见范式人：《回忆闽东党的斗争历史》，《闽东党史资料与研究》1985 年第 1 期。

④ 参见王树森整理：《闽东国民党的背信弃义》（1961 年 8 月 15 日），福建省委党校馆藏资料（3—0184）。

⑤ 参见卓鸿波、陈传兴、林慧冬：《试论闽东党在抗日战争中的历史作用》，《福建党史通讯》1986 年第 2 期。

是国民党顽固派并没有因此而放松对共产党的迫害，相反利用了这些领导人的麻痹思想，于1938年4月派兵突然包围，袭击建阳县委机关驻地之麻沙梁仰村，杀害县委书记邱有贵和麻沙、大南区委书记，制造了“建阳事件”。此后，国民党崇安县壮丁常备队第四中队又在建阳、崇安边界之东源村搜捕建阳县委妇女部长吴秀珍，破坏了县委机关。同年5月，建瓯县委组织部长张沐被暗杀，建瓯党组织蒙受了打击。

在新四军北上以后的短短几个月内，国民党顽固派如此疯狂地、迫不及待地制造一系列反共事件，暴露了他们急欲肃清中国共产党和新四军在福建的留守机构，蓄意破坏刚刚形成的国共合作局面的真实面目。福建各地党组织在这一时期由于受到王明右倾错误影响，加以自身力量的单薄，对于顽固派的反共行径未能给予有力的回击，过多地强调了“团结”与“忍让”，在一定程度上助长了顽固派的反共气焰。但是，各地党组织仍然积极运用各种舆论工具和宣传手段，向群众揭露顽固派破坏抗战的反共阴谋；同时，与军政当局进行了反复的交涉和斗争，迫使他们释放被捕人员，发还被缴枪械，在一定程度上遏制了顽固派的反共活动。另外，这些事件给了福建各地党组织以血的昭示，使他们进一步认清了国民党消极抗战、积极反共的本质，为今后开展反摩擦斗争提供了经验。

第四节　福建国民党的抗日防御措施

一　厦门保卫战

日军占领上海、南京，侵占华北大片土地以后，日本统治集团被迅速攫取的胜利所刺激，急欲无限制地扩大侵华战争，妄图立即征服整个中国。为了打通南北战场的联系，进一步控制中原和华中，日军统帅部决定继续分南北两路，沿津浦线进攻中国军队。而徐州扼苏、皖、豫、鲁四省要冲，为津浦线、陇海线两大交通主动脉交会之咽喉，历来是兵家必争之地，在战略上占有举足轻重的位置。为此，日本统帅部确定，以华北方面军一部进攻徐州附近之中国军队，目标是占领徐州和兰封以东、陇海线以北地区；以华中派遣军一部协助进攻徐州，并占领徐州以南之津浦线及合肥附近地区。

1938 年 3 月下旬，日本华北方面军之板垣师团和矶谷师团，以夺取徐州为目的，合攻徐州以北地区之台儿庄，发动台儿庄战役。中国军队在第五战区司令长官李宗仁的指挥下，经第二集团军孙连仲部、第二十军团汤恩伯部协同作战，以歼敌两万余众的战绩，给日军以沉重打击，取得了在正面防御战中的第一个重大胜利。

但是日军并未因此而停止进攻徐州的计划。4 月 7 日，日军大本营下达徐州作战命令和《徐州附近作战指导要领案》。按照这一计划，日军以 13 个师团 30 余万兵力，于 4 月中旬至 5 月中旬向徐州发动猛烈进攻。5 月 19 日，日军攻陷徐州。国民党 60 万大军终以不敌溃败，遭到严重损失。

就在徐州战役最为紧张的时刻，日军出动数十艘军舰、几十架飞机，于 5 月 10 日向东南沿海重镇厦门发起突然进攻。

厦门为福建第二大城市，又是孤悬台湾海峡之重要岛屿，与日本占领的台湾隔海相望，南达粤东潮汕和广州、香港，北扼淞沪、浙东、闽东沿海口岸，是东南海疆的一个重要战略支点。日军在占领上海、南京以后，就确定了攻取广州、武汉以迫使国民党政府屈服，迅速结束中国战争的计划。日军发动厦门之役的目的在于南以援助夺取广州，北则牵制徐州战役及即将发起的武汉会战的中国军队。

5 月 11 日，上海英文版《大美晚报》披露了日本军方关于进攻厦门的意图：日本海军突向厦门进攻，“系日本在华南加紧海军活动之先声，如事实许可，不久且将进犯华南，以期削弱陇海路上华军之抵抗”。这份报纸还指出，前日本华中方面军司令官松井石根大将“即主张此项策略者，松井以为日海军现闲散无事，应加利用，在中国沿海扰乱”。松井石根还认为，占领厦门以后，“华军将被迫分散实力，以巩固海防，不能开往北方前线”，“沿海如有扰乱，中国军火亦将受阻，不能运入香港”。[1]松井的这一意见被日军大本营所采纳，进攻厦门即为这一计划的一个组成部分。

当然，上述赤裸裸的侵略意图，不能作为进攻厦门的公开的依据。如同以往一系列侵略中国的挑衅事件一样，日本为进攻厦门制造了荒谬的借口。日军在向厦门发动进攻的第二天，日军发言人在上海向报界发表谈话，声称“此次向厦门进攻，因该地驻有粤军，为反日活动之中心，中国军火，亦由此而入内地，故厦门地位，显极重要，惟该地有台湾侨民三万人，日军应负保护之责”[2]。事实上，原驻厦门之粤军第一五七师早已于4个月前调离，“保护台湾侨民”也属无稽之谈。

当时据守厦门的中国军队是第七十五师，师长宋天才、副师长韩文英，师部设于漳州。七十五师系由西北军第二集团军之暂编第三师改编而成，隶属第二十五集团军总司令陈仪指挥。由于国民党对福建沿海及厦门的防卫很不重视，七十五师守备战线漫长，除厦门以外，广及由泉州以南的马巷至闽粤边境的诏安长达千余公里的海岸线。而且由于七十五师不是蒋介石嫡系，自抗战以后经过一再缩编，由原来的3个旅9个团缩编为2个旅4个团，其主力配置于九龙江西岸地区。因此，七十五师不可能拨出更多兵力进驻厦门，驻防厦门的兵力仅第二二三旅之四四五团、四四六团第二营和炮兵2个排，以及厦门要港司令部所属海军陆战队的1个营。[3] 日军进攻厦门以前，为统一厦门作战指挥，陈仪下令成立厦门警备司令部，以七十五师副师长兼二二三旅旅长韩文英兼任司令，第二二三旅参谋主任楚怀民为警备司令部参谋长。[4]

厦门警备司令部成立以后，立即着手构筑工事，划定各营防区。韩

---

① 《敌犯厦门战情激烈》，《申报》1938年5月12日第2版。

② 《敌犯厦门战情激烈》，《申报》1938年5月12日第2版。

③ 参见张秉均编著《中国现代历次重要战役之研究——抗日战役述评》，台湾“国防部”史政编译局1978年版。

④ 参见赵康侯：《七十五师福建抗战记》，中国人民政治协商会议福建省委员会文史资料研究委员会编《福建文史资料》第11辑，1985年。

文英认为，厦门东北方面高崎、五通、禾山、何厝一线面对日本占领的金门岛，为厦岛重点防御地区。为此，派战斗力很强的四四五团第三营王建章部和四四六团第二营扼守；四四五团第二营杨永山部据守厦岛东部和东南部，第一营宋天成部为预备队；师部直属炮兵阵地设于胡里山海神庙附近；海军陆战队1个营据守以胡里山为主炮台的磐石、白石、屿仔尾等炮台，并配备有9门要塞炮和2个鱼雷发射管；另在霞边和香山设立有临时炮台。

从1938年4月开始，日机不断轰炸厦门各炮台。5月7日，在金门海域的日舰突然增至15艘。5月8日至9日，敌舰先后向白石炮台、塔头阵地和何厝、泥金、五通等阵地炮击，揭开了厦门前哨战的序幕。[①] 5月10日凌晨3时左右，在日本海军少将大野一部指挥下，日军12艘军舰从金门出发，避开厦门要塞炮台，接近厦岛东北海岸，突以舰炮向禾山、泥金、五通一带中国守军的炮台及步兵阵地猛烈轰击；同时，由航空母舰起飞18架飞机向中国军队的阵地轰炸。在舰炮与飞机的掩护下，日本海军陆战队700余人在泥金、五通一带强行登陆。[②] 守军四四六团二营当即迎战，营附马崇喜及第五连连长方治国力战阵亡，阵地被突破。四四五团三营同时奋勇反击，与登陆之敌反复争夺冲杀，将敌包围于江头一带，至中午时分，将敌歼灭过半，敌军被迫退回舰艇。同时，中国空军1个大队也起飞迎敌，轰炸进攻厦门之敌舰，炸伤敌舰空母舰尾部及一艘驱逐舰。但是敌军登陆部队的攻势并不稍退，连续不断地向中国守军阵地发起攻击。三营营长王建章率部奋勇抵抗，在打退敌人数次进攻以后，全营伤亡大半，弹药告罄，被迫撤至云顶山、金鸡岩、江头一线。厦门警备司令韩文英率领预备队紧急增援。但由于预备队在增援途中遭到敌机轰炸，待赶至前线与王建章营会合时已损伤近半。韩文英腿

---

① 参见张秉均编著《中国现代历次重要战役之研究——抗日战役述评》，台湾“国防部”史政编译局1978年版，第333—334页。

② 关于日军向厦门发动进攻之初的军舰、飞机及登陆部队数目，当时的报道和当事人在以后的回忆录多所不同，此处数字系援引路透社5月10日发自厦门的消息（见《申报》1938年5月12日第2版）。

部受伤，参谋长楚怀民阵亡。[①]

10日下午，中国守军退到第二线阵地后，日军登陆部队在飞机掩护下继续向纵深推进，连连发起攻击。韩文英虽腿部负伤，但坚不退出阵地，在后督战。其他负伤军官见此，也不退出火线，全体官兵浴血苦战，击退敌军的多次进攻。四四六团三营和四四九团二营于10日傍晚至11日拂晓，相继从嵩屿、龙溪渡海增援，配合守岛部队向敌反攻，收复江头、龙山、东芳山一带阵地。

11日早晨，日军再次发动进攻，以飞机、舰炮向中国守军阵地轮番轰炸，猛烈的炮火将守军阵地夷为平地。四四五团一营和三营被迫再次撤退，在市区美人宫一带继续抵抗。与此同时，据守厦门东南部的第二营也与敌鏖战不息。双方激战竟日，中国守军伤亡惨重，四四五团团长水清浚负伤，一营营长宋天成阵亡，二营长杨永山、三营长王建章也均负伤，各营副营长以下军官非死即伤，士兵伤亡更为严重。韩文英在激战中胸部被弹片击中再次负伤，不得不送大陆后方医院急救。韩文英离开厦门时嘱令警备司令部作战科长骆永亮代行指挥（一说二营长杨永山为代指挥）。[②]

11日下午，日军一部突入厦门市区，中国守军退往市区的后路被截断，除距市区较近的少数部队撤到市区与敌展开巷战外，其余部队乃重返前线死战。战至深夜，厦门东部前线失守，守军余部陆续撤往厦岛北部地区。同日下午，厦门市政府和各机关团体以及大批难民相继撤离厦门，有的撤往鼓浪屿，有的向大陆疏散。此刻，厦门市区已是浓烟滚滚，一片混乱狼藉。

登陆日军之第一师团第一联队入侵厦门市区后，到处焚烧房屋，屠杀平民。退入市区之中国守军凭借市街建筑物，逐屋与敌激战。尤其是

---

① 参见赵康侯：《七十五师福建抗战记》，中国人民政治协商会议福建省委员会文史资料研究委员会编《福建文史资料》第11辑，1985年。

② 参见赵康侯：《七十五师福建抗战记》，中国人民政治协商会议福建省委员会文史资料研究委员会编《福建文史资料》第11辑，1985年。

据守胡里山、白石岩等处炮台的守军，冒着纷飞的炮弹，与敌舰作激烈炮战，击伤敌舰3艘，击毁敌机2架。直至守岛陆军大部撤出市区援兵已绝的困境下，炮台守军仍孤军奋战，与冲到炮台面前的日军登陆部队英勇搏斗，大部殉难。[①] 5月12日中午，日军以其精良装备及猛烈的攻击，攻占厦门炮台。同日傍晚，厦门市区沦于敌手。约有1500名日军相继登陆占领全市，并以27艘军舰载兵继续向厦门增援。中国守军在付出重大牺牲后，陆续退至北部王台山、东坪山和高崎一带。[②] 当晚8时，陈仪下令退守集美、排头阵地，厦门守军遂渡海撤往大陆。厦门要港司令部也奉命退到嵩屿，厦门全岛遂告陷落。[③]

厦门保卫战历时3天，日军死伤500人左右。[④] 中国守军四四五团损失更为严重，全团原有1500人，阵亡800余人（撤退时牺牲未计在内）。其中以第三营伤亡最大，除营长王建章负伤外，副营长和4个连长全部阵亡，战后撤至大陆收容时，全营仅存6人。[⑤] 厦门民众在战火中死伤多达三四千人，厦门保安队在战斗中极为英勇壮烈，全部殉难。

厦门保卫战的失败，有其主观和客观两方面的原因。在客观上，日军认为厦门为优良港口，一旦占其为海空基地，东可与台湾相呼应，北可断闽浙沪海上交通，故力在必取，势在必得。另外，日军虽然投入登陆的兵力不过1500人左右，与中国守军大致相等，但由于其背靠金门基地，出动了包括航空母舰在内的数十艘军舰与几十架飞机，在空中与海上占有绝对优势。作为海岛的厦门，失去制海和制空权，难免易遭攻击。

但厦门保卫战的失败，更主要的是主观方面的原因。一是国民党当局实行片面抗战路线，历来不重视甚至压制民众抗日运动。在厦门战争

---

① 参见《厦门岛上孤军苦战，据守炮台至死不屈》，《申报》1938年5月14日第2版。

② 参见《厦门激战中》，《申报》1938年5月14日第4版。

③ 参见《中国现代历次重要战役之研究——抗日战役述评》，台湾“国防部”史政编译局1978年版，第334页。

④ 参见《厦岛北部仍激战》，《申报》1938年5月14日第1版。

⑤ 参见赵康侯：《七十五师福建抗战记》，中国人民政治协商会议福建省委员会文史资料研究委员会编《福建文史资料》第11辑，1985年。

发生之前，中共厦门工委大力发动群众投入抗战，呼吁当局组织与武装民众。当局对此非但不予支持，反而视为洪水猛兽，极力反对与防止民众抗日武装的建立与发展，致使七十五师在抗战中得不到民众武装的有力支持而陷入困境。二是当局对于厦门防卫极不重视。福建全省海岸线长达数千公里，却仅以七十五师和八十师共 7 个团的兵力防守。厦门岛如此重要的海防基地，只派不足 2 个团的兵力驻守，且空军支援无力，也未有舰艇协同。因此，在日军海陆空三军联合进攻下，守军虽然英勇血战，仍难免失守。三是在战术上实行阵地防御，以 1500 人之兵力分布全岛，依托并不强固的阵地节节抗御，致为日军各个击破。以上种种，实为厦门保卫战失败的根本原因。

二　福建省政府在抗战初期的防御措施

卢沟桥事变和淞沪抗战爆发以后，全国各地掀起了汹涌的抗日浪潮。国民党政府在日本大举侵略的严酷事实面前，由动摇走上了抗日的道路。福建军政当局按照中央政府的抗日部署，在抗战全面爆发以后逐步采取了一系列抗日措施，如允许并组织抗日救亡团体，鼓励人民在其领导范围之内的抗日活动，对日本在闽机构和设施实行限制和打击等。日本驻福州领事馆在淞沪抗战一开始就被迫停止活动，总领事于 1937 年 8 月 15 日率日侨和台湾籍民降旗回国。日方在福州的所属机构《闽报》馆、台湾银行、福州博爱医院、日本小学校、福州东瀛学校也同时封闭。[①] 随后，福建省政府又下令将仍留在福州、厦门两地的台湾籍民一律遣送闽北崇安从事生产，以杜绝日本的渗透和情报特务活动。

当时主政福建的是陈仪，身兼福建省政府主席、二十五集团军司令、福建绥靖主任职。陈仪作为政学系重要人物，深得蒋介石器重，主政福建前任南京国民政府军工署署长、军政部政务次长等职。1934 年 1 月，十九路军发动的福建事变失败，蒋介石派陈仪任福建省政府主席。陈仪

① 参见褚启湘：《陈仪在抗战期间的施政概述》，中国人民政治协商会议福建省委员会文史资料研究委员会编《福建文史资料》第 14 辑，1986 年版。

入闽后，对内镇压共产党及其领导下的红军游击队，打击进步势力；对外奉行亲日方针，提倡所谓对日“国民外交”。直至抗战全面爆发的前两天，陈仪还亲率高级官员和省府厅处长到日本驻福州领事馆祝贺日本“天长节”。由于陈仪的亲日姿态，日本军政界高级官员对福建尤感兴趣，土肥原贤二、松井石根、须磨弥吉郎等都曾陆续赴闽访问。抗战开始以后，敌机轰炸频繁，而福建海防懈怠，这与陈仪的亲日方针不可谓没有关系，就连国民党省党部特派员陈肇英也公开指责陈仪为“亲日媚敌”。[①]

陈仪既然是这样一个人物，对于国内和本省风起云涌的抗日浪潮自然不会重视。就是对于卢沟桥事变，陈仪竟然还认为可以作为“局部冲突”处置，直至济南失守、上海淞沪战事爆发，他才认识到局势的严重，开始认真对待日军的侵略和对福建沿海的轰炸与骚扰，发表抗战主张并采取一些防御抗战措施。

1937 年 9 月 20 日，当淞沪前线将士浴血抗战一个多月以后，陈仪率领省政府官员举行抗倭自卫战宣誓典礼，并发表训话。他说：“民族的战争，在战端未启以前，或者还允许国民有种种的讨论，但，一经国家决定与敌人作战之后，我们就只许有最后胜利必属于我的信念，并尽我们一切的所有，贡献给国家，贡献给民族，这是中国国民当前唯一的路。”[②] 5 天以后，陈仪又发表广播演讲，指出此次抗战，“是我们全民族整个的战争，也是我们整个民族的生死关头”，要求全省人民团结一致，“认清国家民族的利益，高于一切”，只要大家真正团结抗战，“我们抗战前途，是布满着光明的”。[③]

在此前后，福建省政府采取了一些防御性的措施，其中之一是堵塞闽江口航道。福州濒临闽江下游入海口，一般军舰由闽江口经马尾可直

---

① 钱履周：《陈仪主闽事略》，中国人民政治协商会议福建省委员会文史资料研究委员会编《福建文史资料》第 9 辑，1985 年版。

② 陈仪：《抗战宣誓应有必胜的信念》（1938 年 9 月 20 日），福建省政府秘书处公报室编《陈主席抗战言论集》，1938 年版，第 17 页。

③ 陈仪：《抗战期内人民应做的工作和应尽的责任》（1937 年 9 月 25 日），福建省政府秘书处公报室编《陈主席抗战言论集》，1938 年版，第 18—21 页。

达福州市区。为防止日本军舰长驱直入，福建省政府在淞沪抗战爆发以后决定封锁闽江口，这一任务由海军驻马尾的舰艇执行。省政府广泛征发居民屋内的石板石块运往闽江口抛沉。1937 年 9 月 3 日晚上，堵塞闽江口的工程告竣，自 9 月 4 日起，出入闽江口的船只禁止通行。[①] 随后，福建省政府制订了《封锁闽江后维持友邦商船交通临时办法》，规定凡驶往福州之友邦轮船一律停泊于封锁线之外的川石岛，由其本国军舰保护。友邦轮船起卸之客货可改由小型驳船及拖船（吃水线不得超过 1.5 公尺），待满潮时通过封锁线驶入福州。但友邦轮船、拖船、驳船无论在封锁线内外，如遭受日军攻击，中国政府不负其责。

1938 年初，陈仪感到福州距离海口近在咫尺，随时有被日军侵占的可能，虽然闽江口已经封锁，一旦日军大举进攻，福州仍难保全，因此决定将省政府及所属单位和中央驻闽各机构内迁永安、沙县等地。于是一面呈请南京中央政府审核，一面分别通知国民党省党部、省政府、中央驻闽单位和一部分省属机关学校派员到闽西、闽北地区，到公路干线各县考察，预作内迁的布置；同时命令各内迁单位清理档案，无保留价值的一律报审烧毁。鉴于滨海各县随时有被袭击的危险，省政府还下令沿海各公、私立中等以上学校迁移后方安全地区。[②]

1938 年 4 月，国民党中央军事委员会和行政院核准福建省政府内迁的计划。4 月 25 日，陈仪在省政府纪念周的会议上对省府迁治的目的与意义作了说明。陈仪指出，省府迁移到永安，在行政效率、文化经济和国防军事诸方面都有重要意义。就行政而言，省会福州偏处海滨，与内地各县距离很远，以致政令难于及时贯彻，行政效率低下。省府迁治永安后，在地理上处于全省中心，必将增进行政效率。在文化经济方面，省政府迁到永安以后，可以发展闽西、闽北地区的文化，促进这一地区的经济，改变过去闽西、闽北文化经济严重落后的畸形状态，“使全省的

---

① 《陈仪致蒋介石电》（1937 年 9 月 4 日），中国第二历史档案馆馆藏资料。

② 褚启湘：《陈仪在抗战期间的施政概述》，中国人民政治协商会议福建省委员会文史资料研究委员会编《福建文史资料》第 14 辑，1986 年。

文化经济，都有平衡的进步”。陈仪认为，从国防军事角度来看，省府内迁的意义更为重要。军事指挥机关当然应当设于国防前线，但政治行政机构在战时则须有一个安定的环境，协助军事，推进行政。而福州地处沿海，一旦发生战事，省府工作不能正常进行，所以必须迁到军事影响比较小的闽西、闽北地区。①

4 月下旬，省政府一部分机构开始陆续向永安一带迁移。厦门沦陷以后，福州人心惶惶，内迁工作加速进行。按照原先的部署，各机关团体和学校分设于闽西、闽北各县，省政府和省参议会设永安，省党部迁连城，省保安处和省训练团迁三元（今三明），绥靖主任公署暨第二十五集团军司令部、水警总部迁南平；其他一些主要的公、私立学校也相继搬迁，如厦门大学迁长汀，私立福建学校迁闽清，省立一中迁沙县。②

闽西、闽北在经济、文化、交通、治安等方面一向落后于沿海地区，省政府迁至永安以后，从抗战需要和开发闽西、闽北山区两个方面出发，确定了新的施政重点，这就是：“以永安为政治心脏，以南平为军事枢纽和工商业重点，发展工商交通，繁荣经济；开展抗战宣传，发动民众为抗战出力；发展教育事业，提高民众文化水平；运用行政手段，严密保甲制度，组训民众，加强治安，并做好征兵、征粮、征税等工作。”③ 显然，这些施政内容中间除了抗战以外，还包括了镇压和肃清中国共产党在福建各地的抗日斗争。

抗日战争初期，福建省政府在全国抗日救亡浪潮的影响和推动下，在一定程度上重视和开展了群众性的抗日救亡运动，成立由各级政府和各级国民党部领导的抗敌后援会，组织大中学生下乡宣传。1937 年 11 月 7 日，福建省抗敌后援会宣传工作团成立。在此之后，全省各地抗敌后

① 参见陈仪：《省政府迁治的意义和倡用国货的重要》（1938 年 4 月 25 日），福建省政府秘书处公报室编《陈主席抗战言论集》，1938 年版，第 92—94 页。

② 参见钱履周：《陈仪主闽事略》，中国人民政治协商会议福建省委员会文史资料研究委员会编《福建文史资料》第 9 辑，1985 年。

③ 褚启湘：《陈仪在抗战期间的施政概述》，中国人民政治协商会议福建省委员会文史资料研究委员会编《福建文史资料》第 14 辑，1986 年。

援会相继成立了宣传工作团，在一定程度上发挥了唤起民众、宣传抗日的积极作用。事实上，有不少地方的共产党人和进步青年加入并实际领导了抗敌后援会及其所属的宣传、慰劳、救护等工作团，大大促进了福建抗日救亡运动的开展。

陈仪出身于军界，历来重视对公职人员和青年学生的军事训练。他从1934年主政福建以后，在省政府推行公务人员军事训练制度，目的在于增强干部的组织纪律，便于控制和指挥。卢沟桥事变前夕，省政府在福州开办了福建省社训干部训练所，从1937年下半年至1938年连续举办两期，招收高中以上毕业的男女青年受训，毕业后分派各县“社训队”担任督练员或妇女队长，开展“抗战建国”的宣传。省府迁治永安以后，各项军训进一步加强，巩固与扩大了各级军训组织。[①]

除了上述军训措施外，各县警察局另行组织义勇警察（武装）和义务警察（便衣），施以军事训练，以补充战时警力之不足。此外，举办各种专业训练，如设立游击干部训练班、小学教师讲习班、卫生人员训练班、军法承审员训练班、省保训合一干部训练所等。

以上历史事实表明，陈仪及其主持下的福建省政府，在日本帝国主义大举发动侵华战争，全国抗日浪潮迅速高涨的形势下，开始由观望动摇转向了抗日。但在抗战初期的种种态度和举措，总的来说是消极和被动的。尤其是陈仪其人的亲日态度，决定了他所领导的政府在抗日战争中不可能有出色的表现，不可能充分地动员和武装民众，大张旗鼓地开展抗日运动，坚决地反击日本的侵略。无论是金门之战和厦门的沦陷，还是堵塞闽江海口；无论是组织抗敌后援会，还是搬迁省政府，都可以看出福建军政当局在日本的进攻面前显得那样的软弱和无能。相反，对于共产党及其领导下的革命力量，以及抗日进步势力，福建当局却是不遗余力地加以迫害和摧残。两相对照，充分反映了福建当局秉承了蒋介石与国民党政府片面抗战的路线和积极反共的方针。

---

① 参见褚启湘：《陈仪在抗战期间的施政概述》，中国人民政治协商会议福建省委员会文史资料研究委员会编《福建文史资料》第14辑，1986年。

第十一章　相持阶段的到来与福建抗日运动的深入

第一节　抗日运动的继续开展与成就

一　争夺闽海主控权的斗争

厦门沦陷后，福建海上护卫线失去重要的一环，闽海战局益趋紧张。1938年底，日本海军大将松井抵厦，电召其驻香港总领事中村丰一、前驻福州海军武官须贺彦次到厦，策划新一轮的行动，决定对华南采取军事攻势，对福建沿海则配以封锁和骚扰。① 为此，南起诏安，北至福鼎的沿海城镇，尽处于日舰炮击射程之内，加上大批日机轮番轰炸，对福建构成了严重的威胁。据史料记载，截至1940年底，日军出动飞机1852架次，对福建城乡轰炸604次，投弹3906枚，炸死炸伤福建民众4026人，福建经济损失高达2483万元。②

由于日军在闽的兵力不足，一时无全线进攻的能力，于是四处网罗汉奸卖国贼，组织伪军，驱为走狗。在日方唆使下，伪和平救国军纷纷抢占沿海战略岛屿，并潜入内地破坏，助纣为虐，“制造谣言，扬称（日

① 参见《泉州日报》1938年12月3日。
② 参见《各县区遭受敌机轰炸损失统计》，《闽政月刊》。

军）即将登陆以惶惑、动摇民心”，[1] 加剧了局势的动荡。因此，开展反对日军封锁、反登陆、争夺闽海主控权的斗争，就成为这个时期福建抗日活动的一个重要方面。

这一斗争很快在福建沿海全线展开。在闽南方面，驻厦门日军逼近海澄炮击，不断派遣飞机侦察诏安、云霄、漳浦，轰炸漳州、海澄。从1938年冬至1939年5月，日军数次企图登陆，因国民党军七十五师的坚决抵抗而未能得逞。[2] 1939年8月底，日军又不断出动军舰、飞机，向东山、诏安等沿海地区发起攻击，掩护登陆，亦被击退。[3] 与此同时，日军利用其海空优势，在闽江口集结了大批舰艇，向福州沿海地区进犯，从1938年10月至1939年夏，先后袭扰南竿塘岛、平潭东庠岛、平潭观音澳及闽江口附近岛屿，意图强行登陆，均未得逞。

这个时期，日本海军集结于闽江口外的大型舰艇（包括航空母舰）常达14艘以上，不断派遣飞机日夜袭击沿海各地；[4] 日本海军陆战队及陆军相继侵占川石岛、平潭岛及连江之定海，还几次企图从长乐登陆。[5] 至1939年底，敌伪初步控制了闽南、闽中和福州沿海一线。

但是，日军在这一时期对福建沿海一些地区的占领并不稳固，常常遭受中国军民的反击而陷入困境，1940年初的平潭岛争夺战就是一个突出的例子。平潭于1939年沦入敌手。1940年元旦，中国军队渡海反攻，次日即完全收复。1月8日，敌军在6艘舰艇掩护下反扑，一度进占县城。次晚，中国守军实施反包围，勇猛地冲入城内，与敌展开激烈巷战，

---

① 参见《中共闽西南特委报告（第八号）》（1939年9月1日），福建省档案馆、广东省档案馆编《闽粤赣边区革命历史档案汇编》第4辑，档案出版社1989年版，第65页。

② 参见《中共闽西南特委报告（第六号）》（1939年5月20日），福建省档案馆、广东省档案馆编《闽粤赣边区革命历史档案汇编》第3辑，档案出版社1988年版，第347—349页。

③ 参见《福建民报》1939年9月1日。

④ 参见《新中华报》1939年7月7日。

⑤ 参见《中共闽西南特委报告（第七号）》（1939年7月20日），福建省档案馆、广东省档案馆编《闽粤赣边区革命历史档案汇编》第3辑，档案出版社1988年版，第388页。

毙敌百数十名，俘敌数十名，夺获步枪弹药甚多，重新收复县城。[①] 这个时期，福建军民的反封锁、反骚扰斗争是有成就的，打击了敌人，有效地保卫了海岸地带，使敌人在1941年4月大量增兵攻占福州以前，始终未能在福建陆地上立足。

1939年底至1940年春，日伪军为了巩固广州据点，在攻占汕头、潮安后，开始了对福建沿海诏安、东山、海澄三县的进犯。1939年11月28日，日军180余人及伪军第一集团军总司令黄大伟率新编第五团和警卫团，从粤东澄海向闽南诏安进犯。30日，突破闽粤边境分水关警戒线，于12月1日攻陷诏安县城。[②] 12月6日，国民党军七十五师和新编二十师各一部，及诏安地方团队向侵占诏安之敌左右合围，冒着敌机轰炸扫射，冲入城内展开巷战。翌日敌军不支，往粤境逃窜，途中被俘40余人。复经第九集团军一部在粤夹击，捕获伪军总参谋长林知渊，押送审办。[③]

日伪进攻诏安失败后，黄大伟又集其主力3个团，由日海军陆战队200人及舰艇协同，于1940年2月12日至13日分批在福建东山岛登陆，攻陷县城。14日，岛上守军七十五师一部开始反攻，收复西埔；15日，在康美五里亭附近与日伪军再次血战，于16日上午在驰援而来的新二十师一个营的配合下，猛攻县城；至当天下午，敌伪军弃城而逃，七十五师重新收复东山。[④]

伪军黄大伟部从东山逃窜出来后，转而进犯九龙江口的海澄，于2月17日在港尾登陆，攻击前进。海澄守军第七十五师一方面调兵围歼，同时开展宣传攻势，对进犯伪军“多方劝告，晓以大义，勉以归来”；另一方面，七十五师猛烈轰击海上日舰，断其后路。18日，进犯海澄之伪

---

① 参见《新中华报》1940年1月6日、1月24日。

② 参见《国民政府军令部战史会档案》，中国第二历史档案馆藏。

③ 参见《国民政府军令部战史会档案》，中国第二历史档案馆藏。

④ 参见《国民政府军令部战史会档案》，中国第二历史档案馆藏。

军 1800 余人枪，被迫缴械投降。至此海澄作战也告结束。①

由于敌军海空力量占了绝对优势，加以其游弋海上，攻击机动，每次作战总能不断登陆和占据沿海部分岛屿，使福建沿海一直处于紧急状态。而驻福建的中国军队仅以两个师防守漫长的海岸线，虽然总处于被动之中，却还能不断地把敌人赶下海去，这与福建全体军民的同仇敌忾、团结奋斗是分不开的。

自福建国共合作抗日的民族统一战线形成之后，中国共产党在福建的各级组织积极推动抗战开展。1938 年 8 月，中共闽西南潮梅特委负责人稺华（即方方），预见到金、厦失陷后沿海斗争的严重性，向当局提出四条意见，催促当局作好军事上“预期的部署”。② 当敌寇扩大华南攻势之际，中共闽西南潮梅特委又及时提出了当前的紧急任务：“保卫全中国，保卫南中国，加强国共合作，准备抗战，创造新生力量，求得抗战必胜建国必成。”③ 进行紧急迎战的准备工作。同时，中共闽西南潮梅特委动员一切力量在前线参加作战，并推动后方维持治安，征调兵役，整训壮丁，增加生产，救济难民，慰劳征募等抗战动员社会运动。另外，福建各地的中共组织尽最大的力量组织抗日武装直接投入对敌作战，其中如中共闽中工委在连江马鼻成立闽海抗日游击队，中共漳州中心县委领导抗日武装歼击汉奸武装“乌军”等行动，都在民众中产生了很好的影响。

人民群众是坚持抗战最深厚的根源。近代以来，福建沿海人民饱受帝国主义的侵略和压迫，具有强烈的爱国爱乡情愫。当时局把他们再次推上民族解放战争的第一线后，他们除了积极参加救亡运动外，还纷纷

① 参见赵康侯：《七十五师福建抗战记》，《福建民报》1940 年 2 月 22 日。

② 稺华：《从目前战局说到闽粤边军事上应有之部署》（1938 年 8 月 20 日），福建省档案馆、广东省档案馆编《闽粤赣边区革命历史档案汇编》第 3 辑，档案出版社 1988 年版，第 197—199 页。

③ 《方方在中共闽西南潮梅特委第五次执委会上致开幕词》（1939 年 1 月 21 日），福建省档案馆、广东省档案馆编《闽粤赣边区革命历史档案汇编》第 3 辑，档案出版社 1988 年版，第 263 页。

组织自卫团体，拿起武器与敌人作直接的斗争。1938 年 11 月 27 日，晋江等 12 个县组建了国民抗日自卫团；12 月初，复决议编组 12 个县抗敌自卫总大队，下设 6 个大队。翌年 3 月，福州民众成立抗敌自卫团，内有 5 个区队。8 月 17 日，福鼎、寿宁、福安、霞浦、宁德、屏南、罗源七县及周墩、柘洋两个特种区民众代表 5000 余人，在宁德郊外举行献旗、献刀典礼，"军民宣誓团结一致，保卫乡土"①。月底，又联组了闽东区抗敌自卫团。这些如雨后春笋般建立起来的民众组织，在反登陆、反骚扰斗争中与守军紧密配合，增强了打击敌人的力量。

在闽江口的拉锯战中，由马尾要港区抗敌后援分会组织的救护工作团，先后参加长门、琯头、琅岐等地的反轰炸救护工作达 10 余次。马尾抗敌剧团还经常到要港区前线及邻近的地区演出抗日戏剧，慰问驻军，并决定如果日寇侵入要港，将协助进行武装抵抗。在保卫诏安、东山的战斗中，都有地方团队的身影。抗日志士们还主动出击，于 1939 年 4 月 27 日渡海袭击金门关澳，给敌军以沉重打击；1940 年 2 月 5 日，还袭击金门沙美，当场击毙伪警若干，活捉伪警务科长郎寿臣，"斩其首级送泉州示众"②。

尤其值得称道的是厦门沦陷区人民所开展的城市游击战争。厦门沦陷后，在鼓浪屿由热血青年张弩等成立的厦门中国青年复土血魂团，至 1938 年 12 月发展至 300 多人。他们以 5 人为一组，分头开展活动。他们宣传民众，袭击敌寇，抗敌工作极为猛进，令敌寇寝食难安，惊恐异常。③ 经血魂团的宣传鼓动，"厦岛人心极为振奋"，民众纷纷起来响应。1939 年初，南普陀和尚暗与血魂团联络，谋杀敌人，不幸事泄，遭敌枪决 3 人。④ 3 月，由在厦台胞组织的抗日团体台湾革命大同盟又与血魂团联络合作，声势日大。他们炸报馆、割电话线、焚烧敌海军司令部，还

---

① 《泉州日报》1939 年 8 月 19 日。

② 《福建民报》1941 年 1 月 15 日。

③ 参见《泉州日报》1938 年 12 月 14 日；《福建民报》1938 年 11 月 3 日。

④ 参见《福建民报》1939 年 1 月 10 日。

多次毙敌哨兵、袭击敌军营、刺杀敌伪官员。1939年5月11日，他们狙击大汉奸、厦门伪商会会长洪立勋，致其当场毙命。9月12日，击毙敌厦门陆军特务机关情报部长田村丰崇，“造成了敌寇特务人员在沦陷区被刺的空前纪录”[①]，以致厦门全市日伪人员大恐慌，遍市风声鹤唳。1940年冬，厦门爱国志士又刺杀了伪厦门地方法院院长黄仲康，再次给日伪人员以沉重一击。

厦门人民就是这样站在民族斗争的前列，流血牺牲，奋勇杀敌。由于血魂团是厦门抗日武装斗争的主力，敌伪不惜以1000元悬赏缉捕其骨干成员。为了镇压厦门抗日活动，日伪军于1939年5月11日强行闯入公共租界鼓浪屿，捕走数百名中国青年。10月，血魂团被敌破坏，壮烈牺牲者达20人。[②] 但他们的英勇奋斗，已经沉重打击了敌人，牵制了敌军部署。厦门血魂团的斗争，表达了中华民族的浩然正气，其光辉业绩，永远彪炳福建抗日战争史册。继血魂团之后，更多的厦门青年投入了斗争。

这个时期国民党福建当局对抗日御侮，保乡卫国，大体上也是积极的。首先，国民党福建省政府进行备战工作，如疏散沿海人口，搬迁工厂企业，划分游击区域，作好军事部署等。1938年冬，福州的学校、工厂企业开始疏散，相继迁入内地。11月，长乐县政府以敌舰频入县境、战事随时可能爆发而布告地方壮丁守土抗战，妇孺老弱预先撤退；在闽南沿海，开始破坏公路和机场，布置游击据点；在漳浦城内堆积枪垛沙包，准备巷战。1939年3月，因有台湾增兵两个师团，欲分三路进攻福州、漳州、泉州之说，当局即增调新编第二十师到前线布防。[③] 同年5月，由中共闽西南潮梅特委于1938年8月向当局所建议的各项军事布

① 《福建新闻》1939年第7期。

② 参见第三战区金厦汉奸案件处理委员会编《闽台汉奸罪行纪实》，1947年8月出版。

③ 参见《中共闽西南特委报告（第五号）》（1939年3月8日），福建省档案馆、广东省档案馆编《闽粤赣边区革命历史档案汇编》第3辑，档案出版社1988年版，第342页。

置，“也在逐渐实现中了”。[①]

其次，开展抗敌宣传和除奸工作。由于国民党当局奉行片面抗战路线，对未纳入其运行轨道的各种抗敌团体，多持取缔的态度，扼杀了不少民众的抗敌热忱。此外国民党顽固派仍继续不断挑起与中共的摩擦事件，打击中共领导的抗日活动。尽管如此，各地抗敌团体，还是开展了不少抗日救亡工作。1939 年 3 月，省抗敌后援会制定第二期抗敌宣传周七条要点，确定围绕“激发民众敌忾心理，积极参加游击工作”而展开活动。[②] 1940 年 6 月，省府指令省贸易公司和各县区政府，查缉并焚毁走私入口的敌货火柴六种。[③] 在除奸方面，他有多起活动：1938 年 10 月，晋江守军破获汉奸重要机关“伪泉厦第十二战区同盟社”，拘捕首领分子 10 人；[④] 11 月，连江驻军枪决南竿塘汉奸伪“爱民署”职员李斗塘、郑青娥 2 名；[⑤] 1939 年 12 月 16 日，闽中枪决汉奸伪张雄南部参谋长柯杰夫。[⑥] 这些行动，在一定程度上打击了敌伪的活动。

福建军民除了开展上述种种抗敌斗争外，在抗日战争进入相持阶段以后，还采取防御与主动出击相结合的作战方略，有效地遏止了敌军的初期攻势。其中比较突出的，如 1940 年 7 月，击退了敌伪军向晋江永宁和惠安崇武的进扰；1941 年 1 月打败登陆大嶝之敌。另外，福建驻军主动出击，打乱敌军部署。1940 年 10 月，连江驻军跨海打击占据南北竿塘岛的伪军，击毙 50 余人，俘虏 10 余人。[⑦] 1941 年 2 月 8 日，闽南驻军炮击厦门敌艇，令其“死伤甚多而逃遁”。[⑧] 福建守军突击部队还多次进入

① 参见《中共闽西南特委报告（第六号）》（1939 年 5 月 20 日），福建省档案馆、广东省档案馆编《闽粤赣边区革命历史档案汇编》第 3 辑，第 349 页。

② 参见《福建民报》1939 年 3 月 9 日。

③ 参见《福建民报》1940 年 6 月 10 日。

④ 参见《福建民报》1938 年 10 月 4 日。

⑤ 参见《福建民报》1938 年 11 月 10 日。

⑥ 参见《泉州日报》1939 年 12 月 18 日。

⑦ 参见《福建民报》1940 年 10 月 31 日。

⑧ 参见《福建民报》1941 年 1 月 15 日。

沦陷区厦门活动。1940 年夏，以各种方法潜入厦门鼓浪屿的厦门奋勇队官兵达 70 余名，他们进行游击活动，炸毁敌军设施，刺杀敌方官员；后因工作不慎被俘 63 名，均慷慨成仁。[①] 1940 年 11 月 29 日夜，驻闽南海疆部队渡海袭击厦门，击毙敌指导官松原敬以下多人，击伤多名，生擒 2 名，然后安全返回。[②]

在抗日战争相持阶段的最初两年，驻福建的国民党军队是在敌人一时未有更多兵力南下的情况下作战的，虽然规模不大，但战斗频繁，给了日军以一定的打击。但是，这个时期的作战也暴露出福建守军内部存在的不少疏误。主要的问题有如下几种。

第一，在兵力部署上，未能全面发动民众配合守土。仅以有限的兵力和少数地方团队，要防御如此漫长的海岸，后备机动力量自然严重匮乏。因此每当战事发生，前方得不到及时的增援，往往先要吃亏；而后便要花费加倍的时日，才能把敌人赶下海去。

第二，在军队素质方面，未予以充分的重视。福建守军各部兵员缺额多、补充少，军官指挥能力弱，通讯补给工作不健全，且“走私营私更为沿海军人普遍现象”[③]。由于这种情况，在残酷的抗敌作战中，军队的战斗力不能不受到削弱。

第三，在战术方针上，未能根据情况的变化而及时调整。在 1941 年 2 月 4 日上午，福建守军在沦陷区平潭岛港斗簏强行登陆，中午克复全岛，下午又一举克复南日岛。后来敌人以大批舰艇与飞机掩护反扑，便“演成激烈争夺战”。守军与敌苦战 5 昼夜，于 15 日晚完成消耗敌寇之任务后才转移。两岛战役，共毙敌千余，俘敌百余名，夺获及毁灭敌军用物资达 200 万元，并击伤敌舰 2 艘，成为“闽海三年来最猛烈的战役”[④]。两岛战役，已透露出敌方兵力剧增，新的大战迫在眉睫的端倪，可福建

① 参见第三战区金厦汉奸案件处理委员会编《闽台汉奸罪行纪实》，1947 年 8 月出版。

② 参见《东南日报》1940 年 12 月 10 日。

③ 《国民政府军令部战史会档案》，中国第二历史档案馆藏。

④ 《福建民报》1941 年 2 月 6 日，4 月 10 日。

驻军方面的指挥人员，却还未意识到原有的全面防御的方针已经无法奏效，而没有及时地实施大范围的机动防御战术，终于导致了1941年4月福州战役的严重失利。

二 抗日救亡运动的进一步开展

抗日战争进入相持阶段以后，福建各地的抗日救亡运动，在先前蓬勃兴起的基础上，又取得新的发展。

闽东南地区的抗日救亡运动，以福州为中心，于1938年至1939年间，出现新的高潮。1938年10月，福州百余名文化界人士，在于山戚公祠举行鲁迅先生逝世二周年纪念大会。会上提出三个震撼人心的口号：加强团结，反对分裂；坚持抗战，反对妥协；团结进步，反对倒退。进步人士郁达夫应福建省主席陈仪之邀，由湖南汉寿再次到达福州。郁达夫参加了这次会议，并以鲁迅的“横眉冷对千夫指，俯首甘为孺子牛”诗句，为大会题了对联。在此以后，其他的抗日救亡团体继续开展活动。1939年春，以早先办于上海，服务于抗日文化事业而著称的生活书店，经新四军福州办事处联系，开办福州分店于南街黄巷口，经销重庆、桂林、上海、香港等地出版的抗日书刊。在新四军福州办事处领导下的战友社，则坚持出版《战友》周刊，不断驳斥亡国论调，宣传长期抗战的思想。1934年4月，该刊所宣传的福建人李鸭仔北上抗日杀敌的英勇事迹，曾被改编成话剧，遍传八闽。

1939年11月，主要由中共党员和进步青年组成的福建省抗敌后援会宣传工作团部分团员，在团部内迁连城后，仍坚持留在福州市郊开办民众学校，联络地方人士，开展街头画展、教唱歌曲、演出戏剧等一系列活动，不久又创办图文并茂的刊物《老实话》，组建抗敌后援会战地工作团和海燕读书会，在闽江带“影响甚大”。[①] 抗战中期福州的抗日救亡运

① 参见《卓飘虹同志口述记录稿》（1962年1月18日）；《抗日初期福州抗日救亡运动概况——访林金玖同志记录》（1961年11月4日），福建省委党校馆藏资料（2—0597、2—0598）。

动，虽然因闽海战事紧张，许多人员随各机关、学校撤到内地，一时人手严重匮乏，但由于留下的人员敢挑重担，做好工作，此期工作仍然成为福州救亡运动发展最盛的时期。

福州周围数县如长乐、福清、连江、闽清、莆田等地的抗日救亡活动在当地中共组织的领导下，也很有起色。在长乐，由中共党员、县国民兵团副团长刘润世等人发动，创办了三日刊《抗敌》，并集训各区壮丁，做好临战准备。福清私立明义中学和福清初级中学学生于1940年5月成立原野读书会，创办《原野》半月刊，号召民众发扬辛亥革命精神，去争取抗战的胜利。在连江，中共党员林涧青在县城办起海滨书局，秘密编印《求生存报》发往各处乡镇。莆田在中共闽中工委领导下，组织了一个时事研究会，出版《时论》和《抗敌知识》两刊物，以传播抗战讯息。从1939年至1940年，莆田农民还成立了74个乡农会。①

闽东地区的抗日救亡运动也造成很大的声势。在闽东，以福安为中心建立了一系列抗日组织。1938年底，福安成立了船舶中队和妇女干部训练班，办起了中山民众夜校。1939年初，又成立了民族解放先锋队东南临时队部。同年2月，开始组织大刀队，充实民众武装。因中共党员和进步人士的大力推动，船舶中队拥有赛江两岸船民1000多名，承担了闽东繁重的水上军用运输任务。城乡妇女则组成募捐队、慰问队、救护队。同年5月，赛岐码头工人纠察队配合船舶中队，截获奸商郭佑民、黄维柏等漏海资敌大米2000余担。② 宁德、霞浦等地也成立了民众队、妇女会、晨呼队。

厦门失陷后闽南民众的爱国爱乡之情仍在高涨。各县的民众武装，于1938年底至1939年初均已普遍建立；宣传工作则在继续开展，各县抗敌后援会都有宣传队服务团下乡活动，并且响应中共闽南地方组织的号召，普遍开展了慰劳军队和优待抗属的活动。

---

① 参见《抗战时期莆田农运参考资料》，福建省委党校馆藏资料（5—1542）。

② 福建省总工会编《福建工人运动史1840～1949》，中国工人出版社1990年版，第179页。

在此期间，中共闽南地方组织亦很活跃，陆续开展了征兵动员、“一元还债运动”和“扩大生产运动”等一系列事关抗战和民生的活动，取得显著的效果。“一元还债运动”亦称“建国储金运动”，目的在于为国分忧，献金集力。1939 年 1 月，中共漳州中心县委坚决执行中共闽西南潮梅特委的决定，把这一运动作为抗战动员的中心工作之一，仅属下的妇女部门，在 3 个月内即捐献了 7685 元。[①] 在扩大生产运动方面，闽南各地党组织大力发动扩大春耕的宣传，动员学生、教员帮助抗属春耕，领导群众筑坡开圳；有些地方还组织合作社以联合生产。

闽西是中共闽西南潮梅特委属下的另一活动地区，其抗日救亡运动的走向与闽南大体相近，但规模要大，更为成熟与全面一些，主要表现在扩大生产运动方面开展得更加广泛而又深入。闽西党组织领导各地农民有计划地备耕春种、秋收、冬藏，修坡筑圳，开荒生产。永定仅上湖雷、丰稔两区，就开了 850 余担耕地，荒了 6 年的荒山也重新种上了毛竹。由之整个闽西因先前内战而荒废的田地，大都重新垦殖，恢复了生机。各地党组织除了组织与发动春耕生产外，还大力进行除奸肃匪活动，推动地方武装的联防，维持治安，保卫乡土；同时，发动青年参军参战，热烈开展慰劳军队、优待抗属、捐献储金等活动。

与此同时，闽北的抗日救亡运动也以南平为中心逐渐发展起来。1938 年 11 月，中共南平特别支部改为南平工委，首先帮助生活书店南平分店于 1939 年元旦开业，在宣传抗战形势、销售救亡读物以引导民众方面，做了大量工作。诸如毛泽东的《论持久战》、朱德的《抗日游击战争》、金仲华的《两年来的对日战争》、周恩来和叶剑英的《怎样进行持久抗战》、宋庆龄的《中国不会亡》、许涤新的《抗战与民主》、钱俊瑞的《救亡手册》、胡绳的《广大民众的思想动员》等一批很有影响的抗战论著，均通过该书店而遍传八闽。[②]

---

① 《中共闽西南潮梅特委妇女部妇女工作报告》（1939 年 7 月 25 日），福建省委党校馆藏资料（1—2270）。

② 《关于生活书店在福建的情况》，《党史资料与研究》1987 年第 2 期。

1939年6月，中共南平工委又改称为闽江工委，工作范围扩大到周围数县，发展与建立起更多的宣传队伍。同年夏，用南平专署名义建立的精神总动员宣导队（抗日宣传队），深入顺昌、洋口、将乐、屏南、尤溪口等地，进行形势演讲和文艺演出。10月前后，由城区剑津中学、华南女中、流芳小学诸校师生及赴南平活动的永安抗敌剧团，通过墙报、壁画、戏剧、漫画、歌咏、义卖、募捐等方式，联合掀起抗日救亡的高潮。[①] 1939年秋，为了坚持抗战，反对投降，由中共党员、时在南平警察局当督察员的黄尔义具体组织，南平各校学生再度走上街头，开展持续一个星期声势浩大的“油炸桧”（意为油炸大汉奸汪精卫）的义卖活动。此后建瓯、建阳、邵武、崇安也相继起来响应。

通过上述各地的共同努力，抗战中期福建的抗日救亡运动获得了很大的发展，为民族的解放事业，做出了积极的贡献。当然，国民党福建当局在抗战中本可发挥重大的作用，其在抗战中期虽然“也曾通令严办违法官吏，颁布组织征兵协会，推行合作运动，冬耕动员，生产借贷，以改善民生”[②]，但却被实行片面的抗战路线所束缚，因而限制了人民群众的主动性和创造性。如前所述，1938年10月，国民党当局强令解散由中共漳州中心县委领导的曾踏遍闽南各乡镇成为“闽南救亡运动的领导者和核心”的厦门青年战时服务团，这实际上阻碍了抗日救亡运动的进一步发展。

三　永安抗战文化活动的兴起

在福建全省人民日益高涨的抗日救亡斗争中，出现了一股汹涌澎湃的文化浪潮，这就是在战时省会永安所兴起的抗战文化活动。

永安位于福建中部的偏僻山区，在1938年以前还是一个交通闭塞、

---

① 王一平：《延城抗日烽火——回忆南平抗日救亡运动情况》，《福建党史通讯》1985年第12期。

② 《方方在中共闽西南潮梅特委第五次执委会上的政治报告》（1939年1月22日），福建省档案馆、广东省档案馆编《闽粤赣边区革命历史档案汇编》第3辑，档案出版社1988年版，第266页。

文化落后的地方，全县人口不过7万余人，城内居民仅7000余人。在抗战中期，由于福建省政府迁移到这里，使之一度成为全省的中心；又由于这期间主政福建的陈仪实行了一套较为开明的政策，使大批沿海及外地的进步知识分子被吸引到这里来；加上中共福建地方组织的大力推动，因而文化活动在这里得到了从未有过的大发展。

在永安抗战文化活动兴起的过程中，报刊活动是其中最先开展和最为重要的一个方面。永安抗日报刊活动起始于1938年秋。是年10月，由在福建省教育厅任职的中共党员陈培光（后叛变），联络有识之士林浩藩、高时良、卓克淦、陈启肃，邀请经济学家章振乾、文化界人士姚勇来和沈嫄璋，以及几位永安当地青年，开始编印一份名为《老百姓》的报纸，由之揭开永安抗战报刊活动的序幕。

《老百姓》由陈培光主编，章振乾发行。从1938年10月创刊至1939年11月下旬，仅1年多时间，共出100多期。这份报纸以全民抗战为主题，反复阐明“战则兴、降则亡”的道理，并揭示中国抗战的光明前途；加之篇幅短小精悍，文字浅显易懂，受到群众普遍欢迎。1939年11月12日，《老百姓》发表孙中山诞辰纪念日社论《拥护孙中山先生的三大政策》，揭露顽固势力歪曲三民主义的谬论，指出奋起抗日、挽救民族才是前途。这篇社论切中时局要害，也因此为国民党顽固派所不容。《老百姓》因而被国民党福建省党部勒令停刊。

《老百姓》被迫停刊后，永安另一家专门的文化机构——改进出版社仍在坚持活动，继续推动抗日报刊活动向前发展。改进出版社成立于1939年初，其虽系官方机构，但社长兼发行人黎烈文却是一位正直的进步人士。正是经他尽力操持，改进出版社才继《老百姓》之后成为永安抗战文化活动中一个重要的阵地。从1939年4月到1940年4月的一年时间内，该社先后出版了《改进》《现代青年》《现代儿童》《战时民众》《战时木刻》《现代文艺》等6种定期刊物。数量既多，所涉也广。比如《改进》是一份关于政治、经济、社会、教育、科学、文艺诸方面的高层次的综合性半月刊（后改月刊），《现代青年》是面向青年读者的中层次的综合性月刊，《现代儿童》是一份主要供给儿童阅读的通俗性月刊，《战时民众》和《战时木刻》则分别为面向一般民众的普及性文字旬刊和画报半月刊，《现代文艺》为高层次的文艺月刊。

这些期刊所刻意追求的都与抗战大业息息相关，一方面注意向社会各个阶层和不同年龄的读者，提供不同口味的文化食粮，另一方面又总是尽力沟通各地的信息，传播持久抵抗的信念。诸如《改进》在分析抗战前景时指出“胜利握在中国人手里”[①]，《现代青年》鼓励青年站到民族战争的前列，《战时民众》和《战时木刻》表达与敌寇汉贼势不两立的民族正气，《现代文艺》则反映我们这个“伟大民族在苦斗中的血肉与呐喊”[②]。这些刊物都旨在“掀起抗敌情绪的最高潮”，因而推动了永安抗战文化活动的兴起，使之获得向纵深发展的绝好势头。

同时，改进出版社还在编印发行书籍方面下了很大功夫。该社先后出版发行了“改进文库”“现代文艺丛刊”“世界大思想家丛书”“世界名著译丛”等系列出版物，以及其他数目可观的单行本。

报刊出版业的兴旺，既为抗战文化活动增添新的内容，又为其他方面的活动打下了一定的基础。比如这个时期在永安推广和普及抗战书刊，传播抗战信念的福建省政府图书馆，之所以能成为永安抗战文化活动的又一块重要阵地，除了其馆长、30年代左翼作家董秋芳的努力之外，更得力于当地蓬勃旺盛的报刊出版业。福建省政府图书馆初迁永安时仅有几箱带自福州的旧图书，难以满足广大读者对文化食粮的需求。当永安抗战的报刊出版业兴起之后，董秋芳他们便“凡是能在福建省会买到的新书，无一不买来陈列出借”，从而起到教育、熏陶读者走向抗战之路的作用。图书馆的所作所为就被称为“福建永安的启蒙运动”，得到民众普遍的赞扬。[③]

① 《改进》1939年4月16日。

② 《发刊词》，《现代文艺》创刊号，1940年4月25日。

③ 参见谢德铣：《董秋芳先生抗战时期在永安二三事》，中共永安市委党史研究室编著《永安革命斗争回忆录》第2集，2003年版，内部资料。

1938年秋，在报刊出版活动兴起的同时，抗战戏剧活动也开始发轫。其时随省属机关进入永安的业余剧人赵玉林、林次东联络了在报社工作的姚勇来、沈嫄嫜等热心者，组织起一支救亡歌咏队，每天破晓必“雄赳赳、气昂昂地出发绕城歌唱”，以《义勇军进行曲》《流亡三部曲》等歌曲鼓动抗战。这标志着永安抗战文化活动的形式进一步丰富，各种剧运团体随后跟着出现了。

1938年11月，由陈启肃任团长的战时国民教育巡回教学团首演永安，随后奔赴闽北各县演出并发起组织闽北剧人协会。1940年2月，战时国民教育巡回教学团易名为民众教育施教团，拥有3个分团的规模，经常演出《为国牺牲》《县长太太》《最后一幕》《昙花一现》《仇》《生死线》等抗战剧目。同年，陈启肃、林舒谦、石叔明等人还先后创办了《剧教》月刊、《福建剧坛》半月刊和《剧讯》期刊，推动抗战戏剧活动的进一步开展。

同期，永安的国立福建音乐专科学校、福建永安师范、永安中学等大中院校师生，则纷纷成立业余话剧团，选择《剧教》《福建剧坛》《剧讯》诸刊的剧本和曲目进行巡回演出。一时间，《打倒东洋兵，大家一条心》《打杀汉奸》《保卫福建》等抗战歌曲响遍永安城乡上空。其中音专师生还先后创办了《福建省音乐专科学校通讯》和《音专纪念刊》两份刊物，由音专教师曾雨音改词谱曲，标明是“为伪满洲国被压迫的同胞们而作”的《猎女之歌》，在校内外得到广泛的传唱。这是由戏剧活动所掀起的永安抗战文化活动的又一个高潮。

由报刊出版活动、戏剧宣传活动和图书传播活动为主体所构成的抗战文化运动在永安的蓬勃兴起，推动了全省人民抗日救亡斗争的进一步开展。先前，在福建人民抗日救亡斗争的洪流中，虽然已有文化活动的浪花不时闪现，但多限于沿海地区创刊办报，且规模不大，发展极不平衡；而永安抗战文化活动兴起之后，这种状况就有了改变。先前抗日文化较为落后的闽西北山区，很快成为全省文化斗争的新的中心，从而开拓出抗日救亡斗争的新的领域，为中国人民的解放事业做出卓越的贡献。

永安抗战文化活动是时代潮流激荡下的必然产物，深刻反映了为抗日救国这一共同目标走到一起的进步知识分子，在国难当头的岁月里，充分运用文化这一特殊武器，为弘扬民族正气，唤起民众投入抗日战场而展开不懈奋斗的战斗精神。在这场新崛起的进步文化活动中，福建的中国共产党组织给予了热情的关注和引导，或者在精神上、物质上予以帮助，或者派遣中共党员加入这一活动的行列，直接发挥积极的骨干作用，促进了这一活动的发展。同时，这一活动又反作用于抗日民族统一战线的巩固与发展，广泛宣传中国共产党的抗日主张，发挥着重要的影响。

《老百姓》是在永安抗日报刊活动的初始阶段创办的，其发展却是在中共南平工委的大力帮助下取得的。1938 年底，南平工委帮助《老百姓》由简陋的油印改为铅印；并先后选派叶康参和叶文炟任专职编辑，帮助版面编排，将《老百姓》由三日刊改为五日刊，使之内容充实，面貌一新，发行量由先前几百份猛增到四五千份。福建省图书馆冲破当局禁令，向读者提供《新华日报》等中共报刊；而改进出版社的出版物更风行于东南各省乃至新疆、青海等地，仅《现代文艺》就发行了 1 万份，成为中国抗日报刊史上发行量最大的刊物之一；《现代青年》也“广泛被全国的读者爱好者，广泛地得到全国文化人的灌溉爱护和支持”[①]，推动了全国抗日斗争的历史进程。

大批进步知识分子和文化界界人士在永安的团结战斗，与同期重庆、桂林等地的抗战文化运动遥相呼应，掀起了中国抗战文化斗争的高潮。据不完全统计，抗战中期进入永安活动的进步知识分子和文化界人士，有 30 年代主持《申报·自由谈》、以刊登鲁迅杂文闻名的左翼作家黎烈文，鲁迅的学生、左翼作家董秋芳，大学教授沈练之、周学普，留苏的副研究员谢怀丹，英语译写家林天兰、郑庭椿，青年记者、编辑赵家欣、卢茅居、叶康参、张文郁、彭世祯、钟尚文，经济研究工作者余志宏，

① 《值得庆幸的文化交流》，《现代青年》第 2 卷第 2 期。

木刻家萨一佛、朱鸣岗，戏剧编导者陈启肃、林舒谦、石叔明，以及美术设计赵肃芳，等。他们是中国抗战文化活动的中坚力量，与从外地撰稿支援永安抗战文化活动的郭沫若、马寅初、朱自清、钱俊瑞、冯雪峰、何其芳、臧克家、聂绀弩、戈宝权、章乃器、胡愈之、千家驹、黄药眠、宋之的、金仲华、范长江、胡风、老舍、巴金、张天翼、杨朔、艾青、萧乾、艾芜、唐弢等众多名家结合在一起，为我们民族的生存与发展而奔走呼号，摇旗呐喊，写下福建人民抗日救亡斗争历史的新的篇章。

第二节　中共福建地方组织的发展

一　各地党组织的整顿与理论学习运动

抗战初期的中共福建地方组织仍是分成两大系统，一称中共闽西南特委（也称闽西南潮梅特委），一称中共福建省委，分头开展活动。在抗战中期，这两个党的组织系统都有较大的发展。除了个别县份之外，福建各地都有了中共的地方组织。

由于党组织的普遍建立，党员队伍得到了较快的发展。各地执行1938年3月15日中共中央关于大量发展党员的决定，至同年11月，闽西南潮梅特委所辖的闽南和闽西两地，已拥有党员4000名左右①，至1939年5月，整个特委系统党员达到7000余名②。在福建省委所辖区域，至1938年底也已发展党员至6000余名。③ 以上两个系统合计党员达到1.3万余名。党组织的迅速发展，难免造成队伍成分的复杂，尤其是在抗战爆发以后中国共产党的声望日隆，大量小资产阶级阶层的人员加入党内。在这种情况下，党组织必须加强对党员的教育和必要的整顿，

---

① 参见《中共闽西南特委报告（第三号）》（1938年11月20日），福建省档案馆、广东省档案馆编《闽粤赣边区革命历史档案汇编》第3辑，档案出版社1988年版，第232页。

② 参见《中共闽西南特委报告（第六号）》（1939年5月20日），福建省档案馆、广东省档案馆编《闽粤赣边区革命历史档案汇编》第3辑，档案出版社1988年版，第363页。

③ 参见《中共福建省委组织状况》（1938年），福建省委党校馆藏资料（1—2243）。

以提高马列主义水平，保证这个先进组织的战斗力量。

各地党组织进行整理与巩固的工作，最早是在中共闽西南潮梅特委所领导的区域开始的。1938 年底，闽西南潮梅特委在发展党员的过程中，已“发觉了过去下级组织对党员数目的空报，新党员介绍时的拉夫，老党员（农村支点）不工作、消极，表示没有出路”的严重现象；并正确认识到其根源在于组织不严密、党内生活不健全。于是特委开始进行组织的整理，特别是对党员的审查、支部的建立工作，作出了“巩固老支点向外发展”的重要决策。至同年 12 月，各县初步完成了自下而上改造各级领导、改善支部的领导方式和党员重新登记等步骤，组织逐渐得到健全，面貌由之更新。

抗战中期，中共闽西南潮梅特委在组织建设上基本执行了中共中央的正确路线，对于各地在整顿中所出现的偏差，及时地予以批评指导。有些基层支部缺乏实际检查与教育，过分处置党员，例如平和某支部 20 余人，整理后只剩 9 人，金丰某支部 11 人仅存 2 人。有的支部则是另一种情况，发展新党员不讲党员标准，马虎了事，甚至以“吃血酒”等封建方式从事思想工作。显然，这两种偏向对于党组织的纯洁与巩固都是极其有害的。特委及时发觉了这一问题，并在 1939 年 1 月召开的第五次执委会上予以批评，及时提出“以发展为中心继续整理”的口号，指示各地一面吸收新的积极分子，一面对落后的党员予以说服教育、促其转变，最后仍不觉悟的就“执行组织纪律制裁”①，从而保证了发展和整顿工作走上健康的轨道。

1939 年 5 月以后，这种组织上的整理与巩固工作进入进一步开展的阶段。此时国民党顽固派封锁陕甘宁边区，第一次反共高潮即将掀起。在闽西南地区，反共投降逆流重新泛起，国民党顽固派不断制造谣言，包围各游击支队，暗杀中共干部。面对这一复杂险恶的形势变化，闽西

---

① 《谢育才在中共闽西南潮梅特委第五次执委会上关于组织工作报告》（1939 年 1 月 23 日），福建省档案馆、广东省档案馆编《闽粤赣边区革命历史档案汇编》第 3 辑，档案出版社 1988 年版，第 307 页。

南潮梅特委制定了新的组织方面的紧急任务，强调扩大党的组织与加强党的力量，并作出具体规定：（一）全党组织转入地下；（二）清洗屡教不改的“动摇自私自利分子”，以严密组织巩固纪律；（三）一切工作以群众面目出现，色彩比较明显的干部注意调换工作地区；（四）反对扩大组织上的凑数“拉夫”，“以能秘密为第一条件”；（五）加强各级党的领导力量。[①] 1939 年 12 月，特委又规定除个别重要乡村、工厂、学校外，其他地方的组织自 12 月至翌年 4 月“停止发展”。[②] 1940 年 1 月，特委又再发出《关于加强巩固组织的工作的指示》。正是如此不懈的努力，使闽西南潮梅特委所领导的区域的整党与建党工作得到了进一步的深化。当然也应当看到，闽西南地区少数党的组织在整顿工作中产生一些偏向，主要表现为受过去“左”倾错误影响，方法简单，政策界线混淆不清，过分打击革命同志。但必须肯定，闽西南地区大部分地方的整党工作已列入日常事务范围，摒弃随意上纲、乱扣帽子的偏向，党内组织生活比较正常。即便对于那些开除出去的人员，也能分清层次，区别对待。

中共闽西南潮梅特委的整党工作坚持了正确的政策，取得了很好的效果。经过整顿，全区域党员数从 1939 年底的 8087 人[③]降为 1940 年 10 月时的近 6000 人。[④] 数量是少了，力量却大了。经受了整顿洗礼的广大党员，普遍掌握了批评与自我批评的党内思想武器，以团结为前提积极交换意见，提高马列主义理论水平和自身素质，进一步推动其他工作的开展，这就为对付 1939 年以后国民党顽固派日益加剧的反共活动，做好了组织准备。

---

① 参见《中共闽西南特委目前政治形势报告大纲》（1939 年 7 月 30 日），中共厦门市委党史办编《厦门革命历史文献资料选编》第 8 集，1992 年内部版，第 317—318 页。

② 参见方方：《中共闽西南特委工作状况报告》（1939 年 12 月 16 日），中共厦门市委党史办编《厦门革命历史文献资料选编》第 8 集，1992 年内部版。

③ 参见方方：《中共闽西南特委工作状况报告》（1939 年 12 月 16 日），福建省档案馆、广东省档案馆编《闽粤赣边区革命历史档案汇编》第 4 辑，档案出版社 1989 年版，第86 页。

④ 参见《中共闽西南特委现有组织分布情况》（1940 年 10 月 10 日），福建省档案馆、广东省档案馆编《闽粤赣边区革命历史档案汇编》第 4 辑，档案出版社 1989 年版，第 169 页。

与此同时，中共福建省委在其所领导的区域普遍进行了党的组织建设。首先是大力发展党员，建立农村支部，把青年团改为抗先队，将表现好的团员吸收入党，仅闽北各县党员总数便发展到 3000 名。[①] 在此基础上，1939 年 5 月以后，开始转入以健全支部、整顿机构为主要内容的巩固阶段。省委通知各地在今后几个月着重以青年为主“以最大的努力，热烈的精神”完成组织发展与巩固的计划，注意在巩固中发展，巩固在中小学教师与公务员青年中发展，同时争取进步力量建立党的统一战线，并“动员青年有组织的加入党的武装”。[②] 在闽中，中共闽中特委善于处理隐蔽与坚持活动的关系，在实践中创造了整党工作的好经验。1940 年春，他们在南安岭兜开办了新党员训练班，新党员必须经过培训再安排工作。[③] 同年 4 月，闽中特委青年部根据省委青年部指示的精神，要求各地着重于巩固而不强调发展，同时健全党的各级机构，提拔、培养青年干部。为了继续保持中国共产党在群众中的威信与号召力，在这期间闽中党组织认真执行中共福建省委关于鼓励各地在组织隐蔽后尽可能利用各种公开合法的活动方式开展群众工作，如在农村中要多利用农会组织，扩大党的社会基础的指示。经过持续努力，至 1940 年底，闽中地区在党影响下的农会会员达到 2 万余人。[④]

在闽东，以中共鼎平县委狠抓调整和健全支部这两个重点为起步，走出一条新的路子。先是鼎平县委于 1940 年 10 月 6 日提出“怎样领导支部”的课题，总结出四条原则：“1. 要了解支部本身的情形及其周围的环境，忌以主观的尺度去测量同志与事物。2. 不要用个人的领导去处

---

① 参见建阳地委党史办：《中共闽北党史大事年表（抗日战争时期）》，《闽北党史资料》1984 年第 1 期。

② 参见《中共福建省委青年部八、九、十月份工作计划》（1940 年 4 月），福建省档案馆、中共福建省委党史征委会闽浙赣办公室编《闽浙赣党史文件资料选编》（上），福建人民出版社 1987 年版，第 24—27 页。

③ 参见侯如海：《泉州地下党在抗战时期的斗争情况》（1955 年 1 月 23 日），福建省委党校馆藏资料（2—660）。

④ 参见黄国璋、林汝南：《闽中党从抗日时期到解放时期组织情况的说明》（1955 年 5 月 20 日），福建省委党校馆藏资料（2—0666）。

理问题，要静听同志的报告，启发他们的积极性和创造性。3. 不要用代替包办和干涉的方式去领导。4. 要以身作则，政治坚定，关心同志的困难和切身的问题，并要尽可能的帮助他们解决。”[①] 鼎平县委由于一开始就明确了调整工作的努力方向，促进了随后此项工作的顺利开展。在这个阶段，福建省委机关本部也进行了审干，对查出问题的干部作了转移，或动员分散回家参加生产，或送去新四军中锻炼。留下的干部一般都能力较强、马列主义水平较高，因而仍然能够保持中枢机构的坚强领导。

中共福建省委所领导的区域的整党工作，经受了不少曲折，成绩是主要的，但也存在某些偏差。其失误主要在于省委领导班子自身，其负责同志之间不能开展有效的批评与自我批评，以致造成审干过程中时有不按原则进行处罚的错误倾向。在对待同志间的恋爱问题上，便有因省委不同意有的同志私人关系较好，而予以组织上的“隔绝”制裁，最后造成干部逃亡，损害了队伍团结。省委组织部门后来也认识到，这些未涉及政治问题的“私人问题有些是不需要组织上去管的”[②]。这对于党的组织工作，不啻是一个深刻的教训。中共福建省委领导各级组织所进行的组织整顿工作，收到了很大成效，提高了党的战斗力，密切了党内团结与党群关系。至 1940 年 12 月底，全区域仍保持着 6096 名左右的党员队伍[③]，这支队伍经受了长期斗争的考验和锻炼，成为闽浙赣边区广大群众抗日救国斗争的中流砥柱。

抗日战争进入相持阶段以后，福建各地党组织在思想战线上面临着新的考验。一方面，侵华日军自 1938 年底，军事进攻配以政治诱降，加紧对福建进行渗透，传播失败主义的情绪，勾引局部妥协，以达其政治分化的诡计。另一方面，福建的国民党顽固派如同全国其他地区一样，

---

① 参见鼎平县委：《怎样领导支部》（1940 年 10 月 16 日），福建省委党校馆藏资料（1—2321）。

② 参见范式人：《关于福建党有些干部发生问题情形的报告》（1940 年 4 月 19 日），福建省委党校馆藏资料（1—2304）。

③ 参见范式人：《福建组织报告》（1940 年 12 月 28 日），福建省委党校馆藏资料（1—2324）。

从抗日转向反共的政策，加紧限制省内各地中共组织所开展的各项抗日活动，国共关系趋于紧张。当此局急剧变化的时期，各地党组织如何端正认识，稳固脚跟，坚持抗日民族统一战线，正确地处理国共关系，便成了与组织整顿同时进行的又一项战斗任务。

端正认识就须学好革命理论。如同毛泽东在党的六届六中全会上所指出的要“来一个全党的学习竞赛，看谁真正地学到了一点东西，看谁学的更多一点，更好一点”，以便“大大地提高我们党的战斗力量，并加速我们战胜日本帝国主义的工作”。[①] 与此同时，党的六届六中全会也作出关于学习问题的决议。福建各地的党组织在这之后，便掀起了系统学习马列主义与中国革命理论的运动。

这场学习运动主要面向广大干部。1939 年 2 月，中共闽西南潮梅特委首先决定开办一个约 20 人、主要由县一级干部参加的高级干部研究班。同时各级党组织也举办相应的各种对象的训练班。同年 2 月下旬，这个特委的高级干部研究班和永定等地的区支干部训练班正式开学。[②]至 1939 年 12 月，特委已办过 4 次训练班，参加的区县级干部共约 150 人。另外，各地的区支干部训练班，龙岩开过 3 次，永定开过 2 次，闽南开过 2 次。上杭县委也办了一期党员训练班。[③]

学习运动所学内容，在中共闽西南潮梅特委办的高干班主要是政治、抗日民族统一战线、群众运动、党的建设、抗日游击战争等方面的，范围比较广泛。在此期间，先前被迫停办的特委机关报《前驱》复刊出版，提供了一般同志的学习园地。1939 年 7 月，特委又布置各地进行系统的学习，“由了解中国革命运动的发展到目前的抗战形势及建国的前途，了

① 《毛泽东选集》第 2 卷，人民出版社 1991 年版，第 533 页。

② 《中共闽西南特委报告（第五号）》（1939 年 3 月 8 日），福建省档案馆、广东省档案馆《闽粤赣边区革命历史档案汇编》第 3 辑，档案出版社 1988 年版，第 343—344 页。

③ 参见兰汉华：《国共合作后上杭卢丰地区党组织的情况》，福建省委党校馆藏资料（2—0541）。

解列宁主义的各个问题（如民族问题、要□问题、战略策略问题……）”①闽西南潮梅地区党组织的学习运动，就这样蓬勃旺盛地开展了起来。

在中共福建省委领导的区域，学习运动于1939年下半年开始。1939年9月，福建省委在崇安禄村洋创办了马列主义研究班或称训练班（次年7月定名为武夷干校）。第一期参加学习的包括省委机关干部和部分退入农村基本地区的知识分子干部。1940年2月举办第二期，由省委召集闽中、南平等地的领导干部参加。同年7月开学的第三期，人数最多，约有上百个来自福州、赣东北等地的党员骨干和青年学生。同年底又举办了第四期，但仅开了个头，就由于形势紧张而提前结束。在此期间，中共闽江工委、泉州中心县委、建松政特委都分别举办了各种形式的训练班，大批干部参加了轮训，提高了马列主义水平。

自1939年到1940年福建各地开展的学习运动，一般都注重因人施教，针对不同学习对象采取不同的教学内容和方法。福建省委第一期训练班开学时，由于学员主要就是省委机关的干部，水准较高，便由省委书记曾镜冰作关于抗战形势和党的策略方针的报告，其他课程选择了留苏归来的顾惠生（顾风）讲授马列主义哲学原理和社会发展史。到第三期正式改称为武夷干校，其学习成员主要是基层党员骨干和青年学生，便将学习重点放在提高干部执行中央方针政策的自觉性上。1939年8月，闽江工委举办的第二期党员骨干训练班，也请到南平检查工作的中共中央东南分局青年部长陈丕显给学员作关于《当前政治形势报告》。这样有的放矢，使学员既好理解与领会，自能取得好的效果。

在学习方式上，强调自学与辅导相结合。闽西南潮梅特委所办的高级研究班开学之前，特委即已分配好由各负责同志担任的指导人，开始收集材料，准备大纲。一俟开学，便分发给学员，由指导人先指出对各问题应如何寻找材料，和“如何去收集材料解答问题，如何着重抓紧中

① 《中共闽西南特委目前政治形势报告大纲》（1939年7月30日），中共厦门市委党史办编《厦门革命历史文献资料选编》第8集，1992年内部版，第319页。

心”，然后由党员阅读，再展开讨论，最后由指导人帮助做出结论。

抗战中期福建各地开展的学习运动，是对全省干部队伍的一次大检阅。绝大多数同志通过学习，能够更加准确地分析与把握形势，掌握与运用党的路线、方针、政策，在艰难困苦的环境中坚持战斗，并为随后开展的整风运动，作好了思想的准备。当然，福建党组织在开展学习运动的具体实践当中，也产生了一些明显的失误。最突出的事例是福建省委在学习过程中发动所谓“肃托”斗争，将时在第二期研究班学习的，来自斗争第一线的思想较为活跃而对省委机关的政治生活有所议论的一批学员，包括黄尔义（省委派在南平警察局从事秘密工作的干部）、陈金来（省委候补委员、福清县委书记）、邓贡直（泉州中心县委书记）、高倩妙（邓贡直之妻）和杨长庚（闽南特委机关干部）等10多人，打成一个所谓“托派集团”，其中除陈金来一度被调回福清继续考察外，其余或在省委机关就地处决，或令其返回闽中由闽南特委处死，造成极大的损失。

产生这种严重错误的原因，主要在于省委一些领导干部自身的学风不纯，以致主观主义未能得到有效克服。省委书记曾镜冰后来在对这一段工作总结时指出其缺点为“组织纷乱，方向不明”；在干部政策上的错误是“不认识干部，不了解干部是党最宝贵的财富”；而在组织领导方面，“不顾民主只顾集中”。曾镜冰坦承，这些错误“大都是我的错误”，“我决心从今天起就纠正它”。① 另外一个重要原因是“左”倾错误作祟，省委领导人沿用中央后来严肃批评的内战时期“曾经在许多地方犯过的错误的肃反方针”，“这个错误方针，简单的说来，就是逼供信三字”，乱捉、乱打、乱杀，“这是完全主观主义的方针与方法”。② 怀疑一切，耸人听闻地认为所谓的“托派集团”是被国民党利用而混进省委机关中里

① 《目前我们的政治任务与整风任务——曾镜冰同志在干部会议上报告》（1945年2月18日于南阳），福建省档案馆、中共福建省委党史征委会闽浙赣办公室编《闽浙赣党史文件资料选编》（上），福建省人民出版社1987年版，第234—235页。

② 《中共中央关于审查干部的决定》（1943年8月15日），中国人民解放军政治学院党史教研室编《中共党史参考资料》（内部版）第9册，1979年，第189页。

应外合的内奸，并采取“逼、供、信”的手法轻率地处理干部。这种明显的“左”倾错误造成了严重后果，教训是极其深刻的。

二　实行隐蔽退却，防备突然事变

福建的红军游击队在组成新四军北上以后，党的组织和极少量自卫武装相继转入秘密状态，原来的老苏区、游击区都成为国民党统治区。随着形势的变化和抗日民族统一战线的形成，留在国统区的福建各地中共组织及其领导下的自卫武装，其主要任务也发生了相应的变化。早在抗战初期，中共中央就向包括福建在内的南方游击区下达指示，提出新的任务，要求老游击区的党组织在“实现党的新政策开展统一战线工作”之外，还须提防国民党顽固派瓦解与消灭中共的企图；为“保存与扩大革命的支持点”，“党的组织必须全部变为秘密的组织”，① 以积聚力量，坚持持久的抗战，准备将来的决胜负的斗争。

然而中共中央所提出的这个工作方针只是一个原则的指示，未有具体的施行办法，因而各地党组织对这一指示的贯彻执行，是一个不断完善和渐进的过程。1938 年初，福建部分地方的党组织已初步触及了隐蔽的问题。当时闽北的中共闽浙赣特委将领导机关从江西省石塘镇迁移到福建老苏区中心地之一崇安县长涧源村头掩蔽；闽西的中共闽西南特委则提出以“巩固老支点”为基础，“秘密工作与公开工作应严密分开实际配合”的口号。② 然而有些地方的组织，一时却并未予以重视。

1938 年 6 月福建省委成立后，根据中央的工作方针，决定“各县工作须全部转入秘密”③，指导所属部分地方采取了正确的斗争退却路线。只是大部分地方依然一时未能转变，如建阳的党组织一味拘泥于公开活动方式，闽东和闽中的党组织则愤于宁德事件和泉州事件而产生“左”

---

① 《中央关于南方各游击区域工作的指示》（1937 年 8 月 1 日），中央档案馆编《中共中央文件选集》第 11 册，中央党校出版社 1991 年版，第 300、303 页。

② 《方方同志谈闽西斗争历史的几个问题》（1956 年 5 月 30 日），福建省委党校馆藏资料（2—0523）。

③ 《福建省主席给蒋介石报告》（1938 年 7 月 12 日），中国第二历史档案馆藏。

倾情绪，忽视了退却策略，“只要非法斗争，忽视合法斗争，忽视利用敌人矛盾，对统一战线，不感兴趣，这样忽视了作为退却策略主要内容的利用合法与利用敌人矛盾，就是不了解退却路线，结果也把自己的工作限于最狭隘的范围”[①]。因而，采取措施，落实正确的退却路线，便成了中共福建省第一次党代会的一个主要议题。

1939 年 7 月 22 日至 27 日，福建省第一次党代会在崇安县坑口村头村召开。会议由东南局代表陈丕显作政治形势报告，由曾镜冰作工作总结和部署下一步的任务，由范式人作关于三年游击战争总结的报告。接着选举省委新的领导班子，曾镜冰、范式人、王助、汪林兴、左丰美、苏华、郭文焕、俞雅鹿、戴炳辉共 9 人为委员，曾镜冰任书记，陈金来、赵涌为候补委员。会议又选举范式人、陈振芳、方言、聂显书、毛彪、彭莲玉（后因故改由徐莲娇）、郭沉毅（后因故改由许威）共 7 人为出席中共七大的代表。

会议根据中央指示和毛泽东关于统一战线策略的报告，根据福建斗争形势和经验教训，决定“号召全党准备斗争，应付突然事变”[②]。此时，省委下属的机构除仍辖有的闽北特委、闽东特委、建松政特委外，又将南平工委改为闽江工委，将闽中 3 个中心县委合并成立为闽南（闽中）特委；同时，东南局决定将原属江西省委的赣东工委划归福建省委领导。在此前后省委将部分机关干部分散到闽北特委加强基层工作，动员了一批干部特别是妇女干部回家生产，并指示各个城市组织中色彩明显的“红”干部开始部分撤退至乡村。

但是，会议未能完全扭转以往长期延续下来的思想观念和工作作风。因此，这次会议虽然一方面开展了组织退却的动员准备工作，另一方面

① 《福建党九年斗争总结（草案）》（1947 年 1 月 15 日），福建省档案馆、中共福建省委党史征委会闽浙赣办公室编《闽浙赣党史文件资料选编》（上），福建人民出版社 1987 年版，第 376 页。

② 《福建党九年斗争总结（草案）》（1947 年 1 月 15 日），福建省档案馆、中共福建省委党史征委会闽浙赣办公室编《闽浙赣党史文件资料选编》（上），福建人民出版社 1987 年版，第 376 页。

却又未能明确地提出实行退却的口号。会议还匆促地决定大规模地发动群众与国民党当局展开斗争，将这一斗争称之为“退兵时的一战”。由于一些地区的党组织未能根据形势的变化而适时地调整斗争策略因而给党的组织和工作造成了不必要的损失。例如1940年4月泉州党组织所开展的抢米斗争，组织“抢米先锋队”公开打阵，仍然以党员代替群众行动，终致暴露目标，招致打击。不久，中共泉州中心县委书记曾白羽、青委书记吴清辉及部分党员相继被捕，党的组织受到很大的破坏，几乎完全垮台。① 由此说明，不顾客观实际的盲目行动是没有出路的。

1940年5月下旬，中共福建省委接到中央《关于坚决撤退红干部与坚决执行精干隐蔽政策的指示》，再次组织撤退各地城市中红的干部，先后将色彩已明显暴露的陈公生、王一平、卢茅居从南平、永安调往崇安省委机关，把庄征从建瓯派往建松政地方，李铁转移到闽中，另以部分干部留下坚持城市秘密工作。② 同年10月，中共中央东南局又召集福建省委书记曾镜冰赴皖南云岭，研究工作问题，再次指示福建省委应根据中央“隐蔽精干”方针，“背靠山头，面向群众”，尽快撤退已暴露色彩的干部，开展审干等项工作。

同年11月，中共福建省委召开常委扩大会，研究如何贯彻东南局关于“反对敌人第二次反共高潮及实行隐蔽精干政策”的指示。会议集中了各方意见，对掩蔽政策在不同地方如何执行作了具体的规定，指出在城市主要是撤退红干部与建立双重组织，在农村基本地区则是如何避免敌人进攻。为此，会议决定农村基本地区应当采取五项措施：(1) 精干机关，创造新据点开展机动；(2) 广泛地组织与争取大刀会群众组织，

---

① 参见陈家繁讲述：《泉州地区学运点滴》福建省委党校馆藏资料（2—0681）；洪我桌、郑堂础口述：《回忆泉州“米斗”》福建省委党校馆藏资料（2—0685）；《福建党九年斗争总结（草案）》（1947年1月15日），《闽浙赣党史文件资料选编》（上），福建人民出版社1987年版，第378页。

② 参见《闽浙赣边区党史大事年表》，《闽浙赣党史资料》（增刊第3期），1985年4月印行；黄宬禹口述：《抗战时期福州地区的革命斗争》（1961年6月），福建省委党校馆藏资料(2—0595)。

以牵制国顽视线而利于掩蔽；(3) 争取士绅反对国顽进攻；(4) 组织群众麻痹国顽；(5) 活动分散，实行独立领导。[①] 通过这次会议，统一了党内对于党中央关于实行隐蔽方针的认识，制订了具体的方针和措施。

会议结束之后，各地迅速地传达了会议作出的各项决定，省委机关的人员也带上武装分三路实行隐蔽：省委马列主义研究班（即武夷干校）配备一班武装转移到崇安、铅山的边境大山；省委民族部长汪林兴率一部分人留在原地坚持工作；省委本身则带上电台及特务班准备转移。[②] 1940 年底，隐蔽精干工作在福建省委及其领导的各地组织中都已普遍展开。所以，福建省委后来对这一隐蔽退却的工作曾作了回顾与总结，认为他们在 1937 年至 1940 年的 3 年中，"一般的完成了退却的思想政治组织等准备"[③]。这种历史性策略转变任务的完成，为后来福建省委打破顽固派的多次军事围攻奠定了良好的基础。

在闽西南和闽粤边地区，中共闽西南潮梅特委对贯彻执行隐蔽精干的方针早已有所行动。如前所述，1938 年特委就曾提出过"巩固老支点"的口号。同年 12 月，开始根据党的六届六中全会决议而检讨自身的秘密工作和"警惕性"是否注意和提高。[④] 1939 年初便施行了利用"保甲长地位以掩护乡村工作"的工作策略。[⑤] 同年 5 月，复指示闽西方面秘密准备自卫力量及"掩蔽的力量"，"一切的工作与动员，应采取隐蔽埋

---

① 《中共福建省委关于我们四年来的斗争》(1944 年)，福建省档案馆、中共福建省委党史征委会闽浙赣办公室编《闽浙赣党史文件资料选编》(上)，福建人民出版社 1987 年版，第 167—168 页。

② 《中共福建省委关于我们四年来的斗争》(1944 年)，福建省档案馆、中共福建省委党史征委会闽浙赣办公室编《闽浙赣党史文件资料选编》(上)，福建人民出版社 1987 年版，第 168 页。

③ 《福建党九年斗争总结（草案）》(1947 年 1 月 15 日)，福建省档案馆、中共福建省委党史征委会闽浙赣办公室编《闽浙赣党史文件资料选编》(上)，福建人民出版社 1987 年版，第 381 页。

④ 参见《中共闽西南特委根据六中全会决议检讨自身工作》(1938 年 12 月 28 日)，福建省档案馆、广东省档案馆编《闽粤赣边区革命历史档案汇编》第 3 辑，档案出版社 1988 年版，第 249 页。

⑤ 参见《国民党省政府密训令》(1939 年 2 月)，抄件存福建省委党校。

头与随机应变的方式”以减少与顽固分子的摩擦；另又指示汕头方面海关同志不需要过分张扬去做抗日救亡运动，“埋头保存力量待用”。[①] 从这一系列的方针与措施中，可见中共闽西南潮梅特委的不少主张已具有一定的系统性。可惜以后由于诸多条件所限，在特委第六次扩大会议之前，这些工作方针在大部分所属地方的具体实施却比较缓慢。

如果考察一下当时的历史，可以发现，王明右倾错误的影响是造成这些正确方针未能及时全部地贯彻的一个重要原因。闽西南潮梅特委是于 1938 年 3 月参加长江局武汉会议时开始受到这种错误的影响，到 1939 年 1 月左右发展到最高峰。以致在是月特委召开的第五次执委会所通过的各项报告和决议中，仍然强调开展公开活动，难得有片言只语涉及隐蔽精干的内容。

闽西南潮梅特委所从事的隐蔽精干工作之所以进展缓慢，还与其活动区域所长期存在的紧张战局有一定的关系。因为自全面抗战爆发以来，这个区域的闽粤沿海地区，就一直处于日军攻击的视野之内。从 1938 年 5 月厦门失陷，到 1939 年 6 月潮汕被占，这些地方的大片区域成为敌占区和边缘游击区，其工作方针自又不能等同于国统区。在这些地方，“党应以抓紧时机布置抗日游击战争及组织群众参战为中心任务”[②]。所以特委在此期间集中力量于发展抗日游击战争，与 1939 年年底之前这个区域工作的实际需要也是大体吻合的。

1939 年下半年以后，随着国民党正面战场的暂时稳定，抗日统一战线内的摩擦又开始日渐尖锐。此时闽西南潮梅特委已基本克服了王明右倾错误的影响，而更多地考虑落实隐蔽精干的方针。于是，特委根据中央关于华南地方工作的指示，通知党的各级组织一律转入地下，提出“注意工作方式，不突出不张扬，以避免无谓摩擦”，并颁布了关于党员

---

① 《中共闽西南特委报告（第六号）》（1939 年 5 月 20 日），福建省档案馆、广东省档案馆编《闽粤赣边区革命历史档案汇编》第 3 辑，档案出版社 1988 年版，第 373—374 页。

② 中央 1938 年 10 月 23 日指示，转引自《方方在中共闽西南潮梅特委第五次执委会上的政治报告》（1939 年 1 月 22 日），福建省档案馆、广东省档案馆编《闽粤赣边区革命历史档案汇编》第 3 辑，档案出版社 1988 年版，第 285 页。

秘密工作和领导机关秘密工作的两个条例。① 同年9月1日，复指示闽南党组织，指出其各支点之所以遭受顽固分子围困，主要原因便在于工作方式张扬和缺乏足够自卫武装。为此，要求闽南采取四条措施：（一）彻底转变工作方式，全党转入地下，群众工作应以合法为宜；（二）开辟新的地区，保持灰色以冲破包围；（三）在群众迫切要求下，领导群众斗争，解决群众困难；（四）利用合法群众武装，消灭土匪，保卫支点。② 闽西南潮梅特委上述各种明确的指示与决定，表明先前那些导致隐蔽精干方针贯彻执行缓慢的阻碍正在逐渐消除。在特委召开的第六次执委会上，最终解决了这个问题。

1939年11月，中共闽西南潮梅特委第六次执委会议在广东梅县松源召开，会议的中心议题就是贯彻中央有关指示，讨论隐蔽精干、蓄力待机的方针，准备应付突然事变，并选举出席中共七大的代表。出席会议的有方方、谢育才、姚铎、李碧山、伍洪祥、吴作球、马发贤、苏惠、何浚、王维、陈卜人、黄芸、谢南石等特委全体执委和闽西、闽南、潮汕、梅县等地党组织的代表及特委各部门负责同志总共20人左右。

会议经过讨论，决定各级党组织有计划的隐蔽撤退，广泛打入国民党管、教、养、卫各部门，利用一切可以利用的合法斗争，反对分裂投降，巩固加强党的组织。会议对巩固老支点与创造新支点连成一片，加强群众武装工作，积蓄群众力量等方面，也作了相应的部署和决定。③

① 参见《中共闽西南特委目前政治形势报告大纲》（1939年7月30日）；《中共闽西南特委秘密工作条例》（1939年8月1日），福建省档案馆、广东省档案馆编《闽粤赣边区革命历史档案汇编》第4辑，档案出版社1989年版，第31、34—37页。

② 《中共闽西南特委报告（第八号）》（1939年9月1日），福建省档案馆、广东省档案馆编《闽粤赣边区革命历史档案汇编》第4辑，档案出版社1989年版，第68—69页。

③ 参见《方方同志谈闽西斗争历史的几个问题》（1956年5月30日），福建省委党校馆藏资料（2—0523）；《中共闽西南特委工作状况报告》（1939年12月16日），福建省档案馆、广东省档案馆编《闽粤赣边区革命历史档案汇编》第4辑，档案出版社1989年版，第98—99页。

最后，会议选出叶剑英、边章伍[①]、方方、苏惠、伍洪祥、王维、谢南石七人为党的七大代表。

中共闽西南潮梅特委第六次执委扩大会议实现了工作方针的重大转变，具有十分重要的意义。在此次会上所形成的较为系统与完整的退却方案，使特委所属各级组织面对国民党顽固派挑起摩擦逆流的急剧变动局势，能有较为充分的思想准备和组织准备，对各地深入贯彻和执行隐蔽精干的方针，起了重要的指导作用。至于这个退却方案的不足之处也是存在的。主要是在对退却当中，如何应付国民党顽固派可能发动的军事进攻方面，未能作出具体的决定。

六次扩大会议后，特委所属的各级组织，包括潮梅、闽西和闽南三块地区，都按照中央方针和会议精神，开始了整个区域隐蔽应变的总行动。潮梅地区进行“组织转化，撤退过赤干部”[②]；闽西地区部署整党审干和保护干部、保卫组织的具体措施，“永定、龙岩等地的党和武装相继上山”[③]。1940 年上半年，永定又调整区委，划小支部，精简了人员。闽南地区将中心县委及各县委、区委和保卫机关的基干队全部撤入山内，一面精减人员，整顿组织，一面普遍建立垦荒基地，开展生产自救，减轻群众负担。至 1940 年底，中共闽西南潮梅特委所属的各级组织，基本完成了隐蔽退却的任务。时任特委书记的方方后来曾回忆说，到那个时候，“我们也完全住山了”[④]。

---

① 叶、边两人是由中央指定作为闽粤赣边区出席七大的候选代表。边章伍时任第十八集团军驻第一战区高级联络参谋。

② 《方方同志谈闽西斗争历史的几个问题》(1956 年 5 月 30 日)，福建省委党校馆藏资料 (2—0523)。

③ 《方方同志谈闽西斗争历史的几个问题》(1956 年 5 月 30 日)，福建省委党校馆藏资料 (2—0523)。

④ 《方方同志谈闽西斗争历史的几个问题》(1956 年 5 月 30 日)，福建省委党校馆藏资料 (2—0523)。

三 抗日反顽武装的建立与发展

在福建红军游击队编入新四军开拔之后的相当一段时间，福建各地党组织因偏重于公开和合法的活动，放松了对组织武装的关注。1938 年下半年，由于形势及认识上的变化，各地党组织开始重视抗日武装的建立与发展。这项工作大致分两个方面进行，即沿海抗日武装和内地自卫武装的建立，并随着抗日反顽斗争的不断深入逐渐发展起来。

沿海抗日武装方面，中共闽中地方组织先以公开合法的和秘密的两种方式，在连江、福清、莆田诸县组建了武装队伍。1938 年 11 月，中共闽南（闽中）特委派人到连江马鼻联络当地组织，在马鼻新洋组织起 10 多人的队伍，后称闽海抗日游击队，曾于 1940 年开到长龙山区一带活动，并发展到 30 多人。与此同时，中共党员梁仁钦用国民党当局的名义在连江下洋也拉起一支 20 来人的队伍，称作“突击队”，准备抗击日军。1938 年冬，新四军福州办事处还派林金玖等人到莆田南日岛沿海组织武装斗争。① 1940 年 2 月，中共闽南（闽中）特委便在莆田忠门建立了一支拥有 200 多人的群众抗日武装。同年底，平潭党组织成立了一支有 100 多人的抗日游击队，由曾焕乾任指挥，周裕藩任副指挥兼队长，徐兴祖任副队长。

在此期间，中共闽西南潮梅特委和福州工委也开始注意到组织群众武装与联合群众武装抗日的问题。1938 年底，中共闽西南潮梅特委为对付日军向粤东和闽南沿海发动的攻势，指示各级党组织要把武装群众和适当配备干部于武装群众团体作为一项紧急的战斗任务，尤其是提出了“最优秀的忠实于党的共产党员到自卫团中去”的口号，以促成党领导下的抗日游击队的建立与发展。② 不久，便形成了由沿海各区中共区委领

---

① 参见林金玖：《抗日初期福州抗日救亡运动概况》（1961 年 12 月 4 日于北京），福建省委党校馆藏资料（2—0598）。

② 参见《中共闽西南特委报告（第三号）》（1938 年 11 月 20 日），福建省档案馆、广东省档案馆编《闽粤赣边区革命历史档案汇编》第 3 辑，档案出版社 1988 年版，第 225 页。

导的秘密的游击小组网络。中共福州工委于1939年春，也决定开展武装抗日，派黄扆禹、何在国、林白等人在浦口、后溪等地组织了40多个群众武装——国民兵团，随后又在这些国民兵团中发展党的基层组织，成立了浦口农民支部，以加强领导。① 通过这些措施，沿海各地抗日武装的建立工作开始得到发展。

内地自卫武装方面的工作从1938年下半年开始。各地党组织为对付国民党顽固派日益严重的进逼，发出“各县已留游击队暂不解散留备自卫”的通知。② 在此期间，中共闽西南潮梅特委认识到“没有枪杆不能生存，一定要有武装”③。于是，1938年8月中旬召开的特委第四次执委会议决定“在支点中组织党内特务班武装，以保卫工作的安全，反击敌人袭击”④。同年底，这种武装除了特委自身建立的1个班外，龙岩另有4个区、永定1个区各组织了1～2个班，直接置于各县委书记和军事部长的领导之下，实行特别训练，“准备造就成将来游击干部”⑤。闽南党组织也成立了一些武装基干队，其中有漳浦的“闽南救国队”，安溪的“抗日义勇军”。⑥ 同年11月，中共闽西南潮梅特委还决定推动其他群众团体，如学校、学联会、青抗会等，也参加到组织基干队、义勇军、自卫队武装的行列中来。⑦

---

① 参见黄扆禹口述：《抗战时期福州地区的革命斗争》（1961年6月），福建省委党校馆藏资料（2—0595）。

② 参见《福建省主席给蒋介石的报告》（1938年7月12日），福建省委党校馆藏资料（5—1170）。

③ 《方方同志谈闽西斗争历史的几个问题》（1956年5月30日），福建省委党校馆藏资料（2—0523）。

④ 《中共闽西南特委工作状况报告》（1939年12月16日），福建省档案馆、广东省档案馆编《闽粤赣边区革命历史档案汇编》第4辑，档案出版社1989年版，第83页。

⑤ 《中共闽西南特委报告（第三号）》（1938年11月20日），福建省档案馆、广东省档案馆编《闽粤赣边区革命历史档案汇编》第3辑，档案出版社1988年版，第232页。

⑥ 参见《中国国民党福建省党部密呈》（1939年5月18日），福建省委党校馆藏资料（5—1234）。

⑦ 参见《中共闽西南特委报告（第三号）》（1938年11月20日），福建省档案馆、广东省档案馆编《闽粤赣边区革命历史档案汇编》第3辑，档案出版社1988年版，第239页。

1939年上半年之前，福建各地所进行的这些武装建设工作，基本上是处于发动和准备的阶段，虽然规模比较小，但能够依据当时当地的实际情况，按照中共中央关于巩固发展抗日民族统一战线的原则确立行动准则。例如中共漳州中心县委集中精力进行整理充实，挑选久经考验的党员于1939年初组成不脱离生产的武装，并规定了五项任务和四项行动准则。五项任务是：(1) 保卫自己，预防侦探；(2) 研究和学习游击动作；(3) 每晚巡逻侦察和警戒；(4) 如有土匪入乡则坚决打击；(5) 时刻准备应付捕杀和非常事变，保卫同志。四项行动准则是：(1) 合法的不给国顽为借口的；(2) 自卫的非必要时不运用武装斗争的；(3) 不能破坏统一战线的；(4) 绝对技术的，不露声色的。这样的武装，闽南在先前已有8个中队，200余人；到同年5月，又增加了6个中队，210人。与此同时，龙岩也健全了党内不脱离生产的武装7个小队，又以拳头馆的形式组织起300名群众，逐渐扩大了党能把握的武装力量。① 此外，闽北的中共建松政特委，在1939年5月召开的首次党代会上，也开始注意巩固武装，加强队伍的思想建设。这些小型武装的建设，对于其他地区抗日反顽武装的建立，都能起到良好的带头作用。

从1939年下半年开始，福建各地抗日反顽武装的建设工作走上了发展的轨道。1939年7月，中共福建省委召开的第一次党代会，认识到开展抗日反顽斗争必须建立一支坚强的武装部队，虽然这对于国民党来说是非法之举，但为了保存和发展革命力量，更好地执行中央关于国统区党组织实行抗日民族统一战线和隐蔽精干的任务，打退顽固派的武装摩擦，非有武装不足以生存。为此，会议对这一重大问题作了专门讨论，作出了关于进一步推动群众武装的决定。会后省委派王文波到建松政地方，组织起以大刀会面目出现的群众武装；派左丰美往闽东传达会议精神，于1939年底带领闽东人员返回省委，带回十数支步枪，再加闽东原有少量枪支，成立了一支有20余人枪的闽东主力游击队，队长雷成太，

---

① 参见《中共闽西南特委报告（第六号）》（1939年5月20日），福建省档案馆、广东省档案馆编《闽粤赣边区革命历史档案汇编》第3辑，档案出版社1988年版，第362—363页。

指导员江友德。[①] 1940 年 3 月，宁德县委自筹 9 支长短枪，成立了宁德县游击队，由黄垂明任队长。[②]

1940 年 4 月，中共福建省委决定将开展“建军运动”列为抗日统一战线的新任务之一，决意朝着“建立基本武装”“建立群众武装”“建立内线武装”这三个方向积极努力，尽快建立起一套完备的武装体系。[③] 同年 7 月，为解决武器问题，又指示“各地党应尽可能自己找武装，不应单独靠上级领”[④]。9 月，在崇安成立了福建省军事委员会，由省委书记曾镜冰兼军委会主席，王助任副主席以加强对各地军事工作的统一领导。所以，到 1941 年皖南事变前，在福建省委领导之下的各地党组织相继建立了 20 人到 50 人的武装队伍。

与此同时，1939 年下半年开始，中共闽西南潮梅特委所辖地区的各级党组织贯彻特委指示，分头进行了健全、充实各支点内的民众武装；组织武装特务班，开办军事干部训练班，建立一定数量的半脱产基干队；募集经费，收储弹药武器等项工作。经过一个时期的工作，各方面的武装有了新的开展，公开的称壮丁队、开荒队，秘密的即为武装基干队。到 1939 年 12 月，龙岩县已拥有约 200 人枪的党内武装，永定县有 100 多名。闽南中心县委及各县党内武装也各有四五十名，隐蔽于群众武装之中的另有 150 名。[⑤]

抗日战争进入相持阶段以后福建各地建立与发展抗日反顽武装的工作，具有重要的意义。首先，它增加了福建的抗战实力，使之在近期及

① 参见左丰美：《回忆抗日时期闽东革命斗争情况》（1959 年 10 月 5 日），福建省委党校馆藏资料（2—0646）。

② 参见黄垂明：《关于闽东抗日战争和解放战争时期革命斗争历史介绍》（1957 年 8 月 1 日），福建省委党校馆藏资料（2—0645）。

③ 参见《中共福建省委关于新形势与抗日统一战线的新任务》（1940 年 4 月），福建省档案馆、中共福建省委党史征委会闽浙赣办公室编《闽浙赣党史文件资料选编》（上），福建人民出版社 1987 年版，第 21 页。

④ 《忠信同志给文发同志信》（1940 年 7 月 18 日），福建省委党校馆藏资料（1—2314）。

⑤ 参见方方：《中共闽西南特委工作状况报告》（1939 年 12 月 16 日），福建省档案馆、广东省档案馆编《闽粤赣边区革命历史档案汇编》第 4 辑，档案出版社 1989 年版，第 94—95 页。

随后开展的抗日斗争中发挥积极的作用。其次，为各地党组织开展武装自卫斗争提供了最基本的保证。以后的事实证明，那些建立及发展了武装力量的地方，各项工作开展得就较为顺手。而有些地方的党组织由于不重视这项工作，对于顽固派的反共投降活动缺乏警惕，解散自卫武装，致使地方工作在顽军进攻时陷于垮台。

一些地区的党组织，在建立抗日反顽自卫武装过程中采用了将中国共产党建立起来的队伍隐匿于伪军之中的形式，其目的在于保存力量，以待时机，并相机瓦解伪军。但从实践上看，这种斗争策略与方式在福建一些地区是不成功的。从 1940 年冬起，闽中党组织陆续派出大批队伍，分别潜入盘踞在福清东林半岛和莆田乌丘岛的伪军郑德明和张天真两部内隐蔽。1941 年 4 月之前，潜入郑德明部 60 余名，张天真部 25 名，随后又不断增加，至 1943 年 3 月，仅隐蔽在张部的就达 301 名，占其总数的 66%。[①] 人数如此之众，且不说其隐蔽效果能否如愿，就是对瓦解与打击伪军这项最重要的任务也不能很好地履行。

1937 年 8 月 12 日，中共中央在关于“打入到合法的与汉奸的组织中与武装部队中去，以争取群众”的指示中，曾明确规定要在“中国人不打中国人”的口号下，“经过秘密的或半公开的活动方式去组织伪军及伪保安队的全部叛变与倒戈”。[②] 但是，隐蔽于福建沿海岛屿伪军中的共产党部队，未能实行这一任务，而只是单纯地隐匿目标，未能建立广泛的群众基础，更不可能有计划地组织伪军叛逃或倒戈，以致最终自身难于立足，终至 1945 年 6 月发生其中 180 多人被缴械的“东吴事件”。[③]

① 参见蚁文霖等：《闽中海上抗日游击队的历史作用》。

② 《中央关于抗战中地方工作的原则指示》（1937 年 8 月 12 日），中央档案馆编《中共中央文件选集》第 11 册，中共中央党校出版社 1991 年版，第 320 页。

③ “东吴事件”详见本书第十三章第四节第一目。

第三节　坚持抗日民族统一战线与开展反顽自卫斗争

一　抗日民族统一战线的保持与发展

抗日战争进入相持阶段以后，中国共产党从民族利益出发，始终坚持抗日民族统一战线，反对妥协投降，打击顽固派的反共投降活动，团结和争取一切可以团结的人士，巩固发展抗日阵线。福建各地的共产党组织遵照中共中央的方针策略，有效地展开了这一工作。

武汉失陷之后，福建的国民党顽固派加紧反共活动，制造谣言，压制抗日救亡运动，抓捕或暗杀中共党员及抗日进步分子，破坏抗日民族统一战线，妥协投降的空气一度甚嚣尘上。闽西、闽南各地的党组织根据中共中央关于抗日民族统一战线的一贯原则，正确地分析了抗战的形势与前途，积极部署打击妥协投降的言论和行动，以文字、集会、通电等方式，一方面揭露顽固派的反共投降活动和破坏抗日民族统一战线的阴谋，一方面加强上层联络，支持和赞助东江的翁照垣、闽西南的涂思宗以及潮梅地区地方实力派中积极抗战的上层人士，以增强其抗战决心，坚持与巩固抗日民族统一战线。①

1938 年 11 月，中共闽西南潮梅特委发表时局宣言，殷切期望国共两党开诚布公地“相与讨论抗战守土大计，能并肩携手地共同来从事于抗战的动员工作”②。在此前后，中共闽浙赣特委亦作出灵活运用统一战线

① 参见《中共闽西南特委报告（第三号）》（1938 年 11 月 20 日），福建省档案馆、广东省档案馆编《闽粤赣边区革命历史档案汇编》第 3 辑，档案出版社 1988 年版，第 235、238 页。

② 《中共闽西南潮梅委员会对时局宣言》（1938 年 11 月），福建省档案馆、广东省档案馆编《闽粤赣边区革命历史档案汇编》第 3 辑，档案出版社 1988 年版，第 245 页。

策略，反对投降倾向，开展群众工作等项规定。[①] 福州地方党组织还与镇守海防的连江县长门炮台台长倪淡吾达成协议，准备日军一旦进攻，即由炮台供应武器，武装民众，打击敌人。[②]

1938 年 9 月 29 日，中共六届六中全会在延安召开。会议分析了形势与任务，全面阐明了中国共产党在抗战时期的基本政策，进一步强调坚持与发展抗日民族统一战线以及党在统一战线中实行既联合又斗争的独立自主的原则。毛泽东在会上更明确提出："抗日战争的新阶段中，抗日民族统一战线必须以一种新的姿态出现，才能应付战争的新局面。"又指出："这种新姿态，就是统一战线的广大的发展与高度的巩固。""发展方面，是扩大各党的组织与扩大民众的组织。巩固方面，是各党采取新的政策与新的工作，减少相互间的摩擦，做到真正的精诚团结，共赴国难。"[③]

为了贯彻党的六届六中全会精神，闽西南潮梅特委于 1939 年 1 月 21 日在龙岩白土召开第五次执委扩大会议。会议一致接受六中全会决议，分析了闽粤边形势与党在这一地区的任务。会议强调国共长期合作以支持长期抗战的重要性，强调对国民党"诚心诚意的帮助友党进步，团结一切抗日党派、抗日武装和广大群众"，"积极努力帮助友党的进步和发展，认为这就是中华民族的进步和发展"。[④] 会议召开前夕，特委还给国共两党最高领导及各党各派发出一批通电，表示完全接受中共六中全会

---

① 参见《目前形势与党的任务授课提纲》(1938 年)，福建省档案馆、中共福建省委党史征委会闽浙赣办公室编《闽浙赣党史文件资料选编》(上)，福建人民出版社 1987 年版，第 5—6 页。

② 参见林涧清：《抗日战争时期连江特别支部的斗争概况》(1961 年 11 月 15 日)，福建省委党校馆藏资料 (2—0692)。

③ 毛泽东：《抗日民族战争与抗日民族统一战线发展的新阶段》(1938 年 10 月 12 日)，中共中央文献研究室、中国人民解放军军事科学院编《毛泽东军事选》第 2 卷，军事科学出版社、中央文献出版社 1993 年版，第 408—409 页。

④ 《方方在中共闽西南潮梅特委第五次执委会上的政治报告》(1939 年 1 月 22 日)，福建省档案馆、广东省档案馆编《闽粤赣边区革命历史档案汇编》第 3 辑，档案出版社 1988 年版，第 279 页。

决议，动员全省民众参加抗战，拥护军政当局“领导抗战到底，争取最后胜利，建立三民主义的新中国”①。通电还提议与国民党各党部商讨建立两党的地方特别是各县市的合作形式，表达了中共闽西南潮梅特委推进国共合作的良好愿望。

但是，会议未能对王明右倾错误作系统的检查与批评，甚至不免受到影响，以致对国民党的进步与抗战估计过高，对顽固派的反共投降及分裂统一战线的危机缺少警惕，给以后闽粤边区党的组织和武装应付国民党顽固派的反共活动造成了一定的困难。

事实上，闽西南地区国民党上层一贯秉承蒋介石旨意，处心积虑地限制或扼杀中共领导的抗日活动及其他群众性的抗日救亡运动，即使是在广州、武汉失守，日军在闽粤沿海不断骚扰劫掠，威胁闽西南腹地的严重形势下，依然置闽西南潮梅特委不断发出团结御侮的恳切呼吁于不顾，加紧其反共的活动。

但是，广大社会有识之士及国民党内的抗日主战力量，其中主要是国民党中下层人士，以及其他抗日爱国力量，依然与中国共产党一起维护抗日统一战线，坚持开展抗日爱国活动。为此，中共闽西南特委积极从事与这方面人士的抗日统一战线工作。

1938年底，闽西党组织针对亲日汉奸及顽固分子倒行逆施、造谣生事、挑拨离间的分裂阴谋，坚持中共中央的正确路线，以理智和忠实于民族和抗战的精神，尽力扩大与各区乡政府和各界的合作关系，驳斥谣言，使得“我们党及同志在各界人士、地方领袖中更获得他们信任”。这些人士中的一些人物表示赞同中共的抗日主张，纷纷要求中共领导。永定、龙岩许多学校，公开抗拒县府禁令，聘请中共人士担任教职员工；有些区乡的联保主任，要求中共派人领导游击战争。② 同年12月，闽南

---

① 中共闽西南潮梅特委：《电蒋委员长国民政府暨前线将士致敬》（1939年1月20日），福建省档案馆、广东省档案馆编《闽粤赣边区革命历史档案汇编》第3辑，档案出版社1988年版，第253页。

② 参见《中共闽西南特委报告（第三号）》（1938年11月20日），福建省档案馆、广东省档案馆编《闽粤赣边区革命历史档案汇编》第3辑，档案出版社1988年版，第230页。

的中共武装模范班和民兵，联合国民党陈德卿保安部队，在平和白叶打击流窜于漳浦、云霄、平和、诏安等地，盗用“共产党”名义为非作歹、破坏抗日统一战线的汉奸第五纵队“乌军”，俘获匪首5人，歼灭乌军30多人。在此期间，在厦门沦陷之后退到漳州由中共领导的厦门青年战时服务团，也与众多的下层政权机构，如区乡一级政府及社会知名人士“取得良好关系”,[①] 惹起当局仇恨以致被用绑票手段押解沙县。

1939年上半年，闽西南潮梅特委又陆续部署了开展中、下层统战工作的措施。1939年1月21日，特委以《目前抗战形势与我们的紧急任务》为题，提出各地要深入到各阶层去解释抗战18个月的经验，“坚定抗战的信心，反对投降妥协”。同年5月，指示闽南党组织要通过统一战线的良好关系，与各实力派商讨如何迎接游击战争，“建立中、下层巩固的、互助互靠的统一战线堡垒，团结与帮助同盟者坚持抗战，并从而推动当局”[②]。经过这些努力，1939年下半年以后，闽西、闽南的中下层统战工作，获得了较大的发展。

从1939年冬到1940年春，国民党掀起了第一次反共高潮。闽西南国民党顽固派乘机而起，鼓吹国共摩擦破裂，造谣中伤中共及其领导下的抗日活动，逮捕或杀害中共党员与进步人士，国共合作抗日的局面名存实亡，面临严重的危机。为此，中共闽西南潮梅特委于1939年11月上旬召开第六次执委扩大会议，决定各级组织有计划地隐蔽撤退，广泛转入国民党的各种机构，积蓄和保存党的力量，利用一切可以利用的合法手段开展工作。

由于这一组织形式的转变，闽西南党组织的抗日统一战线工作随之更进一步转入中下层人士，方式也更加隐蔽；同时，对于顽固派猖狂的反共投降气焰，给以必要的严厉打击，以维护抗日民族统一战线。另外，

---

① 《中共闽西南特委报告（第四号）》（1939年1月30日），福建省档案馆、广东省档案馆编《闽粤赣边区革命历史档案汇编》第3辑，档案出版社1988年版，第332页。

② 《中共闽西南特委给南方局的报告（第五号）》（1939年5月20日），中央档案馆、广东省档案馆编《广东革命历史文件汇集（中共闽西南潮梅特委文件）》，1987年内部版，第266页。

闽西党组织在1940年4月至9月反击顽固分子制造的反共事件当中，仍不忘做好各界工作，孤立顽固分子，巩固中下层抗日统一战线。由于闽西南党组织采取了上述不同的斗争方式，最大限度地团结了各种抗日力量，打击了极少数的反共顽固分子。其间龙岩县商家纷纷委托商会会长李伟夫联系中共人士，探询关于抗战、团结、土地诸方面的主张；永定县过去的反共专家胡道南、陈子强，也都表示信守中立，部分士绅公开反对顽固派围乡杀人；龙岩各区乡长还与中共地方组织订立了互不侵犯协议，求得相安无事。[①]

1939年以后，活动于闽浙赣边区的中共福建省委所领导的抗日民族统一战线，也得到了加强，1940年4月，中共福建省委发出关于《新形势与抗日统一战线的新任务》指示，对如何在抗日统一战线中发展进步力量，争取中间力量及孤立顽固势力等事项，作了进一步的阐述。不久，省委青年部订出相应的工作计划，指示各地抓紧城市的统一战线工作，尤其着重开辟学校据点，争取广大学生；同时号召青年到工厂、农村去，发动工农，拓展阵容。[②] 根据上述指示，各地调整工作，部署了新的任务。

1940年5月，中共闽中特委指示各地集中力量，争取与团结一切进步的青年，加强青年团体的建设与领导，要求各地党组织根据青年特点，“介绍前进书报给他们看，将我党的同情送到他们手里，使他们了解目前形态的严重，使明白我党与其他党派的不同，激发他们的斗争情绪”[③]。同年，闽中特委还规定了关于各地统战工作情况的经常汇报制度，以备

① 参见《中共闽西南特委关于闽西南政治经济状况与工作概况向南方局的报告》(1940年9月8日)，福建省档案馆、广东省档案馆编《闽粤赣边区革命历史档案汇编》第4辑，1988年版，第159—160页。

② 参见《中共福建省委青年部八、九、十月份工作计划》(1940年)，福建省档案馆、中共福建省委党史征委会闽浙赣办公室编《闽浙赣党史文件资料选编》(上)，福建人民出版社1987年版，第24—27页。

③ 《中共闽中特委为积极开展闽南青年工作给各级党的指示信》(1940年5月10日)，福建省委党校馆藏资料(1—2307)。

督促检查。由于闽中党组织广泛联系与团结各界群众，深入宣传党的抗日民族统一战线的方针政策，获得了各方面的理解与支持，其中仅受党影响的农会会员就达2万余人。[①] 同年10月，以共产党员饶云山为干事长的永泰县凤落农会，为在国民党人士中间开展统一战线工作，争取和团结更大的抗日力量，推进当地的抗日运动，决定让部分会员加入国民党[②]，从而开拓了沟通各界联络的一条新路。

1939年冬才成立的中共大田县委一开始就致力于建立和发展抗日统一战线的工作。他们首先确定了统战对象，把全县中、上层头面人物分为三种类型，根据其不同的立场态度采取不同的方针：一是思想开明、忧国忧民较为进步的分子，予以团结；二是中间人物，积极争取，尽量不使其倒向顽固派；三是顽固分子，则予以孤立或打击。然后据此订出工作方案，派党员骨干分赴各小学担任教员或校长，由之出面争取到一、二类型人物。在此基础上，进一步发展统一战线，与全县18个乡长、镇长、1/3的小学校长建立了联系，[③] 巩固了党在大田县的基础，发展中共领导下的抗日运动。

这个时期，福建各地党组织所开展的统战工作，也有其不足之处。有些地方的党组织在开展统战工作时，不注意严守与统战关系的秘密，致使统战对象暴露，不少同盟者牺牲或被迫停止与中共的联系。有些地方则对同盟者要求太高，不适当地要求其从事难以完成的工作。另有一种错误的倾向是失却立场，盲目地开展统战工作，或者是过分依赖当局，不敢以斗争求团结，以致造成革命队伍的损失。当然，这些错误在全省统战工作中并不占全局的地位，加上各地党组织还曾先后开展了统一战线内的阶级教育和方针策略的教育，提高党员认识，把握正确航向，所以，统战工作仍然获得了显著的进展。

---

① 参见黄国璋、林汝楠：《闽中党从抗日时期到解放时期组织情况的说明》（1955年5月20日），福建省委党校馆藏资料（2—0666）。

② 参见《闽浙赣党史资料》1985年增刊第3期。

③ 参见《大田党史资料征集动态》1985年第7期。

二　开展改善民生、争取政治经济权利的活动

改善民众生活，争取政治经济权利，是发动民众的必经步骤，也是全民抗日的应有之义。抗日战争进入相持阶段以后，中共福建各地组织，为了进一步发动民众，维护人民的正当权利，保卫土地革命时期的胜利成果，在减租减息、保卫田地、政治民主等方面，开展了一系列的活动。

抗战之初，根据国共两党和谈达成的协议，各地政府曾颁布了“二五”减租的法令。但是那些“业主”却不愿轻易放弃其既得利益，拒不实行这一法令。所以，福建各地的中共组织发动的减租减息运动，便成了改善民生活动当中一项重要的战斗任务。

减租减息运动的开展，首先是发动群众与“业主”谈判，指出实行一致抗日，首先要解决广大农民的生计，不然就是违反法令和对抗抗日，给“业主”造成强大压力。中共福建省委所在的崇安县早先是经过土地革命的地方，农民曾分得过土地。当地“业主”企图收田，崇安地方党组织便发动拖减斗争，即一面承认地主的业权，一面对顽固地主拖交地租，又对开明地主交租减租，取得了成功。莆田县各农会在党的领导下，针对地主不肯减租的顽固行径，于1938年发动群众罢耕，号召佃户弃耕地主土地，迫使地主、富农让步。①

闽西是土地革命时期的苏维埃区域，大部分土地已分配给贫苦农民。新四军北上以后，龙岩、永定等地的地主实行反攻倒算，向农民夺田。中共闽西南特委和龙岩、永定县委在1938年领导群众同当局支持下的业主夺田阴谋展开针锋相对的斗争，取得了第一个回合的胜利。武汉、广州失守以后，随着国民党加紧反共投降活动，闽西国民党当局及地主阶级乘时而起，再次策动夺田活动。

国民党龙岩县当局通过白土区区长邀请中共代表魏金水进城谈判，企图再次压迫中共地方组织就范，“恢复民国十八年（即1929年土地革

① 参见张坤、谢钦讲述：《抗战初期莆田农会的组织和活动情况》（1961年6月30日），福建省委党校馆藏资料（2—0731）。

命）前的土地制度”。魏金水在谈判桌上与龙岩县长石有纪展开了激烈交锋，严正指出，“我们希望国民党政府遵守协议，不要违背协议。如果违背协议，支持业主收租，破坏团结局面，社会上出乱子，治安出问题，全由你们负责”[①]。

为了反击顽固派的反共逆流，闽西各地党组织运用各种形式又一次展开了大规模的保田斗争。开始时与地主说理斗争，或者采取躲避和拖拉的方式，与之硬拖软泡，以迫使地主放弃夺田企图。但是，这些斗争方式对于少数顽固地主往往不能奏效。中共龙岩县委、永定县委就发动群众对这少数顽固分子施以警告和惩罚，或者强行犁去其夺回去土地中的作物，或是派人毁坏其房屋，打击了顽固派的嚣张气焰。

当然，在这场大规模的斗争中，有些地方党组织未能严格执行党的政策，打击面过宽，伤害了一些不该受到惩戒的群众。如个别胆小的群众经受不住“业主”的逼迫，表示愿意交租。党组织对这些群众未能耐心、细致地做好思想工作，而是派人将其田里的庄稼拔高，令其枯死无收，严重混淆了阶级阵线，引起了一些群众的不满。不过从总体上看，各地基本是采用了适当的原则。龙岩县白土区后田村党组织对那些确实无饭可食的地主，由当地群众捐钱、捐米，帮助其克服生活困难，从而维护了全民抗战的大局。

1939 年秋收到来之际，由于顽固地主组织所谓业主团，企图强行收租，龙岩、永定的保田斗争掀起一个新的高潮。早在秋收到来之前，龙岩、永定两地党组织即已深入到各乡村进行动员，提出了“维持原状，还税（土地税）不还租”的口号。有的地方还提出，如果地主收租，就令其负担土地税。同年 9 月，中共闽西南潮梅特委和龙岩县委负责人谢育才、魏金水对时局发表书面谈话，指出愿以协议的方式，调解龙岩各地“业主”和农民的纠纷，既不赞成农民的过分要求，也不赞成当局单方面撕毁协议，“过分的加重农民负担，或者改变土地现状”。由于全体

---

① 魏金水：《奇迹从何而来》，《风展红旗》第 2 辑，福建人民出版社 1983 年版，第 42 页。

群众的一致行动，“因此许多地主动摇，业主团解体，武装组织不成”。这样，秋收斗争又取得了胜利。[①]

秋收斗争之后，国民党龙岩县政府进一步策划向农民夺田，采用办理“试验农场”的手段，以达到其强占农民土地的目的。于是中共龙岩县委领导农民又开展了反对开办“试验农场”的斗争。秋收冬种以后，龙岩县政府首先强行圈占龙岩城外罗桥、大洋两村120多亩土地[②]，不仅犁去已经下种的麦苗，而且不解决失地农民的生计问题，激化了矛盾。谢育才和魏金水等意识到国民党企图以此为突破口，进而全面恢复土地革命以前的封建土地制度，这将是一场关系到数十万亩土地革命成果能否保留在农民手中的重大斗争。为此，中共龙岩县委紧紧依靠群众，采取合法与非法相结合的方式，领导农民又一次展开了保田斗争。

1939年12月1日，土地被占的农民得到周围乡村农民和开明士绅配合支援，举行了声势浩大的请愿活动。2000多人入城高呼“反对政府没收农民土地！”“反对破坏抗日协议行为!”面对强大的抗议浪潮，龙岩专署专员韩涵和龙岩县长石有纪不得不表示缓办农场。请愿胜利之后，龙岩县政府竟又食言，仍告示续办农场，并提出向农民租用土地三年。农民代表则坚持要田不要租金。不久，龙岩县府使用外地工人和在押犯人，在所圈占土地上强行种植冬种作物。龙岩党组织再次发动农民，封锁龙岩城，绝其物资供应，前后三天，城内缺粮、缺菜、缺柴火，粪便臭气冲天，迫使当局最终放弃了办场企图。

这次保田斗争虽然取得了最后的胜利，但也存在一些问题。一方面，党组织有力地支持与领导了这场斗争，但不可避免地暴露了干部和党员，给以后的工作造成了一定的困难。另一方面，一些农民在斗争中缺少策略和艺术，威胁外地工人不得为当局做工，否则将来“真正没得吃，我

---

① 《闽西南特委报告第八号》（1939年9月1日）；《中共闽西南特委负责人谢育才、魏金水对时局发表共同书面谈话》（1939年9月14日），福建省档案馆、广东省档案馆编《闽粤赣边区革命历史档案汇编》第4辑，档案出版社1989年版，第70、76—77页。

② 参见饶练：《龙岩保卫土地斗争》（1957年5月），福建省委党校馆藏资料（2—0538）。

们可能把人也吃掉！”又说，“你一定要替夺我们饭碗的人做工，就怕你们回去时要用棕衣包骨头”。① 当农场收成时，这些农民又偷偷地割走全部稻子。这种不讲策略的错误偏向，不仅无补于事，反而对于保田斗争造成了消极作用。国民党龙岩县政府更借以制造事端，逮捕暗杀地方党员和干部，进而又于1940年在恢复地租问题上向龙岩党组织施加压力。

同年4月，龙岩县政府以支持抗战为名，开始向农民加收“军米”，每保要出售米谷3000斤，并且压低收购价至2/3左右。很明显，国民党这一着是打着抗战的旗号，进行变相的收租。中共龙岩县委指示有关的区委领导群众与之进行斗争，并通过统战关系争取各联保主任联合抵制，拖延不交或不收，发动各保甲长、商家协同斗争。结果从春到夏，“没有收到一粒军米”②，国民党当局被迫取消了这一名目。由于中共闽西各地组织发动群众进行了不懈的斗争，打破了国民党顽固派一次又一次的夺田阴谋，有20多万亩的土地一直保留在农民手中，从而保卫了闽西土地革命的一部分胜利果实。

反饥饿斗争和推动政治民主，也是改善民生、争取政治经济权利斗争不可或缺的内容。1940年四五月间，粮荒遍及省内各地，中共闽中地方组织在莆田县忠门发动农民500多人向国民党区署请愿，要求发放救济粮食；另外组织千余群众包围了国民党莆田县政府，迫使其同意拨粮救济，斗争取得了胜利。与此同时，闽南、闽西普遍发生了群众自发的抢米风潮。中共闽西南潮梅特委加以积极引导，将打击目标指向走私资敌的顽固分子及奸商，并迫使富户举办平粜、义粜、施粥、免利借贷等活动。还有的以乡以保为单位调剂粮食，“除了个别地方偏于非法的抢米之外，全部是达到党的政治口号的期望”③。

在推动政治民主方面，各地中共组织都投注了很大的精力。1938年

---

① 魏金水：《奇迹从何而来》，《风展红旗》第2辑，福建人民出版社1983年版，第51页。

② 《闽西南政治经济状况与工作概况向南方局的报告》（1940年9月18日）。

③ 《中共闽西南特委关于闽西南政治经济状况与工作概况向南方局的报告》（1940年9月18日），福建省档案馆、广东省档案馆编《闽粤赣边区革命历史档案汇编》第4辑，档案出版社1988年版，第159页。

11 月，中共闽西南潮梅特委原则决定开始“实现合理负担的斗争，用适当的具体办法处理与领导群众解决征兵、捐税、田租等问题”①。翌年 2 月 1 日，特委公开提出在服从抗战、维护团结的前提下，合理解决群众负担，改善群众生活的口号。② 随后，又多次与新调到闽南沿海布防的新编二十师进行交涉，要求改善士兵的生活条件，实行民主管理，杜绝毒打甚至处决逃兵的虐行。③ 1940 年 3 月，中共闽西南潮梅特委为保障民众生活，领导各地开展宪政活动，把“加强民众生活改善，反贪污、反剥削等斗争”列为中心工作之一。④ 各地在具体贯彻特委这一工作指示的过程中，都获得了一定的成效。通过这些活动，党在这一地区的群众基础更为巩固，为以后在更加艰险的环境中坚持与开展党的活动提供了保障。

中共福建省委推动民主政治的活动，在 1940 年也获得了相当程度的进展。是年 4 月，中共福建省委发出《关于新形势与抗日统一战线的新任务》指示，提出了开展反对徐学禹的斗争。徐学禹时为国民党福建省主席陈仪的顾问，在 1938 年和 1939 年至 1941 年曾两度担任省府委员，长期插手省内经济事务。徐学禹利用陈仪在省内实行计划和统制经济的机会，大量安插亲信，控制两厅（财政、建设）、一行（省银行）、三公司（贸易、企业、运输），垄断了全省经济和财政金融大权，进行中饱私囊、兜售其奸的活动。中共福建省委提出了反对贪官政治，实行好人政治；反对利用统制与民争利，摧残小工商业；反对粮食贱买贵卖苛扰人民；反对囤积居奇抬高物价；反对利用统制劳动，苛待工人；反对腐化

① 《中共闽西南特委报告（第三号）》（1938 年 11 月 20 日），福建省档案馆、广东省档案馆编《闽粤赣边区革命历史档案汇编》第 3 辑，档案出版社 1988 年版，第 239 页。

② 参见《在中共闽西南潮梅特委第五次执委会议的决议精神下来完成本刊当前的任务》，福建省档案馆、广东省档案馆编《闽粤赣边区革命历史档案汇编》第 3 辑，档案出版社 1988 年版，第 339 页。

③ 参见《中共闽西南特委报告（第五号）》（1939 年 3 月 8 日），福建省档案馆、广东省档案馆编《闽粤赣边区革命历史档案汇编》第 3 辑，档案出版社 1988 年版，第 342 页。

④ 参见《忠伟传达特委指示报告》（1940 年）。

行为；反对妨碍民生，危害抗战；反对中饱私囊，实行正当统制等八大纲领，引导民众展开斗争，最终促成了1941年6月9日徐学禹被免去省府委员之举。①

在此期间，中共福建省委所属各地党组织也开展了大量活动。1940年4月，中共闽中特委根据中共中央关于团结、进步、抗战的精神，开展了新宪政运动。闽中特委指示各地："从宪政运动去组织进步青年，打击一切权限派和顽固派"，明确提出"若没有进步的政治机构，抗战的胜利不过是在梦想里了"。为此闽中特委号召各级组织，在党内使每位同志都能知道民主的内容和目的；对党外则动员所有报刊"宣传民主与抗战的重要"，"宣传没有民主的痛苦"，并结合座谈会、研究会、促进会等方式，造成闽中反对阻碍救亡运动，反对摧残抗日力量，实行集会、出版、结社自由的热烈气氛。② 通过这些活动，在一定程度上保障了民众的民主权利，同时也密切了党与人民的关系，巩固了党组织在群众中的地位与威望。

三 反共摩擦事件与反顽自卫斗争

从1938年下半年开始，福建国共合作的局面渐趋恶化，各地摩擦事件日益增多。一方面，是国民党顽固派坚持反共立场和片面抗战，"竭全力于防范并侦查共党活动"③，打击中共及其领导下的抗日进步力量，制造反共流血事件；另一方面，是福建各地的中共组织为坚持抗日民族统一战线，坚持抗战，反对分裂活动，针锋相对地开展了反顽自卫斗争。

早在福建各地红军游击队组成新四军北上抗日之后，国民党顽固派

① 参见《中共福建省委关于新形势与抗日统一战线的新任务》(1940年4月)，福建省档案馆、中共福建省委党史征委会闽浙赣办公室编《闽浙赣党史文件资料选编》(上)，福建人民出版社1987年版，第20—21页；刘国铭主编《中华民国国民政府军政职官人物志》，春秋出版社1989年版。

② 参见《中共闽中特委对新宪政运动的指示》(1940年4月15日)，福建省委党校馆藏资料(1—2298)。

③ 《福建省主席给蒋介石报告》(1938年7月12日)，福建省委党校馆藏资料(5—1170)。

就一再挑起反共事端，处心积虑地压制或消灭留在福建的中共组织。为了维护大局，福建各地的中共组织与之进行了克制与有限度的斗争。1938年底，福建国民党顽固派配合全国的反共逆流，在各地进一步挑起反共分裂活动。尤其在中共力量比较集中的闽西南与闽东北地区，更是不遗余力地加紧攻击共产党和抗日进步势力，散布谣言，污蔑闽西共产党“有勾结土匪嫌疑”，“破坏征兵，密谋暴动”，借以拘捕、迫害中共党员和干部。只是由于国共合作局面形成不久，顽固派发动的反共摩擦事件在这一阶段尚未达到相当的规模，而各地中共组织开展的反顽自卫斗争也多停留于上层交涉，“缺乏披露到群众及一切同盟者中去”的决心，[①] 所以，国共关系在这一阶段还未达到激烈交锋、全面破裂的程度。

1939年，国民党顽固派以其五届五中全会提出的“防共、限共、溶共、反共”方针为纲领，加快了反共活动的步伐。是年1月开始，福建顽固派散布“国共合作是假的，不久就要清党”，要“一手抗日，一手防共”等反共言论，加强了舆论宣传。与此同时，顽固派挑起的摩擦行动不断升级。各地“积极救亡工作的青年领袖的失踪与遭受秘密屠杀”，“农会之严密控制与不准普遍组织，书报的无理遭受检查禁止”之事日益增加。[②] 同年上半年，国民党顽固派制造的反共事件层出不穷，他们在永定县秘密扣留中共人员；[③] 在漳浦县以“假冒名义”“敛募财物，秘密组织”的罪名，捕杀响应中共漳州中心县委号召积极开展“一元还债（即捐款抗日）运动”的爱国士绅、该委员会主任郑寿成；并派兵通缉闽

① 参见《中共闽西南特委报告（第三号）》（1938年11月20日），福建省档案馆、广东省档案馆编《闽粤赣边区革命历史档案汇编》第3辑，档案出版社1988年版，第235页。

② 参见《方方在中共闽西南潮梅特委第五次执委会上的政治报告》（1939年1月22日），福建省档案馆、广东省档案馆编《闽粤赣边区革命历史档案汇编》第3辑，档案出版社1988年版，第267—268页。

③ 参见《中共闽西南特委报告（第四号）》（1939年1月30日），福建省档案馆、广东省档案馆编《闽粤赣边区革命历史档案汇编》第3辑，档案出版社1988年版，第335页。

南各地中共负责人士，“商量暗杀共产党员”，查禁封锁中共报刊；[①] 在闽北则进攻中共政屏中心县委，捕杀中共人员，还袭击设在松溪县路下桥塘边村的中共建松政特委机关，制造了“塘边事件”[②]。同年6月，国民党中央调查统计局还以“异党在闽活动以闽西南及闽东北二区最见猖獗”为由，制订《防止闽省异党活动之设施办法》，决定“从速加强该二区之党务工作”，设立工作督导团，“严厉取缔异党之秘密集会、非法活动及一切反动宣传，并严限所有武装运动”。[③]

面对国民党顽固派咄咄逼人的反共逆流，中共福建各地组织为维护抗日大局，开展“有理、有利、有节”的斗争，给以必要的回击。1939年1月，中共闽西南潮梅特委第五次执委会议讨论了如何对付摩擦的问题。会议根据毛泽东向全党提出的关于“无理的摩擦甚至捉人杀人等事，无论如何是要不得的，共产党员决不以此对待友党，而如友党以此对待我们时，我们也决不容置之不理”的精神，决定先“诉之舆论，诉之法律，以种种合法的办法去解决”[④]。会后，在各地发动了强大的舆论反击。

1939年2月，闽西南潮梅特委机关报《前驱》公布了特委制定的反击方针，正告顽固派，对于“一切无理的无道义的破坏抗战及团结的事情”，必以严正的态度对待之。4月，特委领导下的岭青通讯处机关报《抗敌导报》，亦详细披露了顽固派蓄意捕杀漳浦爱国士绅郑寿成的严重事件。9月，特委组织部长谢育才、龙岩县委书记魏金水又共同发表对时局的书面谈话，列举大量事实，驳斥顽固派传布“共产党有阴谋”“共产党破坏征兵”等谣言，强调指出，必须揭破日本诱降政策和“和平运

① 参见蔡明生：《闽南漳浦的不幸事件》，《抗敌导报》第3卷第1—2期，1939年4月15日；《中共闽西南特委报告（第六号）》（1939年5月20日），福建省档案馆、广东省档案馆编《闽粤赣边区革命历史档案汇编》第3辑，档案出版社1988年版，第352—353页。

② 《福建地方党史大事记》（1962年10月）。

③ 《防止闽省异党活动之设施办法》（1939年6月14日），福建省委党校馆藏资料（5—1240）。

④ 方方：《闽西南潮梅特委第五次执委会结论》（1939年1月），福建省委党校馆藏资料（1—2253）。

动”的阴谋，广泛开展反汪、反汉奸斗争，巩固国共合作和内部团结，坚持抗战国策。[①] 闽西南党组织开展舆论回击，揭露顽固派的反共投降阴谋，收到了一定的成效，防止了局部事态的恶化。

在此期间，福建各地的共产党组织在发动舆论宣传的同时，依照有理、有利、有节的原则，实行必要的武装自卫。1939 年春，顽固派在松溪县袭击中共建松政特委，制造“塘边事件”，建松政特委实行自卫还击。事后，建松政特委为维护抗日民族统一战线大局，从团结的愿望出发，又把缴获的枪支交还对方。同年 5 月，中共闽西南潮梅特委亦决定“准备不得已时的自卫行动”[②]。

但是，福建国民党顽固派的反共投降活动并未因此而稍有收敛，反而随着国内反共浪潮的升涨而加剧。尤其是在全国范围的第一次反共高潮前后，即 1939 年下半年至 1940 年间，这种反共活动遍及省内各地，抗日民族统一战线面临严重危机。1939 年 6 月潮汕失陷后，顽固派在《闽西日报》发布“不论任何人如有秘密活动都一律以汉奸论罪”的禁令。这项禁令，实际上是加紧向中共发起进攻的一个信号。七八月间，三青团中央团部派遣 600 余人回闽活动，目的在于在青年群众中间进行反共活动。在此前后，闽西南地区的顽固派在将沿海各县政府内迁山区的同时，加强“防共”“溶共”活动，包围和渗透革命基点，监视或逮捕杀害中共工作人员，并运用特务手段分化收买群众，以至袭击中共领导机关。[③] 10 月，顽固派在上杭县庐丰区暗杀中共工作人员，以所谓“土匪”罪名公开捕杀新四军复员战士[④]，国共合作局面进一步受到破坏。

---

① 参见《中共闽西南特委负责人谢育才、魏金水对时局发表共同的书面谈话》（1939 年 9 月 14 日），福建省档案馆、广东省档案馆编《闽粤赣边区革命历史档案汇编》第 4 辑，档案出版社 1989 年版，第 72 页。

② 《中共闽西南特委报告（第六号）》（1939 年 5 月 20 日），福建省档案馆、广东省档案馆编《闽粤赣边区革命历史档案汇编》第 3 辑，档案出版社 1988 年版，第 355 页。

③ 参见《闽西南特委报告（第八号）》（1939 年 9 月 1 日），福建省档案馆、广东省档案馆编《闽粤赣边区革命历史档案汇编》第 4 辑，档案出版社 1989 年版，第 69—70 页。

④ 参见兰汉华：《国共合作后上杭庐丰地区党组织的情况》，福建省委党校馆藏资料（2—0541）。

中共闽西南潮梅特委清醒地分析了国内和当地形势，认识到“摩擦将增加，且可能被乘机袭击”[①]，决定一方面改变工作方式，将党的组织和干部转入地下，冲出顽固派的包围圈，开辟新的支点；一方面在各县组织武装班加紧军事训练，作好武装自卫的准备。中共漳州中心县委还派县委常委分赴各县委加强领导，“建立各地独立作战的能力”[②]，随后又开展了隐蔽精干的活动，为下一阶段开展武装自卫斗争做了初步的准备。

1940 年 1 月，中共闽西南潮梅特委发出关于《为加强抗战力量反击顽固分子的进攻的指示》，指示各地对于“不顾民族利益，配合日寇汉奸，向着民众进攻”的顽固分子，给予必要的“反进攻”。同月 25 日，中共龙岩县委机关报《团结报》号外，也以答记者问的形式，发表谢育才关于时局的重要谈话。谢育才坚决驳斥了龙岩《闽西日报》“鼓吹国共摩擦破裂”的署名文章，以及造谣中伤的反共言论，指出闽西共产党一贯坚持抗战、反对投降，坚持团结、反对分裂，坚持进步、反对倒退，为“实现三民主义新中国而奋斗”；希望全闽西国民党、各党派和各界人士，在这利害与共的危急关头，协力同心，共图良策，“以广大的和平力量，制止少数只顾私利不顾大局的顽劣分子，使其反共破裂妥协投降之阴谋不能实现”，达到维持闽西之和平团结、抗战到底的目的。

但是闽西顽固分子置中共人士呼吁团结抗日的诚意于不顾，一意孤行，依然坚持其反共分裂活动。1940 年 2 月，国民党保安团在龙岩县连坑以“剿匪”为名，抓捕中共县委委员吴潮芳、区委书记彭涌金、委员连木顺等党员和群众达 17 人，制造了震动闽西的“连坑事件”。同年 5 月，又先后杀害了中共永定县委常委、丰稔中心区委书记马永昌，丰稔中心区委委员吴国桢，永定县委政治交通员赖义斋，岐岭女共产党员陈

① 《闽西南特委报告（第八号）》（1939 年 9 月 1 日），福建省档案馆、广东省档案馆编《闽粤赣边区革命历史档案汇编》第 4 辑，档案出版社 1989 年版，第 67 页。

② 《闽西南特委报告（第八号）》（1939 年 9 月 1 日），福建省档案馆、广东省档案馆编《闽粤赣边区革命历史档案汇编》第 4 辑，档案出版社 1989 年版，第 68 页。

康容等人。

“连坑事件”发生后，龙岩党组织及时发动群众集会，声讨汪精卫卖国投降和揭露顽固派反共分裂的罪行，要求无条件释放被捕人员。6 月初，彭涌金、连木顺等 3 人被诬以“土匪”罪名，遭公开枪杀。6 月 10 日，中共闽西南潮梅特委为此发表《致闽西南各地父老同胞书》，强烈要求伸张正义，依法制裁杀人凶手；还发表《为追悼马永昌、连木顺、吴国桢等同志告工农群众书》，指出马永昌等人不牺牲于日寇之手，反牺牲于顽固分子屠刀之下，各地“应以足够的力量来反击顽固分子，停止他们响应日寇的血手的举动”。特委又将事实真相用宣言、谈话、追悼会等方式，“广泛地向社会各阶层暴露”。[①] 方方、谢育才等特委负责人相继发表重要谈话，重申坚持团结抗战、制止反共分裂的严正立场，表示坚持“人不犯我，我不犯人，人若犯我，我必犯人”的自卫原则，“痛惩破坏闽西团结的奸徒，捍护坚决抗战的堡垒，和巩固闽西已经持续了三年的团结合作的局面”[②]。

为了在行动上表明自己的立场，予顽固派的反共分裂行径以必要的惩戒，中共龙岩县委断然处决了“连坑事件”的告密者。1940 年 7 月，中共永定县委也实施武装反击，县委武装基干队奔袭大阜村，惩治杀害马永昌的元凶；不久，又设伏击毙岐岭反共民团团丁 7 人，镇压湖雷的顽固派乡长，给顽固分子以严厉的警告。

1940 年 11 月，由于国内政治形势日趋严重，中共闽西南潮梅特委根据南方局的决定撤销，另行成立闽西、闽南、潮梅三个特委，分别隶属于新成立的中共南方工作委员会。闽西特委书记王涛，闽南特委书记朱曼平。1941 年 1 月，中共闽西代表会议在龙岩后田畲头村召开，正式成

① 《中共闽西南特委关于闽西南政治经济状况与工作概况向南方局的报告》（1940 年 9 月 18 日），福建省档案馆、广东省档案馆编《闽粤赣边区革命历史档案汇编》第 4 辑，档案出版社 1989 年版，第 159 页。

② 《方方、谢育才、魏金水对目前闽西南时局发表重要谈话》（1940 年 6 月 10 日），中共广东省委党史研究室、广东省档案馆编《方方文集》，广东人民出版社 1990 年版，第 41—42 页。

立闽西特委。会议进行期间，发生了震惊中外的“皖南事变”。到会同志意识到事态严重，情况紧急，乃采取措施通知各区乡集中武装，掩护党员、干部撤退上山，应付突然事变。1月20日凌晨，蓄谋已久的顽固派调集两个团兵力，向中共闽西特委、龙岩县委机关驻地以及闽西各基本地区发动全面军事进攻，一手破坏三年来和平合作抗战的局面，制造了震动远近的“闽西事变”。

1月25日，中共闽西特委就此次事变发表《为反对内战反对投降紧急宣言》，表示要和闽西全体人民一道，反对顽固分子的专横暴虐，争取政治自由，维护和平团结，坚持抗战到底。2月11日，中共龙岩县委机关报《团结报》又发表《反对亲日派在闽西的暴行》的社论，以及《亲日派摧残龙岩暴行一录》《写于后田》等通讯，具体揭露顽固派摧残民众，迫害中共的罪恶。① 中共闽西特委一面抓紧集中武装，开展自卫反击，同时实行隐蔽精干方针，把机关和干部、党员分散转移。至同年年底，不仅保存了各基本地区，还开辟了部分新区，取得了这场斗争的胜利。

从第一次反共高潮到第二次反共高潮期间，国民党顽固派在向闽西革命支点的中共组织发动突然袭击的同时，也在闽南发动进攻。1940年1月，他们攻击靖和浦基点村；2月，包围洗劫平和县欧寮村，捕杀群众达40多人，进而“清剿”漳州南乡；4月21日，袭击中共漳州中心县委驻地平和县东坑村，逮捕群众200多人，杀害中共干部3人，制造了“东坑事件”；10月，由叛徒蔡国（原中共漳浦县委组织部长）带路，进攻漳浦县各个基点村，捕杀中共人员、群众100多人。1940年5月，中共漳州中心县委发表《告全闽南各界同胞书》，提出“加强全闽南团结，消灭内部摩擦，严厉制裁投降顽固派分子”，随后实施自卫反击，集中五六十名武装，回击顽固派的武装挑衅。不久，根据南委指示，闽南各地中共组织及自卫武装逐步转入埋藏生产，积蓄力量，等待时机。

① 参见《团结报》第16、17期合刊，1941年2月11日，福建省委党校馆藏资料(1—2326)。

在中共福建省委所领导的闽北、闽东等地区，同样面临着顽固派不断制造反共流血事件以至武装进攻的严重局面。基本地区的党组织在省委领导下，对顽固派实行坚决的反击。1940 年初，中共福建省委在崇安县发动群众示威游行，明确提出“反对投降，反对内战”的口号，同时组织群众慰劳团争取了进驻崇安、企图闪击闽北基本地区的保七团之下层军官和士兵的同情，阻止其执行反共任务。① 中共崇安县委也函请崇安县政府迅速制止国民党特务无故捕人、破坏团结、欺压民众的行为。② 同年 4 月，中共福建省委确定了新形势下抗日统一战线的新方针，决定在统一战线内部，“要把让步改为‘斗争’”，根据“有理、有利、有节”三大原则，采用“打一下摩一下”“打一下歇一下”“打一下编一下”三套工夫，发展进步力量，争取中间力量，打击顽固势力。③ 同年 11 月，福建省委又召开常委扩大会议，进一步研究反顽自卫斗争的策略，决定在基本地区实行“掩蔽政策”，以躲来避免摧残，同时不排除在危急关头采用武装手段打击顽固派进攻以保存自己。④ 此项精神于会后传达到各地，使各地对顽固派于 1940 年底的大规模进攻作好了思想准备和组织准备。

1940 年 8 月，中共宁德县委执行福建省委所制订的方针，打击不断压迫群众、残害因伤病回籍的抗日战士的顽固当局宁德县第三区署，警

① 参见《中共福建省委关于我们四年来的斗争》（1944 年），《福建党九年斗争总结（草案）》（1947 年 1 月 15 日），福建省档案馆、中共福建省委党史征委会闽浙赣办公室编《闽浙赣党史文件资料选编》（上），福建人民出版社 1987 年版，第 166—167、380 页。

② 参见《崇安县委给崇安县县长信》（1940 年 2 月 19 日），福建省委党校馆藏资料（1—2289）。

③ 参见《中共福建省委关于新形势与抗日统一战线的新任务》（1940 年 4 月），福建省档案馆、中共福建省委党史征委会闽浙赣办公室编《闽浙赣党史文件资料选编》（上），福建人民出版社 1987 年版，第 19 页。

④ 参见《中共福建省委关于我们四年来的斗争》（1944 年），福建省档案馆、中共福建省委党史征委会闽浙赣办公室编《闽浙赣党史文件资料选编》（上），福建人民出版社 1987 年版，第 167 页。

告区长马恭秋“改过自新，爱国爱民”[①]。同年秋，又发表《为应付闽东屡次摩擦事件沉痛告各界民众书》，针对顽固派不断制造反共分裂事件，破坏闽东合作抗日局面的行径，指出只有“武装为合作后盾，力量是团结先锋”。宁德县委为维护抗日民族统一战线，打击顽固派的反共投降活动，决定建立自卫武装，采用自卫手段，“来求得闽东的团结一致”，争取抗战胜利。1940 年底，中共鼎平中心县委也开展了广泛宣传，揭发顽固派反共阴谋，分化顽固派势力，并且明确地申明实行抗战和反顽自卫的主张，同时着手建立武工团，积极准备反顽自卫斗争。

皖南事变前夜，国民党军事委员会认为闽浙赣地区系新四军总后方，密令第三战区司令长官顾祝同，对这一地区的中共组织及其领导下的抗日反顽武装进行全面“清剿”。随之在崇安县成立闽浙赣“绥靖”指挥部，调集 9 个团的兵力进迫闽北、闽东各基本地区。皖南事变前后，中共福建省委机关和闽北、闽东各基本地区党组织为保存革命力量，分别向其他地区突围。在转移途中，中共福建省委委员俞雅鹿率领的省委马列主义研究班（即武夷干校）和通讯队遭到顽军包围袭击，马列主义研究班教育长卢茅居和学员、中共赣东工委委员简翠容等人被捕；闽南（闽中）特委书记李刚、新四军驻南平办事处代主任曹捷等人，弹尽粮绝，1941 年 2 月饿死在闽赣边界的山上。转移突围的队伍几经艰难险阻，冲破层层封锁，终于成功地转移到安全地区，开始了新的斗争。

很明显，福建的国民党顽固派积极配合蒋介石集团在对外加紧投降、对内掀起反共逆流的活动中，所掀起的第一次和第二次反共高潮，不断挑起反共摩擦，制造反共事件，以图一鼓肃清中国共产党在福建各地的组织和为数不过二三百人的自卫武装，破坏福建国共合作抗日的统一战线。在此期间，中共闽西南潮梅特委和中共福建省委在极为艰苦的条件下，始终遵循中共中央关于坚持与发展抗日民族统一战线的原则立场，

---

① 中共宁德县委：《只警告汉奸马区长一个人，并没有也不会有其他企图》（1940 年 9 月），福建省委党校馆藏资料（1—2318）。

对顽固派的进攻进行了有理、有利、有节的斗争，一面实行隐蔽精干方针，一面展开了初步的反顽自卫斗争，虽然遭到了局部损失，但有力地回击了顽固派的进攻，保存了党的组织和自卫武装。然而，福建国共合作的局面却由于国民党顽固派的破坏，已经面临极大的危机。

第十二章　克服抗日战争的严重困难

第一节　日军在沿海登陆和福建抗战的正面战场

一　福州及其附近地区的沦陷

1941 年，是中国抗战最困难的时期。一方面，侵华日军决计要在 1941 年“找到解决事变（指侵华战争，下同——引者注）的头绪”①，尽快结束侵华战争；另一方面，蒋介石不顾抗战大局，同室操戈，悍然制造皖南事变，又于同年 3 月密令各地“发现共产党之市委、省委、或团体中之共产党党团组织，务必一律破坏并逮捕之”②，致使国共关系濒于破裂的边缘。除此以外，中国抗战的国际敌友界限在 1941 年初尚处混沌不清的阶段，世界范围内的反法西斯统一战线还没有形成。蒋介石集团慑于人民力量的发展壮大，顽固坚持国民党一党专政，把抗战胜利的希望寄托在争取外援和期待国际形势的转变上，特别是把希望寄托于美国和英国。然而美英各自权衡利害，对中日战争采取两面政策，到 1941 年底太平洋战争爆发之前，还一直密谋以牺牲中国为条件，获得与日本的妥协。抗战以来中苏关系经历了曲折艰难的发展过程。九一八事变后，国民政府恢复了与苏联的外交关系，争取苏联援华抗战。卢沟桥事变后，

① 日本防卫厅防卫研究所战史室：《中国事变陆军作战史》第 3 卷第 2 分册，田琪之、齐福霖译，宋绍柏校，中华书局 1983 年版，第 153 页。

② 李石涵编《从“七七”到“八一五”》，山东新华书店 1949 年版，第 44 页。

中苏成了非正式盟友。但 1941 年春，在第二次世界大战危机四伏的氛围中，苏联却与日本出于各自的战略考虑与利害权衡，于 4 月 13 日在莫斯科签订了《苏日中立条约》，并且第一次向世界宣布“互相承认满蒙独立”。此后，日本加紧对中国展开军事进攻，企图“利用日苏改善关系的机会，努力解决事变”[①]。《苏日中立条约》签订后不到一周，日军就发动了对福建沿海的登陆作战。错综复杂、扑朔迷离的大气候构成了闽海抗战的政治背景。

日军发动闽海作战的原因还可以追溯得更早一些。1940 年下半年后，由于桂越、滇越、滇缅公路被切断，中国除仅存通往苏联的骆驼运输线外，其余的国际交通线都已断绝，军品输入极为困难，于是加紧利用东南沿海各小型港湾，输入军用物资。日军为截断中国的海上补给，极力主张经济封锁，认为这是“在解决中国事变上最重要的措施”。于是，日军最高统帅部于 1941 年 2 月下达了如下的命令：“华南方面军司令官应对福建省以南的中国沿海”，“随时进行以封锁为目的的作战”。3 月15 日，日军大本营把在台湾的第四飞行团调归华南方面军司令官指挥，以适应攻占福州的需要。与此同时，日军近卫师团及第十八、第四十八师团在华南集结，“作为登陆用兵团进行训练”，“进行沿海切断作战”。[②]

从 4 月开始，日军在中国战场纷纷发动军事攻势，首先在浙东沿海发动登陆作战。差不多同时，对福州沿海也发动登陆作战。4 月中旬，日军舰艇将闽江口沿海各岛屿附近的民船全部收集，断绝各岛屿与福州的联系。此后，满载兵员的日本战舰云集闽江口以北海面，往来游弋。19 日凌晨，日本华南方面军第十八师团 1000 余人在飞机、军舰的掩护下，于长乐漳港强袭登陆；第四十八师团 2000 余人在其海空军的掩护

① 日本防卫厅防卫研究所战史室：《中国事变陆军作战史》第 3 卷第 2 分册，田琪之、齐福霖译，宋绍柏校，中华书局 1983 年版，第 104 页。

② 日本防卫厅防卫研究所战史室：《中国事变陆军作战史》第 3 卷第 2 分册，田琪之、齐福霖译，宋绍柏校，中华书局 1983 年版，第 109—111 页。

下，于连江晓澳、百胜、东岱、浦口、筱埕强袭登陆；日本海军陆战队1000余人配合伪军林义和部，破坏了闽江口的封锁线后，于嘉登、琅岐各岛登陆。拂晓，日军出动飞机30余架在福建沿海对中国军队各阵地反复轰炸后，各登陆点的日军开始向长乐、连江攻击前进。当天下午和晚上，日军先后占领了长乐县城、长门和连江县城。4月20日，福清海口、长乐营前、连江琯头及闽安镇均告失陷。闽江左岸的中国海军陆战队和守军第七十五师、第八十师虽然实施抵抗，但未能有效制止日军的攻势。日军主力千余人沿连榕大道经潘渡进犯汤岭，入夜攻至降虎。闽江右岸长乐营前之敌进至马头尾，于4月20日夜10时强渡乌龙江，其中四五百人进至福州南郊黄山附近。

21日清晨，日机20多架对闽江左岸中国军队阵地轮番轰炸。闽安镇的日军一部五六百人，不断向中国马尾要港海军陆战队第四团的鼓山鼓岭阵地攻击。日军主力3000余人在突破降虎阵地后，又在梅洋方向日军1000多人支援下攻陷宦溪。迄晚，沿榕连公路向福州进犯的日军主力已突入福州北门城内；长乐之敌从营前兵分二路，一路渡乌龙江经峡兜，沿南台岛向西到达湾边以切断福州与永泰联系，并以一部分兵力占领洪山桥，控制交通要道以截堵中国军民向古田、建瓯撤退；另一路由营前渡江至马尾，沿福马公路突窜福州市区。于是，福建省会福州第一次被日军占领。

日军此次进攻福州的总兵力达1.2万人①，而当时国民党军队驻守在福州附近的总兵力有3万人②。但是日军在分散各处的登陆点登陆后，迅速地汇集直插福州，仅以两天多时间就轻而易举地占领了这一东南沿海的重要城市。福州如此迅速沦陷是有着深刻原因的。首先，从精神方面看，抗日战争进入相持阶段之后，国民党当局的抗战热情和积极性消退。武汉失守之后，当局开始实行“有限度的抗战”方针。这种方针给国民

① 参见《国民政府军令部战史会档案》，中国第二历史档案馆藏。
② 参见《福州市及附近地区兵要地志》（抗日战争福州攻防资料）。

党军队本身带来许多消极后果。第一百军久戍福州，既无训练亦无战备。军长陈琪自1938年冬开始一直没有下达作战计划，也没有对军事部署作任何具体的指示。① 另外，“部队兵员缺额多，补充少”②，老弱残废冒名顶替是普遍的现象；官兵战意低落，军官指挥能力薄弱，通讯补给工作不健全。③ 日军在福州沿海登陆作战发生后，国民党军队的一切弊端充分暴露。4月20日，日军尚未到达福州，第一百军军部即给军令部电称“福州市区作战于我不利，拟转进第二线大湖大穆阵地”④，足见其撤退避战的消极心理。军直属补充第二团负责警戒乌龙江，至4月20日下午4时，从长乐营前进至乌龙江边的日军不过四五百人，但该团并未做强烈抵抗，即自行转移阵地，“一再后撤”⑤，致使大批日军横渡乌龙江直入福州，切断了中国军队的退路。⑥

长门要塞是福州的屏障，尽管驻闽绥署在4月19日的《作战指导》中强调“各部队务须着眼巩固长门要塞之安全，避免过早丢失”⑦，但长门要塞及闽江口海军陆战队作战未及3日，因守军毫无守土抗敌决心，要塞炮台相继失陷。种种现象不能不认为既是过去几年来部队百弊丛生的继续，又是部队消极腐败的结果。第三战区司令长官顾祝同在分析福州迅速沦陷的原因时，不得不承认：“这次失败并非敌人怎样强悍，乃我军完全吃了精神涣散的亏，我军精神稍肯振作，当不致于一败涂地”⑧。只是他没有也不可能说出根本的原因是国民党实行“有限度的抗战”方

---

① 参见李世甲：《我在旧海军亲历记（续）》，中国人民政治协商会议福建省委员会文史资料研究委员会编《福建文史资料》第8辑，1984年，第31页。

② 《国民政府军令部战史会档案》，中国第二历史档案馆藏。

③ 《国民政府军令部战史会档案》，中国第二历史档案馆藏。

④ 参见《国民政府军令部战史会档案》，中国第二历史档案馆藏。

⑤ 《国民政府军令部战史会档案》，中国第二历史档案馆藏。

⑥ 参见日本防卫厅战史室编纂《日本军国主义侵华资料长编》上册，天津市政协编译委员会译校，四川人民出版社1987年版，第626页。

⑦ 《国民政府军令部战史会档案》，中国第二历史档案馆藏。

⑧ 中国科学院历史研究所第三所南京史料整理处选辑《中国现代政治史资料汇编》（内部版）第3辑第36册，第1125页。

针，招致了军队的“精神涣散”。

福州迅速沦陷的另一个重要原因是国民党守军在军事部署方面的无能。日军登陆时选择了众多的登陆点，为避免分离之际被中国军队各个击破，各登陆部队不问兵力大小，均径直向福州方向突进。中国军队虽然防区辽阔，兵力分散，但毕竟相对数量更多，地理熟悉，在日军刚登陆而已经脱离其舰队火力支援时，守军本应乘敌于分离之际，利用有利地形和既设阵地，集中力量围歼予敌重创，但却未能这样做。4 月 19 日清晨，当海岸边情况紧急时，尽管第二十五集团军司令部对第一百军和第八十师下达这样的指令：“无论敌主力由连江或闽江口登陆，均应以主力占领大北岭、汤岭、降虎一带高地，与敌决战。”[①] 但守备部队并未执行。当天下午，第八十师仅以 2 个营占领汤岭[②]，主力 2 个团仍分置福州附近及甘蔗。汤岭战斗打响时，第八十师仅 2 个营投入阻敌任务，直到第二日黄昏前才另派 2 个营至大北岭占领阵地[③]；21 日与日寇在大北岭激战时也只有 2 个营，而守备福州东方高地岭头门、竹园、观音山各据点的部队仅 1 个营。由于防守部队分批陆续参战，分割使用兵力，予敌以可乘之机，反被日军主力各个击破，致使福州迅速沦陷。毋庸讳言，驻闽绥署和第二十五集团军司令部对于全盘作战一开始就做过许多方面适合机宜乃至详明精细的指导，但是由于整个军队精神上涣散消极，使得这些“指导”实际上成为一纸虚文。

国民党当局的有限度抗战带来的消极与广大官兵爱国献身的精神是应该区别开来的。在福州沦陷时，许多爱国官兵表现出了强烈的抗敌御侮气概。4 月 19 日拂晓，日军一部在长乐漳港登陆后，包围攻击第七十

---

① 中国科学院历史研究所第三所南京史料整理处选辑《中国现代政治史资料汇编》（内部版）第 3 辑第 36 册，第 1123 页。

② 参见中国科学院历史研究所第三所南京史料整理处选辑《中国现代政治史资料汇编》（内部版）第 3 辑第 36 册，第 1123 页。

③ 参见中国科学院历史研究所第三所南京史料整理处选辑《中国现代政治史资料汇编》（内部版）第 3 辑第 36 册，第 1123 页。

五师第二二四团第一营主阵地。第一营官兵在营长胡广平指挥下奋起抗击，终因损失惨重而逐次后撤。日军乘胜追击时，预先埋伏在第一区沟东乡观音洞的第一营机枪连突向追敌袭击，迫使日军不敢向前。日军在伪军指引下将机枪连团团包围，出动十几架飞机对该连阵地反复轰炸扫射，全连官兵全部阵亡。4 月 20 日，福清沦陷，第七十五师第二二四团直属步炮连、第二营机枪连、第三营及由团部传令、勤务、炊事员等临时组成的杂兵排，迅即于 21 日拂晓前赶到福清城西，以步炮和重机枪向日军各据点猛射。日军出动步兵约一营兵力，依托高地和飞机的轰炸助战，实施反击。二二四团官兵伤亡极重，杂兵排排长带领十几个士兵，自告奋勇向日军后侧突袭，掩护部队转移。

福州沦陷后，第一百军及直属各部队撤至闽侯大目埕，不久又再撤至洋里；第八十师师部及直属各部队集结在闽侯江洋附近；第七十五师将主力集结于连江丹阳附近。4 月 23 日清晨，据守福州的日军 200 多人附炮 2 门增援桐口。另外，日军五六百人攻击福州以北之上、下赤桥和岭头等地。同日下午，这些地方均告失陷。日军在占领福州调整部署后，乘八十师对江洋附近小道警戒麻痹的疏漏，突于 4 月 26 日上午奇袭八十师师部。双方激战竟日，八十师再次后撤至大目溪迄大湖之线，重点置于蓝田附近。① 29 日，八十师开始反攻，克服江洋。日军退往关源里、岭头，八十师推进至白沙至江洋之线。第七十五师也转进连江小仓、寥沿、丹阳之线。至此，中、日双方军队在福州以西、以北的周围地区形成对峙局面。

福州的沦陷，直接威胁到了国民党当局的重大战略利益。此后，国民党军队在福州地区实施了一些较为积极的抵抗。首先，驻闽绥署对全省军事部署进行了重新调整。第一百军直属部队暨八十师担任白沙坂头至黄竹坪地区的作战，置重点于福（州）古（田）公路附近，其驻闽侯坂头的部队随时与驻福州北郊日溪的第七十五师部队联络；第七十五师

① 参见《国民政府军令部战史会档案》，中国第二历史档案馆藏。

以主力担任连江寥沿、丹阳附近地区的作战，以第三战区第十三补训处装备团及福建军管区教导团编为第二十五集团军第一纵队，装备团置于第一百军军部附近，教导团集结于南平；马尾要港海军陆战队担任谷口至闽清口的闽江江防任务，所有水警大队和水警巡艇队均归闽江江防司令部指挥。这种布局，加强了福州以北地区的防卫实力，为阻止日军进扰闽北提供了保证。

其中值得一提的是，4 月底刚组建的第二十五集团军第一纵队的装备团，原为新兵训练机构，没有直接参加第一线作战的任务。装备团是从福建、湖南、江西等省农村征集、只受过几个月训练的新兵组成的步兵团。该团军士一级（即班长）全是比新兵早几个月从福建招考入伍的知识青年，其中有一部分是陈嘉庚、秦望山、桂华山诸位爱国华侨从南洋各地招考或保送回国受训的华侨青年，他们的爱国热情很高。福州沦陷后，第十三补训处处长李良荣向第二十五集团军司令陈仪请缨，愿率装备团开赴前线阻截敌人。后来的事实证明，将装备团这样一支素质好、腐败习气少的队伍置于第一百军军部附近，对于阻截日军进扰闽北发挥了有力的积极作用。

其次，国民党军主动进行了反攻福州的作战。5 月初，第二十五集团军发现日军似有抽调福州、连江部队发动漳州、泉州攻势的迹象。为了制敌先机，决定乘日军发动漳泉攻势之前反攻福州。闽江南岸和北岸的反攻部队分别于 5 月 13 日和 16 日开始行动。在南岸福清县，保安团队按照第二十五集团军总司令部的领定计划，于 13 日清晨开始行动，14 日中午先后攻克日军占据的东笄、高岺头、玉塘、楼境、里美、五马山等重要据点。原拟一鼓作气突入福清县城，由于日军突然从城中派出五六百的兵力向高岺头阵地猛扑，保安团队的进攻终被日军阻止。保安团队虽然一时未能收复福清，但却牵制了福清以及从福州等地抽调增援的大队日军。

在闽江北岸，5 月 13 日拂晓，第八十师第二三九团攻占闽侯笔架山，第二四〇团攻占粪桶岩，侦悉日军一部五六百人占领大屿山、双庙一带，主力约2000人扼守在桐口、岭头、北岭头一带。14日晨，八十师向日军攻击前进。原计划七十五师以一部控制连江之段，一部相机攻击连江县城，主力则会同八十师窥复福州。但由于13日前后接连几天大雨滂沱，山溪水涨，无法渡河，因此七十五师未能按期行动。5月16日，闽江北岸的全线反攻开始。日军利用既设阵地顽固抵抗。八十师广大爱国官兵冒着敌人的炮火，于第二天一度攻占桐口，旋因日军从福州先后增援700多人，并出动飞机数架对八十师阵地反复轰炸，桐口很快又被日军占领，赤桥也复陷敌手，八十师的攻势乃告顿挫。在连江，七十五师向宦溪、岭头门攻击，16日中午克复连江县城。[①] 18日拂晓，福州之敌千余人，分由北岭头、岭头、岭头门三路反攻连江。七十五师在大帽山、战坂的阵地被日军突破。此后，七十五师主力转移白济东岸、白莲之线，连江再度沦陷。

反攻福州的全线作战自5月16日开始至21日结束，国民党军第八十、第七十五师在北岭、宦溪及连江附近的战斗都相当激烈。在福清、连江、福州北郊都曾一度造成了相当有利的态势，但是由于第一百军军部“顾虑太多”，不愿将置于闽侯江洋附近的第十三补训处装备团“由间隙突入”[②]，直取福州，致使反攻福州的部署和努力功败垂成。国民党军此次反攻福州之战，暴露了其内部倾轧、指挥失当的种种弊端。但是，这次行动毕竟是为收复国土而采取的主动出击，在一定程度上打击了入侵日军的气焰，这是值得肯定的。

二　大湖争夺战与福州的克复

抗日战争进入相持阶段后至太平洋战争爆发前，华中和华南是日军在中国正面战场的重点作战地区。1941年初，在整个中日战局中，福建

① 参见浙江省中国国民党历史研究组（筹）编印《抗日战争时期国民党战场史料选编》第1册，1985年内部版，第396页。

② 中国科学院历史研究所第三所南京史料整理处选辑《中国现代政治史资料汇编》（内部版）第3辑第36册，第1126页。

仍处于支战场的地位。日军占领福州后，下一个目标是“向古田进扰，震撼闽北”[①]。这样，日军出仙霞关即可切断浙赣线，出杉关又可与占据南昌的日军相呼应，连成一片而掩有东南之半；若南下广东，与潮汕之日军连成一片，则中国军队更无险可凭。显然，福州地区的沦陷，使中日战争在东南的格局很快地发生了变化，福建一时也从支战场变成了一个主战场。

第八十师和第七十五师广大官兵为阻止日军继续深入福建腹地，防止驻榕日军侵入闽北、闽东，进而与浙东及南昌的日军连成一片，而实行了比较积极的抵抗。

阻止日军深入闽北的最著名作战是 1941 年 5 月发生的大湖战役。5 月 22 日上午，驻福州之敌以汽艇 42 艘载兵约 1500 人，在 10 多架飞机的掩护下溯闽江而上，先后在昙石、甘蔗、白沙强行登陆，进而向秦洋、箬洋进犯，抵达井下、东溪一带。日军的计划是调福州、连江的一路人马在白沙登陆，经秦洋向大湖开进，另一路则经大小北岭向大湖进犯，两路在大湖汇合后再向古田挺进，继而进取闽北重镇南平。与此同时，国民党第二十五集团军第一纵队的计划是“诱其往大湖扑空，然后抓住机会，将其各个击破”[②]。显然，大湖之战势在必行，这一场战斗对于敌我双方来说，将是一场至关重要的作战，一场需要斗智斗勇的鏖战。

大湖之役的前奏是 5 月 23 日发生的秦洋战斗。秦洋是大湖东南约 50 公里群山中的一个小盆地，附近的漈头顶，海拔 700 米，为该处制高点。5 月 23 日早晨，从白沙登陆的日军 300 多人窜到秦洋，与国民党第二十五集团军第一纵队装备团第七、第八连相遇，发生战斗。装备团以迅猛之势抢先夺取漈头顶。日军则集中火力向峰顶发起猛攻。双方激战数小时后，日军再以 1 个大队投入战斗，把漈头顶包围起来，并以 4 门山炮、6 架飞机

① 《国民政府军令部战史会档案》，中国第二历史档案馆藏。

② 许祖义：《闽海三次抗日战役》，中国人民政治协商会议福建省委员会文史资料研究委员会编《福建文史资料》第 11 辑，1985 年，第 3 页。

向漈头顶轰击，掩护步兵冲锋。第一纵队装备团为了将日军诱向大湖全歼，仅以小部队在这里与敌相持。于是，在秦洋的参战部队全体指战员咸抱必死的决心，战斗极为惨烈。第八连官兵全部负伤，重机枪排的机炮被敌炮击毁，排长陈东文虽负重伤坚不后退，指挥全排与敌肉搏，中弹殉国；同连班长庄天河、陈富明、陈水界、黄香弟相继阵亡。[①]

秦洋遭遇战发生之时，日军一部 200 多人经箬洋袭击大湖第一百军军部，中午又转由寨上偷袭大湖。一百军军部秩序大乱，被迫转移至雪峰。[②] 第一纵队司令李良荣和装备团团长肖兆庚根据战场情况和当时敌我态势，决定将“正面各部队全线撤退”[③]，已撤退至福州以北山区的第八十师也迅即向古田方向转移。以上种种安排，目的在于引诱骄横的日军向大湖推进，相机予以打击。

从福州、连江经大、小北岭进犯大湖的一路日军先期到达大湖。从白沙登陆经秦洋、箬洋而犯大湖的一路日军，因被阻击数小时，已极疲惫，又误以为当面之中国军队已被击溃，急向大湖集中，以图休息整顿、配合行动。此刻，第一百军各部队已进入攻击位置，待机发动进攻。

5 月 25 日凌晨 2 时，第一百军各部队开始攻击。第一纵队装备团副团长郭志雄率领 20 多人的突击队，首夺江洋通往大湖要道上的寨上关。天亮时，装备团第一营攻占寨上村，随即向敌之背面的东面双髻山下之日军哨所攻击。大湖西面高地的日军炮兵立即向攻击部队开炮猛轰。郭志雄不幸被日军重机枪击中，壮烈殉国。郭志雄系福建惠安人，一个多月前刚结婚，闽海战事发生，立即回队参战。郭志雄的牺牲，激励了装备团官兵，他们高喊着“为副团长报仇”勇猛地向日军机枪阵地冲去，消灭该

---

① 参见萨福简：《记闽海抗日战争片段和部份〔分〕忠烈事迹》，中国人民政治协商会议福建省福州市委员会文史资料工作委员会编《福州文史资料选辑》第 4 辑，福建人民出版社 1985 年版，第5 页。

② 参见《国民政府军令部战史会档案》，中国第二历史档案馆藏。

③ 参见中国科学院历史研究所第三所南京史料整理处选辑《中国现代政治史资料汇编》（内部版）第 3 辑第 36 册，第 1127 页。

阵地的日军，一举占领双髻山。李良荣指挥全团向大湖之敌发起猛攻。日军乃退踞后塘附近，据民房碉堡顽抗。装备团战士追击而至，全歼顽抗之敌。与此同时，担任右翼队的第二四〇团，左翼队第二二四团以及七十五师其他各部队，也在大湖周围各地与日军展开了激烈的战斗。

正当大湖周围敌我双方酣战之际，第七十军预九师和一〇七师由江西调往福建，预九师先头部队已到达南平。沿闽江北岸进犯的日军约一个联队附炮 10 余门，经连日激战，伤亡甚重，但仍盘踞大湖、箬洋、江洋、上下寮，主力在大湖。第二十五集团军司令部综合各方面情况，对各部队进行了调整：右地区由预九师，保安第七团、第十团，海军陆战队担任闽清、花桥头、雪峰之线的作战任务，主力置于花桥头附近，搜索大湖、白沙方面之敌，一面封锁闽江，一面控制福（州）古（田）公路；左地区由七十五师、八十师、第一纵队装备团担任天湖山以东地区的作战任务，主力置于闽侯后溪，搜索大湖、江洋、上下寮之敌。

按照这一部署，预九师推进至大目埕、雪峰之线，八十师推进至岭后、坂头之线，对日军在大湖、江洋的主力形成了钳形包围之势，迫使日军不得不向江洋收缩兵力。据守大湖、江洋的日军受到中国军队的连续打击，疲惫不堪，损失严重，终于“自五月二十九日起退踞福清、长乐、福州、连江等处”①，大湖战役至此告一段落。

大湖战役历时一个星期，日军伤亡约一个大队，中国军队伤亡约 300 人。日军经此一战，从此再也未能深入福建腹地，与浙、赣日军取得联络的意图受到了遏制。

大湖之役得到了全省人民的广泛支持。大湖决战始于 5 月 25 日，而在这之前的 21 日晚，白沙发生战事，白沙的运输线被阻断，前方的军食供应已告恐慌，南平工人赶制 20 万块“光饼”和“征东饼”，福建高级工业学校、华南女子学院和南平剑津中学师生日以继夜加班帮助穿扎、包装，将这些食粮赶运往前方。每一串光饼都附有各校员生的慰问信或

① 《国民政府军令部战史会档案》，中国第二历史档案馆藏。

纸标签。前方的官兵得到了这些既是物质又是精神的食粮，受到极大鼓舞，发挥了旺盛的战斗力。

但是大湖之役再次表现出了一个与全国正面战场一样的消极抗战的明显特征，即在日军进攻时才发生局部激烈作战，一旦日军进攻停止，国民党军队的抵抗也就趋于沉寂。大湖作战以后，日军龟缩福清、长乐、福州、连江。而第一百军除将各部队向前推进外，未再采取其他积极的行动。此后第二十五集团军施行的所谓“着眼积极补充整理”的方针，虽然美其名为“为尔后反攻福州”作准备[①]，但实际并非积极备战反攻福州，而是保存实力，等待国际形势的变化。

1941 年 7 月以后，日军在福州“抽出兵力甚多，转运出海”，“闽江两侧地区的兵力合计人数约七千”[②]，另外附有大小战舰 16 艘、汽艇 20 余艘。8 月，盘踞闽江两侧地区的日军以福州为基点，以福清、长乐、连江为犄角，进一步收缩兵力，并企图扶植伪政权达到以华制华的目的。其陆军部队陆续调离闽海，而以海军陆战队及伪军部队填防。至 8 月中旬，日军在福建的总兵力已不足 5000 人。[③]

此时，国民党第一百军军部及直属团营、第七十五师都调往江西，新编第二十师调往湖南。福建的防务由第七十军接任。原第一百军所辖之第八十师改隶于第七十军建制。第二十五集团军重新调整了闽海防务：预九师接替新编第二十师，担任同安迄闽粤边的防务；保安纵队担任闽江南岸至南安海防，重点置于福清、长乐西北地区，控制福（州）长（乐）之敌，保安七团在闽侯上岐一带负责封锁闽江，马尾要港所属各部队控制水口；第八十师负责闽江北岸闽侯大目埕至大湖一线，第一〇七师担任坂头、日溪、小仓、寥沿以东地区作战并负责闽东海防。

国民党第二十五集团军决定在全线选择多数目标，各以精干的部队

① 参见《国民政府军令部战史会档案》，中国第二历史档案馆藏。

② 《国民政府军令部战史会档案》，中国第二历史档案馆藏。

③ 参见《国民政府军令部战史会档案》，中国第二历史档案馆藏。

于8月25日开始实施突击，借以侦察敌情并消耗敌人。闽江南岸，保安纵队以约5个中队的兵力于8月25日黄昏在福清行动，保安九团主力向县城突击，同时派出约一中队的兵力向里美、海口佯动，以威胁日军后路，26日一度收复福清[①]；在闽江北岸，第八十师第二四〇团第三营向甘蔗桐口突击，师搜索队向岭头突击；第一〇七师派出一个加强营向连江县城突击，以一连兵力向潘渡突击。日军纷向海口、长乐、福州城、连江城逃窜。全线突击后，第二十五集团军综合各方情报，判明日军有准备撤退的模样，决定发起反攻。

8月27日，第二十五集团军给各部队下达了反攻预备命令，全线反攻作战开始。在福清，保安纵队除对从福（州）长（门）海口退窜之敌继续跟踪截击外，主力向福清西北高地推进，展开于岭里、南宅至福宏公路地区，攻击福清城西的日军。30日、31日几度攻坚，未能奏效，日军仍凭借城郊工事顽抗。9月1日，反攻部队预备队加入战斗，敌军开始动摇。第二天反攻部队乘势再攻，于当晚克复福清县城，日军向福清海口和长乐溃退。9月3日，保安纵队收复海口。

在长乐，保安纵队开始仅派小部队对营前、尚干的日军进行侦察和搜索。9月2日，盘踞福清的日军大部被肃清后，保安纵队开始用主力向营前挺进，施行反攻并扫荡梅花、漳港的残敌。9月3日上午长乐光复，沿海残敌纷纷落舰溃逃。至此，闽江南岸的日军全部被肃清。

在福州，第八十师第二四〇团第三营占领了大脚山、大泡顶之线，并在桐口附近进出周旋。8月31日，便衣队混入福州地区和南台活动，日军极为恐慌。日本陆军第四十八师团兵力继续转运出海。9月2日，由于福清、连江频告危殆，福州之敌倍感威胁，益见混乱。此时，中国军队第八十师主力开始加入作战，以二三八团继二四〇团进攻福州城西，二三九团漏夜从大湖经下寮、岭头向北岭鼓山挺进，当晚攻占了桐口。3日清晨又相继攻下奶奶坪、湖顶山、岭头及福州西门外洪山桥。福州城

① 参见浙江省中国国民党历史研究组（筹）编印《抗日战争时期国民党战场史料选编》第1册，1985年内部版，第398页。

内日军动摇溃退。八十师又分向江边角、马尾进行超越包围，占领马尾、闽安镇西北高地，除扫荡福州市区残敌外，控制闽江口，并以一部向琯头追击。与此同时，二四〇团攻占了福州城区，中午又攻至南台。一部日军退踞鼓岭、鼓山一带顽抗。二三八团、二三九团则分别由福州和岭头向鼓岭、鼓山进攻，激战至4日清晨，将日军击溃。与此同时，马尾之敌亦经中国军队第八十师驱逐，落舰而逃。

在连江，第一〇七师三一九团加强营经浦口移向下洋附近，向潘渡进击，三一九团则由丹阳、下洋向连江城进击，9月2日攻占潘渡，同时克复连江城。日军纷向连江城东南的江南桥溃退，傍晚时分琯头日军400余人向江南桥增援，并出动飞机掩护，向一〇七师反攻，战至子夜，连江城复陷敌手。一〇七师转至东湖、幕浦一带，略作调整之后再次向连江城反攻，战至9月3日晨，再次攻占连江城。日军纵火焚掠，向琯头溃退。一〇七师三一九团迅速向琯头、长门及闽江口挺进，迫使残敌落舰逃遁。9月4日，三一九团主力到达长门，较牢固地控制了这个要塞。当天下午，敌伪500人乘4艘汽艇和10余只民船，在炮火掩护下于长门强行登陆以图反扑。双方激战至5日晨，日伪军终于完全被驱逐下海。至此，闽江北岸的日军被完全肃清。

闽浙沿海的作战，是1941年春天日军对中国正面战场的一个主要进攻作战。日军大本营策划攻占福州、连江、长乐等市县时，把进攻代号称为“福州作战”[①]。在“福州作战”中，中国军队牵制了日军兵力1.2万人[②]，占1941年中国战场牵制日军兵力682244人[③]中的1.8%。在整个“福州作战”中，中国军队阵亡军官83人、士兵2422人。[④] 这是福建抗日正面战场对世界反法西斯战争的一个贡献。能做出这种贡献的原因，除了广大爱国官兵具有强烈的抗敌御侮的决心和献身精神外，在福州及

① 日本防卫厅防卫研究所战史室：《中国事变陆军作战史》第3卷第2分册，田琪之、齐福霖译，宋绍柏校，中华书局1983年版，第114页。

② 《国民政府军令部战史会档案》，中国第二历史档案馆藏。

③ 蒋纬国编著《抗日御侮》第10卷，黎明文化事业股份有限公司1978年版，第44页。

④ 《国民政府军令部战史会档案》，中国第二历史档案馆藏。

附近县沦陷期间由中国共产党领导的敌后游击战争的广泛开展，也给予了有力的支持。

第二节　沿海沦陷区的抗日游击斗争

一　中共福建省委加强沿海的抗日武装斗争

福建沿海沦陷后，大胆适时地深入沿海前线，独立自主地大力发展人民武装，建立抗日游击根据地，是中共福建地方党组织面临的一个亟待解决的任务。早在1938年厦门沦陷后的5月22日，中共中央书记处就给长江局、东南分局发出指示："厦门失守，福州危急，福建沿海一带区域即将变为战区。请即指示闽粤赣省委、闽浙边省委派得力干部到这些地区指导工作，发展那里的游击战争，组织游击队与创立游击根据地"①。但是，由于王明的抵制与封锁，中共闽粤赣省委及不久后成立的福建省委"根本不知道有这一指示"②。同时也由于后来的不利形势，所以福建省委没能及时派得力干部到闽中、闽东沿海，大力动员、组织和武装群众，独立自主地发展人民武装，建立游击根据地。

1941年4月，在福州沦陷后不到10天，毛泽东、朱德等即发出了关于组织苏浙闽游击战争的指示，指出："敌占宁波、奉化、温州、福州，如系久占，你们应注意组织该地的游击战争。从吴淞，经上海、杭州、宁波直至福州，可以发展广大的游击战争。"③ 福建省委采取各种形式以最大的努力贯彻了中央这一指示。

福建省委这时是在极为困难的情况下开展敌后抗日游击战争的。第

---

① 《中央书记处给长江局、东南分局指示》（1938年5月22日）。

② 曾梅生：《对长江局领导时期福建党工作的基本看法》，《福建党史通讯》1985年第11期。

③ 1941年4月30日毛泽东、朱德、王稼祥、叶剑英关于组织苏浙闽游击战争致刘少奇、陈毅电，《毛泽东年谱（一八九三——一九四九）》（修订本）中，中央文献出版社2013年版，第329页。

一，由于国民党顽固派在抗战期间不断地向驻在闽北的福建省委机关和自卫武装发动军事围攻，使福建省委处于随时准备应付突然事变的状态中，因此当日寇入侵时，福建省委还处在反对国民党顽固派军事围攻的艰苦斗争中。第二，缺乏抗日武装的骨干力量。抗战初期，红军游击队整编为新四军北上，在闽北建松政和闽东地区留下的自卫武装极为少量，加上国民党顽固派在闽北、闽东、闽中制造了一系列反共摩擦事件，使共产党的组织和武装力量受到很大损失，增加了开展敌后抗日游击斗争的困难。

1941 年 4 月底，福建省委机关由江西上饶迁回邵武大王山。5 月，福建省委向下属各级党组织发出了《关于抗日游击战第一次指示》，指出日本打来后党组织不是精干隐蔽，而应大刀阔斧，利用形势，大力发展抗日队伍；“统一战线政策应以联合为主”，革命队伍“面目一面公开扩大政治影响，一面避免国民党之袭击，有时不要全部公开”；对国民党游击队一面积极争取，一面打击其反动；对伪军既要打击，又要利用他们发展自己。[①] 这个指示反映出了中共福建省委对开展游击战的重视以及为落实这项工作所采取的积极方针。

为了适应日寇占领福州以后的形势变化，加强对沿海地区开展抗日游击战争的领导，1941 年 5 月，中共福建省委派熟悉闽中情况的上饶中心县委书记黄国璋为军事特派员，随带军事干部林兆荣南下闽中，组织发展壮大抗日武装队伍，建立抗日据点。黄国璋到达闽中特委机关驻在地永泰后，即找到了省委委员苏华和闽南特派员李铁，在莆（田）永（春）边召开了闽中特委机关干部紧急会议。会议根据省委的指示并结合当时闽中地区的形势与特点，决定在日寇占领区，主要是福清中心县委活动的地区（辖福清、长乐、平潭县）和莆田沿海一部分被日寇占领的岛屿，执行从隐蔽方针转变为广泛发动群众，武装起来抗击日寇的方针，

① 参见《中共福建省委关于抗日游击战第一次指示》（1941 年 5 月），福建省档案馆、中共福建省委党史征委会闽浙赣办公室编《闽浙赣党史文件资料选编》（上），福建人民出版社 1987 年版，第 31 页。

利用抗日团体的合法地位开展活动；共产党的组织不公开，但党要掌握和组织抗日武装开展斗争。在国民党统治区，主要是莆田、永泰县和泉州县委活动的地区，继续贯彻执行隐蔽精干的方针，同时利用一切抗日的合法组织，广泛开展抗日救亡宣传活动，配合沦陷区的抗日武装斗争。会后，闽中特委分别向福清中心县委负责人陈金来、陈亨源以及莆田县委书记张伯庭、泉州中心县委书记许运伙等传达省委指示和特委干部紧急会议精神；另与隐藏在长乐国民党政府机关里的秘密共产党员刘润世联系，向他传达省委领导的指示并沟通他和陈亨源的联系。不久，闽中特委又在永泰凤洛突军山举办了一个短训班，各地的领导骨干共 30 多人参加学习，对提高认识、统一思想、开展武装抗日工作起了很好的推动作用。

闽中特委机关主要干部紧急会议是闽中党组织领导抗日游击战争的主要转折点，也是福建省委对沿海抗日武装斗争重视和加强的具体化。很快地，沿海地区抗日游击斗争蓬勃兴起。从 1941 年 4 月下旬至 6 月上旬，共产党组织领导闽海人民组建了 6 支抗日武装，计有：由地下党员刘润世为总队长的长乐县游击总队，由中共连江临时县委书记陈凯斌为队长的闽海人民抗日游击队、下洋抗日游击队，以省委候补委员陈金来为队长的福平沿海游击队第八中队，由林白领导的闽侯南屿游击队，以周裕藩、林慕增为首的平潭县“大富民众自卫团”（后改称沿海突击队）。此外，还建立了福清江镜游击队、莆田海上抗日游击队等，各支抗日武装总人数达 1600 多人，枪五六百支。共产党组织领导的这些抗日游击队的队员来自于贫苦的农民、渔民和船工，他们憎恨日军的暴虐，痛心于国土的沦丧，凭借熟悉而有利的地形，采取奔袭、巧袭、伏击战术，巧妙地打击日本侵略军。面对训练有素、装备精良的日本法西斯军队，游击队能动员数百甚至千名群众围歼日寇，屡次打胜仗，极大地振奋了全省人民的抗战信心。

1941 年 9 月，鉴于闽北的局势稍为缓和，同时为打通闽北与闽中的路线，南下开展抗日游击活动，福建省委又派省委宣传部长、军委会副主任王助率部挺进南平一带。但由于队伍经过顺昌、建阳交界的东坑头时遭土匪伏击，王助和支队长林兆荣不幸牺牲。而且这时日军也已从闽中沿海撤退，从此福建省委领导的沿海的抗日武装斗争也就转入了一个新的阶段。

二　长乐和连江抗日游击武装的建立及其斗争

福州第一次沦陷后，在闽中闽东沿海各地蓬勃兴起的各支抗日武装中，以长乐抗日游击总队最具特色也最为活跃。这支队伍是中共福建省委贯彻中共中央关于发展游击战争指示的产物。它先是由陈亨源领导的游击队与刘润世组织的游击队于 1941 年 5 月下旬会合而成，接着陈金来、周裕藩、张伯庭领导的福清、平潭、莆田各支抗日游击队于六七月间加入其中，从而形成一支具有合法地位的武装队伍。

长乐、福清沦陷后，中共福清中心县委（辖福清、长乐、平潭）根据闽中特委的部署，组织了抗日武装队伍。中心县委委员陈亨源在长乐县的南阳、首祉、江田等地，组织了一支有 40 多人的抗日游击队，在长乐与福清交界的福清海口区七社梨洞村建立了抗日据点。5 月上旬，盘踞在南竿塘的“和平救国军”司令张逸舟派遣其部下王克率伪军 70 多人，从河口登陆窜至七社一带妄图扼杀抗日游击队。抗日游击队闻讯，在敌伪必经之路的七社山中设下埋伏，袭击日伪军，迫使日伪军退到长乐三溪乡。伪军不甘失败，又组织了 100 多人，由其参谋长邱玉霖带领，伺机进攻抗日游击队。陈亨源命令共产党员陈亨光率领游击队和群众武装 70 多人，赶往三溪，主动截击日伪军，同时发动南阳、江田、首祉等一带群众 1000 余人前往支援，打死日伪军 30 多人，缴获驳壳枪、步枪 60 多支，手榴弹几十枚，大刀 4 把，活捉了邱玉霖及其骨干 4 人，给日伪军以沉重打击。

5 月中旬，日军 100 多人窜入江田一带“清乡”，驻在三溪乡小学。陈亨光带领游击队员 100 多人，潜伏到三溪小学后山，突从围墙外袭击，当场毙敌 3 名。附近各乡群众也同时鸣锣打鼓，放鞭炮助威。日寇仓皇后撤。这是闽中党组织领导的抗日武装对日寇直接作战的第一仗，打破了“皇军不可战胜”的神话，震动了全县。

当中共闽中特委直接领导的抗日游击队在长乐开展活动时，另一位早已在长乐工作多年的共产党员刘润世以另一种名义，也积极筹建长乐抗日游击队。刘润世是福建省委直接领导下的秘密党员，于1938年到长乐县社训总队任军训教官。1940年全省各县成立国民兵团，隶属省军管区司令部，他由军训教官改任国民兵团副团长，负实际责任（国民兵团团长由各县县长兼任）。刘润世以公开的身份为掩护，在全县的军事教育中，不搞一般的壮丁训练，而是集中力量发现和培训骨干，为进行游击战作准备。这为日军入侵后，长乐能很快地建立起一支有力的抗日游击武装奠定了坚实的基础。

福州及其附近地区沦陷后，福建省保安纵队曾计划“先反攻福清，再乘胜取长乐”[①]。但在实施这一计划时，由于“福州日军渡乌龙江在塘前登陆夹攻”[②]，反攻受挫。省保安纵队终于认识到“福清、长乐并不是一手即可抓下的，要作长期打算”[③]，于是拟订了在沦陷各县建立抗日游击总队的规程。保安纵队司令黄珍吾出于对刘润世的好感，例外任命刘润世担任长乐游击队总队长。这为共产党以合法的名义建立一支抗日游击武装力量提供了方便条件。

1941年5月，闽中特委派蔡文焕到长乐南阳、罗都，向陈亨源、刘润世等传达省委关于放手发动群众，组织抗日武装，建立抗日据点，开展抗日武装斗争的指示和闽中特委主要干部紧急会议的精神，沟通了刘润世与陈亨源的组织关系。刘润世邀请陈亨源到罗都东林寺会晤，详细探讨了有关抗日问题，共同商定：（1）陈亨源领导的游击队名义上接受省保安纵队司令部的领导，对外行文署“长乐县游击总队”，对内仍用

① 刘润世：《一九四一年长乐抗日游击纪实》，中国人民政治协商会议福建省委员会文史资料研究委员会编《福建文史资料》第11辑，1985年，第26—27页。

② 《国民政府军令部战史会档案》，中国第二历史档案馆藏。

③ 刘润世：《一九四一年长乐抗日游击纪实》，中国人民政治协商会议福建省委员会文史资料研究委员会编《福建文史资料》第11辑，1985年，第26—27页。

“长乐抗日游击总队”；（2）以刘润世代县长的名义向民间借用步枪，政府出款购买机枪，做到一人一枪、一班一挺机枪；（3）游击队的编制，区设大队、乡设乡队，分为常备队与后备队两种，分别采取脱产与不脱产的办法。

会议确认刘润世为县游击总队总队长。为了便于与省保安纵队司令部接洽，长乐县国民兵团督练员林宝荣被推为总队副，同时兼任第一大队队长，共产党员陈亨源则担任第二大队队长。两个大队分别在赤屿、黄石、玉田和江田、三溪、松祉各建三队。六七月间，陈金来领导的福清海口游击队、周裕藩领导的平潭“大富民众自卫团”，以及张伯庭领导的莆田海上抗日游击队，根据闽中特委的指示，先后到达长乐，合并入长乐抗日游击总队，并组成第三大队，由陈金来担任大队长。长乐抗日游击总队具有合法的地位，由于解决了统一领导的问题，也解决了武器、后勤的供应问题，很快发展为一支1000余人的队伍，从而推动了长乐、福清、闽侯一带抗日武装斗争的发展。

长乐山少林缺，这种地理条件给开展游击战带来许多不利因素。日军在长乐驻有一个加强营，兵力约六七百人，武器精良。游击队的装备远不如日寇，但在袭击日寇的斗争中仍然取得了很大战果，其中较为有影响的是三溪江田袭击战和琅尾港伏击战。

1941年6月上旬，日寇出动步兵200多人，配有重机枪、骑炮等重武器，沿着古槐大道向三溪江田一带进行第二次“清乡”。长乐抗日游击总队刚组编，又与福清游击队汇合，士气旺盛，得悉情报后立即研究对付办法，决定以福清游击队为主力，将队伍埋伏在三溪后山的树林子里。当日寇走到三溪村外的田埂上时，抗日游击队突然以机枪从背后猛烈射击。日寇仓皇抵抗，以骑炮和重机枪向山麓游击队阵地轰射。双方相持1个多小时，抗日游击队主动撤到下游村休整，日寇向江田逃窜。

游击队撤出战斗后，决定连夜对日寇再行袭击。游击队挑选了50余名队员，摸黑潜入江田附近的南山村，隐蔽在南山玄帝寺内。同时发动和组织古槐、屿头、沙京等乡抗日后备队准备袭击逃窜的日寇。而日寇撤往江田时，于半夜时分转移到南山村，恰与游击队埋伏地仅一条公路之隔。由于夜黑和疲劳，彼此均未发现。拂晓，游击队发现了敌人，情况十分危急。日寇也同时发现了游击队，匆忙撤出南山村，往县城逃跑。这时，各乡后备队按计划沿途袭扰敌人。游击队乘机活捉汉奸伪区长陈德灼，当场斩首示众，从此日寇再也不敢到江田“清乡”了。

日寇两次对江田“清乡”失败后，为了防止游击队扩大活动范围，在玉田至罗都的大道要口挖了一条壕沟，上设铁丝网，企图切断江田到玉田间游击队的联系。工事完成后，日寇马（尾）营（前）地区守备司令官田中岛中佐亲率 100 多兵力，分乘 2 艘汽艇前往玉田视察。驻大溪乡的长乐游击总队侦悉这一消息，即研究伏击方案，决定精选 48 名熟悉地形、英勇善战的游击队员，编成 3 个班，乘夜进入琅尾港埋伏在敌艇必经的南岸边橘林里，待机出击。晚 10 时许，日寇汽艇驶入游击队的伏击圈。游击队突然猛烈射击，日寇乱成一团。游击队迅速冲出橘林把几十颗手榴弹扔向敌艇。日寇纷纷跳水逃命，陷入泥淖，脱身无术，被游击队一一歼灭。琅尾港伏击战是福建抗日游击战中战果最为辉煌的一次作战。这一仗毙敌 42 人，日寇田中岛中佐及分队长村野均被击毙，而游击队无一伤亡。从此，日寇再也不敢越出长乐县城之外，游击队控制了全县大部分地区。

1941 年 9 月 1 日，日寇从福州地区相继撤走，长乐游击总队得悉情报，积极组织反攻。陈亨源率游击总队第二大队，林宝荣率第一大队，分别由东、南两个方向直插县城。① 此时，省保安纵队负有收复长乐之责的第四团虽然也得到第二十五集团军“以主力速向长乐营前方面挺进”② 的命令，却行动迟缓。而长乐游击总队行动神速，于 9 月 3 日迅速光复了长乐县城，并将“维持会”主要汉奸全部抓获。7 月 22 日，日寇到福清东张“扫荡”，驻海口的日寇派出 200 多人驰援。长乐游击总队福

① 参见刘润世：《一九四一年长乐抗日游击纪实》，中国人民政治协商会议福建省委员会文史资料研究委员会编《福建文史资料》第 11 辑，1985 年，第 32 页。

② 《国民政府军令部战史会档案》，中国第二历史档案馆藏。

清分队得悉情报，立即分兵埋伏在日寇必经的骑岭亭山地上袭击，战斗相持8个小时，击毙日寇4人，击伤十几人。日寇耗费炮弹200多发、子弹数万发，终未能进至东张。

长乐抗日游击队的英勇斗争事迹在福建抗战史上留下了绚丽的一页，它的成功经验也留下了深刻的启示。这支队伍能够迅速组建并成长为具有坚强战斗力的抗日武装，其原因是多方面的。主要的原因，一方面是由于日军进占福州，国民党顽固派对于福建共产党组织的进攻相对缓和，中共福建省委适时地利用了这一有利于抗战的时机，组建并发展抗日游击武装。另一方面，中共福建省委能够坚持与发展抗日民族统一战线的立场与方针，运用正确的策略，实行合法与非法相结合的方式，领导这支抗日武装以合法、公开的面目积极地开展敌后抗日游击战争，获得了人民群众的拥护和支持，从而保证了队伍的壮大与发展。

在沦陷区兴起的抗日游击战中，连江游击队是取得较大战绩的另一支队伍。1941年4月19日，连江首次沦陷后，中共福（清）长（乐）平（潭）中心县委领导下的连江马透中心党支部，根据福建省委关于实行抗日游击战争的指示精神，组建了连江抗日游击队（后改称“闽海人民抗日游击队”）。游击队下设两个中队：第一中队50多人枪，中队长陈凯斌、指导员林广，主要活动在丹阳一带山区；第二中队120多人枪，中队长梁仁钦、指导员邱惠，主要活动在长龙、下洋、浦口一带。此外，连江东湖敖江凤尾村、琯头等乡镇也先后建立了几支小规模的抗日游击队。

游击队刚成立时，仅少数人有枪，他们通过各种渠道筹措武器。除了与国民党下洋乡长陈乃敏合作，由他那里得到了一些步枪，同时又从驻连江的第七十五师散兵那里得到了1挺机关枪和26支步枪，以及一些子弹和手榴弹，还通过内线关系，雇人将省保安纵队从连江撤退时扔在上山村池塘中的步枪打捞起来；此外又筹款买了一些枪。这样，逐步解决了枪支弹药不足的困难。游击队的活动范围逐渐扩展，组织也日益健全。连江县抗日游击队的发展引起国民党顽固派的忌恨，他们不断制造反共摩擦。连江县长陈拱北假借商谈的名义，扣留了连江抗日游击队第二中队的领导人梁仁钦，并将他杀害于罗源县王坂百丈村。梁仁钦牺牲后，由陈妫郁接任中队长。游击队队伍仍不断壮大，中队下设立了分队，同时还增设了驳壳枪装备的特务排。

1941 年 5 月底，日军退踞连江县城，并在外围不断派出小部队进行武力搜索，同时准备扶植伪军。业已组建和壮大的连江抗日游击队发挥了积极作用，予日寇和伪军以沉重打击。6 月初，一股海匪从南竿塘上岸，准备投靠塔头汉奸队。游击队埋伏在鹿池兰峰岭截击，俘虏 6 人，缴获机枪 1 挺、步枪 5 支。7 月中旬，国民党守军袭击了驻扎在连江县城郊的日军，3 天后当伪军前来救援时，游击队攻打了驻扎在黄土坪、观音亭两处的塔头汉奸队和琅岐汉奸队，毙敌 5 人，缴枪 10 余支、子弹 300 多发，迫使伪军连夜逃回浦口。

游击队果断的行动引起了日寇、汉奸的惊恐。日寇驻连江最高指挥官原田亲自带领日军主力部队下乡“讨伐”。游击队经过多次侦察，摸清了日寇的行动路线。7 月间，下洋游击队与东湖游击队协同，埋伏在山岗村的半山腰。当原田骑着高头大马率领 200 多个日伪军来到时，被游击队一枪打下马。日伪军慌忙向丹阳镇撤退。原田被击毙后，日寇出动数架飞机，连续三天对下洋乡狂轰滥炸，接着又出动百余人扫荡下洋乡，焚烧民房，掠杀妇女，洗劫百姓财产。

游击队并不为日寇的残暴所吓倒，而是越战越强，其斗争很快地又转入了一个新的阶段。1941 年 8 月中旬，连江县城近郊凤尾村陈阿丹所带领的一支 10 多人的游击队袭击日寇设在凤尾村的哨所，打死日寇 6 人，缴获步枪 5 支。8 月底，东湖游击队配合国民党第一〇七师一个连围攻驻扎在东湖村头尼姑庵内的日寇一小分队，全歼这股日寇。

8 月底，日寇由汉奸金银弟带路，准备再次侵扰下洋乡。游击队事先得到了浦口秘密交通站的报告，立即布置迎战，并派人与国民党第一〇七师驻扎在下洋乡的三一九团联系，协同作战。130 多名游击队员埋伏在下洋乡前面海拔 700 多米高的乌岩山顶，第一〇七师三一九团一部分士兵则陈兵在对面的月爿山上。当日寇进犯部队前锋抵达观音亭千人饮时，进入了游击队的火力圈。游击队第二中队队长陈妫郁一声令下，山头两边的机枪突然打响。日伪军受此一击，晕头转向，骑马的日寇指挥官当场毙命，4 个打头阵的日寇士兵也一命呜呼。日伪军狼狈地退下山，转用大炮轰击游击队阵地。而此时，游击队则已经撤到山后休息。待敌人炮声一停，游击队立即向山下冲去，敌人溃不成军，急忙退回浦口。千人饮之战，共歼日寇 16 人，缴获三八大盖枪 10 多支、子弹几百发。随后，游击队又乘胜袭击了伪军琅岐队的驻地浦口陈氏祠，迫使伪军纷纷逃离浦口，为日后光复连江城打下了基础。

1941 年 9 月 3 日，连江县光复。国民党连江县政府要把游击队编为保安队，企图以此吃掉共产党的武装力量。游击队没有同意。此后大部分队员疏散回去，武器封存起来，转入了秘密活动。十几个游击队骨干一度加入了保安队，在保安队士兵中秘密进行抗日宣传活动，鼓动士兵的爱国热情。以后这些士兵在驻扎筱埕期间，多次英勇抵抗日寇的进攻，先后打死日寇 10 多人，缴获 1 挺六五式机枪。

福州地区沦陷后，中共福建省委组织和领导了沿海人民的抗日游击战争，屡次挫败训练有素、装备精良的日军，振奋了全省人民的抗战意志，为全民族的抗战做出了不可磨灭的贡献。

第三节　克服严重困难，争取抗日形势的好转

一　中共福建省委关于“武装退却”的思想

中共福建省委所领导的广大地域都属于国民党统治区，这一地区无论对于国民党和共产党，都是重要的战略据点，因此斗争一直十分尖锐复杂。抗日战争进入相持阶段以后，特别是皖南事变以后，当与日寇作战形势紧张时，国民党顽固派对福建省委所领导的地区的共产党力量，

就暂时放松进攻；一旦对日寇作战形势趋于缓和时，就以数十倍于共产党武装的兵力加紧“清剿”。而这时，中共福建省委同党中央和华中局的联系又总是处于一种时断时续的状态中，常常不能及时得到上级领导的指示和帮助。因此，在复杂而又险恶的环境中，怎样根据国际、国内形势的变化和敌、友、我三方力量消长情况决定斗争政策和策略，执行党中央在抗战时期的政治路线，正确运用民族斗争与阶级斗争一致性的理论，坚持抗日民族统一战线，粉碎国民党顽固派的进攻，保存和扩大革命支点，是福建省委面临的艰巨任务和迫切需要解决的课题。在具体的实践中，通过不断地摸索和总结，中共福建省委按照中共中央关于抗日民族统一战线的一贯原则和关于国统区实行隐蔽精干的方针，从福建的实际出发，果断地采取了“武装退却”的策略，从而达到隐蔽和积蓄革命力量的目的。

所谓武装退却，“是由战争到非战争的退却”①，是从以战争为主要斗争形式转变为以非战争（政治、经济、思想等）为主要斗争形式的策略转变。实行武装退却，并不否认一定条件下和一定范围内的武装斗争，因而需要有必要的自己武装，以一定数量的自卫武装为后盾，在必要时遵照“有理、有利、有节”的原则进行局部进攻和武装自卫。

武装退却的策略思想是福建省委执行党中央“隐蔽精干”方针的产物，从它的确立到成熟，是一个渐进的过程。抗战初期，闽北、闽东、闽中等地红军游击队编入新四军北上后，闽赣特委和闽东特委从保持党在“南方战略支点”的战略出发，在农村基本地区留下了少量自卫武装，并根据党中央和东南分局的指示，在基本地区迅速地转入隐蔽，为以后坚决灵活地执行掩蔽精干方针开了一个好头。

抗日战争进入相持阶段后，国民党顽固派的反共军事摩擦不断发生。为了适应这一变化的形势，在恶劣的环境下坚持长期斗争，福建省委于

---

① 《福建党九年斗争总结（草案）》（1947年1月15日），福建省档案馆、中共福建省委党史征委会闽浙赣办公室编《闽浙赣党史文件资料选编》（上），福建人民出版社1987年版，第409页。

1939 年 7 月召开第一次党代会。会议根据党中央指示和毛泽东关于统一战线策略的报告，正确分析了形势和任务，比以往更为明确地提出了"利用敌人打击敌人，利用落后推动进步，依靠非法争取合法"[①]的斗争策略。但由于代表大会召集匆促，思想也未成熟，因而没有提出实行退却的口号。大会决定重建并壮大自卫武装，省委在原有武装基础上，在建松政、闽东、闽中、闽西北等地建立或充实自卫武装。另外，为了加强军事工作，又于 1940 年 9 月成立了以省委书记曾镜冰为主席的军事委员会，统一领导各地自卫武装。

1940 年 10 月，中共中央东南局召曾镜冰去皖南云岭，研究东南局随新四军撤至江北后，东南各省国统区共产党组织的工作问题，指示福建省委"背靠山头，面向群众"，尽快撤退红干部，开展审干等各项工作。此时，毛泽东于 1940 年 5 月 4 日为中共中央起草给东南局关于在国统区实行"长期埋伏，积蓄力量，以待时机，反对急性和暴露"的方针的指示也转达了福建省委。11 月，中共福建省委在崇安村头召开常委扩大会，研究如何贯彻中共中央东南局关于《反对敌人第二次反共高潮及实行掩蔽精干政策》的指示。会议总结了上一阶段与国顽进行反摩擦斗争的经验教训，指出在当前"我们力量不足与统一战线环境不能发动公开游击战争"，同时强调战略退却中必须坚持武装斗争，"应实行武装的组织的掩蔽精干政策"；同时认为"'打'只有增加摧残，而应以躲来避免摧残，只当被敌摧残不得已时，再做必要的'打'"。[②] 会议号召各级党组织在顽固派的进攻面前进行斗争，避免被摧残，保持有生力量。崇安村头会议标志着"武装退却"作为反顽自卫斗争的策略，已被福建省委比较明确地提出来了。

---

① 《福建党九年斗争总结（草案）》（1947 年 1 月 15 日），福建省档案馆、中共福建省委党史征委会闽浙赣办公室编《闽浙赣党史文件资料选编》（上），福建人民出版社 1987 年版，第 376 页。

② 《福建党九年斗争总结（草案）》（1947 年 1 月 15 日），福建省档案馆、中共福建省委党史征委会闽浙赣办公室编《闽浙赣党史文件资料选编》（上），福建人民出版社 1987 年版，第 381 页。

村头会议后，福建省委“将一般号召，万急地转达到各地”[1]，省委机关人员和自卫武装也进行了分散隐蔽：周觉华率领一部分自卫武装到邵（武）顺（昌）边进行筹款，汪林兴带领部分自卫武装留在基本地区的岭头一带进行游击活动，曾镜冰、王助带领少数警卫队在村头、长涧源一带活动，俞雅鹿带领马列主义研究班和通讯队到崇（安）铅（山）边的大山中隐蔽，王文波率领西南工作团到桐木关一带发动群众，创造隐蔽根据地。但是，以隐蔽精干为目的的躲击策略毕竟是一个不同于过去的策略，对于武装搞起来以后如何运用军事手段反击国民党的进攻还不明确，正如曾镜冰所说，“搞了武装隐蔽精干，但发展了怎么办，也未得到解决”[2]。对于各级领导机关来说，认识领会这一策略和斗争经验的形成也都需要一个过程。

皖南事变后，国民党顽固派对闽北基本地区进行大规模的军事进攻，即第一次“清剿”，重点围攻福建省委机关驻地和建松政地区。在顽军进攻之前，省委机关干部和游击武装分散五路隐蔽于闽赣边界地区，以“躲”的办法避免了与顽军的正面冲突。同时，在顽军到来时，又发动群众以合法形式与顽军进行斗争，因此省委机关没有受到大的损失。而建松政特委曲解退却策略，作出了“埋枪分散隐蔽”的错误决定，致使整个地区党组织和游击队濒临解体。省委机关驻地的成功和建松政特委的失误留下了许多深刻的启示，大大丰富了福建省委同志的认识。

1941 年 10 月，中共福建省委收到了华中局转来的中共中央书记处 1941 年 7 月 7 日的指示。这项指示要求省委“要坚决执行中央历次指出的精简短小与积蓄力量及隐蔽政策的指示”，“应坚决而且迅速的撤退红干部，撤退的方向是沦陷区、军队民团土匪中、基本地区、新四军活动

① 《福建党九年斗争总结（草案）》（1947 年 1 月 15 日），福建省档案馆、中共福建省委党史征委会闽浙赣办公室编《闽浙赣党史文件资料选编》（上），福建人民出版社 1987 年版，第 381 页。

② 曾镜冰：《1931—1949 年的闽北革命斗争》（1958 年 12 月 28 日），福建省委党校馆藏资料（2—0184）。

区域，但应着重地派遣到沦陷区军队中与基本地区去工作”。这时，华中局也指示福建省委“要武装实行隐蔽精干，如隐蔽不了就转移，转移不了就打，如打不了或转移不了还是隐蔽”①。党中央和华中局及时而明确的指示，对于福建省委制订下一阶段的工作方针与策略有直接的指导意义。

同年 10 月，为了总结经验教训，福建省委在建阳牛栏前村召开扩大会议。根据实践摸索，会议对于正确处理隐蔽精干和坚持武装斗争的关系统一了认识，认为没有武装会受损失，而过于公开的武装斗争容易招致打击，因此决定实行“有步骤、有计划、有组织的转变到以秘密工作为主的斗争形式，武装则藏起来进行掩蔽秘密工作，需要自卫时再拿出来”②。这次会议已显示在党中央和华中局的及时的指导下，在斗争实践中，福建省委对“武装退却”的策略思想逐步丰富和完善，已趋于成熟。

1941 年底前后，中共福建省委作出了《关于基本地区的工作指示》③，明确指出基本地区的具体环境是处于广大的国民党统治区域中间，国民党以强大的武装不断地向基本地区进攻，摧残共产党与群众。因此“基本地区党的基本方针是在长期埋伏积蓄力量以待时机原则下，组织掩蔽，避免打击，武装掩蔽以转移地区。不能掩蔽与转移的，条件在有利有理有节原则下，展开游击战争粉碎敌人进攻”；武装斗争“主要目的是争取生存，保卫基本地区，不是一般的开展游击战争，所以应采取躲击战术”。此外，还对党组织工作的具体步骤和各种具体策略做了明细、周全的指示。

---

① 曾镜冰：《1931—1949 年的闽北革命斗争》（1958 年 12 月 28 日），福建省委党校馆藏资料（2—0184）。

② 《福建党九年斗争总结（草案）》（1947 年 1 月 15 日），福建省档案馆、中共福建省委党史征委会闽浙赣办公室编《闽浙赣党史文件资料选编》（上），福建人民出版社 1987 年版，第 388 页。

③ 此文件成文时间，初步判断为 1941 年 12 月至 1942 年 2 月间。福建省档案馆、中共福建省委党史征委会闽浙赣办公室编《闽浙赣党史文件资料选编》（上），福建人民出版社 1987 年版，第 37 页注①。

福建省委的这份文件表明，1940年11月崇安村头会议提出的“武装的组织的隐蔽政策”，经过一年的实践和总结，至此已大大完善和成熟了。武装退却的主要斗争形式后来又被总结为“合法与武装斗争结合”。这使得武装退却的策略更具体化，也更理论化了。它的主要原则是：以群众的合法斗争掩护武装的非法斗争，又以武装非法斗争做群众合法斗争的核心和后盾；以政治斗争掩护武装斗争，以武装斗争支持政治斗争，以政治为主，以军事为辅；以躲为主，以击为辅，敌进我退，此堵彼出，一躲一击，击了以后又要躲起来，改变游而击、击而游的战术。

以“合法与武装斗争结合”为主要斗争形式的“武装退却”策略是积极的退却路线。它的形成和发展深刻地体现了中共福建省委执行党中央路线方针的坚定与灵活。它的贯彻实行，使福建省委成功地渡过了艰难险恶的历史时期。1941年至1943年，国民党顽固派3次以百倍于福建省委自卫武装的兵力，对福建省委及其基本地区发动了极其野蛮残酷的“追剿”“堵剿”与“搜剿”。福建省委“勇敢地采取新的斗争方式与方法”①，也就是上述合法与武装结合的策略，不仅打破了顽固派一次又一次的“清剿”，而且保存了福建党组织，保存和壮大了党的有生力量，保持和发展了人民武装，并把工作的地区扩大到闽台浙赣各地。

1944年，当反顽自卫斗争已经四个年头之际，福建省委总结自己果断地转变同国民党顽固派斗争的方式方法，实行积极的退却路线，在艰难险阻、错综复杂的环境中取得成功和有所创造的经验时，认为这是由于“中央政策的活力”，福建省委“全体同志为党顽强斗争的精神”，以及“福建党与福建人民的结合”。②历史也证明了这个中肯的结论是经得

① 《福建党九年斗争总结（草案）》（1947年1月15日），福建省档案馆、中共福建省委党史征委会闽浙赣办公室编《闽浙赣党史文件资料选编》（上），福建人民出版社1987年版，第368—369页。

② 《中共福建省委关于我们四年来的斗争》（1944年），福建省档案馆、中共福建省委党史征委会闽浙赣办公室编《闽浙赣党史文件资料选编》（上），福建人民出版社1987年版，第164页。

住检验的。

二　闽西南党组织克服严重困难的斗争

1941 年，在中共福建省委和闽西、闽南特委分别领导的福建南北片地区内，由于国民党顽固派不断制造反共屠杀事件，抗战开始后一度出现的相对和平的局面结束了。自此至 1943 年，是福建各地区共产党组织及其领导下的抗日武装力量最为艰难的时期。

从整个形势上看，闽西、闽南、闽北、闽东普遍出现最困难局面的主要原因是由于国民党顽固派反共活动的强化。1940 年 9 月，日本在与德国、意大利签署三国公约之后，为了进一步策划“南进”，对国民党政府加强军事压力和政治诱降，促使国民党投降反共的倾向大大增加。11 月，国民党军委会宣布“反共为今后之主要任务”[①]。1941 年，日本“南进”方针最后确定，为走向太平洋战争铺平了道路。由于国际形势的变化，抗战以来一度淡漠的中美关系出现了新的转机。1941 年 4 月，美国军事援华开始。从此，国民党政府出于其维护大地主大资产阶级利益的本性和自恃美国的援助而急欲削弱中共领导的抗日力量的企图也进一步暴露。太平洋战争爆发后，国民党更是冀图依靠美国的力量打败日本，而集中自己的力量对付国内的民主势力，以巩固国民党的一党专政。这样，国民党顽固派除在敌后不断挑衅摩擦外，在国统区也加强了法西斯特务统治，极力破坏共产党组织，肆意捕杀共产党员和进步人士，掀起第二次反共高潮。

在这样的国际国内背景之下，在福建以 1941 年初的“闽西事变”[②]和国民党对闽北第一次“清剿”为转折标志，国民党顽固派的反共活动由以往在各处不断制造摩擦事件而升级为在闽西、闽南、闽东北各处成立“清剿指挥部”，对闽西特委、闽南特委、福建省委领导机关及其基层党组织，对曾在第二次国内革命战争时期建立过苏维埃政权、抗战时期

---

① 转引自黄文岚：《抗日战争时期的“和平”运动》，解放军出版社 1988 年版，第 352 页。

② 关于“闽西事变”的情况详见本书第十一章第三节第三目。

保存有一定数量自卫武装的农村基本地区，采用军事的、政治的、经济的各种办法进行“围剿”。

为了适应变化的形势，在恶劣的环境下坚持长期斗争，福建各级共产党组织在贯彻执行中共中央关于在国统区“隐蔽精干，长期埋伏，积蓄力量，以待时机”的斗争方针中，如何勇敢而机智地对付国民党顽固派一次又一次凶残的“剿杀”，是一个重要的课题。

在闽西，1941 年秋，国民党重新进行了反共部署：“闽西事变”前，以进攻新四军战士家乡为目的而在龙岩成立的福建省保安第一指挥所，由王成章取代梁为焯担任指挥官；把龙岩、上杭、连城、武平四县划为第一“清制”区，永定县划为第二“清剿”区，分别以省保安第十一团和第八团为主力，县自卫队、警察给予配合进行“清剿”。王成章扬言“要在一年内剿灭闽西共产党”。

国民党顽固派实行军事“清剿”的重点是进攻中共闽西特委和各县委机关。8 月中旬，中共龙岩县委坑头交通站受到保安团武装袭击。龙岩县委机关驻地东肖芹寨山被包围袭击，县委书记吴作球率众突围。接着，永定县委机关驻地西溪七桥受到保安团武装进攻。为了保卫县委机关安全，牵制敌人，永定金丰区委基干队与闽西特委妇女部长张昭娣带领特委基干班配合，拦夺顽军军粮，吸引进攻西溪的顽军，保证了县委机关的安全转移。9 月下旬，由于交通员被捕叛变，闽西特委机关驻地龙岩十八湾油房坑遭到保安十一团章汤铭营的武装袭击，特委书记王涛①不幸中弹牺牲，特委机关人员和基干队在特委委员陈卜人的指挥下突围。王涛的妻子张子芳在危急之际，不顾个人安危，解下王涛身上的公文包，然后撤出，随基干队安全转移。

为了从政治上瓦解共产党，国民党顽固派在强化军事进攻的同时，

---

① 王涛，湖南省江华县人，大革命时期加入中国共产党，留学苏联中山大学，回国后曾任湘南特委书记，后参加长征到达陕北。抗战初期被派回湖南，再次任湘南特委书记及湖南省委组织部长等职。1941 年 1 月调任中共中央南方局南方工作委员会委员兼闽西特委书记，牺牲时年仅 33 岁。

转而采用了“三分军事，七分政治”的办法，以欺骗宣传、威胁“自新”、利用叛徒、收买内奸等恶毒手段对付共产党组织和革命群众。他们张贴布告，开列谢育才等510人名单，限半个月内办理“自新”，过期则用兵“痛剿”。

在国民党顽固派疯狂的“清剿”中，闽西共产党组织和老区人民遭到重大损失，县级干部牺牲5人，区支级干部牺牲10余人，党员及革命群众被捕700余人，被杀害100余人。基点村群众的财物被抢掠一空，一些基点村被顽固派军队占领，群众被迫离乡背井。由于没有提前对一般党员作妥善的布置或必要的防范，造成被动局面，以致有50%以上的党员“自新”。统战人士也有小部分被杀害，大部分受到监视。

由于这一时期的严重局势，闽西地区的共产党组织内产生了错误的认识。一些同志认为国共两党已经分裂而过分强调武装斗争，忽略了采用其他各种形式反击国民党顽固派；有的同志因为部分乡村共产党组织和群众的势力相对强大而不适当地采用土地革命时期打土豪的方式来对付顽固势力。但是，中共闽西特委清醒地认识到，国民党顽固派的反共活动虽已达到极其严重的地步，但是民族矛盾仍然是主要矛盾，因此不管斗争环境如何艰难困苦，必须始终坚持党的抗日民族统一战线，一面继续进行抗日救亡工作，一面对顽固派坚持进行有理、有利、有节的斗争；在必要时实行武装自卫，采取灵活多变的策略给敢于来犯之顽军以一定的打击。1941年10月，闽西人民武装工作队配合基干民兵共50多人，在永定大阜乡严惩当地反共头子郑良坤，镇压了上一年杀害马永昌的两名凶手，迫使顽军退出基点村。

在反顽斗争中，闽西特委以保存党的组织和党的干部为首要任务。各县区干部大部分撤退上山隐蔽，随后又将撤出的一部分干部派去开辟新区，另提拔年轻的、没有暴露的干部去恢复被破坏的区乡党组织。中共南委还抽调重要的骨干刘永生、马发贤、吴作球、张昭娣、张子芳、钟骞、黄月英等到粤东学习，既保护了这些骨干的生命安全，又提高了他们的政治理论水平。对于国民党顽固派的自新政策，中共闽西特委一方面及时地向各县、区委机关发出《关于应付奸顽瓦解我们的新方策的指示》，要求各级组织采取适时的政策，在党员和基本群众中加强阶级教育、气节教育，揭穿“自首”政策的反共本质。接着又发出《关于深入讨论中央关于增强党性的决定的指示》，要求各级负责干部和全体党员普遍深入地开展党性教育，坚定立场和革命信念。另一方面，对自新分子采取稳妥的措施，防止其叛变。此外，建立秘密的第二套组织，以对付顽军，减少中共闽西特委干部和基本群众损失。

由于中共闽西特委采取正确的反顽斗争的策略，各项有关措施周密而得体，因此经过各级党组织和老苏区人民的英勇斗争和机智应付，到了1941年底，反对国民党顽固派的斗争取得了基本胜利。在斗争中保存了各级主要干部，保存了老基点和武装，开辟了部分新区；保存了与基点群众的血肉联系；保持了与统战人士的往来；挽回了90%的自新分子；瓦解了反共顽固势力组织的业主收租团和老民团，并争取了其中的大部分，使之同情于进步势力。①

在闽南，1941年夏秋之间形势再度紧张。闽南反共头子、第五区保安副司令汤涛，纠集地方保安队，对漳浦境内的靖和浦中心区域、梁山老苏区基点村以及诏安乌山基点村进行猖狂的军事“清剿”。这年春天撤退疏散的共产党干部和老苏区群众垦殖的田地，被插上“匪田”标签，已成熟的稻谷、甘薯被抢劫一空，未成熟的作物被践踏无存。与此同时，顽军大搞政治诱骗，限令基点村群众下山自新。他们驻兵平和、后寮等地，白天搜山，晚上查户口，逮捕革命群众，摧残家属，强迫移民并村。在这样的形势下，闽南各级党组织的处境十分险恶，活动地区日益缩小，经济愈发艰难。个别干部经不起严酷环境的考验而动摇、叛变。这些叛变投敌分子带领反共武装搜捕和杀害党的各级干部，收缴闽南党组织的武器文件，破坏党的组织，给闽南地区的革命活动造成了严

① 参见《闽西南在第二次反共高潮时期内工作的总结》（1941年11月），福建省档案馆、广东省档案馆编《闽粤赣边区革命历史档案汇编》第4辑，档案出版社1989年版，第193页。

重的损失。

在险恶、复杂的环境中，如何坚定而灵活地贯彻中共中央关于在国统区的工作路线，中共闽南特委及各县县委经历了曲折的过程。1941 年初，当顽固派疯狂进攻乍起，闽南各地的党组织被迫实行武装自卫，集中 50 多名武装与顽军打了 12 次仗，并准备继续发展武装，“武装斗争有进一步扩大的趋势”①。方方代表南委肯定老苏区、老游击区必须实行武装自卫，没有武装等于送命；同时指出，由于力量的悬殊，在国统区没有可能建立独立的、大的军事区域以发展武装，而且主要基点村都驻有保安团，顽固派反共气焰嚣张，致使群众受摧残、中间人士受打击、党内有一些意志薄弱者动摇叛变。在这样的形势下，应以保存党的骨干和党的组织作为工作中心，实行埋藏生产的方针，隐蔽地掌握群众，教育群众，积蓄力量，等待时机，不宜扩大武装斗争。

中共闽南特委根据南委的指示，暂时停止了武装斗争，把已暴露的单位疏散转移，另找隐蔽安全地点配备干部，重建生产点。基干队的武装也分散安排到各生产单位。他们一面开荒生产，一面开展地方工作，形势一度有所缓和。但是，由于过分强调埋藏生产，对武装自卫的认识又产生偏向，以致对国民党便衣特务三三两两到基点村抓人作恶，也不敢反击。因此，群众受害，中间人士受怕，红干部在山窝里躲藏，无衣无食。显然，这种错误偏向只是消极地执行隐蔽精干的方针，对于坚持和发展抗日统一战线是不利的。

1942 年春，中共南委决定成立中共闽粤边区委员会，朱曼平调任闽粤边区党委书记，闽南特委由卢叨任书记，钟骞为副书记。为了扭转闽南的严峻局势，闽南特委决定埋藏生产的方针仍须坚决执行。同时，为了安定干部情绪，坚定革命意志，闽南特委决定开办训练班，组织干部学习以提高思想水平，增强党内团结。训练班由钟骞主讲《中国革命基本问题》《国际常识》及党的建设，郑墩主讲《中国革命史》。另外，训

---

① 《方方自传》(1944 年 1 月)。

练班加强对干部的军事训练。与此同时，靖和浦地区党的骨干集中于三角坑，连同机关工作人员20余人，将埋藏的枪支取出，实行武装自卫。另又指派一些得力的干部到安溪、泉州、厦门等地，以加强党在白区的工作。通过一系列的努力，闽南党组织获得了稳定与巩固，提高了战斗力。

由于顽固派的进攻并未停止，1942年闽西南的形势仍然十分严峻。特别是这一年初夏发生了“南委事件”，斗争局面因而出现了许多新情况而更显复杂。南委是1941年春根据南方局于1940年9月决定成立的中共南方工作委员会的简称。它作为中共中央南方局的派出机构，统一领导南方各地的党组织，辖有江西、粤北、粤南三个省委和琼崖、湘南、潮梅、闽西、闽南五个特委及广西省工委。南委书记方方、副书记张文彬、组织部长郭潜、宣传部长涂振农、秘书长姚铎。[①] 南委机关设在广东大埔县。

南委事件是因江西省委被破坏而引起的。1941年7月，原闽西南潮梅特委副书记谢育才奉调接任江西省委书记后，受南委之命与江西省委宣传部长骆奇勋准备赴广东曲江，与南委设在那里的交通站联系。国民党特务经过精心策划，在江西吉安秘密逮捕了谢育才、骆奇勋。骆被捕后即叛变，供出谢去曲江的目的，出卖了住在吉安的江西省委统战部长林民风夫妇及谢育才妻子王勋，致使他们随即被捕。接着，国民党特务又在吉安诱捕江西省委代理书记颜福华。颜福华被捕后也叛变。嗣后，江西省委电台被破坏，省委机关工作人员全部被捕，江西省委机关为江西中统特务所控制。随后，国民党特务以此为突破口，把破坏目标指向南委，一面封锁消息，一面利用原江西省委电台时断时续地与南委联系，假报情况，企图获取有关南委的情报，同时加紧对谢育才的逼迫诱降。

1942年2月，谢育才在被提审时从特务口中判明江西省委已遭彻底破坏，特务正企图破坏南委，情况十分危急。为了尽快将这一情况报告

① 参见中共广东省委党史研究委员会、中共广东省委党史资料征集委员会编《中共广东党史大事记（民主革命时期）》，1984年内部版。

南委，谢育才办了自首手续，以换得特务放松对他的看管，并终于在 4 月底从吉安逃出，于 5 月下旬辗转到福建平和县长乐村找到刘永生、张全福，通过他们向方方报告了情况。方方一面组织南委机关转移，一面电告正在曲江的南委组织部长郭潜。但郭潜因没有执行南委的急电指示，于 5 月 26 日在曲江被捕，并叛变，在破坏了粤北省委之后，马上于 6 月 1 日带引中统特务庄祖芳等十余人直扑大埔，企图把南委及闽粤边党组织一网打尽。由于方方及南委机关干部事先作好防范，分散转移，避免了更大的损失。但张文彬、涂振农在转移途中于大埔县高陂镇被发现逮捕。涂振农叛变。张文彬则坚持了共产党员的革命气节，牺牲于江西泰和狱中。

南委事件是继皖南事变之后国民党顽固派制造的又一起严重的反共事件。事件发生后，南委派员到重庆向南方局汇报。南方局指示："要一切以安全为第一，防止事件的继续扩大"，"割断与放弃有色彩突出暴露的地区组织"，"坚决撤退暴露的干部"，"停止组织活动，特别是支部"，潮梅、闽西南地区撤退的干部应实行职业化、社会化、合法化，"党员实行勤职、勤学、勤交朋友三任务"。[①] 南方局的这一指示，在潮梅、闽西南地区一度被传达为"解散组织，停止活动"[②]。同年 12 月，南方局又断然决定：南委领导取消，工作停止；南委书记方方一定离开南方；潮梅特委、闽西特委直接同南方局联系；南委电台停止使用，秘密埋藏。[③]

为了避免造成党内恐慌情绪和混乱局面，南委根据上述指示精神并结合闽粤边地区的实际，作了具体部署，决定在闽西南老苏区保留特委、县委，取消党委制，改设特派员制；区委以下组织解散，区设联络员，支部设观察员；白区党组织则全部解散，停止活动。南委强调指出，撤退不是卷土而走，党组织停止活动后，原有支部或党小组都要留下根子

① 《中共中央南方局给中央书记处的信》（1942 年 12 月 18 日）。

② 关于"解散组织，停止活动"这一指示的传达情况，由于事隔多年，又缺乏可资查证的文献，回忆材料尚不一致。

③ 参见中共中央文献研究室编《周恩来传》，中央文献出版社 1998 年版，第 513 页。

(即观察员)，以便了解党员表现，为将来恢复组织活动作准备；撤退并非溃退，各级领导应坚定沉着地应付复杂的局面，有步骤有计划地贯彻南方局的指示，不要自乱步调。根据南方局和南委的部署，闽西南、潮梅地区迅速地分头逐级传达了以上有关指示。至 1942 年 10 月底，各地党组织按照指示精神逐步停止了活动，党员也相继分散隐蔽。

在艰险复杂的形势下，老苏区的共产党人再次表现了他们对革命的坚定信念和为扭转困难局势所作出的艰苦努力。根据南委的决定，闽西、闽南老苏区保留了特委、县委，改为特派员制。魏金水为闽西特派员，陈卜人为副特派员；卢叨为闽南特派员，钟骞为副特派员。两个特委统一在中共闽粤边委领导之下，分别展开工作。

闽西特委根据南委指示精神及本地区实际情况，采取向基本地区外围放点放线的形式，派遣干部、党员分散前往闽粤边区乡村、城镇，实行隐蔽和埋伏。一些同志利用社会关系打入国民党的政府机关、军队、银行、卫生系统，以合法职业为掩护，有效地保护了党的力量。主要领导骨干魏金水、朱曼平、刘永生、李碧山、林美南等，有的留在当地开荒、烧炭，有的经商或教书，以此联系群众，联系在当地坚持斗争的党员、干部以及外地疏散来的同志。这些措施在一定范围和时期内发挥了积极的作用。实行隐蔽生产和疏散的人员虽然经受了难以想象的艰苦考验，但终于渡过了最为危险的阶段，获得了生存，为后来恢复闽西各级党组织保存了良好的组织基础。

在闽南地区，中共闽南特委也采取各种措施贯彻南方局与南委的指示，以各种形式隐蔽和保存党的力量。其中安溪龙门镇党支部的措施别具一格。在这里主持安南同白区党组织工作的罗林（林东昌），在接到撤销党支部、停止组织活动的指示后，提出“停止发展党员但不散伙，实行长期隐蔽”，保存组织，保存基地的方案，得到中共闽南特委和闽粤边委的批准。随后，安南同党组织采取三条措施：（一）提倡与建党对象、进步知识分子联盟“结拜”；（二）通过龙门镇长林长青安排党员和进步知识分子担任小学校长或教员；（三）一旦可以发展党员时，把经过考验、表现好的同志分别吸收入党。由于党的组织没有解散，而是通过缓和环境和隐蔽组织的办法坚持下来，不仅有效地保护了党的组织和骨干，而且在适当的时机开展活动。他们先后派共产党员梁新民打入国民党“安南同边防办事处”，派林文芳任龙门镇副镇长；甚至派出共产党员参加保长竞选，控制了龙门镇 12 个保中的 10 个保，从而为 1944 年共产党力量在这一地区的迅速恢复与发展奠定了坚实的基础。

从各地的斗争实践看，南委事件后，一度在实际中贯彻执行的“解散组织，停止活动”，作为一种紧急措施，为防止事态扩大和保存革命力量起了重要作用。但是，采取“解散组织”这一措施，毕竟是把形势看得过于严重了，不可避免地影响到党对群众工作和革命活动的领导。例如在 1943 年到 1944 年，各地灾荒连绵，群众自发起来进行求生斗争，迫切需要党的领导，但是由于共产党的组织解散而难于担负这一责任，显得十分被动。此外，在疏散干部时，各人四散他方，一些干部在所到之处，因人地生疏、言语不通，反而暴露、被杀，致使党的骨干力量受到了一定损失。

1943 年夏，国民党顽固派开始向闽西南地区的共产党力量发动新的进攻。他们破坏隐蔽生产单位，摧残基点村的群众，大批逮捕革命同志的家属，杀害给山上送消息、送粮食的同志，企图把隐蔽生产的共产党人冻死、饿死。8 月，国民党顽固派袭击岩杭永边共产党人建立的生产单位，摧残 100 多个和平村庄。在这样险恶的危急关头，中共闽西南党组织意识到，共产党人已被国民党逼得走投无路，再不拿起枪杆就有被全部消灭的危险。同年 10 月，中共闽西南组织为了保存人民的抗战力量，坚持抗日民族统一战线，打击反共投降势力，改变闽西南地区的政治形势，决定恢复闽西南的武装自卫组织，成立武装经济工作队闽西南总队，由刘永生任总队长，范元辉任政委。总队成立后，挺进闽南地区活动。与此同时，成立了“闽西经工分队”，分队长巫先科，政委陈仲平。

闽西经工分队成立后，活动于岩永杭和粤东等地，惩办破坏闽西南隐蔽生产和为非作歹的保长、反革命分子，打击国民党保安团，缴获枪支弹药以武装自己，并筹集经费解决部分给养。经工队的建立，分散了顽军的兵力，使山上生产的同志增添了安全，增加了斗争的信心。经工队的成立改变了南委事件后中共组织一度停止活动的状况，并恢复到较为活跃的时期，也为1944年闽西成立“王涛支队”开展较大规模的反顽游击战奠定了思想和干部基础。

三　中共福建省委领导抗日反顽的艰苦斗争

皖南事变后，国民党顽固派对闽东北的第一次大规模“清剿”和“清剿”期间日寇在福州附近沿海的大举入侵，曾给中共福建省委造成巨大的压力。由于贯彻执行隐蔽精干和实施在沿海大力发展抗日游击战的方针，胜利地渡过了难关，但是，省委面临的总的形势却在继续恶化。如前所述，1940年下半年和1941年国民党倒退的倾向、反共的倾向在加剧；加以日军从福州撤退，国民党顽固派更有可能放肆地向福建的共产党组织进攻。同时，随着日军南进方针的确立，第三战区闽赣一带的地理位置日显重要。国民党军事委员会先后从第九战区抽调3个军和1个师的兵力加强第三战区。此举的目的，一是保护浙赣间的各地飞机场；二是防止和抑制闽浙赣地区中共领导的抗日武装力量；三是“围剿”共产党在此地区的自卫武装，摧残老苏区的革命群众。面临这一局势，足见“极大的困难与危险威胁着党”①。

为了适应新的斗争形势，中共福建省委及其所属组织在闽北和沿海都适时地部署和调整了工作。1941年10月，中共福建省委在建阳牛栏前村召开干部会议，决定把斗争形式转变为以秘密工作为主，同时决定将闽北、建松政、闽东三支游击队合并，成立省委游击纵队。不久，为了加强城市和沿海地区的抗日斗争，福建省委根据党中央关于实行特派员、

① 《福建党九年斗争总结（草案）》（1947年1月15日），福建省档案馆、中共福建省委党史征委会闽浙赣办公室编《闽浙赣党史文件资料选编》（上），福建人民出版社1987年版，第382页。

联络员的组织形式和华中局关于基本地区工作方针的指示，决定由省委书记曾镜冰兼任闽江特派员，负责指导闽江沿岸和闽中的秘密工作；另成立基本地区工作委员会，由左丰美任书记，负责领导基本地区的革命活动和武装力量。① 这一系列思想上和组织上的准备，为此后克服严重困难，粉碎国民党顽固派的疯狂“清剿”，实现城市工作与农村基本地区工作的有机结合奠定了基础。

1941 年底，国民党从第九战区抽调出来的兵力全部到达第三战区。翌年 2 月，国民党顽固派乘江西黎川、福建邵武边境大刀会暴动和江西保安团一大队在黎川发动兵变的机会，以镇压“叛变”为名，将国民党第八十师从福州调往黎川集结，接着成立“闽浙赣边三省剿匪指挥部”，以八十师师长李良荣为“剿匪”总指挥，调动 1 个团又 1 营的兵力，重点进攻中共福建省委所在地邵武、光泽一带，开始了对闽北基本地区的第二次军事“清剿”。

中共福建省委由于早有思想准备，做好了反“清剿”的部署。省委一方面派王文波、王一平率队到闽赣边境，争取黎川哗变的国民党保安团官兵和参加大刀会的群众，以结成联盟，牵制顽军；另一方面派汪林兴率省委游击纵队主力突出邵武基本地区，转移到崇安分散隐蔽。但是由于江西哗变的官兵和暴动的大刀会很快地屈服缴枪，八十师得以迅速回师进攻邵武；又由于汪林兴未能坚决执行省委关于向崇安突围分散隐蔽的决定，其后又不执行省委关于向建松政地区转移牵制顽军的命令，以致丧失时机，使省委游击纵队受到严重损失。②

在顽军迫近的危急时刻，中共福建省委果断地改变对策，由叶良运率领省委武装冲出包围；左丰美率领电台及特务队转移到邵武边界大山

① 参见《福建党九年斗争总结（草案）》（1947 年 1 月 15 日），福建省档案馆、中共福建省委党史征委会闽浙赣办公室编《闽浙赣党史文件资料选编》（上），福建人民出版社 1987 年版，第 388 页。

② 参见《中共福建省委关于我们四年来的斗争》（1944 年），福建省档案馆、中共福建省委党史征委会闽浙赣办公室编《闽浙赣党史文件资料选编》（上），福建人民出版社 1987 年版，第 175 页。

中隐蔽；省委机关干部组成一支队伍，由陈贵芳、夏任珍率领撤离邵武大王山；省委书记曾镜冰带领特务班在邵武城郊隐蔽，保持与闽中、闽江沿岸城镇的联系。此后，各支分散隐蔽的队伍几经周折，会合于顺昌，向顽军薄弱的建瓯地区转移，并利用建阳黄坑的地方势力牵制顽军，以正确的策略争取了几股土匪，使武装队伍重新获得发展，扭转了危局。1942 年 5 月，日军在浙赣线发起攻势，闽浙赣边战事紧张，国民党军队被迫结束了对闽北的第二次军事“清剿”。

1942 年 6 月中旬，日军先后攻占玉山、上饶、鹰潭，赣东地区沦陷。当上饶一带局势紧张时，国民党当局将囚禁在上饶集中营的 700 多名新四军将士及东南各省被捕的爱国志士武装押送向闽北转移。6 月 17 日，队伍到达崇安县赤石镇乘船渡崇溪河时，第六中队 80 多位同志在秘密党支部的领导下，胜利地举行了赤石暴动。其中一部分突围出来的人员与先前在上饶茅家岭暴动突围的新四军将士共 46 人，在福建省委机关陈贵芳等主动寻找接应下，陆续集中到了上饶禹溪，组成了一支抗日游击队。此外，赣东沦陷区的爱国青年以及在浙赣战役中被日军打散的一些国民党零星队伍，都希望活动在闽赣边区的中共组织领导他们开展抗日活动。这种情况，在客观上给闽北地区党组织创造了发展抗日游击战争的有利条件。但是，由于中共福建省委的主要力量此时仍被迫周旋于建瓯、顺昌之间，不能很快集中，加上省委个别领导狭隘的本位主义，未能给突围出来的新四军将士以必要的帮助，致使其中大部分人员转移到苏、浙、皖地区，从而丧失了发展赣闽边敌后抗日游击战争的时机。①

在闽中沿海地区，当共产党员刘润世领导的长乐抗日游击总队光复县城后，国民党立即增兵县城，恢复了在这里的统治。长乐抗日游击总队虽然拥有近千人，核心队伍有数百人，但由于地处国民党统治之下，不可能建立由共产党直接领导的抗日根据地。为了妥善安置和保存这支

① 参见《中共福建省委关于我们四年来的斗争》(1944 年)，福建省档案馆、中共福建省委党史征委会闽浙赣办公室编《闽浙赣党史文件资料选编》(上)，福建人民出版社 1987 年版，第 178 页。

队伍，刘润世通过同乡、国民党第二十五集团军副总司令李觉①的关系，经福建省保安司令黄珍吾保荐，被任命为长乐县长。中共党员、游击总队第一大队长陈亨源担任了县卫生院院长。他们以合法的身份，联系群众，开展斗争。根据隐蔽精干的精神，长乐抗日游击总队队员逐步撤出县城，分期分批遣散回乡生产。

不久，中共闽中特委机关及电台从莆（田）永（泰）边转移至长乐县罗都。年底，闽中特委机关又移到长乐与福清交界的偏僻山区南阳村。特委建立的以罗都乡警卫队名义公开活动的武装也迁至江田区，易名为江田区警卫队。中共闽中特委这一系列措施基本坚持了“隐蔽精干”的原则，但由于某些做法失当，引起了国民党当局的怀疑，以致最终难以在长乐县立足。

国民党顽固派在发动对闽北基本地区的第二次“清剿”的同时，在闽中沿海地区也处心积虑地限制以至消灭共产党领导的抗日武装。其中首当其冲的就是由共产党员控制的长乐县江田警卫队。1942 年春，长乐县江田区长蒋心让对中共组织隐蔽在江田区警卫队的活动有所觉察，于是寻衅滋事。4 月 21 日，国民党长乐县军事科长和警察局长率领县保安队将江田区警卫队包围缴械。中共闽中特委得到报告，迅速动员附近群众千余人将县保安队团团围困，收缴其枪支，扣押蒋心让。第二天，刘润世以国民党县长的身份来到江田乡查办，一方面将蒋心让撤职，令其向乡亲们赔礼道歉；另一方面限乡保长们在 3 天内释放蒋心让，同时宣布撤销江田区警卫队。

江田事件的发生，表明国民党开始加紧反共活动。事件发生后，国共双方都紧急会商处置措施。刘润世利用自己的特殊身份，把国民党方面部署“清剿”南阳革命基点村的情报向中共闽中特委作紧急报告。中共闽中特委鉴于敌情严重局势不利，决定特委机关立即转移至

---

① 李觉原为第七十军军长，1941 年 8 月 24 日任第二十五集团军副总司令，第七十军军长由陈孔达担任。可参见中国第二历史档案馆编《抗日战争正面战场》下册，江苏古籍出版社 1987 年版，第 1602、1609 页。

莆田、永泰边界隐蔽，武装队伍由平潭的苏澳转移到福清、莆田沿海，从而避免了更大的损失。国民党对南阳、江田等地共产党的活动基地实行“清剿”连连扑空，对刘润世产生了怀疑，不久免去其县长职务。至此，中共闽中特委失去了一块极为有利的阵地，长乐县由中共组织控制的局面发生了根本的变化。江田事件的发生，在客观上是由于国民党顽固派加紧反共，主观上则是由于闽中特委一些同志未能严守党的秘密工作原则，“把秘密工作与合法活动混淆在一起”①，终于导致党的组织暴露，刘润世的地位动摇，中共在长乐县艰苦创立起来的抗日阵地逐步丧失。

1942 年下半年，中共福建省委估计到国民党顽固派将会对闽北基本地区发动新的进攻。鉴于第二次“清剿”中的教训，省委根据中共中央《关于增强党性的决定》与延安整风的精神，决定乘国民党的第二次“清剿”被迫收场，日军沿浙赣铁路线入侵业已撤退，国民党第三次“清剿”尚未展开的一段空隙时间，在建阳太阳山集中各地主要干部，进行以增强党性锻炼为中心内容的学习轮训。首先，在省委机关干部和各地领导骨干中开展党性党纪和革命气节教育。其后，举办武夷干校第五期训练班，集中农村和城市党的各级领导干部 100 多人开展整风学习，除学习中央有关加强党性锻炼的文件外，还讲授哲学和党建课程，使各级干部较系统地学习了党的基本理论和政策，总结了革命斗争经验，并对党内存在的不良倾向展开了积极的思想斗争，增强了党性，坚定了革命信念。

当福建省委集中力量进行党内思想准备与政治准备，而组织上与军事上的准备尚未完成之时，1943 年 4 月，国民党顽固派对闽北和建松政地区发动了更大规模的第三次军事“清剿”。第三战区司令长官顾祝同调集了 20 个团的兵力，部署在闽浙赣边一二十个县范围内。三省边区“清剿”指挥部设在浦城；另在建阳设立“闽北绥靖指挥部”，由钱东亮任总指挥官；建松政地区的“剿匪指挥部”由钱东亮的参谋长柴毅任指挥。

---

① 刘润世：《战斗在长乐》，《福建党史通讯》1985 年第 12 期。

顽军以 5 个团“搜剿”，另以 3 个师“堵剿”。并采取特务与武装相结合的所谓“三分政治、七分军事”的计策，强令“移民并村”“计口售粮”，逼迫群众女的守口（路口、山口等），男的搜山，企图以“追、堵、搜、围”及“连续战斗，不得休息”等手段消灭闽北和建松政地区的中共组织及其游击队；对基点村则实行“三光”政策，企图以此来逼迫群众脱离共产党。

中共福建省委及其领导下的近百名武装人员，采用军事上躲击的战术，避实就虚，成功地对付了国民党顽固派疯狂的军事“搜剿”。鉴于国民党顽固派在第三次“清剿”中最大特点是组织地方反共势力及其武装以对付中共组织和游击队，福建省委分析了各种反共势力及其武装的不同情况，分别采取镇压、打击、收买、说服的政策，分化瓦解地方反共势力。针对国民党顽固派以屠杀来逼迫群众并村、搜山、守口、带路、报信的毒辣手段，福建省委把党和群众的利益统一起来，引导群众采取灵活的斗争形式，开展合法斗争，避免或减轻摧残。福建省委要求共产党员和游击队员掌握“会冲，会躲，会变，会做群众工作”① 四大本领；尤其要学会做群众工作，把群众利益放在首要位置，强调树立“要想群众把我们当儿子而爱护，首先应当把群众当作父母而孝敬”② 的基本态度，采用各种形式，最大限度地团结和发动群众同顽军作斗争，共渡难关。

1943 年秋，国民党顽固派对闽北和建松政地区的进攻态势有增无减。在福建省委驻地建阳太阳山方圆 200 里内密布顽军，形势日益恶化；省委与党中央、华中局，下与闽中、闽东、闽西北、建松政各块基本地区间的联系被切断。恶劣的斗争环境，促使福建省委寻求制定跳出顽军

① 《中共福建省委关于我们四年来的斗争》（1944 年），福建省档案馆、中共福建省委党史征委会闽浙赣办公室编《闽浙赣党史文件资料选编》（上），福建人民出版社 1987 年版，第 188 页。

② 《中共福建省委关于我们四年来的斗争》（1944 年），福建省档案馆、中共福建省委党史征委会闽浙赣办公室编《闽浙赣党史文件资料选编》（上），福建人民出版社 1987 年版，第 192 页。

包围圈、摆脱困境、打开局面的新决策。省委分析了闽北的局势，清醒地意识到，浙赣战役后国民党第三战区中心向闽北迁移，闽北反顽斗争形势日显严峻。与此同时，经济文化较发展的闽中，正在成为国民党准备放弃的抗日前线。根据这一分析，福建省委计划撤离国民党重兵集结的闽北基本地区，突出包围圈，转移到闽中去，继续领导开展抗日反顽斗争。

1943 年 8 月，省委书记曾镜冰从建阳突围到达莆田，进一步对闽中地区的环境及敌我顽各方面的情况作实地考察，并为省委由闽北南迁闽中做必要的准备。随后，福建省委在建阳太阳山作出省委机关南迁闽中的决定并做了相应部署：闽中特委武装进入永泰境内，选取青溪作为省委的新址，从海上抽调部分隐蔽的武装加强陆上军事力量；王文波率领一支武装在闽赣边界斗争，相机恢复和发展资溪、光泽、邵武、建阳、顺昌、崇安、上饶、广丰等基本地区。

闽北、闽中两块基本地区的准备工作安排就绪后，福建省委首先把省委机关转移到闽中。1943 年 9 月至 12 月，在省委负责交通联络工作的苏华和闽江沿线交通站的护送下，曾镜冰及部分省委机关干部经建阳、南平、福州胜利转移到了永泰青溪村。翌年 3 月，省委主力由建阳南下，与先期南下的省委机关会合。福建省委南迁，跳出了国民党顽固派的“围剿”圈。顽军在闽北寻找不到攻击目标，减弱了进攻态势。坚持在闽北活动的游击队相机恢复了建阳、邵武等县基点村的工作。经过 1944 年、1945 年的斗争，闽北基本地区得以巩固和发展，实现了福建省委南迁前“离开（闽北）基本地区，保卫（闽北）基本地区”[①] 的设想。省委机关摆脱了顽军的围攻，走出了困境，不仅恢复了与华中局及各块基本地区的联系，而且有了相对安定的环境，更加有利于党组织与武装队伍的发展，为以后开展大规模的抗日反顽斗争创造了新的条件。

---

① 《中共福建省委关于我们四年来的斗争》（1944 年），福建省档案馆、中共福建省委党史征委会闽浙赣办公室编《闽浙赣党史文件资料选编》（上），福建人民出版社 1987 年版，第 167 页。

四　永安抗战进步文化活动的低落与再崛起

1941年，以改进出版社及其期刊为代表的永安抗战进步文化活动，从鼎盛开始滑坡，逐渐走向了低潮。改进出版社的衰落与国际政治变化有着密切的关系。1941年4月13日，苏联为保障其东部边界的安全，以集中力量反击德国法西斯，与日本签订了《苏日中立条约》。这个条约，公然承认日本扶植的伪满洲国，严重地损害了中国的主权和领土完整。消息一传开，不可避免地引起人们的震惊，社会“各方评论之多，可称空前”①。

4月15日，黎烈文写出《我们的抗议》，在改进出版社的各个期刊第一版刊登，激烈地批评这个条约是“蔑视国际公法的野蛮的分赃式不义行为”，“不但为虎作伥，鼓励侵略，且也是渎辱了公理与正义”。② 当然，《抗议》是针对《苏日中立条约》损害中国主权的一面而发，表现了黎烈文和改进社一批正直知识分子的爱国情感。但是，他们义愤有余，冷静不足，显然忽视了《苏日中立条约》签订后中国国内出现如下的复杂情况：“亲日派强调该约于日本有利，于中国不利，英美派（王世杰等）较缓和，顽固派则利用狭隘民族情绪进行反苏反共宣传，企图孤立我们（指中国共产党——引者注）”③；加以几天后宁波、温州、福州相继失陷，国统区的悲观情绪更进一步发展。在这种情况下，像改进社这样有影响的进步文化社团本应该更加积极地引导人们坚持进步，团结抗战。然而，改进社却公开发表措辞激烈的抗议，这只能加剧读者的惊讶和混乱，对于廓清抗日革命阵线和消除国统区弥漫一时的悲观情绪产生消极的效果。在不久以后，改进社的《现代儿童》发表了《猫和老鼠的中立条约》，以较为冷静的分析和精辟的论述，阐明苏联与日本帝国主义

① 《中央一九四一年四月政治情报》（1941年4月18日），中共中央党校党史教研室选编《中共党史参考资料》第4册，人民出版社1979年版，第247页。

② 《我们的抗议》，《改进》1941年第5卷第3期。

③ 《中央一九四一年四月政治情报》（1941年4月18日），中共中央党校党史教研室选编《中共党史参考资料》第4册，人民出版社1979年版，第247页。

的本质区别，帮助人们分清《苏日中立条约》的是非，扫除悲观情绪。在此之后，改进出版社通过自己的努力，继续为抗战进步文化作出贡献。

当初从上海左翼文坛来到永安，抱着“推重车上峻坡”雄心的改进社主要负责人黎烈文，在政治形势险恶、斗争日趋尖锐复杂之时，悄然退出了战斗行列。从此，改进出版社很快地衰落下去。1941 年 5 月，编辑实力雄厚，作者队伍阵容强大的《改进》从半月刊改为月刊；1942 年后，越来越成为纯官方的刊物。1941 年 9 月，改进出版社中为抗战呐喊，且又浅显易懂、深受老百姓与士兵喜爱的通俗读物《战时民众》和半月刊《战时木刻》停刊，改为单行本发行，改进社的期刊阵地进一步缩小。到了 1942 年底，努力反映“一个伟大民族在苦斗中的血肉与呐喊”①、改进社中战斗力最强的期刊《现代文艺》被迫停刊。接着，以成为“一条有力的火炬，照耀着青年，把四十年代困在黑暗雾团中垂危的中国，带上光荣胜利之途”② 为宗旨，创刊以来备受青年们欢迎的《现代青年》也被迫停刊。1943 年 7 月虽一度复刊，但声势和影响却大不如前了。至此，原先拥有 6 份期刊，阵容整齐强大的改进社，只剩下《改进》和《现代儿童》支撑门面，斗争勇气和战斗锋芒也大大减弱了。

与期刊的停办互为表里的是许多进步作家、学者被迫离开永安山城，改进出版社失去了许多中坚骨干，实力受到了较大削弱。1943 年以后，改进出版社在遭到多次打击后，“已经名存实亡，陷于苟延残喘的境地”③，改进出版社所掀起的永安抗日进步文化活动，跌进了低谷。

以改进出版社为代表的永安抗战进步文化活动陷入低潮是多方面的原因造成的。首先是由于国民党对文化出版统治的加强，对进步文化的摧残和打击。从永安进步文化活动兴起之始，国民党顽固派对它的仇视打击一直没有停止过。只是因全国抗战的形势和永安进步力量方兴未艾，改进社的期刊才得以生存与发展。但随着国民党顽固派反共投降活动的

① 《发刊词》，《现代文艺》创刊号，1940 年 4 月 25 日。
② 《发刊词》，《现代青年》1939 年第 1 卷第 1 期。
③ 王西彦：《我所认识的黎烈文》，《新文学史料》1981 年第 4 期。

加剧，对于抗日进步文化活动的打击与迫害也日益加剧。改进社虽属官办，但只要坚持民主，坚持进步和抗战，就必然为国民党独裁政权所不容。

其次，由于1940年下半年后，共产党组织在国统区实行隐蔽精干的方针，撤退了一些干部，一批有才有识的共产党员撤离永安，离开了改进出版社。1940年8月，《现代青年》的第一任主编、共产党员卢茅居奉命撤离，调回中共福建省委机关；年底，为开辟永安战斗文艺阵地，在创刊和组稿上都做了大量工作的邵荃麟离开了《现代文艺》，葛琴也离开《现代儿童》前往桂林。1941年，《战时民众》和《战时木刻》停刊，姚勇来、萨一佛离开了永安；年底，《现代文艺》创办以来一直担任主编的共产党员王西彦也离开永安前往湖南攸县乡间暂住，随后去桂林。上述一批共产党人和进步文化骨干的撤离，客观上削弱了改进出版社和永安进步文化活动的力量。

另外，永安抗战进步文化是在特殊的时空和气候中发展起来的。进步力量汇集永安山城，主要是利用官方和半官方的文化阵地为立脚点。这一方面大大便利了进步期刊以合法的面目拓展局面，另一方面也使得进步文化活动不能不受到当时政治风云的制约。国民党在永安的头面人物的更迭、去留、升迁，以及他们注意力和态度的变化，常常影响甚至左右了期刊的命运。曾一定程度上容纳和保护了改进社进步人士的陈仪，于1941年9月调离福建，在他任内所设的改进出版社以及进步人士，失去了一种可以争取的重要支持力量，这也是以改进社为代表的永安抗战进步文化活动走向低潮的一个因素。

改进出版社衰落了，但这并不意味着永安文化城就此停止了前进的脚步。1943年初夏，进步报刊活动以《建设导报》为开路先锋，由点到面地铺开了；秋天，几位年轻人办的东南出版社在永安崛起。从此，永安进步文化活动以更强劲的活力复兴，在中国文化运动史上留下了光辉的一页。

《建设导报》是由陈仪的接任者福建省政府主席刘建绪赞助一笔私款

作为开办费，于1943年5月在永安正式创办的三日刊。刘建绪1941年9月被任命为福建省政府主席，同时被免去了第十集团军总司令职务，是“以兵权换来政权”① 的。他弃军从政之时，国民党的政策已由对外转向对内，由积极抗日转向了积极反共，在国统区对人民的抗日运动和民主自由多方压制，大大加强了独裁统治。政治日益腐败，物价暴涨，公教人员待遇菲薄，地方财政日绌。情况如此恶劣，刘建绪作为一省之主席，既非蒋介石的嫡系，又与福建素无渊源，毫无根基，还要应付国民党的各个派系和福建各方面的头面人物。因此，在他的统治范围内，他不能不采取较为自主的态度，在执行蒋介石那一套的前提下，适当倾向开明，借以拓展自己的政治园地。

1943年，尽管整个国统区的危机加深，政治更加黑暗，但在永安这个局部地区却仍然可以容纳地下党员和进步人士在一定范围内从事进步文化活动。为了改变当时福建版《中央日报》由CC分子一统天下，“省政府要发表一篇文章、一条新闻，都很难办”② 的局面，建立自己的言论阵地，刘建绪于5月间任用自己的随从秘书谌震为《建设导报》社长。谌震是一个追求进步的青年知识分子，曾任湖南《开明日报》和国际新闻社的记者、编辑，1941年底经《开明日报》负责人、国民党左派人士刘岳厚推荐给刘建绪而来到永安。谌震请中共党员周左严③任《建设导报》总编辑，又请李达仁④担任主笔，王石林为采访部主任。由是刘建绪办的官方报纸《建设导报》，有了一个以地下党员和进步人士为主的“同人编辑部”，在永安进步文化活动中发挥了重要的作用。

《建设导报》使沉寂了一时的永安山城重新开始活跃，它以含蓄曲折

① 程星龄：《刘建绪主闽的片断回忆》，中国人民政治协商会议福建省厦门市委员会文史资料研究委员会编《福建文史资料》第9辑，1985年，第110页。

② 周左严：《忆〈建设导报〉》，中国人民政治协商会议福建省厦门市委员会文史资料研究委员会编《福建文史资料》第11辑，1985年，第166页。

③ 周左严原为浙江《民族日报》记者，地下党员，因中共金（华）衢（县）特委被破坏疏散来闽。

④ 李达仁，又名李品珍，地下党员，1938年任中共湖南宁乡县委书记。

的方式针砭时弊，宣传进步思想；有时也发表政治评论，直接地抨击反共投降理论。1943 年夏秋，国民党顽固派利用共产国际解散之机，叫嚣解散共产党，取消陕北特区，发动第三次反共高潮。《建设导报》在第三版发表王石林写的《国际一年》评论，指出共产国际的解散，并不是因为各国共产党的分裂或不搞共产主义，而是从国际反法西斯统一战线大局出发所作的明智决策，间接地驳斥了顽固派的反共造谣，消除了许多进步人士的误解。1944 年 2 月，《建设导报》明显的进步倾向引起了国民党顽固派的忌恨。他们多方指责和攻击，甚至阻挠发行，连刘建绪也不愿再办下去了。

1943 年以后，当进步报刊活动生气勃勃地由点到面活跃起来之时，改进出版社余出的空间，也由东南出版社及时地填补了起来。1943 年秋，《建设导报》负责人谌震从重庆携回美国候选总统威尔基的《天下一家》、美国前驻日大使格鲁的《东京归来》和 30 年代出版社编辑的《国联概况》三本书的纸型，准备以《建设导报》的名义印行东南版。谌震和李达仁四处集资，刘建绪也拿出一笔钱，于 10 月间办起了东南出版社，由江子豪①任董事长，谌震任社长兼发行人。前后三任经理是李达仁、李力行和王石林。

以翻印上述三本书为契机办起的东南出版社，很快地成了印刷出版进步书籍的重要基地。重庆《新华日报》的林乐恒介绍了许多进步书稿到东南出版社出版，如于潮（乔冠华）的《方生未死之间》和胡绳的文章等。东南出版社还先后出版了郭沫若的译著《浮士德》《少年维特之烦恼》、历史论著《先秦学说述林》，著名经济学家王亚南的《中国经济论纲》，张天翼和李达仁编的《贾宝玉的出家》，夏衍的《水乡吟》等 30 多种书籍，每种印刷 2000 册至 3000 册以上。

东南出版社还是东南传播进步文化的重要阵地。除出版书籍外，同时承办经销业务。出版社门市部经销的书刊有三个部分，一是本社出版

① 江子豪，时为省汽车运输公司经理。

物，二是购进的进步书刊，三是特约书刊。他们通过各种关系，不断地从重庆、桂林、韶关等地运来进步书籍，如青年出版社的《青年自学丛书》、华岗的《社会发展史纲》、艾思奇的《大众哲学》、郭沫若的《甲申三百年祭》、胡绳的《辩证唯物主义入门》、沈志远的《政治经济学教程》以及苏联新出版的《钢铁是怎样炼成的》《被开垦的处女地》，高尔基的《童年》《我的大学》《母亲》，还有茅盾的《子夜》，巴金的《家》《春》《秋》，等等。羊枣主编的《国际时事研究》周刊也在东南出版社经销。东南出版社除在本社门市部销售书刊外，批发业务也很大。它通过粤、湘、贵、川等地书店的业务关系，把书刊运销各省。东南出版社经销这些进步书刊，对传播革命思想，宣传教育群众，启迪人们走向革命道路，起着难以估量的作用。

1943 年 5 月《建设导报》的创办和 10 月东南出版社的建立，标志着低落了一个时期的永安抗日进步文化活动重新崛起。此后，随着学术研究、军事评论等其他一些进步文化阵地的发展，永安抗日进步文化活动趋向新的高潮，取得了令人瞩目的成就，为争取抗战胜利，争取国统区人民的民主权利，做出了不可磨灭的贡献。

第十三章　夺取抗日战争的最后胜利

第一节　中共领导的反顽自卫斗争

一　中共福建省委领导开展反对国民党顽固派的第四次“清剿”

1944年是世界反法西斯战争胜利发展的一年。在这一年中，苏联红军将德军驱逐出国境之后，又把战争推进到德国及其占领区内，德国法西斯的末日就要到来。1944年6月，英美军队在法国北部诺曼底登陆，开辟第二战场。同年，美军接连在马绍尔、加罗林、马里亚纳群岛、塞班岛、菲律宾等地登陆，使日本的海上交通线愈来愈难以维持。日本帝国主义为了援救其侵入南洋的孤军，准备以中国大陆作为它垂死挣扎的战略基地，企图在中国战场上打通平汉、粤汉两条铁路，以便连接从中国东北经北平、郑州、武汉、南宁通往东南亚的大陆交通线。为此，日本侵略军于1944年春夏两季，在平汉、粤汉两条铁路沿线对国民党军发起新的进攻，即豫湘桂战役。在这次战役中，国民党的近百万大军，未能打破日军进攻，造成了抗战以来正面战场大败退。与此相反，中国共产党领导下的解放区军民，则从1944年起乘日寇打通大陆交通线之机，对日本侵略军展开攻势作战，开始了大规模的局部反攻，在华北、华中、华南各个敌后战场上都取得很大胜利。

国际和国内形势发展表明，中国人民取得抗日战争最后胜利的日子已经为期不远。但是，这时的国民党顽固派仍然妄想削弱和消灭共产党领导的人民革命力量，以便独吞抗战胜利果实，继续维持其反动统治。1944年1月，国民党又发动对闽北的第四次围攻。在实行军事进攻的同时，国民党顽固派派遣大批特务到闽北进行破坏活动，在各地建立特务网，进行秘密逮捕和秘密自首，企图以所谓“攻心战”来瓦解共产党队伍，消灭革命力量。

当时，中共福建省委正集中在仙游进行整风学习，当得到苏华从闽北带回的国民党顽固派准备进攻的消息后，省委决定提前结束整风学习，转入反围攻的紧急动员。为了应付国民党顽固派的进攻，省委决定打通全省根据地，并在经济上做好准备，要求“闽南特委负责筹款一百五十万”；闽江特委负责打通闽北至古田、将乐两条路线[①]，以便各地相互呼应，密切配合，牵制敌人，灵活地开展自卫游击战争。

此后，省委展开了一系列的工作，从思想动员到贯彻实施，分别落实执行。1月16日，中共福建省委发出《关于国民党反动派四次围攻形势与我们具体对策的指示》。省委在分析国民党顽固派发动围攻的原因、特点和将遇到的困难以及争取胜利的条件后，制定了斗争策略。指出，根据中央克服三次内战危机的经验，阻止反动派的进攻是可能的，而要阻止其进攻，就要采取坚决斗争的方针。这一方针的主要内容是：第一，“必须开展政治进攻，暴露敌人阴谋，争取社会同情，以反对立（以不损害有生力量为原则）”。第二，“实行必要的军事活动，表现我们的军事力量，争取主动，使敌人不易击破我们”。第三，必须坚决依靠群众，发动群众开展“各种斗争特别是武装斗争”，“以躲击战术对敌人连续战术”，“以‘打’来打击敌人，但必须速打、速决、速躲”。在具体斗争策略方面，指示指出：“打通各根据地，统一全省军事行动，互相呼应，互相配合，来打破敌人各个击破的阴谋，并尽量分散敌人兵力，集中我主

① 参见《中共福建省委关于我们四年来的斗争》（1944年），福建省档案馆、中共福建省委党史征委会闽浙赣办公室编《闽浙赣党史文件资料选编》（上），福建人民出版社1987年版，第212页。这里讲的闽南特委不是指中共闽粤边委员会所辖的闽南特委，而是隶属福建省委领导的闽中特委。实际上，闽南特委已于1943年2月改称为闽中特委。

力，给敌人各个击破，这是要以空城计对敌人强大兵力，以小兵力对付敌人大兵力，以大兵力对付敌人小兵力”。同时，强调了开展自卫斗争要坚持“有理、有利、有节”三大原则。此外，指示对群众工作、自卫游击战争中地方党组织与任务以及加紧党内政治动员，开展整风运动等项工作亦作了全面的部署。

为了打破国民党顽固派的军事进攻，执行省委关于反“清剿”部署，省委决定由左丰美、王一平、叶良运率省委主力部队南下，留下王文波、汪林兴等在闽北坚持斗争。为接应省委主力，省委还决定闽江特委和闽中特委负责打通从永泰至古田的路线。随后，各地开始行动。闽江特委打通了古田至永泰的路线；闽中特委先后派人到永泰官烈开辟据点，打通了永泰至大田和永泰通往长乐南阳的路线，打通了仙游至泉州清源山，仙游至惠安，仙游至永春、南安的路线。

按照省委的计划，开展反“清剿”的另一项必不可少的准备工作是筹集足够的经费。自抗战以来，福建省委机关长期设在闽北，经费来源主要取之于基点村群众。由于国民党顽固派接二连三的军事围攻，闽北地区经济遇到严重困难，直接影响了省委活动经费的供给。省委机关迁到闽中后，省委机关与部队的工作经费乃至生活都发生了严重的困难。为了解决这一问题，省委对筹款行动作了部署。1944 年 2 月 29 日，闽中特委书记黄国璋率领一支精干的游击队，从永泰青溪出发，奇袭莆田涵江交通银行，缴获钞票 400 多万元、黄金 20 多两，解决了省委和部队的经济困难。

1944 年 4 月，省委机关从青溪迁到德化坂里。左丰美等率领省委主力从闽北南下闽中，在古田鸟仔垅和古田游击队及地方干部会合。闽北下来的队伍分别命名为“英勇支队”和“顽强支队”。随后，左丰美、黄扆禹、叶良运等带领顽强支队渡过闽江，到达省委机关。英勇支队和电台则留在古田，由王一平负责，后转到闽清伴岭的三垢田一带发动群众开展工作。[①] 至此，福建省委完成了南迁任务，闽中地区遂成为省委领

① 参见黄垂明：《我所经历的八年抗战（续完）》，《福建党史通讯》1986 年第 4 期。

导抗日反顽斗争的指挥中心。

长期艰苦的革命斗争，要求每个革命者具备不怕牺牲的精神和坚定的革命气节。1944 年 5 月，中共福建省委对机关警卫部队进行革命气节教育，号召大家在反对国民党特务政策的斗争中做到立场坚定，不动摇，不叛变，要做“龙”，不要当“虫”。在此期间，为克服经济困难，省委机关响应中共中央关于“把武力与劳力结合起来”，把战斗与生产结合起来的号召，积极开展了烧炭、采野果、卷烟等生产运动。6 月 10 日，省委作出《关于整顿学风的决定》，对整风工作作了安排，决定从 7 月开始到 11 月止为整风时期，提出：“根据我们斗争的环境的特点，整顿学风主要火力应集中反对斗争中的主观主义”。号召全体党员在反对主观主义中建立四种作风，即顽强斗争、把握政策、调查研究、斗争学习。认真学习文件，紧密联系实际，是搞好整顿学风的重要环节。决定具体规定了学习毛泽东关于整顿三风的报告、《改造我们的学习》《调查研究决定》等 14 份文件以及整风的内容和要求；指出整顿学风内容包括两个方面：“一面从文件中学习，一面学了就做；一面思想动员，一面组织推动。”省委要求参加整风的干部应学习把群众的片断零碎意见集中为系统完整的意见，学习总结斗争经验，学习调查研究，“将自己经验最丰富的认识最深刻的部分经验总结，并加以分析”，对自己具体的环境进行调查和分析，确定今后的努力方向。

为了加强对闽西北地区的领导，1944 年 5 月，省委决定改闽中工委为闽西北特委，由林大蕃任书记，蔡敏为组织部长，张羽为宣传部长，肖冠槐为统战部长，林志群为青年部长。同时将闽中工委游击队扩建为闽西北游击支队，由肖冠槐任支队长、林大蕃任政委。并派张羽到南（平）沙（县）尤（溪）地区加强工作，成立南沙尤工委，由张羽、林志群分任正副书记。从 7 月起，国民党顽固派纠集保安团及地方反动武装总计 3 个团的兵力，大举进攻闽西北特委机关所在地大田县武陵垵；随后又向汤泉、桃源和漳平县的新桥、吾祠，宁洋县的夷船等基点村“进剿”，使闽西北地区的党组织和群众的生命财产遭受严重损失。

7月下旬，福建省委机关转移到永泰官烈，随后派出一批人员在周围的南屿、南港等地开展工作。另派一批人通过闽侯新钟、大化，越过福清琯口、北西亭，与长乐的南阳打通路线。此外，省委将王一平调回省委机关，派黄扆禹到三坵田接替其工作。鉴于“霍童惨案”后闽东党组织尚未恢复，省委决定成立闽东特委[①]，由张翼任书记，刘捷生任组织部长，杨人屏任宣传部长。特委的任务是：扩大武装队伍，恢复闽东老区，开辟闽江沿线和屏（南）古（田）（建）瓯边界新区，筹集经费。

8月初，福建省委为恢复与华中局联系而于3月间派赴淮南华中局汇报工作的章志廉回到省委机关，向省委领导传达了华中局领导的指示。华中局指出，日本为了挽救其在太平洋战场上的失利而执行打通大陆交通线的计划，并有可能在沿海登陆和占领某些城市。为此，福建党组织的工作应向沿海地区发展，争取海上伪军张逸舟部倒戈；进一步贯彻执行隐蔽精干的方针；通过内部整风达到巩固自己、提高自己的目的；开辟闽西北地区，恢复闽东地区，打通浙东路线。[②] 省委为贯彻华中局这一指示，抓紧时机向沿海地区发展，决定省委机关向沿海迁移。省委分析了沿海地区的特点，认为长乐县南阳地处沿海，是土地革命战争时期党的工作比较活跃的地区，又是1941年的抗日游击根据地之一，群众基础好，可以半公开活动。于是，福建省委机关于8月下旬迁往南阳。省委迁移之后，根据当时的斗争环境和华中局的指示精神，仍然把工作重心放在培养提高干部上，在南阳举办了两期干部学习班，一面开展整风学习，一面总结斗争经验，以利于更加有效地开展反“清剿”斗争和即将到来的抗日游击战争。

鉴于国民党派遣大批特务到闽北进行破坏活动，中共福建省委于1944年3月发出《关于反特务斗争的指示》，指出：必须提高警觉性，开展审查工作，严密党的组织，依靠群众建立侦察网，“监视可疑分子及特

---

① 参见黄垂明：《我所经历的八年抗战（续完）》，《福建党史通讯》1986年第4期。

② 参见闽浙赣党史领导小组编《中共闽浙赣边区党史大事年表》，1989年编印，第54页。

务”，“调查研究可能被特务利用分子”。之后，闽北党组织开展了以反特务为中心的反顽自卫斗争。五六月间，建松政游击队在松溪花桥牛轭岭伏击国民党第六督剿区上校副指挥官、“建松政剿匪指挥部”指挥柴毅所部主力获得胜利，迫使柴毅部队撤出建松政地区。

由于福建省委及时制订并实施了反“清剿”的正确方针，有效地抑制了顽军的第四次“清剿”。尤其是福建省委南迁后，国民党军在闽北寻找不到攻击目标，进攻势头有所减弱。与此同时，坚持在闽北活动的游击队根据省委指示，采取“躲击”战术，继续与顽军周旋，以求在军事上打破顽固派的“清剿”。游击队跳出顽军包围圈，一部分由王文波、程胜福带领在建阳、邵武一带活动，一部分由汪林兴、夏任珍率领在资溪一带活动。1944 年 8 月，两部分队伍会合，经崇安赴江西上饶、广丰一带开展工作，途经铅山鹅眉坂时，遭到当地反共武装的袭击，汪林兴不幸牺牲。

1945 年，闽浙赣边区反顽自卫斗争又有了新的发展。1 月，陈贵芳率部先后在松溪的牛轭岭和水吉滕坑垅伏击顽军，消灭其一部分，缴获枪支 40 余支。2 月，闽东北武装已发展到 70 多人，于 14 日攻打三都口，消灭国民党水警一个分队，缴获一批枪支弹药。随后，队伍渡过闽江，转到闽清、永泰活动。3 月，闽北特委机关由江西迁回崇安，并恢复了廊头、大东坑、坳畲、际头等老据点。5 月，闽北游击队兵分两路活动：一路由王文波带领从崇安出发到铅山活动，另一路由程胜福带领赴邵武，恢复邵武、光泽一带工作，使闽赣边区不断巩固和发展。

与此同时，建松政特委继续深入地开展反特务斗争。6 月，建松政游击队在龙井山智擒三县特务头子陈学达和水吉县军事科长，破获了国民党顽固派在建松政地区的特务情报网，镇压了一批罪大恶极的特务分子。之后，建松政游击队设计引诱顽军前来突袭，在建瓯川石墩洋全歼国民党福建省保安第六团一支军统特务分队，击毙其分队长，缴获一批枪支和兵力分布与进攻路线图。国民党顽固派所谓的“三分军事、七分政治”的第四次围攻终于以失败而告终。

总之，福建省委在由闽北转移到闽中以后，为了打破国民党顽固派的第四次“清剿”，为了坚持抗日民族统一战线和贯彻隐蔽精干的方针，在军事上进一步实行以“躲击”为主要形式的自卫游击战，一方面打通各地活动据点，另一方面发展游击队活动，分散顽军力量，达到阻止其进攻的目的。同时，积极稳妥地开展反特务斗争，击破国民党“政治解决”的阴谋。这一系列斗争保障了省委的安全和党的力量，打破了顽固派的第四次“清剿”。当然，福建省委在这一时期的反顽斗争中也存在某些不足。在急于发展的思想指导下，省委于1945年初片面理解了中央关于“准备发展”的指示，对于隐蔽方针发生动摇，提出“争取发展”“少数公开与多数掩蔽”,[①] 以致省委领导的游击武装频繁活动，暴露目标。不久，省委很快认识到这一错误。同年5月上旬，省委在长乐召开干部会议，重新确认“坚决执行掩蔽”的方针，纠正了这一错误。

二　王涛支队的成立及其反顽自卫斗争

以反顽自卫、争取生存与发展为宗旨而成立的闽西南经济工作总队，在闽南活动期间，在中共闽粤边委的领导下，不同国民党顽固派军队正面交锋，而与地方党组织的隐蔽活动相结合，采取灵活机动的游击战术，开展武装自卫斗争。

1944年春，中共闽南特委从配合闽西南经济工作总队开展斗争的实践中认识到，只有开展武装自卫斗争，才能求得生存的重要性，遂成立了闽南政治保卫队，队长卢炎、政委卢叨。在经工总队调回闽西后，闽南政治保卫队积极开展反顽武装自卫斗争，逐步恢复了平和山区、云和诏的乌山地区以及漳南国统区工作，开始扭转了闽南党组织在抗日战争时期的困难局面。同年11月，闽南政治保卫队在诏安群众的配合下，伏击地方联防大队10多名官兵，缴获长短枪10余支。其后，顽军企图消

① 参见曾镜冰：《目前我们的政治任务与整风任务》（1945年2月18日），福建省档案馆、中共福建省委党史征委会闽浙赣办公室编《闽浙赣党史文件资料选编》（上），福建人民出版社1987年版，第238页。

灭这支新成立的共产党自卫武装，调集兵力向闽南政治保卫队的基地乌山围攻。政保队为保存有生力量，避开顽军的正面进攻，转到平和活动，继续打击地方反共联防队。同时深入群众，宣传共产党的抗日反顽主张，发展壮大队伍。

为了加强人民武装力量，更加有力地反击国民党顽固派反共反人民的逆流，中共闽粤边委决定将闽西南武装经济工作总队和闽西经济工作分队合并，建立一支坚强的抗日反顽的武装部队。为纪念之前牺牲的闽西特委书记王涛，闽粤边委命名这支部队为王涛支队。1944 年 10 月 25 日，王涛支队在上杭正式成立。中共闽粤边委任命刘永生为支队长，巫先科为副支队长，陈仲平为政治部主任兼代政委。王涛支队成立时仅 49 人①，但成员都是久经革命斗争考验的中共党员和优秀骨干。支队成立后，中共闽西特委通知分散隐蔽在各地的党员前来参加，使这支部队不断获得发展壮大。根据党中央制定的“有理、有利、有节”的原则，王涛支队担负起了反顽自卫的艰巨任务。支队首先对杭永边一带的反共分子和武装予以打击，惩办了汤湖和合溪的反共民团，随后迅速转移到龙岩，在九峰崃打垮白土镇反共自卫队；在小池山狗凹痛击国民党省保安第三团及当地地主武装，缴获轻机枪 1 挺。王涛支队的军事行动，振奋了人民群众的斗争情绪，发展了边区的革命形势。

1944 年冬，日军为了打通粤汉线南段，从湘南、赣南向南攻击；广州日军北上配合，分三路向粤北重镇韶关进攻。国民党广东省政府从韶关撤至粤东平远县。此时，国民党江西省政府所在地泰和受到日军威胁，福建省政府仍在永安。在这样的形势下，闽粤赣边区成了国民党的必争之地，战略地位更显重要。

1944 年 11 月 21 日至 23 日，福建、广东、江西三省省府主席，齐集江西赣州，在江西省政府主席熊式辉的主持下，召开“闽粤赣边三省清剿会议”，部署新的反共军事计划，决定设立闽粤赣三省边区绥靖指挥

---

① 参见刘永生：《闽粤赣边区人民革命武装斗争回忆》，福建省委党校馆藏资料（2—0742）。

部，划三省边区22个县为“清剿区”，并设4个绥靖指挥部。在闽西，以保安第三团为主设立了“闽粤赣边第一联防指挥部”，由陈馀珊任指挥官；闽南则分别设立靖和埔及云和诏两个联防办事处，妄图消灭闽西南地区共产党组织及其领导的人民武装。会后，陈馀珊率保安第三团陈铨部，分驻龙岩、永定、上杭等重要据点，并策动闽西各县自卫队和区乡民团配合，对闽西共产党活动的区域进行“清剿”。顽固派悬赏通缉边区共产党领导人魏金水、刘永生等，颁布“通匪、济匪、藏匪者杀”的“三杀”政策，强迫许多村庄移民，实行联保连坐法等反共法令。

为了打下国民党顽固派嚣张气焰，1944年12月20日，王涛支队开至龙岩小池何家陂，在岩西北区委书记吴潮芳的配合下，经过充分准备，于23日凌晨奇袭何家陂炮楼，全歼守军10人，缴枪10余支，并处决了罪大恶极的保长和保队副。驻小池的保安团1个连和当地自卫队200余人闻风追袭，王涛支队在山狗凹山上部署兵力，利用居高临下的有利地形，歼灭其尖兵班，击溃其大部，缴获一批枪支弹药。[①] 战斗结束后，王涛支队经永定转移至上杭休整。

同年12月7日，中共闽西特委特派员魏金水发表《为申明本党主张推进抗战团结民主告龙岩各界书》，以无可辩驳的事实说明最近龙岩白土、小池战斗，是闽西共产党组织为了“促进全民族抗战事业，培植地方民主根苗，维护地方和平团结，捍卫龙岩人民福利”，不得不武装自卫，被迫与保安团作战，不得已制裁危害人民的民贼，重申中国共产党始终尊重团结各抗日党派和爱国人士的立场，希望国民党当局立即停止以特务手段和军事进攻进行反共，停止摧残人民，恢复地方和平团结，实行民主政治，减轻地方税制，合理人民负担，动员一切武装力量，收复闽海失地。告龙岩各界书的发表，表明了王涛支队被迫实行武装自卫的严正立场，加深了各界群众对共产党的了解。

① 参见郑金旺：《抗战时期龙岩革命武装及其斗争情况》，中国人民解放军福建省龙岩军分区政治部、中共龙岩地委党史资料征集研究委员会编《闽西地方武装概略》，1986年印，第521页。

事实表明，在国民党顽固坚持反共投降、蓄意破坏抗日民族统一战线的情况下，中国共产党只有抱着维护抗日民族统一战线而又不怕摩擦，按照党中央抗日反顽的方针，实行武装自卫，才能更加有效地隐蔽与保存力量，发展组织。为此，中共闽西特委决定进一步发展抗日反顽的武装。1944 年 11 月，中共永和靖县委根据闽西特委的指示，在永定金丰大山建立了一支游击队。为纪念英勇牺牲的女共产党员陈康容，决定将队伍命名为“康容支队”，陈永安为支队长，熊克庭为指导员，队员共有 15 人。在支队成立大会上，确定了开展武装活动的任务：首先是发展队伍，收缴枪支，解决给养；其次是加强训练，准备战斗，以迎接抗日战争胜利的到来。[①] 康容支队成立后，陆续收缴了一批枪支弹药，用顽军的武器武装了自己，增强了自身的战斗力。接着，遵照闽西特委的指示，康容支队深入群众，宣传抗日道理，在金丰大山周围乡村建立了基点。

1945 年初，王涛支队转移到武平象洞山一带活动，镇压当地恶霸地主，缴获了一些枪支和 2 万斤谷子，同时还解决了一批经费，扩大了队伍，而后又回到上杭。同年上半年，康容支队并入王涛支队，队伍发展到近百人。部队经过一段休整后，又在永定的湖雷、古木督等地消灭了一批反共武装，打击了国民党顽固势力。

国民党顽固派对王涛支队极为仇视，必欲除之而后快。驻防于杭永边界丰稔市的保三团主力第一大队机枪中队，依仗其精良装备与火力，不断袭击革命武装。王涛支队本着“以打击消灭进攻”的武装自卫方针，决定给予驻丰稔之顽军以打击。1945 年 4 月 13 日是丰稔圩期，王涛支队奇袭上杭县丰稔市，歼灭国民党保安第三团第一大队机枪中队，击毙中队长等 10 名，伤 3 名，俘获 10 名，缴获重机枪 2 挺、轻机枪 1 挺、步枪 17 支、驳壳枪 3 支，[②] 取得了开展武装自卫以来的最大一次胜利，向闽西当局及

① 参见黄金隆、陈凤芳：《康容支队的建立与活动情况》，中国人民解放军福建省龙岩军分区政治部、中共龙岩地委党史资料征集研究委员会编《闽西地方武装概略》，1986 年印，第 107 页。

② 参见刘永生：《丰稔歼敌记》（1945 年 5 月 1 日），福建省委党校馆藏资料（1—2389）。

广大人民群众展示了中国共产党坚持抗日反顽斗争的决心与战斗力。

4 月 20 日，中共闽粤边委特派员朱曼平亲自起草了以中共闽西特委名义发出的《丰稔战斗的代电》，申明丰稔战斗是闽西共产党组织为制止内战、打击顽固派的反共逆流的自卫反击，指出："共产党人永远站在民主的前列，始终坚决执行三民主义，始终忠实自己的诺言。但是犯我者则必击之，反我者则必杀之……利于抗战者必拥护之，不利抗战者必反对之。"《丰稔战斗的代电》再一次表明了闽粤边党组织团结御侮的鲜明态度和武装自卫的严正立场，在边区人民群众中产生了很好的政治影响。

1945 年 4 月底，鉴于国民党集中兵力欲寻找王涛支队决战，支队决定避其锋芒，一部开往上杭、武平、梅县一带活动，大部转入龙岩境内。4 月 30 日，王涛支队 100 余人在刘永生、陈仲平的带领下，第二次挺进龙岩，隐蔽在肖坑田螺形山上，拟袭击国民党一新兵营营部。5 月 2 日，福建省第六行政督察专员公署自卫大队长章汤铭率自卫大队占领了田螺形山顶，白土自卫队亦朝该方向搜索前进，企图两路夹击，消灭王涛支队。王涛支队首先设伏全歼白土自卫队，接着在重机枪的掩护下发动攻击，打垮了章汤铭的自卫大队。这次战斗后，王涛支队又先后摧毁了黄田、毛桃坑等地碉堡数座，在增岩、里坑、斜背等地消灭地方反共势力。王涛支队在龙岩活动 1 个多月，给龙岩的反共顽固派以沉重的打击，民心大振，有力地支援了地方党组织的工作。1945 年 6 月上旬，部队奉命到永定金丰大山集中待命。

6 月中旬，中共闽粤边委在朱曼平的主持下召开了一次重要会议，即"金丰会议"，会议总结了前一段的工作，肯定了开展武装自卫斗争的正确性及其所取得的成绩，并且确定了此后斗争的方针和任务。会议根据日军在闽南地区骚扰和粤东、赣南局势紧张的形势，决定王涛支队打到广东饶平的清岚洞，与潮汕兄弟部队配合争取同日本侵略军直接作战，创造解放区；① 同时会议认为应当领导群众破仓分粮，满足其经济要求。

① 参见《中共闽粤边区工作委员会决议》（1946 年 11 月），福建省档案馆、广东省档案馆编《闽粤赣边区革命历史档案汇编》第 5 辑，档案出版社 1989 年版，第 64 页。

为了加强军事斗争的领导，成立了闽粤边军事委员会。[①] 6 月下旬，王涛支队进行了整编。支队部改为司令部，原支队长、副支队长改称为司令员和副司令员，并新任命原教导队队长郑金旺为参谋长；将原各班整编为 3 个大队。部队整编后，支队司令部率第一、第三大队挺进闽南沿海地区，准备对日作战；第二大队留闽西和闽粤边界（上）杭永（定）梅（县）蕉（岭）等县活动，发动群众，深入开展抗日救亡活动，策应第一、第三大队的行动。

1945 年 6 月 16 日，王涛支队主力从金丰大山向闽南进发。部队到达平和的高树坪后，与平和县委分析研究了高坑的情况，决定首先扫除高坑乡公所，并开仓济贫，然后再向周围各乡村扩展，恢复与巩固平和老区。6 月 22 日拂晓，王涛支队对该乡公所实施攻击，国民党联防队和乡丁 30 多人不战而降。天亮后，高坑村和附近各村的农民群众从四面八方涌来，王涛支队抓住这一大好时机，对群众进行宣传，阐述目前的抗战形势，宣传八路军、新四军战绩和各抗日根据地的发展情况，揭露国民党消极抗日、积极反共的罪恶行径。为了解决群众饥荒问题，王涛支队开仓分粮，两天内共分粮 300 多万斤，同时还派出队伍到附近乡村开展宣传和救荒工作。

打下高坑后，王涛支队又打退了国民党平和县自卫队的进攻。接着，部队乘胜攻打了崎岭、下寨等乡公所，开仓分粮，使广大群众得到了胜利的果实。7 月 4 日，王涛支队在平和县乌兰坑与闽南特委领导的政治保卫队会合。支队司令部认为在闽南老区必须有一支坚强的武装队伍才能维持斗争局面，因此决定将政保队充实改编为王涛支队第四大队，由卢炎、张北柱分任大队长和副大队长，陈文平兼任政委。

国民党顽固派视王涛支队为眼中钉，必欲灭之而后快。7 月 10 日，国民党保安第三团和保安第二团一部，加上平和县自卫队 2000 多人向乌兰坑进攻。王涛支队分析了顽军的情况和地形后，决定兵分三路迎战。

---

① 参见《中共闽粤边区工作委员会决议》（1946 年 11 月），福建省档案馆、广东省档案馆编《闽粤赣边区革命历史档案汇编》第 5 辑，档案出版社 1989 年版，第 65 页。

这次战斗给顽军以沉重打击，粉碎了顽固派的围歼阴谋。但王涛支队因仓促应战，打了一个消耗战，违背了游击战的原则，遭受了一些损失，这反映了王涛支队因连战皆捷而滋长起来的轻敌思想。

其后，王涛支队司令部决定立即挺进乌山，打通通往凤凰山的道路，以争取在闽粤边创建抗日根据地。7 月 29 日，部队进抵诏安境内的花舍村。这里离乌山顶的公田村不远。公田村驻有国民党云和诏三县联防办事处，经常骚扰三县边境的人民群众。因此，王涛支队一到，群众便纷纷要求铲除这个反共据点。经过周密的侦察和部署，8 月 5 日凌晨，王涛支队发起了攻打三县联防办事处的战斗，活捉 20 余人；接着，又伏击了从官陂前来增援的诏安自卫中队，再次取得了反顽斗争的胜利。

自成立到抗战结束的 10 个月间，王涛支队同国民党保安团和地方反共武装进行了多次战斗，给国民党顽固派以沉重的打击，从而保存了人民武装力量，有力地配合了地方党组织开展抗日民族统一战线和隐蔽精干的工作，为巩固和发展革命基点，迎接抗日战争的最后胜利做出了贡献。

第二节　福州再次沦陷和福建军民的抗日斗争

一　第二次福州战役

1944 年初，美军已占领马绍尔群岛各主要岛屿，日本的海上交通线越来越难以维持。鉴于美国尼米兹将军多次发表声明，要从中国沿海登陆，在中国大陆与日军决战，日军为维护沿海交通，防止盟军在中国东南沿海登陆，在对浙东沿海用兵后，于 9 月对福州发动攻势，以图占领福州并控制福建海岸。

日军登陆前，国民党陆军第八十师师长李良荣已获得关于日军动向的情报，即召开团级以上军官会议，分析敌军企图及其可能采用的战术，并研讨国民党军的对策，决定驻守在连江的二四〇团从连江西北面起，利用山地复杂地形有计划地逐次抵抗，向福州方向收缩，把敌军主力引到福州以北地区；二三八团佯作坚守福州态势，俟日军准备全力攻城时，以主力转移到小北岭与决战部队会合，诱敌进攻小北岭，在小北岭与敌决战；二三九团为决战部队，坚守在原驻地小北岭准备迎战。海军陆战队一部则部署在鼓岭一线，沿闽江警戒，伺机参加决战。①

9 月 27 日，日军第六方面军第十三军乙支队在长岭喜一少将的指挥下，从连江县的大沃、小沃、浦口、东岱、官岭等地登陆，次日占领连江县城、琯头。接着，日军以一部兵力，取丹阳向罗源方向推进；一部兵力向西经潘渡至汤岭，进而控制大北岭。敌人进占长门、闽安、马尾后，从大北岭和马尾两路进犯福州。二四〇团受敌猛攻不支垮了下来，但该团也杀伤了不少敌人，迫使敌人不得不待援再战。敌得援后，连夜向降虎、梅洋等地进攻。由于二四〇团过早失利，国民党军预定的作战计划未能实现。李良荣判断敌之主攻方向是沿降虎、宦溪、莲花峰一线进攻福州市区，遂改变计划，决定把日军主力堵在大北岭，而后相机自小北岭出击，攻敌之右翼，并向其登陆点挺进，以夺回战场主动权。为此，他调遣二三九团第一营和二三八团第二营两个精锐营去完成堵截任务；命二三八团第一营留守屏山，其第三营和二三九团第二、第三营逐步向小北岭转移；命二四〇团迅速收容整顿，重新组织战斗力，准备参加决战。

9 月 29 日晚，二三九团第一营到达降虎，敌人已先期到达。该营先头连（第一连）一进入降虎，即遭敌猛烈袭击，国民党军立即还击。战斗颇为惨烈。第一连连长以下官兵全部殉国。一连失利后，第一营其他各连退守宦溪。

9 月 30 日凌晨，二三八团第二营奉命赶往大北岭支援二三九团第一营。拂晓，该营到达莲花峰下，并由左侧攀登占领莲花峰。此时，二三九团第一营在莲花峰前数百米处、宦溪南面的起伏地带抗击敌人，其右

① 参见许祖义：《闽海三次抗日战役》，中国人民政治协商会议福建省委员会文史资料编辑室编《福建文史资料》第 11 辑，1985 年印，第 5—6 页。

侧高地已被日军占领，处境危险。两位营长取得联系后，两营协同作战合力阻击敌人。日军攻击受挫，损失了不少兵力，遂又调兵增援。9 月 30 日午夜后，敌向第一营发动攻击，冲入阵地。国民党军第二营虽然在莲花峰上以猛烈的火力支援第一营，但敌我混在一起，难以奏效。由于国民党军缺乏夜战训练，经此一击，乱了阵脚，激战近 1 小时，阵地全部被敌军占领。一营营长和营属机枪连连长牺牲。随后，另一部日军也向二营左翼的第四连阵地冲锋，四连跃出阵地与敌肉搏，终因不谙夜战而失利，阵地被占领。

敌军在两处得手后即全力向莲花峰攻击。此时，莲花峰已是堵截敌军的最后一道屏障，守卫在这里的是第二营营部、步兵第六连及营属迫击炮排和机枪二连（其一个排配属第四连）。10 月 1 日拂晓，敌炮兵再度猛轰莲花峰，接着敌步兵扑来，被国民党军以猛烈火力击退。战事呈胶着状态。第二营营长身负重伤，退下火线，由副营长代理指挥。旋二三八团正副团长率第五连前来增援并指挥作战。二营得到支援，士气大振，再次击退日军进攻。日军为使主攻部队迅速推进，于 9 月 30 日又派一支小部队进攻梅洋。10 月 1 日晨，敌因其主攻部队在大北岭受阻，于是攻占梅洋之日军又转向大北岭方向攻击。

10 月 3 日，国民党军第八十师奉令撤离战场，退守小北岭。[①] 李良荣命令海军陆战队第二独立旅旅长李世甲率部后撤，在桐口至大目埕一线布防并对江警戒。10 月 4 日，福州以及闽侯、长乐第二次沦陷。

二　福建沿海人民抗日游击战争重趋活跃

早在日军第二次侵犯福建前，中共福建省委根据浙江的形势就估计到日军“也有侵占福建的可能”，“全省各地均有沦陷可能”。[②] 因此，省

---

① 参见许祖义：《闽海三次抗日战役》，中国人民政治协商会议福建省委员会文史资料编辑室编《福建文史资料》第 11 辑，1985 年印，第 10 页。

② 《中共福建省委关于准备抗日游击战争政策指示》（1944 年 9 月 20 日），福建省档案馆、中共福建省委党史征委会闽浙赣办公室编《闽浙赣党史文件资料选编》（上），福建人民出版社 1987 年版，第 147 页。

委认为除谨慎保存有生力量外，应积极做好抗日战争准备。1944 年 9 月 20 日，省委发出了《关于准备抗日游击战争政策指示》，要求各级党组织必须善于抓住时机，收拾因日军进攻而造成的混乱局面。强调必须首先着重于筹集经费和武器，组织抗日游击队。指示还指出，对于国民党所组织的游击队，除反共者外，“一般应尽可能利用争取，不可一概与之对立。对于伪军，可利用混乱局面而取得其人、枪，但又应迅速地及时地给予打击，使其不能组织起来；对于地主资本家应在有枪出枪、有钱出钱、有力出力的口号下令其拿枪拿钱来帮助我们，绝不可采取打土豪政策”；对汉奸则需采取积极的打击政策，“没收财产，作为我军经费，并分给群众”。

福州及其周围县城陷落后，10 月 15 日，省委发出了《关于抗日游击战争第二次指示》，指出根据形势特点，应实行两个策略：第一，一面要积极拉拢一切能够接近的国民党分子，另一面又要积极打击反动派借着抗日名义组织反共武装；第二，要积极争取地主和绅士。为了实行这两个策略，扩大党的政治影响和取得广大群众的拥护，省委要求“日寇进攻时，在我们有相当力量条件下，必须坚决以扰敌截敌等战术，坚决打击敌人”。接着，省委在长乐南阳召开干部扩大会议，再次部署抗日游击战争。会后，省委率领主力部队到南屿进行“闪电式”公开抗日，因日军撤退，袭击未成，遂开展宣传工作，四处张贴布告、标语，号召各阶层人民团结一致，抵抗日军侵略。

在福建省委的领导下，福建沿海人民的抗日游击战争重趋活跃。1944 年 10 月，黄国璋同长乐县抗日游击总队副司令郑乃之（多年失去组织联系的共产党员）联系，组织了一支以共产党员为骨干的突击队，活动于长乐一带。在福清，陈亨源、何胥陶带领一部分游击队到福清龙田、高山一带开展抗日游击战争。10 月，陈亨源、何胥陶与江德乡自卫队谈判，达成合作抗日协议，把自卫队编入抗日游击队，建立了福建抗日先遣队福清支队，由何胥陶任支队长，刘家煌任副支队长，队伍发展到 100 多人。与此同时，福清北区的泝头、玉岭和东区的斗垣等乡 40 多名青年，到长乐参加共产党领导的抗日队伍，编成长乐国民兵团司令部抗日突击队福清第一分队。这支队伍活跃在长乐上珍、下珍一带和福清海口地区，到处袭击日寇。①

在连江，福（清）长（乐）平（潭）中心县委联络员张心仕向下洋党支部传达了省委指示，该支部立即重新组织下洋抗日游击队。② 日军第二次侵占连江时，主要兵力驻扎在县城和浦口镇，形成掎角之势。游击队员们分散活动，神出鬼没地到处袭击日军。11 月 10 日，连江抗日游击队与国民党军第八十师一部联合攻打琯头镇，歼灭日军数十人，击沉敌运输军火物资的汽艇 1 艘，缴获一批无线电台。在打击日寇的同时，下洋抗日游击队还遵照省委的指示，派人打入南竿塘海匪内部，在伪军士兵中开展策反工作，取得了成效。10 月中旬，伪军张逸舟部 1 个排长在中共抗日民族统一战线政策的感召下，带领 17 名士兵投诚起义，携带一批枪炮弹药加入抗日游击队，增强了抗日武装的战斗力。12 月 20 日，日伪军第三次“扫荡”下洋乡，当日军的先头部队来到村口时，被游击队的哨兵发现，双方展开了激烈的白刃战。接着，日军用大炮猛轰下洋村。由于敌人火力猛烈，游击队只好保护部分群众避入深山。1945 年 1 月，下洋抗日游击队配合国民党军第八十师一个连，攻打浦口镇日军据点。游击队用迫击炮和重机枪向敌人炮楼猛烈进攻，由于炮楼十分坚固，无法轰垮。浦口攻坚战持续了 2 小时，打死打伤日军 13 人。由于游击队缺少重火器，连续几次冲锋均受挫，最后撤出战斗。这一仗虽然未能攻下炮楼，但打击了日军的嚣张气焰，鼓舞了人民的抗日斗志。

1944 年 10 月，周裕藩、林慕增等奉闽中特委命令，集中原沿海突击队队员 100 多人，在长乐壶井成立了抗日游击队，由林慕增任队长。之后，林慕增带领大部分游击队员在长乐活动，一部由周裕藩带领到福州鼓山活动，成立鼓山游击队。同年 11 月，鼓山游击队在海上袭击日军一

① 参见郑义贵：《日军侵占福清的暴行和福清人民的抗日斗争》，《福建党史月刊》1988 年第 4 期。

② 参见邱惠：《忆连江下洋抗日游击队》，《福建党史通讯》1985 年第 7 期。

艘运粮船，获得成功。不久，日军突然包围鼓山廨院的两个寺，抓走了八九个游击队员。被捕的游击队员除一人逃脱外，其余的惨遭杀害。①

日军再次侵占福州后，福州救火会临警员、援丁300余人撤退至南港。他们痛恨日军暴行，激于民族义愤挺身而出，筹划袭击仓前山的日本侵略军，成立了抗战指挥部，公推救火联合会理事长徐建禧及江秀清、何震等为指挥，组成4个队和1个特务队。1944年10月7日晚，他们密派便衣队潜入市区，约各救火会潜伏队为内应。8日凌晨，福州救火会员丁组织抗敌队伍，从南港渡江到湾边，随后分四路向仓前山进发。上午10时，抗敌队伍向日军进攻，市民纷纷响应。市民刘太平和郑乌鼻手握扁担、木棍，奋不顾身冲入敌阵，勇敢杀敌，壮烈殉国。14岁的小学生柯云柄，手执国旗冲向敌人，与敌搏斗，英勇牺牲。

福州救火会的抗敌队伍第一队进至岭后，第二队冲到麦园，第三队冲至宝树园，第四队冲至对湖，与敌激战，前仆后继，争夺高地。有的员丁冲进屋内与敌人搏斗，计杀敌9名，伤敌10余人，缴获三八式快枪2支。由于日军占据烟台山和附近楼房进行顽抗，加之福州救火会员丁武器陈旧，敌我力量悬殊，抗日队伍终于失利，29名员丁和群众为国捐躯，28人受伤，其余人员遂退据白鹭岭高地，随后由湾边撤回南港。

日军第二次侵占福州期间，中共福建省委领导人民群众开展了英勇无畏的抗日游击斗争。但由于力量单薄，这种抗日在范围和程度上都是有限的。需要指出的是，当时省委对主观力量估计过高，急于发展、急于公开，出现了失误。第一，在省委“一面以秘密形式消灭国民党反动武装，一面闪电式的公开抗日”② 的思想指导下，自1944年10月至11月各路游击队在福清黄坦、永泰占兜、莆田赖溪桥和忠门等地袭击国民党地方武装，缴获其枪支弹药以武装自己。这种斗争方式违背了抗日民

---

① 参见平潭县委党史办公室：《抗日战争时期平潭人民的武装斗争（初稿）》，《福州党史资料》1984年第11期。

② 《福建党九年斗争总结（草案）》（1947年1月15日），福建省档案馆、中共福建省委党史征委会闽浙赣办公室编《闽浙赣党史文件资料选编》（上），福建人民出版社1987年版，第404页。

族统一战线方针和反顽斗争中有理有利有节的原则。第二，不顾兵力悬殊，以党的名义领导游击队进行公开抗日。1944 年 11 月，中共福建省委部分武装从长乐开赴接近沦陷区的福州近郊南屿、兰圃一带活动，随后又在南屿前线实行闪电式抗日，结果暴露了目标，遭到了国民党顽固派的进攻，被迫撤至官烈山上隐蔽。这种行动违背了中共中央在日军第二次占领福州后给福建党组织的指示，即“对于敌后工作应采取隐蔽发展的方法，而不可以我党我军公开活动方式去进行”①。第三，为了反对国民党的不抵抗政策，压迫其实行抗日，错误地采取了所谓“刺激日寇”的策略，“组织了一部分与我有关的国民党武装，刺激日寇（如长乐县城杀死日本人）来扩大占领区”②。

第三节　福建华侨对祖国抗日战争的贡献

一　组织抗日救亡团体，踊跃输财捐物

福建是中国主要侨乡之一。20 世纪 30 年代末，旅居海外的闽籍华侨总数为 267 万多人③，其中绝大多数侨居在东南亚诸国，一部分分布在日本、澳大利亚等国。

早在 20 世纪 30 年代初，福建华侨就开始了反对日本侵华的爱国活动。九一八事变发生后，爱国华侨领袖陈嘉庚即以福建会馆主席名义致函新加坡中华总商会，提请召开全坡华侨大会讨论对付日本的办法。④ 他还致电日内瓦国际联盟和美国总统胡佛，要求其履行各种条约，维护世界

---

① 《中共中央华中局关于日军占领福州后的工作任务致福建省委电》，《中国抗日战争军事史料丛书》编审委员会编《新四军·文献（4）》，解放军出版社 2016 年版，第 295 页。

② 《福建党九年斗争总结（草案）》（1947 年 1 月 15 日），福建省档案馆、中共福建省委党史征委会闽浙赣办公室编《闽浙赣党史文件资料选编》（上），福建人民出版社 1987 年版，第 404 页。

③ 参见《福建日报》社编《八闽纵横》第 2 集，1981 年印，第 37 页。

④ 参见陈碧笙、陈毅明编《陈嘉庚年谱》，福建人民出版社 1986 年版，第 68 页。

和平。广大侨胞踊跃输财，报效祖国。福建永定籍华侨巨商胡文虎创办的《星洲日报》，应读者要求代收各种捐款，先后汇回祖国达 100 余万元。[①] 10 月，以“木材大王”、菲律宾著名爱国华侨领袖李清泉（晋江人）为首的中华商会，亦汇回国币 20 万元给东北义勇军，支持他们抗日。[②]

1932 年 1 月 28 日，日本侵略军进攻上海，国民党军十九路军在全国人民抗日热潮的推动和影响下，奋起抵抗。消息传到东南亚后，广大侨胞人心振奋，立即开展节衣缩食运动，筹款支援。1 月至 7 月，东南亚华侨汇交十九路军的义捐款达 600 万元大洋以上，其中就有陈嘉庚所筹募的巨款。[③] 同时，胡文虎先后给十九路军寄去 3 万元和大量药品。后来蔡廷锴为此题词：“永安堂主人胡文虎君，热心救国，仁术济人……本军在沪抗日，胡君援助最力，急难同仇，令人感奋。”[④] 此外，菲律宾华侨成立了以李清泉为主席的菲律宾华侨国难后援会。该会成立不及一年，即汇国币 5 万元支援淞沪抗战，20 万元为福建国防建设费，2 万元接济东北义勇军。

1932 年 11 月 7 日，十九路军将领翁照垣抵菲律宾马尼拉，受到李清泉等侨领的热烈欢迎。在第二天的晚宴上，翁照垣向侨胞呼吁：航空救国是一条出路，请为航空协会帮忙，俾航空救国得以实现。李清泉等立即响应，于 11 日由菲律宾华侨国难后援会及各行业商会举行联席会议，决定筹组中国航空建设协会马尼拉分会，并捐款购置飞机支援祖国抗战。不久，分会成立，由李清泉任主席。之后，侨胞们踊跃参加，数日间，登记会员即达 4000 余人。在航空募捐中，李清泉“慨然独捐战斗侦察机一架，约值彬银（即菲币比索）2.5 万元，以为侨界倡”[⑤]。在李清泉的领导下，菲律宾华侨捐款 300 万元，购置飞机 15 架，命名为“菲律宾华

---

① 参见沈立新：《济物利群，爱国爱乡——纪念胡文虎逝世三十周年》，《社会科学》1984 年第 8 期。

② 参见郑炳山：《著名爱国侨领李清泉先生传略》，《福建史志》1988 年第 6 期。

③ 参见《海外月刊》1932 年第 3 期。

④ 《南洋情报》第 1 卷第 8 期封底。

⑤ 《华侨日报》1932 年 12 月 16 日及 1933 年 1 月 19 日。

侨飞机队”，赠给十九路军。[①]

九一八事变和一·二八淞沪抗战在海外华侨中所引起的巨大反响，充分表明广大侨胞不满蒋介石的不抵抗政策，以实际行动与祖国的抗日救亡运动遥相呼应。他们的行动，是中华民族抗日救国运动的重要组成部分。

全面抗战爆发后，数百万闽籍侨胞迅速团结在抗日民族统一战线旗帜下，以空前的爱国热情同祖国人民一道共赴国难。由于东南亚各国均为西方帝国主义的殖民地，对日本侵华战争多持中立立场，不许华侨公开筹款支持祖国抗战，因此，华侨支援祖国抗战的运动是采取筹款救济战区难民的慈善组织形式而开展的。

1937 年 8 月 15 日，新加坡中华总商会召开新加坡侨民大会，成立了东南亚地区第一个统一的华侨救亡团体——马来亚新加坡华侨筹赈祖国伤兵难民大会委员会（简称“新加坡筹赈会”）。大会临时主席陈嘉庚在会上宣布：“今日大会目的专在筹款，而筹款要在多量及持久。新加坡为全马或南洋华侨视线所注，责任非轻。然要希望好成绩，必须有人首捐巨款提倡”。华侨叶玉堆（福建同安人）自动认捐国币 10 万元，陈嘉庚“则承认常月捐至战事终止，每月国币二千元”[②]。8 月 16 日，新加坡筹赈会召开委员会议，推举陈嘉庚为主席，决定办事处设在怡和轩俱乐部。

在新加坡华侨爱国精神的激励下，马来亚各区华侨亦相继建立了筹赈会，并组织了以陈嘉庚为主任的马来亚各区会通讯处。[③] 在这期间，旅菲华侨也成立了援助抗敌委员会，由李清泉担任主席。该委员会提出“策励侨众开展爱国运动，以人力物力援助政府抗敌御侮”的宗旨，并在各地设立分会。与此同时，菲律宾华侨还组织了各种抗日救亡团体，积极开展各项工作。

鉴于东南亚各国华侨普遍建立了抗日救亡组织，但尚未成立一个总

① 参见施永康：郑炳山：《著名爱国侨领李清泉先生》，中国人民政治协商会议福建省泉州市委员会文史资料委员会编《泉州文史资料》第 22 辑，2003 年，第 9 页。

② 陈嘉庚：《南侨回忆录》，岳麓书社 1998 年版，第 50 页。

③ 参见《人物介绍——陈嘉庚先生》，《解放日报》1942 年 2 月 5 日。

机关统一领导各地的抗日救亡活动，李清泉、庄西言先后致函陈嘉庚，建议组织领导机构。1938 年夏，国民政府行政院院长孔祥熙电告陈嘉庚：已“通知各属侨领，派代表到新加坡开会，希筹备一切”[①]。于是，陈嘉庚立即着手筹备召开南洋华侨筹赈祖国代表大会。1938 年 10 月 10 日，来自香港和东南亚各国的代表 164 人，代表 45 个华侨救亡团体，聚集在新加坡南洋华侨中学礼堂，举行南洋各属华侨筹赈祖国难民会代表大会。这是东南亚华侨史上空前的盛会。会上正式成立了南洋各属华侨筹赈祖国难民总会（简称“南侨总会”），作为东南亚华侨抗日救亡的最高领导机关。大会选举陈嘉庚为主席，庄西言、李清泉为副主席；并通过了《南洋各属华侨筹赈祖国难民会代表大会宣言》，号召海外侨胞“增筹赈款，推销公债，以救济中国之难民”。南侨总会的成立，标志着东南亚华侨实现了空前的爱国大团结。从此，闽籍侨胞在抗日救国的旗帜下，不分政治倾向、不分阶层地团结起来，为挽救中华民族的危亡而共同奋斗。

华侨救亡团体建立后，大力开展各种形式的募捐活动，为祖国募集抗战资金和物资。华侨捐款、购买公债以及侨汇是国民政府财政经济的重要补充，是支持祖国长期抗战的主要财源之一。

陈嘉庚常告诉闽籍侨胞，“抗战重要在出钱出力，我闽省出兵力不及他省，我闽侨应多出钱，以补省内出力之不足”[②]。许多华侨领袖除领导抗日救亡活动外，对于捐款输财更是积极。抗战爆发后，陈嘉庚除带头认月捐 2000 元外，还购买救国公债 10 万元。为了在国内设立残废军人疗养院和阵亡将士遗孤教养院，胡文虎一次就捐献了 200 万元。[③] 他前后三次认购救国公债 300 万元。[④] 在“爱国观念不敢后人”的思想支配下，胡氏还多次捐款，为救济祖国难民儿童做了许多好事。李清泉也认购公债 40 万元。当他病重弥留之际，犹系念祖国难童，叮嘱将其遗产中的 10

---

① 陈嘉庚：《南侨回忆录》，岳麓书社 1998 年版，第 55 页。

② 陈嘉庚：《南侨回忆录》，岳麓书社 1998 年版，第 51 页。

③ 参见《华侨巨子胡文虎氏慨捐国币二百万元》，《新华日报》1938 年 4 月 27 日。

④ 参见沈立新：《济物利群，爱国爱乡——纪念胡文虎逝世三十周年》，《社会科学》1984 年第 8 期。

万美元，捐献给祖国作为抚养难童之用。后来，菲律宾华侨救亡团体和李清泉的生前友好，继承他的遗志，也捐集40万美元，汇交祖国供作救济难童经费。1940年，陈嘉庚率领“南洋华侨回国慰劳视察团”回国慰问时，慷慨捐出200万元巨款，作为扩大厦门集美5所学校的基金。[①]

在南侨总会的统一领导下，福建华侨节衣缩食，以常月捐、特别捐、娱乐捐、购买公债、义演、义卖、献金等多种形式，踊跃为国捐款，援助祖国抗战。应该指出的是，华侨捐款的主要来源是中下层侨胞。据南侨总会统计，自抗战开始至太平洋战争爆发前的捐款，80%来自贫苦华侨。正如陈嘉庚所说的那样：“富商巨贾，既不吝金钱，小贩劳工，亦尽倾血汗。”[②] 由于广大侨胞的踊跃捐输，义捐工作取得极为可观的成绩。这些捐款凝聚着海外炎黄子孙的爱国之情。

广大爱国华侨除了直接的捐款以外，数额巨大的侨汇也是对祖国抗战经济的重要支持。狭义上讲，侨汇一般是指华侨寄回祖国赡养亲属的汇款；广义上说，侨汇包括赡养家眷的生活费、救国捐款和对祖国的投资。日军侵占厦门以前，闽省侨汇向来集中厦门。1938年5月厦门沦陷后，泉州成为侨汇的中心。尽管从1939年起东南亚各地先后实行统制外汇，缩减侨汇赡家的限额，但依然没有使侨汇中止下来。抗战期间，闽侨汇款作为我国外汇主要来源，对加强抗战的经济力量发挥了很大的作用。1941年12月太平洋战争爆发后，闽省侨汇才完全断绝。

抗日战争时期，侨汇作用有三：一是被认为是“中国的无形输出”，不仅在对外贸易中完全弥补了入超造成的外汇亏空，而且余额很大；二是垫补了国民政府大量军费开支；三是充作法币的准备金。侨汇大部流入农村，并非在城市间流通，经半年至9个月辗转复得重入银行。因此，侨汇不仅对国内货币流通有很大帮助，而且还巩固了国币在国际市场上的作用。

全面抗战开始后，闽籍侨胞还大规模地向国内投资，开发祖国资源。国民政府为利用和开发大后方的丰富资源，以适应战争需要，制订了一

---

① 参见《闽籍侨胞回国投资》，《新华日报》1940年9月22日。

② 陈嘉庚：《南侨回忆录》，岳麓书社1998年版，第89页。

些有利于华侨投资的政策和条例。1938 年 11 月，国民政府经济部制定了《非常时期华侨投资国内经济事业奖励办法》，具体规定了鼓励华侨回国投资的条件和办法。接着，国民政府资源委员会又调查公布了国内资源蕴藏情况供侨胞投资参考。国民政府侨务委员会内特设华侨投资委员会，先后派员访问东南亚，历访各海外华侨领袖陈嘉庚等，鼓励侨团组织回国考察；并成立扶助回国侨民事业辅导委员会和西南经济建设委员会，以加强领导。此外，国民政府还在中央银行、中国银行、交通银行、农民银行四大银行设置兑换部，以吸收华侨资金。当时的福建省政府也提出《建设闽西北计划》，组织侨资事业指导专门委员会、侨务组织委员会等。这一系列政策和措施，对于引导华侨投资起了积极的作用。

随着国民政府各项投资法令的公布，许多侨胞纷纷组织考察团深入西南，洽谈业务，商讨投资办法。胡文虎首先入四川、云南一带考察。随后，菲律宾、缅甸华侨也组织了回国考察团。1940 年，陈嘉庚组织了大规模的华侨慰劳团回国到各地慰劳视察，为发动华侨回国投资做了大量工作。

战时闽籍华侨投资的一个重要方面是工矿企业。如胡文虎投资 1000 万元于云南矿物公司，用于开发矿物资源。他还投资 200 万元创办资中糖厂，并与国内实业家合办华侨企业公司。该公司资本为 1000 万元，其中胡文虎有 450 万元。马来亚“锡矿大王”、福建华侨王振相和胶商王金兴，随南洋华侨慰劳团回国慰劳时，看到国内各公路上行驶的汽车轮胎都要用到脱胶见布才丢掉，于是决定在西南设立一家胶轮复制厂，定名为中南有限公司（又名“中南橡胶厂”或“中南橡胶股份有限公司”），资本 100 万元，王振相等投资 70 万元，国营茶叶公司投资 30 万元。公司总厂设在重庆，分厂设在昆明、贵阳及各交通要点。中南有限公司于 1940 年 7 月动工建造，建成不久便修复旧轮胎 1 万多个，为国家节省外汇 2000 万元。[①] 中日开战不久，陈嘉庚、侯西反、郭兆麟等人得知国内

① 参见《解放日报》1942 年 1 月 15 日。

前线各战区药品奇缺，遂集资 50 万元与国内合资建立了重庆制药厂，生产药品多达 91 种，急救了大量伤兵难民。战时福建华侨大规模向大西南投资，开发和利用西南资源为抗战服务，对当时不景气的西南工商业起了舒筋活血的作用，在一定程度上减缓了战时政府的经济困难。

自抗战开始，闽籍华侨对福建的投资有很大的变化。以往他们主要投资于沿海县市的轻工业及公用、公路、房产等几项企事业。抗战前期，则集中在农垦事业，投资总额达 670 余万元之巨。其分布大体上可分为闽南、闽北两个地区。闽南地区主要投资于永春、南安、德化、晋江、龙溪等县，其他地区主要投资于永安、建阳、南平等县。

垦殖业投资主要是解决战时的粮食问题，一般赢利不高，企业的创办历经艰辛，困难重重。如华侨兴业有限公司就是如此。1940 年，胡文虎等数人发起组织一个资本为 5000 万元的华侨建设公司，利用侨资开发福建资源。拟募足 2500 万元时即行成立，先在香港设办事处。公司于 1941 年 1 月募得 2000 万元，但新加坡等地殖民当局为防止资金外流，限制侨胞募股，使第一期股额未能募足。是年 7 月，公司派人到马来亚秘密募股 550 万元，并欲与福建省银行联络，因太平洋战争爆发，股款无法集中，最后将国内上海、广东两地的存款与福建省银行合并，于 1943 年 8 月正式成立华侨兴业有限公司，资本为 500 万元，其中官股 100 万元，侨股 400 万元。该公司是当时沿海唯一的侨资公司，后来股额增至 1000 万元。[①] 华侨兴业有限公司经过四年的艰苦努力才建成，因战争影响与资金限制，利润不高，可见华侨投资垦殖业的艰辛。闽籍华侨对垦殖业的投资，到抗战后期就衰落了。

金融业也是战时华侨投资的一个重要方面。尤其是太平洋战争爆发后，许多华侨将资金转移到祖国，建立华侨银行。这种金融投资主要集中在抗战中后期。抗战期间，国内较早的侨办银行是新加坡华侨集资 1000 万元建立的福建实业银行。[②] 1942 年 10 月，华侨陈六使拨款 200 万

① 参见徐盈：《一个华侨企业的成长》，《大公报》（重庆版）1943 年 12 月 24 日。

② 参见刁作谦：《中国复兴与南洋侨胞之关系》，《新生路》第 2 卷第 2 期。

元在福建永安创立集友银行，款项充作集美学校教育经费。① 太平洋战争爆发后，陈嘉庚将资本850万元汇寄英国伦敦再转重庆，在广西柳州建立集美银行，专门用于工业建设的投资。华侨的金融投资，一方面补充了国民政府财政金融之不足，另一方面为战时经济建设和华侨的工矿垦殖提供了资金。

抗日战争后期，闽省旅居东南亚的侨胞与家乡的关系几乎断绝。除了归侨利用太平洋战争前移入国内的资金进行或继续前期一些投资活动外，新的大规模的华侨投资几乎完全停顿。

闽籍华侨除了以捐款、投资等形式支援祖国抗战以外，还募集了大量物资源源运回祖国。抗战爆发后，为加强祖国的空军力量，旅越华侨在颜子俊（永春人）的领导下成立了越南华侨抗日救国航空委员会，筹购飞机10架，献给祖国，支援抗战。1938年，菲律宾的福建华侨捐款购买飞机36架，献给祖国抗日。② 1938年9月，厦门儿童救亡剧团到香港为募款支援祖国抗战和救济难民举行义演，香港同胞争相购票观看。在为期1个多月的演出中，剧团募款1.5万元。接着又赴越南、柬埔寨巡回演出。旅越、柬侨胞踊跃捐款捐物。厦门儿童救亡剧团在越南和柬埔寨共募集药品、衣物等五卡车，运回国内献给广西的抗日将士。

抗战期间，胡文虎捐献了大量战需物资。八一三事变发生后，他将价值8000元的纱布运回上海，由宋庆龄转交给何香凝所组织的救护队使用；1937年9月，再次从美国购买纱布数万筒、药棉7000余磅、绒布8大捆，共计74件，运至香港，然后转拨给江苏、上海、北平、天津、福建、广东等地的救护团体使用；此外，还把大量虎标良药捐献给祖国的各个慈善机构和救护团体；1937年和1938年，又先后捐赠4辆救护车给长沙及福州的卫生部门。厦门沦陷后，由于交通困难，福建缺粮情况严重。胡氏得知后，立即倡议集资组织公司在海外购米，运往漳州和泉州

---

① 参见林金枝、庄为玑：《近代华侨投资国内企业史资料选辑》（福建卷），福建人民出版社1985年版，第446页。

② 参见《福建日报》社编《八闽纵横》第2集，1981年印，第44页。

平粜，一共运回大米10万余包。1939年冬，南侨总会募得寒衣50万件、金鸡纳霜5000万粒和各种中西药品、绷带等，供应祖国。

海外侨胞大量捐献物资，在很大程度上缓和了抗战时期国内物资紧缺的状况，救济了前方和后方无数的伤兵难民，为祖国的持久抗战提供了雄厚的物质力量。

二　回国参加抗战，维护抗日民族统一战线

广大闽籍侨胞除了以巨大的财力、物力支援祖国抗战外，还踊跃回国参军参战，同全国同胞一道，用自己的血肉，筑成了抗日长城。抗战军兴，国民政府军政部派闽籍将领李良荣回乡，组织第三战区第十三补充兵训练处，训练新兵。李良荣致函海外各地华侨领袖，表示要广收海外爱国志士，招考学兵，得到广大侨胞的热烈响应。许多华侨青年毅然放弃了职业或学业，到各处的福建会馆报名应考。[①] 1939年，100多名菲律宾华侨青年冒着生命危险回到祖国从军，被编在第十三补训处受训，后来参加了对日作战。[②]

1937年9月，中华民族武装自卫会菲律宾分会发起组织菲律宾华侨归国抗日义勇队，许多华侨青年纷纷报名参加，有六七十人参加了学习训练。民武分会派得力干部沈尔七（晋江人）负责训练，然后挑选精干队员28人，组成归国抗日义勇队，其中有闽籍华侨22人。1938年1月，沈尔七、戴血民带领义勇队回国，途经厦门、漳州前往龙岩，编入新四军第二支队，改名为“菲律宾华侨归国随军服务团”。他们到皖南后，在新四军教导队集训半年，后分配到各部队工作。许多人先后参加了共产党，成为部队的骨干。

1939年，沈尔七、许振文两人返回菲律宾，向广大华侨宣传新四军在大江南北的抗日战绩，并着手组织第二批华侨青年回国参军。菲律宾华侨各劳工团体联合会（简称“劳联会”）大力支持沈、许两人的工作。

---

① 参见江茂夫：《华侨学训团访问记》，《闽侨月刊》1939年第4期。

② 参见江茂夫：《华侨学训团访问记》，《闽侨月刊》1939年第4期。

在各方的协助下，很快组成了菲律宾华侨各劳工团体联合会回国慰劳团。慰劳团的首要任务是到前线慰劳抗日将士，俟任务完成后团员就地参军。1941 年 11 月，沈尔七第三次回国后，在广东东江游击队任职，1942 年在一次战斗中壮烈牺牲，时年 28 岁。

祖籍福建福清县的新加坡华侨仓夷，原名郑贻进，于 1937 年春回到祖国，投入抗日救亡的斗争。1939 年，他来到晋察冀抗日民主根据地，次年加入中国共产党，在晋察冀边区《救国报》等任记者。仓夷以生动的笔触真实地记录了边区军民火热的抗日斗争场面，写下了大量优秀文章。周扬在仓夷遗著《幸福》一书前记中写道：仓夷同志是晋察冀边区最年轻、最优秀的新闻记者和报告文学的作者之一。① 此外，闽籍印尼归侨李林、缅甸归侨陈康容等也为祖国的抗日事业献出了宝贵的生命。

在菲律宾，还有高作辑（泉州人）领导的怡郎华侨抗日救亡会，也培养了一批抗日救亡骨干分子。该救亡会的会员 20 多人先后分 3 批回国，或到延安抗日军政大学、陕北公学学习，或直接参加新四军奔赴抗日前线作战。

抗战爆发后，胡文虎在香港召集由他捐资建校的红十字救护科毕业生 500 余人，组织救护队，分批返回祖国到抗日战场服务。他还捐款赞助槟榔屿华侨救护队回国效力。

中国沿海地区沦陷后，新开辟的滇缅公路成为对外交通的主要通道，大批抗战物资要从这条公路运回国内。但是缺少司机和修车工人。陈嘉庚应国民党军事委员会西南进出口物资运输总经理处的请求，以南侨总会的名义，在马来亚、新加坡等地先后招募了 10 批共 3500 名技术熟练的司机和修车工人回国服务。② 这些华侨机工主要活跃在滇缅公路上。这条国际运输线，每天都有大批军需物资运往昆明，繁忙时，差不多几分钟就经过一辆汽车。据《中华民国统计提要》记载，从 1939 年 7 月至

① 参见《仓夷烈士纪念碑在大同县落成》，《华声报》1986 年 9 月 5 日。

② 参见《民国档案》1988 年第 2 期。

1942 年 7 月这 3 年中，滇缅公路运输的军需品和其他物资共计 45.2 万吨[①]，足见华侨机工成绩之斐然。

抗日民族统一战线是坚持抗战并取得最后胜利的根本保证。1938 年 3 月 18 日，毛泽东在永春籍华侨辜俊英纪念手册上题词："全体华侨同志应该好好团结起来，援助祖国，战胜日寇。共产党是关心海外侨胞的，愿意与全体侨胞建立抗日统一战线。"[②] 抗战期间，闽籍侨胞从国家和民族的根本利益出发，迫切希望国共两党团结一致，共御外侮。为此，他们积极拥护中国共产党的团结抗战主张，坚决反对一切投降分裂的可耻行径，为维护抗日民族统一战线作出了积极的贡献。

上海、广州等城市相继沦陷后，国民党内的主和、妥协势力甚嚣尘上。国民党副总裁汪精卫同日本帝国主义进行了一系列幕后交易后，公然表示愿意接受各国的"和平调停"与日本的"和平条件"。当时陈嘉庚正在新加坡组建南侨总会，闻讯后极为愤怒。1938 年 10 月 22 日至 27 日，他先后致电汪精卫、孔祥熙、宋子文、蒋介石等人，驳斥汪精卫的谬论是"秦桧阴谋，张昭降计"[③]，希望蒋介石实践其抗战到底的诺言。随后，陈嘉庚将与他们往来的七份电报公诸报端，希望借用国际国内舆论的力量，阻止汪精卫的投降活动。然而国内反应十分冷淡，重庆报纸不予刊登这些电报。为了冲破汪精卫的禁锢，10 月 25 日，陈嘉庚直接向身为国民参政会议长的汪精卫发了一封电报，提出："日寇未退出我国土之前，凡公务员对任何人谈和平条件，概以汉奸国贼论。"这一电文提案后来修改为："《在日寇未退出我国土之前，公务员不得言和案》"[④]。这件事震动了重庆山城。邹韬奋评论说："这寥寥十一个字，却是几万字的

---

① 参见庄明理：《滇缅公路上的华侨机工》，全国政协文史资料研究委员会华侨组编《峥嵘岁月——华侨青年回国参加抗战纪实》，中国文史出版社 1988 年版，第 294 页。

② 中共中央文献研究室编《毛泽东年谱（一八九三——一九四九）》（修订本）中，中央文献出版社 2013 年版，第 58—59 页。

③ 陈嘉庚：《南侨回忆录》，岳麓书社 1998 年版，第 80 页。

④ 《拥护蒋委员长决议案》，孟广涵主编《国民参政会纪实》上卷，重庆出版社 1985 年版，第 338 页。

提案所不及其分毫。是古今中外最伟大的一个提案!”①

南侨总会成立后，华北汉奸江朝宗（北平维持会主席、华北政务委员会委员)、池尚同（前集美学校校长)、王大贞（泉州人）等 21 人，联名致电陈嘉庚，妄图引诱南洋华侨“赞成与敌和平”。陈嘉庚复电怒斥其“卖国求荣，谄媚无耻，沐猴而冠，终必楚囚对泣，贻子孙万代臭名”，并晓以大义，劝告他们：“若能及早悔悟，改过自新，尚不愧为黄帝子孙”②。1938 年 12 月，汪精卫一伙民族败类，公开叛国投敌，激起海外华侨无比义愤，各地掀起了声势浩大的抗日讨汪运动。12 月 31 日，陈嘉庚致电蒋介石，强烈要求“宣布其罪，通缉归案，以正国法，而定人心”。此后，讨汪运动在东南亚各国迅速展开。

在十四年抗战的艰苦岁月里，每当国民党顽固派掀起反共高潮时，海外华侨总是旗帜鲜明地站在人民的一边，抨击国民党破坏团结抗战的行径。1940 年春，陈嘉庚和庄西言率领南洋华侨回国慰劳视察团回国慰劳抗日军民。慰劳团在重庆期间，国民党中央和国府要人轮流到陈嘉庚下榻处诽谤、攻击中国共产党，陈嘉庚为此忧心忡忡。1940 年 7 月 30 日，他致函蒋介石说：“若欲消灭共产党，此系两党破裂内战，南洋千万华侨必不同情”。“若不幸内战发生，华侨必大失望，爱国热情必大降减，外汇金钱亦必减缩。”③

回国期间，陈嘉庚到延安参观考察，会见毛泽东、朱德等中共领导人，参观边区，亲眼看到了陕甘宁边区的光明景象，一扫他在重庆等国统区参观慰劳时产生的悲观失望情绪，他把救国救民的希望寄托在中国共产党身上。返回重庆后，陈嘉庚作了题为《西北观感》的演讲，畅谈自己对延安的良好印象。

1941 年 1 月，国民党制造了皖南事变。消息传到海外，广大侨胞极为愤慨，群起谴责。东南亚地区的许多报纸纷纷发表社论和短评，如实

① 《韬奋全集》第 10 卷，上海人民出版社 1995 年版，第 218 页。

② 陈嘉庚：《南侨回忆录》，岳麓书社 1998 年版，第 91 页。

③ 陈嘉庚：《南侨回忆录》，岳麓书社 1998 年版，第 221 页。

报道了事变经过，赞颂新四军的抗日业绩，抨击国民党的卑鄙无耻。东南亚31个闽侨社团召开联席会议，坚决支持中国共产党提出的解决皖南事变的12条办法，一致决议：向国民党当局作紧急呼吁，恳其立即释放政治犯，明令保障言论、出版、集会、结社之自由，撤销一切防共部署，承认一切抗日党派之合法地位，援助敌后抗日民主政府，恢复抗日有功之武装。[①] 海外华侨的舆论，有力地支持和配合了中国共产党打退国民党的第二次反共高潮。

1941年7月，在纪念全面抗战四周年时，《南洋商报》发表致蒋介石的公开信，表达了海外华侨坚决抗战到底的决心，陈嘉庚等数十名侨领率先签名，在马来亚侨胞中引起了巨大反响。许多人以争先签名为荣耀，签名者达20多万人。[②] 此外，胡文虎在海内外创办的《星华日报》《星岛日报》等星系报，亦大造抗日救国舆论。正是由于坚持团结抗战到底的民族意识深入人心，中国共产党又始终坚持了“以斗争求团结”和“有理、有利、有节”的斗争原则，在海内外炎黄子孙的共同努力下，团结抗战的局面才得以一直保持到抗战最后胜利。

综上所述，抗日战争时期，福建华侨团结一致，共赴国难。他们冲破侨居国殖民当局的阻挠，在财力、物力、人力和舆论等方面予祖国以巨大的支持，不仅直接增强了祖国的抗战力量，更重要的是他们为挽救民族危亡慷慨解囊、不惜流血牺牲的爱国主义精神，大大鼓舞了祖国军民持久抗战的意志和必胜信心，并对以后的华侨爱国运动产生了深远的影响。

第四节　为迎接抗日战争的最后胜利而斗争

一　中共福建省委应对第五次“清剿”及恢复城市党组织

1945年春，世界反法西斯战争已经处在最后胜利的前夜。中国的抗

① 参见《南洋侨胞呼吁改革祖国内政》，《新华日报》1941年8月26日。

② 参见《马来亚签名运动总数达20万》，《华商报》1941年7月19日。

日战争也由于中国军民经过了将近十四年的艰苦奋战取得了一系列胜利，而处于战略反攻的前夜。在这样一个重要的历史时刻，中国共产党于1945年4月23日至6月11日在延安召开了第七次全国代表大会。中共闽粤边委和福建省委选派的代表方方、伍洪祥、陈仁麒、方明、苏惠、王维、范式人、程序（陈振芳）、徐莲娇、聂显书、毛彪、方言（子民）等出席了大会。曾镜冰被选为第七届中央委员会候补委员。毛泽东向大会作了《论联合政府》的政治报告。大会根据这一报告制定了党的政治路线，提出："放手发动群众，壮大人民力量，在我党的领导下，打败日本侵略者，解放全国人民，建立一个新民主主义的中国"。这条路线指明了中国人民把抗日战争引向人民胜利结局的道路。然而，当时国民党仍然顽固地执行反共反人民的路线。因此，争取抗战胜利的道路上依然存在着严重的危机。

5月上旬，鉴于国际国内形势的迅速发展以及国民党顽固派加紧反共活动的复杂情况，中共福建省委为适应斗争的需要，在长乐南阳召开主要干部会议，以整风的精神检查前一阶段工作，研究今后的方针与任务。5月5日，曾镜冰作了《最近两个月来的工作检讨与今后工作问题》的报告，指出过去两个月由于对形势过多强调其有利条件，对"精干分散隐蔽"方针没有把握住，因而产生了"急于发展，急于公开，急于规模大的"倾向，今后必须正确执行华中局关于"精干分散掩蔽"的方针，并在掩蔽中"创造发展条件准备发展"。

会议结束之后，福建省委把这次会议的情况电报华中局，并于5月11日发出训令，分析了德、日法西斯即将灭亡、国民党顽固派必然加紧反共的形势，提出"分散隐蔽坚持原有阵地待机发展"的方针和六条注意事项：(1) 环境松弛时不忘实行隐蔽，环境紧张时不忘进行斗争；(2) 加强群众工作，努力创造掩蔽地点；(3) 提高警惕性，严防敌人的破坏和袭击；(4) 加强队伍的思想政治工作；(5) 加强队伍团结，特别是领导干部的紧密团结；(6) 接到训令后，应经常研究执行，保证完成任务，并希望经常向省委汇报工作，保持联络。

5月14日，华中局复电福建省委指出，省委南阳会议的政治分析、工作检查、发展方向基本上是正确的。目前应建立重要的战略基地，配合将来盟军登陆；基本上仍应采取隐蔽发展的方针，到敌后与顽军薄弱地区去发展力量，发展方向主要是敌后、沿海一带和浙南地区。应根据当地具体环境和取得经验，布置各地工作。根据华中局指示，为了进一步打通路线，发展闽浙边区斗争，同月，省委派左丰美、王一平率部队到达建瓯古井下，与中断联系两年多的建松政特委陈贵芳部会合。建松政特委遂派一个机枪班和一个步枪班约20人，随左、王部转到浙江泰顺一带寻找浙南党组织，以便和龙跃取得联系，打通浙南路线。

5月中旬，日本侵略军从福州、长乐等地撤退。国民党顽固派又将注意力集中到中共福建省委及其领导的人民武装，向集中在长乐南阳的中共福建省委及其领导下的抗日武装发动第五次“清剿”。其时，何胥陶、刘家煌率领的抗日游击队从长乐转移到平潭苏沃隐蔽休整，结果遭到国民党军突然袭击，游击队40多人全部被捕，何、刘等11人惨遭杀害。面对日军撤退后国民党顽固派加紧制造摩擦的形势，6月上旬，曾镜冰在南阳主持召开紧急会议，6月5日，省委作出了《为分散掩蔽发展民主游击战扩大民主掩蔽根据地建立地下军粉碎国顽五次进攻决定》。这个决定根据华中局5月14日电报，正确分析了在军事上敌强我弱的不利形势，决定发挥自己政治上的优势，运用过去几次反“清剿”的经验，实行分散隐蔽的游击战，粉碎顽固派的进攻，保存有生力量。会议之后，福建省委决定把各路部队立即分散行动，并要求分散人员“自力更生、赤手成家”，搞好生产、掩蔽活动。

当时，省委估计到临近抗战胜利，沿海伪军可能投靠国民党，便派人到莆田湄洲岛，通知隐蔽在伪军中约180余人的武装骨干撤退。6月上旬，由于该武装队伍领导人张伯庭未能当机立断地组织撤退，结果被伪军副司令黄玉树派兵包围于莆田忠门东吴村，张伯庭等人惨遭捕杀，是为“东吴事件”。6月上旬，在东吴事件发生前，福建省委派蔡文焕等赶往惠安三台垅，拟接应海上地下武装撤退。由于蔡文焕临时擅自更改路线，在海上又遭顽军阻击而耽误了时间。东吴事件发生后，惠安港口被封锁，船漂流到晋江科任村时，蔡文焕等 11 人被捕，酿成“科任事件”。由于记载党员名单的部分日记落入顽军之手，致使惠安部分党员被捕。连续发生的两起事件，给闽中游击武装造成了重大损失。

6 月中旬，国民党福建省保安第一团进驻长乐南阳、江田一带，采用移民并村、清乡和连坐等手段，向各基点村进攻。面对日益严峻的形势，福建省委在南阳顶尾岩山洞召开军事会议，决定闽中特委主力渡大漳溪，把顽军引到外围，省委机关撤离南阳转移到林森县[①]活动，直至抗战胜利。

中共福建省委及其领导的武装在抗日战争胜利前夕的第五次反“清剿”中连续遭受挫折，是省委在前一阶段“急于发展、急于公开”的错误偏向的必然结果。由于违背了党中央和华中局一再强调的隐蔽方针，致使凡是过于暴露的地区都受到了严重的摧残。例如长乐南阳、江田等基点连遭烧杀长达半年，永泰县凤落、官烈也遭蹂躏。东吴事件和科任事件之后，莆田的干部和部队家属被捕 100 多人，被杀 20 多人；福清、平潭、晋江等县基点村也受到不同程度的摧残。另外，林大蕃、游栋领导的闽西北挺进游击队也不断遭到围攻堵击，终于在 9 月 30 日全军覆灭于永安，林大蕃、游栋壮烈牺牲。这一教训是极为深刻的。

中共中央十分重视福建的城市斗争。1944 年 11 月 17 日，中央电示福建省委：“深入和加强沿海敌后工作，对福州及沿海敌后一带采用各种方式蔓延发展”。“加强福州、厦门等中心城市的工作”。[②] 1945 年 5 月 17 日，中共中央华中局在给曾镜冰的指示中指出：目前基本上仍采取隐蔽发展的方针，在“一切群众条件较好的地区，去建立地下党与群众工作，对原有的老基本地区，采取一切可能方法，去坚持与保持群众的联系，作为我将来大发展的可靠基础”。华中局也要求福建省委加强福州、厦门及敌后沿海交通要道工作。由于福州党组织于 1943 年 7 月被破坏后尚未

① 1944 年 10 月 10 日，闽侯县改称为林森县。

② 《中共中央华中局关于日寇占领福州后的工作任务致福建省委电》。

恢复，许多党员分散隐蔽。因此，恢复城市党组织，加强城市工作便成为迎接抗战胜利的当务之急。

日军撤出福州后，中共福建省委于6月上旬在长乐召开紧急会议，研究了这一重大问题，决定依靠农村据点，恢复城市特别是福厦两个城市党的组织活动，在各机关、工厂、学校、交通部门发展党的工作，“使得将来农村城市斗争的相互配合”[①]。省委并决定派庄征到福州恢复城市工作。庄征到福州后，很快与地下党员林立、李铁、孟起等取得了联系。并通过李铁找到了林白以及抗战期间入党的学生党员杨申生、孙道华、简印泉、傅孙焕等人。这些党员是在皖南事变后遵照上级党组织的指示隐蔽的，早就盼望能重新开展工作。他们接上组织关系后立即开展活动，并很快在周围学生中发展了一批经过长期培养、教育和考察的积极分子入党。与此同时，他们还同内迁邵武的私立福建协和大学中以曾焕乾为首的“黎明读书会”的一批进步学生联系，通过曾焕乾加紧在协大进步学生中开展建党工作。

1945年8月，根据福建省委决定，在福州市郊召开党的积极分子会议，正式宣布中共闽江工委成立，由庄征任工委书记，李铁、孟起、林白、杨申生为委员。当时省委指示闽江工委的任务是负责领导福州地区城市工作，并以福州为基点向外县发展。闽江工委坚决贯彻省委提出的“自力更生与赤手成家”的指示，大力发展党组织。如派党员何友于到邵武，同协和大学的马列主义秘密学习小组联系，推动建党工作。中共闽江工委还派黄森到福安担任县委书记，在闽东地区开展工作；林白到林森县桐口乡建立据点，发展组织，使之在后来的一段时间里成了各地委人员前往省委的一个重要交通站。抗日战争胜利前夕，福建省委恢复城市党组织的工作，为解放战争时期进一步开展城市工作奠定了基础。

---

① 《中共福建省委为分散掩蔽发展民主游击战扩大民主掩蔽根据地建立地下军粉碎国顽五次进攻决定》（1945年6月5日），福建省档案馆、中共福建省委党史征委会闽浙赣办公室编《闽浙赣党史文件资料选编》（上），福建人民出版社1987年版，第262页。

二 抗日战争后期的永安进步文化活动

抗战后期，由于中共党员、著名的新闻工作者、国际问题专家、军事评论家杨潮[①]从湖南衡阳来到永安开展工作，永安的进步文化活动在复兴的基础上，重趋活跃，达到新的高潮。是时除了前面已介绍过的《建设导报》和东南出版社外，还有《民主报》、福建省研究院社会科学研究所、《国际时事研究》周刊等进步文化阵地。

1944 年 2 月，由于《建设导报》明显的进步倾向，国民党顽固派视其为眼中钉，横加攻击，加之后来有些县长不愿代收报费发行受阻，以及《民主报》迁到永安等原因而停刊。《建设导报》虽历时仅 9 个月，但它坚持进步宣传却在永安进步文化活动中留下了自己的印迹。继之，《民主报》加入了进步文化活动的行列。《民主报》是一份对开日报，其前身系 1936 年 11 月在建瓯创刊的《闽北日报》。该报发行人和社长为朱宛邻。他是国民党福建省党部执行委员兼第三区党务专员。总编辑为颜学回，负责主持社务。1942 年 1 月，《闽北日报》改称为《民主报》。[②] 1943 年初，该报一度被迫与国民党省党部机关报《大成日报》出联合版。是年秋，《民主报》在永安进步文化活动的积极支持者、省政府秘书长程星龄的帮助下，迁到永安出版，后甩掉《大成日报》的招牌，恢复了单独出版。

1944 年春，颜学回聘请进步作家董秋芳担任《民主报》副刊主编。董秋芳受聘后，即把副刊命名为《新语》，意在学习当年《语丝》周刊催新排旧的精神。他在《新语》创刊的刊头话里，开宗明义地宣布：要求

---

① 杨潮（1900—1946），湖北沔阳人。原名杨廉政，号九寰。主要笔名“羊枣”。1923 年毕业于上海交通大学机械系。1933 年加入中国左翼作家联盟，同年加入中国共产党。1935 年秋到广西省立师范专科学校任教。从 1936 年起，转向研究新闻时事，撰写军事评论和国际政治论文。1940 年在金仲华主编的香港《星岛日报》任军事记者，次年转入《华商报》工作。太平洋战争爆发后到桂林。1942 年 4 月去湖南衡阳主编《大刚报》。

② 参见叶康参：《〈民主报〉和颜学回》，中国人民政治协商会议福建省委员会文史资料编辑室编《福建文史资料》第 11 辑，1985 年印，第 149 页。

民主，培养青年。继而从来稿中发现、培养、团结了一批进步文艺青年。其时，《民主报》编辑朱侃、刘清源办了一个文艺刊物《十日谈》。为避开申请登记和图书杂志的审查关，颜学回同意《十日谈》作为《民主报》的副页随报附送。当时改进出版社的《现代文艺》已经停刊，《十日谈》的出版，填补了福建文艺刊物的真空，因而受到文艺界的欢迎。同年6月，杨潮从湖南衡阳来到永安，通过谌震的介绍被聘为福建省政府参事，兼任福建省研究院社会科学研究所研究员。杨潮到永安后不久，就为《民主报》撰写社论。自1944年8月起，他在该报连续发表了数篇颇有影响的每周评论。如《只有牺牲才有胜利》一文，记叙了衡阳军民坚守孤城40余天的战斗事迹，引用屈原《国殇》的诗句，赞扬抗日军民的爱国精神；8月底发表的《人民的力量是伟大的》，提出“重展我们的全民战争”的问题，指出“必须把全民抗战真正实现在全民的基础上”[①]。“全民战争”当时在国统区是一个十分敏感的词。众所周知，实行“全民抗战”的全面抗战路线是中国共产党提出的，这条路线同国民党当局执行的片面抗战路线大相径庭。《民主报》是国民党人办的报纸，其报道和言论自然有局限性，甚至有些是错误的，但它公开刊登支持中共主张的抗战路线的文章，符合人民大众的抗日要求，因而大大提高了它的声誉。

1944年秋，颜学回聘请杨潮任《民主报》主笔。杨潮认为《民主报》值得争取和支持，欣然应聘，并约请社会科学研究所的李达仁、谢怀丹、郑书祥、余志宏及省政府编译室的赵家欣和叶康参参加撰写社论。这样，《民主报》的论坛就基本上为进步人士所掌握。

《民主报》关心人民疾苦，敢于揭露社会黑暗面；此外，所发表的有关国际问题的社论也有明显的进步倾向。如题为《增进中苏邦交——欢迎大使彼得罗夫来华》的社论写道，促进中苏邦交，不仅是中国人民的幸运，而且是全世界反法西斯人民的幸运。热情赞扬中苏邦交“决不是寻常国与国的友谊，而且是一种同志之间的友谊”，呼吁各界人士应深体

① 公盾、耿青编《羊枣政治军事评论选集》，新华出版社1983年版，第166页。

国父之遗志，与苏联协力奋斗，共建自由之亚洲，自由之世界。《民主报》的社论在福建报界独树一帜，誉声四起。当时远在重庆的郭沫若也曾为该报撰文。

1944年夏，著名经济学家王亚南到永安担任福建省研究院社会科学研究所所长。社会科学研究所原名社会科学部，从1942年起改称为研究所。其时研究所的研究中心是有关人事行政问题，也有人研究其他课题，缺乏整体研究计划。王亚南上任后，在所内设立了政治、经济和文史三个研究组。政治、经济两组分别由杨潮、章振乾任组长，文史组组长由王亚南兼任。所里原有人员凡是愿意留下来的，都让他们留下。此外，还聘请了一批中青年研究人员。[①] 随着组织机构和人员的调整、充实，研究所的学术气氛十分活跃。在王亚南的主持下，研究所成为宣传、研究马列主义的阵地。王亚南孜孜不倦地从事马克思主义经济理论研究，撰写了《中国经济原论》(中华人民共和国成立后改称《中国半封建半殖民地经济形态研究》）和《社会科学论纲》两部专著。

王亚南到所不久，便开始筹办学术刊物《社会科学》(季刊)。1945年3月，该刊创刊号正式出版。王亚南既提倡基础理论研究，又重视对中国问题和地方问题的研究。他不仅自己研究福建经济，而且还支持章振乾等撰写福建社会经济论文，不时在《民主报》《福建省银行季刊》及其他报刊上发表研究成果。对闽西土地问题进行调查研究，是研究所的一项重要工作。土地革命战争时期，闽西农民在中国共产党的领导下进行了土地革命，分田分地，废除封建剥削。红军长征后，农民们开展保田斗争，使土地革命的成果得以保存。这些地方被称为土地改革区。1945年4月至7月，由章振乾、余志宏、胡瑞梁、钟其生四人组成的农村经济调查团，前往龙岩、上杭一带调查土地改革的情况，其调查研究报告在《社会科学》季刊和研究院的《研究汇报》上陆续发表。

1945年7月，王亚南发起组织经济科学出版社，但直至当年年底才

---

① 参见张来仪、章振乾：《王亚南与社会科学研究所》，《福建党史通讯》1985年第11期。

由余志宏、张来仪参与组建成功，先后出版了王亚南的《中国经济原论》《社会科学新论》和郭大力的《生产建设论》。这些学术专著的出版，对帮助人们从理论上认识中国社会经济的性质及其发展规律起了积极的作用。

在抗战后期永安进步文化活动中，《国际时事研究》周刊占有重要地位。杨潮到永安后，还兼任美国新闻处东南分处顾问。为了让人们及时了解国际形势和第二次世界大战的动态，他建议出版一种国际时事研究刊物，很快得到同意，由刘建绪题写刊名，以省政府编译室和社科所的名义联合编辑发行。

1944 年 9 月 1 日，由杨潮任主编的《国际时事研究》周刊正式与读者见面。为了办好这个刊物，杨潮呕心沥血，勤于笔耕，几乎每天工作到深夜，有时秉灯达旦，下笔万言。时值世界反法西斯战争后期，他根据轴心国与同盟国在欧洲、亚洲各个战场的战略战役态势，系统而有重点地发表军事评论。他对于战争的全局和每一次重大战役都能作出精辟的分析和恰如其分的判断，且富有预见性。如他写的《战神降临敌帝国》《返回菲律宾》《决定意义的大海战》《太平洋战争新局势》等文章，先是预见美日在西南太平洋的战争，将"演进成为决定日本帝国生死的一次会战"，继而分析了美日在菲律宾海域进行的大规模海战，肯定战役的结果对美军是一个"伟大的成功"。再如 1945 年 5 月，苏联红军攻克柏林之后，他发表了《从柏林到东京》，该文仔细地计算了欧洲美军东调需要的船舶吨位和时间，苏军东调需要的列车数量和时间，预测对日战争最后胜利的时间。他认为：第一，如果苏联参战，则在全面总攻发动后，至多三四个月，日本便可崩溃；第二，如果苏联不参战，则在美军占领日本诸岛之后，战争还将在我国大陆进行，时间尚难预测，因为日本在我国大陆有大量侵略军，在我国东北还有一支装备精良的关东军，妄图在我国大陆作持久的抵抗。杨潮同时作了日本可能投降的预测。他指出："如果苏联参战，如果美空军对敌国本部的战略轰炸特别有效，如果我军反攻有力，日本在总攻发动后或甚至以前，都可能投降。在极端一面倒的形势下，日本也许不会象〔像〕希特勒德国那样打得粉身碎骨才罢；因为纳粹党人在德国的控制力量极强，而同盟国宣布他们为战争罪犯，他们几乎全成了亡命之徒；日本没有这样控制一切的一个党，而包括许多财阀贵族的所谓稳健派，则十分可能为了保全自己的财产而宁让国家无条件投降。"[①] 果如所料，这篇文章发表不到三个月，日本就宣布无条件投降。

杨潮不但是杰出的军事评论家，而且也是优秀的政论家。他在永安的最后半年，就欧洲的政治局势写了一系列的国际评论。这些论文运用马列主义的观点，全面地分析了当时国际形势的全局及其发展趋势，帮助人们透过错综复杂的现象，认清世界局势的本质，看到反法西斯战争必然胜利的光明前途。最令人佩服的是，杨潮对南斯拉夫问题作了独具卓见的论述。他热情赞颂了铁托领导下的南斯拉夫解放军的英勇斗争，指出南斯拉夫的解放是"由她的人民自己完成，而今后她国内的一切将完全由她自己处理"[②]。

《国际时事研究》周刊从1944年9月创刊到1945年6月停办，共出版39期。杨潮在该刊发表的文章不下50篇，就连那些精心绘制的战争形势图，也无不出自他的手笔。他的军事评论和国际政论文章，以材料丰富、立论正确、文采斐然而为广大读者传诵一时。《国际时事研究》周刊亦因此成为中国东南地区最受读者欢迎的刊物。由于美国新闻处把该刊作为新闻资料寄发有关机构，又扩大了其在国际上的影响。1945年，杨潮写的有关太平洋战争的评论由赵家欣汇编成《太平洋战争新局势》一书，以战时中国出版社的名义发行。翌年6月，他在永安撰写的有关欧洲政治的论文，由金仲华编成《欧洲纵横谈》一书，由世界知识出版社发行。

在永安进步文化活动的后期，杨潮是核心人物。在他的影响下，《民主报》社、东南出版社、社会科学研究所等单位的中共地下党员和进步文化工作者，紧密团结，努力工作，使进步文化活动呈现出比前期更为灿烂的局面。

---

① 《国际时事研究》1949年5月21日。

② 公盾、耿青编《羊枣政治军事评论选集》，新华出版社1983年版，第246页。

永安进步文化活动的蓬勃发展，对抗日大业无疑具有积极的推动作用。然而，国民党顽固派却对此耿耿于怀，不惜采取卑劣手段予以压制和摧残。一些渗透到国民党省党部和省政府里的军统、中统特务分子，有计划地对进步文化横加诽谤，进行政治挑衅。从 1944 年 11 月至 1945 年 3 月，《中央日报》(永安版，下同）连续发表了《白话文的危机》《从子曰到鲁迅说》《威尔斯眼中的高尔基》《我们的出路》等反动文章，谩骂永安进步文化界把鲁迅“送入神龛，尊为偶像”，污蔑进步文化是要“让高尔基独霸文坛和夫子庙，永远受着全世界徒子徒孙的朝夕膜拜”，大骂中国共产党搞“割据”。这些反动言论激起了永安进步文化界的义愤。董秋芳立即在《民主报》副刊《新语》上，组织青年作者奋起批驳，辛辣淋漓地痛击了这些文章的反动论点。随着论战日趋激烈，《新语》方面的阵营越来越大，参战人数愈益增多。在南平出版的《东南日报》副刊《笔垒》也载文批评《中央日报》的反动谬论，支持《新语》的斗争。这场论战实质是一场进步与倒退、民主与专制的斗争。

1945 年 3 月 13 日，《中央日报》发表了题为《肃清危害党国的毒菌》，攻击中国共产党代表全国人民的意愿而提出的召开各党派会议和成立联合政府的主张。14 日，该报又发表了《强化本党革命的壁垒》的社论，诬称共产党是“在福建境内的反革命及假革命分子”，打入上层政治组织，“深入文化机关团体，盗用公私报纸杂志发布谬论”，“淆惑国民的听闻”等，公然提出“要拿出大刀阔斧的手段”，“擒贼先擒王”，“把那些混进本党的首要奸伪分子一起赶掉”。同年 7 月 7 日，国民党顽固派在《中央日报》上抛出了一个由 130 人署名的所谓“闽省文化界”的反共通电，向全国“呼吁”，“切盼中共深明大义，共为抗战而谋统一”，“决不于政府之外另组一政府”，“决不于国家军队之外另有一种军队”，“当此最后五分钟，更须以统一争取抗战的胜利”。

这一切，预示着一场白色恐怖即将向永安进步文化界袭来。果然，就在抗战胜利的前夕，国民党反动当局利用“周壁被捕事件”，制造了波及全省、轰动全国的“永安大狱”。

1944 年，美国驻华大使馆在福建永安建立了美国新闻处东南分处。为了收集江浙沿海的气象、地理资料及日军的情报，1945 年初，美国新闻处东南分处主任兰德要求谌震介绍一个人前往浙东与新四军浙东游击纵队联系。谌震便介绍改进出版社助理编辑周壁与兰德见面。兰德交给周壁的任务是转达美国新闻处三点意见：第一，与浙东游击纵队建立联系，互相交换政治、军事、气象等方面的情报；第二，美国新闻处可以给浙东游击纵队提供武器弹药和经济援助；第三，请游击纵队正式派代表到永安或上饶协商具体办法，并要求于 5 月间回复。

周壁接受任务后，代表美国新闻处偕同未婚妻以及他的朋友刘文铣（刘金）一同前往浙东。1945 年 3 月，浙东区党委书记谭启龙、浙东游击纵队司令员何静（何克希）派人接待了他们。经请示新四军军部和华中局后，浙东游击纵队司令部告诉周壁：因涉及国际关系，浙东纵队无权与美国新闻处直接建立联系。美国想同我们建立联系，必须由美国驻华大使馆与延安中共中央商谈解决。[①] 5 月初，周壁及其未婚妻在回闽途中，于浙江龙泉被国民党逮捕，押送到江西铅山第三战区长官部直属联络站，秘密监禁审讯。[②]

周壁等人的浙东之行是美国新闻处东南分处委托的有关联系建立国际关系的一次行动，根本不存在反对国民党统治的问题，也根本不存在永安进步文化人士或地下党要与浙东游击队取得联系的问题。但是，国民党顽固派却由此发难。1945 年 7 月 11 日，顾祝同密电在永安参加少将会议的特务俞嘉庸逮捕杨潮、谌震。俞嘉庸于当天夜里召集福建省政府调查室（军统）、省党部调查统计室（中统）负责人会议，部署大逮捕行动。从 7 月 12 日至 8 月初，在俞嘉庸的指挥下，国民党特务拘捕了谌震、杨潮，并且在永安和省内其他地方进行大逮捕。永安进步文化活动

① 参见顾春林：《周壁的浙东之行》，中共永安市委党史研究室编《羊枣事件》，厦门大学出版社 1992 年版，第 118—119 页。

② 参见许祖义：《闽海三次抗日战役》，中国人民政治协商会议福建省委员会文史资料研究委员会编《福建文史资料》第 11 辑，1985 年，第 114 页。

的积极支持者、省政府秘书长程星龄被蒋介石召往重庆监视，后又被软禁。东南出版社董事长江子豪也被扣留审查。

在这一事件中，有31人被逮捕、软禁、扣留。这些人有一般职员也有省政府高级官员，绝大部分是新闻出版界的进步文化工作者、作家。经过审讯和侦察，国民党顽固派既未找到所谓“阴谋策划第二次闽变”的任何证据，也未发现中共党员在永安的地下组织，因此，“永安大狱”当时又称“永安大冤狱”。实际上，“永安大狱”是国民党顽固派对进步文化人士的一场政治迫害，充分暴露了他们反民主、反人民的反动本质。

8月6日，杨潮和谌震、李达中、姚勇来一同被押送江西铅山，关押在第三战区直属联络站。日本投降后，顾祝同的司令部迁到杭州。10月中旬，杨潮和一批政治犯被押往杭州监狱。在狱中，杨潮坚贞不屈。顾祝同曾妄图以授予少将军衔为诱饵，要杨潮为他办报，被严词拒绝。此后，特务加紧对杨潮的迫害和精神摧残。1946年1月11日，也就是在政协会议召开的第二天，杨潮被国民党虐死，时年46岁。

杨潮之死，激起了国内外新闻界、文化界和其他进步人士的极大愤慨。从1946年1月到8月，上海的许多报刊和延安的《解放日报》、重庆的《新华日报》纷纷发表报道和评论，抗议国民党特务的暴行。上海新闻界于友、金仲华等61人联名发表《上海新闻记者为羊枣之死向国民党当局的抗议声明》，要求当局“彻查羊枣先生在狱遭受虐待情形和致死原因，严惩非法下令逮捕的祸首”，“立即平反福建冤狱”，释放与羊枣“同案被捕的全案无辜被牵连的一切人士”。当时，著名律师沙千里也对各报发表书面谈话。他依据国民党政府颁布的法律，怒斥顾祝同非法逮捕杨潮并置之于死地的罪行。

3月29日，《大公报》驻美国特派记者、杨潮的胞妹杨刚从纽约致电全国新闻界同行，痛心疾首地指出：“羊枣之狱不伸，即中国新闻记者不能自由”，“中国人民之生命不得保障”。① 另外，前美国新闻处中国分处

---

① 《杨刚致全国新闻界同业电》（1946年3月），《羊枣和“永安大狱”》，福建人民出版社1984年版，第6页。

总编辑、美国著名剧评家华慈，美国著名记者史坦因、爱泼斯坦、史沫特莱、怀特等24人也联名致电国民党政府，对杨潮受虐待而死表示强烈抗议。①

在国内外舆论的强大压力下，国民党当局被迫于1946年2月和4月先后释放了在“永安大狱”中被捕人员。同年5月19日，上海各界人士1000多人，在国泰殡仪馆举行羊枣追悼会。追悼会由郭沫若主持并致词，著名演员沈扬读祭文，马叙伦、乐博（美国新闻处东南分处职员）、梁漱溟、熊佛西、许广平等先后在会上讲话。陆定一代表中国共产党送了挽联，挽联写道：“新闻巨子国际专家落落长才惊海宇，缧绁蒙冤囹圄殒生重重惨痛绝人寰。”

抗日战争时期永安的进步文化活动是当时国民党统治区抗战文化活动的一个重要组成部分。它与重庆、桂林等地的进步文化活动遥相呼应，有力地推动了后方抗日救亡运动的蓬勃发展，为中华民族的解放事业和进步文化的繁荣昌盛做出了积极的贡献。长达七年的永安进步文化活动取得了令人赞赏的成就，在中国现代文化史上写下了光辉的篇章。此外，永安进步文化活动锻炼和造就了一大批富有民族正义感和革命斗争精神的爱国知识分子，他们在抗日战争胜利后，成为争取和平民主、反对内战独裁的革命斗争骨干。抗日战争胜利后，永安大批知识分子转到福州、厦门和其他城市，参加中国共产党的地下组织或党领导的各种群众组织，为夺取解放战争的胜利继续顽强战斗，有的甚至献出了自己的宝贵生命。

三　侵占福建日军的败退和投降

1945年春，第二次世界大战已近尾声，日军在亚洲和太平洋战场节节败北。4月间，日军为了加强在中国大陆主要据点的防守，向上海、宁波一带集结兵力，准备放弃福州。5月，国民党军获得情报，判断敌人近期可能沿闽东陆路撤往浙江，遂作追击准备。当时，陆军第八十师

① 参见《美国新闻界史沫特莱等向国民党当局的严重抗议》（1946年4月22日），《羊枣和“永安大狱”》，福建人民出版社1984年版，第17页。

师长李良荣计划以第二三九团进攻福州及其郊区，随后尾追敌人不放；另以第二三八团自古田直插罗源、宁德、霞浦，截断日军退路，两路夹击，聚而歼之。[①] 与此同时，海军总司令陈绍宽命令海军陆战队第四团收复马（尾）长（门）地区。[②]

5 月 6 日，八十师和海军陆战队及地方团队分向福州外围的日军阵地发起攻击，以一部进击长乐。日军负隅顽抗，并两度反攻。国民党军经一周的搜索袭击，迫使日军逐渐缩小据点。5 月 17 日，海军陆战队集结在甘蔗，先头部队则挺进小桥，与陆军第八十师取得联系，分三路进迫福州。陆战队担任西路，第八十师担任东、北两路，由第八十师先遣别动队入城活动，预定以城隍庙举火为号，各路同时并进，会师福州。当天，第二三九团首先向福州城北郊五凤山发起攻击，敌一部被歼，一部败回福州。该团随即向福州进攻。五凤山一战，打乱了日军的撤退计划，使之甚为震惊。

日军唯恐脱不了身，于是迅速放弃福州，仓皇向连江方向逃去。5 月 18 日，国民党军克复福州、马尾、长门地区。之后，李良荣令第二三九团以一部尾追敌人，大部抄小路赶至第二三八团的拦截点与该团交替拦截；以第二四〇团作为师的机动部队。第二三八团奉命向连江方向进击，该团二营在八都镇与敌激战。敌人乘夜逃遁。二营奉命迅速转移至白马河增援第二三九团。

白马河是福安境内的一条较大河流，河宽水深，是日军退却的天然障碍，日军被迫聚集在赛岐渡口等待搭浮桥渡河。第二三九团一营营长率部追击而至，立即与敌激战。不久，国民党军各追击部队陆续赶到，向各高地的敌军猛攻。敌军拼死反扑，战事甚为惨烈。第二三八团第二营赶到白马河时，日军一部正在渡河，另一部则继续反扑。该营和第二

① 参见许祖义：《闽海三次抗日战役》，中国人民政治协商会议福建省委员会文史资料研究委员会编《福建文史资料》第 11 辑，1985 年，第 11 页。

② 参见李世甲：《我在旧海军亲历记（续）》，中国人民政治协商会议福建省委员会文史资料研究委员会编《福建文史资料》第 8 辑，1984 年。

三九团一营配合，以全部火力封锁渡口，给日军以极大杀伤。随后国民党军增援辎重兵也赶到加入战斗，两门山炮轰断了浮桥。日军渡河后，为加速逃跑，摆脱追击，沿途丢弃辎重物资。李良荣率部追击到白马河后，命令第二三八团第二营继续追击日军直至霞浦县城，自己则率领师主力返回福州，以防敌人再从海上乘机反扑。至 6 月 8 日，国民党军闽东追击战胜利结束。

1945 年，盟军封锁了厦门、金门的海上交通，盘踞在金、厦两岛上的日军德本光信联队补给断绝，陷入困境。正当其岌岌可危之时，德本光信联队奉令撤往广东汕头。日军唯恐遭到截击，陷进包围圈，考虑再三，决定先在福建海澄县登陆，而后经漳浦、云霄、诏安，出分水关退入粤境。从 7 月 8 日开始，金厦两岛上的日伪军 1100 人分两路启程，分批先后在海澄县港尾乡白坑村登陆，继而沿预定路线撤退。

在日军行动前，国民党军已获得情报。时驻守在漳州的陆军第七十五师立即将情报通告沿海各县，命令其严加戒备。随后，第七十五师派出 1 个团附 1 个营的兵力尾随登陆之敌，跟踪追击。7 月 10 日，中美合作所第六特种技术训练班（简称“华安班”）4 个营也奉令向漳浦集结，参加战斗。各县自卫队和警察则协助正规军阻击敌人。日军沿途烧杀奸淫，无恶不作。广大民众奋起自卫，群起袭击日军，消灭了一些敌人。7 月 20 日，当日军从诏安向分水关逃窜时，陈纳德的第十四航空队在华安班第一营的协助下，对日军进行轰炸，炸死日军百余人。德本光信联队残部仓皇逃往广东境内，闽南阻击战遂告结束。

在日本侵略军北撤之际，福建人民抗日游击队积极开展游击战。1945 年 5 月 20 日，欧阳友心带领闽海抗日游击队可门大队在飞銮岭伏击过境日军，打死日军 2 人。随后，队伍又转移到罗源松山一带继续袭击敌人，打死打伤日军多人。

1945 年 7 月 26 日，中英美三国发表波茨坦公告，促令日本无条件投降。8 月 6 日和 9 日，美军在日本广岛和长崎各投下 1 颗原子弹。8 月 8 日，苏联对日宣战，并随即向中国东北、朝鲜北部、库页岛和千岛群岛出兵。8月9日，毛泽东发表《对日寇的最后一战》，号召人民军队对一切不愿投降的侵略者及其走狗实行广泛的打击。日本法西斯军事力量，在苏联红军和英美盟军的打击下，在中国解放区军民的全面反攻下，迅速土崩瓦解。8月15日，日本天皇裕仁以广播“终战诏书”形式，宣布无条件投降。9月2日，日本正式签署无条件投降书。至此，日本帝国主义被彻底打败，世界反法西斯战争和中国的抗日战争终于胜利结束。

日本投降后，驻扎在闽江口川石岛上的日军两栖部队200余人因撤退不及，奉令就地投降。国民党第三战区司令长官顾祝同乃命令福州警备司令部遴派参谋一员率兵前往川石岛受降。福州警备司令部委任少校参谋傅应雄为受降官。同时，国民党海军闽江江防司令部亦奉令委任少校参谋龚淇为副受降官。受降事宜由警备司令部主办，海军协办。8月中旬，中国军队在川石岛举行受降仪式。[①]

抗战胜利后，国民党各有关军政当局即着手筹划接收厦门，形成了福建省政府、海军和华安班三方争着要受降的局面。8月28日，厦门日军派海军少佐驹林力和日本驻厦门领事馆总领事永岩弥生为代表到石码与中国方面洽降。福建省政府“接收厦门委员会”主任委员严泽元在接见他们时，发现两人均未携带身份证，当即勒令其返厦。翌日，驻厦日军最高指挥官原田清一海军中将改派海军大佐松本、日本领事馆书记官林乃恭等人乘汽艇到石码正式洽降。当天，石码镇民群情激奋，纷纷围观日军请降情景。由于厦门受降主官未定，严泽元暂时出面主持这次洽降式。松本呈验证明书后递交了请降书。省保安纵队副司令阙渊少将宣读了第三战区司令长官顾祝同给原田清一的备忘录和福建省政府闽字第一号备忘录，松本在备忘录上签字。因国民党有关军政当局各执己见，相持不下，后经请示重庆最高当局，才确定了受降方案，即海军方面接收原海军厦门要港司令部等机构；厦门市政府接收伪市府及其所属行政单位、金融机构、海关、税务、司法等部门；省保安处则负责接收金门

① 参见傅应雄：《川石岛日军投降纪实》，中国人民政治协商会议福建省委员会文史资料研究委员会编《福建文史资料》第11辑，1985年，第75—76页。

日伪军的机构和物资；华安班在鼓浪屿主持举行一个受降仪式。[①] 9 月 28 日，国民党海军在鼓浪屿海滨饭店举行海军受降仪式。10 月 4 日，厦门市政府接收了伪市府及有关机构。10 月 5 日，中美合作所华安训练班在鼓浪屿菽庄花园前的海滩上举行受降仪式。至此，厦门日军全部投降。

在抗日战争中，中共福建地方组织及其领导的人民武装在沿海地区英勇抗击了日本侵略军，并在国民党统治区广泛开展了各种形式的抗日救亡斗争。在海外的闽籍华侨，也以空前的爱国热忱，支持祖国的抗战，为抗日战争的胜利做出了贡献。同时，福建地方党组织坚持抗日民族统一战线的政策，灵活运用“发展进步势力，争取中间势力，孤立顽固势力”的策略方针，开展反顽自卫斗争，打击了国民党顽固派反共反人民的反动政策，从而保卫了人民利益，发展了抗日民族统一战线，使抗战得以坚持到最后胜利。

---

① 参见汤涛：《接受厦门日军投降的经过》，中国人民政治协商会议福建省委员会文史资料研究委员会编《福建文史资料》第 11 辑，1985 年，第 79—80 页。

第五编　解放战争时期

(1945 年 8 月—1949 年 10 月)

第十四章　争取和平民主·广泛开展爱国游击战争

第一节　反对国民党内战独裁的斗争

一　抗日战争胜利后的形势与福建党组织的任务

抗日战争胜利后，中国国内政治局势发生了新的变化。美帝国主义取代了日本帝国主义在中国的地位，实行扶蒋反共政策，妄图把中国变为它的殖民地。蒋介石在美国的支持和帮助下，处心积虑地要发动内战，消灭人民革命力量，维持其封建买办法西斯的反动统治。这样，中国人民同美帝国主义支持的国民党反动派的矛盾便成为中国社会的主要矛盾。中国共产党和广大人民要建立一个新民主主义的新中国，把中国引向光明；国民党反动派则要使中国仍然成为一个半殖民地半封建的国家，把中国引向黑暗。因此，中国人民面临着光明与黑暗两种命运、两个前途的斗争。中国革命进入了与蒋家王朝最后决战的新的历史时期。

在中国共产党的领导下，经过抗战的战火洗礼，福建人民的觉悟程度和组织程度有了很大的提高，保存和发展了革命武装，建立了掩蔽根据地[①]，迫切要求和平、民主、独立。但国民党福建地方当局却秉承蒋

---

① 掩蔽根据地是闽浙赣边区党组织在抗日战争时期为贯彻党中央的“隐蔽精干”方针，在国统区实行的一种斗争形式。即派共产党员或争取进步人士控制一个地区或乡村的政权，掩护党组织及其自卫武装开展合法与非法相结合的抗日反顽斗争。这种形式实质上是一种隐蔽的革命基点，不同于一般意义上的抗日民主根据地或游击根据地。为叙述方便，本书仍沿用这一历史名称。

介石旨意，加紧准备反共反人民的内战，声称福建没有国共问题，否认中共福建地方组织及其所领导的人民武装的存在。1945 年 11 月，国民党福建省政府由永安迁回福州。其时国民党在福建的兵力占绝对优势，除正规军 2 个师外，全省有 7 个保安团、1 个特务营和 1 个宪兵团，加上水上警察总队等共 1 万人；另有各县保警队、民众自卫队等地方反动武装。反动派占据了全省 68 个县市及所有乡镇和交通要道，并在 1945 年夏季“清剿”的基础上，对人民武装各游击区形成切割包围和封锁的态势。因此，抗日战争胜利后，福建党组织和人民面临着新的斗争考验。

解放战争时期，福建党组织基本上仍沿袭抗日战争时期的闽粤赣边区和闽浙赣边区两大组织系统开展工作。闽粤赣边区党组织的领导机关名称先后为中共闽粤边临时委员会（1945 年 11 月）、闽粤边工作委员会（1946 年 11 月）、闽粤赣边区工作委员会（1947 年 6 月）、闽粤赣边区委员会（1948 年 8 月），隶属于中共中央香港分局（1949 年春改为华南分局），领导的范围是闽西、闽南、粤东地区的党组织和人民武装。闽浙赣边区党组织的领导机关名称在抗战时期为中共福建省委，1947 年 1 月改为闽浙赣区党委，同年 9 月改称闽浙赣省委，领导的区域为闽中、闽东、闽西北、闽北、闽东北、闽浙边、赣东、赣南、赣中，1947 年 6 月以后还包括浙南、浙西南地区，另外还有城市工作部系统。闽浙赣边区党组织在解放战争时期隶属于中共中央华东局。

中共中央十分重视福建的革命斗争。在抗日战争即将取得胜利之际，党中央预见到全面内战危机将日益严重，“尤其是华南，更为国民党首先争夺之所”①。1945 年 8 月 9 日，党中央对闽粤赣边区的工作方针和部署作了重要指示，指出：“闽、粤、赣边区党的工作方针，应以党的政治口号，放手动员群众，坚持与发展各地武装据点，实行人民武装自卫的斗争，并领导群众实行革命的两面政策，掩护党的工作，发展和保护群众利益，以达到树立华南革命根据地的右翼基础的目的”。中央认为，“闽

① 《中央关于闽粤赣边工作方针与布署的指示》（1945 年 8 月 9 日），福建省委党校馆藏资料（1—2409）。

粤、赣边既是将来内战顽我必争的战略据点，故现在必须加强一切必要准备”，要求闽粤边人民武装巩固和发展边区的据点和工作，争取一年内，在闽粤边建立星罗棋布的支点，以便“在大规模内战时能起华南一翼的牵制作用”。①

8月11日，华中局致电福建省委书记曾镜冰：日本投降，福建部队应依靠山地，面向群众，继续进行隐蔽、分散的游击战争，准备应付内战；应加强群众工作，组织扩大民兵，加强军民关系，巩固党内团结，一切本着自力更生、不依靠外援方针，坚持阵地，并创造与扩大周围游击基地，确保电台联系。8月25日，华中局又致电曾镜冰，指出：“为粉碎国民党对我进攻，及求得在国民党发动内战后，使我能在闽浙赣边区建立强大根据地，必须加强闽北、闽东一带的隐蔽游击活动与地下工作，并求将来与浙南、赣东北打成一片。”9月4日，华中局传达了党中央对中共福建省委的指示。中央要求福建党组织“必须独立自主的分析环境解决问题，冲破困难，求得安全与发展”。绝对不能依靠谈判，而必须依靠自己的力量，依靠行动指导上的正确，依靠党内团结，依靠人民，“本着过去一贯坚持斗争的精神，总结斗争的经验，教育干部，并广泛宣传党的和平民主团结三大口号”②。上述这些重要指示对福建党组织具有重要的指导意义，使之在革命斗争的转折关头，能够认清形势，明确党中央的方针，从而正确地确定自己的工作任务和斗争策略。

抗战胜利后，根据中央指示，两个边区的党组织各自确定了工作任务。1945年8月28日至9月3日，中共闽粤边委在平和水尖山举行扩大会议。魏金水、朱曼平在会上总结了王涛支队挺进闽南两个多月来的成绩，指出了存在的问题，强调要吸取经验教训。会议检查并纠正了闽西南地区党组织在抗战胜利前夕滋长起来的“左”倾冒进情绪，以及不顾

① 《中央关于闽粤赣边工作方针与布置的指示》（1945年8月9日），福建省委党校馆藏资料（1—2409）。

② 《一九四五年日本投降后中央电示》（1945年9月4日），福建省委党校馆藏资料（1—2415）。

主客观条件的军事冒险倾向，“一般的挽回‘左’倾幼稚情绪上升的狂潮”①。

水尖山会议分析了抗战胜利后闽粤边的形势，认为国民党反动派为抢夺抗战胜利果实，必将集中更多的兵力，加强对边区党组织及人民武装的进攻。因此，会议确定了边区党组织新的任务，即争取和平民主，反对内战，保存和发展革命力量。并决定王涛支队在不打乱建制的原则下，实行分散发展的方针，即以大队为单位，分散发动群众，扩大队伍，解决经济和创造新支点。②

1945 年 9 月，中共福建省委根据中央指示精神发出《关于目前形势与我们的方针任务的指示》，指出福建地处东南战略要地，福建党组织将负起打通华中华南解放区成为一片，及成为大后方民主运动和解放区武装斗争有力联系的任务，其成败可能影响全国斗争大局。根据斗争环境特点与斗争经验，省委确定了日后一定时期的中心任务：“一般的停止发展根据地阻止敌人进攻，利用一切和平条件，保持群众联系，加深敌人矛盾，强化自己力量，做到一般的根据地巩固起来，准备强大的军事力量，粉碎敌人进攻”。并提出为完成这一任务必须进行的政治宣传、经济动员和巩固掩蔽根据地等五项工作。

中共闽粤边委和福建省委在由抗日战争转入解放战争，国内阶级矛盾转变为主要矛盾的关键时刻，都及时地根据党中央的总方针和本地区的实际情况，作出了果断明确的决策。无论是闽粤边委的水尖山会议，还是福建省委的九月指示，基本上都在充分认识目前阶段的革命性质与对象的前提下，正确地分析了主客观力量，从而确定一方面继续实行隐蔽精干，争取和平民主，另一方面分散发展，积聚力量，以待全面发展的时机。显然，这两大边区党委确定的工作任务和斗争策略，对保证福

---

① 《中共闽粤边区工作委员会决议》（1946 年 11 月），福建省档案馆、广东省档案馆编《闽粤赣边区革命历史档案汇编》第 5 辑，档案出版社 1989 年版，第 66 页。

② 参见《中共闽粤边区工作委员会决议》（1946 年 11 月），福建省档案馆、广东省档案馆编《闽粤赣边区革命历史档案汇编》第 5 辑，档案出版社 1989 年版，第 66—67 页。

建党组织和人民顺利实现从民族解放战争向国内革命战争的历史转变，具有重要的意义。

二　闽粤边区实行分散发展与武装自卫

水尖山会议后，王涛支队立即分散活动。司令部率第一大队赴南靖、平和交界的树海一带开辟新支点；第三大队回闽西与原在当地坚持斗争的第二大队共同行动；第四大队归闽南特委领导，开往乌山开展活动。旋即司令部回到闽西，领导第二、第三大队在岩永杭和梅蕉武边区配合地方开展群众工作；同时，加强部队自身的军事、政治、文化教育，以适应革命斗争的新形势。由于王涛支队坚决执行分散发展的方针，经过各大队的艰苦努力，开辟新区工作取得较大成绩。第一大队在南靖开辟了一批乡村工作；第二大队挺进至武平的岩前；龙岩、永定方面的武装分别在连城、永和埔边建立了新支点；留在闽南的第四大队则深入到后寮、龙溪、南靖边区。

1945 年 9 月，国共两党正在重庆举行和平谈判，国民党福建当局竟明目张胆地在全省设立了闽西、闽南、闽中、闽东、闽北 5 个“绥靖区”，配备了 5 个保安团，加上各县反动武装，开始向人民武装发动进攻。其时活跃于杭武蕉梅边的王涛支队与韩江纵队第一支队在王寿山会合，于 9 月 11 日与敌人在梅县松源发生战斗，中共闽西特委副特派员陈卜人等 3 人英勇牺牲。9 月 15 日，中共闽粤边委机关报《新民主》第六期发表了朱曼平写的《铁的意志铁的态度》的社论，揭露国民党反动派进攻人民武装、摧残人民的罪行，表明了“犯我者击之，友我者友之”的严正立场，提出愿在和平、民主、团结的基础上，与国民党地方军政当局订立互不侵犯协定，实现地方和平，促进联合政府的建立。

然而福建反动当局并不罢休，继 9 月 1 日将闽西、闽南划为“绥靖区”后，10 月间，国民党福建省政府主席刘建绪巡视闽西、闽南各地，并在南靖召开会议，策划部署保安第二、第三团对闽西南党组织和人民武装进行“清剿”。他声称：“现在沿海已无事，所有兵力均可调内清剿奸匪之用，对剿灭奸匪是绝无问题了”[1]。福建省保安第二总队总队长陈言廉在1946年10月的《剿匪报告书》中详细叙述了该队1945年在闽南“清剿”的情况：“本总队于去（卅四）年十一月七日奉命由厦门开赴平和，负责各该县境内清剿任务，于抵达后即遵照福建省第二绥靖区指挥部所颁发之闽西南奸匪清剿计划，并同时将和靖两县分为六个地区部署兵力，着手开始进行清剿。”“本总队初到平和后，乃邀集当地党政军团参首长，及乡镇长与士绅举行总清查总清剿会议，以求协调以利工作。”会后，“按照决议案于和靖各设立一清乡委员会，共同办理清查户口，连坐切结，宣传匪罪，调查歹徒，移民并村等事宜，而各乡镇亦次第设联防大队（系由原地方武力组织），除协助部队清剿及盘查守望巡逻外，并协办上项清查户口……工作”。在刘建绪的部署下，国民党保安第二团在闽南山内一带烧杀奸淫，无恶不作；保安第三团在闽西的杭永边和金丰一带进行“清剿”，给边区人民带来了极大的灾难。

为了反击敌人的“清剿”，加强对边区人民武装的领导，中共闽粤边委决定成立闽西、闽南军分区。1945年秋，在永定县龙门村成立了闽西军分区司令部，由刘永生任司令员，林映雪任政委，杨建昌任副政委。韩江纵队第一支队和王涛支队第二大队统一整编，调整了干部。随后，韩纵一支队挺进武平、蕉岭边活动，新成立的作球大队和卜人大队[2]分别在龙岩、上杭开展斗争。军分区司令部和直属警卫连驻在杭永边区的连四乡，先后在梅镇乡、庐丰、横岗、茶地粉碎了敌人多次进攻，歼灭了一些地方反动武装。与此同时，以王涛支队第四大队为基础，成立了闽南军分区，司令员郑金旺、副司令员罗炳钦、政委陈仲平，负责领导闽南的军事斗争。

1945年11月4日，中共中央转发了香港分局书记方方《关于闽粤赣

---

① 转引自魏金水：《迎接一九四六年的新任务》（1946年1月1日），福建省档案馆、广东省档案馆编《闽粤赣边区革命历史档案汇编》第5辑，档案出版社1989年版，第3页。

② 作球大队和卜人大队分别为纪念牺牲的龙岩县委书记吴作球、闽西特委副特派员陈卜人而命名。

边区工作的意见》，明确指出："目前形势决定你处不是集中大搞，而是分散发展的时期"。要求闽粤边委着重研究下列几个问题："(甲）乘闽省府由连城、沙县向福州撤走，闽西比较空虚时期，如何去发展汀瑞、宁清归、安南永隐蔽的据点工作，应把发展方针肯定朝这一方面。(乙）王涛支队目前应采取分散行动，以班排为单位，配合工作人员向三年游击战争据点，恢复工作。""(丙）要特别总结过去斗争之所以能获得胜利与长期坚持的经验，是在于能密切联系群众斗争要求及合法非法的革命的两面政策的配合……必须慎重保护群众革命情绪，避免再受严重清剿的打击，才能蓄力待机而不过早遭受挫折。(丁）对漳州、厦门、汀州各城市及厦大等部门工作……采取短小精干隐蔽政策，长期埋伏"。[①] 方方的这一指示，明确地要求闽粤边党组织继续执行分散发展方针，注意斗争策略，并指出了发展的方向，具有重要的指导意义。

同年 11 月，根据方方意见，成立了中共闽粤边区临时委员会[②]，由魏金水任特派员，朱曼平、范元辉任副特派员。边区临委下辖闽西、闽南两个特委和永和埔靖县委以及永埔工作团。1946 年元旦，魏金水在边区临委机关新年晚会上发表《迎接一九四六年的新任务》的讲话，提出在新的一年里，要坚决地创造新的民主根据地和扩大新的民主游击区；创造外围白区和城市与大乡村的工作，注意对城市学生、市民民主运动的领导；重视党组织的建设工作，加紧整训部队，提高战斗力；积极解决经济等十大任务。

继重庆谈判之后，中国共产党又派出以周恩来为首的代表团，前往重庆参加政治协商会议。中国共产党认为，国共双方停止军事行动是召开政协会议的前提条件。为此，中共代表团向国民党政府提出立即无条件停战的建议。双方经过谈判，于 1946 年 1 月 10 日签订了停战协定。

---

① 《中央转发方方同志关于闽粤赣边区工作的意见》(1945 年 11 月 4 日)，中共梅州市委党史研究室编《梅州革命历史文件汇集（1937—1949）》，1994 年内部版，第 169—170 页。

② 参见南方局党史资料征集小组编《南方局党史资料大事记》，重庆出版社 1986 年版，第 331 页；另参见《中共闽粤边区工作委员会决议》(1946 年 11 月)。

同日，政协会议在重庆召开。为了表示和平诚意，1 月 20 日，中共闽西南特委发表了《为和平建国宣言》，要求国民党地方当局停止军事进攻，“承认闽西南共产党的合法地位及给人民以民主自由”，并且表示愿意与国民党“共同展开和平建国建乡的工作”。[①] 而国民党地方当局却毫无诚意。政协会议闭幕后的第三天，他们便纠集了优势兵力向闽西南地区中共领导的人民武装及革命基点进攻，在烧杀移民的基础上，把一些支点变为无人区[②]，企图断绝人民群众对坚持斗争的中共地方组织及人民武装的支援，进而彻底消灭。

为了打下敌人的嚣张气焰，解决部队和地方的经济困难，中共闽粤边区临委决定出击广东大埔高陂镇。王涛支队司令部接到命令后，立即把分散的部队集中起来。1 月，王涛支队第一大队和第三大队汇合，复于 2 月间秘密转移到平和县长乐，以此为出击高陂的前进阵地。队伍在中共饶和埔丰边县委和中共闽粤赣中心县委领导的长胜支队的配合下，于 2 月 25 日打进高陂镇，从两家银行没收了钞票 2200 多万元，缴获了一批枪支弹药和军用品。

出击高陂镇胜利后，中共闽粤边临委的经济困难暂时得到解决。随后，临委指示部队迅速转移至平和、南靖交界的树海新区，隐蔽休整。由于部队在高陂战斗中暴露了政治面目，战斗胜利以后又产生麻痹轻敌思想，忽视“分散小搞”的方针，实行公开的行军活动，甚至准备大规模的整训和出击闽南，提出“五个月打五炮”的冒进口号，因而在撤退中暴露了目标，敌吴子高部跟踪而来。于是，王涛支队在平和锅子崃与敌展开了建队以来最激烈的一次战斗。[③]

---

① 福建省档案馆、广东省档案馆编《闽粤赣边区革命历史档案汇编》第 5 辑，档案出版社 1989 年版，第 13 页。

② 参见魏金水：《掀起闽西南和平民主的热烈运动》（1946 年 2 月 24 日），福建省档案馆、广东省档案馆编《闽粤赣边区革命历史档案汇编》第 5 辑，档案出版社 1989 年版，第 17 页。

③ 参见《中共闽粤边区工作委员会决议》（1946 年 11 月），福建省档案馆、广东省档案馆编《闽粤赣边区革命历史档案汇编》第 5 辑，档案出版社 1989 年版，第 69 页。

敌军装备精良，战斗力较强，一次又一次地向王涛支队猛烈进攻。支队指战员浴血奋战，使敌人始终无法前进一步。经过七八个小时的鏖战，敌人终于败退而去。

此战王涛支队有数人伤亡，副支队长巫先科阵亡，这是王涛支队的一个重大损失。接着，敌保安团又进攻在闽南的王涛支队第四大队。四大队进行英勇还击后，转入乌山整编。锅子崃战斗后，王涛支队第一、第三大队转移到南靖树海休整，旋又回到永定金丰大山。为了避免与强敌作战，临委决定部队再次分散活动。第一、第三大队在岩永杭边区活动，第二大队在梅蕉武边区坚持斗争。各部的主要任务是配合地方党组织做群众工作，避免和敌人打硬仗。在此期间，为纪念病逝的原闽南特委副书记钟骞，决定把王涛支队第四大队改名为钟骞支队，在云和诏边开展工作。

从出击高陂到树海分散活动，表明闽粤边区临委和王涛支队对于当时闽西南政治军事形势的估量仍过于乐观，因而未能完全依据水尖山会议以及方方关于分散发展的方针开展工作，以致受到了一定的挫折。此后，边区临委进一步总结了经验教训，自 1946 年春到 1947 年 2 月，坚持实行分散发展和隐蔽精干的方针，为 1947 年以后广泛开展游击战争准备了充分的条件。

1946 年上半年，国民党接连召开了六届二中全会和所谓的国民参政会四届二次会议，肆意践踏政协协议，同时加紧部署全面内战。福建的局势也极其严重。3 月，福建地方当局进一步加紧军事部署，重新订立“清剿”计划，把全省划为两个“清剿”区，以闽北地区为第一“清剿”区，闽南、闽中等地区为第二“清剿”区。4 月，国民党又将两个“清剿”区划为四个“清剿”区，以优势兵力分兵驻守，并随时投入跟踪追击。这对于人民武装集中行动十分不利。此时，闽粤边区党组织和武装力量还较弱小，基点与基点周围的群众也尚未充分发动起来，加之党内部分同志不愿执行迅速分散方针，而倾向于集中行动多消灭敌人。根据上述情形，5 月 20 日，闽粤边临委发出《关于进一步执行分散隐蔽方针的指示信》，强调分散与隐蔽，避免急于公开与集中行动，以求保存力量，指示各地“部队行动方针，依照既定地区与活动方向为中心，必须以反奸细斗争和一切群众性斗争密切结合起来。部队必要时的行动只是配合而已，应以三五人至十个八个人为一组，挺到活动中心周围去，〈以〉开展新区与解决经济为中心”，一切工作都要围绕党建工作，“在这一原则下，应该着重提出‘开展重于恢复’、‘保存重于开展’、‘重质不重量’的方针”。总之，保存革命力量，认真发动群众，解决经济困难，这是当时闽粤边临委十分正确的方针。

在此方针指导下，王涛支队除了有时集中总结工作和训练外，均采取分散活动的方式，帮助各地党组织做群众工作，因此，不仅部队没有受到损失，而且在巩固老区、发展新区方面，取得了较大的成绩。1946年10月，为进一步实行分散发展、保存革命力量的方针，王涛支队奉命解散，部队人员疏散到各地。王涛支队是闽粤边区党委领导的最主要的一支人民武装，从其诞生到解散的两年时间里，坚决执行党的指示，在同国民党顽固派斗争中讲究斗争艺术，得到各界人士的同情和支持。它为保卫人民利益，巩固和发展闽粤边区的革命基点，推动这一地区革命斗争的开展，做出了重要的贡献。

三　闽浙赣边区发展掩蔽游击根据地

抗日战争结束后，中共福建省委机关从官烈迁往福清、林森、永泰交界的山区。其时，各地游击队以省委关于“自力更生与赤手成家”“加强掩蔽精干政策”的指示为行动方针，上山隐蔽。在这期间，省委考虑到在抗战的艰苦岁月里，边区党组织虽然经受了严峻的考验，在政治上、思想上愈益成熟，在组织上愈益巩固，但是，在党内还存在着无产阶级思想与小资产阶级思想、无产阶级世界观与小资产阶级世界观之间的矛盾，反映在政治上就是犯有“左”右倾错误。因此，用无产阶级思想克服小资产阶级思想，进一步提高广大党员干部的政治素质，使他们摆脱小资产阶级思想的影响，就成为十分必要的了。

为此，省委抓住时机于1945年10月间集中机关干部进行整风学习。省委书记曾镜冰写了题为《论个人小资产阶级意识与无产阶级立场》的长篇文章，作为整风学习材料。他在文章中全面论述了党内小资产阶级意识产生的社会根源，小资产阶级意识的发展、表现及其克服方法；要求大家深刻认识小资产阶级意识的害处，开展思想斗争，把整风运动和审查干部、防止内奸结合起来。福建省委机关的整风学习对提高机关党员干部的党性修养，加强党组织建设，起了积极的作用。

日本投降以后，国民党调集大批兵力加紧进攻福建省委及其领导的各地武装。为了保存革命力量，福建省委机关和部队分散于长乐、林森、永泰、福清等县，实行隐蔽生产，度过了极为艰苦的时期。与此同时，活动在闽北、建松政、闽东、闽中、闽西北等地区的党组织和游击队都按照省委九月指示精神，或进行整风学习，或深入开展群众工作，巩固原有地区并开辟新区，为以后大规模地发动游击战争进行各方面的准备和动员。

福建省委还认识到，抗日战争结束以后，新的斗争将十分残酷和艰苦。但是由于抗日战争时期省委所领导的各个地区都是不相连属的分散隐蔽的游击基点，已经不适应于斗争的发展。因此，省委认为必须加强中心指导和巩固扩大游击区域，创造条件建立一块或者若干块隐蔽的游击根据地，并逐步发展为巩固的革命根据地。基于这种设想，福建省委确定首先在南平、古田、建瓯地区开辟游击根据地，并在条件成熟时将省委机关由闽中迁移到这一地区。

南古瓯地区位于闽江北岸，是联结闽东、闽北、闽中、闽西北各游击区的枢纽，具有重要的战略地位。早在抗战时期，福建省委就曾多次派遣干部在这一地区开展活动，发展党的组织，建立革命基点，在古田风都、南平大凤、建瓯迪口等地创建了一片游击区。1945年8月，福建省委抽调力量在南平、古田、建瓯同时开展群众工作。两三个月以后，南古瓯地区的大片乡村成了游击基点，党组织在闽江沿线建立了秘密交通站，初步奠定了游击根据地的基础。同年10月，左丰美、王一平等率领武装和省委基本地区委员会到达南平岩溪白沙岭，相继开辟了由这一地区通往闽北、闽西北和福州、南平、建瓯等地的交通线，为省委机关迁移和进一步建立游击根据地创造了良好的条件。

这一时期，福建省委还把解决经济困难作为一项重要的工作来抓，取得了很大的成绩。与省委机关整风的同时，各地游击队分散隐蔽，在山上开荒、烧炭，开展生产运动，解决经济自给。

1946年初，福建省委通过福州地下党组织侦得可靠情报：福建省银行每季度都要从福州向分行运送钞票，因公路在抗战中遭到破坏，汽车无法通行，运送钞票均是步行肩挑，派兵押送。省委决定由闽中党组织担负截钞筹款任务。于是，由闽中特委书记黄国璋、特委委员林汝楠、闽中游击队参谋长叶良运，以及闽中游击队骨干等13人组成截钞突击队，从兔耳山出发来到莆田江口镇附近隐蔽。1月28日，突击队在江口上林亭成功地截击了国民党押钞队伍，缴获现钞3850万元，为省委解决了一笔相当可观的活动经费。但不幸的是叶良运等在战斗中牺牲。

2月，中共福建省委在福州召开会议。参加会议的有曾镜冰、左丰美、王一平、黄国璋、庄征、苏华、黄扆禹、孟起等。曾镜冰在会上作了形势与任务的报告。会议着重总结几年来的斗争经验和教训，讨论在新形势下如何实现战略转变问题。会议指出：这几年我们的斗争形式是掩蔽游击战。斗争实践证明，这是一种很好的斗争形式，是从“秘密工作到公开游击战争过渡阶段中一种最好斗争形式，也可以说是过渡斗争形式”①。会议分析了实行掩蔽游击战的原因：一是当时处于抗日时期，国民党顽固派又向人民武装进攻，为了集中力量抗日，不宜发动公开斗争来反对国民党的进攻。但是如果不在“有理、有利、有节”的原则下，反抗国民党的反共反人民的政策，就不能生存，也谈不上反对日本帝国

① 《掩蔽游击战（战略问题）》（1946年2月），福建省档案馆、中共福建省委党史征委会闽浙赣办公室编《闽浙赣党史文件资料选编》（上），福建人民出版社1987年版，第298页。

主义。为了解决这一矛盾，武装斗争的形式只能采取掩蔽游击战。二是敌强我弱，为了解决“发动有被消灭，不发动也有被消灭”这个矛盾，也只能实行掩蔽游击战。

这次会议的另一项重要内容是讨论和贯彻中共中央于2月1日发出的《关于目前形势与任务的指示》。中央这个指示对于形势作了乐观的估计，认为“从此中国即走上了和平民主建设的新阶段”。福建省委按照这一精神，在福州会议上作了部署。会议在总结斗争经验的基础上，为了克服以往的不足，贯彻党中央的和平民主方针，认为闽浙赣边区党的工作必须实行下列转变：(1) 一般停止军事行动，利用一切现实的形式争取生存与联系群众；(2) 停止劫路和打土豪，实行部队生产，加强经济机关，以打银行打击顽固派解决经济；(3) 发动领导群众开展自发斗争，团结群众，争取自己生存和发展；(4) 改造党的组织，加强党和群众的联系；(5) 党内一切行动和工作都要通过组织的力量，绝对反对包办主义；(6) 发扬党内阶级友爱精神和爱下尊上作风。会议要求各级党组织认真研究和实行上述转变。

福州会议是中共福建省委在抗日战争胜利后召开的首次重要会议。会议抓住了时局发展的基本特点，确定了实现战略转变的力针，推动了各项工作的迅速开展。会议虽然是在中央2月1日指示的乐观论断指导下召开的，但由于福建党组织长期处于国统区，不断遭受国民党的“清剿”，因而会议对福建国民党当局并未抱有过高的希望，而是着重于总结经验教训，特别是总结了过去一年中脱离群众“违背人民路线”而招致损失的教训，批评了否认掩蔽游击战的战略和原则的错误。会议提出，利用相对和平的环境和条件，采取隐蔽的形式积极发展力量，停止公开进攻，准备自卫游击战争，是当时的总任务。会议虽然要求“一般停止军事行动”，但为达到求生存之目的，并不否认一定时间和一定地方的军事行动。显然，这种认识和部署，基本上符合福建的情况。

会后，省委书记曾镜冰赴延安向党中央汇报工作，省委工作由左丰美主持。按照福州会议的部署，闽浙赣边区党组织迅速打开了工作局面。

1946年3月，左丰美在南古瓯地区召集闽北、建松政和闽东三个特委主要干部，传达省委福州会议精神，并对这三个地区的任务作了部署。此外，左丰美、刘捷生还召集闽东地区干部在古田县石坑乡六空村开展整风学习，历时两个月，然后组织武工队分散深入农村，加强群众工作，以巩固和扩大南古瓯基本地区。与此同时，省委派闽东特委书记张翼和建松政游击队部分武装到闽北开展工作，巩固闽北地区。4月，闽北特委分三路开展工作：王文波率一路队伍至江西铅山建立据点；张翼带一部分队伍赴江西上饶，开辟南乡地区和崇安齐白山区；程胜福率一路队伍至邵武，恢复邵（武）光（泽）老区。另外，省委又派陈贵芳、黄扆禹率领建松政游击队会同闽西北游击队挺进闽赣边，拟恢复闽西北地区。队伍进抵建宁、泰宁边境时，遭国民党保安团及地方反动武装堵截，撤回沙县、顺昌一带坚持斗争。陈贵芳、黄扆禹返回南古瓯地区。

其时，闽江工委亦积极开展工作。4月9日，闽江工委在林森县桐口乡召开会议。会议分析了内战危机日益严重的形势，根据省委福州会议精神，提出巩固福州、开辟15个县市、筹款百万元等任务。经过努力，闽江工委相继开辟了厦门、平潭、莆田、闽清、顺昌、建阳、连江、南平、建瓯、松溪、古田等14个县市的工作。

同年6月，闽中特委在福清县大雾山召开会议，总结闽中党组织一年来的工作，决定分区发动群众，恢复和发展党组织，恢复游击区。会后，闽中武装骨干分赴长乐、林森、福清、福（清）莆（田）永（泰）边区以及仙游、永泰交界地区活动，恢复了福清、莆田、永泰、林森各县边区党组织和群众的联系。

总之，抗日战争胜利后，闽浙赣边区党组织根据华中局和党中央的有关指示，紧紧依靠群众，克服重重困难，积极开展恢复和扩展掩蔽根据地的斗争，解决经济困难，取得了显著成绩，从而为以后开展游击战争做了必要的准备。

第二节　闽浙赣边区发动爱国游击战争

一　闽浙赣区党委关于游击战争的部署

1946年6月26日，蒋介石命令国民党军大举进攻中原解放区，全面内战爆发。接着，国民党军向全国各个解放区发动了全面进攻。解放区军民同仇敌忾，奋起反击。各个战场的人民解放军，遵循中共中央的指示和战略方针，密切配合，集中优势兵力，展开了大规模的运动战，消灭敌人的有生力量，先后粉碎了敌人的全面进攻和重点进攻。国民党军被迫转入战略防御，开始加强后方的防卫。

1947年6月间，国民党的军事和经济状况更加恶化。在混乱和沮丧的气氛中，蒋介石于6月下旬授意试探恢复“和谈”的途径作为缓兵之计。他的这一花招失败后，便决定“采取全国总动员的方式，动员全国人力物力，以加强剿匪军事的力量”[①]。7月4日，国民党政府第六次国务会议通过了蒋介石交议的《厉行全国总动员，以戡平共匪叛乱，扫除民主障碍，如期实施宪政，贯彻和平建国方针案》，并于次日发布了“全国总动员令”。

同月，根据国民党中央政府的《动员戡乱完成宪政实施纲要》，国民党福建省政府开始实行“全面警卫”“分区清剿”的反动方针，将全省划为3个“清剿”地区（闽西南、闽东北、闽东南）和8个自卫地区，分别配置保安第二、第四总队及第一总队第一大队，对人民游击根据地进行“清剿”。为了扼制人民武装跨越省界活动，国民党闽省政府与浙、粤、赣三省政府商定设立“联防区”：福鼎、柘荣、福安、寿宁、平阳、泰顺、景宁等七县为浙闽边区第一联防区；政和、松溪、浦城、庆元、龙泉、江山等六县为闽浙边区第二联防区；平和、永定、上杭、饶平、

① 蒋介石：《当前时局之检讨与本党重要之决策》。

大埔、蕉岭等六县为粤闽联防区。规定联防期限至1948年2月底止。划邵武、光泽、崇安、广丰、上饶、铅山等六县为赣闽联防区，联防期限至1948年12月底止。[1]

此外，为了确保福州内外围治安，国民党福建省政府还订立了省会宪保警维持治安临时实施办法，以宪兵第二十一团与水上警察总队共同控制福州进出口海轮，并实行夜间戒严。年内，为了解决兵力不足问题，闽省当局加紧编组“民众自卫队”，用以“担任自卫勤务”。在53个县市共成立了41个总队、563个大队、6169个中队，人员73.1万余人。在人民游击武装活动活跃的县乡，国民党设立了“常备民众自卫队”或分队，并将各县市自卫队改编为保安警察队，以加强防范与打击中共及其领导的人民武装。

面对急剧发展的局势，中共福建省委和闽粤边工委根据党中央的方针策略并结合本地区的实际，调整了组织机构，制定了工作方针，为迎接全国规模的解放战争提出了新的任务。

1946年11月25日至1947年1月15日，中共福建省委召开了省代表会议。这次会议因敌人袭扰，先后在南平、古田、建瓯等地一些村庄秘密举行，历时52天。省委书记曾镜冰传达了党的七大精神和中央领导对福建工作的重要指示。与会代表对中央给予福建革命斗争的充分肯定和高度评价，无不欢欣鼓舞。根据中央的指示，省委决定把斗争区域扩大到浙江、江西两省边区。为了统一领导闽、浙、赣三省边区的革命斗争，会议决定将中共福建省委改为闽浙赣区党委，由曾镜冰任书记，左丰美、王一平、黄国璋、陈贵芳（以上五人为常委）、王文波、黄扆禹、苏华、庄征为委员，李铁、孟起、刘润世、沈崇文为候补委员。闽浙赣区党委下辖闽北（书记王文波）、闽东北（书记左丰美）、闽浙边（书记陈贵芳）、闽中（书记黄国璋）、闽赣边（书记王一平，后为林志群）等五个地委。为了适应新的斗争需要，进一步加强城市工作，并为向东南

---

[1] 参见刘建绪：《福建省政府施政报告——三十七年一月××日省参议会第四次大会报告》。

各省开展工作创造条件，区党委决定改闽江工委为区党委城市工作部。

在会议召开期间的1946年12月19日，华中分局向闽浙赣区党委转发了中共中央《对福建游击战争的指示》。中央要求福建党组织采取发展游击战争的方针，“在敌人力量薄弱与我武装和群众基础较强大，游击战争条件成熟地区可立即开展游击战争”；广泛发动群众反征粮反抽丁及减租减息运动，建立和扩大游击根据地；但为避免过度刺激敌人与便利自己发展起见，开始不要和敌人主力作战，不要进攻较大城镇；在党的力量较弱的地区，应积极联系群众，进行隐蔽分散活动，“组织民变和准备发动游击战争的条件”。此外，党中央对城市和农村工作也作了原则的指示。[①] 党中央这个指示总的精神是发动游击战争，但必须是在条件成熟的地区，应首先在农村中建立党与群众的基础。这一原则是十分重要和正确的。为此，会议立即转入研究部署如何开展游击战争问题。区党委在分析了国际、国内和福建的形势后，认为形势和人民的要求变化了，“我们退却巩固任务，应以提高发展与进攻任务，来代替我们有必要与可能组织民变兵变配合我自卫武装展开游击战争”，过去掩蔽转移的斗争方式方法已不适用，必须改变合法与武装结合斗争为公开的游击战争。[②]

基于这种分析和认识，1947年1月12日，区党委作出了《关于发动爱国游击战争决定》。其主要内容是：(1) 迅速地普遍地发动群众，武装群众；(2) 各地党组织特别是城市中的党组织，“必须在独立和平民主及爱国统一战线的口号下进行军运、组织民变”，积极准备配合游击队行动；(3) 选择敌人力量薄弱、群众基础好的地区建立公开的根据地；(4) 游击队必须主动地、灵活地、有计划地在防御中进攻敌人。文件还指出：“江西地区主要是联系广大群众”，“闽中、闽浙、闽东北、闽赣、闽浙赣边均已具有发动游击战争条件，而须立即发动游击战争，以便各方互相

---

① 参见福建省委党校馆藏资料（1—2463）。

② 参见《闽浙赣区党委关于发动爱国游击战争决定》（1947年1月12日），福建省档案馆、中共福建省委党史征委会闽浙赣办公室编《闽浙赣党史文件资料选编》（上），福建人民出版社1987年版，第364页。

牵制”。

闽浙赣区党委的这一决定，在主要的方面是贯彻了中共中央关于开展游击战争的方针，对于这一地区由隐蔽发展转变为广泛开展游击战争发挥了积极的作用。但是也应当看到，这一决定对福建形势的估计过于乐观，未能认识到各地区革命斗争发展的不平衡，因而片面地认为福建形势与敌我军事力量发生了基本变化，原来以隐蔽斗争为主的各游击区大多数已具备了立即发动游击战争的条件。与中央的指示相比较，这一决定明显地反映了急躁冒进的倾向，从而成为以后闽浙赣边区游击战争中一度出现的拔苗助长偏向的一个重要原因。

在这次会议上，代表们还深入探讨了福建革命斗争的特点和规律，总结了抗日战争以来革命斗争的经验教训，最后由曾镜冰、王一平执笔写成《福建党九年斗争总结（草案）》。1947 年 1 月 15 日，会议通过了这一总结。总结分为引言、九年斗争回顾和经验总结三个部分。引言分析了福建党组织与人民取得胜利的原因，其一在于将毛泽东的新民主主义理论与福建革命具体实践相结合，发扬创造精神，“勇敢地采取新的斗争方式与方法，大胆地利用敌人矛盾来发展自己”；其二在于党与人民的密切结合，发扬顽强斗争精神，不怕千辛万苦与任何危险，顽强不屈地坚持斗争下去；其三在于加强党的自身建设，在克服党内各种小资产阶级意识中使自己得到了锻炼。草案以很大的篇幅，全面回顾福建省委及其领导下的各地党组织和人民九年斗争的艰苦历程与经验教训，系统地总结了福建党组织在敌强我弱的情况下，实行武装退却、合法与武装斗争结合、反特务斗争的经验。

1 月 18 日，闽浙赣区党委发出《告闽浙赣全体党员书》，号召广大党员响应党中央的号召，克服困难，发动爱国游击战争，开辟第二战场，为独立和平民主的新中国而战。

中共福建省代表会议是福建革命斗争史上一次重要的会议。这次会议成立了新的党委领导机关，确定了开展爱国游击战争的方针，全面总结了闽浙赣边区党组织坚持革命斗争的经验，引导边区人民由掩蔽游击战争向公开游击战争的转变，为开创闽浙赣边区游击战争的新局面作了充分的动员。

这次会议结束后，曾镜冰赴上海向华东局汇报会议情况并电告中央。区党委委员们则分赴各地发动群众，筹集款项枪支，建立游击队，开辟根据地和游击区，紧张地进行游击战争的准备工作。

1947 年 1 月，闽东北地委在古田开会，贯彻省党代会精神，左丰美作了《关于领导闽东北游击战争的意见》的报告，提出了发动游击战争的要求。会后闽东北地委分三路发动群众，训练干部，准备用 3 个月至半年的时间积蓄力量。一路是左丰美带部分武装到建瓯、屏南边界一带牵制敌人，江作宇、叶明根在古田及古瓯公路以南发动群众；一路由周道纯、郑荣堂到古田平湖一带发动群众，组织游击队；还有一路是刘捷生、杨兰珍、余三江等在古田澄阳发动群众，举办训练班培养骨干。[①]一时，古田的群众工作全面铺开，迅速发展，从而为不久以后举行澄阳暴动奠定了群众基础。

与此同时，闽中地委也召开会议，传达省党代会精神，部署开展游击战争，决定由泉州中心县委领导游击队攻打安海，并建立安南永根据地。1947 年 2 月，新四军派回的军事干部罗迎祥到莆田，协助莆田县委建立了游击队，活动于北高沿海地区。同年 2 月，闽北地委在崇安开会，确定了“背靠福建，面向江西”的方针，成立了闽北游击纵队，由王文波、程胜福分任司令员、副司令员。随后游击队兵分三路到江西上饶禹溪、广丰封禁山和邵武、光泽及铅山一带活动。同年 4 月，闽赣边地委建立了闽赣边游击纵队，向赣闽边区发展，拟与赣南连成一片。

同时，中共闽浙边地委书记陈贵芳、副书记张翼带领一批骨干挺进闽浙边区，拟与浙南党组织接通关系。闽浙边地委根据当地情况，决定分三路开展工作：由叶风顺、吴贵昌率领主要武装往建瓯、水吉、松溪边区缴枪筹款，张翼等在松（溪）浦（城）龙（泉）庆（元）边界开展

---

① 参见左丰美：《闽北革命斗争的回忆》，中共福建省委党史资料征集编写委员会编《福建党史资料》第 2 辑，1983 年，第 241—242 页。

群众工作，陈贵芳等前往浙江永康寻找当地党组织。经过一个阶段的努力，中共闽浙边地委建立了以庆元县崔上村为中心的小片游击据点，并与浙南党组织接上了关系，闽浙边游击队也发展到60多人。①

二 澄阳暴动与闽浙赣边区游击战争的发展

1947年8月8日，中共中央致电闽浙赣区党委，肯定了福建省党代表会议制定的斗争方针，强调“应多从人民为生存而斗争的口号着想”，“先从敌人力量较薄弱的地方发动武装斗争，求得生存与发展，尤其在组织上，开始不要铺张门面，过分刺激敌人反易招致敌人过早过大的打击”。3月19日，华中分局亦致电闽浙赣区党委，指出在福建开展游击战争的客观条件已经成熟，应选择一两个敌我力量对比、地形有利及群众斗争成熟的地区进行周密部署，发动游击战争，以取得经验教训和推动全党的转变；在游击战争未成熟地区，仍当进行必要的准备。华中分局还指出：游击战争初期阶段，应先打击地方上最坏的特务恶霸及区乡武装，以鼓舞和发动群众，但应暂避与顽敌作战，不要过早刺激敌人。

同年3月，曾镜冰从上海回到福建。鉴于台湾爆发了二二八起义，浙江、皖南游击战争迅速发展，曾镜冰感到唯有福建“风平浪静”，“再不迎头赶上将不堪设想”。于是，曾镜冰于3月中旬在福州召集有福州、闽中地区党委成员参加的紧急会议。由于曾镜冰指导思想急躁冒进，会议在“扫清保守思想残余”的气氛中，提出了“放手放手再放手，勇敢勇敢再勇敢”的口号。② 3月16日，曾镜冰给各地委发出指示信，指出：“自代表会议后已快二月大家慎重准备迟迟未发动游击战争与组织群众斗争。如不坚决执行大会方针将铸成严重的政治错误。”他要求大家扫除保守思想残余，在接到此信后按原计划立即发动游击战争，各地负责人应

① 参见张翼：《解放战争时期闽浙边地区的革命斗争》，《福建党史通讯》1987年第6期。

② 参见《曾镜冰同志给各地委的指示信》（1947年3月16日），福建省档案馆、中共福建省委党史征委会闽浙赣办公室编《闽浙赣党史文件资料选编》（下），福建人民出版社1987年版，第439页。

立即下基层，选择有利的一点加以突破，以推动全面。4 月中旬，曾镜冰又指示各地，指出游击战争的动员阶段已经结束，或者快要结束了，要求各地集中兵力，“准备三个月后，全省队伍大集中，以便消灭敌人一两个团，或几个大队”[①]。

曾镜冰的上述指导思想，实际上是同年 1 月 12 日区党委《关于发动爱国游击战争决定》中急躁情绪的发展。在这一思想指导下，闽浙赣边区在此以后的几个月内，各地仓促发动的游击战争不同程度地受到了挫折。4 月上旬，曾镜冰为了创造“大胆放手发动游击战争”的经验，亲自前往古田发动澄阳暴动。

澄阳位于古田县大东与小东交界处，是毗连闽北、闽东、闽中的中心区域。这里山高林密，交通不便，远离古田县城，反动统治力量较为薄弱，加之有共产党地方组织及其领导的游击武装在这一带活动，群众基础好，十分有利于发动武装暴动。1947 年 3 月中旬，左丰美率游击队回到古田，全面检查了闽东北地区发动游击战争的准备工作，进一步推动暴动准备工作的进行。为了确保暴动成功，4 月初，曾镜冰在古田隆德洋召集左丰美、刘捷生、杨兰珍、余三江等开会，听取暴动准备工作的汇报，认为暴动时机已经成熟，决定立即举行暴动。

4 月 9 日，在左丰美的指挥下，集中在澄阳的游击队兵分两路分头行动，消灭地方反动势力，缴获一批枪支弹药，迅速取得了暴动的胜利。澄阳一带的青年农民纷纷加入游击队，游击队扩编为闽浙赣游击纵队，共 300 多人，由左丰美任纵队司令兼政委，刘捷生任副司令。纵队下辖 2 个支队，由余三江、郑荣堂分任支队长。

澄阳暴动沉重地打击了国民党统治，揭开了闽浙赣边区游击战争的序幕。从此以后，各地委及其领导的游击武装相继而起，大力开展游击战争。因此可以肯定这一斗争完全符合全国解放战争的形势和闽浙赣边

---

① 《曾镜冰同志给黄国璋、林汝南同志的一封信》（1947 年 2 月 28 日），福建省档案馆、中共福建省委党史征委会闽浙赣办公室编《闽浙赣党史文件资料选编》（下），福建人民出版社 1987 年版，第 435 页。

区革命斗争发展的要求。但也有其不足之处，主要是由于闽浙赣区党委在发动澄阳暴动前提出的发动游击战争的指导思想存在着急躁情绪，使得暴动过于仓促，一些必要的联络工作疏忽了。例如决定暴动时未能事先与周围地区的群众和武装取得联系，致使暴动武装在战斗打响之后没有得到呼应而未能扩大战果；本来已经策动的县保安队一个排举行起义后却因得不到接应而解散。另外，还应当指出，由于暴动的主客观条件还不很成熟，暴动过于仓促，过早地暴露了区党委主力武装，这也是使得闽浙赣游击纵队和南古瓯地区在此之后遭到打击与摧残的一个重要原因。

澄阳暴动后，闽浙赣区党委为了尽快创造主力，集中大部队发动更大规模的游击战争，命令左丰美率领闽浙赣游击纵队立即向闽中地区德化戴云山进军，拟与黄国璋领导的游击队会合，实现“左黄会师”，开辟新的游击根据地。然而这一决策犯了军事冒险主义的错误。主要有二：一是没有认识到戴云山是国民党统治力量较强大而我方缺乏群众基础的地区，客观上不具备创造主力和建立游击根据地的条件；二是游击战争刚刚发动，区党委主力闽浙赣游击纵队仅 300 多人，闽中游击队力量则更弱，在立足未稳、队伍刚刚建立的情况下，显然主观上难以穿越国民党保安部队的封锁和追截，完成远距离作战、开辟新区的任务。

由于这一决策的错误，实现“左黄会师”的计划必然遇到重重困难。澄阳暴动的当天晚上，左丰美率领闽浙赣游击纵队渡过闽江，攻打闽清龙峰乡公所，破仓分粮。这一行动暴露了纵队的行踪，立刻遭到国民党保安部队的追击堵截。敌人调集重兵在永泰、闽清边界堵击，游击纵队与敌激战受到损失，向导牺牲，队伍无法前进，乃撤回古田，并将无法去戴云山会师的情况报告了区党委。队伍在古田坵地稍事休整后分三路活动：一路由江作宇、余三江带领向寿宁、浙江边区活动，一路由郑荣堂率领向屏古瓯活动，左丰美带一部分人员到南古瓯继续发动群众。

以澄阳暴动为先导，闽浙赣边区游击战争全面展开。在闽中地区，闽中地委计划组织两次规模较大的暴动。1947 年 3 月 28 日，闽中地委委员陈振先、林汝南在福清县江镜乡谢塘村召开骨干会议，研究龙高暴动计划。由于仓促举事，遭到国民党保安部队和地方反动武装的围攻，龙高暴动失败。游击队转移到牛头尾，并渡海撤往莆田，部分人员被捕罹难。4 月，黄国璋率领从福清转移出来的游击队与罗迎祥、杨光辉领导的莆田游击队在莆田西亭会合。两支队伍整编成立了闽中游击纵队（亦称戴云纵队），黄国璋为纵队司令员兼政委，陈亨源为副司令员，林汝南为副政委，罗迎祥为参谋长，下辖 3 个中队共 100 多人。随后，闽中游击纵队先后攻打莆田县枫叶塘和常太乡公所、田粮处，发动群众破仓分粮。4 月 26 日，曾镜冰指示黄国璋建立闽浙赣主力，以“集中力量，打击敌人弱点”，“流动各个地区，支援各个地区”。[①] 其后，闽中游击纵队决定向戴云山挺进，并在仙游、永泰、德化交界的青溪、坂里一带等待左丰美队伍会师。过了一段时间，黄国璋才接到区党委关于闽东北部队不来会师的通知。此时，国民党保安部队已注意到戴云山区。黄国璋决定部队到晋、南、永边区一带，与高祖武、许集美两部会合。6 月 6 日，闽中游击纵队在莆仙交界的钟朗桥九天关与敌遭遇，双方在浓雾中激战 1 个多小时后，闽中游击纵队撤退，向仙游、永春、南安一带转移，先后与高祖武带领的仙南永游击队和许集美率领的晋南永游击队会合。三支队伍会师后，建立了“戴云纵队直属支队”。7 月 5 日，游击纵队在南安县深垵一带遭到省保安第一总队和南安、安溪等县的地方反动武装 1000 多人的围攻，于山门村发生激战，罗迎祥在掩护队伍突围时壮烈牺牲。7 月 14 日，队伍转移到德化暗林口，又遭敌伏击，队伍被冲散。高祖武等 10 多人英勇牺牲，仅数十人突围，损失惨重。

由此可见，闽中游击纵队挺进戴云山之战是一场苦战，游击队员们在战斗中发扬了不畏强敌、不怕流血牺牲的革命精神，英勇拼搏，可歌可泣。但不能不指出，这次战斗是一次错误的军事行动。游击纵队没有

---

① 《曾镜冰给黄国璋同志关于建立闽浙赣主力的指示信》（1947 年 4 月 26 日），福建省档案馆、中共福建省委党史征委会闽浙赣办公室编《闽浙赣党史文件资料选编》（下），福建人民出版社 1987 年版，第 440 页。

对敌我力量对比作正确的估计，而向敌人统治力量较强，我方又缺乏群众基础的新区进兵，加之在队伍转战途中，指挥员指挥不当，与敌人拼消耗，打硬仗，结果越打越被动，最终招致溃散的结局。

在闽中游击纵队挺进戴云山的同时，中共泉州中心县委根据闽中地委的决定，发动了安海暴动。1947 年 5 月 11 日，泉州中心县委书记许集美、朱义斌、郑种植等领导安海农民武装 300 多人，攻打国民党安海镇公所、警察分局、银行和邮电局。镇公所和警察分局的敌人死命顽抗，战斗激烈，强攻不下。[①] 为避免损失，暴动总指挥部命令队伍撤出战斗。攻打安海是泉州中心县委领导武装斗争的一次重要行动。虽然因缺乏指挥大规模战斗的经验，进攻队伍又是农民群众临时组成，组织不严密，行动不够协调，内线没有联系好等原因，未达到预期的目标（缴枪夺款），但这次武装暴动有力地打击了敌人，锻炼了地方党组织和人民，在全省和海外侨胞中产生了广泛的政治影响。

在闽浙边区，1947 年 7 月 6 日，中共闽浙边地委带领游击队主力，在群众的配合下，奇袭松溪渭田、周墩两个区、乡公所取得成功，并组织群众破仓分粮 10 万余石，摧毁 10 余座炮台，缴获一批枪支。之后，游击队迅速发展到 100 多人，成立了闽浙边游击纵队，纵队长叶风顺、副纵队长池云宝。

为了加强对福建游击战争的领导，中共中央华东局派原华东野战军第一纵队第一旅政委阮英平回福建负责军事工作。1947 年 4 月底，阮英平回闽后担任闽浙赣区党委常委兼军事部长，旋回到家乡闽东，运用北方解放区的工作方法，举办干部训练班，迅速恢复了党的基层组织和其他群众团体，并根据闽东实际，确定了对敌斗争方针。8 月，闽浙赣游击纵队第一支队和第二支队的一部分人员，以“闽东人民谋生军”的名义，在阮英平领导下，先后攻打宁德县洋中、七都、赤溪、虎坝等乡公所，缴获不少枪支，镇压了一批反动保长和民团头子。同时，抽调城工

---

① 参见朱义斌：《从攻打安海到深垵突围》，中共福建省委党史资料征集编写委员会编《福建党史资料》第 2 辑，1983 年，第 218 页。

部闽东工委所属的部分党员和谋生军组成武工队，在周宁、屏南、政和交界地区发动群众，恢复党组织，从而打开了闽东革命斗争的局面。

为了统一领导闽浙边区的工作，1947 年 5 月 10 日，华东局又决定把中共浙南特委和处属特委划归闽浙赣区党委领导，龙跃增补为区党委常委兼浙南特委书记。

总之，闽浙赣区党委在全面内战爆发、形势发生急剧变化的情况下，遵照党中央和华中分局的指示，部署和发动游击战争，在很短的时间内发展人民武装力量，巩固和扩大游击根据地，取得了不小的成绩。但是也应当看到，区党委在发动游击战争的过程中，由于对上级指示精神把握不准，对边区敌强我弱的情况估计不足，产生了操之过急、求之过高的军事冒险主义偏向。一年以后，闽浙赣省委在总结经验教训时指出，1947 年上半年区党委在群众尚未充分发动的情况下急于开展游击战争，在战争发动之后又不注意选择敌人最薄弱环节加以打击，反而集中力量打击敌人强大部分，“致使游击战争遭受到部分损失”。另外，在急于发展的思想指导下，不顾群众基础弱小而急于成立大的主力游击队；不懂得以个别地方的武装斗争去推动广大地区群众的求生存斗争，由此进一步发展为普遍的武装斗争，而企图在毫无群众基础的地方去发动武装斗争，因而产生军事冒险主义。① 这些错误偏向不仅造成了当时斗争的局部失利，而且直接导致了 1947 年下半年国民党的进攻和群众遭受摧残的局面。

三　闽浙赣边区游击战争的总结与调整

1947 年 6 月，中共中央对皖浙闽游击战争发展方向与方式问题作了指示，指出这三省游击武装力量小且无主力骨干，暂时要求不宜过急；强调蒋管区的游击战争，应从发动群众进行经济斗争搞起。②

---

① 参见《中共闽浙赣省委为坚决发动农民扩党练干决议》（1948 年 5 月 1 日），福建省档案馆、中共福建省委党史征委会闽浙赣办公室编《闽浙赣党史文件资料选编》（下），福建人民出版社 1987 年版，第 623 页。

② 参见《中共中央对皖浙闽党委关于群众性游击战争发展方向与方式指示》（1947 年 6 月）。

7月10日，中共中央华东局就闽浙赣游击战争也作了重要指示（即“灰日指示”）。华东局肯定了闽浙赣边区“游击战争胜利发展，队伍扩大”，“特别到处破仓分粮”的成绩，同时指出存在的问题：没有充分发动群众为生存而斗争，让群众自己破仓分粮。

“灰日指示”还对下一步的行动作了六点指示，主要的有如下几点：(1) 游击战争的发动除了武工队、游击队推动外，必须着重从群众为生存而斗争着手，以免孤军奋斗。(2) 建立游击队与主力武装，不可操之过急。缺乏骨干、战斗力的游击队，应避免与敌主力作战与攻城攻堡，其主要任务是做群众工作，不可求之过高。(3) 党组织仍靠秘密与群众掩护，而不是靠武装掩护。(4) 在我军转入战略反攻的胜利形势下，要防止“拔苗助长”的盲动行为，越接近胜利，越要小心谨慎。很明显，中共中央和华东局的指示，都指出了闽浙赣区党委在领导游击战争的指导思想上存在的急于求成的急躁盲动情绪，强调闽浙赣边区的游击战争应着重于发动群众的求生存斗争，谨慎从事，切忌盲动。

为了贯彻党中央和华东局的指示，1947年7月，闽浙赣区党委（同年9月改称为闽浙赣省委）在林森县尚干南阳顶召开会议。曾镜冰根据灰日指示精神作了报告。会议讨论了中共中央华东局灰日指示，总结了游击战争的经验教训，研究了下一步行动方针，前后开了一个多月。8月28日，会议通过了《闽浙赣人民斗争特点与闽浙赣人民游击战争的指示——接受华东局灰日指示的指示》(以下简称《八二八指示》)。《八二八指示》分析了闽浙赣人民斗争和游击战争的特点，指出：闽浙赣地区处于蒋管区后方，这里人民为自己生存经过了长期的武装斗争，闽浙赣人民需首先将合法与武装结合的斗争提高到游击战，响应人民解放军的反攻。《八二八指示》强调，游击战争是人民的战争，必须大力发动群众和依靠群众；应当承认革命发展不平衡规律，反对脱离群众的盲目冒进。认为目前应立即将一般武装与干部分散于各地，建立并加强党的组织，发动广大人民为生存而斗争，在此基础上发展更广大的游击战争。“但分散发动人民生存斗争，不能否认部分的集中的游击战争，更需要准备随时集中推动与协助人民，将人民生存斗争转变到游击战争。”

上述关于发展游击战争的方针与策略是正确的，符合中央与华东局的指示精神，但也存在着某些偏向。主要表现为在全面内战爆发、阶级矛盾重又转变为国内主要矛盾的情况下，这个指示未能从这一实际出发，“对地主阶级没有明显的坚决的彻底的消灭政策”①，甚至提出农民与中小地主联合，拉拢支持地主抗粮等错误的方针，挫伤了农民的革命热情，因而受到党内一些同志的批评。

毫无疑问，《八二八指示》基本上扭转了自年初以来开展爱国游击战争中脱离群众的军事冒险倾向，开始纠正指导思想方面“操之过急”“求之过高”“拔苗助长”的偏差，调整了游击战争的部署和策略，把工作重点转移到发动人民群众求生存斗争方面，从而为日后开展更加广泛的群众性游击战争规定了正确的方向。《八二八指示》发出后，闽浙赣区党委所辖各个地委纷纷召开会议传达贯彻，各地游击武装再次分散活动，发动群众开展求生存斗争。

但是，仍有不少干部党员对于分散游击表示消极，主要的原因是存在有不少错误观念。例如党内仍有军事冒险主义残余，不愿意实行部队分散地方化；同时产生了合法主义的错误偏向，即想放弃武装斗争，解散部队，以合法斗争来解决群众的要求；发展党组织与准备游击战争相脱离，发展方向也不向有利于游击战争的山地而向大乡村与平原发展等。为及时纠正这些错误偏向，切实实行《八二八指示》，发动更大规模的群众性游击战争，迎接人民解放军南下，11月17日，中共闽浙赣省委发出《关于发动三十路游击运动指示》，要求各地迅速实行部队分散地方化，将现有部队分散组织30个以上的地方游击队，以便更广泛更密切地联系群众。12月22日，闽浙赣省委又发出《坚决执行部队地方化的指示》，强调：“八·二八指示是我们的游击战的基本方针，×××游击运动，实

① 《中共闽浙赣省委为展开广泛群众性游击战争恢复与建立民主根据地的决议草案》（1948年1月19日），福建省档案馆、中共福建省委党史征委会闽浙赣办公室编《闽浙赣党史文件资料选编》（下），福建人民出版社1987年版，第549页。

质上就是部队地方化，就是我们实行正确游击战方针的具体口号。”上述这些指示，对于闽浙赣边区游击战争的发展发挥了积极的作用。

四 南古瓯地区的除恶分粮斗争

解放战争的胜利发展，使国内形势发生了很大的变化。为了夺取解放战争的完全胜利，中共中央于 1947 年 12 月在陕北米脂县杨家沟举行会议。会议主要讨论并通过了毛泽东的《目前形势和我们的任务》的报告。毛泽东在报告中深刻地分析了国内国际形势，作出了人民革命战争已达到一个历史转折点的论断，指出：“这是蒋介石的二十年反革命统治由发展到消灭的转折点。这是一百多年以来帝国主义在中国的统治由发展到消灭的转折点。”① 报告根据大发展的革命形势，对军事问题、新民主主义革命的经济纲领和政策、土改和整党以及统一战线问题作了总结，并规定了党在各方面的纲领、原则和政策。报告指出：新民主主义革命的任务，“在国内，就是要消灭地主阶级和官僚资产阶级（大资产阶级）的剥削和压迫，改变买办的封建的生产关系，解放被束缚的生产力”。报告还重申了在土改的同时进行整党的必要性，指出整编党的队伍，使党能够和广大群众完全站在一个方向，并领导他们前进，是解决土地问题和支援长期战争的一个决定性的环节。

1948 年 1 月，省委机关从林森县尚干一带迁到南平大风，从此南古瓯地区就成为边区的领导中心。同月，闽浙赣省委认真学习毛泽东的重要报告，结合边区革命斗争的实际，认真研究新的任务。1 月 19 日，省委通过了《为展开广泛群众性游击战争恢复与建立民主根据地的决议草案》，指出闽浙赣人民为新民主主义革命，经过了极长期的斗争，迫切需要而且有一切可能恢复与建立新民主主义根据地，决不应过高估计敌人力量与过低估计自己的力量，但又指出，由游击战争到建立民主根据地，彻底推翻地主阶级压迫，目前我们尚不能一下子达到，因此必须灵活地

① 《毛泽东选集》第 4 卷，人民出版社 1991 年版，第 1244 页。

执行。决议草案提出："游击战争与游击队行动的基本任务与目标是消灭地主阶级官僚资产阶级，并摧毁反动政权，建立新民主主义政权及根据地（解放区）"。由此确定了 1948 年的行动："首先不是破仓分粮，筹款缴枪，而是消灭地主阶级"。党的干部实行分散，深入下层，开展广泛的群众性的游击运动。

这个决议草案是闽浙赣省委在《八二八指示》的基础上，根据全国和本地区形势的发展制订的一个新方针，即由发动群众求生存斗争为主进而转变为消灭地主阶级、摧毁反动统治基础、建立人民民主政权的群众性武装斗争，表明闽浙赣边区的人民革命斗争进入了一个更高的层次。

1948 年 3 月，闽浙赣省委正式作出《为坚决发动农民，清算恶霸特务，开展游击战争，迎接解放军南下，实行分田废债，建立民主政权决议》。为了加强对南古瓯地区斗争的领导，省委指示成立南古瓯中心县委，率先在南古瓯地区发动群众，进行大规模的除恶分粮斗争，以便取得经验，指导全局。4 月，省委全力以赴，在南古瓯地区发动群众，组织贫农团，发展党员，建立党支部，开展除恶分粮斗争的试点工作。据统计，这一期间南古瓯地区 100 多个村共有 1890 户农民参加了贫农团，除掉恶霸 100 多人，群众分到粮食 1.2 万余担，免抓壮丁 1200 多名，抗交粮食 4.7 万余担。① 广大农民得到利益，大大提高了革命积极性，纷纷要求参加游击队，游击武装进一步发展壮大。与此同时，屏古瓯地区也普遍成立了贫农团，进行抗丁抗粮和除恶分粮斗争，斗争区域不断扩大。

1948 年 4 月底，省委在南平杜嵩岭召开会议。会议总结了自 1947 年春开展游击战争的经验教训，研究了其后的斗争任务。为了及时推广南古瓯地区的斗争经验，5 月 9 日，曾镜冰在工作总结会议上作了《清算恶霸与分粮斗争》的报告，对南古瓯地区除恶分粮斗争经验作了初步总结。主要有六点：第一，必须组织贫农团，依靠贫雇农自己的力量，广大群众才容易发动起来；第二，为群众着想，大胆地把地主、富农的粮食分

① 参见《古田党史资料》1986 年第 3 期。

给群众；第三，根据广大群众的意见，严惩恶霸；第四，按照正确的原则，有步骤地开展分粮斗争；第五，分粮斗争应与建党整党工作联系起来；第六，对未开展分粮斗争的地方，应迅速进行分粮，已分粮的地方，应立即扩党练干，准备新的斗争，同时要防止地主反攻，准备打退敌人的进攻。上述这些经验对推动各地继续深入开展除恶分粮斗争具有重要的指导意义。

南古瓯地区除恶分粮斗争和扩党练干的深入开展，使国民党当局惶恐不安。7 月，国民党抽调省保安第四团第三营 2 个连的兵力，以及保安第五团和水警总队各一部，配合建瓯反动武装 1 个大队进攻南古瓯地区。国民党在军事上采取步步为营的战术，逐村建立堡垒，分兵驻扎，放火烧山；在政治上采用联防、保甲连坐的政策，并派遣特务进行诱骗、破坏活动；在经济上严密封锁，强迫群众移民并村，妄图切断人民群众同共产党和游击队的联系。在如此艰苦险恶的形势下，能否打退敌人的进攻，便成为闽浙赣省委能否在南古瓯地区坚持发展的关键问题。闽浙赣边区游击纵队依靠群众，积极寻找有利战机打击敌人。7 月，左丰美率领一批游击队员，歼灭了驻守在古田县石坑里村的敌一个保安分队，缴获一批枪支。随后，闽浙赣游击纵队转移到南平大风乡上明洋整编，编为三个支队和一个教导队。石坑歼敌，有力地打击了国民党的嚣张气焰，给南古瓯地区人民以很大的鼓舞，坚定了群众对敌斗争的信心。

为了打破国民党的“围剿”，8 月 1 日，闽浙赣省委召开南古瓯地区干部会议，研究反“围剿”的战略方针。会议分析了南古瓯地区的斗争形势，否定了片面认识敌我力量对比，主张硬打和不打的错误主张，决定“实行自卫的群众性游击战争来反抗敌人武装进攻的方针”，并具体作了部署：首先，在中心地区“发动群众生存斗争，提高警觉性与阶级立场教育，肃清内奸”，发动群众广泛杀伤敌人，扰乱敌人，并准备必要时组织暂时的退却；其次，联系边区群众，在南古瓯周围地区广泛开展除恶分粮斗争，进而发动群众开展武装斗争，以此来分散敌人的注意力，牵制敌人，“使中心区能够巩固和利用敌人空隙，逐渐的消灭敌人”①。

8月15日，省委又召开了南古瓯四个区联席会议，提出采取灵活机动的游击战术来打退敌人进攻，以及巩固群众组织、发展群众武装、向边区发展、分化迷惑敌人等具体任务。根据省委的战略部署，各地群众积极运用不同方式同国民党展开斗争。有的冒着生命危险为游击队送粮、送药、传递情报，并组织自卫武装，使用鸟枪、梭镖、菜刀等简陋武器，配合游击队消灭敌人。在广大人民群众的有力配合下，南古瓯反“围剿”斗争不断取得胜利。

9月20日，闽浙赣省委召开干部会议，总结一个多月来反“围剿”的情况，肯定了广大人民为打退敌人进攻作出的贡献，提出进一步发动群众、加紧进攻、准备更有力地反击敌人的三大任务。接着，闽浙赣游击纵队一部在建瓯杨梅岭伏击敌保安第五团一个中队，缴获敌人许多重要文件。10月，纵队主力300余人在群众配合下，在南平桐坑袭击敌保安队，在闽江截击敌人的运输船，同时攻克了炉下、鸠源、埂埕等地的乡公所。南平洋后乡是国民党“围剿”南古瓯地区指挥部所在地，闽浙赣游击纵队夜袭洋后，烧毁了敌指挥部。与此同时，各地游击队亦不断寻机出击，积极打击敌人，牵制敌人，有力地配合南古瓯地区的反“围剿”斗争。在广大人民群众的支援配合下，闽浙赣边区党组织和人民武装粉碎了国民党反动派的重点“围剿”，巩固了南古瓯游击根据地。

第三节　闽粤赣边区游击战争的发动和发展

一　中共闽粤边工委战略方针的转变

1946年上半年，国共停战协议尚未完全破裂，南方各省游击区的共

① 《关于南古瓯群众性的自卫游击战争》（1948年8月1日），福建省档案馆、中共福建省委党史征委会闽浙赣办公室编《闽浙赣党史文件资料选编》（下），福建人民出版社1987年版，第671页。

产党组织依然坚持着隐蔽精干和分散发展的方针。中共闽粤边临委及其领导下的王涛支队等游击武装在高陂战斗、锅子崃战斗中因过于暴露而受到一定的挫折之后，于3月间重新实行分散发展，取得了较好的成效。

1946年7月，中共第七次全国代表大会代表王维到达闽西，在永定县砾上村向闽粤边临委传达了党的七大路线和延安整风精神。同年11月，根据中共中央香港分局的决定，中共闽粤边临委撤销，另行成立中共闽粤边区工作委员会，由魏金水总负责。工委下设梅埔、闽西、闽西南边、闽南四个地委。①

中共闽粤边工委成立会议在听取了朱曼平传达香港分局指示之后，对全国和闽粤边区的形势以及工作方针等重大问题展开讨论，并作出决议。会议认为，中国实现和平民主的前途是肯定的，中国人民的民主力量十分强大，绝不是蒋介石的力量所能消灭的。不久以后，蒋介石的军事进攻即将停止，解放区军民收复失地的反攻就要开始。但是，蒋介石在美国支持下还不会一下子就垮台，解放大军还不可能南下。因此，闽粤边区的革命斗争就必然是长期的，这就决定了闽粤边党组织的总路线是“长期埋伏，积蓄力量，等待时机”②。

为了更好地指导今后的工作，会议总结了从1942年开始闽粤边党组织工作中的经验与教训，尤其是在遭受国民党打击之后滋长的“左”倾报复情绪，违背中央隐蔽精干方针的军事冒险倾向等教训，指出摆在闽粤边党组织面前最大的危险是对斗争的长期性、残酷性认识不足，因而“工作转变不过来，埋伏不下去”。根据这一分析和认识，会议要求闽粤边党组织一切应从长期打算，克服“左”倾偏向，“全心全意于转变工作，埋伏积蓄力量，做迎接胜利的准备工作”。为了执行长期埋伏这一方针，转变前一阶段工作过于暴露的偏向，会议决定机关干部转入疏散隐

---

① 参见《中共闽粤边区工作委员会决议》(1946年11月)，福建省档案馆、广东省档案馆编《闽粤赣边区革命历史档案汇编》第5辑，档案出版社1989年版，第54—55页。

② 参见《中共闽粤边区工作委员会决议》(1946年11月)，福建省档案馆、广东省档案馆编《闽粤赣边区革命历史档案汇编》第5辑，档案出版社1989年版，第58页。

蔽，武装队伍也实行隐蔽发展。

中共闽粤边工委会议以及所作的决议，正确地分析了形势，总结了经验和教训，确定了切合本地区实际的工作方针，对于边区党组织和游击武装更好地理解与执行党中央的方针和任务，有着十分重要的意义。但是也应当看到，这次会议过于强调困难的一面，对于人民解放战争急剧发展的形势认识不足，因而在整个部署上过于强调隐蔽埋伏，对于广泛发动群众和发展工作布置不够，对于危害群众的小股反动武装也不敢予以打击，因而在以后半年内的工作相对比较沉闷和被动，“方针政策的转变是落在政治形势发展的后面，没有跟着政治形势的转变而提出新的方针和任务”①。

实际上，闽粤边工委所确定的隐蔽方针只执行了半年左右。由于全国解放战争形势的迅速发展，这一方针在 1947 年 2 月以后逐渐转变为放手发动群众，广泛开展游击战争。中共闽粤边工作委员会成立以后不久，由于人民解放军在山东、华中、东北等地区给予国民党军的战略进攻以沉重打击，国民党军日益衰败，以及国统区人民爱国民主运动的高涨，全国的形势进一步向着有利于人民革命的方向发展。鉴于南方各省国民党正规军大量北调，后方空虚，加之国统区到处发生抗租、抗粮、抗捐、抗税和抗丁的民变运动，中共中央多次发出党内指示，要求各地根据不同情况，有步骤地发动与组织群众，开展游击战争，建立游击根据地。

1946 年 11 月 6 日，中共中央在给南方各省工作的指示中指出：“凡有可能建立公开游击根据地者应立即建立公开游击根据地”，“凡条件尚未成熟之地区采取荫蔽待机方针，以待条件之成熟……但总目标仍然是积极发动公开游击战争，建立游击根据地……而不是不管条件是否成熟一概采取长期荫蔽方针”。并明确指出：闽南闽西等地原有根据地“应鼓励原有公开

① 《中共闽粤赣边区工委执委扩大会决议》（1947 年 6 月 18 日），福建省档案馆、广东省档案馆编《闽粤赣边区革命历史档案汇编》第 5 辑，档案出版社 1989 年版，第 137 页。

或半公开武装，紧紧依靠群众继续奋斗，不应采取消极复员政策”①。

1947 年 2 月，中共中央香港分局派政治交通员郭陈明来粤东向闽粤边工委传达香港分局关于开展游击战争的指示，提出可在闽西、闽南首先发动，而后向粤东发展。

闽粤边工委根据中央和香港分局的指示，经过认真讨论，于 3 月 9 日发出了《关于新形势与新任务》的指示，指出国内形势已经发生变化，和平之门已经关死，因此“现在一切和平幻想都是错误的了”，当前的任务是稳扎稳打，积极发动群众，“准备发动广泛的群众游击战争”，逐步引导群众从胜利的经济斗争走上反抗国民党征兵、征粮及其统治的政治斗争，“建立群众武装，掀起广泛的群众性的游击战争”。闽粤边工委分析了边区实际情况，认为闽西南反动势力比较强大，其反共经验也较丰富。另外，20 多年来，闽西南屡遭国民党摧残，人力、物力损失极大，群众斗争情绪受到影响。而粤东方面，敌人统治力量比较薄弱，共产党组织在各县均已恢复建立起来，群众斗争情绪高涨，扩大部队和筹集经济条件均优于闽西南。因此边区的武装斗争应先在粤东地区发动，然后再向闽西南发展。同月，魏金水赴香港向分局领导汇报工作和闽粤边工委开展游击战争的设想。

4 月，魏金水从香港归来，传达了香港分局同意“先粤东、后闽西南，普遍开展游击战争”的意见。5 月上旬，中共闽粤边工委召开扩大会议，讨论新形势下的工作转变与方针等问题。5 月 8 日，魏金水又就形势与任务问题作了传达报告。在报告中，他除了传达中央政治局 1947 年 2 月 1 日对时局的决议和中央宣传部关于思想波动与革命性质的决定的精神外，还分析了闽粤赣边区的形势。他指出：形势对我们发动斗争十分有利，“我们的任务是创造闽粤赣边区”，工作方针是放手发动群众，根据各地情况去决定斗争方式与方法，开展武装斗争，但“不是单纯的武装斗争，而是广泛的、群众的、灵活的游击战争”，“武装斗争是分散小

① 《中共中央给南方各省工作的指示》（1946 年 11 月 6 日），中共梅县县委党史研究室编《中共梅县白区党史资料汇编》，1997 年印，第 42 页。

搞，准备大搞”，并提出建立工委主力部队的建议。

为了适应斗争需要，闽粤边工委在这次会议上决定将特派员制重新改为委员制，以魏金水为书记，王维任组织部长，朱曼平任宣传部长。①同时，根据香港分局的决定，闽粤边工委改为中共闽粤赣边区工作委员会。

同年 5 月 30 日，魏金水在工委机关内部刊物《学习》上，发表了《为创造闽粤赣边区而奋斗》一文，分析了创造闽粤赣边解放区的有利条件，提出纠正等待大军南下的依赖心理，积极创造闽粤赣边民主堡垒和人民解放军。

上述历史情况表明，中共闽粤边工委自 1946 年 11 月成立到 1947 年 5 月改为闽粤赣边工委的半年内，根据全国和边区形势的发展以及上级指示精神，积极主动地改变了斗争的方针与任务。1946 年冬，闽粤边工委依然坚持了隐蔽精干、蓄力待机的方针。到了 1947 年 3 月，发动群众性游击战争的任务就被明确地提到了议事日程上来，并根据各地斗争发展不平衡的实际情况，主动向香港分局提出建议，把斗争的重点首先放在粤东，而后向闽西南地区推进。1947 年 5 月的闽粤边工委扩大会议正式确定放手发动群众开展游击战争，制定了正确的方针和任务，并以工委书记魏金水的名义，号召建立闽粤赣边解放区和边区人民解放军。至此，闽粤赣边党组织完成了由隐蔽精干到广泛开展游击战争的战略转变。

从此，闽粤赣边区党组织领导新建立的边区人民解放军部队和边区人民群众迅速行动起来，顺应历史潮流，开展群众性的游击战争。

二　闽粤赣边区游击战争的发动

1947 年初夏，国民党从闽西南调走保安第三团，从梅县、大埔调走曾举直部，撤销了“闽粤赣边清剿委员会”，连广州的宪兵团也调走，以

① 参见魏金水：《关于形势与任务问题的传达报告及工委扩大会报告纪要》（1947 年 5 月 8 日），中共龙岩地委党只办公室编《第三次究国内革命战争时期资料汇编（1945.8—1949.10）》，1962 年印，第 3—4 页。

对付各地民变和补充前线的损失。当时在梅县只有一个警察大队，大埔只有数百人的“强民大队”，武器装备虽然好，但没有多少战斗力。在闽西南地区只有保安第二团（总队），其吴子高大队驻防闽西，另外两个大队分驻闽南的乌山和靖和永边界。尽管还有第五、第六专员公署两个自卫大队和各县自卫队，但比以前兵力是削弱得多了。[①] 根据“先粤东、后闽西南，普遍开展游击战争”的战略方针，中共闽粤赣边工委从闽西抽调了许多军事骨干进入粤东。5 月，闽粤赣边工委在大埔将粤东武装和闽西一部分武装合编组成中国人民解放军粤东支队，由刘永生任支队长，程严、廖启忠、徐达任副支队长，杨建昌任政委，王立朝任副政委兼政治部主任，郑金旺任参谋长。

粤东支队成立后，拉开了闽粤赣边区游击战争的帷幕。6 月 10 日，该支队袭击国民党军东北“剿总”副司令范汉杰的家乡大埔县梓良乡，没收其家产，并烧毁国民党乡公所征兵名册。接着在粤东地区大力筹集经费，为扩大部队、大规模出击准备了条件。

同年 6 月 18 日，中共闽粤赣边工委在大埔溢头召开工委执委扩大会议。会议分析了在新形势下闽粤赣边区开展革命斗争的有利条件和困难，认为有利条件多于困难，斗争的客观条件业已成熟，从而确定了为创造闽粤赣人民解放军和解放区而奋斗的总任务，以及在斗争中积蓄力量、建立部队、形成割据态势的方针。关于武装斗争问题，会议认为：“今天的武装斗争是要做到和群众斗争相结合，而且主要的是为着发动群众斗争，而不是单纯的武装斗争”。

会议决定工委和地委建立主力武装，工委主力命名为“闽粤赣边人民解放军总队”，地委为支队。会议指出，“武装斗争是要做到和群众斗争相结合，而且主要的是为着发动群众斗争，而不是单纯的武装斗争”；部队行动方针是“从外而内”即“向外围向敌人后方去进攻敌人，或歼

① 参见《中共闽粤赣边区工委执委扩大会议决议》（1947 年 6 月 18 日），福建省档案馆、广东省档案馆编《闽粤赣边区革命历史档案汇编》第 5 辑，档案出版社 1989 年版，第 127—128 页。

灭小部分敌人”；同时在内线发动斗争，内外配合打退敌人向边区支点的进攻。武装斗争的原则是灵活机动的游击战；打击的对象是国民党军阀、官僚、封建剥削者和地方恶霸。会议规定的这些方针、任务、斗争方式及打击对象都是正确的，适合边区的实际情况。为了加强党对军事斗争的领导，会议还规定党委书记为部队的政委。① 会议决定正式成立闽粤赣边人民解放军总队，由刘永生任总队长，魏金水任政委，朱曼平任副政委。

7月3日，中共闽粤赣边区工作委员会发出告各界人士书，号召人民实行抗丁、抗粮、抗税，开展求生存斗争，并表示欢迎国民党军政人员弃暗投明，参加人民解放军，为独立、和平、民主而战，为闽粤赣边人民的解放而战。从此，闽粤赣边区群众性的游击战争全面展开。

根据工委建立主力的决定，1947年8月，在永定成立了闽粤赣边总队闽西支队，支队长蓝汉华、副支队长郑永清，闽西特委书记林映雪兼任支队政委，邱锦才任副政委。闽西支队成立时，因人员少，装备差，支队部确定先以开展镇压反革命及消灭国民党乡公所、自卫队等小规模的斗争为行动方针，一则锻炼队伍，二则缴获敌人的武器装备武装自己。随后，闽西支队在永定一些乡村消灭反动武装，镇压反动分子，缴获了一些枪支弹药，并在许家山吸收了一批新战士，壮大了队伍，随后于湖雷一带基点村休整。

同年8月1日，闽南支队在乌山成立，支队长李仲先、副支队长王汉杰，闽南特委书记卢叨兼任支队政委，陈文平任副政委。闽南支队成立后集训了一段时间，于9月向乌山外围出击，先后袭击诏安、云霄一些乡村的反动武装，初步解决了经费和粮食问题。

闽粤赣边人民解放军总队成立后，在粤东一带大力开展群众性武装斗争，同时放手发动群众，广泛开展反“三征”（征粮、征税、征兵）的

① 参见《中共闽粤赣边区工委执委扩大会议决议》（1947年6月18日），福建省档案馆、广东省档案馆编《闽粤赣边区革命历史档案汇编》第5辑，档案出版社1989年版，第133—134页。

斗争，摧毁了国民党在梅县、蕉岭、大埔、丰顺广大地区的基层区乡政权，并在粤东的韩江、汀江、梅江设立了税收站，征收出入口税。边区人民武装在斗争中不断发展壮大，除了闽西、闽南外，广东的潮汕地区亦成立了潮汕人民抗征队和武工队。1947 年 8 月，总队主力部队已发展到近 2000 人。① 10 月 23 日，总队在地方党组织和人民武装配合下，出击广东大埔县大麻镇，消灭当地自卫队近百人，没收了大官僚地主郭汉源的财产，将其分给群众，并发动群众破仓分粮，从而大大激发了群众对敌斗争和参军的积极性，100 多名青年加入了人民武装行列。之后，总队又迅速地解决了本身的经济困难，改善了群众生活；而且制定财经制度，开辟财源，下半年又进一步加强税收工作，控制了韩江与汀江部分流域的财政收入。

由上述可见，在工委扩大会后的 3 个月里，闽粤赣边区党组织围绕着建立主力部队和解决经济这一中心开展工作，取得了初步的成果，游击武装开始适当集中并有所发展，斗争区域不断扩大。

人民解放军在打退国民党全面进攻之后，又粉碎了敌人对陕甘宁解放区、山东解放区的重点进攻。经过一年的内线作战，双方力量发生了根本性的变化。人民解放军由内线作战转入外线作战，由战略防御转入战略进攻的时机到来了。1947 年 6 月底至 7 月 28 日，以刘伯承、邓小平率领的晋冀鲁豫野战军主力突破黄河天险发起的鲁西南战役为标志，人民解放军揭开了战略进攻的序幕。

国民党军队的总兵力由战争开始时的 430 万人下降为 373 万人，其正规军则由战争开始时的 200 万人下降为 150 万人。国民党军由于在战场上屡战屡败，士气更加低落，战斗力大为削弱，充满着失败的情绪。因此其后方异常空虚，湖南、广西、贵州、福建、浙江、江西等 6 个省几乎没有正规军，仅由一些地方保安队充任防守。闽粤赣边区是蒋介石统治最空虚的一个后方。边区一带不仅没有正规军，而且连保安部队也

① 参见刘永生：《闽粤赣边区人民革命武装斗争回忆》，福建省委党校馆藏资料（2—0742）。

不多，除闽南之乌山山内、小芦溪、长乐、刈竹有福建保安第二总队外，其他地方只有少数专员公署、县的自卫队及乡村地方反动武装。

在空前有利的形势下，闽粤赣边区工委认为除了加紧完成工委扩大会议确定的全部任务外，应该响亮地提出“加速准备力量，迎接大军南下，壮大人民武装，配合全国总反攻，推翻闽粤赣边蒋匪统治，解放闽粤赣边苦难人民”的口号，作为新的奋斗目标。

1947 年 9 月 18 日，中共闽粤赣边区工委发出了《关于武装斗争方针致总队及各地委的信》，肯定了三个月的斗争成绩，也指出了弱点：未能做到和群众斗争相结合，或者说结合得不够，以及斗争不够普遍。在总结经验的基础上，工委提出此后的武装斗争应实行“普遍进行小搞（包括肃反、埋伏、袭击、截击），准备进行大搞”的游击战争方针，强调以普遍小搞为主，极力避免打硬仗和盲动。

边区工委在这封信中要求部队和各地委消除等待大军南下而放松斗争的心理，不要满足于已有的成就，反对犹豫不前或急躁冒进的偏向，抓紧有利条件，大胆、放手、迅速地带领人民奋起自救，壮大力量，切实做好建立闽粤赣边解放区的工作，跟上客观形势的发展。边区工委及时把握形势，正确地指引了斗争的方向，从而把边区游击战争推进到大发展的阶段。

闽粤赣边人民解放军总队出击大麻胜利后，广东梅县、丰顺的国民党军分两路向其进攻。总队在梅县三乡 100 余名民兵和粤东群众的支援配合下，再歼敌 1 个中队。11 月，总队兵分三路主动向外围敌人发起进攻，积极扩大根据地和游击区。第一路向丰顺一带发展，于 11 月在黄金市全歼敌吴伯昌部 1 个中队和当地自卫队；第二路向梅县以西和江西边境一带进攻，歼灭梅县自卫队 1 个中队，开辟了大片新区；第三路在大埔南部枫朗、百侯、大埔角一带向敌人进攻，在当地群众配合下摧毁乡公所，消灭了自卫队。至 1948 年 3 月，粤东地区先后创建了 6 块游击根据地，人民武装发展到 2000 多人。

与此同时，闽西支队和闽南支队也积极开展游击战争。闽西支队转往永和埔边，于 1947 年 10 月 16 日奇袭扼守在永和埔边的敌陈东坑据点，击毙敌便衣队长、民政科长等 7 人，缴获了一些枪支弹药。这次战斗震动了闽西反动派。此后，在平和、永定及岩永杭边一带的反动武装，没有保安部队的配合，再也不敢肆意骚扰了。1948 年 2 月，闽粤赣边工委把粤东地委领导的埔永梅县委合并于闽西地委领导的永和埔靖县委，至 1948 年 4 月间，永和埔三县边区迅速发展为纵横 100 多华里的游击根据地。

1947 年 11 月，闽南支队袭击下葛乡公所，消灭地方自卫队 1 个分队。之后，敌保安第二总队纠集云霄、诏安、平和三县自卫队，于 12 月分三路向乌山进攻。为了打破敌人的围攻，中共闽南地委决定一部分队伍撤出乌山，到诏安平原和诏（安）饶（平）边一带开展游击战，牵制敌人，开辟了诏饶边游击区。地委和支队部带领一部分武装在乌山坚持斗争。1948 年 1 月 8 日，闽南支队在乌山水晶坪成功地伏击敌保安第二总队第二大队部及第五中队，毙伤敌 9 名，俘敌少校大队副郑汝勤以下官兵 27 人，缴获一批枪支弹药和军用品，闽南支队无一伤亡。[①] 这次战斗沉重地打击了敌人，显示了闽南人民武装的坚强战斗力。战斗结束后，中共闽粤赣边区工委电贺闽南支队，称此次战斗“实为闽南人民武装部队有史以来的歼敌范例”。

闽粤赣边区自 1947 年 2 月接受党中央和香港分局关于在国统区发动游击战争的指示，到 1948 年 3 月的一年中，依照本地区的实际情况，制定了正确的方针，积极稳妥地把蓄力待机的方针转变为发动群众展开广泛的游击战争的方针，从“普遍小搞”到“放手大搞”，消灭国民党武装 2000 多人，摧毁区乡反动政权 100 多个，边区人民武装发展到 4 个支队、20 多个游击大队和 100 多个武工队，总兵力达 5000 余人，开辟游击根据地 15 块，人口达 100 多万，从而为以后粉碎国民党军的“清剿”准备了

① 参见《闽南支队乌山脚水晶坪伏歼战战果》（1948 年 2 月），福建省档案馆、福建省军区党史资料征集小组编《福建军事斗争史料选编（1945.9—1949.10）》，1983 年印，第 197 页。

充分的条件。

三　闽粤赣边区游击战争迅速发展

1948年2月1日，根据国民党政府实施战时体制的命令，福建地方当局恢复了省保安司令部，将原有5个保安警察总队改编为保安团，直属保警大队改编为本部特务营。2月4日，又成立了福建省“戡乱建国动员委员会”。同年4月，撤销“分区清剿”“全面警卫”的部署，改为“省际边区防剿及县际联防清剿”，将全省划为2个边防“清剿”地区、7个县际联防“清剿”地区。11月，根据衢州“绥靖”公署第一期“绥靖”计划要旨，国民党闽省政府又改变了4月“省际边区防剿，县际联防清剿”的计划，实行“分区清剿，政治清乡”，将全省划为5个“清剿地区”。[①] 同时，福建国民党当局为对付日益强大的各地共产党领导的人民武装，不断扩充兵力。5月，增编保安第六团；8月，又增编了突击大队。同时加强各县市地方武装。从1948年1月起，在全省各县市设立民众自卫总队部，将原保警队改编为常备自卫队，至7月为止，全省共编有138个中队，12个独立分队，总兵力达1.4万余人，配备长短枪9000多支。[②]

为扭转颓势，巩固作战后方，蒋介石特派行政院院长宋子文于1947年10月到广州，任广东省政府主席兼广州行辕主任及广东省保安司令。1948年2月，宋子文和国民党福建省政府主席刘建绪为统一指挥闽粤两省国民党军队，成立了“闽粤边区剿匪总指挥部”。总部设在梅县松口镇，以涂思宗为总指挥，福建省保安第三团团长陈铨为副总指挥，调集一万多兵力，妄图消灭闽粤赣边区人民武装。

为了粉碎国民党反动派新的进攻，促进与迎接全国革命高潮，1948

① 参见朱绍良：《福建省政府施政报告（节录）》，福建省档案馆、福建省军区党史资料征集小组编《福建军事斗争史料选编（1945.9—1949.10）》，1983年印，第635页。

② 参见刘建绪：《福建省政府施政报告（节录）》，福建省档案馆、福建省军区党史资料征集小组编《福建军事斗争史料选编（1945.9—1949.10）》，1983年印，第628页。

年2月，中共中央香港分局发出《粉碎蒋宋进攻计划，迎接南征大军的指示信》，对军事、群众、政权、统战和整党工作作了具体指示。根据分局的指示，中共闽粤赣边工委确定了行动方针：普遍发展与建立主力，冲破敌人的包围限制，不要强调一时一地的得失，积极向外发展；大胆领导非党武装（包括民主人士组织的武装），注意战术的运用，在有利条件下集中力量袭击占领城镇，而后分散四郊发动群众，组织群众。根据上述方针，粤东、闽西、闽南人民武装挺进外围，内外结合，积极打击敌人。1948年春节过后，闽粤赣边区总队在永定峰市消灭了刘永图自卫中队，缴获机枪2挺、步枪50余支。3月2日，边区总队和杭武蕉梅独立大队共300余人，一举攻入蕉岭县城，烧毁敌军械库1座，缴获步枪300余支。蕉岭之战政治影响极大，在军事上粉碎了涂思宗“以梅县、蕉岭、平远三县武装会剿梅北”和向梅东、梅西、梅南分区“围剿”的计划，打乱了敌人的军事部署。上杭、武平的地方反动势力慑于人民武装的威力，纷纷前来搭线，表示不再与人民为敌。

1948年3月9日，宋子文、刘建绪在广州召开闽粤边区联防会议，商定“清剿”部署。3月中旬，涂思宗在大埔召开六县军事会议；4月1日，又在松口举行十县军事会议，制订了所谓“联防联剿”计划，决定先扫荡梅（县）揭（阳）公路两侧及韩江沿岸地区，切断边区经济来源，保证其水陆交通安全，然后占领根据地，分区联防，择地“驻剿”。

据此，国民党军采用了“十字扫荡”战术，进行重点进攻，即集中10个中队的兵力，从上杭、武平、蕉岭、梅县出发，沿韩江直通潮汕；以7个中队兵力，从永定、平和向梅县、大埔、丰顺开进，横过韩江，由此形成一纵一横的两路“进剿”态势。另外，还采取政治欺骗的手段，提出“不要三征”“自新不杀”等，妄图不费一枪一弹进占边区革命支点，恢复其乡保政权。

为了粉碎敌人的“清剿”，4月18日，闽粤赣边区工委致函各地委各支队，全面分析了形势，提出“以进攻消灭敌人的进攻”的方针，即分散发展，挺进敌后，开展斗争，开辟新的战场。工委要求各地委必须抓紧地方部队一部，配合各地武工队、民兵，进行经常不断的扰乱，袭击杀伤敌人，捕捉奸细、特务等，破坏敌之电线电杆及其一切交通联络，以疲惫敌人，切断敌之信息来源，配合主力部队外线作战，创造有利战机，歼灭敌人。由于粤东方面敌情变化，工委决定粤东“暂停大搞（当然同样不放弃大量杀敌的有利时机），继续普遍小搞，准备大搞。在闽西、闽南应进一步进入普遍小搞”①。

蕉岭城被攻下后，涂思宗到处寻找边区人民武装主力决战。当他侦察到边区总队主力粤东支队在武平县象洞岗背的张天堂时，立即调动福建保安第一、第三两个团和蕉岭、武平县自卫队共1000余人，分六路发动进攻。边区总队遂从张天堂转移到岗背水口待敌。4月13日，粤东支队集中火力打其一路，重创敌保三团薛莜青营，其余各路敌人闻声撤回，所谓“六路进攻”也以失败而告终。岗背战斗之后，闽粤赣边区总队在刘永生的率领下，挺进梅县、大埔、丰顺边区。敌人又集中2000余人的兵力跟踪而来，由涂思宗的少将高级参议张光前、梁国材指挥，分五路向梅埔丰边区包围进攻。5月30日，独二大队以“谈判”为名，诱捕了张光前；6月3日，粤东支队在大埔县马头山设伏，再次重创敌军，打破了国民党军对梅埔丰边区历时一个半月的进攻。此后，涂思宗尽管一再调整部署，变换战术，但都难以奏效。由于连连失败，9月1日，涂思宗被撤职，这样，国民党军对闽粤赣边区的“十字扫荡”计划宣告破产。

与此同时，闽西支队在闽粤边界积极开展游击战；上杭、永定、龙岩三县均建立了人民游击队。闽南支队小部坚持内线，大部打出外围到敌人后方作战，牵制敌人。

从1948年3月到6月，闽粤赣边区人民游击武装击溃了敌人主力，毙伤敌军约400人，除个别支点外，收复了被敌人占领的地区并挫败了敌人恢复政权、建立反动武装的企图；紧紧地控制着长达400余里的韩

① 《中共闽粤赣边区工委为粉碎敌人的进攻，致各地委各支队的一封信》（1948年4月18日），福建省档案馆、福建省军区党史资料征集小组编《福建军事斗争史料选编（1945.9—1949.10）》，1983年印，第236页。

江，发展了税收工作的成果，从而解决了部队供给的困难。①

粉碎敌人重点进攻后，闽粤赣边区人民武装进一步发展壮大。其时，边区人民武装共有总队及潮汕、粤东、韩江、闽西、闽南5个支队，兵力7000人左右，另有民兵近6000人。从边区人民武装活动的区域来看，在闽西雄踞着金丰山山脉；在闽南则跨踞着大乌山山脉，正向各方伸展；在粤东，以铜鼓嶂为中心，北向梅县、蕉岭、武平边界推进，并进入江西境内，西南则向梅县、大埔、丰顺边界广大地区发展；在潮汕，以大北山为中心，东北面已伸展到与粤东相接，西南和东南边则发展到潮阳、普宁、惠南及潮安、澄海、饶平等县广大平原。② 为了统一领导边区武装斗争，1948年7月，中共闽粤赣边工委决定成立闽粤赣边军事委员会，由魏金水任主席，朱曼平、林美南、刘永生任副主席。

1948年8月上旬至下旬，中共闽粤赣边区第一次代表会议在广东省大埔县召开。出席会议的有闽粤赣边工委领导人和闽西、闽南、粤东、潮汕各地委的代表。与会者对工委一年的工作进行了认真总结，对边区军事斗争、群众斗争、扩大和巩固统一战线工作、加强党的建设、宣传工作、财政经济等问题进行了广泛的讨论和研究。会议通过了《中共闽粤赣边工委关于过去一年工作总结》和《中共闽粤赣边第一次党代表会议决议案》。

会议肯定了一年来闽粤赣边党组织在人民的积极支援和帮助下，坚决执行正确的方针和政策，经过全体党员和边区人民武装指战员的共同努力，取得了很大的胜利与成绩，开创了闽粤赣边区革命斗争的新局面。经过一年的奋斗，许多地区由点而线、由线而面地逐渐形成一片。各级党组织在这些地区发动群众，开展各种经济的、政治的、非法的、合法

① 参见《中共闽粤赣边区工委关于三个月反清剿初步总结》（1948年6月18日），福建省档案馆、广东省档案馆编《闽粤赣边区革命历史档案汇编》第5辑，档案出版社1989年版，第341—343页。

② 参见《中共闽粤赣边第一次党代表会议决议案》（1948年8月24日），福建省档案馆、广东省档案馆编《闽粤赣边区革命历史档案汇编》第6辑，档案出版社1989年版，第21—22页。

的斗争，摧毁了国民党成百个乡保政权，并在斗争中建立了两个县的行政委员会和 18 个乡政权。边区的武装力量已经由一年前的百余人发展到 5000 多人（不包括潮汕地区），消灭了大批反动武装，缴获各种武器 4000 多件，粉碎了国民党军自 1948 年 3 月开始的“重点进攻”与“分区清剿”。实践证明，工委所制定的一系列方针、任务是正确的。同时，会议也指出了工作中的不足之处，主要是一些地区有急躁和“左”的倾向，如多惩罚了一些人，侵犯了中农利益；一些干部对党建工作不够重视，放松了发展党员和健全党组织的工作；在防奸肃反问题上“不慎重的不必要的多杀了人”等。

会议分析了在革命高潮时期人民解放军开始战略反攻形势下的敌后游击战争的特点及发展进程，指出，“指导这个游击战争，必须采取大胆放手，分散发展，避重就轻，进退有据，耐心坚持，待机决战的方针”。“目前阶段的基本任务，是粉碎重点进攻，为建立和发展边区根据地而斗争”。[①] 另外，会议对于战略战术、群众斗争、统一战线、党的建设和财政经济等重要问题都进行了详细的讨论并作出相应的决议。会议根据香港分局指示，撤销中共闽粤赣边工委，于 8 月 7 日选举成立了中共闽粤赣边区委员会。选出的委员有魏金水、朱曼平、林美南、王维、刘永生、李平、卢叨、张全福、范元辉、林映雪、陈文平、黄维礼、刘向东、曾广、廖伟。上列前五人为常委。魏金水为区党委书记兼闽粤赣边人民解放军总队政委，刘永生为总队长，朱曼平为区党委副书记兼总队副政委，林美南为区党委副书记兼宣传部长、总队政治部主任，王维为区党委组织部长。边区党委下辖闽西、闽南、粤东（1948 年 11 月改为梅州地委）、潮汕、韩东等五个地委。

中共闽粤赣边区第一次代表会议是一次具有重要意义的会议。会议对政治、经济、军事各方面所讨论决定的各项方针政策，及时地纠正了党在工作中出现的偏差，保证了各方面工作的顺利进行，为闽粤赣边区

---

① 《中共闽粤赣边第一次党代表会议决议案》（1948 年 8 月 24 日），福建省档案馆、广东省档案馆编《闽粤赣边区革命历史档案汇编》第 6 辑，档案出版社 1989 年版，第 21 页。

党委领导边区人民夺取革命胜利，在政治上、军事上和一系列政策上做了充分准备。

闽粤两省国民党当局在重点进攻失败后，又部署了新的“清剿”行动。1948 年 9 月，宋子文任命俞英奇为“闽粤边区剿匪总指挥部”总指挥，并大量增兵，进犯闽粤边区。边区人民武装积极应战。8 月，闽粤赣边总队在埔北花窗下全歼敌谢克强自卫队 1 个连和大队部，击毙谢克强及区乡长、军官 8 名，俘敌 100 余名。同月，总队在饶平茂芝前东岩寺战斗中打垮敌保安队的袭击，歼灭了一部分敌人。9 月 10 日，总队又在大埔桃花口与税收队密切配合，再次给敌方景韩部以沉重打击。

1949 年 1 月 10 日，闽粤赣边总队司令部率领直属一团，在一支队和四支队的配合下，一举解放了大埔湖寮，全歼国民党军美式装备 1 个中队，缴获大批枪炮。此战震动整个闽粤赣边区，动摇了粤东近 10 个县城的反动统治，瓦解了敌军军心。旋国民党军黄国权团的 3 个营长、9 个连长押着黄国权前来向边区总队投降。驻高陂市的敌大队长李鹏原亦率部起义。湖寮战斗胜利的最主要的作用，在于对扭转整个边区的战略形势发生了重要的影响，尤其是解决了闽粤赣边区党组织和军事领导“过去在战术上不能解决的种种困难问题”。这就是克服了过去的经验主义问题，能够正确执行俘虏政策，运用政治工作争取敌军起义，各兄弟部队协同作战，等等。① 因此，湖寮战斗对于边区军事斗争的发展有着不可低估的意义。

与此同时，闽西支队第二次挺进永和埔边，进行整编、训练，进一步提高了战斗力；继而积极开展游击战，四战四捷，控制了永和埔大片地区。闽南支队分兵对付敌人的进攻，开辟新的游击区，打破了敌人封锁乌山、歼灭支队主力的计划。

闽粤赣边区人民武装随着解放战争的胜利发展而不断成长壮大。据

① 参见《中共闽粤赣边区党委关于闽粤赣边一年的军事总结》（1949 年 3 月中旬），福建省档案馆、广东省档案馆编《闽粤赣边区革命历史档案汇编》第 6 辑，档案出版社 1989 年版，第 148 页。

香港分局统计，至 1948 年底，闽粤赣边区人民解放军主力部队已发展到 8260 名，拥有机枪 70 挺、长短枪 7960 支[①]，从而为解放全边区积聚了较强大的军事力量。

① 参见《华南部队数量武装和战斗力》，广东省档案馆编《华南党组织档案选编（1945 年—1949 年）》，1982 年印，第 165 页。

第十五章　人民解放战争在福建的胜利

第一节　爱国民主运动的高涨

一　国民党统治下福建的经济危机

全面内战爆发后，国民党实行反动的财政经济政策，利用国家政权，加紧掠夺社会财富，最大限度地垄断了全国的经济命脉，使国民党统治区的经济危机空前严重。福建省是国民党在东南的一个重要战略地区，必然受到这一危机的冲击。通货膨胀的恶性发展，财政金融的极端紊乱，是其经济危机的突出表现。由于发动大规模的反革命内战，国民党政府军费支出急剧上升，从而造成了严重的财政赤字。反动当局虽千方百计榨取民脂民膏，但仍远远不敷开支，便大量印发钞票，使得币值猛跌，物价暴涨。

民族工商业大量倒闭，纷纷破产，是国统区经济危机的另一突出表现。抗日战争结束后，因外货大量涌进，福建的纺织业、卷烟业、制革业和造纸业等，遭受严重威胁，陷入破产的境地。据《经济周报》估计，自抗战结束至1948年底，福州市织机数已减少到不及战时之半，而1948年底停工的织机已达织机总数的50%以上。以每架织机平均养活10人计，在福州全市约1500架织机的半数停工的情况下，势有将近1万左右的市民失业。①

---

①　参见彭泽益编《中国近代手工业史资料（1840—1949）》第4卷，中华书局1962年版，第478页。

1948年，人民解放军步步迫近南京、上海，作为闽省木材最大市场的天津和上海，均在战乱中停止了一切建设，木材的去路大部断绝，战后盛极一时的繁荣如雾消失。福州的木材厂和锯木厂各百余家，直接间接靠木材为生者甚多，但当时大多数的木行、锯木厂俱在风雨飘摇中。又如，具有30多年历史、福建省规模最大的福电铁工厂，因物价飞涨、资金匮乏、缺少市场等因素，已难以开机生产，只能从事零星维修业务。不仅轻工业、重工业部门停工、减产，商业的状况也颇不景气。以茶叶来说，外销的红茶江河日下，内销的绿茶也陷于困顿的苦境。1947年，全省茶叶仅销2.8万担，不及抗战前的1/10。[①] 菇类因滞运而告缺市。其他如漆器、雨伞等手工业也莫不因实销淡输出稀而持续维艰。总之，作为闽省输出大宗的特产，因滞销滞运而日趋没落。

地方官僚资本企业也不能例外。如福建公营工业的唯一代表——福建企业公司，在抗战结束前后，其所属各厂纷纷停闭。除永安电厂继续办下去外，其他各电厂采取与地方合营或出租的方式经营。电化、磨粉工场则全部标买。[②] 工商企业的倒闭，使国民党统治区经济凋敝，进而陷入瘫痪状态，更直接加速了整个国民经济的崩溃。

国统区严重的经济危机，还表现在农村生产力的急剧下降和农村经济的日趋破产。首先，地租和各种敲诈勒索的剥削，使广大农民更加贫困。在封建土地制度下，地主阶级残酷剥削农民，榨取占全部收获量60％～80％的高额地租，强迫农民担负各种无偿劳役，定期交纳各种农产品。这样，广大农民连最低的生活都难以维持，更无力去发展生产。其次，随着内战的扩大，国民党政府在福建征兵数目逐年增加：1946年征兵1万多人，1947年增至1.7万人，1948年达4.7万人，1949年又增至10万人。大量青壮年农民被抓去当炮灰，未被抓的则相率逃亡，致使

① 参见福建研究组编印《福建参考资料之五·财政经济》，1949年6月铅印本，第201页。

② 参见陈真编《中国近代工业史资料》第3辑，生活·读书·新知三联书店1961年版，第1317—1319页。

农村劳动力锐减，直接影响了农业生产的进行。再次，从1946年到1949年，福建自然灾害频仍。1946年闽南旱情严重；1947年闽西南地区遭水灾，灾民上万；1948年福建遭受大水灾，同年秋又发生虫灾，全省晚稻收成之损失约数百万石；[①] 是年，闽省沿海18个县市遭台风袭击，损失达10000亿元；[②] 1949年福建全境雨量稀少，普遍呈现旱象，农作物大受影响。在上述情形下，福建农业生产急剧衰退，不但农村经济日趋破产，更使国统区的整个国民经济危机进一步加深。

如上所述，财政金融的危机，促使工农业生产的危机；工农业经济的破产，又反过来加速财政金融的崩溃。它们相互交织，相互影响，造成了国民党统治区国民经济的总危机和总崩溃。

国民经济的总崩溃，直接威胁到各阶层人民的生计，广大劳动群众和公教人员的生活日益恶化。工人、店员大批失业，生活朝不保夕；靠薪金的公教人员，在物价狂涨的情形下，也难以维持最低水准的生活。严重的经济危机，把各阶层人民推上了饥饿和死亡的绝路。这就迫使他们不得不团结起来为生存而斗争。解放战争时期福建国统区各界民众正是在这样一种特定的历史背景下，展开了大规模的争民主、求生存的爱国民主运动。

二　福建学生运动的高涨

解放战争时期，国民党统治区的爱国民主运动，构成了这一时期中国人民革命斗争的第二条战线，直接配合了人民解放军在军事战线上的进攻。这个时期，福建学生在全国学生运动的影响、推动下，积极投身爱国民主运动，掀起了一个又一个的斗争浪潮。他们以自己的青春和热血，为福建青年运动史，也为整个福建人民革命斗争史写下了光辉的

① 参见福建研究组编印《福建参考资料之五·财政经济》1949年6月铅印本，第189页。

② 参见福建研究组编印《福建参考资料之五·财政经济》1949年6月铅印本，第189页。

一页。

抗日战争胜利后，福州、厦门的一些大、中学校相继复办或是从内地迁回原址（抗战时疏散搬迁到闽西、闽北等地）。中共福建地方组织随即在大、中学校中建立秘密读书会、时事研究会、墙报社等，团结教育大批追求进步的学生，提高其政治觉悟，并培养吸收其中先进分子参加党组织，为以后开展学生运动作了思想上和干部上的准备。

1945 年 11 月 25 日晚，昆明大、中学校 6000 余名学生在西南联大举行反内战时事晚会，请费孝通等教授演讲，遭到国民党军警的骚扰破坏。为了抗议国民党的野蛮行径，西南联大等 30 多所大、中学校的学生联合宣布罢课。12 月 1 日，反动当局出动大批军警围攻各罢课的学校，血腥镇压师生，杀死 4 人，伤 20 余人，制造了“一二・一”惨案。

“一二・一”惨案激起了全国人民的愤怒。各地人民纷纷支援昆明学生的斗争，一个以学生运动为主体的反内战、争民主的运动，席卷了整个国民党统治区。1945 年底，福州学生加入了声援昆明学生的斗争行列。他们在校内集会，以壁报、传单、标语愤怒揭露蒋介石国民党坚持内战独裁、镇压学生运动的反动罪行。

1946 年 12 月 24 日，在北平发生了美军士兵强奸北京大学女学生沈崇事件。消息传到素有“东南民主堡垒”之称的厦门大学，广大学生无不义愤填膺，立即行动起来响应北平学生的抗暴运动。1947 年 1 月 6 日，厦大学生召开大会选举产生了“国立厦门大学抗议美军暴行委员会”，直接领导抗暴斗争。1 月 7 日，厦大学生举行罢课和示威游行。厦门双十中学的学生也冲破学校当局的阻挠，加入到厦门大学的游行队伍。他们高呼“抗议美军在华暴行”“驱逐美军出中国”“全国学生团结起来”等口号，沿途分发《告厦门市同胞书》。当天下午，厦大抗暴委员会在思明南路明兴行举行记者招待会，表明同学们的爱国立场，以扩大抗暴运动的影响，争取各界人士的支持。其后，厦大抗暴委员会于 1 月 11 日和 15 日分别致电蒋介石、北京大学学生和全国学生团体，要求国民党政府向美国当局提出严重抗议；表示厦大学生将坚持斗争，直到美军全部撤退为止。厦门大学学生的抗暴运动在党的领导和全国学生运动的影响下进行得有声有色，教育和锻炼了广大同学。在运动中涌现出的许多积极分子，不久加入了中国共产党。

1946 年 12 月 30 日，在中共地下组织的领导下，福建协和大学、福建音乐专科学校、福建省立农学院等 7 所院校学生也成立了“福州大专学生为北大女生被辱声援会”，掀起了抗暴斗争。当时，中共福州市委从实际出发，认为福州形成学生运动高潮的时机尚未成熟，为避免过早暴露进步力量造成损失，指示学生将上街游行改为在校内座谈集会、罢课抗议。福建农学院党支部以剪报的形式，贴出大幅壁报和标语，在学生中开展抗暴签名活动，并召开学生大会，继而举行罢课，抗议美军暴行。① 1947 年 1 月 4 日，福建协和大学学生集会抗议美军暴行，并派出代表联络福州其他 6 所高等学校拟共同举行游行。福建音专学生会也组织同学出墙报，声援各地抗暴运动，在学生中颇有影响。

通过抗暴斗争，广大学生受到了一次深刻的教育，更加认清了美帝的侵华政策和国民党反动派媚外政策的反动本质。许多进步学生积极靠拢党组织，为以后进一步开展爱国民主运动打下了良好的基础。

1947 年 3 月，福州又爆发了规模较大的“三二五”学生反暴运动。3 月 25 日，省立福州中学 2 名学生乘汽车时与汽车公司人员发生纠纷，遭到汽车公司几个打手的围攻，其中 1 名学生被汽车公司扣留。该校学生闻讯后立即前往交涉。汽车公司资本家勾结警察又逮捕了 3 个学生。为营救被捕同学，伸张正义，福中地下党员发动学生呼吁社会各界给予声援。中共福州市委指示福中地下党组织进一步动员学生上街游行，将斗争矛头指向国民党反动政府。3 月 26 日下午，各校游行队伍在南门兜体育场集会之后进行示威游行，途中遭到福州市警察局的压制阻挠。游行队伍前往国民党省政府门前静坐请愿，并推选代表进见省府主席刘建绪，要求合理处理“三二五”事件。迫于社会和学生的压力，刘建绪不得不

---

① 参见施作师：《城工部福建农学院支部组织和活动情况》，《福州党史资料》1984 年第5—6 期合刊。

表示接受学生要求。其后，福州全市学生在共产党组织的领导下，继续罢课，迫使汽车公司和警察局登报向学生道歉，赔偿医药费，惩办肇事者。① 福州青年学生在斗争中进一步团结起来。4 月 4 日，福州大专学校学生自治会联合会正式成立。

全面内战爆发后，国民党政府大肆挤用教育经费。许多学校由于缺乏经费发不出教工的薪水，加之物价暴涨，广大师生吃不饱饭，无以为生。国民党教育制度腐败，实行法西斯统治，特务横行，广大学生没有言论自由，生命毫无保障。1947 年 5 月，在中国共产党的领导下，全国学生又发动了震撼全国的反饥饿、反内战、反迫害运动。蒋介石政府进行了血腥镇压，但并没有能够阻止学生的正义斗争。

1947 年上半年，在全国学生运动浪潮的激荡下，福州各大、中、小学师生纷纷起来开展反饥饿、反内战的斗争，相继举行罢课罢教。5 月 16 日晨，协和大学 600 多名学生冒雨乘船到台江第二码头，从南台游行示威到城内。沿途福建省立医学院、私立福建学院、私立华南女子文理学院、师专、农学院等各大专院校学生代表亦加入游行队伍。游行队伍到省政府向刘建绪请愿。刘被迫出见，答应保证各大专院校供应平价米。同日，福建省立福州高级工业职业学校等校学生也发起请愿斗争，使国民党省政府惶惶不可终日。

5 月 16 日，泉州国立海疆专科学校师生发表罢课宣言，说明物价飞涨使该校教授贫困、同学饥饿，要求提高生活待遇。同日，厦门大学学生自治会，应 407 名同学签名之请，于晚上 8 时召开全体会员大会，决定致电教育部，提出四项要求：(1) 公费生副食费，恢复年前公教人员生活基本数 1/4，并按京沪区标准发给；(2) 速发五月份并六、七两月份公费；(3) 本校原预算不敷实支甚大，请速予提高，未调整前一切经费照原预算 10 倍发给；(4) 教职员待遇按照京沪区标准。学生会决议自开会之日起停课 3 天，等待教育部批复。

---

① 参见蔡钰蕃、陈启康：《忆福州“三·二五”学生运动》，《福州党史通讯》1987 年第 4 期。

当各地学生运动由分散的斗争汇合为全国性的大风暴时，蒋介石统治集团极为恐慌，企图扼杀运动。5 月 18 日，国民党政府颁布《维持社会秩序临时办法》，严禁人民 10 人以上的请愿和一切罢工、罢课、游行示威，并授权各地国民党政府，对人民的爱国民主运动采取“必要措施”和“紧急处置”。但是，国民党政府的反动法令动摇不了学生们的斗争意志。5 月 20 日，南京、上海、苏州、杭州等地 16 所专科以上学校学生 6000 余人，在南京举行联合示威大游行，向国民党政府提出增加副食费及全国教育经费等要求，结果遭到反动当局的残酷镇压；同日，天津学生也举行示威，被国民党军警打伤 50 余人，酿成“五二〇”惨案。

反动派的暴行，引起了全国抗议“五二〇”惨案的高潮。5 月 28 日，厦大党支部发动召开学生大会，决定从 5 月 29 日起罢课 5 天，并在 6 月 2 日举行示威游行。厦门反动当局闻讯后进行各种破坏活动，并采取了镇压行动。6 月 1 日凌晨，反动当局派出数百名军警包围厦大，逮捕 3 名男生，“管教” 4 名女生。党支部为避免发生流血事件，引导同学们改为在校内举行抗议集会，并派出代表与厦门市政府交涉，迫使其释放了被捕学生。

南京“五二〇”惨案发生后，福州各大专院校的地下党组织在于山举行秘密会议，讨论如何组织学生响应全国学生运动的问题，决定于 6 月 2 日举行总罢课，抗议反动政府的暴行。5 月 31 日晚和 6 月 1 日凌晨，国民党福建地方当局为阻止学生总罢课，出动大批军警宪兵包围协和大学、农学院等院校，逮捕了 32 名学生、工人，其中有 9 名共产党员。[①] 其后，协大、福建音专等校地下党员积极组织开展抗议请愿、探监慰问及营救工作，大大鼓舞了学生们的斗争勇气和意志。为了避免损失，共产党组织及时安排被反动当局列入黑名单的同志隐蔽疏散。“五二〇”惨案的消息传到泉州，国立海疆专科学校进步学生义愤填膺，决定以罢课

① 参见《闽浙赣区党委关于福州历次学运问题的讨论》（1947 年 8 月），福建省档案馆、中共福建省委党史征委会闽浙赣办公室编《闽浙赣党史文件资料选编》（下），福建人民出版社 1987 年版，第 478 页。

支持京沪杭苏等地学生。国民党及三青团分子极力破坏，双方展开斗争，最后，进步学生不顾右翼分子的反对和阻挠，于 6 月 3 日起罢课 3 天，以示声援。

席卷全国的反饥饿、反内战、反迫害运动从 5 月持续到 6 月，标志着蒋介石反动统治的危机更加严重。由于这场运动将反饥饿与反内战相结合，从广泛的经济斗争进一步提高到政治斗争，使运动获得了工人、市民广泛的同情与声援，迅猛地震撼全国。这个运动与人民解放军的军事进攻相呼应，形成了人民革命运动的第二条战线，使蒋介石处于全民包围之中，陷于彻底孤立的困境。

中共闽浙赣区党委十分重视福州的学生运动。1947 年 8 月，区党委专门讨论了自 1946 年底至 1947 年 6 月福州历次学生运动的情况，分析总结了党领导福州学生运动的经验教训，认为“要根据福州学生的要求与觉悟”，决定我们配合与不配合全国的学生运动，否则就会脱离群众。[①] 闽浙赣区党委强调不为学生运动而搞学生运动，而是通过开展爱国民主运动，达到揭露敌人、孤立敌人、团结更多的朋友、培养锻炼干部的目的。闽浙赣边区党委在领导开展第二条战线斗争时，还注意城乡紧密配合，坚持城市工作为农村服务的方针。随着斗争的深入发展，城市党组织不断地把经过学生运动锻炼和考验的农村籍党员、学生骨干派回家乡，发动农民，开展武装斗争，使城乡斗争互相支持，互相影响，呼应有序。

国民党反动派借口“戡乱”，将大批学生开除学籍，或关进监狱。但是，广大青年学生没有退缩，他们在中国共产党的领导下，继续坚持战斗。1947 年 10 月下旬，浙江大学学生自治会主席于子三等 4 位学生被捕，于子三惨死于狱中。“浙大血案”的消息迅速传到各地。于是，各地抗议“浙大血案”和反迫害斗争结合起来，形成了全国规模的“反对非

① 参见《闽浙赣区党委关于福州历次学运问题的讨论》（1947 年 8 月），福建省档案馆、中共福建省委党史征委会闽浙赣办公室编《闽浙赣党史文件资料选编》（下），福建人民出版社 1987 年版，第 480 页。

法逮捕，反对特务，反对屠杀青年”的反迫害运动。

厦门大学学生积极响应这一行动。11 月 13 日，厦大学生会发表《浙大于子三同学惨死罢课抗议宣言》，决定罢课 3 天，以抗议国民党反动派的卑劣行径。同日，厦大学生会致电蒋介石，要求惩办凶犯，释放被捕同学并保证以后不再有类似事件发生。同学们举行了追悼会，高唱自己创作的追悼歌，并由学生会主席宣读祭文。会上，同学们高呼“反迫害、反屠杀、反诬蔑”“争人权、争自由”“人权万岁”等口号。会后，学生们将节食和捐献的款项 230 万元汇往浙大转交于子三的亲属。在福州，11 月 18 日协和大学学生会获悉“浙大血案”后，召开了学生大会，决定罢课 5 天，召开追悼会，印发宣言，向南京政府提出抗议。

除了响应全国学生运动外，福州学生还根据各校情况开展斗争。1947 年 11—12 月间，在共产党的领导下，福州英华中学进步学生展开了一场争取建立“民主墙”的激烈斗争。同年 12 月，省立福州中学也发生了“哭民主墙事件”。该校大礼堂后侧的大墙壁，靠近校长办公室，平时学生们利用它发表对学校膳食、福利、教学器材管理等方面的意见，有时也利用它开展有关形势及学术观点的辩论。1947 年，学生自治会将这块墙壁辟为“民主墙”，作为各班级和学生团体发表工作纲领和发扬民主的阵地。12 月间，因校方压制学生在“民主墙”发表批评学校的意见，引起同学们的不满。部分高中学生在“民主墙”前默哀，以示抗议；同时派代表与学校当局交涉。省立福中地下党员团结广大同学，发动各方面力量，共同斗争，使广大同学又经受了一次锻炼和考验。

国民党统治区反迫害运动方兴未艾，1948 年 5—6 月间，全国又掀起了声势浩大的反对美国扶植日本侵略势力的运动。第二次世界大战后，美国的远东政策除了援蒋侵华外，就是扶植日本，企图使之成为美国在远东反苏、反共、反人民的基地。因此，日本的反动势力在驻日美军最高统帅道格拉斯·麦克阿瑟的支持下迅速再起。这无疑构成了对远东和平，特别是对中国人民的严重威胁。1948 年初，中国共产党和一些爱国人士，不断在报刊上发表文章揭露美国扶植日本的行径。中共中央号召全国工人阶级和全国人民团结起来，反对美帝国主义干涉中国内政、侵犯中国主权，反对美帝国主义扶植日本侵略势力的复活。于是，“反美扶日”运动首先在上海发动，接着很快发展到全国其他城市。

当时，北平、上海等地学生联合会给福建农学院寄来了大量反美扶日的宣言、传单、标语口号及各种资料。农学院中共支部及时发动学生自治会，将“反美扶日”的有关资料翻印张贴在校内外，并决定以罢课形式响应上海、北平学生联合会的号召。这一斗争得到了全校师生的支持。6 月 7 日，协和大学的学生也发起了“反美扶日”运动。全校罢课 4 天，学生自治会发表了《为反对美帝扶植日本告全国同胞书》。

福州的中学生也积极投入了这场斗争。5 月 28 日，在地下党员的领导组织下，省立福州中学学生不顾校方的威胁阻挠，冲出校门，涌上街头举行示威游行。在此之前，省立福中已与高工、福建农学院、英华中学等院校联系，约定这一天联合行动。这些学校组成了游行队伍，但因遭到学校当局的阻挠，未能出校。尽管这一天未能实现全市性学生游行示威，但是省立福中学生的行动仍然在社会上产生了较大的影响。

在厦门地区，5 月间以厦大闽西南党支部和城工部党支部领导成员为核心，联合全校各个学生组织负责人共 30 多人，成立了秘密外围组织“五月社”，以统一发动、组织全校的学生运动和各项活动。5 月 27 日晚，厦大学生自治会理事会接受 464 位同学的请求，召开临时会员大会，讨论关于“反对美国扶植日本”问题。大会决定联合厦门各中学举行大游行。28 日下午，厦门近 3000 名大中学生高举旗帜和漫画，举行了反美扶日示威游行。队伍行至海后路，大雨滂沱，学生们高喊“救国不怕雨打”的口号，冒雨继续前进。由于厦门人民饱受日本帝国主义侵略之苦，对日本法西斯强盗的仇恨刻骨铭心，因而这次示威游行和宣传活动产生了巨大的社会效果。5 月 30 日，厦大学生会在《星光日报》上出版《反对美国扶日专刊》，登载反美扶日、抢救民族危机宣言，同时刊出王亚南等 9 位教授的笔谈和一些同学写的文章。专刊号的出版，进一步扩大了运动的声势。

继厦门学生之后，泉州学生也掀起了反美扶日的斗争浪潮。5 月底，国立海疆专科学校地下党组织和进步学生决定联合其他各校发起反美扶日运动。各校学生会代表首先在海疆专科学校开会，决定成立“泉州中等以上学校反美扶日示威游行筹备会”，并呼吁各校教师、职工参加游行。6 月 3 日，泉州 10 所大中学校的学生、教师、职工 8000 余人齐集公共体育场，宣读《告全体同学书》。随后，人们高举横幅标语举行游行示威。他们沿街高呼“反卖国、反内战、反独裁”“反对美国扶植日本侵略势力”“美帝国主义滚回去”等口号，高唱《义勇军进行曲》等歌曲，情绪高昂，声势浩大，震撼了古城。与此同时，漳州各校师生也上街游行示威，并罢课 3 天。

轰轰烈烈的反美扶日运动，进一步孤立了美蒋反动派，有力地教育了广大人民，扩大了爱国统一战线。

1948 年 8 月，辽沈、淮海，平津三大战役即将开始，国民党反动派在后方又开始镇压工人和学生反内战运动。在这紧要关头，8 月 22 日，周恩来为中共中央起草了一个重要指示，即《蒋管区斗争要有清醒头脑和灵活策略》，指出：“蒋近已决心撕破民主伪装的最后残余，实行疯狂的法西斯独裁的最后挣扎。”“因此，我党在国民党统治区的目前工作，必须有清醒的头脑和灵活的策略，必须依靠广大群众而不要犯冒险主义的错误。”强调在此原则下，城市方面“应坚决实行疏散隐蔽、积蓄力量、以待时机的方针”。① 中央要求：一切蒋管区的城市，应实行有秩序的疏散。遵照党中央的指示精神，福建地方党组织注意隐蔽、疏散学生运动的骨干和积极分子，保存和积蓄力量，等待时机。自此之后至福建解放前夕，福建各主要城市地下党组织和进步学生采取了比较谨慎的斗争方式，在各地继续开展各种形式的反饥饿、反迫害斗争。

1949 年 4 月 1 日，国民党政府和平谈判代表团到达北平和中共代表团进行谈判。当天，南京 6000 余名学生举行示威游行，要求国民党政府

---

① 《周恩来选集》上卷，人民出版社 1980 年版，第 310、311 页。

接受中共的八项和平条件，结果遭到国民党的残酷镇压，死2人，伤百余人。“四一惨案”发生后，全国各地纷纷抗议声援。4月6日，厦大党支部通过学生自治会召开大会，发动1400多名同学举行罢课4天，发表抗议宣言。随后该校全体教职工也于4月11日至13日“总请假”3天，并发表反内战、反饥饿宣言。在这期间，厦门侨师、集美学校、南安师范、南安县立中学等校共产党组织也发动学生举行罢课和游行示威，声援南京学生。

与此同时，省立南平中学学生会也发动全校师生罢教罢课，举行反饥饿示威游行。同月，在地下党领导下，省立福州中学社团联合会发起召开全市学校社团联席会议，号召全市学生罢课游行，声援中小学教师反饥饿索薪斗争。福州各学校纷起响应，斗争持续了十几天，形成了福州解放前夕规模最大的一次学生运动。

轰轰烈烈的学生运动，为福建人民的解放事业造就了一大批干部。许多青年学生经过革命斗争的洗礼，提高了政治觉悟，积累了一定的斗争经验，逐步成长为革命斗争的骨干力量。随着解放战争的深入发展，各大中学校的党组织不断地把学生党员和学生运动积极分子输送到农村去，发动农民，点燃武装斗争的烈火。如1947年和1948年，福建协和大学党组织先后派了几批党员学生骨干到闽东、闽北和闽南等地开展工作。1949年初，厦门大、中学校陆续撤出大批学生骨干，分赴安溪、乌山、惠安、浙南、粤东等地，与当地农民结合，开展游击战争。同年5月，福建农学院党支部的党员也到东岭游击区参加武装斗争，出色地完成了各项任务。与此同时，留校的同学在党的领导下，亦开展了收集情报、护校等多方面的工作。总之，解放战争时期福建青年学生在中国共产党的领导下，不畏强暴，敢于斗争，不断地把爱国民主斗争从一个高潮推向另一新的高潮，为人民的解放事业做出了重要贡献。

三　福建工人的英勇斗争

通货膨胀，物价飞涨，使福建的广大工人陷入贫困、饥饿的境地。

为了争取生存权利，他们以怠工、罢工等各种方式，开展了要求增加工资、改善待遇等一系列斗争。工人斗争是国统区爱国民主运动的一个重要部分。

1946 年 2 月 24 日，福州电信局员工因物价飞涨，生活困难，要求改善待遇。他们响应上海、汉口等地电讯员工的行动，实行怠工，停止收发商业电报。这一怠工行动一直持续至 8 月 7 日方告结束。在此前后，泉州、闽北电信局员工为要求加薪，也实行了怠工、罢工，致使各地长途电话、电报业务中断。

同年 6 月 15 日，福州制笔业资方不服从仲裁，拒绝改善工人待遇并任意解雇工人，该业 100 余名工人集中前往福州市政府请愿，要求当局责令资方实行有关决定。同时发出宣言，呼吁社会各界给予声援。国民党省社会处恐事态扩大，于 24 日召集有关代表商讨调解办法，决定薪资照旧，笔业各商号应一律复业，不得拒绝工人工作。[①] 福州制笔行业工人斗争取得了胜利。11 月 11 日，福州印刷行业工人 300 多人在井楼门通天境集会，讨论改善印刷工人境遇问题。会议通过增加工资和救济失业工友两项决议，并通知各公私印刷所，要求在 3 日内作出答复。资方既不答应工人的要求，又拒绝有关方面的仲裁方案，工人乃愤而于 14 日晚开始罢工，使福州 6 家报纸无法正常出版。时值国民党召开“国民大会”，反动当局深恐此次罢工严重影响有关报道，即在次日由市政府、社会处出面调解，使各印刷所答应工人提薪的要求，福州印刷工人的罢工斗争遂以胜利而告结束。

全面内战爆发后，国统区的经济危机日益严重，人民生活困苦不堪。尽管如此，国民党政府仍于 1947 年 2 月 16 日颁布了以冻结生活费指数为主要内容的所谓“经济紧急措施方案”，公然把工人的工资冻结在 1 月生活费指数以上，即以后不管物价如何飞涨，工人工资只能维持在 1 月的水平上，不能相应增加。接着，又禁止工人怠工、罢工和任何要求增

① 参见《中央日报》1946 年 6 月 26 日。

加工资的斗争，进一步向劳动人民实施饥饿政策。这一反动法令，激起了工人阶级和广大民众的强烈反对。1947 年 3 月 4 日晨，福州复兴公共汽车公司全体职工为要求提高待遇而举行罢工。随后，工人齐集乌山路公路总工会，选出罗敏等 7 人为代表，提出 9 条要求向公司当局交涉。在工人的压力下，公司代表被迫答应了工人的要求。同年 4 月 17 日，福州印刷业工人 600 多人，为要求增加工资，改善待遇，再次举行罢工。福州 5 家报纸从 18 日至 21 日连续 4 天无法正常出版，《中央日报》《福建时报》不得不减少版面，改出临时版；《南方日报》《正义日报》《闽海正报》完全停刊，迫使国民党省市党政机关通过"仲裁"，答应给工人增加工资 6 万元。

5 月 12 日，厦门电信局员工响应上海电信局员工的号召，为改善待遇实行怠工，迫使当局答应电信员工与邮政员工同等待遇的要求。7 月上旬，晋江木器业工人，因物价波动甚剧，原有工资不足维持生计，乃向资本家提出增加工资，遭到资方拒绝。于是，青阳、陈埭、双沟、石狮一带工人举行罢工斗争。7 月中旬，南平自来水公司工人在中国共产党的领导下，为改善生活待遇，也开展了为期 4 天的罢工斗争，厂方被迫与工人谈判，答应每人增加 30 斤大米。

福建各地工人怠工、罢工斗争的胜利，在一定程度上保障了工人的经济利益，显示了工人阶级团结的力量。历史进入 1948 年后，福建工人阶级的反抗斗争更是持续不断，蓬勃发展。1948 年 1 月，闽轮机修厂工人为挫败公司企图在农历年底解雇一批工人的阴谋，在闽轮党支部领导下，开展反解雇斗争。2 月 5 日，厂方公布了第一批被解雇的工人名单。工人立即撕下布告，去找厂长交涉。公司副经理何树带来宪兵企图镇压，工人不畏强暴，高呼："不许开除工人!"在工人们的坚决斗争下，公司不得不作出不解雇工人的决定，并给原拟解雇的工人发了工资。

1948 年 7 月，新成立的福州电力公司大肆裁减原有职工，拒不还清原公司积欠工人的两个月工资。7 月 26 日，福州电技业工人举行罢工，并痛打电力公司协理和电技业工会理事长。事件发生后，该公司向省市当局施加压力，要求“惩凶”。省政府主席刘建绪下令保安司令部负责调查。广大职工不畏威胁，坚持公司方面必须答应不得再行裁减工人、已裁减的工人遣散费应该增加、还清全部积欠工资等条件，迫使公司于8月初派代表与工人谈判，并答应了工人所提出的要求。

随着人民解放战争形势的发展，实现全国工人运动团结统一的条件已臻成熟。但是，逆历史潮流而动的国民党反动派，于1948年4月在南京拼凑了所谓“全国总工会”，企图阻挠破坏全国工人运动。针对这种情况，中共中央在4月30日发布的《“五一”劳动节口号》中，提出了“解放区和蒋管区的职工联合起来，建立全国工人的统一组织，为全国工人阶级的解放而奋斗”的号召。[①] 这个号召得到了全国工人阶级包括国统区进步工会的热烈响应和拥护。召开全国劳动大会，恢复中华全国总工会，已成为中国工人运动发展的必然要求。1948年8月1日，第六次全国劳动大会在哈尔滨隆重开幕。这是中国工会历史上的一次盛会。中共中央在向大会的祝词中，高度赞扬了中国工人阶级的光荣传统，指出人民解放战争已接近最后胜利，全国工人运动要重新在革命的旗帜下统一起来，推翻美帝国主义与国民党反动集团的万恶统治，建立独立自由强盛和统一的中华人民民主共和国。大会决定恢复并重建中华全国总工会。8月22日，第六次全国劳动大会圆满结束。

第六次全国劳动大会后，福建工人阶级以新的战斗姿态积极行动起来，在配合人民解放军解放城市的斗争中发挥了自己的作用。1948年8月，福州城工部组织印刷工人先后翻印了《论党》《怎样做一个共产党员》等10余种党内学习文件；并按时收听记录解放区电台广播内容，不定期编成《战报》，用16开毛边纸油印散发，前后编印了17期，一直坚持到1949年3月。1949年2月，原城工部的福州特别支部书记（时任福建省卫生试验所职员）陈耀民和印刷工人党员吴国梁、王国政等人建立

① 参见中共中央党校党史教研室选编《中共党史参考资料》（六），人民出版社1979年版，第414页。

了地下铅印机构——“协记印刷所”①，白天对外承接业务，印刷信封、信笺等，夜晚便翻印党内文件和进步书刊，先后翻印了《新民主主义论》《七届二中全会决议（摘要）》《中国人民解放军布告》等。

闽江轮船公司地下党支部带领党员和工人群众，在极其危险的环境下同国民党反动派展开了英勇机智的斗争，多次出色地完成了党交给的运送武器、电台、药品、书刊文件以及传递情报、护送来往同志等任务，在闽江上建立了一条安全可靠、迅速方便的“地下航线”。1949 年 5 月中旬南平解放后，闽江轮船公司广大工人在党支部的直接领导下，开展了护船斗争，粉碎了闽轮公司经理林君扬一伙企图破坏轮船的阴谋，将船只驶往南平，有力地支援了人民解放军。1949 年上半年，马尾造船厂工人在马尾地区中共组织的领导下，积极开展护厂斗争。工人们顶住国民党军的武力威胁和金钱利诱，拒不执行拆卸机器的命令，挫败了国民党当局企图将该厂机器设备劫往台湾的计划。与此同时，福州平水轮船公司中共地下组织也通过职工联谊会提出“保护船艇、机器设备安全就是保饭碗”的口号，组织工人开展护厂护船斗争，直到福州解放，保证了船艇设备全部安全回到人民手中。此外，南平自来水公司、福州电力公司、泉州电灯厂的职工也都积极投入保护工厂和机器的斗争。

福建工人为迎接解放开展的护厂、护船等斗争，粉碎了国民党反动派在败亡之际的破坏阴谋，保住了生产和交通的基本设备。他们在配合人民解放军解放城市和接管城市斗争中，发挥了突出作用，为福建人民的解放事业做出了重要贡献。

四 民主党派、海外华侨为迎接福建解放而斗争

民主党派是中国共产党的亲密朋友。在长期的革命斗争中，它们作为中国共产党领导的革命统一战线的重要组成部分，同共产党风雨同舟，并肩战斗。解放战争时期，各民主党派和许多爱国民主人士，充分发挥

① 陈耀民 1995 年 7 月 15 日给蒋伯英的信。

自己的作用，为新民主主义革命在福建的最后胜利，作出了重要贡献。

1946 年 6 月，国民党在发动全面内战的同时，加紧镇压爱国民主运动。7 月，中国民主同盟中央委员李公朴、闻一多先后遭国民党特务杀害。李、闻血案激起了全国人民对国民党反动派的极大愤慨。当时，在上海的一些闽籍民盟盟员林亨元、刘朝缙、丁日初等开始酝酿在福建建立民盟组织。林亨元在报经民盟总部组织部长周新民同意后，召集刘朝缙、丁日初、林大琪、叶和中等人举行会议，讨论在福建建盟问题，决定推举刘朝缙赴福州联络爱国民主人士，筹建民盟组织，并由丁日初向其父丁超五（时任福建省参议会参议长）推荐刘朝缙担任福建省参议会秘书，以此掩护开展工作。刘朝缙回到福州，带了一封何公敢（时任民盟南京市支部筹委会主任）写给林植夫（曾任新四军敌工部部长）的介绍信。信中说明刘是民盟中央的代表，到福州组织民盟，请林植夫予以帮助。当时福州已有一个民盟小组，成员除林植夫外，还有陈矩荪、周问苍、林希谦等人。他们也正在等待民盟中央派人来联系。刘朝缙通过民盟小组成员，很快就在福建发展民盟组织①，发展的对象是青年学生，由林植夫和周问苍等人直接领导。②

1947 年 3 月，民盟福建支部筹备委员会正式成立，由林植夫任主任委员。筹委会委员中，刘朝缙、陈矩荪、林鑑修等均为中共党员。筹委会成立初期，吸收新盟员是采取单线联系的办法，组织活动也都处于秘密状态。同年秋，在筹委会之下，设立了组织干事会，扩大活动面。由于注意秘密工作原则，当 1947 年冬民盟被国民党政府宣布为“非法团体”遭到迫害时，民盟福建组织未受到破坏。1948 年 1 月，民盟第一届中央委员会第三次会议在香港召开。会议总结了民盟过去斗争经验，批判了中间路线，重建民盟总部，重新确立了民盟的政治路线和组织路线，宣布民盟要为“彻底摧毁南京反动政府，为彻底实现民主、和平、独立、

① 参见刘朝缙：《在福州进行上层统战工作的回忆》，《福州党史资料》1985 年第 2 期。

② 参见《林植夫自述》，中国人民政治协商会议福建省委员会文史资料研究委员会编《福建文史资料》第 19 辑，1988 年印，第 32 页。

统一的新中国而奋斗到底”①。1948年下半年，为了进一步发展组织，开展活动，民盟福建支部筹委会组织干事会扩大为组织委员会。同年冬，筹委会指派丁日初兼组委会副主任，以加强对盟组织的领导。

在发展组织的同时，民盟福建组织与中共福建地下组织取得密切联系，积极开展各种活动，配合人民解放战争。主要表现有：第一，组织盟员学习马列主义、毛泽东著作和中共中央文件、新华社消息、《解放日报》社论以及各种进步书刊。第二，在学校中利用墙报、刊物等，宣传时事形势，揭露国民党的反动统治。甚至在国民党省政府机关报《福建时报》上报道人民解放军即将渡江的消息，对反动政府进行辛辣的讽刺。第三，配合中共地下组织，组织和发动学生盟员参加历次学生运动。在农村，则发动群众开展反对征兵、征粮、征税斗争。第四，搜集国民党政治、经济、军事等方面的情报，提供给中共组织及其领导的游击队。如1949年春，根据中共中央华南分局的指示，民盟省筹委发动全体盟员对福建和福州市的国民党、三青团、特务、军队、政府、经济、文化教育、社会团体进行全面系统的调查，整理成资料，派人送到香港交给华南分局。又如，一些盟员搜集了大量有关国民党军队的驻地、番号、人数、战斗序列、军事设施、军事地图乃至特务名单和国民党开列的“黑名单”等重要情报，提供给中共组织和游击队。第五，对国民党军政界上层人物进行策反，对分化、瓦解国民党反动势力起了重要作用。第六，新中国成立前夕，民盟福建组织还发动全体盟员保护福州各机关、学校的档案和财产，并组织力量维持社会秩序，直到人民解放军入城。②

1948年初，中国农工民主党在福建成立了省干事会，由李得光、李含阳、汪盈科、谢殷盘、丘锦章等人组成。黄农以中央委员的身份参加

---

① 《中国民主同盟一届三中全会紧急声明》（1948年1月5日），中国民主同盟中央文史资料委员会编《中国民主同盟历史文献1941—1949》，文史资料出版社1983年版，第364页。

② 参见朱桎：《解放前福州地区民盟地下斗争简述》，中国人民政治协商会议福建省福州市委员会文史资料工作委员会编《福州文史资料选辑》第5辑，1986年印，第63—69页。

了干事会活动。随着解放战争的节节胜利，农工民主党干部和党员积极开展斗争。李得光、李含阳等利用省参议会参议员的合法身份，进行反蒋斗争，如阻挠“戡乱委员会”的成立，反对在各县设立特种秘书等。黄农在福建农学院与一些进步师生进行反饥饿、反内战、反迫害斗争。1949 年上半年，李得光、魏阙等和中共地下党员取得联系，在开展调查国民党军警及各机关情况，策动国民党军警人员起义，保护国民党省党部的档案、枪支和物资等方面都取得了成效。与此同时，在厦门的农工民主党党员也与中共组织密切联系，开展工作。有的党员参加了解放厦门的支前工作，组织船工 200 多人，征集大小船只 100 余艘①，为解放战争的胜利建立了功勋。

此外，中国农工民主党中央秘密指派宋之英到福州，以中国农民银行福建分行副经理的职务为掩护，建立策反小组，开展策反、护行工作。策反小组成员有：郭依萍、纪建勋、陈玉霖、徐秉森、林绍桓以及罗孝玲等，郭依萍为负责人。他们先后派人到中央银行、中国银行、交通银行、农民银行以及邮汇和信托两局，建立了秘密的护行队，秘密清点、查抄、登记所有财产（包括库存的黄金、银元、硬币），并巧妙地把财产控制起来，不让国民党劫往台湾，直至 1949 年 8 月福州解放，如数交给人民解放军军事管制委员会，圆满地完成了任务。

解放战争时期，在福建的三民主义同志联合会（简称民联）成员也踊跃投身于人民解放战争。抗战结束后，丁超五（民联成员）当选为福建省参议会议长。1946 年底，他到南京开会时，曾到梅园中共代表团办事处同董必武晤谈。董必武勉励他利用各种机会揭露和反对国民党扩大内战的罪行。嗣后，丁超五在省参议会内联合有进步倾向的参议员，利用其他参议员的地方观念，反对国民党当局的内战政策。福建省参议会在丁超五等人的努力下，几次通过决议，反对在福建征兵、征粮和把福

① 参见吴志文：《中国农工民主党漳州市组织活动》，中国人民政治协商会议福建省漳州市委员会、芗城区委员会文史资料委员会编《漳州文史资料》第 10 辑，1988 年印，第 27—28 页。

建作为内战根据地。

1947 年 5 月，省参议会举行第三次大会时曾致电国民政府和国民参政会，呼吁："胜利以还，社会杌陧，民生凋敝，岌难终日。盱衡时局，极抱隐忧。亟盼速采有效措施，恢复和平，实行民主，以慰群情，而纾民困"[①]。省参议会是国民党当局用来装饰"民主"的花瓶，它所通过的决议对政府毫无约束力，然而，福建省参议会通过的有关反对内战的决议，在福建和上海等地各大报刊登载出来后，却给予国民党统治集团以政治上的打击。

1949 年 1 月，蒋介石迫于形势宣布"引退"，由李宗仁代理总统。这个消息发表后的第二天，福州《星闽日报》记者访问了丁超五，请他就此事发表谈话。丁超五在该报发表了一篇书面谈话，认为为了国家利益，蒋介石应当下野，南京政府应该真正停止内战同中共谈判，真正实现和平。这在社会上引起了共鸣，对孤立国民党反动派起了有益的作用。[②]

国民党立法委员、民联成员刘通除了在立法院内联合民联同志进行反蒋斗争外，还通过林大绥和管长墉的联系和汇报，指导福建民联工作。1948 年，中共发出"五一"号召后，刘通受民联中央委托，多次回闽秘密联络其他同志，发展民联组织。1949 年春，他专程赴上海，向民联中央汇报工作，并要求中共中央派人来闽帮助工作。于是，中共中央社会部派谢筱乃（化名吴寿康）等人赴闽协助民主党派工作。在中共党员的支持和帮助下，刘通以自己的家为秘密活动据点，联系和发动民联成员帮助共产党搜集情报，策动国民党军警人员起义，保护枪支弹药和档案，设法营救被捕的中共党员和革命群众，等等，做了大量的工作。

时任林森县县长的民联成员管长墉与中共福建地下组织也有联系，同意安排民盟盟员陈发卷任该县田粮处处长，使这个田粮处成为中共地

---

① 转引自丁日初：《记先父丁超五先生》，中国人民政治协商会议福建省委员会文史资料研究委员会编《福建文史资料》第 19 辑，1988 年印，第 64 页。

② 参见丁日初：《记先父丁超五先生》，中国人民政治协商会议福建省委员会文史资料研究委员会编《福建文史资料》第 19 辑，1988 年印，第 64 页。

下组织活动的中心。此外，管长墉还及时提供情报，通知城工部人员转移，免遭国民党逮捕。①

1948年，李黎洲、许显时、陈东生被上海民联负责人派回福建成立福州民联小组，联络地方势力，开展反蒋斗争。如动员一些机关、工厂的员工保护档案和财产，策动国民党军政人员起义。翌年5月，李黎洲为免遭国民党暗杀，借口赴广州参加监察院会议，径飞香港。旅港期间，在中共中央华南分局指导下，他策动福建省银行香港分行起义，密函邀请省银行总经理许显时赴港签署，将该行财产全部交给华南分局。②

福建华侨向来爱国、爱乡情深，有支援祖国革命的光荣传统。解放战争时期，许多华侨在舆论、物力、财力、人力上支援人民解放战争，与故乡人民一道，为祖国的解放事业共同奋斗。

1946年9月7日，陈嘉庚以南侨总会主席的名义，代表南洋华侨致电美国总统杜鲁曼（杜鲁门）、美国参众两院议长、美国驻华特使马歇尔及驻华大使司徒雷登，谴责美国"多方援助贪污独裁之蒋政府，以助长中国内战"，指出，"长此以往，中国将视美国为日本第二"。他强烈要求美国"迅速改变对华政策，撤回驻华海陆空军及一切武器，不再援助蒋政府以使中国内战得以终止"③。9月10日，该电文由路透社、合众社公布，接着由新加坡《民主》周刊发表，在国内外引起巨大的震动。从此，在三年解放战争的各个重要时刻，陈嘉庚都及时地发表谈话、评论，如《论美国援蒋必败》《国共决无和平可言》《历史经验证明蒋政府必倒》《明是非，辨真伪》等，充分反映了广大海外侨胞热爱祖国、坚持真理的正义呼声与立场，争取了国际舆论对中国革命的同情。

1948年5月4日，陈嘉庚出席新加坡进步团体召开的代表会议。会议致电毛泽东，响应中国共产党关于召开新政治协商会议和成立民主联

---

① 参见刘朝缙：《我所知道的福建民联》（未刊稿）。

② 参见李祖彰：《李黎洲生平事略》，中国人民政治协商会议福建省委员会文史资料研究委员会编《福建文史资料》第14辑，1986年印，第149—150页。

③ 陈嘉庚：《电请杜鲁曼停止援蒋》，《陈嘉庚言论集》，1949年印，第103页。

合政府的号召，并声明否认蒋介石政府。这一声明在国际上和海外华侨中产生了深刻的影响。

解放战争时期，闽籍华侨和香港同胞对家乡的解放事业给予了大力支援。如由中共泉州中心县委派往香港工作的倪永图、郑星辉在香港筹集到 3000 多美元寄回家乡；侨居菲律宾、新加坡、马来亚的侨胞也纷纷捐款支援中共泉州中心县委及其领导的游击队；黄长水在香港捐资购置了一台电动印刷机送给闽浙赣人民游击纵队泉州团队，发挥了很大作用。此外，黄长水等人还捐赠了当时家乡比较欠缺的盘尼西林、色芳色素等抗菌消炎药品，及鱼肝油、葡萄糖、鹿茸精等滋补品。这些药、补品由中共泉州中心县委香港支部设法通过关系输送到游击队，解决了伤病员之急需。

许多华侨志士毅然回国参加解放战争，不少人还在人民解放军或游击队中担任领导职务，为建立新中国冲锋陷阵，有的甚至献出了宝贵的生命。据不完全统计，从 1946 年至 1949 年，由菲律宾先后回国参加解放战争的华侨有 200 多人，绝大部分为泉州地区籍。其中有“菲律宾华侨各劳工团体联合会”（简称“劳联会”）顾问许敬诚（即许立，晋江县人），劳联会常委和劳联会所属各工会负责人以及会员共 100 多人。在这批菲律宾归侨中，参加闽粤赣边区人民解放军总队闽南支队（后改编为第八支队）现能查到姓名的就有 60 多人。如王汉杰任闽南支队副支队长(后由吴扬接任)、副政委，1949 年 1 月调任闽粤赣边区纵队司令部参谋处主任兼作战科科长。1949 年 6 月，中共闽粤赣边区党委决定成立闽粤赣边纵队闽西南临时联合司令部，由吴扬任参谋长。第八支队整编后下辖 5 个团，陈光（永春人）任第十九团政委，黄克任第二十一团副团长，王子华任团政委，郑显玉任第四团团长。至于担任支队的营、连、排、班长等职务的就更多了。还有一批归国华侨分配在闽南地委机关工作。劳联会常委许敬诚和高剑等则北上到党中央机关工作。留在家乡坚持革命斗争的也有二三十人，其中许瑟亮任中共泉州工委书记，庄秋心任中共晋江县工委书记，蔡派忠任县工委委员，郭席排任闽浙赣人民游击纵队闽中支队泉州团队参谋长，张孙云任中共闽中地委沿海区委书记等。

在这个时期，侨居新加坡和马来亚的闽籍华侨回国参加解放战争的也有200多人。其中，在泉州地区参加游击战争的有近百人。如德化县的马来亚归侨徐志荣曾任中共永（春）德（化）大（田）工委委员兼德化县工委书记。1949年6月19日游击队解放德化县时，他又被任命为德化县人民政府的第一任县长。

另外，旅居印度尼西亚、泰国、越南等国家的闽籍华侨，也积极回国参加革命斗争。如印尼归侨傅维葵长期在晋（江）南（安）同（安）一带坚持游击战争，1947年被捕，次年经中共泉州中心县委劫狱营救后，更加坚定积极地开展革命斗争，曾任中共泉州中心县工委书记和晋南同游击大队教导员。越南华侨叶振汉、白崇兰回国后，也在家乡积极参加中共地方组织的活动和游击战争，一直坚持到解放。至于支援和参加革命斗争的华侨眷属就更多，如晋江县安海侨属郑种植一家参加革命并加入共产党的就有16人。泉州市树兜村的印尼归侨蒋以麟之子蒋天化，在解放战争时期是“泉州人民解放总同盟”第三支部成员，其住宅的后院花厅曾是中共泉州地方组织的活动场所。

第二节　福建地下党组织的活动

一　闽浙赣区党委城市工作部的成立及其活动

中共闽浙赣区委城市工作部的前身是中共福建省委领导下的中共闽江工作委员会。1945年6月，省委根据中央指示，决定派庄征到福州恢复城市工作。同年8月，根据省委决定在福州正式成立了中共闽江工作委员会。之后，闽江工委积极贯彻省委“自力更生与赤手成家”的口号以及城市为农村服务的方针，派出干部到协和大学、英华中学和福安、林森等县开展工作，发展组织。至1945年底，闽江工委在学校、农村、工厂以及国民党军政机关中发展党员达40余人。①

在开展工作的过程中，闽江工委先后成立了调查研究委员会（孟起兼任书记）、学生工作委员会（曾焕乾任书记）、经济委员会（庄征兼任书记），并在特别支部的基础上，扩大成立了福州第一市委（杨申生任书记）；1945年9月成立福州第二市委（陈拓夫任书记）。此外，还下辖福安县委、闽侯县委、平潭县工委。1946年7月24日，闽江工委在螺洲召开主要干部会议，研究如何巩固成果，发展工作。庄征在会上作了《论联系群众，深入群众，巩固党、提高党》的报告，提出党员要理论联系实际，学习要服务于斗争，号召青年同志“毁家纾党”，“变革命理论家为革命实践家”。会议还具体制定了巩固福州、发展外县，深入群众，动员学生回乡工作等任务。会后，工委抽调20余名从大中学毕业的党员，分赴各地农村开展工作。此外，还派干部前往台湾开展工作。

根据形势发展的需要，为了进一步加强城市工作，1947年2月22日至25日，闽浙赣区党委在林森县桐口乡龙山村召开城市工作会议。参加会议的有来自福建各地和台湾的60多位地下工作者。会上，闽浙赣区党委委员庄征传达区党委决定：将闽江工委改为闽浙赣区党委城市工作部，负责开展东南各省的城市工作。由庄征任城工部部长，李铁任副部长，孟起、林白、杨申生为委员。

会议期间，庄征作了《论开辟第二战场》的报告。他分析了福建中小城市的特点是和广大农村有密切联系，开展城市工作可以影响农村，开展城市的和平民主运动就是开辟第二战场，其作用是很大的，也正是城市为农村服务的一种具体表现。报告阐述了如何开辟第二战场的问题，指出必须接近农民启发他们的政治觉悟，发展党的组织，继而发动民变。报告还指出，根据福建敌人兵力有限的情况，进行兵变是有可能的。报告最后规定了城市工作在发动兵变民变、开辟第二战场方面的任务是：(1) 在学校内展开爱国运动，在工人中领导下层斗争；(2) 动员输送干

① 参见简印泉：《回顾闽浙赣区党委城工部在福州的革命活动》，《福州党史资料》1986年第5期。

部到农村中去开展工作；（3）广泛展开内应工作，多找军队关系；（4）打入敌人内部，以取得情报，便利农村斗争；（5）利用敌人内部矛盾，打击敌人，瓦解敌人；（6）开展经济工作，支援游击队。会上还决定建立闽浙赣地下军，由林白、曾焕乾分任正副司令，庄征、李铁分任正副政委，下辖闽海纵队和闽东纵队。① 龙山会议和庄征的报告，对解放战争时期闽浙赣区党委城市工作的方针、任务和有关政策都作了正确的规定，并且提出了明确的要求，对以后党的城市工作的开展，具有深刻的影响和重大的指导作用。城工部成立后，机关设在福州仓前山程浦头璞园，迅速打开了工作局面。

第一，壮大与发展党组织。城工部建立后，坚决贯彻城市为农村服务的方针，并从福州、厦门等城市的实际出发，确定将发展党组织的重点放在大中学校，而后向农村散开。至 1947 年底，福建协和大学、福建农学院、福建学院、福建音专、福建师专、医学院和华南女子文理学院等 7 所高等院校以及英华、三一、林森师范，福高等 16 所中等学校均建立了党组织。由于城工部的积极努力，不到一年时间，城市党组织就发展到闽、浙、赣、湘、粤、台 6 省 80 余县市，发展党员 3000 余人，培养干部 200 多人。②

第二，因势利导，领导城市人民积极开展爱国民主运动。在闽浙赣区党委的领导下，城工部抓住全国爱国民主运动高涨的有利时机，组织领导城市学生、工人不断掀起斗争，教育了广大人民群众，沉重地打击和孤立了美蒋反动派。闽浙赣边区城市党组织在领导开展第二条战线斗争中，切实执行党的秘密工作方针，上下组织都采取单线联系的办法，不发生横向联系，在开展运动和斗争时，党的组织更是隐蔽在群众之中。

为了揭露敌人，团结各阶层人民，提高他们的政治觉悟，福建地下

---

① 参见池传镲主编《中共闽浙赣区（省）委城工部组织史概要》，福建人民出版社 2008 年版，第 22 页。

② 参见李一凯、陈天绶：《试论“福建城工部事件”的起因》，闽浙赣党史领导小组办公室编《闽浙赣党史学术讨论会论文资料汇编 2》，1988 年印。

党组织采取了各种方式，开展宣传工作，把党的主张和各项方针政策、革命斗争形势传播到广大人民中去，极大地鼓舞了群众的斗志。福建地下党组织在福州、福安创办了许多书店，公开出售进步书刊。其中致知书店一直坚持开办到福州解放。这些书店影响很大，吸引了许多进步青年。有些青年积极分子正是通过阅读革命书刊，提高了政治觉悟，最后加入了共产党组织的。

开办书店销售革命书刊困难较大，且容易引起敌人的注意，因此，闽江工委和城工部注意在印刷厂中发展关系，建立党组织，以便利用资本家的工厂印刷党内文件和各种学习材料。此项工作取得颇为显著的成绩。如 1946 年通过关系在厦门鼓浪屿印刷厂印刷了毛泽东的《新民主主义论》和香港《华商报》文章《论东北问题》，同时还为民盟组织印刷了一批民盟纲领。同年 2 月，中共福建省委在福州旧闽县开设了“斯文印刷所”，秘密印刷中共新党章、刘少奇的《论共产党员的修养》和《关于修改党章的报告》以及大量传单。

为了把中国共产党的主张和各项工作的方针、政策以及解放战争的形势尽快地传播给党内同志和各阶层群众，城工部各级组织还千方百计先后创办了数十种地下报刊。如 K 支部的《人民报简刊》、省立福中的《大众报》、福马工委的《拂晓报》、联合小组的《小火星》、协和大学的《协大新闻》等。这些地下报刊虽然篇幅小，发行量也不可能很大，但其所起的宣传教育作用是不可低估的。

第三，开展经济工作，筹集革命活动经费。由于发动游击战争，购买武器装备，解决部队给养，需要大量经费。因此，开展经济工作是当时福建城市党组织的一项重要任务。为了筹集经费，城工部各级组织发动党员捐献粮食、黄金、银元、药品、衣物等；或卖田卖房，或以同学患病、遇水火灾为由向亲友募款。此外，城工部还发动了多次“米变”“布变”“药变”等斗争。如曾焕乾领导的“谷变”和“药变”，搞到林森县林浦粮库的数百担谷子和联合国救济总署拨给平潭教会医院价值达 2000 余万元的贵重药品；孟起领导的“米变”，从官僚资本家开办的粮行中搞出大批粮食；1947 年 7 月，城工部通过在福州海关任职的洪履权和陈文相的关系，用假批条办手续，冒领出一批被海关暂时扣留的布匹和棉纱。

城工部发动的经济斗争，在物资上有所收获，有力地支援了城市革命活动和农村游击根据地；但也有失误，主要是政策界限不明确，在筹集经济中侵犯了华侨、工商业者的利益。

第四，城乡工作紧密配合，建立农村游击根据地。城工部贯彻执行闽浙赣区党委“城市工作为农村服务”的方针，不断地把从农村来的知识分子党员派回家乡，发动农民开展游击战争。随着人民解放战争的胜利发展，城市党组织领导的游击武装不断发展壮大。至 1949 年人民解放军渡江前后，城工部在福州周围 10 个县及闽东、闽北、闽浙边建立了 31 支拥有 5000 多人枪的游击队；在浙江建立了 4 支游击队，在江西策反国民党军队，建立民主联军 7 个支队。人民解放军渡江后，城工部领导的游击队主动出击，扰敌后方，配合人民解放军进攻，牵制了大量国民党军队，为闽浙赣边区的解放做出了贡献。

第五，开展上层统战、策反工作，团结争取各界上层人士。解放战争时期，闽浙赣边区党组织通过民主党派同福建文化教育界、新闻出版界乃至国民党军政机关的许多官员建立了广泛的联系，在工作上得到了他们的不少支持和帮助。如《星闽日报》总编辑郑书祥就根据孟起的布置，撰写了数篇倾向共产党主张的社论；协和大学教授严叔夏收听解放区广播，将记录稿交给城工部 K 支部的《人民报简刊》编发；民联成员、国民党林森县长管长墉，农工民主党党员、国民党警保处股长魏阙，都曾为福建地下党的工作提供许多方便。当时国民党省政府、保安司令部、福州警察局、水警总队，甚至国民党军统调查统计室内部，均有地下党的统战关系。在一段时间里，国民党宪警何时出动检查户口、检查哪一地段、联络口令是什么，中共地下组织均能事先得到报告。

城市工作部对国民党军警的策反工作也取得了很大的成绩，争取了数以千计的国民党军警官兵向人民投诚。1947 年 5 月，在城工部委员孟起领导下，中共党员杨良言布置隐蔽在国民党水警总队任警卫排排长的地下党员陈统安，发动一个班的水警“兵变”，取得成功。鉴于国民党海军中有不少福建籍将领，中共中央社会部上海站派林亨元介绍倾向革命的国民党海军上校叶可钰（后加入中国共产党）与中共党员谢筱乃面晤。以后，叶可钰对许多国民党海军将领进行策反争取工作。海军宿将萨镇冰、陈绍宽最后能够留在大陆，与叶可钰的努力是分不开的。[①] 又如福州地下党组织紧密配合，向国民党省警保处有关人员布置任务，对福州的 4 个国民党警察分局和 1 个警察中队进行策反，促使 4 个分局长和中队长根据中共地下组织的指示，将全部人员名单及其政治态度、枪支弹药、资财档案等情况，详细列册，通过有关人员交给中共地下组织。1949 年 8 月 16 日傍晚国民党军队溃逃后，福州 4 个警察分局的 600 名警察留守岗位，并在街心要道增加岗哨，维持治安，等待人民解放军接管。8 月 17 日，当人民解放军进入福州城时，一些警察仍照常维持交通秩序，使福州平静地迎来了解放。

此外，福建地下党组织对工商界、文化教育界的上层人士也做了大量的争取工作，促使许多大学教授、工程技术人员不顾国民党反动派的威胁利诱，拒绝赴台湾，毅然决然留在大陆为人民服务。由于地下党及时对民族资产阶级宣传共产党的城市工商业政策，稳定了工商界人士，解放前夕，福州几家大工商企业的资方人士都留下来与职工共同护厂护店。

为了迎接人民解放军南下解放福建，福建地下党组织或利用各种社会关系，或打入敌人内部，搜集了大量重要情报。如城工部福州联合小组成员章燕行利用与国民党军李延年兵团一个参谋的私人交情，进入该兵团参谋处，将其军事地图上的兵力分布情况强记在心里，事后立即追忆绘图，将这一重要情报由王实专程送给闽中党组织。[②] 福建学院地下

---

① 参见林亨元：《在福州开展上层统战工作的一些情况》，《福州党史资料》1985 年第 4 期。

② 叶绍芳、陈耀民、王实：《城工部福州联合小组斗争简况》，《福州党史资料》1985 年第 4 期。

党员陈绍恭通过农工民主党党员与国民党福建省警保处的人员取得联系，经常收集到敌方军政动态。又如，福建师专党支部通过社会关系得到国民党省保安司令部突击大队的编制、装备、各中队战斗力状况、驻地和作战任务以及福州市郊大北岭、义序机场布防与工事构筑等情报；福建高商C支部搜集到国民党福州戒严司令部组织机构人员及其动态，和敌福州“绥靖”公署各兵团等的番号、驻地、官佐姓名、人员、武器配备、弹药库、部队调遣等全面情况，还有敌“绥靖”公署下达的陆空联合攻击谷口的命令、《全市大搜查计划方案》、每日每夜戒严后的通行口令，并拿到盖有印章的通行证。再如，英华高商党支部的地下党员搜集到马尾国民党驻军番号、人数、武器装备，王庄机场及合组医院国民党特务活动情况，驻南港的敌军番号、人数、枪支弹药、粮食等情报。地下党员王镛做通其父（国民党军管区上校参谋）的思想，搞出一套十分珍贵的军事机密地图。所有这些情报对人民解放军顺利解放福建，起了重要的作用。

此外，福建地下党还做了大量调查工作，了解国民党经济、文教、卫生等机关的情况，将这些机关的人员、物资材料，制成大量卡片。并尽力保护上述机关的资料档案，使之完整地回到人民手里。

闽浙赣区党委在领导开展第二条战线斗争中取得了突出成绩，也出现过严重的错误，这就是错杀城工部党员问题，史称“城工部事件”。1947年8月，由于城工部负责干部违反秘密工作原则，没有将从福州海关搞到的一批布匹及时转移，暴露了目标，致使城工部委员孟起被捕，敌人在其家中搜出党的文件，孟起暴露了身份。孟起被捕后，区党委负责人怀疑庄征出卖孟起。于是，区党委在未作调查研究的情况下将庄征扣留审查，并以“出卖孟起的内奸”的罪名，错杀了庄征。其后，区党委任命李铁为城工部部长、林白为副部长，责成李、林肃清“庄征影响”。闽浙赣区党委在对敌斗争的关键时刻，在缺乏证据的情况下任意宣布一个区党委委员、城工部部长为“内奸”，并处以极刑，不可避免地在党内造成思想混乱。

恰在此后不久，1947年底至1948年初，各地陆续发生了几起党的组织受到破坏或领导人被害的严重事件。其中尤为严重的是，省委常委、军事部长兼闽东地委书记阮英平于1948年2月从宁德返回福州途中，被歹徒杀害。由于当时处于险恶的战争环境，这些事件的真相一时难以查清，产生各种疑问是可以理解的。但是，省委领导由于受到“左”的影响以及其他方面的原因，仅据阮英平的警卫员是城工部党员，就无端怀疑李铁，怀疑城工部已成为国民党特务控制的组织。

1948年3月，省委成立审查委员会对城工部进行审查。在怀疑一切的“左”倾错误思想的指导下，省委领导人缺乏冷静的思考，夸大敌特力量，不相信自己的组织，在审查中既未认真调查研究，也不请示报告中央，不按党中央有关审干问题的政策办事，仅根据逼供得到的“口供”材料，便草率地认定城工部已成为被国民党控制的“红旗特务组织”，决定予以解散，进而错杀了一批城工部骨干分子。“城工部事件”的发生，给闽浙赣边区党组织和城市工作造成了重大的损失。这是福建革命斗争史上一次惨痛的教训。

“城工部事件”发生后，广大幸存的城工部党员经受了严峻的考验。他们失去了组织联系，而且遭受各种误解，处境十分艰难。但经过党多年的教育培养、对革命事业怀有坚定信念的广大城工部党员，能够以革命利益为重，克服重重困难，一方面积极寻找组织，另一方面独立自主地按照党中央的方针和区党委的原先部署继续开展工作。所以，一直到福州解放为止，城工部所属组织仍有较大的发展。他们领导组织的学生运动、工人运动和农村游击斗争取得了一个又一个胜利，为新民主主义革命在福建的最后胜利做出了重大贡献。

二　闽西南地下党组织的活动

闽西南地下党组织，指的是闽西南白区和游击区的共产党组织，它归属闽粤赣边区党委和闽南特（地）委领导，其工作地域主要包括泉州所属各县、厦门和台湾等地区。

抗日战争胜利后，中共闽南特委根据中共闽粤边临委关于“展开星罗棋布的支点工作”① 的指示，决定开辟新的支点，发展闽西南地区的革命斗争。1945 年 12 月，闽南特委派宣传部长兼白区特派员罗林进驻漳州。翌年又先后派张光、陈华分别到安溪龙门和厦门协助罗林领导白区工作。同时，闽西南党组织也陆续派遣党员到安溪罗岩宝溪小学、南安师范、同安中学、厦门大学、国立第一侨民师范学校开展工作，建立中共地下组织。鉴于闽西南党组织在各地迅速普遍的发展，1947 年夏，闽南地委决定分别建立安南同县工作委员会、厦门市工作委员会、南安诗淘码区工作委员会等工委，各自直接隶属闽南地委领导。

与此同时，闽西南地下党组织积极开辟台湾地区的革命斗争。1946 年 3 月，罗林、张连派李法儒等带领暨南大学毕业生中的数名党员和积极分子赴台湾。随后张连也到台湾，于 5 月 1 日建立了中共台北支部。之后，张连返回厦门汇报情况。1947 年 2 月 28 日，台湾人民举行了大规模的武装起义，反抗国民党的反动统治。这次起义虽然在国民党军队的残酷镇压下失败了，但台湾人民并没有屈服和停止斗争。为了更好地领导和团结台湾人民继续同美蒋反动派进行斗争，同年 9 月，罗林、陈华再次派张连赴台湾，建立中共台湾工作委员会，由李法儒任书记。台湾工委制定了工作计划，开始与“旧台共”（日本共产党台湾民族支部）进行接触，工作进展顺利。②

1947 年 11 月初，罗林在南靖交通站被捕叛变，导致厦门市工委书记陈华、安南同县工委领导人林金狮、林泗太和台湾工委领导人李法儒等先后被捕。由于李法儒叛变，台湾的一些党员亦相继被捕。这样，闽西南地下党一些组织遭到破坏，与闽南地委失去了联系。为了避免更大的损失，张连部署其余党员撤出台湾，分别转移至上海、杭州、福州、泉州、厦门、安溪、香港等地待命，同时设法营救被捕人员。

---

① 《中共闽粤边临委关于革命新时期的当前任务》（1946 年 1 月 9 日），福建省委党校馆藏资料（1—2430）。

② 张连：《闽西南白区党十三年回忆》，《泉州党史通讯》1985 年第 2 期。

1948年1月，张连从台湾转移到上海，向上海市委汇报请示后，召集在沪的闽西南地下党员开会，决定安排一部分党员到苏北、华中等解放区工作；并确定各地党组织的负责人，通知他们重建组织，恢复活动。四五月间，张连等到香港经中共中央上海局的介绍向中共中央香港分局章汉夫、乔冠华、李嘉人等汇报情况，要求帮助恢复组织活动。张连分别与转移到香港的闽西南党组织各地负责人多次研究，决定回闽开展组织活动，进行武装斗争的筹备工作。同年5月，在九龙香岛中学成立了中共泉厦临时工作委员会，由张连任书记，从而重建了闽西南党组织的领导机构。后经香港分局帮助，泉厦临工委与闽南地委和闽粤赣边区党委取得联系并受其领导。1948年6月，泉厦临工委组织委员叶森玉从香港到厦门，传达工委决定，建立了厦门市临时工作委员会，由陈君实任书记，并改选了厦大支委和厦门侨师支委。同时，又派一批党员去台湾，恢复台湾党组织的活动。①

在恢复党组织的同时，闽西南地下党组织还大力建立人民武装，开展游击战争。1948年10月，泉厦临工委决定以安南同老区为依托、内安溪为中心，开辟安永德漳游击区。为此，从1948年秋到1949年春，闽西南党组织抽调了二三百名干部进入安溪、永春、德化、大田、漳平等县山区，发动群众，开展上层人士的统战工作，在各乡村组织武装抗征队，进行反抗国民党的征兵、征粮、征税的斗争，为建立游击队、开展游击战争奠定了基础。1949年2月，陈华被释放出狱。3月，泉厦临工委从安南同边区及内安溪各乡武装抗征队中挑选了三四十名骨干组成安溪人民游击队。

不久，张连亦从香港回到安溪。4月18日，泉厦临工委在安溪县长坑玉湖召开会议，决定成立中共安溪中心县委，以替代原泉厦临工委。安溪中心县委先后下辖安南同县工委、安溪县工委、永德大工委、漳平县工委、厦门市工委、同安县工委、泉州联络站。安溪中心县委成立后，

---

① 参见叶森玉：《中共闽西南白区组织领导机构及其工作情况》，《泉州党史通讯》1987年第3期。

领导安溪人民游击队接连解放了西坪、长坑等乡镇，迫使国民党安溪县自卫大队长李敬慎率部投诚。

为适应形势发展需要，5 月 1 日，安溪中心县委将安溪人民游击队扩编为安溪人民游击大队。游击大队下辖 5 个中队，共 500 多人枪，由李敬慎任大队长。次日，安溪人民游击大队兵分两路，向外安溪挺进，发展游击战争。与此同时，安南同边区游击队也扩编为游击大队，下辖 3 个中队，共 300 多人。5 月 10 日，安溪人民游击大队和安南同边区游击大队及民兵并肩作战，激战 3 个小时，第一次解放了安溪县城。5 月 14 日，安溪中心县委宣布成立安溪县人民民主政府。

安溪县城解放后，中心县委副书记张连带领一批军政干部到永春，建立了永春人民游击队，不久扩编为游击大队，下设 3 个中队。5 月 28 日，游击大队分三路围攻永春县城。国民党永春县长李逸云率县自卫大队 2 个中队起义。游击大队接管了县政府，成立了永春县人民民主政府。

随着安溪、永春的解放，安永德漳游击区革命武装力量迅速发展壮大。5 月上旬，中共闽南地委决定将这一游击区的游击武装整编为中国人民解放军闽粤赣边纵队第八支队第四团。安溪中心县委遂在安溪和永春人民游击大队的基础上，抽调安南同游击大队部分骨干，于 1949 年 6 月 8 日，在安溪县长坑召开了闽粤赣边纵队第八支队第四团成立大会。四团团部驻安溪，下辖 4 个营，另又建立了“前进”“钢铁”两支直属游击队和一个独立连。

1949 年 6 月至 9 月，国民党福建地方当局调新五军（原驻厦门）入安溪，派陈维金团（原驻莆田）进永春，调遣五十五军和交警大队（原驻龙岩）攻漳平，配合保二团、三二五师黄连茹团和黄星辉团以及地方武装，对安溪、永春、德化、漳平连续发动“围剿”。第四团在中共安溪中心县委的领导下，采取“分兵以发动群众，集中以应付敌人”的灵活战术，粉碎了敌人的“围剿”，消灭了一部分国民党军队和地方反动武装，进一步巩固了游击区，并先后解放了大田、永春、安溪（8 月 31 日第二次解放）、德化、漳平、宁洋等县城，成立各县人民民主政府。9 月

3日，第四团与人民解放军第三十一军第九十一师侦察营在安溪县城胜利会师。之后，安溪中心县委所属各地党政军群组织干部集中全力发动群众，筹措粮秣，支援人民解放军解放漳州、厦门。

第三节　迎接人民解放军南下解放福建

一　闽粤赣边纵队的成立及其军事进攻

1948年9月12日至11月2日，东北野战军发动了规模巨大的辽沈战役，解放了东北全境。辽沈战役后，中国军事形势发生了一个根本的变化，即人民解放军从原先在质量上比国民党军占有优势之后，在数量上也已占有优势。辽沈战役刚刚结束，中原、华东两大野战军又联合发动了淮海战役，歼敌徐州“剿总”所部55.5万余人。1948年11月底至1949年1月31日，东北野战军及华北野战军两个兵团，发动平津战役，取得了辉煌胜利，基本上解放了华北地区。经过三大战役的沉重打击，蒋家王朝已处于风雨飘摇之中，中国人民解放战争即将在全国范围内取得胜利。

为了固守江南，伺机反扑，国民党统治集团一面部署长江防线，一面加紧在江南各省扩军备战，企图把剩下的100多万军队扩充到350万至500万人。为了这个目的，南京政府国防部组编了14个编练司令部。其中第一编练司令部，司令官王敬久，驻福建尤溪，辖第五军、第二十五军、第一二一军；第二编练司令部，司令官胡琏，驻江西上饶，辖第十军、第十八军、第六十七军。南京政府国防部下达给福建1949年度征兵名额为10万名，限令1月5日开征。国民党福建省政府主席李良荣①为加强其在福建的防卫力量以及对省内中共领导的武装部队的进攻，先后以驻闽独立第四团、保安第六团为基础，并搜罗一部分新兵及从东北

① 1948年秋，李良荣接替刘建绪任福建省政府主席。

溃逃南下的官兵，拼凑成立独立第五十师和第三二五师、第三五〇师，编为第一二一军，由张贞推荐其旧属沈向奎为军长。[①] 另外，截至1949年1月底，福建各县市共有国民党地方武装常备大队部20个，三分队制之中队130个，二分队制之中队21个，独立分队13个。

1949年1月，朱绍良接替李良荣任国民党福建省主席。3月上旬，国民党国防部为消灭江南共产党组织及人民武装，电令各省完成“清剿”任务，限定福建“清剿”期为3个月。根据这一电令，3月31日，福建省保安司令部调整部署，将全省划为闽西、闽北、闽中3个“清剿”区，分别配置保安第一、二、三团于闽西、闽南，保安第五团于闽东北，保安司令部突击大队于闽西北。另外将独立第五十师配置于闽赣边界，第三二五师驻晋江沿海一带。4月初，国民党政府行政院电令闽省政府对福建各游击区严密实施经济封锁。

尽管国民党在福建调兵遣将，扩充实力，但毕竟已是强弩之末。随着全国解放战争的胜利进行，福建人民在中国共产党的领导下，更加广泛深入地展开了推翻国民党反动统治的人民解放战争。1949年1月1日，粤赣湘、闽粤赣、桂滇黔3个边区奉人民解放军总司令部令，分别成立了中国人民解放军纵队司令部，并联合发表宣言，阐明边区人民解放军作战目的是“配合全国人民解放军，为彻底解放全中国，建立新民主主义的国家而奋斗”。1月23日，闽粤赣边区党委召开会议，听取香港分局对边区工作的指示。香港分局指出一切都要提高一步，普遍发展，扩大解放区，把分散的连成一片。会上，魏金水传达了纵队司令部对军事问题的讨论意见：关于军事目的和方针“首先是壮大自己，发动群众斗争，使各地连成一片，有力的配合友军行动，迎接大军为解放全边区人民而斗争”。关于主力方向，决定“过年以后，成立边纵，向韩西进军，加强这个地区的军事斗争”。

1月29日（农历正月初一），中国人民解放军闽粤赣边纵队在广东省

---

① 参见李以勖：《李良荣的一生》，中国人民政治协商会议福建省委员会文史资料编辑室编《福建文史资料》第5辑，福建人民出版社1981年版，第127—128页。

大埔县樟溪村正式成立，由刘永生任司令员、铁坚任副司令员兼参谋长、魏金水任政委、朱曼平任副政委、林美南任政治部主任、王汉杰任参谋主任。边纵统辖 5 个支队和第一、第五、第七 3 个直属团，兵力 8000 余人。第一、第二、第四支队分别由梅州、潮汕、韩江支队改编组成；第七支队由闽西支队改编组成；第八支队由闽南支队改编组成。①

1949 年春，中共中央香港分局改称为华南分局。其后，闽粤赣边纵队在华南分局和边区党委的正确领导和指挥下，在各级党组织和广大人民群众的全力支持配合下，以排山倒海之势向敌人发动了总攻击。在闽粤赣边纵队成立前后的三四个月中间，即 1948 年 12 月至 1949 年 3 月，整个边区主动出击的大小战斗 42 次，歼敌 1400 余人，解放了包括有河婆、神泉、甲子、梅林、湖寮等十几个重要城镇、六七十万人口的大片土地，边区武装力量也大为发展，总兵力扩大一倍，共有 1 万人左右。②这个时期，边纵主力活动和解放的地区，主要侧重于广东潮汕、梅埔地区。

在此期间，第七支队和第八支队也积极开展攻势，取得一系列胜利。1949 年 2 月，第七支队奉命回师闽西，于 2 月 21 日攻打象湖山，全歼敌保安第二团 1 个连，巩固和扩大了永和埔游击根据地。2 月 28 日，中共闽西地委、第七支队领导和永定县委在永定县何凹头举行联席会议，研究确定重返闽西后的方针，即壮大自己，发动群众斗争，使各游击区连成一片，配合兄弟部队行动，迎接南下大军，解放闽西人民。会后，第七支队决定攻打永定坎市镇，以扩大部队影响，鼓舞群众。

坎市位于龙岩至永定峰市的公路上，水陆交通方便，是龙岩、永定、

① 参见《中共闽粤赣边区党委会议纪要》（1949 年 1 月 23 日）。8000 余兵力的数字为估计数。1949 年 5 月 23 日《魏金水关于闽粤赣边区情况向方方及中央的报告》中说，边纵 5 个直属团和 5 个支队共 8000 余人，县区武装 5000 余人，两部分兵力合计 1.3 万余人。据此估计，边纵在 1949 年 1 月成立时兵力 8000 余人。

② 参见《中共闽粤赣边区党委关于闽粤赣边一年的军事总结》（1949 年 3 月中旬），福建省档案馆、广东省档案馆编《闽粤赣边区革命历史档案汇编》第 6 辑，档案出版社 1989 年版，第 148 页。

上杭、大埔之间的交通枢纽。1949 年 3 月 20 日，第七支队一举攻取坎市，缴获枪支 40 余支，击毙永定县军事科长，俘敌 21 人。随后，第七支队相继攻占永定县湖雷、龙潭、抚市、高陂、虎岗等乡及村公所，摧毁敌人乡保组织，毙俘敌人 200 余人。3 月中旬，为了支援和发动上杭等县人民斗争，第七支队又转到上杭一带开展工作。4 月初，第七支队在上杭豪坑击退敌保安团和地方反动武装的进攻。之后，第七支队转至广东梅县松源休整。

1949 年 3 月，中共闽南地委领导的第八支队以一部分兵力配合粤东、闽西游击队横扫饶平县上饶地区，开辟永定、平和、南靖边区；支队主力则活动于诏安、平和、云霄、南靖、漳浦、龙溪等县的 60 多个乡镇，到处歼灭敌人有生力量，缴枪 200 余支，子弹数万发，烧毁敌人炮楼 9 座，发动群众破仓分粮 20 余万斤，把闽南与广东饶平的游击区连成了一片。

1949 年 4 月 21 日，人民解放军兵分三路强渡长江，发起了渡江战役。在人民解放军的强大攻势下，国民党苦心经营 3 个半月的千里江防全线崩溃。人民解放军占领南京后，乘胜向南挺进。在这大好形势下，闽粤赣边纵队积极开展政治攻势，瓦解敌军。5 月 2 日，边纵司令部发布命令，命令国民党军政人员“立即停止军事行动”，“以国内和平协定最后修正案为基础，即派代表来本部及本军所属各机关部队，进行和平谈判”。“立刻停止征兵、征粮、征税及一切苛勒。”“一切武器弹药、军用物资、银行、工商业等文件、清册、文化机关及建筑物，须妥为保管，听候接收”。① 在闽粤赣边区人民武装势如破竹的军事攻势和政治争取下，这一地区的国民党军政人员纷纷弃暗投明。5 月 14 日，国民党保安独立第一营营长蓝举初和保安第十三团团长曾天节分别在广东蕉岭、老隆起义。之后，广东第六行署专员李洁之促请驻梅县松口的保安第十二

① 《中国人民解放军闽粤赣边纵队司令部命令》（1949 年 5 月 2 日），福建省档案馆、广东省档案馆编《闽粤赣边区革命历史档案汇编》第 6 辑，档案出版社 1989 年版，第 249—250 页。

团团长魏汉新率部回梅县与张君燮县长共商起义事宜。5 月 17 日，保十二团宣布起义，梅县和平解放。从 5 月 9 日到 20 日短短的 12 天中，梅属地区的南山、大埔、蕉岭、梅县、五华、兴宁、惠来、平远及闽南安溪等 9 个县城获得解放。①

在闽西，1949 年春，福建省第七行政督察区专员李汉冲等，看到国民党大势已去，主动与边区共产党方面联系，表示决心脱离反动阵营，投向人民。5 月 22 日，李汉冲、练惕生、傅柏翠等通电起义。国民党上杭、龙岩、永定、武平、连城等五县县长也参加起义，同时参加起义的还有福建保安第四团。6 月，闽西起义武装组成了“闽西义勇军”参加解放战争。在闽南，继国民党安溪县自卫大队李敬慎部起义之后，驻泉州国民党军第三二五师副师长陈言廉，也率部分官兵起义。

为了统一指挥闽西南人民武装队伍，更大规模地开展游击战争，1949 年 6 月 3 日，根据闽粤赣边区党委和边纵司令部的指示，边纵第七、第八支队在永定湖雷整编，成立了中国人民解放军闽粤赣边纵队闽西南临时联合司令部，邱锦才为司令员，范元辉为政委。随后，闽西各县相继成立了独立团。在联合司令部的统一指挥下，闽西南人民武装广泛出击，积极打击敌人，同时全面开展接管各县政权的工作。

闽粤赣边区人民武装力量在战斗中有了进一步的发展壮大。据 1949 年 5 月 23 日魏金水给方方及中央的报告，这时边纵直属主力部队有 5 个团共 2000 多人，5 个支队共 16 个团 6000 人左右；另有县级武装及区武工队 5000 余人，民兵则达 3 万人。

1949 年 6 月下旬，中共中央华南分局书记方方率领分局机关工作人员从广东揭阳到达梅县城郊，继续领导华南的革命斗争。与此同时，闽粤赣边区党委书记魏金水亦率领区党委机关从大埔来到梅县与华南分局会合。

---

① 参见《闽粤赣之胜利形势及我对起义部队之对策》（1949 年 5 月 27 日），福建省档案馆、广东省档案馆编《闽粤赣边区革命历史档案汇编》第 6 辑，档案出版社 1989 年版，第 284 页。

渡江战役后，为了逃脱人民解放军的围歼，国民党军纷纷向南溃逃。7月初，原在江西中南部的国民党胡琏兵团残部和国民党江西省主席方天部共2.5万多人，分东南两路向南逃窜。其主力从南路于7月1日进入广东平远县，后经梅县、兴宁，沿兴揭公路，经丰顺、汤坑到达揭阳；东路于7月初经福建上杭、武平、永定峰市，到广东大埔，继之沿韩江南下到潮安。两路分别于8月中旬到达汕头。蒋介石调派第十八军第十一师刘鼎汉部（驻台湾）于6月26日在汕头登陆接应。在闽南，国民党军刘汝明部沿龙漳公路逃往闽南。在此期间，国民党军在闽粤赣边区一带大肆骚扰、抢粮，边区一些已获得解放的县城和乡镇又沦入敌手。面对这一严重的局势，闽粤赣边区党委一面致电党中央和中央军委，请求南下大军提早由闽赣边或赣南向闽粤赣边区推进，帮助边区巩固与展开现有局面①，一面积极部署打击南逃之敌。

8月下旬，刘永生率边纵第一、第二、第七团及警卫大队护送华南分局书记方方及分局机关北上赣州。8月31日，边纵司令部率直属部队在江西会昌与人民解放军第四野战军第四十八军第一一四师胜利会师。与此同时，边纵第八支队在长泰与人民解放军第三野战军先头部队会合。

在人民解放军南下部队与边纵会合的强大压力下，盘踞在闽西各县的国民党军残部开始向广东潮汕地区撤退。人民解放军闽粤赣边纵队闽西南临时联合司令部立即部署阻歼逃敌，重新开展接管各县政权的工作。从8月开始，边区人民武装相继解放了永定、上杭、龙岩、漳平。接着，人民解放军第四野战军第十五兵团第二四〇师第四三一团一个营，由江西会昌向武平挺进，于10月17日解放了武平；同日，又解放了连城。其后，闽粤赣边纵队第七支队配合人民解放军四野某部第三一、第三二支队，于10月18日解放长汀，至此，闽西全境宣告解放。

在闽南，1949年7月25日，中共闽南地委发出《关于反对蒋匪抢

① 参见《魏金水、朱曼平致中央并转军委电》（1949年7月12日），福建省档案馆、福建省军区党史资料征集小组编《福建军事斗争史料选编（1945.9—1949.10）》，1983年印，第554页。

粮，保卫夏收，保卫家乡与夏收斗争的指示》，要求各地党组织广泛动员群众进行抢收，各地武装要主动出击，保卫夏收。闽粤赣边纵队第八支队坚决贯彻执行地委指示，与第七支队密切配合协同作战，狠狠打击穷寇。9 月 3 日，第八支队与人民解放军第三十一军第九十一师侦察营会合，继而解放了漳州，云霄、平和、华安等县随即和平解放。闽南人民武装还配合人民解放军先后解放了南靖、漳浦、诏安等县。至 1949 年 11 月，除东山、金门及若干小岛外，闽南各县均获得解放。

9 月，闽粤赣边纵队从江西回到广东兴梅地区。此时国民党军胡琏部尚未全部撤走，边纵在粤东人民武装的配合下，迅速追击胡部，歼敌一部；接着向汕头突击，于 10 月间在人民解放军第四野战军解放广州的同时，解放了汕头。不久，闽粤赣边区除南澳岛外，全部解放。

二　闽浙赣边纵队的成立与北上江西

1948 年 12 月 5 日，中共闽浙赣省委召开干部会议研究新形势，确定闽浙赣党组织的任务是积极扩党练干，大批吸收青年，加紧扩大地区；放手发动群众，努力扩大部队，动摇瓦解敌人；主动地粉碎敌人进攻阴谋，并不放弃一切可能机会，特别是敌人溃败时向敌人作大规模武装进攻，配合人民解放军解放整个闽浙赣地区。①

为了适应全国解放战争迅速发展的形势，闽浙赣省委于 1948 年底计划把分散在各地区的游击队统一整编，公开打出番号，以便更加广泛地发动群众投入人民解放战争，部队的名称拟定为闽浙赣人民游击纵队。

1949 年 1 月 8 日，闽浙赣省委把这一计划电报华东军区。经中央军委批准，闽浙赣省委于 2 月 3 日在南平上溪宣布成立中国人民解放军闽浙赣边纵队（亦称闽浙赣游击纵队）。纵队直属部队以原闽浙赣游击纵队为主，加上闽浙边地区的一部分武装，组编为 3 个支队和 1 个教导队。

① 参见《中共闽浙赣省委为配合解放军解放全闽浙赣展开武装斗争紧急任务的决定》（1948 年 12 月 5 日），福建省档案馆、中共福建省委党史征委会闽浙赣办公室编《闽浙赣党史文件资料选编》（下），福建人民出版社 1987 年版，第 753—754 页。

由于纵队即将出发北上江西，军情紧迫，纵队领导成员尚未商定，因而在部队北上江西期间才确定由曾镜冰任纵队司令员兼政委，左丰美任副政委，陈贵芳任副司令员兼参谋长，黄扆禹任政治部主任。

由于闽浙赣边纵队的组建工作十分仓促，因而纵队成立以后没有向各地明令公布这一决定和确定其与各地区游击武装的隶属关系，也没有对各地武装的整编工作作出部署。因此，闽浙赣边纵队成立以后，除了直属部队以外，闽浙赣省委领导的各地区的游击队仍然各自独立作战。这些武装主要是：浙江省的浙南游击纵队、浙南人民解放军第三支队；福建省的闽西北、闽浙边、闽北游击纵队，闽中支队和闽东、闽东北地区的游击队；江西的赣江纵队。另外，已经被迫与省委中断联系的原城工部系统的武装，也分散在各地进行着英勇而艰苦的战斗。

这时，中共闽浙赣省委及闽浙赣边纵队直属部队都集中在南古瓯游击根据地。从1948年夏季开始，国民党对这一地区的军事进攻一直没有停息。由于敌我力量悬殊，不仅省委机关和闽浙赣纵队时时受到威胁，而且南古瓯地区的人民群众也长期遭受着严重的摧残。闽浙赣省委在一时难以打破国民党军事“围剿”的情况下，为了保存和发展南古瓯游击根据地，认为“只能组织暂时退却”[①]；另外，“为了加强江西工作，迎接解放军南下”，发展闽、浙、赣三省的工作[②]，决定撤离这一地区北上，向国民党军事力量相对薄弱的江西边境地区发展。

1949年2月3日，即闽浙赣边纵队成立的同一天，闽浙赣省委率领机关和纵队直属部队300余人由南平上溪出发，取道峡阳、建阳与顺昌交界的南槎村、建阳太阳山、邵武二都、猪母岗，向江西转移，沿途历经艰险，多次击退尾追之敌，于3月间抵达江西资溪、贵溪县境内。

闽浙赣省委及游击纵到达江西以后，为了配合人民解放军的军事行动，阻止向福建逃窜的国民党军残兵败将，减少福建人民的苦难和人民

① 曾镜冰：《南古瓯的暂时撤退与转移薄弱地区发展问题的报告》（1949年3月），福建省委党校馆藏资料（1—2952）。

② 参见《闽浙赣省委致华东局电》（1949年3月29日）。

解放军解放福建的困难，在资溪、贵溪、金溪一带大力发动群众，同时集中力量开展分化瓦解国民党军政人员、拦击国民党溃兵的工作。闽浙赣纵队先后迫使国民党贵溪县县长俞和楷以及“赣东北青年服务总队”1000 多名官兵投降，缴获了大批枪支弹药，还相继解放了塘湾、文坊、花桥、上清等地区，为南下大军进兵福建创造了一定的条件。

尽管省委和纵队直属部队在撤离南平上溪以后的 3 个月内艰苦作战，作出了巨大的努力，但是不能不指出，闽浙赣省委北上江西的决策与行动，在主观上固然是为了保护南古瓯地区，发展新区，但实际上反映了省委主要领导对于形势的估量偏于保守，从而在客观上放弃了全国解放战争迅猛发展的有利时机，未能及时地发动和组织南古瓯以外其他地区的人民展开群众性的游击战争，打击与削弱国民党在福建的统治，创造更好的条件以迎接人民解放军南下。

事实上，华东局在获悉这一情况之后，很快提出了批评。4 月 4 日，华东局复电曾镜冰，指出省委和游击纵队的工作重心应当在福建，而不是江西或浙南；应当根据福建的实际情况布置工作，“而不要从如何配合大军南下出发，来改变你们的工作和行动，以免造成损失和增加工作的困难”。但是，闽浙赣纵队直属部队并未马上按照华东局电示返回福建，仍在赣东北一带从事群众工作和策反工作。5 月上旬，人民解放军第二野战军第四兵团进抵贵溪与闽浙赣纵队会师以后，华东局再次电促曾镜冰率部返闽。5 月 9 日，曾镜冰电告华东局，承认过去行动的错误，表示在赣东北的干部和队伍“即遵示转回福建活动”。5 月底，曾镜冰等率领省委机关与纵队直属部队回到建瓯。而这时，人民解放军第二野战军第四兵团一部已经率先入闽，解放了崇安、建阳、水吉、建瓯、南平、浦城、松溪等 10 个县城。

在闽浙赣省委率领边区纵队直属部队北上江西以后，闽浙赣边区各地游击队根据本地实际情况，各自为战，积极开展游击战争，消灭敌人。1949 年 2 月，闽中游击队 1800 多人在莆田大洋乡进行整编，成立了闽浙赣人民游击纵队闽中支队司令部，由黄国璋任司令员兼政委，陈亨源任副司令员，林汝南任副政委。4 月，泉州游击队改名为闽浙赣人民游击纵队闽中司令部泉州团队，由许集美任指挥员兼政委。在“放手发展，大胆进攻”的战略方针指导下，闽中各游击队广泛出击，至 9 月间，共进行大小战斗 80 余次，摧毁国民党乡镇政权 40 多个，消灭保安队、自卫队、警察所共 20 多个，有力地配合了人民解放军解放闽中的行动。

同年 1 月，闽西北游击队整编为闽赣边游击纵队。从 2 月开始，游击纵队在林志群、唐仙有的指挥下，接连袭击沙县 5 个乡、镇公所和 1 个警察分局，随后又打垮国民党省保安司令部突击大队，密切配合人民解放军解放了沙县、三元、明溪、泰宁等县。与此同时，闽浙边游击纵队在叶风顺、池云宝、张翼、陈正初等人的领导下，在浦城、建瓯、松溪、政和等地消灭敌人，配合人民解放军二野第五十一师相继解放了水吉、松溪、政和等县。在闽东地区，1949 年 4 月，省委指派闽东地委委员陈邦兴在闽东成立了闽浙赣游击纵队第四、第五支队。他们积极开展游击战争，广泛出击，先后解放了周宁的西社、凤湖、咸村及宁德的虎坝、霍童等 10 个乡镇，第五支队还以武力和政治瓦解相结合，迫使国民党周宁县长率部投诚起义，周宁和平解放。此外，闽（清）古（田）林（森）连（江）罗（源）游击队在五县中心县委林白等领导下，也在福州周围各地区开展游击斗争，打击敌人，有力地配合了人民解放军的行动。

三　人民解放军进军福建

1949 年 5 月 5 日，闽浙赣边纵队与人民解放军第二野战军第四兵团第十三军第三十七师第一一〇团在江西贵溪城胜利会师。5 月间，二野第四兵团第十五军第四十四、第四十五师和第五兵团第十七军第五十一师进军闽北，在各地游击队和人民群众的积极配合下，除光泽（1950 年 2 月 17 日解放）外，很快解放了闽北地区。

闽北的解放，形成了向福建纵深进军的前哨阵地和后方基地。国民党不断派飞机轰炸闽北，并企图以大兵团反攻。因此，巩固闽北解放区，搞好闽北的接管和支前工作，对于解放全福建具有重要的战略意义。根据中共中央关于新区工作的指示和华东局《关于我军南进与各游击区会师的工作（草案）》《关于新区征借粮草的补充指示》，闽浙赣省委及纵队直属部队于5月底回到建瓯，积极领导各地武装和人民群众配合人民解放军的行动，把工作重点转到接管政权和支援前线方面。6月3日，建瓯军管会成立，由曾镜冰任主任，人民解放军第五十一师政委崔子明任副主任，下设公安、财经、文教、交通、秘书等处，制定了新区工作的有关制度、条例；同月，南平和建阳两个地委成立，任命了已解放的各县县委书记和县长，派干部加强区、乡政权的建设；另外，创办福建公学，培训干部，出版《新闽北报》。

上海战役临近结束时，中央军委指示人民解放军第三野战军“应当迅速准备提早入闽，争取于六七两月内占领福州、泉州、漳州及其他要点，并准备相机夺取厦门。入闽部队只待上海解决，即可出动”①。5月27日，上海解放。随后，第三野战军首长决定以第十兵团的第二十八、第二十九、第三十一军执行进军福建的任务。于是，第十兵团奉命集结于苏州、常熟、嘉兴一带，抓紧进行入闽作战的准备工作。一是针对胜利条件下进军作战的特点，普遍开展形势与任务的教育，用党中央关于彻底消灭国民党残余军事力量，解放全中国，将革命进行到底的战略思想统一指战员的认识，树立再接再厉、连续作战夺取新胜利的思想；二是针对预定战区山地作战的特点，部队进行山地作战训练，以提高战斗力。

十兵团进军福建，粮草供应问题是后勤保障中的最大困难。十兵团派出一支精干的后勤先遣组，由夏勋成带领随梁灵光率领的兵团先遣队提前进入闽北地区，执行筹措粮草和副食品的任务。十兵团近15万人，另有南下干部1.5万人，随军民工3000人，骡马8835匹，每天需粮40万斤，柴草60万斤。② 兵团首长要求在闽北筹足大部队一个月的粮秣。

① 《关于各野战军的进军部署》（1949年5月23日），《毛泽东文集》第5卷，人民出版社1993年版，第298页。

② 参见夏勋成：《后勤纪事》，福建人民出版社1988年版，第113、114页。

因此，筹措粮草是一项相当艰巨的任务。

十兵团先遣队于6月14日抵达建瓯，与闽浙赣省委接上了关系。6月18日，闽浙赣省委召开常委扩大会议，总结闽北十县接管工作，研究大军供应及城乡工作等问题。6月30日，闽浙赣省委发出《关于大军供应工作指示》，号召党组织和人民“以最大的努力、最吃苦的精神来支援大军”，要求“各级党必须按照华东局指示做到‘既能保障军需，又能不致造成混乱，影响民生’”；指示游击武装重点配置在粮食多的地方，各县大队应大部下乡掩护筹粮。7月初，成立了闽北支前委员会，曾镜冰任主任。各县设立了支前分会，抽调一批干部组成筹粮工作队，配合十兵团筹粮大队分赴各县筹措粮食、柴草、蔬菜、肉类等，供应人民解放军。当时，闽北虽然有10个县城获得解放，但是大部分乡村政权还控制在地主、豪绅手里，他们与土匪、特务相互勾结，公开反对和破坏人民解放军的筹粮工作，经常武装袭击人民解放军的筹粮队。一些支前积极分子惨遭杀害。十兵团后勤先遣组筹粮工作队，在福建党组织、地方政府和人民群众的积极配合下，经过艰苦的努力，截至7月中旬，共筹集大米710余万斤、柴草900余万斤、马料130多万斤、食油10万多斤、盐10万多斤①，基本完成了兵团大部队入闽所需粮草的筹措任务。

1949年6月底，人民解放军第二野战军在解放闽北等地之后，奉命转战大西南。7月2日，人民解放军第三野战军第十兵团在司令员叶飞、政委韦国清的率领下，从苏州、常熟、嘉兴等地出发，冒着酷暑向福建进军。十兵团从浙江嘉兴乘火车沿浙赣线西行，分别到达浙江江山和江西上饶，随后分两路入闽：兵团部率第二十八、第二十一军在江山下车后，经浦城向建阳、建瓯进发；第二十九军在上饶下车后，经崇安向南挺进。为侦察宁海、温州方向敌军动向，保障东翼安全，十兵团另派一侦察营由金华下车后，经丽水、云和一线，抵达福建寿宁、福安地区。7月下旬，十兵团全部到达建阳、建瓯一线集结。

---

① 参见夏勋成：《后勤纪事》，福建人民出版社1988年版，第110页。

1949年6月19日，经党中央批准，在苏州成立新的福建省委以统一领导即将解放的福建全省工作。新的省委以张鼎丞为书记，曾镜冰、叶飞、韦国清、方毅、梁国斌、伍洪祥、刘培善、冷楚、陈辛仁、黄国璋等为委员。① 8月6日，增补左丰美为省委委员。② 新省委组成以后，随军南下。1949年7月，中共福建省委书记张鼎丞抵达建瓯，开始主持工作。南下6个地委班子也相继到达。根据中央指示，原闽浙赣省委撤销。遵照张鼎丞的“吃饱饭、打胜仗，解放全福建”的重要指示，闽北各县继续协助十兵团筹集了240余万斤的机动粮，保证了南下大军的后勤供应。为了搞好支前工作，省委成立了民工指挥部，由左丰美任指挥，黄国璋为政委，集中1000多名民工，组成运输队、担架队，为人民解放军运送粮食、弹药、伤病员等。

福建大部为崇山峻岭及丘陵起伏地，只有沿海有部分平原开阔地。境内河川交织，海岸线曲折逶迤，有马祖、平潭、厦门、金门、东山等大小岛屿1400个，地形十分复杂。渡江战役后，国民党军虽处于全面战略退却的被动地位，但在东南沿海仍有相当实力，驻防福建的兵力有3个兵团10个军27个师约12万人，统由国民党福建省政府主席兼福州“绥靖”公署主任朱绍良指挥。其中第六兵团李延年部5个军13个师近6万人，防守福州地区；第八兵团刘汝明部2个军6个师约3万人，防守漳州地区；第二十二兵团李良荣部3个军8个师约3万人，防守泉州、厦门、金门地区。

蒋介石企图坚守福州、厦门，以确保台湾。7月22日，蒋介石乘军舰到达厦门，召集驻守在闽南的高级将领会议，作了军事部署。

鉴于福建的地形、敌情，十兵团决定以两个作战阶段完成解放福建的任务：第一阶段集中全力围歼福州守敌李延年部，解放福州；第二阶段乘胜南进，攻占泉州、漳州以及平潭、厦门等岛屿，歼灭刘汝明的第八兵团和李良荣的第二十二兵团。作战计划确定后，各部都分别召开作

① 参见《中央已皓复电》（1949年6月19日）。

② 参见《华东局给张鼎丞复电》（1949年8月6日）。

战会议，拟制执行方案，并抓紧时间进行各项准备工作。至 8 月上旬，十兵团完成了一切战备工作。

四　福州战役·福建省人民政府成立

福州位于闽江下游福州盆地中央，一面临江，三面环山，是福建政治、经济、军事、文化的中心。福州战役前，国民党军在福州及其周围地区的兵力部署是：李延年兵团部率第一〇六军据守福州市区，第七十四军及由台湾调来的第二〇一师一个团防守在马尾、连江、罗源一线，第二十五军及独立第三十七师防守在闽清至福州之间的闽江两岸，第七十三军防守在福清及平潭岛，独立第五十师据守于福州城北之宦溪和大小北岭地区，第九十六军配置于雪峰、大湖及福（州）古（田）公路两侧。国民党军企图依托有利地形，阻止人民解放军于闽清、罗源以北，力保福州，若防线被突破，即以抵抗的手段掩护部队退据海岛，或沿陆路南撤漳州、厦门。

根据全歼闽境守敌方略及福州地形、敌军兵力与部署诸情况，第十兵团制定了福州战役作战方案。决定采取大迂回钳形攻击战术，以第三十一军为左路军，由古田出发，迂回攻占马尾，断敌海上退路，得手后即由马尾向福州攻击前进；以第二十九军为右路军，由南平出发，翻越沙县、永泰大山，攻占福清、宏路，断敌陆上退路；以第二十八军为中路军，担负由古田向福州正面攻击之任务。与此同时，第三野战军第七兵团以第二十一军之第六十三师从闽东北霞浦地区向罗源等地守敌发起攻击，配合第十兵团作战。

8 月 6 日，福州战役正式拉开序幕。① 此役经历了两个阶段。在第一阶段，人民解放军以 11 天时间扫清国民党军在福州外围的据点，切断敌人海陆逃路，兵临福州城下。自 8 月 6 日起，十兵团左、中、右三路军分别由古田、建瓯、南平出发，隐蔽地逼近福州。担任右路攻击任务的

① 参见第三野战军十兵团司令部：《福州战役综合简报》（1949 年 8 月 25 日）。

第二十九军于11日攻占永泰县城，歼敌保安部队一部后乘胜向东疾进。其第八十五师于15、16日先后攻占东张、宏路、福清、海口，歼敌1000余人；第八十六师一部17日攻占长乐。与此同时，八十七师攻占青圃、尚干。至此，右路军切断了敌人南逃之路，并向南实施警戒。

左路第三十一军第九十三师于8月13日攻克连江县丹阳镇，随后向连江方向攻击，于16日占领连江县城、琯头。同时，第九十一、第九十二师亦分别攻占宦溪、闽安镇，继克马尾重镇。及至16日，左路军已完全控制了闽江北岸，以炮火封锁闽江，断敌海上逃路。

由正面向福州进攻的中路军第二十八军自建瓯起程，于14日向雪峰、大湖敌第九十六军阵地展开进攻。第八十二师攻大湖，击败守敌后，即向福州城北之大小北岭进击，于16日攻下小北岭，打开了福州北大门。第八十三师于14日夜攻雪峰，截歼逃敌数百人。16日，第八十三师主力于甘蔗、徐家村阻歼逃敌一部。与此同时，沿闽江进攻的第八十四师先后夺取了闽清、溪口等地。至16日，十兵团三路大军肃清了福州外围守敌，对福州城形成包围态势。

自8月17日至23日，为福州战役的第二阶段。在这一阶段，人民解放军解放了福州，并追歼、搜剿溃散之敌。当人民解放军进逼福州城时，福州守敌除留少数部队守卫万寿桥（今解放大桥）外，其余纷纷南逃。朱绍良、李延年于8月16日（一说8月17日凌晨）乘飞机逃离福州。17日晨5时，人民解放军第二十八军第八十二师第二四五团首先由城北攻入城内，顺大街向万寿桥搜索前进。该师主力和第八十三师亦相继入城。上午7时，第二四五团攻克万寿桥，全歼守敌。同日，第三十一军一部渡过闽江占领了南台岛，堵截逃敌；另一部由东而西向福州展开进攻，占领市区各要点。当天，福州正式宣告解放。

之后，十兵团除以一部警戒福州外，主力分路追堵逃敌。第三十一军第九十三师在长乐截歼敌第七十四军军部及第五十一师和第二十三师各一部，俘敌2300余人；第二十九军于尚干、一都街等地截歼、俘敌万余人；第二十八军第八十四师则由南屿向永泰方向追击，途中俘敌第九十六军、第二十五军各一部计4000余人。至8月23日为止，除敌第七十三军、第七十四军各一部逃往平潭岛外，其余敌人均被人民解放军消灭。福州战役取得了辉煌战果，共歼灭国民党军1个兵团部、3个军部、7个整师、5个师的一部或大部，加上保安部队等，计5万余人。

福州解放后，新的中共福建省委于8月19日从建瓯迁入福州。8月24日，福建省人民政府成立，由张鼎丞任主席，叶飞、方毅任副主席。同日，省人民政府发出第一号布告，指出，“今后当奉行中国共产党的新民主主义的政纲与政策，遵照毛主席朱总司令颁布的约法八章，根据全省人民公意，并在全省同胞协助指教和监督之下，为肃清残余蒋匪，解放全省人民，恢复和发展城乡生产、建设人民民主的新福建而努力”。布告向全省人民表明了新生的人民政府的施政纲领。为统一领导全省的军事工作，还成立了福建军区，叶飞为司令员，张鼎丞为政委。8月25日，福建省人民政府开始接管旧政府各机关。

1949年9月14日，中共华南分局批准撤销闽粤赣区党委，决定魏金水、刘永生参加新的福建省委领导工作。闽西、闽南2个地委归福建省委领导，原属广东行政区域的3个地委划归新的广东省委领导。

五　漳（州）厦（门）战役和东山岛的解放

福州战役后，人民解放军第十兵团主力进行休整；其一部在闽中游击队的配合下，于8月底解放了莆田、惠安、泉州、青阳、安海等广大地区，为发起漳、厦战役创造了条件。

国民党军在福州失守后，为了固守漳、厦、金门，对人事安排和军事防御作了调整和部署：一是撤销福州绥靖公署和第六兵团建制，由东南军政长官公署副长官汤恩伯接任福建省政府主席兼东南军政长官公署厦门分署主任，统一指挥刘汝明、胡琏、李良荣部，毛森接替李良荣任厦门警备司令；二是收缩防线，以第八兵团部率第六十八军及第九十六军残部布防于漳州、长泰、南靖地区，以拱卫厦门、金门；以第五十五军防守厦门；以第二十二兵团部率所属第二十五军及从台湾调来的第二〇一师配置于大金门岛；以第五军据守小金门岛。显然，国民党军企图凭借厦门海岛的有利地形及原有要塞的永久性工事来抵抗人民解放军的进攻，固守金、厦，借以屏障台湾。

经过一段时间休整，人民解放军第十兵团决定发起漳厦战役。这一战役自 9 月 16 日开始①，到 10 月 17 日结束，历时 1 个月，前后分两个阶段进行。从 9 月 16 日到 25 日，人民解放军首先进行外围战斗，以控制和夺取厦门周围地区的有利阵地。9 月 16 日，人民解放军第二十八军攻克平潭岛，翌日又攻下东庠岛，俘敌 270 余人，完成了预定战斗任务。第二十九军于 16 日攻克南日岛，随后主力南下，于 19 日晨占领马巷，继而强攻集美，歼敌一部。残敌向厦门逃窜，人民解放军遂占领集美，扫清了厦门北侧大陆之敌。

漳厦战役打响后，人民解放军第三十一军分两路攻击前进。一路于 9 月 19 日晨攻克长泰、漳州；另一路同时攻占同安、角尾、石美，20 日渡过九龙江占领海澄、浮宫，并先后夺取岛美、城仔丙、东屿、高浦一带沿海阵地。至 9 月 25 日，人民解放军完成了第一阶段作战任务，共歼敌 2.3 万余人，从而完全控制了厦门外围大陆沿海阵地，完成对金、厦两岛之敌的三面包围。

厦门岛面积为百余平方公里，自然形成南北两半部。其西南是鼓浪屿。当时厦门守敌有第八兵团第五十五军全部、第一六六师及从漳州败逃来的第六十八军残部，总计兵力 3 万余人，其具体部署是：以第七十四师 3 个团守卫厦门北半部；以第一八一师守东南面；以第二十九师 1 个团和要塞守备总队、第六十八军残部等防守厦门市区；以第二十九师 2 个团据守鼓浪屿。国民党军企图依靠坚固的防御工事，以及空军、海军的协助配合，负隅顽抗。

渡海作战对于人民解放军来说是一种新的作战方式，况且要以木船渡海攻取厦门，任务是十分艰巨的。为了保证战斗的顺利进行，人民解

① 参见《叶飞回忆录》，解放军出版社 1988 年版，第 596 页。

放军进行了充分的准备。一是筹集船只，二是训练部队以适应海上作战。与此同时，厦门地下党组织积极开展对国民党军的策反工作，还千方百计地调查了解敌人的兵力部署和火力配置情况，绘成详图送交人民解放军十兵团司令部。十兵团原拟同时攻取金、厦两岛，后因船只不够，遂改变原定方案，决定先攻取厦门，再攻击金门。

十兵团制定了佯攻鼓浪屿，以诱使敌人纵深部队南调增援，主攻厦门北部高崎的作战方案。决定以第三十一军第九十一师和第九十三师一个加强团，佯攻鼓浪屿；以第二十九军第八十五师、第八十六师和第三十一军第九十二师在厦门北部高崎两侧30里的正面登陆突破，夺取高崎要塞，而后向纵深发展；并将第二十八军配置在大小嶝岛、莲河、围头沿海阵地，以炮火压制金门，策应总攻。①

10月15日下午4时30分，人民解放军开始对鼓浪屿之敌进行炮击。随后，第三十一军两个主攻团进击鼓浪屿，因风浪大，一部分运兵船被风漂回，大部分也未能在预定的突破口登陆。11时，第九十三师又组织3个梯队营起渡，结果只有2个排登陆上岸。由于指战员们英勇顽强的战斗，造成了汤恩伯的错误判断，以为鼓浪屿是人民解放军的主攻方向，遂将预备队1个师投入鼓浪屿，包围了人民解放军的登陆部队，并将防守在厦门中部的机动部队南调。人民解放军登陆部队浴血奋战，直至全部牺牲。

在第三十一军一部强攻鼓浪屿的同时，第二十九军第八十五、第八十六师和第三十一军第九十二师对厦门发起全线攻击，先后登陆成功，攻占了高崎要塞。10月16日凌晨，十兵团突击部队在长达20多里的正面上全线突破了国民党军在厦门岛北半部前沿的防御阵地。后续部队源源不断地登陆，击溃了敌人的反攻，继而向纵深推进。至16日下午，人民解放军攻占了岛腰的仙洞山、松柏山、园山和薛岭一线山头，控制了整个岛的北半部。

---

① 参见《叶飞回忆录》，解放军出版社1988年版，第590页。

为了全歼敌人，人民解放军各攻击部队于 10 月 17 日拂晓分别向黄厝、曾厝垵及厦门市区攻击前进。同时，第九十一师再度攻击鼓浪屿奏效。当天上午战斗结束，厦门和鼓浪屿宣告解放。至此，漳厦战役胜利结束，共歼灭国民党军 1 个兵团部、1 个要塞司令部、2 个军部、7 个师等计 5 万余人①，为以后解放东山岛创造了有利条件。

厦门解放后，人民解放军第十兵团领导集中主要精力接管城市，解决厦门的供应问题；并决定以第二十八军 2 个师和二十九军 1 个主力师在第二十八军副军长和军政治部主任的指挥下，担任攻打金门的任务。

大金门岛面积为 133 平方公里，形如哑铃，东西宽，南北窄。小金门岛面积为 15 平方公里，多丘陵。当时金门守敌是李良荣的第二十二兵团，共约 2 万人，除第五军防守小金门外，大部分兵力守备大金门。厦门岛的解放，使金门守敌受到巨大威胁。为了加强金门防御，国民党军将其在潮安、汕头地区的第十二兵团所属 2 个师先后增调至大金门，该兵团后续部队也有继续向金门增援的迹象。人民解放军第二十八军在攻击金门之前，做了一些准备工作。在厦门湾至泉州湾一线协同当地党政机关搜集船只，但因风浪很大，加之敌机袭扰，船只不易集中，以致一再推迟发起战斗的时间。

10 月 24 日黄昏，人民解放军发起攻打金门的战斗。人民解放军的兵力是足够的，但是搜集到的船只不够使用，一次只能运载 3 个团。25 日 2 时许，第二十八军 2 个团和第二十九军 1 个团登陆成功。然而没有一名师的指挥员随同登岛指挥，登陆部队也未先巩固滩头阵地，仅留 1 个营兵力控制古宁头滩头阵地，就兵分两路向纵深猛插，击溃李良荣兵团，直向料罗湾方向追击。

敌十二兵团奉蒋介石命令已进入料罗湾，该兵团主力第十八军遂投入战斗，对人民解放军登陆部队实行反包围，并夺取了古宁头滩头阵地，切断了人民解放军的后路。由于人民解放军登陆时已是退潮时间，所乘

① 参见《叶飞回忆录》，解放军出版社 1988 年版，第 596 页。

船只全部搁浅，进而被敌人悉数炸毁，致使后续部队无法增援。登陆部队陷入敌众我寡、孤立无援的困境。25日晨，敌人以第二〇一师、第四十五师及第十八军等部，在飞机、军舰、坦克的配合下，向人民解放军登陆部队实施连续反击，人民解放军各部同敌人激战终日，伤亡很大。

十兵团部为解登陆部队之危，下令紧急动员船只，但毕竟时间紧，船只少，仅征集到能运送将近2个营的船只。26日3时，十兵团运送4个连于大金门岛湖尾乡登陆，歼敌一部，但众寡悬殊，很快就被敌包围于滩头阵地。此时，人民解放军后续部队已无船可渡。在极其险恶的形势下，登陆部队指战员顽强战斗，终因兵少力弱，后援不继，难以挽回局势。战至28日下午，两批登陆部队共3个多团9086人（内有船工、民工、游击队员350人）一部英勇牺牲，一部被俘。[①] 这是解放战争中人民解放军的一次重大损失。

攻击金门失利的主要原因为轻敌与急躁所致；同时指挥员对渡海登陆作战的特点和困难认识不足，只强调战机，对敌情缺乏周密细致的了解，船只准备不足；登陆部队违背了渡海作战的规律，未先巩固滩头阵地，即向纵深发展，加之第一梯队3个团登陆后缺乏统一指挥，这样就难免遭受挫折。

漳厦战役以后，福建沿海较大的岛屿除金门、马祖以外，位于闽省南端的东山岛也仍处于国民党的控制之下。人民解放军和福建党政领导决定作好充分准备，在适当的时机解放东山。1949年10月底，中共东山县委进驻云霄县城关，着手开展解放东山的准备工作。鉴于渡海作战需要大量船只，县委千方百计地筹集各种船只。在云霄县委和云霄人民的大力帮助下，至1950年2月，云霄各区已征集船只200多艘，编为18个队；还发动组织200多名青年，准备为人民解放军当向导。与此同时，东山县委和人民解放军通过各种渠道了解东山岛上国民党军的情况和社会情况。当时盘踞在东山岛上的国民党军是从北方溃退下来的五十八师

---

① 参见军事科学院军事历史研究部编《中国人民解放军战史》第3卷，军事科学出版社1987年版，第340页。

洪伟达部，还有一支盐警大队，二者貌合神离，难于协调。东山县委利用敌人内部矛盾，积极争取盐警大队起义。在中国共产党宽大政策的感召下，1949 年 12 月 12 日，驻东山岛的 500 名盐警起义，奔向解放区。

为了顺利解放东山岛，从 1949 年到 1950 年 3 月，人民解放军进行了 5 次渡海作战演习。1950 年 5 月 11 日，人民解放军第九十一师、第九十四师和 1 个野炮营、2 个山炮营，打响了解放东山县的战斗。下午 5 时，人民解放军在云霄县古雷、岃屿、礁尾、陈岱、林头、大峤、四都等沿海攻击点，架起数百门大炮，向东山岛上的军事目标发动猛烈的轰击，攻击部队分四路渡海登陆，直插敌人腹背。在人民解放军的勇猛攻击下，国民党军丢盔弃甲，迅速溃败。各路退下来的敌军在城关海边沙滩上乱成一团，争先恐后夺船逃命。5 月 12 日清晨，解放东山的战斗胜利结束。这次战斗，毙伤敌军 22 人，俘敌官兵 1042 人，缴获了大量武器弹药。至此，福建省除金门、马祖等岛屿外，均告解放。

在新民主主义革命时期，福建人民在中国共产党的领导下，高举革命红旗，进行了 20 多年前仆后继、百折不挠的英勇斗争，经历了国共合作的北伐战争、土地革命战争、抗日战争和解放战争 4 个历史阶段，最后配合人民解放军解放了福建，取得了新民主主义革命的伟大胜利。福建党组织和人民艰苦卓绝的战斗历程，在中国革命史上写下了光辉的篇章。老一辈无产阶级革命家和无数革命先烈的卓越功勋将永远彪炳于福建革命史册上，他们的革命斗争精神是取之不尽、用之不竭的宝贵财富，将激励福建人民为共产主义的伟大理想而努力奋斗。

本书大事索引

（按时间顺序排列，每条方括号内 3 个数字依次为所在章、节、目序号。）

1840 年

6 月　中英鸦片战争爆发〔1.1.1〕〔1.1.3〕

7 月 3 日　英国军舰进犯厦门〔1.1.3〕

8 月 22 日　英国军舰再犯厦门〔1.1.3〕

1841 年

1 月　琦善与英国代表秘密议定《穿鼻草约》〔1.1.3〕

8 月 25 日　英军第三次进犯厦门，厦门陷落〔1.1.3〕

1842 年

8 月　清政府与英国签订《南京条约》〔1.1.1〕

1843 年

7 月　中英订立《五口通商条约》〔1.1.1〕

10 月　中英订立《虎门条约》〔1.1.1〕

11 月 2 日　根据《南京条约》的规定，厦门对外开埠通商〔1.1.1〕

本年前后　鸦片大量入闽，白银源源外流〔1.1.1〕

1844 年

7 月 3 日　根据《南京条约》规定，福州对外开埠通商〔1.1.1〕

7 月 中美签订《望厦条约》〔1.1.1〕

9 月 英国驻福州领事与福建布政使就英国在城内建立领事馆举行会谈〔2.1.1〕

9 月 福州人民举行反对英人入城斗争〔2.1.1〕

10 月 中法签订《黄埔条约》〔1.1.1〕

1845 年

4 月 中方同意英国在福州乌石山积翠寺设立领事馆〔2.1.1〕

本年 洋布倾销福建，国产布、棉积滞〔1.1.1〕

本年 法国在厦门掠卖华工 180 人，其后 7 年内由厦门出境被掠卖的华工约 3 万人〔1.1.1〕

1846 年

2 月 道光皇帝下令弛禁天主教，各国教会势力迅速深入福建各地〔1.1.5〕

4 月 福州人民激起反英斗争，捣毁英商记连洋行〔2.1.1〕

本年 英国驻福州领事馆取得在仓前山的建房权，实为“租界”之始〔1.1.4〕

本年 西方侵略者在厦门、福州走私、逃税，至 1853 年的数年间极为猖獗〔1.1.1〕

1850 年

本年 闽南小刀会在厦门成立〔2.1.2〕

1851 年

本年 闽南小刀会在同安起义〔2.1.2〕

1852 年

11 月 厦门人民掀起反对掠卖华工的斗争〔1.1.1〕

1853 年

4 月　福建巡抚王懿德奏请暂弛海禁，刺激茶叶生产与出口〔1.1.2〕

5 月 13 日　闽南小刀会在海澄举义〔2.1.2〕

5 月 18 日　闽南小刀会攻占厦门〔2.1.2〕

5 月　林俊率红钱会、乌钱会在德化起义〔2.1.2〕

6 月　邵武、建宁边界棚民起义〔2.1.2〕

11 月　闽南小刀会起义失败〔2.1.2〕

本年　龙岩蔡伦发等聚众起义〔2.1.2〕

本年　王懿德在福州、厦门设卡抽征〔1.3.1〕

1854 年

4 月 30 日　惠安天地会起义〔2.1.2〕

4 月　云霄红、白旗会党起义〔2.1.2〕

6 月　林俊起义失败〔2.1.2〕

8 月　漳浦会党起义〔2.1.2〕

本年　英国驻福州领事指令英商拒纳关税〔1.1.2〕

1856 年

5 月　福安红旗会众起义〔2.1.2〕

10 月　英、法联合挑起第二次鸦片战争〔1.1.2〕

本年　美、英两国借故拒绝向福州海关交纳关税〔1.1.2〕

1857 年

春　太平军第一次入闽作战〔2.1.3〕

4 月　林俊在南安再次率众起义，兵败牺牲〔2.1.2〕

5 月　宁化张朝煌兄弟起义〔2.1.2〕

本年　宁洋会众起义〔2.1.2〕

1858 年

3 月　太平军第二次入闽作战〔2.1.3〕
6 月　顺昌红巾会起义〔2.1.2〕
6 月　清政府与英、美、法、俄订立《天津条约》〔1.1.2〕
11 月　清政府与英、法订立《通商章程善后条约》〔1.1.2〕
本年　英、美、俄等国开始在福建各地建立厂矿〔1.1.2〕
本年　英商在厦门创办船厂，福建工人阶级自此逐渐诞生〔1.2.2〕
本年　闽南小刀会在海上被消灭〔2.1.2〕

1860 年

10 月　清政府与英、法订立《北京条约》〔1.1.2〕
11 月　太平军第三次入闽作战〔2.1.3〕
11 月　闽西花旗会攻克武平、上杭、长汀〔2.1.2〕
本年　南平王贵生起义〔2.1.2〕

1861 年

7 月　由英、美控制的闽海关（洋关）建立〔1.1.2〕
本年　英国汇隆银行率先在福州开办业务〔1.1.2〕
本年　英国在厦门划定租地地界〔1.1.4〕

1862 年

3 月　由英、美控制的厦门海关（洋关）建立〔1.1.2〕

1863 年

本年　天主教福建主教李亨灼在福安穆阳强建教堂，激起民变〔2.1.4〕

1864 年

7 月　太平军第四次入闽作战〔2.1.3〕

1865 年

6 月　太平军侍王李世贤率部抢渡永定河失利，不久被康王汪海洋火并谋杀〔2.1.3〕

12 月　太平军汪海洋部兵败嘉应州（梅县）〔2.1.3〕

本年　左宗棠整理福建厘务，在各地设立局卡勒索捐税〔1.3.1〕

1866 年

本年　左宗棠创办船政〔1.2.1〕

本年　英国汇丰银行、丽如银行在福州设立代理处与分行〔1.1.2〕

1869 年

1 月 5 日　传教士胡约翰挑起川石岛教案〔2.1.3〕

本年　闽浙总督英桂创办福建机器局〔1.2.1〕

1871 年

本年　美国领事强占鹿耳礁、三丘田为租界〔1.1.4〕

1875 年

本年　福建民族资本经营的近代工业开始兴起〔1.2.1〕

1877 年

本年　英、德企图在厦门设立“工务局”、强占鼓浪屿未遂〔1.1.4〕

1879 年

本年　美国传教士挑起延平教案〔2.1.4〕

1883 年

12 月　法国挑起侵略中国的中法战争〔1.1.3〕

1884 年

5 月 11 日　李鸿章与法国特使福禄诺签订《中法简明条约》〔1.1.3〕

7 月 12 日　法国向清政府发出最后通牒，迫令中国军队从越南撤兵〔1.1.3〕

8 月 5 日　法军进攻台湾基隆〔1.1.3〕

8 月 23 日　中法马江海战，船政水师覆灭〔1.1.3〕

1885 年

4 月　中法战争结束〔1.1.3〕

本年　左宗棠向英国汇丰银行举债 100 万英镑〔1.1.2〕

1886 年

本年　福州人民为纪念马江战役阵亡官兵建造“昭忠祠”〔1.1.3〕

1894 年

7 月　日本发动侵略中国的甲午战争〔1.1.2〕

1895 年

4 月　中日签订《马关条约》〔1.1.2〕

8 月　古田县斋会起义军反洋教斗争〔2.1.4〕

1897 年

12 月　日本人在福州创办其喉舌《闽报》〔1.1.5〕

本年　民营邵武煤矿、海澄南太武山煤矿创建，此后福建民族工业大量涌现〔1.2.1〕

1898 年

3 月 24 日　清政府开辟宁德三都澳为商埠〔1.1.2〕

本年　日本强迫清政府把福建划为日本势力范围，在厦门设立日本“专管租界”〔1.1.4〕

本年　日本在福、厦、泉、漳开设各种书院、学堂〔1.1.5〕

1899年

本年　日本在福州强行设立“专管租界”〔1.1.4〕

本年　福州船政中国工人罢工〔1.2.2〕

1900年

8月23日　日本驻厦门领事上野唆使僧侣自焚日本寺庙，日军借机在鼓浪屿登陆〔1.1.4〕

本年　日本在福州、厦门开设银行〔1.1.2〕

1901年

10月14日　中方代表与各国领事就鼓浪屿划为公共租界条款举行谈判〔1.1.4〕

1902年

1月10日　中方代表与各国领事就鼓浪屿划为公共租界达成协议，草签《土地章程》〔1.1.4〕

1月21日　光绪皇帝批准划鼓浪屿为公共租界的《土地章程》〔1.1.4〕

本年　日、英两国商人开始对福建樟脑资源进行掠夺性采炼〔1.1.2〕

1903年

1月　鼓浪屿公共租界“工部局”和“会审公堂”成立〔1.1.4〕

1904年

9月10日　厦门各界成立以陈纲为会长的“拒美约会”〔2.1.5〕

1905 年

5 月　福州商民开展抵制美货运动〔2.1.5〕

6 月　泉州各界开展抵制美货运动〔2.1.5〕

7 月　厦门“拒美约会”发动抵制美货运动〔2.1.5〕

8 月　孙中山在日本东京创立“中国同盟会”〔2.2.1〕

本年　厦门等地人民开展反对海关苛税斗争〔1.2.2〕

本年　闽浙总督魏光焘以本省盐税为抵押，向法国银行借银 300 万两〔1.1.2〕

1906 年

夏　以郑祖荫为会长、林斯深为总干事的中国同盟会福建支会成立〔2.2.1〕

本年　漳浦人民开展反洋教斗争〔2.1.5〕

1911 年

4 月　林觉民等福建革命党人赴粤参加广州起义〔2.2.1〕

10 月 10 日　革命党人发动武昌起义〔2.2.1〕

11 月 8 日　福建革命党人在福州发动武装起义〔2.2.1〕

11 月 11 日　革命党人光复漳州〔2.2.1〕

11 月 12 日　兴化光复〔2.2.1〕

11 月 13 日　福建军政府在福州成立〔2.2.1〕

11 月 15 日　厦门革命党人举行武装起义〔2.2.1〕

11 月 21 日　汀州府宣告独立〔2.2.1〕

12 月 25 日　孙中山被举为中华民国临时大总统〔2.2.2〕

12 月　福建全境光复〔2.2.1〕

1912 年

年初　蔡元培、吴玉章等成立留法俭学会，从此开始留法勤工俭学运动

〔3.1.5〕

1月11日　孙中山下令北伐袁世凯〔2.2.2〕

1月18日　福建学生北伐军赴沪待命北伐〔2.2.2〕

2月12日　清帝溥仪退位，15日袁世凯被举为中华民国第二任临时大总统〔2.2.2〕

4月1日　孙中山辞临时大总统职，21日到福州〔2.2.2〕

4—5月　彭寿松先后刺杀蒋筠、黄家宸〔2.2.2〕

7月12日　袁世凯委孙道仁为福建都督，北洋军阀势力侵入福建〔2.2.2〕

7月12日　李烈钧在江西举兵讨袁，爆发“二次革命”〔2.2.2〕

7月19日　福建都督孙道仁被迫通电讨袁〔2.2.2〕

8月　孙道仁扼杀福建“二次革命”〔2.2.2〕

1913年

11月　袁世凯委刘冠雄为闽浙巡阅使、李厚基为福建镇守使，经营北洋军阀地盘〔2.2.2〕

1914年

5月　袁世凯废除《临时约法》〔2.2.2〕

年底　孙中山派叶青眼到厦门组建中华革命党福建支部〔2.2.2〕

1915年

5月　袁世凯接受日本旨在灭亡中国的《二十一条》〔2.2.2〕

9月　陈独秀创办《青年杂志》，新文化运动兴起〔3.1.4〕

12月　袁世凯敕封李厚基为一等子爵〔2.2.2〕

1916年

3月21日　袁世凯擢升李厚基为建武将军，兼署福建巡按使〔2.2.2〕

5—6月　革命党人在福建各地举行讨袁护国的武装斗争相继失败〔2.2.2〕

7月6日　段祺瑞政府委李厚基为福建督军，胡瑞霖为福建省省长

〔2.2.2〕

1917 年

6 月 22 日　李厚基宣布响应张勋解散国会等主张〔2.2.2〕

6 月　李厚基参与张勋集团挟制黎元洪，支持段祺瑞〔2.2.2〕

7 月 1 日　溥仪复辟登基，封李厚基为福建巡抚〔2.2.2〕

7 月 4 日　李厚基见风使舵追随段祺瑞，声讨张勋〔2.2.2〕

夏　孙中山发动“护法运动”，李厚基与之对立〔2.2.2〕

1918 年

5 月　援闽粤军总司令陈炯明进攻福建〔2.2.2〕

6 月 22 日　北京政府令李厚基反击陈炯明，战事激烈〔2.2.2〕

6 月　北军陶质彬等部宣告独立，联合陈炯明反击李厚基〔2.2.2〕

8 月　英国海军陆战队在厦门登陆强占海后滩〔3.1.3〕

12 月 6 日　李厚基与陈炯明签订停战协议，陈炯明在闽西南建立“护法区”〔2.2.2〕

下半年　黄展云等发起福建留法勤工俭学活动〔3.1.5〕

本年　政和、德化、将乐、闽清等地民众相继爆发反抗军阀统治的武装斗争〔2.2.2〕

1919 年

5 月 4 日　北京爆发五四爱国运动〔3.1.1〕

5 月 7 日　福州各校学生声援北京学生举行示威游行〔3.1.1〕

5 月 15 日　厦门学生自本日起连续示威游行，响应五四运动〔3.1.1〕

5 月 17 日　漳州学生示威游行，商会议决抵制日货〔3.1.1〕

5 月中旬　福州中等以上学校成立福州学生联合会〔3.1.1〕

5 月 24 日　福州学生示威游行，追悼郭钦光烈士〔3.1.1〕

5—7 月　厦门、漳州、莆田、延平、建瓯、建阳民众抵制日货，倡导国货〔3.1.1〕

6 月上旬　厦门、福州罢工、罢市，抵制日货〔3.1.1〕

6 月 14 日　奸商黄瞻鸿兄弟纠合打手及军警殴击福州爱国学生，酿成“黄案”〔3. 1. 1〕

6 月中旬　福州民众与省内外各界声援福州学生爱国斗争〔3. 1. 1〕

下半年　闽籍学生分批赴法勤工俭学〔3. 1. 5〕

10 月 31 日　日本侨民在福州寻衅闹事，企图挑起冲突〔3. 1. 2〕

11 月 16 日　日本“敢死队”打伤中国学生、巡警多人，派遣水兵在福州登岸示威，制造“福州事件”〔3. 1. 2〕

11 月中旬至 12 月　全省和全国各地民众声援福州人民反对日本侵略暴行〔3. 1. 2〕

12 月 1 日　陈炯明在漳州创办《闽星》半周刊〔3. 1. 4〕

12 月 30 日　日本被迫宣布撤走入侵福建军舰〔3. 1. 2〕

1920 年

3 月 13 日　北京政府外交部就“福州事件”照会日本，要求道歉赔偿，惩办肇事者〔3. 1. 2〕

3 月　福州人力车工人同盟罢工〔3. 3. 2〕

上半年　英国太古洋行在厦门海后滩一侧任意填筑码头，厦门民众展开反侵略斗争〔3. 1. 3〕

8 月 12 日　陈炯明返粤讨伐桂系军阀，李厚基趁机收复闽西南地区〔2. 2. 2〕〔3. 2. 1〕

11 月 12 日　中日双方换文，草草了结“福州事件”〔3. 1. 2〕

1921 年

1 月　厦门各界罢工、罢课、罢市，反对军阀暴政〔3. 3. 2〕

春　邓子恢、陈明等在龙岩组织“奇山书社”，传播新文化〔3. 2. 2〕

7 月　中国共产党成立，党的各种出版物传入福建〔3. 2. 2〕

11 月 6 日　英商在厦门强行填筑码头、飞桥，厦门和全国民众再次掀起大规模斗争〔3. 1. 3〕

12 月　侵入厦门的英国海军被迫撤退〔3. 1. 3〕

1922 年

4 月　中国代表与英国驻厦领事就英商强建码头及海后滩主权问题举行谈判，同年 10 月达成协议〔3.1.3〕

6 月　陈炯明叛变，孙中山与段祺瑞商定联合攻闽驱逐李厚基〔3.2.1〕

9—10 月　许崇智、王永泉联合攻闽，福建督军兼省长李厚基垮台〔3.2.1〕

11 月　社会主义青年团派陈任民回福州，成立“民社”宣传马克思主义〔3.2.2〕

12 月　陈任民、方尔灏等创办革命刊物《冲决》《尖兵》〔3.2.2〕

12 月　直系孙传芳、周荫人攻闽，翌年 4 月控制福建〔3.2.1〕

本年　马克思主义开始在厦门集美学校传播〔3.2.2〕

本年　闽北杨峻德等建立“建属六邑国内外留学同志会”，宣传新文化〔3.2.2〕

本年　马克思主义在福建与封建复古主义、国家主义、基尔特社会主义、无政府主义展开斗争〔3.2.2〕

1923 年

5—6 月　厦门集美学校师生为反对校长打击进步师生举行罢课〔3.3.2〕

9 月 1 日　邓子恢等创办《岩声》报，宣传革命思想〔3.2.2〕

11 月　李觉民、罗明等在厦门集美学校组织“星火社”，出版《星火》周报〔3.2.2〕

12 月　福州中小学生举行禁烟大游行〔3.3.2〕

12 月　自本月至 1925 年，厦门、惠安、泉州、福州、同安及其他各地商界为反抗军阀暴政开展各种斗争〔3.3.2〕

1924 年

1 月　中国国民党召开第一次全国代表大会，以国共合作为基础的民主革命统一战线形成〔3.4.3〕

1 月　庄竹秋等领导惠安北部农民大规模反抗捐税斗争〔3.3.2〕

2 月　福州英华书院学生为反对殖民化教育举行罢课〔3.3.2〕

4 月　国民党中央派江董琴到厦门发展组织，开展活动〔3.4.3〕

5—6 月　厦门大学学生为改革校务、反对校长压制进步师生举行罢课，部分学生赴上海另创大夏大学〔3.3.2〕

5—6 月　北京政府委周荫人为福建军务督理，孙传芳为闽粤边防督办〔3.2.1〕

秋　中国国民党福建临时省党部在厦门成立〔3.4.3〕

12 月　福州英华书院学生为反对校方驱逐学生开展斗争〔3.3.3〕

年底　厦门集美学校青年学生李觉民经社会主义青年团（1925 年 1 月改为共产主义青年团）中央委员恽代英介绍，加入青年团。

1925 年

1 月　中共第四次全国代表大会在上海召开〔3.3.4〕

1 月　福州“民导社”与“青年学社福建支部”合并成立“福建青年社”，徐星者等组织“勉之学社”（后改称“涤社”）〔3.2.2〕

1 月 16 日　军阀张毅血腥镇压漳浦县东区民的抗捐斗争〔3.3.2〕

1 月　南安、莆田、泉州等地农民武装反抗军阀横征暴敛，闽西南各地农民群起响应〔3.3.2〕

年初　北洋军阀在福建的军费支出占全省岁入 176%，加紧搜括民众〔3.3.1〕

2 月 9 日　福建政府与美国侵略者相勾结，拘捕福建学联会翁良毓等人〔3.3.3〕

2 月下旬　国民党福建省党部临时执委会在厦门成立〔3.4.3〕

2 月　吴仰文、阮山等筹建国民党永定临时县党部〔3.4.3〕

4 月 1 日　共青团福州支部成立，陈聚奎为书记〔3.4.1〕

4 月 7 日　福建军阀政府制造“四七血案”，镇压爱国学生〔3.3.3〕

4 月 8 日　省内外各界民众和党团中央声援福州学生的反美爱国运动〔3.3.3〕

春　国民党右派在诏安、东山、金门、同安等地建立县党部或筹备处〔3.4.3〕

5月30日　上海发生五卅惨案〔3.3.3〕

6月2日　自本日起，厦门、福州、泉州、漳州及其他各县民众抗议帝国主义制造五卅惨案〔3.3.3〕

6月中旬　共青团广东区委派蓝裕业到厦门，建立共青团厦门支部，李觉民任书记〔3.4.1〕

7月19日　共青团福州地委成立，林铮为书记〔3.4.1〕

7月　翁良毓创办福州书店〔3.2.2〕

9月12日　福建学联会成立以翁良毓为委员长的“收回教育权运动委员会”〔3.3.4〕

9月　福州大张旗鼓开展收回教育权运动〔3.3.4〕

9月　方尔灏向中央要求入党并在福州建立党组织〔3.4.2〕

9月　厦门电报局员工加入全国电报业同盟罢工〔3.3.2〕

11月　鉴于厦门共青团支部发展迟缓、组织松懈，共青团广东区委召李觉民到广州接受指导学习。李觉民返厦后将厦门团支部改建为共青团厦门特别支部。

12月23日　翁良毓被捕，翌年9月22日被杀害〔3.3.4〕

12月27日　共青团福州地委改组，严明杰为书记〔3.3.4〕

12月　邓子恢在奇山书社发展国民党员，秘密建立国民党龙岩县党部〔3.4.3〕

本年　上杭罗大准等组织读书会，出版《幻灯》〔3.2.2〕

1926年

1月　国民党第二次全国代表大会在广州举行，福建国共合作进一步加强〔3.4.3〕

1月　共青团福州地委再次改选，林铮任书记〔3.4.1〕

2月　共青团广东区委先后派蓝裕业、罗明到厦门整顿发展团组织〔3.4.1〕

重新建立共青团厦门特别支部，书记阮山，一面加强组织领导，一面为党团组织分化作准备。

2月　共青团莆田支部成立，陈国柱任书记〔3.4.1〕

3 月　在广州的闽西籍学生出版《汀雷》，宣扬无产阶级革命〔3.2.2〕

3 月　蓝为仁等建立国民党上杭临时县党部〔3.4.3〕

3 月　厦门共青团领导妇女解放运动，成立妇女解放协会〔3.4.3〕

3 月　周荫人招募新兵 8000 人，加紧扩军备战〔4.1.1〕

3 月 20 日　蒋介石制造中山舰事件，逐步夺取国民党军权〔3.4.3〕

3 月底　共青团厦门特别支部已发展为 7 个支部 43 人，并拟定其中 4 个支部改为中共支部。

4 月上旬　中共福州地委成立，方尔灏任书记〔3.4.2〕

4—5 月　中共厦门干事会成立，阮山为书记〔3.4.2〕

4 月　厦门、福州国民党右派成立孙文主义学会，破坏国民党省党代会及省党部的成立〔3.4.3〕

春　共产党员陈国柱由上海返莆田进行革命宣传和组织活动〔3.2.2〕

5 月 9 日　福州、厦门的中共党组织和学生联合会发动国耻纪念示威活动〔3.4.3〕

5 月 20 日　福州学联会为抗议军阀政府摧残教育请愿罢课，军警出动镇压〔3.4.3〕

5 月 31 日　共青团厦门特支向团广东区委报告，党团分化已完成，但党员表册尚未报中共广东区委。“拟定”中共厦门干事会书记阮山，团干事会书记罗杨才。

6 月　中共福州地委改组，蔡珊任书记〔3.4.2〕

6 月　胡轶寰等建立国民党长汀县临时党部〔3.4.3〕

7 月 9 日　国民革命军在广州誓师北伐〔4.1.1〕

夏　共青团漳州支部成立，季康任书记〔3.4.1〕

下半年　永定、建瓯、金丰、上杭、平和、漳州、惠安、莆田等地相继建立中共组织〔3.4.2〕

9 月　周荫人就任孙传芳部第四方面军总司令，策划袭扰闽粤边之北伐军〔4.1.1〕

10 月 8 日　周荫人率部由闽西攻击粤东境内北伐军〔4.1.2〕

10 月 8 日　周荫人部属曹万顺、杜起云起义加入北伐军〔4.1.2〕

10 月 9 日　北伐军开辟福建战场向永定出击，初战获胜〔4.1.2〕

10月　朱积垒、郭滴人等第六届广州农讲所学员返闽从事农民运动〔3.4.2〕

10月中旬　自此至11月下旬，北伐军次第克复闽西、闽南大部地区，进抵福州附近〔4.1.2〕

11月下旬　中共中央特派员王荷波偕福州国共两党代表与闽系海军谈判，接洽海军起义〔4.1.2〕

11月底　周荫人部下之张毅第一军抢渡乌龙江受挫被迫投降〔4.1.2〕

11月　自此至翌年2月，先后建立漳龙、岩平宁、泉永、莆属、汀属政治监察署，领导各地工农运动〔4.1.3〕

12月2日　福州城防司令李春生和省长萨镇冰归顺国民政府，北伐军于同月克复福建全境〔4.1.2〕

12月18日　何应钦进抵福州，组织省级政权〔4.1.3〕

12月25日　厦门举行“反抗文化侵略大会”，全省掀起“非基”运动〔4.2.2〕

12月　厦门集美学校学生会领导驱逐校长叶渊的斗争〔4.2.2〕

12月　罗扬才率领工人纠察队揭露厦门教会残害婴儿案〔4.2.2〕

12月　共产党员唐生创办泉州书店〔3.2.2〕

12月　撤销设在厦门的国民党福建临时省党部执委会，在福州成立国民党福建省和福州市党部筹备处〔4.2.1〕

年底　国民党福建省党部筹备处派员到各县筹建或改组国民党党部〔4.2.1〕

1927年

1月1日　厦门民众庆祝北伐胜利大会，提出《福建民众总要求》共11条〔4.2.2〕

1月3日　福建临时政治会议成立，代主席何应钦着手处理政务并改编各部民军〔4.1.3〕

1月14日　福州群众揭露教会虐杀婴儿案，福州民众连日示威抗议〔4.2.2〕

1月15日　何应钦逮捕杀害参加反帝“非基”运动的群众〔4.3.1〕

1 月 24 日　厦门总工会筹备会成立，罗扬才、杨世宁为正副委员长〔4.2.2〕

1 月 29 日　何应钦率东路军主力赴浙江，委方声涛为福建临时政治会议代主席〔4.1.3〕

1 月　中共龙岩县支部成立〔3.4.2〕

1 月　中共福州地委调整，陈昭礼为书记〔4.2.1〕

1 月　中共福州地委领导成立店员总工会和工人纠察队〔4.2.2〕

1 月　罗明到厦门、漳州，先后成立中共厦门市委、闽南部委〔4.2.1〕

1—2 月　国共合作出版《革命先锋》、《福建评论》、《民声》、福建《民国日报》〔4.2.1〕

1 月　建瓯民众代表开庭审判县知事谭国政〔4.2.2〕

1—3 月　全省中共各级组织发展，工农革命运动高涨〔4.2.1〕

1—3 月　全省各地普遍建立工会、农会、妇女会、学生会组织〔4.2.2〕

2 月 4 日　蒋介石逐步与美英帝国主义、张作霖及江浙财阀携手反共〔4.3.1〕

2 月 17 日　福建临时政治会议决定严惩兰汝汉父子及廖鸣欧，闽南人民“反兰倒廖”斗争胜利〔4.2.2〕

2 月底　福州、厦门工会组织通电抗议英帝国主义在汉口、九江的侵略罪行，发动反英示威〔4.2.2〕

2 月　福建省农民协会第一次代表大会在福州举行，成立省农民协会〔4.2.2〕

2—3 月　闽西南共产党组织相继举办各种工农运动讲习所〔4.2.1〕

2—3 月　龙岩、上杭、华安、漳浦、同安、惠安、晋江、宁德、寿宁等地民众惩治贪官污吏、土豪劣绅〔4.2.2〕

2—3 月　福州、厦门、龙岩、晋江等地国民党右派破坏工农运动〔4.3.1〕

2 月　蒋介石先后派戴季陶、吴铁城赴日本谋求“合作”〔4.3.1〕

3 月 3—8 日　国民党右派在福州不断制造流血事件压制革命运动〔4.3.1〕

3 月 4 日　中共和国民党左派领导成立“福建民众运动统一委员会”，遭到国民党右派反对〔4.3.1〕

3 月 9 日　中共福州地委召开万人市民大会遭到右派袭击〔4.3.1〕

12月1日　中共中央指示福建贯彻11月中央临时政治局扩大会议精神〔5.1.3〕

12月4—5日　中共福建各县负责同志联席会议，选举成立中共福建临时省委〔5.1.3〕

12月18日　中共漳浦特支领导反抗烟苗捐斗争〔5.2.1〕

12月23日　厦门《民钟报》《全闽报》社工人罢工〔5.3.2〕

12月25日　建瓯县民众打击教会势力酝酿武装斗争〔5.2.4〕

12月31日　惠安县党组织领导农民武装反抗国民党海军〔5.2.1〕

12月　中共平和临时县委领导减租抗捐斗争〔5.2.1〕

12月　中共厦门，福州市委相继成立〔5.3.2〕

1928年

1月10日　中共福建临时省委紧急扩大会议决定马上组织武装暴动〔5.2.2〕

1月21日　中共福建临时省委扩大会议决定加强工人运动〔5.3.2〕

2月10日　中共福建临时省委根据中央指示决定暂时停止暴动〔5.2.2〕

2月12日　中共平和临时县委决定发动武装暴动〔5.2.2〕

2月24日　漳州林乡农民武装反抗国民党军勒索〔5.2.1〕

2月24日　中共厦门市委领导成立厦门工人代表大会执委会〔5.3.2〕

2月　永定龙门乡农民武装与地主保安队激战〔5.2.1〕

3月4日　中共龙岩县委领导后田农民举行武装暴动〔5.2.2〕

3月8日　中共平和临时县委领导农民武装举行武装暴动〔5.2.2〕

3月12日　中共福建临时省委发表《告工农兵民众书》，高度评价平和暴动的意义〔5.2.2〕

3月12日　中共崇安县委领导农民武装示威未获成功〔5.2.4〕

3月　中共永春县委在东区发动农民斗争〔7.2.3〕

3月　中共福建临时省委指示永定县委加紧准备武装暴动〔5.2.2〕

4月初　邓子恢就任上杭县委宣传部长，赴蛟洋指导农民运动〔5.2.2〕

4月10日　福建临时省委《省委通讯》介绍龙岩后田暴动经过及经验教训〔5.2.2〕

9月下旬　中共永春县第一次代表大会召开，决定开展武装斗争建立红色政权〔7.2.3〕

9月28日　中共崇安县委在上梅等地领导武装暴动〔5.2.4〕

10月25日　国民党军出动镇压崇、浦暴动，10月30日暴动失败〔5.2.4〕

10月　罗明由莫斯科返福州，向省委传达六大精神〔5.3.3〕

10—11月　福建各城市工人运动由经济斗争发展为政治斗争〔5.3.2〕

11月7日　厦门、福州工人举行纪念十月革命示威游行〔5.3.2〕

11月28日　中共中央指示崇安暴动失败原因及今后工作方针〔5.3.3〕

11月　中共福建省委精简机关，刘乾初调山东，黄钊接任省委书记〔5.3.3〕

11—12月　罗明、陈柏生在闽西各地传达贯彻六大精神〔5.3.3〕

12月4日　谢汉秋召集平和县委扩大会议讨论六大决议〔5.3.3〕

年底　永定溪南区苏维埃区域受国民党摧残而失败〔5.2.3〕

年底　莆田县中共党员退出国民党，闽中地区中共党组织发展迅速〔6.2.3〕

1929年

1月中旬　毛泽东、朱德率领红四军由井冈山向赣南进军〔6.1.1〕

1月下旬　中共崇安县委再次领导农民武装暴动〔5.3.3〕

1月　福州市民自发举行反抗国民党捐税的斗争〔6.3.2〕

2月10日　红四军在瑞金大柏地伏击尾追之国民党军刘士毅旅〔6.1.1〕

2月　中共崇安县委领导的“民众队”攻打五夫镇失利，分散开展游击战争〔6.2.2〕

2月　中共永春县委领导农民武装攻占县城〔7.2.3〕

3月11日　红四军首次入闽，3月14日占领长汀〔6.1.1〕

3月中旬　福建第一个县级红色政权长汀县革命委员会成立〔6.1.1〕

3月20日　红四军在汀州召开前委扩大会议，提出建立赣南、闽西赤色区域的战略计划〔6.1.1〕

3—4月　闽西各县响应红四军入闽，纷纷举行武装斗争〔6.1.1〕

3月　福州中小商人集会反对“特别消费捐”，木业工人发动加薪斗争

〔6.3.2〕

3—5 月　中共中央和福建省委多次决定福建党组织的中心工作是城市工作〔6.3.1〕

春　闽北地方武装“民众队”改编为红军〔6.2.2〕

春　中共莆田县委在沿海地区发动群众武装斗争，策动国民党自卫团起义〔6.2.3〕

春　中共福州市委派马立峰、陈铁民等回福安开展工作〔7.4.1〕

5 月 17 日　红四军由瑞金出发二次入闽，5 月 20 日抢渡汀江向龙岩进发〔6.1.2〕

5 月 23 日—6 月 19 日　红四军三次攻占龙岩，歼灭国民党军陈国辉旅〔6.1.2〕

5 月　福州电报工人发起反对裁减工资的斗争〔6.3.2〕

6 月 22 日　中共红四军第七次代表大会在龙岩召开〔6.1.3〕

6 月　毛泽东等人布置龙岩县革命委员会制订土地政纲，推动闽西苏区土地革命〔7.5.1〕

6 月　中共龙岩县委在邓子恢主持下进行土地分配，提出“抽多补少，平均分配”的分田原则〔7.5.1〕

6—7 月　闽西革命根据地初步形成，开展土地革命建立红色政权〔6.1.2〕

7 月 20—29 日　中共闽西第一次代表大会在上杭蛟洋举行，选举新的特委，对政治、土地等问题作出重要决议〔6.1.2〕

7 月下旬　国民党军对闽西苏区发动第一次三省“会剿”〔6.1.2〕

7 月底　朱德率红四军一部出击闽中以击破“会剿”〔6.1.2〕

7 月　中共莆田县委在涵江、江口等地领导抗捐斗争〔6.2.3〕

8 月 15 日　中共漳州县党代表大会决定援助闽西斗争，加强城市与农村工作〔7.2.1〕

8 月底　以龙岩、永定、上杭三个县为中心的闽西苏区完成了上百万亩土地的分配，80 万农民分得土地〔7.5.1〕

8—10 月　中共厦门区委多次组织飞行集会、示威和罢工，不断遭到镇压〔6.3.1〕

9 月 12 日　中共莆田县委在涵江发动反帝示威，随之开展武装斗争，建立

莆田游击队〔6.2.3〕

9月20日 红四军与闽西地方红军攻占上杭城〔6.1.2〕

9月28日 中共中央发出《给红四军前委的指示信》即《九月来信》〔6.1.3〕

秋 中共连江县委成立〔7.4.1〕

10月22日 陈毅携带中央《九月来信》返回红四军〔6.1.3〕

11月26日 毛泽东回到红四军，准备对部队进行训练和整顿〔6.1.3〕

12月3日 红四军由汀州开赴连城新泉整训〔6.1.3〕

12月初 中共莆田县委率领游击队在广业区创造小块赤色区域〔6.2.3〕

12月28日 中共红四军第九次代表大会（古田会议）在上杭古田召开，通过决议，改选前委〔6.1.3〕

12月 中共永春县委率领武装袭击民团，成立游击队〔7.2.3〕

冬 漳州革命形势发展，成立游击队开展武装斗争〔7.2.1〕

年底 国民党军对闽西苏区发动第二次三省“会剿”〔6.2.1〕

1930年

1月5日 毛泽东在上杭古田写《星星之火，可以燎原》〔6.1.3〕

1月6日 卢兴邦在福州发动兵变，国民党内部矛盾加剧〔6.2.1〕〔6.2.2〕

1月上旬 红四军由闽西转向赣南击破第二次三省“会剿”，闽西苏区获得发展〔6.2.1〕

年初 闽北红军第五十五团成立〔6.2.2〕

年初 闽西苏维埃政府在龙岩创办闽西红军学校〔7.5.6〕

2月15—20日 中共福建省第二次代表大会在厦门召开，通过各项重要决议，选举新省委〔6.3.3〕

2月 闽北红军在崇安岚谷筹建第一个兵工厂〔7.5.3〕

2月 中共福建省委决定闽北须加紧开展游击战争实行土地革命〔6.2.2〕

3月12日 莆田县党团组织率领暴动队攻占北高、黄石镇〔6.2.3〕

3月18日 闽西第一次工农兵代表大会在龙岩召开，制订各项政策法令，成立闽西苏维埃政府〔6.2.1〕

3 月 24 日　莆田县委领导群众在江口举行暴动，组织游击队〔6.2.3〕

3 月　闽西各县红军编为中国红军第九军（后改称红十二军）〔6.2.1〕

3 月　闽西苏维埃政府作出筹办修械厂、子弹厂的决定〔7.5.3〕

3 月　闽西第一次工农兵代表大会决定开办各种工作人员训练班，造就干部〔7.5.6〕

3—4 月　中共崇安县委积极开展游击战争，崇安东、北乡地区形成赤色割据〔6.2.2〕

3 月　闽北苏区开始实行没收和分配土地〔6.2.2〕

3—5 月　中共福建省委、厦门市委不断在市区发动公开集会、示威和武装斗争，许多党员干部和群众被捕〔6.3.1〕

5 月 1 日　崇安县苏维埃政府成立，闽北苏区迅速发展〔6.2.2〕

5 月　中共中央在上海召开全国苏区代表大会〔7.1.1〕

5 月 25 日　中共福建省委领导厦门大劫狱〔6.3.1〕

5—6 月　闽西地方武装先后编制成立红二十军、红二十一军〔6.2.1〕

夏　闽西苏区党、团、群众组织和工农武装迅速发展〔6.2.1〕

6 月 11 日　中共中央政治局会议确立李立三“左”倾冒险主义在中央机关的统治〔6.3.4〕

6 月 14 日　闽西苏维埃政府颁发布告，号召各地成立粮食调剂局〔7.5.4〕

6 月　中共闽西特委与红四军前委在上杭南阳召开联席会议，总结土地革命经验〔7.5.1〕

6 月中旬—7 月初　中共福建省委多次召开会议，按照李立三“左”倾冒险主义部署全省工作〔6.3.4〕

7 月 8—20 日　中共闽西第二次代表大会贯彻李立三“左”倾错误〔6.3.4〕

7 月 25 日　中共福建省委领导厦门群众冒险举行反军阀示威遭到血腥镇压〔6.3.4〕

7 月下旬　邱泮林抵闽北传达李立三“左”倾冒险主义〔6.3.4〕〔7.1.2〕

7 月 27 日　中共崇安县委扩大会议贯彻“左”倾土地政策〔6.3.4〕

8 月 1 日　闽北红军与崇安工农武装举行八一示威，发动土地革命〔6.2.2〕

8月6日　中共福建省委合并党团组织成立福建省总行委，指示各地成立相应机构〔6.3.4〕

8月9日　闽西红二十一军冒险出击东江，失败而归〔6.3.4〕

8月21日　邱泮林赴赣东北苏区，商议将闽北苏区划归中共赣东北特委领导〔7.1.2〕

8月　闽北红军奉命赴江西攻打中心城市，闽北苏区遭受严重失利〔6.3.4〕

8月　闽西红军兵工厂在龙岩湖邦建立，后改称闽粤赣军区兵工厂、福建军区兵工厂〔7.5.3〕

8月　闽西苏维埃政府制定文化工作计划，确定苏区教育方针〔7.5.6〕

9月上旬　闽西第二次工农兵代表大会贯彻“左”倾的“反富农路线”〔6.2.3〕

秋　闽西苏区创办粮食合作社〔7.5.4〕

9月16日　惠安暴动失败，暴动领导人蓝飞鹤牺牲〔6.3.4〕

10月　中共六届三中全会精神传达到福建，福建省委和各地党组织相继纠正李立三“左”倾错误〔6.3.4〕

10月　中共福建省委派邓子恢赴莆田领导开展土地革命〔6.2.3〕

10月　中共中央派邓发到东江、闽西苏区，领导成立中共闽粤赣特委〔7.1.1〕

11月18日　莆田红军二〇七团改编为福建红军游击队第二支队，在闽中开展游击战争〔6.2.3〕

11月　闽西工农银行在龙岩成立〔7.5.5〕

12月9日　中共莆属特委创立外坑、霞瑶苏区〔6.2.3〕

12月13日　闽南工农游击队第一支队成立，积极开展武装斗争〔7.2.1〕

12月25日　莆田外坑赤色区域和第二支队受国民党军袭击转入低潮〔6.2.3〕

12月　闽西红军反对国民党军第一次“围剿”〔7.1.1〕

冬　中共福建省委派陶铸赴漳州加强党团工作〔7.2.1〕

12月　安溪县党组织在东区开展武装斗争，中共安南永边界特区委成立〔7.2.3〕

12月 福州电报工人发动收回被帝国主义掠夺的电信权斗争〔6.3.2〕

本年 卢肇西在闽西建立由中央领导的交通站，后称为闽西工农通讯社〔7.5.4〕

1931年

1月7日 中共六届四中全会召开，王明“左”倾教条主义占据中央领导地位〔8.2.1〕

1月21日 中共福建省委常委紧急扩大会议检查过去执行立三路线的错误〔6.3.4〕

1月 闽西红军新十二军首批逮捕所谓“社会民主党分子”，从此开始错误的“肃反”运动〔8.3.1〕

2月4日 中共福建省委作出决议并通告全省党员，完全接受六届四中全会的指令和任务〔8.2.1〕

2月28日 中共福建省委第五次执委扩大会议依据四中全会精神，拟定在城市工作中实行冒险主义方针〔8.2.1〕

2月 中共福建省委派员赴闽西传达四中全会，邓发主持中共闽粤赣特委第一次常委扩大会议加以贯彻〔8.3.1〕

2月 闽西苏区第一次反“围剿”结束〔7.1.1〕

3月1—2日 闽西苏维埃政府在永定虎岗召开“审判社会民主党分子大会”，把“肃反”引向更加严重的错误〔8.3.1〕

3月15日 中共中央四中全会代表团抵闽西，正式传达四中全会的理论与方针政策〔8.3.1〕

3月中旬 闽西苏区开始第二次反“围剿”，7月上旬结束〔7.1.1〕

3月25日 中共福建省委在厦门被破坏〔8.2.1〕

3月30日 代理省委书记王海萍赴党中央报告省委破坏情况〔8.2.1〕

3月 闽南游击队第一支队受挫，六七月间重整旗鼓积极反击〔7.2.1〕

4月4日 中共中央指示闽西苏区加紧“肃反”，打击“右倾”〔8.3.1〕

4月下旬 方志敏、周建屏率红十军入闽北作战〔7.1.2〕

春 彭杨军事政治学校第三分校迁至永定虎岗，改称闽粤赣边区红军军事政治学校〔7.5.6〕

4 月　中共闽北分区委第一次扩大会议贯彻王明“左”倾错误，同时依据闽北情况制订三条切合实际的方针〔8.3.1〕

4—8 月　邓子恢先后两次赴福安发动农民运动〔7.4.1〕

6 月 15 日　闽北红军独立团攻占崇安城〔7.1.2〕

6 月　中共中央决定暂不复建福建省委，特派姚仲云赴福州建立中共福州中心市委，7 月到厦门建立厦门中心市委〔8.2.1〕

夏　才溪人民根据毛泽东的建议，创办中央苏区第一个劳动合作社，后称劳动互助社〔7.5.2〕

7 月 11 日　闽北第一次工农兵代表大会在崇安召开，成立闽北分区苏维埃政府〔7.1.2〕

7 月 20 日　中央代表曾洪易抵达赣东北苏区大力推行王明“左”倾冒险主义〔8.3.1〕

7 月　闽西苏区投入第三次反“围剿”，9 月间取得胜利，与江西苏区打通连成一片〔7.1.1〕

7 月　中共厦门中心市委计划大力发展党和赤色工会组织以恢复革命力量，未能实现〔8.2.3〕

8 月 29 日　中共中央指示闽西苏区纠正大规模捕杀“社党”的错误〔8.3.1〕

9 月 18 日　日本帝国主义发动九一八事变〔8.1.1〕

9 月 20 日　厦门学生举行反日游行，厦门各界相继成立反帝大同盟，开展抗日爱国斗争〔8.1.1〕

9 月 21 日　驻漳浦县山城之国民党军两个连兵变起义〔7.2.1〕

9 月下旬　福州各校师生分赴城市乡村开展抗日救国宣传〔8.1.1〕

秋　闽北红军医院在大安道观厂创立〔7.5.6〕

9 月　闽东各县党组织发展迅速，开始实行武装斗争〔7.4.1〕

10 月　邓子恢赴连江透堡组织农会发动农民运动〔7.4.1〕

11 月上旬　苏区中央局在瑞金召开中央苏区第一次党代表大会〔7.3.1〕

11 月 16 日　日本军舰进泊福州台江，各界民众纷纷抗议〔8.1.1〕

11 月中旬—12 月中旬　中共厦门中心市委发动学生连续举行抗日救国的罢课、示威和游行请愿〔8.1.1〕

1932 年

3 月　赣东北苏区开始“肃反”运动，波及闽北苏区〔8.3.1〕

3 月　福建省第一次工农兵代表大会公布财政纪律〔7.5.5〕

3—4 月　中华苏维埃共和国国家银行成立，4 月以闽西工农银行为基础，成立国家银行福建分行〔7.5.5〕

4 月 13 日　中共厦门中心市委部署闽南各地群众斗争，配合东路军入漳行动〔7.2.2〕

4 月 16 日　中共中央指示厦门、福州中心市委加紧城市职工运动，着重打击“右倾机会主义”〔8.2.3〕

4 月下旬　厦门、福州中心市委主要领导分赴闽南各地加强领导，响应东路军行动〔8.2.3〕

4 月　安南永边区党组织创建闽南工农游击队第二支队〔7.2.3〕

4—7 月　陶铸领导福安、连江等县开展武装斗争，建立游击队，创造苏维埃区域〔7.4.1〕

5 月　中共漳州中心县委成立，闽南红军独立第三团成立〔7.2.2〕

5 月　赣东北省苏维埃政府制订《赣东北苏区生产冲锋队组织办法》〔7.5.2〕

5 月 28 日　红军东路军撤离漳州，国民党军围攻红三团〔7.2.2〕

5 月下旬　中共厦门中心市委受破坏，王海萍、董云阁相继被捕牺牲〔8.2.3〕

5 月　福州民众为反对国民党对日妥协连续举行示威〔8.1.1〕

5 月　福州福兴汽车公司职工自发开展经济斗争〔8.2.2〕

5 月　中共中央巡视员召集福州中心市委扩大会议，批评市委右倾，指示加紧发动城市工人的公开斗争〔8.2.2〕

6 月 23 日　红三团在国民党军重兵围攻下受到严重损失〔7.2.2〕

6 月　国民党十九路军由江苏移驻福建〔7.2.2〕〔8.1.2〕

6—8 月　十九路军在福建各地侦查镇压中共组织，肃清内部“赤化分子”〔8.1.2〕

下半年　十九路军改编、整肃福建各派地方势力〔8.1.2〕

6—7 月　闽西苏区开始实行查田运动〔8.3.2〕

7 月 4 日　中共闽北分区委制订《五个月工作计划》，强调建立和健全对外

1933 年

1 月 5 日　闽浙赣省苏执委会发布通令，要求苏区各县建立贮粮合作社〔7.5.4〕

年初　福建军区兵工厂与江西官田修械所合并，在银坑成立中央兵工厂〔7.5.3〕

1 月 25 日　红三军团与红十军在上清宫会师，红十一军成立〔7.3.2〕

1 月下旬　罗明向省委写报告，对闽西形势及工作方针提出合理的分析与意见〔8.3.2〕

1 月底　国民党对闽西苏区发动第四次“围剿”〔7.3.2〕

1 月　中共建宁中心县委成立〔7.3.2〕

年初　临时党中央从上海迁入中央苏区，加紧推行王明“左”倾教条主义〔7.3.3〕

年初　新任书记许包野领导厦门中心市委积极发展党和工人组织〔8.2.3〕

2 月 15 日　苏区中央局发动反对“罗明路线”的斗争〔8.3.2〕

2 月 24 日　中共闽粤赣临时省委在全省开展反对“罗明路线”运动〔8.3.2〕

2 月 26 日　中华苏维埃共和国临时中央政府人民委员会第 36 次常委会决定在中央苏区普遍建立粮食调剂局〔7.5.4〕

2 月　临时中央政府决定在国民经济委员会内设立对外贸易局〔7.5.4〕

2 月　汀州福音医院改名为中央红色医院，迁往瑞金〔7.5.6〕

3 月 18 日　福州民众纪念“三一八”举行抗日宣传遭到镇压，中共福州中心市委发动各抗日民众团体展开斗争〔8.1.1〕

3 月　日军占领热河进攻长城，福建各地纷纷集会声援长城抗战〔8.1.2〕

3 月　反对“罗明路线”斗争扩展到整个中央苏区〔8.3.2〕

3 月 31 日—4 月 7 日　红十九军在马洋洞伏击国民党十九路军连续获胜〔7.3.2〕

4 月 26 日　中央人民委员会决定成立闽赣省，邵式平为省革委会主席〔7.3.2〕

春　中共闽赣省委开展反“罗明路线”斗争〔8.3.2〕

4月　闽赣省开展查田运动产生不良后果〔8.3.2〕

4月　陶铸调赴上海，陈之枢接任福州中心市委书记，提出脱离福州实际的工人运动方针〔8.2.2〕

4月　临时中央政府国民经济人民委员部成立，其中设有粮食调剂局（后归粮食部领导）〔7.5.4〕

春　闽北红军医院调养所（又称中医院）在大安张山头创办〔7.5.6〕

春　闽东各县党组织领导群众武装开展春荒斗争和游击运动，党组织和工农武装发展〔7.4.1〕

5月3日　红十九军进攻上杭水西渡之役获胜，打破第四次“围剿”〔7.3.2〕

5月25日　蒋光鼐、蔡廷锴通电要求蒋介石政权坚定抗日决心〔8.1.2〕

5月28日　叶飞、颜阿兰领导宁德游击队袭击霍童镇〔7.4.2〕

5月　曾志赴福安县赛岐、甘棠领导春荒斗争〔7.4.2〕

5月　中共闽赣省委创办《红色闽赣报》〔7.5.6〕

5—6月　陈铭枢积极联络各派反蒋人士共同反蒋抗日〔8.1.2〕

6月　毛泽东召开八县查田大会和贫农团代表大会，纠正查田运动中的某些错误〔8.3.2〕

7月2日　东方军入闽连克清流、泉上、朋口、连城、新泉〔7.3.3〕

7—8月　寿宁县及福安革命委员会相继成立，领导分谷斗争而未开展土地革命〔7.4.2〕

8月16日　东方军开始第二阶段作战，直入顺昌、南平之线〔7.3.3〕

8月　闽南红三团开展错误“肃反”，在靖和浦边区扩大游击战争〔7.2.2〕

8月下旬　安溪县官桥区和安溪县革命委员会相继成立〔7.2.3〕

9月4日　中共厦门中心市委调集党团员飞行集会，团市委机关受破坏〔8.2.3〕

9月8日　国民党在安溪县蓬莱青云楼诱杀安南永边区的党和红军领导人陈凤伍等13人〔7.2.3〕

9月22日　十九路军代表陈公培在南平王台与彭德怀达成停战协议〔7.3.3〕〔8.1.2〕

9月25日　国民党军进攻黎川发动第五次“围剿”，东方军回师投入反

“围剿”〔7.3.3〕〔8.3.3〕

10月4日　东方军在洵口与国民党军陈诚部发生遭遇战〔8.3.3〕

10月22日　中共福安中心县委领导甘棠暴动〔7.4.2〕

10月30日　中共中央指示福州中心市委与十九路军建立民族反帝统一战线〔8.1.2〕

10月　十九路军代表与中央苏维埃政府代表在瑞金签订《反日反蒋初步协定》〔8.1.2〕

10月　闽东苏区党组织在连江透堡创办制枪厂〔7.5.3〕

10月　中共闽北分区委发动反“罗明路线”斗争〔8.3.2〕

下半年　闽西苏区查田运动造成不良后果〔8.3.2〕

11月初　中共福安中心县委扩大会议决定领导武装斗争，打通闽东苏区与闽北苏区〔7.4.3〕

11月上旬—中旬　陈铭枢与十九路军将领在福州加紧筹划发动反蒋事变〔8.1.2〕

11月18日　中共中央致信福建党组织，否定10月30日给福州中心市委指示精神，拒绝与十九路军合作〔8.1.2〕

11月20日　李济深、蒋光鼐、蔡廷锴等十九路军将领发动福建事变〔7.3.3〕〔8.1.2〕

12月11日　闽赣省第一次工农兵代表大会召开，闽赣省苏维埃政府成立〔7.3.2〕〔8.3.3〕

12月29日　中共福州中心市委决定与福建人民政府合作，发展反帝斗争与工人运动〔8.1.1〕

冬　中共漳州中心县委不赞同厦门中心市委关于配合福建事变扩大群众斗争的指示〔7.2.2〕

冬　厦门党团组织利用福建事变获得恢复与发展〔8.2.3〕

12月31日　中共福安中心县委扩大会议决定加紧武装斗争，建立闽东苏维埃区域〔7.4.3〕

本年　中共闽北分区委、分区苏维埃政府等联合创办《红色闽北》〔7.5.6〕

1934年

1月1日　连江游击队袭击马鼻镇，县委书记杨而菖牺牲〔7.4.3〕

1月4日 彭德怀、杨尚昆率红三军团再次向闽西北出击〔7.3.3〕

1月7日 中共福安中心县委领导闽东游击队夺取赛岐，周围各县游击队相继发展游击战争〔7.4.3〕

1月13日 福建人民政府垮台，十九路军随即崩溃〔8.1.2〕

1月28日 中共中央代表抵福州，筹备中共福建临时省委〔8.2.2〕

1月 中共中央决定成立中共闽粤边特委〔9.1.4〕

1月 国民党军调集兵力进攻闽东革命势力〔7.4.3〕

1—3月 国民党军攻占邱家隘、沙县、将乐、泰宁、归化〔8.3.3〕

2月 蒋介石委蒋鼎文为东路军司令，加紧从东线进攻中央苏区〔8.3.3〕

2月 闽东苏维埃政府筹备处成立，马立峰为主席〔7.4.3〕

2月 中共安溪中心县委实行土地分配，扩展安南永德赤色区域〔7.2.3〕

春 在曾志主持下，福安县柏柱洋进行土地改革试点〔7.5.1〕

3月 中共漳州县委在靖和浦苏区实行土地分配〔7.2.2〕

4月中旬 中革军委令红八团、红九团挺进敌后开展游击战争〔9.1.1〕

4月24日 红一方面军展开建宁保卫战，5月16日建宁失守〔8.3.3〕

4月下旬 红九团经永安转入敌后游击战〔9.1.1〕

4月 中共福州市委与党群组织同遭破坏〔7.4.3〕〔8.2.2〕

4月 王于洁由福州脱险重建中共莆田中心县委〔9.1.5〕

5月1日 红八团开进敌后建立闽西游击根据地〔9.1.1〕

6月3日 中共厦门中心市委发动飞行集会，与军警发生冲突〔8.2.3〕

6月底 中共闽东临时特委成立，苏阿德为书记〔7.4.3〕

6月 黄孝敏等领导成立中共福清中心县委〔9.1.5〕

6月 闽东苏维埃政府发出布告，鼓励赤白区之间的商业贸易〔7.5.4〕

夏 中共闽东特委将原福安中心县委的《红旗报》改为《闽东红旗》，作为特委和苏维埃政府的机关报〔7.5.6〕

8月14日 中央红军北上抗日先遣队占罗源，与闽东红军游击队会师〔7.4.3〕

8月 中央代表曾洪易向闽东特委传达“左”倾冒险主义〔9.1.3〕

8月 中共闽粤边第一次代表大会，闽粤边特委成立〔7.2.2〕〔9.1.4〕

8月底—9月初 中央红军取得温坊战斗胜利〔8.3.3〕

9月中旬　蒋介石派顾祝同协助蒋鼎文策划进攻长汀〔8.3.3〕

9月24日　国民党东路军下达进攻长汀的命令，红军展开松毛岭阻击战〔8.3.3〕

9月底　红军闽东独立师成立〔7.4.3〕〔9.1.3〕

10月7日　中央红军红九军团奉朱德命令，于夜间从长汀河田附近秘密转移，开始长征〔8.3.3〕

10月　国民党调集大军“围剿”闽北苏区〔9.1.2〕

10月　国民党军轮番“进剿”闽南与闽粤边各游击根据地〔9.1.4〕

10—12月　红军闽东独立师积极活动，拓展闽东红色区域〔7.4.3〕

10月　闽北苏区的10多个县，先后有五六十万农民分得土地〔7.5.1〕

11月2日　国民党军占领长汀，随后相继占领归化、清流、宁化〔8.3.3〕

11月10日　中共厦门中心市委发动公开集会，党团群众组织受破坏〔8.2.3〕

11月中旬　蒋介石部署追堵红军主力并加紧围攻中央苏区〔9.1.1〕

11月　国民党调集大军“围剿”新崛起之闽东苏区〔9.1.3〕

11月　中共闽东特委紧急号召苏区人民奋起反“围剿”〔9.1.3〕

11月　闽中党组织开辟莆田常太游击区〔9.1.5〕

12月　国民党军攻陷中共闽东特委驻地福安县官洋〔9.1.3〕

12月　国民党东路军部署对福建各游击根据地的“清剿”〔9.1.1〕

1935年

1月5日　中共闽北分区委和苏维埃政府撤离大安实行游击战争〔9.1.2〕

1月15日　闽东红军在福安彭家山伏击国民党军〔9.1.3〕

1月　中共闽东特委决定改变策略撤出苏区开展游击战争〔9.1.3〕

1月　红八团开赴漳平县朗车举行整训〔9.1.1〕

2月初　张鼎丞由福建省委返回永定领导游击战争〔9.1.1〕

2月　红九团突破封锁线向张鼎丞靠拢〔9.1.1〕

2月　闽北独立师重新建立，分兵游击打击国民党军〔9.1.2〕

2月　闽东红军屡遭袭击，马立峰、赖金彪等牺牲〔9.1.3〕

2月　中央分局根据党中央电令决定分散游击〔9.1.1〕

3 月下旬　红八团与红九团会师成立闽西军政委员会〔9.1.1〕

3 月　闽北军分区司令员李德胜叛变投敌〔9.1.2〕

3 月　闽东苏区沦陷，闽东独立师师长冯品泰企图叛变〔9.1.3〕

4 月 9 日　闽东独立师在霞浦槟榠岔伏击战胜利〔9.1.3〕

4 月上旬　中共福建省委和福建军区被国民党军包围摧垮〔9.1.1〕

4 月　闽西南军政委员会成立，确定游击战争方针〔9.1.1〕

4 月　红八团在岩南漳边区及漳龙公路两侧展开反“清剿”斗争〔9.2.1〕

4 月　国民党军开始对闽北老苏区实行全面“围剿”〔9.1.2〕

5 月底　闽东党组织含溪联席会议恢复闽东特委并制订重要方针〔9.1.2〕〔9.2.2〕

5 月　中共莆田中心县委与福清中心县委合并为闽中特委〔9.1.5〕

5 月　闽西游击区第一作战分区决定分散于岩、连、宁边区游击〔9.2.1〕

春　中共闽粤边特委改变策略深入外线作战创造新的游击区〔9.1.4〕

6 月 5 日　中共靖和浦县委第五次扩大会议部署群众性游击战争〔9.1.4〕

6 月 5 日　中共靖和浦县委提出武装民众开展抗日民族战争，建立下层反日反帝统一战线〔9.3.1〕

6 月底　红九团进抵闽南平和与红三团会师〔9.1.4〕〔9.2.1〕

6—7 月　国民党第十师对闽西游击区第一分区进攻，红军游击队展开反“清剿”斗争〔9.2.1〕

7 月　闽中工农游击队第一支队收编土匪刘春水部，巩固罗汉里游击根据地〔9.2.5〕

8 月初　叶飞、阮英平率部在周墩肖家岭伏击战获胜〔9.2.3〕

8 月　中共闽北分区委改变方针，挺进敌后开辟游击根据地〔9.1.2〕

8 月　中共闽东特委充实领导机构，创造游击新战术新政策〔9.2.3〕

8 月　闽中工农游击队第二支队成立，创建常太游击根据地〔9.2.5〕

9 月　刘文学率游击队恢复资、光、贵地区游击活动〔9.2.2〕

9 月　闽西红军第二作战分区战斗失利，司令员吴胜牺牲〔9.2.1〕

9 月　中共闽粤边特委第五次扩大会议总结一年斗争经验，确定群众性游击战争的工作方针〔9.1.4〕

9 月　潮、澄、饶游击区红三大队与红三团一部合编为闽粤边支队

〔9.2.4〕

秋 闽北独立师第二、三团挺进敌后开辟建松政游击根据地〔9.2.2〕

下半年 闽西红军游击队实行合法与非法、和平斗争与武装活动相结合的策略开展各种斗争取得好成效〔9.2.1〕

10月5日 浙南红军挺进师与闽东独立师会师寿宁，商定成立中共闽浙边临时省委〔9.2.3〕

11月 红军闽粤边独立营成立，发展和保卫乌山游击根据地〔9.2.4〕

初冬 黄立贵率闽北独立师一部向邵、顺、建地区发展〔9.2.2〕

12月 黄会聪著文提出在闽粤边区建立反蒋抗日统一战线并付诸行动〔9.3.1〕

1936年

1月1日 闽西南军政委员会召开第二次会议确定实行抗日反蒋统一战线方针〔9.3.2〕

1月底 黄立贵率闽北独立师向闽东发展，在洞宫山与闽东红军会师〔9.2.2〕

1—7月 中共闽粤边特委及红三团开辟发展大芹山、灶山、梁山等游击根据地〔9.2.4〕

2月24日 闽中游击第一支队袭击福建银行汽车缴获一批现款〔9.2.5〕

2月 中共闽东特委扩大会议决定闽东独立师分兵开展反“清剿”〔9.2.3〕

年初 吴先喜游击队进抵资、光、贵地区与刘文学部会合，成立中共资光贵中心县委〔9.2.2〕

年初 闽东游击区内部发生错误的“肃反”运动，历时6个月〔9.2.3〕

2—3月 云和诏游击区及闽粤边一些游击根据地发生错误的“肃反”运动〔9.2.4〕

3月 闽东独立师陈挺纵队恢复浙西南游击根据地，闽浙边界各县游击局面发展〔9.2.3〕

4月 闽北与闽东党组织领导人在洞宫山举行联席会议，成立中共闽赣省委〔9.2.2〕

5月 中共闽中特委扩大会议决定红一支队与红二支队合并为闽中抗日救

国义勇军第二支队〔9.3.5〕

6月 国民党两广实力派发动反蒋事变（即“两广事变”或“西南事变”）〔9.3.2〕

6月 闽西南军政委员会连续作出决定或发表宣言，号召配合西南事变实行反攻〔9.3.2〕

6月 中共闽粤边特委要求各地利用西南事变发展反日反蒋联合战线〔9.3.1〕

6月下旬 闽中红一支队与红二支队在常太游击区会师合编为闽中抗日救国义勇军第二支队〔9.2.5〕

7月 中共闽粤边特委统一组编各抗日群众武装为“漳州人民抗日义勇军”，同时建立各抗日群众团体〔9.3.1〕

7月 尹林平到达厦门成立中共厦门工作委员会〔10.1.2〕

7—8月 国民党军“围剿”莆田常太游击根据地，闽中游击队转移开辟莆(田) 永(泰) 边界之山溪游击根据地〔9.2.5〕

8月24日 中共闽浙边临时省委决定成立浙南人民革命委员会〔9.2.3〕

8月 中共闽赣省委派吴华友赴上海寻求与党中央的联系〔9.3.4〕

9月初 “南阳事件”导致中共闽浙边临时省委解体〔9.2.3〕

9月3日 红三团袭击云霄利宏银庄以解决部队给养〔9.2.4〕

9月 西南事变结束，蒋介石令粤军于11月间大规模“清剿”闽西红军游击队〔9.3.2〕

10月 闽中游击队从山溪游击区转移回常太地区活动〔9.2.5〕

10月 黄会聪前往上海等地寻求恢复与党中央的联系，何鸣代理闽粤边特委书记〔9.3.1〕

11月23日 闽中游击队袭击福清琯口民团取得胜利〔9.2.5〕

11月 粤军第一五七师进入闽南发动对红军游击队的“清剿”〔9.3.1〕

11月 闽西南军政委员会检讨对于西南事变策略的失误，制订新的方针以打击粤军〔9.3.2〕

11月 黄孝敏、余长铖由香港返回闽中游击区传达中央关于逼蒋抗日的指示精神〔9.3.5〕

冬 中共闽东特委转入反蒋抗日阶段，随即转变为促进国共合作共同抗日

〔9.3.3〕

年底　闽东党组织和游击根据地获得充分发展〔9.2.3〕

1937年

1—2月　闽北党组织与红军游击队逐渐了解到中共中央关于国共合作抗日的精神〔9.3.4〕

1—7月　闽浙皖赣边区国民党军加紧部署“清剿”红军游击队〔9.3.4〕

2月7日　中共闽赣省委作出决议号召一致团结共同抗日〔9.3.4〕

2月16日　中共闽中特委书记王于洁等主要领导人遭国民党逮捕杀害〔9.3.5〕

2月　中共闽粤边特委议决联合粤军共同抗日〔9.3.1〕

3月5日　中共南委致信闽粤边特委指示国共合作谈判方针〔9.3.1〕

3月7日　闽赣军政委员会成立，发动群众投入抗日运动〔9.3.4〕

3月28日　中共闽赣省委决议联合一切抗日团体结成抗日同盟〔9.3.4〕

4月25日　闽西南军政委员会常委扩大会决定促成国共合作抗日局面〔9.3.2〕

4月下旬　闽粤边党组织代表卢叨与粤军代表首次举行合作抗日谈判〔9.3.1〕

4月　中共闽中工作委员会成立，刘突军为书记〔9.3.5〕

5月15日　闽西南军政委员会向粤军提出合作谈判条件〔9.3.2〕

5月　闽西南军政委员会代表魏金水与粤军作初步接触〔9.3.2〕

5月27日　粤军无理逮捕中共闽粤边特委代理书记何鸣等十余人〔9.3.1〕

5月　国民党军围攻闽中游击根据地〔9.3.5〕

6月中旬　黄国璋由香港返回闽中工委传达南委指示〔9.3.5〕

6月23日　中共闽粤边特委在平和高坑举行会议讨论合作抗日问题〔9.3.1〕

6月26日　中共闽粤边特委与粤军达成合作抗日协议〔9.3.1〕

7月1日　闽南红三团在平和小溪点编为保安独立大队〔10.2.1〕

7月5日　中共闽东特委发表《告民众书》呼吁建立抗日民族阵线〔9.3.3〕

7 月 6 日　国民党顽固派制造“漳浦事件”和“月港事件”〔10. 2. 1〕

7 月 7 日　日军发动卢沟桥事变，全民族抗战爆发〔10. 1. 1〕

7 月 10 日　邓子恢、谢育才抵龙岩与国民党当局谈判〔10. 2. 2〕

7 月 13 日　闽北独立师师长黄立贵牺牲〔10. 2. 4〕

7 月 19 日　国民党控制的“福建省抗敌后援会”成立〔10. 1. 3〕

7 月 23 日　国民党领导的晋江县各界抗敌后援会成立〔10. 1. 3〕

7 月 25 日　郁达夫等领导成立福州文化界救亡协会〔10. 1. 3〕

7 月 28 日　厦门文化界抗敌后援会、厦门市各界抗敌后援会成立〔10. 1. 2〕

7 月 29 日　闽西南军政委员会代表邓子恢、谢育才与闽西国民党当局达成合作抗日协议〔9. 3. 2〕

7 月　中共漳州工委成立，领导开展抗日救亡运动〔10. 1. 3〕

8 月 12 日　中共闽中工委致函当局建议举行合作抗日谈判〔10. 2. 2〕

8 月 13 日　日军进攻上海〔10. 1. 1〕

8 月 15 日　陈嘉庚在新加坡领导成立新加坡筹赈会〔13. 3. 1〕

8 月 20 日　闽西各地红军游击队开始集中点编〔10. 2. 2〕

8 月 21 日　国民党粤军第一五七师进驻厦门并打击日本在厦势力〔10. 1. 2〕

8 月下旬　闽中地区国共合作谈判达成协议〔9. 3. 5〕〔10. 2. 2〕

9 月 3 日　厦门儿童救亡剧团成立〔10. 1. 2〕

9 月 4 日　福建省政府堵塞闽江口〔10. 4. 2〕

9 月上旬　郭文焕等在福安创办《战鼓》三日刊〔10. 1. 3〕

9 月 17 日　日舰炮轰厦门、永宁骚扰福建沿海〔10. 1. 1〕

9 月 20 日　陈仪率领福建省政府官员举行抗倭自卫战宣誓典礼〔10. 4. 2〕

9 月 20 日　闽赣抗日军政委员会致函熊式辉建议举行合作抗日谈判〔10. 2. 4〕

9 月中下旬　中共闽东特委与当局举行合作抗日谈判〔10. 2. 3〕

9 月 26 日　厦门《抗敌导报》创刊，积极宣传抗日救亡〔10. 2. 4〕

9 月下旬　闽北地区开始举行国共合作抗日谈判〔10. 2. 4〕

10 月 9—15 日　中共闽粤赣边区临时代表会议，闽粤赣省委成立〔10. 3. 1〕

10月15日　闽中红军游击队集中于莆田南门外接受点编〔10.2.2〕

10月26日　日军进攻金门，3天内占领全岛〔10.1.1〕

11月1日　陈仪发表《金门失陷的遗恨》〔10.1.1〕

11月上旬　日军不断轰炸厦门与闽南城乡〔10.1.2〕

11月下旬　王明从苏联回国提出右倾投降主义理论〔10.3.1〕

12月　闽东地区国共合作谈判成功〔10.2.3〕

1938年

1月17日　中共闽粤赣省委讨论闽中问题，指出闽中游击队处境危险〔10.3.3〕

1月29日　中共厦门工委《战时生活》创刊，引导民众抗日救国〔10.1.2〕

1月　福州抗日团体创办《战友》周刊〔10.1.3〕

1月　沈尔七等带领华侨归国抗日义勇队加入新四军二支队〔13.3.2〕

2月初　中共闽浙赣特委成立〔10.3.2〕

2月13日　中共东南分局《致闽浙赣特委指示信》提出工作方针〔10.3.2〕

2月20日　中共闽粤赣省委扩大会议（即中共闽西南特委第一次扩大会议）研究新四军二支队北上以后的工作方针〔10.3.1〕

2月20日　中共闽粤赣省委召开扩大会议，为适应新的形势，决定把闽粤赣省委改为中共闽西南特委，选举方方为书记〔10.3.1〕。

2月23日　新四军参谋长张云逸抵福州会见陈仪〔10.3.2〕

2月24日　闽东红军游击队编成的新四军三支队六团北上抗日〔10.2.3〕

2月25日　闽北红军游击队编成的新四军三支队五团由石塘出发北上〔10.2.4〕

2月　国民党军第七十五师接替一五七师驻防厦门〔10.1.2〕

3月1日　闽西南红军游击队编成的新四军二支队由白土出发北上抗日〔10.2.2〕

3月10日　国民党顽固派暗杀刘突军，翌日制造“泉州事件”〔10.3.3〕

3月10日　国民党顽固派制造“宁德事件”〔10.3.3〕

1939 年

1 月 21 日　闽西南潮梅特委召开第五次执委扩大会议〔11. 3. 1〕〔11. 3. 3〕

1 月底　闽西南潮梅特委开始马列主义理论学习运动〔11. 2. 1〕

年初　福安成立民众抗日组织和武装〔11. 1. 2〕

年初　泉州国民党当局压制民众抗日运动〔11. 1. 2〕

年初　改进出版社在永安成立，推进抗日文化活动〔11. 1. 3〕

1 月　中共漳州中心县委领导开展“建国储金运动”〔11. 1. 2〕

春　生活书店福州分店开业销售抗日书刊〔11. 1. 2〕

春　中共福州工委派员建立民众抗日武装“国民兵团”〔11. 2. 3〕

上半年　厦门“中国青年复土血魂团”“台湾革命大同盟”在厦门严厉打击日伪势力〔11. 1. 1〕

6 月底—7 月初　日军向闽江口及附近岛屿发动多次进攻以图登陆未果〔11. 1. 1〕

6 月　中共南平工委改称闽江工委扩展工作范围〔11. 1. 2〕

7 月 22 日　中共福建省第一次党代会召开〔11. 2. 2〕〔12. 3. 1〕

7 月　中共福建省第一次党代会决定武装自卫打击日顽〔11. 2. 3〕

7 月　闽西南潮梅特委决定隐蔽组织四项方针，同年 12 月又决定停止发展组织〔11. 2. 1〕

8 月 28—29 日　日军轰炸东山、诏安沿海以图登陆未遂〔11. 1. 1〕

8 月　闽西南潮梅特委通知各级组织一律转入地下〔11. 2. 2〕

9 月　中共福建省委创办马列主义研究班〔11. 2. 2〕

9 月　闽西南潮梅特委指示闽南党组织转入地下斗争〔11. 2. 2〕

9 月　谢育才、魏金水发表书面谈话揭露顽固派的反共活动〔11. 3. 3〕

10 月前后　南平抗日运动高涨，开展义卖“油炸桧”活动〔11. 1. 2〕

秋　龙岩、永定再次掀起保田斗争高潮〔11. 3. 2〕

11 月上旬　中共闽西南潮梅特委召开第六次扩大会议〔11. 2. 2〕〔11. 3. 1〕

冬　闽西南地区党组织为武装自卫发起“购枪运动”〔11. 2. 3〕

冬　中共大田县委建立发展抗日统一战线〔11. 3. 1〕

12 月 1 日　日伪军攻陷诏安，中国守军于 12 月 6 日反攻收复〔11. 1. 1〕

1940 年

1 月 1 日　中国军队为收复平潭岛与日伪军展开争夺战〔11. 1. 1〕

1941 年

4月13日　《苏日中立条约》在莫斯科签订〔12.1.1〕〔12.3.4〕

4月15日　永安改进出版社发表黎烈文《我们的抗议》，反对《苏日中立条约》〔12.3.4〕

4月19日　日军在长乐、连江沿海登陆，21日攻陷福州〔12.1.1〕

4月30日　毛泽东、朱德电令在闽浙沿海沦陷区开展敌后游击战〔12.2.1〕

4月下旬　自此至6月上旬，中共在福州附近沿海组建6支抗日武装〔12.2.1〕

5月中旬　中国军队反攻福州未获成功〔12.1.1〕

5月中旬　陈亨光率抗日游击队在长乐三溪第一次对日作战获胜〔12.2.2〕

5月下旬　中日军队在福州以北之大湖发生激烈争夺战〔12.1.2〕

5月　中共福建省委和闽中特委决定在沿海发动敌后游击战〔12.2.1〕

5月　以刘润世为总队长的长乐抗日游击总队成立〔12.2.2〕

春　以方方为书记的中共南方工作委员会成立〔12.3.2〕

春　顽固派对中共福建省委及闽北基本地区发动第一次"清剿"〔12.3.1〕

5月　《改进》半月刊改为月刊，改进出版社开始衰落〔12.3.4〕

6月　长乐抗日游击总队在长乐三溪、江田、琅尾港伏击日军〔12.2.2〕

6—7月　连江抗日游击队多次袭击日伪军〔12.2.2〕

7月　江西省委书记谢育才被捕，江西省委受破坏〔12.3.2〕

8月27日　第二十五集团军反攻福州，9月5日将入侵日军驱逐下海〔12.1.2〕

8月底　连江抗日游击队与国民党军在千人饮伏击日伪军〔12.2.2〕

8月　国民党顽固派连续袭击中共龙岩、永定县委机关〔12.3.2〕

9月　王助、林兆荣遭伏击牺牲〔12.2.1〕

9月　中共闽西特委机关遭袭击，特委书记王涛牺牲〔12.3.1〕

9月　福建省主席陈仪调离，刘建绪继位〔12.3.4〕

夏秋　闽南顽固派对靖和浦、梁山、乌山基点村"清剿"〔12.3.2〕

10月　中共福建省委在牛栏前村召开扩大会议讨论隐蔽精干和武装自卫策略〔12.3.1〕〔12.3.3〕

10月　中共闽西特委实行武装自卫，同时撤退隐蔽党员干部〔12.3.2〕

秋　闽西国民党重新进行反共部署〔12.3.2〕

冬 闽中党组织开始派遣武装分别潜入伪军中隐蔽〔11.2.3〕

1942 年

2 月 顽固派对中共福建省委活动地区发动第二次“清剿”〔12.3.3〕

4 月 21 日 国民党制造“江田事件”，刘润世被免职〔12.3.3〕

5 月下旬 谢育才从吉安回到福建平和，向方方报告国民党破坏南委的企图〔12.3.2〕

6 月 国民党特务在大埔高陂逮捕张文彬、涂振农，制造“南委事件”〔12.3.2〕

6 月 17 日 上饶集中营一部分难友举行赤石暴动〔12.3.3〕

10 月 闽西南和潮梅地区党组织停止组织活动，党员分散隐蔽〔12.3.2〕

1943 年

4 月 国民党顽固派对闽北与建松政地区发动第三次“清剿”〔12.3.3〕

5 月 《建设导报》创刊，永安进步文化活动复兴〔12.3.4〕

9—12 月 中共福建省委机关分批由闽北南迁至永泰青溪村〔12.3.3〕

夏 顽固派再次进攻闽西南共产党人隐蔽的生产单位，摧残基点村群众〔12.3.2〕

10 月 闽西南党组织建立武装经济工作总队〔12.3.2〕

10 月 东南出版社在永安创立，出版发行进步书刊〔12.3.4〕

秋 《民主报》由建瓯迁到永安成为永安进步文化的台柱〔13.4.2〕

1944 年

1 月 顽固派对闽北基本地区发动第四次“清剿”〔13.1.1〕

1 月 16 日 中共福建省委确定反击第四次“清剿”的对策和行动〔13.1.1〕

2 月 29 日 闽中游击队袭击莆田涵江交通银行〔13.1.1〕

4 月 左丰美率领福建省委主力武装南下闽中〔13.1.1〕

春 闽南特委成立闽南政治保卫队开展武装自卫〔13.1.2〕

5 月 中共闽中工委改为闽西北特委并建立闽西北游击支队〔13.1.1〕

6 月 10 日　中共福建省委决定从 7 月至 11 月进行整风〔13.1.1〕

7 月　中共福建省委决定成立闽东特委〔13.1.1〕

8 月初　章志廉由淮南返回福建省委传达华中局指示〔13.1.1〕

8 月　闽北游击队开展反“清剿”，汪林兴牺牲〔13.1.1〕

夏　王亚南任福建研究院社会科学研究所所长，积极推进永安进步文化活动〔13.4.2〕

9 月 1 日　杨潮主编的《国际时事研究》创刊〔13.4.2〕

9 月 27 日　日军发动第二次福州战役，10 月 4 日再陷福州〔13.2.1〕

9—10 月　中共福建省委部署和领导沿海抗日游击活动〔13.2.2〕

10 月 8 日　福州救火会员丁进入市区打击日军〔13.2.2〕

10 月 25 日　王涛支队在上杭成立〔13.1.2〕

11 月　中共永和靖县委成立康容支队开展武装自卫〔13.1.2〕

11 月　熊式辉主持闽粤赣三省边区联防会议加紧反共部署〔13.1.2〕

11 月　福建省委派部开赴南屿一带实行“闪电式抗日”〔13.2.2〕

12 月 23 日　王涛支队袭击龙岩何家陂炮楼〔13.1.2〕

1945 年

3 月　《中央日报》(永安版) 制造舆论围攻永安进步文化〔13.4.2〕

4 月 13 日　王涛支队奇袭上杭丰稔市〔13.1.2〕

5 月上旬　福建省委召开干部会议 (南阳会议)〔13.4.1〕

4—5 月　王涛支队在龙岩田螺形山、黄田等地打击顽固派〔13.1.2〕

5 月 6 日　国民党军向福州外围日军发动攻击〔13.4.3〕

5 月 14 日　华中局复电肯定福建省委南阳会议并指示工作方针〔13.4.1〕

5 月 18 日　进占福州的日军撤逃，福州第二次光复〔13.4.3〕

5 月　国民党制造“周壁事件”迫害永安进步文化人士〔13.4.2〕

6 月 5 日　福建省委作出反对第五次“清剿”决定〔13.4.1〕

6 月上旬　福建省委决定派庄征到福州恢复城市工作〔13.4.1〕

6 月上旬　隐蔽于湄洲岛伪军中的中共武装暴露受损失酿成“东吴事件”〔13.4.1〕

6 月 12 日　蔡文焕等为接应海上游击队被包围铸成“科任事件”〔13.4.1〕

6 月 16 日　王涛支队从金丰大山向闽南出击〔13. 1. 2〕

6 月中旬　福建省委撤离长乐转移到林森县（闽侯）〔13. 4. 1〕

6 月　建松政游击队开展反特斗争破获特务情报网〔13. 1. 1〕

7 月 12 日—8 月初　国民党特务逮捕谌震、杨潮等制造“永安大狱”〔13. 4. 2〕

7 月　占领厦门的日军撤离厦门、金门〔13. 4. 3〕

8 月 9 日　中共中央作出对闽粤赣工作方针指示〔14. 1. 1〕

8 月　以庄征为书记的闽江工委成立并展开工作〔13. 4. 1〕〔15. 2. 1〕

8 月底—9 月初　中共闽粤边委召开扩大会议（水尖山会议）〔14. 1. 1〕

8—9 月　华中局和党中央多次指示福建省委关于日本投降后的方针〔14. 1. 1〕

9 月 11 日　王涛支队、韩纵一支队与敌作战，陈卜人等牺牲〔14. 1. 2〕

9 月　中共福建省委就目前形势任务发出指示〔14. 1. 1〕

9 月—10 月 5 日　驻川石岛、鼓浪屿等处日军就地投降〔13. 4. 3〕

10 月　刘建绪出巡闽西南部署“剿共”〔14. 1. 2〕

10 月　中共福建省委机关整风学习〔14. 1. 3〕

秋　中共闽粤边委建立闽西、闽南军分区〔14. 1. 2〕

11 月 4 日　中共中央转发方方《关于闽粤赣边区工作的意见》〔14. 1. 2〕

11 月　国民党福建省政府由永安迁回福州〔14. 1. 1〕

11 月　中共闽粤边区临时委员会成立〔14. 1. 2〕

12 月 1 日　国民党在昆明制造“一二・一”惨案〔15. 1. 2〕

12 月　福州学生集会抗议国民党镇压昆明爱国学生运动〔15. 1. 2〕

12 月　中共闽南特委派罗林开辟闽西南白区工作〔15. 2. 2〕

1946 年

1 月 28 日　闽中游击队截获国民党大笔现金，叶良运牺牲〔14. 1. 3〕

2 月 3 日　国民党军向闽西南革命基点发动进攻〔14. 1. 2〕

2 月 24 日　福州电信局员工为改善待遇实行怠工〔15. 1. 3〕

2 月 25 日　王涛支队袭击大埔高陂，巫先科等牺牲〔14. 3. 2〕

2 月　福建省委在福州召开会议总结经验研究工作转变〔14. 1. 3〕

4 月　福建省委指挥各路武装分散开展群众工作〔14.1.3〕

6 月 15 日　福州制笔行业工人为改善待遇举行请愿斗争〔15.1.3〕

9 月 7 日　陈嘉庚谴责美国援助蒋介石打内战〔15.1.4〕

下半年　闽粤边人民武装分散发展，王涛支队于 10 月解散〔14.1.2〕

11 月 14 日　福州印刷工人为增加工资救济失业工友举行罢工〔15.1.3〕

11 月 25 日　中共福建省代表会议在南古瓯地区召开，历时 52 天〔14.2.1〕

11 月　中共闽粤边临委撤销，闽粤边工委成立，重新确定蓄力待机方针〔14.3.1〕

12 月 30 日　福州各校学生掀起反美抗暴斗争〔15.1.2〕

年底　民联成员丁超五在南京与董必武晤谈〔15.1.4〕

1947 年

1 月 7 日　厦门大学与双十中学学生示威游行抗议美军暴行〔14.2.2〕

2 月 22 日　闽浙赣区党委召开城市工作会议，闽江工委改为城市工作部〔15.2.1〕

1—2 月　闽浙赣省委所属各地委相继部署发展游击战争〔14.2.1〕

3 月 4 日　福州复兴公共汽车公司职工为提高待遇举行罢工〔15.1.3〕

3 月 9 日　中共闽粤边工委提出“先粤东后闽西南”开展游击战争方针，获香港分局同意〔14.3.1〕

3 月 16 日　曾镜冰要求各地立即发动游击战争〔14.2.2〕

3 月 19 日　华中分局指示闽浙赣区党委发动游击战争〔14.2.2〕

3 月 25 日　福州学生发动反暴运动〔15.1.2〕

3 月　民盟福建支部筹委会在福州成立〔15.1.4〕

4 月 9 日　左丰美等在古田县发动澄阳暴动〔14.2.2〕

4 月 17 日　福州印刷工人为改善待遇再次罢工〔15.1.3〕

4 月底　阮英平奉派回闽，赴闽东领导游击战争〔14.2.2〕

4 月　闽中游击纵队（戴云游击纵队）成立〔14.2.2〕

5 月 8 日　魏金水提出“分散小搞准备大搞”的游击战争方针，中共闽粤边工委改为闽粤赣边工委〔14.3.1〕

11 月　中共厦门市工委和安南同县工委、台湾工委等党组织相继遭受破坏〔15.2.2〕

12 月　省立福州中学发生“哭民主墙”事件〔15.2.2〕

1948 年

年初　中国农工民主党福建省干事会成立〔15.1.4〕

1 月 8 日　闽南支队在乌山水晶坪伏击国民党保安部队〔14.3.2〕

1 月 19 日　闽浙赣省委提出开展游击战争的任务与目标〔14.2.4〕

2 月 5 日　闽轮机修厂工人为反对解雇展开斗争〔15.1.3〕

2 月　国民党加强在闽粤边区的反共武装力量〔14.3.3〕

2 月　阮英平被害去世〔15.2.1〕

3 月 2 日　闽粤赣边总队攻占蕉岭县城〔14.3.3〕

3 月　闽浙赣省委审查城工部酿成“城工部事件”〔15.2.1〕

4 月 13 日　闽粤赣边总队打破国民党军“六路进攻”〔14.3.3〕

4 月　闽浙赣省委在南古瓯地区领导除恶分粮〔14.2.4〕

4 月　国民党军对闽粤边区实行“十字扫荡”〔14.3.3〕

5 月　中共泉厦临时工作委员会在九龙成立〔15.2.2〕

5—6 月　福、厦、泉、漳学生举行“反美扶日”爱国运动〔15.1.2〕

6 月　中共厦门市临时工作委员会成立〔15.2.2〕

7 月　国民党军进攻南古瓯地区〔14.2.4〕

7 月　福州电力公司工人为反对裁减工人和拖欠工资举行罢工〔15.1.3〕

8 月 1 日　闽浙赣省委研究打破国民党对南古瓯“清剿”的方针〔14.2.4〕

8 月上旬—下旬　闽粤赣边区召开第一次党代会，中共闽粤赣边区委员会成立〔14.3.3〕

8 月　福州物价暴涨，每石大米突破 4000 万元大关〔15.1.1〕

8 月　第六次全国劳动大会召开，重建中华全国总工会〔15.1.3〕

9 月　闽浙赣游击纵队在南古瓯地区反击国民党“清剿”〔14.2.4〕

9 月　国民党军加紧进犯闽粤赣边区人民武装〔14.3.3〕

12 月 5 日　闽浙赣省委会议研究新形势下的新任务〔15.3.2〕

1949 年

1 月 10 日　闽粤赣边总队攻克大埔湖寮震动各县〔14.3.3〕

1 月 29 日　中国人民解放军闽粤赣边纵队成立〔15.3.1〕

1 月　丁超五发表谈话，主张南京政府停止内战实现和平〔15.1.4〕

2 月 3 日　人民解放军闽浙赣边纵队成立并向江西转移〔15.3.2〕

2 月　城工部在福州领导开设协记印刷所〔15.1.2〕

2 月　闽粤赣边纵队七支队回师闽西〔15.3.1〕

2—3 月　闽浙赣省委所属各地游击队积极开展活动〔15.3.2〕

3 月　国民党调整在福建的军事部署加紧“清剿”人民武装〔15.3.1〕

3 月　闽粤赣边纵队八支队在闽南各县开展游击战争〔15.3.1〕

4 月 6—13 日　厦门大学师生为抗议“四一惨案”举行罢课罢教〔15.1.2〕

4 月 18 日　中共安溪中心县委成立以替代原泉厦临时工委〔15.2.2〕

4 月　南平、福州学生举行反饥饿斗争〔15.1.2〕

春　民盟福建省筹委会协助中共搜集政治军事等情报〔15.1.4〕

5 月 5 日　闽浙赣边纵队与解放军二野一部会师于贵溪〔15.3.2〕

5 月 10 日　安溪游击大队与安南同游击大队第一次解放安溪〔15.2.2〕

5 月 22 日　闽西国民党上层李汉冲等通电起义〔15.3.1〕

5 月 28 日　永春游击大队解放永春〔15.2.2〕

5 月　闽北地区（除光泽外）解放〔15.3.3〕

上半年　闽江轮船公司、马尾造船厂等工人开展护厂护船〔15.1.3〕

上半年　农工民主党福建干事会协助中共收集情报、策动起义〔15.1.4〕

6 月 3 日　闽粤赣边纵队第七、八支队整编为闽西南临时联合司令部〔15.3.1〕

6 月 3 日　建瓯军管会成立〔15.3.3〕

6 月 8 日　安永德漳游击区武装编为闽粤赣边纵八支队四团〔15.2.2〕

6 月 14 日　人民解放军十兵团先遣队与后勤先遣组抵达建瓯〔15.3.3〕

6 月 18 日　闽浙赣省委召开常委扩大会议，总结闽北接管工作，研究大军供应及城乡工作等问题〔15.3.3〕

6 月 19 日　以张鼎丞为书记的新的中共福建省委在苏州成立〔15.3.3〕

6 月 21 日　蒋介石抵福州召开军事会议决心固守福建〔15.3.3〕

7 月 2 日　十兵团由苏南出发向福建进军〔15.3.3〕

7 月　国民党军胡琏兵团等残部经闽西南向潮汕溃逃〔15.3.1〕

7 月　张鼎丞和福建省委抵建瓯，原中共闽浙赣省委撤销〔15.3.3〕

8 月 6 日　十兵团发起福州战役，8 月 17 日解放福州〔15.3.4〕

8 月 24 日　以张鼎丞为主席的福建省人民政府成立〔15.3.4〕

8—10 月　闽粤赣边纵队配合南下大军解放闽西全境〔15.3.1〕

9 月 14 日　中共闽粤赣区党委撤销〔15.3.4〕

9 月 16 日　人民解放军十兵团发起漳厦战役〔15.3.5〕

10 月 15 日　十兵团向厦门岛和鼓浪屿发动进攻，17 日解放厦门〔15.3.5〕

10 月 24 日　十兵团发起攻打金门战斗〔15.3.5〕

12 月 12 日　驻东山岛盐警起义〔15.3.5〕

1950 年

5 月 11 日　人民解放军发动东山战斗，翌日解放东山〔15.3.5〕

后　　记

本书编写组在中共福建省委党校校务委员会领导下开展工作。福建省委副书记兼省委党校校长贾庆林给予了积极的支持；最近几届校委及其主要负责人明祖凡、丘一平、李青藻等都予以热情的帮助。福建省委党校校委委员、马列主义研究所所长马鸣教授代表校委对编写组工作进行直接的领导与协调。马列主义研究所中国革命史研究室蒋伯英副教授担任本书的主编。编写组其他人员还有：马列主义研究所陈于勤、曹敏华、吴国安、欧阳小松，党史教研室史习培。

各部分执笔者为：

陈于勤：第一、二、三、四章。

蒋伯英：前言，第五、六、七、八、十章，大事索引。

欧阳小松：第九章。

吴国安：第十一章。

史习培：第十二章。

曹敏华：第十三、十四、十五章。

本书的写作程序为各章的执笔者分头写出初稿，由蒋伯英进行初步的修改以后打印成讨论稿，分送省委党史顾问组组长、原福建省委书记伍洪祥，省委顾问委员会委员明祖凡，福建人民出版社革命史编辑室，省委党校校委委员，部分党史专家及编写组成员征求意见。然后根据各方面意见，再由蒋伯英对部分章节结构进行调整并局部改写，先后作了三次增删修改后定稿。马鸣、王凡审阅了部分稿件并提出了宝贵意见；黄国荡参与了第一、第二编部分目录的讨论并审阅了这部分初稿；另外，黄国荡、唐斌、宾克宏、郑祖溪等曾先后参加了本书一部分内容的研究；胡岚、陈碧珠和田江、程玉华、朱小玉等为本书的资料和书稿打印承担了大量的工作。

福建省社会科学联合会、福建省哲学社会科学规划办公室对于本书的编写工作自始至终给予了热情的关心和支持，省委宣传部、省财政厅、省人民出版社等单位对于本书的出版也给予了很大的帮助。我们对于为本书的编写及出版工作提供了各种帮助的单位和同志，表示深切的感谢。

编　者

1990 年 12 月

再版后记

本书再版修订，经编写组商议，认为1991年版全书结构合理，内容充实，所论述的主要问题和事件、人物评价正确，不存在明显差错，没有不宜触及的敏感问题。需修订补充的主要有两个方面。一是对全部历史事实的论述及所据史料，作系统核对，凡发现差错者均应订正；对某些历史问题的表述存在争议或不明确之处，如关于1926年中共和共青团组织在福建的建立，关于1934年第五次反“围剿”松毛岭战役、红九军团从长汀河田附近出发长征等有关问题，依据历史档案文献作补充论述，以求准确；需要作较大篇幅修订改写的，如第九章“三年游击战争”，即予改写。对某些新的提法如抗日战争的起始从过去1937年卢沟桥事变，改为1931年九一八事变，对论述的内容也做相应的调整。二是对全书所引史料依据的注释，详细核对，尽可能找到原件按照出版规范订正补充，少量史料由于年代久远难以查到原始资料者，只能付之阙如。

参加本书编写的福建省委党校原马列主义研究所六位同志，吴国安于1993年调任福建广播影视集团，蒋伯英、曹敏华、欧阳小松于1996年合并于党史教研部，史习培留马列主义研究所，陈于勤已于多年前病故。此次全书修订，除陈于勤外，各篇章执笔者仍然修订原版执笔部分。陈于勤执笔的第一章至第四章，由蒋伯英负责修订。全书最后由蒋伯英统筹定稿。对于福建人民出版社提供的支持与帮助，致以深切感谢。

编　者

2018年10月

图书在版编目（CIP）数据

福建革命史：上下册/中共福建省委党校编；蒋伯英主编. --2版. --福州：福建人民出版社，2019.11

ISBN 978-7-211-07598-0

Ⅰ.①福… Ⅱ.①中… ②蒋… Ⅲ.①革命史—福建 Ⅳ.①K295.7

中国版本图书馆CIP数据核字（2019）第125720号

福建革命史（上、下册）

FUJIAN GEMINGSHI

主　　编：蒋伯英

责任编辑：韩腾飞

出版发行：福建人民出版社　　**电　　话**：0591-87533169(发行部)

网　　址：http://www.fjpph.com　　**电子邮箱**：fjpph7211@126.com

地　　址：福州市东水路76号　　**邮政编码**：350007

经　　销：福建新华发行（集团）有限责任公司

印　　刷：福建省金盾彩色印刷有限公司

地　　址：福州市金山浦上工业区D区24幢　　**邮政编码**：350007

开　　本：787毫米×1092毫米　1/16

印　　张：64

字　　数：865千字

版　　次：2019年11月第2版　　2019年11月第1次印刷

书　　号：ISBN 978-7-211-07598-0

定　　价：138.00元（上、下册）

本书如有印装质量问题，影响阅读，请直接向承印厂调换。